Krüger · Zweckmäßige Wahl der Unternehmensform

Herausgegeben von:

ARTHUR ANDERSEN
Wirtschaftsprüfungsgesellschaft
Steuerberatungsgesellschaft mbH

Zweckmäßige Wahl der Unternehmensform

Eine synoptische Darstellung des Handels-, Gesellschafts- und Steuerrechts für die GbR, EWIV, OHG, KG, Unterbeteiligung, Partnerschaftsgesellschaft, Stille Gesellschaft, GmbH, KGaA, GmbH & Co. KG und die Betriebsaufspaltung

Konzernrecht, Umwandlungs- und Umwandlungssteuerrecht

Von

Prof. Dr. iur. Dirk Krüger
Rechtsanwalt, Steuerberater
Professor an der Wissenschaftlichen Hochschule für Unternehmensführung (WHU)

unter Mitarbeit von

Dr. Stefan Köhler
Steuerberater

Klaus G. Brinkmann
Wirtschaftsprüfer
Steuerberater
Lehrbeauftragter an der
Hochschule für Wirtschaft
(FH Ludwigshafen)

Dr. Eberhard Kalbfleisch
Rechtsanwalt
Steuerberater

6. Auflage

Stollfuß
VERLAG · BONN · BERLIN

Die Deutsche Bibliothek – CIP-Einheitsaufnahme

Krüger, Dirk:
Zweckmäßige Wahl der Unternehmensform : eine synoptische Darstellung des Handels-, Gesellschafts- und Steuerrechts für die GbR, EWIV, OHG, KG, Unterbeteiligung, Partnerschaftsgesellschaft, Stille Gesellschaft, GmbH, KGaA, GmbH & Co. KG und die Betriebsaufspaltung ; Konzernrecht, Umwandlungs- und Umwandlungsteuerrecht / von Dirk Krüger. Unter Mitarb. von Stefan Köhler…
Hrsg. von Arthur Andersen, Wirtschaftsprüfungsgesellschaft mbH.– 6. Aufl. – Bonn : Stollfuß, 1999
ISBN 3-08-371356-8

ISBN 3-08-**371356-8**

Satz: Fotosatz Froitzheim AG
Druck und Verarbeitung: Druckerei Plump, Rheinbreitbach

Vorwort zur 1. Auflage

Für die Wahl der „richtigen" Unternehmensform gibt es kein Patentrezept; welcher rechtlichen Gestaltung letztlich der Vorzug zu geben ist, läßt sich generell nicht festlegen. Die einmal getroffene Wahl kann sich durch den Wandel der Verhältnisse nachträglich als falsch erweisen oder die ursprüngliche Gestaltung kann bereits von vornherein eine Fehlentscheidung gewesen sein. In jedem Fall muß korrigierend eingegriffen werden.

Ist die eine Unternehmung tragende Idee geboren, dann sollte der Ausgangspunkt jeder weiteren Überlegung immer eine „Bestandsaufnahme" dessen sein, was an personeller Gestaltung (persönliche Fähigkeiten, Vertrauen, Arbeitskraft, Leistungsfähigkeit und auch Arbeitslust der Beteiligten) überhaupt möglich und gewollt ist. Neben diesen persönlichen Gründen sind betriebswirtschaftliche Aspekte zu beachten; diese reichen von der vorhandenen Kapitaldecke und den Kapitalbeschaffungsmöglichkeiten über Standortprobleme, Lizenzen, Material und Materialbeschaffung bis hin zu Produktionsgenehmigungen, behördlichen Erlaubnissen, Belegschaftsinteressen und – nicht zuletzt – zu Beschränkungen aufgrund von Umweltschutzbestimmungen. Erst wenn hierauf zufriedenstellende Antworten und Lösungen gefunden sind, kann sinnvollerweise nach den handels- und mitbestimmungsrechtlichen Konsequenzen einer bestimmten Rechtsform gefragt und begonnen werden, das gesellschaftsrechtliche „Unternehmerkleid nach Maß zu schneidern". Am Ende stehen dann quasi als Korrektiv die steuerrechtlichen Überlegungen, die sich – will man böse Überraschungen vermeiden – nicht nur auf einen bloßen betrieblichen Belastungsvergleich beschränken dürfen. Das Resultat aller dieser Überlegungen ist naturgemäß keine Formel, aus der der richtige Entschluß gleichsam mit mathematischer Genauigkeit abgelesen werden kann. Die Gewichtung der einzelnen Gesichtspunkte und die Abwägungen müssen vielmehr in jedem Einzelfall neu durchdacht und entschieden werden.

Um eine optimale Entscheidung im Einzelfall zu ermöglichen, werden alle praxisrelevanteren Gesellschaftsformen synoptisch gegenübergestellt; damit ist eine bessere Vergleichbarkeit gegeben. Im Text sind nicht nur die dispositiven gesetzlichen Bestimmungen wiedergegeben, sondern vornehmlich Gestaltungsmöglichkeiten und deren Grenzen, die sich aus zwingenden Vorschriften, der Judikatur und der Verwaltungsauffassung ergeben.

Ich habe mich bemüht, einen möglichst vollständigen und ausführlichen Katalog der wesentlichen Gesichtspunkte aufzustellen, die bei der Wahl der zweckmäßigsten Unternehmensform in Betracht gezogen werden sollten. Für Ergänzungen, Anregungen und Kritik bin ich dankbar.

Niedernhausen/Taunus, im März 1979 — Der Verfasser

Vorwort zur 6. Auflage

Gut fünf Jahre nach Erscheinen war die 5. Auflage dieses Buches vergriffen und – dank des „Bienenfleißes" insbesondere unseres Gesetzgebers – in weiten Teilen Historie! So haben insbesondere das Gesetz zur Fortsetzung der Unternehmenssteuerreform, das Handelsrechtsreformgesetz, das Gesetz zur Änderung des Umwandlungsgesetzes, des Partnerschaftsgesellschaftsgesetzes und anderer Gesetze sowie die ab 1. 1. 1999 in Kraft tretende Insolvenzordnung zahlreiche die Wahl und den Wechsel der Unternehmensform beeinflussende Rechtsänderungen gebracht.

Sofern dies erforderlich war, wurde auch auf beabsichtigte Rechtsänderungen im Zusammenhang mit dem noch im Entwurfsstadium befindlichen Steuerentlastungsgesetz 1999/2000/2002 hingewiesen. Dies gilt auch für die bisher nur in einer Gedankenskizze formulierten Vorstellungen der neuen Bundesregierung zur sog. Unternehmenssteuerreform.

Mit der 6. Auflage habe ich den Versuch unternommen, die geltende Rechtslage unter Berücksichtigung der zahlreichen Zweifelsfragen darzustellen und dem Praktiker eine Übersicht über die umfangreiche Rechtsprechung, Literatur und die Verwaltungsauffassung an die Hand zu geben. Die seit der Vorauflage ergangenen Gerichtsentscheidungen, Gesetzesänderungen und Verwaltungsanweisungen haben eine völlige Überarbeitung erforderlich gemacht.

Meinen Partnern Klaus G. Brinkmann und Dr. Eberhard Kalbfleisch bin ich ebenso zu Dank verpflichtet wie meinem Kollegen Dr. Stefan Köhler. Klaus G. Brinkmann hat – wie in der Vorauflage – den Part „Der Gang an die Börse" bearbeitet, Dr. Kalbfleisch das Kapitel „Konzernrecht/Organschaft" sowie den Schlußanhang „Steuerliche Besonderheiten in den fünf neuen Bundesländern". Dr. Köhler hat es übernommen, das neue Umwandlungsrecht und Umwandlungssteuerrecht – insbesondere unter Berücksichtigung des Umwandlungssteuererlasses – darzustellen. Neu hinzugefügt wurde die Partnerschaftsgesellschaft. Ich habe sämtliche Beiträge überarbeitet und abschließend redigiert und bin damit allein verantwortlich für den Inhalt.

Wiesbaden, im Januar 1999 — Dirk Krüger

In allen menschlichen Angelegenheiten läßt sich kein Übelstand beseitigen, ohne daß ein anderer daraus entstünde... Wir müssen also bei jeder Entscheidung erwägen, auf welcher Seite die wichtigsten Übelstände sind, und einen danach gefaßten Entschluß für den besten halten, eben weil nichts auf der Welt ohne Schattenseite ist.

Nicolo Machiavelli

Inhaltsverzeichnis

Seite

B. Voraussetzungen und Besonderheiten für die steuerliche Anerkennung von Familienpersonengesellschaften

Seite

C. Verbundene Unternehmen

D. Umwandlungsrecht und Umwandlungssteuerrecht

Seite

E. Going Public – Der Gang an die Börse

F. Steuerliche Besonderheiten in den neuen Bundesländern

Allgemeines Literaturverzeichnis[1]

Arthur Andersen	Körperschaftsteuergesetz, Kommentar, 1997;
Baumbach/Hopt	Handelsgesetzbuch, 29. Aufl. 1995;
Baumbach/Hueck	GmbH-Gesetz, Kommentar, 16. Aufl. 1996;
Beck'scher Bilanz-Kommentar	Handels- und Steuerrecht, 3. Aufl. 1995;
Blümich	Einkommensteuergesetz, Körperschaftsteuergesetz, Gewerbesteuergesetz, Kommentar, 15. Aufl. 1997;
Brönner/Kamprad	Kommentar zum Kapitalverkehrsteuergesetz. Gesellschaftsteuer, Börsenumsatzsteuer, 4. Aufl. 1986;
Dehmer	Umwandlungsgesetz – Umwandlungssteuergesetz, 2. Aufl. 1996;
Deutsches Anwaltsinstitut e. V.	Jahrbuch der Fachanwälte für Steuerrecht 77/78;
Deutsches Anwaltsinstitut e. V.	Jahrbuch der Fachanwälte für Steuerrecht 97/98;
Dötsch/Eversberg/Jost/Witt	Die Körperschaftsteuer, Kommentar, 1998;
Dt. Steuerberaterinstitut e. V.	Steuerberater Handbuch 1997/98;
Eder/Kallmeyer u. a.	GmbH-Handbuch, 14. Aufl. 1995;
Emmerich/Sonnenschein	Konzernrecht, 5. Aufl. 1993;
Flick/Wassermeyer	Kommentar zum Außensteuerrecht, 1997;
Frotscher/Maas	Körperschaftsteuergesetz, Umwandlungssteuergesetz, Praxiskommentar, Loseblattwerk;
Geßler	Handelsgesetzbuch, Kommentar, 5. Aufl. 1996;
Geßler/Hefermehl	Aktiengesetz, Kommentar;
Glanegger/Güroff	Gewerbesteuergesetz, Kommentar, 4. Aufl. 1998;
Hachenburg	Gesetz betreffend die Gesellschaften mit beschränkter Haftung (GmbH), Großkommentar, 8. Aufl. 1992 ff.;
Hermann/Heuer/Raupach	Einkommensteuer- und Körperschaftsteuergesetz, Kommentar, Loseblatt, 21. Aufl. 1996;
Hesselmann/Tillmann	Handbuch der GmbH & Co., 18. Aufl. 1997;

1 Spezialschrifttum ist den einzelnen Abschnitten vorangestellt.

Hoffmann	Der Aufsichtsrat, 3. Aufl. 1994;
Hueck	Das Recht der OHG, 4. Aufl. 1971;
Hüffer	Aktiengesetz, Kommentar, 3. Aufl. 1997;
Kinnebrock/ Meulenbergh	Kapitalverkehrsteuergesetz, Kommentar, 5. Aufl. 1983;
Knobbe-Keuk	Bilanz- und Unternehmenssteuerrecht, 9. Aufl. 1993;
Kölner Kommentar	zum Aktiengesetz, 2. Aufl. 1988;
Lademann	Kommentar zum Körperschaftsteuergesetz, Loseblattwerk;
Lenz	EG-Vertrag, Kommentar, 1994;
Lutter/ Hommelhoff	GmbH-Gesetz, Kommentar, 14. Aufl. 1995;
Meincke	Erbschaftsteuer- und Schenkungsteuergesetz, Kommentar, 11. Aufl. 1997;
Mössner/Seeger	Körperschaftsteuergesetz, Kommentar, Loseblattwerk;
Münchener Kommentar	zum BGB, 3. Aufl. 1993 ff.;
Rose	Betriebswirtschaftliche Steuerlehre, 1986;
Rowedder	Gesetz betreffend die Gesellschaften mit beschränkter Haftung (GmbHG), Kommentar, 3. Aufl. 1997;
Schaub	Arbeitsrechtshandbuch, 6. Aufl. 1987;
Schaumburg	Internationales Steuerrecht, 2. Aufl. 1997;
Schaumburg/ Rödder	Umwandlungsgesetz und -steuergesetz 1995;
Schlegelberger	Handelsgesetzbuch, Kommentar, 5. Aufl.;
Schmidt, K.	Gesellschaftsrecht, 3. Aufl. 1997;
Schmidt, L.	Einkommensteuergesetz, Kommentar, 17. Aufl. 1998;
Schmitt	Die Unternehmensform in Betriebswirtschaftslehre und Steuerrecht, 1966;
Scholz/Emmerich	Kommentar zum GmbH-Gesetz, 8. Aufl. 1995;
Schwarz	Deutsches Steuerrecht, 1994;
Soergel/Siebert	BGB mit Einführungsgesetzen und Nebengesetzen, 12. Aufl. 1990;
Staub	Handelsgesetzbuch, Kommentar, 4. Aufl. 1983;
Streck	Körperschaftsteuergesetz, Kommentar, 5. Aufl. 1997;
Tipke/Lang	Steuerrecht, 15. Aufl. 1996;

Viskorf/Glier/Knobel Bewertungsgesetz, 4. Aufl. 1998;

Westermann u. a. Handbuch der Personengesellschaften, Loseblatt, 4. Aufl. 1994;

Widmann/Mayer Umwandlungsrecht, Loseblattausgabe;

Wöhe Betriebswirtschaftliche Steuerlehre, 5. Aufl. 1990;

WP-Handbuch hrsg. vom Institut der Wirtschaftsprüfer e. V., Band I: Handbuch für Rechnungslegung, Prüfung und Beratung, 1996; Band II: Handbuch für Rechnungslegung, Prüfung und Beratung, 1998.

Abkürzungsverzeichnis

a. A.	anderer Ansicht
a. a. O.	am angegebenen Ort
Abs.	Absatz
Abschn.	Abschnitt
a. E.	am Ende
a. F.	alte Fassung
AfA	Absetzung für Abnutzungen
AG	Aktiengesellschaft; Die Aktiengesellschaft (Zeitschrift); Ausführungsgesetz; Amtsgericht
AIG	Auslandsinvestitionsgesetz
AktG	Aktiengesetz
AnfG	Anfechtungsgesetz
Anm.	Anmerkung
a. M.	anderer Meinung
AO	Abgabenordnung
Art.	Artikel
AStG	Außensteuergesetz
Aufl.	Auflage
Az.	Aktenzeichen
BAG	Bundesarbeitsgericht
BayObLG	Bayerisches oberstes Landesgericht
BB	Betriebs-Berater (Zeitschrift)
BBerG	Bundesberggesetz
Bd.	Band
BerlinFG	Berlin-Förderungsgesetz
betr.	betrifft
BetrVG	Betriebsverfassungsgesetz
BewG	Bewertungsgesetz
BFH	Bundesfinanzhof
BFH/NV	BFH nicht veröffentlicht
BFuP	Betriebswirtschaftliche Forschung und Praxis
BGB	Bürgerliches Gesetzbuch
BGBl.	Bundesgesetzblatt
BGH	Bundesgerichtshof
BGHZ	Bundesgerichtshofentscheidungen in Zivilsachen
BMF	Bundesministerium der Finanzen
BRD	Bundesrepublik Deutschland
bspw.	beispielsweise
BStBl	Bundessteuerblatt
bsw.	bisweilen
BSW	Bundesbahn-Sozialwerk
BT-Drucks.	Drucksache des Deutschen Bundestages
BVerfG	Bundesverfassungsgericht
bzw.	beziehungsweise
DB	Der Betrieb (Zeitschrift)

DBA	Doppelbesteuerungsabkommen
ders.	derselbe
d. h.	das heißt
dies.	dieselbe
Diss.	Dissertation
DMBilG	D-Markbilanzgesetz
DStR	Deutsches Steuerrecht (Zeitschrift)
DStZ	Deutsche Steuer-Zeitung (Zeitschrift)
DStZ/E	Deutsche Steuer-Zeitung Eildienst (Zeitschrift)
EFG	Entscheidungen der Finanzgerichte (Zeitschrift)
EG	Einführungsgesetz; Europäische Gemeinschaft
EGBGB	Einführungsgesetz zum Bürgerlichen Gesetzbuch
EGHGB	Einführungsgesetz zum Handelsgesetzbuch
eGmbH	eingetragene Genossenschaft mit beschränkter Haftpflicht
eGmuH	eingetragene Genossenschaft mit unbeschränkter Haftpflicht
EK	Eigenkapital
ErbStG	Erbschaft- und Schenkungsteuergesetz
ErfVO	Verordnung über die einkommensteuerliche Behandlung der freien Erfinder
Erl.	Erlaß
ESt	Einkommensteuer
EStDV	Einkommensteuer-Durchführungsverordnung
EStG	Einkommensteuergesetz
EStR	Einkommensteuer-Richtlinien
etc.	et cetera
evtl.	eventuell
EWGV	Vertrag zur Gründung der Europäischen Wirtschaftsgemeinschaft
EWG-VO	Verordnung zur Europäischen Wirtschaftsgemeinschaft
EWIR	Entscheidungen zum Wirtschaftsrecht (Zeitschrift)
EWIV	Europäische Wirtschaftliche Interessenvereinigung
EWIV-AG	EWIV-Ausführungsgesetz
f.	folgende
FA	Finanzamt
ff.	fortfolgend(e)
FG	Finanzgericht
FGG	Gesetz über die Freiwillige Gerichtsbarkeit
FGO	Finanzgerichtsordnung
FinMin	Finanzministerium
Form.	Formular
FR	Finanzrundschau (Zeitschrift)
GbR	Gesellschaft bürgerlichen Rechts
gem.	gemäß
GenG	Gesetz betr. die Erwerbs- und Wirtschaftsgenossenschaften
GewG	Gewerbegesetz
GewO	Gewerbeordnung

GewSt	Gewerbesteuer
GewStDV	Gewerbesteuer-Durchführungsverordnung
GewStG	Gewerbesteuergesetz
GewStR	Gewerbesteuer-Richtlinien
ggf.	gegebenenfalls
GmbHG	Gesetz betreffend die Gesellschaft mit beschränkter Haftung
GmbHR	Rundschau für GmbH (Zeitschrift)
GrEStG	Grunderwerbsteuergesetz
GWB	Gesetz gegen Wettbewerbsbeschränkungen
HandwO	Handwerksordnung
HFR	Höchstrichterliche Finanzrechtsprechung (Zeitschrift)
HGB	Handelsgesetzbuch
h. L.	herrschende Lehre
h. M.	herrschende Meinung
HR	Handelsregister
Hrsg.	Herausgeber
i. d. F.	in der Fassung
i. d. R.	in der Regel
INF	Die Information (Zeitschrift)
insbes.	insbesondere
InvZulG	Investitionszulagengesetz
i. S.	im Sinne
i. S. d.	im Sinne des/der
i. V. m.	in Verbindung mit
IWB	Internationale Wirtschaftsbriefe (Zeitschrift)
JbFSt	Jahrbuch der Fachanwälte für Steuerrecht
jur.	juristisch
JZ	Juristen Zeitung (Zeitschrift)
KapErhG	Kapitalerhöhungsgesetz
KapESt	Kapitalertragsteuer
KG	Kommanditgesellschaft
KGaA	Kommanditgesellschaft auf Aktien
km	Kilometer
KO	Konkursordnung
KÖSDI	Kölner Steuerdialog (Zeitschrift)
KSt	Körperschaftsteuer
KStDV	Körperschaftsteuer-Durchführungsverordnung
KStG	Körperschaftsteuergesetz
KStR	Körperschaftsteuer-Richtlinien
KTS	Konkurs-, Treuhand- und Schiedsgerichtswesen (Zeitschrift)
KVStDV	Kapitalverkehrsteuer-Durchführungsverordnung
KVStG	Kapitalverkehrsteuergesetz
LöschG	Löschungsgesetz

m. E.	meines Erachtens; mit Einschränkungen
MitbestG	Mitbestimmungsgesetz
mind.	mindestens
m. umf. Nw.	mit umfassendem Nachwort
m. w. N.	mit weiteren Nachweisen
n. F.	neue Fassung
NJW	Neue Juristische Wochenschrift (Zeitschrift)
Nr.	Nummer
nrkr.	nicht rechtskräftig
NSt	Neues Steuerrecht von A–Z (Zeitschrift)
n. v.	nicht veröffentlicht
NWB	Neue Wirtschafts-Briefe für Steuer- und Wirtschaftsrecht (Zeitschrift)
o. b.	oben bezeichnet
OFD	Oberfinanzdirektion
o. g.	oben genannt
OHG	offene Handelsgesellschaft
Preuß.Gesslg.	Preußische Gesetzessammlung
PublG	Publizitätsgesetz
RG	Reichsgericht
RGBl.	Reichsgesetzblatt
RPfleger	Der Deutsche Rechtspfleger (Zeitschrift)
RStBl.	Reichssteuerblatt
RWP	Rechts- und Wirtschafts-Praxis (Zeitschrift)
Rz.	Randziffer
s.	siehe
ScheckG	Scheckgesetz
SGG	Sozialgerichtsgesetz
s. o.	siehe oben
sog.	sogenannt
Stbg	Die Steuerberatung (Zeitschrift)
StbJB	Steuerberater Jahrbuch
StBp	Die steuerrechtliche Betriebsprüfung (Zeitschrift)
StEntlG	Steuerentlastungsgesetz
str.	strittig
StuW	Steuer und Wirtschaft (Zeitschrift)
StW	Steuer-Warte (Zeitschrift)
s. u.	siehe unten
Tz.	Textziffer
u.	unten
u. a.	unter anderem
UmwG	Umwandlungsgesetz
UmwStG	Umwandlungssteuergesetz

UrhG	Urheberrechtsgesetz
USt	Umsatzsteuer
UStG	Umsatzsteuergesetz
UStR	Umsatzsteuer-Rundschau (Zeitschrift)
usw.	und so weiter
u. U.	unter Umständen
UVR	Umsatzsteuer- und Verkehrsrecht (Zeitschrift)
VAG	Versicherungsaufsichtsgesetz
VerglO	Vergleichsordnung
VfG	Verfügung
vGA	verdeckte Gewinnausschüttung
vgl.	vergleiche
v. H.	vom Hundert
VO	Verordnung
VSt	Vermögensteuer
VStG	Vermögensteuergesetz
VStR	Vermögensteuerrichtlinien
v. T.	vom Tausend
VVaG	Versicherungsverein auf Gegenseitigkeit
VVG	Gesetz über den Versicherungsvertrag
VwGO	Verwaltungsgerichtsordnung
WG	Wassergesetz; Wechselgesetz
WM	Wertpapier-Mitteilungen (Zeitschrift)
WP	Wirtschaftsprüfer
WPg	Die Wirtschaftsprüfung (Zeitschrift)
WPK-Mitt.	Wirtschaftsprüferkammer-Mitteilungen (Zeitschrift)
z. B.	zum Beispiel
ZfB	Zeitschrift für Baurecht (Zeitschrift)
ZGR	Zeitschrift für Unternehmens- und Gesellschaftsrecht
ZHR	Zeitschrift für das gesamte Handelsrecht und Wirtschaftsrecht
Ziff.	Ziffer
ZIP	Zeitschrift für Wirtschaftsrecht und Insolvenzpraxis
ZPO	Zivilprozeßordnung

bersicht über die verschiedenen Unternehmensformen

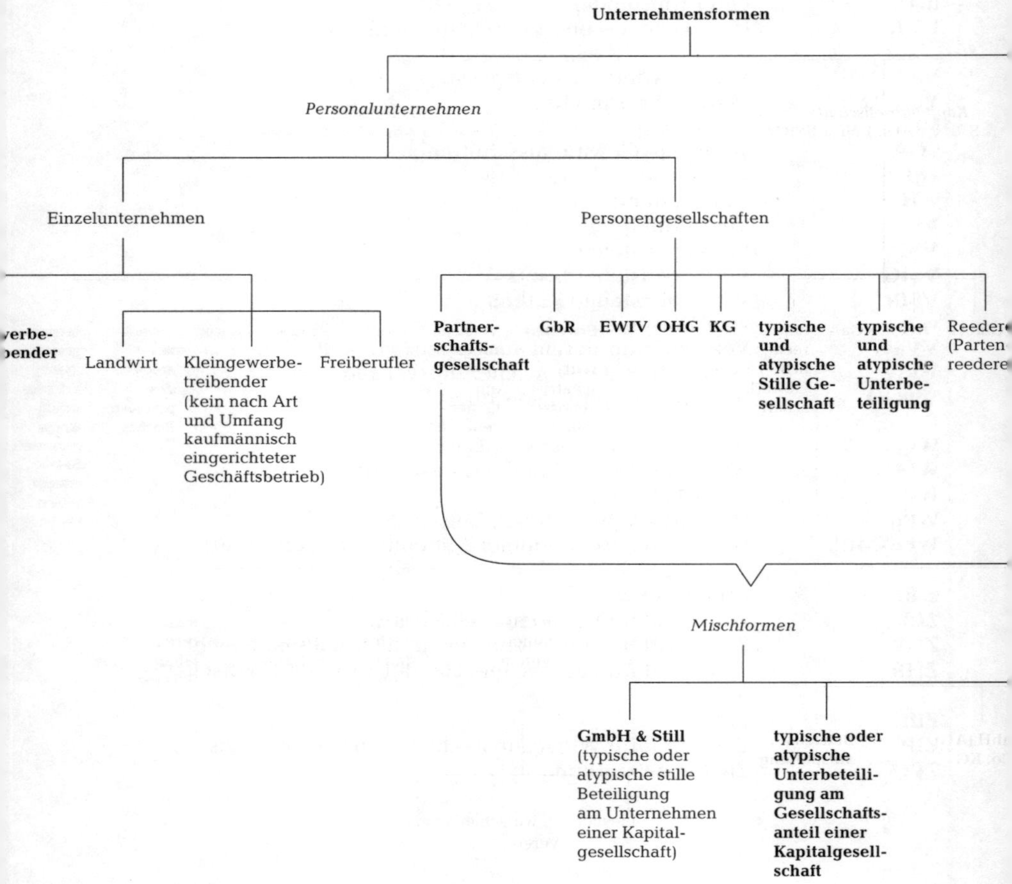

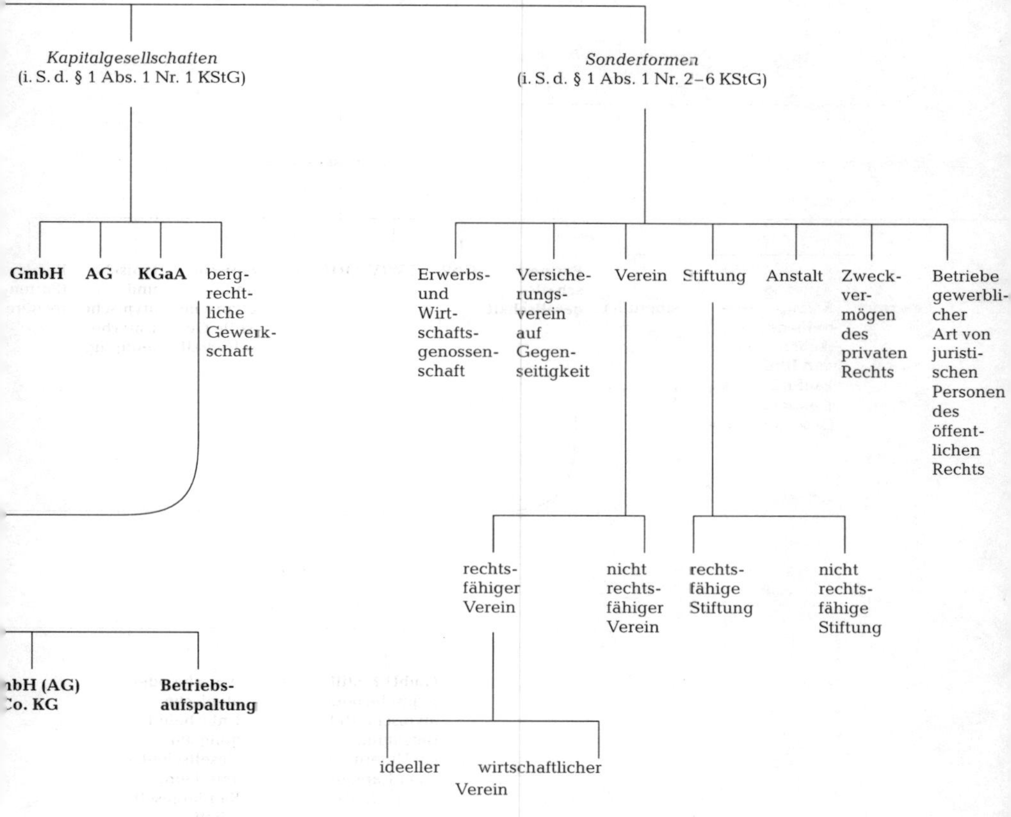

Die durch **Halbfettsetzung** hervorgehobenen Unternehmensformen werden in dieser Schrift behandelt.

Krüger

A. Wahl der Unternehmensform

SCHRIFTTUM[1]

Aberle, Die Deutsche Handwerksordnung, 1997; *Anders,* Partiarische Rechtsverhältnisse und verdeckte Mitunternehmerschaft, INF 1988, 505; *Arndt/Jenzen,* Verlustverrechnung und Verfassungsrecht – Zu dem Beschluß des BVerfG vom 30. 9. 1998 und der geplanten Steuerreform 1999/2000, DStR 1998, 1818; *Baranowski,* Besteuerung von Auslandsbeziehungen, 2. Aufl. 1996; *K. Barth,* Die Steuern als gestaltende Faktoren im deutschen Gesellschaftsrecht, in FS Duden, 1977, 37; *K. Barth,* Die Wahl der Rechtsform für eine deutsche Unternehmung als Entscheidung in den Zwängen des Gesellschafts- und Steuerrechts, in FS Scherpf, 1983, 125; *Bauer,* Steuergestaltung tut not!, DB 1988, 2573; *Baumdicker,* GmbH, Personengesellschaft und Mischgesellschaft, 3. Aufl., 1986; *Beuthien/Müller,* Gemischte Gesamtvertretung und unechte Gesamtprokura, DB 1995, 461; *Binz/Rauser,* Betriebliche Altersversorgung bei Betriebsaufspaltung, BB 1980, 897; *Binz,* Die GmbH & Co., 8. Aufl. 1992; *Bitz,* Aktuelle Entwicklungen bei der GmbH & Still, GmbHR 1997, 769; *Blaurock/Berminger,* Unterbeteiligung an einem GmbH-Anteil in zivilrechtlicher und steuerrechtlicher Sicht (Teil I und II), GmbHR 1990, 11 und 87; *Blaurock,* Handbuch der stillen Gesellschaft, 5. Aufl. 1997; *Blumers/Beinert,* Umwandlungssteuerrecht überraschend rückwirkend geändert, BB 1997, 1880; *Bokelmann,* Die Neuregelungen im Firmenrecht nach dem Regierungsentwurf des Handelsreformgesetzes, GmbHR 1998, 57; *Bordewin,* Besonderheiten der Ertragsbesteuerung bei Familienpersonengesellschaften, DB 1996, 1359; *Brandmüller,* Der GmbH-Geschäftsführer im Gesellschafts-, Steuer- und Sozialversicherungsrecht, 10. Aufl. 1998; *Bredthauer,* Zur Wirksamkeit gesellschaftlicher Beurkundungen im Kanton Zürich, BB 1986, 1864; *Brönner,* Die Besteuerung der Gesellschaften, des Gesellschafterwechsels und der Umwandlungen, 17. Aufl. 1994; *Buchwald/Tiefenbacher/Dernbach,* Die zweckmäßige Gesellschaftsform nach Handels- und Steuerrecht, 5. Aufl. 1981; *Burk,* Rechtsform und Umwandlungsbesteuerung. Ein betriebswirtschaftlicher Steuerbelastungsvergleich der Alternativen GmbH und OHG, 1983; *Cattelaens,* Gesetz zur Fortsetzung der Unternehmenssteuerreform: Änderungen des EStG, DB 1997, 2294; *Christoffel,* Schuldenabzug bei Gewährleistung der Vergünstigungen für Anteile an Kapitalgesellschaften und für land- und forstwirtschaftliches Vermögen nach § 13a ErbStG, INF 1998, 267; *Crezelius,* Unternehmenserbrecht, 1998; *Crezelius,* Überlegungen zu § 13a Abs. 4 und 5 ErbStG 1997, DB 1997, 1584; *Dauner-Lieb,* Abfindungsklauseln bei Personengesellschaften, ZHR 158 (1994), 271; *Diers,* Das Einführungsschreiben zum Umwandlungssteuergesetz 1995, BB 1998, 1869; *Döllerer/Thurmayr,* Beendigung der Betriebsaufspaltung – Konsequenzen für die Anteile an der Betriebs-Kapitalgesellschaft, DStR 1993, 1465; *Donle,* Der faktische GmbH-Konzern – Resümee aus der bisherigen Rechtsprechung und Lösungsansatz für noch nicht geklärte Probleme, DStR 1995, 1918; *Drygala,* Betriebsaufspaltung und Haftungsausschluß doch keine Illusion, NJW 1995, 3237; *Ebeling,* Wahl zwischen Personengesellschaft und Kapitalgesellschaft unter besonderer Berücksichtigung des Sonderbetriebsvermögens, JbFStR 77/78, 190; *Ebenroth,* Erbrecht, 1992; *Eggesieker/Schweigert,* Anleitung für Steuerbelastungsvergleiche: GmbH, Personengesellschaft oder GmbH & Co. KG?, 1978; *Egly/Klenk,* Gesellschaftsteuer, 4 Aufl. 1982; *Endres,* Rechtsformabhängige Belastungsdifferenzen bei einmaligen Besteuerungstatbeständen, DStR 1984, 224; *Endriss,* Steuerbelastungsvergleich zwischen einer Personengesellschaft und einer Kapitalgesellschaft anhand eines praktischen Beispiels, DB 1982, 137; *Ertner,* Die GmbH – das neue Optimum?, DB 1976, 2313; *Felix/Streck,* „Schütt-aus-Hol-Zurück"-Verfahren, DStR 1977, 42; *Felix,* Reform der Kör-

1 Weitere Literaturhinweise finden sich jeweils vor den Anhängen I–III.

perschafts- und Umwandlungsteuer, Optimale Rechtsform, 3. Aufl. 1978; *Felix,* Steuerrechtliches Nachdenken über Betriebsaufspaltung, StB 1997, 145; *Fiedler,* Angemessene Gewinnverteilung bei Personengesellschaften, DStZ 1990, 461; *Figge,* Mitarbeitende Gesellschafter im Sozialversicherungsrecht, GmbHR 1992, 361; *Figge,* Die Sozialversicherung des GmbH-Geschäftsführers, DB 1992, 1087; *Flämig,* Gesellschaften und Steuerrecht, JuS 1978, 662, 741; *Flämig,* JuS 1979, 13, 89, 166, 243, 397, 548, 625, 773, 850; *Flämig,* JuS 1980, 14, 225, 327, 406; *Fleischer,* Die Vermeidung von Grunderwerbsteuer durch steuergünstige Gestaltungen bei der Umstrukturierung von Unternehmen, DStR 1996, 1390; *Flick/Struck,* DStR 1977; *Flick,* Motto 1994: Raus aus der GmbH, rein in die Personengesellschaft, DB 1994, 64; *Flick,* Beim Vergleich der Rechtsformen auch die Erbschaftsteuer beachten?, DB 1997, 844; *Flume,* „Hinauskündigung" aus der Personengesellschaft und Abfindung, DB 1986, 629; *Frey/v. Bredow,* Der Wegfall des einzigen Komplementärs nach der HGB-Reform, ZIP 1998, 1621; *Fromm,* Zur Ernsthaftigkeit einer Pensionszusage an Gesellschafter-Geschäftsführer einer Kapitalgesellschaft, BB 1996, 950; *FS Debatin,* Außensteuerrecht, Doppelbesteuerungsabkommen und EU-Recht im Spannungsverhältnis, FS Debatin, 1997; *FS Haas,* Steuerrecht und Gesellschaftsrecht als Gestaltungsaufgabe, 1996; *FS Havermann,* Internationale Wirtschaftsprüfung, FS Havermann, 1995; *FS Quack,* Festschrift für Karlheinz Quack zum 65. Geburtstag am 3. Januar 1991, 1991; *FS Rittershaus,* Geld, Kapital und Kredit, 1968; *Geck,* Überlegungen zur Verwendung der GmbH & Co. KGaA in der mittelständischen Wirtschaft, NZG 1998, 586; *Geck,* Die Auflösung der stillen Gesellschaft unter besonderer Berücksichtigung der Auseinandersetzung, DStR 1994, 657; *Geßler,* Zur Buchwertabfindung bei Ausscheiden aus einer GmbH, GmbHR 1984, 29; *Goette,* Auslandsbeurkundungen im Kapitalgesellschaftsrecht, DStR 1996, 709; *Grub,* Der neue § 354a HGB – ein Vorgriff auf die Insolvenzrechtsreform, ZIP 1994, 1649; *Gustavus,* Die Neuregelungen im Gesellschaftsrecht nach dem Regierungsentwurf eines Handelsrechtsreformgesetzes, GmbHR 1998, 17; *Gutbrod,* Vom Gewinnbezugsrecht zum Gewinnanspruch des GmbH-Gesellschafters, GmbHR 1995, 551; *Güter/Rieger,* Anteilskauf und Umwandlungsmodell unter Beteiligung von Steuerausländern, IStR 1995, 257; *Haberstock,* Der Einfluß der Besteuerung auf Rechtsform und Standort, 2. Aufl. 1984; *Heckschen,* Auslandsbeurkundung und Nichtigkeitsgewähr, DB 1990, 161; *Heil/Russenschuck,* Die persönliche Haftung des GmbH-Geschäftsführers, BB 1998, 1749; *Hennerkes/Binz,* Die Buchwertabfindung – ein Fossil unserer Zeit, DB 1983, 2669; *Hennerkes/Binz,* Zur Ausschließlichkeit von Gesellschaftern einer Personengesellschaft nach freiem Ermessen, NJW 1983, 73; *Hennerkes/May,* Überlegungen zur Rechtsformwahl im Familienunternehmen (I), DB 1988, 483 und (II), DB 1988, 537; *Herfs,* Die Kapitalgesellschaft & Co. KGaA als Rechtsformoptimierung für mittelständische Unternehmen, WiB 1997, 688; *Herkenroth/Körner/Rodewald,* Vorlagefähigkeit bilanzsteuerrechtlicher Fragen an den EuGH am Beispiel von Teilwertabschreibungen auf Beteiligungen, DStR 1999, 9; *Herzig/Schiffers,* Rechtsformwahl unter Beachtung der laufenden Besteuerung und von aperiodischen Besteuerungstatbeständen, StuW 1994, 103; *Herzig/Kessler,* Steuerorientierte Wahl der Unternehmensform nach dem Standortsicherungsgesetz – Entlastung der Personenunternehmen und Diskriminierung der Kapitalgesellschaft (Teil I), DStR 1994, 219 und (Teil II), DStR 1994, 261; *Herzig/Schiffers,* Wegfall der Vermögensteuer ab dem 1.1.1997 – Konsequenzen für unternehmerische Entscheidungen, DStR 1997, 341; *Herzig,* Gesellschafter-Fremdfinanzierung von Kapitalgesellschaften, StuW 1993, 237; *Herzig,* Steuerliche Optimierung der Rechtsform durch Rechtsformwechsel, Stbg 1996, 49; *Herzig,* Der drohende Wegfall des ermäßigten Steuersatzes nach § 34 als Gestaltungsaufgabe, Stbg 1998, 443; *Heubeck,* Richttafeln 1998 – Neubewertung der Pensionsrückstellungen und ähnlicher Verpflichtungen, DB 1998, 2542; *Höfer/Eichholz,* Zehnjährige Mindestzusage bei Versorgungszusagen für beherrschende Gesellschafter-Geschäftsführer einer GmbH, DB 1995, 1246; *Hoffmann/Liebs,* Der GmbH-Geschäftsführer, 1995; *Hoffmann/Rüsch,* Schwerpunkte des Entwurfs zum Steuerentlastungsgesetz 1999/2000/2002 aus Sicht der

Beratungspraxis, GmbHR 1998, 1197; *Hoffmann,* Der Aufsichtsrat, 3. Aufl. 1994; *Hoffmann,* Der wirtschaftliche Vorteil für die Kapitalgesellschaft als verdeckte Gewinnausschüttung, DStR 1996, 729; *Höflacher/Wendlandt,* Überlegungen zur Umwandlung von Kapitalgesellschaften in Personenunternehmen, DStR 1996, 530; *Hönik-Schreiner,* Vor- und Nachteile der Kapitalgesellschaft unter Berücksichtigung der Körperschaftsteuerreform 1977, BB 1980, 829; *Hönle,* Wahl der Unternehmensform im Konzernverbund unter steuerlichen Gesichtspunkten, BB 1983, 1875; *Hörtnagl,* Das Handelsrechtsreformgesetz – ein Überblick, INF 1998, 750; *IDW,* Steuergestaltung bei verbundenen Unternehmen in Europa, Bericht über die IDW-Steuerfachtagung am 14./15.9.1993 in Neuss, 1994; *Jacobs/Brewi/Schubert,* Steueroptimale Rechtsform mittelständischer Unternehmen, 1978; *Jacobs,* Unternehmensbesteuerung und Rechtsform, 2. Aufl. 1998, *Jacobs,* Unternehmensrechtsform und Besteuerung nach der KSt-Reform 1977, Eine betriebswirtschaftliche Analyse unter besonderer Berücksichtigung der Wettbewerbsneutralität der Besteuerung, in Betriebswirtschaftslehre und Recht, hrsg. von Heigl/Uecker, 1979, 379; *Jasper,* OLG Karlsruhe, Unzulässigkeit der actio pro socio bei Ausscheiden des klagenden Gesellschafters, WIB 1994, 195; *Kamprad,* Gesellschaftsdarlehen an die GmbH und GmbH & Co., 2. Aufl. 1980; *Kiesel,* Die „richtige" Betriebsaufspaltung ist sehr zeitgemäß, DStR 1998, 962; *Kleineidam/Seutter,* Zur Angemessenheit der Entgeltvereinbarungen bei der Betriebsaufspaltung, StuW 1989, 250; *Kopp,* Rechtsformabhängige Belastungsdifferenzen als Ansatzpunkt einer Reform der Unternehmensbesteuerung, 1983; *Korth,* Rechtsänderungen und Auswirkungen für die Abschlußprüfung durch das KontraG, Stbg 1998, 219; *Köster,* Steuerliche Optimierung von Unternehmenskäufen nach dem neuen Umwandlungssteuerrecht, GmbHR 1995, 422; *Krebs,* Mißbräuchliche Gestaltungen nach dem Umwandlungssteuererlaß der Finanzverwaltung – mögliche Ausweichgestaltungen (1. Teil), BB 1997, 2025; *Kreindler/Mahlich,* Das neue Schiedsverfahrensrecht aus ausländischer Sicht, NJW 1998 563; *Kröner,* Überlegungen zur Verlustnutzung vor dem Hintergrund des Erlaßentwurfs zu §§ 8 Abs. 4 KStG und 12 Abs. 3 Satz 2 UmwStG, DStR 1998, 1495; *Kronthaler,* Jahressteuergesetz 1997, 1997; *Kroschel/Wellisch,* Besteuerung außerordentlicher Einkünfte nach dem Steuerentlastungsgesetz 1999/2000/2002, BB 1998, 2550; *Krüger/Siegemund/Köhler,* Die Auswirkungen der Erbschaftsteuerreform auf den unentgeltlichen Übergang von Produktivvermögen, DStR 1997, 637; *Krüger,* Globale Unternehmenstätigkeit und inländische Besteuerung, Stbg 1996, 544; *Krüger,* Wahl der Unternehmensform, in Steuerberaterhandbuch 1998/99, 8. Aufl. Bonn, 1997; *Krüger,* Regelungsmöglichkeiten des Gesellschafters einer Personengesellschaft für den Todesfall, DStR 1980, 77; *Kuhfus,* Betriebsaufspaltung im Familien-Verbund, GmbHR 1990, 401; *Ladwig,* Die Kommanditgesellschaft auf Aktien – Eine Alternative für börsenwillige mittelständische Unternehmen, DStR 1996, 800; *Lamprecht,* Fortsetzung der OHG bei Ausscheiden eines Gesellschafters?, ZIP 1997, 919; *Levedag/Schmidt,* Die KGaA nach dem BGH-Beschluß vom 24.2.1997: Grundprofil und Einsatzfelder einer hybriden Rechtsform, INF 1997, 749; *Lingemann/Wasmann/Mehr,* Kontrolle und Transparenz im Aktienrecht: Das KontraG in Kraft, BB 1998, 853; *Littkemann,* Rechtsformwahl und steuerliche Restriktionen, StB 1998, 346; *Luckey,* Unternehmensnachfolge, 2. Aufl. 1998; *Lutter,* Anmerkung zum Urteil des BGH vom 16.12.1975, JZ 1976, 562; *Mädrich,* Haftungs- und versicherungsrechtliche Probleme bei Kfz-Fahrgemeinschaften, NJW 1982, 859; *Märkle,* Die Unterbeteiligung an Einkunftsquellen (II. Teil), DStZ 1985, 508; *Meermann,* Kapitalersetzende Darlehen und Bürgschaften des GmbH-Gesellschafters, StBp 1988, 110; *Meyer-Koppitz,* Die steuerliche Anerkennung von Familienpersonengesellschaften in der Rechtsform der Kommanditgesellschaft, DStZ 1996, 265; *Meyer,* Die Kirchensteuer in den neuen Bundesländern FR 1992, 44; *Meyer,* Kirchensteuersätze 1990, NWB Fach 12, 1351; *Müller, R.,* Die atypisch ausgestaltete stille Gesellschaft im Abkommensrecht, IStR 1996, 266; *Nehm,* Rückstellungen für Sozialverpflichtungen, DB 1984, 949; *Niedner/Kusterer,* GmbH-Beratung, GmbHR 1998, 584; *Niedner/Kusterer,* Der Weg von der GmbH in die

GmbH & Co. KGaA, GmbHR 1998, 584; *Niedner/Kusterer,* Die atypisch ausgestaltete Familien-KGaA als Instrument zur Gestaltung des Generationenwechsels in mittelständischen Unternehmen, DB 1997, 2010; *Nirk,* Der „Emissionsprospekt" einer sogenannten Publikums(Abschreibungs-)Kommanditgesellschaft als Anspruchsgrundlagen für geschädigte Kapitalzeichner, in FS Hafermehl, 1976, 189; *Olbing,* Änderungen des zeitlichen Anwendungsbereichs der durch das Gesetz zur Fortsetzung der Unternehmenssteuerreform eingeführten Steuerverschärfungen, Stbg 1998, 111; *Olbing,* Das neue Insolvenzrecht, Beratungs- und Handlungsbedarf vor dem Jahreswechsel, GmbH-StB 1998, 263; *Ott,* Der Umwandlungssteuer-Erlaß vom 25.3.1998, INF 1998, 385; *Palandt,* BGB, 57. Aufl. 1998; *Pickert,* Steuerbelastungsvergleich zwischen einer Kommanditgesellschaft und einer Gesellschaft mit beschränkter Haftung unter Berücksichtigung des FKPG und des StandOG (Teil I), DStR 1994, 473 und (Teil II) DStR 1994, 516; *Pohmer,* Einflüsse der Besteuerung auf die Unternehmensformen, ZfB 64, 679; *Pollmann,* Aufdeckung stiller Reserven bei Beendigung einer Betriebsaufspaltung, NWB Fach 3, 9606; *Priester,* Die eigene GmbH als fremder Dritter, ZGR 1993, 512; *Priester,* Gilt die Rechtsprechung zur Gewinnverteilung bei Familienpersonengesellschaften auch für die GmbH?, DB 1977, 224; *Prugger,* GmbH-Geschäftsführerhaftung für Umsatzsteuer und Lohnsteuer, INF 1988, 510; *Raiser,* Betriebsaufspaltung und Haftungsausschluß eine Illusion?, NJW 1995, 1804; *Randenborgh, von,* Ist die Betriebsaufspaltung noch zeitgemäß? – 10 Argumente gegen die Betriebsaufspaltung, DStR 1998, 20; *Rasner,* Abfindungsklauseln in OHG- und KG-Verträgen, NJW 1983, 2905; *Richter,* Der Einkommensteuertarif 1999/2000/2002 im Überblick, BB 1999, 29; *Robisch,* Optimale Schütt-aus-hol-zurück-Politik von Kapitalgesellschaften und Wandel der Tarifstruktur, DStR 1994, 334; *Rödder,* Erfolgsneutrale Übertragung von Wirtschaftsgütern im Rahmen einer kapitalistischen Betriebsaufspaltung, DStR 1996, 414; *Rödder,* Belastungs- und Gestaltungswirkungen des geplanten Solidaritätszuschlags, DB 1991, 921; *Roemer,* Verwertung von Verlusten bei einer GmbH & Co. KG, INF 1998, 545; *G. Rose,* Die Steuerbelastung der Unternehmung, Grundzüge der Teilsteuerrechnung, 1973; *G. Rose,* Überlegungen zum Steuerbelastungsvergleich zwischen Personenunternehmung und Kapitalgesellschaft, in FS Ritterhausen 432; *Roth/Altmeppen,* Gesetz betreffend die Gesellschaften mit beschränkter Haftung (GmbHG), 3. Aufl. 1997; *Ruban,* Die atypische stille Gesellschaft im Ertragssteuerrecht – Tendenzen in der neueren Rechtsprechung des Bundesfinanzhofs, DStZ 1995, 637; *Schaumburg,* Die KGaA als Rechtsform für den Mittelstand, DStR 1998, 525; *Schaumburg/Rödder,* Umwandlungsgesetz und -steuergesetz, 1995; *Schiffer,* Regelung der Unternehmensnachfolge durch Stiftungskonstruktionen, BB 1992, 1940; *Schiffers,* Minderung des Solidaritätszuschlages und Wegfall der Gewerbekapitalsteuer – Neue Belastungssituation ab 1998, GmbHR 1998, 126; *Schlitt,* Die Auswirkungen des Handelsrechtsreformgesetzes auf die Gestaltung von GmbH & Co. KG-Verträgen, NZG 1998, 580; *Schlitt,* Die GmbH & Co. KG in der Insolvenz nach neuem Recht (1. Teil), NZG 1998, 701; *Schmidt-Liebig,* Der Anleger im Immoblilienfonds als Gewerbetreibender im Sinne des Einkommensteuergesetzes, BB 1998, 563; *Schmidt-Liebig,* Neuere Rechtsprechung des BFH zur Abgrenzung gewerblicher und privater Grundstücksgeschäfte, FR 1997, 325; *Schmidt-Liebig,* Gewerbliche und private Grundstücksgeschäfte im Spiegel der aktuellen Finanzrechtsprechung, StBp 1998, 66; *Schmidt, K.,* Das Handelsrechtsreformgesetz, NJW 1998, 2161; *Schmidt, K.,* Konzernhaftung von freiberuflichen Mehrfachgesellschaftern, ZIP 1994, 1741; *Schmidt, K.,* HGB-Reform im Regierungsentwurf, ZIP 1997, 909; *Schmidt, K.,* HGB-Reform und gesellschaftsrechtliche Gestaltungspraxis, DB 1998, 61; *Schmidt, R.,* Der Entwurf eines Handelsrechtsreformgesetzes, WiB 1997, 1113; *Schmidt, W./Levedag,* Die KGaA nach dem BGH-Beschluß vom 24.2.1997: Grundprofil und Einsatzfelder einer hybriden Rechtsform, INF 1997, 749; *Schuhmann,* Die Drei-Objekt-Grenze und der „sogenannte gewerbliche Grundstückshandel", StBp 1997, 34; *Schulze zur Wiesche,* Die Einschränkung der Übertragung von Verlusten in Umwandlungsfällen durch das Gesetz zur Fortsetzung der Unternehmensreform, DStZ

1998, 413; *Schulze zur Wiesche,* Gewinnverteilungsvereinbarungen bei Personengesellschaften, StBp 1994, 177; *Schulze zur Wiesche,* Qualifizierte Nachfolgeklausel und Sonderbetriebsvermögen im Ertragsteuerrecht, DB 1998, 695; *Schulze zur Wiesche,* Die atypische stille Gesellschaft, FR 1997, 405; *Schulze-Osterloh,* Aufstellung und Feststellung des handelsrechtlichen Jahresabschlusses der Kommanditgesellschaft, BB 1995, 2519; *Seer,* Die Unternehmensbesteuerung im Rechtsformvergleich, NWB Fach 18, 3313, (31.1.1994); *Sender,* Bruchteilsgemeinschaft mit gewerblichem Grundstückshandel und steuerliche Behandlung als gewerbliche Mitunternehmerschaft i.S.d. § 15 EStG – Umfang des steuerlichen Betriebsvermögens, StBp 1995, 280; *Sethe,* Die Besonderheiten der Rechnungslegung bei der KGaA, DB 1998, 1044; *Siegel,* Steuerwirkungen nach Steuerpolitik in der Unternehmung, 1982; *Sigel,* Reparaturmöglichkeiten bei fehlgeschlagener Kapitalerhöhung nach Schütt-aus-hol-zurück-Verfahren, GmbHR 1995, 487; *Simon,* Die Wahl der Unternehmensform nach der Reform der Körperschaftssteuer, NJW 1978, 682; *Sina,* Das Recht des Gesellschafters auf Anwesenheit eines Beraters in der Gesellschafterversammlung, GmbHR 1993, 136; *Söffing,* Umstrukturierung von Betriebsaufspaltungen, DStR 1992, 633; *Spindler,* Der gewerbliche Grundstückshandel in der Rechtsprechung des Bundesfinanzhofs, DStZ 1997, 10; *Stehle/Stehle,* Die rechtlichen und steuerlichen Merkmale verschiedener Rechtsformen, 16. Aufl. 1995; *Stehle,* Die „Freiberufler-GmbH" – ihre Vor- und ihre Nachteile, DStR 1983, 100; *Stimpel,* „Durchgriffshaftung" bei der GmbH: Tatbestände, Verlustausgleich, Ausfallhaftung, in FS Goerdeler, 1987, 601; *Theißen,* Gesellschafterbürgschaften in der Insolvenz der OHG nach neuem Recht, ZIP 1998, 1625; *Thiel/Eversberg/Lishaut/Neumann,* Der Umwandlungssteuer-Erlaß 1998, GmbHR 1998, 397; *von der Heydt,* Die Haftung im qualifizierten faktischen Konzern – Anmerkungen zum Videourteil des BGH (Urteil v. 23.9.1991, II ZR 135/90) DStR 1992, 147; *Vonnemann,* Gebrauchsüberlassung als eigenkapitalersetzende Leistung, DB 1990, 261; *Wakker,* Die §§ 20 ff. UmwStG 1995 nach dem Einführungsschreiben vom 25.3.1998, BB 1998, Beilage 8; *F.W. Wagner,* Grundsätzliche Anmerkungen zu Irrtümern und Mängeln steuerlicher Rechtsformvergleiche, DStR 81, 243; *Wagner/Dirrigl,* Die Steuerplanung der Unternehmung, 1980, 187; *Wassermeyer,* Replik auf Hoffmann (Der wirtschaftliche Vorteil für die Kapitalgesellschaft als verdeckte Gewinnausschüttung), DStR 1996, 733; *Wassermeyer,* Stand der Rechtsprechung zur verdeckten Gewinnausschüttung, Stbg 1996, 481; *Weber/Jacob,* Zum Referentenentwurf des Handelsreformgesetzes, ZRP 1997, 152; *Weber,* Veräußerungen von Beteiligungen in Teilabschnitten – § 34 Abs. 1 EStG 1990, DStZ 1989, 118; *Wendt,* Zur Grauzone zwischen Betriebsaufgabe und Betriebsänderung FR 1998, 264; *Weßling,* Analyse der Vorteilhaftigkeit der Umwandlung von zu verschenkendem privaten Grundbesitz in Betriebsvermögen nach dem neuen ErbStG, DStR 1997, 1381; *Westerfelhaus,* Betriebswirtschaftliche Einflüsse auf das Steuerrecht der Familienpersonengesellschaften, DB 1997, 2033; *Widmann,* Die Familien-GmbH im neuen Körperschaftsteuerrecht, DStR 1980, 522; *Winter,* Beendigung der Betriebsaufspaltung, GmbHR 1994, 313; *Wochinger/Rödder,* Neue Restriktionen für die Umwandlung von Kapital- in Personengesellschaften, FR 1998, 129; *Woerner,* Neues zur Betriebsaufspaltung, DStR 1986, 735; *Wüst,* Wege des Gläubigerschutzes bei materieller Unterkapitalisierung einer GmbH (Teil I und II), DStR 1991, 1388 und 1424.

I. Vorbemerkungen

1 Für die Wahl der „richtigen" Unternehmensform gibt es kein Patentrezept; welcher rechtlichen Gestaltung der Vorzug zu geben ist, läßt sich nicht generell festlegen. Die einmal getroffene Wahl kann sich als falsch erweisen oder die ursprüngliche Gestaltung kann bereits von vornherein eine Fehlentscheidung gewesen sein. In jedem Fall muß korrigierend eingegriffen werden. Aufgabe dieser Darstellung ist es, den überaus schwierigen und u. U. folgenschweren Entscheidungsprozeß für Berater und Mandant zu erleichtern.

Ist die eine Unternehmung tragende Idee geboren, dann sollte der Ausgangspunkt jeder weiteren Überlegung immer eine „Bestandsaufnahme" dessen sein, was an personeller Gestaltung (persönliche Fähigkeiten, Vertrauen, Arbeitskraft, Leistungsfähigkeit und auch Arbeitslust der Beteiligten) überhaupt möglich und gewollt ist. Neben diesen persönlichen Gründen sind betriebswirtschaftliche Aspekte zu beachten; diese reichen von der vorhandenen Kapitaldecke zu den Kapitalbeschaffungsmöglichkeiten über Standortprobleme, Lizenzen, Material und Materialbeschaffung bis hin zu Produktionsgenehmigungen, behördlichen Erlaubnissen, Belegschaftsinteressen und – nicht zuletzt – zu Beschränkungen aufgrund von Umweltschutzbestimmungen. Erst wenn hierauf zufriedenstellende Antworten und Lösungen gefunden sind, kann sinnvollerweise nach den handels- und mitbestimmungsrechtlichen Konsequenzen einer bestimmten Rechtsform gefragt und begonnen werden, das gesellschaftliche „Unternehmerkleid nach Maß zu schneidern". Am Ende stehen dann quasi als Korrektiv die steuerrechtlichen Überlegungen, die sich – will man böse Überraschungen vermeiden – nicht nur auf einen bloßen betrieblichen Belastungsvergleich beschränken dürfen. Das Resultat aller dieser Überlegungen ist naturgemäß keine Formel, aus der der richtige Entschluß gleichsam mit mathematischer Genauigkeit abgelesen werden kann. Die Gewichtung der einzelnen Gesichtspunkte und die Abwägungen müssen vielmehr in jedem Einzelfall neu durchdacht und entschieden werden.

Da es keine Steuerneutralität (Gleichheit der Belastung) der verschiedenen Unternehmensformen gibt, vielmehr die steuerrechtliche Behandlung an die zivilrechtliche Gestaltung anknüpft, kommt der Rechtsformwahl eine überragende Bedeutung zu. Das von Personengesellschaften über Mischformen wie die GmbH & Co. KG, die GmbH & Still und die Betriebsaufspaltung bis hin zu „reinen" Kapitalgesellschaft reichende Spektrum an Wahlmöglichkeiten läßt sich sinnvoll nur nutzen, wenn zunächst zumindest die wichtigsten Beweggründe, Bedingungen und Risiken abgeklärt worden sind.

Sonderformen wie beispielsweise Vereine, Anstalten, Zweckvermögen oder Erwerbs- und Wirtschaftsgenossenschaften stehen als Unternehmensformen einem Unternehmer bzw. einem Unternehmen in aller Regel nicht zur Verfügung. Sie können daher in der nachstehenden Synopse und den sich anschließenden Erläuterungen ebenso vernachlässigt werden wie die Rechtsformen der Partenreederei und der bergrechtlichen Gewerkschaft, die nur für einen verschwindend kleinen Kreis praktische Relevanz erlangen können.

2 Grundsätzlich stehen als Gestaltungsmöglichkeiten die Unternehmensformen Kapitalgesellschaft einerseits und Personengesellschaft andererseits zur Verfügung. Vereinfachend läßt sich sagen, daß die Vorteile, die eine Kapitalgesellschaft bietet, zugleich auch die Nachteile einer Personengesellschaft sind und umgekehrt. Freilich lassen sich gesellschaftsvertraglich beide Unternehmensformen so modifizieren und einander so annähern, daß kaum noch ein Unterschied zwischen ihnen besteht.

3 Steuerlich hingegen lassen sich die Unterschiede der einzelnen – grundlegenden – Unternehmensformen nur sehr bedingt und in engen Grenzen egalisieren. Um eine optimale Entscheidung im Einzelfall zu ermöglichen, werden nachstehend die Entscheidungshilfen für die Wahl der „richtigen" Unternehmensform in der Weise gegeben, daß Vor- und Nachteile der einzelnen Rechtsform sowie empfehlenswerte Gestaltungsmöglichkeiten dargestellt werden.

II. Entscheidungshilfen für die Wahl zwischen einer Kapital- und einer Personengesellschaft

1. Synoptische Darstellung der Vor- und Nachteile einer Kapital- und einer Personengesellschaft

4

Vorteile der Kapitalgesellschaft = Nachteile der Personengesellschaft	Nachteile der Kapitalgesellschaft = Vorteile der Personengesellschaft
– Abzugsfähigkeit von Gesellschaftervergütungen s. Rz. 5	– Aufpreiszahlung für stille Reserven durch einen Erwerber s. Rz. 59
– Aufsichtsrats-/Beiratsvergütungen s. Rz. 6	– Ausländische Anteilseigner s. Rz. 58 ff.
– Betriebsaufspaltung s. Rz. 7 ff.	– Ausländische Einkünfte s. Rz. 63 ff.
– (1) Wesen der Betriebsaufspaltung, Definition und Rechtsquellen s. Rz. 7 f.	– Einbringung einzelner Wirtschaftsgüter s. Rz. 66
(2) Rechtsfolgen der Betriebsaufspaltung s. Rz. 9	– Erbschaftsteuer s. Rz. 67 – Gesellschaftsteuer s. Rz. 68
(3) Arten der Betriebsaufspaltung s. Rz. 10	– Gewerbesteuer s. Rz. 69
(4) Sachliche Verflechtung s. Rz. 11 f.	– Grunderwerbsteuer s. Rz. 70
(5) Personelle Verflechtung s. Rz. 13	– Kapitalaufbringung s. Rz. 71
(6) Begründung der Betriebsaufspaltung s. Rz. 14	– Kosten s. Rz. 72
(7) Beendigung der Betriebsaufspaltung s. Rz. 15	– Mitbestimmung s. Rz. 73
– Direktversicherung s. Rz. 16	– Nicht wesentliche Anteile an einer Kapitalgesellschaft/Benachteiligung bei Veräußerung, Kapitalherabsetzung, Liquidation und Umwandlung s. Rz. 74
– Dispositionsbefugnis, den Umfang des Betriebsvermögens zu bestimmen s. Rz. 17	– Nichtabzugsfähige Betriebsausgaben (verlorene definitive Körperschaftsteuer in Höhe von 45/55) s. Rz. 75
– Familiengesellschaften/Gewinnverteilung s. Rz. 18 ff.	– Publizitäts- und Prüfungspflicht s. Rz. 76
– Haftung s. Rz. 25 ff.	– Selbstfinanzierung der Gesellschaft s. Rz. 77
(1) Durchgriffshaftung s. Rz. 27	– Übertragungsmöglichkeiten begünstigter Gewinne (§ 6b EStG) s. Rz. 78

Vorteile der Kapitalgesellschaft = Nachteile der Personengesellschaft	Nachteile der Kapitalgesellschaft = Vorteile der Personengesellschaft
(2) Konzernhaftung s. Rz. 28	– Umwandlung in eine Kapitalgesellschaft/Rückumwandlung s. Rz. 79
– Handwerksordnung s. Rz. 29	– Verdeckte Gewinnausschüttungen s. Rz. 80
– Insolvenz s. Rz. 30	– Verlustausgleich zwischen Gesellschaft und Gesellschafter s. Rz. 81
– Kirchensteuerbelastung s. Rz. 31	– Verlustrücktrag s. Rz. 82
– Pensionsrückstellungen s. Rz. 32	– Vermögensteuer s. Rz. 83
– Schachtelprivileg (internationales)/ direkte und indirekte Steueranrechnung s. Rz. 33 ff.	– Wegzugsbesteuerung s. Rz. 84
– Sozialversicherung s. Rz. 39	
– Steuerung des Gewinnanfalls der Gesellschaft beim Gesellschafter s. Rz. 40	
– Thesaurierte Gewinne/Besteuerung s. Rz. 41	
– Trennung von Kapitalgeber und Leitungsfunktion s. Rz. 42	
– Veräußerungsgewinne von im Privatvermögen gehaltenen Anteilen s. Rz. 43 ff.	
– Vererblichkeit der Anteile s. Rz. 48 ff.	
(1) Fortsetzung der Gesellschaft unter den verbleibenden Gesellschaftern s. Rz. 50	
(2) Übertragung des Gesellschaftsanteils unter Lebenden mit Wirkung auf den Todesfall s. Rz. 51	
(3) Fortsetzung der Gesellschaft mit den Erben s. Rz. 52	
3.1. Nachfolgeklausel s. Rz. 53	
3.2. Eintrittsklausel s. Rz. 54	
– Verlustübertragung s. Rz. 55	
– Vermögensbildung in Arbeitnehmerhand s. Rz. 54 ff.	

2. Erläuterungen der Vorteile einer Kapitalgesellschaft und der Nachteile einer Personengesellschaft

a) Abzugsfähigkeit von Gesellschaftervergütungen

5 Gesellschaftervergütungen für Dienstleistungen, Kreditgewährung oder die Überlassung von Wirtschaftsgütern der Gesellschafter an die Gesellschaft dürfen den steuerlichen Gewinn der Personengesellschaft nicht mindern. Demzufolge gehören solche Leistungsvergütungen zu den Einkünften aus Gewerbebetrieb (Vorabgewinn i. S. d. § 15 Abs. 1 Nr. 2 Satz 1 Halbsatz 2 EStG), erhöhen damit die Gewerbesteuerbelastung und verbieten die Inanspruchnahme einkunftsspezifischer Freibeträge. Der mittelbar über eine oder mehrere Personengesellschaften beteiligte Gesellschafter steht dabei dem unmittelbar beteiligten Gesellschafter gleich (§ 15 Abs. 1 Nr. 2 Satz 2 Halbsatz 1 EStG). Bei Kapitalgesellschaften hingegen sind Leistungsvergütungen, die eine Gesellschaft an ihre Gesellschafter erbringt, grundsätzlich auch steuerlich anzuerkennen. Solche Leistungen mindern das Einkommen der Gesellschaft, führen bei den Gesellschaftern ggf. zu entsprechenden Einkünften und eröffnen die Möglichkeit der Inanspruchnahme diverser Freibeträge. Dieser steuerliche Vorteil ist um so bedeutsamer, je mehr in der Gesellschaft tätige Gesellschafter vorhanden sind und je höher sie sich ihre Leistungen vergüten lassen. Bei Vereinbarung einer Mischform ist zu beachten, daß die Abzugsfähigkeit von Gesellschaftervergütungen bei einer GmbH & Still und bei einer Betriebsaufspaltung immer möglich ist, sich bei einer GmbH & Co. KG aber nur unter der Voraussetzung erreichen läßt, daß der Gesellschafter-Geschäftsführer der Komplementär-Kapitalgesellschaft nicht zugleich Mitunternehmer der Kommanditgesellschaft ist (vgl. Abschnitt 39 Abs. 2 GewStR 1998).

Neben der Abzugsfähigkeit der Gesellschaftervergütungen für Gewerbesteuerzwecke bestehen noch eine Reihe von Steuervorteilen, die nur von Gesellschafter-Geschäftsführern einer Kapitalgesellschaft genutzt werden können.

Dies gilt insbesondere für den Freibetrag in Höhe von 2 400 DM für Belegschaftsrabatte (§ 8 Abs. 3 EStG), für Heirats- und Geburtsbeihilfen bis 700 DM (§ 3 Nr. 15 EStG), Jubiläumszuwendungen (§§ 3 Nr. 52 EStG, 3 LStDV), Zukunftssicherungsleistungen (§§ 3 Nr. 62 EStG, 2 Abs. 2 Nr. 3 LStDV) sowie den steuerfreien Ersatz von Werbungskosten, seit dem Steuerreformgesetz 1990 beschränkt auf die in § 3 Nr. 16 explizit genannten Fälle.[1]

Darüber hinaus führen manche Verwaltungsvereinfachungsbestimmungen zu einer de facto Steuerfreiheit. So hat die Finanzverwaltung in den Lohnsteuerrichtlinien bestimmt, daß Zinsersparnisse aus Arbeitgeberdarlehen nicht zum steuerpflichtigen Arbeitslohn gehören, wenn die Summe der an den Arbeitnehmer gewährten und noch nicht getilgten Darlehen im Zeitpunkt der Hingabe des Darlehens bzw. im Zeitpunkt der Lohnzahlung 5 000 DM nicht übersteigt (R 31 Abs. 8 Satz 2 LStR 1999).

1 Zu weiteren Einzelheiten vgl. z. B. Brandmüller, Rz. 505 ff.

Die weitergehende Steuerbefreiung von 2 000 DM des § 3 Nr. 68 gilt seit dem 1.1.1989 nur noch für Altverträge (zur Weitergeltung vgl. auch § 52 Abs. 2j EStG).

Diese Zuwendungen werden grundsätzlich auch beim Gesellschafter-Geschäftsführer anerkannt, wenn sie im voraus eindeutig vereinbart sind und die Gesamtvergütung einschließlich der Sachbezüge und anderer geldwerter Vorteile angemessen ist.[1]

b) Aufsichtsrats- und Beiratsvergütungen

Aufwendungen für einen Aufsichtsrat oder Beirat mindern unabhängig **6**
von der Zusammensetzung des Kontrollgremiums bei Kapitalgesellschaften immer den Gewinn der Gesellschaft, die Hälfte der gewährten Vergütungen ist aber gemäß § 10 Nr. 4 KStG als nichtabziehbare Betriebsausgabe zu behandeln. Bei Aufsichtsräten bzw. Beiräten (so sie mit der Überwachung der Geschäftsführung beauftragt sind) führen die Zuflüsse zu Einnahmen aus selbständiger Tätigkeit i. S. d. § 18 Abs. 1 Nr. 3 EStG.

Die von einer deutschen Kapitalgesellschaft an einen beschränkt Steuerpflichtigen gezahlte Aufsichtsratsvergütung unterliegt einer 30%igen Aufsichtsratssteuer. Die Bemessungsgrundlage für die Aufsichtsratssteuer ist der volle Betrag der Aufsichtsratsvergütung (§ 50a Abs. 3 EStG), also einschließlich der Aufsichtsratsteuer; dabei ist die USt in die Bemessungsgrundlage der Abzugsteuer nach § 50a Abs. 1 EStG einzubeziehen (R 227c Abs. 4 EStR 1996; § 3a Abs. 4 Nr. 3 UStG; § 52 Abs. 2 UStDV). Übernimmt die Kapitalgesellschaft die Aufsichtsratsteuer, so kann von einer Berechnungsgrundlage, die gleich der um die Aufsichtsratsteuer verminderten Aufsichtsratsvergütung ist, ausgegangen werden. Der hierauf anzuwendende Berechnungssatz beträgt 42,85 % (mit Solidaritätszuschlag 44,28 %) des Auszahlungsbetrages. Die Aufsichtsratsteuer hat Abgeltungscharakter (§ 50 Abs. 5 Satz 1 EStG), d. h. der beschränkt Steuerpflichtige hat keinerlei Steuererklärungspflichten im Inland auszuüben; durch den Abzug der Aufsichtsratsteuer ist die deutsche Steuerpflicht erfüllt.

Bei Personengesellschaften sind Zahlungen an Mitglieder des Aufsichtsrates oder Beirates nur dann steuerlich relevant, wenn diese Personen nicht Mitunternehmer der Gesellschaft sind; andernfalls liegt eine Vorabvergütung (s. o. Rz. 5) vor.[2]

1 Vgl. hierzu OFD Stuttgart v. 5.5.1995, BB 1997, 243 ff.; Sächsisches Staatsministerium der Finanzen v. 20.5.1996, DStR 1996, 1246 ff.; OFD Koblenz v. 9.1.1997, DStR 1997, 202 ff.

2 Zu den Aufgaben eines Aufsichtsrates, seiner inneren Organisation etc. vgl. grundlegend Hoffmann, Der Aufsichtsrat; zu Beratungsverträgen mit Aufsichtsratsmitgliedern vgl. BGH-Urteile v. 25.3.1991, BGHZ 114, 127 und v. 4.7.1994, BGHZ 126, 340 sowie Hoffmann, FS Havermann, 203 ff.

c) *Betriebsaufspaltung*

aa) Wesen der Betriebsaufspaltung, Definition und Rechtsquellen

7 Unter einer Betriebsaufspaltung versteht man Gestaltungsmodelle, bei denen ein grundsätzlich wirtschaftlich einheitlicher Betrieb in zwei rechtlich und wirtschaftlich selbständige Unternehmen aufgeteilt wird. Der einheitliche wirtschaftliche Betätigungswille wird auf eine Doppelgesellschaft bzw. auf ein Doppelunternehmen aufgespalten.

8 Das Rechtsinstitut der Betriebsaufspaltung beruht auf Richterrecht.[1] Eine klarstellende gesetzliche Regelung war geplant,[2] wurde jedoch nicht umgesetzt. Damit sind Tatbestand und Rechtsfolgen der Betriebsaufspaltung bis heute nicht geregelt. Jedoch ist die BFH-Rechtsprechung bezüglich der Grundsätze der Betriebsaufspaltung durch Beschlüsse des Bundesverfassungsgerichtes vom 14.1.1969[3] anerkannt und bestätigt worden.

Dennoch wird im Schrifttum zum Teil die Ansicht vertreten, daß die BFH-Rechtsprechung zur Betriebsaufspaltung einer gesetzlichen Grundlage entbehre; das Besitzunternehmen sei kein Gewerbebetrieb. Gleichwohl müsse bei einer „Betriebsaufteilung", in Anlehnung an die Rechtsprechung zur Betriebsverpachtung, keine zwingende Gewinnrealisierung erfolgen. Analog zur Betriebsverpachtung soll ein Wahlrecht bestehen, die zurückbehaltenen Wirtschaftsgüter als Privatvermögen (also mit Gewinnrealisierung) oder als Betriebsvermögen (damit einhergehend keine Gewinnrealisierung) zu behandeln.[4]

Die Rechtsprechung hat sich dieser Kritik nicht angeschlossen. Zwar liegt grundsätzlich keine ihrer Art nach gewerbliche Betätigung, nämlich das Vermieten oder Verpachten von Wirtschaftsgütern und die eventuelle zusätzliche Ausübung von Rechten aus Anteilen an Kapitalgesellschaften, vor, jedoch besitzen die hinter dem Besitz- und Betriebsunternehmen stehenden Personen einen einheitlichen geschäftlichen Betätigungswillen, der über das Betriebsunternehmen hinaus auch für die Beurteilung des Besitzunternehmens maßgeblich ist. Die gewerbliche Qualifikation des Besitzunternehmens ist somit Ausfluß einer weiten Definition des Begriffs des Gewerbebetriebs kraft Betätigung i. S. d. § 15 Abs. 2 EStG (Teilnahme am allgemeinen wirtschaftlichen Verkehr).

Das Institut der Betriebsaufspaltung kann aufgrund der langjährigen Anerkennung durch die Finanzgerichte und das Bundesverfassungsgericht als gefestigt angesehen werden. Dennoch ergeben sich insbesondere aus der fehlenden gesetzlichen Kodifizierung gewisse Probleme,

1 Vgl. bereits RFH v. 21.3.1944 RStBl. 1944, 538; BFH v. 9.12.1954, BStBl III 1955, 88; BFH, Großer Senat v. 8.11.1971, BStBl II 1972, 63.
2 BT-Drucks. 10/4513, 63.
3 BStBl II 1969, 389 und v. 12.3.1985, BStBl II, 475.
4 Literaturhinweise bei L. Schmidt, § 15 EStG, Rz. 806, 877; OFD Hamburg v. 16.1.1996, DStR 1996, 427; OFD Frankfurt v. 23.7.1996, DB 1996, 1753; Rödder, DStR 1996, 414 ff.; Thiel, FS Haas, 1996, 353, 356.

da die Anforderung, die die Rechtsprechung an die Erfordernisse der personellen und sachlichen Verflechtung gestellt hat, im Zeitablauf immer Schwankungen unterlegen hat.

bb) Rechtsfolgen der Betriebsaufspaltung

Trotz der Bezeichnung als Doppelunternehmen und der gegebenen engen Verflechtung werden Besitz- und Betriebsunternehmen auch steuerlich als rechtlich eigenständige Unternehmen anerkannt, die ihren Gewinn selbständig ermitteln und grundsätzlich unabhängig voneinander bilanzieren.[1] 9

Das Betriebsunternehmen ist aufgrund der gewerblichen Tätigkeit und/ oder kraft Rechtsform generell gewerblich tätig. Das Besitzunternehmen wird dagegen lediglich als gewerbliches Unternehmen qualifiziert. Hierdurch wird eine eigentlich vermögensverwaltende Tätigkeit zur gewerblichen. Die Umqualifizierung der Einkünfte erstreckt sich auf alle am Besitzunternehmen beteiligten Personen, also auch auf diejenigen Gesellschafter einer Besitzgesellschaft, die nicht an der Betriebskapitalgesellschaft beteiligt sind.[2]

Aufgrund der durch die Betriebsaufspaltung bewirkten Gewerblichkeit der Besitzgesellschaft kann nicht das sonst für Besitzpersonengesellschaften bestehende Wahlrecht bezüglich der Betriebsverpachtung wahrgenommen werden.

Die Anteile an der Betriebsgesellschaft, die der Besitzgesellschaft oder ihren Gesellschaftern gehören, sind dem notwendigen Betriebsvermögen der Besitzgesellschaft oder dem notwendigen Sonderbetriebsvermögen der Gesellschafter zuzurechnen. Zum notwendigen Betriebsvermögen gehören ebenfalls alle weiteren Wirtschaftsgüter, welche die Besitzgesellschaft der Betriebsgesellschaft zur Nutzung überlassen hat.[3]

Schmidt[4] spricht davon, daß die Betriebsaufspaltung die steuerlichen Vorteile eines Personenunternehmens (z. B. keine Doppelbelastung mit Vermögensteuer, unmittelbare Verlustzurechnung, Erbschaftsteuer nach Substanzwertverfahren, doppelte Ausnutzung der gewerbeertragsteuerlichen Freibeträge sowie des Staffelfreibetrags) mit den steuerlichen Vorteilen einer Kapitalgesellschaft (z. B. gewerbesteuerliche Abzugsfähigkeit der Gesellschafter-Geschäftsführervergütung, gewinnmindernde Bildung einer Rückstellung für Pensionszusagen an Gesellschafter-Geschäftsführer, keine Kirchensteuer auf nicht ausgeschüttete Gewinne) kombiniert. Die steuerliche Situation im Vergleich zu anderen Rechts-

1 Dies soll bestehende Eigenheiten nicht leugnen, die sich z. B. bezüglich des Zeitpunkts der Aktivierung eines Gewinnanspruchs ergeben, einen allgemeinen Grundsatz der korrespondierenden Bilanzierung hat der BFH jedoch verneint, vgl. BFH v. 8.3.1989, BStBl II, 714.

2 Sog. Nur-Besitzgesellschafter; vgl. H 137 Abs. 4 EStH 1997.

3 Vgl. BFH v. 24.11.1978, BStBl II 1979, 366; Gewinnausschüttungen der Betriebskapitalgesellschaft an die Besitzmitunternehmer gehören daher zu deren Einkünften aus Gewerbebetrieb (und nicht zu den Einkünften aus Kapitalvermögen). Vorteilhaft hingegen ist, daß die Gehälter der Gesellschafter-Geschäftsführer bei der Betriebskapitalgesellschaft als Aufwand abgezogen werden können und nicht zu dem gewerblichen Gewinn der Besitzpersonengesellschaft zählen, vgl. BFH v. 9.7.1970, BStBl II, 722.

4 § 15 EStG, Rz. 804.

formen hat sich jedoch aufgrund zahlreicher Änderungen gesetzlicher Rahmenbedingungen in den letzten Jahren verschlechtert (z. B. Wegfall der Vermögensteuer, Einführung des Sondertarifs bei § 32c EStG).[1] So werden in der Literatur[2] vereinzelt Stimmen laut, die Zweifel an der Zeitgemäßheit des Instituts der Betriebsaufspaltung anmelden. Grundsätzlich verbindet sich mit der Betriebsaufspaltung aber die Möglichkeit, wertvolle Teile des Betriebsvermögens (insbesondere Grundbesitz) aus der Haftungsmasse für laufende Verbindlichkeiten (mit Ausnahme Betriebssteuern, § 74 AO) auszunehmen. Jedoch ist im Bereich der Haftungsbeschränkung die neuere Rechtsprechung zum faktischen Konzern und der damit ggf. verbundenen Konsequenz des Haftungsdurchgriffs zu beachten.[3]

cc) Arten der Betriebsaufspaltung

10 Die Erscheinungsformen der Betriebsaufspaltung kann man nach der Art ihrer Entstehung sowie nach der Qualität der eingesetzten Rechtsformen unterscheiden.

Nach der Art der Entstehung unterscheidet man echte (auch eigentliche genannte) Betriebsaufspaltungen und sog. unechte (uneigentliche) Betriebsaufspaltungen.

Von einer echten Betriebsaufspaltung spricht man, soweit ein bereits bestehendes Unternehmen, z. B. Einzelunternehmen oder Personengesellschaft, in ein Besitz- und Betriebsunternehmen aufgespalten wird. Hierzu wird häufig ein Betriebsunternehmen (i. d. R. Kapitalgesellschaft in der Rechtsform der GmbH) neu gegründet. Die Aufteilung wird in der Mehrzahl der Fälle so vollzogen, daß Umlaufvermögen und unwesentliche Teile des Anlagevermögens an die GmbH veräußert oder gegen Gewährung von Gesellschaftsrechten in diese eingelegt werden. Dagegen verbleiben besonders wertvolle Teile des Anlagevermögens (Grundstücke, Gebäude, maschinelle Anlagen) regelmäßig im Eigentum der Besitzgesellschaft und werden lediglich der Betriebsgesellschaft überlassen. Im Ergebnis betreibt die GmbH das Geschäft in der ursprünglichen Gesellschaft fort, das Personenunternehmen übt nur noch eine vermögensverwaltende Tätigkeit aus.

Im Falle der unechten Betriebsaufspaltung werden bereits im Zeitpunkt der Aufnahme der wirtschaftlichen Tätigkeit mehrere Unternehmen gegründet und unmittelbar oder zu einem späteren Zeitpunkt miteinander verbunden.

Bezüglich der Qualität der Rechtsform kann man die wohl „klassische" Art der Betriebsaufspaltung unterscheiden, bei der als Besitzunternehmen Personenunternehmen fungieren (Einzelunternehmen, Per-

1 Vgl. hierzu z. B. Herzig/Schiffers, DStR 1997, 341; auch könnten Bestrebungen hin zu einem einheitlichen Unternehmenssteuersatz – derzeit in der Diskussion 35 % – das Institut der Betriebsaufspaltung aus steuerlicher Sicht in naher Zukunft unattraktiv werden lassen (vgl. hierzu Ausführungen zu Rz. 43, 186, 207).

2 So z. B. v. Randenborgh, DStR 1998, 20; im Gegensatz dazu aber Kiesel, DStR 1998, 962.

3 Vgl. hierzu Raiser, NJW 1995, 1804; Donle, DStR 1995, 1918; Drygela, NJW 1995, 3237; K. Schmidt, ZiP 1994, 1471; Priester, ZGR 1993, 512.

sonengesellschaften, Bruchteils- oder Erbengemeinschaften) und das Betriebsunternehmen in Form einer Kapitalgesellschaft (i. d. R. GmbH) geführt wird. Diese „klassische" Form der Betriebsaufspaltung hat aus steuerlichen und zivilrechtlichen Aspekten heraus die größte Bedeutung. Von wesentlich geringerer praktischer Bedeutung ist dagegen die „umgekehrte" Betriebsaufspaltung, bei der das Besitzunternehmen Kapitalgesellschaft und das Betriebsunternehmen ein Personenunternehmen ist.

dd) Sachliche Verflechtung

Gemäß Abschn. 137 Abs. 5 Satz 1 EStR 1993 besteht eine sachliche Verflechtung, wenn zwischen Besitz- und Betriebsunternehmen infolge der miet- oder pachtweisen Überlassung wesentlicher Betriebsgrundlagen eine besonders enge Verbindung besteht. Dabei ist es unbeachtlich, ob die zur Nutzung überlassenen Wirtschaftsgüter im Eigentum des Besitzunternehmens stehen oder lediglich von dritter Seite gepachtet sind oder von Gesellschaftern des Besitzunternehmens zur Nutzung überlassen wurden.[1] **11**

I. d. R. erfolgt die Überlassung aufgrund eines entgeltlichen Vertrags (Miet-, Pachtvertrag, Erbbaurechts- bzw. Nießbrauchrechtsbestellung). Daneben bewirkt aber auch eine unentgeltliche Überlassung die Betriebsaufspaltung.[2] Die Gewinnerzielungsabsicht des Besitzunternehmens konkretisiert sich in diesem Fall in dem Streben, gewerbliche Beteiligungserträge zu erzielen. Ausschüttungen bzw. Wertsteigerungen der Anteile sowie Nutzungsentgelte sind insgesamt austauschbare wertgleiche Äquivalenzprodukte in bezug auf den angestrebten gewerblichen Gewinn.

Bezüglich des Begriffs der wesentlichen Betriebsgrundlage bestanden in den vergangenen Jahren bzw. bestehen ggf. immer noch gewisse Divergenzen in der Rechtsprechung verschiedener Senate des Bundesfinanzhofs. Aufgrund der Bedeutung dieser Entwicklung für das Institut der Betriebsaufspaltung sollen im folgenden die wesentlichen Entscheidungen der letzten Jahre kurz besprochen werden. Ausgangspunkt war ein Urteil des VII. Senats des BFH vom 12.11.1985[3], in dem zwei kumulativ zu erfüllende Entscheidungsmerkmale benannt wurden, um eine sachliche Verflechtung zu begründen. Zum einen sollte das Wirtschaftsgut für die Bedürfnisse des Betriebsunternehmens besonders gestaltet sein, eine Anmietung von einem fremden Dritten sollte damit nicht ohne weiteres möglich sein, zum anderen sollte das Wirtschaftsgut für das Betriebsunternehmen nicht nur von geringer wirtschaftlicher Bedeutung sein.

Ergebnis einer solchen verengenden Auslegung des sachlichen Verflechtungskriteriums wäre, daß der Anwendungsbereich der Betriebsaufspaltung stark eingegrenzt würde, da nahezu jeder Betrieb in gemieteten Räumen und mit gemietetem beweglichen Anlagevermögen

1 Vgl. BFH v. 24.8.1989, BStBl II, 1014.
2 Vgl. BFH v. 24.4.1991, BStBl II, 713.
3 BStBl II 1986, 299.

geführt werden kann. So führt nach Ansicht des VIII. Senats auch ein bebautes Grundstück, das wirtschaftliche Bedeutung besitzt, nur dann zu der Annahme einer wesentlichen Betriebsgrundlage, wenn es durch das Besitzunternehmen für die Bedürfnisse des Betriebsunternehmens besonders gestaltet wurde.[1]

Dieser restriktiven Rechtsprechung trat der VI. Senat des BFH in seinem Urteil vom 24.8.1989[2] entgegen. Er wich hier von der engen Auffassung ab und formulierte folgenden Leitsatz:

„Eine sachliche Verflechtung im Rahmen einer Betriebsaufspaltung wird durch die Überlassung von Anlagegütern an die Betriebsgesellschaft begründet, die für diese nach ihrer Funktion eine wesentliche Betriebsgrundlage bilden. Hierzu zählen auch unbebaute Grundstücke, wenn sie von der Betriebsgesellschaft für ihre besonderen Bedürfnisse hergerichtet worden sind."

Der IV. Senat stellt in diesem Urteil somit auf eine funktionale Betrachtungsweise ab. Dies bewirkt eine differenzierte Sichtweise, die den unterschiedlichen Sachverhaltsausprägungen in der Praxis Rechnung tragen kann. Dies führt jedoch zugleich dazu, daß die Prüfung, ob eine wesentliche Betriebsgrundlage vorliegt, im Einzelfall schwierig wird.[3] Das Judikat des IV. Senats besagt jedoch zugleich, daß die besondere Gestaltung kein eigenständiges Abgrenzungsmerkmal für die Frage der sachlichen Verflechtung darstellt.

Als weiterer Spruchkörper wurde der X. Senat des BFH am 23.1.1991[4] mit der Frage der notwendigen Voraussetzungen für die sachliche Verflechtung beschäftigt. In dieser Entscheidung schloß sich der X. Senat weitgehend der Rechtsauffassung des Urteils des IV. Senats vom 24.8.1989 an. Die sachliche Verflechtung als Voraussetzung einer Betriebsaufspaltung ist hiernach auch dann zu bejahen, wenn erst das Betriebsunternehmen (mit Zustimmung des Besitzunternehmens) ein ihm überlassenes Gebäude für seine Zwecke herrichtet.

Der I. Senat des BFH urteilte am 10.4.1991[5] dahingehend, daß ein Grundstück dann eine wesentliche Betriebsgrundlage bildet, wenn der Betrieb in der Weise mit dem Grundstück verbunden ist, daß er an anderer Stelle nicht wie bisher fortgeführt werden kann, oder wenn das Grundstück den Bedürfnissen des Betriebs entsprechend hergerichtet ist. Wohl nur als konkretisierend zu den letztgenannten Urteilen kann der Urteilsspruch vom 12.4.1991 des III. Senats angesehen werden.[6] Hiernach qualifiziert sich ein Gebäude dann als wesentliche Betriebsgrundlage, wenn es nach seiner Lage, seiner Größe und seinem Grundriß auf den Betrieb des Betriebsunternehmens zugeschnitten ist. Dabei sei unter Größe und Grundriß eine Baugestaltung zu verstehen, die auf die besonderen Belange des Betriebsunternehmens zugeschnitten ist.

1 Vgl. BFH v. 25.10.1988, BFHE 154, 539.
2 BStBl II, 1014.
3 Vgl. Bitz, FR 1991, 733.
4 BStBl II, 405.
5 BFH/NV 1992, 312.
6 BFH v. 12.4.1991, BStBl II, 773.

Im Urteil vom 5.9.1991[1] findet sich in einem weiteren Spruch des IV. Senats eine weitere Facette des sachlichen Verflechtungsbegriffs. Hiernach kann auch eine sogenannte Systemhalle wesentliche Betriebsgrundlage sein, wenn sie nach Größe, Grundriß und Gliederung auf die Bedürfnisse der Betriebsgesellschaft zugeschnitten ist.

Im Rahmen dieses Urteils ging der IV. Senat auch auf die Divergenz zu der Rechtsprechung des VIII. Senats ein. Ausgehend von der Ansicht des IV. Senats, daß Grundstücke, die der Fabrikation dienen, ohne weitere Unterscheidung im Rahmen einer Betriebsaufspaltung zu den wesentlichen Betriebsgrundlagen gehören, da derartige Gebäude durch Gliederung oder sonstige Bauart dauernd für den Betrieb eingerichtet oder nach Lage, Größe und Grundriß auf den Betrieb zugeschnitten seien, sei der VIII. Senat nicht dahingehend anders zu verstehen, daß die bauliche Gestaltung dem Betriebszweck so weitgehend angepaßt sein muß, daß eine andere, spätere Verwendung überhaupt nicht oder erst nach erheblichen Umbauten möglich wäre. Hierin dürfte wohl der Versuch einer ersten Annäherung der unterschiedlichen Standpunkte des IV. und VIII. Senats gesehen werden. Der IV. Senat führt weiter aus, daß es unerheblich sei, ob das Gebäude auch von Unternehmen anderer Branchen genutzt werden könne. Ebenso entscheidungsunerheblich sei, ob das Betriebsunternehmen seinerseits die Produktion in einem anderen Gebäude hätte ausüben können. Etwas anderes könne ggf. nur dann gelten, wenn das Betriebsunternehmen weitere Betriebsstätten angemietet hätte, die im quantitativen Vergleich nicht nur von untergeordneter Bedeutung seien und so der Nachweis erbracht werden könne, daß es sich bei dem vom Besitzunternehmen überlassenen Grund und Boden um keine wesentliche Betriebsgrundlage handele.

Weiterhin wird vom gleichen Spruchkörper auch dem zeitlichen Zusammenhang zwischen Errichtung und Vermietung eines Betriebsgebäudes ein wesentliches Gewicht eingeräumt.[2] Hier entschied der IV. Senat, daß ein Fabrikationsgrundstück regelmäßig eine wesentliche Betriebsgrundlage darstellt, wenn ein unmittelbarer zeitlicher Zusammenhang zwischen Errichtung des Betriebsgebäudes, der Vermietung und der Aufnahme des Betriebs in diesem Gebäude besteht.

Trotz der dargestellten Bemühungen des IV. Senats, eine Annäherung an die Rechtsprechung des VIII. Senats zu bewirken, vertrat der VIII. Senat am 29.10.1991 wiederum seine ihm eigene restriktive Ansicht bezüglich der wesentlichen Betriebsgrundlagen.[3] Hiernach ist ein Grundstück dann keine wesentliche Betriebsgrundlage, wenn das Betriebsunternehmen jederzeit am Markt ein für seine Belange gleichwertiges Grundstück mieten oder kaufen kann.

Einen wohl unstreitigen Fall entschied der XI. Senat am 12.2.1992.[4] Hier wurde das einer Getränkeeinzelhandels-GmbH verpachtete Ladenlokal als wesentliche Betriebsgrundlage angesehen. Die Wesentlichkeit wird

1 BStBl II 1992, 349.
2 BFH v. 12.9.1991, BStBl II 1992, 347.
3 BFH v. 29.10.1991, BStBl II 1992, 334.
4 BStBl II 1992, 723.

in diesem Urteilsfall damit begründet, daß ein Geschäftslokal im Bereich des Einzelhandels eine wichtige örtliche und sachliche Grundlage der betrieblichen Organisation bildet. Es sei nicht jederzeit beliebig ersetzbar und der Betrieb könne nicht an anderer Stelle unverändert fortgeführt werden, da der Kundenstamm mit der Lage des Geschäftslokals verbunden ist.

Mit Urteil vom 26.3.1992 bestätigte der IV. Senat wiederum seinen weitergefaßten Begriff der sachlichen Verflechtung.[1] In der Begründung weist der IV. Senat ausdrücklich darauf hin, daß sein Urteil vom 12.9.1991 mit Zustimmung des VIII. Senats des BFH entschieden wurde, in dem bei zeitlicher Zustimmung zwischen Errichtung und Vermietung generell eine sachliche Verflechtung zu bejahen sei. Hieraus kann ggf. auf eine erste Annäherung der Standpunkte geschlossen werden.

Das – soweit ersichtlich – vorläufig letzte, grundlegend Neues enthaltende Urteil zur Frage der wesentlichen Betriebsgrundlage im Rahmen der Betriebsaufspaltung erging am 26.5.1993[2] durch den X. Senat. Dieser wendet sich ausdrücklich von der Rechtsprechung des VIII. Senats ab. Seiner Ansicht nach kann ein Grundstück nicht nur wegen Lage und Zuschnitt wesentliche Betriebsgrundlage sein, sondern auch, weil das Betriebsunternehmen aus anderen innerbetrieblichen Gründen auf das Grundstück angewiesen ist. Die sachliche Verflechtung wird auch nicht dadurch ausgeschlossen, daß das Betriebsunternehmen jederzeit am Markt ein für seine Belange gleichwertiges Grundstück mieten oder kaufen könne. Der X. Senat vertritt vielmehr die Ansicht, daß es lediglich auf die wirtschaftliche Bedeutung des Grundstücks für das Betriebsunternehmen ankomme. An der wesentlichen Betriebsgrundlage fehle es damit nur dann, wenn das Grundstück für das Betriebsunternehmen keine oder nur geringe wirtschaftliche Bedeutung besitze.

12 Die wesentliche wirtschaftliche Bedeutung liegt demnach immer dann vor, wenn

- die Betriebsführung durch die Lage des Grundstücks bestimmt wird,
- das Grundstück auf die Bedürfnisse des Betriebs zugeschnitten ist (besondere Herrichtung oder Gestaltung) oder
- das Betriebsunternehmen aus anderen innerbetrieblichen Gründen ohne ein Grundstück dieser Art den Betrieb nicht fortführen könnte.[3]

Zur ausdrücklichen Abkehr von der Ansicht des VIII. Senats führt der X. Senat u. a. aus, daß der Grundstücksmarkt der Bundesrepublik Deutschland gewisse Engpässe aufweist, von deren Bestehen oder Nichtbestehen die Betriebsaufspaltung nicht abhängig sein sollte. Maßstäbe, die von außerhalb ohne Bezug auf die Betriebsstruktur an das Grundstück angelegt werden, könnten nicht beachtlich sein.

1 BFH v. 26.3.1992, BStBl II, 830.
2 BStBl II, 718; wohl bestätigend BFH-Urteil v. 13.2.1996, BStBl II, 409 (412); vgl. hierzu auch Schmidt, § 15 EStG, Rz. 811 und 812 m. w. N.
3 So der X. Senat nochmals in BFH v. 2.4.1997, BStBl II, 565.

Auch der Versuch der Annäherung des IV. Senats an die Rechtsprechung des VIII. Senats wird nicht als befriedigende Lösung des Divergenzproblems angesehen. Weiterhin wird im Urteil ausgeführt, daß der VIII. Senat und der III. Senat der abweichenden Rechtsprechung des X. Senats zugestimmt haben, der IV. Senat und der XI. Senat mitgeteilt haben, daß keine Abweichung von ihrer Rechtsprechung vorliege.

Mit diesem Urteil des X. Senats scheinen somit Tendenzen erkennbar, die auf eine Rückbesinnung und Vereinheitlichung des Merkmals der sachlichen Verflechtung hinweisen. Ob der VIII. Senat tatsächlich in der Zukunft von seiner restriktiven Auslegung der wesentlichen Betriebsgrundlage völlig abrücken wird, bleibt allerdings offen. Hier kann man nur mit Spannung das nächste Urteil des VIII. Senats zu dieser Thematik erwarten.

Die Finanzverwaltung hat in R 137 die Abs. 4 bis 7 EStR 1996 unbesetzt gelassen, da sie offenbar selbst keine eindeutige Position vertreten kann. Auch den EStÄR 1998[1] ist hierzu nichts zu entnehmen.

ee) Personelle Verflechtung

Eine enge personelle Verflechtung liegt vor, wenn die hinter beiden Un- 13
ternehmen stehenden Personen einen einheitlichen geschäftlichen Betätigungswillen besitzen.[2] Dabei ist es nicht Voraussetzung, daß an beiden Unternehmen die gleichen Beteiligungen derselben Personen bestehen. Es genügt, daß die Person oder die Personen, die das Besitzunternehmen tatsächlich beherrschen, in der Lage sind, auch in der Betriebsgesellschaft ihren Willen durchzusetzen. Ob diese Voraussetzung vorliegt, ist nach den Verhältnissen des einzelnen Falles zu entscheiden. An diese Voraussetzungen sind strenge Anforderungen zu stellen.[3]

Am klarsten tritt dieser einheitliche geschäftliche Betätigungswille bei Beteiligungsidentität eines oder mehrerer Beteiligter an beiden Unternehmen zutage. Dabei bedarf es aber keiner völligen Übereinstimmung bezüglich der Beteiligungsverhältnisse. Es genügt letztlich Beherrschungsidentität, die bereits dann als gegeben angesehen wird, wenn die Person oder die Personen, die das Besitzunternehmen tatsächlich beherrschen, in der Lage sind, auch im Betriebsunternehmen ihren Willen durchzusetzen.[4]

Hiermit wird die sog. Gruppentheorie angesprochen.[5] Die Gruppentheorie besagt, daß die personelle Verflechtung grundsätzlich dann besteht, wenn die Personen, die an beiden Unternehmen beteiligt sind, eine durch gleichgesinnte Interessen geschlossene Personengruppe darstellen, und dadurch in der Lage sind, beide Unternehmen faktisch zu beherrschen.

1 Vgl. hierzu BR-Drucks. 595/98.
2 Vgl. Abschn. 137 Abs. 6 EStR 1993.
3 Beschluß des Großen Senats vom 8.11.1971, BStBl II 1972, 63.
4 BFH v. 5.2.1981, BStBl II, 376; v. 24.2.1981, BStBl II, 379; v. 16.6.1982, BStBl II, 662; v. 30.7.1985, BStBl II 1986, 359; v. 12.11.1985, BStBl II 1986, 296; v. 18.2.1986, BStBl II, 611 und v. 23.10.1986, BStBl II 1987, 120; L. Schmidt, § 15 EStG Rz. 820 m. w. N.
5 Grundlegend hierzu BFH v. 2.8.1972, BStBl II, 796; L. Schmidt, § 15 EStG Rz. 821 f.

Die Annahme der Gruppentheorie findet ihre Grenzen jedoch in Beteiligungsverhältnissen, die zwischen Besitz- und Betriebsunternehmen extrem unterschiedlich ausgestaltet sind. So entschied der BFH, daß bei einem Verhältnis von 90:10 bzw. 10:90 der beiden Beteiligten an Betriebs- und Besitzunternehmen keine Betriebsaufspaltung vorläge. Dagegen wurde die personelle Verflechtung bejaht, wenn Gesellschafter A und B am Besitzunternehmen zu jeweils 50 % abweichend davon am Betriebsunternehmen aber zu 90 % bzw. 10 % beteiligt sind.

Zusätzlich ist zu beachten, daß auch Gesellschafter, die nicht an der Betriebsaufspaltung teilnehmen, da sie „Nur-Besitzgesellschafter" oder „Nur-Betriebsgesellschafter" sind, dennoch von der gewerblichen Qualifikation mit erfaßt werden, soweit die weiteren beteiligten Gesellschafter als geschlossene Personengruppe mittels der Mehrheit der Anteile ihren Willen durchsetzen können.

Die Annahme der personellen Verflechtung aufgrund der Gruppentheorie findet ihre Grenze ebenfalls im konkreten Nachweis von Interessenkollisionen innerhalb der beherrschenden Gesellschaftergruppe.[1] Dabei reicht es allerdings nicht aus, die Möglichkeit von Interessengegensätzen darzulegen; es ist erforderlich, den Nachweis hierfür zu erbringen. Dies kann z. B. durch Rechtsstreitigkeiten erfolgen.[2]

In ganz bestimmten Ausnahmefällen kann auch ein Nichtgesellschafter das Betriebsunternehmen faktisch beherrschen und somit eine personelle Verflechtung herstellen.[3] In dem letztgenannten als sog. „Fachleute-Urteil" bekannten Urteilsfall wurde eine faktische Beherrschung bejaht, da die Gesellschafter der Besitzpersonengesellschaft (zwei Ehemänner in der von ihren beiden Ehefrauen gebildeten Betriebsgesellschaft) eine eindeutige Vorrangstellung auf dem Gebiet der in Frage stehenden geschäftlichen Betätigung einnahmen. Für die Gesellschafterinnen der Betriebsgesellschaft lag es im eigenen wirtschaftlichen Interesse zwingend nahe, sich weithin den Vorstellungen der ihnen nahestehenden Gesellschafter der Besitzgesellschaft unterzuordnen. Hierdurch wurde nach Ansicht des BFH die Herrschaftsgewalt der gesellschaftsrechtlich beteiligten Personen faktisch verdrängt und durch die faktische Herrschaft der Nichtgesellschafter ersetzt.

Keine personelle Verflechtung durch faktische Beherrschung liegt dagegen vor, wenn z. B. der Vater seinen Betrieb an eine GmbH verpachtet, die er als Geschäftsführer leitet, deren Anteilseigner aber die fachlich vorgebildeten Kinder sind. Auch eine dem Besitzunternehmer in der Betriebsgesellschaft auf Lebenszeit eingeräumte Geschäftsführerstellung reicht hier nicht aus, um eine faktische Beherrschung zu begründen.[4]

Aufgrund des Beschlusses des Bundesverfassungsgerichts vom 12.3.1985[5], können entgegen der früheren Rechtsprechung auch Anteile von Ehegatten nicht mehr für die Frage einer personellen Verflechtung

1 BFH v. 15.5.1975, BStBl II, 781.
2 Vgl. z. B. BFH v. 5.9.1991, BStBl II 1992, 349; vgl. L. Schmidt, § 15 EStG Rz. 822 m. w. N.
3 Vgl. BFH v. 12.10.1988, BStBl II 1989, 152; BFH v. 29.7.1976, BStBl II, 750.
4 BFH v. 25.7.1984, BStBl II, 714 sowie BFH v. 26.10.1988, BStBl II 1989, 155.
5 BStBl II, 475; vgl. hierzu ausführlich L. Schmidt, § 15 EStG Rz. 846–851 m. w. N.

zusammengefaßt werden. Nur soweit auch außerhalb der Besonderheit der ehelichen Lebensgemeinschaft die notwendigen Beweisanzeichen für die Annahme einer personellen Verflechtung bestehen, kann die Ehegemeinschaft eine Betriebsaufspaltung bewirken. Insbesondere unzulässig ist daher die Zusammenrechnung im Falle des sog. „Wiesbadener Modells",[1] also dann, wenn ein Ehegatte alleiniger Inhaber des Besitzunternehmens, der andere Ehegatte alleiniger Eigentümer des Betriebsunternehmens ist.

ff) Begründung der Betriebsaufspaltung

Im Rahmen der echten Betriebsaufspaltung beginnt diese i. d. R. mit **14**
Veräußerungen des Umlaufvermögens. In diesem Vermögen kann keine Betriebsaufgabe i. S. d. § 16 Abs. 3 EStG gesehen werden, weil der Betrieb in Form der Verpachtung fortgeführt wird.

Im Fall der Begründung einer echten Betriebsaufspaltung gehen Teile des Anlagevermögens sowie regelmäßig das volle Umlaufvermögen von einem bereits bestehenden gewerblich tätigen Unternehmen auf eine Betriebskapitalgesellschaft über. Dies stellt keine Einbringung i. S. d. § 20 UmwStG dar. Dennoch besteht hier kein Zwang zur Aufdeckung der stillen Reserven. Aufgrund eines Schreibens des BMF vom 22.1.1985[2] ist bei der Einbringung des Betriebsvermögens in eine Betriebskapitalgesellschaft keine Gewinnrealisierung anzunehmen, soweit die steuerliche Erfassung der auf die GmbH-Anteile übergehenden stillen Reserven infolge der Zugehörigkeit der Anteile zum Betriebsvermögen der Besitzgesellschaft sichergestellt ist.

Damit besteht bei Begründung der echten Betriebsaufspaltung ein Wahlrecht zur Buchwertfortführung oder einer sofortigen Gewinnrealisierung.

Soweit allerdings an der Betriebskapitalgesellschaft auch Dritte beteiligt sind, führt es im Umkehrschluß zu einer zwingenden Gewinnrealisierung. Bei der Begründung einer unechten Betriebsaufspaltung gelten die allgemeinen einkommensteuerlichen Grundsätze. Die gewerbliche Tätigkeit des Besitzunternehmens beginnt in dem Zeitpunkt, in dem der spätere Besitzunternehmer mit Tätigkeiten beginnt, die eindeutig und objektiv erkennbar auf die Vorbereitung der endgültig beabsichtigten Überlassung von wesentlichen Betriebsgrundlagen an die von ihm beherrschte Betriebsgesellschaft gerichtet sind.[3] War das Vermögen des Besitzunternehmens vor der erstmaligen Aufnahme der Betriebsaufspaltung Privatvermögen, so liegt eine Betriebseröffnung mit Einlage der Wirtschaftsgüter vor. War das Vermögen des Besitzunternehmens bereits Betriebsvermögen, so ist von Betriebsfortführung mit zwingender Beibehaltung der Buchwerte auszugehen.

1 Vgl. hierzu BFH v. 9.9.1986, BStBl II 1987, 28.
2 BStBl I, 97.
3 Vgl. BFH v. 12.4 1991, BStBl II, 773.

gg) Beendigung der Betriebsaufspaltung

15 Die Betriebsaufspaltung endet entweder durch Fortfall der grundsätzlichen Gestaltung, also z. B. Liquidation oder Eingliederung des Besitzunternehmens in die Betriebskapitalgesellschaft. Hierbei wird es sich in aller Regel um bewußte Gestaltungen handeln, bei denen die steuerlichen Wirkungen im vorhinein bedacht sein dürften.

Die Betriebsaufspaltung endet jedoch in gleicher Weise bei Fortfall der personellen oder sachlichen Verflechtung. Hier sind eine Vielzahl von Vorgängen in der Lebenswirklichkeit denkbar, die sich weitgehend der Gestaltung und Vorhersehbarkeit aller Beteiligten entziehen und dennoch zu Aufgabetatbeständen führen können. So geht der BFH in laufender Rechtsprechung davon aus, daß bei Fortfall der Verflechtungstatbestände beim Besitzunternehmen eine Betriebsaufgabe stattfindet mit der Folge der Versteuerung der stillen Reserven.[1] Lediglich bezüglich der Versteuerung der in den Anteilen an dem Betriebsunternehmen enthaltenen stillen Reserven besteht ggf. kein Aufdeckungszwang. Diesbezüglich erging ein Urteil im Jahre 1959.[2] Dessen (heutige) Gültigkeit wird allerdings zum Teil bezweifelt.[3]

Der Fortfall der persönlichen Verflechtung kann z. B. bei Schenkung, Erbfall, Eröffnung des Konkurses über das Vermögen der Betriebsgesellschaft[4] oder bei Veräußerung von Anteilen eintreten. Damit gehen dann Drittwirkungen einher, wenn weitere Beteiligte ebenfalls hierdurch eine Betriebsaufgabe erklären und versteuern müssen. Die sachliche Verflechtung kann z. B. dann entfallen, wenn durch eigene Investitionen der Betriebsgesellschaft die Wesentlichkeit der überlassenen Wirtschaftsgüter verlorengeht.

Offensichtlich können hierdurch erhebliche Härten entstehen. Da eine Änderung der Rechtsprechung zu dieser Frage bislang nicht vorliegt, kann bei vollendeten Sachverhaltsgestaltungen nur noch mittels Billigkeitsmaßnahmen der Finanzverwaltung Abhilfe geschaffen werden.[5] Schmidt[6] präferiert im Wege der Rechtsfortbildung in derartigen Fällen „eingefrorenes Betriebsvermögen" anzunehmen, d. h. auch nach Fortfall der Verflechtungstatbestände weiterhin Betriebsvermögen fortführen zu können.

Möglichkeiten zur Vermeidung der Aufdeckung der stillen Reserven bestehen z.B. dadurch, die Besitzgesellschaft in die Form einer gewerblich geprägten Personengesellschaft zu kleiden (GmbH & Co. KG, § 15

1 Vgl. BFH v. 15.12.1988, BStBl II 1989, 363; vgl. hierzu ausführlich L. Schmidt, § 15 EStG Rz. 865 ff.
2 Vgl. BFH v. 24.3.1959, BStBl III, 289.
3 Vgl. Döllerer/Thurmayr, DStR 1993, 1465; Winter, GmbHR 1994, 313; Felix, StB 1997, 145, 152; Pollmann, NWB Fach 3, 9606.
4 Vgl. hierzu BFH v. 6.3.1997, BStBl II, 460.
5 Vgl. hierzu z. B. L. Schmidt, § 15 EStG Rz. 866.
6 Ebenda.

Abs. 3 EStG). Bei Wegfall der persönlichen und der sachlichen Verflechtung bleibt das Besitzunternehmen in diesen Fällen generell Gewerbebetrieb.[1]

d) Direktversicherung

16 Die steuerliche Behandlung einer Direktversicherung steht im Kontext zur Vermögensbildung in Arbeitnehmerhand (siehe Rz. 54). Prämien für eine solche zugunsten eines Arbeitnehmers, der gleichzeitig an der Kapitalgesellschaft beteiligt ist, abgeschlossenen Versicherung mindern den Gewinn der Kapitalgesellschaft, nicht aber den einer Personengesellschaft – falls der Arbeitnehmer als Mitunternehmer anzusehen ist. Bei einer Kapitalgesellschaft kann also insoweit das zu versteuernde Einkommen und damit auch der Gewerbeertrag abgesenkt werden. Im Rahmen des § 40b EStG kann die Kapitalgesellschaft (aufwandswirksam) für ihren Gesellschafterarbeitnehmer (auch für den Geschäftsführer) die Lohnsteuer von den Versicherungsbeiträgen (maximal DM 4 200) mit einem Pauschalsteuersatz in Höhe von 20 % erheben, wenn die Versicherung nicht auf den Erlebensfall eines früheren als des 60. Lebensjahres abgeschlossen und eine vorzeitige Kündigung des Versicherungsvertrages durch den Arbeitnehmer ausgeschlossen worden ist.[2]

e) Dispositionsbefugnis, den Umfang des Betriebsvermögens zu bestimmen/Betriebsaufspaltung

17 Bei Kapitalgesellschaften unterliegt die Bestimmung dessen, was Betriebsvermögen der Gesellschaft werden und was Privatvermögen der Gesellschafter bleiben soll, grundsätzlich der Dispositionsbefugnis der Gesellschafter. Anders bei einer Personengesellschaft: Werden etwa einer offenen Handelsgesellschaft oder einer Kommanditgesellschaft Wirtschaftsgüter von einem Gesellschafter zur Nutzung überlassen, dann gehören diese Wirtschaftsgüter zwingend zum Sonderbetriebsvermögen des betreffenden Gesellschafters mit der Folge, daß bei Veräußerung des Vermögensgegenstandes der Buchgewinn oder bei Beendigung der Nutzungsüberlassung der Entnahmegewinn zu versteuern ist. Dieser Vorteil einer Kapitalgesellschaft gegenüber einer Personengesellschaft besteht aber nur dann, wenn die Vertragsbeziehungen zwischen Gesellschaft und Gesellschafter nicht als Betriebsaufspaltung (siehe Rz. 7 ff.) gewertet werden müssen.

f) Familiengesellschaften/Gewinnverteilung

18 Während Gewinnverteilungsabreden unabhängig von der Rechtsform zwischen miteinander nicht verwandten Gesellschaftern von der Steuerverwaltung ohne weiteres anerkannt werden, muß bei Familiengesellschaften eine dezidierte Rechtsprechung beachtet werden:

1 Zu weiteren Möglichkeiten der Umstrukturierung unter Beibehaltung der Betriebsaufspaltung vgl. Söffing, DStR 1992, 633 ff.
2 Vgl. hierzu Abschn. 129 LStR 1996; Drenseck in L. Schmidt, § 40b EStG m. w. N.

Die Überprüfung der Angemessenheit der Gewinnverteilung erfolgt auf zwei Ebenen. Zunächst wird der Gewinn vorab für eine Tätigkeit und die Übernahme der Haftung untersucht (strittig, ob hier auch eine Normalverzinsung abgegolten wird), sodann die Restgewinnverteilung.

19 Die Angemessenheit der Tätigkeitsvergütung richtet sich in erster Linie nach dem, was unter fremden Dritten üblicherweise vereinbart worden wäre. Steuerlich unangreifbar ist demzufolge eine Abrede, die gleichlautend und gleichzeitig mit einem Familienangehörigen und einem fremden Dritten vereinbart ist. Wenn sich grundsätzlich auch die Tätigkeitsvergütung an den Bezügen Dritter in vergleichbarer Stellung zu orientieren hat, so darf dies nicht zu dem Schluß führen, daß jede Besserstellung eines Familienangehörigen unangemessen ist. Bei einer solchen Prüfung muß vielmehr berücksichtigt werden, daß nach der Lebenserfahrung die alternden Familienmitglieder geneigt sind, die in das Unternehmen aufgenommenen jüngeren Familienmitglieder vorzeitig und mit höheren Gewinnanteilen zu beteiligen, als sie es unter sonst gleichen Bedingungen und Verhältnissen bei Fremden tun würden, weil die jüngere Generation einsatzfreudiger und eher bereit sein wird, in späteren Jahren zugunsten der älteren Generation Opfer zu bringen. Die obere Grenze ist im Einzelfall durch Schätzung zu ermitteln. Innerbetriebliche und außerbetriebliche Merkmale können Anhaltspunkte für eine Schätzung bieten. Beurteilungskriterien sind Art und Umfang der Tätigkeit, die künftigen Ertragsaussichten des Unternehmens, das Verhältnis des Geschäftsführergehaltes zum Gesamtgewinn und zur verbleibenden Kapitalverzinsung sowie Art und Höhe der Vergütungen, die gleichartige Betriebe ihren Geschäftsführern für entsprechende Leistungen gewähren. Letzteres ist aber nur eins der maßgebenden Kriterien. Leistet ein jüngeres Familienmitglied eine für den Betrieb belangvolle Mitarbeit in führender Position, dann könnte m. E. ein bis doppelt so hoch bemessenes Gehalt wie das des nachfolgenden, bestbezahlten familienfremden Angestellten nicht als offensichtlich sachfremd und ungerechtfertigt klassifiziert werden.

20 Die Bemessung des Gewinnvorab für die Übernahme des persönlichen Haftungsrisikos ist insbesondere für sog. Angehörigen-GmbH & Co. KGs von größter Bedeutung. Gemäß dem Urteil des BFH vom 3.2.1977[1] ist eine Gewinnverteilungsabrede dann nicht angreifbar, wenn der Komplementär-Kapitalgesellschaft neben der Kostenerstattung ein festes oder gewinnabhängiges Entgelt gewährt wird, für das in etwa eine dem Risiko des Einzelfalls entsprechende, im Wirtschaftsleben für diesen Fall übliche Avalprovision ein Anhaltspunkt ist. Zu berücksichtigen ist dabei allerdings – so der BFH –, daß das Risiko der Komplementär-Kapitalgesellschaft vielfach höher zu veranschlagen ist, z. B. dann, wenn der KG-Vertrag für die Komplementärin längere Zeit unkündbar ist, das Haftungsrisiko also langfristig übernommen wird. Unerheblich ist grundsätzlich, ob das Entgelt in der Form einer festen Vergütung gewährt wird, die auch in Jahren zu zahlen ist, in denen die KG keine Gewinne erzielt, oder ob das Entgelt zwar als feste Vergütung, aber nur aus

1 BStBl II, 346; vgl. auch L. Schmidt, § 15 EStG Rz. 723 m. w. N.

einem Gewinn der KG zu zahlen ist, oder ob das Entgelt in Form eines bestimmten Prozentsatzes vom Gewinn gewährt wird. In den Fällen einer festen Vergütung, die nur aus einem Gewinn zu zahlen ist, wird bei der Bemessung des Vergütungssatzes allerdings die Möglichkeit eines etwaigen Ausfalles in gewinnlosen Jahren durch einen entsprechend höheren Ansatz des Vergütungssatzes zu berücksichtigen sein. Ebenso wird der Ansatz eines bestimmten Prozentsatzes vom Gewinn so zu bemessen sein, daß nach den Erkenntnismöglichkeiten im Zeitpunkt der Gewinnverteilungsabrede für die Komplementär-Kapitalgesellschaft ein Entgelt zu erwarten ist, das im Durchschnitt einer wirtschaftsüblichen Avalprovision entspricht. Erhält die Komplementär-Kapitalgesellschaft Ersatz ihrer Auslagen, eine Haftungsprämie und eine Kapitalverzinsung, empfiehlt u. a. Streck,[1] die auch von der Verwaltung tolerierte Formel: Kostenersatz + 3 % Gewinnbeteiligung, höchstens 30 % des Nennkapitals + Rücklagen + Gewinnvortrag ./. Verlustvortrag. Bemessungsgrundlage für das Haftungsentgelt ist nicht bloß das Nennkapital; einbezogen werden müssen vielmehr auch die Rücklagen, der Gewinnvortrag und der Verlustvortrag. Wird die Kapitalgesellschaft nicht am Vermögen der Kommanditgesellschaft beteiligt, dann erhält sie auch keine Kapitalverzinsung. Ein Haftungsentgelt in Höhe von 6 % der Bemessungsgrundlage wird als angemessen erachtet, wenn es auch in Verlustjahren gewährt wird.[2]

Für die Verteilung des Restgewinns bestehen derzeit für eine Beteiligung **21**
an einer Kapitalgesellschaft keine Beschränkungen.[3] Bei im Wege der Schenkung übertragenen Beteiligungen an Personengesellschaften auf minderjährige, nicht oder nur untergeordnet mitarbeitende Kinder ist hingegen eine strenge Angemessenheitsprüfung vorzunehmen, wenn die Kinder kein unbeschränktes, persönliches Haftungsrisiko für Gesellschafterschulden übernehmen. Die Verteilung des Restgewinns wird nur dann entsprechend den im Beschluß des Großen Senats des BFH vom 29.5.1972[4] niedergelegten Grundsätzen als angemessen anerkannt, wenn sie zu einer durchschnittlichen Rendite von nicht mehr als 15 % des tatsächlichen (gemeinen) Wertes der Beteiligung führt.[5]

Maßgebend für die Angemessenheitsprüfung ist immer der Zeitpunkt **22**
der Vereinbarung.[6] Demzufolge kann ein als angemessen festgestellter Gewinnverteilungsschlüssel selbst dann den Folgejahren zugrunde gelegt werden, wenn in den kommenden Jahren die tatsächliche Gewinnbeteiligung zu einem Gewinnanteil führt, der den einmal als im Vereinbarungszeitpunkt angemessen erachteten Prozentsatz übersteigt. Die Ermittlung des tatsächlichen (gemeinen) Wertes der Beteiligung ist aus praktischen Gründen nur überschlägig durchführbar. Abgesichert ist das sog. Mittelwertverfahren (= [Substanzwert + Ertragswert] : 2, der Zins-

1 § 8 KStG Anm. 150, GmbH & Co. KG, 1; Binz, 375 ff.
2 BFH v. 3.2.1977, BStBl II, 346; Bestätigung durch BFH v. 24.7.1990, BB 1990, 2025.
3 Priester, DB 1977, 224; K. Schmidt, JbFSt 77/78, 215, 221; Widmann, DStR 1980, 526; Streck, KStG, ABC, Gewinnausschüttung, 2; BFH v. 26.10.1983, I R 218/78, n. v.
4 BStBl II 1973, 5.
5 BFH v. 24.7.1986, BB 1987, 45.
6 BFH v. 14.2.1973, BStBl II, 395; BFH v. 6.2.1980, BStBl II, 477.

satz für die Ertragswertermittlung ist nur mit 8 bis 10 % p. a. anzusetzen). Jede andere anerkannte Bewertungsmethode ist aber ebenfalls zulässig.[1]

23 Behält sich die ältere Generation das Recht vor, die aufgenommenen Kinder zum Buchwert hinauszukündigen, dann ist der tatsächliche Wert der Beteiligung der Buchwert.[2]

Bewertungsklauseln, wonach der Gesellschafter seinen buchmäßigen Kapitalanteil zuzüglich anteiliger offener Rücklagen und Gewinnvortrag, abzüglich anteiligen etwaigen Verlustvortrags erhält, wurden früher vorherrschend als zulässig angesehen.[3] Inzwischen hat sich das Bild in Schrifttum und Rechtsprechung verschoben. Auch der BGH hat Bedenken gegen Buchwertklauseln geäußert. Die im Bereich der Personengesellschaft zu entscheidenden Fälle betrafen bisher allerdings Konstellationen, in denen es um den Ausschluß von Gesellschaftern ohne wichtigen Grund ging.[4] Im BGH-Urteil vom 29.4.1984[5] war die Buchwertklausel – soweit ersichtlich erstmals – entscheidungsrelevant unter dem Gesichtspunkt der Kündigungserschwerung (§ 723 Abs. 3 BGB) zu beurteilen. Das Gericht kommt zu dem Ergebnis, eine solche Klausel sei unzulässig, „wenn sie aufgrund wirtschaftlich nachteiliger Folgen, insbesondere wegen eines erheblichen Mißverhältnisses zwischen Buchwert und wirtschaftlichem Wert, die Freiheit des Gesellschafters, sich zu einer Kündigung zu entschließen, unvertretbar einengt". Dabei hält der BGH, auch wenn er das nicht ausdrücklich anspricht, offenbar den Kündigungszeitpunkt für maßgebend. Folge der Unwirksamkeit ist freilich nicht die dispositive Regelung des § 738 BGB, sondern die ergänzende richterliche Vertragsauslegung. Maßgebend sei der wirkliche Wert der Beteiligung, wobei der Ertragswert vorrangig zu berücksichtigen sei. Der wirkliche Wert könne[6] dementsprechend auch unter dem Buchwert liegen.[7]

In seinem Urteil vom 9.1.1989[8] stellt der BGH aber noch einmal klar, daß die Buchwertklausel nur bei besonderen Umständen als unwirksam anzusehen ist.

1 BFH v. 11.10.1960, BStBl III, 509; BFH v. 29.3.1973, BStBl II, 489; L. Schmidt, § 15 EStG Rz. 776 ff. m. w. N.; Binz, 382 ff.

2 BFH v. 27.9.1973, BStBl II 1974, 51; BFH v. 29.1.1976, BStBl II, 374; BFH v. 6.7.1995, BStBl II 1996, 269; BGH v. 24.9.1984, NJW 1985, 192; Hennerkes/Binz, NJW 1983, 73; zum Sich-selbst-Hinauskündigen eines weichenden Gesellschafters gegen Buchwertabfindung vgl. OFD-Verfügung Düsseldorf – S 2241 A – St 11 H – v. 29.5.1978, vgl. OFD Köln StEK EStG § 15 Nr. 75; BFH v. 10.11.1987, DB 1988, 940; nach dem BFH v. 29.4.1981, BStBl II, 663 ist ein von der Ausschließung zum Buchwert bedrohter Kommanditist nicht als Mitunternehmer, sondern allenfalls als typisch stiller Gesellschafter anzusehen; vgl. auch L. Schmidt, § 15 EStG Rz. 754 m. w. N.

3 Ulmer in Münchner Komm., § 738 Rz. 38; K. Schmidt, Gesellschaftsrecht, § 50 III 4.

4 WM 1982, 462; NJW 1973, 651; NJW 1979, 104; Rasner, NJW 1983, 2905 ff.

5 DB 1985, 167.

6 So der BGH unter Hinweis auf Hennerkes/Binz, DB 1983, 2669 ff.

7 Zur Buchwertklausel vgl. Geßler, GmbHR 1984, 29, 31 ff.; Schulze zur Wiesche, Gewinnverteilungsvereinbarungen bei Personengesellschaften, StBp 1994, 177 ff.; L. Schmidt, § 15 EStG Rz. 750 ff.

8 WM 1989, 783.

Er verwirft weiterhin die These, die schenkungsweise Übertragung des Mitunternehmeranteils führe zu Gesellschaften „minderen Rechts" und erlaube eine geringere Abfindung bei Hinauskündigung.

Voraussetzung für die Anerkennung einer Familien-KG ist, wie bei jeder Mitunternehmerschaft, daß die Kinder Gesellschaftsrechte erhalten, die annähernd denen eines Kommanditisten nach dem Regelstatut des HGB entsprechen.

Nach der Rechtsprechung des VIII. Senats des BFH[1] werden die Gesellschafterrechte von Kommanditisten durch den Ausschluß des Widerspruchrechts nach § 164 HGB, die Beschränkung des Entnahmerechts und die faktische Möglichkeit des Komplementärs, den Gesellschaftsvertrag zu ändern, nicht so stark ausgehöhlt, daß der Gesellschaft die Anerkennung zu versagen wäre. Anderes soll nach Ansicht des BFH aber gelten, wenn die Kommanditisten den Mehrheitsgesellschafter in keinem Fall an einer Beschlußfassung hindern können.[2]

Bei Familiengesellschaften ist aus steuerlichen Gründen darauf zu achten, daß keine Klausel in den Gesellschaftsvertrag aufgenommen wird, wonach ein Kind etwa mit Vollendung des 24. Lebensjahres aus der Gesellschaft auszuscheiden hat, es sei denn, der Vater erklärt etwas anderes. Eine solche Automatik führt zur Nichtanerkennung der Mitunternehmerschaft;[3] anders nur, wenn dem Vater ein nur einmal ausübbares Kündigungsrecht eingeräumt wird (etwa bei Erreichen der Volljährigkeit).[4]

Diese, der sog. typisierenden Betrachtungsweise entsprechende Judikatur und Verwaltungsauffassung greift dann nicht ein, wenn die eintretenden Kinder die gleiche Position erhalten wie bereits beteiligte familienfremde Kommanditisten. Desgleichen schließt sowohl der Erwerb der Beteiligung aus eigenen Mitteln als auch der Erwerb im Wege der Erbfolge die Anwendung o. g. streng reglementierender Grundsätze mit der Folge aus, daß die Rechtsprechung zur Angemessenheit der Gewinnverteilung keine Anwendung findet. Andererseits gilt jener Angemessenheitsmaßstab auch für die atypische stille Gesellschaft und die Unterbeteiligung. Im einzelnen hat der BFH[5] bisher als angemessen anerkannt einen Satz von **24**

- 35 % bei einer stillen Gesellschaft für den Fall einer Beteiligung am Verlust und bei entgeltlichem Erwerb des Anteils;[6]

1 Urteil v. 10.11.1987, BB 1988, 897; vgl. L. Schmidt, § 15 EStG Rz. 750 ff.
2 Urteil v. 11.10.1988, DB 1989, 1006.
3 BFH v. 29.1.1976, BStBl II, 324.
4 BFH v. 23.6.1976, BStBl II 1976, 678; Hennerkes/Binz, NJW 1983, 73.
5 Rechtsprechungsübersicht vgl. Fiedler, DStZ 1990, 461 ff.; L. Schmidt, § 15 EStG Rz. 770 ff.
6 Urteil v. 16.12.1981, BStBl II 1982, 387.

- 24–34 % bei ebenfalls einer stillen Gesellschaft, unter den gleichen Bedingungen;[1]
- 15 % oder weniger bei Schenkung einer Beteiligung an KG/atypisch stille Gesellschaft, der geringere Satz bei besonderen Umständen[2] ebenfalls durchschnittlich 15 % bei stiller Gesellschaft und Verlustbeteiligung nach gesetzlicher Regelung und bei unentgeltlichem Erwerb[3] und 15 % bei einer KG unter Schenkung des Anteils;[4]
- 25 % bei stiller Gesellschaft, keinem Verlustanteil und entgeltlichem Erwerb des Anteils;
- 12 % bei stiller Gesellschaft, keinem Verlustanteil und unentgeltlichem Erwerb.[5]

g) Haftung

25 Regelmäßig wird der Gesichtspunkt der Haftungsbeschränkung im Vordergrund stehen. Wer das volle Haftungsrisiko scheut, für den sind Rechtsformen wie die OHG oder KG mit einer natürlichen Person als Komplementär indiskutabel. Bei solchen Überlegungen sollte nicht verkannt werden, daß ein Geldgläubiger oder Warenlieferant nur bei bester Eigenkapitalausstattung auf persönliche oder dingliche Sicherheiten verzichten würde. Kapitalersetzende Gesellschafterdarlehen werden grundsätzlich bei einer Kapitalgesellschaft und auch bei einer GmbH & Co. KG wie haftendes Kapital behandelt.[6] Ist das Risiko zu hoch oder die Kapitalausstattung nicht ausreichend, dann wird – zumindest wirtschaftlich – eine Beschränkung der Haftung durch Bürgschaften, Schuldmitübernahmen etc. in aller Regel wieder rückgängig gemacht.

26 Eine effektive Haftungsbeschränkung läßt sich nur gegenüber einer Inanspruchnahme wegen Verletzung von Verkehrssicherungspflichten oder einer Produzentenhaftung, also regelmäßig nur gegenüber den Endabnehmern von Waren oder Dienstleistungen erreichen. Wer gefährliche Produkte herstellt und folgenschwere Gewährleistungsrisiken eingeht, wem Konstruktions-, Fertigungs-, Kontroll- und Anleitungsfehler unterlaufen können, für den ist die Beschränkung seiner Haftung ein Gebot wirtschaftlicher Vernunft. Darüber hinaus ist eine Haftungsbeschränkung gegenüber dem Steuergläubiger und dem Sozialversicherungsträger möglich; beide Gläubiger haben aber im Gegensatz zu allen anderen insbesondere bei Umsatzsteuer- und Lohnsteuerschulden die Möglichkeit des Durchgriffs auf die Vertreter der Gesellschaft (§§ 69, 34 AO).

1 Urteil v. 14.2.1978, BStBl II 1978, 427.
2 Beschluß v. 29.5.1972, BStBl II 1973, 5; vgl. hierzu auch L. Schmidt, § 15 EStG Rz. 770 ff.
3 Urteil v. 26.6.1974, BStBl II, 676.
4 Urteil v. 27.9.1973, BStBl II 1974, 51.
5 Urteil v. 29.3.1973, BStBl II, 650.
6 BGH v. 19.11.1984, DB 1985, 483; BGH v. 26.3.1984, NJW 1984, 1891; BGH v. 16.10.1989, DB 1989, 2470; Konnemann, DB 1990, 261; Ulmer in Hachenburg, §§ 32a, 32b GmbHG Rz. 25; Meermann, StBp 1988, 110; zur Kapitalverkehrsteuerpflicht insbesondere bei eigenkapitalersetzenden Gesellschafterdarlehen s. Rz. 68; zur Gewährung von eigenkapitalersetzenden Darlehen durch ausländische Gesellschafter vgl. BFH v. 5.2.1992 mit Anmerkung v. H. Becker, IWB, Gruppe 1, 281; Zur Bilanzierung kapitalersetzender Gesellschafterdarlehen vgl. BGH v. 6.12.1993, NJW 1994, 724 sowie Anmerkung hierzu von Jasper, WIB 1994, 193.

aa) Durchgriffshaftung

Eine Durchgriffshaftung auf hinter einer Kapitalgesellschaft stehende Gesellschafter kommt nach der neueren Rechtsprechung des Bundesgerichtshofs und der Ansicht in der Literatur nur ausnahmsweise in Betracht.[1] 27

Durchgriffstatbestände sind insbesondere die Vermögensvermischung, die materielle Unterkapitalisierung und die Beherrschung.[2] Eine mögliche Durchgriffshaftung wegen Vermögensvermischung ist nur dann gegeben, falls die Vermögensabgrenzung zwischen Gesellschafts- und Privatvermögen durch eine undurchsichtige Buchführung oder auf andere Weise allgemein verschleiert ist. Der Bau eines Privathauses etwa eines Gesellschafters durch seine GmbH, auch wenn die GmbH die Rechnungen aus dem Gesellschaftsvermögen begleicht, ist nicht ausreichend! Eine unmittelbare Außenhaftung wegen materieller Unterkapitalisierung ist nur in Ausnahmefällen gegeben, wenn die finanzielle Ausstattung der Gesellschaft unter Einschluß etwaiger Gesellschafterdarlehen, gemessen mit den Beurteilungsmaßstäben eines ordentlichen Kaufmanns, eindeutig und für Insider klar erkennbar als unzureichend beurteilt werden kann, um den zu erwartenden Geschäftsrisiken gewachsen zu sein (Fälle evidenter Unterkapitalisierung). Die Beherrschung einer Gesellschaft durch eine natürliche Person als Einmann-Gesellschafter oder Mehrheitsgesellschafter ist für sich gesehen kein die unmittelbare Außenhaftung im Rahmen des Durchgriffs tragender Gesichtspunkt. Die Gefahren aus dem Beherrschungstatbestand werden durch konzernspezifische Haftungsinstrumentarien kompensiert, die hinsichtlich der Rechtsfolgen keinen Durchgriff darstellen. Der Risikodurchschlag auf den Allein- oder Mehrheitsgesellschafter erfolgt nicht im Rahmen einer unmittelbaren Außenhaftung, sondern im Innenverhältnis im Wege der Verlustausgleichspflicht; eine solche Verlustausgleichspflicht ist gegeben, wenn zwischen dem abhängigen und dem herrschenden Unternehmen ein Beherrschungs- oder Gewinnabführungsvertrag geschlossen wird oder wenn zwar kein solcher Unternehmensvertrag vorliegt, aber das herrschende Unternehmen dauernd und umfassend Leitungsmacht in dem abhängigen Unternehmen ausübt. Risikodurchschläge auf die Ebene der Konzernspitze, die konzernrechtlich (insbesondere unternehmensvertraglich) induziert sind, weisen keine rechtsformspezifischen Unterschiede auf, sie sind vielmehr rechtsformneutral.

bb) Konzernhaftung

Ein Risikodurchschlag auf den „Unternehmens"-Gesellschafter droht, 28
wenn er die Konzernverbindung zu der abhängigen GmbH (die der GmbH & Co. KG insoweit gleichsteht) im faktischen Konzern, der von rechts wegen dezentral zu halten ist, unzulässig stark verdichtet. Bei

1 Vgl. BGH v. 12.11.1984, DB 1985, 270; v. 16.9.1985, „Autokran", BGHZ 95, 330; Stimpel in FS Goerdeler, 601 ff.; Lutter/Hommelhoff, § 13 GmbHG Rz. 8 ff.

2 Stimpel in FS Goerdeler, 606 ff.; K. Schmidt, Gesellschaftsrecht, § 9 IV. 1a; Wüst, DStR 1991, 1388 ff., 1424; K. Schmidt, ZIP 1994, 837.

Herstellung einer dergestalt qualifizierten Konzernverbindung ist der herrschende Unternehmensgesellschafter zum Verlustausgleich analog § 302 Abs. 1 AktG verpflichtet. Den Risikodurchschlag im qualifizierten faktischen GmbH-Konzern hat der BGH in vier grundlegenden Urteilen[1] anerkannt. Diese Haftung kann auch den „privaten" Gesellschafter treffen, der nicht Einzelkaufmann ist, wenn er neben seiner maßgeblichen Beteiligung an der betreffenden GmbH auf mindestens eine weitere Gesellschaft maßgeblich Einfluß ausüben kann. Der private Mehrheitsgesellschafter ohne eine weitere Beteiligung ist dagegen nicht Unternehmer i. S. d. Konzernrechts.

Eine Konkretisierung des Tatbestandes des qualifizierten faktischen Konzerns ist durch das „TBB"-Urteil erfolgt. Noch im „Video"-Urteil stellte der BGH auf organisatorische Kriterien ab, wonach eine qualifizierte Abhängigkeit insbesondere dann anzunehmen sei, wenn die Gesellschaft wie eine wirtschaftliche selbständige Betriebsabteilung des herrschenden Unternehmens geführt werde bzw. die Leitungsmacht des herrschenden Unternehmens in ihrer Intensität und Dichte derjenigen eines Vertragskonzerns entspreche, und beschränkt sich im übrigen auf fallweise Entscheidungen und negative Aussagen. Eine umfassende und dauernde Leitung liege insbesondere vor, wenn das herrschende Unternehmen im finanziellen Bereich die Leitung der abhängigen GmbH vollständig an sich gezogen habe. Eine personelle Verflechtung (Bestellung von Vertrauensleuten des herrschenden Unternehmens zu Geschäftsführern der abhängigen GmbH)[2] reiche als solche nicht aus, um die umfassende Einflußnahme zu begründen. Dem herrschenden Unternehmen stehe allerdings der Entlastungsbeweis offen, in dem darzulegen sei, daß die Verluste auf Umständen beruhen, die nicht auf die Ausübung der Leitungsmacht kausal zurückzuführen sind. Damit entfalle die Verlustausgleichsverpflichtung.

Im „TBB"-Urteil führt der 2. Senat des BGH klarstellend aus, daß Haftungstatbestand nicht die dauernde und umfassende Leitung der abhängigen Gesellschaft, sondern die Beeinträchtigung ihrer Interessen ist. Dies wird als ein den konzernrechtlichen Haftungszugriff rechtfertigender „objektiver Mißbrauch der beherrschenden Gesellschafterstellung" bezeichnet. Der Kläger – so der BGH – habe die Umstände darzulegen und zu beweisen, die eine solche Annahme nahelegen.

Ob die Verlustausgleichspflicht entsprechend § 302 AktG auch für die Ein-Mann-Gesellschaft gilt, unter Umständen beschränkt auf die Wiederherstellung der Stammkapitalziffer, hat der BGH offengelassen. Im „Autokran"-Urteil bejaht der BGH eine unmittelbare Außenhaftung des herrschenden Unternehmens gegenüber den Gläubigern der abhängigen GmbH, wenn eine qualifizierte faktische Konzernverbindung dadurch beendet wird, daß die abhängige GmbH ihre Geschäftstätigkeit einstellt und die Gläubiger nicht befriedigen kann.

1 „Autokran"-Urteil v. 16.9.1985, BGHZ 95, 330 ff.; „Tiefbau"-Urteil v. 20.2.1989, BGHZ 105, 7 ff.; „Video"-Urteil v. 23.9.1991, DStR 1991, 1394 ff.; „TBB"-Urteil v. 29.3.1993, GmbHR 1993, 283 ff.; vgl. auch Kowalski, GmbHR 1993, 253 ff.; Krüger, I DW, 89 ff. (135 ff.).

2 Zur persönlichen Haftung des GmbH-Geschäftsführers im Rahmen der sog. Managerprodukthaftung vgl. Heil/Russenschuck, BB 1998, 1749; Goette, DStR 1998, 1308.

Diese problematische Ausfallhaftung leitet der BGH aus dem gesetzlichen Anspruch auf Sicherheitsleistung bei Beendigung des Vertragskonzerns (§ 303 AktG) und aus der Erwägung her, der Sicherungsanspruch müsse in einen Zahlungsanspruch übergehen, sobald die abhängige GmbH, weil vermögenslos, nicht mehr selbst erfüllen kann.

Was den konzerninternen Risikodurchschlag betrifft, so bestehen keine rechtsformspezifischen Abstufungen der GmbH oder der dieser gleichstehenden GmbH & Co. KG zu einer abhängigen Personengesellschaft. Konzernherrschaft gegenüber einer Personengesellschaft ist schlechthin mit einen Risikodurchschlag verbunden, weil bereits die Ausübung konzernstiftender einheitlicher Leitung die Verlustausgleichspflicht des herrschenden Unternehmens zur Folge hat.

h) Handwerksordnung

Gemäß § 7 Abs. 4 HwO kann eine Kapitalgesellschaft in die Handwerksrolle unter der Voraussetzung eingetragen werden, daß die fachtechnische Verantwortung einem Handwerksmeister bzw. in bestimmten Fällen einem gleichgestellten Ingenieur übertragen wird. Der Träger fachlicher Verantwortung muß also bei der Kapitalgesellschaft im Gegensatz zur Personengesellschaft nicht Gesellschafter sein. Bei einer GmbH & Co. KG hingegen reicht es aus, wenn lediglich die Komplementär-Kapitalgesellschaft die Voraussetzung für die Eintragung in die Handwerksrolle erfüllt, damit die KG als solche in die Handwerksrolle eingetragen werden kann.[1] **29**

i) Insolvenz/Konkurs – Rechtslage bis 31.12.1998

Bei Kapitalgesellschaften und Personenhandelsgesellschaften, deren persönlich haftende Gesellschafter keine natürlichen Personen sind, finden Konkursverfahren bei Zahlungsunfähigkeit und Überschuldung statt (§§ 207 Abs. 1, 209 Abs. 1 KO, 63 GmbHG). Über das Vermögen einer Personenhandelsgesellschaft mit natürlichen Personen als Vollhafter kann nur bei Zahlungsunfähigkeit Konkurs eröffnet werden. Dieser Nachteil einer Kapitalgesellschaft gegenüber einer reinen Personengesellschaft wird aber kompensiert durch den Vorteil, daß bis zum 30.6.1998, nicht wie bei einer Personengesellschaft, die Eröffnung des Konkursverfahrens über das Vermögen eines Gesellschafters ein Auflösungsgrund für die Gesellschaft selbst ist (§ 131 Nr. 5 HGB); ein solches Konkursverfahren berührt nicht den Bestand einer Kapitalgesellschaft. Mit Wirkung vom 1.7.1998 ist aufgrund des Handelsrechtsreformgesetzes[2] der Tatbestand des § 131 Nr. 3 HGB aufgehoben worden. In § 131 Abs. 2 Nr. 2 HGB[3] wurde gleichzeitig neu aufgenommen, daß die Konkurseröffnung (ab 1.1.1999: Insolvenzeröffnung) über das Vermögen eines Gesellschafters dessen Ausscheiden aus der Gesellschaft zur Folge hat, es sei denn, im Gesellschaftsvertrag ist etwas anderes bestimmt.[4] **30**

1 Ab 1.1.1999 durch EGInsO § 131 Abs. **3** Nr. 2 HGB.
2 BGBl. I, 1474.
3 Zum HRefG vgl. z. B. K. Schmidt, NJW 1998, 2161.
4 Vgl. Kübler/Aberle/Schubert, § 7 HwO Rz. 32.

Rechtslage ab dem 1.1.1999

31 Durch die ab dem 1.1.1999 geltende Insolvenzordnung (InsO) kommt als weiterer Grund für die Eröffnung eines Insolvenzverfahrens noch die drohende Zahlungsunfähigkeit einer natürlichen oder juristischen Person hinzu, § 18 Abs. 1 InsO. Eine weitere Neuerung der Insolvenzordnung ist die Restschuldbefreiung gemäß §§ 286 ff. InsO, die aber nur für natürliche Personen gilt. Unter gewissen Voraussetzungen kann auf Antrag des Schuldners dieser 7 Jahre nach der Aufhebung des Insolvenzverfahrens von seiner Restschuld gegenüber den Insolvenzgläubigern befreit werden. Für Kapitalgesellschaften ändert sich insoweit nichts.

Eines der Ziele der neuen Insolvenzordnung ist es, die Sanierung eines Unternehmens attraktiver zu machen.

Die bisherigen Konkursvorrechte der Arbeitnehmer und das Konkursprivileg des Fiskus wurden beseitigt. Die Haftung wegen Vermögensübernahme gemäß § 419 BGB wird ersatzlos gestrichen. Die Haftung des Erwerbers bei Firmenfortführung gemäß § 25 HGB bleibt allerdings ebenso wie die Haftung des Betriebsübernehmers für Steuerschulden des Übertragenden gemäß § 75 AO bestehen. Aus politischen Gründen ließ sich die Streichung der Haftung des Erwerbers für Arbeitnehmerforderungen bei Betriebsveräußerungen gemäß § 613a BGB nicht durchsetzen.

32 Bereits in Kraft getreten sind in Zusammenhang mit der Neuregelung des Insolvenzrechts die Vorschriften über die vereinfachte Kapitalherabsetzung bei der GmbH gem. §§ 58a bis 58f GmbHG. Damit wurde die vereinfachte Kapitalherabsetzung nach dem Vorbild des Aktienrechts (§§ 229–236 AktG) nunmehr auch in das Recht der GmbH übernommen. In Ergänzung zur ordentlichen Kapitalherabsetzung nach § 58 GmbHG wurden die zwingenden Gläubigerschutzvorschriften gemildert. Im Rahmen der einfachen Kapitalherabsetzung entfällt der Gläubigeraufruf, die Meldung der Gläubiger bei der Gesellschaft, der Anspruch auf Befriedigung oder Sicherheitsleitung sowie die Jahresfrist des § 58 Abs. 1 Nr. 3 GmbHG. Die Vorschriften zur einfachen Kapitalherabsetzung gelten auch im bereits eröffneten Insolvenzverfahren.

Änderungen ergeben sich bezüglich der Auflösung der Personengesellschaften und Personenhandelsgesellschaften bei Eröffnung des Insolvenzverfahrens. Nunmehr kann auch der Konkurs über das Vermögen einer BGB-Gesellschaft eröffnet werden. Im Gegensatz zur GesVollstrO war dies nach der bisherigen Konkursordnung nicht möglich.

j) Kirchensteuerbelastung

33 Eine Kapitalgesellschaft unterliegt nicht der Kirchensteuer. Die Belastung der thesaurierten Gewinne ist daher 45 % (Tarifbelastung bis einschließlich 1993 50 %) und für ausgeschüttete Gewinne 30 % (Ausschüttungsbelastung bis 1993 36 %) während bei einer hochbesteuerten natürlichen Person zu dem Spitzensteuersatz von 53 % noch die Belastung mit Kirchensteuer hinzukommt, die aber ihrerseits bei der ESt als

Sonderausgabe abgezogen werden kann (§ 10 Abs. 1 Nr. 4 EStG). Ferner ist die einkommensteuerliche Grenzbelastung für gewerbliche Gewinne seit dem VZ 1994 auf 47 % begrenzt. Durch „Steuervereinbarungen" läßt sich aber i. d. R. eine Kirchensteuer-Kappung erreichen.[1]

k) Pensionsrückstellung

Pensionsrückstellungen für geschäftsführende Gesellschafter sind bei Personengesellschaften steuerlich nicht zulässig, außer für einen Arbeitnehmer, der nachher Mitunternehmer wird, bis zu der bis dahin entstandenen Höhe. Im Gegensatz dazu ergeben sich bei Kapitalgesellschaften im Rahmen des § 6a EStG keine Einschränkungen. Mit Urteil vom 28.4.1982[2] hat der BFH die bisher vertretene Ansicht aufgegeben, daß bei Rückstellungen für beherrschende Gesellschafter-Geschäftsführer mit einer Belastung der Gesellschaft ernsthaft erst ab Vollendung des 75. Lebensjahres gerechnet werden kann. Dieses Urteil bedeutet prinzipiell die Gleichstellung des beherrschenden Gesellschafter-Geschäftsführers mit vergleichbaren Arbeitnehmern bei der steuerrechtlichen Beurteilung einer Pensionszusage.[3] Es ist zu beachten, daß ein Gesellschafter-Geschäftsführer keine insolvenzgeschützte Altersversorgung zu begründen vermag (kein Anspruch gegen den Pensions-Sicherungs-Verein!). 34

Eine Rückstellung für eine Pensionszusage an den Geschäftsführer(-Gesellschafter) darf nur gebildet werden, wenn der Geschäftsführer einen Rechtsanspruch auf einmalige oder laufende Pensionszahlungen hat, die Pensionszusage keinen Vorbehalt enthält, daß die Pensionsanwartschaft oder die Pensionsleistung gemindert oder entzogen werden kann, oder ein solcher Vorbehalt sich nur auf Tatbestände erstreckt, bei deren Vorliegen nach allgemeinen Rechtsgrundsätzen unter Beachtung billigen Ermessens eine Minderung oder ein Entzug der Pensionsanwartschaft oder der Pensionsleistung zulässig ist, die Pensionszusage schriftlich erteilt ist und der Geschäftsführer bis zur Mitte des Wirtschaftsjahres, für das die Pensionsrückstellung erstmals gebildet werden soll, das dreißigste Lebensjahr vollendet hat. Bei beherrschenden Gesellschafter-Geschäftsführern ist zu unterstellen, daß die Jahresbeträge nach § 6a Abs. 3 Nr. 1 Satz 3 EStG vom Beginn des Dienstverhältnisses bis zur vertraglich vorgesehenen Altersgrenze, mindestens jedoch bis zum Alter von 65 Jahren, aufzubringen sind und die Pensionszusage 75 % der fiktiven angemessenen Gesamtbezüge nicht überschreitet. Eine vertraglich vorgesehene Altersgrenze von weniger als 65 Jahren kann für die Berechnung der Pensionsrückstellung nur dann zugrunde gelegt werden, wenn besondere Umstände nachgewiesen werden, die ein niedrigeres Pen-

1 Übersicht vgl. Meyer, NWB Fach 12, 1341; ders., FR 1992, 44 ff.; bei einem Spitzensteuersatz von 53 % beträgt die Gesamtbelastung mit ESt und KiSt 55,4 % (bei 9 % Kirchensteuersatz); bei gewerblichen Einkünften (47 %) ergibt sich eine Gesamtbelastung i. H. v. 51,23 %; vgl. auch Heinicke in L. Schmidt, § 10 EStG Rz. 103.

2 BStBl II, 612.

3 Ausführlich hierzu Seeger in Schmidt, § 6a EStG Rz. 17 ff.; Höfer/Eichholz, DB 1995, 1246 ff.; Hoffmann/Liebs, 91 ff.; zur Nur-Pensionszusage vgl. BFH v. 17.5.1995, BStBl II 1996, 204; Fromm, BB 1996, 950; Hoffmann, DStR 1996, 729; Wassermeyer, DStR 1996, 733 und Wassermeyer, Stbg 1996, 481.

sionsalter rechtfertigen (H 41 Abs. 9 EStH 1997).[1] Ausgangspunkt für die Ermittlung der höchstzulässigen Zuführung zu den Pensionsrückstellungen ist der nach den Regeln der Versicherungsmathematik zu ermittelnde, von der Betriebszugehörigkeit abhängige Barwert der künftigen Pensionsleistung.[2] Wird eine bestehende Pensionsverpflichtung durch eine nachträgliche Änderung der Pensionszusage erhöht, so kann der sich hieraus ergebende Mehrbetrag des Barwertes der künftigen Pensionsleistung sofort im Jahr der Änderung der Pensionszusage den Pensionsrückstellungen zugeführt werden. Die Kapitalgesellschaft darf außerdem in einem Jahr, in dem die nach vorstehend aufgezeigten Grundsätzen berechnete Zuführung außergewöhnlich hoch wäre, diesen Betrag auf drei Jahre verteilen. Abgesehen hiervon besteht jedoch ein Nachholverbot. Hat die Kapitalgesellschaft die höchstzulässige Zuführung zu den Pensionsrückstellungen in einem Wirtschaftsjahr unterlassen, darf sie diese nicht im nächsten Jahr oder in späteren Jahren nachholen. Eine solche Nachholung ist grundsätzlich erst und nur in dem Wirtschaftsjahr möglich, in dem der Versorgungsfall eintritt. Pensionsleistungen im Versorgungsfall führen zu einer teilweisen Auflösung der Pensionsrückstellung, so daß sich die Zahlungen der Kapitalgesellschaft insoweit nicht mindernd auswirken. Da bereits die fiktiven Aufwendungen (= Zuführung zu den Pensionsrückstellungen) steuermindernd berücksichtigt worden sind, können spätere effektive Pensionsleistungen demnach nur dann zu Betriebsausgaben führen, wenn sie die Beträge übersteigen, welche nach versicherungsmathematischen Grundsätzen aus dem hierfür eingerichteten fiktiven „Rückstellungs-Ansparkonto" zu entnehmen sind. Den früheren Aufwendungen ohne Ausgaben folgen Ausgaben, die nicht bzw. teilweise nicht zu steuermindernden Aufwendungen führen (zur Rückdeckungsversicherung vgl. R 41 Abs. 24 EStR 1996).

Den vorstehenden Grundsätzen widersprechende Ruhegehaltsvereinbarungen sind insoweit verdeckte Gewinnausschüttungen.

l) Internationales Schachtelprivileg/direkte und indirekte Steueranrechnung/Verlustverrechnung

35 Für Personengesellschaften gab und gibt es kein internationales Schachtelprivileg; befindet sich im Betriebsvermögen einer Personengesellschaft eine Beteiligung an einer ausländischen Kapitalgesellschaft, dann können die Mitunternehmer diese ausländische Körperschaftsteuer ebensowenig auf ihre deutsche Steuer anrechnen wie ein Unterbeteiligter oder ein Stiller, der eine entsprechende Beteiligung an einer ausländischen Kapitalgesellschaft hält. Unabhängig von der

1 BFH v. 23.1.1991, BStBl II 379; ob dies nach dem Wachstum- und Befreiungsförderungsgesetz vom 25.9.1996 (BGBl. I, 1461) und dem BMF-Schreiben vom 31.10.1996 (BStBl II, 1194) noch immer gilt oder ob auf die frühest möglichen Zeitpunkte der Pensionierung abgestellt werden muß (63 Jahre für Männer, 60 Jahre für Frauen) ist fraglich; so auch Brandmüller, Rz. 608.

2 Die seit November 1998 bekannten Zahlen – Richttafeln 1998 – haben den Gesetzgeber veranlaßt in § 6a Abs. 4 EStG durch Steueränderungsgesetz 1998 vom 19.12.1998 (BGBl. I S. 3816) einen neuen Satz 1 einzufügen (vgl. auch § 52 Abs. 7a EStG n.F.). Zu der Neuregelung und den neuen biometrischen Rechnungsgrundlagen vgl. Heubeck, DB 1998, 2542.

Höhe der Beteiligung können sie aber bei einer Gewinnausschüttung etc. der ausländischen Körperschaft die Steuerermäßigungsvorschrift des § 34c EStG in Anspruch nehmen. Es ist zu unterscheiden, ob ein DBA mit dem Sitzstaat der ausländischen Kapitalgesellschaft abgeschlossen ist oder nicht. Liegt kein DBA vor, dann ermöglicht die Bestimmung des § 34c Abs. 1 EStG eine Anrechnung der mit der deutschen Einkommensteuer vergleichbaren ausländischen Steuer auf die deutsche Einkommensteuer, die auf die Einkünfte aus dem betreffenden Staat entfällt. Durch dieses Verfahren kann die ausländische Steuer jedoch nur höchstens bis zu der auf die ausländischen Einkommensteile entfallenden deutschen Einkommensteuer nach dem Durchschnittssteuersatz zur Anrechnung gelangen. Ein eventueller Anrechnungsüberhang an ausländischer Steuer geht definitiv verloren. Statt der Anrechnung kann auch ein Abzug der ausländischen Steuer vom Gesamtbetrag der Einkünfte beantragt werden (vgl. § 34c Abs. 2 und 3 EStG). Ist die anzurechnende ausländische Steuer gering oder gar nicht angefallen, empfiehlt sich gemäß dem sog. Pauschalierungserlaß[1] (vgl. § 34c Abs. 5 EStG i. V. m. verschiedenen Verwaltungserlassen) eine Anrechnung des Pauschalsteuersatzes in Höhe von 25 % zu beantragen. Liegt ein DBA vor, ist eine Pauschalierung nicht möglich; es muß unterschieden werden, ob die Bundesrepublik Deutschland als Wohnsitzstaat auf ihr Besteuerungsrecht zugunsten des Quellenstaates (Sitzstaat der Kapitalgesellschaft) verzichtet hat und die ausländischen Einkünfte lediglich zur Berechnung des Tarifs erfaßt (Befreiungsmethode mit Progressionsvorbehalt, § 32b EStG) oder ob eine Besteuerung durch den Quellenstaat und den Wohnsitzstaat erfolgt, die Bundesrepublik Deutschland als Wohnsitzstaat aber die im Quellenstaat erhobene Steuer auf ihre eigene Steuer entsprechend der Regelung des § 34c Abs. 1 EStG anrechnet (Anrechnungsmethode, § 34c Abs. 6 EStG).[2]

Bei einer GmbH & Co. KG kann das internationale Schachtelprivileg nur dann beansprucht werden, falls die Beteiligungen an der ausländischen Tochter-Kapitalgesellschaft von der Komplementär-GmbH (oder Kommandit-Kapitalgesellschaft) direkt gehalten werden. Dies gilt selbst dann, wenn die Anteile an der Komplementär-GmbH steuerlich als notwendiges Sonderbetriebsvermögen der Kommanditisten zu qualifizieren sind. Auch wenn die ausländische Tochter-Kapitalgesellschaft für die inländische Kommanditgesellschaft förderlich und ihre Tätigkeit in einem gewissen objektiven Zusammenhang mit dem Betrieb der inländischen Kommanditgesellschaft steht, können die vom BFH in seinem Urteil vom 18.7.1979[3] entwickelten Grundsätze nicht zu einer Versagung der Inanspruchnahme des internationalen Schachtelprivilegs auf Gewinnausschüttungen der ausländischen Tochter-Kapitalgesellschaft an die inländische Komplementär-GmbH führen. Denn 36

1 Vgl. BStBl I 1984, 252; mit Beispiel BStBl I 1994, 97.

2 Zu der ab dem Veranlagungszeitraum 1980 geltenden Fassung des § 34c EStG vgl. ausführlich Hundt, DB 1980, Beilage 17; vgl. ferner Baranowski, Rz. 1271 ff.; Krüger, 1339 ff.; Schaumburg, Rz. 14.27 ff.; Heinicke in L. Schmidt, § 34c EStG Rz. 15 ff.; Flick/Wassermeyer, § 34c, § 34d.

3 BStBl II, 750; vgl. hierzu L. Schmidt, § 15 EStG Rz. 712 f. m. w. N.

anders als im Falle einer Beteiligung an einer Personengesellschaft sind GmbH-Anteile eigenständige Wirtschaftsgüter im steuerrechtlichen Sinne und als solche auch zu bilanzieren. Zum Sonderbetriebsvermögen gehören die GmbH-Anteile als solche, nicht dagegen die der GmbH selbst gehörenden einzelnen Wirtschaftsgüter und damit auch nicht die Beteiligung an den ausländischen Tochter-Kapitalgesellschaften. Die notwendige Zuordnung der Anteile an der inländischen Kapitalgesellschaft zum Sonderbetriebsvermögen der Kommanditisten der GmbH & Co. KG führt zu einer Umqualifizierung der Gewinnausschüttungen der inländischen GmbH an ihre Anteilseigner (statt Einnahmen aus Kapitalvermögen liegen hier gewerbliche Sonderbetriebseinnahmen vor); sie hat jedoch keinen Einfluß auf die steuerrechtliche Beurteilung der von der inländischen GmbH von ihren ausländischen Tochter-Kapitalgesellschaften empfangenen Gewinnausschüttungen. Ein derartiger Durchgriff durch die inländische Muttergesellschaft (GmbH) mit der Folge, das sogenannte internationale Schachtelprivileg zu versagen, ist nicht möglich. Es gelten also insoweit die gleichen Grundsätze wie bei einer „reinen" Kapitalgesellschaft. Klarstellend ist aber darauf hinzuweisen, daß im Falle der Weiterschüttung durch die inländische Komplementär-Kapitalgesellschaft an ihre Anteilseigner die Steuerbefreiung letztlich verloren geht, soweit sie hierzu Gewinnausschüttungen aus dem EK 01 verwendet. Hier ist bei der inländischen GmbH keine Ausschüttungsbelastung mehr herzustellen, und auf der Ebene der Gesellschafter liegen einkommensteuerpflichtige Sonderbetriebseinnahmen im Rahmen der Gewinnfeststellung für die GmbH & Co. KG vor.

Erzielt eine „reine" Kapitalgesellschaft im Ausland unmittelbar Erträge, dann gelten für die im Ausland erhobenen Steuern die gleichen, obenstehend für die Personengesellschaften dargestellten Grundsätze.

37 Darüber hinaus ermöglicht die Regelung des § 26 Abs. 2–5 KStG bei einem bis zu dreistufigen Konzernaufbau eine indirekte Steueranrechnung bei internationalen Schachtelbeteiligungen auch in den Fällen, in denen ein DBA kein Schachtelprivileg gewährt. Danach ist die auf den Gewinnanteilen lastende, vom Gewinn der ausschüttenden ausländischen Tochtergesellschaft erhobene Körperschaftsteuer auf die deutsche Körperschaftsteuer der inländischen Muttergesellschaft anzurechnen. Ist das ausländische Tochterunternehmen in einem Entwicklungsland domiziliert, so wird fingiert, daß die anzurechnende ausländische Körperschaftsteuer stets der auf die Schachteldividende entfallenden deutschen Körperschaftsteuer entspricht; eine deutsche Körperschaftsteuer auf solche Dividenden wird folglich nicht erhoben (Quasischachtelprivileg).[1]

Liegt ein DBA vor und gewährt dieses DBA bei Schachteldividenden das Schachtelprivileg (Beteiligung 10 % und mehr am Nennkapital) bzw. bei Betriebsstätteneinkünften eine Freistellung der Betriebsstättengewinne,

1 Vgl. hierzu ausführlich Baranowski, Rz. 407 ff.; Schaumburg, Rz. 15.184 ff.

dann gilt hinsichtlich der Besteuerungskompetenz der Bundesrepublik Deutschland[1] folgendes:

aa) Tochtergesellschaft

(1) Dividenden

Die von der ausländischen Tochtergesellschaft empfangenen Dividenden unterliegen weder der deutschen Körperschaft- noch der Gewerbeertragsteuer. **38**

Die vereinnahmten Beträge sind in der Eigenkapitalgliederung dem EK 01 zuzuordnen. Muß eine Gewinnausschüttung der inländischen Muttergesellschaft aus diesem, nicht der deutschen Körperschaftsteuer unterworfenen EK 01 bedient werden, so ist ab VZ 1994 keine Ausschüttungsbelastung herzustellen.[2]

(2) Zinsen

Zinsen, die die Muttergesellschaft von ihren Tochtergesellschaften bezieht, unterliegen der regulären deutschen Besteuerung. Eventuell einbehaltene ausländische Quellensteuern können auf die deutsche Körperschaftsteuer angerechnet werden.

(3) Verrechnungspreise

Die für Lieferungen und Leistungen oder Darlehnsverhältnisse zwischen Mutter- und Tochtergesellschaft vereinbarten Verrechnungspreise bzw. Zinsen werden auch von der deutschen Finanzverwaltung einer Angemessenheitsprüfung auf der Basis eines Fremdpreises unterworfen. Bei Unangemessenheit erfolgt gegebenenfalls eine Gewinnkorrektur bei der Muttergesellschaft, die nicht zwingend zu einer gegenläufigen Korrektur bei der Tochtergesellschaft durch die ausländischen Finanzbehörden führen muß. Dadurch können eventuell entstehende Doppelbesteuerungen, wenn überhaupt, nur durch ein Verständigungsverfahren beseitigt werden.

(4) Substanzsteuern

Ab 1.1.1997 wird eine Vermögensteuer nicht mehr erhoben. Der Beteiligungsansatz der ausländischen Tochtergesellschaft wurde aufgrund des sogenannten „Internationalen Schachtelprivilegs" seit jeher von der deutschen Vermögensteuer freigestellt. Gleiches galt für die Gewerbekapitalsteuer bis einschließlich EZ 1997.

1 § 3c EStG regelt das Abzugsverbot von Betriebsausgaben und Werbungskosten, die im Zusammenhang mit steuerfreien Einnahmen stehen. Bisher durften Ausgaben nicht abgezogen werden, die in unmittelbarem wirtschaftlichen Zusammenhang mit steuerfreien Einnahmen stehen. Nach den Plänen der Bundesregierung soll die Vorschrift künftig auf den bei Betriebsausgaben und Werbungskosten maßgeblichen Veranlassungszusammenhang abstellen, was vorher bei Aufwendungen im Zusammenhang mit steuerfreien Einnahmen zu der Versagung ihrer Abzugsfähigkeit führen dürfte (vgl. BT-Drucks. 14/23); vgl. auch Hoffmann/Rüsch, GmbHR 1998, 1197 (1199).

2 Zu der Neuregelung vgl. Krüger, 1343 ff.; zur Frage des Betriebsausgabenabzugs bei DBA-befreiten Einkünften, vgl. BFH-Urteile v. 29.5.1996, IStR 1996, 336 und 384; ausführlich Krüger, Stbg 1996, 544, 547 ff.

(5) Verlustverrechnung

Die in § 3 Auslandsinvestitionsgesetz (AIG) eingeräumte Möglichkeit, Verluste einer ausländischen Tochter im Jahr des Erwerbs bzw. der Gründung der Tochtergesellschaft und in den folgenden vier Wirtschaftsjahren durch Bildung einer steuerfreien Rücklage zu berücksichtigen, kann nur noch für die Wirtschaftsjahre wahrgenommen werden, die vor dem 1.1.1990 endeten (§ 8 Abs. 4 AIG). Da eine „Organschaft über die Grenze" steuerlich nicht zulässig ist, ist solchen Verlusten gegebenenfalls durch eine Teilwertabschreibung auf die Beteiligung Rechnung zu tragen. Die Fortführung und Auflösung von Alt-Rücklagen richten sich nach den bisher geltenden Regelungen.

bb) Betriebsstätte

(1) Betriebsstättengewinn

39 Der Gewinn der Betriebsstätte wird regelmäßig gemäß den bestehenden DBA von der deutschen Körperschaft- und Gewerbesteuer freigestellt. Der Gewinn nach ausländischen Steuern ist, wie die Dividende einer Tochtergesellschaft, in das EK 01 einzustellen. Für die steuerlichen Konsequenzen im Falle einer Ausschüttung des Gewinns gelten die gleichen Grundsätze wie bei Dividenden.

(2) Beziehungen zwischen Betriebsstätte und Stammhaus

Die zwischen Betriebsstätte und Stammhaus vereinbarten Konditionen für Lieferungen und Leistungen, die Höhe von Umlagen etc., unterliegen einer Angemessenheitsprüfung durch die deutschen Finanzbehörden. Es kann zu Mehrbelastungen kommen, wenn die ausländischen Finanzbehörden eine Änderung bei dem Stammhaus nicht durch eine gegenläufige Korrektur bei der Betriebsstätte akzeptieren.

(3) Substanzsteuern

Ab 1.1.1997 wird eine Vermögensteuer nicht mehr erhoben. Aufgrund der Vorschriften der DBA wird das anteilig auf die Betriebsstätte entfallende Vermögen von der deutschen Vermögensteuer freigestellt. Gleichfalls fällt auch künftig keine Gewerbekapitalsteuer an. Das auf die Betriebsstätte entfallende Vermögen wird grundsätzlich durch den Saldo des Verrechnungskontos repräsentiert. Allerdings neigt die deutsche Finanzverwaltung oftmals dazu, die sogenannte „Kapitalspiegeltheorie" für die Ermittlung des auf die ausländische Betriebsstätte entfallenden Vermögens anzuwenden. Dabei wird unterstellt, daß die Eigenkapitalquote der Betriebsstätte („Dotationskapital") der Eigenkapitalquote des Gesamtunternehmens entspricht. Ist dieses fiktive Dotationskapital niedriger als der Saldo des Verrechnungskontos, ergeben sich vermögen- und gewerbekapitalsteuerliche Mehrbelastungen in Deutschland.

(4) Verlustverrechnung

40 Verluste einer Betriebsstätte in einem Staat, mit dem ein DBA besteht, können aufgrund der in den DBA getroffenen Freistellungsregelung grundsätzlich nicht in Deutschland geltend gemacht werden. In diesen Fällen ist jedoch auf Antrag eine Verlustverrechnungsmöglichkeit nach

§ 2a Abs. 3 und 4 EStG (bis einschließlich Veranlagungszeitraum 1989: § 2 AIG) möglich. Dabei ist der Verlust der ausländischen Betriebsstätte bei der Ermittlung des Gesamtbetrages der Einkünfte des Stammhauses zu berücksichtigen.

Da die Verluste der Betriebsstätte regelmäßig in den ausländischen Staaten vorgetragen und mit späteren Gewinnen verrechnet werden können, sind Gewinne der ausländischen Betriebsstätten in späteren Jahren dem Gesamtbetrag der Einkünfte der inländischen Muttergesellschaft hinzuzurechnen und damit der deutschen Körperschaft- und Gewerbesteuer zu unterwerfen. Die Gewinne sind nur in der Höhe zuzurechnen, in der in den vorangegangenen Jahren Verluste abgezogen wurden.

Bei der Umwandlung der Betriebsstätte in eine Kapitalgesellschaft ist ein verbleibender Verlustüberhang, der in Deutschland berücksichtigt wurde, nach h. M. einer Nachversteuerung in Deutschland zu unterwerfen. Die Nachversteuerung unterbleibt, wenn das Stammhaus nachweist, daß die (neue) Kapitalgesellschaft den Verlustüberhang der (alten) Betriebsstätte nicht nutzen kann.

m) Sozialversicherung

Während Einzelunternehmer und Gesellschafter einer Personengesellschaft mit ihren Gewinnanteilen nicht sozialversicherungspflichtig und dementsprechend der Arbeitgeberanteil nicht unter die Regelung des § 3 Nr. 62 EStG fällt,[1] unterliegen Gesellschafter-Geschäftsführer einer Kapitalgesellschaft grundsätzlich der Kranken-, Renten- und Arbeitslosenversicherung; der Arbeitgeberanteil ist für die Gesellschafter-Geschäftsführer dann steuerfrei.[2] **41**

n) Steuerung des Gewinnanfalls der Gesellschaft beim Gesellschafter

Gegen eine Personengesellschaft spricht die fehlende Steuerungsmöglichkeit des Gewinnanfalls der Gesellschaft beim Gesellschafter. Dem Gesellschafter einer Personengesellschaft wird der Gewinnanteil selbst dann ertragsteuerlich zugerechnet, wenn er keinerlei Entnahmen tätigen darf. Der Gesellschafter einer Kapitalgesellschaft hingegen bezieht – falls die Gesellschaft den Gewinn thesauriert – keine Einkünfte, die er der Einkommensteuer unterwerfen müßte. Eine Ausnahme von diesem Grundsatz gilt nur bei in Niedrigsteuerländern domizilierenden Kapitalgesellschaften, die der Hinzurechnungsbesteuerung (§§ 7–14 AStG) unterliegen und bei Zwischeneinkünften mit Kapitalanlagecharakter (vgl. §§ 7 Abs. 6, 11 Abs. 4, 12 Abs. 3, 14 Abs. 4 Satz 5, 20, 21 Abs. 7 AStG). Die Steuerung des Gewinnanfalls beim Gesellschafter hat durch das Steuerreformgesetz 1990 noch zusätzliche Bedeutung gewonnen. Soweit nicht durch Bewertungswahlrechte die Besteuerung hinausgeschoben werden konnte, war es nur bei Kapitalgesellschaften **42**

1 BFH v. 8.4.1992, EStBl II 1992, 812.
2 Vgl. hierzu ausführlich insbesondere auf Beteiligungshöhe und Rechtsform Figge, GmbHR 1992, 361 und DB 1992, 1087; Brandmüller, Rz. 772 ff.

möglich, Gewinne „zurückzuhalten", bis die Absenkung des Einkommensteuer-Tarifs ausgenutzt werden konnte.[1] Entsprechendes gilt darüber hinaus im Hinblick auf den vom 1.7.1991 bis zum 30.6.1992 befristeten und ab 1995 wieder erhobenen Solidaritätszuschlag zur Einkommen- und Körperschaftsteuer.[2]

o) Thesaurierte Gewinne/Besteuerung

43 Das Steuerreformgesetz 1990 sowie das Standortsicherungsgesetz vom 13.9.1993 haben Änderungen der Steuertarife bei der Einkommen- und bei der Körperschaftsteuer gebracht. Aufgrund der geplanten und für die 13. Legislaturperiode endgültig gescheiterten sog. Großen Steuerreform (Grundlage Petersberger Steuerbeschlüsse) sollte der Marginalsteuersatz auf 39 % gesenkt werden. Die neue Bundesregierung hat durch das sog. Steuerentlastungsgesetz 1999[3] zunächst lediglich den Eingangssteuersatz gesenkt. Eine Absenkung des Spitzensatzes ist erst im Zuge des eigentlichen Steuerentlastungsgesetzes 1999/2000/2002[4] geplant. Für 1999 ist danach voraussichtlich lediglich eine Senkung des Spitzensatzes für gewerbliche Einkünfte auf 45 % und ab 2000 eine stufenweise Absenkung auch des Spitzensatzes zunächst auf 51 % und ab 2002 auf 48,5 % vorgesehen. Ob im Zuge einer sog. Unternehmenssteuerreform eine einheitliche Unternehmensteuer von 35 % bereits ab 2000 verwirklicht oder erst später realisiert wird, ist z. Z. noch nicht abzusehen. In den letzten Jahren hat es folgende Entwicklungen der Steuertarife gegeben. Der Spitzensatz von jeweils 56 % wurde im Bereich der Einkommensteuer zunächst auf 53 % (bis 1993) und seit 1994 für gewerbliche Einkünfte auf 47 % und im Bereich der Körperschaftsteuer auf zunächst 50 % (bis 1993) und seit 1994 auf 45 % gesenkt. Während früher durch das Anrechnungsverfahren ein latentes, in Höhe der Differenz von Thesaurierungs- und Ausschüttungssteuersatz zinsloses Steuerguthaben beim Finanzamt entstand, das durch die Mischformen GmbH & Still und Betriebsaufspaltung vermieden, durch Schütt-aus-hol-zurück-Politik[5] gemildert werden konnte, hängt nun die Beurteilung viel stärker vom persönlichen Steuersatz der Anteilseigner ab.

Der schon bisher bestehende Vorteil steueroptimaler Periodenausschüttung wird nunmehr noch durch Liquiditätsvorteile angereichert.

p) Trennung von Kapitalgeber- und Leitungsfunktion

44 Eine Trennung von Kapitalgeber- und Leitungsfunktion ist bei einer Kapitalgesellschaft immer, bei Personengesellschaften nur bei der GmbH & Co. KG gewährleistet. Die Möglichkeit der Einstellung fremder, qualifizierter Geschäftsführer oder Vorstände, die anstatt der Gesellschafter die Geschäfte führen, ist nicht zuletzt bei Familiengesellschaften dann äußerst wichtig, wenn der Betrieb eine Konzession benötigt bzw. in die

1 Zu den dabei zu beachtenden Effekten s. Bauer, DB 1988, 2573.
2 Vgl. dazu Rödder, DB 1991, 921.
3 Vgl. BGBl. I 1998, 3779.
4 Zum Entwurf vgl. BT-Drucks. 14/23; vgl. auch Richter, BB 1999, 29.
5 Vgl. hierzu z. B. Felix/Streck, DStR 1977, 42; Robisch, DStR 1994, 334; Sigel, GmbHR 1995, 487.

Handwerksrolle eingetragen werden muß oder wenn keine geeigneten Unternehmerpersönlichkeiten im Gesellschafterkreis vorhanden sind. Erfüllt nur einer der Gesellschafter die notwendigen berufsspezifischen Voraussetzungen, dann drohen der Gesellschaft bei dessen Ausscheiden (Tod, Berufsunfähigkeit, Kündigung, Scheidung etc.) unübersehbare Schwierigkeiten. Eine Personengesellschaft wird in die Handwerksrolle eingetragen, wenn für die technische Leitung ein persönlich haftender Gesellschafter verantwortlich ist, der die Meisterprüfung abgelegt hat und berechtigt ist, selbständig ein Handwerk zu betreiben, Lehrlinge auszubilden sowie den Meistertitel zu führen. Eine Kapitalgesellschaft wird eingetragen, wenn lediglich der Betriebsleiter Meister ist. Darüber hinaus sind die Kammerbeiträge i. d. R. niedriger für Kapitalgesellschaften, da Bemessungsgrundlage der durch Mieten, Pachten, Gehälter, Tantiemen etc. verminderte Gewerbesteuermeßbetrag ist (siehe auch Rz. 29).

q) Besteuerung der Gewinne aus der Veräußerung von im Privatvermögen gehaltenen Anteilen

Gewinne aus der Veräußerung von privaten, nicht wesentlichen Anteilen 45 an Kapitalgesellschaften sind steuerfrei (bei Beachtung der sechsmonatigen Spekulationsfrist, § 23 EStG; diese Frist soll gemäß der geplanten Steuervorhaben ab 1999 auf ein Jahr verlängert werden. Beträgt die Beteiligung innerhalb der letzten fünf Jahre vor der Veräußerung zu irgendeinem Zeitpunkt mehr als 25 % (die Steuerreformpläne sehen eine Absenkung auf 10 % vor) und wird sie im Privatvermögen gehalten, erfolgt eine Versteuerung mit dem halben Einkommensteuersatz, wenn auch nur Teile des Nennkapitals veräußert werden (§ 34 Abs. 1, 2 Nr. 1 i. V. m. § 17 EStG; der ermäßigte Steuersatz wird voraussichtlich im Rahmen des Steuerentlastungsgesetzes 1999/2000/2002 bereits für den gesamten VZ 1999 entfallen[1]). Bis zu einem Veräußerungsgewinn in Höhe von 80 000 DM und 100 000 DM Veräußerungsgewinn sinkt der Freibetrag stufenweise bis auf 0 DM; der Freibetrag gilt für das ganze Nennkapital und ist demzufolge bei Veräußerung von Anteilen am Nennkapital entsprechend niedriger. Wird eine Beteiligung an einer Kapitalgesellschaft im Betriebsvermögen gehalten, dann wird diese Beteiligung – fiktiv – wie ein Teilbetrieb (§ 16 Abs. 1 Nr. 1 EStG, R 139 Abs. 3 EStR 1996) behandelt, wenn die Beteiligung das gesamte Nennkapital der Gesellschaft oder alle Kuxe der bergrechtlichen Gewerkschaft umfaßt. Dies hat zur Folge, daß bei einer Veräußerung der Beteiligung der Freibetrag nach § 16 Abs. 4 EStG und der halbe Einkommensteuersatz gemäß § 34 Abs. 1, 2 Nr. 1 EStG in Anspruch genommen werden können. Der Veräußerungsgewinn unterliegt aber der Gewerbesteuer.

Schließlich ist bei Anteilen an einer Kapitalgesellschaft zu beachten, ob 46 es sich um sog. einbringungsgeborene Anteile handelt. Ist die Kapitalgesellschaft entstanden durch Einbringung eines Betriebes, eines Teilbetriebes oder eines Mitunternehmeranteils und wurden bei der Ein-

1 Zum drohenden Wegfall des § 34 Abs. 1 EStG vgl. Herzig, Stbg 1998, 443; Kroschel/Wellisch, BB 1998, 2550.

bringung nicht alle stillen Reserven aufgedeckt (§ 20 UmwStG), dann sind die Anteile an der Kapitalgesellschaft betriebsvermögenbefangen mit der Folge, daß unabhängig von der Höhe der Beteiligung im Falle einer Veräußerung der Gewinn steuerpflichtig ist (§ 21 Abs. 1 UmwStG; §§ 16 Abs. 4, 34 EStG sind anzuwenden!). Die gleichen Rechtsfolgen treten auch ohne Veräußerung ein, falls der Anteilseigner dies beantragt (etwa bei auslaufenden, sonst nicht mehr nutzbaren Verlustvorträgen!), der Anteilseigner beschränkt steuerpflichtig wird, das Besteuerungsrecht der Bundesrepublik Deutschland hinsichtlich des Gewinns aus der Veräußerung der Anteile durch ein Abkommen zur Vermeidung der Doppelbesteuerung ausgeschlossen wird (Wohnsitzwechsel, vgl. auch Rz. 62) oder – unter bestimmten Voraussetzungen – die Kapitalgesellschaft aufgelöst und abgewickelt wird (vgl. § 21 Abs. 2 Nr. 2 UmwStG).

47 Gewinne aus einer Anteilsveräußerung an einer Personengesellschaft werden – ohne Rücksicht auf die Höhe der Beteiligung – ebenfalls der Besteuerung entsprechend den Vorschriften der §§ 16 Abs. 4, 34 EStG unterworfen (§ 16 Abs. 1 Nr. 2 EStG); sie unterliegen aber nicht der GewSt. Ein Gewinn aus der Veräußerung einer Beteiligung an einer Kapitalgesellschaft unterliegt stets der GewSt, wenn die Beteiligung zu einem gewerblichen Betriebsvermögen gehört.

r) Vererblichkeit der Anteile

48 Beteiligungen an Kapitalgesellschaften sind grundsätzlich vererblich; bei einer GmbH kann die Vererblichkeit des Geschäftsanteils als solche durch den Gesellschaftsvertrag nicht ausgeschlossen werden.[1]

49 Anders ist es bei Personengesellschaften:

Nach den dispositiven gesetzlichen Regelungen wurden bis zum 30.6.1998[2] OHG und GbR durch den Tod eines Gesellschafters ebenso aufgelöst wie eine KG, falls deren Komplementär stirbt (§ 727 Abs. 1 BGB, § 131 Nr. 4, § 161 HGB); die Rechtslage hat sich aufgrund des Handelsrechtsreformgesetzes ab dem 1.7.1998 insofern geändert, als der Tod eines Gesellschafters einer OHG nur noch dessen Ausscheiden aus der Gesellschaft zur Folge hat (vgl. § 131 Abs. 2 Nr. 1 HGB).[3] Gleiches gilt, falls der Komplementär einer KG stirbt (vgl. § 131 Abs. 2 Nr. 1[3] i. V. m. § 161 Abs. 2 HGB). Der Tod eines Kommanditisten hingegen hat nicht die Auflösung einer KG zur Folge. Sofern im Gesellschaftsvertrag nicht etwas anderes vereinbart wurde, treten aufgrund des Handelsrechtsreformgesetzes ab 1.7.1998 an die Stelle des verstorbenen Kommanditisten dessen Erben (vgl. § 177 HGB).[4] Die stille Gesellschaft schließlich endet mit dem Tod des Geschäftsinhabers, nicht aber mit dem Tod des Stillen (§ 234 HGB). Bis zum **30.6.1998** lag es regelmäßig nicht im Interesse eines Gesellschafters, daß sein Tod oder auch das Ableben eines seiner Mitgesellschafter zur Auflösung der Gesellschaft führte.

1 Vgl. Scholz/Winter, § 15 GmbHG Nr. 12 ff.; Baumbach/Hueck, § 15 GmbHG Rz. 32.
2 Zur Möglichkeit, das alte Recht bis 31.12.2001 weiterhin anzuwenden vgl. Art. 41 EGHGB.
3 Ab 1.1.1999 jeweils statt „Abs. 2" „Abs. 3".
4 Vgl. zu den Änderungen aufgrund des Handelsrechtsreformgesetzes insbesondere K. Schmidt, NJW 1998, 2161; K. Schmidt, DB 1998, 61; Gustavus, GmbHR 1998, 17.

Dieses unerwünschte Ergebnis ließ sich nicht durch die Aufnahme einer Klausel in den Gesellschaftsvertrag allein vermeiden, demzufolge die Auflösung der Gesellschaft beim Tod eines Gesellschafters zu unterbleiben hat; vielmehr mußte in dem Gesellschaftsvertrag auch bestimmt werden, mit welchen Beteiligten die Gesellschaft nach dem Tode eines Gesellschafters weitergeführt werden sollte. Darüber hinaus war eine Anpassung der letztwilligen Verfügungen der einzelnen Gesellschafter an die Bestimmungen des Gesellschaftsvertrages unerläßlich. Nur durch sich ergänzende testamentarische und gesellschaftsvertragliche Regelungen ließ sich erreichen, daß der als Erbe vorgesehene Nachfolger auch ein Eintrittsrecht in die Gesellschaft erhält bzw. in die Stellung eintreten kann, die der Erblasser inne gehabt hat. Im einzelnen galt bzw. gilt aufgrund Art. 41 EGHGB folgendes:

aa) Fortsetzung der Gesellschaft unter den verbleibenden Gesellschaftern

Die Gesellschafter können eine sog. Fortsetzungsklausel ohne Nachfolgeklausel vereinbaren mit der Folge, daß die Gesellschaft beim Tode eines Gesellschafters durch die verbleibenden Gesellschafter unter Ausschluß der Erben des Verstorbenen fortgesetzt wird. **50**

Eine solche Klausel empfiehlt sich vornehmlich in den Fällen, in denen Gesellschafter nur nach ihrer Person und nicht vermögensmäßig an der Gesellschaft beteiligt sein sollen. Darüber hinaus ist eine solche Klausel ein probates Mittel für Familiengesellschaften. Soll etwa die Tochter an der Gesellschaft eine Gesellschafterstellung eingeräumt bekommen, dann ist bei der Abfassung des Gesellschaftsvertrages zu bedenken, daß beispielsweise durch ihren Tod der Gesellschaftsanteil an ihren Ehemann fallen kann. Für diesen Fall bietet sich die Bestimmung an, daß bei kinderloser Ehe der Anteil beim Tode des Ehemanns oder bei dessen Wiederverheiratung entschädigungslos an die übrigen Gesellschafter zurückfällt.[1] Eine entsprechende Regelung ist i. d. R. geboten, wenn etwa ein langjähriger Prokurist, der sich um das Unternehmen besonders verdient gemacht hat, beteiligt werden soll; auch hier sollte sichergestellt werden, daß nach dessen Ableben keine familien- und betriebsfremden Personen Einfluß auf das Unternehmen gewinnen können. Demzufolge muß eine Klausel in den Gesellschaftsvertrag aufgenommen werden, wonach der Gesellschaftsanteil (ggf. entschädigungslos) an den Familienverband zurückfallen soll.

Die Mitgliedschaftsrechte des verstorbenen Gesellschafters wachsen den übrigen Gesellschaftern zu. Mangels entgegenstehender gesellschaftsvertraglicher Regelung wandelt sich der Kapitalanteil in ein Auseinandersetzungsguthaben, das den Erben zusteht. Um Streitigkeiten über die Höhe des Auseinandersetzungsguthabens zu vermeiden, sollte im Gesellschaftsvertrag ein Berechnungsmodus vereinbart werden (Pauschalierung, Buchwert der Kapitalanteile, Wertgutachten eines bestimmten Wirtschaftsprüfers etc.). Um Liquiditätsproblemen auf seiten der Gesellschaft vorzubeugen, kann eine ratenweise Tilgung des Aus-

1 Vgl. hierzu Westermann in Westermann u. a., Rz. 457.

einandersetzungsguthabens angeordnet werden. Im Gesellschaftsvertrag kann aber auch im Wege einer Vorausverfügung des Erblassers über sein künftiges Auseinandersetzungsguthaben zugunsten der Mitgesellschafter den Erben der Anspruch auf jenes Guthaben entzogen werden. In einem solchen Fall wäre – was rechtlich zulässig ist – über das Auseinandersetzungsguthaben bereits zu Lebzeiten mit Wirkung auf den Todesfall verfügt, so daß dieser Vermögenswert nicht mehr in den Nachlaß fällt und auch dem Zugriff etwaiger Nachlaßgläubiger entzogen ist.[1] Eine Beschränkung oder auch ein Ausschluß des Abfindungsanspruchs ist ferner zweckmäßig, wenn die Kinder des Erblassers bereits als Gesellschafter in die Gesellschaft aufgenommen worden sind und ihnen ohnehin sein Kapitalanteil zuwächst.

bb) Übertragung des Gesellschaftsanteils unter Lebenden mit Wirkung auf den Todesfall

51 Besteht kein Zweifel mehr daran, daß eine bestimmte Person Nachfolger werden soll, dann bietet sich eine Übertragung des Gesellschaftsanteils unter Lebenden mit Wirkung auf den Todesfall an. Es wird dann über den Geschäftsanteil unter Lebenden verfügt, der Vollzug aber wird auf den Todesfall hinausgeschoben. Demzufolge muß in den Gesellschaftsvertrag eine Bestimmung aufgenommen werden, wonach der bisherige Gesellschafter für den Fall, daß er von dem vorgesehenen Nachfolger überlebt wird, auf diesen seinen Geschäftsanteil überträgt, und daß das Gesellschaftsverhältnis mit den übrigen Gesellschaftern fortgesetzt werden soll. Dem aufschiebend bedingten Eintritt in die Gesellschaft muß die als Nachfolger vorgesehene Person zustimmen, da die Gesellschafterstellung neben Rechten auch Pflichten mit sich bringt, letztere aber dem Nachfolger nicht gegen seinen Willen auferlegt werden können.

cc) Fortsetzung der Gesellschaft mit den Erben

52 Wünschen die Gesellschafter die Fortsetzung des Gesellschaftsverhältnisses mit einem, mit einigen oder mit allen Erben eines Gesellschafters, dann kommt es für die Ausgestaltung des Gesellschaftsvertrages darauf an, ob die Gesellschafterstellung unmittelbar auf den bzw. die Erben übergehen soll (Nachfolgeklausel) oder ob die Erben mit dem Tode eines Gesellschafters das Recht erwerben sollen, von den übrigen Gesellschaftern die Aufnahme in die Gesellschaft zu verlangen (Eintrittsklausel).

(1) Nachfolgeklausel

53 Wird eine Nachfolgeklausel gesellschaftsvertraglich vereinbart, dann treten die Nachfolger an die Stelle des verstorbenen Gesellschafters, ohne daß die verbleibenden Gesellschafter mit diesen erst einen Aufnahmevertrag schließen müssen; es ist zwischen einer rechtsgeschäftlichen und einer erbrechtlichen Nachfolgeklausel zu unterscheiden:

1 Vgl. hierzu BGH-Urt. v. 22.11.1956, NJW 1957, 180.

– Rechtsgeschäftliche Verfügung

Soll mit dem Tode eines Gesellschafters die Gesellschafterstellung automatisch auf einen Nichterben übergehen, dann kommt es darauf an, ob der Begünstigte ein Mitgesellschafter des Verstorbenen oder ein fremder Dritter ist. Handelt es sich um einen fremden Dritten, dann ist das Rechtsverhältnis als – rechtlich unwirksamer – Verfügungsvertrag zu Gunsten und zu Lasten Dritter zu klassifizieren. In diesem Fall kann eine solche Klausel nur in eine Eintrittsklausel umgedeutet werden (siehe unter Rz. 54).

– Erbrechtliche Verfügung

Soll mit dem Tode eines Gesellschafters dessen Gesellschafterstellung automatisch auf einen oder mehrere Erben übergehen, dann ist zu beachten, daß die Begünstigten mit dem Tode den Anteil unmittelbar im Ganzen erwerben. Nachfolger in den Anteil eines Gesellschafters wird also nicht die Erbengemeinschaft, auch nicht zwingend alle Erben, sondern entsprechend der testamentarischen und gesellschaftsvertraglichen Regelung im Wege der Sonderrechtsnachfolge der bzw. die als Nachfolger berufenen Erben. Demzufolge kann in einem mit dem Testament abgestimmten Gesellschaftsvertrag vorgesehen sein, daß die Gesellschaft mit allen oder nur mit bestimmten Erben fortgesetzt werden soll (beispielsweise nur mit den männlichen Erben, mit Abkömmlingen, die eine bestimmte Ausbildung beendet oder ein bestimmtes Lebensjahr erreicht haben etc.).

(2) Eintrittsklausel

Bei einer Eintrittsklausel spaltet sich die Nachfolge in einen schuld- 54
rechtlichen und in einen vollziehenden Teil auf; der Nachfolgevorgang vollzieht sich nicht durch den Erbfall, sondern wird durch ein Rechtsgeschäft unter Lebenden bewirkt, dessen Abschluß der Gesellschaftsvertrag durch die Eintrittsklausel sichert („Nach dem Tode des Gesellschafters X ist sein Erbe Y berechtigt, an seine Stelle in die Gesellschaft einzutreten": Statt des Erben Y kann auch der Nicht-Erbe Z berechtigt werden). Für den Fall, daß der Berechtigte von seinem Eintrittsrecht keinen Gebrauch macht, ist im Gesellschaftsvertrag zu regeln, ob die Gesellschaft unter den übrigen Gesellschaftern fortbestehen soll. Wichtig ist ferner die Regelung der Frage, welches Schicksal der Kapitalanteil des Verstorbenen haben soll. Mit dem Tode wandelt sich der Kapitalanteil in einen Abschichtungsanspruch um: dieser ist Nachlaßgegenstand und steht den Erben zu. Es muß eine Bestimmung darüber getroffen werden, mit welcher Kapitalbeteiligung der Nachfolger das Gesellschaftsverhältnis fortsetzen soll. Testamentarisch muß daher sichergestellt werden, daß beispielsweise der ganze Abschichtungsanspruch (oder in Höhe der Erbquote etc.) gegen die Gesellschaft dem Eintrittsberechtigten zufällt (durch Teilungsanordnung oder Vermächtnis; praktikabel ist auch die vermächtnisweise Zuwendung eines Rechts, demzufolge die Übernahme des der Erbengemeinschaft zustehenden Auseinandersetzungsguthabens zu bestimmten Konditionen verlangt werden kann).

Ab **1.7.1997** hat sich aufgrund des Handelsrechtsreformgesetzes die Rechtslage zwar insofern geändert, als nunmehr der Tod eines Gesellschafters bei der OHG und der Tod des Kommanditisten nicht zur Auflösung der Gesellschaft führt. Dennoch sind Nachfolgeklauseln auch nach Inkrafttreten des HRefG nach wie vor notwendig,[1] insbesondere im Falle des Wegfalls des einzigen Komplementärs.[2]

s) Verlustübertragung

55 Erleidet eine Kapitalgesellschaft einen Verlust, wirkt sich dieser zunächst bei der Kapitalgesellschaft selbst aus. Sind – verlustbedingt – die Voraussetzungen einer Teilwertabschreibung[3] erfüllt, kann der Verlust beim Anteilseigner auch berücksichtigt werden, wenn eine Abschreibung der Beteiligung auf den niedrigeren Teilwert vorgenommen wird. Bei einer Personengesellschaft wirkt sich ein Verlust nur einmal aus. Nach dem neuen Umwandlungssteuerrecht gehen bei Verschmelzungen, Auf- und Abspaltungen von Kapitalgesellschaften auf Kapitalgesellschaften Verlustvorträge grundsätzlich über. Im Fall des Vermögensübergangs auf Personengesellschaften ist lediglich eine Generierung von Aufstockungspotential durch den Übernahmeverlust möglich, nicht aber – systembedingt – ein Übergang von einem Verlustvortrag (vgl. Rz. 793, 800 ff.).

t) Vermögensbildung in Arbeitnehmerhand

56 Vermögensbildung in Arbeitnehmerhand, etwa durch Ausgabe von Belegschaftsanteilen, läßt sich – will man steuerliche Nachteile vermeiden – nur bei Kapitalgesellschaften durchführen. Die Einräumung einer Beteiligung an einer Personengesellschaft würde selbst bei Zwerganteilen zur Annahme einer Mitunternehmerstellung führen mit der Konsequenz der Umqualifizierung der Einkünfte aus nichtselbständiger Arbeit in Vorabgewinn i. S. d. Vorschrift des § 15 Abs. 1 Nr. 2 2. Satzteil EStG und dem damit verbundenen Verlust an steuerlichen Vorteilen (Arbeitnehmer-Pauschbetrag, Versorgungsfreibetrag, diverse Pauschalen usw.).

57 Gratifikationszusagen an Arbeitnehmer hingegen sind sowohl bei Kapitalgesellschaften als auch bei Personengesellschaften möglich, bei Arbeitnehmern, die zugleich Gesellschafter sind, aber nur bei Kapitalgesellschaften. Verpflichtungen aus einer Gratifikation, die an die Arbeitnehmer nach Ablauf mehrerer Jahre und unter der Voraussetzung weiterer Betriebszugehörigkeit auszuzahlen ist, müssen vom Arbeitgeber durch eine Rückstellung berücksichtigt werden. Von dem zugesagten Betrag ist ein Abschlag für die Fluktuation und für einen Zinsanteil zu machen.[4] Zur steuerlichen Anerkennung von Rückstellungen für Jubiläumszuwendungen vgl. §§ 5 Abs. 4 und 52 Abs. 6 EStG. Grundsätzlich fließt die Tantieme den Arbeitnehmern gemäß § 11 EStG mit Erlangung der wirtschaftlichen Verfügungsmacht zu, also mit Er-

1 Vgl. hierzu insb. K. Schmidt, NJW 1998, 2161 (2166).
2 Frey/v. Bredow, ZIP 1998, 1621.
3 Ein ABC der Teilwertabschreibung findet sich bei Glanegger in L. Schmidt, § 6 EStG Rz. 250.
4 Vgl. BFH-Urteil v. 7.7.1983, BStBl II, 753; Nehm, DB 1984, 949 ff.

füllung der in der Gratifikationszusage enthaltenen Bedingungen. Bei beherrschenden Gesellschafter-Geschäftsführern gilt nach Verwaltungsauffassung und höchstrichterlicher Rechtsprechung die Besonderheit, daß die Tantieme mit Rückstellungsbildung als zugeflossen gilt.[1]

Ob und inwieweit ein sog. „deferred compensation plan" (eine Art aufgeschobene Vergütung) auch in der Bundesrepublik Deutschland mit steuerlicher Wirkung möglich ist, ist zweifelhaft und wohl nur bei „freiwilligen" Zuführungen zu einem Pensionsplan steuerrechtlich zulässig. 58
Nach dieser in den USA verbreiteten „Eigenvorsorge" für Arbeitnehmer verzichtet dieser auf einen Teil seines Gehalts und der Arbeitgeber weist den Teil des Gehaltes, auf den verzichtet wurde, einem speziellen Fonds zu, der die angelegten Mittel verzinslich anlegt. Solange der Mitarbeiter für das Unternehmen tätig ist, wiederholt sich dieses procedere in regelmäßigen zeitlichen Abständen. Scheidet der Mitarbeiter dann aus dem Unternehmen aus, so erhält er seinen Anteil am Fonds, also die eingezahlten Kapitalanteile mit Zins und Zinseszinsen. Da nach US-Steuerrecht die regelmäßig ausgesprochenen Gehaltsverzichte nicht als dem Mitarbeiter zugeflossen gelten, die Zuweisungen an den Fonds für den Arbeitgeber aber als Betriebsausgabe anerkannt werden, ist dieses System für das Unternehmen kostenneutral. Für den Arbeitnehmer ist von Bedeutung, daß die Beiträge an den Fonds aus unversteuertem Einkommen geleistet werden. Sobald die Mittel aus dem Fonds dem Mitarbeiter bei seinem Ausscheiden zufließen, setzt die Steuerpflicht des Mitarbeiters ein. Die dann fälligen Steuern sind aber in der Regel niedriger als die Steuern, die fällig gewesen wären, wenn der Gehaltsverzicht nicht stattgefunden hätte. Da bei der Auszahlung aus dem Fonds weitgehende Freiheit besteht, kann der Mitarbeiter durch Wahl geeigneter Raten seinen Steuersatz selbst bei der Auszahlung noch beeinflussen. Diese Gestaltung bietet sich regelmäßig nur für transnationale Unternehmen an, falls der Arbeitnehmer für ein verbundenes Unternehmen in einem Land tätig wird, das solche deferred compensation plans anerkennt und – etwa durch ein Abkommen zur Vermeidung der Doppelbesteuerung – der Bundesrepublik Deutschland das Besteuerungsrecht bezüglich des Arbeitsentgeltes entzogen ist.

3. Erläuterungen der Vorteile einer Personengesellschaft und die Nachteile einer Kapitalgesellschaft

a) Aufpreiszahlung für stille Reserven durch einen Erwerber

Zahlt der private Erwerber eines Anteils an einer Kapitalgesellschaft für 59
die in dem Unternehmen ruhenden stillen Reserven einen Aufpreis, dann kann er nicht wie ein Erwerber eines Mitunternehmeranteils an einer Personengesellschaft insoweit zusätzliche Abschreibungen vornehmen; die die Buchwerte übersteigenden Anschaffungskosten für den Erwerb der Anteile finden also bei laufender Besteuerung keine Be-

1 Vgl. H/H/R, § 11 EStG Rz. 28; Heinicke in Schmidt, § 11 EStG Rz. 5.

rücksichtigung.[1] Der Erwerber einer Personengesellschaft oder eines Mitunternehmeranteils wird regelmäßig einen Kaufpreis zahlen müssen, der höher als die Summe des buchmäßigen Kapitals des Veräußerers ist. Diese Mehrzahlungen für die stillen Reserven und u. U. für einen Firmenwert sind für den Erwerber Anschaffungskosten und aktivierungspflichtig. Demzufolge hat er in einer Ergänzungsbilanz die Mehrwerte für die einzelnen Wirtschaftsgüter und ein entsprechendes Mehrkapital auszuweisen; soweit die Mehrzahlungen auf stille Reserven abschreibungsfähiger Wirtschaftsgüter entfallen, hat der Erwerber vom Tage des Erwerbs an von dem in der Ergänzungsbilanz ausgewiesenen Betrag entsprechend der betriebsgewöhnlichen Nutzungsdauer des jeweiligen Wirtschaftsgutes die AfA vorzunehmen. Die so gewonnenen zusätzlichen Abschreibungen mindern den auf ihn entfallenden Gewinnanteil. Je größer also das erworbene AfA-Volumen bei möglichst kurz bemessener betriebsgewöhnlicher Nutzungsdauer ist, desto günstiger ist die künftige (steuerliche) Gewinnsituation und damit die Finanzierbarkeit.

b) Ausländische Anteilseigner

60 Ausländische Anteilseigner, Stiftungen u. a. (so auch die Treuhandanstalt) sind von der Anrechnung und Vergütung der Körperschaftsteuer ausgeschlossen (§ 51 KStG, § 50 Abs. 5 Satz 2 EStG).

Dieser insbesondere für im Ausland ansässige Anteilseigner gravierende Nachteil ist durch das in der Bundesrepublik Deutschland geltende Körperschaftsteuersystem bedingt. Da im Anrechnungsverfahren die Körperschaftsteuer der Gesellschaft durch die Steuer der Anteilseigner ersetzt wird, muß gewährleistet sein, daß der Staat, in dem die Anrechnung erfolgt, die Steuer der Anteilseigner erhält. Ist der Anteilseigner aber im Ausland ansässig, so ist diese Voraussetzung regelmäßig nicht erfüllt. Eine Ausnahme gilt allerdings, wenn die zur Anrechnung berechtigenden Gewinnteile in der inländischen Betriebsstätte eines beschränkt Steuerpflichtigen anfallen. Für diese Fälle ermöglicht § 50 Abs. 5 Satz 3 EStG die Anrechnung. Um diesen Nachteil zu vermeiden, werden inländische Kapitalgesellschaften in besonders hohem Maße über Darlehen finanziert, um auf diese Weise Gewinne der Gesellschaften im Inland zu minimieren und damit der Dividendenbesteuerung „auszuweichen". Bei der Hingabe von Fremdmitteln verlassen die dafür in Form von Zinsen gezahlten Vergütungen die Gesellschaft i. d. R. ohne Steuerbelastung. Die Finanzverwaltung hatte bisher – gestützt auf das BMF-Schreiben vom 16.3.1987[2] – in krassen Fällen der Gesellschafter-Fremd-

1 Mit Wirkung ab 1.1.1995 hat das neue Umwandlungsrecht in Form des sog. Umwandlungsmodells die Möglichkeit eröffnet, einen step-up ohne Ertragsteuerbelastung zu erreichen, vgl. hierzu Füger/Rieger, IStR 1995, 257, die das Modell bei Beteiligung von Steuerausländern darstellen; Herzig, Stbg 1996, 49; Höflacher/Wendlandt, DStR 1996, 530; Köster, GmbHR 1995, 422; sowie unter Rz. 793, 800 ff. Aufgrund der Änderung des § 4 Abs. 6 UmwStG durch das Gesetz zur Fortsetzung der Unternehmenssteuerreform ist diese Möglichkeit mit Wirkung für alle Umwandlungsvorgänge nach dem 5.8.1998 wieder weggefallen.

2 BStBl I 1987, 373.

finanzierung den Zinsen für ein Gesellschafterdarlehen den Abzug als Betriebsausgaben versagt. Der BFH hat mit Urteil vom 5.2.1992[1] diese Handhabung der Verwaltung verworfen.

Der durch das Standortsicherungsgesetz vom 13.9.1993 in das KStG eingefügte § 8a gilt nur für nichtanrechnungsberechtigte Anteilseigner und unterscheidet bei der Gesellschafter-Fremdfinanzierung zwischen gewinn-/umsatzabhängigen und gewinn-/umsatzunabhängigen Vergütungen.[2] 61

- Im Bereich der gewinn-/umsatzunabhängigen Vergütungen (festverzinsliche Darlehen) wird ein „safe haven" von 1:3 statuiert, wobei auf das Verhältnis von Gesellschafter-Eigenkapital zum Gesellschafter-Fremdkapital abgestellt wird. Außerhalb dieses „safe haven" ist ein Drittvergleich vorgesehen; danach kommt eine Umqualifizierung der Vergütungen in verdeckte Gewinnausschüttungen nur dort in Betracht, wo ein entsprechender Fremdvergleich nicht durchgeführt werden kann.
- Gewinn-/umsatzabhängige Vergütungen (partiarische Darlehen, stille Beteiligungen) werden in eine verdeckte Gewinnausschüttung umqualifiziert, soweit das von einem Anteilseigner gewährte Fremdkapital die Hälfte des seiner Beteiligungen entsprechenden Teils des Eigenkapitals übersteigt (Verhältnis 1:0,5). Einen Drittvergleich sieht das Gesetz nicht vor.
- Eine Kumulation der beiden vorgenannten „safe havens" ist nicht möglich, jedoch kann der bei gewinnabhängigen Vergütungen nicht ausgeschöpfte „safe haven" übertragen werden auf den Bereich der gewinnunabhängigen Vergütungen unter Berücksichtigung des Verhältnisses 1:3.
- Das anteilige Eigenkapital des Anteilseigners ist der Teil des Eigenkapitals der Kapitalgesellschaft zum Schluß des vorangegangenen Wirtschaftsjahres, der dem Anteil des Anteilseigners am gezeichneten Kapital entspricht. Das Eigenkapital auf der Grundlage der Handelsbilanz soll auch die Sonderposten mit Rücklageanteil zu 50 % erfassen. Eigenkapitalminderungen durch vorübergehende Verluste führen nicht automatisch zu einer Umqualifizierung in verdeckte Gewinnausschüttungen, sofern die Verluste in einem überschaubaren Zeitraum aus Gewinnen späterer Jahre ausgeglichen werden.
- Für in Deutschland domizilierende Holding-Gesellschaften sieht § 8a Abs. 4 KStG eine Sonderregelung vor, die nur für solche Gesellschaften anwendbar ist, deren Haupttätigkeit darin besteht, Beteiligungen an Kapitalgesellschaften zu halten und diese Kapitalgesellschaften zu finanzieren, oder deren Vermögen zu mehr als 75 % ihrer Bilanzsumme aus Beteiligungen an Kapitalgesellschaften besteht. Liegt eine solche Holdinggesellschaft vor, so ist eine Gesell-

1 BStBl II 1992, 532; vgl. hierzu ausführlich Baranowski, Rz. 1323 ff. m. w. N.

2 Vgl. auch BMF-Anwendungserlaß v. 17.11.1994 (BStBl I 1995, 25) sowie BMF-Schreiben vom 25.3.1998 (Umwandlungssteuererlaß), Tz. 8a.01 ff., BStBl I 1998, 268; nach bisher noch nicht in den Entwurf ins Steuerentlastungsgesetz 1999/2000/2002 eingegangener Planung der Regierung sollen die „safe havens" bei unmittelbarer Beteiligung auf 1:1 und bei Holdinggesellschaften auf 1:3 reduziert werden!

schafter-Fremdfinanzierung im Verhältnis von 1:9 möglich; außerhalb dieses „safe haven" ist eine höhere Fremdfinanzierungsquote durch den Anteilseigner nur dort möglich, wo ein entsprechender Fremdvergleich durchgeführt werden kann. Eine Gesellschafter-Fremdfinanzierung auf den Ebenen unter der Holding ist grundsätzlich möglich; die Beteiligungsgesellschaften können jedoch nicht einen „safe haven" beanspruchen, sondern können sich nur im Rahmen des Fremdvergleichs bewegen. Bei der Holdinggesellschaft unterbleibt die Kürzung des Eigenkapitals um die Buchwerte von Beteiligungen.[1]

- Liegen Beteiligungsverhältnisse vor, ohne daß die Voraussetzungen einer Holdinggesellschaft gegeben sind, so ist bei der Ermittlung der Höhe des Eigenkapitals das Eigenkapital um die Buchwerte dieser Beteiligungen jeweils zu kürzen (sog. Kaskaden-Lösung.)[2]
- Die Neuregelung des § 8a KStG ist erstmals für das Wirtschaftsjahr anzuwenden, das nach dem 31.12.1993 beginnt (§ 54 Abs. 6b KStG). Ferner ist in den Anwendungsvorschriften zu § 8a KStG eine Übergangsregelung für Altkredite mit gewinnabhängigen Vergütungen enthalten.

62 Erweitert beschränkt Steuerpflichtige sind grundsätzlich anrechnungsberechtigt (§ 2 Abs. 1 und Abs. 5 Satz 2 AStG). Verlegt aber etwa ein nicht die schweizerische Staatsbürgerschaft besitzender Steuerpflichtiger seinen Wohnsitz in die Schweiz und war er zuvor in Deutschland mindestens fünf Jahre lang innerhalb der letzten zehn Jahre vor seinem Wegzug unbeschränkt steuerpflichtig, dann ist – wie sich aus Artikel 4 Abs. 4 des Doppelbesteuerungsabkommens Deutschland–Schweiz ergibt – das Abkommen für das Jahr des Wegzugs und für die folgenden fünf Jahre suspendiert. Demnach unterliegt ein solcher Steuerpflichtiger in vollem Umfang der deutschen Besteuerung, wäre also erweitert beschränkt steuerpflichtig. Gleichwohl schließt R 213h Abs. 2 Satz 3 EStR 1996 eine Anrechnung der Körperschaftsteuer aus (die Bestimmung des § 36 Abs. 2 Nr. 3e EStG ist m. E. nicht sachgerecht).

c) Ausländische Einkünfte

63 Bei Einzelunternehmen und bei Personengesellschaften bleiben steuerfreie und steuerbegünstigte Einkommensteile auch bei Entnahmen steuerfrei bzw. steuerbegünstigt. Bezieht mithin ein Unternehmen dieser Rechtsform ausländische Einkünfte, die nach einem DBA in Deutschland nicht steuerpflichtig sind (z. B. Betriebsstätteneinkünfte), wird die Steuerfreiheit definitiv. Bei Kapitalgesellschaften hingegen sind solche Erträge nur bei der Gesellschaft selbst begünstigt, im Falle der Ausschüttung gehen sie verloren. Zwar muß die Kapitalgesellschaft nicht die Ausschüttungsbelastung herstellen, die Dividende bei inländischen Anteilseignern ist aber als steuerpflichtige Einnahme zu erfassen.[3] Diese nachteiligen Folgen lassen sich durch folgende Konfigurationen ver-

1 S. auch Streck § 8a KStG, Rz. 20.
2 Vgl. hierzu BMF-Anwendungserlaß, BStBl I 1995, 25 Tz. 89 f.; Herzig, StuW 1993, 237, 245.
3 Lediglich wenn in den Fällen des § 8b Abs. 1 KStG die Dividende an bestimmte ausländische Anteilseigner weitergereicht wird, unterbleibt eine deutsche Besteuerung: in aller Regel werden diese Dividenden aber vom ausländischen Fiskus erfaßt.

meiden. Die letztendlichen Anteilseigner organisieren sich in einer Personengesellschaft, die ihrerseits Anteilseignerin der Kapitalgesellschaft ist. Die Kapitalgesellschaft unterhält eine nach DBA freizustellende Betriebsstätte oder Beteiligung an einer ausländischen Personengesellschaft. Liegen zwischen der Holding-Personengesellschaft und der Kapitalgesellschaft die Voraussetzungen der Organschaft vor und wurde außerdem ein Ergebnisabführungsvertrag geschlossen, dann werden die von der Kapitalgesellschaft steuerfrei bezogenen ausländischen Betriebsstätteneinkünfte unmittelbar den Anteilseignern zugerechnet, ohne daß dieser Bezug auch nur beim Progressionsvorbehalt Berücksichtigung finden könnte.[1]

Der Dividendenbezug von einer ausländischen Kapitalgesellschaft ist über eine inländische Kapitalgesellschaft in aller Regel steuerbilliger, da entweder ein DBA-Schachtelprivileg oder die Möglichkeit der indirekten Steueranrechnung des § 26 Abs. 2 bis 5 KStG beansprucht werden kann. Dieses Privileg steht weder einem Einzelunternehmen noch einer Personengesellschaft zu. **64**

Soweit das vermögensteuerliche Schachtelprivileg gemäß § 102 Abs. 2 BewG (§ 102 BewG aufgehoben mit Wirkung ab 1.1.1998 durch Gesetz zur Fortsetzung der Unternehmenssteuerreform vom 29.10.1997, BGBl. I, 2590) oder gemäß DBA gegriffen hat, erwies sich – solange eine Vermögensteuer erhoben wurde (bis VZ 1996) – insoweit auch die Kapitalgesellschaft beim Halten von Auslandsvermögen als günstiger. **65**

d) Die Einbringung einzelner Wirtschaftsgüter

Die Überführung/Einlage von Wirtschaftsgütern kann selbst in ausländischen Betriebsstätten und Personengesellschaften ertragsteuerlich neutral gestaltet werden;[2] eine Einbringung in eine Kapitalgesellschaft führt zwingend zu einer Aufdeckung stiller Reserven. **66**

e) Erbschaftsteuer

Aus erbschaftsteuerlicher Sicht weist eine Beteiligung an einer Kapitalgesellschaft zunächst den gleichen Nachteil auf wie bei der Vermögensteuer.[3] Die Bewertung der Beteiligung erfolgt entweder nach dem Kurswert oder – in Ermangelung eines solchen – zum Anteilswert gemäß dem Stuttgarter Verfahren, während bei der Personengesellschaft der – regelmäßig günstigere – Einheitswert des Betriebsvermögens maßgeblich ist. Im Standortsicherungsgesetz hat der Gesetzgeber schen- **67**

1 Vgl. OFD Hannover, Vfg. v. 22.7.1994, DB 1994, 1699; die Bundesregierung plant diesen „nicht gerechtfertigten Vorteil" durch Einfügung eines § 32b Abs. 1a EStG ab 1999 zu streichen.

2 Vgl. BdF v. 12.2.1990, BStBl I, 72; ein BMF-Schreiben zur Betriebsstättenbesteuerung wird voraussichtlich im 2. Halbjahr 1998 veröffentlicht; zur Überführung von Wirtschaftsgütern in Auslandsbetriebsstätten vgl. Baranowski, Rz. 296 ff.; § 6 Abs. 4 des Entwurfs zum Steuerentlastungsgesetz 1999/2000/2002 sieht vor, daß künftig eine Übertragung von Einzelwirtschaftsgütern zwischen verschiedenen Betriebsvermögen desselben Steuerpflichtigen nicht mehr erfolgsneutral möglich ist.

3 Zum Vergleich von Kapitalgesellschaften und Personengesellschaften aus erbschaftsteuerlicher Sicht vgl. auch Flick, DB 1997, 844.

kung- und erbschaftsteuerliche Erleichterungen eingeführt; im Jahressteuergesetz vom 20.12.1996 wurde – zumindest für kleinere Vermögen – die Steuerbelastung wieder erhöht. Danach können Unternehmer seit 1994 einmal innerhalb eines Zeitraums von 10 Jahren Betriebsvermögen bis zur Höhe von 500 000 DM steuerfrei auf die Unternehmensnachfolger übertragen (zuzüglich zu dem persönlichen Freibetrag von 600 000 DM für Ehegatten bzw. 400 000 DM für Kinder). Diese Freibetragsregelung wurde noch einmal erweitert und damit die steuerliche Belastung noch weiter abgesenkt. Betriebsvermögen, das den Freibetrag von 500 000 DM übersteigt, wird seit 1.1.1996 nur noch mit 60 % angesetzt. Dieser Bewertungsabschlag gilt für jeden Erwerb im Wege der vorweggenommenen Erbfolge oder durch Erbanfall unabhängig davon, ob der Freibetrag in Anspruch genommen wurde oder wird. Konkret bedeutet dies, daß beispielsweise ein Betriebsvermögen mit einem Einheitswert von 1 Mio. DM nach Abzug des Freibetrages von 500 000 DM nicht mehr mit den verbleibenden 500 000 DM der Erbschaftsteuer unterliegt, sondern nur mit 60 % dieser Restgröße, hier also mit 300 000 DM. Geht das Betriebsvermögen von 1 Mio. DM im Erbfall vom Vater etwa auf den Sohn über und ist der persönliche Freibetrag i. H. v. 400 000 DM bereits ausgeschöpft, so ergibt sich eine Erbschaftsteuer in Höhe von derzeit 33 000 DM. Ein weiteres Novum ist die Ausdehnung dieser Vergünstigungsvorschrift ab 1996 auch für Anteile an Kapitalgesellschaften! Der Übergang von Anteilen an inländischen Kapitalgesellschaften, an deren Nennkapital der Erblasser oder auch der Schenker zur Zeit der Entstehung der Steuer mindestens zu ¼ unmittelbar beteiligt ist, wird bis zum Betrag von 500 000 DM ebenfalls von der Erbschaft- und Schenkungsteuer freigestellt. Der über den Freibetrag hinausgehende Wert dieser Anteile wird wie bei einem Personenunternehmen auch nur mit 60 % angesetzt. Es gilt also die gleiche Belastungsregel wie bei Personengesellschaft; einbringungsgeborene Anteile werden aber erbschaftsteuerlich diskriminiert, da solche Beteiligungen bis zu einer Beteiligungshöhe von mehr als 25 % wie im Privatvermögen gehaltener Steuerbesitz behandelt werden.

Der Freibetrag und der Bewertungsabschlag entfallen rückwirkend, wenn der Erwerber des begünstigten Betriebsvermögens oder wesentlicher Teile davon oder der Gesellschaftsbeteiligung an der Kapitalgesellschaft innerhalb einer Frist von 5 Jahren eben das Geschenkte veräußert. Einer Veräußerung werden andere Verfügungen über das begünstigte Vermögen gleichgestellt, die letztlich dazu führen, daß dieses Vermögen aus dem der Unternehmensnachfolge zugedachten Vermögen ausscheidet. Mit diesem Passus will der Gesetzgeber mißbräuchliche Gestaltungen ausschließen, die nur das eine Ziel haben, diese Steuerbefreiung auch für einen zeitnahen Unternehmensverkauf auszunutzen, so daß der Kaufpreis gleich steuerbegünstigt bei der nächsten Generation ankommt. Bei Unternehmensverkäufen, Umwandlungen etc. ist diese 5-Jahres-Frist tunlichst zu beachten!

Darüber hinaus wird dem Erben einer Beteiligung an einer Personengesellschaft die darauf entfallende Erbschaftsteuer auf Antrag bis zu sieben Jahren insoweit gestundet, als dies zur Erhaltung des Betriebes notwendig ist. Die Erben eines Anteils an einer Kapitalgesellschaft hingegen haben keinen Stundungsanspruch nach § 28 ErbStG.[1]

f) *Gesellschaftsteuer (mit Wirkung zum 1.1.1992 aufgehoben)*

Die Kapitalverkehrsteuer erfaßt als Gesellschaftsteuer die Zuführung **68**
von Eigenkapital an Kapitalgesellschaften bei Gründung oder Kapitalerhöhung. Die Zuführung von Eigenkapital an Personalgesellschaften unterliegt hingegen nicht dieser Verkehrsteuer. Es war jedoch zu beachten, daß eine GmbH & Co. KG, auch eine doppelstöckige, als Kapitalgesellschaft gilt (§ 5 Abs. 2 Nr. 3 KVStG). Der Steuersatz betrug 1 %; Bemessungsgrundlage ist grundsätzlich der Wert der Gegenleistung (§ 8 Nr. 1a KVStG).

Im Gegensatz zur GmbH führt bei der GmbH & Co. KG die Unterscheidung zwischen nicht steuerbarer Eigenkapitalbildung und steuerbarer verdeckter Zufuhr von Eigenkapital (insbesondere in Form eigenkapitalersetzender Darlehen) durch die Gesellschafter zu diffizilen Abgrenzungsschwierigkeiten.

Nach der früheren Rechtsprechung des BFH waren Darlehen von Kommanditisten an die GmbH & Co. KG nicht kapitalverkehrsteuerpflichtig, weil § 3 KVStG 1959 nur Darlehen an eine Kapitalgesellschaft besteuerte, die GmbH & Co. KG aber bis zum 31.12.1971 nicht als Kapitalgesellschaft behandelt wurde. Ab dem 1.1.1972 ist die Besteuerung eigenkapitalersetzender Gesellschafterdarlehen weggefallen. Somit können im Grundsatz jegliche Gesellschafterdarlehen gesellschaftsteuerfrei an die GmbH & Co. KG geleistet werden.

Allerdings sind nach Verwaltungsauffassung und Rechtsprechung der Finanzgerichte Ausnahmen in zwei Richtungen denkbar.

Einmal ist nach BMF-Erlaß vom 16.3.1972[2] im Ausnahmefall zu prüfen, ob ein Mißbrauch von Formen und Gestaltungsmöglichkeiten des bürgerlichen Rechts (§ 42 AO) vorliegt und deshalb der formell als Gewährung von Gesellschafterdarlehen bezeichnete Rechtsvorgang wie der Ersterwerb von Gesellschaftsrechten zu behandeln ist. Ein solcher Fall kann vorliegen, wenn der Gesellschaft ein unverzinsliches und bis zum Untergang dies Gesellschaftsrechts unkündbares Darlehen gewährt wird, das nur zusammen mit der Beteiligung übertragbar ist.[3] Dies kann auch vorliegen wenn der Gesellschafter nur die obligatorischen 25 % auf seinen Kapitalanteil einzahlt und sich im Gesellschaftsvertrag oder in daneben abgeschlossenen Zusatzvereinbarungen zur Gewährung eines unverzinslichen oder niedrig verzinslichen langfristigen Darlehens verpflichtet, das die Höhe seines Kapitalanteils um ein Vielfaches übersteigt und nur mit Zustimmung der Gesellschaft abgetreten werden darf, oder auch, wenn der Gesellschafter seiner überschuldeten oder zahlungsunfähigen Gesellschaft ein langfristiges unverzinsliches oder niedrig verzinsliches Darlehen gewährt, das die Höhe seines Kapitalanteils um ein

1 Vgl. hierzu Kronthaler, 255 (Gesetzesbegründung).
2 BStBl I, 134.
3 BMF v. 16.3.1972, BStBl I, 134.

Vielfaches übersteigt.[1] Für den Eigenkapitalcharakter kann auch sprechen, daß die Kommanditisten auf die Inanspruchnahme der Komplementärin als persönlich haftende Gesellschafterin verzichten oder die Verzinsung des Darlehens vom Geschäftsergebnis abhängt.

Nach der Rechtsprechung der Finanzgerichte gehören die Darlehensvaluta auch dann zur Gegenleistung, wenn sie Voraussetzung zum Erwerb der Kommanditbeteiligung sind.[2] Eine solche „gesplittete" Einlage liegt vor, wenn die Darlehensgewährung im Gesellschaftsverhältnis – nicht unbedingt im Gesellschaftsvertrag – begründet ist und das Darlehen mit der eigentlichen Kommanditbeteiligung fest verbunden ist, also deren Schicksal teilt. Diese steuerliche Beurteilung steht im Einklang mit der zivilrechtlichen Rechtsprechung,[3] die Darlehen, die Bestandteil der Einlagepflicht des Gesellschafters sind, als Eigenkapitalersatz behandelt. Keine Rolle spielt, ob das Darlehen verzinst wird.[4] Die Zinslosigkeit eines Darlehens ist in Höhe des Zinsvorteils eine gesellschaftsteuerpflichtige Leistung i. S. d. § 2 Abs. 1 Nr. 2 oder Nr. 4 Buchst. c KVStG. Ob die Darlehensvaluta als solche der Gegenleistung für das Gesellschaftsrecht zuzurechnen sind, entscheidet sich im Einzelfall nach den genannten Kriterien.

Ebensowenig unterliegen haftkapitalersetzende Gesellschafterdarlehen i. S. d. §§ 32a, 32b GmbHG, 172a HGB der Gesellschaftsteuerpflicht,[5] da sie auch für die Dauer, während der sie neben dem vorhandenen Eigenkapital wie Haftkapital behandelt werden, nicht den Charakter von Fremdkapital verlieren. Bei diesen Leistungen handelt es sich nicht um eine Kapitalzufuhr seitens der Gesellschafter, sondern sie bleiben weiterhin mit einer Rückzahlungspflicht belastet, so daß regelmäßig eine Geldhingabe im Rahmen eines Leistungsaustausches vorliegt.

Lediglich mit der Geltendmachung dieser Forderung treten die Gesellschafter hinter die Gesellschaftsgläubiger zurück. Dies läßt auch keinen Raum für eine Umdeutung in verdecktes Nennkapital, da die Gesellschafterleistung ihren Charakter als Fremdkapital behält. Damit würde die Entscheidung des Gesetzgebers, die Zufuhr auch kapitalersetzender Gesellschafterdarlehen von der Gesellschaftsteuer freizustellen, durch die Verwaltung in ihr Gegenteil verkehrt. Außerdem zielt die von der Verwaltung im Vorgriff auf eine gesetzliche Regelung der Gesellschafterfinanzierung getroffene Umqualifizierung[6] in verdecktes Nennkapital trotz des allgemein gehaltenen Wortlauts im Kern auf eine Ergänzung des körperschaftsteuerlichen Anrechnungsverfahrens. Solange aber der Kommanditist einer GmbH & Co. KG als Mitunternehmer einzustufen ist, kommt es auf die konkrete Vertragsgestaltung an. Nur ihre Auswertung im konkreten Sachverhalt kann zur Annahme von verdecktem Eigen-

1 Kamprad, 53 mit Hinweis auf BFH v. 18.3.1966, BStBl III 1966, 197 bzw. BFH v. 22.2.1974, BStBl II 1974, 330.
2 BFH v. 21.7.1976, HFR 1977, 19f.; FG München v. 8.12.1977, EFG 1978, 189; FG Baden-Württemberg v. 27.6.1980, EFG 1981, 41.
3 BGH v. 17.5.1982, NJW 1982, 2243; BGH v. 21.3.1988, WM 1988, 750.
4 FG München v. 8.12.1977, EFG 1978, 189; a. A. Brönner/Kamprad, § 2 KVStG.
5 FG Rheinland-Pfalz, DVG 1985, 154; Brönner/Kamprad, § 2 KVStG Rz. 42a; Kinnebrock/Meulenbergh, § 52 KVStG Rz. 48; a. A. Egly/Klenk, Rz. 295.
6 BMF v. 16.3.1987, DB 1987, 662.

kapital führen, wenn der Gesellschafter durch Verknüpfung des Darlehens mit der Einlage seiner Leistung den Charakter von Eigenkapital verleiht. Dem widerspricht eine generelle Festlegung von Umgehungstatbeständen.

g) Gewerbesteuer

Das Gewerbesteuergesetz unterwirft Kapitalgesellschaften Kraft ihrer Rechtsform der Gewerbesteuer und gewährt – ebenfalls im Gegensatz zur Personengesellschaft – keinen Freibetrag beim Gewerbeertrag (48 000 DM, § 11 Abs. 1 Satz 3 Nr. 1 GewStG). Die Rechtsform der Personengesellschaft ist auch insoweit günstiger, als hinsichtlich des den Freibetrag übersteigenden Teils des Gewerbeertrages ein Staffeltarif besteht, demzufolge nur der 144 000 DM übersteigende Teil des Gewerbebetrages der vollen Belastung unterliegt (§ 11 Abs. 2 Nr. 1 GewStG). Mit Wirkung ab 1.1.1998 ist aufgrund des Gesetzes zur Fortsetzung der Unternehmenssteuerreform (BGBl. I 1997, 2590) die Gewerbekapitalsteuer weggefallen.[1] Im Zuge der unter Rz. 43, 186 angesprochenen Unternehmenssteuerreformbestrebungen der neuen Bundesregierung soll die Gewerbesteuer möglicherweise bereits ab 2000 komplett entfallen. Die weitere Entwicklung bleibt abzuwarten. Schließlich unterliegt eine Betriebsaufgabe oder eine Veräußerung der Anteile an einer Personengesellschaft selbst dann nicht der Gewerbesteuer, wenn der Anteil an der Personengesellschaft von einer Kapitalgesellschaft gehalten wird.[2] **69**

Die Gewerbesteuer läßt sich durch Umwandlung von einer Kapitalgesellschaft in eine Personengesellschaft respektive ein Einzelunternehmen vermeiden, falls der betriebene Geschäftsgegenstand nicht die Tatbestandsvoraussetzung der §§ 2 Abs. 1 Satz 2 GewStG, 15 Abs. 2 EStG erfüllt, also keinen Gewerbebetrieb darstellt (Vermögensverwaltung,[3] selbständige Arbeit,[4] Land- und Forstwirtschaft,[5] etc.[6]). Stehen einzelne Wirtschaftsgüter zur Veräußerung an, kann die Gewerbesteuer grundsätzlich dadurch vermieden werden, daß die Wirtschaftsgüter in eine Personengesellschaft überführt („ausgelagert") und sodann die Anteile an der Personengesellschaft veräußert werden. Gleiche gewerbesteuerliche Konzepte ergeben sich im Falle einer Betriebsveräußerung durch eine Personengesellschaft.[7]

Nachteilig hingegen für die Rechtsform der Personengesellschaft ist die Regelung, wonach die Gesellschaftervergütungen für Dienstleistungen, Kreditgewährungen und die Überlassung von Wirtschaftsgütern der Gewerbesteuerpflicht unterliegen (§ 7 GewStG, § 15 Abs. 1 Nr. 2 Satz 1 Halbsatz 2 EStG), während solche Leistungsvergütungen bei Kapitalgesellschaften lediglich im Rahmen der Hinzurechnungsvorschrift des § 8 GewStG erfaßt werden. Demzufolge sind Dienstleistungsvergütungen

1 Zu den Auswirkungen und zur Belastungssituation ab 1998 vgl. Schiffers, GmbH 1998, 126.
2 BFH v. 28.2.1990, BStBl II 1990, 699.
3 Vgl. hierzu L. Schmidt, § 15 EStG Anm. 50 ff.
4 Vgl. hierzu L. Schmidt, § 15 EStG Anm. 95 ff.
5 Vgl. hierzu L. Schmidt, § 15 EStG Anm. 105 ff.
6 Zum ABC der gewerblichen Unternehmen, vgl. L. Schmidt, § 15 EStG Anm. 150.
7 Vgl. § 9 Nr. 2 GewStG, BFH v. 23.10.1986, BStBl II 1987, 64.

und Zinsen für kurzfristige Kredite (keine Dauerschulden) nur bei einer Personengesellschaft anzusetzen, Miet- und Pachtzahlungen für nicht in Grundbesitz bestehende Wirtschaftsgüter der Gesellschaft werden bei der Kapitalgesellschaft im Gegensatz zur Personengesellschaft nur zur Hälfte erfaßt (vgl. § 8 Nr. 7 GewStG). Andererseits mindern bei einer Personengesellschaft die Sonderbetriebsausgaben (Aufwendungen des Gesellschafters, die im Zusammenhang mit den Leistungsvergütungen stehen) den Gewerbeertrag. Bei hohen Leistungsvergütungen an die Gesellschafter ist die Kapitalgesellschaft gewerbesteuerlich günstiger.

In jedem Fall nachteilig aber ist die mehrfache Gewerbebesteuerung im Bereich nicht wesentlicher Beteiligungen an Kapitalgesellschaften. Während die Gewinnanteile aus einer Beteiligung an einer Personengesellschaft wie die Beteiligung selbst niemals erneut bei einem gewerbesteuerpflichtigen Gesellschafter der Gewerbesteuer unterliegen (§§ 9 Nr. 2, 12 Abs. 3 Nr. 2 GewStG[1]), so gewähren die Vorschriften der §§ 9 Nr. 2a, 12 Abs. 3 Nr. 4 GewStG[1] für Beteiligungen an Kapitalgesellschaften lediglich das Schachtelprivileg (Streubesitz ist gewerbesteuerrechtlich schädlich!). Bei Beteiligungen an Kapitalgesellschaften, die ihren Sitz und den Ort ihrer Geschäftsleitung in einem Staat haben, mit dem kein Abkommen zur Vermeidung der Doppelbesteuerung an bestehenden Beteiligungen von mindestens einem Zehntel auch noch als ausschließlich aktive Einkünfte i. S. d. § 8 AStG von der Tochtergesellschaft. Fehlt es an nur einer Voraussetzung, kann keine Kürzung um die Gewinne aus diesen ausländischen Anteilen vorgenommen werden.

h) Grunderwerbsteuer

70 Die Rechtsform der Personengesellschaft bietet ungleich günstigere grunderwerbsteuerlich relevante Gestaltungen an als die der Kapitalgesellschaft.[2] So kann bei einer Übertragung von Grundbesitz auf eine Personengesellschaft bzw. von einer Personengesellschaft die Steuer in Höhe des Anteils nicht erhoben werden, zu dem der Übertragende bzw. Erwerber am Vermögen der Personengesellschaft beteiligt ist. Eine den §§ 5 Abs. 2 und 6 Abs. 2 GrEStG nachgebildete Vorschrift fehlt für Kapitalgesellschaften. Beim Übergang auf bzw. von einer Kapitalgesellschaft wird Grunderwerbsteuer von der „vollen" Gegenleistung erhoben. Auch läßt sich nur beim Gesellschafterwechsel bei der Personengesellschaft Grunderwerbsteuerfreiheit erreichen. Durch den mit dem Jahressteuergesetz 1997 in Kraft getretenen § 1 Abs. 2a GrEStG wird aber die Übertragung von Anteilen an grundbesitzenden Personengesellschaften der GrESt unterworfen, wenn sie im wirtschaftlichen Ergebnis einer Übertragung des Grundstückes gleichkommt.[3]

1 § 12 weggefallen mit Wirkung ab Erhebungszeitraum 1998.
2 Zu möglichen Gestaltungen vgl. Fleischer, DStR 1996, 1390.
3 Vgl. hierzu Kronthaler, 289 ff.; zu § 1 Abs. 2a GrEStG vgl. auch Gleichlautender Ländererlaß v. 13.6.1997 (BStBl I 1997, 632) sowie ergänzendes Schreiben vom 27.10.1997 – koordinierter Ländererlaß des FM Bayern 36 (S 4501 – 11/11 – 54026), s. hierzu Handbuch der Bewertung 1998, 772 f.

i) Kapitalaufbringung

Die Kapitalaufbringung ist bei der Personengesellschaft ungleich leichter. Es ist weder ein festes Kapital noch eine Mindesteinlage vorgeschrieben. Einlagefähig sind auch Dienstleistungen. Bei Kapitalgesellschaften hingegen ist die Eigenkapitalbildung aus Gewinnen mit der 45%igen Thesaurierungsbelastung belegt, die zwar durch spätere Ausschüttungen rückgängig gemacht werden kann, aber um den Preis der Zinsverluste auf die zunächst angefallene Körperschaftsteuer. **71**

Die Vollausschüttung des Gewinns, gekoppelt mit der Verpflichtung, den verteilten Gewinn sofort als Darlehen oder stille Beteiligung an der Gesellschaft (GmbH & Still) zu reinvestieren („Schütt-aus-Hol-zurück-Verfahren"), kommt nur in Betracht, wenn sichergestellt werden kann, daß die Stillen ihre Einlagen nicht kündigen und ihre GmbH nicht vor Finanzierungsprobleme stellen können. Steuerlich wird anerkannt, daß sich ein Gesellschafter an der Kapitalgesellschaft als stiller Gesellschafter beteiligt.[1] Bei einer typischen stillen Beteiligung bleiben die Anteile an der Kapitalgesellschaft selbst Privatvermögen. Vermögensteuerlich war die Unternehmensform GmbH & Still weniger günstig als die Betriebsaufspaltung, da sich das Anlagevermögen in vollem Umfang im Betriebsvermögen der Kapitalgesellschaft befindet und damit der Doppelbesteuerung unterliegt. Kapitalaufstockung und Kapitalherabsetzung unterliegen dem Zwang zur notariellen Beurkundung. Personengesellschaften sind insoweit flexibler.

j) Kosten

Es ist zu beachten, daß bei reinen Personengesellschaften (GbR, OHG, KG, EWiV) nur verschiedene beglaubigte Anmeldungen zum HR erforderlich sind, bei der GmbH darüber hinaus notarielle Beurkundung, die höhere Kosten als Beglaubigungen bedingen. Dies ist auch bei den Mischformen (GmbH & Co. sowie Betriebsaufspaltung) zu bedenken. Durch Vornahme der Beurkundung im Ausland (insbesondere in den Schweizer Kantonen Bern, Zürich und Luzern), lassen sich Notarkosten einsparen, da die Gebühren dort i. d. R. erheblich geringer sind. Während nach bisher wohl h. M. die Auflassung deutscher Grundstücke nur vor deutschen Notaren möglich ist, können die für die Übertragung von Gesellschaftsanteilen/Kapitalerhöhungen notwendigen Formerfordernisse des deutschen Rechts auch im Ausland erfüllt werden.[2] **72**

k) Mitbestimmung

Personengesellschaften unterliegen keiner Mitbestimmung (gleiches gilt für Tendenzunternehmen einschließlich der Religionsgemeinschaften und ihrer Einrichtungen sowie m. E. für Versicherungsvereine auf Ge- **73**

1 BFH v. 21.6.1983, BStBl II, 563.

2 Vgl. hierzu Spellenberg im Münchner Kommentar, Art. 11 EGBGB Rz. 9 ff. m. w. N.; Goette (in DStR 1996, 709 mit vollständiger Literaturübersicht) ist hingegen der Ansicht, daß in allen Satzungsangelegenheiten nur eine deutsche Urkundsperson tätig werden darf; vgl. auch Rundschreiben 3/96 v. 30.7.1996 der Notarkammer Frankfurt am Main; nach dieser sich durchzusetzen scheinenden Auffassung ist vor Protokollierungen im Ausland Satzungsänderungen betreffend zu warnen!

genseitigkeit und bergrechtliche Gewerkschaften ohne eigene Rechtspersönlichkeit). Eine GmbH & Co. KG mit 500 bis 2 000 Arbeitnehmern wird durch das Mitbestimmungsgesetz 1976 nicht erfaßt, solange die Komplementär-Kapitalgesellschaft nicht mehr als 500 Arbeitnehmer hat. Eine Komplementär-Kapitalgesellschaft mit i. d. R. mehr als 500 Arbeitnehmern unterliegt der Mitbestimmung. Bei der Kommanditgesellschaft, bei der Kapitalgesellschaften persönlich haftende Gesellschafter sind und die Mehrheit der Kommanditisten gleichzeitig die Mehrheit der Anteile oder Stimmen dieser als persönlich haftende Gesellschafter fungierenden Kapitalgesellschaften innehaben, werden die Arbeitnehmer der Kommanditgesellschaften als Arbeitnehmer der Kapitalgesellschaften angesehen. Gemäß dem Mitbestimmungsgesetz 1976 hat dies etwa für eine GmbH (AG) & Co. KG die Mitbestimmungspflichtigkeit zur Folge, wenn mehr als 2 000 Arbeitnehmer beschäftigt werden. Diese Rechtsfolge läßt sich vermeiden, wenn die Komplementär-Funktion von einer ausländischen (und damit nicht dem Mitbestimmungsgesetz unterliegenden) Kapitalgesellschaft wahrgenommen wird. Jede ausländische Kapitalgesellschaft kann genehmigungsfrei im Inland tätig werden. Bei Aktiengesellschaften, Kommanditgesellschaften auf Aktien, Gesellschaften mit beschränkter Haftung, bergrechtlichen Gewerkschaften mit eigener Rechtspersönlichkeit und bei Erwerbs- und Wirtschaftsgenossenschaften mit mehr als 500 Arbeitnehmern ist ein Aufsichtsrat zu bestimmen, der zu einem Drittel aus Arbeitnehmern besteht; werden mehr als 2 000 Arbeitnehmer beschäftigt, muß ein Aufsichtsrat gebildet werden, der zur Hälfte aus Vertretern der Arbeitnehmer besteht. Außerdem ist ein Arbeitsdirektor als gleichberechtigtes Mitglied der Geschäftsführung/des Vorstands zu bestellen. Sind Unternehmen in der o. g. Rechtsform mitbestimmt, so normiert § 325 UmwG die Beibehaltung der Mitbestimmung der Arbeitnehmer im Aufsichtsrat, soweit diese für bestimmte Fälle im Rahmen der Umwandlung entfallen würde.

l) Nicht wesentliche Anteile an einer Kapitalgesellschaft/ Benachteiligung bei Veräußerung, Kapitalherabsetzung, Liquidation und Umwandlung

74 Bei Veräußerung, Kapitalherabsetzung, Liquidation und Umwandlung wird der Halter privater, unwesentlicher Anteile an einer Kapitalgesellschaft durch die Regelung der Vorschriften der §§ 20 Abs. 1 Nr. 2 und 3 EStG, §§ 9, 10 UmwStG gegenüber einem Mitunternehmer an einer Personengesellschaft benachteiligt, da nur der Mitunternehmer die Freibetragsregelung des § 16 Abs. 4 EStG und die Tarifvergünstigung des § 34 Abs. 2 Nr. 1 EStG für solche aus Veräußerung oder Aufgabe resultierenden Gewinne in Anspruch nehmen kann.

m) Nichtabzugsfähige Betriebsausgaben (verlorene definitive Körperschaftsteuer i. H. v. 45/55)

75 Bei Einzelunternehmen und Personengesellschaften „kosten" nicht abziehbare Betriebsausgaben lediglich entsprechend der individuellen

Steuerbelastung der betroffenen natürlichen Personen. Bei einer Kapitalgesellschaft hingegen beträgt die Steuerbelastung stets 45 % der Aufwendungen.[1] Eine nichtabzugsfähige Betriebsausgabe von 100 „kostet" die Kapitalgesellschaft einen zusätzlichen Gewinn vor Steuern i. H. v. 181,82 (100 = 181,82 ./. 44 % aus 181,82). Die nichtabzugsfähigen Betriebsausgaben vernichten definitiv EK 45; der Entlastungseffekt einer Ausschüttung entfällt also insoweit endgültig.

n) Publizitäts- und Prüfungspflicht

Das Bilanzrichtlinien-Gesetz ist zum 1.1.1986 in Kraft getreten. Es ist bezüglich des Jahresabschlusses erstmals zwingend auf diejenigen Geschäftsjahre anzuwenden, die nach dem 31.12.1986 beginnen. Es darf auf frühere Geschäftsjahre angewendet werden, jedoch nur insgesamt. Danach ist zwischen Kapitalgesellschaften (AG, GmbH, KGaA) und Einzelunternehmen/Personengesellschaften zu unterscheiden.[2] **76**

o) Selbstfinanzierung der Gesellschafter

Für die Selbstfinanzierung der Gesellschafter spielt die Unternehmensform so gut wie keine Rolle. Die gesetzliche Regelung bei den Personengesellschaften ist zwar einfacher (freies Entnahmerecht, vgl. §§ 120 – 122 HGB), die Nachteile bei einer Kapitalgesellschaft können aber durch passende Vertragsgestaltung ausgeglichen werden. Eine entsprechende Regelung empfiehlt sich in jedem Fall auch für eine Personengesellschaft, da der Kapitalbedarf durch Entnahmebeschränkungen sichergestellt sein muß. Bei einer Kapitalgesellschaft bieten sich neben Tätigkeitsvergütungen Darlehen und – bei einer GmbH – auch Vorabausschüttungen an. Vorabausschüttungen auf den zu erwartenden Gewinn erfordern einen Gewinnverteilungsbeschluß; Vorabausschüttungen sind – wie verdeckte Gewinnausschüttungen – mit dem verwendbaren Eigenkapital zum Schluß des Wirtschaftsjahres zu verrechnen, in dem die Ausschüttung erfolgt (§§ 28, 29 KStG). **77**

p) Übertragungsmöglichkeiten begünstigter Gewinne (§ 6b EStG)

Während bei Kapitalgesellschaften entstandene Veräußerungsgewinne grundsätzlich nicht auf Anschaffungen ihrer Anteilseigner übertragen werden können, sind bei Einzelunternehmen und Personengesellschaften Veräußerungsgewinne im Rahmen des § 6b EStG auf Anschaffungen der Gesellschafter möglich (vgl. R 41b Abs. 7 und 8 EStR 1996). **78**

1 In einer ersten Stufe soll aufgrund des Entwurfs zum Steuerentlastungsgesetz 1999/2000/2002 (BT-Drucks. 14/23) der Körperschaftsteuersatz für einbehaltene Gewinne ab 1999 auf 40 % gesenkt werden. Zu weitergehenden Reformbestrebungen im Zusammenhang einer in Vorbereitung befindlichen rechtsformunabhängigen Unternehmenssteuerreform vgl. Ausführungen zu Rz. 43, 186.

2 Vgl. hierzu Förschle/Kofahl, Beck'scher Bilanz-Kommentar, 3. Aufl. 1995, § 316 HGB Rz. 15.

q) Umwandlung in eine Kapitalgesellschaft/Rückumwandlung

79 Bis zur Neuregelung des UmwStG erwies sich der Weg in eine Kapitalgesellschaft i. d. R. billiger als der Weg aus ihr heraus. Bei der Einbringung eines Betriebs, Teilbetriebs oder Mitunternehmeranteils in eine Kapitalgesellschaft gegen Gewährung von Gesellschaftsrechten ist sowohl nach altem als auch nach neuem Recht eine Buchwertverknüpfung möglich (Wahlrecht, § 20 Abs. 1 und 2 UmwStG). Dagegen waren bei der Umwandlung einer Kapitalgesellschaft in eine Personengesellschaft nach § 3 UmwStG 1977 die stillen Reserven aufzudecken.

Nach der nunmehr geltenden Regelung der §§ 3 ff. UmwStG sind sowohl Verschmelzungen als auch formwechselnde Umwandlungen unter Buchwertverknüpfung und damit ertragsteuerlich neutral unter der Voraussetzung möglich, daß die spätere Besteuerung der stillen Reserven bei den Gesellschaftern der übernehmenden Personengesellschaft bzw. der übernehmenden natürlichen Person sichergestellt ist. Das ist der Fall, wenn das Vermögen der übertragenden Körperschaft Betriebsvermögen der übernehmenden Personengesellschaft oder der übernehmenden natürlichen Person wird.[1]

Die These der steuerlichen „Einbahnstraße in die Kapitalgesellschaft" gilt daher nicht mehr.

Die untergehende Kapitalgesellschaft hat gem. § 3 UmwStG ein (steuerliches) Wahlrecht, ihre Wirtschaftsgüter in der steuerlichen Schlußbilanz, die der Umwandlung zugrunde liegt, mit den bisherigen Buchwerten oder höheren Werten (max. Teilwerte) anzusetzen.[2] Voraussetzung hierfür ist jedoch, daß die Besteuerung der stillen Reserven bei den Gesellschaftern der übernehmenden Personengesellschaft sichergestellt ist. Werden höhere Werte angesetzt, entstehen auf der Ebene der Kapitalgesellschaft steuerpflichtige Gewinne. Der Teilwertansatz ist zwingend, falls die Besteuerung der stillen Reserven bei den Übernehmern nicht sichergestellt ist. Die infolge der Umwandlung entstehende Personengesellschaft ist steuerlich an die für die Kapitalgesellschaft getroffene Wahl gebunden, übernimmt also die Wirtschaftsgüter mit den Werten, mit denen sie in der Schlußbilanz der Kapitalgesellschaft angesetzt wurden. Durch die gebotene „Ausbuchung" der Anteile an der (untergehenden) Kapitalgesellschaft entsteht auf der Ebene der Personengesellschaft entweder ein Übernahmegewinn, in aller Regel aber ein Übernahmeverlust (Anschaffungskosten der Anteile an der Kapitalgesellschaft übersteigen die Buchwerte des übertragenen Vermögens). Bis zum 5.8.1997 verringerte sich der Übernahmeverlust gem. § 4 Abs. 5 UmwStG um das Körperschaftsteueranrechnungsguthaben und um einen Sperrbetrag gem. § 50c EStG. Aufgrund des Gesetzes zur Fortsetzung der Unternehmenssteuerreform bleibt ab 6.8.1997 (vgl. hierzu § 27 Abs. 3 UmwStG) ein Übernahmeverlust gem. § 4 Abs. 5 Satz 1 UmwStG außer Ansatz, soweit er auf einem negativen Wert des über-

1 Schaumburg/Rödder, § 3 UmwStG Rz. 35.
2 Vgl. hierzu auch BMF-Schreiben v. 25.3.1998 (Umwandlungssteuererlaß) Tz. 03.01 ff., BStBl I, 268.

gegangenen Vermögens beruht.[1] Erst nach Anwendung dieser Einschränkung verringert sich ein dann noch verbleibender Übernahmeverlust gem. § 4 Abs. 5 Satz 2 UmwStG um das Körperschaftsteueranrechnungsguthaben sowie um einen Sperrbetrag gem. § 50c EStG, wobei hierbei die Neuregelung des § 50c Abs. 11 EStG zu beachten ist.[2] Verbleibt dann noch ein Übernahmeverlust, so sind – wie sich aus § 4 Abs. 6 UmwStG ergibt – die übernommenen bilanzierten und nicht bilanzierten Wirtschaftsgüter bis zum Betrag des verbleibenden Übernahmeverlustes steuerfrei aufzustocken, wobei ab 6.8.1997 gemäß § 4 Abs. 6 Satz 2 UmwStG ein darüber hinausgehender Betrag nicht mehr – wie zuvor – i. d. R. den Gewinn mindert, sondern zu aktivieren und über 15 Jahre hinweg gleichmäßig abzuschreiben ist.[3]

r) Verdeckte Gewinnausschüttung

Verdeckte Gewinnausschüttungen kann es nur bei Kapitalgesell- **80**
schaften geben. Eine solche Ausschüttung ohne ordnungsgemäßen Gesellschafterbeschluß bedeutet eine Benachteiligung der übrigen Gesellschafter und einen Liquiditätsentzug für die Gesellschaft selbst. Da dem Empfänger der verdeckten Gewinnausschüttung nicht nur die Leistung, sondern auch die darauf entfallende anrechenbare Körperschaftsteuer zugute kommt (§ 36 Abs. 2 Nr. 3 EStG), sollte in jedem Gesellschaftsvertrag zumindest die Verpflichtung zur Rückgewähr des Empfangenen statuiert werden. Die Liquidationsanspannung bei der Kapitalgesellschaft ergibt sich daraus, daß das durch die verdeckte Gewinnausschüttung geminderte Einkommen durch eine der Minderung entsprechende Hinzurechnung ausgeglichen werden muß und dafür die Tarifbelastung von regelmäßig 45 % zu entrichten ist. Zum andern ist für die verdeckte Gewinnausschüttung die Ausschüttungsbelastung herzustellen. Ein empfindliches Liquiditätsproblem droht regelmäßig bei nicht ausreichend vorhandenem EK 04 bis EK 30, da sich dann die KSt zusätzlich um die Differenz zwischen der Tarifbelastung des verwendeten Eigenkapitals und der Ausschüttungsbelastung erhöht – bei Verrechnung mit EK 0 also um 30 %. Die KSt-Änderungen durch das Steuerentlastungsgesetz 1994 haben dieses Problem erheblich geändert, aber nicht beseitigt. Fazit: Niemals sollte der ganze Gewinn ausgeschüttet werden und immer ein Bestand an belastetem EK oder EK 04 vorhanden sein.

s) Verlustausgleich zwischen Gesellschaft und Gesellschafter

Die fehlende Einkommensteuerrechtsfähigkeit einer Personengesell- **81**
schaft gestattet auf Gesellschafterebene eine Saldierung positiver Einkünfte mit negativen; Verluste eines Unternehmens können also die Gesellschafter einer Personengesellschaft mit ihren Einkünften aus anderen Quellen saldieren bzw. nach § 10d EStG abziehen. Bei Kapitalgesell-

1 Vgl. zur Neuregelung Thiel/Eversberg/Lishaut/Neumann, GmbHR 1998, 397; Ott, INF 1998, 385.

2 Vgl. hierzu BMF-Anwendungserlaß vom 13.7.1998, BStBl I, 912; Wochinger/Rödder FR 1998, 129.

3 S. hierzu Thiel/Eversberg/Lishaut/Neumann, GmbHR 1998, 397; Ott, INF 1998, 385; BMF-Schreiben vom 25.3.1998, Tz. 4.36, BStBl I, 268.

schaften sind zudem die Verluste aus den Vorjahren nur verrechenbar, wenn die Gesellschaft auch wirtschaftlich mit derjenigen identisch ist, bei der die Verluste angefallen sind (§§ 8 Abs. 4 KStG, 10a Satz 4 GewStG). Beim Verlustrücktrag ergibt sich ein weiterer Vorteil der Personengesellschaft, da die 10-Millionen-Grenze des § 10d EStG sich entsprechend der Gesellschafterzahl vervielfältigt. Verluste einer Kapitalgesellschaft können hingegen nicht mit positiven Einkünften der Anteilseigner verrechnet werden und werden dann steuerlich wirkungslos, wenn ein Verlustrücktrag ausscheidet (bei Neugründung) und eine Verrechnung im Wege des Verlustvortrages auch in den folgenden Jahren nicht gelingt. Durch das Steuerreformgesetz 1990 wurde die zeitliche Beschränkung des Verlustvortrags ab VZ 1985 aufgehoben, so daß die Nachteile der Kapitalgesellschaften sich nunmehr auf Zinsnachteile mangels sofortiger Verlustverrechnung beschränken. Durch das Standortsicherungsgesetz von 13.9.1993 ist in den Sätzen 4 und 5 des § 10d Abs. 1 EStG ein wahlweiser Verzicht auf den Verlustrücktrag bei der Einkommen- und Körperschaftsteuer eingeführt worden, was insbesondere für Einkommensteuerpflichtige seit VZ 1994 interessante Gestaltungsmöglichkeiten bietet, da es nunmehr entgegen der bis 1993 geltenden Rechtslage möglich ist, den Verlustrücktrag betragsmäßig so zu begrenzen, daß die Steuer (und nicht das Einkommen) null ist bzw. nur einen marginalen Betrag ausmacht.[1]

t) Verlustrücktrag

82 Bei einer Kapitalgesellschaft kommt die Verlustrücktragsbegrenzung in Höhe von 10 Mio. DM nur einmal zur Anwendung; bei einer Personengesellschaft vervielfältigt sich diese Limitierung entsprechend der Anzahl von Mitunternehmern. Zu der ab VZ 1994 geltenden Fassung des § 10d EStG und den sich damit ergebenden Gestaltungsmöglichkeiten siehe Rz. 81 f.; ebenso zu den Plänen der Bundesregierung ab VZ 1999.

u) Vermögensteuer (wird ab 1.1.1997 nicht mehr erhoben)

83 Ein schwerwiegender Nachteil der Kapitalgesellschaften war und ist die doppelte Belastung mit Vermögensteuer. Signifikant ist zunächst die Steuerkumulation. Anders als bei Personengesellschaften, die als solche nicht vermögensteuerpflichtig sind, deren Gesellschaftsvermögen vielmehr direkt beim Anteilseigner erfaßt wird, unterliegt das Betriebsvermögen der Kapitalgesellschaft sowohl bei der Gesellschaft selbst als auch – in Form der Anteile – bei ihren Anteilseignern der Vermögensteuer. Nationales und internationales Schachtelprivileg (vgl. § 102 BewG – weggefallen mit Wirkung vom 1.1.1998 durch Gesetz zur Fortsetzung der Unternehmenssteuerreform) verbieten lediglich eine Drei- und Mehrfachbesteuerung, und das auch nur dann, wenn eine Beteiligung von mindestens einem Zehntel an der anderen Gesellschaft besteht.

1 Nach der geplanten Neuregelung des § 10d EStG soll der Verlustrücktrag für 1999 und 2000 zunächst auf ein Jahr verkürzt und auf 2 Mio. DM beschränkt werden. Ab 2001 soll der Verlustrücktrag entfallen; vgl. hierzu Arndt/Jenzen, DStR 1998, 1818 und BVerfG vom 30.9.1998, DStR 1998, 1743.

Ferner wirkt sich die unterschiedliche Anteilswertermittlung nachteilig aus. Während den Gesellschaftern einer Personengesellschaft der anteilige Einheitswert des Betriebsvermögens zugerechnet wird, haben die Gesellschafter einer Kapitalgesellschaft entweder als Anteilswert den Kurswert oder – in Ermangelung eines solchen – den gemeinen Wert anzusetzen. Da bei dieser Bewertung neben dem Substanzwert auch Ertragskomponenten berücksichtigt werden,[1] dazu der betriebliche Grundbesitz nicht mit 140 %, sondern mit 280 % angesetzt wird, ergeben sich regelmäßig nicht unerheblich über dem Einheitswert des Betriebsvermögens liegende Werte.[2]

Der Vermögensteuersatz für die Kapitalgesellschaft beträgt seit 1984 unverändert 0,6 % des steuerpflichtigen Vermögens; für die Gesellschafter sind bis 1994 0,5 % nach Abzug der Freibeträge anzusetzen. Seit 1995 wird das Grundvermögen und sonstige Vermögen mit Ausnahme der in § 110 Abs. 1 Nr. 3 BewG[3] genannten Wirtschaftsgüter (z. B. Aktien und GmbH-Anteile), nicht aber das „Produktionsvermögen" mit einem Steuersatz von 1 % belastet (vgl. §§ 6, 10 VStG). Da die Vermögensteuer eine nichtabzugsfähige Betriebsausgabe (§ 10 Nr. 2 KStG) und demzufolge die gezahlte Vermögensteuer zusätzlich noch mit 45 % Körperschaftsteuer und Gewerbesteuer je nach Hebesatz belastet ist, beträgt die tatsächliche Belastungsquote mehr als 100 %. Die VSt ist nichtabziehbare Betriebsausgabe (§ 10 Nr. 2 KStG) und löst damit die Tarifbelastung aus. Da diese KSt selbst nicht abziehbar ist kommt es zu der genannten steuerlichen Gesamtbelastung.

Lediglich die Behandlung der Pensionsrückstellungen und der Gesellschafterdarlehen bietet für Kapitalgesellschaften vermögensteuerliche Vorteile. Während die Bildung von Pensionsrückstellungen für Gesellschafter einer Personengesellschaft im Rahmen des § 104 BewG (weggefallen ab 1.1.1998) nicht anerkannt wird, sind Pensionsrückstellungen für geschäftsführende Gesellschafter einer Kapitalgesellschaft grundsätzlich zulässig; bei Darlehensgewährung an die Gesellschaft wird die Doppelbelastung ebenfalls gemildert. Die vermögensteuerlichen Nachteile der Kapitalgesellschaft gegenüber der Personengesellschaft kön-

1 Sog. Stuttgarter-Verfahren, Abschn. 3–16 VStR; die ab 1993 geltende Regelung führt in aller Regel zu niedrigeren Werten als in der Vergangenheit, da die Steuerbilanzwerte für den Substanzwert zugrunde gelegt werden und der Vergleichsansatz auf 10 % erhöht wurde, ferner wurde der Freibetrag beim Betriebsvermögen von 125 000 DM auf 500 000 DM erhöht und der Bewertungsabschlag beim Betriebsvermögen von 25 % auf 50 % angehoben.

2 Die gesetzgeberischen Regelungen – bedingt durch die Entscheidungen des BVerfG v. 22.6.1995, DStR 1995, 1345 und 1348; Krüger/Kalbfleisch/Köhler, DStR 1995, 1452 ff. – ist höchst ungewöhnlich. Die VSt wurde nicht – wie in Art. 5 des Regierungsentwurfes zum Jahressteuergesetz 1997 vorgesehen – aufgehoben; die politischen Gremien blieben untätig mit der gewollten Konsequenz, daß sich die Nichtanwendbarkeit des VStG unmittelbar aus dem Beschluß des BVerfG vom 22.6.1995 ergibt; hierzu vertrat u. a. Schüppen in DStR 1997, 225 ff. die Auffassung, daß die VSt auch für zurückliegende Zeiträume nicht mehr erhoben werden dürfte. Diese Frage ist spätestens durch den Kammerbeschluß des BVerfG vom 30.3.1998 (BStBl II 1998, 422) eindeutig zugunsten der weiteren Anwendbarkeit des VStG für Stichtage vor dem 1.1.1997 geklärt; so auch schon BFH vom 18.6.1997, BStBl II 1997, 515 und vom 30.7.1997, BStBl II 1997, 635.

3 § 110 aufgehoben mit Wirkung vom 1.1.1997 durch das JStG 1997.

nen durch die Wahl einer Mischform gemildert werden. Mit einer GmbH & Still läßt sich die Belastung nur zum Teil vermeiden, besser sind Betriebsaufspaltung und GmbH & Co. KG.

v) Wegzugsbesteuerung nach § 6 AStG

84 Erwägt eine natürliche Person, ihren Wohnsitz oder gewöhnlichen Aufenthalt im Inland aufzugeben, dann kann sich eine Beteiligung an einer Kapitalgesellschaft als ruinös erweisen. Nach § 6 AStG muß jede Person, die im Inland mindestens zehn Jahre unbeschränkt steuerpflichtig war und eine wesentliche Beteiligung an einer inländischen Kapitalgesellschaft (vgl. § 17 EStG) hält, unabhängig von ihrer Staatsangehörigkeit bei einem Wohnsitzwechsel ins Ausland einen fiktiven Veräußerungsgewinn versteuern, der sich grundsätzlich aus der Differenz zwischen den Anschaffungskosten und dem gemeinen Wert zum Zeitpunkt des Wegzugs errechnet. Ob die Person in ein DBA-Land oder Nicht-DBA-Land verzieht, ist ebenso unbeachtlich wie die Feststellung, ob es sich bei dem neuen Ansässigkeitsstaat um ein Hoch- und Niedrigsteuerland handelt. Handelt es sich nicht nur um eine vorübergehende Abwesenheit, dann wird in jedem Fall an der Grenze Kasse gemacht. Entsprechendes gilt bei sog. einbringungsgeborenen Anteilen, wenn der Anteilseigner beschränkt einkommensteuerpflichtig oder beschränkt körperschaftsteuerpflichtig wird oder das deutsche Besteuerungsrecht hinsichtlich des Gewinns aus der Veräußerung der Anteile durch ein DBA ausgeschlossen wird (vgl. § 21 Abs. 2 UmwStG). Für eine Beteiligung an einer Personengesellschaft gibt es keine entsprechende Regelung.[1]

1 § 6 AStG wird in den Fällen, in denen ein EU-Staatsbürger seinen Wohnsitz zur Ausübung seines Rechtes auf Niederlassungsfreiheit in einen anderen EU-Mitgliedsstaat verlegt, als EG-rechtswidrig (Verstoß gegen Art. 52 EGV) angesehen, in denen aus der Wohnsitzverlegung eine sofortige Besteuerung der in einer von dem Steuerpflichtigen gehaltenen Beteiligung enthaltenen stillen Reserven vom Gesetz gefordert wird, vgl. hierzu Thömmes, JbFSt 97/98, 51 m. w. N.

III. Rechtsgrundlagen

	GbR und OHG	KG	Unterbeteiligung und Stille Gesellschaft
85	GbR: §§ 705–740 BGB OHG: §§ 105–160 HGB und ergänzend §§ 705–740 BGB	§§ 161–177 HGB und ergänzend §§ 105–160 HGB sowie § 705–740 BGB	Unterbeteiligung: ist GbR in Form einer Innengesellschaft, nicht stille Gesellschaft[1] jedoch gelten §§ 230–237 HGB analog, soweit keine einzelvertraglichen Regelungen vorhanden. Stille Gesellschaft: §§ 230 bis 237 HGB und ergänzend §§ 705–740 BGB.

IV. Zweck und Erscheinungsformen

	GbR und OHG	KG	Unterbeteiligung und Stille Gesellschaft
86	Anders als die GbR ist die OHG an einen bestimmten Zweck gebunden; die OHG muß darauf gerichtet sein, ein Handelsgewerbe zu betreiben (§§ 1–3 HGB), während die GbR jeden erlaubten Zweck zum Gegenstand haben kann; der Anwendungsbereich ist demnach groß und reicht von Gelegenheitsgesellschaften (Arge, Konsortien etc.) über private Hobby-Clubs bis zu Dach- oder Holdinggesellschaften sowie Sozietäten und Bürogemeinschaften. Die GbR betreibt kein vollkaufmännisches Handelsgewerbe; sie braucht nicht auf Gewinnerzielung ausgerichtet zu sein; auch ideelle Zwecke können verfolgt werden, wie Förderung karitativer, künstlerischer oder wirtschaftlicher Aufgaben. In Betracht kommen ferner Interessengemeinschaften[2], Fahrgemein-	Ebenso wie bei der OHG ist der Zweck auf den Betrieb eines Handelsgewerbes gerichtet. Diese Gesellschaftsform bietet sich an, wenn einzelne Gesellschafter nicht die volle Haftung übernehmen und sich nur kapitalmäßig beteiligen wollen. Der Unterschied zwischen einer Kommanditbeteiligung und einer Unterbeteiligung bzw. stillen Gesellschaft (siehe dort) besteht im wesentlichen darin, daß ein gesamthänderisches Gesellschaftsvermögen entsteht. Die Einlage des Kommanditisten geht nicht wie die des Stillen oder Unterbeteiligten in das Vermögen der Gesellschaft/des Gesellschafters über. Darüber hinaus ist vorteilhaft, daß der Stille/Unterbeteiligte kraft Gesetzes vom Zeitpunkt des Beitritts nur beschränkt auf seine Einlage haftet, während	Beide Gesellschaften sind Innengesellschaften. Während der stille Gesellschafter sich am Handelsgewerbe eines anderen beteiligt, beteiligt sich der Unterbeteiligte gegen Einlage an einer Hauptbeteiligung (Beteiligung an einer Beteiligung). Ohne Anteilsübertragung partizipieren beide am Risiko der Beteiligung, u. U. auch an deren wirtschaftlichem Wert. Empfehlenswert sind diese Beteiligungsformen insbesondere, wenn – Geldgeber nach außen nicht hervortreten, aber an der wirtschaftlichen Entwicklung teilnehmen wollen; – ein Hauptgesellschafter seine Einlage nicht voll erbringen kann und auf Dauer oder bis zur Rückzahlung den Geldgeber unterbeteiligt; – „weichende Erben" abgefunden werden müs-

1 H. M. BGHZ 50, 316, 320, str., vgl. Westermann u. a. I, 949.
2 Für Vergnügungsfahrten, BGH v. 20.12.1966, BGHZ 46, 313.

GmbH	GmbH & Co. KG	Betriebsaufspaltung
GmbHG	Keine besondere Regelung; da es sich um eine KG handelt, finden grundsätzlich die Vorschriften über die KG Anwendung; abweichend sind aber die Bestimmungen der §§ 19 Abs. 5, 125a, 129a, 130a Abs. 1, 130b, 172 Abs. 6, 172a, 177a HGB zu beachten. Für die Komplementär-GmbH gilt das GmbHG.	Keine besondere Regelung.
Eine GmbH kann zu jedem gesetzlich zulässigen Zweck durch eine oder mehrere Personen errichtet werden (§ 1 GmbHG) Der Zweck braucht kein Erwerbszweck zu sein. Wie die GbR kann auch eine GmbH geselligen, gemeinnützigen oder sonst rein uneigennützigen Zwecken ebenso dienen wie als Holding- oder Dachgesellschaft oder aber als Rechtsform für eine Bank (sieht man einmal von Sondervorschriften betr. Hypothekenbanken etc. ab). Die GmbH ist die einfachste und am wenigsten aufwendige Form einer Kapitalgesellschaft; sie eignet sich für kleine Unternehmen; kein Gesellschafter muß ein volles persönliches Haftungsrisiko tragen. Dementsprechend ist die GmbH nach absoluten Zahlen die in Deutschland	Im Gegensatz zur reinen KG gewährleistet die GmbH & Co. KG ein Höchstmaß an Kontinuität („Unsterblicher" Komplementär) und ermöglicht Vertretung und Geschäftsführung durch Nichtgesellschafter; ferner bietet diese Unternehmensform günstige Lösungen, insbesondere für die Kapitalbeschaffung und ggf. für eine Sanierung notleidender Unternehmungen. Neben der typischen GmbH & Co. KG (beteiligungsidentische oder „Einmann-Gesellschaft") gibt es noch die GmbH-beherrschte (GmbH hat innerhalb der KG vertraglich eine beherrschende Stellung inne), die doppelstöckige (einzige Komplementärin ist wiederum eine GmbH & Co. KG), die Einheits-GmbH (die Anteile an der Komplementär-GmbH befinden sich im Gesamthandsvermögen der KG) und die Pu-	Die Betriebsaufspaltung (auch Betriebsteilung oder Doppelgesellschaft genannt) tritt meist in zwei Hauptformen auf, nämlich als Besitzpersonengesellschaft und Betriebskapitalgesellschaft oder als Betriebspersonengesellschaft und Vertriebskapitalgesellschaft (siehe hierzu ausführlich Rz. 7 ff.). Regelmäßig ist die Personengesellschaft Eigentümerin des Anlagevermögens, insbesondere des Grund und Bodens, der Gebäude und Maschinen und verpachtet diese Wirtschaftsgüter an die Kapitalgesellschaft. Das Betriebsunternehmen muß in allen Fällen entweder ein gewerbliches Unternehmen betreiben oder gewerblich kraft Rechtsform (Kapitalgesellschaft) bzw. gewerblich geprägt (GmbH & Co. KG) sein. Ein Einzelunternehmer, auch wenn er gewerblich tätig ist, kann

GbR und OHG	KG	Unterbeteiligung und Stille Gesellschaft
schaften[1], Wettgemeinschaften in Form einer Innengesellschaft[2], Vertriebsgesellschaften[3] sowie Verwertungsgemeinschaften mehrerer Miturheber.[4] Eine GbR kann in Ausnahmefällen bei nichtehelichen Lebensgemeinschaften vor allem bezüglich wertvoller Gegenstände vorliegen, wenn beim Erwerb ein gemeinsamer Wert geschaffen werden soll und nicht nur gemeinsame Benutzung geplant ist.[5] Beide Gesellschaftsformen sind vornehmlich geeignet für gleichberechtigte und -verpflichtete Partner, die i. d. R. alle in der Gesellschaft tätig sind; sie erfordern ein hohes Maß gegenseitigen Vertrauens und genießen eine hohe Kreditwürdigkeit. Kleingewerbetreibende können sich nicht zu einer OHG zusammenschließen (§ 4 Abs. 2 HGB), sondern sind als GbR zu behandeln. Werden sie jedoch unzulässigerweise in das HR eingetragen, dann sind sie als Vollkaufleute und die Gesellschaft als OHG zu behandeln.	der Kommanditist ein Anfangsrisiko bis zur Registereintragung trägt (§ 176 Abs. 2 HGB). Ferner läßt die Auszahlung von Gewinnen oder Liquidität an einen Stillen/Unterbeteiligten dessen Haftung nicht wieder aufleben, auch wenn seine Einlage durch vorangegangenen Verlust gemindert ist (vgl. aber § 237 HGB). Schließlich ist der Stille/Unterbeteiligte im Gegensatz zum Kommanditisten im Konkursfall im Rahmen des § 236 Abs. 2 HGB wie ein echter außenstehender (nicht bevorrechtigter) Konkursgläubiger zu behandeln. Im Unterschied zu GbR/OHG eignet sich die KG, wenn zwei Arten von Gesellschaftern vorhanden sind: die geschäftsleitend Tätigen (Komplementäre) und die nur kapitalmäßig Beteiligten (Kommanditisten). Dementsprechend kann die KG Kapitalsammelfunktion übernehmen, wobei Gestaltungen mit mehreren hundert Kommanditisten auftreten können (sog. „Publikums-KG"). In dieser Erscheinungsform ist sie in aller Regel als GmbH & Co. KG (s. dort) anzutreffen.	sen (etwa vom Erben, der im Zuge der Auseinandersetzung Hauptgesellschafter geworden ist); – ein präsumtiver Nachfolger eines Gesellschafters schon frühzeitig an Erträgnissen der Gesellschafterstellung beteiligt werden soll; – die vermögensteuerliche Doppelbelastung gemildert werden soll, indem die Gesellschafter einer GmbH den Gewinn der Gesellschaft voll oder überwiegend ausschütten und sofort in ihrer Eigenschaft als stille oder als (partiarische) Darlebensnehmer reinvestieren (GmbH & Still, vgl. Abschn. 77 Abs. 7 KStR); – die Nachteile der Ausgestaltung des Körperschaftsteuertarifs durch die Mischform GmbH & Still kompensiert werden sollen (da nicht ausgeschüttete Gewinne von der ersten Mark an vorläufig mit dem Thesaurierungssteuersatz von 50 % belegt sind, entsteht durch das Wesen des Anrechnungsverfahrens (siehe dort) ein latentes, in Höhe der Differenz von Thesaurierungs- und Ausschüttungssteuersatz zinsloses Steuerguthaben beim Finanzamt); – ein Verlustimport über § 2a Abs. 3 und 4 EStG

1 Mädrich, NJW 1982, 859.
2 BayObLG v. 29.4.1971, NJW 1971, 1665.
3 BGH v. 4.3.1982, NJW 1983, 1188.
4 BGH v. 2.10.1981, NJW 1982, 641; v. 9.6.1982, NJW 1983, 1192.
5 BGH v. 24.6.1985, NJW 1986, 51.

GmbH	GmbH & Co. KG	Betriebsaufspaltung
am weitesten verbreitete Unternehmensform. Eine Trennung von Kapitalgeber- und Leitungsfunktion ist bei einer GmbH immer, bei Personengesellschaften nur bei der KG bzw. GmbH & Co. KG gewährleistet. Die Möglichkeit der Einstellung fremder, qualifizierter Geschäftsführer, die anstatt der Gesellschafter die Geschäfte führen, ist insbesondere bei Familiengesellschaften dann äußerst wichtig, wenn der Betrieb eine Konzession benötigt oder in die Handwerksrolle eingetragen werden muß. Erfüllt nur einer der Gesellschafter die notwendigen berufsspezifischen Voraussetzungen, dann drohen der Gesellschaft bei dessen Ausscheiden (Tod, Kündigung, Berufsunfähigkeit) unübersehbare Schwierigkeiten. Bei einer GmbH (und einer GmbH & Co. KG sowie einer Betriebsaufspaltung) genügt es, wenn ein angestellter Betriebsleiter die geforderten Voraussetzungen hat, da die GmbH selbst Trägerin des Unternehmens und damit Konzessionsinhaberin etc. ist (vgl. Rz. 103). In der Gestalt der Einmann-Gesellschaft ist die GmbH besonders geeignet als Rechtsform für Einzelunternehmer, die die persönliche Haftung vermeiden wollen, sowie als 100%ige	blikums-GmbH & Co. KG. Eine typische GmbH & Co. KG erfüllt stets die positiven Tatbestandselemente einer gewerblich geprägten Personengesellschaft i. S. d. § 15 Abs. 3 Nr. 2 EStG; folglich gilt ihre Tätigkeit als Gewerbebetrieb oder die Tätigkeit ist als ein solcher aufzufassen, eine Einkünfteerzielungsabsicht einmal unterstellt. Bei Nachfolgeregelungen kann somit die Betriebsvermögenseigenschaft von Wirtschaftsgütern abgesichert werden. Insbesondere bei umfangreichem Grundvermögen wird durch Umschichten der Vermögensgegenstände (An- und Verkäufe etc.) oft der Umfang bloßer Vermögensverwaltung überschritten, mit der Folge, daß die Verwaltungstätigkeit als gewerbliche Tätigkeit anzusehen ist. Die Einbringung der Vermögensgegenstände in eine oder mehrere GmbH & Co. KGs ist dann erfolgsneutral möglich. Die Vererbung der Gesellschaftsanteile ist steuerbillig; die Vermögensgegenstände selbst könnten hingegen ohne Aufdeckung stiller Reserven nur vererbt bzw. übertragen werden, wenn sie beim Empfänger ihre Betriebsvermögenseigenschaft nicht verlieren. Eine Alternative ist die Stiftung & Co., d. h. der per-	nicht Betriebsunternehmen sein. Eine Betriebsaufspaltung entsteht durch die Ausgründung einer Kapitalgesellschaft aus einer Personengesellschaft (echte Betriebsaufspaltung), durch die Neugründung zweier rechtlich selbständiger Gesellschaften (unechte Betriebsaufspaltung) oder durch die Abspaltung einer Personengesellschaft aus einer Kapitalgesellschaft (umgekehrte Betriebsaufspaltung). Daneben wird noch die mitunternehmerische von der nicht mitunternehmerischen Betriebsaufspaltung unterschieden. Unter einer mitunternehmerischen Betriebsaufspaltung versteht man eine Gestaltung, bei der das Besitz- und das Betriebsunternehmen die Rechtsform einer Personengesellschaft haben. Die mitunternehmerische Betriebsaufspaltung hat den Vorteil, daß Verluste des Betriebsunternehmens den gewerblichen Gewinn der Besitzgesellschaft mindern. Der zivilrechtliche Vorteil der Betriebsaufspaltung liegt in der weitgehenden Haftungsbeschränkung (das Marktrisiko trägt die regelmäßig „arme" Kapitalgesellschaft); da die Betriebsaufspaltung nach außen nicht in Erscheinung tritt, müssen die Vermögensverhältnisse nicht of-

GbR und OHG	KG	Unterbeteiligung und Stille Gesellschaft
		bei grenzüberschreitenden Sachverhalten vorliegt, auch wenn das Auslandsengagement (nach außen) in der Rechtsform einer Kapitalgesellschaft betrieben wird[1]; – die Möglichkeit besteht, den Stillen nur an einzelnen Unternehmensbereichen zu beteiligen, z. B. an bestimmten Auslandsniederlassungen[2]; – die Vermeidung der steuerlichen Doppelbelastung von Auslandsgewinnen durch Schaffung von Betriebsstättengewinnen möglich ist. Eine Abgrenzung ist insbesondere im Hinblick auf das partiarische Darlehen schwierig. Ein wesentliches Element der Unterbeteiligung/stillen Gesellschaft ist die gemeinsame Zweckbindung, d. h. das gemeinsame Streben nach einem Ziel anstelle der Abstimmung gegenläufiger Interessen. Obwohl die Geschäftsführungsbefugnis beim Unternehmer liegt, kann der Unterbeteiligte/Stille an der Geschäftsführung beteiligt werden.

V. Rechtsfähigkeit

87	Keine Rechtsfähigkeit; die OHG und KG können aber unter ihrer Firma Rechte erwerben, Verbindlichkeiten eingehen, klagen und verklagt werden etc. (§ 124 HGB). OHG und KG sind damit der jur. Person weitgehend angenähert; insoweit besteht kein Vor-/Nachteil gegenüber der GmbH.	Keine Rechtsfähigkeit, da reine Innengesellschaft.

1 Vgl. Krüger in FS für Debatin, 1997, 267.
2 Vgl. Ruban, DStZ 1995, 639; Paulick/Blaurock, 68; BFH-Urt. v. 4.8.1988, BFH/NV 1990, 19.

GmbH	GmbH & Co. KG	Betriebsaufspaltung
Tochtergesellschaften im Rahmen eines Konzernverbundes. Bei überwiegend steuerfreien oder steuerbegünstigten Erträgen ist die Rechtsform der GmbH gegenüber der einer Personengesellschaft nachteilig, da solche Einkommensteile lediglich bei der GmbH selbst steuerfrei bzw. steuerbegünstigt sind, im Falle der Ausschüttung aber beim Ausschüttungsempfänger zu steuerpflichtigen Einnahmen führen (vgl. Rz. 186 ff.).	sönlich haftende Gesellschafter ist eine rechtsfähige Stiftung. Ihre Gesellschafter beziehen nur dann gewerbliche Einkünfte, wenn die KG gewerblich tätig ist (vgl. § 15 Abs. 3 Nr. 2 EStG: Keine „Prägung"!).[1]	festgelegt werden. Ferner kann die Einflußnahme auf die Geschäftspolitik der am Markt operierenden Kapitalgesellschaft durch die lediglich zu „versorgenden" Gesellschafter des Besitzunternehmens ausgeschlossen werden. Der steuerliche Anreiz ergibt sich daraus, daß Personengesellschaften und Kapitalgesellschaften stets unterschiedlich besteuert werden, und daß die Gewinne jeweils bei der steuerlich günstigsten Unternehmensform zur „Entstehung" gelangen können. Durch die Installierung einer „armen" GmbH läßt sich die vermögensteuerliche Doppelbelastung minimieren. Desgleichen sind die Gesellschafter-Geschäftsführergehälter der Kapitalgesellschaft auch steuerlich abziehbar (anders bei der GmbH & Co. KG, die dafür aber die gewerbeertragsteuerliche Freibetragsregelung des § 11 GewStG beanspruchen kann). Das Vertragswerk bei einer Betriebsaufspaltung ist kompliziert und beratungsintensiv.
Rechtsfähig (jur. Person).	Wie KG.	Entsprechend der etwa für das Besitz- und Betriebsunternehmen gewählten Rechtsform.

1 Vgl. Hennerkes/Schiffer, BB 1992, 1940; Binz, § 27; L. Schmidt, § 15 EStG Rz. 704 m. w. N.

GbR und OHG	KG	Unterbeteiligung und Stille Gesellschaft

VI. Errichtung

1. Allgemeines

88 GbR entsteht durch Gesellschaftsvertrag; das Bewußtsein, eine Gesellschaft im Rechtssinne zu gründen, ist nicht notwendig.
OHG und KG entstehen nach innen durch Gesellschaftsvertrag, nach außen mit Beginn des Geschäftsbetriebes, sofern sie ein Grundhandelsgewerbe betreiben, sonst mit Eintragung im Handelsregister, zu dem sie anzumelden sind.
Im Innenverhältnis kann der Gesellschaftsvertrag einen abweichenden Zeitpunkt für das Wirksamwerden bestimmen.

Unterbeteiligung und stille Gesellschaft entstehen durch Abschluß eines Gesellschaftsvertrages, der vor allem die Verpflichtung enthalten muß, eine Vermögenseinlage zu leisten (vgl. Rz. 98); diese Verpflichtung genügt; die Einlage braucht nicht sofort erbracht zu werden. Die Beteiligung wird nicht publik. Der Gesellschaftsvertrag kann einen abweichenden Zeitpunkt des Wirksamwerdens bestimmen.

2. Form des Gesellschaftsvertrages

89 Formfreiheit, sogar konkludenter Abschluß eines Gesellschaftsvertrages ist möglich. Anders nur, wenn ein Gesellschafter im Gesellschaftsvertrag eine Verpflichtung übernimmt, die nur in einer bestimmten Form übernommen werden darf: z. B. Verpflichtung zur Einbringung eines ganzen Vermögens oder eines Bruchteils desselben (§ 311 BGB), eines Grundstücks (§ 313 BGB) oder eines Geschäftsanteils an einer GmbH (§ 15 GmbHG) oder wenn der Gesellschaftsvertrag ein Schenkungsversprechen enthält (§ 518 BGB) oder zugleich eine Kartellvereinbarung darstellt (§ 34 GWB). Dann bedarf der ganze Gesellschaftsvertrag der Form; ein Formverstoß hat die Nichtigkeit des ganzen Vertrages zur Folge. Eine trotz Formnichtigkeit des Gesellschaftsvertrages in Vollzug gesetzte Gesellschaft kann u. U. nach den Grundsätzen über die fehlerhafte Gesellschaft für die Vergangenheit als wirksam behandelt werden.

Der Gesellschaftsvertrag ist formfrei; da sich an den Eigentumsverhältnissen der Gesellschaft nichts ändern soll, ist für § 313 BGB, § 15 GmbHG kein Raum. Die Formvorschriften sind aber zu beachten, falls die Einlageverpflichtung nur in einer bestimmten Form übernommen werden kann (siehe OHG). Die Grundsätze über die fehlerhafte Gesellschaft finden auch auf Innen- und stille Gesellschaft Anwendung.[1]

1 Str., dafür BGHZ 8, 157, 167; BGHZ 55, 5, 8; a. A. Ulmer in Münchener Kommentar, § 705 BGB Rz. 276.

GmbH	GmbH & Co. KG	Betriebsaufspaltung
Die GmbH beruht auf einem Gesellschaftsvertrag; mit der Eintragung in das Handelsregister erwirbt sie aber erst die eigene Rechtspersönlichkeit (vgl. § 11 GmbHG). Wie § 5 Abs. 2 AktG, so schränkt ab 1.1.1999 der aufgrund des durch das HRefG eingefügte § 4a Abs. 2 GmbHG die freie Sitzwahl ein und zwar auf den Ort einer Betriebsstätte, der Geschäftsleitung oder der Verwaltung.	Wie die reine KG entsteht auch die GmbH & Co. KG nach innen durch Gesellschaftsvertrag, nach außen mit Beginn des Geschäftsbetriebes, sofern sie ein Grundhandelsgewerbe betreibt, sonst mit Eintragung im Handelsregister. Eine Eintragung der KG in das Handelsregister vor Eintragung der Komplementär-GmbH ist unschädlich, da auch die durch notariellen Gesellschaftsvertrag errichtete, noch nicht eingetragene Vor-GmbH komplementärfähig ist.[1]	Richtet sich nach der gewählten Rechtsform.
Der Gesellschaftsvertrag muß zwingend notariell beurkundet und von sämtlichen Gesellschaftern unterzeichnet werden. Eine anderweitige Beurkundung oder Beglaubigung reicht nicht. Die Unterzeichnung durch Bevollmächtigte ist zulässig, wenn die Vollmacht notariell beurkundet oder beglaubigt ist (vgl. § 2 GmbHG). Der Gesellschaftsvertrag muß nicht sämtliche für die GmbH maßgebenden Abreden enthalten, die gesetzlichen Mindesterfordernisse sind aber zwingend in § 3 GmbHG vorgeschrieben. Formmängel des Gesellschaftsvertrages bzw. der	Wie KG; Gesellschaftsvertrag der Komplementär-GmbH wie GmbH.	Richtet sich nach der gewählten Rechtsform.

1 H. M., BGHZ 80, 129, 132.

GbR und OHG	KG	Unterbeteiligung und Stille Gesellschaft

In jedem Fall empfiehlt es sich, den Gesellschaftsvertrag schriftlich abzufassen, um von vornherein klare Rechtsverhältnisse zu schaffen. Durch Beurkundung im Ausland (insbesondere in der Schweiz) lassen sich Notarkosten einsparen, da die Gebühren dort i. d. R. erheblich geringer sind (vgl. hierzu Rz. 72 m. w. N. Bei satzungsändernden Notariatsakten

3. Genehmigungsbedürftige Gesellschaftsverträge

90 Geschäftsunfähige und beschränkt Geschäftsfähige können Gesellschafter bzw. Unterbeteiligte werden. Sie werden beim Abschluß des Gesellschaftsvertrages wie auch grundsätzlich bei der Ausübung ihrer gesellschaftlichen Rechte und Pflichten durch ihren gesetzlichen Vertreter vertreten. Bei schenkweiser Aufnahme in eine Gesellschaft ist zwingend zu beachten, daß die Kinder, sofern der Gesellschaftsvertrag mit den Eltern abgeschlossen wird, durch einen gerichtlich bestellten Abschlußpfleger (§ 1909 BGB) und zwar mehrere Kinder jeweils durch einen eigenen Pfleger vertreten werden, weil der Abschluß eines Gesellschaftsvertrages auch bei schenkweiser Aufnahme nicht lediglich rechtlich vorteilhaft ist (§§ 181, 1629 Abs. 2, 1795 Abs. 2 BGB), ferner bedarf ein solcher Vertrag der vormundschaftlichen Genehmigung (§§ 1643 Abs. 1, 1822 Nr. 3 BGB). Einer notariellen Beurkundung hingegen bedarf es nicht, weil die schenkweise Aufnahme in eine Personengesellschaft eine vollzogene Schenkung ist (§ 518 Abs. 2 BGB).
Zu einem Vertrag, der auf den entgeltlichen Erwerb oder die Veräußerung eines Erwerbsgeschäftes gerichtet ist, sowie zu einem Gesellschaftsvertrag der zum Betrieb eines Erwerbsgeschäftes eingegangen wird, bedarf der gesetzliche Vertreter der Genehmigung

4. Änderung des Gesellschaftsvertrages

91 Grundsätzlich kann der Gesellschaftsvertrag durch formlose Übereinstimmung aller Gesellschafter geändert werden. Empfehlenswert ist die Vereinbarung des Mehrheitsprinzips zumindest für einige Beschlußgegenstände. Im Gesellschaftsvertrag müssen aber die einzelnen Punkte, die einem Mehrheitswillen unterliegen sollen, kenntlich gemacht werden, so daß für die einzelnen Gesellschafter schon bei Abschluß des Gesellschaftsvertrages oder Eintritt in die Gesellschaft erkennbar ist, in welchem Rahmen der Gesellschaftsvertrag auch durch Mehrheitsbeschluß abgeändert werden kann;[1] ebenfalls sollte die Änderung von der Einhaltung einer Form abhängig gemacht werden. Die Einhaltung der Form ist im Zweifel Gültigkeitsvoraussetzung gemäß § 125 Satz 2 BGB. Ist ein Gesellschafter nicht voll geschäftsfähig, so ist die Änderung des Gesellschaftsvertrages nur ausnahmsweise genehmigungspflichtig durch das Vormundschaftsgericht; das Genehmigungserfordernis ist lediglich auf die Errichtung der Gesellschaft, den Eintritt des Minderjährigen und sein Ausscheiden beschränkt.[2] Unter besonderen Voraussetzungen (z. B. langjährige, vom Ver-

1 Vgl. hierzu Priester in Scholz, § 53 GmbHG Rz. 198 m. w. N.
2 Vgl. Priester in Scholz, § 53 GmbHG Rz. 201; Baumbach/Hopt, § 105 HGB Anm. 1 B; Winkler, ZGR 1973, 193.

GmbH	GmbH & Co. KG	Betriebsaufspaltung
Vollmacht werden durch die Eintragung geheilt. Bis zur Eintragung gelten für die in Vollzug gesetzte Vor-GmbH die Grundsätze über die fehlerhafte Gesellschaft.		

(Umwandlungen, Verschmelzungen, Kapitalerhöhungen etc.) ist die Tendenz deutscher Registergerichte zu erkennen, im Ausland beurkundete Vorgänge nicht mehr anzuerkennen).

---

des Vormundschaftsgerichts (§ 1822 Nr. 3 BGB). Dieses Genehmigungserfordernis gilt für alle Erwerbspersonengesellschaften; nach h. M. ist auch die Beteiligung eines Minderjährigen als Kommanditist oder Unterbeteiligter genehmigungspflichtig;[1] gleiches gilt für eine Beteiligung an einer GmbH (§ 1822 Nr. 10 BGB) analog. Zu beachten ist, daß Verträge zwischen Familienangehörigen, die vorstehenden Erfordernissen nicht entsprechen, ohne Rücksicht auf ihren Vollzug (§ 41 AO wird nicht angewandt!)[2] einkommensteuerrechtlich nicht anerkannt werden können. Wird nach Ablauf des streitigen Veranlagungszeitraums ein Pfleger bestellt und genehmigt dieser den schwebend unwirksamen Vertrag, so wirkt diese Genehmigung nicht auf den Veranlagungszeitraum zurück;[3] die vormundschaftliche Genehmigung wirkt nur dann einkommensteuerrechtlich auf den Zeitpunkt des Vertragsabschlusses zurück, wenn sie unverzüglich beantragt und erteilt wird.[4]
Bei Zugewinngemeinschaft: ein Gesellschaftsvertrag bedarf der Zustimmung des anderen Ehegatten, wenn der Gesellschafter-Ehegatte sich verpflichtet, über sein Vermögen im ganzen zu verfügen. In Zweifelsfällen sollten daher auch die Mitgesellschafter darauf achten, daß beide Ehegatten unterzeichnen.

Jede Satzungsänderung verlangt einen mit einer Mehrheit von 75 % der abgegebenen Stimmen gefaßten Gesellschafterbeschluß, der notariell zu beurkunden ist (genau 75 % der Stimmen sind ausreichend). Der Gesellschaftsvertrag kann noch weitere Erfordernisse aufstellen, darf aber keine Erleichterungen vorsehen	Wie KG und GmbH. Abweichend von den gesetzlichen Regeln der §§ 161 Abs. 2, 119 Abs. 1 HGB kann der Gesellschaftsvertrag Mehrheitsbeschlüsse zulassen.[5] Zu den Grenzen von Mehrheitsentscheidungen vgl. Priester.[6] Jedenfalls wo der Kernbereich der Mitgliedschaft betroffen ist, wird am Bestimmtheitsgrundsatz festgehalten.	Richtet sich nach der gewählten Rechtsform.

1 Vgl. Westermann u. a., I Rz. 95.
2 Vgl. BFH v. 8.8.1979, BStBl II 1979, 768, 770.
3 FG Baden-Württemberg v. 25.6.1970, EFG 1970, 550.
4 L. Schmidt, § 15 EStG Anm. 747 m. w. N. (s. auch Rz. 270 ff.).
5 Freudenberg-Entscheidung, BGHZ 85, 354.
6 In Scholz, § 53 GmbHG Rz. 198 m. w. N.

GbR und OHG	KG	Unterbeteiligung und Stille Gesellschaft

trag abweichende Praxis etwa bei der Gewinnverteilung) kann eine stillschweigende Änderung des Gesellschaftsvertrages angenommen werden.[1]

5. Besonderheiten bei Familiengesellschaften

92 Für jeden Vertragsabschluß ist unbedingt Schriftform anzuraten, da andernfalls Nichtanerkennung durch die Finanzverwaltung droht. Bei der schenkweisen Übertragung von Gesellschaftsanteilen auf Familienangehörige (insbesondere minderjährige Kinder) ist zu beachten, daß diese nur unter bestimmten Voraussetzungen steuerlich anerkannt wird. Einschränkungen der Gesellschaftsrechte des schenkweise Aufgenommenen können dazu führen, daß der Beschenkte steuerlich nicht als Mitunternehmer angesehen wird. Hierzu zählen z. B. Widerrufsvorbehalt des Schenkers, Ausschluß der Teilnahme des Beschenkten am Geschäftswert und/oder stille Reserven der Gesellschaft, Möglichkeit der Hinauskündigung des Beschenkten zum Buchwert, einseitige Befugnis des Schenkers zu Gesellschaftsvertragsänderungen zu Lasten des Beschenkten u. a. Im einzelnen ist die Rechtsprechung uneinheitlich, in jüngster Zeit allerdings tendenziell großzügiger.[2]

6. Eintragung

GbR und OHG	KG	Unterbeteiligung und Stille Gesellschaft
93 Während für die GbR eine Eintragung entfällt, ist die OHG unverzüglich von sämtlichen Gesellschaftern bei dem Amtsgericht zur Eintragung in das Han-	Die Anmeldung einer KG ist in gleicher Weise wie eine OHG von sämtlichen Gesellschaftern, also auch von den Kommanditisten, vorzunehmen. Der Gesell-	Keine Eintragung ins Handelsregister. OLG Celle[3] hat für eine AG entschieden, daß eine atypische stille Beteiligung sich als Teilgewinnabführungs-

1 BGHZ 70, 331, 332; Priester in Scholz, § 53 GmbHG Rz. 200.
2 Überblick vgl. L. Schmidt, § 15 EStG Anm. 750 f.; Westerfelhaus, DB 1997, 2033; Meyer-Koppitz, DStZ 1996, 265, 271; Bordewin, DB 1996, 1359, 1367; vgl. auch Rz. 18 ff.
3 Urt. v. 15.5.1996, AG 1996, 370 ff.

GmbH	GmbH & Co. KG	Betriebsaufspaltung
(ausnahmsweise können mit einfacher Mehrheit nur die Regeln über die Gewinnverwendung bei sog. Altgesellschaften abgeändert werden, Art. 12 § 7 Abs. 2 Satz 2 GmbHÄndG). Nach § 53 Abs. 3 GmbHG kann eine Vermehrung der den Gesellschaftern nach dem Gesellschaftsvertrag obliegenden Leistungen nur mit Zustimmung sämtlicher betroffener Gesellschafter beschlossen werden. Die Entziehung von satzungsmäßigen Sonderrechten und relativ unentziehbaren Mitgliedschaftsrechten (z. B. Stimmrecht, Gewinnbezugsrecht im Wege der Satzungsänderung) bedarf der Zustimmung des Berechtigten.	Bei der Änderung des Gesellschaftsvertrages der einen Gesellschaft ist regelmäßig auch die Überprüfung und ggf. die Anpassung der Satzung der anderen Gesellschaft geboten.	
Formbesonderheiten entfallen, da notarielle Schriftform in jedem Fall vorgesehen ist.	Wie KG und GmbH.[1]	Richtet sich nach der gewählten Rechtsform.[2]
Die GmbH ist bei dem Gericht, in dessen Bezirk sie ihren Sitz hat (zur Einschränkung der freien Sitzwahl vgl. Rz. 88[3]), zur Eintragung in das Handels-	Bei völliger Neugründung muß zunächst eine GmbH durch notariellen Vertrag errichtet werden. Die so entstandene Vor-GmbH kann dann als GmbH in	Richtet sich nach der gewählten Rechtsform; es bestehen keine Besonderheiten.

1 Vgl. hierzu L. Schmidt, § 15 EStG Anm. 766 ff. m. w. N.; Priester in Scholz, § 53 GmbHG Rz. 201.

2 Vgl. hierzu L. Schmidt, § 15 EStG Anm. 845 ff. m. w. N.; zur Bedeutung von unwiderruflichen Stimmrechtsvollmachten/Stimmrechtsbindungen vgl. Woerner, DStR 1986, 735 (740) und Kuhfus, GmbHR 1990, 401.

3 K. Schmidt, WiB 1997, 1113, 1122.

GbR und OHG	KG	Unterbeteiligung und Stille Gesellschaft
delsregister anzumelden, in dessen Bezirk sie ihren Sitz (= Ort der Geschäftsführung) hat. Die Gesellschafter können durch Ordnungsstrafe dazu angehalten werden (§ 14 HGB). Die Anmeldung hat zu enthalten: Name, Vorname, Stand und Wohnort eines jeden Gesellschafters, Firma und Sitz der Gesellschaft und den Zeitpunkt, mit welchem sie begonnen hat (§ 106 HGB). Die Gesellschafter, die die Gesellschaft vertreten sollen, haben die Firma sowie ihre Namensunterschrift zur Aufbewahrung bei dem Gericht zu zeichnen. Sowohl die Anmeldung zur Eintragung in das Handelsregister als auch die zur Aufbewahrung bestimmten Unterschriftszeichnungen sind persönlich bei Gericht zu bewirken oder in öffentlich beglaubigter Form einzureichen (§ 12 HGB). Wird der Gesellschaftsvertrag mit eingereicht, kann er von jedermann eingesehen werden (§ 9 Abs. 1 HGB). Die Beifügung des Gesellschaftsvertrages ist nicht erforderlich, das Registergericht kann aber Vorlage verlangen.	schaftsvertrag braucht ebenfalls nicht eingereicht zu werden. Außer den Angaben, wie sie bei der Anmeldung der Errichtung einer OHG erforderlich sind, ist auch noch die Bezeichnung der Kommanditisten und des Betrages der Einlage (d. h. die Haftsumme i. S. d. § 171 Abs. 1 HGB, die von der gesellschaftsvertraglichen Pflichteinlage verschieden sein kann) eines jeden von ihnen notwendig (§ 162 Abs. 1 HGB). Bei Erhöhung sowie Herabsetzung einer Kommanditeinlage, vgl. §§ 174 f. HGB.	vertrag qualifiziert, mit der Folge, daß Wirksamkeitsvoraussetzungen die Genehmigung der Hauptversammlung der AG und die Eintragung im HR ist. Ob dieser Grundsatz ohne Einschränkung auf die GmbH zu übertragen ist, ist bisher nicht entschieden.

GmbH	GmbH & Co. KG	Betriebsaufspaltung
register anzumelden (§ 7 Abs. 1 GmbHG). Die Anmeldung obliegt den Geschäftsführern und darf nur erfolgen, wenn auf jede Stammeinlage, soweit nicht Sacheinlagen vereinbart sind, ein Viertel eingezahlt ist. Insgesamt muß auf das Stammkapital mindestens so viel eingezahlt sein, daß der Gesamtbetrag der eingezahlten Geldeinlagen zuzüglich des Gesamtbetrages der Stammeinlagen, für die Sacheinlagen zu leisten sind, DM 25 000 erreicht. Wird die GmbH nur durch eine Person errichtet, so darf die Anmeldung erst erfolgen, wenn über die vorstehend vorgeschriebenen Einzahlungen hinaus der Gesellschafter für den übrigen Teil der Geldeinlage eine Sicherung bestellt hat (§ 7 Abs. 2 GmbHG). Die Bar- und Sacheinlagen sind vor der Anmeldung der Gesellschaft zur Eintragung in das Handelsregister so an die Gesellschaft zu bewirken, daß sie endgültig zur freien Verfügung der Geschäftsführer stehen (§§ 7 Abs. 3, 8 Abs. 2 GmbHG). Der Anmeldung sind beizufügen der Gesellschaftsvertrag in Ausfertigung oder beglaubigter Abschrift, nach § 2 Abs. 2 GmbHG nötige Vollmachten in Urschrift oder beglaubigter Abschrift, ferner der Nachweis der Berechtigung etwaiger gesetzlicher Vertreter, der Nachweis der Berechtigung der Geschäftsführer, wenn sie nicht im Gesellschaftsver-	Gründung (alternativ auch namens der eingetragenen GmbH, dann allerdings mit den Haftungsfolgen des § 11 Abs. 2 GmbHG für die handelnden Personen) mit den künftigen Kommanditisten den Gesellschaftsvertrag der KG abschließen.[1] Im übrigen gilt für die Errichtung, Anmeldung und Eintragung das unter GmbH bzw. unter KG Ausgeführte. Ist bereits eine GmbH vorhanden, so kann diese durch Abschluß des Kommanditgesellschaftsvertrages in eine GmbH & Co. KG umgewandelt werden. Besteht schon eine KG, so muß zunächst eine GmbH durch notariellen Vertrag errichtet werden. Die Vor-GmbH kann dann als Komplementärin in die KG eintreten – gegebenenfalls unter gleichzeitiger Umwandlung der Anteile der bisherigen persönlich haftenden Gesellschafter in Kommanditanteile. Für die Eintragung ergeben sich in keinem Fall Besonderheiten.	

1 Zur Komplementärfähigkeit der Vor-GmbH, vgl. Baumbach/Hueck, § 11 GmbHG Rz. 15, 62 ff.

GbR und OHG	KG	Unterbeteiligung und Stille Gesellschaft

GmbH	GmbH & Co. KG	Betriebsaufspaltung
trag, sondern in anderer Weise bestellt sind (einfache Schriftform), eine von den Geschäftsführern unterschriebene Gesellschafterliste, aus der Name, Vorname, Stand und Wohnort sowie der Betrag der von einem Gesellschafter übernommenen Stammeinlage ersichtlich ist (Gesellschafterliste ist unverzüglich nach jeder Änderung einzureichen, § 40 Abs. 1 Satz 2 GmbHG), ferner die Genehmigungsurkunde, falls der Gegenstand des Unternehmens staatlicher Genehmigung bedarf. Falls ein Aufsichtsrat vorgesehen ist, muß die Urkunde über die Bestellung beigefügt werden. Schließlich müssen die Geschäftsführer in beliebiger Form versichern, daß die Leistungen nach § 7 Abs. 2 und 3 GmbHG bewirkt sind, und ihre Unterschriften zeichnen, und zwar so, wie sie sie im Geschäftsleben nutzen wollen. Werden Sacheinlagen geleistet, bestimmt der im Zuge der GmbH-Reform neu gefaßte § 8 GmbHG, daß der Gegenstand der Sacheinlage und der Betrag der Stammeinlage, auf die die Sacheinlage sich bezieht, bereits im Gesellschaftsvertrag festgesetzt sind. Um die Gläubiger der GmbH vor Überbewertungen zu schützen, sieht das neue Recht vor, daß mit den Gründungsunterlagen im Falle der Gründung durch Sacheinlagen auch ein sog. Sachgründungsbericht vorzulegen ist.[1]		

1 Zum Sachgründungsbericht vgl. WP Handbuch 1996 I, O Rz. 722 ff.

GbR und OHG	KG	Unterbeteiligung und Stille Gesellschaft

VII. Kosten betr. Beglaubigung/Beurkundung

94 Es ist zu beachten, daß bei reinen Personengesellschaften (GbR, OHG, KG) nur verschiedene beglaubigte Anmeldungen zum Handelsregister erforderlich sind, bei der GmbH darüber hinaus notarielle Beurkundung, die höhere Kosten als Beglaubigungen bedingt. Dies ist auch bei den Mischformen (GmbH & Co. sowie Betriebsaufspaltung) zu bedenken. Durch Vornahme der Beurkundung im Ausland (insbesondere in den Schweizer Kantonen Bern, Zürich und Luzern), lassen sich u. U. Notarkosten einsparen, da die Gebühren dort i. d. R. erheblich geringer sind;[1] während die Auflassung deutscher Grundstücke nur durch deutsche Notare möglich ist, Art. 11 Abs. 3 EGBGB, können im allgemeinen die Formerfordernisse des deutschen Rechts auch im Ausland erfüllt werden.[2] Kaufverträge über hier belegene Grundstücke können daher auch in der Schweiz nach den dortigen Formvorschriften abgeschlossen werden.

VIII. Gesellschafter

95 Es müssen zumindest 2 Gesellschafter vorhanden sein, die natürliche und/oder juristische Personen sein können; ebenfalls können nichtrechtsfähige Personengesellschaften aufgenommen werden, soweit sie im Rechtsverkehr als Einheit auftreten können (z. B. OHG und KG). Ein nichtrechtsfähiger Verein, eine GbR, Erbengemeinschaft oder eine eheliche und fortgesetzte Gütergemeinschaft, können nach h. M. nicht an einer OHG als Gesellschafter beteiligt sein; überwiegend als zulässig wird hingegen eine Beteiligung eines nicht-rechtsfähigen Vereins und einer GbR an einer GbR angesehen.[3] Keinesfalls können OHG und GbR ihre eigenen Gesellschafter sein (keine „eigenen Anteile").

Wie OHG; es müssen mindestens ein Komplementär (= Vollhafter) und ein Kommanditist vorhanden sein. Bei der Aufnahme eines Minderjährigen als Kommanditisten sind die gleichen Bestimmungen zu beachten wie bei der Aufnahme als Vollhafter (siehe OHG).

Hauptgesellschafter kann nur sein, wer eine Gesellschafterstellung innehaben kann (jede natürliche Person, OHG, KG und jede Kapitalgesellschaft). Unterbeteiligte können darüber hinaus die Erbengemeinschaft und die GbR sein. Eine Mehrheit von Unterbeteiligten ist möglich; sind sie unabhängig voneinander mit selbständigen Einlagen beteiligt, so stehen sie in keinem einheitlichen Gesellschaftsverhältnis, sondern zwischen dem Haupt- und jedem Unterbeteiligten bestehen eigenen Gesellschaften. M. E. ist es empfehlenswert, einen/zwei Unterbeteiligte(n) zu betrauen, die Belange der übrigen gegenüber dem Hauptbeteiligten wahrzunehmen; u. U. ist auch ein fester Zusammenschluß in Form einer GbR

1 Vgl. BGH v. 16.2.1981, DB 1981, 983; BGH v. 22.5.1989, ZIP 1989, 1052, 1054/55; LG Köln v. 13.10.1989, GmbHR 1990, 171; AG Köln v. 22.6.1989, DB 1989, 2014; OLG Düsseldorf v. 25.1.1989, DB 1989, 569; AG Köln v. 14.8.1989, DB 1989, 2423; AG Fürth v. 16.11.1990, GmbHR 1991, 24.

2 Vgl. hierzu Spellenberg in Münchener Kommentar, Art. 11 EGBGB Rz. 9 ff.; Bredthauer, BB 1986, 1864; a. A. Heckschen, DB 1990, 161.

3 Vgl. Westermann u. a., I Rz. 162–170 m. w. N.

GmbH	GmbH & Co. KG	Betriebsaufspaltung

Für die Übertragung von Gesellschaftsanteilen genügt es nach überwiegender Meinung ebenfalls, wenn sie den Formanforderungen des Rechts des Staates entspricht, in dem sie vorgenommen wird. Das Gesetz zur Neuregelung des Internationalen Privatrechts hat auch insoweit nicht zu einer Änderung der Rechtslage geführt.
Anteile an Gesellschaften mit Sitz in der Bundesrepublik Deutschland können daher auch in der Schweiz grundsätzlich nach den dortigen Formvorschriften übertragen werden. Soweit die Satzung durch im Ausland beurkundete Vorgänge betroffen ist (Kapitalerhöhung, Verschmelzung, Umwandlung etc.) wird neuerdings in Zweifel gezogen, ob die im Ausland vorgenommene Beurkundung anzuerkennen ist (vgl. Rz. 72).[1]

GmbH	GmbH & Co. KG	Betriebsaufspaltung
Die Mitgliedschaft steht nicht nur allen natürlichen Personen, sondern auch den juristischen Personen und den Personengesellschaften des HGB offen. Darüber hinaus können auch sonstige nichtrechtsfähige Personengemeinschaften (nichtrechtsfähiger Verein, GbR, Erbengemeinschaft, eheliche Gütergemeinschaft) Gesellschafter einer GmbH sein. Schließlich kommt in bezug auf einen GmbH-Anteil auch eine schlichte Rechtsgemeinschaft i. S. d. §§ 741 ff. BGB in Betracht. Hinsichtlich der Rechtsbeziehungen zur Gesellschaft enthält § 18 GmbHG für Bruchteils- und Gesamthandsgemeinschaften einige Sonderregelungen (einheitliche Rechtsausübung, Gesamtschuldnerschaft u. a.). Die Abtretung	Wie KG; die Gesellschafter der Komplementär-GmbH und die Kommanditisten können dieselben Personen sein; ebenso kann der alleinige Gesellschafter einer Einmann-Komplementär-GmbH der einzige Kommanditist sein. Die GmbH & Co. KG kann ihrerseits selbst wieder Gesellschafter der Komplementär-GmbH sein („Wertverdoppelung"). Durch die Regelung des § 172 Abs. 6 HGB ist nunmehr mittelbar die sog. Einheitsgesellschaft anerkannt. Werden Geschäftsanteile einer Komplementär-GmbH als Kommanditeinlage geleistet, dann kommt es zu einer Gläubigerbenachteiligung, wenn keine weiteren natürlichen Personen als persönlich haftende Gesellschafter fungieren, da der Vermö-	Richtet sich nach der gewählten Rechtsform. Aus steuerlichen Gründen (s. Rz. 187) kommt es auf die Feststellung an, ob die hinter beiden Unternehmen stehenden Personen einen einheitlichen geschäftlichen Betätigungswillen haben. Dieser tritt am klarsten bei Beteiligungsidentität zutage, d. h. wenn an beiden Unternehmen dieselben Personen im gleichen Verhältnis beteiligt sind. Er ist aber auch bei Beherrschungsidentität auf gesellschaftsrechtlicher oder auch tatsächlicher Grundlage vorhanden.

1 Vgl. auch Goette, DStR 1995, 709; Notarkammer Frankfurt am Main, Rundschreiben 3/96 v. 30.7.1996.

GbR und OHG	KG	Unterbeteiligung und Stille Gesellschaft
Zur Teilnahme eines Minderjährigen an einer neuen oder schon bestehenden Gesellschaft bedarf es des Vertragsabschlusses durch den gesetzlichen Vertreter (der nicht Mitgesellschafter sein darf, §§ 181, 1795 Abs. 2, 1629 Abs. 2 BGB, anderenfalls durch einen Pfleger, § 1909 BGB) mit Genehmigung des Vormundschaftsgerichts. §§ 1822 Nr. 3, 1643 Abs. 1 BGB; s. hierzu Rz. 90. Ein Gesellschafterwechsel ist nur mit Zustimmung aller übrigen Gesellschafter oder bei entsprechender Gestaltung im Gesellschaftsvertrag zulässig. Anteilsübertragung im Wege der Sonderrechtsnachfolge ist von der Rechtsprechung mittlerweile anerkannt.		geboten (bei Minderjährigen siehe OHG und Rz. 264 ff.) Für die stille Gesellschaft gilt entsprechendes. Der Hauptgesellschafter muß allerdings Kaufmann i. S. d. §§ 1–6 HGB (auch: GbR aus Minderkaufleuten, str.; Erbengemeinschaft, die ein Handelsgewerbe des Erblassers fortführt) sein. Eine Einmann-GmbH kann mit ihrem einzigen Gesellschafter eine stille Gesellschaft gründen.[1]

IX. Organisation und Buchführung

95.1	Keine grundlegende Komplizierung im Vergleich zur Einzelfirma.	Geringer Aufwand.

X. Firma

96 GbR, Unterbeteiligung und stille Gesellschaft haben keine Firma. Für alle anderen Unternehmensformen hat die am 1.7.1998 in Kraft getretene Handelsrechtsreform das Firmenrecht grundlegend liberalisiert. Während bisher eine Sachfirma, die dem satzungsmäßigen Unternehmensgegenstand entlehnt sein mußte, nur für die GmbH zulässig war (§ 4 Abs. 1

1 Vgl. Eder u. a., I Rz. 699.

GmbH	GmbH & Co. KG	Betriebsaufspaltung
von Geschäftsanteilen muß ebenso wie der darauf gerichtete Verpflichtungsvertrag beurkundet werden und gilt der Gesellschaft gegenüber erst, wenn sie bei dieser unter entsprechendem Nachweis angemeldet ist (§§ 15, 16 GmbHG; bei Teilabtretung vgl. § 17 GmbHG). Das neue GmbH-Recht läßt zu, daß eine Einzelperson eine GmbH gründet. Der Erwerb oder die Inpfandnahme eigener Geschäftsanteile durch die GmbH ist unter den Voraussetzungen des § 33 GmbHG zulässig. Gesellschafterrechte aus eigenen Geschäftsanteilen kann die GmbH allerdings nicht ausüben (bei Minderjährigen siehe OHG; Genehmigungserfordernis des Vormundschaftsgerichts nach § 1822 Nr. 3 BGB analog).	genswert der GmbH-Geschäftsanteile nur seine Deckung im Vermögen der GmbH findet (die Geschäftsanteile dienen bei der sog. Einheitsgesellschaft als Haftungspotential der Komplementärin und als Haftungspotential der Kommanditisten). § 172 Abs. 6 HGB schreibt deshalb vor, daß den Gläubigern gegenüber die Einlage eines Kommanditisten als nicht geleistet gilt, soweit sie in Anteilen der GmbH bewirkt ist (insoweit bedeutet dies die volle persönliche Haftung der Kommanditisten.[1]	
Höhere fachliche Anforderungen an den Berater.	Für KG und die Komplementär-GmbH ist je eine eigene Organisation und eine eigene getrennte Buchführung erforderlich. Durch zwei Buchführungskreise erhöhte Kosten auch für Beratung und Abschlußarbeiten.	Wie GmbH & Co. KG erhöhte Buchführungs-, Beratungs- und Abschluß- sowie Organisationskosten; durch komplizierte Vertragsgestaltung geringe Praktikabilität, insbesondere für kleinere (u. U. mittlere) Familienunternehmen.

GmbHG), dürfen alle Unternehmensformen künftig nicht nur eine Personenfirma, sondern auch eine Sachfirma bilden. Ebenfalls zulässig ist die bisher grundsätzlich verbotene Verwendung von Phantasienamen. § 18 Abs. 1 HGB bestimmt lediglich, daß die Firma zur Kennzeichnung des Kaufmanns geeignet sein und Unterscheidungskraft besitzen muß.

1 Vgl. Krüger, NJW 1982, 2847.

GbR und OHG	KG	Unterbeteiligung und Stille Gesellschaft

Damit werden die Möglichkeiten vermehrt, eine aussagekräftige und werbewirksame Firma zu bilden. Die Firma muß eine hinreichende Unterscheidungskraft gegenüber anderen Firmen aufweisen. Es gilt weiterhin das Verbot der Irreführung (§ 18 Abs. 2 HGB) und ebenfalls das wettbewerbsrechtliche Irreführungsverbot gem. § 3 UWG. Bisher war nur für die GmbH die Führung des Rechtsformzusatzes vorgeschrieben. Künftig müssen auch alle anderen Unternehmensformen einen solchen führen. Die bisher zulässige Bezeichnung „GmbH & Co." wird künftig nicht mehr zulässig sein; es muß heißen „GmbH & Co. KG".[1] Der Einzelkaufmann, die OHG und die KG sind verpflichtet, in ihre originäre oder abgeleitete Firma einen Zusatz aufzunehmen, der auf die Rechtsform bzw. auf die

XI. Beitragspflicht

1. Allgemeines

97 In Ermangelung einer anderen Vereinbarung haben die Gesellschafter gleiche Beiträge zu leisten (§ 706 Abs. 1 BGB). Die Kapitalzufuhr ist einfach und formlos; es ist weder ein festes Kapital noch eine Mindesteinlage vorgeschrieben. Ob und welche Beiträge zu leisten sind, sollte im Gesellschaftsvertrag festgelegt sein. Zu den Beiträgen gehören die Mitarbeit in der Gesellschaft sowie Leistungen von Vermögenswerten, die, soweit sie geleistet sind, als Einlagen bezeichnet werden. Einlagen können in Geld, Wertpapieren, Patenten etc. bestehen und sind zum vereinbarten Zeitpunkt zu leisten. Die Beiträge dienen dazu, den gemeinsamen Zweck zu fördern und werden um dieser Aufgabe willen versprochen. Die Höhe der geleisteten Beiträge wird meist Indikator für die Beteiligung am Vermögen und am Gewinn und Verlust sein. Entspre-

Für die Beiträge der Komplementäre siehe OHG.

Kommanditist, Unterbeteiligter und stiller Gesellschafter müssen sich zu einer bestimmten, geldmäßig bestimmten Einlage verpflichten; neben Grundstücken, Wertpapieren, Forderungen, Patenten, Lizenzen und anderen immateriellen Vermögenswerten (z. B. Fabrikgeheimnisse) können auch Dienstleistungen eingebracht werden (wie OHG[2]). Bei den Kommanditisten entspricht die (Pflicht-)Einlage i. d. R. der Haftsumme i. S. d. § 171 Abs. 1 HGB; kann aber auch von dieser verschieden sein. Bei der Unterbeteiligung geht die Einlage in das Vermögen des Geschäftsinhabers ebenso über wie bei der stillen Gesellschaft. Anders ist es bei der KG; wie bei der GbR/OHG werden Komplementär wie Kommanditist gesamthänderisch Berechtigte.[3]

1 Bokelmann, GmbHR 1998, 57, 59.
2 Vgl. BFH-Urteile v. 12.1.1953, BStBl III 1953, 58; v. 27.2.1975, BStBl II 1975, 611.
3 Zur Beteiligung eines Stillen an einer KG vgl. Binz, 95.

GmbH	GmbH & Co. KG	Betriebsaufspaltung
Kaufmannseigenschaft hinweist. Allgemeinverständliche Abkürzungen dürfen benutzt werden („eingetragener Kaufmann"; „eingetragene Kauffrau"; „e. K."; „e. Kfm." oder „e. Kfr"; „OHG" und „KG"). Die vielfach bei Freiberufler-Gesellschaften gebräuchlichen Firmenzusätze „und Partner", „+ Partner" sowie „& Partner" sind nach dem Willen des Gesetzgebers ausschließlich für Partnerschaftsgesellschaften reserviert und dürfen ansonsten nicht mehr verwendet werden. Eine Fortführung solcher Zusätze ist nicht gestattet.[1] Schließlich ist zu beachten, daß alle Unternehmen auf ihren Geschäftsbriefen Firma, Rechtsform, Ort und zuständiges Registergericht mit Eintragungsnummer anzugeben haben.[2]		
Kapitalgrundlage der GmbH ist das feste Stammkapital (Mindesthöhe DM 50 000); das Stammkapital setzt sich aus den Stammeinlagen (= die von den Gesellschaftern übernommenen Einlagen) zusammen; ihr Gesamtbetrag macht das Stammkapital aus. Bei der Errichtung kann jeder Gesellschafter nur eine Stammeinlage übernehmen; die Höhen der Einlagen können verschieden bemessen sein, müssen mindestens DM 500 betragen und durch 100 teilbar sein (vgl. § 5 GmbHG). Die Erbringung des Stammkapitals kann entweder durch Bargeld erfolgen oder durch sog. Sacheinlage, nämlich Gegenstände, die das Unternehmen später gebrauchen kann (Geschäftsgrundstücke, Maschinen, auch ein vollständiges Unternehmen). Genau wie bei der Gründung im Wege der Bareinzahlung müssen die Sacheinlagen bereits vor	Wie die KG; für die Komplementär-GmbH gilt GmbH-Recht, d. h. es ist insbesondere auf die Bestimmungen betreffend die Mindestkapitalausstattung und die Mindesteinlage zu achten. Am Kapital der GmbH & Co. KG muß die Komplementär-GmbH nicht beteiligt werden; sie ist gleichwohl Mitunternehmerin in der KG, weil sie die Unternehmerinitiative entwickelt und das Unternehmer- (= Haftungs-)risiko trägt. Werden die Geschäftsanteile der Komplementär-GmbH von den Kommanditisten als Kommanditeinlage geleistet, handelt es sich also um eine sog. Einheitsgesellschaft. Dann bestimmt § 172 Abs. 6 HGB, daß den Gläubigern gegenüber die Einlage als nicht geleistet gilt, soweit sie in Anteilen der GmbH bewirkt ist. Dies bedeutet insoweit volle persönliche Haftung der Kommanditisten.[3]	Richtet sich nach der gewählten Rechtsform. Der Beitrag zwischen den aufgespalteten Unternehmen richtet sich nach der gewählten Gestaltung. Bei einer Spaltung in Besitzpersonen- und Betriebskapitalgesellschaft verpachtet die Besitzgesellschaft die Gegenstände des Anlagevermögens an die Betriebsgesellschaft meist mit der Abrede, daß die Gegenstände nach Ablauf des Vertragsverhältnisses in dem gleichen Zustand zurückgegeben werden müssen, in dem sie übernommen worden sind. Bei einer Spaltung in Produktionspersonen- und Vertriebskapitalgesellschaft verbleibt die Produktion bei der Personengesellschaft, die ihre Erzeugnisse zu Verrechnungspreisen an die Kapitalgesellschaft veräußert, auf die zuvor die bisherige Verkaufsabteilung übertragen worden ist.

1 Vgl. hierzu Hinweis des Bundesjustizministeriums vom 30.5.1997, GmbHR 1997, R 169.
2 Zum Handelsrechtsreformgesetz vgl. K. Schmidt, WiB 1997, 1113; K. Schmidt, NJW 1998, 2161; Hörtnagl, INF 1998, 750 (754 f.); Gustavus, GmbHR 1998, 17; Bokelmann, GmbHR 1998, 57.
3 Vgl. hierzu ausführlich Binz, 282 ff. m. w. N.

GbR und OHG	KG	Unterbeteiligung und Stille Gesellschaft
chend seiner Beteiligung sollten feste Kapitalkonten für jeden Gesellschafter gebildet werden (Übersichtlichkeit). Ausnahmsweise kann der Gesellschaftsvertrag auch vorsehen, daß einzelne Gesellschafter ohne Kapitalanteil bleiben sollen. Das ist insbesondere dort zweckmäßig, wo der Betreffende persönlich Gesellschafter ist, aber eine Möglichkeit bestehen soll, seine Stellung ohne Abfindung zu beseitigen (z. B. bei Ausschluß, im Todesfall, bei Ausscheiden etwa des Schwiegersohnes nach Ehescheidung oder wenn ein verdienter leitender Angestellter nur für seine Person Gesellschafter werden soll.[1]		

2. Art der Beitragsleistung

98 Im Gesellschaftsvertrag sollte geregelt werden, ob die als Beitrag der persönlich haftenden Gesellschafter geleisteten Gegenstände zu Eigentum übertragen und Gesamthandseigentum aller Gesellschafter werden sollen, oder ob sie der Gesellschaft nur zum Gebrauch überlassen werden und im Einzeleigentum des einbringenden Gesellschafters verbleiben sollen. Die Auslegungsregel des § 706 Abs. 2 BGB bestimmt für den Fall, daß nichts geregelt bzw. der Gesellschaftsvertrag insoweit unklar ist, daß vertretbare und verbrauchbare Sachen Gesamthandseigentum werden; gleiches gilt für nichtvertretbare und nichtverbrauchbare Sachen, die nach einer Schätzung beizutragen sind, welche nicht bloß für die Gewinnverteilung bestimmt ist. Bei Eigentumsübertragung gelten die Bestimmungen über Kauf (insbesondere Gewährleistungsrechte) entsprechend.

Die Einlage kann erbracht werden durch Bareinlage, Forderungsverzicht, Einlage der Arbeitskraft, Umwandlung eines Darlehens, Einbringung von Sachwerten oder durch bloße buchmäßige Belastung des Kapitalkontos des Unternehmers. Letzterer Vorgang wird wie eine Privatentnahme behandelt; er bedarf jedoch zur Anerkennung der notariellen Beurkundung des Schenkungsversprechens und der Gesellschaftsgründung (vgl. § 7 Abs. 1 Nr. 1 ErbStG: freigebige Zuwendung auf der privaten Vermögensebene).

1 Näheres vgl. Westermann u. a., I Rz. 295.

GmbH	GmbH & Co. KG	Betriebsaufspaltung
Eintragung der Gesellschaft voll zu freien Verfügung der Geschäftsführer stehen. Wert sein müssen sie genausoviel wie die sonst nötigen Geldeinzahlungen, also mindestens DM 25 000, und will man die restliche persönliche Haftung vermeiden, insgesamt DM 50 000. Ist die Einlage aller Gesellschafter insgesamt nicht DM 25 000 wert, muß der Rest in Geld nachgeschossen werden. Überbewertungen sind zu vermeiden, denn Sacheinlagen werden durch das Registergericht nachgeprüft. Gleiches gilt dann, wenn eine Kapitalerhöhung im Wege von Sacheinlagen erfolgen soll (vgl. §§ 56, 56a, 57, 57a, 57b GmbHG).		
Die Pflichten eines Gesellschafters, insbesondere die Pflicht, die übernommene Stammeinlage einzuzahlen, etwaige Sacheinlagen etc. zu erbringen, ergeben sich (gesetzlich vorgeschrieben) aus dem Gesellschaftsvertrag, der darüber hinaus noch weitere, vom Gesetz nicht näher umgrenzte Verpflichtungen (Mitarbeit, Treuepflichten etc.) bestimmen kann. Derartige Pflichten müssen gem. § 3 Abs. 2 GmbHG von vornherein in die Satzung aufgenommen werden; im Wege der Satzungsänderung können sie nur mit Zustimmung sämtlicher beteiligter Gesellschafter beschlossen werden (§ 53 Abs. 3 GmbHG).[1]	Wie KG; für Komplementär-GmbH s. GmbH.	Richtet sich nach der gewählten Rechtsform.

1 Priester in Scholz, § 53 GmbHG Rz. 150.

GbR und OHG	KG	Unterbeteiligung und Stille Gesellschaft

3. Bewertung

99 Die Bewertung der Einlagen für die Bestimmung der Kapitalanteile bzw. des Eingebrachten steht in den Grenzen des § 138 BGB im Belieben der Partei. Bei Unter- bzw. Überbewertung liegt u. U. eine Schenkung vor. Die freie Bewertung gilt für die Einlage des Kommanditisten nur im Innenverhältnis, für den Haftungsfall (vgl. §§ 171, 172 HGB) muß die Einlage mit dem wahren Wert angesetzt worden sein. Unter Fremden empfiehlt sich regelmäßig, bei Sacheinlagen immer ein Wertgutachten einzuholen. In das Bilanzrichtliniengesetz ist die im Rahmen der Ausschußberatungen vorgeschlagene Regelung nicht aufgenommen worden. „Der Ausschuß sieht dafür keine Notwendigkeit. Aus der Sicht des Unternehmens entspricht den Anschaffungskosten der Wert, der den Gegenständen im Zeitpunkt der Einlage zukommt."[1] In praxi empfiehlt es sich, die steuerlichen Bewertungsgrundsätze auch handelsrechtlich zu beachten. Danach dürfen Wertzuflüsse, die nicht im Betrieb erwirtschaftet worden sind, gem. § 4 Abs. 1 Satz 1 EStG den Gewinn nicht erhöhen. Folglich sollen sich Veränderungen des Wertes eingelegter Wirtschaftsgüter, die vor dem Zeitpunkt der Einlage eingetreten sind, nicht auf den Gewinn auswirken; Einlagen sind daher mit dem Teilwert anzusetzen (§ 6 Abs. 1 Nr. 5 EStG). Bei Teilwertermittlung ist grundsätzlich von den Wiederbeschaffungskosten, bei selbst hergestellten Wirtschaftsgütern vom Reproduktionswert auszugehen.
Zu den Bewertungsgrundsätzen im einzelnen, insbesondere auch zur Bewertung von „eingelegten" Nutzungen und Leistungen vgl. Glanegger,[2] Knob/Küting[3] und WP-Handbuch 1996.[4]

1 BT-Drucks. 10/4268, Abschn. B § 253 HGB, 101.
2 In Schmidt, § 6 Rz. 35 ff. (mit Schrifttumsübersicht).
3 In Küting/Weber, § 255 Anm. 80 ff.
4 I, E Rz. 336 ff.

GmbH	GmbH & Co. KG	Betriebsaufspaltung
Die Sacheinlage muß immer entsprechend ihrem wahren Wert bewertet werden. Im Sachgründungsbericht haben die Gesellschafter die für die Angemessenheit der Bewertung der Sacheinlagen wesentlichen Umstände darzulegen und bei der Einbringung eines gesamten Unternehmens in die Gesellschaft auch die Jahresergebnisse der letzten beiden Geschäftsjahre vorzulegen. Ebenfalls müssen dem Gericht die Verträge vorgelegt werden, die den Festsetzungen für Sacheinlagen zugrunde liegen oder zu ihrer Ausführung geschlossen sind, außerdem Unterlagen darüber, daß der Wert der Sacheinlagen den Betrag der dafür übernommenen Stammeinlagen erreicht. Der Sachgründungsbericht sollte daher im einzelnen sämtliche Gegenstände, die eingebracht werden, aufzählen. Es ist empfehlenswert, Rechnungen oder Nachweise über den Kaufpreis sowie über den jeweiligen Zeitwert beizufügen. Das Gesetz verlangt keine bestimmten Einzelangaben als Inhalt des Sachgründungsberichtes.[1]	Für die KG gelten die gleichen Grundsätze, wie sie – nebenstehend – für GbR, OHG, KG, Unterbeteiligung oder stille Gesellschaft dargelegt sind; für Komplementär-GmbH siehe GmbH.	Richtet sich nach der gewählten Rechtsform.

1 Zum Prüfungsbericht vgl. WP-Handbuch 1996 I, O Rz. 732 ff.; Winter in Scholz, § 5 GmbHG Rz. 98 ff.

GbR und OHG	KG	Unterbeteiligung und Stille Gesellschaft

4. Geltendmachung

GbR und OHG	KG	Unterbeteiligung und Stille Gesellschaft
100 Der Anspruch auf die Beiträge kann für die Gesellschaft unter deren Firma nicht durch die geschäftsführenden und vertretungsberechtigten Gesellschafter geltend gemacht werden, sondern nach ganz h. M. auch von jedem anderen Gesellschafter, der selbstverständlich die Leistung nicht an sich, sondern nur an die Gesellschaft fordern kann (actio pro socio). Resteinzahlungsverpflichtungen für noch nicht eingeforderte bedungene Einlagen in Personenhandelsgesellschaften (also nicht GbR!) sowie eine ggf. darüber hinausgehende Haftung aufgrund einer in das Handelsregister einzutragenden Hafteinlage sind berichterstattungspflichtig.[1]	(Text spans GbR und OHG and KG columns) Der Anspruch auf die Beiträge kann für die Gesellschaft unter deren Firma nicht durch die geschäftsführenden und vertretungsberechtigten Gesellschafter geltend gemacht werden, sondern nach ganz h. M. auch von jedem anderen Gesellschafter, der selbstverständlich die Leistung nicht an sich, sondern nur an die Gesellschaft fordern kann (actio pro socio). Resteinzahlungsverpflichtungen für noch nicht eingeforderte bedungene Einlagen in Personenhandelsgesellschaften (also nicht GbR!) sowie eine ggf. darüber hinausgehende Haftung aufgrund einer in das Handelsregister einzutragenden Hafteinlage sind berichterstattungspflichtig.[1]	Keine Besonderheiten; die Geltendmachung des Anspruchs auf die bedungene Einlage sollte im Gesellschaftsvertrag vereinbart werden („der Unterbeteiligte/Stille hat unverzüglich nach Beginn der Gesellschaft/am 10.5.1997 seine Einlage auf das Konto . . . der Gesellschaft zu erbringen“).

XII. Treuepflicht

1. Allgemeines

GbR und OHG	KG	Unterbeteiligung und Stille Gesellschaft
101 Inhaltlich läßt sich die Treuepflicht nicht allgemein bestimmen. In jedem Fall hat es ein Gesellschafter zu unterlassen, dem Gesellschaftszweck zuwiderzuhandeln oder die Gesellschaft wissentlich zu schädigen. Gegenüber Dritten besteht regelmäßig eine Verschwiegenheitspflicht (über Geschäftsgeheimnisse etc.).	Wie OHG; auch der Kommanditist unterliegt allgemeiner gesellschaftlicher Treuepflicht.[2]	Wie OHG; inhaltliche Ausgestaltung richtet sich nach der vereinbarten Position und Rechtsstellung des Unterbeteiligten bzw. des stillen Gesellschafters.

Die Treuepflicht resultiert aus der Natur der Unternehmensformen, bei denen alle Gesellschafter zueinander in vertraglichen Beziehungen stehen. Die Treuepflicht verbietet u. a., daß eine Mehrheit mißbräuchlich eine Minderheit dominiert oder gesellschaftsfremde Vorteile aus eigennützigen Gründen heraus verfolgt. Ein solcher Gesellschafterbeschluß wäre gem. § 138 BGB nichtig.[3] Ausfluß dieser engen personenrechtlichen Verbindung sind ferner das gesetzlich normierte Wettbewerbsverbot (s. Rz. 102), die – auch dem von der Geschäftsführung ausgeschlossenen Gesellschafter zustehenden – Auskunfts- und Kontrollbefugnisse (§§ 118, 166 HGB) sowie das Institut der „actio pro socio“, also das jedem einzelnen Gesellschafter zustehende Recht, sog. Sozialansprüche der Gesellschaft, zu denen auch Schadensersatzansprüche gegen Mitgesellschafter wegen Verletzung ihrer Treuepflicht gehören, im eigenen Namen geltend zu machen. Bei schuldhafter Verletzung seiner Treuepflicht ist der Gesellschafter schadensersatzpflichtig; die Verfehlung kann für die übrigen Gesellschafter einen wichtigen Kündigungsgrund darstellen (§ 723 BGB[4]) oder zur Ausschließung aus der Gesellschaft führen.

1 Vgl. hierzu WP-Handbuch 1992 (II C 30).
2 Vgl. Schilling in Großkommentar HGB, § 165 HGB Anm. 1.
3 Vgl. R. Fischer in Großkommentar HGB, § 119 HGB Anm. 16; Hueck, 185.
4 Vgl. hierzu z. B. Ulmer, § 723 BGB Rz. 23.

GmbH	GmbH & Co. KG	Betriebsaufspaltung
Einlagen sind unverzüglich nach Anforderung zu zahlen; säumige Gesellschafter müssen nicht nur die angeforderten Beträge verzinsen (§ 20 GmbHG), sondern können unter den Voraussetzungen des § 21 GmbHG ihres Geschäftsanteils und etwa geleisteter Teilzahlungen zugunsten der Gesellschaft verlustig erklärt werden (Kaduzierung).[1]	Wie KG, für Komplementär-GmbH siehe GmbH.	Richtet sich nach der gewählten Rechtsform.
Die im Recht der Personengesellschaften entwickelte gesellschaftliche Treuepflicht wird nach heute nahezu einhelliger Ansicht auch auf die Rechtsbeziehungen des GmbH-Gesellschafters und zu seinen Mitgesellschaftern übertragen. Sie kann dazu führen, daß das Stimmrecht in einer bestimmten Weise ausgeübt werden muß (Gesellschaftsfreundlich und auch „freundlich" gegenüber der Gesellschafterminderheit, Unterlassen von Wettbewerbshandlungen).[2] Ein übervorteilter Minderheitsgesellschafter kann unmittelbar gegen den Mehrheitsgesellschafter seinen Schaden einklagen.[3]	Wie KG; die Komplementär-GmbH wird meist personalistisch ausgestaltet sein, so daß regelmäßig die GmbH-Gesellschafter untereinander eine Treuepflicht haben (vgl. im übrigen GmbH).[4]	Richtet sich nach der gewählten Rechtsform.

1 Vgl. hierzu WP-Handbuch 1996, I F Rz. 53 ff.; zum Verfahren vgl. Winter in Scholz, § 21 GmbHG Rz. 8 ff.
2 Vgl. Lutter, JZ 1976, 562.
3 Vgl. hierzu Lutter/Hommelhoff, § 14 GmbHG Rz. 9 ff.; Westermann in Scholz, Einl. 7 f.
4 Vgl. auch Binz, 325 f.

GbR und OHG	KG	Unterbeteiligung und Stille Gesellschaft

2. Wettbewerbsverbot

102 Nach § 112 HGB ist es einem persönlich haftenden Gesellschafter versagt, ohne Einwilligung der anderen im Handelszweig der Gesellschaft Geschäfte zu machen oder an einer anderen gleichartigen Handelsgesellschaft als persönlich haftender Gesellschafter teilzunehmen. Die Ausübung eines anderen Handelsgewerbes oder eine Beteiligung daran ist nicht verboten, ebenso nicht die Beteiligung als Kommanditist an einer gleichartigen Gesellschaft. Die Einwilligung kann stillschweigend gegeben werden; nach § 112 Abs. 2 HGB gilt sie als erteilt, wenn die übrigen Gesellschafter bei Eingehung der Gesellschaft wissen, daß ein Gesellschafter als persönlich haftender Gesellschafter an einer anderen Gesellschaft beteiligt ist und wenn sie sich gleichwohl eine Aufgabe der Beteiligung nicht ausbedingen.

Modifizierungen, Einschränkungen oder Streichung des Wettbewerbsverbots können u. U. vertraglich ebenso geboten sein wie etwa eine dahingehende Erweiterung, daß es auch noch nach dem Ausscheiden aus der Gesellschaft wirken soll (gesetzlich gilt es nur für die Dauer der Zugehörigkeit zur Gesellschaft). Es ist aber darauf zu achten, daß nicht die wirtschaftliche Betätigungsfreiheit des betreffenden Gesellschafters beseitigt wird, da dies die Unwirksamkeit der Klausel zur Folge hätte.

Der Kommanditist unterliegt grundsätzlich keinem Wettbewerbsverbot (§ 165 HGB). Dies bedarf dann insbesondere der gesellschaftsvertraglichen Modifizierung, wenn dem Kommanditisten ein Geschäftsführungsrecht eingeräumt ist. Verletzung des Wettbewerbsverbots löst Schadensersatzpflicht aus, bzw. die Gesellschaft kann verlangen, daß der Gesellschafter das wettbewerbswidrig geschlossene Geschäft als für ihre Rechnung abgeschlossen gelten läßt. Zur Frage, ob ein Wettbewerbsverbot im Gesellschaftsvertrag wirksam vereinbart werden kann, vgl. Binz.[1]

Das Gesetz enthält kein Wettbewerbsverbot.

Aus der allgemeinen Treuepflicht kann sich aber für den Geschäftsinhaber die Pflicht ergeben, Wettbewerbsgeschäfte zu unterlassen. Eine konkurrierende, das Handelsgeschäft, an dem die Unterbeteiligung besteht, schädigende Tätigkeit ist ihm untersagt. Eine gesellschaftsvertragliche Regelung ist hier wegen fehlender gesetzlicher Bestimmungen zu empfehlen. Dies gilt uneingeschränkt auch für die stille Gesellschaft.

1 65 ff. für den Komplementär und 107 f. für den Kommanditisten.

GmbH	GmbH & Co. KG	Betriebsaufspaltung
Für die Gesellschafter besteht kein gesetzliches Wettbewerbsverbot. Bei einer kapitalistischen Beteiligung ist es auch regelmäßig entbehrlich. Soll es bestehen (u. U. für eine bestimmte Zeit nach Ausscheiden eines Gesellschafters), muß es in der Satzung aufgenommen werden. Zweckmäßig kann die gleichzeitige Festsetzung einer Vertragsstrafe sein. Für beherrschende Gesellschafter und Gesellschafter-Geschäftsführer besteht nach der Rechtsprechung des BGH ein ungeschriebenes Wettbewerbsverbot auch ohne besondere Vereinbarung, obwohl eine gesetzliche Regelung wie etwa § 88 AktG ebenfalls fehlt.[1] Es muß also die GmbH davor geschützt sein, von einem beherrschenden Gesellschafter-Geschäftsführer gleichsam „von innen her ausgehöhlt zu werden".[2] Die anzuratende vertragliche Wettbewerbsklausel unterliegt nicht den für Handlungsgehilfen geltenden gesetzlichen Beschränkungen. Verletzungen des Wettbewerbsverbotes können zur Annahme verdeckter Gewinnausschüttungen führen (siehe dort).	Wie KG; unterhielt die GmbH bereits vor Eintritt in die KG einen eigenen Geschäftsbetrieb, dann darf sie nach h. M. ihren alten Geschäftszweck nur mit Einwilligung aller KG-Gesellschafter verfolgen (Einwilligung ist auch konkludent möglich). Aus Gründen der Rechtsklarheit empfiehlt es sich, bei Gründung der KG den „Gegenstand des Unternehmens" der GmbH u. U. neu zu bestimmen. Ein Wettbewerbsverbot gilt nicht für die Geschäftsführer und Gesellschafter der GmbH, da sie keine Rechtsbeziehungen zur KG unterhalten. Die GmbH muß aber aufgrund ihrer gesellschaftsvertraglichen Treuepflicht zur KG auf ihre Geschäftsführer/Gesellschafter einwirken, damit diese keine die KG schädigenden Handlungen vornehmen. Eine konkrete gesellschaftsvertragliche Vereinbarung sollte hierüber ebenso getroffen werden wie für ein Wettbewerbsverbot für Kommanditisten, da letztere sonst gemäß § 165 HGB von dieser Pflicht ausgenommen wären. In die Klausel sollen auch Geltungszeitraum und evtl. gleichzeitig die mit Verstoß verwirkte Vertragsstrafe aufgenommen werden.	Richtet sich nach den gewählten Rechtsformen. Bei unterschiedlichen Beteiligungsverhältnissen sollte vertraglich sichergestellt werden, daß die Gesellschafter der Besitzgesellschaft nicht die Interessen der Vertriebsgesellschaft beeinträchtigen können und umgekehrt.

1 Vgl. hierzu Lutter/Hommelhoff, § 14 GmbHG Rz. 12.
2 Vgl. Altmeppen in Roth/Altmeppen, § 13 GmbHG Rz. 59 m. w. N.

GbR und OHG	KG	Unterbeteiligung und Stille Gesellschaft

XIII. Handwerksrecht

103 Die Personengesellschaft wird in eine Handwerksrolle eingetragen, wenn für die technische Leitung ein persönlich haftender Gesellschafter verantwortlich ist (§ 7 Abs. 4 HandwO). Zumindest ein persönlich haftender Gesellschafter muß die Meisterprüfung abgelegt haben und berechtigt sein, selbständig ein Handwerk zu betreiben, Lehrlinge auszubilden (§ 22 HandwO) sowie den Meistertitel zu führen (§ 51 HandwO).
Die Handwerkskammerbeiträge sind höher als bei einer GmbH, da Bemessungsgrundlage der Gewerbesteuermeßbetrag ist (Gesellschaftergehälter, Pachtzahlungen an Gesellschafter etc. mindern nicht den Gewinn!; vgl. im übrigen Rz. 29).

Unterbeteiligung und Stille Gesellschaft: Die Qualifikation des Unterbeteiligten ist irrelevant. Die handwerksrechtlichen Voraussetzungen müssen bei der Hauptgesellschaft erfüllt sein. Gleiches gilt für den stillen Gesellschafter.

XIV. Eheliches Güterrecht

104 Die Wahl des Güterstandes und die ehevertragliche Gestaltung der vermögensrechtlichen Beziehungen eines Gesellschafters gegenüber dem Ehegatten und gegenüber Dritten ist für jede Unternehmensform von vorgreiflicher Bedeutung; insbesondere muß bei Gesellschaftern, die mit Ausländern verheiratet sind, beachtet werden, daß der Güterrechtsstatus der Ehegatten nicht mehr vom Heimatrecht des Ehemannes bestimmt und gemäß Art. 15 EGBGB in der Fassung des Gesetzes zur Neuregelung des Internationalen Privat-

1. Zugewinngemeinschaft

a) Vermögensmassen

105 Jeder Ehegatte bleibt Eigentümer seines vor und nach Eintritt des gesetzlichen Güterstandes erworbenen Vermögens. Auch Erträgnisse fallen jeweils in das Vermögen desjenigen Ehegatten, dem der Vermögensstamm gehört. Gemeinschaftliches Vermögen kann

b) Verwaltungs- und Verfügungsrechte

Grundsätzlich verwaltet jeder Ehegatte sein Vermögen selbständig; das Verwaltungsrecht kann aber auch dem anderen Ehegatten übertragen werden. Bringt ein Ehegatte sein ganzes Vermögen oder nahezu sein ganzes Vermögen in eine Gesellschaft ein, so kann er den Gesellschaftsvertrag nur mit Zustimmung seines Ehegatten rechtswirksam ab-

GmbH	GmbH & Co. KG	Betriebsaufspaltung
Die GmbH wird in die Handwerksrolle eingetragen, wenn der Betriebsleiter Meister ist; es muß also keiner der Gesellschafter Meister sein. Die Handwerkskammerbeiträge sind niedriger als die für die Personengesellschaften, da Bemessungsgrundlage der durch Mieten, Pachten, Zinsen, Gehälter, Tantiemen etc. verminderte Gewerbesteuermeßbetrag ist. Bei Gründung werden Existenzgründungsdarlehen aus dem Junghandwerkersparwerk nur erschwert gegeben.	Da die GmbH zum Betrieb eines Handwerks nur einen angestellten Meister benötigt, reicht dieses auch für die GmbH & Co. KG aus. Vgl. im übrigen KG.	Da die am Markt operierende Gesellschaft (Betriebsgesellschaft) regelmäßig eine GmbH ist, genügt ein angestellter Meister; im übrigen sind Vor- und Nachteile von gewählter Gesellschaftsform abhängig.

rechts vom 25.7.1986[1] die Ehegatten nunmehr für die güterrechtliche Wirkung ihrer Ehe wählen können das Recht des Staates, dem einer von ihnen angehört, oder das Recht des Staates, in dem einer von ihnen seinen gewöhnlichen Aufenthalt hat, oder für unbewegliches Vermögen das Recht des Lageorts.
Eine ehevertragliche Regelung ist daher – wie sich aus Art. 15 Abs. 3 EGBGB ergibt – unumgänglich.[2]

---

erworben werden; steuerlich wird das gemeinschaftliche Vermögen den Ehegatten so zugerechnet, als wären sie nach Bruchteilen berechtigt (§ 39 Abs. 2 Nr. 2 AO).

---

schließen (im Zweifel sollten daher immer beide Ehegatten unterschreiben). Wird das zur Verwaltung überlassene Vermögen investiert, dann bestehen weitere Verwaltungs- und Verfügungsbeschränkungen. Die Verwaltungs- und Verfügungsrechte sollten ehevertraglich fixiert werden (notarielle Schriftform).

---

1 BGBl. I 1986, 1142.
2 Zur Neuregelung vgl. Rauscher, NJW 1987, 531; BGH v. 17.9.1986, NJW 1987, 583; vgl. auch Langenfeld, NJW 1986, 2541; Meincke, DStR 1986, 135.

GbR und OHG	KG	Unterbeteiligung und Stille Gesellschaft

c) Ausgleichsanspruch

Am Wertzuwachs der Beteiligung partizipiert grundsätzlich der andere Ehegatte im Falle der Beendigung des Güterstandes. Der Ausgleichsanspruch wird mit Beendigung des Güterstandes sofort fällig (außer bei grober Unbilligkeit, vgl. § 1381 Abs. 2 BGB). Der Ausgleichsanspruch ist nicht kalkulierbar und nicht rückstellungsfähig; ohne Aufzeichnungen und ohne zusätzliche Vereinbarungen können Beweis- und Bewertungsprobleme entstehen (etwa über Höhe und Wert des Anfangsvermögens). Hinzu kommen für den ausgleichsverpflichteten Gesellschafter-Ehegatten bedingt durch den Ausgleichsanspruch u. U. Liquiditätsprobleme, die auf die Gesellschaft und damit auch auf die übrigen Gesellschafter durchschlagen können. Kündigungsmöglichkeit nach § 135 HGB ist nur ein un-

d) Vertragliche Modifikationen

Bei Abschluß eines Gesellschaftsvertrages sollte Vereinbarung der Gütertrennung empfohlen werden; zumindest für den Fall der Ehescheidung der Ausgleich des Zugewinns ausgeschlossen werden (erbschaftsteuerlich in aller Regel die günstigste Lösung!) oder die Beteiligung an einer Gesellschaft für die Berechnung des Ausgleichsanspruchs außer Ansatz bleiben oder von vornherein festgelegte Pauschalierungen für verbindlich erklärt werden (z. B. Erbschaftsteuerwerte). Zur Sicherung des Bestandes eines Unternehmens auch für die nächste Generation empfiehlt sich die Aufnahme des Ausschlusses der Zuge-

2. Gütertrennung

106 Erwerb, beiderseitiges Vermögen, Verwaltungs- und Verfügungsbefugnisse stehen dem jeweils berechtigten Ehegatten unbeschränkt zu („Unternehmergüterstand"). Im Unter-

3. Gütergemeinschaft

a) Vermögensmassen und Steuerfolgen

107 Die Gütergemeinschaft kennt drei ihrer Rechtsnatur nach verschiedene Vermögensmassen: Gesamtgut (§ 1416 BGB), Sondergut (§ 1417 BGB) und Vorbehaltsgut (§ 1418 BGB). Während das Sondergut alle die Gegenstände umfaßt, die nicht durch Rechtsgeschäft übertragen werden können (Anteil an einer Personengesellschaft, an der nur ein Ehegatte beteiligt ist, vgl. § 717 Satz 1 BGB), kann ein Vorbehaltsgut eines Ehegatten durch Ehevertrag, durch Erwerb von Todes wegen und durch unentgeltliche Zuwendung eines Dritten begründet werden, falls der Erblasser bzw. der Dritte bei der Zuwendung bestimmt, daß der Erwerb Vorbehaltsgut sein soll. Ferner gehört zum Vorbehaltsgut immer das Surrogat. Wichtigste Gütermasse ist das Gesamtgut. Durch Abschluß des Ehevertrages fällt sowohl alles vorhandene als auch später entgeltlich oder unentgeltlich erworbenes und anfallendes Vermögen jeder Art des Mannes und der Frau kraft Gesetzes ohne besonderes Zutun in das Gesamtgut. Bilden beide Ehegatten mit einem Dritten eine Gesellschaft bürgerlichen Rechts oder eine OHG, dann werden deren Geschäftsanteile entweder im Hin-

GmbH	GmbH & Co. KG	Betriebsaufspaltung

zureichender Schutz. Ferner können Interna der Gesellschaft Gegenstand eines (u. U. öffentlichen) Gerichtsverfahrens Gesellschafter ./. Ehegatte werden. Zum Zugewinnausgleich bei GmbH-Anteil vgl. BGH v. 1.10.1986.[1] Danach ist beim Zugewinnausgleich unter Lebenden ein GmbH-Anteil im Endvermögen nicht deswegen nach einer gesellschaftsvertraglichen Abfindungsklausel (Buchwert) zu bewerten, weil diese bei einem für den Bewertungsstichtag unterstellten Erbfall eingreifen würde. Gesellschaftsvertraglich vereinbarte Buchwertklauseln gelten nicht beim Zugewinnausgleich, vielmehr sind Unternehmen/Beteiligungen grundsätzlich für Zwecke der Bewertung im Rahmen des Zugewinnausgleichs mit dem wahren Wert anzusetzen.[2]

---

winngemeinschaft im Testament und Gesellschaftsvertrag.[3] Kommt ein Gesellschafter der Verpflichtung, Gütertrennung zu vereinbaren, nicht nach, so sollte dies einen wichtigen Grund für die sofortige Auflösung des Gesellschaftsverhältnisses bilden, mit der ebenfalls in die Klausel aufgenommenen Folge, daß der die Auflösung des Gesellschaftsverhältnisses verursachende Gesellschafter nur einen bruchteilsmäßigen Anspruch auf das Abfindungsguthaben hat.

---

schied zur Zugewinngemeinschaft partizipiert bei Beendigung der Gütertrennung der eine Ehegatte nicht am Vermögenszuwachs des anderen Ehegatten.

---

blick auf § 1417 Abs. 2 BGB jeweiliges Sondergut der Ehegatten, oder aber die Gesellschaftsanteile fallen – bei Übertragbarkeit – in das Gesamtgut, stehen also den Ehegatten zur gesamten Hand zu.[4] Betreiben die Ehegatten ohne Beteiligung eines Dritten ein Geschäft und erklären sie dieses Geschäft nicht zum Vorbehaltsgut, dann befindet sich dieses im Gesamtgut mit der Folge, daß die Ehegatten regelmäßig als Mitunternehmer anzusehen sind und ein steuersparendes Arbeitsverhältnis nicht anerkannt werden kann. Nach einem Beschluß der Einkommensteuerreferenten[5] soll die Vereinbarung der ehelichen Gütergemeinschaft nicht zur Aufdeckung stiller Reserven führen, wenn ein Ehegatte seinen Gewerbebetrieb in das Gesamtgut einbringt und der andere Ehegatte die Buchwerte fortführt. Dieser Vorgang soll – unabhängig davon, ob die Ehegatten einen Leistungsaustausch zugrunde legen – im Hinblick auf die familienrechtliche Beziehung der Ehegatten als unentgeltlicher Vorgang behandelt werden. Bei der Auflösung der ehelichen Gütergemeinschaft soll hingegen nicht generell von einem unentgeltlichen Vorgang ausgegangen wer-

1 NJW 1987, 321.
2 Vgl. Jauernig/Schlechtriem, § 1376 BGB, Anm. 3; Diederichsen in Palandt, § 1376 BGB Anm. 3b will grundsätzlich eine Wertminderung anerkennen, wenn Abgeltung von stillen Reserven und good will unberücksichtigt bleiben soll.
3 Vgl. Krüger, 36 f.
4 Vgl. BayObLG v. 18.2.1980, DB 1981, 519.
5 Vgl. Bayerisches Staatsministerium der Finanzen v. 12.6.1978 – 31 – S 2240 – 7/8 – 366 90 –.

GbR und OHG	KG	Unterbeteiligung und Stille Gesellschaft

den. Erhält der aus der Mitunternehmerschaft ausscheidende Ehegatte ein Entgelt, das den Buchwert seines Kapitalkontos übersteigt, dann sind die stillen Reserven aufzudecken und zu versteuern.[1] Eine Mitunternehmerschaft ist ausnahmsweise dann zu verneinen, wenn im Gewerbebetrieb die persönliche Arbeitsleistung eines Ehegatten in den Vordergrund

b) Verwaltungsrecht

Während Sondergut und Vorbehaltsgut von jedem Ehegatten selbständig verwaltet werden, können die Ehegatten im Ehevertrag bestimmen, wem die Verwaltung des Gesamtguts obliegen soll. Fehlt eine Bestimmung, verwalten die Ehegatten das Gesamtgut ge-

c) Haftung

Für persönliche Schulden haftet zunächst jeder Ehegatte mit seinem Vorbehalts- und Sondergut. Ein Gläubiger kann außerdem grundsätzlich Befriedigung aus dem Gesamtgut verlangen (§§ 1437, 1459 BGB), falls die den Schulden zugrunde liegenden Rechtsvorgänge sich nicht ausschließlich auf das Vorbehalts- oder Sondergut beziehen (§§ 1439 ff., 1461 BGB). Diese Einschränkung gilt nicht, falls die Schulden aus einem selbständig geführten Erwerbsgeschäft eines Ehegatten herrühren; hier kann die Haftung des Gesamt-

d) Schlußbemerkung

Gütergemeinschaft sollte in keinem Fall vereinbart werden, falls ein Ehegatte Gesell-

XV. Kosten der Eheverträge

108 Sowohl die Kosten für den Abschluß des Ehevertrages (Notarkosten) als auch die für die Eintragung in das Güterrechtsregister können steuerlich nicht abgesetzt werden; es han-

XVI. Geschäftsführung (Innenverhältnis)

1. Allgemeines

109 GbR: Gemäß § 709 BGB gilt der Grundsatz der gemeinschaftlichen Geschäftsführung, der einstimmiges Handeln verlangt (dispositiv). Für ein kaufmännisches Unternehmen ist diese Art von Geschäftsführung zu schwerfällig.
OHG: Die Geschäftsführung kann und soll im Gesellschaftsvertrag geregelt werden (§ 109 HGB). Mangels einer vertraglichen

Der Komplementär ist wie der persönlich haftende Gesellschafter der OHG zur Geschäftsführung berechtigt und verpflichtet; der Kommanditist ist von der Geschäftsführung ausgeschlossen (§ 164 HGB). Der Einfluß des Kommanditisten kann durch den Gesellschaftsvertrag geregelt werden: ihm oder einem Kommanditistenausschuß können verstärkte Kon-

Nach den gesetzlichen Regelungen liegt die Geschäftsführungsbefugnis allein bei dem Hauptgesellschafter. Im Gesellschaftsvertrag kann die Geschäftsführungsbefugnis anders geregelt werden; der Unterbeteiligte kann ein Widerspruchsrecht eingeräumt bekommen; er kann an der Geschäftsführung beteiligt werden oder die Geschäftsführung

1 Vgl. FG Rheinland-Pfalz v. 25.2.1976, EFG 1976, 491 und Krüger, 61 ff. und 115 ff.

GmbH	GmbH & Co. KG	Betriebsaufspaltung

tritt und im Betrieb kein nennenswertes Vermögen eingesetzt wird (bei Handelsvertretern, Schätzern, Berufen, die auf der Grenze zwischen Gewerbe und Freiberuf liegen, vgl. H 174a EStH 1997.[1]

---

meinschaftlich (§ 1421 BGB). Die Verwaltungsbefugnisse sind ohne Einfluß auf die einkommensteuerliche Zurechnung.

---

guts nach §§ 1440 Satz 2, 1462 Satz 2 BGB begründet sein. Für diese Gesamtgutsverbindlichkeiten haften bei gemeinschaftlicher Verwaltung darüber hinaus beide Ehegatten auch persönlich als Gesamtschuldner. Bei Alleinverwaltung haftet nur der verwaltende Ehegatte für die Gesamtgutsverbindlichkeiten des nichtverwaltenden Ehegatten, nicht umgekehrt (§§ 1422 Satz 2, 1437 Abs. 2, 1459 Abs. 2 BGB; für die Haftung im Innenverhältnis vgl. §§ 1441 ff., 1463 ff. BGB).

---

schafter/Mitunternehmer einer Personengesellschaft ist.

---

delt sich um Kosten der privaten Lebensführung.[2]

GmbH	GmbH & Co. KG	Betriebsaufspaltung
Geschäftsführungsorgane sind der oder die durch die Satzung oder durch einen Gesellschafterbeschluß bestimmte(n) Geschäftsführer (§§ 6, 24 Nr. 5 GmbHG). Im Gesellschaftsvertrag kann eine andere Art der Bestellung (durch Aufsichtsrat, Beirat etc.) vorgesehen sein. Mangels vertraglicher Regelung besteht Gesamtgeschäftsführungsbefugnis (Alleingeschäftsführung)	Wie KG; regelmäßig wird die Geschäftsführung der Komplementär-GmbH übertragen werden. Die Komplementär-GmbH ihrerseits handelt durch ihre Organe (Geschäftsführer etc.). Nach § 164 HGB kann ein Kommanditist zwar nicht organschaftlicher Vertreter der GmbH & Co. sein; das schließt jedoch nicht aus, ihn zu deren rechtsgeschäftlichen Ver-	Richtet sich nach der gewählten Rechtsform; Innenverhältnis wie Außenverhältnis (Geschäftsführung in Vertretung) haben entscheidende Bedeutung für die steuerliche Annahme einer Betriebsaufspaltung; zum Kriterium des einheitlichen Betätigungswillens vgl. Rz. 13 ff.

1 BFH v. 20.3.1980, BStBl II 1980, 634; BFH v. 2.10.1980, BStBl II 1981, 63; FG Düsseldorf v. 12.6.1985, EFG 1986, 11 f. und Urteilsanmerkung in DStR 1986, 139.
2 Vgl. BFH v. 7.2.1958, BStBl III 1958, 165; Krüger, 120.

GbR und OHG	KG	Unterbeteiligung und Stille Gesellschaft
Regelung ist nach § 114 HGB jeder Gesellschafter zur Geschäftsführung berechtigt und verpflichtet. Ist im Gesellschaftsvertrag die Geschäftsführung einem Gesellschafter oder mehreren Gesellschaftern (Arbeitsteilung: Kaufmann/Techniker) übertragen, so sind die übrigen Gesellschafter von der Geschäftsführung ausgeschlossen. Während die geschäftsführenden Gesellschafter einer GbR mangels entgegenstehender Vereinbarung stets zusammen handeln müssen, sind bei der OHG ungewöhnliche und gewöhnliche Geschäfte zu scheiden. Die nachfolgenden Ausführungen (Rz. 110, 111) gelten daher nur für die OHG.	trollrechte eingeräumt werden. Ein Kommanditist kann auch der eigentliche Herr des Unternehmens sein, wenn dem Komplementär faktisch die Geschäftsführung entzogen und ihm übertragen wird; ein Kommanditist kann in dem Gesellschaftsvertrag das Recht eingeräumt bekommen, daß sich der persönlich haftende Gesellschafter für jedes einzelne Geschäft oder für bestimmte Arten von Geschäften jeweils seine Einwilligung zu holen hat. Er kann sich auch das Recht einräumen lassen, daß der Komplementär nur nach seinen Weisungen zu handeln hat.	kann ihm auch ganz übertragen werden, so daß er u. U. das Unternehmen beherrscht. Aus steuerrechtlicher Sicht ist jedoch darauf zu achten, daß die Position des Unterbeteiligten nicht so stark gestaltet wird, daß eine – nicht gewollte – Zurechnung der Beteiligung auf den Unterbeteiligten erfolgt (§ 39 Abs. 2 Nr. 1 AO). Für die stille Gesellschaft gilt das gleiche.[1]

2. Ungewöhnliche Geschäfte

110

Bei ungewöhnlichen Geschäften (z. B. Grundstücksan- und -verkäufe, größere Kreditaufnahmen, Bürgschaften eingehen etc.) gilt der Gesamthandsgrundsatz, d. h. es ist ein Beschluß aller Gesell-	Bei ungewöhnlichen Geschäften ist ein Beschluß aller Gesellschafter erforderlich; nach h. M. hat der Kommanditist nicht nur ein Widerspruchsrecht, sondern er muß auch zustimmen. Eine gesell-	Unterbeteiligter und stiller Gesellschafter haben selbst bei ungewöhnlichen Geschäften kein Widerspruchsrecht. Es empfiehlt sich daher, bestimmte Rechtsgeschäfte und Handlungen gesellschaftsver-

1 Vgl. hierzu K. Schmidt, Gesellschaftsrecht, § 62 II 2c; ders. in Schlegelberger, § 335 HGB (§ 230 n. F.) Rz. 70; Zutt in HGB-Groß-Kommentar, § 230 HGB Rz. 94; R. Müller, IStR 1996, 266.

GmbH	GmbH & Co. KG	Betriebsaufspaltung
kann vereinbart werden. Grundsätzlich umfaßt die Geschäftsführung alles, was erforderlich ist, um die Gesellschaft zu leiten. Der Umfang der Geschäftsführungsbefugnis kann im Gesellschaftsvertrag näher bestimmt oder durch Gesellschafterbeschluß (jeweils) beschränkt oder erweitert werden (§ 37 Abs. 1 und 2 GmbHG). Geschäftsführungsbefugnisse können dennoch in gewissen Fällen von der Gesellschafterversammlung (ggf. auch vom Aufsichtsrat) wahrgenommen werden. Zu Geschäftsführern können Gesellschafter oder Dritte bestellt werden; es muß sich aber um eine natürliche, unbeschränkt geschäftsfähige Person handeln, die weder wegen eines Konkursdeliktes bestraft noch mit einem Berufsverbot für die gerade mit der GmbH bezweckte Tätigkeit belegt worden ist. Eine gegen dieses Verbot verstoßende Bestellung von Geschäftsführern ist nichtig. Gleiches gilt, wenn die Umstände für das Berufsverbot später eintreten (vgl. § 6 Abs. 2 GmbHG).	treter zu machen. Einem Kommanditisten kann eine beherrschende Stellung insbesondere dadurch eingeräumt werden, daß die Komplementär-GmbH für jedes einzelne Geschäft oder für eine bestimmte Art von Geschäften der vorherigen Zustimmung des Kommanditisten bedarf oder überhaupt nur nach dessen Weisungen zu handeln hat.	

Der Umfang der Geschäftsführungsbefugnis bezüglich ungewöhnlicher Geschäfte sollte unbedingt konkretisiert und die Zuständigkeitsfragen eindeutig entschieden werden. Wird nichts vereinbart,	Wie KG; grundlegend zur Überwachungsfunktion (etwa) eines Beirats und zu einem Katalog zustimmungspflichtiger Geschäftsführungsmaßnahmen vgl. Binz, 212 ff.	Richtet sich nach der gewählten Rechtsform.

GbR und OHG	KG	Unterbeteiligung und Stille Gesellschaft
schafter einschließlich derer erforderlich, die von der Geschäftsführung ausgeschlossen sind (§ 116 Abs. 2 HGB). Eine Prokura kann nur unter Zustimmung aller geschäftsführenden Gesellschafter bestellt werden, es sei denn, Gefahr ist im Verzuge; der Widerruf kann von jedem einzelnen Gesellschafter erklärt werden, der befugt ist, die Prokura mitzuerteilen. In jedem Fall sollte wegen der zu allgemeinen gesetzlichen Regelung im Gesellschaftsvertrag fixiert werden, was als ungewöhnliches Geschäft gelten soll.	schaftsvertragliche Konkretisierung der „ungewöhnlichen Geschäfte" ist unbedingt zu empfehlen (siehe Ausführungen zu Unterbeteiligung und stille Gesellschaft).	traglich zustimmungspflichtig zu machen. Ferner sollte ein Passus aufgenommen werden, wonach der Unterbeteiligte/Stille sich innerhalb einer bestimmten Frist (vier Wochen) zu äußern hat; äußert er sich nicht, gilt sein Schweigen als Zustimmung.

3. Gewöhnliche Geschäfte

111 Nach § 116 Abs. 1 HGB darf jeder geschäftsführende Gesellschafter alle Handlungen, die „der gewöhnliche Betrieb des Handelsgewerbes der Gesellschaft" mit sich bringt, für sich allein vornehmen. Dem Gesamthandsgedanken trägt der jedem anderen geschäftsführenden Gesellschafter zustehende Widerspruch Rechnung.	Komplementäre, siehe OHG; der Kommanditist kann gewöhnlichen Geschäften der geschäftsführenden Gesellschafter nicht widersprechen (§ 164 Satz 1 HGB).	Nur der Hauptgesellschafter ist geschäftsführungsbefugt; Unterbeteiligter und stiller Gesellschafter können nicht widersprechen.

4. Aufwendungen und Verluste

<table>
<tr><td colspan="2">112 Für die OHG gilt: Macht ein Gesellschafter in Gesellschaftsangelegenheiten Aufwendungen, die er den Umständen nach für erforderlich halten darf, so kann er sie von der Gesellschaft ersetzt verlangen. Ebenso haftet ihm die Gesellschaft für Verluste, die er unmittelbar durch seine Geschäftsführung oder aus Gefahren erleidet, die mit ihr untrennbar verbunden sind. Aufgewendetes Geld hat die Gesellschaft von der Zeit der Aufwendung an zu verzinsen (§ 110 HGB). Diese Ansprüche stehen nicht nur den geschäftsführenden, sondern auch den übrigen Gesellschaf-</td><td>Ist der Unterbeteiligte befugt, im Gesellschaftsinteresse zu handeln oder wird eine unbefugte Tätigkeit durch die Gesellschaft getätigt, dann gilt das gleiche wie bei der OHG und KG, anderenfalls kommt ein Anspruch aus Geschäftsführung ohne Auf-</td></tr>
</table>

GmbH	GmbH & Co. KG	Betriebsaufspaltung
wird der Geschäftskreis der Gesellschaftergesamtheit im wesentlichen durch § 46 GmbHG bestimmt.		
Die laufenden Geschäfte obliegen den Geschäftsführern. Die Geschäftsführer können jederzeit abberufen werden; im Gesellschaftsvertrag kann dieses Recht auf den Fall des Vorliegens eines wichtigen Grundes beschränkt werden (§ 38 GmbHG).	Wie KG.	Richtet sich nach der gewählten Rechtsform.
Zwischen Geschäftsführer und Gesellschaft besteht ein Dienstvertrag, so daß insoweit allgemeines Arbeitsrecht Anwendung findet, falls der Geschäftsführer als Arbeitnehmer oder arbeitnehmerähnliche Person anzusehen ist[1] anderenfalls gelten die all-	Wie KG; für das Verhältnis Komplementär-GmbH zu deren Geschäftsführer vgl. GmbH.[2]	Richtet sich nach der gewählten Rechtsform.

1 BAG v. 10.7.1980, NJW 1981, 302 f.
2 Vgl. auch Binz, 195 f. m. w. N.

GbR und OHG	KG	Unterbeteiligung und Stille Gesellschaft
tern zu. Bei der GbR ist zu differenzieren: Für die Rechte (und Pflichten) der geschäftsführenden Gesellschafter verweist § 713 BGB vollumfänglich auf Auftragsrecht. Wird ein nicht zur Geschäftsführung befugter Gesellschafter für die Gesellschaft tätig, so gelten die allgemeinen Regeln wie für Rechtsbeziehungen mit Nichtgesellschaftern (Auftrag, GoA u. ä.). Über die Höhe der Entschädigung sollte wegen der zu allgemeinen gesetzlichen Regelung Einigung erzielt werden (Pauschbeträge für Verpflegungsmehraufwand und Übernachtungskosten, km-Pauschale etc.).		trag (§§ 683, 679 BGB) in Betracht. Regelung sollte empfohlen werden. Gleiches gilt auch für die stille Gesellschaft.

5. Verantwortlichkeit

113	Die Gesellschafter sind für die Geschäftsführung verantwortlich und haften der Gesellschaft für schuldhafte Pflichtverletzungen auf Schadensersatz. Für Verschulden gilt grundsätzlich der Maßstab des § 708 BGB (Sorgfalt wie in eigenen Angelegenheiten). Für den Fall einer Überschreitung der Geschäftsführungsbefugnis (z. B. Handlung gegen Widerspruch eines anderen Geschäftsführers) haftet der pflichtwidrige Gesellschafter noch aus Geschäftsführung ohne Auftrag mit dem allgemeinen Verschuldensmaßstab des § 276 BGB. Im Gesellschaftsvertrag sollte bestimmt werden, ob und in welchem Umfang Nebentätigkeiten der Geschäftsführer/Gesellschafter erlaubt sind.		Richtet sich nach der vertraglichen Gestaltung der Unterbeteiligungsvereinbarung bzw. der stillen Gesellschaft.

6. Ende der Geschäftsführung

114	§ 117 HGB sieht für OHG und KG eine Entziehung der Geschäftsführung nur aus wichtigem Grund vor. Die Entziehung setzt ein einstimmiges Vorgehen aller übrigen, auch der nicht geschäftsführenden Gesellschafter voraus. Verfahrensgemäßig genügt anders als bei der GbR (§ 712 BGB) kein Gesellschafterbeschluß, sondern die Gesellschafter müssen Klage erheben und die Entscheidung dem richterlichen Gestaltungsurteil überlassen, vor dessen Rechtskraft		Kann sich nur aus der Beteiligungsvereinbarung ergeben.

GmbH	GmbH & Co. KG	Betriebsaufspaltung
gemeinen Grundsätze (§§ 683, 679 BGB).		
Die Geschäftsführer sind der Gesellschaft gegenüber verpflichtet, alle Beschränkungen zu beachten, die ihnen durch die Satzung oder einen Gesellschafterbeschluß auferlegt werden. Unbeschadet der Entschädigungsansprüche kann die Bestellung des Geschäftsführers jederzeit oder – bei gesellschaftsvertraglicher Regelung – aus wichtigem Grunde widerrufen werden (§ 38 GmbHG). Im übrigen ergibt sich die Verantwortlichkeit aus § 43 GmbHG; zum Schadensersatz der Geschäftsführer und Gesellschafter bei falschen Angaben bei der Errichtung der GmbH vgl. § 9a GmbHG.	Der Geschäftsführer steht i. d. R. lediglich zur GmbH in unmittelbaren vertraglichen Beziehungen; je nach Ausgestaltung kann jedoch das Dienstverhältnis zugleich einen Vertrag mit Schutzwirkung zugunsten Dritter, nämlich zugunsten der KG, darstellen;[1] vgl. die Ausführungen zu KG und GmbH.	Richtet sich nach der gewählten Rechtsform.
Die Bestellung der Geschäftsführer ist zu jeder Zeit widerruflich, unbeschadet der Entschädigungsansprüche aus bestehenden Verträgen. Im Gesellschaftsvertrag kann die Zulässigkeit des Wider-	Wie KG, für die Geschäftsführer der GmbH vgl. GmbH.[2]	Richtet sich nach der gewählten Rechtsform.

1 Vgl. hierzu Binz, 192 ff. m. w. N.
2 Vgl. Binz, 192.

GbR und OHG	KG	Unterbeteiligung und Stille Gesellschaft
die Entziehung nicht wirksam werden kann; bis dahin muß ggf. eine einstweilige Verfügung helfen (§§ 935 ff. ZPO). Da § 117 HGB dispositiv ist, kann im Gesellschaftsvertrag der Kreis der wichtigen Gründe näher bestimmt und die Möglichkeit der Entziehung beschränkt oder erweitert werden; vom Vorliegen eines wichtigen Grundes kann abgesehen und den Gesellschaftern ein freies Entscheidungsrecht eingeräumt werden. An Stelle der Gerichtsentscheidung kann der Gesellschaftsvertrag einen einstimmigen Beschluß oder einen Mehrheitsbeschluß der Gesellschaft vorsehen.		

7. Kontrollrechte

GbR und OHG	KG	Unterbeteiligung und Stille Gesellschaft
115 Wer von der Geschäftsführung ausgeschlossen ist, hat das Recht, sich über die Angelegenheiten persönlich zu unterrichten, die Handelsbücher (Geschäftsbücher) und die Papiere der Gesellschaft einzusehen und sich aus ihnen eine Bilanz und einen Jahresabschluß anzufertigen (§ 118 Abs. 1 HGB; § 716 Abs. 1 BGB). Das Informationsrecht ist nicht übertragbar und darf nur persönlich (ggf. durch gesetzlichen Vertreter) ausgeübt werden. Die Zuziehung von geeigneten Sachverständigen ist i. d. R. statthaft, wenn sonst eine sachgerechte Information nicht möglich ist. Das Überwachungsrecht kann durch Vereinbarung beschränkt oder ganz ausgeschlossen werden, kann aber immer gerichtlich geltend gemacht werden, wenn Grund zur Annahme	Der von der Geschäftsführung ausgeschlossene Komplementär hat die gleichen Rechte wie ein OHG-Gesellschafter. Kommanditist, Unterbeteiligter und stiller Gesellschafter sind nicht berechtigt, sich persönlich zu unterrichten, Bücher und Unterlagen selbst jederzeit einzusehen und sich eine Bilanz daraus anzufertigen; sie können nur die schriftliche Mitteilung des Jahresabschlusses verlangen und dürfen Bücher und Papiere nur insoweit einsehen, als es erforderlich ist, um die Richtigkeit dieses Jahresabschlusses zu prüfen, welcher die Grundlage ihrer Gewinnbeteiligung bietet. Weitere Rechte versagt die (dispositive) gesetzliche Regelung. Nur bei wichtigem Grund (bzw. berechtigtem Mißtrauen gegen die Geschäftsführung) können durch gerichtliche Entscheidung jederzeit die Mitteilung einer Bilanz oder sonstige Aufklärungen sowie die Vorlage der Unterlagen angeordnet werden (§§ 166, 233 HGB). Der Gesellschaftsvertrag kann und sollte regelmäßig die Rechte anderweitig regeln, insbesondere sollten neben den Kontrollrechten i. S. d. § 233 HGB dem Gesellschafter die Rechte i. S. d. § 716 BGB zustehen, und zwar auch nach der Beendigung der Gesellschaft (zur Überprüfung des Auseinandersetzungsguthabens). Informations- und Kontrollrechte sollten auf einen zur berufsmäßigen Verschwiegenheit Verpflichteten delegierbar sein. Nach Ausscheiden bestimmen sich die Rechte wie bei GbR und OHG.	

GmbH	GmbH & Co. KG	Betriebsaufspaltung
rufs auf den Fall beschränkt werden, daß wichtige Gründe denselben notwendig machen. Als solche Gründe sind insbesondere grobe Pflichtverletzung oder Unfähigkeit zur ordnungsmäßigen Geschäftsführung anzusehen (§ 38 GmbHG). Ein völliger Ausschluß der Abberufungsmöglichkeit ist unzulässig. Das Recht zum Widerruf hat im Zweifel derjenige, der das Recht zur Bestellung hat. Eine diesbezügliche Regelung sollte ebenso aufgenommen werden wie eine Konkretisierung der Widerrufsgründe.		
Grundsätzlich steht den Gesellschaftern in ihrer Gesamtheit das Recht zu, die Geschäftsführung zu prüfen und zu überwachen. Dem einzelnen Gesellschafter haben die Geschäftsführer auf Verlangen unverzüglich Auskunft über die Angelegenheiten der Gesellschaft zu geben und die Einsicht der Bücher und Schriften zu gestatten. Dieses nicht abdingbare Auskunfts- und Einsichtsrecht dürfen die Geschäftsführer dem einzelnen Gesellschafter nur verweigern, wenn zu besorgen ist, daß der Gesellschafter sie zu gesellschaftsfremden Zwecken verwenden und dadurch der Gesellschaft oder einem verbundenen Unternehmen einen nicht unerheblichen Nachteil zufügen wird. Die Verweigerung bedarf eines Be-	Wie KG; für die Geschäftsführer der GmbH vgl. GmbH. Für die regelmäßig in der Rechtsform der GmbH & Co. KG geführten Publikums-KGs ist die Ausgestaltung der Kontrollrechte dann als „gesellschafterfreundlich" anzusehen, falls der Teilhaber die Richtigkeit der Bilanz auf seine Kosten von einem Wirtschaftsprüfer oder einem Angehörigen eines vergleichbaren Berufs durch Einsichtnahme in die Bücher der Gesellschaft überprüfen lassen kann.	Richtet sich nach der gewählten Rechtsform.

GbR und OHG	KG	Unterbeteiligung und Stille Gesellschaft
unredlicher Geschäftsführung besteht (§ 118 Abs. 2 HGB, § 716 Abs. 2 BGB). Nach Ausscheiden entfallen die Rechte aus §§ 716 BGB, 118 HGB; Auskunfts- und Einsichtsrechte betreffend Geschäftsvorfälle bis zum Ausscheiden können sich aber aus den §§ 242, 810 BGB ergeben.		.

XVII. Beschlußfassung

1. Allgemeines

GbR und OHG / KG	Unterbeteiligung und Stille Gesellschaft
116 Bei allen außergewöhnlichen Maßnahmen sind Gesellschafterbeschlüsse notwendig, bei sonstigen Maßnahmen nur dann, wenn der Gesellschaftsvertrag es vorsieht. Ferner sind Gesellschafterbeschlüsse für alle Entscheidungen außerhalb der Geschäftsführung (z. B. Änderung des Gesellschaftsvertrages) erforderlich. Zumindest ein Abstimmungskatalog sollte in die Satzung aufgenommen werden.	1.–3. Da zwischen der Hauptgesellschaft und dem Unterbeteiligten keine unmittelbaren Rechtsbeziehungen bestehen, entfällt dieser Prüfpunkt. Zwischen der Hauptgesellschaft und dem Stillen bestehen zwar unmittelbare Rechtsbeziehungen, das Gesetz gewährt dem Stillen jedoch nur eingeschränkte Kontrollrechte (vgl. §§ 233, 234 HGB). Es steht den Parteien frei, die Beteiligung des Stillen über die Rolle eines bloßen Geldgebers hinaus zu einem eher unternehmerisch ausgestalteten Engagement auszubauen.[1]

1 Vgl. hierzu Zutt in HGB-Großkommentar, § 230 HGB Rz. 30 f.

GmbH	GmbH & Co. KG	Betriebsaufspaltung
schlusses der Gesellschafter.[1]		

GmbH	GmbH & Co. KG	Betriebsaufspaltung
Das oberste Organ der Gesellschaft ist die Gesellschafterversammlung, die über alle Angelegenheiten beschließen kann, soweit nicht durch Gesetz oder Satzung anderes bestimmt ist (§ 45 GmbHG). Insbesondere sind folgende, in § 46 GmbHG aufgeführte Aufgaben wahrzunehmen: Feststellung der Jahresbilanz und Verteilung des Reingewinns; Bestellung, Abberufung und Entlastung von Geschäftsführern; Prüfung und Überwachung der Geschäftsführung; Geltendmachung von Ersatzansprüchen gegen Geschäftsführer oder Gesellschafter. Unentziehbar ist das Recht zur Beschlußfassung über Einforderungen von Nachschüssen, Satzungsänderungen, Auflösung der Gesellschaft und Ernennung und Abberufung von Abwicklern (§§ 26, 53, 66 GmbHG); ferner kann das Recht, die Geschäftsführung zu überprüfen, nicht vollständig entzogen wer-	1.–5. wie KG, für die Geschäftsführer der GmbH vgl. GmbH.	1.–5. Richtet sich nach der gewählten Rechtsform. Zu 2. und 3. Besonderheiten: Aus steuerlichen Gründen (s. Rz. 13 m. w. Literaturnachweisen) ist das für die Annahme einer gewerblichen Betätigung des Besitzunternehmens entscheidende Kriterium zu beachten, daß die hinter beiden Unternehmen stehenden Personen einen einheitlichen geschäftlichen Betätigungswillen haben müssen. Ein solcher Wille ist immer dann anzunehmen, wenn an beiden Unternehmen dieselben Personen im gleichen Verhältnis beteiligt sind. Es genügt aber auch, daß die Person oder die Personen, die das Besitzunternehmen tatsächlich beherrschen, in der Lage sind, auch in der Betriebsgesellschaft ihren Willen durchzusetzen. Denn auch in diesem Fall stellt die Vermietung oder Verpachtung der wesentlichen Betriebsgrundlagen in der Verbindung mit

1 Vgl. hierzu sowie zu den Verweigerungsgründen Lutter/Hommelhoff, § 51a GmbHG Rz. 21 ff.

GbR und OHG	KG	Unterbeteiligung und Stille Gesellschaft

2. Stimmrecht

GbR und OHG	KG	Unterbeteiligung und Stille Gesellschaft
117 In Angelegenheiten der Geschäftsführung ist jeder geschäftsführende Gesellschafter, bei anderen Entscheidungen auch jeder andere Gesellschafter stimmberechtigt (für geschäftsführende Gesellschafter besteht in jedem Fall Stimmpflicht, § 114 Abs. 1 HGB); außerhalb der Geschäftsführung ist die Stimmpflicht nur dann gegeben, falls die Treuepflicht sie aus besonderem Grund gebietet. Das Stimmrecht steht einem Gesellschafter nicht zu, wenn er auf Schadensersatz in Anspruch genommen (§ 113 HGB), ihm die Geschäftsführung oder Vertretung entzogen (§§ 117, 127 HGB) oder über seine Ausschließung beschlossen werden soll (§ 140 HGB). Entsprechend § 136 Abs. 1 AktG ist ein Ausschluß des Stimmrechts dann anzunehmen, wenn der Beschluß den Gesellschafter entlasten oder von einer Verbindlichkeit befreien soll. Ob dies auch in anderen Fällen des Interessenwiderstreits gelten soll, etwa wenn über ein Rechtsgeschäft mit dem Gesellschafter oder über einen Anspruch gegen ihn abgestimmt werden soll (vgl. §§ 34 BGB, 47 Abs. 4 GmbHG, 43 Abs. 3 GenG) ist nicht unbestritten. Eine Aufnahme solcher Kollisionsfälle in den Gesellschaftsvertrag ist unbedingt anzuraten. Eine Stimmabgabe durch Bevollmächtigte ist nur mit Einverständnis der übrigen Gesellschafter zulässig.[1]		Für die Innengesellschaft gilt entsprechendes.[2]

1 Baumbach/Hopt, § 119 HGB Anm. 3c; Schlegelberger, § 119 HGB Rz. 33. Vgl. auch Sina (GmbHR 1993, 136) der zwischen Teilnahme und Abwesenheit unterscheidet; letzteres sei stets zulässig.

2 Vgl. OLG Stuttgart v. 7.9.1997, GmbHR 1997, 1107; vgl. auch Sina, GmbHR 1993, 136.

GmbH	GmbH & Co. KG	Betriebsaufspaltung
den. Aus Gründen der Rechtsklarheit sollte ein die gesetzlichen Vorschriften umfassender Abstimmungskatalog mit der Bestimmung in die Satzung aufgenommen werden, wann eine solche Versammlung stattzufinden hat (etwa „Alljährlich 6 Monate nach Schluß des vorangegangenen Geschäftsjahres").		der tatsächlichen Beherrschung der Betriebsgesellschaft die Entfaltung einer gewerblichen Tätigkeit des Besitzunternehmens dar. Diese Voraussetzung ist nach der Rechtsprechung immer dann zu bejahen, wenn die Gesellschafter oder ein Teil dieser Gesellschafter auch an der Betriebsgesellschaft beteiligt sind und den Personen, die an beiden Gesellschaften beteiligt sind und deshalb eine durch gleichgerichtete Interessen vereinte Personengruppe darstellen, die Mehrheit an beiden Gesellschaften gehört. Für alle Fälle, in denen im Besitz- und Betriebsunternehmen dieselben Personen beteiligt sind, ist wesentlich, daß diese Personen grundsätzlich zu einer „durch gleichgerichtete Interessen geschlossenen Personengruppe" zusammengefaßt werden.[3] Eine solche Personengruppe ist durch ihre Einheit und ihre Doppelstellung auch ohne entsprechende vertragliche Bindung in der Lage, beide Unternehmen nach Maßgabe der Höhe ihrer Gesamtbeteiligung zu beherrschen (sog. Beherrschungsidentität). Eine solche ist jedoch insbesondere dann nicht gegeben, wenn in Besitz- oder Betriebsgesellschaft ein oder mehrere „außenstehende" Gesellschafter vorhanden sind und in dieser Gesellschaft kraft Gesetzes oder Gesellschafts-
Grundsätzlich steht jedem Gesellschafter das Stimmrecht zu. In gewissen Fällen können sie ihr Stimmrecht nicht ausüben, etwa, wenn sie als Geschäftsführer oder Abwickler durch den Beschluß entlastet oder von einer Verbindlichkeit befreit werden sollen; vgl. § 47 Abs. 4 GmbHG und OHG/KG. Das Stimmrecht steht als Mitgliedschaftsrecht dem Inhaber des Geschäftsanteils zu, eine Übertragung auf Nichtgesellschafter ist nicht zulässig (Abspaltungsverbot), wohl aber auf Mitgesellschafter (str.). Die Erteilung von Stimmrechtsvollmachten ist unter den Voraussetzungen des § 47 Abs. 3 GmbHG zulässig, wenn dem Gesellschafter zumindest das Widerrufsrecht aus wichtigem Grund verbleibt. Aus der Gesellschaftertreuepflicht kann sich ergeben, daß ein zur Berufsverschwiegenheit verpflichteter Berater zur Gesell-	Wie KG; Änderungen des Gesellschaftsvertrages bedürfen eines Gesellschafterbeschlusses, der auch durch getrennte Stimmabgabe der einzelnen Gesellschafter gefaßt werden kann (im Gesellschaftsvertrag zu regeln). Anders als bei der GmbH kann die Stimmabgabe nur mit Einverständnis der Mitgesellschafter erfolgen.[1] Vgl. Vorschlag von Sina,[2] der eine Anwesenheit eines zur Berufsverschwiegenheit verpflichteten Beraters (ohne Rederecht) stets für zulässig hält. Im übrigen gilt für die Hinzuziehung eines Beraters das gleiche wie für die GmbH.	

1 Priester in Scholz, 8. Aufl., § 53 GmbHG Rz. 195.
2 GmbHR 1993, 136 ff.
3 Vgl. BFH v. 16.6.1982, BStBl II 1982, 662.

GbR und OHG	KG	Unterbeteiligung und Stille Gesellschaft

3. Stimmzahl/Stimmberechtigung

118 Entsprechend dem Gesamthandsgrundsatz fordert § 709 BGB und § 119 HGB Einstimmigkeit aller stimmberechtigten Gesellschafter; jeder von ihnen muß zustimmen, Widerspruch oder nur Schweigen eines Stimmberechtigten hindert das Zustandekommen eines Beschlusses. Der Gesellschaftsvertrag sollte das Erfordernis der Einstimmigkeit aufgeben und Mehrheitsbeschlüsse zulassen. Die Abstimmung erfolgt „im Zweifel" nach Köpfen (§ 709 Abs. 2 BGB; § 119 Abs. 2 HGB). Fehlt es an einer gesellschaftsvertraglichen Regelung, so hat demnach jeder Gesellschafter ohne Rücksicht auf den Umfang seiner Kapitalbeteiligung und seiner Mitarbeit eine Stimme. Der Gesellschaftsvertrag kann anderes vorsehen und bestimmen, daß etwa nach Kapitalanteilen abzustimmen ist (ursprüngliche Einlage oder jeweiliger buchmäßiger Kapitalanteil oder festes Kapitalkonto).

Die Gefahr einer Pattsituation (gleiche Beteiligungsquoten) sollte im Gesellschaftsvertrag verhindert werden. Ist eine gleiche Beteiligung und gleiche Berechtigung gewollt, dann

4. Stimmbindung

119 Absprachen von Gesellschaftern, das Stimmrecht in bestimmter Weise auszuüben (Stimmbindung) sind nach h. M. grundsätzlich zulässig. Zu den Grenzen der Stimmrechtsbindung vgl. Auffassung des BGH;[1] eine Unwirksamkeit kann sich aus §§ 134, 138 BGB, aber auch aus kartellrechtlichen Gründen ergeben.[2] Insbesondere bei Familiengesellschaften besteht

1 Vgl. BGH v. 1.12.1969, DB 1970, 437 und v. 15.12.1969, DB 1970, 247.
2 Ausführlich Schmidt in Scholz, § 47 GmbHG Rz. 43 ff. m. w. N.

GmbH	GmbH & Co. KG	Betriebsaufspaltung
schafterversammlung hinzugezogen werden darf.[1]		vertrag das Einstimmigkeitsprinzip gilt und tatsächlich durchgeführt wird. Dementsprechend kommt es in den Fällen, in denen sämtliche Anteile der Betriebsgesellschaft einem einzigen Gesellschafter gehören, entscheidend darauf an, ob dieser Gesellschafter seinen Willen auch in der Besitzgesellschaft durchsetzen kann. Zur Frage, ob und unter welchen Voraussetzungen die Anteile von Eheleuten zusammengerechnet werden dürfen vgl. Rz. 13 und L. Schmidt.[2]
Die Beschlüsse werden mit einfacher Mehrheit gefaßt (§ 47 GmbHG; „je DM 100,– eines Geschäftsanteils gewähren eine Stimme"). Abweichend vom Gesetz kann einzelnen Gesellschaftern im Gesellschaftsvertrag ein verstärktes Stimmrecht eingeräumt werden (u. U. auch Ausschluß des Stimmrechts). In einzelnen Fällen werden besondere Mehrheiten verlangt: Veränderung des Stammkapitals (§ 53 GmbHG), Auflösung (§ 60 GmbHG). Eine Bevollmächtigung bei der Stimmabgabe (§ 47 Abs. 3 GmbHG) kann der Gesellschaftsvertrag ausschließen. Mängel bei der Beschlußfassung unterfallen nicht den Bestimmungen der §§ 116 ff. BGB über mangelhafte Willenserklärungen, vielmehr finden in weitem Umfang die aktienrechtlichen Regelungen über die Nichtigkeit und Anfechtbarkeit von Hauptversammlungsbeschlüssen (§§ 243 ff. AktG) analog Anwendung.		

sollte in den Gesellschaftsvertrag ein jährlich wechselnder Stichentscheid zugunsten eines Gesellschafters aufgenommen werden.

---

aber die Gefahr, daß die Finanzverwaltung ein Treuhandverhältnis annimmt und die Beteiligung den Stimmberechtigten zurechnet (§ 39 Abs. 2 Nr. 1 Satz 2 AO), wenn sich aus der Abrede ergibt, daß dieser der eigentliche „Herr" der Beteiligung ist, der andere Beteiligte also im Innenverhältnis gebunden ist.

---

1 OLG Stuttgart v. 7.3.1997, GmbHR 1997, 1107.
2 § 15 EStG Rz. 845 ff.

GbR und OHG	KG	Unterbeteiligung und Stille Gesellschaft

5. Abstimmungsverfahren

120 Besondere Verfahrensvorschriften fehlen; eine Gesellschafterversammlung ist daher entbehrlich, und die Gesellschafter können sich, ohne zusammenzukommen, schriftlich oder auch z. B. telefonisch äußern. Die Stimmen müssen nicht gleichzeitig, sondern dürfen auch nacheinander abgegeben werden. Im Gesellschaftsvertrag kann ein förmliches Verfahren vorgeschrieben werden. Um Beweisschwierigkeiten zu verhindern, sollte zumindest eine schriftliche Niederlegung der Beschlüsse erfolgen, aus der die Art der Einberufung, die Angabe einer Tagesordnung und die Bezeichnung des Beschlußgegenstandes, eine Liste der Anwesenden etc. ersichtlich sind.

Auch hier fehlen gesetzlich normierte Verfahrensvorschriften; es gilt das zu GbR, OHG und KG Gesagte entsprechend.

XVIII. Beirat

121 Die Installierung eines Beirats kann durch Gesellschaftsvertrag erfolgen (vgl. hierzu § 52 GmbHG); Mitglieder können auch Mitgesellschafter sein. Die Vorschriften über den Aufsichtsrat (§§ 95 ff. AktG) müssen ausdrücklich im Gesellschaftsvertrag für anwendbar erklärt werden. Zumindest sollten im Gesellschaftsvertrag die Wahl und Wiederwahl, die

GmbH	GmbH & Co. KG	Betriebsaufspaltung
Die Beschlüsse werden regelmäßig in Versammlungen gefaßt, die die Geschäftsführer einberufen (§§ 48 Abs. 1, 49 Abs. 1 GmbHG). Die Einberufung erfolgt mittels eingeschriebenem Brief (zum Verfahren vgl. § 51 GmbHG). Der Gesellschaftsvertrag kann von einer Versammlung absehen und eine andere Form der Beschlußfassung vorsehen (schriftliche oder fernmündliche Erklärungen, was insbesondere bei kleinen Gesellschaften empfehlenswert sein kann). Dies gilt im Grundsatz auch für Beschlüsse über Satzungsänderungen,[1] ist aber wegen der zwingenden notariellen Form (§ 53 Abs. 2 GmbHG) mit praktischen Schwierigkeiten verbunden. § 48 Abs. 2 GmbHG bezeichnet eine Versammlung für unnötig, wenn sämtliche Gesellschafter mit schriftlicher Erklärung einverstanden sind. Für die Ein-Mann-GmbH bestimmt § 48 Abs. 3 GmbHG, daß der Gesellschafter unverzüglich nach der Beschlußfassung eine Niederschrift aufzunehmen und zu unterschreiben hat.	Für die Komplementär-GmbH gilt GmbH-Recht; für die KG gilt, daß Beschlüsse grundsätzlich in Versammlungen gefaßt werden. Sinnvoll ist die satzungsmäßige Begründung einer Einheitsversammlung.[2]	Richtet sich nach den gewählten Rechtsformen.

Anzahl der Mitglieder, die Rechte und Pflichten, die Vergütung (bei Gesellschaftern einer Personengesellschaft ist dies Vorabgewinn) und die Tagungsintervalle geregelt werden. Gründe für eine solche Gestaltung sind das Bedürfnis nach Kontrolle, die Bindung Gesellschaftsfremder an die Gesellschaft (etwa wegen deren Sachverstand), die Schaffung einer

1 Heute h. M., vgl. Schmidt in Scholz, § 48 GmbHG Rz. 61 m. w. N.
2 Vgl. hierzu Schmidt in Scholz, Anh. § 45 GmbHG Rz. 55 ff.

„Schlichtungsebene", der bei Spannungen oder Streitigkeiten unter den Gesellschaftern Vermittlungsfunktionen zukommen. Es empfiehlt sich ferner, dem Beirat für bestimmte Geschäfte ein Genehmigungsrecht einzuräumen. Schließlich ist die Errichtung eines Beirats in den Fällen anzuraten, in denen Minderjährige in die Familiengesellschaft aufgenommen werden sollen. Werden die Rechte der Kinder dem aus Nichtangehörigen bestehenden Beirat übertragen, dann kann seitens der Finanzverwaltung nicht eingewandt

XIX. Schiedsgerichtsverfahren

122 Mit Wirkung ab 1.1.1998 ist das neue deutsche Schiedsgerichtsgesetz (10. Buch der ZPO) in Kraft getreten, das für die nationale wie die internationale Schiedsgerichtsbarkeit gilt. Gemäß dem Territorialitätsgrundsatz sind die Vorschriften des 10. Buchs anzuwenden, wenn der Ort des schiedsrichterlichen Verfahrens in Deutschland liegt (§ 1025 ZPO). Schiedsfähig sind alle vermögensrechtlichen Ansprüche (§ 1030 ZPO). Die Parteiautonomie ist das dominierende Prinzip des neuen Rechts. § 1042 Abs. 4 ZPO räumt dem Schiedsgericht die Befugnis ein, die Verfahrensregeln nach freiem Ermessen zu bestimmen. Gemäß § 1045 ZPO kann das Verfahren in jeder von den Parteien oder dem Schiedsgericht festgelegten Sprache durchgeführt werden. Das Schiedsgericht hat die Streitigkeiten in Überein-

XX. Schiedsgutachtervertrag

123 Das Schiedsgutachterverfahren unterscheidet sich vom Schiedsgerichtsverfahren in der Zielsetzung. Der Schiedsgutachter hat nur Tatsachen festzustellen, die für die Entscheidung eines Rechtsstreits von Bedeutung sind (Anwendungsbereich: Differenzen über die Gewinnverteilung, den Jahresabschluß, die Festsetzung und Auszahlung des Auseinandersetzungsguthabens etc.). Der Schiedsgutachtervertrag bedarf keiner besonderen Form. Sowohl im Interesse der Klarstellung der getroffenen Abreden als auch aus Be-

XXI. Mitbestimmung

1. Allgemeines

124

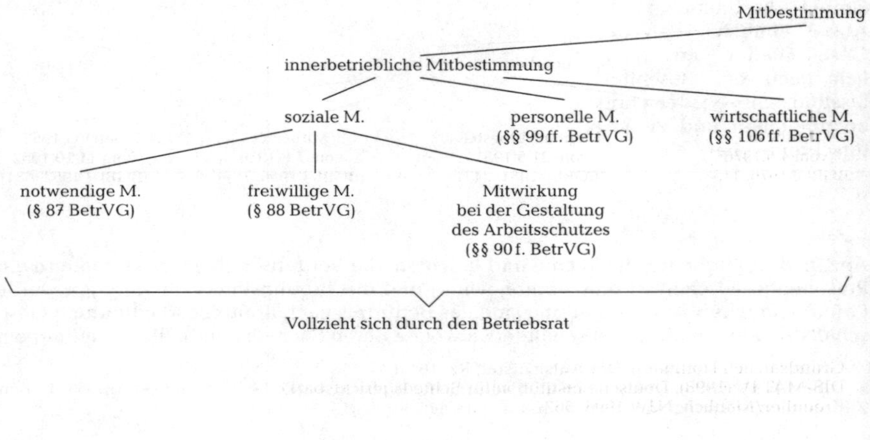

werden, daß nach wie vor die Entscheidungen durch die übertragenden Eltern (Großeltern) getroffen werden. Die eigentlichen Schwierigkeiten liegen darin, Unternehmerpersönlichkeiten für dieses Amt zu finden, die ausreichend Zeit erübrigen können (bei vier Sitzungen im Jahr bedeutet dies mit Vor- und Nachbereitung 12 Arbeitstage!). Zur steuerlichen Behandlung der Beiratsvergütungen vgl. Rz. 6.[1]

---

stimmung mit den Rechtsvorschriften zu entscheiden, die von den Parteien als auf den Inhalt des Rechtsstreits anwendbar bezeichnet worden sind. Satz 2 des § 1051 ZPO läßt ausdrücklich die Verweisung auf die Rechtsordnung eines bestimmten Staates zu. Gemäß § 1050 ZPO kann sich das Schiedsgericht einer breiten gerichtlichen Unterstützung bei der Beweisaufnahme bedienen. Rechtsbehelfe gegen einen Schiedsspruch sind nur bei fundamentalen Verstößen möglich (§ 1059 ZPO). Zur Vollstreckung von Schiedssprüchen vgl. §§ 1060, 1061 ZPO Ausführlich zum neuen deutschen Schiedsgerichtsverfahren vgl. DIS-Materialien.[2]

---

weisgründen sollte die Vereinbarung schriftlich getroffen werden. Die Vorteile sind ähnlich denen beim Schiedsgerichtsvertrag; bei Aufklärung und Feststellung durch eine fachliche Autorität ist eine Unterwerfung unter dessen Vermittlungsvorschlag i. d. R. für alle Teile vorteilhafter als eine gerichtliche Klärung (mehrere Instanzen, Publizität, Anwaltszwang bei höheren Streitwerten, Sachverstand nicht in jedem Fall gewährleistet etc.).

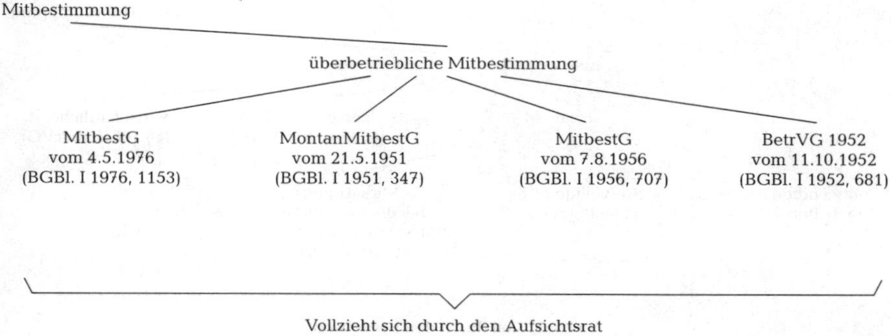

1 Grundsätzlich Hoffmann, Der Aufsichtsrat, Rz. 161 ff.
2 DIS-MAT IV (1998), Deutsche Institution für Schiedsgerichtsbarkeit e. V., Schadestr. 13, 53313 Bonn; Kreindler/Mahlich, NJW 1998, 563.

GbR und OHG	KG	Unterbeteiligung und Stille Gesellschaft
Die innerbetriebliche Mitbestimmung ist abhängig vom Bestehen eines Betriebsrates. Ein Betriebsrat ist durch Wahl der Arbeitnehmer in allen Betrieben zu bilden, die i. d. R. mindestens 5 Wahlberechtigte beschäftigen, von denen 3 wählbar sind. Wahlberechtigt sind alle Arbeitnehmer, die das 18. Lebensjahr vollendet haben; Wahlberechtigte sind alle diejenigen, die sechs Monate dem Betrieb angehören oder als Heimarbeiter in der Hauptsache		

2. Mitbestimmung der Arbeitnehmer im Aufsichtsrat

GbR und OHG, KG	Unterbeteiligung und Stille Gesellschaft
125 Die Bildung eines Aufsichtsrates mit Arbeitnehmervertretern ist nach den Bestimmungen betreffend die überbetriebliche Mitbestimmung nicht vorgesehen. Diese Unternehmensformen sind also „mitbestimmungsfrei".	Richtet sich nach der Rechtsform der Hauptgesellschaft; Unterbeteiligungsvereinbarung und stille Gesellschaft haben darauf keinen Einfluß; wie „reine" Personengesellschaften sind sie folglich „mitbestimmungsfrei".

<table>
<tr><th>GmbH</th><th>GmbH & Co. KG</th><th>Betriebsaufspaltung</th></tr>
<tr><td colspan="3">für den Betrieb gearbeitet haben.[1] Ob ein Betriebsrat gewählt wird oder nicht, ist unabhängig von der gewählten Rechtsform des Unternehmens. Für die sich durch den Aufsichtsrat vollziehende überbetriebliche Mitbestimmung hingegen ist die Rechtsformwahl von entscheidender Bedeutung.</td></tr>
<tr><td colspan="2">Die GmbH & Co. KG besitzt eindeutige Vorteile gegenüber der GmbH, und zwar sowohl hinsichtlich der Mitbestimmung nach dem Betriebsverfassungsgesetz als auch der nach dem Mitbestimmungsgesetz. Das Betriebsverfassungsgesetz schreibt für eine GmbH in § 77 Abs. 1 BetrVG 1952 mit mehr als 500 Arbeitnehmern die Bildung eines dem Aktienrecht entlehnten Aufsichtsrates vor, der zu einem Drittel aus Arbeitnehmervertretern bestehen muß. Demgegenüber bleibt die GmbH & Co. KG – unabhängig von der Mitarbeiterzahl – von der drittelparitätischen Mitbestimmung unberührt, da das Betriebsverfassungsgesetz sie nur für Kapitalgesellschaften fordert. Für die Komplementär-GmbH ist diese Form der Mitbestimmung weitgehend bedeutungslos, da sie i. d. R. nur wenige Mitarbeiter beschäftigt.
Im Vergleich dazu behandelt das 1976 in Kraft getretene Gesetz über die Mitbestimmung der Arbeitnehmer (Mitbestimmungsgesetz) die GmbH & Co. KG strenger. Das Mitbestimmungsgesetz folgt zwar auch dem gesetzgeberischen Grundsatz Personenhandelsgesellschaften von der Mitbestimmung auszuschließen, es trifft jedoch mit § 4 Abs. 1 MitbestG eine Ausnahmeregelung. Danach werden die bei der KG beschäftigten Arbeitnehmer der Komplementär-GmbH hinzugerechnet, mit der Folge, daß diese, falls sie bisher weniger als 2 000 Arbeitnehmer hatte, ggf. durch die Zurechnung die gesetzliche Mindestzahl erreicht und mitbestimmungspflichtig wird, wenn folgende drei Merkmale kumulativ vorliegen:
– Die Arbeitnehmerzahl von GmbH und KG ergibt zusammengerechnet mehr als 2 000.
– Die Mehrheit der Kommanditisten, berechnet nach der Mehrheit der Anteile oder der Stimmen, hält die Mehrheit der Geschäftsanteile oder der Stimmen bei der GmbH.
– Die GmbH hat keinen eigenen Geschäftsbetrieb bzw. sie hat zwar einen, beschäftigt aber i. d. R. nicht mehr als 500 Arbeitnehmer.
Der paritätisch zusammengesetzte Aufsichtsrat wirkt über die Komplementär-GmbH auf die GmbH & Co. KG.
Um eine Umgehung dieser für die GmbH & Co. KG nur mittelbar geltenden Form der Mitbestimmung zu verhin-</td><td>Richtet sich nach der gewählten Rechtsform. Da regelmäßig eine Kapitalgesellschaft beteiligt sein muß, wird insbesondere das für die GmbH Gesagte beachtet werden.
Eine Betriebsaufspaltung ist i. d. R. keine Betriebsänderung i. S. d. § 111 BetrVG; daher kein Mitbestimmungsrecht.[2]</td></tr>
</table>

1 Zur innerbetrieblichen Mitbestimmung vgl. Schaub, §§ 235–244; zur Betriebsratswahl ebenfalls Schaub, §§ 217 ff.

2 BAG v. 17.2.1981, NJW 1981, 2716; LAG Frankfurt am Main v. 12.2.1985, BB 1985, 1999; BAG v. 16.6.1987, BB 1987, 1842.

GbR und OHG	KG	Unterbeteiligung und Stille Gesellschaft

XXII. Prüfungs- und Publizitätspflichten

1. Allgemeines

126 Der Konzeption der Umsetzung der Vierten, Siebten und Achten EG-Richtlinie in deutsches Recht lag die Idee zugrunde, einen gemeinsamen Bestand aller rechtsformunabhängigen Grundsätze der Rechnungslegung in nur einem Gesetz zusammenzufassen. Im dritten Buch des HGB sind im ersten Abschnitt (§§ 238–263 HGB) die allgemeinen Vorschriften für Einzelkaufleute und Personenhandelsgesellschaften unterhalb der Größenmerkmale des Publizitätsgesetzes abschließend geregelt. Für die GmbH haben diese Bestimmungen den Charakter eines allgemeinen Teils. Die §§ 242–256 HGB enthalten Vorschriften allgemeiner Art zum Jahresabschluß, insbesondere aber die Ansatz- und Bewertungsvorschriften, die für alle Kaufleute gelten.

Im zweiten Abschnitt (§§ 264–335 HGB) sind ergänzende Vorschriften für Kapitalgesellschaften geregelt, die aufgrund der Vierten und Siebten EG-Richtlinie in das Deutsche Recht übernommen werden mußten. Durch diese Zweiteilung der Rechnungslegungsvorschriften sind die Rechnungslegungspflichten der Einzelkaufleute und Personenhandelsgesellschaften von denen der Kapitalgesellschaften abgegrenzt. Rechtsformunabhängig ist nach den Grundsätzen ordnungsgemäßer Buchführung der Jahresabschluß aufzustellen. Unter

GmbH	GmbH & Co. KG	Betriebsaufspaltung
	dern, hat der Gesetzgeber in § 4 Abs. 2 der Ausnahmevorschrift festgelegt, daß die GmbH nicht von der Geschäftsführung der KG ausgeschlossen werden kann. Es besteht jedoch die Möglichkeit, die Mitbestimmungspflicht zu vermeiden, indem auf identische Mehrheitsverhältnisse in KG und GmbH verzichtet wird. Eine daraus resultierende Verschiebung der Machtverhältnisse kann auf gesellschaftsrechtlicher Ebene korrigiert werden. Die Einheitsgesellschaft wird vom Wortlaut des § 4 Abs. 1 MitbestG nicht erfaßt. Nach herrschender Lehre soll diese Vorschrift jedoch auf die Einheitsgesellschaft analoge Anwendung finden, da dies der ratio legis entsprechen dürfte.[1] Diese für die GmbH & Co. nachteiligen Rechtsfolgen lassen sich jedenfalls dann vermeiden, wenn die Komplementär-Funktion von einer ausländischen (und damit nicht dem Mitbestimmungsgesetz unterliegenden) Kapitalgesellschaft wahrgenommen wird (§§ 12, 12a GewO beachten! Danach bedürfen grundsätzlich nur solche ausländischen juristischen Personen für den Betrieb eines Gewerbes im Inland einer Genehmigung, die nicht nach den Rechtsvorschriften eines Mitgliedsstaates der Europäischen Gemeinschaften gegründet sind und die weder ihren satzungsmäßigen Sitz noch ihre Hauptverwaltung oder ihre Hauptniederlassung innerhalb der Gemeinschaft haben. Eine ausländische Kapitalgesellschaft, die die o. g. Voraussetzungen erfüllt, kann genehmigungsfrei im Inland tätig werden). Die GmbH & Co. OHG ist in jedem Fall mitbestimmungsfrei.	

Aufstellung ist die Überführung des Zahlenmaterials der Buchhaltung unter Vornahme entsprechender Abschlußbuchungen in die Bilanz und die Gewinn- und Verlustrechnung zu verstehen. Die hierbei zu treffenden Bilanzierungsentscheidungen haben nur vorläufigen Charakter. Die Aufstellung ist allein Sache der geschäftsführenden Organe; bei der offenen Handelsgesellschaft sind das die Gesellschafter, bei der Kommanditgesellschaft der bzw. die Komplementär(e) und bei der GmbH die Geschäftsführer. Von der Aufstellung ist die Feststellung des Jahresabschlusses zu unterscheiden. Hierunter versteht man die Verbindlicherklärung des Jahresabschlusses durch das zu berufende Gesellschaftsorgan. Bis zur Feststellung ist der Abschluß nur ein jederzeit änderbarer Entwurf. Erst das feststellende Organ entscheidet endgültig über die Wertansätze und damit in den gesetzlichen Grenzen über die Bilanzpolitik. Bei der GmbH sind die Gesellschafter das zur Feststellung berufene Organ (§ 46 Nr. 1 GmbHG). Bei der OHG sind es die persönlich haftenden Gesellschafter und für die KG entsprach es früher ganz allgemeiner Ansicht, daß die Feststellung des Jahresabschlusses in die alleinige Kompetenz der Komplementäre falle. Nach heute herrschender Ansicht erfordert die Abschlußfeststellung auch das Votum des Kommanditisten.[2] Nach

1 Vgl. Hanau/Ulmer in Münchener Kommentar, § 4 Rz. 17 m. w. N.; a. A. Binz, § 16 Rz. 31 ff. m. w. N.
2 Vgl. Baumbach/Hopt, § 164 HGB Rz. 3; Schulze-Osterloh, BB 1995, 2519; Priester in FS Quack, 373, 385 f.; BGH-Urteil v. 29.3.1996, DB 1996, 926.

GbR und OHG	KG	Unterbeteiligung und Stille Gesellschaft

Auffassung des BGH sind für solche Bilanzierungsmaßnahmen, die der Darstellung der Lage des Vermögens des Unternehmens i. S. d. § 238 Abs. 1 Satz 2 HGB dienen, die geschäftsführenden Gesellschafter zuständig, während Bilanzierungsmaßnahmen, die der Sache nach Ergebnisverwendung sind, in den gemeinschaftlich zu treffenden Entscheidungsbereich aller Gesellschafter gehören (Bildung offener Rücklagen; Vornahme zusätzlicher Abschreibungen nach § 253 Abs. 4 HGB; Bildung von Aufwandsrückstellungen nach § 49 Abs. 1 Satz 3 und Abs. 2 HGB sowie die Vornahme steuerlicher Sonderabschreibungen).[1]
Durch das Kapitalaufnahmeerleichterungsgesetz[2] wurden Kapitalgesellschaften, die Tochterunternehmen eines nach § 290 HGB zur Aufstellung eines Konzernabschlusses verpflichteten Mutterunternehmens sind, unter bestimmten Voraussetzungen von der Pflicht zur Aufstellung eines Jahresabschlusses sowie eines Lageberichtes befreit. Dies ist gemäß dem neu eingefügten § 264 Abs. 3 Nr. 1 bis 5 HGB der Fall, wenn

– die Gesellschafter für das jeweilige Geschäftsjahr der Befreiung zugestimmt haben und dieser Beschluß gem. § 325 HGB offengelegt worden ist,
– das Mutterunternehmen zur Verlustübernahme verpflichtet ist, bzw. sich freiwillig zur Verlustübernahme verpflichtet hat,
– das Tochterunternehmen in den Konzernabschluß der Mutter einbezogen ist,
– im Konzernabschluß der Mutter die Befreiung der Tochter angegeben ist,
– der Konzernabschluß der Muttergesellschaft auch beim für die Tochtergesellschaft zuständigen Handelsregister eingereicht worden ist.

Der Jahresabschluß besteht aus der Bilanz und der Gewinn- und Verlustrechnung, bei der GmbH aus der Bilanz, der Gewinn- und Verlustrechnung und dem Anhang (§§ 242 Abs. 3, 264 Abs. 1 Satz 1 HGB). Die gesetzlichen Vertreter der GmbH haben zusätzlich zum Jahresabschluß einen Lagebericht aufzustellen; für kleine GmbHs ist dies entbehrlich (§ 264 Abs. 1 Satz 3 HGB). § 267 Abs. 1 und 2 HGB definieren verbindlich, was unter kleinen, mittleren und großen GmbHs zu verstehen ist. Kleine Kapitalgesellschaften sind solche, die mindestens zwei der drei nachstehenden Merkmale nicht überschreiten: Bilanzsumme DM 5,310 Mio., Umsatzerlöse DM 10,620 Mio., Anzahl der Arbeitnehmer im Jahresdurchschnitt 50. Mittelgroße Kapitalgesellschaften sind solche, die mindestens zwei der drei Merkmale für kleine Kapitalgesellschaften überschreiten und jeweils mindestens zwei der drei nachstehenden Merkmale nicht überschreiten: Bilanzsumme DM 21,240 Mio., Umsatzerlöse DM 42,480 Mio. und Anzahl der Arbeitnehmer im Jahresdurchschnitt 250. Große Kapitalgesellschaften sind solche, die mindestens zwei der drei Merkmale für mittelgroße GmbHs überschreiten. Die Rechtsfolgen der Größenmerkmale treten nur ein, wenn sie an Abschlußstichtagen von zwei aufeinanderfolgenden Geschäftsjahren über- oder unterschritten werden (§ 267 Abs. 4 Satz 1 HGB; für Umwandlung und Neugründung vgl. § 267 Abs. 4 Satz 2 HGB).
Während Einzelkaufleute und Personenhandelsgesellschaften lediglich innerhalb der einem ordnungsgemäßen Geschäftsgang entsprechenden Zeit eine Bilanz (vgl. § 247 HGB)

2. Prüfungs- und Publizitätspflichten nach dem Publizitätsgesetz

127 Für Einzelunternehmen, Personenhandelsgesellschaften und Kapitalgesellschaften ergibt sich eine Prüfungs- und Publizitätspflicht nach dem Publizitätsgesetz vom 15.8.1969. Ab einer bestimmten Größenordnung (§ 1 PublG) sind Unternehmen unabhängig von ihrer Rechtsform verpflichtet, einen geprüften Jahresabschluß und einen Geschäftsbericht (§ 6 PublG) beim Handelsregister einzureichen und im Bundesanzeiger bekanntzumachen. Gewisse Erleichterungen bestehen dabei für Personenhandelsgesellschaften und Einzel-

1 Vgl. hierzu ausführlich Binz/Sorg, DB 1996, 969.
2 KapAEG vom 20.4.1998, BGBl. I, 707.

GmbH	GmbH & Co. KG	Betriebsaufspaltung

und eine Gewinn- und Verlustrechnung aufzustellen haben, müssen große und mittelgroße Kapitalgesellschaften eine Bilanz gemäß Gliederungsvorschrift des § 266 Abs. 2 und 3 aufstellen. Kleine GmbHs hingegen brauchen nur verkürzte Bilanzen aufzustellen, in die nur die in § 266 Abs. 2 und 3 HGB mit Buchstaben und römischen Zahlen bezeichneten Posten gesondert und in der vorgeschriebenen Reihenfolge aufgenommen werden. Die Gewinn- und Verlustrechnung ist für große GmbHs gemäß der Gliederungsvorschrift des § 275 HGB aufzustellen. Mittelgroße und kleine GmbHs dürfen eine verkürzte Gewinn- und Verlustrechnung aufstellen (§ 276 HGB). Während große Kapitalgesellschaften einen Anhang gem. §§ 284–287 HGB aufzustellen haben, werden mittelgroßen GmbHs bei der Aufstellung des Anhangs Erleichterungen eingeräumt (§ 288 Satz 2 HGB), und kleine GmbHs sind nur gehalten, einen stark verkürzten Anhang aufzustellen (§ 288 Satz 1 HGB). Große und mittelgroße Kapitalgesellschaften haben einen Lagebericht nach den Vorschriften des § 289 HGB aufzustellen. Kleine Kapitalgesellschaften sind hiervon befreit (§ 264 Abs. 1 Satz 3 HGB).

Durch das Kapitalaufnahmeerleichterungsgesetz (KapAEG) werden börsennotierte Unternehmen gemäß § 292a Abs. 1 HGB von der Konzernrechnungslegung nach den §§ 290–315 HGB befreit. Voraussetzung ist hierfür, daß ein den Anforderungen des § 292a Abs. 2 HGB entsprechender Konzernabschluß in deutscher Sprache und DM offengelegt wird. Im einzelnen ist erforderlich, daß

- sowohl das Mutterunternehmen als auch seine Töchter unbeschadet der Regelungen in §§ 295 und 296 HGB in den Konzernabschluß einbezogen werden,
- der Konzernabschluß nach international anerkannten Rechnungslegungsgrundsätzen erstellt wird, die im Einklang mit der Konzern- und ggf. auch der Bank- sowie der Versicherungsrichtlinie stehen,
- die Aussagekraft der angewandten Rechnungslegungsgrundsätze denen der §§ 290–315 HGB entspricht,
- die angewandten Rechnungslegungsgrundsätze genannt werden müssen; die vom deutschen Recht abweichenden Bilanzierungs-, Bewertungs- und Konsolidierungsmaßnahmen müssen im Anhang bzw. in der Konzernabschlußerläuterung erklärt werden,
- der befreiende Konzernabschluß durch einen Abschlußprüfer geprüft werden muß, dieser muß die Beachtung der Befreiungsvoraussetzungen bestätigen.

Gemäß § 292a Abs. 3 HGB ist der Bundesjustizminister berechtigt, durch Rechtsverordnung zu bestimmen, welche Voraussetzungen Konzernabschlüsse erfüllen müssen, um als dem deutschen Recht gleichwertig angesehen werden zu können.

Jahresabschluß und Lagebericht sind von den gesetzlichen Vertreten in den ersten drei Monaten des Geschäftsjahres für das vergangene Geschäftsjahr aufzustellen (§ 264 Abs. 1 Satz 2 HGB). Für die kleine GmbH verlängert sich die Frist zur Aufstellung des Jahresabschlusses auf 6 Monate, wenn dies einem ordnungsgemäßen Geschäftsgang entspricht (§ 264 Abs. 1 Satz 3 Halbsatz 2 HGB).

---

kaufleute. Ein Unternehmen fällt unter die Vorschriften des Publizitätsgesetzes, wenn es an drei aufeinanderfolgenden Stichtagen zwei der drei Größenkriterien überschreitet:

- Bilanzsumme über DM 125 Mio.;
- Umsatzerlöse über DM 250 Mio.;
- mehr als 5 000 Beschäftigte.

GbR und OHG	KG	Unterbeteiligung und Stille Gesellschaft

3. Prüfungspflichten

128 Für Einzelunternehmen und Personenhandelsgesellschaften gibt es – mit Ausnahme für Betriebe bestimmter Wirtschaftszweige – keine Prüfungspflicht.
Kapitalgesellschaften, die nicht klein i. S. d. § 267 Abs. 1 HGB sind, müssen durch einen Abschlußprüfer nach den Vorschriften der §§ 316–324 HGB ihren Jahresabschluß und den Lagebericht prüfen lassen (§ 316 Abs. 1 Satz 1 HGB). Kleine Kapitalgesellschaften i. S. d. § 267 HGB sind nach dieser Vorschrift nicht prüfungspflichtig. In die Prüfung des Jahresabschlusses ist die Buchführung einzubeziehen. Die Prüfung des Jahresabschlusses hat sich darauf zu erstrecken, ob die gesetzlichen Vorschriften und die ergänzenden Bestimmungen des Gesellschaftsvertrages beachtet sind. Der Jahresabschluß ist problemorientiert auf „Unrichtigkeiten und Verstöße" im Hinblick auf wesentliche, die Darstellung der Vermögens-, Finanz- und Ertragslage beeinflussende Faktoren zu prüfen (§ 317 Abs. 1 HGB n. F.). Sind nach dem abschließenden Ergebnis der Prüfung keine Einwendungen zu

4. Publizitätspflichten

129 Während Einzelunternehmen und Personenhandelsgesellschaften – falls sie nicht unter das Publizitätsgesetz fallen – keine weiteren Offenlegungspflichten haben, müssen die gesetzlichen Vertreter der GmbH gem. § 325 Abs. 1 Satz 1 HGB den Jahresabschluß unverzüglich nach seiner Vorlage an die Gesellschafter, jedoch spätestens vor Ablauf des 9. Monats des dem Abschlußstichtag folgenden Geschäftsjahres, mit dem Bestätigungsvermerk oder dem Vermerk über dessen Versagung zum Handelsregister des Sitzes der Gesellschaft einreichen. Für kleine GmbHs verlängert sich die Frist zur Offenlegung der Bilanz und des Anhangs auf 12 Monate (§ 326 Satz 1 HGB). Gemäß § 325 Abs. 1 Satz 1 HGB sind gleichzeitig der Lagebericht, der Bericht des Aufsichtsrates und – soweit sich der Vorschlag für die Verwendung des Ergebnisses und der Beschluß über seine Verwendung aus dem einge-

XXIII. Gewinn- und Verlustbeteiligung

1. Allgemeines

130 GbR: § 722 Abs. 1 BGB gebietet mangels anderer vertraglicher Bestimmung eine gleichmäßige Verteilung von Gewinn und Verlust auf jeden Gesellschafter ohne Rücksicht auf Art und Größe des Betrages. Diese in den seltensten Fällen dem Willen der Gesellschafter entsprechende Regelung sollte gesellschaftsvertraglich geändert werden.
OHG: Dem Grundsatz der Entgeltlichkeit bei der

Nach der gesetzlichen Regelung (§§ 167 Abs. 1, 120 HGB) gelten für die Berechnung des Gewinns oder Verlustes die Vorschriften betreffend die OHG. Vom Gewinn werden den Gesellschaftern einschließlich der Kommanditisten zunächst 4 % des Kapitalanteils gutgeschrieben (§ 168 Abs. 1 HGB); darüber hinausgehende Gewinne werden nicht nach Köpfen, sondern nach einem „angemessenen"

Mangels gesellschaftsvertraglicher Vereinbarungen ist ein den Umständen nach „angemessener" Anteil bedungen (§ 231 Abs. 1 HGB). Wie beim Kommanditisten wäre eine Kopfteilung i. d. R. ungerecht. Gewinn und Verlust werden durch den Geschäftsinhaber zum Schluß eines jeden Geschäftsjahres berechnet. Der auf den Unterbeteiligten entfallende Gewinn wird ihm ausgezahlt oder als gewöhnliche Buchfor-

GmbH	GmbH & Co. KG	Betriebsaufspaltung

erheben, so hat der Abschlußprüfer dies durch den in § 322 Abs. 1 HGB niedergelegten Vermerk zum Jahresabschluß, ggf. zum Konzernabschluß zu bestätigen. Der Bestätigungsvermerk[1] ist in geeigneter Weise zu ergänzen, wenn zusätzliche Bemerkungen erforderlich erscheinen, um einen falschen Eindruck über den Inhalt der Prüfung und die Tragweite des Bestätigungsvermerkes zu vermeiden. Auf die Übereinstimmung mit dem Gesellschaftsvertrag oder der Satzung ist hinzuweisen, wenn diese in zulässiger Weise ergänzende Vorschriften über den Jahresabschluß oder den Konzernabschluß enthalten. Sind Einwendungen zu erheben, so hat der Abschlußprüfer den Bestätigungsvermerk einzuschränken oder zu versagen. Die Versagung ist durch einen Vermerk zum Jahresabschluß oder zum Konzernabschluß zu erklären. Die Einschränkung und die Versagung sind zu begründen. Einschränkungen sind so darzustellen, daß deren Tragweite deutlich erkennbar wird.

---

reichten Jahresabschluß nicht ergeben – der Vorschlag für die Verwendung des Ergebnisses und der Beschluß über seine Verwendung unter Angabe des Jahresüberschusses oder Jahresfehlbetrages einzureichen. Angaben über die Ergebnisverwendung sind dann entbehrlich, wenn sich anhand dieser Angaben die Gewinnanteile von natürlichen Personen feststellen lassen, die Gesellschafter sind. Darüber hinaus sind die gesetzlichen Vertreter verpflichtet, unverzüglich nach dem Einreichen im Bundesanzeiger bekanntzumachen, bei welchem Handelsregister und unter welcher Nummer diese Unterlagen eingereicht worden sind (§ 325 Abs. 1 Satz 2 HGB). Zu den Einzelheiten für große, mittelgroße und kleine GmbHs vgl. §§ 325 ff. HGB sowie die einschlägige Kommentarliteratur.

GmbH	GmbH & Co. KG	Betriebsaufspaltung
Die Gesellschafter haben – wenn sich aus dem Gesellschaftsvertrag nichts anderes ergibt – Anspruch auf den nach der jährlichen Bilanz sich ergebenden Gewinn, und zwar entsprechend dem Verhältnis ihrer Geschäftsanteile, also nach deren Nennbetrag (§ 29 GmbHG). Es kann aber ein anderer Verteilungsmaßstab in die Satzung aufgenommen werden (Schaffung von Vorzugsanteilen; Bestimmung, daß nur voll	Wie KG; die gesetzlichen Regelungen sind unzweckmäßig, entsprechend i. d. R. nicht den Wünschen der Gesellschafter und sind durch gesellschaftsvertragliche Vereinbarungen zu ersetzen. Zu beachten ist, daß die GmbH vom Gewinn neben dem ihr gewährten Auslagenersatz (bzw. für Geschäftsführergehalt) nicht völlig ausgeschlossen werden darf. Anderenfalls könnte in der Gewinnverteilung eine verdeckte Ge-	Richtet sich nach der gewählten Rechtsform. Da regelmäßig eine Personengesellschaft und eine Kapitalgesellschaft beteiligt sind, müssen die Rechtsverhältnisse Kapitalgesellschaft/Personengesellschaft einerseits und Kapitalgesellschaft/Gesellschafter andererseits insbesondere unter dem Gesichtspunkt der verdeckten Gewinnausschüttung gesehen werden. Der Festsetzung des Miet- oder Pachtzinses aus

1 Zu den aufgrund des KonTraG vom 27.4.1998 (BGBl. I 1998, 786) ab 1.5.1998 zu beachtenden Änderungen beim Bestätigungsvermerk vgl. insb. Lingemann/Wasmann/Mehr, BB 1998, 853; Korth, Stbg 1998, 219.

GbR und OHG	KG	Unterbeteiligung und Stille Gesellschaft
Kapitalnutzung entsprechend, werden aus dem Jahresgewinn zuerst die Kapitalanteile verzinst. Jedem Gesellschafter gebührt als Vorwegverzinsung ein Gewinnanteil von 4 % seines Kapitalanteils, und wenn der Jahresgewinn dazu nicht ausreicht, nach einem niedrigeren Prozentsatz (§ 121 Abs. 1 HGB); im Laufe des Geschäftsjahres geleistete Einlagen sowie entnommene Beträge werden entsprechend der Vorschrift des § 121 Abs. 2 HGB berücksichtigt. Der über die Verzinsung der Kapitalanteile hinausgehende Gewinn wird gemäß § 121 Abs. 3 HGB unter den Gesellschaftern nach Köpfen verteilt. Diese Kopfteilung soll bei Verlusten auch für den Verlustanteil gelten. Abweichend von den wirtschaftlich wenig befriedigenden gesetzlichen Vorschriften bietet sich folgender Gewinnverteilungsmodus an: zunächst angemessene Kapitalverzinsung der Einlage, danach eine angemessene Arbeitsvergütung für die in der Gesellschaft tätigen Gesellschafter und schließlich Verteilung des Restgewinns entweder nach Köpfen oder im Verhältnis der Kapitalanteile.[1]	Verhältnis verteilt (§ 168 Abs. 2 HGB). Auch für die Verlustbeteiligung gilt ein angemessenes Verhältnis als bedungen. Die Kopfteilung ist i. d. R. unbefriedigend, da der Kommanditist von jeder Mitarbeit befreit und nur kapitalmäßig beteiligt ist. In jedem Fall ist regelungsbedürftig, was angemessen i. S. d. § 168 Abs. 2 HGB ist. Wie bei der OHG kann (und sollte) eine Gewinnverteilungsabrede in den Gesellschaftsvertrag aufgenommen werden (siehe OHG); die unbeschränkt Haftenden sollten noch eine besondere Risikoprämie erhalten.	derung gutgeschrieben; nicht erhobene Gewinne sollen die Einlage im Zweifel nicht erhöhen (§ 232 Abs. 3 HGB). Am Verlust nimmt der Unterbeteiligte – wenn er nicht überhaupt davon ausgeschlossen ist – nur bis zum Betrage seiner eingezahlten oder noch rückständigen Einlage teil. Er ist nicht verpflichtet, bezogene Gewinne zurückzuzahlen, um spätere Verluste zu decken. Solange jedoch seine Einlage durch den Verlust vermindert ist, wird der jährliche Gewinn zunächst zur Verlustdeckung verwendet und der Auszahlungsanspruch insoweit beschränkt (§ 232 Abs. 2 HGB). Zu Nachschüssen ist der Unterbeteiligte nicht verpflichtet (§ 707 BGB). Im Gesellschaftsvertrag sollten nicht nur die Höhe der Rendite und der Ausschüttungszeitpunkt geregelt werden, sondern auch, ob er am Verlust und an Werterhöhungen oder Wertminderungen des Geschäftsvermögens einschließlich Firmenwert des Unternehmens teilnimmt. Gleiches gilt auch für die stille Gesellschaft.

2. Familiengesellschaften

131 Während Gewinnverteilungsabreden zwischen miteinander nicht verwandten Gesellschaftern von der Steuerverwaltung anerkannt werden müssen, werden Gewinnverteilungsvereinbarungen bei sog. Familiengesellschaften unter dem Gesichtspunkt der An-

1 Vgl. Westermann u. a., I Rz. 308 ff.

GmbH	GmbH & Co. KG	Betriebsaufspaltung
bezahlte Geschäftsanteile teilnehmen; Ergebnisabführungsverträge; Tantiemen für Geschäftsführer etc.). Sollen – nachträglich – die Grundsätze der Gewinnverteilung im Gesellschaftsvertrag geändert werden, bedarf dies zumindest einer Dreiviertelmehrheit (§ 53 Abs. 2 GmbHG). Die Satzung kann weitere Erfordernisse, aber keine Erleichterungen aufstellen (Mehrheit von 80 %; zur Stimmenmehrheit eine Kapitalmehrheit). Der Auszahlungsanspruch kann erst gefordert werden, wenn die Gesellschafterversammlung über die Verteilung des in der Handelsbilanz festgestellten Gewinns beschlossen hat (§ 46 Nr. 1 GmbHG). Unabhängig von der Aufnahme einer entsprechenden Regelung in den Gesellschaftsvertrag können durch Gesellschafterbeschluß vorbehaltlich des Verbots der Einlagenrückgewähr (§ 30 GmbHG) Vorschüsse und Zwischendividenden gewährt werden. Gleichwohl sollte in jedem Fall eine entsprechende Klausel zur Selbstfinanzierung der Gesellschafter aufgenommen werden.[1]	winnausschüttung an die Gesellschafter der GmbH gesehen werden, wenn diese mit den Kommanditisten ganz oder teilweise identisch sind. Der einer GmbH als Komplementär zustehende Gewinn kann nach Auffassung von Rechtsprechung und Verwaltung nach den für die Beurteilung von Gewinnverteilungsabreden unter nahen Angehörigen und für die verdeckte Gewinnausschüttung geltenden Grundsätzen für die Besteuerung erhöht werden. Die Gewinnverteilungsabrede wird nur dann anerkannt, wenn einer auf die Führung der Geschäfte der KG beschränkten GmbH auf die Dauer Ersatz ihrer Auslagen und eine den Kapitaleinsatz und das eventuell vorhandene Haftungsrisiko gebührend berücksichtigende Beteiligung am Gewinn in einer Höhe eingeräumt ist, mit der sich eine aus gesellschaftsfremden Personen bestehende GmbH zufriedengegeben hätte. Ist der vertraglich vorgesehene Gewinnanteil zu niedrig bemessen, so liegt eine verdeckte Gewinnausschüttung vor und der Gewinnanteil ist entsprechend zu erhöhen.[2]	dem zwischen Besitz- und Betriebsunternehmen abgeschlossenen Miet- oder Pachtvertrag kommt daher unter dem Gesichtspunkt der Angemessenheit eine besondere Bedeutung zu. Ist der Zins unangemessen hoch, so liegen verdeckte Gewinnausschüttungen bei der Betriebskapitalgesellschaft und zusätzliche Einnahmen beim Besitzunternehmen vor. Ist der Zins zu niedrig bemessen, so erhöht sich die Vermögensteuerbelastung bei der Betriebskapitalgesellschaft infolge der Thesaurierung und zusätzlich durch die Erhöhung des Anteilswertes infolge einer höheren Ertragskomponente (Stuttgarter Verfahren[3]). Außerdem führt die nachhaltige Überlassung zu unangemessenem Entgelt zu verdeckten Einlagen bei der Betriebskapitalgesellschaft, die ertragsteuerlich den Gewinn des Besitzunternehmens nicht beeinträchtigen dürfen, sondern bei der Beteiligung zu aktivieren sind. Zur Angemessenheit des Zinses vgl. Rz. 191.
Der Gesellschafterbeitrag kann sich auf das Zurverfügungstellen von Kapital	Wie KG; für die Komplementär-GmbH s. GmbH.	Richtet sich nach der gewählten Rechtsform. Zu den Besonderheiten „per-

1 Zu den steuerlichen Anforderungen vgl. BFH v. 27.1.1977, BStBl II 1977, 491.
2 Näheres vgl. Hesselmann/Tillmann, Rz. 991 ff.
3 Vgl. Viskorf/Glier/Knobel, § 11 BewG Rz. 30 ff.

GbR und OHG	KG	Unterbeteiligung und Stille Gesellschaft

gemessenheit überprüft und steuerlich nur anerkannt, wenn der Gewinnverteilungsmaßstab dem arbeits- und kapitalmäßigen Einsatz des einzelnen Gesellschafters entspricht. Bei einer schenkweisen Aufnahme nichtmitarbeitender minderjähriger Familienmitglieder wird steuerliche Anerkennung einer Gewinnbeteiligung nach oben auf 15 % des tatsächlichen Wertes der Beteiligung begrenzt.[1] (Vgl. hierzu ausführlich unter Rz. 18 ff.).

XXIV. Entnahmerecht bzw. Vorabausschüttungen

1. Allgemeines

132 GbR: Eine Gewinnverteilung erfolgt nach der gesetzlichen Regelung erst nach Auflösung der Gesellschaft, bei länger dauernder Gesellschaft am Schluß eines jeden Geschäftsjahres (§ 721 BGB).

OHG: Ohne Rücksicht darauf, ob ein Gewinn oder Verlust erzielt worden ist, kann jeder Gesellschafter 4 % seines für das letzte Geschäftsjahr festgestellten Kapitalanteils zu seinen Lasten entnehmen (§ 122 Abs. 1 HGB: freies Entnahmerecht); bei fehlendem Gewinn wird der Betrag von dem Kapitalkonto abgeschrieben (§ 120 Abs. 2 HGB). Für den Geldentnahmeanspruch haften nicht die übrigen Gesellschafter, sondern das Gesellschaftsvermögen; weist der Kapitalanteil einen passiven Bestand auf, dann fällt der Vorausanspruch nicht an, nach h. M. kann aber der sonst anfallende Gewinn entnommen werden.[2] Gewinnanteile, die über jene 4 % des Kapital-

Für Komplementäre gelten die gleichen Entnahmerechte wie für OHG-Gesellschafter.

Kommanditisten hingegen haben keinen Anspruch auf 4 % ihres Kapitalanteils; sie können nur den Gewinn ausgezahlt verlangen, der ihnen zukommt. Letzteres aber ohne Rücksicht auf einen etwaigen Schaden der Gesellschaft auch dann, wenn er 4 % ihres Kapitalanteils übersteigt (§ 169 HGB). Ausnahme: der Anspruch des Kommanditisten auf Gewinnauszahlung besteht solange nicht, wie der Kapitalanteil durch Verluste unter den Betrag herabgesunken ist, der auf die bedungene Einlage bereits geleistet worden ist oder durch die Auszahlung unter diesen Betrag herabgemindert werden würde (§ 169 Abs. 1 HGB); den Gläubigern gegenüber gelten derartige Gewinnauszahlungen als nicht geleistet (§ 172 Abs. 4 HGB). Im übrigen ist die Voll-

Da der Unterbeteiligte nur an dem Gewinn/Verlust beteiligt sein kann, der dem Hauptbeteiligten nach dem Gesellschaftsvertrag der Hauptgesellschaft zukommt und Entnahmebeschränkungen, denen der Hauptgesellschafter unterworfen ist, ebenfalls gegen sich gelten lassen muß, ist eine Abstimmung des Gesellschaftsvertrages der Hauptgesellschaft mit dem der Unterbeteiligungsgesellschaft unerläßlich. Insbesondere muß der Hauptgesellschafter verpflichtet werden, ein ihm zustehendes Entnahmerecht auch auszuüben, damit die entsprechenden, auf den Unterbeteiligten entfallenden Gewinnanteile auch an diesen weitergeleitet werden. Letzteres ist nach Westermann, u. a.[3] verzichtbar, „wenn sichergestellt ist, daß der Unterbeteiligte an dem stehenbleibenden Gewinn beteiligt wird und die Interessen des Unterbeteiligten es erfordern oder es jedenfalls mit ihnen

1 Grundlegend hierzu Flume in StbJb 1976/77, 43 ff. m. w. N.; Paulick in Westermann u. a., III Rz. 893 ff.
2 Westermann u. a., I Rz. 291.
3 I Rz. 963.

GmbH	GmbH & Co. KG	Betriebsaufspaltung
beschränken; demzufolge wird die Beteiligung an einer Kapitalgesellschaft als Einkunftsquelle anerkannt. Bei schenkweiser Überlassung einer Beteiligung gilt die 15 %-Grenze nicht.		sonelle Verflechtung" und Familienangehörige vgl. Rz. 13 ff.
Anders als bei Personengesellschaften sind Entnahmerechte bei GmbH ungewöhnlich, jedoch nicht generell unzulässig. Regelungen in der Satzung, z. B. als Sonderrecht i. S. d. § 3 Abs. 2 GmbHG, mit Zustimmung aller Gesellschafter ist möglich. In Sonderfällen ist darüber hinaus sogar einmalige Entnahme auch ohne entsprechende Satzungsbestimmung durch einstimmigen Gesellschafterbeschluß zulässig.[1] Ebenfalls zulässig – im Gegensatz zum Aktienrecht (§ 59 AktG)[2] – und in der Praxis weit verbreitet sind Vorabausschüttungen (= Vorschüsse oder Zwischendividenden), Zahlungen also, die an die Gesellschafter im Hinblick auf den zu erwartenden, aber noch nicht endgültig festgestellten Gewinn eines Wirtschaftsjahres erfolgen. Solche, im wesentlichen der Selbstfinanzierung der Gesellschafter (private Steuern, Lebensunterhalt etc.) dienende Zahlungen be-	Wie KG; die Kommanditisten können in den Grenzen des § 169 HGB (Entnahme darf nicht zu Lasten der bedungenen Einlage gehen) ein freies Entnahmerecht im Gesellschaftsvertrag vereinbaren und damit insoweit nahezu die gleiche Stellung wie ein Komplementär erlangen. Bezüglich der Komplementär-GmbH gilt das für die GmbH Ausgeführte entsprechend: für Vorabausschüttungen als Mittel der Selbstfinanzierung der Gesellschafter müssen die komplizierten Voraussetzungen erfüllt werden (Aufstellung einer Zwischenbilanz etc.). Um diese Schwierigkeiten zu vermeiden, bieten sich Darlehensgewährungen an die Gesellschafter an, die dann nach Feststellung des Jahresergebnisses ggf. verrechnet werden können. In der Praxis kann dieses Problem dadurch umgangen werden, daß die Gesellschafter der Komplementär-GmbH entweder deren	Richtet sich nach der gewählten Rechtsform. Da in jedem Fall dem Wesen der Betriebsaufspaltung entsprechend die Kapitalgesellschaft laufend Miet-, Pachtzahlungen etc. an die Personengesellschaft leisten muß, brauchen die Gesellschafter der Personengesellschaft nur auf die Ausgestaltung des Entnahmerechts zu achten (s. OHG, KG, GmbH & Co. KG). Bei der Kapitalgesellschaft ergeben sich für deren Gesellschafter dann die gleichen Probleme wie bei der GmbH, falls sie nicht ebenfalls Gesellschafter der Personengesellschaft oder Geschäftsführer der Kapitalgesellschaft sind und so ihre Selbstfinanzierung sicherstellen können.

1 BGH v. 12.12.1983, NJW 1984, 1037.
2 BFH v. 26.1.1972, BStBl II 1972, 547.

GbR und OHG	KG	Unterbeteiligung und Stille Gesellschaft
anteils hinausgehen, können ebenfalls entnommen werden, soweit dies der Gesellschaft nicht zum offenbaren Schaden gereicht. Im übrigen darf kein Gesellschafter ohne Einwilligung der anderen seinen Kapitalanteil vermindern (§ 122 Abs. 2 HGB). Um der Gefahr der Auszehrung durch ein freies Entnahmerecht sowie ständigem Streit über die Höhe der Privatentnahmen vorzubeugen, sollten Voraussetzungen und Umfang des Entnahmerechts nach den Bedürfnissen der Gesellschafter geregelt werden. Jedenfalls sollte den Gesellschaftern ein Entnahmerecht eingeräumt werden, das zumindest die Bezahlung der fälligen Steuern (die auf die Beteiligung fallen) ermöglicht (der Einfachheit wegen und um Einblick in die Privatsphäre zu vermeiden, sollte die für die Höhe der Entnahme maßgebliche Steuerprogression fixiert werden). Im übrigen sollte – um auch dem Kapitalbedürfnis der Gesellschaft Rechnung zu tragen – die Entnahmeregelung so elastisch wie möglich gestaltet werden: Festsetzung der Entnahmebeträge durch Mehrheitsbeschluß oder durch Beschluß bestimmter Gesellschafter und/oder durch Einschaltung einer neutralen Stelle, etwa des Wirtschaftsprüfers. Beschränkung des Entnahmerechts für die Anlaufzeit; Aufschub der Entnahmen in Verlustjahren; Klausel, die bei Erbfall dem Erben	einzahlung der Pflichteinlage keine Voraussetzung für die Gewinnauszahlung. Eine Verpflichtung, empfangene Gewinne wegen späterer Verluste zurückzuzahlen, besteht nicht (§ 169 Abs. 2 HGB). Was ein Kommanditist aufgrund einer im guten Glauben errichteten Bilanz gutgläubig als Gewinn bezogen hat, braucht er in keinem Fall zurückzuzahlen; das gilt auch im Verhältnis zu den Gesellschaftsgläubigern (§ 172 Abs. 5 HGB). Soweit durch Entnahmen und/oder Verluste ein negatives Kapitalkonto entsteht oder sich erhöht, können derartige Verluste für steuerliche Zwecke nur in eingeschränktem Maße in Ansatz gebracht werden (§ 15a EStG).	vereinbar ist, daß der Gewinn stehenbleibt". Es muß also in jedem Fall geprüft werden, ob der Hauptgesellschafter ein Entnahmerecht hat. Ist dies zu bejahen, dann partizipiert der Unterbeteiligte im Zweifel entsprechend seiner Beteiligung an dem auf den Hauptbeteiligten entfallenden Gewinnanteil. Ob die Beteiligung lediglich den laufenden Gewinn oder aber auch die Rücklagen etc. umfaßt, muß gleichfalls geregelt werden (von dieser Ausgestaltung hängt im wesentlichen ab, ob es sich um eine typische oder atypische Unterbeteiligung handelt). Für eine stille Gesellschaft bestehen die gleichen Regelungsbedürfnisse und Rechtswirkungen. Die steuerlichen Beschränkungen des Verlustabzuges bei negativem Kapitalkonto gem. § 15a EStG gelten auch für einen atypisch still Beteiligten sowie für eine atypische Unterbeteiligung. Voraussetzung ist in allen Fällen, daß der Stille bzw. Unterbeteiligte – wie ein Kommanditist – als Mitunternehmer anzusehen ist.

GmbH	GmbH & Co. KG	Betriebsaufspaltung
ruhen auf einem Vorabausschüttungsbeschluß, der als Gewinnverteilungsbeschluß auch i. S. d. KStG anzusehen ist, falls das Auszahlungsverbot des § 30 GmbHG beachtet und das zur Erhaltung des Stammkapitals erforderliche Vermögen der Gesellschaft nicht an die Gesellschafter ausgezahlt wird. Die Erstellung einer förmlichen Zwischenbilanz ist nach heute h. M. nicht zwingend erforderlich, wohl aber sollte die zum Zeitpunkt der Vorabausschüttung vorliegende begründete Gewinnerwartung durch entsprechende Unterlagen dokumentiert werden können. Da es sich um vorweggenommene Gewinnzahlungen handelt, werden sie unter dem Vorbehalt gewährt, daß nach Ablauf des Wirtschaftsjahres tatsächlich ein entsprechend hoher ausschüttungsfähiger Gewinn vorhanden ist. Anderenfalls kann die Gesellschaft die ausgeschütteten Beträge wegen ungerechtfertigter Bereicherung zurückfordern (§ 812 Abs. 1 Satz 2 BGB). Grundsätzlich sollte die Möglichkeit der Zahlung von Vorabausschüttungen durch Mehrheitsbeschluß der Gesellschafter in den Gesellschaftsvertrag aufgenommen werden. In der Satzung sollte ferner die Verrechnung der Vorabausschüttungen mit den sich endgültig aufgrund des Jahresabschlusses ergebenden Gewinnansprüchen geregelt werden. Ist eine satzungsmäßige Re-	Geschäftsführer und/oder gleichzeitig Kommanditisten der KG sind und auf diese Weise ihren laufenden Finanzbedarf durch Gehaltszahlungen bzw. Entnahmen abdecken können.	

GbR und OHG	KG	Unterbeteiligung und Stille Gesellschaft
die Abfindung der übrigen Erben möglich macht.[1]		

2. Geltendmachung

GbR und OHG / KG	Unterbeteiligung und Stille Gesellschaft
133 Persönlich haftender Gesellschafter: Ein Entnahmeverbot besteht nur, wenn die Entnahme zum offenbaren Schaden für die Gesellschaft führen würde. Soweit das Entnahmerecht nicht geltend gemacht wird, verfällt es mit der Feststellung des Abschlusses für das Jahr, in dem es galt. Es muß zumindest gegenüber den Geschäftsführern geltend gemacht sein, anderenfalls hat es mit der Erhöhung des Kapitalanteils sein Bewenden. Eine Gestattung der Entnahme nach deren Verfall wäre eine Änderung des Gesellschaftsvertrages und erfordert dementsprechend grundsätzlich Einstimmigkeit aller Gesellschafter.[2] Eine davon abweichende gesellschaftsvertragliche Regelung ist i. d. R. unnötig; eine Regelung der Verzinsung stehenbleibender Gewinne hingegen ist im Rahmen der Gewinnverteilungsabrede zu regeln. Kommanditisten: Der einem Kommanditisten zukommende Gewinn kann nur solange seinem Kapitalanteil zugeschrieben werden, als dieser den Betrag der bedungenen Einlage nicht erreicht (§ 167 Abs. 2 HGB). Darüber hinausgehender, nicht abgerufener Gewinn ist grundsätzlich jederzeit fristlos verfügbar, d. h. abrufbar, abtretbar und verpfändbar. Stehengelassene Gewinnanteile können vertraglich als Darlehen behandelt werden.	Die Modalitäten der Geltendmachung sollten in den Gesellschaftsvertrag aufgenommen werden, und zwar entsprechend der Regelung betreffend die stille Gesellschaft. Danach sollte am Schluß eines jeden Geschäftsjahres der auf den Unterbeteiligten bzw. stillen Gesellschafter entfallende Gewinn (Verlust) berechnet und ausgezahlt werden (außer soweit der Gewinn zur Deckung eines ihm früher belasteten Verlustes benötigt wird, vgl. § 232 Abs. 1 und 2 HGB). Die Fälligkeit sollte möglichst exakt bestimmt werden (Tag nach Rechnungsabschluß; bei laufenden Abschlagszahlungen den 10. oder 1. eines Monats etc.). Ab Fälligkeit sollte

1 Vgl. Westermann u. a., I Rz. 317.
2 Vgl. BGH v. 3.11.1975, GmbHR 1976, 108 ff.

GmbH	GmbH & Co. KG	Betriebsaufspaltung
gelung unterblieben, so kann die Vorabausschüttung gleichwohl aufgrund eines Gesellschafterbeschlusses erfolgen.[1] Der Beschluß, für den die einfache Mehrheit ausreicht, sollte dann die entsprechenden Regelungen (Vorbehalt entsprechenden Jahresergebnisses, Verrechnung mit endgültiger Dividende usw.) enthalten. Einfacher als Vorabausschüttungen sind Darlehensgewährungen an den einzelnen Gesellschafter; dabei besteht aber bei zu „günstigen" Konditionen die Gefahr verdeckter Gewinnausschüttungen.		
Mit der Beschlußfassung der Gesellschafter über die Gewinnverteilung (Ergebnisverwendungsbeschluß, § 42a Abs. 2 Satz 1 GmbHG) entsteht für den einzelnen Gesellschafter ein einklagbarer und unentziehbarer Anspruch auf Ausschüttung des seinem Geschäftsanteil entsprechenden Teils am Gewinn. Diesem Anspruch können die Geschäftsführer nur entgegenhalten, daß durch eine solche Ausschüttung das Stammkapital angegriffen und damit § 30 GmbHG verletzt würde oder andere Nichtigkeitsgründe vorliegen.[2] Gleiches gilt auch für Vorabausschüttungen. Das allgemeine Gewinnabzugsrecht wandelt sich „in ein	Wie KG; für die Komplementär-GmbH s. GmbH.	Richtet sich nach der gewählten Rechtsform.

1 H. M., vgl. Emmerich in Scholz, § 29 GmbHG Rz. 156 ff.
2 Vgl. Eder u. a., I Rz. 424; Gutbrod, GmbHR 1995, 551.

GbR und OHG	KG	Unterbeteiligung und Stille Gesellschaft
		den Hauptbeteiligten die Pflicht zur Verzinsung treffen. Da im Zweifel der nicht erhobene Gewinnanteil die Einlage nicht erhöht (vgl. § 232 Abs. 3 HGB), muß er gesondert gebucht werden („Darlehens-" oder „Privatkonto"). Diese nicht abgerufenen Beträge sind sofort fristlos verfügbar, es sei denn, es wäre eine Einlageerhöhung oder Darlehensgewährung bedungen. Die Unübertragbarkeit der Gesellschafterrechte gilt auch für die Unterbeteiligung und die stille Gesellschaft. § 717 BGB hindert aber nicht den Hauptbeteiligten als alleinigen Vermögensträger, seine Beteiligung an der Hauptgesellschaft bzw. sein Geschäft zu veräußern. Der Erwerber kann aber in die Innengesellschaft nicht einrücken, ohne daß der Unterbeteiligte bzw. der stille Gesellschafter zustimmt. Soll die Person des Unterbeteiligten oder des stillen Gesellschafters wechseln, so bedarf dies der Zustimmung des Hauptbeteiligten. Während die Ansprüche auf den Gewinnanteil und das Auseinandersetzungsguthaben ohne weiteres abgetreten werden können, muß die Übertragbarkeit der Beteiligung im Gesellschaftsvertrag vorgesehen sein.

GmbH	GmbH & Co. KG	Betriebsaufspaltung
von der Mitgliedschaft gelöstes Gläubigerrecht um, das dem Gesellschafter ohne Zustimmung nicht mehr genommen werden kann".[1]		

1 Crezelius in Scholz, § 42a GmbHG Rz. 39.

GbR und OHG	KG	Unterbeteiligung und Stille Gesellschaft

XXV. Übertragbarkeit der Ansprüche aus dem Gesellschaftsverhältnis

134 Grundsätzlich sind die Ansprüche, die den Gesellschaftern aus dem Gesellschaftsverhältnis gegeneinander zustehen, nicht übertragbar. Ausgenommen und deshalb übertragbar sind Ansprüche aus der Geschäftsführung, soweit sie vor der Auseinandersetzung erhoben werden können (z. B. besondere Arbeitsvergütungen, Auslagen etc.), ferner die Ansprüche auf den Gewinnanteil und das Auseinandersetzungsguthaben (§ 717 BGB). Der Gesellschaftsvertrag kann anderes bestimmen und sogar die Übertragung aller Mitgliedschaftsrechte gestatten. Letzteres ist ohne entsprechende gesellschaftsvertragliche Klausel nur mit Zustimmung aller Gesellschafter möglich. Der Abtretungsausschluß der Gesellschafterstellung als Ganzes schützt die übrigen Gesellschafter davor, daß ihnen andere Personen als Gesellschafter oder eine andere Beteiligungsart aufgezwungen werden; andererseits wird durch die Übertragbarkeit ein Gesellschafterwechsel wie bei einem körperschaftlichen Zusammenschluß möglich, was etwa bei einer kapitalistisch organisierten KG für die Kommanditbeteiligungen empfehlenswert sein kann.

Die Unübertragbarkeit der Gesellschafterrechte gilt auch für die Unterbeteiligung und die stille Gesellschaft. § 717 BGB hindert aber nicht den Hauptbeteiligten als alleinigen Vermögensträger, seine Beteiligung an der Hauptgesellschaft bzw. sein Geschäft zu veräußern. Der Erwerber kann aber in die Innengesellschaft nicht einrükken, ohne daß der Unterbeteiligte bzw. der stille Gesellschafter zustimmt. Soll die Person des Unterbeteiligen oder des stillen Gesellschafters wechseln, so bedarf dies der Zustimmung des Hauptbeteiligten. Während die Ansprüche auf den Gewinnanteil und das Auseinandersetzungsguthaben ohne weiteres abgetreten werden können, muß die Übertragbarkeit der Beteiligung im Gesellschaftsvertrag vorgesehen sein.

XXVI. Vertretung (Außenverhältnis)

1. Person des Vertreters; Grundsätze

135 GbR: Gem. §§ 714, 709 BGB gilt die Gesamtvertretung; dies sollte i. d. R. durch den Gesellschaftsvertrag geändert werden, da die Beteiligung aller Gesellschafter an der Vertretung

Vertretungsberechtigt sind die/der persönlich haftende(n) Gesellschafter; für sie gilt das für die OHG-Vertreter Ausgeführte entsprechend (vgl. §§ 161 Abs. 2, 125 HGB). Die Kommandi-

Da eine Unterbeteiligungsgesellschaft immer eine Innengesellschaft ist, die direkt am rechtsgeschäftlichen Verkehr nicht teilnimmt, kann dem Unterbeteiligten keine Vertre-

GmbH	GmbH & Co. KG	Betriebsaufspaltung
Die Mitgliedschaftsrechte der Gesellschafter an der GmbH werden verkörpert durch die Geschäftsanteile, die grundsätzlich veräußerlich (notarielle Form!) und vererblich sind (§ 15 GmbHG; die Satzung kann den Ausschluß und die Erschwerung der Übertragbarkeit vorschreiben). Mitgliedschaftsrechte vermögensrechtlicher Art (bzw. anteiliger Jahresgewinn) können selbständig abgetreten werden, Mitgliedschaftsrechte und -pflichten persönlicher Art hingegen sind i. d. R. mit der Innehabung des Geschäftsanteils untrennbar verbunden. Die Nichtübertragbarkeit solcher persönlicher Rechte und Pflichten kann auch dadurch sichergestellt werden, daß die Ausübung solcher Funktionen kraft Satzung an die Person bestimmter Gesellschafter gebunden wird.[1]	Wie KG; für die Komplementär-GmbH siehe GmbH. Die Übertragbarkeit von Gesellschafterrechten oder der Kommanditbeteiligung selbst ist im Recht der Personengesellschaften nicht vorgesehen und muß im Gesellschaftsvertrag zugelassen sein oder die Zulassung aller Mitgesellschafter finden. I. d. R. wird die Zustimmung zur Übertragung auf bestimmte Fälle im vorhinein im Gesellschaftsvertrag erteilt (Abkömmlinge, Mitgesellschafter etc.). Die Einräumung eines nahezu umfassenden Verwertungsrechts der Beteiligung kann in den Fällen, in denen die Kommanditisten nicht mit den GmbH-Gesellschaftern identisch sind, von einem Vetorecht der Komplementär-GmbH abhängig gemacht werden, indem man zusätzlich zum Gesellschafter(mehrheits-)beschluß die Zustimmung der GmbH zur Anteilsübertragung verlangt.[2]	Richtet sich nach der gewählten Rechtsform.
Alleiniges Vertretungsorgan sind die Geschäftsführer. Ein Gesellschafter ist hierzu selbst dann nicht berufen, wenn er Alleingesellschafter ist (die Gesellschafterversammlung	Die Vertretung der GmbH & Co. KG erfolgt durch die GmbH (Komplementärin), die ihrerseits wiederum die Geschäftsführer vertreten wird. Als Geschäftsführer für die GmbH kommen de-	Richtet sich nach der gewählten Rechtsform. In jedem Fall muß aus steuerlichen Gründen die Rechtsprechung und Verwaltungsauffassung zum einheitlichen geschäftlichen

1 Vgl. Eder u. a., I Rz. 321.
2 Vgl. Binz, § 8 Rz. 2 ff.

GbR und OHG	KG	Unterbeteiligung und Stille Gesellschaft
schon bei kleineren Gesellschaften zu kaum behebbaren Schwierigkeiten führen wird. OHG: Mangels anderer Vereinbarung gilt der Grundsatz der Alleinvertretung (§ 125 Abs. 1 HGB), d. h. jeder Gesellschafter hat ohne Mitwirkung der anderen Vertretungsmacht. Im Gesellschaftsvertrag kann Gesamtvertretung in dem Sinne angeordnet werden, daß alle oder mehrere Gesellschafter die Gesellschaft nur in Gemeinschaft vertreten sollen (dabei brauchen die Beteiligten nicht notwendig zusammen aufzutreten, sondern es genügt, daß einer mit Zustimmung der anderen handelt). Bei Erklärungen an die Gesellschaft genügt es, wenn sie gegenüber einem Vertretungsberechtigten abgegeben werden. Es kann auch bestimmt werden, daß die Gesellschaft nur in Gemeinschaft mit einem Prokuristen vertreten werden kann (unechte Gesamtvertretung). Der einzige persönlich haftende, vertretungsberechtigte Gesellschafter hat zwingend Alleinvertretungsmacht, unechte Gesamtvertretung ist hier unzulässig (Prinzip der Selbstorganschaft). Werden Gesellschafter von der Vertretung ausgeschlossen oder ist eine echte oder unechte Gesamtvertretung vereinbart, so ist dies wie	tisten sind nach h. M. von der „organschaftlichen" Vertretung zwingend ausgeschlossen (vgl § 170 HGB). Sie können aber durch Gesellschaftsvertrag oder namens der Gesellschaft durch den/die Komplementär(e) Vollmachten jeder Art für die Gesellschaft erteilt bekommen (Prokura, Handlungsvollmacht, „Generalvollmacht"). Die Komplementäre (nicht der einzige!) können sogar nach § 125 Abs. 3 HGB („gemischte" Gesamtvertretung) an die Mitwirkung eines Kommanditisten mit Prokura gebunden werden. Das Prinzip der Selbstorganschaft muß jedoch auch hier stets gewahrt bleiben (s. OHG).	tungsmacht zukommen; diese hat der Hauptbeteiligte. Der Unterbeteiligte kann aber – wie jeder andere – für die Gesellschaft tätig werden, insbesondere kann ihm Prokura, Handlungsvollmacht etc. erteilt werden. Einkommensteuer- und gewerbesteuerrechtlich ist diese Gestaltung günstig, da die Zahlungen an den Unterbeteiligten kein Vorabgewinn gem. § 15 Abs. 1 Nr. 2 2. Satzteil EStG sind, also auch steuerrechtlich den Gewinn der Gesellschaft schmälern; für den Unterbeteiligten sind es Einkünfte aus nichtselbständiger Arbeit, § 19 EStG. Bei der Gestaltung muß jedoch darauf geachtet werden, daß der Unterbeteiligte nicht als Mitunternehmer im Verhältnis zur Gesellschaft anzusehen ist.[1] Gleiches gilt auch für die stille Gesellschaft.

1 Vgl. BFH v. 5.7.1978, BStB II 1978, 664.

GmbH	GmbH & Co. KG	Betriebsaufspaltung
als oberstes Organ kann aber den Geschäftsführern ihren Willen aufzwingen.[1] Im Gegensatz zur GbR, OHG und KG muß der Geschäftsführer nicht gleichzeitig Gesellschafter sein (Prinzip der Fremdorganschaft). Nach § 35 Abs. 2 Satz 2 GmbHG gilt der Grundsatz der Gesamtvertretung. Wenn mehr als zwei Geschäftsführer vorhanden sind, empfiehlt es sich i. d. R., in der Satzung eine sog. unechte Gesamtvertretung vorzusehen, d. h., daß entweder zwei Geschäftsführer gemeinsam oder einer von zweien (oder mehrere) zusammen mit einem Prokuristen oder zwei Prokuristen gemeinsam handeln müssen; u. U. ist es geboten, einem Geschäftsführer die Alleinvertretungsbefugnis zu erteilen. Unzulässig ist unechte Gesamtvertretung, wenn nur ein Geschäftsführer vorhanden ist, desgleichen die unechte Gesamtgeschäftsführung mit anderen Personen als Prokuristen (Handlungsbevollmächtigte, nicht vertretungsberechtigte Gesellschafter, Aufsichtsratsmitglieder usw.[2] Prokura kann nicht in der Weise erteilt werden, daß der Prokurist berechtigt ist, eine GmbH in Gemeinschaft mit einem gesamtvertretungsberechtigten Geschäftsführer zu vertreten.[3] Nach	ren Gesellschafter, die Kommanditisten und – im Gegensatz zur reinen KG – Nichtgesellschafter in Betracht. Die GmbH kann auch durch bei ihr bestellte Prokuristen vertreten werden. Die Grundsätze über die Gesamtvertretung und die unechte Gesamtvertretung gelten uneingeschränkt (siehe GmbH und OHG). Es ist zu beachten, daß der Kommanditist gemäß § 170 HGB zwingend von der Vertretung der GmbH & Co. ausgeschlossen ist, daß ihm aber wie fremden Dritten Prokura oder Handlungsvollmacht erteilt werden kann, und zwar sowohl für die GmbH & Co. als auch für die GmbH. Ist er als Prokurist für die GmbH & Co. bestellt, dann darf er nur gemeinsam mit der GmbH (als alleinvertretungsberechtigte Gesellschafterin der GmbH & Co.) handeln, niemals aber mit einem gesamtvertretungsberechtigten Geschäftsführer der GmbH, da sonst die rechtliche Selbständigkeit beider Gesellschaften durchbrochen würde.[4] Der Geschäftsführer der Komplementär-GmbH kann aber zugleich Prokurist der KG sein.[5] Der Gesellschafter-Geschäftsführer der Komplementär-GmbH kann sich gegenüber Schadenersatzansprüchen der KG nicht auf die 5jährige Ver-	Betätigungswillen beachtet werden (vgl. Rz. 116).

1 Vgl. Eder u. a., I Rz. 430, 574.
2 Vgl. Eder u. a., I Rz. 577, 3; Zöller in Baumbach/Hueck, § 35 GmbHG Rz. 62, str.
3 Vgl. OLG Hamm v. 19.5.1983, DB 1983, 1700; so aber BGH v. 14.2.1974, DB 1974, 1055.
4 Vgl. Hesselmann/Tillmann, Rz. 482 ff.
5 Vgl. BayObLG v. 14.7.1980, GmbHR 1981, 14.

GbR und OHG	KG	Unterbeteiligung und Stille Gesellschaft
auch jede Änderung der Vertretungsmacht eines Gesellschafters zum HR anzumelden (§ 125 Abs. 4 HGB). Die Wirkung der Eintragung und die Folgen ihres Unterbleibens bestimmen sich nach § 15 HGB (danach kann die Abweichung von der Alleinvertretung Dritten nur dann entgegengehalten werden, falls dies dem Dritten bekannt war).		

Organschaftliche Vertreter i. S. d. §§ 125 ff. HGB können grundsätzlich nur Gesellschafter sein (Ausnahmen: bei Liquidation, § 146 Abs. 2 HGB; während eines Ausschließungs-, Auflösungs- oder Entziehungsprozesses;[1] für diese Fälle sollten im Gesellschaftsvertrag Regelungen getroffen werden). Nichtgesellschaftern kann dagegen lediglich rechtsgeschäftliche Vertretungsmacht (Handlungsvollmacht, Prokura) eingeräumt werden.

1 BGH v. 11.7.1960, BGHZ 33, 105.

GmbH	GmbH & Co. KG	Betriebsaufspaltung
BGH[1] soll es aber möglich sein, Gesamtprokura dergestalt zu erteilen, daß dieser nur gemeinschaftlich mit einem Geschäftsführer handeln darf; vgl. aber abweichende Meinung von Beuthin/Müller.[2] Zwingend schreibt § 35 Abs. 2 Satz 3 GmbHG vor, daß es für die Abgabe einer Erklärung der GmbH gegenüber genügt, wenn sie an einen der Geschäftsführer erfolgt. Nach § 39 GmbHG muß jede Änderung in der Person des Geschäftsführers (nach h. M. auch bei Namensänderung) wie die Beendigung der Vertretungsbefugnis eines Geschäftsführers zur Eintragung in das Handelsregister angemeldet werden. Der Anmeldung sind die Urkunden über die Bestellung oder über die Beendigung der Vertretungsbefugnis in Urschrift oder öffentlich beglaubigter Abschrift beizufügen. Die Wirkung der Eintragung und Bekanntmachung ergibt sich – wie für die OHG – aus § 15 HGB. Bei der Bestellung neuer Geschäftsführer haben diese in der Anmeldung zum Handelsregister gemäß § 39 Abs. 3 GmbHG zu versichern, daß sie weder wegen eines Konkursdeliktes bestraft worden sind noch gegen sie ein Berufsverbot für die gerade mit der GmbH bezweckte Tätigkeit verhängt worden ist und daß sie über ihre	jährung berufen, wenn er mit der Verletzung von Geschäftsführerpflichten zugleich grob fahrlässig gegen ihm als Kommanditisten der Gesellschaft obliegende Pflichten verstoßen hat.[3]	

1 V. 6.11.1986, DB 1987, 426.
2 DB 1995, 461.
3 Vgl. BGH v. 28.6.1982, NJW 1982, 2869 mit Anm. von Westermann.

GbR und OHG	KG	Unterbeteiligung und Stille Gesellschaft

2. Umfang

GbR und OHG / KG	Unterbeteiligung und Stille Gesellschaft
136 Der Umfang der Vertretungsmacht ist vom Gesetz zwingend vorgeschrieben. Die Vertretungsmacht erstreckt sich auf alle gerichtlichen und außergerichtlichen Geschäfte und Rechtshandlungen einschließlich der Veräußerung und Belastung von Grundstücken sowie der Erteilung und des Widerrufs der Prokura. Da die Vertretungsmacht auch ungewöhnliche Geschäfte umfaßt, geht sie erheblich weiter als die Geschäftsführungsbefugnis; sie beschränkt sich jedoch auf Geschäfte und Handlungen, die Rechte und Pflichten für die Gesellschaft entstehen lassen, und umfaßt nicht solche Geschäfte, die in das Gesellschaftsverhältnis selbst eingreifen. Beschränkungen der Vertretungsmacht im Innenverhältnis sind zulässig, berühren aber die Wirksamkeit von Geschäften nicht, die gegen eine solche interne Pflichtverletzung verstoßen. Nur im Falle arglistigen Zusammenwirkens zum Schaden der Gesellschaft zwischen Dritten und Vertretungsberechtigten (Kollusion) ist eine Berufung auf § 126 HGB ausgeschlossen.	Entfällt, da Unterbeteiligung und stille Gesellschaft Innengesellschaften sind und dementsprechend dem Unterbeteiligten und dem stillen Gesellschafter keine Vertretungsmacht zukommt; sind sie Prokuristen, Handlungsbevollmächtigte etc. der Hauptgesellschaft, dann gelten die allgemeinen Regeln.

3. Haftung für Handlungen vertretungsberechtigter Gesellschafter/Geschäftsführer

GbR und OHG / KG	Unterbeteiligung und Stille Gesellschaft
137 Rechtsgeschäfte, die von vertretungsberechtigten Gesellschaftern abgeschlossen werden, wirken für und gegen die Gesellschaft, und bei Verpflichtungsgeschäften können sich die Gläubiger an das Gesellschaftsvermögen, aber auch an alle (persönlich haftenden) Gesellschafter persönlich halten. Während die GbR für nicht rechtsgeschäftliche Handlungen der vertretungsberechtigten Gesellschafter nur nach Maßgabe der §§ 831, 823 BGB haftet, sind OHG und KG in entsprechender Anwendung des § 31 BGB verpflichtet, so daß sie, ohne sich nach § 831 BGB entlasten zu können, für die	Entfällt; anders nur dann, wenn der Unterbeteiligte oder stille Gesellschafter gleichzeitig noch Prokurist etc. der Hauptgesellschaft ist. Dann richtet sich die Haftung nach der Rechtsform der Hauptgesellschaft.

GmbH	GmbH & Co. KG	Betriebsaufspaltung
unbeschränkte Auskunftspflicht gegenüber dem Gericht belehrt worden sind.		
Wie bei OHG und KG umfaßt die Vertretungsmacht alle gerichtlichen und außergerichtlichen Angelegenheiten und ist Dritten gegenüber unbeschränkbar (zwingendes Recht). Schließt also ein Geschäftsführer entgegen einer im Innenverhältnis gegebenen Weisung ab, so ist die Gesellschaft daran gebunden (§ 37 Abs. 2 GmbHG). Einzige Beschränkungsmöglichkeit ist die Anordnung der Gesamtvertretung. Gleichwohl sollten den Geschäftsführern regelmäßig im Hinblick auf ihre Verantwortlichkeit gegenüber der Gesellschaft bzw. der Gesellschafterversammlung Beschränkungen (durch Satzung, Gesellschafterbeschluß, Dienstvertrag, Aufsichtsrat, soweit dazu ermächtigt, etc.) auferlegt werden.[1]	Gemäß ihrer Komplementärstellung (s. KG) erstreckt sich die Vertretungsmacht der GmbH auf alle gerichtlichen und außergerichtlichen Geschäfte und Rechtshandlungen einschließlich der Veräußerung und Belastung von Grundstücken sowie der Erteilung und des Widerrufs einer Prokura (§§ 161 Abs. 2, 126 Abs. 1 HGB). Beschränkungen des Umfangs der Vertretungsmacht sind Dritten gegenüber unwirksam. Gleiches gilt, wenn die GmbH ihrerseits den Umfang der Vertretungsmacht ihrer Geschäftsführer beschränkt.[2]	Richtet sich nach der gewählten Rechtsform; es gelten keine Besonderheiten.
Der Geschäftsführer haftet grundsätzlich nicht persönlich gegenüber Dritten. Im Verhältnis zwischen Gläubigern und der GmbH haftet nach § 31 BGB nur die Gesellschaft; das Handeln des Geschäftsführers wird der Gesellschaft unmittelbar zugerechnet. Zur Ver-	Wie eine normale KG, so haftet die GmbH & Co. KG für die Komplementär-GmbH bei zum Schadensersatz verpflichtetenden Handlungen der GmbH (d. h. ihrer Geschäftsführer), bei der Erfüllung von Verbindlichkeiten nach § 278 BGB, bei außer-	Richtet sich nach der gewählten Rechtsform.

1 Vgl. Eder u. a., I Rz. 579 ff.
2 Vgl. Hesselmann/Tillmann, Rz. 483 f.; Binz, § 6 Rz. 21 ff.

GbR und OHG	KG	Unterbeteiligung und Stille Gesellschaft
zum Schadensersatz verpflichtenden Handlungen haften, die ein Gesellschafter in Ausführung der ihm zustehenden Verrichtungen begangen hat.[1] Umstritten sind Voraussetzungen und Umfang der persönlichen Haftung der GbR-Gesellschafter bei ungerechtfertigter Bereicherung des Gesamthandsvermögens, da hier Zurechnungsnormen wie in § 831 BGB fehlen. Bei OHG und KG dagegen ergibt sich die persönliche Haftung der Gesellschafter über die allgemeine Haftungsvorschrift des § 128 HGB.		

4. Entziehung

GbR, OHG und KG	Unterbeteiligung und Stille Gesellschaft
138 Bei der GbR kann Vertretungsmacht – ggf. zusammen mit der Geschäftsführungsbefugnis – durch Gesellschafterbeschluß, der je nach Regelung im Gesellschaftsvertrag einstimmig oder mit Mehrheitsentscheid ergehen muß, entzogen werden (§§ 712 Abs. 1, 715 BGB). Bei OHG/KG kann die Vertretungsmacht einem Gesellschafter auf Antrag der übrigen Gesellschafter durch gerichtliche Entscheidung entzogen werden, wenn ein wichtiger Grund vorliegt; ein solcher Grund ist insbesondere grobe Pflichtverletzung oder Unfähigkeit zur ordnungsmäßigen Vertretung der Gesellschaft (§ 127 HGB). Anders als bei der GbR (§ 715 BGB), kann bei der OHG oder KG die Vertretungsmacht unabhängig von der Geschäftsführungsbefugnis entzogen werden. § 127 HGB ist dispositives Recht; folglich kann und sollte der Gesellschaftsvertrag die Entziehung durch Gesellschafterbeschluß zulassen. Der Gesellschaftsvertrag sollte den Gesellschaftern ein freies Entscheidungsrecht (kein Nachweis eines wichtigen Grundes) einräumen und entweder Einstimmigkeit bei der Beschlußfassung oder einen Mehrheitsbeschluß vorsehen.	Entfällt.

1 Für Kommanditisten vgl. Westermann u. a., I Rz. 863–866.

GmbH	GmbH & Co. KG	Betriebsaufspaltung
antwortlichkeit der Geschäftsführer vgl. Rz. 113.[1]	vertraglichen zum Schadensersatz verpflichtenden Handlungen, die die GmbH (d. h. deren Geschäftsführer) in Ausführung der ihnen zustehenden Verrichtungen begeht, nach § 31 BGB analog.[2]	
Die Bestellung der Geschäftsführung ist zu jeder Zeit widerruflich, unbeschadet der Entschädigungsansprüche aus bestehenden Verträgen. Im Gesellschaftsvertrag kann die Zulässigkeit des Widerrufs auf den Fall beschränkt werden, daß wichtige Gründe denselben notwendig machen. Solche Gründe sind insbesondere grobe Pflichtverletzung oder Unfähigkeit zur ordnungsmäßigen Geschäftsführung (§ 38 GmbHG). Ein völliger Ausschluß der Abberufungsmöglichkeit ist nicht möglich. Sieht die Satzung dennoch einen völligen Ausschluß der Abberufungsmöglichkeit vor, so ist dies nicht schlechterdings nichtig, sondern gesetzeskonform als Beschränkung der Abberufung auf wichtige Gründe auszulegen.[3] Das Recht zum Widerruf hat im Zweifel derjenige, der das Recht zur Bestellung hat. Eine diesbezügliche Regelung sollte ebenso aufgenommen werden wie eine Konkretisierung der Widerrufsgründe.	Wie KG; für die Geschäftsführer der GmbH vgl. GmbH.	Richtet sich nach der gewählten Rechtsform.

1 Schneider in Scholz, § 43 GmbHG Rz. 21 ff. und Brandmüller, Rz. 354 ff.
2 Vgl. Hesselmann/Tillmann, Rz. 499.
3 So Zöllner in Baumbach/Hueck, § 38 GmbHG Rz. 4.

GbR und OHG	KG	Unterbeteiligung und Stille Gesellschaft

XXVII. Gesellschaftsvermögen

1. Allgemeines

139 Gesellschaftsvermögen ist das gemeinschaftliche Vermögen der Gesellschafter; es setzt sich aus den Beiträgen und dem späteren Erwerb der Gesellschaft zusammen (§ 718 Abs. 1 BGB) und ist von dem Privatvermögen der Gesellschafter zu unterscheiden. Neben den Ansprüchen auf noch nicht geleistete Gesellschafterbeiträge gehört zu dem Gesellschaftsvermögen auch, was aufgrund eines zu dem Gesellschaftsvermögen gehörenden Rechts oder als Ersatz für die Zerstörung, Beschädigung oder Entziehung eines zu dem Gesellschaftsvermögen gehörenden Gegenstandes erworben wird (§ 718 Abs. 2 BGB). Das Gesellschaftsvermögen ist als Gesamthandsvermögen dinglich gebunden; dementsprechend kann kein Gesellschafter über seinen Anteil am Gesellschaftsvermögen oder an einzelnen dazu gehörenden Gegenständen verfügen; er kann auch keine Teilung verlangen.

Da die Einlage des Unterbeteiligten oder stillen Gesellschafters in das Vermögen des Hauptbeteiligten bzw. Geschäftsinhabers übergeht, kann kein gemeinschaftliches Gesellschaftsvermögen entstehen. Die übertragenen Vermögenswerte dürfen nicht zu Privatzwecken verwendet werden.

2. Erhöhung, Herabsetzung

140 Die Erhöhung oder die Herabsetzung des Gesellschaftsvermögens erfolgt durch Einlagen oder Entnahmen; beide Vorgänge sind grundsätzlich formlos möglich und gewährleisten eine optimale Flexibilität (vgl. Rz. 97 und Rz. 132). Eine Erhöhung des Gesellschaftsvermögens durch den/die Gesellschafter be-

Für den Komplementär gilt das gleiche wie für den OHG-Gesellschafter. Eine Herabsetzung der Kommanditeinlage ist, solange sie nicht in das Handelsregister des Gerichts, in dessen Bezirk die Gesellschaft ihren Sitz hat, eingetragen ist, den Gläubigern gegenüber unwirksam; Gläubiger, deren Forde-

Ohne gesellschaftsvertragliche Regelung ist weder ein Unterbeteiligter noch ein stiller Gesellschafter zu Nachschüssen verpflichtet (§ 707 BGB). Ob und unter welchen Voraussetzungen eine Aufstockung der Einlage in Betracht kommen soll, kann nicht allgemein entschieden werden. Als Junktim zu einer solchen

GmbH	GmbH & Co. KG	Betriebsaufspaltung
Die GmbH als juristische Person hat ein eigenes Vermögen, das – soweit es zur Erhaltung des Stammkapitals erforderlich ist – nicht an die Gesellschafter ausgezahlt werden darf (§ 30 Abs. 1 GmbHG). Das Stammkapital bezeichnet also einen Haftungsfonds. Im Falle der Liquidation wird das Vermögen der Gesellschaft gemäß § 72 GmbHG unter den Gesellschaftern entsprechend dem Verhältnis ihrer Geschäftsanteile aufgeteilt (anderer Verteilungsmodus kann vereinbart werden).[1] Dabei ist zu beachten, daß auch hier das Gesellschaftsvermögen erst nach Erfüllung der Gläubigerschutzvorschriften, insbesondere nach Einhaltung eines Sperrjahres (§ 73 Abs. 1 GmbHG), an die Gesellschafter verteilt werden darf (vgl. §§ 66–73 GmbHG).	Wie KG; das Gesellschaftsvermögen ist Gesamthandsvermögen der Gesellschafter, also der Kommanditisten und der Komplementär-GmbH (falls keine anderen persönlich haftenden Gesellschafter vorhanden sind). Die Komplementär-GmbH braucht nicht am Vermögen der KG beteiligt zu werden.	Richtet sich nach der gewählten Rechtsform. Um das wirtschaftliche Risiko in Grenzen zu halten, wird die Kapitalgesellschaft möglichst vermögenslos betrieben. Die zur Fabrikation notwendigen Wirtschaftsgüter etc. stehen im Eigentum der Personengesellschaft (Gesamthand) und werden der Kapitalgesellschaft lediglich verpachtet.
Neben Kreditaufnahme etc. kann die Kapitalbeschaffung durch Nachschüsse oder durch Kapitalerhöhung erfolgen. Die im Gesellschaftsvertrag vorgesehene oder durch einstimmigen Gesellschafterbeschluß vereinbarte Nachschußpflicht kann betragsmäßig beschränkt (§ 28 GmbHG) oder unbe-	Wie KG; für die Komplementär-GmbH vgl. GmbH. Werden die GmbH-Anteile vor Gründung der KG im Privatvermögen der Gesellschafter gehalten, dann muß beachtet werden, daß die GmbH-Anteile dann notwendiges Betriebsvermögen der KG bzw. Sonderbetriebsvermögen der Kommanditisten werden,	Richtet sich nach der gewählten Rechtsform. Bei der Kapitalgesellschaft ist insbesondere darauf zu achten, daß die Kapitalausstattung den Erfordernissen des Betriebs genügt und daß diese Erfordernisse so wenig Kapital wie nötig beanspruchen (u. U. Rückzahlung von Stammeinlagen und Verringerung des

1 Zu den Korrekturmöglichkeiten des gesetzlichen Verteilungsmaßstabes vgl. Zöllner in Baumbach/Hueck, § 72 GmbHG Rz. 6 ff.

GbR und OHG	KG	Unterbeteiligung und Stille Gesellschaft
ruht auf gesellschaftsvertraglichen Abmachungen, da eine allgemeine Nachschußpflicht nicht besteht (§ 707 BGB).	rungen zur Zeit der Eintragung begründet waren, brauchen die Herabsetzung nicht gegen sich gelten zu lassen (§ 174 HGB). Ebenfalls kann eine Erhöhung einer Kommanditeinlage vereinbart werden (vgl. § 175 HGB). Die Rückzahlung einer Einlage gilt den Gläubigern gegenüber als nicht geleistet (§ 172 Abs. 4 HGB und Rz. 141 ff.).	Nachschußklausel sollten zumindest im Innenverhältnis (vgl. Rz. 109 ff.) umfassende Überprüfungs- und Kontrollrechte gefordert und ferner genau festgelegt werden, in welcher Höhe (fester Betrag oder bestimmter Prozentsatz) nicht erhobener Gewinn etwa die Einlage des Unterbeteiligten oder stillen Gesellschafters erhöhen soll (vgl. § 232 Abs. 3 HGB).

GmbH	GmbH & Co. KG	Betriebsaufspaltung
schränkt (§ 27 GmbHG) sein. Bei unbeschränkter Nachschußpflicht gibt es keine Kaduzierung, keine Haftung der Rechtsvorgänger, keine kollektive Deckungspflicht, jedoch Abandonrecht; bei beschränkter Nachschußpflicht gibt es kein Abandonrecht, die Kaduzierung ist aber möglich, die Haftung der Rechtsvorgänger besteht, aber auch keine kollektive Deckungspflicht; Erhöhung und Herabsetzung des Stammkapitals bedürfen immer eines satzungsändernden Gesellschafterbeschlusses. Eine Kapitalerhöhung kann erfolgen durch Umwandlung von Rücklagen in Nennkapital oder durch Schaffung neuer Stammeinlagen, die von den bisherigen Gesellschaftern oder fremden Dritten im Wege notariell beurkundeter oder beglaubigter (billiger!) Erklärung übernommen werden, wobei entsprechende Grundsätze gelten wie bei Übernahme der ersten Stammeinlagen. Insbesondere sind die Bestimmungen der §§ 56, 56a, 57, 57a, 57b GmbHG bei Kapitalerhöhungen gegen Sacheinlagen zu beachten; es gelten im wesentlichen die gleichen Regeln wie für die Erbringung des Stammkapitals durch Sacheinlage (vgl. daher Rz. 97). Nach Übernahme wird die Kapitalerhöhung in das Handelsregister eingetragen. Bei Kapitalherabsetzung wer-	wenn und soweit sie den Kommanditisten gehören. Die Vermögensausstattung der GmbH sollte daher eher „bescheiden" sein, da die steuerlichen Folgen insbesondere für den Fall der Veräußerung der GmbH-Anteile einschneidend sind (statt Steuerfreiheit oder – bei einer wesentlichen Beteiligung – zumindest einer Besteuerung nach §§ 17, 34 EStG[1] werden nun die Veräußerungsgewinne voll erfaßt; nur bei Veräußerung auch des KG-Anteils kommen die §§ 16, 34 EStG in Betracht).[2] Soll eine bereits bestehende GmbH die Komplementärfunktion übernehmen und sind die Kommanditisten an der GmbH wesentlich beteiligt i. S. d. § 17 EStG, dann sind die Anteile mit ihren ursprünglichen Anschaffungskosten in der jeweiligen Sonderbilanz einzustellen (vgl. § 6 Abs. 1 Nr. 5 Buchst. b EStG), demzufolge sind alle in der GmbH gebildeten stillen Reserven steuerbefangen und entsprechend der oben dargestellten Grundsätze im Veräußerungsfall u. U. voll zu versteuern! Unter diesem Gesichtspunkt eignet sich eine „reiche", bereits bestehende GmbH nicht für die Übernahme der Komplementärfunktion.	Nennbetrages). Im wesentlichen sollte die Kapitalbeschaffung über die Personengesellschaft erfolgen, da diese Rechtsform flexiblere und einfachere Möglichkeiten bietet (und dadurch die vermögensrechtliche Doppelbelastung gemildert wird).

1 Zur Änderung des § 34 Abs. 1 EStG durch das Gesetz zur Fortsetzung der Unternehmenssteuerreform vgl. Cattelaens, DB 1998, 2294. Voraussichtlich wird § 34 Abs. 1 EStG durch die Steuerreform obsolet; zum drohenden Wegfall vgl. Kroschel/Wellisch, BB 1998, 2550; Herzig, Stbg 1998, 443.

2 Vgl. Hesselmann/Tillmann, Rz. 75 ff.

GbR und OHG	KG	Unterbeteiligung und Stille Gesellschaft

XXVIII. Haftung

1. Allgemeines

141 Die Möglichkeiten einer Haftungsbeschränkung sind für jeden Gesellschafter gewichtigste Motive für die Wahl der Unternehmensform. Bei derartigen Überlegungen sollte nicht verkannt werden, daß entsprechend der kapitalmäßigen Ausstattung und des Risikos, das die gewählte Rechtsform bietet, etwa die Lieferanten Sicherheiten fordern und die Kreditinstitute persönliche Bürgschaften oder Schuldmitübernahmen der Gesellschafter verlangen werden, wodurch – zumindest wirtschaftlich – eine Beschränkung der Haftung

2. Grundsätze

142

Die Verbindlichkeiten einer GbR sind gemeinschaftliche Schulden der Gesellschafter, eine von dieser Verbindlichkeit der Gesellschaft unterschiedene Verbindlichkeit der Gesellschaft kennt das BGB nicht. Das HGB unterscheidet dagegen für die OHG zwischen den von der Gesellschaft unter ihrer Firma eingegangenen Verbindlichkeiten (§ 124 HGB) und der persönlichen, gesamtschuldnerischen Haftung der Gesellschafter für Verbindlichkeiten der Gesellschaft (§ 128 HGB). Jeder Gesellschafter haftet unmittelbar, unbeschränkt (mit Geschäfts- und Privatvermögen) und solidarisch für die Schulden der Gesellschaft. Eine entgegenstehende Vereinbarung ist Dritten gegenüber unwirk-	Die Komplementäre haften für die Gesellschaftsschulden wie die OHG-Gesellschafter als Gesamtschuldner unbeschränkt mit ihrem ganzen Vermögen (§ 161 Abs. 1 HGB). Bei der Haftung des Kommanditisten ist zu differenzieren: Vor Eintragung der KG haftet er wie ein Komplementär für die bis zur Eintragung begründeten Verbindlichkeiten, es sei denn, daß seine Beteiligung als Kommanditist dem Gläubiger bekannt war (§ 176 HGB). Nach Eintragung haftet er nur dann unbeschränkt, wenn er den Rechtsschein erweckt, persönlich voll zu haften (§ 242 BGB), ansonsten haftet er nur bis zur Höhe seiner Einlage, insoweit aber ebenfalls persönlich unmittelbar, wenn er	Weder der Unterbeteiligte noch der stille Gesellschafter haften für Gesellschaftsschulden. Die Haftung obliegt allein dem Hauptbeteiligten oder dem Geschäftsinhaber, deren Vermögen aber um die Einlage vergrößert sind. Selbst wenn die Einlage noch nicht geleistet ist, können die Gläubiger den Unterbeteiligten oder stillen Gesellschafter nicht unmittelbar belangen. Sie können aber einen Vollstreckungstitel gegen den Hauptbeteiligten oder Geschäftsinhaber erwirken und aufgrund dieses Titels dessen Anspruch auf Leistung der Einlage pfänden und sich überweisen lassen (§§ 828 ff. ZPO); sodann kann sowohl gegen den Unter- und Hauptbeteiligten als auch gegen den

GmbH	GmbH & Co. KG	Betriebsaufspaltung
den die Nennbeträge des Stammkapitals herabgesetzt (Unterschreitung der Mindesteinlage von DM 500 und des Mindeststammkapitals von DM 50 000 ist ausgeschlossen; Sperrjahr vor Eintragung ist zu beachten.[1]		

insoweit weiter „rückgängig" gemacht wird. Eine Haftungsbeschränkung ist geradezu als Gebot wirtschaftlicher Vernunft dort zu empfehlen, wo eine Inanspruchnahme etwa unter dem Gesichtspunkt der Produzentenhaftung nicht auszuschließen ist. Demnach ist einem Mandanten von der Wahl der Rechtsform einer GbR, OHG oder einer KG mit natürlicher Person als Komplementär abzuraten, wenn er etwa „gefährliche" Produkte herstellt.

Vor Eintragung der GmbH in das Handelsregister haften die im Namen der Gesellschaft Handelnden persönlich und solidarisch (§ 11 Abs. 2 GmbHG). Als Handelnder ist anzusehen wer für ein konkretes Geschäft kausal geworden ist. Dies ist nicht nur derjenige, der nach außen in Erscheinung tritt, sondern auch, wer im Innenverhältnis dem Geschäft zustimmt, es veranlaßt oder ermöglicht (die nur generelle Zustimmung zur Geschäftsaufnahme reicht für eine Haftung nicht aus). Einem Geschäftsführer der Vorgesellschaft ist daher unbedingt zu raten, sich einen Revers geben zu lassen (Freistellungsabrede, Erfüllungsübernahme nach § 329 BGB). Nach Eintragung in das Handels-	Wie KG; tendenziell aber eine Angleichung an das GmbH-Recht. Ist die (alleinige) Komplementärin eine GmbH, dann kann die Haftung aller beteiligten natürlichen Personen beschränkt werden. Vor Entstehung der GmbH & Co. KG (vgl. Rz. 88) ist nach dem Geschäftsbetrieb zu differenzieren. Betreibt die Gesellschaft ein Grundhandelsgewerbe, so ist sie KG, die Haftung der Kommanditisten richtet sich nach § 176 Abs. 1 Satz 1 HGB. Anderenfalls ist die Gesellschaft vor Eintragung GbR, die „Kommanditisten" haften nach allgemeinen Regeln (insbes. Rechtsscheingrundsätze). Eine persönliche Inanspruchnahme über den Betrag der Hafteinlage hinaus kommt für die Kommandi-	Richtet sich nach der gewählten Rechtsform. Eine größtmögliche Haftungsbegrenzung wird durch die doppelte Trennung von betrieblichem und privatem Vermögen erreicht. Das Haftungs- und Insolvenzrisiko trägt die Kapitalgesellschaft. Da die der Produktion dienenden Wirtschaftsgüter der Personengesellschaft gehören (u. U. das ganze Anlagevermögen) und nur an die Kapitalgesellschaft verpachtet sind, können diese Werte durch die Gestaltung einer Betriebsaufspaltung der Haftung entzogen werden. Ansonsten gelten die gleichen Grundsätze wie für die GmbH und die GmbH & Co. KG. Eine Aufklärungspflicht gegenüber Dritten, daß durch die ggf. vollständige Ausgliede-

1 Ausführlich bei Priester in Scholz, §§ 55, 58 GmbHG.

GbR und OHG	KG	Unterbeteiligung und Stille Gesellschaft
sam; interne Freistellungsabreden sind zulässig. Hat ein Gesellschafter gem. § 128 HGB an einen Gesellschaftsgläubiger geleistet, muß er zunächst von der Gesellschaft Ersatz verlangen (§ 110 HGB); gegen seine Mitgesellschafter stehen ihm Ausgleichsansprüche nach § 426 BGB zu. Die Einwendungen eines Gesellschafters gegen eine Inanspruchnahme regelt die Vorschrift des § 129 HGB. Sind an einer OHG keine natürlichen Personen beteiligt, dann dürfen im Falle eines Konkurses oder in einem Vergleichsverfahren zur Abwendung eines Konkurses kapitalersetzende Darlehen der Gesellschafter nicht an diese zurückgewährt werden; insoweit gilt GmbH-Recht! (vgl. § 129a HGB i. V. m. §§ 32a, 32b GmbHG).[1]	die Einlage noch nicht erbracht bzw. sie zurückgezahlt bekommen hat (§§ 171 f. HGB). Im übrigen ist zu beachten, daß ein Kommanditist den Gesellschaftsgläubigern gegenüber selbst dann nicht haftet, wenn der Komplementär von ihm weisungsabhängig ist und über kein nennenswertes Vermögen verfügt.	stillen Gesellschafter und Geschäftsinhaber auf Leistung der Einlage geklagt und auf das Urteil hin vollstreckt werden. Zahlt der Hauptbeteiligte oder der Geschäftsinhaber die Einlage zurück und wird dadurch den Gläubigern Haftungsmasse entzogen, dann bleibt nur die allgemeine Anfechtungsmöglichkeit nach der KO und dem AnfG. Ist im Falle eines Konkurses der Hauptgesellschaft die Einlage höher als der auf den Unterbeteiligten bzw. stillen Gesellschafter entfallenden Verlustanteil, dann kann der überschießende Betrag als Konkursforderung geltend gemacht werden (§ 236 HGB).

1 Zu den Gesellschafterbürgschaften der OHG in der Insolvenz ab dem 1.1.1999 vgl. Theißen, ZIP 1998, 1625.

GmbH	GmbH & Co. KG	Betriebsaufspaltung
register haftet nur das Gesellschaftsvermögen der GmbH in voller Höhe, die Gesellschafter haften grundsätzlich nur der GmbH gegenüber, und zwar wegen ihrer Einzahlungsverpflichtung auf ihre (rückständigen) Stammeinlagen (§ 19 GmbHG; kein Erlaß, keine Stundung oder Aufrechnung und kein Zurückbehaltungsrecht möglich). Die Gründer-Gesellschafter können allerdings eine sog. Differenz- oder Vorbelastungshaftung[1] treffen, wenn zum Zeitpunkt der Eintragung der Wert des Gesellschaftsvermögens das Stammkapital nicht erreicht. Seit der Aufgabe des Vorbelastungsverbotes ist sie das Korrektiv dafür, daß Verbindlichkeiten der Vor-GmbH mit der Eintragung auf die GmbH übergehen.[2] Ferner müssen sie u. U. für den Ausfall am Geschäftsanteil jedes anderen Gesellschafters einstehen (§ 24 GmbHG), oder für das an einen Gesellschafter zurückgezahlte Stammkapital haften, wenn der Betrag vom Empfänger nicht zu erlangen, zur Befriedigung der Gesellschaftsgläubiger aber erforderlich ist (§ 31 Abs. 3 GmbHG).[3] Darüber hinaus gelten im Falle eines Konkurses oder	tisten in keinem Fall in Betracht, da der Vertragspartner den Willen zur Haftungsbeschränkung aus der Firmierung als „GmbH & Co. KG“ klar erkennen kann.[4] Die Haftung der für die noch nicht eingetragene GmbH & Co. KG Handelnden ergibt sich aus § 11 Abs. 2 GmbHG. Eine Freistellungsvereinbarung ist auch hier geboten (siehe GmbH). Nach Eintragung kommt eine unbeschränkte (Rechtsschein-)Haftung gegenüber gutgläubigen Dritten in Betracht, wenn eine Einzelfirma oder Personengesellschaft in eine GmbH & Co. umgewandelt, die alte Firma aber gem. § 24 HGB ohne einen Zusatz wie „GmbH & Co.“ fortgeführt wird.[5] Über die Haftungserweiterung der §§ 171 f. HGB hinaus gilt entsprechend der Regelung der §§ 30, 31 GmbHG auch ein Rückgewährverbot für von einem Gesellschafter an eine zahlungsfähige GmbH & Co. KG gewährte Darlehen[6] (für Gesellschafterdarlehen vgl. auch die Regelung des § 172a HGB). Wegen der Besonderheiten bei der sog. Einheitsgesellschaft aufgrund der Regelung des § 172 Abs. 6 HGB vgl. Rz. 95. Schließlich ist zu beachten, daß eine Haf-	rung des Anlagevermögens das dem Gläubigerzugriff unterliegende Gesellschaftervermögen erheblich geschmälert wird, wird allgemein verneint.[7]

1 Vgl. hierzu Hueck in Baumbach/Hueck, § 11 GmbHG Rz. 11.
2 Grundlegend BGHZ 80, 129, 140 ff.
3 Vgl. hierzu Westermann in Scholz, § 31 GmbHG Rz. 22 ff.
4 Vgl. Binz, § 11 Rz. 34 ff.; BGH v. 21.3.1983, NJW 1983, 2258.
5 Aufklärungspflichten bei Umwandlung einer GmbH & Co. vgl. Binz, § 11 Rz. 47 ff.; zur persönlichen Haftung eines Kommanditisten für Verbindlichkeiten der GmbH & Co. unter dem Gesichtspunkt des § 826 BGB bei Unterkapitalisierung der KG vgl. BGH v. 30.11.1978, NJW 1979, 2104.
6 BGH v. 29.9.1976, NJW 1977, 104 ff.
7 Vgl. ausführlich Binz, § 11 Rz. 57 ff.

GbR und OHG	KG	Unterbeteiligung und Stille Gesellschaft

3. Bei Eintritt eines Gesellschafters

143	Eintretende OHG-Gesellschafter haften gem. § 130 HGB für die vor ihrem Eintritt bestehenden Schulden der Gesellschaft gleich den anderen Gesellschaftern nach Maßgabe der §§ 128, 129 HGB. Eine Änderung der Firma ist für die Frage der Haftung irrelevant. Ebenso ist eine entgegenstehende Vereinbarung Dritten gegenüber unwirksam. Im Innenverhältnis ist eine Freistellungsverein-	Neu aufgenommene Komplementäre haften wie OHG-Gesellschafter auch für die vor ihrem Eintritt begründeten Verbindlichkeiten unbeschränkt mit ihrem ganzen Vermögen. Neu eintretende Kommanditisten haften nur bis zur Höhe der Einlage; eine Änderung der Firma ist ebenfalls irrelevant (§ 173 HGB = zwingendes Recht). Der Neueintritt ist registerpflichtig (§ 107 HGB); dem-	Da die Einlage des Unterbeteiligten oder stillen Gesellschafters in das Vermögen des Hauptbeteiligten oder Geschäftsinhabers (bzw. der Gesellschaft) übergeht, können die Gläubiger darauf Zugriff nehmen.

GmbH	GmbH & Co. KG	Betriebsaufspaltung
in einem Vergleichsverfahren (ab 1.1.1999 im Insolvenzverfahren) zur Abwendung eines Konkurses kapitalersetzende Darlehen, die ein Gesellschafter der GmbH gewährt hat, als Eigenkapital; der Anspruch auf Rückgewähr kann dann nicht geltend gemacht werden.[1] Schließlich kann im Gesellschaftsvertrag eine beschränkte oder unbeschränkte Nachschußpflicht festgelegt werden (§§ 26–28 GmbHG, s. Rz. 140). Nur ausnahmsweise kommt eine Durchgriffshaftung in Betracht, nämlich wenn die Rechtsform der GmbH absichtlich mißbraucht wird, wenn ihre Verwendung nicht dem Zweck der Rechtsordnung entspricht oder wenn das Festhalten an dem Grundsatz der rechtlichen Trennung zu Ergebnissen führen würde, die mit Treu und Glauben nicht in Einklang stehen.[2]	tungsbeschränkung vollends durch die Vereinbarung beseitigt wird, da die Komplementär-GmbH von der Beteiligung am Verlust ausgeschlossen ist. Dieser Freistellungsanspruch berührt zwar zunächst nur das Innenverhältnis, ist aber – falls die GmbH nicht leistet – pfändbar und verwandelt sich mit der Überweisung in einen Zahlungsanspruch.[3]	
Vorbehaltlich einer im Gesellschaftsvertrag vereinbarten beschränkten oder unbeschränkten Nachschußpflicht (§§ 26 ff. GmbHG) beschränkt sich die Haftung eines Gesellschafters grundsätzlich auf die Einbringung der Einlage. Darüber hinaus kommt nur eine sog. Ausfallhaftung nach §§ 24 und 31 GmbH in Betracht; danach haften die Gesellschafter entsprechend dem	Wie KG; für die Komplementär-GmbH s. GmbH. Eine Besonderheit gilt für Publikums-GmbH & Co. KG (bzw. Abschreibungsgesellschaft). Die das Management bildenden Initiatoren und Gründer einer solchen Gesellschaft haften den beitretenden Kommanditisten im Regelfalle aus Verschulden bei Vertragsabschluß für die Vollständigkeit und Richtigkeit der mit ihrem Wissen und	Richtet sich nach der gewählten Rechtsform. Darüber hinaus ist für den in die Kapital- und/oder Personengesellschaft eintretenden Gesellschafter von Interesse, welche Rechtsverhältnisse zwischen beiden Gesellschaften bestehen, ob und inwieweit diese erfüllt sind etc.

1 Ulmer in Hachenburg, § 32a Rz. 125 ff. m. w. N.
2 Vgl. Emmerich in Scholz, § 13 GmbHG Rz. 75 ff.
3 Vgl. Hesselmann/Tillmann Rz. 505 ff.

GbR und OHG	KG	Unterbeteiligung und Stille Gesellschaft
barung zulässig. Die Haftung des eintretenden GbR-Gesellschafters unterscheidet sich nach h. M. nur bezüglich der Altschulden; für diese Schulden haftet er mit seinem Anteil am Gesellschaftsvermögen, nicht aber persönlich.	entsprechend kommt für Verbindlichkeiten, die zwischen Eintritt und Eintragung begründet werden, eine unbeschränkte Haftung in Betracht (§ 176 Abs. 2 HGB). Es empfiehlt sich daher, das Wirksamwerden des Eintritts auf den Zeitpunkt der Eintragung aufschiebend zu befristen, um die (zwingende) persönliche Haftung zu vermeiden.	

4. Bei Ausscheiden eines Gesellschafters

144 Das Ausscheiden eines Gesellschafters aus der Gesellschaft beseitigt seine Haftung nicht. Er haftet auch, wenn mit oder nach seinem Ausscheiden die Gesellschaft aufgelöst wird. Die Haftung gilt nur für alle Verpflichtungen, deren Rechtsgrund vor dem Ausscheiden gelegt wurde; für spätere Verbindlichkeiten haftet er nicht mehr. Soweit er weiter haftet, verjähren die Ansprüche in spätestens fünf Jahren (sofern nicht der Anspruch einer kürzeren Verjährung unterliegt) nach Eintragung des Ausscheidens in das Handelsregister (§ 159 HGB). Die Rechtsprechung zur Haftung für

Ein ausscheidender Komplementär haftet wie ein ausscheidender OHG-Gesellschafter. Bei Kommanditisten ist zu differenzieren: Scheidet er aus, dann haftet er für die Schulden bis zum Betrag seiner Einlage (§ 172 Abs. 4 HGB), da die Auszahlung des Auseinandersetzungsguthabens zumindest teilweise als Einlagerückgewähr anzusehen ist. Überträgt er seinen Anteil auf einen eintretenden Kommanditisten, dann bleibt die Haftungsgrundlage für die Gläubiger unverändert mit der Folge, daß – wenn die Einlage geleistet ist – eine persönliche Haftung ausge-

Wird die Unterbeteiligungsgesellschaft oder die stille Gesellschaft aufgelöst und die Einlagen zurückgewährt, dann haftet der Hauptbeteiligte bzw. Geschäftsinhaber nur noch mit seinem um die Einlage verminderten Vermögen; der Unterbeteiligte oder stille Gesellschafter ist den Gläubigern gegenüber nicht verpflichtet. Den Gläubigern bleiben nur die allgemeinen Anfechtungsmöglichkeiten nach der KO und dem AnfG, die allerdings für den Konkursfall bei Vorliegen einer stillen Gesellschaft durch die Vorschrift des § 236 HGB erweitert werden.

GmbH	GmbH & Co. KG	Betriebsaufspaltung
Verhältnis ihrer Geschäftsanteile für die Aufbringung von Fehlbeträgen an der Stammeinlage eines anderen Gesellschafters oder für die Erstattung von Zahlungen aus dem zur Erhaltung des Stammkapitals erforderlichen Vermögen der Gesellschaft, falls die Erstattung vom Empfänger nicht zu erlangen ist. Ein Gesellschafter sollte daher auf der Volleinzahlung des Stammkapitals bei der Gründung bestehen; der Erwerb eines Geschäftsanteils einer bereits bestehenden GmbH sollte von der Volleinzahlung abhängig gemacht werden (vgl interne Freistellungsabrede).	Willen in Verkehr gebrachten Werbeprospekte.[1] Zur Haftung des beratenden Rechtsanwalts, Steuerberaters und Wirtschaftsprüfers für unrichtige Prospektangaben vgl. BGH v. 22.5.1980.[2]	
Veräußert ein Gesellschafter seinen Geschäftsanteil (§ 15 GmbHG) und zeigt er der Gesellschaft die Veräußerung in der von § 16 GmbHG bestimmten Art und Weise an, dann haftet der ausscheidende Gesellschafter weiter für fällige Leistungen auf den Geschäftsanteil (bzw. Verzugszinsen nach § 20 GmbHG, Verzugsschäden, Vertragsstrafen, eingeforderte Nachschüsse etc.), nicht aber für danach fällig werdende gesellschaftliche Leistungen (für diese haftet der Erwerber; für die Altschulden haften Veräußerer und Erwerber gesamtschuldnerisch). Ferner be-	Wie KG; für die Komplementär-GmbH siehe GmbH; für die Haftung aus Dauerschuldverhältnissen siehe GbR und OHG. Gem. dem BGH[3] ist zu beachten, daß ein ehemaliger persönlich haftender Gesellschafter, der bei Umgestaltung einer Handelsgesellschaft in eine GmbH & Co. KG Kommanditist wird und als Geschäftsführer der Komplementär-GmbH die Geschäfte der Gesellschaft weiterführt, wegen seiner unbeschränkten Haftung für die vor der Umwandlung entstandenen Geschäftsverbindlichkeiten nicht die Sonderverjährung des § 159 HGB in Anspruch	Richtet sich nach der gewählten Rechtsform. Aus steuerlichen Gründen ist zu beachten, daß durch das Ausscheiden eines Gesellschafters das Tatbestandsmerkmal „einheitlicher gesellschaftlicher Betätigungswille" nicht mehr verwirklicht wird, mit der Konsequenz, daß die Betriebsaufspaltung beendet ist und damit u. U. erhebliche steuerliche Belastungen auf die Gesellschafter der Besitzgesellschaft zukommen.[4]

1 Vgl. BGH v. 24.4.1978, NJW 1978, 1625 f.; ferner Nirk, 189 ff.
2 NJW 1980, 1840.
3 V. 22.9.1980, GmbHR 1981, 12.
4 Vgl. BFH v. 13.12.1983, BStBl II 1984, 474 (vgl. auch Rz. 15).

GbR und OHG	KG	Unterbeteiligung und Stille Gesellschaft
laufende und Teilverbindlichkeiten aus Dauerschuldverhältnissen (Miet-, Pacht-, Arbeitsverträgen etc.) ist widersprüchlich.[1] Aufgrund des Nachhaftungsbegrenzungsgesetzes vom 18.3.1994[2] gilt gemäß § 160 HGB eine grds. gesetzlich festgeschriebene Begrenzung der Haftung auf fünf Jahre. Sie stellt jedoch lediglich eine Obergrenze dar. Die bisherigen, sehr umstrittenen Einschränkungen der Nachhaftung können im Einzelfall zu einer kürzeren Begrenzung führen.[3]	schlossen ist; soweit die Einlage nicht geleistet ist, haften beide. Der Vorgang ist bei der Eintragung des Mitgliedschaftswechsels durch einen Rechtsnachfolgevermerk kenntlich zu machen (anderenfalls etvl. Haftung nach § 172 Abs. 4 HGB). Wegen der Verjährung des § 159 HGB s. OHG.	

5. Besondere Haftungstatbestände bei Steuerschulden/Sozialversicherungsbeiträgen

145 Grundsätzlich kann jeder, der kraft Gesetzes für eine Steuer haftet, durch Haftungsbescheid, und wer kraft Gesetzes verpflichtet ist, die Vollstreckung zu dulden, durch Duldungsbescheid in Anspruch genommen werden (§ 191 Abs. 1 AO). Bei Sozialversicherungsbeiträgen ist zwischen Arbeitgeber- und Arbeitnehmeranteil zu unterscheiden. Der Arbeitgeberanteil ist eine Schuld des Arbeitgebers (§ 20 SGB IV); insoweit gibt es keine

a) Haftung der Vertreter bei Steuerschulden

146 Durch Haftungsbescheid kann das Finanzamt u. a. den gesetzlichen Vertreter einer natürlichen und einer juristischen Person (bzw. den Geschäftsführer einer GmbH, nicht aber einen Kommanditisten, der wegen der Vorschrift des § 170 HGB nicht vertretungsberechtigt ist),[4] den Geschäftsführer einer nichtrechtsfähigen Personenvereinigung oder Vermögensmasse, einen Vermögensverwalter (vgl. § 34 AO) sowie einen Verfügungsberechtigten (§ 35 AO) in Anspruch nehmen, soweit Ansprüche aus einem Steuerschuldverhältnis (§ 37 AO) infolge vorsätzlicher oder grob fahrlässiger Verletzung der diesem Personenkreis obliegenden Pflichten nicht oder nicht rechtzeitig festgesetzt oder erfüllt werden (§ 69 AO). Haftungsgrund ist also einmal die Nichterbringung der Leistung zum Fälligkeitszeitpunkt, zum anderen die unterbliebene oder nicht rechtzeitige Festsetzung als Folge der Verlet-

b) Haftung der Vertretenen bei Steuerschulden

147 Wenn die unter Rz. 146 bezeichneten Personen bei Ausübung ihrer Obliegenheiten eine Steuerhinterziehung oder eine leichtfertige Steuerverkürzung begehen oder an einer Steuerhinterziehung teilnehmen und hierdurch Steuerschuldner oder Haftende werden, so

1 Vgl. BAG v. 21.7.1977, NJW 1978, 391; einschränkend BAG v. 3.5.1983, BB 1983, 1539; BGH v. 19.5.1983, BGHZ 87, 286, 292; BGH v. 19.5.1983, NJW 1983, 2941; Literaturhinweise bei Binz, § 8 Rz. 144 ff.
2 BGBl. I, 560.
3 Baumbach/Hopt, § 159 HGB Rz. 31 m. w. N.
4 Vgl. FG Hamburg v. 6.11.1980, EFG 1981, 266.

GmbH	GmbH & Co. KG	Betriebsaufspaltung
steht die Ausfallhaftung aus §§ 24, 31 Abs. 3 GmbHG weiter, falls sie einmal eingetreten ist. Andererseits stehen dem Ausscheidenden noch die Ansprüche auf bereits fällig gewordene Leistungen zu (insbesondere beschlossene Gewinnausschüttungen, Gegenwert für erbrachte Nebenleistungen etc.).	nehmen kann, wohl aber, wenn er als Kommanditist nicht zugleich an der Geschäftsführung der GmbH & Co. KG beteiligt ist.[1]	

Amtspflicht etwa des Geschäftsführers gegenüber dem Sozialversicherungsträger. Der Arbeitnehmeranteil wird treuhänderisch verwaltet (§ 28e SGB IV); wird dieser Anteil nicht abgeführt, macht sich der Geschäftsführer nicht nur strafbar (§§ 263, 266a StGB), sondern auch schadenersatzpflichtig (§ 823 Abs. 2 BGB i. V. m. § 266a StGB).		
zung der Mitwirkungspflichten im Besteuerungsverfahren (Anzeigepflichten gemäß §§ 136–139 AO; Steuererklärungspflicht nach §§ 149–153 AO; unvollständige oder unterlassene Mitwirkung bei der Ermittlung des dem Besteuerungsverfahren zugrunde liegenden Sachverhalts). Insbesondere für Geschäftsführer u. U. gebotene Freistellungsvereinbarungen von dieser Haftung sind nur mit Wirkung für das Innenverhältnis möglich. Jedenfalls muß bedacht werden, daß das Finanzamt mit seinen USt- und/oder Lohnsteuer-Forderungen im Zweifel vorzugsweise befriedigt werden sollte, da anderenfalls ein Haftungsbescheid drohen kann. Desgleichen haben die Sozialversicherungsträger die Möglichkeit des Durchgriffs auf den Vertreter.[2]		
haften die Vertretenen, soweit sie nicht Steuerschuldner sind, für die durch die Tat verkürzten Steuern und die zu Unrecht gewährten Steuervorteile. Da Ziel der Vorschrift des § 10 AO der Ausgleich etwa erlangter Vorteile ist, tritt die Haftung nicht ein bei Taten ge-		

1 BGH v. 19.5.1983, NJW 1983, 2943.
2 Vgl. Prugger, INF 1988, 510 ff.; Schneider in Scholz, § 43 GmbHG Rz. 255e.

GbR und OHG	KG	Unterbeteiligung und Stille Gesellschaft

setzlicher Vertreter natürlicher Personen, wenn diese aus der Tat des Vertreters keinen Vermögensvorteil erlangt haben. Das gleiche gilt, wenn die Vertretenden denjenigen, der

c) Haftung des Steuerhinterziehers und des Steuerhehlers

148 Wer eine Steuerhinterziehung oder eine Steuerhehlerei begeht oder an einer solchen Tat teilnimmt, haftet gemäß § 71 AO für die verkürzten Steuern und die zu Unrecht gewährten Steuervorteile sowie für die Zinsen nach § 235 AO (Verzinsung von hinterzogenen Steuern; die Zinsen betragen für jeden Monat einhalb vom Hundert, § 238 Abs. 1 AO). Eine Steuerhinterziehung gemäß § 370 AO begeht, wer den Finanzbehörden oder anderen Behörden über steuerlich erhebliche Tatsachen unrichtige oder unvollständige Angaben macht, die Finanzbehörden pflichtwidrig über steuerlich erhebliche Tatsachen in Unkenntnis läßt oder pflichtwidrig die Verwendung von Steuerzeichen oder Steuerstempeln unterläßt und dadurch Steuern verkürzt oder für sich oder einen anderen nicht gerechtfertigte Steuervorteile erlangt. Steuern sind namentlich dann verkürzt, wenn sie nicht, nicht in voller

d) Haftung bei Verletzung zur Pflicht der Kontenwahrheit

149 Nach § 72 AO haftet, wer vorsätzlich oder grob fahrlässig der Vorschrift des § 154 Abs. 3 AO zuwiderhandelt, soweit dadurch die Verwirklichung von Ansprüchen aus dem Steuerschuldverhältnis beeinträchtigt wird. Grundsätzlich darf niemand auf einen falschen oder erdichteten Namen für sich oder einen Dritten ein Konto errichten oder Buchungen vornehmen lassen, Wertsachen wie Geld, Wertpapiere und Kostbarkeiten in Verwahrung ge-

e) Haftung bei Organschaft

150 Eine Organgesellschaft haftet für solche Steuern des Organträgers, für welche die Organschaft zwischen ihnen steuerlich von Bedeutung ist. Den Steuern stehen die Ansprüche auf

f) Haftung des Eigentümers von Gegenständen

151 Gehören Gegenstände, die einem Unternehmen dienen, nicht dem Unternehmer, sondern einer an dem Unternehmen wesentlich beteiligten Person, so haftet der Eigentümer der Gegenstände mit diesen für diejenigen Steuern des Unternehmens, bei denen sich die Steuerpflicht auf den Betrieb des Unternehmens gründet. Die Haftung erstreckt sich jedoch nur auf die Steuern, die während des Bestehens der wesentlichen Beteiligung entstanden sind. Den Steuern stehen die Ansprüche auf Erstattung von Steuervergütungen gleich. Wesentlich beteiligt i. S. d. § 74 AO ist eine Person, die unmittelbar oder mittelbar zu mehr als einem Viertel am Grund- und Stammkapital oder am Vermögen des Unternehmens be-

g) Haftung des Betriebsübernehmers

152 Wird ein Unternehmen oder ein in der Gliederung eines Unternehmens gesondert geführter Betrieb im ganzen übereignet, so haftet der Erwerber gemäß § 75 AO für betriebsbedingte Steuern und für Steuerabzugsbeträge, vorausgesetzt, daß die Steuern seit dem Beginn des letzten, vor der Übereignung liegenden Kalenderjahres entstanden sind und bis zum Ablauf von einem Jahr nach Anmeldung des Betriebes durch den Erwerber festgesetzt oder angemeldet werden. Die Haftung beschränkt sich auf den Bestand des übernommenen Vermögens. Den Steuern stehen die Ansprüche auf Erstattung von Steuer-

GmbH	GmbH & Co. KG	Betriebsaufspaltung

die Steuerhinterziehung oder die leichtfertige Steuerverkürzung begangen hat, sorgfältig ausgewählt und beaufsichtigt haben.

Höhe oder nicht rechtzeitig festgesetzt werden; dies gilt auch dann, wenn die Steuer vorläufig oder unter Vorbehalt der Nachprüfung festgesetzt wird oder eine Steueranmeldung einer Steuerfestsetzung unter Vorbehalt der Nachprüfung gleichsteht. Steuervorteile sind auch Steuervergütungen; nicht gerechtfertigte Steuervorteile sind erlangt, wenn sie zu Unrecht gewährt oder belassen werden. Eine Steuerhehlerei gemäß § 374 AO begeht, wer Erzeugnisse oder Waren, hinsichtlich deren Verbrauchsteuern oder Zoll hinterzogen oder Bannbruch nach § 372 Abs. 2, § 373 AO begangen worden ist, ankauft oder sonst sich oder einem Dritten verschafft, sie absetzt oder abzusetzen hilft, um sich oder einen Dritten zu bereichern.[1]

ben oder verpfänden oder sich ein Schließfach geben lassen. Ist gegen dieses Gebot verstoßen worden, so dürfen Guthaben, Wertsachen und der Inhalt eines Schließfachs nur mit Zustimmung des für die Einkommen- und Körperschaftsteuer des Verfügungsberechtigten zuständigen Finanzamts herausgegeben werden (§ 154 Abs. 3 AO).

Erstattung von Steuervergütungen gleich (§ 73 AO).

teiligt ist. Als wesentlich beteiligt gilt auch, wer auf das Unternehmen einen beherrschenden Einfluß ausübt und durch sein Verhalten dazu beiträgt, daß fällige, betriebsbedingte Steuern nicht entrichtet werden. Diese gegenständlich beschränkte Eigentümer-Haftung läßt sich nur im Innenverhältnis durch eine Freistellungsvereinbarung mildern. Für betriebsbedingte Steuerschulden bilden sowohl Kapitalgesellschaften als auch Mischformen wie die GmbH & Co. KG oder insbesondere die Betriebsaufspaltung insoweit keinen wirksamen Schutz, als auf die zum Betriebsvermögen des Unternehmens zählenden Wirtschaftsgüter der Eigner durchgegriffen werden kann.

vergütungen gleich. Dieser Haftungsbestand findet auf Erwerbe aus einer Konkursmasse keine Anwendung; gleiches gilt für Erwerbe im Vollstreckungsverfahren und solche aus dem Vermögen eines Vergleichsschuldners, das aufgrund eines Vergleichsvorschlags nach § 7 Abs. 4 VerglO verwertet wird (in einem solchen Vergleichsvorschlag muß der Schuldner u. a. den Gläubigern sein Vermögen ganz oder teilweise zur Verwertung mit der Abrede überlassen haben, daß der nicht durch die Verwertung gedeckte Teil der Forderungen erlassen sein soll); keine Übereignung i. S. d. § 75 AO sind die Sicherungsübereignung,

1 Vgl. hierzu Wannemacher, Rz. 323.

GbR und OHG	KG	Unterbeteiligung und Stille Gesellschaft

Sicherungszession, die Bestellung eines Treuhänders oder Sequesters, die Verpachtung, auch nicht der Rückfall des Unternehmens nach Ablauf der Pachtzeit oder die Beendigung der Pachtzeit aus anderem Grund und die Übertragung von Beteiligungen;[1] vgl. auch § 25 HGB.
Eine Haftung des Erwerbers für betriebliche Steuern kommt aber nur in Betracht, wenn es sich um die Übereignung eines „lebenden" Unternehmens im ganzen handelt; d. h. der Erwerber muß in der Lage sein, mit den erworbenen Gegenständen (den wesentlichen Be-

h) Haftung des Vermögensübernehmers

153 Übernimmt jemand durch Vertrag das ganze oder nahezu das ganze Vermögen eines anderen, so können dessen Gläubiger (also ggf. auch das Finanzamt), unbeschadet der Fortdauer der Haftung des bisherigen Schuldners, vom Abschluß des Vertrages an ihre zu dieser Zeit bestehenden Ansprüche auch gegen den Übernehmer geltend machen. Der Übernehmer muß aber zumindest die Verhältnisse des Übergebers gekannt haben, aus denen sich ergeben muß, daß die übertragenen Gegenstände das ganze oder nahezu das ganze

i) Vertragliche Haftung

154 Eine vertragliche Verpflichtung, für die Steuer eines anderen einzustehen, ist immer möglich; der neben dem Schuldner Verpflichtete kann nicht mit einem Haftungsbescheid in

j) Unternehmereinheit

155 Bei der Umsatzsteuer bildeten Unternehmen der unterschiedlichsten Rechtsformen (OHG, KG, GmbH, etc.) ein einziges Unternehmen, wenn Gesellschafter, Beteiligungsverhältnisse und Willensbildung gleich und die Gesellschaften untereinander gleichgeordnet waren. Als

6. Besondere Haftung des Arbeitgebers bei Betriebsübergang gemäß § 613a BGB

156 Zur Haftung des bisherigen und neuen Arbeitgebers und zur Enthaftungsregelung des

XXIX. Parteistellung

157

GbR und OHG	KG	Unterbeteiligung und Stille Gesellschaft
GbR: Eine Klage ist von allen Gesellschaftern zu erheben und gegen alle zu richten (keine Rechts-, Partei- und Prozeßfähigkeit. OHG: Eine Klage ist unter der Firma zu erheben; sie kann auch unter ihrer Fir-	Wie OHG.	In einem Rechtsstreit ist immer nur die Hauptgesellschaft bzw. die Gesellschaft, an der der Hauptbeteiligte beteiligt ist, Partei. Nur diese Gesellschaft kann klagen oder verklagt werden. Entsprechendes

1 Vgl. Tipke/Kruse AO, § 75 Rz. 8.

GmbH	GmbH & Co. KG	Betriebsaufspaltung

triebsgrundlagen) das erworbene Unternehmen ohne nennenswerte finanzielle Aufwendungen (Investitionen) fortführen zu können. In seinem Urteil vom 25.1.1985[1] bezeichnete das FG Bremen im Hinblick auf einen Kaufpreis von rd. DM 3,4 Mio. (einschl. Umsatzsteuer) die zusätzlichen notwendigen Aufwendungen von rd. DM 500 000 als unverhältnismäßig hoch und kam zu dem Ergebnis, daß der Steuerpflichtige ein nicht mehr lebensfähiges Unternehmen erworben habe. Damit fehle eine entscheidende Voraussetzung für die Begründung einer Erwerberhaftung nach § 75 AO.

Vermögen dargestellt haben. Die Haftung aus § 419 BGB ist auf den Bestand des übernommenen Vermögens beschränkt; ferner gelten die Vorschriften über die Beschränkungen der Erbenhaftung entsprechend (§§ 419 Abs. 2, 1990 f. BGB, Dürftigkeitseinrede). Mit Wirkung vom 1.1.1999 wird § 419 BGB aufgrund des Einführungsgesetzes zur Insolvenzordnung vom 5.10.1994[2] aufgehoben, ist aber auf bis zum Ablauf des 31.12.1998 wirksam gewordene Vermögensübernahmen weiterhin anzuwenden.[3]

Anspruch genommen werden (§ 192 AO).

Unternehmer wurde dann die hinter der Unternehmereinheit stehende Personengruppe angesehen, die sich aus den Gesellschaftern der in der Unternehmereinheit zusammengeschlossenen Gesellschaften zusammengesetzt hat. Das Rechtsinstitut wurde aufgegeben.[4]

§ 613a Abs. 2 BGB vgl. Putzo.[5]

GmbH	GmbH & Co. KG	Betriebsaufspaltung
Die GmbH ist rechts- und parteifähig; wie alle juristischen Personen ist sie prozeßunfähig und muß sich demgemäß durch ihre gesetzlichen Vertreter (Geschäftsführer) vertreten lassen (§ 51 ZPO, § 62	Wie KG; für die Komplementär-GmbH s. GmbH.	Obwohl es sich bei der Betriebsaufspaltung um eine Unternehmensform handelt, die einem wirtschaftlich einheitlichen Betrieb dient, bestehen zwei rechtlich selbständige Gesellschaften nebeneinander.

1 EFG 1985, 426, bestätigt durch BFH v. 27.5.1986, BStBl II 1986, 654; BFH/NV 1991, 718.
2 BGBl. I 1994, 2911; Übergangsregelung zu § 419 BGB durch Art. 1 des Gesetzes zur Änderung des Einführungsgesetzes zur Insolvenzordnung und anderer Gesetze vom 19.12.1998 (BGBl. I S. 3836) geändert.
3 Zur Intention des Gesetzgebers und zu den Auswirkungen für die Praxis vgl. Grub, ZIP 1994, 1649; Olbing, GmbH-StB 1998, 263.
4 Vgl. Binz, § 21 Rz. 26 ff. m. w. N.
5 In Palandt § 613a BGB Rz. 16 ff.; Binz, § 25 Rz. 13 ff.

GbR und OHG	KG	Unterbeteiligung und Stille Gesellschaft
ma verklagt werden; die einzelnen Gesellschafter brauchen nicht benannt zu werden.		gilt für die stille Gesellschaft.

XXX. Zwangsvollstreckung

158 Zur Zwangsvollstreckung in das Gesellschaftsvermögen der OHG ist ein vollstreckbarer Titel erforderlich, der gegen die Gesellschaft unter ihrer Firma gerichtet ist (§ 124 Abs. 2 HGB); ein Titel gegen alle Gesellschafter reicht anders als bei der GbR nicht aus (einem Gläubiger ist zu raten, die Gesellschaft unter ihrer Firma und zugleich die Gesellschafter als Gesamtschuldner zu verklagen). Umgekehrt kann aus einem Titel gegen die Gesellschaft – ungeachtet der persönlichen Haftung der Gesellschafter (§ 128 HGB) – nicht unmittelbar in das Privatvermögen der Gesellschafter vollstreckt werden (§ 129 Abs. 4 HGB). Ein nicht bloß vorläufig vollstreckbarer Schuldtitel gibt jedoch einem Privatgläubiger eines Gesellschafters die Möglichkeit, das Auseinandersetzungsguthaben zu pfänden und sich überweisen zu lassen, und dann die Gesellschaft zu kündigen und sich aus diesem Guthaben zu befriedigen. Diese, den Bestand einer Gesellschaft gefährdenden Kündigungsmöglichkeit nach § 135 HGB setzt weiter vor-

Wie bei der OHG muß zur Zwangsvollstreckung in das Gesellschaftsvermögen der KG ein Vollstreckungstitel gegen die Gesellschaft unter ihrer Firma erwirkt werden. Die Zwangsvollstreckung gegen den/die Komplementär(e) und den/die Kommanditisten setzt einen Titel gegen den betreffenden Gesellschafter voraus. Es ist zweckmäßig, die Gesellschaft und alle Gesellschafter als Gesamtschuldner zu verklagen, wobei man die Kommanditisten auslassen wird, die ihre Einlage geleistet haben. Im übrigen gelten die gleichen Grundsätze wie bei der OHG.

Nur gegen den Hauptbeteiligten bzw. die Gesellschaft, an der der Hauptbeteiligte seinerseits beteiligt ist, oder gegen die Gesellschaft, an der der stille Gesellschafter beteiligt ist, können ergangene Urteile Grundlage zur Zwangsvollstreckung sein. Eine Inanspruchnahme des Unterbeteiligten oder stillen Gesellschafters ist nur denkbar, wenn er selbst einen Haftungstatbestand erfüllt; dies kann durch Rechtsgeschäft oder nach Rechtsscheingrundsätzen erfolgen.[1] Titulierte Gläubiger des Unterbeteiligten oder stillen Gesellschafters können in die in § 717 Satz 2 BGB bezeichneten Ansprüche vollstrecken und haben nach Pfändung und Überweisung der Forderung des Unterbeteiligten oder Stillen auf sein künftiges Auseinandersetzungsguthaben auch das Recht zur Kündigung der Gesellschaft entsprechend den §§ 234 Abs. 1, 135 HGB und Befriedigung aus dem so entstehenden Guthaben.

1 Vgl. Westermann u. a., I Rz. 944 f.

GmbH	GmbH & Co. KG	Betriebsaufspaltung
VwGO, § 58 Abs. 2 FGO, § 71 FGG).		Für die Parteistellung gelten die allgemeinen Grundsätze.
Die Zwangsvollstreckung gegen die GmbH kann nur aus einem gegen sie ergangenen Titel und nur in ihren Geschäftsräumen vorgenommen werden. Auch ein Urteil gegen den alleinigen und beherrschenden Gesellschafter genügt nicht; aufgrund eines gegen die GmbH gerichteten Titels darf nicht in das Vermögen eines Gesellschafters vollstreckt werden. Befinden sich Vermögensgegenstände der GmbH im Besitz eines Gesellschafters oder eines Dritten, so muß ein Gläubiger den Herausgabeanspruch pfänden und sich zur Einziehung überweisen lassen sowie ggf. Klage gegen den Gesellschafter oder Dritten erheben. Gleiches gilt für Vermögenswerte im Besitz des Geschäftsführers außerhalb der Geschäftsräume der GmbH. Aus einem Titel gegen den Gesellschafter kann die Zwangsvollstreckung in dessen Geschäftsanteil erfolgen. Die Zwangsvollstreckung erfolgt i. d. R. durch Pfändung des Geschäftsanteils (§ 857 ZPO) und anschließende Verwertung im Wege der Versteigerung oder des	Wie KG, für die Zwangsvollstreckung in die Komplementär-GmbH siehe GmbH. Wie bei einer OHG und einer reinen KG besteht auch bei einer GmbH & Co. KG für die Privatgläubiger der Gesellschafter die Kündigungsmöglichkeit gem. § 135 HGB (s. OHG).[1] Das Kündigungsrecht ist nicht abdingbar. Die übrigen Gesellschafter können gemäß § 141 HGB einen Fortsetzungsbeschluß fassen mit der Folge, daß der betroffene Gesellschafter zum Ende des Geschäftsjahrs aus der Gesellschaft ausscheidet.[2] Im Zuge des Handelsrechtsreformgesetzes ist mit Wirkung ab 1.7.1998 § 141 HGB aufgehoben und § 142 durch § 140 Abs. 1 Satz 2 HGB n. F. ersetzt worden.[3]	Richtet sich nach der gewählten Rechtsform.

1 Westermann u. a., I Rz. 328 ff.
2 Vgl. hierzu Binz, § 5 Rz. 21 ff.
3 Zur Möglichkeit der weiteren Anwendung bis zum 31.12.2001 vgl. § 41 EGHGB.

GbR und OHG	KG	Unterbeteiligung und Stille Gesellschaft
aus, daß der Privatgläubiger innerhalb der letzten 6 Monate eine Zwangsvollstreckung in das bewegliche Vermögen des Gesellschafters ohne Erfolg versucht hat. Eine ähnliche Möglichkeit zur fristlosen Kündigung der Gesellschaft durch den Privatgläubiger eines Gesellschafters eröffnet für die GbR § 725 BGB. Pfändungsgegenstand ist hier allerdings der Gesellschaftsanteil insgesamt und nicht das Auseinandersetzungsguthaben, und eines erfolglosen Vollstreckungsversuches bedarf es nicht.		

XXXI. Eintritt von Gesellschaftern

159 Die Aufnahme eines neuen Gesellschafters geschieht als eine außerhalb der Geschäftsführung stehende Maßnahme durch einen Aufnahmevertrag, den der Eintretende mit allen bisherigen Gesellschaftern (einschließlich der nicht geschäftsführenden Gesellschafter) abschließen muß und der eine Änderung des Gesellschaftsvertrages bedeutet. Bei der OHG ist der Neueintritt registerpflichtig (§ 107 HGB), die Eintragung aber nur deklaratorisch. Firmenrechtlich muß sich der Neueintritt nicht auswirken; der Name des neuen Gesellschafters kann in die Firma aufgenommen werden. Mit der Aufnahme wird der Gesellschafter	Wie bei der OHG ist der Neueintritt eines Komplementärs oder Kommanditisten ein außerhalb der Geschäftsführung stehender Vorgang, der mit allen Gesellschaftern einschließlich Kommanditisten vereinbart werden muß. Die Eintragung in das Handelsregister ist insbesondere für die Kommanditisten von größter haftungsrechtlicher Bedeutung (s. Rz. 143). Firmenrechtlich ist zu beachten, daß der Kommanditist wohl auch nach neuem Recht (HRefG) nicht in die Firma aufgenommen werden darf (Rz. 96).	Unterbeteiligung und stille Gesellschaft und per definitionem zweiseitige Rechtsverhältnisse; die „Aufnahme" eines Dritten in diese ist daher nicht möglich. Der Hauptgesellschafter kann allerdings mit dem Dritten eine weitere Unterbeteiligung bzw. stille Gesellschaft neben der bereits existierenden vereinbaren, wofür es lediglich eines entsprechenden Vertrages mit dem Dritten bedarf. Weitere Voraussetzungen sind nicht erforderlich, können aber vom Gesellschaftsvertrag gefordert werden (etwa Offenlegung von Unterbeteiligungen, wegen der möglichen Gefahr, daß ein Dritter über den Hauptbeteiligten Einfluß auf die

GmbH	GmbH & Co. KG	Betriebsaufspaltung
freihändigen Verkaufs, andere Verwertungsarten (Überweisung an Zahlungs Statt zum Schätzwert, u. a.) können ebenfalls in Betracht kommen. Der Pfändungsbeschluß ist dem Gesellschafter – Schuldner – und zusätzlich der GmbH als Drittschuldnerin zuzustellen (h. M., str.). Neben dem Geschäftsanteil selbst unterliegen auch die sonstigen vermögenswerten Gesellschafterrechte (insbes. die Ansprüche auf Gewinn und Liquidationserlös) der Zwangsvollstreckung durch Privatgläubiger eines Gesellschafters.[1]		
Die Mitgliedschaft wird entweder ursprünglich durch Mitgründung oder abgeleitet im Wege der Rechtsnachfolge erworben. Wenn kein bloßer Gesellschafterwechsel beabsichtigt ist (vgl. Rz. 161), dann kann ein Eintritt eines neuen Gesellschafters nur durch eine Kapitalerhöhung und durch nachfolgende Übernahme der auf diese Weise geschaffenen Stammeinlagen erfolgen. Wie bei der Gründung können die neuen Einlagen in Geld-, Sach- oder gemischten Einlagen bestehen; in jedem Fall aber sind Formvorschriften (Notar!) zu beachten; ist eine $^3/_4$-Mehrheit der Altgesellschafter in dem (förmlichen) Kapitalerhöhungsbe-	Wie KG; die Aufnahme weiterer Kommanditisten und/oder eines zusätzlichen Komplementärs ist unkompliziert; folglich ist die Kapitalbeschaffung durch Aufnahme neuer Gesellschafter verhältnismäßig einfach (richtet sich im wesentlichen nach dem Gesellschaftsvertrag). Die Komplementär-GmbH braucht keine Einlage in die KG zu erbringen; für den Eintritt von Neugesellschaftern in die Komplementär-GmbH s. GmbH. Die Verzahnung der Gesellschafterstellung bei Komplementär-GmbH und KG zur Wahrung der Beteiligungsidentität ist kautelarjuristisch geboten, will man nicht den Gesellschaftern der Komplemen-	Richtet sich nach der gewählten Rechtsform. Um zu vermeiden, daß die Steuerverwaltung bei dem Besitzunternehmen eine gewerbliche Betätigung annimmt, sollte – wenn immer möglich – darauf geachtet werden, daß die Person oder die Personen, die das Besitzunternehmen tatsächlich beherrschen, nicht in der Lage sind, auch in der Betriebsgesellschaft ihren Willen durchzusetzen, also eine Stimmenmehrheit von mehr als 50 % haben; ferner ist darauf zu achten, daß durch den Eintritt neuer Gesellschafter das Tatbestandsmerkmal „einheitlicher geschäftlicher Betätigungswille" nicht mehr verwirklicht wird, mit der Konsequenz, daß die Be-

1 Vgl. zum ganzen Eder u. a., I Rz. 384 ff.

GbR und OHG	KG	Unterbeteiligung und Stille Gesellschaft
ohne besondere Übertragungshandlung Teilhaber an dem Gesamthandsvermögen; bei der OHG ist daher Auflassung, Eintragung, Grundbuchänderung nicht erforderlich.		Geschäftspolitik des Unternehmens nehmen kann). Ausgeschlossen ist eine Eintragung in das Handelsregister, wohl auch die Aufnahme eines Firmenzusatzes.

Für den an sich formlos möglichen Aufnahmevertrag sollte in jedem Fall aus Gründen der Rechtssicherheit Schriftform vereinbart werden. Ohne größeren Verwaltungs- und Kostenaufwand lassen sich daher insbesondere Angehörige bzw. wichtige Mitarbeiter besser an den Betrieb binden, als dies allein durch Arbeitsverträge i. d. R. möglich wäre (es sollte bedacht werden, daß man sich von einem einmal aufgenommenen Gesellschafter schwer wieder trennen kann; eine Ausscheideregelung, gekoppelt an den Arbeitsvertrag, kann sinnvoll sein).

XXXII. Ausscheiden von Gesellschaftern

160	Scheidet ein Gesellschafter aus, dann ist dies ein Auflösungsgrund für die Gesellschaft, falls sich aus dem Gesellschaftsvertrag nichts anderes ergibt (§ 736 BGB, § 138 HGB); statt einer gesellschaftsvertraglichen Bestimmung genügt ein entsprechender, einstimmiger Beschluß ad hoc. Ein Ausscheiden kann auch durch eine Ausschließungs-	Wie bei der OHG, so ist das Ausscheiden aus der KG auch ein Auflösungsgrund. Eine Bestimmung des Inhalts, da in einem solchen Fall die Gesellschaft unter den übrigen Gesellschaftern fortbestehen soll, sollte regelmäßig in den Gesellschaftsvertrag ebenso aufgenommen werden, wie über den gesetzlichen Rahmen hinausgehende Grün-	Das Ausscheiden eines Unterbeteiligten oder eines stillen Gesellschafters hat für den Bestand der Hauptgesellschaft keine Bedeutung. Mit Beendigung der Innengesellschaft (für Gesellschafterwechsel siehe unter Rz. 161) wird diese unter Beachtung nachfolgender Grundsätze aufgelöst. Voraussetzung ist entweder eine ordentliche

GmbH	GmbH & Co. KG	Betriebsaufspaltung
schluß nötig, muß eine Übernahmeerklärung abgegeben und seitens der GmbH angenommen werden; ferner ist die beschlossene Erhöhung des Stammkapitals unter Beachtung des § 57 GmbHG zur Eintragung in das Handelsregister anzumelden.[1] Im Vergleich mit der Aufnahme eines Gesellschafters in eine Personengesellschaft ist dieses Verfahren kompliziert, teuer und zeitaufwendig. Alternativ kann die Aufnahme eines neuen Gesellschafters schließlich dadurch erfolgen, daß einer oder mehrere Altgesellschafter mit Zustimmung der Gesellschaft (§ 17 GmbHG) ihren Geschäftsanteil teilen und einen Teil an den Neugesellschafter abzutreten oder aber der Geschäftsanteil von einer GmbH gehalten wird und zu dieser Gesellschaft ein neuer Gesellschafter hinzutritt.	tär-GmbH eine wirtschaftliche und handelsrechtliche Sonderstellung einräumen. Die geeignetste Lösung bietet die sog. Einheitsgesellschaft, bei der die KG ihrerseits Alleingesellschafterin ihrer Komplementär-GmbH ist.[2]	triebsaufspaltung steuerlich beendet ist (wegen der steuerlichen Folgen vgl. unter Rz. 7 ff.).
Ein freiwilliges Ausscheiden eines Gesellschafters kann durch Veräußerung des Geschäftsanteils (siehe unter Rz. 161) oder durch dessen Preisgabe erfolgen; letztere Möglichkeit ist aber nur bei Gesellschaften mit unbeschränkter Nachschußpflicht vorgesehen und kann zu einem Anfall des Anteils an die GmbH selbst führen (näheres vgl.	Wie KG; für das Ausscheiden aus der Komplementär-GmbH s. GmbH. Bei Abfassung des Gesellschaftsvertrags ist darauf zu achten, daß das Vorhandensein mindestens eines persönlich haftenden Gesellschafters sichergestellt ist, da anderenfalls die KG aufzulösen ist, falls nicht gleichzeitig mit dem Ausscheiden des alten ein neuer Kom-	Richtet sich nach der gewählten Rechtsform. Wie unter Rz. 159 Eintritt von Gesellschaftern ist auch beim Ausscheiden von Gesellschaftern auf die Beteiligungsquoten bei Besitz- und Betriebsgesellschaft zu achten. Durch das Ausscheiden eines Gesellschafters kann das Tatbestandsmerkmal „einheitlicher geschäftlicher Betäti-

1 Ausführlich Eder u. a. I Rz. 504 ff.
2 Vgl. Binz, § 5 Rz. 1 ff., 35 ff.

GbR und OHG	KG	Unterbeteiligung und Stille Gesellschaft
klage der übrigen Gesellschafter erzwungen werden, falls in der Person des Auszuschließenden ein wichtiger Grund liegt (vgl. hierzu §§ 140, 133 HGB); andere Gründe, die zur Ausschließung führen, können (und sollen ggf.) in den Gesellschaftsvertrag aufgenommen werden (z. B. Ausscheiden des Schwiegersohnes bei Ehescheidung, des Treuhänders bei Volljährigkeit, bei Unterschreiten einer Mindestgrenzen des Kapitalanteils etc.). Das Ausscheiden führt zur Auseinandersetzung und Abfindung; Gegenstände, die der Gesellschaft zur Benutzung überlassen wurden, können i. d. R. zurückverlangt werden; weitere Herausgabeansprüche in Natur bestehen nicht. Die Vermögensbeteiligung wächst den übrigen Gesellschaftern an (§ 738 BGB). Der Ausscheidende erhält einen Auseinandersetzungs- oder Abfindungsanspruch, der grundsätzlich sofort fällig ist (regelungsbedürftig!). Grundlage bildet die Auseinandersetzungsbilanz; demzufolge gilt für die Wertansätze der jeweilige Stichtag, im Falle der Ausschließungsklage der Zeitpunkt der Klageerhebung (§ 140 Abs. 2 HGB). Der wahre Wert der Beteiligung ist zugrunde zu legen. Im Gesellschaftsvertrag sollte eine Wertermittlungsmethode (Ertrags- und/ oder Substanzwertmethode, Pauschalabfindung)	de für das Ausscheiden (s. OHG). Das Ausscheiden kann auch durch eine Ausschließungsklage erzwungen werden; diese Klage ist von sämtlichen übrigen Gesellschaftern einschließlich der Kommanditisten zu erheben und kann sich gegen Komplementär wie Kommanditist richten. Zum Auseinandersetzungsanspruch, der Wertermittlung etc. vgl. OHG. Das Ausscheiden des Komplementärs (§ 143 Abs. 2 HGB) wie des Kommanditisten (§ 162 Abs. 3 HGB) sind zum HR anzumelden. Zu Abfindungsklauseln in KG-Gesellschaftsverträgen (und OHG-Gesellschaftsverträge).[1]	oder außerordentliche Kündigung des Hauptgesellschafters oder des Unterbeteiligten bzw. Stillen oder das Vorliegen eines Auflösungsgrundes (vgl. hierzu unter Rz. 161). Die Auseinandersetzung selbst wird – so nicht anders vereinbart – durch den Hauptgesellschafter durchgeführt (anders als der Kommanditist wird also der Unterbeteiligte und der stille Gesellschafter nicht hinzugezogen; dies kann gesellschaftsvertraglich vereinbart werden). Der Hauptbeteiligte oder Geschäftsinhaber hat aufgrund einer Bilanz das Guthaben des Unterbeteiligten oder stillen Gesellschafters festzustellen und diese in Geld auszuzahlen (vgl. § 232 Abs. 1 HGB). Ob der Firmenwert und die Werterhöhung des Anlagevermögens zugunsten des Unterbeteiligten oder stillen Gesellschafters zu berücksichtigen sind, kann sich nur aus dem Gesellschaftsvertrag ergeben. Ergibt sich kein Guthaben, sondern ein Passivsaldo, dann sind der Unterbeteiligte oder Stille, falls sie überhaupt am Verlust teilnehmen, dem Hauptbeteiligten oder Geschäftsinhaber nur insoweit verpflichtet, wie sie ihre Einlage nicht geleistet haben; darüber hinaus haben sie am Verlust keinen Anteil, es sei denn, der Gesellschaftsvertrag statuiere eine solche Verpflichtung. Für die zur Zeit der Auflösung schweben-

1 Vgl. Rasner, NJW 1983, 2905.

GmbH	GmbH & Co. KG	Betriebsaufspaltung
§ 27 GmbHG). Darüber hinaus kann die Satzung ein Ausscheiden aus besonderen Gründen oder allgemein aus wichtigem Grunde zulassen und vorsehen, daß der Anteil des Ausscheidenden entgeltlich von den anderen Gesellschaftern oder von der Gesellschaft zu übernehmen oder sonst wie zu erwerben ist. Um Schwierigkeiten vorzubeugen, sollten wegen fehlender gesetzlicher Bestimmungen eingehende Regelungen getroffen werden. Solange die Stammeinlage nicht voll einbezahlt ist, ist ein Austritt ausgeschlossen. Für ein unfreiwilliges Ausscheiden sieht das Gesetz zwei Wege vor: den Ausschluß im Kaduzierungsverfahren bei verzögerter Zahlung der Stammeinlage und bei Verletzung der Nachschußpflicht (§§ 21, 28 GmbHG) und die Einziehung (Amortisation), die den Anteil (anders als die Kaduzierung) vernichtet. Die Einziehung darf nur erfolgen, soweit die Satzung sie zugelassen hat, und ist ohne Zustimmung des Betroffenen nur zulässig, wenn ihre Voraussetzungen normiert waren, bevor dieser seinen Anteil erworben hat (§ 34 GmbHG). Die Satzung kann diese Voraussetzung frei bestimmen, muß jedoch gegenüber allen Gesellschaftern gleiche Maßstäbe gelten lassen (Gleichbehandlung). Sie kann grobe Pflichtverletzungen, den	plementär eintritt. Solche, die Existenz der Gesellschaft gefährdende Vorgänge müssen aber nur dann befürchtet werden, falls die Komplementär-GmbH von Personen beherrscht wird, die andere Interessen verfolgen als die Gesellschafter der GmbH & Co. KG. Für den Fall der Auflösung der Komplementär-GmbH sollte der Gesellschaftsvertrag die Klausel vorsehen, die ihr Ausscheiden bestimmt; nur so kann vermieden werden, daß die Liquidatoren der GmbH mittelbare Geschäftsführer der GmbH & Co. KG werden. Bei der Einheitsgesellschaft sollte darauf geachtet werden, daß vertraglich vereinbarte Ausscheidensgründe auf der Ebene der KG und auf der Ebene der Komplementär-GmbH parallel geregelt werden, um das Ausscheiden eines Gesellschafters aus nur einer der beiden Gesellschaften zu vermeiden.[1]	gungswille" nicht mehr erfüllt sein mit der Konsequenz, daß die Betriebsaufspaltung steuerlich beendet ist und damit u. U. erhebliche steuerliche Belastungen auf die Gesellschafter des Besitzunternehmens zukommen (vgl. Rz. 7 ff.).

1 Vgl. hierzu ausführlich Binz, § 8 Rz. 1 ff.

GbR und OHG	KG	Unterbeteiligung und Stille Gesellschaft
vereinbart werden. Das Ausscheiden ist zum Handelsregister anzumelden (§ 143 Abs. 2 HGB). Bei der Gestaltung der freiwilligen und unfreiwilligen Ausscheidenstatbestände im Gesellschaftsvertrag muß immer berücksichtigt werden, daß die verbleibenden Gesellschafter durch den (sofort fälligen) Abfindungsanspruch in Liquiditätsschwierigkeiten kommen können. Bei geringer Liquidität kann es daher geboten sein, bereits in den Gesellschaftsvertrag eine Klausel aufzunehmen, derzufolge der Auseinandersetzungsanspruch in Raten getilgt oder in eine verzinsliche, längerfristige Gesellschaftsverbindlichkeit umgewandelt werden darf.		den Geschäfte vgl. § 235 Abs. 2 und 3 HGB.

Bewertungsklauseln, wonach der Gesellschafter seinen buchmäßigen Kapitalanteil zuzüglich anteiliger offener Rücklagen und Gewinnvortrag, abzüglich anteiligen etwaigen Verlustvortrag erhält, wurden früher vorherrschend als zulässig angesehen.[1] Inzwischen hat sich das Bild in Schrifttum und Rechtsprechung verschoben. Die im Bereich der Personengesellschaft zu entscheidenden Fälle betrafen bisher allerdings Konstellationen, in denen es um den Ausschluß von Gesellschaftern ohne wichtigen Grund ging.[2] Im BGH-Urteil vom 29.4.1984[3] war die Buchwertklausel entscheidungsrelevant unter dem Gesichtspunkt der Kündigungserschwerung (§ 723 Abs. 3 BGB) zu beurteilen. Das Gericht kommt zu dem Ergebnis, eine solche Klausel sei unzulässig, „wenn sie aufgrund wirtschaftlich nachteiliger Folgen, insbesondere wegen eines erheblichen Mißverhältnisses zwischen Buchwert und wirtschaftlichem Wert, die Freiheit des Gesellschafters, sich zu einer Kündigung zu entschließen, unvertretbar einengt."[4] Dabei hält der BGH, auch wenn er das nicht ausdrücklich anspricht, offenbar den Kündigungszeitpunkt für maßgebend. Folge der Unwirksamkeit ist freilich nicht die dispositive Regelung des § 738 BGB, sondern die ergänzende richterliche Vertragsauslegung. Maßgebend sei der wirkliche Wert der Beteiligung, wobei der Ertragswert vorrangig zu berücksichtigen sei. Der wirkliche Wert könne – so der BGH unter Bezugnahme auf Hennerkes/Binz[5] – dementsprechend auch unter dem Buchwert liegen.[6]

1 Ulmer in Münchener Kommentar, § 738 BGB Rz. 38.
2 Sog. „Hinauskündigungsklauseln", vgl. BayObLG v. 2.3.1982, WM 1982, 462; BGH v. 23.10.1972, NJW 1973, 651; BGH v. 29.9.1976, NJW 1979, 104; Rasner, NJW 1983, 2905 ff.
3 DB 1985, 167.
4 Ebenso BGH v. 17.4.1989, WM 1989, 878; v. 9.1.1989, WM 1989, 783.
5 DB 1983, 2669.
6 Zur Buchwertklausel vgl. Geßler, GmbHR 1984, 29, 31; BGH v. 24.5.1993, ZIP 1993, 1160, 1161 f.; Flume, DB 1986, 629, 633 ff.; Weber/Jacob, ZRP 1997, 152, 157; Lamprecht, ZIP 1997, 919, 922.

GmbH	GmbH & Co. KG	Betriebsaufspaltung
Eintritt oder Fortfall von Tatsachen (Arbeitsunfähigkeit, Tod eines Gesellschafters etc.) zum Einziehungsgrund erklären und die Einziehung dazu verwenden, ungeeignete Gesellschafter auszuschalten. Der Abfindungsanspruch kann qua Satzung nicht völlig ausgeschlossen werden. Die Satzung kann jedoch vorsehen, daß – vorbehaltlich der Erhaltung des Stammkapitals (§§ 34 Abs. 3, 30 Abs. 1 GmbHG) – eine unter dem vollen Anteilswert liegende Entschädigung gewährt wird. Abfindungsklauseln, die eine Abfindung unter dem Verkehrswerts des Geschäftsanteils vorsehen, dienen vor allem der Erhaltung des Unternehmens, dessen Bestand bei voller sofortiger Abfindung des ausscheidenden Gesellschafters gefährdet werden könnte. Sie stellen weiter ein Druckmittel zur Erzwingung eines vertragsgerechten Verhaltens dar. Derartige Klauseln sollen die Gesellschaft davor schützen, daß ihr Vermögen zur Unzeit durch hohe Abfindungsansprüche ausgehöhlt wird. Da eine den Abfindungsanspruch begrenzende Regelung für den betroffenen Gesellschafter eine erhebliche Vermögenseinbuße		

GbR und OHG	KG	Unterbeteiligung und Stille Gesellschaft
Bei Familiengesellschaften ist aus steuerlichen Gründen darauf zu achten, daß keine Klausel in den Gesellschaftsvertrag aufgenommen wird, wonach ein Kind etwa mit Vollendung des 24. Lebensjahres aus der Gesellschaft auszuscheiden hat, es sei denn, der Vater erklärt etwas anderes. Eine solche Automatik führt zur Nichtanerkennung der Mitunternehmerschaft;[1] anders nur, wenn dem Vater ein nur einmal ausübbares Kündigungsrecht eingeräumt wird.[2]		

XXXIII. Gesellschafterwechsel

161

Das Ausscheiden eines Gesellschafters und der Eintritt eines neuen Gesellschafters können unabhängig voneinander geschehen; der Ausscheidende wird abgefunden (siehe Rz. 160) und der Eintretende wird so behandelt, als sei er zu irgendeinem Zeitpunkt eingetreten (siehe Rz. 159). Anders wenn der Eintretende die Stelle des Ausscheidenden einnehmen und dessen Beteiligung am Gesellschaftsvermögen erhalten soll. Eine Vereinbarung, wonach der neue Gesellschafter die Rechtsstellung des Ausscheidenden erwirbt, kann schon im Gesellschaftsvertrag vorgesehen werden. Der Gesellschaftsvertrag kann vorsehen, daß	Wie bei der OHG, so ist auch bei der KG ein Gesellschafterwechsel möglich; es empfiehlt sich, die notwendigen Modalitäten gesellschaftsvertraglich zu regeln. Beim Wechsel eines Komplementärs muß immer die Gefahr für die verbleibenden Gesellschafter bedacht werden, daß ein nicht genehmer oder unfähiger Gesellschafter eintreten kann; daher sollte i. d. R. der Gesellschafterwechsel von einer (einstimmigen oder mehrheitlichen) Zustimmung aller Gesellschafter abhängig gemacht werden. Das Interesse des einzelnen Gesellschafters an einem möglichst freien Veräußerungsrecht seines Anteils sollte hinter dem Kontinui-	Ein Wechsel in der Person des Unterbeteiligten oder stillen Gesellschafters bedarf der Zustimmung des Hauptbeteiligten oder der Hauptgesellschaft. Eine freie Übertragbarkeit der Beteiligung kann im Gesellschaftsvertrag vereinbart werden. Ist die Beteiligung kapitalistischer Natur, also ohne umfassende Kontrollrechte des Unterbeteiligten oder Stillen (typische Unterbeteiligung oder typische stille Gesellschaft), dann birgt eine freie Übertragbarkeit der Beteiligung für den Hauptbeteiligten bzw. die Gesellschaft kaum Gefahren. Anders ist es, wenn es sich um eine atypische Beteiligung handelt, bei der die Stellung des Unterbeteiligten

1 BFH v. 29.1.1976, BStBl II 1976, 324.
2 Etwa bei Erreichen der Volljährigkeit, BFH v. 23.6.1976, BStBl II 1976, 678; vgl. auch unter Rz. 187 und Hennerkes/Binz, NJW 1983, 73.

GmbH	GmbH & Co. KG	Betriebsaufspaltung
bedeuten kann, müssen ihre Voraussetzungen und Rechtsfolgen so eindeutig erkennbar sein, daß sich jeder Gesellschafter auf sie einstellen kann.[1] Dazu reicht es aus, daß sich die in Frage kommenden Tatbestände, notfalls im Wege der Auslegung, anhand der Satzung einwandfrei bestimmen lassen. Sieht die Satzung ein Abfindungsguthaben nach dem Verkehrswert vor, so kann die Satzung die Fälligkeit ohne Verzinsung auf längstens sechs Jahre hinausschieben.		
Neben den unter Rz. 159 dargestellten Möglichkeiten erfolgt ein Gesellschafterwechsel durch Übertragung eines Geschäftsanteils gemäß den Vorschriften der §§ 15ff. GmbHG. Die Geschäftsanteile einer GmbH sind grundsätzlich frei veräußerlich (und vererblich), da bei einer GmbH als Kapitalgesellschaft die Person des Gesellschafters gegenüber seiner Kapitalbeteiligung in den Hintergrund tritt. Der Gesellschaftsvertrag kann die Abtretung erschweren (z.B. von der Genehmigung der Gesellschaft abhängig machen, bestimmte Eigenschaften des Erwerbers vorschreiben oder die Abtretung nur an andere Gesellschafter zulassen).	Wie KG; für einen Gesellschafterwechsel bei der Komplementär-GmbH siehe GmbH. Die Übertragung (oder Verpfändung) eines Kommanditanteils kann von einem Mehrheitsbeschluß aller Gesellschafter abhängig gemacht werden, wobei der Komplementär-GmbH darüber hinaus noch ein Vetorecht eingeräumt werden kann, falls die Kommanditisten nicht mit den GmbH-Gesellschaftern identisch sind. Den übrigen Gesellschaftern kann auch ein Vorkaufsrecht eingeräumt werden, das innerhalb einer im Gesellschaftsvertrag bestimmten Frist (ca. 4 bis 6 Wochen) ausgeübt werden kann. Es kann aber andererseits auch er-	Richtet sich nach der gewählten Rechtsform. Da zwischen der Betriebskapitalgesellschaft und der Besitzpersonengesellschaft regelmäßig ein abgestimmtes, von den Interessen her gleichgerichtetes Verhalten geboten ist, muß das Gesellschafterinteresse auf möglichst freie Veräußerbarkeit der Anteile stark eingeschränkt werden. Ein Gesellschafterwechsel sollte daher zumindest von einem Mehrheitsbeschluß aller beteiligten Personen abhängig gemacht werden. Aus steuerlichen Gründen ist zu beachten, daß durch das Ausscheiden eines Gesellschafters das Tatbestandsmerkmal „einheitlicher Betätigungswille" nicht mehr verwirklicht

1 Vgl. Geßler, GmbHR 1984, 29; zum groben Mißverhältnis zwischen satzungsgemäß bemessenem Abfindungsbetrag und des Verkehrswerts vgl. BGHZ 116, 359, 367ff. und Hueck in Baumbach/Hueck, § 346 GmbHG m. w. Literaturnachweisen.

GbR und OHG	KG	Unterbeteiligung und Stille Gesellschaft
der Ausscheidende seinen Nachfolger selbst bestimmen und mit ihm abschließen kann (Mitgliedschaft ist dann beliebig übertragbar; die übrigen Gesellschafter können einen neuen, ihnen u. U. nicht genehmen Gesellschafter aufgedrängt bekommen). Der neue Gesellschafter erwirbt die in der Mitgliedschaft begründeten Rechte und Pflichten; der Altgesellschafter haftet weiter nach § 130 HGB. In das Handelsregister werden das Ausscheiden des alten und der Eintritt des neuen Gesellschafters eingetragen. Bei Gesellschafterwechsel durch rechtsgeschäftliche Übertragung ist dies durch einen entsprechenden Hinweis im Handelsregister (z. B. „im Wege der Sonderrechtsnachfolge") kenntlich zu machen.	tätsinteresse der Gesellschaft zurückstehen. Bei dem Wechsel eines Kommanditisten ist die Gefahr um so geringer, je beschränkter dessen Rechte sind. Bei dem Wechsel von Kommanditisten ist der Registereintrag „im Wege der Sonderrechtsnachfolge" o. ä. (s. OHG) dringend zu empfehlen, da ein Gesellschafterwechsel durch gleichzeitigen Ein- und Austritt zu i. d. R. nicht gewollten Haftungsfolgen führen kann (Haftung des Altgesellschafters analog § 172 Abs. 4 Satz 1 HGB; Haftung des Neugesellschafters für noch nicht eingezahlte Kommanditeinlage).	oder Stillen sehr stark ist; in diesen Fällen sollte ein Wechsel regelmäßig von einer Zustimmung des Betroffenen abhängig gemacht werden. Der Hauptbeteiligte bzw. Geschäftsinhaber ist als alleiniger Vermögensträger nicht gehindert, seine Beteiligung bzw. sein Geschäft zu verkaufen; ein Erwerber kann nur in das Innengesellschaftsverhältnis mit Zustimmung des Unterbeteiligten oder des stillen Gesellschafters einrücken. Auf dieses Recht, die Zustimmung ggf. zu verweigern, sollte i. d. R. nicht von vorneherein verzichtet werden.

XXXIV. Auflösungsgründe und Fortsetzungsvereinbarungen

1. Allgemeines

162 Bei OHG und GbR kann die Auflösung auf dem Willen aller oder einzelner beruhen oder ohne oder gegen ihren Willen im Wege der Zwangsvollstreckung oder unmittelbar kraft Gesetzes durchgeführt werden. § 131 Abs. 1 HGB zählt vier Auflösungsgründe für die OHG auf; diese sind nicht durch die Auflösungsgründe für die GbR zu ergänzen, insbesondere ist die Erreichung des Gesellschafts-

Die Auflösungsgründe für die KG sind dieselben wie bei der OHG. Besonderheiten, die an die unterschiedliche Stellung von Komplementär und Kommanditist anknüpfen, wurden zunächst im Entwurf zum Handelsrechtsreformgesetz negiert. Dieser sah ohne vernünftige Begründung eine Streichung des § 177 HGB vor, der die Kommanditistenstellung kraft Gesetzes vererblich stellte;

Die Auflösung der Unterbeteiligung oder stillen Gesellschaft kann erfolgen, weil die Hauptgesellschaft liquidiert wird oder weil der Hauptbeteiligte aus ihr ausscheidet. Die Beteiligung teilt dann das rechtliche Schicksal der Hauptgesellschaft.[1] Hier sollen nur solche Auflösungsgründe untersucht werden, die sich aus der Unterbeteiligungsgesellschaft bzw. der stillen Gesellschaft selbst entwickeln.

1 Vgl. hierzu BGH v. 12.7.1982, NJW 1982, 282.

GmbH	GmbH & Co. KG	Betriebsaufspaltung
Auch kann empfehlenswert sein, im Gesellschaftsvertrag für den Fall der Veräußerung eines Geschäftsanteils ein Vorkaufsrecht oder Ankaufsrecht vorzusehen. Solche Beschränkungen des Übertragungsrechts sind insbesondere bei kleinen, stark personenbezogenen Kapitalgesellschaften geboten. Die Veräußerung eines teils eines Geschäftsanteils bedarf stets der Genehmigung der Gesellschaft (§ 17 Abs. 1 GmbHG). Die Veräußerung ist der Gesellschaft durch den Veräußerer oder Erwerber anzuzeigen; erst mit der Anmeldung gilt der Erwerber der GmbH gegenüber als Gesellschafter (vgl. hierzu § 16 GmbHG).	wünscht sein, die Übertragung zu erleichtern, wenn die Befugnisse der Kommanditisten ohnehin beschränkt sind, der Gesellschafterwechsel also die übrigen Befugnisse kaum berührt. Bei der Einheitsgesellschaft sollte die Abtretung der Kommandit-Beteiligung an die gleichzeitige Abtretung des GmbH-Anteils und umgekehrt gebunden werden.	wird, mit der Konsequenz, daß die Betriebsaufspaltung steuerlich beendet ist und damit u. U. erhebliche steuerliche Belastungen auf die Gesellschafter der Besitzgesellschaft zukommen (vgl. unter Rz. 7 ff.).

Das GmbH-Recht kennt gesetzliche Auflösungsgründe, denen die Satzung noch andere Gründe hinzufügen kann (§ 60 GmbHG). Ein Beschluß auf Fortsetzung der Gesellschaft ist zulässig, wenn das Konkursverfahren nach Zwangsvergleich aufgehoben oder auf Antrag des Gemeinschuldners eingestellt ist; ferner ist ein Rückgängigmachen der Auflösung durch einen Ge-	Für die Auflösung der Komplementär-GmbH s. GmbH. Zusätzlich zu den für die KG normierten Auflösungsgründen bestimmt der durch das EGInsO[1] ab 1.1.1999 in Kraft getretene § 131 Abs. 2 HGB, daß eine GmbH & Co. mit der Rechtskraft des Beschlusses, durch den die Eröffnung des Insolvenzverfahrens mangels Masse abgelehnt worden ist (Nr. 1), ebenso aufgelöst wird wie	Richtet sich nach der gewählten Rechtsform. Entfallen die tatbestandlichen Voraussetzungen einer Betriebsaufspaltung, so ist dieser Vorgang i. d. R. als Betriebsaufgabe des Besitzunternehmens zu beurteilen, mit der Folge, daß die im Betriebsvermögen des früheren Besitzunternehmens enthaltenen stillen Reserven aufzulösen sind (vgl. Rz. 7 ff.).

1 Mit Wirkung ab 1.1.1999 wird der durch das HRefG angefügte § 131 Abs. 2 HGB zu Abs. 3; zu den neuen Auflösungsgründen einer GmbH & Co. KG vgl. Schlitt, NZG 1998, 701 (705); zur Gestaltung von GmbH & Co. KG-Verträgen nach dem HRefG vgl. Schlitt, NZG 1998, 580.

GbR und OHG	KG	Unterbeteiligung und Stille Gesellschaft
zweckes oder ihr Unmöglichwerden (§ 726 BGB) für die OHG ebensowenig Auflösungsgrund wie der Tod (§ 727 BGB) oder der Konkurs (§ 728 BGB). Den Gesellschaftern steht es frei, weitere Auflösungsgründe zu vereinbaren. Trotz Vorliegen eines Auflösungsgrundes kann meist die Gesellschaft fortgesetzt werden. Gemäß § 131 Abs. 3 Nr. 1 bis 3 HGB[1] führen mangels ausreichender vertraglicher Bestimmung bei OHG und KG der Tod oder Insolvenz[2] eines Gesellschafters oder die Kündigung durch ihn oder einen Mitgläubiger nur noch zum Ausscheiden des betroffenen Gesellschafters. Die übrigen setzen die Gesellschaft fort; in einer zweigliedrigen Gesellschaft wird der verbleibende Gesellschafter Gesamtrechtsnachfolger.[3] Das Bedürfnis nach einer gesellschaftsvertraglichen Beschränkung des Abfindungsanspruchs wird durch die Handelsrechtsreform nicht gelöst.[4] (Zur Buchwertklausel vgl. Rz. 160 am Ende)	damit wäre zukünftig eine Nachfolgeklausel unentbehrlich geworden. Aufgrund starker Kritik in der Literatur[5] wurde die geplante Streichung des Paragraphen in der endgültigen – seit 1.7.1998 wirksamen – Fassung des Gesetzestextes schließlich doch nicht realisiert. § 177 HGB wurde nunmehr lediglich an den geänderten § 131 HGB angepaßt.[6]	

2. Zeitablauf

163 Die Gesellschaften endigen mit dem Ablauf der Zeit, für die sie eingegangen sind (§ 131 Abs. 1 Nr. 1 HGB; § 726 BGB; § 60 Abs. 1 Nr. 1 GmbHG). Außer der GmbH können alle anderen Gesellschaften ohne besonderen Beschluß stillschweigend verlängert werden; sie stehen dann auf unbestimmte Zeit eingegangenen Gesellschaften gleich, so daß sie nur

1 Vom 1.7.1998 bis 31.12.1998: § 131 Abs. 2 Nr. 1 bis 3 HGB.
2 Bis 31.12.1998: Konkurs.
3 Zur Problematik beim Wegfall des einzigen Komplementärs vgl. Frey/v. Bredow, ZIP 1998, 1621.
4 So auch K. Schmidt, NJW 1998, 2161.
5 K. Schmidt, ZIP 1997, 917; Gustavus, GmbHR 1998, 17.
6 K. Schmidt, DB 1998, 61; K. Schmidt, NJW 1998, 2161; Hörtnagl, INF 1998, 750 (754 f.); zur Problematik beim Ausscheiden des einzigen Komplementärs nach der Neuregelung des §§ 131 Abs. 2 i. V. m. 161 HGB durch das HRefG vgl. Frey/v. Bredow, ZIP 1998, 1621.

GmbH	GmbH & Co. KG	Betriebsaufspaltung
sellschafterbeschluß möglich, wenn durch Zeitablauf oder Gesellschafterbeschluß aufgelöst worden ist, vorausgesetzt, mit der Verteilung des Gesellschaftsvermögens ist noch nicht begonnen worden.	durch die Löschung wegen Vermögenslosigkeit aufgrund des neu eingefügten § 141a FGG (Nr. 2).	

nach Maßgabe des § 132 HGB kündbar sind (§ 134 HGB). Bei der GmbH hingegen tritt die Auflösung kraft Gesetzes ein; Verlängerung oder Verkürzung können die Gesellschafter im Wege der Satzungsänderung vorher beschließen (Eintragung nötig; §§ 53 f. GmbHG). Regelmäßig wird eine, eine Zeitbestimmung beinhaltende Klausel nicht zweckmäßig sein.

GbR und OHG	KG	Unterbeteiligung und Stille Gesellschaft

3. Gesellschafterbeschluß

164 Die Gesellschafter können beschließen, die Gesellschaft aufzulösen (§ 131 Abs. 1 Nr. 2 HGB; § 234 HGB, § 60 Abs. 1 Nr. 2 GmbHG). Außer bei der GmbH ist der Beschluß an keine besondere Form gebunden; er muß von allen Gesellschaftern einstimmig gefaßt werden, wenn der Gesellschaftsvertrag keinen Mehrheitsbeschluß zuläßt. Der Beschluß braucht die Auflösung nicht für sofort auszusprechen, sondern kann sie für einen bestimmten zukünftigen Zeitpunkt festlegen; ein bedingter Auflösungsbeschluß wird ebenfalls für zulässig gehalten[1] etwa für den Fall, daß die Bilanz einen bestimmten Verlust ausweist oder daß ein

4. Insolvenz[2] der Gesellschaft

165 Bis 31.12.1998 galt folgendes:
Anders als bei der GbR kann über das Vermögen einer OHG oder KG ein besonderes Konkursverfahren eröffnet werden, das von dem Konkurs über das Vermögen der einzelnen Gesellschafter zu unterscheiden ist (§ 209 KO). Der Gesellschaftskonkurs ist ein zwingender Auflösungsgrund (§ 131 Abs. 1 Nr. 3 HGB); Konkursgrund ist nur die Zahlungsunfähigkeit, nicht auch die Überschuldung. Nach Abschluß eines Zwangsvergleichs oder der Einstellung des Konkursverfahrens kann die Gesellschaft fortgesetzt werden (§ 144 HGB). Die Eröffnung eines Vergleichsverfahrens löst die Gesellschaft nicht auf. Wird neben dem Gesellschaftskonkurs auch der Konkurs über das Vermögen eines Gesellschafters eröffnet, muß die Vorschrift des § 212 KO beachtet werden.
Ab 1.1.1999 kann als Neuerung gegenüber der bisher gültigen Rechtslage auch über das Vermögen einer BGB-Gesellschaft das Insolvenzverfahren eröffnet werden.
Grds. gelten als Insolvenzgrund neben den bisher bekannten Gründen der Zahlungsunfähigkeit und der Überschuldung (vgl. §§ 17 und 19 InsO) auch noch die sog. drohende Zahlungsunfähigkeit (§ 18 InsO). Nach wie vor ist die Gesellschaftsinsolvenz zwingender Auflösungsgrund (vgl. § 131 Abs. 1 Nr. 3 HGB).

Eine Insolvenz der Unterbeteiligungsgesellschaft oder der stillen Gesellschaft selbst ist nicht denkbar. Zwingender Auflösungsgrund ist die Insolvenz über das Vermögen des Hauptbeteiligten bzw. der Hauptgesellschaft oder des Unterbeteiligten bzw. des stillen Gesellschafters; bei der Insolvenz des Hauptbeteiligten oder der Hauptgesellschaft kann der Unterbeteiligte oder Stille seine Einlage als gewöhnlicher Insolvenzgläubiger zurückfordern, soweit sie den Betrag übersteigt, den er nach dem Gesellschaftsvertrag als Verlustanteil zu tragen hat (vgl. § 236 HGB).

5. Insolvenz über das Vermögen eines Gesellschafters

166 Anders als bei der GbR (§ 728 BGB) ist bei OHG und KG (§ 131 Abs. 3 Nr. 2 HGB) die Insolvenz über das Vermögen eines Gesellschafters kein Auflösungsgrund. Der Gesellschafter scheidet mit Eröffnung des Insolvenzverfahrens (ab 1.1.1999) aus der Gesellschaft aus. Im Zeitpunkt des Ausscheidens entsteht der Abfindungsanspruch; dieser wird fällig, sobald er bestimmbar ist, spätestens mit Feststellung der Abschichtungsbilanz.[3]

Siehe Rz. 160.

1 Vgl. Westermann u. a., I Rz. 617.
2 Bis 31.12.1998: Konkurs.
3 Vgl. Baumbach/Hopt, § 138 HGB Rz. 26 m. w. N.

<table>
<tr><th>GmbH</th><th>GmbH & Co. KG</th><th>Betriebsaufspaltung</th></tr>
<tr><td colspan="3">bestimmtes Rohstoffvorkommen erschöpft ist. Bei der GmbH ist wie bei einer Satzungsänderung eine Mehrheit von 75 % der abgegebenen, nicht aller Stimmen nötig. Die Satzung darf mehr und, sofern der Beschluß keine Satzungsänderung enthält, auch weniger verlangen (z. B. einfache Mehrheit). Eine Dreiviertelmehrheit ist notwendig, wenn der Beschluß die Auflösung unter einer Bedingung oder für einen späteren Zeitpunkt vorsieht, also die Gesellschaft für die Zukunft hinsichtlich ihrer Fortdauer einer neuen Regelung unterstellt.</td></tr>
<tr><td>Die Auflösung tritt mit Eröffnung der Insolvenz über das Vermögen der Gesellschaft kraft Gesetzes ein (zwingend); wird das Verfahren nach Abschluß eines Zwangsvergleichs aufgehoben oder auf Antrag des Gemeinschuldners eingestellt, dann können die Gesellschafter die Fortsetzung der Gesellschaft beschließen. Insolvenzgrund ist im Gegensatz zu den Personengesellschaften Zahlungsunfähigkeit und Überschuldung (§ 63 GmbHG).</td><td>Insolvenzeröffnung ist zwingender Auflösungsgrund. Im Gegensatz zur KG ist Insolvenzgrund bei der GmbH & Co. KG gemäß §§ 177a, 130a, 130b HGB i. d. F. des Ersten Gesetzes zur Bekämpfung der Wirtschaftskriminalität vom 29.7.1976[1] außer der Zahlungsunfähigkeit auch die Überschuldung. Für die Komplementär-GmbH gilt das gleiche wie für die GmbH (s. dort).</td><td>Unabhängig voneinander ist für beide Gesellschaften die Eröffnung der Insolvenz zwingender Grund zur Auflösung. Insolvenzgrund für die die Marktrisiken tragende Kapitalgesellschaft (Betriebs- oder Vertriebsgesellschaft) ist Zahlungsunfähigkeit und Überschuldung. Die Kapitalausstattung wird meist nur an der gesetzlich vorgeschriebenen Untergrenze liegen. Das im Eigentum der Besitzgesellschaft stehende Anlagevermögen ist nur pachtweise überlassen und damit dem Zugriff der Gläubiger der Kapitalgesellschaft entzogen.</td></tr>
<tr><td>Die Gesellschafterinsolvenz ist kein gesetzlicher Auflösungsgrund. In die Satzung sollte dieser Auflösungsgrund regelmäßig nicht aufgenommen werden (vgl. § 60 Abs. 2 GmbHG). Zulässig und empfehlenswert ist jedoch die Aufnahme der Insolvenz über das Vermö-</td><td>Wie KG; die Insolvenz der Komplementär-GmbH führt zur Auflösung der KG, so kein anderer Komplementär die Gesellschafterstellung der insolventen GmbH übernimmt.</td><td>Während die Betriebs- oder Vertriebskapitalgesellschaft durch Insolvenz über das Vermögen eines Gesellschafters nicht in ihrem Bestand unmittelbar gefährdet wird, droht der Besitzgesellschaft in einem solchen Fall die Auflösung und damit dem gesamten</td></tr>
</table>

1 BGBl. I 1976, 2034.

GbR und OHG	KG	Unterbeteiligung und Stille Gesellschaft

6. Kündigung durch einen Gesellschafter

167 Die Kündigung eines Gesellschafters kann, wenn die Gesellschaft für unbestimmte Zeit eingegangen ist, unter Einhaltung einer Frist von sechs Monaten zum Schluß eines Geschäftsjahres erfolgen (§ 132 HGB). Bei der GbR, die auf unbestimmte Zeit geschlossen ist, kann die Kündigung jederzeit, nicht jedoch zur Unzeit erfolgen (§ 723 Abs. 1 und 2 BGB); die Vereinbarung einer Kündigungsfrist im Gesellschaftsvertrag ist zulässig. Das Kündigungsrecht kann durch den Gesellschaftsvertrag nicht eingeschränkt (§§ 105 Abs. 2 HGB, 723 Abs. 3 BGB), wohl aber erleichtert werden. Bei Gesellschaften mit bestimmter Zeitdauer ist eine Kündigung ausgeschlossen. Bei einer GbR ist dann die Kündigung aus wichtigem Grund möglich (§ 723 Abs. 1 BGB); bei OHG und KG müssen die Gesellschafter das Gericht anrufen (§ 133 Abs. 1 HGB).

Eine vertragliche Regelung der Kündigungsmöglichkeit ist empfehlenswert. Dabei müssen die Kontinuitätsinteressen der Gesellschaft und der Wunsch des einzelnen, nicht allzulange gebunden zu sein, berücksichtigt werden. Für die Anlaufzeit der Gesellschaft kann die Kündigungsmöglichkeit vertraglich ausgeschlossen werden. Ferner kann die Gesellschaft auf lange Zeitdauer (etwa 30 Jahre mit automatischer Verlängerung um 10 Jahre) abgeschlossen werden, so daß nur aus wichtigem Grund gekündigt werden kann. Im Gesellschaftsvertrag sollten die Kündigungsfolgen geregelt werden. § 131 Abs. 3 Nr. 3 HGB[1] bestimmt – im Gegensatz zum Recht vor der Handelsrechtsreform – daß der kündigende Gesellschafter – so nichts anderes bestimmt ist – aus der Gesellschaft ausscheidet. Zum Abfindungsanspruch und dessen Fälligkeit vgl. Rz. 166. Schließ-

Für die Kündigung der stillen Gesellschaft durch die Gesellschafter verweist § 234 HGB auf die Vorschriften betreffend die OHG; bei der Unterbeteiligungsgesellschaft ist streitig, ob § 723 BGB oder § 234 HGB gilt. Die Kündigungsmodalitäten sollten gesellschaftsvertraglich geregelt werden, und zwar möglichst weitgehend in Angleichung an den Gesellschaftsvertrag der Hauptgesellschaft. Für die Unterbeteiligungsgesellschaft und wohl auch für die stille Gesellschaft kann das ordentliche Kündigungsrecht auf die Dauer des Bestandes der Hauptgesellschaft nur unter der Voraussetzung ausgeschlossen werden, daß entweder die Beendigung der Hauptgesellschaft zeitlich festgelegt oder von der Erreichung eines bestimmten Gesellschaftszweckes abhängig ist.[2]

1 Vom 1.7.1998 bis 31.12.1998: § 131 Abs. 2 Nr. 3 HGB.
2 Vgl. näheres bei Westermann u. a., I Rz. 969.

GmbH	GmbH & Co. KG	Betriebsaufspaltung
gen eines Gesellschafters als Grund für ein Ausscheiden des Gesellschafters gegen Abfindung in die Satzung. Hinsichtlich der Höhe der Abfindung ist zu beachten, daß eine Buchwertklausel allein für diesen Fall wegen Gläubigerbenachteiligung unzulässig ist (daher Erstreckung der Buchwertklausel auf die Fälle des Ausscheidens aus wichtigem Grund und/oder wegen Todes des Gesellschafters ratsam).		Unternehmen u. U. der Zusammenbruch. Zur Abwendung dieser Gefahr siehe Ausführungen zur GbR, OHG und KG.
Gem. § 60 Abs. 2 GmbHG kann die Satzung die Kündigung durch einen Gesellschafter als Auflösungsgrund zulassen. Dieses Kündigungsrecht ist zu unterscheiden von der Möglichkeit, durch Kündigung als Gesellschafter aus der Gesellschaft auszuscheiden, ohne daß die Gesellschaft selbst in ihrer Existenz berührt wird. Soll dem einzelnen Gesellschafter das Recht eingeräumt werden, die Auflösung und Liquidation der GmbH herbeiführen zu können, dann sollte dieses Recht wegen der schwerwiegenden Konsequenzen für die übrigen Gesellschafter zumindest an strenge Formvorschriften gebunden werden und die Erfüllung weiterer Voraussetzungen gefordert werden (Wirksamwerden der Kündigung erst nach längerer Frist; Anpassungsmöglichkeiten des Status	Wie KG; für die Komplementär-GmbH s. GmbH.	Bei der gesellschaftsvertraglichen Gestaltung des Kündigungsrechts der Besitzpersonengesellschaft muß bedacht werden, daß eine Kündigung i. d. R. auch für die Kapitalgesellschaft tiefgreifende Folgen haben wird, da die Besitz- oder Vertriebsgesellschaft ihren Zweck nur erfüllen kann, solange sie die Möglichkeit hat, sich der an sie verpachteten Wirtschaftsgüter zu bedienen. Zur vertraglichen Gestaltung vgl. Ausführungen zu GbR, OHG und KG.

<table>
<tr><th>GbR und OHG</th><th>KG</th><th>Unterbeteiligung und Stille Gesellschaft</th></tr>
<tr><td colspan="2">lich kann Höhe und Fälligkeit der Abfindung gesellschaftsvertraglich fixiert werden. In jedem Falle sollte zum Zwecke der Beweiserleichterung für die Kündigung Schriftform vorgeschrieben werden.</td><td></td></tr>
</table>

7. Kündigung durch einen Privatgläubiger

<table>
<tr><td>168</td><td colspan="2">Eine Kündigung gemäß § 725 BGB durch einen Privatgläubiger eines Gesellschafters bewirkt die Auflösung und Liquidation der GbR; bei OHG und KG führt die Kündigung durch den Privatgläubiger eines Gesellschafters nur zu dessen Ausscheiden (§ 131 Abs. 3 Nr. 4 HGB.[1] Zum Abfindungsanspruch und dessen Fälligkeit vgl. Rz. 166.</td><td>Eine Kündigung durch einen Privatgläubiger des Unterbeteiligten und des stillen Gesellschafters ist möglich und richtet sich bei der Unterbeteiligungsgesellschaft nach h. M. nach den Voraussetzungen des § 725 BGB und bei der stillen Gesellschaft nach den gleichen Vorschriften wie die Kündigung durch einen Privatgläubiger bei der OHG (§§ 234 Abs. 1, 135 HGB). Danach führt eine solche Kündigung bei einer Unterbeteiligung zur Auflösung der Innengesellschaft und bei der stillen Gesellschaft zum bloßen Ausscheiden des Stillen. Zum Abfindungsanspruch und dessen Fälligkeit vgl. Rz. 166.</td></tr>
</table>

8. Auflösungsklage

<table>
<tr><td>169</td><td colspan="2">Im Gegensatz zur GbR (§ 723 BGB) besteht für OHG und KG kein formloses Kündigungsrecht aus wichtigem Grund. Mit Rücksicht auf die Tragweite der Entscheidung für alle Betroffenen wird ein gerichtliches Verfahren eingeschaltet. Liegt ein wichtiger Grund vor, kann jeder Gesellschafter die gerichtliche Auflösung der Gesellschaft beantragen, gleichgültig, ob sie auf bestimmte oder unbestimmte Zeit errichtet ist (§ 133 HGB). Der wichtige Grund kann in der Person dessen liegen, der die Entscheidung beantragt hat, aber auch in der Person des Mitgesellschafters oder in sonstiger Weise gegeben sein. Die gerichtliche Entscheidung setzt die Klage eines Gesellschafters voraus, die gegen alle</td><td>Sowohl die Unterbeteiligungsgesellschaft als auch die stille Gesellschaft können von beiden Seiten aus wichtigem Grunde gekündigt werden (§§ 234 Abs. 1 Satz 2 HGB; 723 BGB); einer Klage entsprechend der Regelung der Vorschrift des § 133 HGB bedarf es nicht. Ein Ausschluß oder eine Beschränkung dieses</td></tr>
</table>

1 Vom 1.7.1998 bis 31.12.1998: § 131 Abs. 2 Nr. 4 HGB.

GmbH	GmbH & Co. KG	Betriebsaufspaltung
durch verbleibende Gesellschafter etc.[1]		
Eine Kündigung der GmbH durch einen Privatgläubiger seitens eines Gesellschafters ist nicht möglich; eine den Vorschriften der §§ 725 BGB, 135 HGB entsprechende Regelung fehlt im GmbH-Recht.	Wie KG; danach haben sowohl die Gläubiger der Komplementär-GmbH als auch die der Kommanditisten ein Kündigungsrecht nach § 135 HGB. Die Komplementär-GmbH selbst hingegen kann nicht durch einen Privatgläubiger der GmbH-Gesellschafter gekündigt werden, da eine der Vorschrift der §§ 725 BGB, 135 HGB entsprechende Regelung dem GmbH-Recht fremd ist.	Die Gefahr einer Kündigung durch einen Privatgläubiger eines Gesellschafters droht nur der Personengesellschaft; bei einer Kapitalgesellschaft gibt es kein entsprechendes Rechtsinstitut (vgl. GmbH). Da Personengesellschaft und Kapitalgesellschaft eng verflochten sind und die Kapitalgesellschaft ohne die ihr zur Verfügung gestellten Wirtschaftsgüter der Personengesellschaft i. d. R. nicht lebensfähig ist, schlagen die im Zuge der Kündigung entstehenden Probleme auf die Kapitalgesellschaft durch. Demzufolge sollen langfristige Verträge zwischen beiden Gesellschaften geschlossen und eine Fortsetzungsklausel mit Abfindungsregeln in den Gesellschaftsvertrag aufgenommen werden (vgl. OHG, KG).
§ 60 Abs. 1 Nr. 3 GmbHG schreibt zwingend vor, daß die GmbH in den Fällen der §§ 61 und 62 GmbHG durch gerichtliches Urteil oder durch Entscheidung des Verwaltungsgerichts oder der Verwaltungsbehörde aufgelöst wird. Die Auflösungsklage ist ein Minderheitsrecht und gegen die Gesellschaft zu	Wie KG; es empfiehlt sich daher, auch bei der GmbH & Co. KG in die Satzung solche Gründe aufzunehmen, die die Gesellschafter als so wichtig ansehen, daß sie eine Auflösungsklage für angemessen halten; ferner sollte vereinbart werden, daß ein Schiedsgericht über die Auflösungsklage entscheiden soll. Neben	Richtet sich nach der gewählten Rechtsform; zusätzlich ist zu beachten, daß die Kapitalgesellschaft und die Personengesellschaft regelmäßig dergestalt miteinander verbunden sind, daß die gegen eine Gesellschaft gerichtete Auflösungsklage im Falle der Begründetheit auch die Auflösung der anderen Ge-

1 Vgl. Eder u. a., I Rz. 720.

GbR und OHG	KG	Unterbeteiligung und Stille Gesellschaft
anderen Gesellschafter gerichtet werden muß (außer gegen die, die sich mit dem Urteil bindend einverstanden erklären). Die Vorschrift über die gerichtliche Auflösung aus wichtigem Grund ist wie die Regelung betreffend die Kündigung bei der GbR (§ 723 Abs. 3 BGB) insofern zwingend, als das Recht, die Auflösung zu verlangen, weder ganz ausgeschlossen noch entgegen § 133 HGB beschränkt werden kann (§ 133 Abs. 3 HGB). Da § 133 HGB zwingendes Recht ist, kann der Gesellschaftsvertrag nur weitere Gründe nennen, die die Gesellschafter als so wichtig ansehen, daß sie eine Auflösungsklage für angemessen halten (etwa falls die Gesellschaft einen bestimmten Zeitraum ohne Gewinn gearbeitet hat). Wichtig ist die Aufnahme von Hilfen in den Gesellschaftsvertrag, die den Auflösungsgrund beseitigen („Ein Verhalten eines Gesellschafters gibt einen Grund zur Auflösung erst ab, wenn zweimalige Abmahnung ergebnislos geblieben ist." Oder: „Ergeben sich durch den Gesellschaftsvertrag, einen Beschluß der Gesellschafter oder auf andere Weise unzumutbare Verhältnisse, so sind alle Gesellschafter verpflichtet, alles ihnen Zumutbare zur Beseitigung des unzumutbaren Zustandes zu tun, insbesondere auch den Gesellschaftsvertrag abzuändern.").[1] Ferner sollten im Gesellschaftsvertrag die Folgen einer solchen Klage abweichend von § 133 HGB geregelt werden. Es müßte eine Klausel aufgenommen werden, wonach der Gesellschafter, der das Auflösungsurteil erstritten hat, automatisch oder aufgrund eines Gesellschafterbeschlusses ausscheidet und die Gesellschaft ohne ihn fortgesetzt wird. Die Höhe der Abfindung sollte ungefähr dem erwarteten Liquidationserlös entsprechen. (Unangemessene Abfindung kann wichtiger Grund zur Auflösung sein!). Eine Kündigungsklausel, wonach ein Gesellschafter mit Erhebung der Auflösungsklage ohne Rücksicht auf deren Begründetheit auszuscheiden hat, wird als unzulässig angesehen. Eine Schiedsgerichtsvereinbarung ist hingegen zulässig.		außerordentlichen Kündigungsrechts ist nichtig (§ 723 Abs. 3 BGB); eine Vereinbarung einer schiedsgerichtlichen Entscheidung über das Kündigungsrecht ist keine Beschränkung und u. U. geboten. Der wichtige Grund kann in der Person dessen liegen, der kündigt, aber auch in der anderen Person oder in sonstiger Weise gegeben sein. Wie bei GbR, OHG und KG empfiehlt es sich i. d. R. auch hier, im Gesellschaftsvertrag weitere Gründe zu nennen, die die Beteiligten für so wichtig ansehen, daß sie eine Kündigung für angemessen bzw. eine Schiedsgerichtsklage für begründet halten (z. B. dauernde Ertragslosigkeit; Unterschreiten einer bestimmten Renditeerwartung; familiäre Ereignisse etc.).

1 Zu wichtigen vertraglichen Vereinbarungen vgl. Baumbach/Hopt, § 133 HGB Rz. 20.

GmbH	GmbH & Co. KG	Betriebsaufspaltung
richten (§ 61 GmbHG); sie kann nur von Gesellschaftern erhoben werden, deren Geschäftsanteile zusammen mindestens den zehnten Teil des Stammkapitals ausmachen. In der Satzung darf dieser Prozentsatz nicht erhöht, wohl aber einer geringeren Minderheit zugebilligt werden (bzw. 5 %); dies ist unabdingbar. Das Gesetz gewährt die Klage, wenn die Erreichung des Gesellschaftszwecks unmöglich wird, oder wenn andere in den Verhältnissen der Gesellschaft liegende, wichtige Gründe für die Auflösung vorhanden sind. I. d. R. sollten in der Satzung solche Gründe niedergelegt werden, die die Gesellschafter als wichtig ansehen (dauernde Unrentabilität, Beschlußunfähigkeit in wichtigen Punkten wegen dauernder unvermeidlicher Stimmengleichheit.[1] Ferner empfiehlt es sich, ein Schiedsgericht über die Auflösungsklage entscheiden zu lassen und eine entsprechende Klausel in die Satzung aufzunehmen (siehe Rz. 21). Vgl. auch BGH-Urt. v. 29.3.1996, NJW 1996, 1753; Schiedsverfahren auch bei Beschlußmängel-, Ausschluß- oder Änderungskündigung grundsätzlich zulässig.[2] Fassen die Gesellschafter gesetzwidrige Beschlüsse oder lassen sie gesetzeswidrige Handlungen der	einer solchen Schiedsgerichtsklausel (s. Rz. 21) sollten auch – wie bei der KG – Hilfen in den Gesellschaftsvertrag aufgenommen werden, wie der Auflösungsgrund unter Mitwirkung aller beseitigt werden kann; die Neuregelung des 10. Buches der ZPO ermöglicht die Konstituierung.[3] Für die Auflösungsklage bei der Komplementär-GmbH s. GmbH.	sellschaft zur Folge haben wird. Bei der Personengesellschaft sollte daher gesellschaftsvertraglich vereinbart werden, daß die Auflösungsklage eines Gesellschafters dessen automatisches Ausscheiden gegen Gewährung eines dem Liquidationserlös entsprechenden Abfindungsguthabens zu Folge hat, und daß die übrigen Gesellschafter die Gesellschaft fortsetzen können. Bei der Kapitalgesellschaft muß das (nicht entziehbare) Minderheitsrecht beachtet werden, wonach die Auflösungsklage von Gesellschaftern erhoben werden kann, deren Geschäftsanteile zusammen mindestens den zehnten Teil des Stammkapitals ausmachen. In jedem Fall sollten in die Satzungen die Gründe aufgenommen werden, die die Gesellschafter als so wichtig ansehen, daß sie eine Auflösungsklage für angemessen halten; ferner sollte ein Schiedsgericht über die Auflösungsklage entscheiden (vgl. Rz. 21) und in den Gesellschaftsverträgen Hilfen aufgezeigt werden, wie Konflikte dieser Art unter Mitwirkung aller beseitigt werden können.

1 Vgl. Eder u. a., I Rz. 712, 712.1 f.
2 Vgl. Schlosser, DIS-MAT IV (1998) 63.
3 Vgl. Schlosser, DIS-MAT IV (1998) 63.

GbR und OHG	KG	Unterbeteiligung und Stille Gesellschaft

9. Auflösung wegen Mängeln des Gesellschaftsvertrages

170 Eine Auflösung der Gesellschaft wegen Mängeln des Gesellschaftsvertrages kann bei GbR, Unterbeteiligung und stiller Gesellschaft nur durch Kündigung nach § 723 BGB, bei OHG und KG nur durch Klage nach §§ 133 f. HGB geltend gemacht werden; Kündigung wie Klage führen zur Abwicklung durch Liquidation (näheres: Rz. 169).

GmbH	GmbH & Co. KG	Betriebsaufspaltung
Geschäftsführer wissentlich geschehen (Kenntnis der Mehrheit der Gesellschafter genügt), dann kann auf Antrag der höheren Verwaltungsbehörde die GmbH wegen Gefährdung des Allgemeinwohls (§ 62 GmbHG) durch verwaltungsgerichtliches Urteil aufgelöst werden.		
Gem. § 60 Abs. 1 Nr. 5 GmbHG wird die GmbH aufgelöst mit der Rechtskraft einer Verfügung des Registergerichts, durch welche nach § 144a FGG ein Mangel des Gesellschaftsvertrages festgestellt worden ist. Ein solcher Mangel liegt vor, wenn der Gesellschaftsvertrag eine nach § 3 GmbHG zwingend notwendige Bestimmung nicht enthält (Firma und Sitz der Gesellschaft; Gegenstand des Unternehmens, Betrag des Stammkapitals oder Stammeinlage des Gesellschafters) oder nichtig ist. Nach § 144a FGG hat das Registergericht in Fällen dieser Art die Gesellschaft zunächst aufzufordern, innerhalb einer bestimmten Frist eine den Mangel behebende Änderung des Gesellschaftsvertrages zum Handelsregister anzumelden. Kommt die GmbH dem nicht nach und bleibt ein von ihr eingelegtes Rechtsmittel (Widerspruch und sofortige Beschwerde) ohne Erfolg, dann ist die Gesellschaft aufgelöst und zu liquidieren.	Wie KG; für die Komplementär-GmbH gilt das für die GmbH Ausgeführte. Zu beachten ist allerdings, daß die Fortdauer der KG nur gewährleistet ist, wenn zumindest zwei Gesellschafter übrigbleiben und einer von diesen persönlich haftender Gesellschafter ist. Wird danach die Komplementär-GmbH aufgelöst, und bleibt kein persönlich haftender Gesellschafter, dann ist auch die KG aufgelöst, falls nicht gleichzeitig ein neuer Komplementär eintritt.	Richtet sich nach der gewählten Rechtsform. Durch eine Auflösung der Kapitalgesellschaft wird der Bestand der die Wirtschaftsgüter verpachtenden Personengesellschaft zumindest wirtschaftlich ebenfalls gefährdet und vice versa.

GbR und OHG	KG	Unterbeteiligung und Stille Gesellschaft

10. Löschung vermögensloser Gesellschaften

171 Die Löschung einer vermögenslosen GbR, OHG, KG oder Innengesellschaft im Handelsregister ist im LöschG nicht vorgesehen. § 2 LöschG erfaßt nur die AG, KGaA und GmbH.

GmbH	GmbH & Co. KG	Betriebsaufspaltung
Gleiches bestimmt § 60 Abs. 1 Nr. 5 GmbHG i. V. m. § 144b FGG für den Fall, daß ein Gesellschafter einer GmbH einer der Verpflichtungen des § 19 Abs. 4 Satz 1 GmbHG nicht fristgemäß nachkommt und nach Eintritt der Voraussetzungen des § 19 Abs. 4 GmbHG (Anteilsvereinigung in einer Hand) nicht alle Geldeinlagen innerhalb drei Monaten voll einbezahlt oder für die ausstehenden Beträge keine Sicherheit leistet oder einen Teil der Geschäftsanteile nicht auf einen Dritten überträgt.		
Nach § 2 Abs. 1 LöschG kann die Löschung der vermögenslosen GmbH im Handelsregister sowohl auf Antrag der Organe des Handelsstandes (§ 126 FGG) oder der Steuerbehörde als auch von Amts wegen erfolgen. Liegen ausreichende Anhaltspunkte vor, dann muß das Registergericht das Verfahren einleiten. Die Gesellschaft ist vermögenslos, wenn Vermögensstücke fehlen, die den Eintritt in eine Abwicklung sinnvoll erscheinen lassen.[1] Antrag auf Löschung ist kein Verwaltungsakt und daher auch nicht mit der Anfechtungsklage anfechtbar.	Wie die KG; danach kommt nur eine Löschung der Komplementär-GmbH in Betracht. Das LöschG ist nicht auf die GmbH & Co. ausgedehnt worden.[2] Auflösungsgründe sind aber aufgrund des ab 1.1.1999 in Kraft tretenden Einführungsgesetzes zur Insolvenzordnung Rechtskraft des Beschlusses, durch den die Eröffnung des Insolvenzverfahrens mangels Masse abgelehnt worden ist, und Löschung wegen Vermögenslosigkeit nach § 141a FGG (§ 131 Abs. 2 HGB).[3]	Der Antrag auf Löschung bzw. Amtslöschung im Handelsregister kann sich nur gegen die (vermögenslose) Kapitalgesellschaft richten. Ist die Besitzgesellschaft eine GmbH & Co. oder – ausnahmsweise – die Betriebsgesellschaft, ist § 131 Abs. 2 HGB (Fassung ab 1.1.1999) zu beachten (siehe GmbH & Co. KG).

1 Ausführlich bei K. Schmidt in Scholz, Anh. § 60 GmbHG Rz. 11, 19 f.; zum Verfahren vgl. Rz. 16.
2 Vgl. K. Schmidt in Scholz, Anh. § 60 GmbHG Rz. 26 ff.
3 Vgl. hierzu Schlitt, NZG 1998, 701, 705.

GbR und OHG	KG	Unterbeteiligung und Stille Gesellschaft

11. Tod eines Gesellschafters

a) Allgemeines

172 GbR wird durch den Tod eines Gesellschafters aufgelöst, sofern sich aus dem Gesellschaftsvertrag nichts anderes ergibt (§§ 727 Abs. 1 BGB). Bei der OHG führt der Tod des Gesellschafters mangels abweichender vertraglicher Bestimmung lediglich zum Ausscheiden des Gesellschafters. Die fortbestehende Gesellschaft wird mit dem Abfindungsanspruch belastet (§ 738 Abs. 1 Satz 2 BGB). Geboten ist die gesellschaftsvertragliche Beschränkung des Abfindungsanspruchs (modifizierte Buchwertklausel).[1] Regelmäßig liegt eine Fortsetzungsvereinbarung im Interesse der Gesellschafter. Inhaltlich kann bestimmt werden, daß nur die übrigen Gesellschafter die Gesellschaft fortsetzen und die Erben abfinden sollen; es kann aber auch vereinbart werden, daß die Erben beteiligt werden sollen, die dann nicht in ihrer Gesamtheit als Erbengemeinschaft, sondern als Einzelpersonen Gesellschafter werden; soll die Gesellschaft mit den Erben fortgesetzt werden, dann kann jeder Erbe sein Verbleiben in der Gesellschaft davon abhängig machen, daß ihm der bisherige Gewinnanteil belassen und

Wie beim Tod eines Gesellschafters einer OHG, so führt der Tod eines Komplementärs oder der eines Kommanditisten mangels abweichender vertraglicher Bestimmungen lediglich zum Ausscheiden des Gesellschafters (§ 131 Abs. 3 Nr. 1 HGB).[2] Der Abfindungsanspruch des Ausgeschiedenen richtet sich grundsätzlich nach dem Verkehrswert und sollte dementsprechend gesellschaftsvertraglich modifiziert werden (vgl. GbR, OHG m. w. N.). Die Rechtsfolge des Ausscheidens ist dispositiv. Der Gesellschaftsvertrag kann und sollte anderes bestimmen. Für diesen Fall gelten die Ausführungen betreffend GbR und OHG entsprechend. Aufgrund des Entwurfs zur Handelsrechtsreform sollte § 177 HGB, demzufolge die KG durch den Tod eines Kommanditisten nicht aufgelöst wird, aufgehoben werden. Danach hätten seine Erben nunmehr einen Abfindungsanspruch, der in aller Regel die Gesellschaft belastet hätte. Um dieses untragbare Ergebnis auszuschließen, wäre eine gesellschaftsvertragliche Nachfolgeklausel erforderlich geworden.[3]

Unterbeteiligung: Wird durch den Tod des Hauptgesellschafters die Hauptgesellschaft selbst aufgelöst, führt dies zum Wegfall der Beteiligung; in diesem Fall ist der Tod ein Auflösungsgrund. Besteht hingegen die Hauptgesellschaft weiter, kommt es darauf an, ob bei einer Unterbeteiligung die Vorschrift des § 234 Abs. 2 HGB oder die des § 727 BGB Anwendung findet; nach ersterer kann der Tod des Inhabers, nach letzterer ist der jedes Gesellschafters Auflösungsgrund. Westermann u. a.[4] ist der Ansicht, daß es für die Unterbeteiligungsgesellschaft nicht erforderlich ist, daß der Hauptgesellschafter zu den Unterbeteiligten ein besonderes persönliches Vertrauen hat; demzufolge sollten an die Feststellung einer Fortsetzungsklausel für den Tod des Hauptgesellschafters durch Auslegung des Unterbeteiligungsgesellschaftsvertrages nur geringe Anforderungen gestellt werden. In Anbetracht dieser Rechtsunsicherheit sollte eine Regelung getroffen werden.

Stille Gesellschaft: Bei der stillen Gesellschaft löst weder der Tod des Geschäftsinhabers noch der Tod des stillen Gesellschafters die

1 Vgl. Weber/Jacob, ZRP 1997, 152 (157); Lamprecht, ZIP 1997, 919 (922); Daumer-Lieb, ZHR 158 (1994), 271.
2 Bis 31.12.1998: § 131 Abs. 2 Nr. 1 HGB.
3 Vgl. zum Entwurf K. Schmidt, ZIP 1997, 909 (917).
4 I Rz. 970.

GmbH	GmbH & Co. KG	Betriebsaufspaltung
Der Tod eines Gesellschafters ist kein gesetzlicher Auflösungsgrund; soll gleichwohl mit dem Tode eines Gesellschafters die GmbH aufgelöst werden, dann muß dies als Auflösungsgrund in die Satzung aufgenommen werden (§ 60 Abs. 2 GmbHG). Wird – was regelmäßig im Interesse der Beteiligten liegt – ein solcher Auflösungsgrund nicht in die Satzung aufgenommen und endet die Mitgliedschaft eines Gesellschafters durch seinen Tod, dann geht sein Geschäftsanteil auf seine Erben über (§ 15 Abs. 1 GmbHG), die die Mitgliedschaft als Erbengemeinschaft erwerben und ihre Rechte gemeinschaftlich ausüben müssen (§ 18 GmbHG). Vom Rechtsübergang ausgenommen sind lediglich höchstpersönliche Rechte, die nicht mit dem Geschäftsanteil, sondern mit der Person verbunden sind (z.B. Geschäftsführungsbefugnis). Ein völliger Ausschluß der Vererblichkeit eines Geschäftsanteils kann gesellschaftsvertraglich wohl ebensowenig vorgesehen werden wie eine Anwachsung der Anteile des Verstorbenen zugunsten der verbleibenden Gesellschafter entsprechend der	Wie KG; die persönlich haftende Gesellschafterin ist eine GmbH; damit hat die GmbH & Co. KG einen „unsterblichen" Komplementär und bleibt demzufolge beim Tode der Gesellschafter der GmbH (s. dort) ebenso bestehen wie beim Tode eines ihrer Kommanditisten (§ 177 HGB).	Richtet sich nach der gewählten Rechtsform. Eine Abstimmung aller Gesellschaftsverträge und Testamente ist unbedingt notwendig; insbesondere ist darauf zu achten, daß bei der die Wirtschaftsgüter zur Verfügung stellenden Personengesellschaft eine Regelung getroffen wird, die den Bestand der Gesellschaft über den Tod eines ihrer Gesellschafter hinaus sichert. Anderenfalls ist auch die vom Bestand und von der Geschäftspolitik der Personengesellschaft abhängige Kapitalgesellschaft gefährdet. Wenn möglich, sollte testamentarisch Vorsorge getroffen werden, daß nicht durch den Tod eines Beteiligten die Betriebsaufspaltung beendet wird und damit neben erbschaftsteuerlichen noch ertragsteuerliche Belastungen hingenommen werden müssen. Wird durch den Tod eines Gesellschafters das Tatbestandsmerkmal „einheitlicher geschäftlicher Betätigungswille" nicht mehr verwirklicht, liegt keine Betriebsaufspaltung, sondern eine Betriebsaufgabe des Besitzunternehmens vor.[1]

1 Vgl. L. Schmidt, § 15 EStG Rz. 865.

GbR und OHG	KG	Unterbeteiligung und Stille Gesellschaft
die Stellung eines Kommanditisten eingeräumt wird und daß der auf ihn fallende Teil der Einlage des Verstorbenen als seine Kommanditeinlage anerkannt wird. Diese Befugnis der Erben nach § 139 HGB ist unabdingbar, allerdings kann der Gewinnanteil dann anders als der des Erblassers bestimmt werden.	Der Gesetzgeber ließ sich letztlich von den kritischen Stimmen in der Literatur überzeugen und behielt den § 177 HGB mit einer kleinen redaktionellen Anpassung an den geänderten § 131 HGB bei (vgl. auch Rz. 162 m. Literaturhinweisen).	Gesellschaft auf (§ 234 Abs. 2 HGB); in beiden Fällen kann anderes vereinbart werden. Etwas anderes würde nur gelten, wenn eine mit der stillen Gesellschaft vergleichbare Innengesellschaft an einer GmbH bestünde, da dann im Fall eines Todes wegen der Regelung des § 727 BGB beide Gesellschaften aufgelöst werden.

b) Erbrechtliche Nachfolgeklausel

173 Eine erbrechtliche Nachfolgeklausel hat dingliche Wirkung. Danach tritt der Erbe (nicht die Erbengemeinschaft) mit dem Tode des Gesellschafters an dessen Stelle, selbst wenn er von dem Tode nichts weiß. Die Gesellschafterstellung des Erblassers geht im Wege der Sonderrechtsnachfolge über. Läßt der Gesellschaftsvertrag die Nachfolge in den Anteil eines Gesellschafters nur für einen von mehreren Miterben zu, so erwirbt dieser den Anteil beim Tode des Gesellschafters, wenn die erbrechtlichen Voraussetzungen gegeben sind, unmittelbar im ganzen.[1] Die gesellschaftsvertraglichen Regelungen sind vorrangig, weil der Erblasser die Bindung bereits zu Lebzeiten wirksam verfügt hat (sog. qualifizierte erbrechtliche Nachfolgeklausel). In der Nachfolgeklausel soll zunächst die Anzahl der künftig an die Stelle des Verstorbenen tretenden Personen geregelt werden, sodann können bestimmte Voraussetzungen (Aufnahme nur von Familienmitgliedern, Volljährigkeit etc.) aufgestellt werden. Bei minderjährigen Nachfolgern kann sich eine gesellschaftsvertraglich abgesicherte Zwischenlösung empfehlen (zunächst Fortsetzung der Gesellschaft ohne Nachfolger oder mit der Witwe oder einem Treuhänder oder Aufnahme des Kindes nur als Kommanditist bis zu einem bestimmten Lebensalter oder Ausbildungsstand des Kindes, das dann erst persönlich haftender Gesellschafter wird; ferner kann Testamentsvollstreckung angeordnet werden oder stufenweise Erteilung der Geschäftsführungs- und/oder Vertretungsbefugnis, so daß ein Hineinwachsen gewährleistet ist). Schließlich muß der Nachfolger bestimmt werden. Ein definitives Festlegen auf einen Minderjährigen, Berufsunerfahrenen etc. bindet den Erblasser und zwingt u. U. den Mitgesellschaftern ungeeignete Nachfolger auf. Daher sollen i. d. R. gesellschaftsvertragliche Voraussetzungen (s. oben) aufgestellt und/oder den Mitgesellschaftern ein Zurückverweisungsrecht eingeräumt oder eine gesellschaftsrechtliche Auswahlklausel in die Satzung installiert werden. Die Auswahl des „richtigen" Nachfolgers Dritten zu überlassen, ist rechtlich wegen der Regelung des § 2065 Abs. 2 BGB nur in engen Grenzen möglich (nur „Bezeichnung" durch Dritte ist zulässig).[2] Hierfür bietet sich die Möglichkeit einer rechtsgeschäftlichen Aufnahme eines Nachfolgers unter Lebenden durch die Eintrittsklausel (s. Rz. 175) an. Problematisch ist diese Klausel immer dann, wenn dem Gesellschaftsanteil im Nachlaß keine weiteren ausreichenden Vermögenswerte für die weichenden Erben zur Verfügung stehen. Soweit Pflichtteilsansprüche nicht berührt werden, bietet sich hinsichtlich der Beteiligung ein Vorausvermächtnis (§ 2150 BGB) zugunsten der nachfolgeberechtigten Erben an.[3] Den nicht-

1 Vgl. Ebenroth, 576 ff.; Luckey, 81 ff.
2 Vgl. Leipold in Münchener Kommentar, § 2065 BGB Rz. 16 ff.
3 Vgl. Luckey, 90.

GmbH	GmbH & Co. KG	Betriebsaufspaltung
Regelung bei Personengesellschaften.[1] Gleichwohl kann durch gesellschaftsvertragliche und testamentarische Gestaltung ein wirksamer Schutz der Gesellschafter vor unerwünschten Erben als Gesellschafter erreicht werden.		
Der Geschäftsanteil an einer GmbH ist grundsätzlich vererblich (§ 15 Abs. 1 GmbHG), was auch durch Satzungsbestimmung nicht abbedungen werden kann. Er wird daher mit dem Erbfall Teil des Nachlasses, eine Sonderrechtsnachfolge außerhalb des Erbrechts wie bei Personengesellschaften kommt nicht in Betracht. Eine Zuwendung an konkrete Personen, im übrigen unabhängig von der Erbfolge, ist daher nur durch entsprechende letztwillige Verfügung (Testament, Vermächtnis, Erbvertrag) möglich. Der Gesellschaftsvertrag muß dann nur die Nachfolge eines bestimmten Gesellschafters zulassen, während das Testament die allgemeinen erbrechtlichen Voraussetzungen zu erfüllen hat (die Erbquote behält dabei die volle ihr nach dem Erbrecht zukommende Bedeutung für die An-	Wie KG;[2] Hesselmann/Tillmann empfehlen zur Verhütung einer zu großen Ausdehnung der Gesellschaft die Aufnahme einer Bestimmung in den Gesellschaftsvertrag, wonach bei mehreren Erben die Beteiligung des Erblassers unverändert bestehen bleibt und die Erben einen gemeinsamen Vertreter als treuhänderischen Kommanditisten eintragen lassen müssen (zur erbrechtlichen Nachfolgeklausel im Gesellschaftsvertrag über den Geschäftsanteil eines Komplementärs).[3]	Richtet sich nach der gewählten Rechtsform; insbesondere sollte bedacht werden, daß der u. a. für die Begründung der Gewerbesteuerpflicht einer Besitzpersonengesellschaft maßgebliche „einheitliche geschäftliche Betätigungswille" der hinter beiden Unternehmen stehenden Personen nicht zuletzt durch die Erbfolge für die Steuerverwaltung evident wird, da die das Besitzunternehmen tatsächlich beherrschenden Personen nach der Judikatur des BFH nur in der Lage sein müssen, auch in der Betriebsgesellschaft ihren Willen durchzusetzen, wozu eine Stimmenmehrheit von mehr als 50 % schon ausreichen soll (vgl. hierzu Rz. 13). Läßt sich dank der tatsächlichen Umstände eine steuersparende Konstellation treffen, dann muß in der erbrechtlichen Nachfolgere-

1 Vgl. Eder u. a., I Rz. 334.
2 Vgl. auch Binz, § 8 Rz. 27 ff.; zur Anordnung der Testamentsvollstreckung an einem Kommanditanteil minderjähriger Nachfolger vgl. dort Rz. 29.
3 Hesselbach/Tillmann Rz. 609 f.; vgl. Binz, § 8 Rz. 31 ff. m. w. N.; Schulze zur Wiesche, DB 1998, 695.

GbR und OHG	KG	Unterbeteiligung und Stille Gesellschaft

nachfolgeberechtigten Erben kann aber auch eine Unterbeteiligung am Gesellschaftsanteil eingeräumt werden.[1]

1 Vgl. Ebenroth, 581; Rüthers, AcP 1968, 263, 282.

GmbH	GmbH & Co. KG	Betriebsaufspaltung
sprüche der Miterben untereinander auf Wertausgleich). Es müssen nur klare und eindeutige Anordnungen im Gesellschaftsvertrag wie im Testament getroffen werden (zu den Gestaltungen s. Personengesellschaften). Ein Verzicht auf jede Regelung und/oder eine freie Vererblichkeit der Geschäftsanteile gefährdet Gesellschaft wie Gesellschafter. Dem kann dadurch begegnet werden, daß sämtliche Gesellschafter untereinander sich über die Rechtsnachfolge in ihre Anteile einigen, sodann in die Satzung zugleich regulierende Ge- und Verbote sowie Sanktionen für den Fall der Nichtbefolgung aufnehmen. Zum Schutz der GmbH vor unerwünschten Erben als Gesellschafter kann in der Satzung angeordnet werden, daß beim Tod jedes oder eines bestimmten Gesellschafters dessen Geschäftsanteil von den Erben an einen Dritten abzutreten, auf die übrigen Gesellschafter zu übertragen oder einzuziehen ist; ferner sollten die Modalitäten zur Festsetzung und Auszahlung des Abfindungsentgelts geregelt werden. Für den Fall der Nichtbefolgung der Abtretungsverpflichtungen sollte die Einziehung des betreffenden Anteils vorgesehen werden. Die Höhe der Abfindung (Abtretungsentgelt, Einziehungsvergütung) kann flexibler geregelt		gelung darauf geachtet werden, daß diese auch erhalten bleibt. Böttcher[1] empfiehlt, eine Kapitalgesellschaft zu gründen, deren Anteile zwar in den Familien der Gesellschafter der Personengesellschaft, nicht aber von diesen selbst gehalten werden; die Gesellschafter der Kapital- und der Personengesellschaft sind dann nicht identisch, demzufolge unterliegt u.a. der an die Besitzpersonengesellschaft abgeführte Pachtzins nicht der Gewerbeertragsteuer. Werden die Beteiligungen an der Kapitalgesellschaft so gestreut, daß kein Familienmitglied eine wesentliche Beteiligung hält, entfällt die anderenfalls nach § 17 EStG gebotene Versteuerung etwaiger Gewinne bei einer Anteilsveräußerung.

1 StbJb 1970/71, 70.

GbR und OHG	KG	Unterbeteiligung und Stille Gesellschaft

c) Rechtsgeschäftliche Nachfolgeklausel

174 Von einer rechtsgeschäftlichen Nachfolgeklausel spricht man, wenn der Bestimmte nicht Erbe ist. Gesellschaftsvertrag und Testament können vorsehen, daß mit dem Tod eines Gesellschafters dessen Gesellschafterstellung automatisch auf nichterbberechtigte Dritte oder Mitgesellschafter übergehen soll. Wird der Dritte oder der Mitgesellschafter nicht mit in die Vereinbarung einbezogen, dann handelt es sich bei einer solchen Vereinbarung um einen Verfügungsvertrag zugunsten und zu Lasten Dritter, der rechtlich nicht wirksam ist und der im Wege der Auslegung als Eintrittsklausel (s. Rz. 175) umgedeutet werden kann. Es ist also darauf zu achten, daß die Gesellschafter einerseits und der Aufzunehmende andererseits an der Vereinbarung beteiligt werden. Ferner kann der Erblasser-Gesellschafter mit der Bestimmung seines Nachfolgers diesem auch das Recht einräumen, von den Erben die Übertragung des Gesellschaftsanteils zu verlangen; hierzu eignet sich insbesondere das erbrechtliche Institut des Vermächtnisses, das die Erben verpflichtet, die Gesellschafterstellung auf den Vermächtnisnehmer zu übertragen (Formerfordernisse wie beim Testament; es genügt also, daß die Urkunde mit der Hand geschrieben und unterschrieben ist).[1]

d) Eintrittsklausel

175 Durch eine Eintrittsklausel erwirbt der Dritte mit dem Tode eines Gesellschafters das Recht, von den übrigen Gesellschaftern die Aufnahme in die Gesellschaft zu verlangen. Die verbliebenen Gesellschafter führen also zunächst die Gesellschaft fort und schließen dann mit dem Bedachten einen Aufnahmevertrag. Dieser Anspruch ist notfalls gerichtlich durchsetzbar (§ 894 ZPO); mit Rechtskraft des Urteils wird der Aufzunehmende Gesellschafter. Der Nachfolgevorgang vollzieht sich nicht durch den Erbfall, sondern wird durch ein Rechtsgeschäft unter Lebenden bewirkt; es findet also keine Gesamtrechtsnachfolge wie bei der erbrechtlichen Nachfolgeklausel statt, sondern der Eintretende erhält einen Anspruch auf Aufnahme (schuldrechtlicher Teil) und durch Vertrag mit den übrigen Gesellschaftern einen Anteil am Gesellschaftsvermögen (vollziehender Teil). Die Person des Eintrittsberechtigten kann folglich entgegen § 2065 Abs. 2 BGB auch durch Dritte bestimmt werden. Bei einer „Eintrittsklausel" ist der Einfluß der übrigen Gesellschafter somit größer als bei einer Nachfolgeklausel, da sie mit dem Aufzunehmenden kontrahieren. Der Geschäftsanteil des Erblassers geht zunächst im Wege der Anwachsung auf die übrigen Gesellschafter als „Treugut" über, die dann den Geschäftsanteil auf den Eintrittsberechtigten übertragen, so dieser von seinem Eintrittsrecht Gebrauch macht.[2] Durch die Anwachsung entsteht zunächst ein Abfindungsanspruch (§ 738 Abs. 1 Satz 2 BGB), der vermächtnisweise dem Eintrittsberechtigten zugewendet werden muß, mit der Zweckbestimmung, diesen für die Erbringung der Einlage zu verwenden.[3]

1 Vgl. hierzu BGH v. 29.9.1977, NJW 1978, 264; Westermann u. a., I Rz. 543. Vgl. auch Rz. 173.
2 Eintrittsklausel wirkt rechtstechnisch als Vertrag zugunsten Dritter, K. Schmidt und Schlegelberger, § 139 Rz. 29.
3 Vgl. ausführlich Ebenroth, 591 ff.; Luckey, 80 f.

GmbH	GmbH & Co. KG	Betriebsaufspaltung
werden als für die Fälle des Ausscheidens aus wichtigem Grund; u. U. können Abfindungen unterhalb des Buchwertes zulässig sein.[1]		
Bei einer rechtsgeschäftlichen Nachfolgeklausel wird nach h. M. mit dem Erbfall der Begünstigte nicht automatisch Inhaber sämtlicher Gesellschafterrechte, vielmehr erwirbt er gegen die Erben einen Anspruch auf Übertragung des Anteils.[2] Im übrigen gelten die gleichen Grundsätze, die auch für die Personengesellschaften Anwendung finden.	Wie KG, für die Komplementär-GmbH s. GmbH.	Richtet sich nach der gewählten Rechtsform; auch bei Installierung von rechtsgeschäftlichen Nachfolgeklauseln ist nach Möglichkeit eine Gestaltung zu vermeiden, die die Annahme eines einheitlichen geschäftlichen Betätigungswillens durch die Steuerverwaltung zuläßt (vgl. unter Rz. 173).
Im Gesellschaftsvertrag kann eine Klausel aufgenommen werden, die einer bestimmten Person das Recht einräumt, in die Gesellschaft einzutreten. Der Erblasser-Gesellschafter hat damit die Möglichkeit, seinen Geschäftsanteil auf einen regelmäßigen allen Beteiligten genehmen Dritten zu übertragen.	Wie KG; für die Komplementär-GmbH s. GmbH.	Richtet sich nach der gewählten Rechtsform. Bevor eine entsprechende Klausel in die Gesellschaftsverträge aufgenommen wird, sollten die unter Rz. 173 dargelegten Ausführungen bedacht werden.

1 Vgl. Winter in Scholz, § 15 GmbHG Rz. 18 ff. m. w. N.
2 Vgl. hierzu Eder u. a., I Rz. 334.7 f.

12. Anmeldung von Auflösung und Ausscheiden im Handelsregister

176 Anders als bei einer GbR, bei der jegliche Eintragung in ein Handelsregister entfällt, ist die Auflösung einer OHG oder KG von sämtlichen Gesellschaftern zur Eintragung in das Handelsregister anzumelden (§ 143 HGB). Gemäß § 143 Abs. 1 Satz 2 HGB gilt dies ab 1.1.1999 in den Fällen der Eröffnung oder der Ablehnung der Eröffnung des Insolvenzverfahrens über das Vermögen der Gesellschaft (§ 131 Abs. 1 Nr. 3 und Abs. 2 Nr. 1 HGB) nicht. Anstelle der Anmeldung der Auflösung tritt gemäß § 143 Abs. 1 Satz 3 HGB die Eintragung der Auflösung durch das Gericht von Amts wegen. Im Falle der Löschung der Gesellschaft (§ 131 Abs. 2 Nr. 2 HGB) entfällt die Eintragung. Die Eröffnung eines Gesellschaftskonkurses wurde bis 31.12.1998 von Amts wegen eingetragen, brauchte also von den Gesellschaftern nicht angemeldet zu werden (vgl. §§ 6 Abs. 1, 32 HGB; 112 KO). Beim Tode eines Gesellschafters wird das Verfahren vereinfacht; hier kann die Auflösung auch ohne Mitwirkung der Erben eingetragen werden, falls dieser Mitwirkung besondere Hindernisse entgegenstehen (§ 143 Abs. 3 HGB).

Keine Eintragung in das Handelsregister; dies gilt sowohl für die Unterbeteiligungsgesellschaft als auch für die stille Gesellschaft. Bei der Auflösung der Hauptgesellschaft hingegen gelten die von der Rechtsform abhängigen Vorschriften.

XXXV. Liquidation

1. Allgemeines

177 Der Auflösung einer Gesellschaft folgt i. d. R. deren Liquidation (= Abwicklung), falls keine andere Abmachung getroffen und kein Konkurs über das Gesellschaftsvermögen eröffnet wird (§ 145 HGB). Da die Gesellschafter über die Auseinandersetzung hinaus persönlich weiter haften, können sie auch selbst bestimmen, wie sie sich auseinandersetzen wollen. Die Liquidationsgesellschaft bleibt mit der werbenden Gesellschaft identisch, die vermögensrechtliche Gesamthandsgemeinschaft besteht ebenso fort wie die sonstigen gesetzlichen und vertraglichen Rechte und Pflichten (Treuepflicht, Mehrheitsprinzip etc.). Ziel der Liquidation ist die Aufhebung der vermögensrechtlichen Gesamthandsgemeinschaft; dies wird dadurch erreicht, daß das gesamte Vermögen der Gesellschaft in Geld umgesetzt und der Liquidationserlös zur Befriedigung an die Gläubiger ausgeschüttet oder – soweit dann noch Mittel vorhanden sind – an die Gesellschafter verteilt wird. Damit endet die Gesellschaft; die Eintragung in das Handelsregister ist nur deklaratorisch (§ 157 Abs. 1 HGB).

Bei Unterbeteiligung und stiller Gesellschaft ist im Gegensatz zu den Außengesellschaften lediglich das Endguthaben des Unterbeteiligten oder stillen Gesellschafters zu ermitteln, auf dessen Auszahlung dieser Anspruch hat (§ 235 Abs. 1 HGB). Das Gesellschaftsverhältnis besteht bis zur Abwicklung der Geschäfte fort, an denen der Unterbeteiligte oder der Stille noch teilhat (§ 235 Abs. 2 und 3 HGB). Während der Auseinandersetzung ist demnach Gesellschaftszweck nur noch die Abwicklung der schwebenden Geschäfte zum ge-

GmbH	GmbH & Co. KG	Betriebsaufspaltung
Die Auflösung der GmbH ist außer im Falle des Konkursverfahrens der Gesellschaft selbst zur Eintragung in das Handelsregister anzumelden (§ 65 GmbHG). Im Konkursfalle erübrigt sich eine besondere Anmeldung, da das Konkursverfahren ohnehin anzumelden ist.[1] Dies gilt aufgrund des EGInsO ab 1.1.1999 auch für das Insolvenzverfahren. Hier erfolgt die Auflösung von Amts wegen durch das Gericht (§ 65 Abs. 1 Satz 3 GmbHG).	Wie KG, für die Komplementär-GmbH s. GmbH.	Richtet sich nach der gewählten Rechtsform.
Die Abwicklung besteht – wie sich aus §§ 70, 72 GmbHG ergibt – in der Beendigung der laufenden Geschäfte, in der Erfüllung der Verpflichtungen und in der Einziehung der Forderungen der aufgelösten Gesellschaft sowie in der Aushändigung des restlichen Vermögens an die Gesellschafter nach dem Verhältnis der Geschäftsanteile. Die Liquidation muß eindeutig und unzweifelhaft für einen bestimmten Zeitpunkt erklärt werden.[2] Wie die Personengesellschaften, so besteht auch die GmbH dann nicht mehr als werbende Gesell-	Wie KG; für die Liquidation der Komplementär-GmbH s. GmbH.	Richtet sich nach der gewählten Rechtsform.

1 Zum Verfahren im einzelnen vgl. K. Schmidt in Scholz, § 65 GmbHG Rz. 6 ff.
2 Zum Zeitpunkt der Wirksamkeit eines eine GmbH betreffenden Auflösungsbeschlusses vgl. BFH v. 9.3.1983, DB 1983, 1632.

GbR und OHG	KG	Unterbeteiligung und Stille Gesellschaft
		meinsamen Nutzen; die Sorgfalts- und Treuepflichten bleiben bis zur Vollbeendigung grundsätzlich bestehen.

2. Liquidatoren

a) Bestellung und Abberufung

GbR, OHG und KG	Unterbeteiligung und Stille Gesellschaft
178 Die Liquidation erfolgt, sofern sie nicht durch Beschluß der Gesellschafter oder durch den Gesellschaftsvertrag einzelnen Gesellschaftern oder anderen Personen übertragen ist, durch sämtliche Gesellschafter als Liquidatoren. Mehrere Erben eines Gesellschafters haben einen gemeinsamen Vertreter zu bestellen. Insbesondere bei größeren Gesellschaften empfiehlt es sich, entweder den/die Liquidator(en) in dem Gesellschaftsvertrag zu bestimmen oder aber einen entsprechenden Gesellschafterbeschluß (Mehrheitsprinzip!) vorzusehen; anderenfalls drohen Leitungsschwierigkeiten, da auch die nichtgeschäftsführenden und nichtvertretungsberechtigten Gesellschafter Liquidationsbeteiligte sind. Die Liquidation kann auch einem Außenstehenden (Gläubiger, Berater etc.) übertragen werden. Aus wichtigem Grund können Liquidatoren auf Antrag eines Beteiligten auch gerichtlich bestellt werden.[1] Die Liquidatoren können einstimmig durch die Liquidationsbeteiligten abberufen werden, zu denen u. U. auch der Privatgläubiger oder Insolvenzverwalter eines Gesellschafters gehört; aus wichtigem Grund kann eine Abberufung durch das Gericht beantragt werden (vgl. § 147 HGB). Die Bestellung und Abberufung der Liquidatoren ist registerpflichtig (§ 148 HGB); die Wirkung der Eintragung und die Folgen ihres Unterbleibens bestimmen sich nach § 15 HGB.[2] Sofern nichts anderes vereinbart ist, kann ein Liquidator, der Gesellschafter ist, sein Amt nur unter den gleichen Voraussetzungen niederlegen, unter denen er sich von seiner gesetzlichen oder vertraglichen Pflicht zur Geschäftsführung lösen kann, also nur aus wichtigem Grunde. Bei einem Liquidator, der nicht Gesellschafter ist, richtet sich die Niederlegung nach dem der Bestellung zugrunde liegenden Rechtsverhältnis.	Die Abwicklung liegt allein in der Hand des Hauptbeteiligten oder Geschäftsinhabers.

1 Vgl. § 146 Abs. 2 HGB, zur gerichtlichen Bestellung und Abberufung vgl. BayObLG v. 1.6.1983, DB 1983, 1708.

2 Ausführlich bei Westermann u. a. I Rz. 674 ff.

GmbH	GmbH & Co. KG	Betriebsaufspaltung
schaft fort. Die Liquidationsvorschriften sind zwingendes Recht.		
Außer im Falle der Insolvenz erfolgt die Liquidation grundsätzlich durch die Geschäftsführer, es sei denn, daß sie durch den Gesellschaftsvertrag oder durch Gesellschafterbeschluß auf andere Personen übertragen wird (§ 66 Abs. 1 GmbHG). In einem solchen Fall endet die Geschäftsführertätigkeit mit dem Eintritt der GmbH in das Stadium der Abwicklung. Das Registergericht kann auf Antrag von Gesellschaftern, deren Geschäftsanteile zusammen mindestens dem zehnten Teil des Stammkapitals entsprechen, Liquidatoren bestellen, falls ein wichtiger Grund vorliegt (§ 66 Abs. 2 GmbHG). Dieses Minderheitenrecht ist nicht entziehbar; als wichtiger Grund sind grobe Pflichtverletzungen, Unfähigkeit, begründeter Zweifel an der Unparteilichkeit oder Sachverständigkeit des Liquidators anzusehen.[1] Die Abberufung von Liquidatoren kann durch das Gericht unter derselben Voraussetzung wie die Bestellung stattfinden.[2] Die nicht vom Gericht ernannten Li-	Wie KG; für die Liquidatoren von KG und GmbH bestehen keine Besonderheiten.[3]	Richtet sich nach der gewählten Rechtsform.

1 Eingehend hierzu Eder u. a., I Rz. 724.
2 Vgl. hierzu BayOblG v. 1.6.1983, DB 1983, 1708.
3 Zu Liquidatoren als organschaftliche Vertretung vgl. K. Schmidt in Scholz, § 70 GmbHG Rz. 18.

GbR und OHG	KG	Unterbeteiligung und Stille Gesellschaft

b) Rechtsstellung

179 Die Liquidatoren gelten als Organe der Abwicklungsgesellschaft, ihnen obliegt die Geschäftsführung und die Vertretung der Gesellschaft. Ihre Aufgaben ergeben sich aus dem Zweck der Liquidation. Dementsprechend wird der Umfang ihrer Befugnisse auch für das Außenverhältnis durch ihre Aufgabe bestimmt (§ 149 HGB). Den Liquidationsbeteiligten gegenüber sind sie an deren einstimmig beschlossene Weisungen gebunden; dieses dispositive Weisungsrecht besteht aber nur im Rahmen der Liquidationsaufgaben. Wird die Liquidation im Interesse der Gesellschaftsgläubiger durchgeführt, kann u. U. ein Ausschluß des Weisungsrechts der Gesellschafter geboten sein. Dritten gegenüber können die Befugnisse der Liquidatoren jedoch nicht wirksam beschränkt werden (vgl. §§ 151, 152 HGB). Inwieweit die durch die Liquidation beschränkte Vertretungsmacht gutgläubigen Dritten entgegengesetzt werden kann, ist umstritten; nach h. M. macht das Überschreiten der Vertretungsmacht das Rechtsgeschäft nur unwirksam, wenn der Dritte wußte oder wissen mußte, daß das Geschäft liquidationsfremd war.[1] Für eine Mehrheit von Liquidatoren gilt Gesamtgeschäftsführung und Ge-

Der Hauptbeteiligte bzw. der Geschäftsinhaber betreibt die Auseinandersetzung allein; dem Unterbeteiligten oder stillen Gesellschafter stehen nur die Kontrollrechte nach § 235 Abs. 3 HGB zu; danach kann er am Ende jedes Geschäftsjahres Rechenschaft über die inzwischen beendigten Geschäfte, Auszahlung des ihm gebührenden Betrages und Auskunft über den Stand der noch schwebenden Geschäfte verlangen. Ferner kann er die ihm zustehenden allgemeinen Überwachungsrechte nach § 233 HGB wahrnehmen. Die Beteilig-

1 Vgl. Westermann u. a., I Rz. 690.

GmbH	GmbH & Co. KG	Betriebsaufspaltung
quidatoren können auch durch Gesellschafterbeschluß abberufen werden. Alle Liquidatoren sind in das HR einzutragen (vgl. § 67 GmbHG). Für die Auswahl der Liquidatoren findet die Vorschrift des § 6 Abs. 2 Satz 2 und 3 GmbHG entsprechende Anwendung (§ 66 Abs. 4 GmbHG); danach dürfen sie weder wegen eines Insolvenzdeliktes (§§ 283–283d StGB)[1] bestraft, noch darf gegen sie ein Berufsverbot für die gerade mit der GmbH bezweckte Tätigkeit verhängt worden sein. Dies haben die Liquidatoren in der Anmeldung zu versichern (§ 67 Abs. 3 GmbHG).		
Die Rechtsstellung der Liquidatoren ergibt sich aus dem Zweck der Liquidation. Demzufolge räumt ihnen § 71 Abs. 2 GmbHG die gleichen Rechte und Pflichten ein wie Geschäftsführern; Beschränkungen ergeben sich nur aus dem Zweck der Liquidation. Nach § 70 GmbHG sind die laufenden Geschäfte zu beendigen, die Verpflichtungen der aufgelösten Gesellschaft zu erfüllen, die Forderungen einzuziehen und das Vermögen der Gesellschaft in Geld umzusetzen. Ihnen obliegt die gerichtliche und außergerichtliche Vertre-	Wie KG; bei Liquidation der Komplementär-GmbH bestimmt sich die Rechtsstellung des Liquidators nach den Grundsätzen des GmbH-Rechts.[2]	Richtet sich nach der gewählten Rechtsform. Beide Gesellschaftsverträge sollten aufeinander abgestimmt werden.

1 Bis 31.12.1998 „Konkursdelikt".

2 Zum Gesellschafter als Liquidator vgl. K. Schmidt in Scholz, § 66 GmbHG Rz. 53 ff. und zur Vertretungsmacht vgl. K. Schmidt in Scholz, § 68 GmbH Rz. 14 ff.

GbR und OHG	KG	Unterbeteiligung und Stille Gesellschaft
samtvertretung. Abänderungen sind zulässig, aber registerpflichtig (§ 150 HGB). In jedem Fall sollte die schwerfällige gesetzliche Regelung bereits im ursprünglichen Gesellschaftsvertrag durch eine beweglichere Gestaltung ersetzt und Einzel- oder Mehrheitsbefugnisse der Liquidatoren vorgesehen werden.[1]		ten können aber jede andere Regelung treffen.

3. Durchführung der Liquidation

180 Bei Beginn und bei Beendigung der Liquidation haben die Liquidatoren eine Bilanz aufzustellen (§ 154 HGB). Die Liquidationseröffnungsbilanz ist unverzüglich nach Auflösung der Gesellschaft aufzustellen; sie dient der vor-

Das Guthaben des Unterbeteiligten oder des stillen Gesellschafters ist aufgrund einer besonderen,

1 Ausführlich hierzu: Westermann u. a., I Rz. 686 ff.

GmbH	GmbH & Co. KG	Betriebsaufspaltung
tung der Gesellschaft; diese Befugnis ist nach außen hin unbeschränkbar (§§ 71, 37 Abs. 2 GmbHG), im Innenverhältnis sind sie aber gehalten, die durch Gesellschaftsvertrag oder Gesellschafterbeschluß auferlegten Beschränkungen einzuhalten (§§ 71, 37 Abs. 1 GmbHG). Zur Beendigung schwebender Geschäfte können die Liquidatoren auch neue Geschäfte eingehen. Verantwortlichkeit und Sorgfaltspflichten entsprechen der Regelung für Geschäftsführer. Grundsätzlich müssen alle Liquidatoren zusammen handeln (§ 68 Abs. 1 GmbHG); durch einfachen Gesellschafterbeschluß kann eine unechte Gesamtvertretung für ausreichend erklärt werden (regelmäßig zu empfehlen bei Vorhandensein von mehr als drei Liquidatoren). Bei Überschreiten der Vertretungsmacht gilt das gleiche wie bei Personengesellschaften. Während der Liquidation bleiben die Befugnisse von Gesellschafterversammlung und Aufsichtsrat bestehen; sie werden nur durch den Zweck der Liquidation beschränkt (keine Feststellung des Jahresgewinns, keine Verteilung des Reingewinns etc.).[1]		
Zu Beginn der Liquidation müssen die Liquidatoren unverzüglich eine Liquidationseröffnungsbilanz auf-	Wie KG; es gelten keine Besonderheiten. Die Durchführung der Liquidation der Komplementär-GmbH	Richtet sich nach der gewählten Rechtsform.

1 Vgl. ausführlich Eder u. a., I Rz. 729 ff.

GbR und OHG	KG	Unterbeteiligung und Stille Gesellschaft

läufigen Klärung des Vermögensstandes der Gesellschaft. Sie ist Grundlage für die Entschlüsse der Liquidatoren, da für eine Vermögensverteilung die Feststellung der Höhe des voraussichtlichen Verkaufserlöses unverzichtbar ist. Dementsprechend muß das Gesellschaftsvermögen neu bewertet und die Wirtschaftsgüter mit ihrem wirklichen (= voraussichtlich erzielbaren) Wert eingesetzt werden. Sodann haben die Liquidatoren die laufenden Geschäfte zu beenden, wobei sie auch neue Geschäfte eingehen können, um schwebende Geschäfte abzuwickeln. Ausstehende Forderungen sind einzubeziehen, das übrige Vermögen ist in Geld umzusetzen und vorhandene Gläubiger sind zu befriedigen (§ 149 HGB). Aus der Aufgabe, die Aktiv- und Passivsalden unter den Gesellschaftern auszugleichen, ergibt sich das Recht und die Pflicht, die noch ausstehenden Einlagen – soweit zur Kompensation nötig – einzuziehen. Eine Einziehung zu diesem Zweck kommt nach BGH v. 14.11.1977,[1] aber erst dann in Betracht, wenn und soweit ein im Rahmen der Auseinandersetzungsrechnung zu erstellender Ausgleichsplan einen Passivsaldo zu Lasten des in Anspruch genommenen Gesellschafters ausweist. Nach dem Umsatz des Gesellschaftsvermögens in Geld und nach der Befriedigung der Gläubiger ist die Liquidation beendet und die Schlußbilanz aufzustellen. Uneinbringliche Forderungen sind abzuschreiben; ein Restvermögen der Gesellschaft besteht nur noch in Geld. Dieses Restvermögen wird an die Gesellschafter nach dem Verhältnis der Kapitalanteile verteilt, welche aufgrund einer Schlußbilanz berechnet werden (Gesellschafter mit negativem Kapitalkonto erhalten nichts; die Liquidatoren haben aber von ihnen auch nichts zu fordern). Besondere Gläubigerschutzvorschriften fehlen, insbesondere braucht kein Sperrjahr abgewartet zu werden; das Gesetz sieht nur vor, daß die Beträge zurückbehalten werden, die nötig sind, um noch nicht fällige und streitige Verbindlichkeiten zu decken (§ 155 Abs. 2 HGB). Nicht berücksichtigte Gläubiger können sich weiter an die Gesellschafter persönlich halten. Das während der Abwicklung entbehrliche Geld kann schon vorläufig verteilt werden (§ 155 Abs. 2 Satz 1 HGB). Eine Rückerstattung der Einlagen ist anders als bei der GbR nicht vorgesehen (§ 733 Abs. 2 BGB).[2]

für diesen Zweck aufzustellenden Bilanz zu ermitteln und in Geld auszuzahlen (§ 235 Abs. 1 HGB), unabhängig davon, ob die Einlage in Sachen oder sonstigen Rechten erbracht worden war. Das Guthaben ergibt sich aus dem Wert der geleisteten Einlage, vermehrt um noch nicht ausbezahlte Gewinnbeträge und vermindert um noch nicht ausgeglichene Verlustanteile und etwaige Entnahmen. Außerdem ist noch das in der Schlußbilanz festgestellte Ergebnis des letzten Geschäftsjahres zu berücksichtigen, je nach Ergebnis als Mehrung oder Minderung. Nach der dispositiven gesetzlichen Regelung des § 235 Abs. 2 und 3 HGB ist der stille Gesellschafter am Gewinn und Verlust aus den zur Zeit der Auflösung schwebenden Geschäften beteiligt. Eine vertragliche Vereinbarung empfiehlt sich hier ebenso wie eine Regelung über die Beteiligung an den stillen Reserven und am Firmenwert. Ob der Unterbeteiligte oder Stille am Firmenwert oder an den stillen Reserven beteiligt ist, ist rechtlich umstritten, und sollte daher in jedem Fall geregelt werden. Wegen der praktischen Schwierigkeiten (Bewertung; für welchen Zeitraum sollen die Werterhöhungen berücksichtigt werden; erhöhte AfA etc.)

1 BB 1978, 13 ff.
2 Vgl. ausführlich Westermann u. a., I Rz. 694 ff.; zum Ausgleichsanspruch der Mitgesellschafter bei der Liquidationsgesellschaft vgl. BGH v. 14.1.1980, NJW 1980, 1628.

GmbH	GmbH & Co. KG	Betriebsaufspaltung
stellen (erfolgt die Auflösung der GmbH während eines Geschäftsjahres, dann ist nach h. M. für das vor der Auflösung endende Rumpfgeschäftsjahr eine Schlußbilanz aufzustellen). Bei der GmbH ist die Liquidationseröffnungsbilanz eine Vermögens- und keine Gewinnverteilungsbilanz. Demzufolge können die im Gläubigerschutzinteresse vorgeschriebenen Bilanzgrundsätze nicht einfach übernommen werden. Nach h. M. ist das Prinzip der Bewertungsstetigkeit zu befolgen.[1] Es gelten mithin die §§ 252 Abs. 1 Nr. 2, 253 Abs. 1 Satz 1 HGB.[2] Die Liquidatoren müssen die laufenden Geschäfte beenden, die Forderungen einziehen und das Gesellschaftsvermögen in angemessener Zeit möglichst günstig verwerten. Werbende Geschäfte sind liquidationswidrig und führen u. U. zur Haftung der Liquidatoren (§§ 71 Abs. 2, 43 Abs. 1 und 2 GmbHG). Ferner sind die Liquidatoren verpflichtet, die Auflösung der Gesellschaft zur Eintragung in das Handelsregister anzumelden (erfolgt die Auflösung durch satzungsändernden Beschluß der Gesellschaft, dann obliegt diese Verpflichtung noch den Geschäftsführern) sowie zu drei verschiedenen Malen die Auflösung bekanntzumachen und zugleich die	richtet sich nach den Grundsätzen des GmbH-Rechts. Zur Einlagepflicht des Kommanditisten einer Massenkommanditgesellschaft im Liquidationsstadium.[3]	

1 Und nicht mehr das Prinzip der Neubewertung, vgl. Sarx, Beck'scher Bilanzkomm. Anh. 3 Rz. 215 m. w. N.

2 Vgl. hierzu K. Schmidt in Scholz, § 71 GmbHG Rz. 22 ff.

3 Vgl. BGH v. 14.1.1977, BB 1978, 13 und bei KG vgl. im übrigen K. Schmidt in Scholz, § 71 GmbHG Rz. 36 ff.

GbR und OHG	KG	Unterbeteiligung und Stille Gesellschaft
		sollte eine pauschale Abgeltung vereinbart oder ausdrücklich auf eine solche Beteiligung verzichtet werden.

4. Erlöschen

GbR und OHG / KG	Unterbeteiligung und Stille Gesellschaft
181 Nach Beendigung der Liquidation haben die Liquidatoren das Erlöschen der Firma im Handelsregister eintragen zu lassen (§ 157 HGB). Die Eintragung hat keine konstitutive, sondern nur beurkundende Kraft. Das Ende der Gesellschaft wird danach nicht durch Eintragung, sondern durch die vollständig durchgeführte Liquidation herbeigeführt. Die Anmeldung des Erlöschens schließt die Anmeldung der Beendigung der Liquidation und des Amtes des Liquidators ein.	Da kein Gemeinschaftsvermögen vorhanden ist, ist auch eine Abwicklungsgesellschaft unnötig. Unterbeteiligungsgesellschaft wie stille Gesellschaft erlöschen schon dann, wenn ein Auflösungsgrund gegeben ist.

GmbH	GmbH & Co. KG	Betriebsaufspaltung
Gläubiger aufzufordern, sich bei der GmbH zu melden (§ 65 Abs. 1 und 2 GmbHG). Sodann erfolgt die Befriedigung der Gläubiger; ist eine Verbindlichkeit streitig oder zur Zeit nicht ausführbar, muß Sicherheit geleistet werden (§§ 72 Abs. 2 GmbHG, 232–240 BGB). Unter den Gläubigern gibt es keine Rangordnung. Die Verteilung des Restvermögens an die Gesellschafter darf nicht vor Tilgung und Sicherstellung der Gesellschaftsschulden und nicht vor Ablauf eines Jahres seit dem Tage vorgenommen werden, in welchem die Gläubigeraufforderung zum dritten Male öffentlich erfolgt ist (§ 73 Abs. 1 GmbHG). Nach Ablauf des Sperrjahres wird das verbleibende Vermögen durch die Liquidatoren unter die Gesellschafter verteilt, und zwar – so nichts anderes in der Satzung vereinbart ist – nach dem Verhältnis der Stammeinlagen.[1]		
Nach ordnungsgemäßer Abwicklung und Verteilung des Vermögens – also wenn alle Pflichten gemäß §§ 70–73 GmbHG erfüllt sind – erlischt die GmbH (§ 74 Abs. 1 GmbHG). Die Liquidatoren haben der Gesellschaft Schlußrechnung zu legen und das Erlöschen der Firma zur Eintragung in das Handelsregister anzumelden; diese	Wie KG; für die Komplementär-GmbH gilt GmbH-Recht.[2]	Richtet sich nach der gewählten Rechtsform.

1 Ausführlich bei Eder u. a., I Rz. 735 ff.
2 Zu den Besonderheiten K. Schmidt in Scholz, § 74 GmbHG Rz. 38 ff.

GbR und OHG	KG	Unterbeteiligung und Stille Gesellschaft

5. Aufbewahren der Bücher

GbR und OHG / KG	Unterbeteiligung und Stille Gesellschaft
182 Gem. § 157 Abs. 2 und 3 HGB werden die Bücher und Papiere der aufgelösten Gesellschaft einem der Gesellschafter oder einem Dritten in Verwahrung gegeben. Können sich die Beteiligten nicht auf eine Person einigen, dann wird der Gesellschafter oder der Dritte durch das Gericht bestimmt, in dessen Bezirk die Gesellschaft ihren Sitz hat. Die Gesellschafter und deren Erben behalten das Recht auf Einsicht und Benutzung der Bücher und Papiere. Handelsbücher, Inventare, Bilanzen sowie die zu ihrem Verständnis erforderlichen Arbeitsanweisungen und sonstigen Organisationsunterlagen sind 10 Jahre, die übrigen Unterlagen 6 Jahre aufzubewahren.[1]	Es gelten die allgemeinen Grundsätze.[2]

6. Nachtragsliquidation

GbR und OHG / KG	Unterbeteiligung und Stille Gesellschaft
183 Stellt sich nach durchgeführter Liquidation und Löschung der Firma heraus, daß die Gesellschaft noch Vermögen hat, dann lebt die Gesellschaft weiter, bis auch das letzte Vermögensstück verteilt worden ist. Die Liquidation ist durch die alten oder durch neu zu bestellende Liquidatoren zu betreiben; ggf. ist auch die Löschung der unrichtigen Eintragung im HR zu beantragen. Sind Schulden nicht berücksichtigt worden, so haften die bisherigen Gesellschafter als Gesamtschuldner mit ihrem Vermögen (vgl. Rz. 144 zur Verjährung derartiger Ansprüche); dies ist aber kein Fall der Nachtragsliquidation.[3]	Entfällt.

1 Näheres vgl. §§ 257 HGB, 147 AO; zu letzterem vgl. die Gesetzesänderung durch das Steueränderungsgesetz 1998 vom 19.12.1998 (BGBl. I, 3816) bei Abs. 3.
2 Vgl. §§ 257 HGB, 147 AO.
3 Näheres bei Westermann u. a., I Rz. 703.

GmbH	GmbH & Co. KG	Betriebsaufspaltung
Anmeldung schließt die Beendigung der Liquidation und des Amtes des Liquidators ein.[1]		
Nach Beendigung der Liquidation sind nach § 74 GmbHG die Bücher und Schriften der GmbH für die Dauer von 10 Jahren einem der Gesellschafter oder einem Dritten in Verwahrung zu geben (nach h. M. gerechnet vom Beginn der Verwahrung). Können sich die Beteiligten nicht einigen, wer verwahren soll, dann wird eine Person durch das Gericht bestimmt und deren Rechtsnachfolger sind zur Einsicht der Bücher und Schriften berechtigt; die Gesellschaftsgläubiger können vom Gericht zur Einsicht ermächtigt werden.	Die Aufbewahrung der Unterlagen der GmbH & Co. KG richtet sich nach den gleichen Grundsätzen, die auch für die KG gelten (§§ 157, 257 HGB, 147 AO); für die Komplementär-GmbH gilt die Vorschrift des § 74 GmbHG (s. im übrigen unter GmbH).	Richtet sich nach der gewählten Rechtsform, insbesondere sind die unterschiedlichen Fristen bei Kapital- und Personengesellschaften zu beachten. Ferner wird i. d. R. empfehlenswert sein, sämtliche Unterlagen beider Gesellschaften in einer Hand zu verwahren. Ein entsprechender Passus sollte schon in die Gesellschaftsverträge aufgenommen werden.
Eine Nachtragsliquidation ist dann geboten, wenn sich nach durchgeführter Liquidation und Löschung der Firma noch Gesellschaftsvermögen herausstellt und wenn gegen Gesellschafter und Liquidatoren noch Ansprüche wegen zu früher Verteilung unter Nichtberücksichtigung bekannter Gläubiger bestehen („scheinbare" Vollbeendigung). Es sollte ein neuer Liquidator bestellt, die Wiedereröffnung der Liquidation in das Handelsregister eingetragen sowie	Wie KG; die Nachtragsliquidation der Komplementär-GmbH richtet sich nach GmbH-Recht. Im Gegensatz zur GmbH bleibt der bisherige Liquidator für die Nachtragsliquidation zuständig.[2]	Richtet sich nach der gewählten Rechtsform.

1 Zum procedere im einzelnen vgl. K. Schmidt in Scholz, § 74 GmbHG Rz. 4 ff.
2 Vgl. K. Schmidt in Schlegelberger, § 155 HGB Rz. 56.

GbR und OHG	KG	Unterbeteiligung und Stille Gesellschaft

XXXVI. Fortsetzung der aufgelösten Gesellschaft

184 Eine Fortsetzung der Gesellschaft kann bereits im Gesellschaftsvertrag vorgesehen sein (s. Rz. 162) oder von den Gesellschaftern nachträglich beschlossen werden. Neben einer stillschweigenden Fortsetzung ermöglichte das Gesetz bis 31.12.1998 in § 144 Abs. 1 HGB eine Fortsetzung unter allen Gesellschaftern bei Einstellung des Konkursverfahrens (§ 190 Abs. 1 Satz 1 KO) und bei Abschluß eines Zwangsvergleichs (§ 202 KO) nach vorherigem Gesellschafterbeschluß; ab 1.1.1999 ist ein Fortsetzungsbeschluß der Gesellschaft dann möglich, wenn die Gesellschaft durch die Eröffnung des Insolvenzverfahrens über ihr Vermögen aufgelöst, dieses aber auf Antrag des Schuldners eingestellt oder dieses nach der Bestätigung eines Insolvenzplanes mit dem Inhalt des Fortbestands der Gesellschaft aufgehoben worden ist (§ 144 Abs. 1 HGB n. F.). Unter den übrigen Gesellschaftern ist eine Fortsetzung geboten, wenn ein Gesellschafter kündigt, in Konkurs fällt, stirbt oder ausgeschlossen wird oder der Privatgläubiger eines Gesellschafters kündigt. Scheidet aus einer zweigliedrigen Gesellschaft einer der beiden Gesellschafter aus, wird der verbleibende Gesamtrechtsnachfolger.

Da bereits die Auflösung das Ende der Unterbeteiligungsgesellschaft und stillen Gesellschaft herbeiführt, kann es eine Fortsetzung – streng genommen – nicht geben. Den Beteiligten steht es jedoch frei, die Innengesellschaft wieder aufleben zu lassen und zu vereinbaren, ihre Rechtsverhältnisse so zu behandeln, als sei die Gesellschaft nicht aufgelöst worden.

XXXVII. Vereinbarungen über die Art der Liquidation

185 Den Beteiligten steht es frei, die Liquidation anders durchzuführen, als es die gesetzlichen Vorschriften bestimmen. Eine entsprechende Regelung kann durch Gesellschaftsvertrag oder durch Beschluß der Liquidationsbeteiligten erreicht werden. Da erfahrungsgemäß ein Einverständnis nach der Auflösung schwer zu erzielen ist, empfiehlt es sich, bereits bei Abfassung des ursprünglichen Gesellschaftsvertrages folgende Gestaltungsmöglichkeiten zu ventilieren; statt der Zerschlagung des Unternehmens kann eine Veräußerung des ganzen Unternehmens (mit sämtlichen Aktiva und Passiva oder der wesentlichen Betriebsgrundlagen) vorgesehen werden. Die Aufgaben der Liquidatoren wären dann nur auf die das Unternehmen betreffenden Übertragungshandlungen und die Verteilung des Erlöses

GmbH	GmbH & Co. KG	Betriebsaufspaltung
die Eintragung des Erlöschens der Firma gelöscht werden. Nach Verteilung an Gesellschafter bzw. Gläubiger ist das Erlöschen der Firma wiederum zum Handelsregister anzumelden und einzutragen.[1]		
§ 60 Abs. 1 Nr. 4 GmbHG sieht ab 1.1.1999 die Fortsetzung einer aufgelösten GmbH nur vor, wenn das Insolvenzverfahren auf Antrag des Schuldners eingestellt oder nach der Bestätigung eines Insolvenzplans, der den Fortbestand der GmbH vorsieht, aufgehoben wird; nach h. M. ist eine Fortsetzung auch bei Auflösung durch Zeitablauf und durch Gesellschafterbeschluß zulässig, solange noch nicht begonnen worden ist, das Vermögen zu verteilen.[2]	Wie KG; die Fortsetzung der aufgelösten Komplementär-GmbH richtet sich nach GmbH-Recht.[3]	Richtet sich nach der gewählten Rechtsform.

beschränkt, wobei letzteres noch entfallen würde, falls der Erwerber den Kaufpreis unmittelbar an die Gesellschafter zahlt. Ferner besteht die Möglichkeit einer Realteilung, falls sich das einheitliche Unternehmen in zwei oder mehrere für sich lebensfähige Teile aufspalten läßt; die aus dieser Teilung entstandenen Unternehmen können dann etwa von einzelnen Gesellschaftern fortgeführt oder auch veräußert werden. Zum Zwecke der Liquidation kann das Unternehmen auch auf einen Treuhänder übertragen werden, der dann in eigenem Namen die Liquidation durchführt. Schließlich kann vereinbart werden, daß die aufgelöste Gesellschaft in eine andere eingebracht wird und die Gesellschafter an dieser Gesellschaft entsprechend dem Wert ihrer Anteile beteiligt werden.[4]

1 Vgl. K. Schmidt in Scholz, § 74 GmbHG Rz. 18 ff.
2 Vgl. K. Schmidt in Scholz, § 60 GmbHG, Rz. 43 ff., 54.
3 Zur Frage, ob die Auflösung oder erst die Vollbeendigung der Komplementär-GmbH die KG auflöst, vgl. K. Schmidt in Scholz, § 60 GmbHG Rz. 66 ff.; die Komplementär-GmbH kann nicht sinnvoll abgewickelt werden, wenn nicht auch die KG liquidiert wird.
4 Vgl. Westermann u. a., I Rz. 705 ff.

XXXVIII. Einkommen- und Körperschaftsteuer

1. Vorbemerkung

186 Das deutsche Steuerrecht kennt kein einheitliches, geschlossenes System der Unternehmensbesteuerung. Das Unternehmen als solches ist kein Steuerrechtsobjekt; Anknüpfungspunkt für das geltende Steuerrecht sind entweder natürliche oder juristische Personen. Die Steuerrechtsordnung rekuriert damit auf die zivilrechtliche Unterscheidung der Rechtsobjekte und erfüllt heute nur völlig unzureichend die Forderung nach einer rechtsformneutralen Besteuerung, die sich an einer gleichmäßigen Besteuerung nach der wirtschaftlichen Leistungsfähigkeit zu orientieren hätte. Die (zivilrechtliche) Wahl der Unternehmensform bestimmt die steuerliche Behandlung und Belastung; sie kann sich signifikant von der eines vergleichbaren Konkurrenzunternehmens anderer Rechtsformen unterscheiden und verzerrt damit die Wettbewerbssituation, was eine Verletzung des Gleichheitssatzes indiziert.[1] Eine grundlegende Reform steht noch aus; die bisherigen Reformversuche sind eher ernüchternd und mehr oder weniger von der Einengung finanzpolitischer Handlungsspielräume geprägt. Der letzte bemerkenswerte Versuch, ein wettbewerbsneutrales Steuerrecht zu implementieren, ist mehr als 20 Jahre alt.[2] Das KStG 1977 beeinflußte wie keine andere Steuerreform die Parameter für die Wahl der Unternehmensform. Ziel der Körperschaftsteuerreform war die Beseitigung der bis zum 21.12.1976 bestehenden Doppelbelastung ausgeschütteter Gewinne von Kapitalgesellschaften (nämlich einmal bei der Kapitalgesellschaft und zum anderen bei dem Anteilseigner). Der thesau-

2. Subjektive Steuerpflicht und Grundsätze für die Besteuerung

187 Einkommensteuerpflichtig ist niemals eine GbR, OHG oder KG selbst, sondern nur diejenigen Personen, die als Mitunternehmer der entsprechenden Personengesellschaft anzusehen sind. Die Gesellschafterstellung allein genügt nicht, um die Gewinnanteile einer Personengesellschaft als Einkünfte aus Gewerbebetrieb[3] zugerechnet zu bekommen. Die von § 15 Abs. 1 Nr. 2 EStG geforderte Mitunternehmerschaft liegt nur vor, wenn der Steuerpflichtige das Unternehmerrisiko (Beteiligung am Gesellschaftsvermögen, am Gewinn und Verlust etc.) und die Unternehmerinitiative (unternehmertypische Mitarbeit) besitzt. Dies muß durch ein Gesellschaftsverhältnis oder durch ein damit vergleichbares Gemeinschaftsverhältnis gewährleistet sein. Hierbei kann es sich auch um eine Innengesellschaft handeln, die nicht nach außen hervortritt und kein Gesamthandsvermögen gebildet hat. Ein zur Mitunternehmerschaft führendes Gesellschaftsverhältnis kann also auch verdeckt mittels anders bezeichneter Verträge begründet werden, so die Merkmale Unternehmerrisiko und Unternehmerinitiative vorliegen. Fehlt eines dieser Merkmale oder ist eines nur schwach vorhanden, kann es durch

Einkommensteuerpflichtig ist niemals die Innengesellschaft, sondern einerseits der Hauptbeteiligte bzw. der Geschäftsinhaber und andererseits der Unterbeteiligte bzw. stille Gesellschafter. Bei der einkommensteuerlichen Behandlung muß unterschieden werden, ob es sich um eine sog. typische oder atypische Unterbeteiligung/stille Beteiligung handelt. Bei einer typischen Unterbeteiligung/stillen Beteiligung wird dem Unterbeteiligten/Stillen lediglich eine gläubigerähnliche Stellung ohne Beteiligung an den stillen Reserven und/oder Firmenwert, aber mit

1 Vgl. hierzu m. w. N. Montag in Tipke/Lang, § 16 Rz. 2 ff., 57 ff.
2 Vgl. das Gutachten des Wissenschaftlichen Beirats zur Reform der Unternehmensbesteuerung beim BMF, BMF-Schriftenreihe, Heft 43, 1990, 36 f., in dem der KSt „nahezu perfekte Neutralität" attestiert wurde.
3 Ausführlich zum Begriff „gewerbliche Einkünfte" vgl. L. Schmidt, § 15 EStG Rz. 8 ff.

GmbH	GmbH & Co. KG	Betriebsaufspaltung

rierte wie ausgeschüttete Gewinn einer Kapitalgesellschaft wird zwar nach wie vor der Körperschaftsteuer unterworfen; die Körperschaftsteuer hat aber wirtschaftlich betrachtet nur eine vorläufige Besteuerungswirkung. Endgültig bestimmt sich die Besteuerung des Gewinns einer Kapitalgesellschaft nach der Steuerbelastung der Anteilseigner für den ausgeschütteten Gewinn im Zeitpunkt der Ausschüttung. Die Entlastung von der Körperschaftsteuer wird zu einem Teil bereits bei der ausschüttenden Körperschaft (Herstellung der Ausschüttungsbelastung) vorgenommen, zum anderen Teil erfolgt sie durch die Anrechnung der restlichen Körperschaftsteuer auf die Steuerschuld der Anteilseigner. Theoretisch ist somit der Gewinn einer Kapitalgesellschaft ebenso wie der Gewinn einer Personengesellschaft nur noch von den Gesellschaftern nach Maßgabe ihrer steuerlichen Verhältnisse zu besteuern. Neben den körperschaft- und einkommensteuerlichen Wirkungen bestehen noch eine Reihe weiterer unterschiedlicher Besonderheiten bei den übrigen Steuerarten, die die Notwendigkeit einer umfassenden Steuerreform für Unternehmen geradezu gebieten. Nach neuesten Plänen der neuen Bundesregierung soll für alle bilanzierenden Unternehmen, d. h. rechtsformunabhängig, als einzige Ertragsteuer nur noch eine Unternehmenssteuer von einheitlich 35 % erhoben werden. Ob diese Pläne bereits für Anfang 2000 in die Tat umgesetzt oder erst zu einem späteren Zeitpunkt realisiert werden, kann zum jetzigen Zeitpunkt nicht gesagt werden (vgl. auch Rz. 43).

Die GmbH ist juristische Person und als solche gem. § 1 Abs. 1 Nr. 1 KStG grundsätzlich körperschaftsteuerpflichtig. Die Besteuerung knüpft an die Rechtsform an, ohne Rücksicht auf die Art der Tätigkeit. Falls Geschäftsleitung (§ 10 AO) oder Sitz (§ 11 AO) im Inland ist, besteht unbeschränkte Steuerpflicht, sonst beschränkte Steuerpflicht (§ 2 Nr. 1 KStG.[1] Die Wirkungsweise des Anrechnungsverfahrens erfolgt in zwei Ebenen: zunächst wird auf der Ebene der ausschüttenden GmbH die Körperschaftsteuerbelastung ausge-

Die GmbH & Co. KG ist eine Personengesellschaft; die für die KG geltenden Grundsätze sind daher grundsätzlich auch hier anwendbar. Komplementär-GmbH wie auch Kommanditisten müssen demnach Mitunternehmer sein (siehe nebenstehende Ausführungen zu GbR, OHG, KG). Sofern die Kommanditisten natürliche Personen sind, beziehen sie – so die Voraussetzungen des § 15 Abs. 3 Nr. 2 EStG erfüllt sind – gewerblich „geprägte" Einkünfte qua Gesetz.
Die GmbH & Co. KG betreibt im Regelfall – wenn

Das Vorliegen einer Betriebsaufspaltung ändert nichts am Vorhandensein zweier Unternehmen; demzufolge gelten hinsichtlich der subjektiven Steuerpflicht die allgemeinen Regeln. Eine Betriebsaufspaltung erfordert eine personelle Verflechtung; faktische, nicht gesellschaftsrechtlich gesicherte Beherrschung beider Unternehmen durch eine Personengruppe reicht aus (vgl. unter Rz. 11 ff. sowie als sachliches Element die Überlassung nur einer wesentlichen Betriebsgrundlage (d. h. es muß sich um ein Wirtschaftsgut von be-

1 Vgl. Krüger in Steuerberater-Handbuch 1998/99, 1338 f. m. w. N.

<table>
<tr><th>GbR und OHG</th><th>KG</th><th>Unterbeteiligung und Stille Gesellschaft</th></tr>
<tr><td colspan="2">das andere kompensiert werden, wenn dieses besonders stark ausgeprägt ist (z. B. ist ein mit seinem Privatvermögen haftender Gesellschafter regelmäßig als Mitunternehmer anzusehen, wenn er keine oder nur in geringem Umfang Gesellschafterfunktionen ausübt). Der Mitunternehmerbegriff ist kein abstrakter Begriff „der von einer abschließenden Definition durch eine begrenzte Zahl von Kriterien zugänglich ist, sondern ein sog. offener Typ, der nur durch eine größere und unbestimmte Zahl von Merkmalen beschrieben werden kann, für den also ein Gesamtbild kennzeichnend ist und dem somit zwar auch genügt sein kann, wenn der eine oder andere typische Wesenszug fehlt, der aber doch zumindest das Vorhandensein einiger dieser typischen Wesenszüge verlangt".[1] So hat der BFH mit Urteil v. 11.6.1986[2] entschieden, daß der persönlich haftende Gesellschafter einer KG auch dann als Mitunternehmer angesehen wird, wenn er im Innenverhältnis wie ein Angestellter behandelt und von der Haftung freigestellt wird. Insbesondere bei Familiengesellschaften bejaht der BFH eine Mitunternehmerschaft nur, wenn die Gesellschaft/die Stellung des Familienmitglieds als Gesellschafter im wesentlichen dem vom Gesellschaftsrecht geprägten „Normaltypus" entspricht (Leitbildfunktion des dispositiven Handelsrechts). Demzufolge wird i. d. R. die Mitunternehmerschaft einem Kommanditisten zu versagen sein, wenn ihm keine Kontrollrechte im Sinne des § 166 HGB, kein freies Entnahmerecht über seinen Gewinnanteil und keine Beteiligung an den stillen Reserven des Anlagevermögens im Falle des Ausscheidens eingeräumt wird. Ein Gesellschafter, der von einem Mitunternehmer jederzeit aus der Gesellschaft ausgeschlossen werden kann, ist in jedem Fall dann kein Mitunternehmer, wenn die in diesem Fall zu leistende Abfindung nicht auch eine Beteiligung am Firmenwert umfaßt.[3] Ferner schreibt § 15 Abs. 1 Nr. 2 EStG vor, daß zu den Einkünften aus Gewerbebetrieb auch Vergütungen gehören, die ein Gesellschafter (Mitunternehmer) von der Gesellschaft für seine Tätigkeit im Dienst der Gesellschaft bzw. für die Überlassung von Wirtschaftsgütern an die Gesellschaft bezieht. Die Vorschrift qualifiziert solche Vergütungen in gewerbliche Einkünfte um und erfaßt sie damit gleichzeitig für die Gewerbesteuer. Zur Hinzurechnung von Tätigkeitsvergütungen und anderen Sondervergütungen bei einer doppelstöckigen Personengesellschaft vgl. nebenstehende Ausführungen zur GmbH & Co. KG.</td><td>Kontrollrechten eingeräumt; dementsprechend bezieht er Einkünfte aus Kapitalvermögen (§ 20 Abs. 1 Nr. 4 EStG); obwohl nicht im Gesetz aufgeführt, ist diese Vorschrift nach dem BFH vom 18.7. 1974[4] auch auf den Unterbeteiligten anwendbar; die Einkunftsart des Hauptbeteiligten ist unbeachtlich.
Der Zufluß der Gewinnanteile erfolgt gem. § 232 Abs. 1 bzw. Abs. 3 HGB grundsätzlich mit Zahlung oder Gutschrift. Soweit ein Verlust entsteht – dies ist nur möglich, soweit die Verlustübernahme nicht ausgeschlossen ist, § 231 Abs. 2 HGB – sind die Verluste bis zur Höhe der Einlage gem. § 20 Abs. 1 Nr. 4 Satz 2 EStG einkommensteuerrechtlich zu berücksichtigen. Soweit der stille Gesellschafter aufgrund vertraglicher Regelungen über seine Einlage am Verlust teilnimmt, greift die Vorschrift des § 15a EStG gem. § 20 Abs. 1 Nr. 4 Satz 2 EStG sinngemäß durch.
Streitig ist bei der Verlustübernahme lediglich, ob die Verluste Werbungskosten oder negative Einnahmen darstellen.[5] Die herrschende Meinung geht davon aus, daß Werbungskosten anzunehmen sind. Der Abfluß ist dann m. E. in dem Zeitpunkt gegeben, in dem die Bilanz aufgestellt wurde, spätestens jedoch bei der Abbuchung des Verlustes</td></tr>
</table>

1 So grundlegend BFH v. 21.2.1974, BStBl II 1974, 404, 407.
2 BStBl II 1987, 33.
3 BFH v. 15.10.1981, BStBl II 1982, 343. Zu den Voraussetzungen und Besonderheiten für die steuerliche Anerkennung von Familienpersonengesellschaften vgl. L. Schmidt, § 15 EStG Rz. 740.
4 BStBl II 1974, 740, 742; ebenso nunmehr auch BFH v. 16.12.1986, BFH/NV 1987, 715; Blaurock/Berninger, GmbHR 1990, 11, 87.
5 Heinicke in L. Schmidt, § 20 EStG Rz. 143 m. w. N.

GmbH	GmbH & Co. KG	Betriebsaufspaltung
schütteter Gewinne einheitlich auf 30 % des ausgeschütteten Gewinns vor Abzug der Körperschaftsteuer festgelegt; sodann ist diese Ausschüttungsbelastung beim Anteilseigner auf dessen Einkommen- oder Körperschaftsteuerschuld anzurechnen. Rechnerisch stellt sich dies wie folgt dar: Gewinn vor KSt 100 ./. KSt in Höhe von 45 % (Tarifbelastung) 45 = für die Ausschüttung verwendbares Eigenkapital (EK45) 55 + Minderung der KSt bei Vollausschüttung des EK45 (von 45 % auf 30 %) 15 = Dividende 70 ./. KapEst in Höhe von 25 % 17,5 = Barausschüttung 52,5 Der Anteilseigner hat Einnahmen: Barausschüttung 52,5 + einbehaltene KapESt 17,5 + anrechenbare KSt 30 = Einnahmen 100 Neben inländischen Körperschaften des öffentlichen Rechts sind ausländische Anteilseigner, die im Inland nur beschränkt steuerpflichtig sind, vom Anrechnungsverfahren ausgeschlossen (Die Körperschaftsteuer wird ferner in den Fällen des § 36 Abs. 2 Nr. 3 Buchst. a bis g EStG nicht angerechnet); eine	keine natürliche Person Komplementär ist – als gewerblich geprägte Personengesellschaft stets ein gewerbliches Unternehmen; die KG und ihre Gesellschafter erzielen nur dann Einkünfte aus Gewerbebetrieb, wenn die KG – wie sich aus § 15 Abs. 3 Nr. 1 EStG ergibt – mindestens auch einen Gewerbebetrieb i. S. d. § 15 Abs. 2 EStG betreibt oder gewerblich geprägte Personengesellschaft i. S. d. § 15 Abs. 3 Nr. 2 EStG ist. Anderenfalls beziehen die Gesellschafter Einkünfte aus anderen Einkunftsarten (V und V etc.). Sind an solchen KGs anteilig Gesellschafter beteiligt, die diese Beteiligung ihrerseits im Betriebsvermögen halten, so beziehen sie Einkünfte aus Gewerbebetrieb. Beteiligt sich an einer Freiberufler-KG eine Kapitalgesellschaft, „infiziert" die Kapitalgesellschaft die Einkünfte: alle Gesellschafter beziehen gewerbliche Einkünfte. Um Mitunternehmerin zu sein, braucht die Komplementär-GmbH keine Kapitaleinlage zu leisten; es genügt, wenn sie nur ihre „Arbeitskraft" (Haftungsübernahme, Geschäftsführung und Vertretung) einbringt. Bei doppelstöckigen Personengesellschaften ist die	sonderer Wichtigkeit für das Unternehmen handeln, das nicht jederzeit ausgetauscht werden kann; bzw. Betriebsgrundstücke, Überlassung eines ganzen Gewerbebetriebs, auch die Überlassung von Warenzeichen, Rezepten und Erfahrungen.[1] Die Geschäftsanteile an der GmbH (Betriebsunternehmen) gehören zum notwendigen Betriebsvermögen des Besitzunternehmens bzw. zum notwendigen Sonderbetriebsvermögen der Gesellschafter des Besitzunternehmens (soweit die Anteile dem Besitzunternehmen selbst oder seinen Gesellschaftern gehören und sie der Durchsetzung des einheitlichen geschäftlichen Betätigungswillens in der Betriebsgesellschaft dienen.[2] Eine Beteiligung ohne beherrschenden Einfluß auf eine (extern) als Kommanditistin an der Betriebspersonengesellschaft beteiligten GmbH erfüllt diese Voraussetzungen nicht.[3] Dagegen können die Beteiligungen naher Angehöriger, deren Anteile für die Beherrschungsfrage (s. o.) herangezogen werden, nicht zum Betriebsvermögen bzw. Sonderbetriebsvermögen des Besitzunternehmens gezogen werden, wenn diese nicht selbst am Besitzunternehmen beteiligt sind.[4]

1 Vgl. Rz. 11 f. m. w. N.
2 Vgl. L. Schmidt, § 15 EStG Rz. 873 ff.
3 Vgl. BFH v. 23.7.1981, BStBl II 1982, 60; v. 13.5.1976, BStBl II 1976, 617.
4 Vgl. BFH v. 2.8.1972, BStBl II 1972, 796.

GbR und OHG	KG	Unterbeteiligung und Stille Gesellschaft
Wer seinen Wohnsitz (§ 8 AO: objektive Umstände, tatsächliche Verfügungsmacht über Wohnraum ausreichend) oder gewöhnlichen Aufenthalt (§ 9 AO: 6/12 Monatsfrist)[1] im Inland hat, wird mit seinem Welteinkommen besteuert (§ 1 Abs. 1 EStG: unbeschränkte Steuerpflicht). Wer keinen Wohnsitz und keinen gewöhnlichen Aufenthalt hat, aber Einkünfte i. S. d. § 49 EStG, ist beschränkt einkommensteuerpflichtig (§ 1 Abs. 4 EStG: Objektsteuerähnlich; Grundtarif, Abzugs- und Verrechnungsverbote, keine KSt-Anrechnung; grundsätzliche Abgeltungswirkung der Quellensteuern). Wer als Deutscher für 5 Jahre innerhalb eines Zeitraums von zehn Jahren vor seinem Wegzug in ein Steueroasenland (§ 2 Abs. 2 AStG) unbeschränkt steuerpflichtig war und wesentliche wirtschaftliche Interessen im Inland auch nach seinem Wegzug unterhält (§ 2 Abs. 3 AStG) ist für 10 Jahre erweitert beschränkt steuerpflichtig (§§ 2–5 AStG). Sieht man von dem besonderen Fall Schweiz einmal ab (vgl. Art. 4 Abs. 4 DBA Deutschland-Schweiz), so greift die erweiterte beschränkte Steuerpflicht nur dann, wenn kein DBA-Schutz besteht, also zwischen der BRD und dem betreffenden Niedrig-Steuerland kein DBA abgeschlossen ist.[2]		vom Einlagenkonto. Beim Unternehmer stellt der Gewinnanteil des stillen Gesellschafters im Wirtschaftsjahr, für das der Gewinnanteil entsteht, eine Betriebsausgabe dar. Entfällt auf den stillen Gesellschafter ein Verlust, so mindert dieser den Unternehmensverlust. Die vorstehenden Grundsätze gelten jedoch dann nicht, wenn die stille Beteiligung zu einem Betriebsvermögen gehört. Dort sind wegen der Erfassung von Gewinn- und Verlustanteilen nicht die Zu- und Abflußgrundsätze maßgeblich, sondern der Gewinn bzw. Verlust entsteht mit Ablauf des Wirtschaftsjahres des Handelsbetriebs. Gleiche Grundsätze gelten für die Unterbeteiligung. Ist der Unterbeteiligte/Stille an den stillen Reserven und/oder Firmenwert beteiligt, liegt also eine Mitunternehmerschaft i. S. d. § 15 Abs. 1 Nr. 2 EStG vor, s. hierzu nebenstehende Ausführungen zu GbR, OHG und KG,[3] dann handelt es sich um eine atypische Innengesellschaft, was u. a. zur Folge hat, daß der atypische Unterbeteiligte/Stille seinen Gewinnanteil als gewerbliche Einkünfte zu versteuern hat. Atypisch Stiller/Unterbeteiligter kann auch sein, wer zwar nicht am Verlust, an den stillen Reserven und am Firmenwert beteiligt ist,

1 Zu den Begriffen „Wohnsitz" und „gewöhnlicher Aufenthalt" vgl. BMF-Schreiben v. 18.1.1990, BStBl I, 50 sowie v. 7.12.1990, BStBl I, 818; Krüger in Steuerberater-Handbuch 1998/99, 337 f.

2 Vgl. Krüger, in Steuerberater-Handbuch 1998/99, 1372 f. m. w. N.

3 L. Schmidt, § 15 EStG Rz. 340 ff.; Bitz, GmbHR 1997, 769; Schulze zur Wiesche, FR 1997, 405.

GmbH	GmbH & Co. KG	Betriebsaufspaltung
Entlastung über die Grenze findet – sieht man einmal von den Fällen des Vergütungsverfahrens und den Besonderheiten des § 8b Abs. 1 KStG (Weiterschüttung ausländischer Dividenden) ab – nicht statt (vgl. § 50 Abs. 5 EStG).[1]	Regelung des § 15 Abs. 1 Satz 1 Nr. 2 EStG zu beachten, der zufolge der mittelbar über eine oder mehrere Personengesellschaften beteiligte Gesellschafter genauso behandelt, wie ein unmittelbar beteiligter Gesellschafter. Eine Hinzurechnung von Sondervergütungen kommt nach dieser Bestimmung dann in Betracht, wenn der Gesellschafter bei der Gesellschaft, an der er unmittelbar beteiligt ist, nach den allgemeinen Regeln als Mitunternehmer anzusehen ist, und wenn jede der dazwischengeschalteten Personengesellschaften ihrerseits nach den allgemeinen Regeln als Mitunternehmer der jeweils vorgeschalteten Personengesellschaft anzusehen ist. Es muß also eine ununterbrochene Mitunternehmerkette bestehen. Gestaltungen, die auf der Rechtslage vor dem StÄndG 92 beruht haben, waren in dem Wirtschaftsjahr, das nach dem 31.12.1991 geendet hat, aufzulösen.	Werden anläßlich der Begründung einer Betriebsaufspaltung auf die Kapitalgesellschaft Wirtschaftsgüter übertragen, die in ihrer Summe als ein organisch in sich abgeschlossener Betriebsteil von gewisser Selbständigkeit angesehen werden können, dann entsteht kein Veräußerungsgewinn bei den übertragenden Unternehmern, wenn diese an der neu gegründeten Kapitalgesellschaft entsprechend beteiligt sind, und wenn die Kapitalgesellschaft die Wirtschaftsgüter zu Buchwerten fortführt (Begründung durch Umwandlung; da die Buchwertfortführung nicht zwingend ist, besteht auch wahlweise die Möglichkeit, jeden Zwischenwert oder – als Höchstwert – den Teilwert der in die Betriebs-GmbH eingebrachten Wirtschaftsgüter anzusetzen. Erfolgt die Vermögensübertragung erst nach Abschluß des Gründungsvorgangs, dann kommt es zwingend zur Gewinnrealisierung, so sich die übertragenen Vermögensgegenstände nicht als Betrieb oder Teilbetrieb qualifizieren. Die laufenden Einkünfte der Besitzpersonengesellschaft aus der operativ tätigen Kapitalgesellschaft sind gewerbliche Einkünfte, auch wenn diese Gesellschaft nur mit der Verwaltung ihres eigenen Vermögens befaßt ist.[2]

1 Ausführlich Schaumburg, Rz. 5.284 ff. und Rz. 6.44 m. w. N.
2 Zur Angemessenheit des Pachtzinses und zur mitunternehmerischen Betriebsaufspaltung vgl. L. Schmidt, § 15 EStG Rz. 819, 858 ff.

GbR und OHG	KG	Unterbeteiligung und Stille Gesellschaft
		jedoch wie ein Unternehmer auf das Schicksal des Unternehmens Einfluß nehmen kann; dies ist nach der Entscheidung des BFH v. 28.1.1982[1] dann anzunehmen, wenn dem stillen Gesellschafter die Geschäftsführung des Unternehmens überlassen ist.[2] Probleme bei der Unterbeteiligung (atypisch) ergeben sich immer dann, wenn das Unternehmen, an dem die Hauptbeteiligung besteht, freiberufliche Einkünfte erzielt und der Unterbeteiligte kein Berufsangehöriger ist oder nicht mitarbeitet. In diesem Fall hat der Unterbeteiligte jedenfalls gewerbliche Einkünfte. Streitig ist, ob nun die gesamte freiberufliche Hauptgesellschaft[3] oder nur der Hauptgesellschafter, an dessen Anteil die Unterbeteiligung besteht, gewerbliche Einkünfte hat. Man wird wohl in Anlehnung an H 136 EStH 1997 bei der Hauptgesellschaft gewerbliche Einkünfte annehmen müssen. Die von Felix[4] vertretene Auffassung, daß diese gewerblichen Einkünfte nicht der Gewerbesteuer unterliegen, dürfte m. E. als nicht gesichert angesehen werden. Um allen Schwierigkeiten vorzubeugen, sollte im Sozietätsvertrag die Einräumung von Unterbeteiligungen gegen Schadensersatzandrohung untersagt werden.

1 BStBl II 1982, 389.
2 L. Schmidt, § 15 EStG Rz. 344 m. w. N.
3 So Märkle, DStZ 1985, 512.
4 KÖSDI 1985, 795.

GmbH	GmbH & Co. KG	Betriebsaufspaltung

3. Tarifliche Steuerbelastung

188 Nicht die Gesellschaften, sondern nur die einzelnen Gesellschafter werden entsprechend ihren Verhältnissen mit Einkommensteuer belastet.
Für die Veranlagungszeiträume ab 1998 ist der Grundfreibetrag auf 12 365/24 731 DM (Ledige/Verheiratete) als sog. Existenzminimum erhöht worden.
Jeder Steuerpflichtige mit entsprechendem zu versteuerndem Einkommen durchläuft folgende vier Tarifzonen

Grundfreibetrag	von 0 DM bis 12 365/24 731 DM	mit einem Steuersatz von 0 %
Progressionszone mit ansteigenden Grenzsteuersätzen	von 12 366/24 732 DM bis 120 041/240 083 DM	mit einem Steuersatz von 25,9–53 %
Obere Proportionalstufe mit konstantem Grenzsteuersatz	ab 120 042/240 084 DM	mit einem Steuersatz von 53 %

Die durchschnittliche Steuerbelastung beträgt also niemals 53 % (bei einem nach der Splitting-Tabelle zu versteuerndem Einkommen i. H. v. beispielsweise 140 000 DM beträgt die Steuer 36 094 DM und die durchschnittliche Steuerbelastung 25,78 %. Ab dem VZ 1994 wird für gewerbliche Einkünfte, die als Gewinne oder Gewinnanteile gem. § 7 oder § 8 Nr. 4 GewStG der GewSt unterliegen (ausgenommen nach § 9 Nr. 1 Satz 2 und 3, Nr. 2a, 3, 5, 7 und 8 GewStG zu kürzende Gewinne und Gewinnanteile sowie Kürzungsbeträge nach § 9 Nr. 2 GewStG, soweit sie auf Gewinnanteile an einer ausländischen Betriebsstätte entfallen, und nach § 34 EStG begünstigt besteuerte Gewinne) ein Entlastungsbetrag gewährt, so daß diese Einkünfte maximal mit 47 % ESt[1] belastet werden, falls deren Anteil am zu versteuernden Einkommen 100 224/200 448 DM übersteigt. Der gewerbliche Anteil bemißt sich nach dem Verhältnis der gewerblichen Einkünfte zur Summe der Einkünfte. Der Entlastungsbetrag berechnet sich wie folgt: Für den gewerblichen Anteil wird die ESt nach § 32a EstG berechnet; von diesem Steuerbetrag wird die ESt, die nach § 32a ESt auf ein zu versteuerndes Einkommen i. H. v. 100 224/200 448 DM entfällt, sowie 47 % des gerundeten gewerblichen Anteils, soweit er 100 224/200 448 DM übersteigt, abgezogen. Ab VZ 1995 wird erneut und zeitlich nicht beschränkt ein Solidaritätszuschlag als Ergänzungsabgabe erhoben (§§ 1, 6 SolZG). Insoweit steuerpflichtig sind alle Personen, die unbeschränkt oder beschränkt einkommen- oder körperschaftsteuerpflichtig sowie erweitert beschränkt einkommensteuerpflichtig sind (§ 2 SolZG). Bemessungsgrundlage ist die für den VZ 1998 festgesetzte Einkommensteuer, die Jahreslohnsteuer oder Körperschaftsteuer (§ 3 SolZG); der anzuwendende Steuersatz beträgt 5,5 % (§ 4 Satz 1 SolZG).[2]

1 Ab VZ 1999 voraussichtlich 45 %; vgl. Entwurf zum Steuerentlastungsgesetz 1999/2000/2002 (BT-Drucks. 14/23).
2 Näheres zum SolZG vgl. Drenseck in L. Schmidt, § 51a EStG Rz. 3 ff.

GmbH	GmbH & Co. KG	Betriebsaufspaltung
Es muß unterschieden werden zwischen der Belastung ausgeschütteter und thesaurierter Gewinne. Der Körperschaftsteuersatz beträgt im Regelfall 45 %,[1] für ausgeschüttete Gewinne 30 %. Demzufolge sind die ausgeschütteten Gewinne um 15 % (45 % ./. 30 %) niedriger belastet als die einbehaltenen Gewinne und die bei der Einkommensermittlung nicht abziehbaren Ausgaben. Werden Gewinne thesauriert und in eine Rücklage eingestellt, entsteht ein latentes, zinsloses Steuerguthaben beim FA. Liegt die Steuerbelastung der Gesellschafter für ihre Dividende unter 45 %, empfiehlt sich aus steuerlicher Sicht eine möglichst hohe Ausschüttung. Ist der Kreis der Anteilseigner überschaubar, dann kann dem Finanzierungsbedürfnis der GmbH durch „Schütt-aus-hol-zurück" Rechnung getragen werden. Da das Einkommen der Eigner u. a. von der Höhe der Dividende abhängt, kann der Gewinnausschüttungsbeschluß das Instrument zur Aufspaltung des Gewinns der GmbH in einen von dieser und in einen von ihren Gesellschaftern zu versteuernden Teil sein (insgesamt unter 45 %). Die Rückgewähr der ausgeschütteten Beträge sollte, um den Kapitalbedarf der GmbH zu befriedigen, gesellschaftsrechtlich ab-	Die GmbH & Co. KG ist eine Personengesellschaft. Die Gewinnanteile ihrer Mitunternehmer – soweit es sich um natürliche Personen handelt – unterliegen der Einkommensteuer; soweit Körperschaften Gewinnanteile zustehen, unterliegen diese der Körperschaftsteuer. Für Ausschüttungen und Gewinnthesaurierung der Komplementär-GmbH gelten die Ausführungen zur GmbH.	Die Betriebs- bzw. Vertriebskapitalgesellschaft muß ihre ausgeschütteten und thesaurierten Gewinne der Körperschaftsteuer unterwerfen. Die Anteilseigner können – so die allgemeinen Voraussetzungen erfüllt sind – nach § 36 Abs. 2 Nr. 3 EStG die auf den Ausschüttungen ruhende Körperschaftsteuer auf ihre individuelle Einkommensteuerschuld anrechnen. Insoweit gelten die Ausführungen zur GmbH entsprechend. Die den Gewinn der Kapitalgesellschaft mindernden Pachterträge sind bei entsprechender vertraglicher Gestaltung Betriebseinnahmen der Besitzpersonengesellschaft. Die Mitunternehmer dieser Personengesellschaft haben ihre regelmäßig auf den Zahlungen der Kapitalgesellschaft beruhenden Gewinnanteile nach § 15 Abs. 1 Nr. 2 EStG zu versteuern.

1 In der ersten Stufe des geplanten Steuerentlastungsgesetzes 1999/2000/2002 ist eine Senkung ab 1999 auf 40 % vorgesehen (vgl. BT-Drucks. 14/23); zur geplanten Unternehmenssteuerreform vgl. Ausführungen zu Rz. 43, 186.

GbR und OHG	KG	Unterbeteiligung und Stille Gesellschaft

4. Kirchensteuer

189 Zur persönlichen Einkommensteuer jedes einzelnen Mitunternehmers/Beteiligten kommt noch die Kirchensteuer hinzu. Die gezahlte Kirchensteuer ist als Sonderausgabe abzugsfähig (§ 10 Abs. 1 Nr. 4 EStG). Durch „Steuervereinbarung" läßt sich i. d. R. eine Kirchensteuerkappung erreichen.[1]

5. Abweichendes Wirtschaftsjahr (Liquidatätserhöhung)

190 Ein abweichendes Wirtschaftsjahr können nur solche Gewerbetreibenden haben, deren Firma in das Handelsregister eingetragen ist (§ 4a Abs. 1 Nr. 2 EStG). Der Ermittlungszeitraum für eine GbR ist also immer das Kalenderjahr. Die Gesellschafter der in das Handelsregister eingetragenen Personengesellschaften müssen den auf sie entfallenden Gewinn in dem Veranlagungszeitraum versteuern, in dem das Wirtschaftsjahr der Personengesellschaft endet. Entspricht das Wirtschaftsjahr dem Kalenderjahr und sind die Vorauszahlungen auf die Einkommensteuerschuld der Gesellschafter der Höhe nach richtig festgesetzt, ist am Ende eines Veranlagungszeitraums die für diesen geschuldete Einkommensteuer bezahlt. Können die Gesellschafter dartun, daß ihre Gesellschaft ein abweichendes Wirtschaftsjahr hat und beispielsweise in der Zeit vom 1.2. bis 31.1 des nächsten Jahres die regelmäßigen Abschlüsse macht, dann kann – wirtschaftlich betrachtet – auf diesem Wege eine zinslose Steuerstundung erreicht werden.

Für die Innengesellschaft gibt es kein abweichendes Wirtschaftsjahr. Handelt es sich um eine stille Unterbeteiligung/stille Gesellschaft, dann hat der Unterbeteiligte/Stille im Jahr des Zuflusses die Kapitalerträge zu versteuern; entsprechend hat der Hauptbeteiligte/Geschäftsinhaber Sonderbetriebsausgaben. Handelt es sich um eine atypische Unterbeteiligung/stille Gesellschaft, dann sind die Gewinnanteile der Beteiligten in dem Jahr der Einkommensteuer zu unterwerfen, für das der Gewinn ermittelt wurde.

Steuerliche Gründe allein sind nicht ausreichend für die Erlangung der Zustimmung des Finanzamtes zur Umstellung des Wirtschaftsjahres.[2]

1 Vgl. Meyer, NWB Fach 12, 1355, 1269; Schön, DStZ 1997, 385 ff.
2 Vgl. Heinicke in L. Schmidt, § 4a EStG Rz. 15.

GmbH	GmbH & Co. KG	Betriebsaufspaltung
gesichert werden, und zwar entweder in Form einer typischen stillen Gesellschaft oder als verzinsliches oder partiarisches Darlehen, da diese Gestaltung regelmäßig im Hinblick auf die (momentan) nicht erhobene Vermögensteuer und das haftende Kapital am günstigsten sein wird. Zum Solidaritätszuschlag vgl. nebenstehende Ausführungen zu GbR, OHG, KG, Unterbeteiligung und stille Gesellschaft.		
Die GmbH zahlt keine Kirchensteuer.	Wie KG; die Komplementär-GmbH zahlt keine Kirchensteuer.	Richtet sich nach der gewählten Rechtsform.
§ 7 Abs. 4 KStG erlaubt auch einer GmbH, ihren Gewinn nach dem Wirtschaftsjahr zu ermitteln, für das sie regelmäßig Abschlüsse macht; insoweit kann auf die Ausführungen betreffend OHG und KG verwiesen werden. Darüber hinaus ergibt sich ein Liquiditätsvorteil daraus, daß die GmbH im Falle der Gewinnausschüttung jene 30 % Körperschaftsteuer auf den von ihr erwirtschafteten Gewinn vor Körperschaftsteuer schuldet. Da die Ausschüttung des Gewinns erst nach Ablauf des Wirtschaftsjahres beschlossen werden kann, entsteht die KapESt und die Einkommensteuer auf den	Die Gestaltungsmöglichkeiten bei einer GmbH & Co. KG und einer Betriebsaufspaltung hängt davon ab, ob die Komplementär-GmbH und die KG einerseits sowie Betriebs-/Vertriebs-GmbH und Besitzpersonengesellschaft andererseits jeweils ein vom Kalenderjahr abweichendes Wirtschaftsjahr haben, für das sie regelmäßig Abschlüsse machen. Denkbar ist, daß die Komplementär-GmbH oder Betriebs-/Vertriebs-GmbH ein anderes abweichendes Wirtschaftsjahr haben als die KG selbst oder die Besitzpersonengesellschaft.	Das abweichende Wirtschaftsjahr einer im Wege der Betriebsaufspaltung neu entstandenen Betriebsgesellschaft ist nicht zustimmungsbedürftig.[1]

1 Vgl. BFH v. 27.9.1979, BB 1980, 81.

GbR und OHG	KG	Unterbeteiligung und Stille Gesellschaft

6. Verdeckte Gewinnausschüttungen

191 Entfällt	Entfällt	Entfällt

GmbH	GmbH & Co. KG	Betriebsaufspaltung
ausgeschütteten Gewinn erst im folgenden Veranlagungszeitraum.		
Eine vGA liegt insbesondere dann vor, wenn eine Kapitalgesellschaft einem Gesellschafter oder einer ihm nahestehenden Person außerhalb der gesellschaftsrechtlichen Gewinnverteilung einen Vermögensvorteil zuwendet und diese Zuwendung ihre Ursache im Gesellschaftsverhältnis hat; dabei erweist sich die Zuwendung als durch das Gesellschaftsverhältnis verursacht, wenn ein ordentlicher und gewissenhafter Geschäftsleiter (vgl. § 43 GmbHG) den Vermögensvorteil einer Person, die nicht Gesellschafter ist, unter sonst gleichen Umständen nicht gewährt hätte. Dabei ist aus der Sicht der Gesellschaft lediglich eine Vermögensminderung bzw. verhinderte Vermögensmehrung erforderlich, nicht jedoch ein Vorteilszufluß bei dem Gesellschafter. Vgl. Abschn. 31 Abs. 3 KStR m. Rechtsprechungshinweisen.[1] Das Rechtsinstitut der vGA hat daneben noch einen weiteren Anwendungsbereich. Unabhängig von der Frage nach der Angemessenheit kann im Verhältnis zum beherrschenden Gesellschafter in aller Regel ein Betriebsausgabenabzug nur anerkannt	Bei der KG selbst kann es keine vGA geben, wohl aber bei der Komplementär-GmbH; insoweit gelten die nebenstehenden Grundsätze für die GmbH. Da in praxi die Kapitalausstattung der Komplementär-GmbH minimal und die Gewinnbeteiligung verhältnismäßig bescheiden sein wird, spielt das Institut der vGA allenfalls bei der Dotierung der Gesellschafter-Geschäftsführer eine Rolle. Wegen der einkommensteuerrechtlichen Behandlung der Gehälter der Gesellschafter-Geschäftsführer als Gewinn vorab (vgl. Rz. 100) ist eine maßvolle Bezahlung aber geradezu geboten. Zur Angemessenheit der Gewinnverteilung im einzelnen vgl. Rz. 18 ff. Soweit die Komplementär-GmbH (ausnahmsweise) an dem Vermögen der KG mit einem Kapitalanteil beteiligt ist, können Zuwendungen der KG an den Kommanditisten jedoch zugleich vGA der GmbH sein, wenn der Kommanditist zugleich GmbH-Gesellschafter ist und die Zuwendung mittelbar zu Lasten der GmbH geht.	Die Gefahr einer vGA im Verhältnis von Kapitalgesellschaft zu der Personengesellschaft, also i. d. R. zu ihren Gesellschaftern, ist bei der Betriebsaufspaltung am größten. Dies gilt insbesondere für die Bemessung des Pachtzinses, den die Kapitalgesellschaft der Personengesellschaft für die verpachteten Wirtschaftsgüter bezahlt. Der Pachtzins muß – um steuerlich anerkannt zu werden – angemessen, d. h. so bemessen sein, daß er sich nicht primär an den Renditeerwartungen des Besitzunternehmens orientiert, sondern an der Höhe des Gewinns, der nach den Erwartungen des Betriebsunternehmens bei Vertragsabschluß bei diesem verbleibt. Entscheidend ist also die Kapitalverzinsung des Betriebsunternehmens, für das außerdem auf lange Sicht gesehen noch eigene Gewinnchancen bestehen müssen. Übernimmt das Betriebsunternehmen die laufenden Kosten sowie die Erhaltungs- und Erneuerungsaufwendungen, so müssen die Komponenten Kostentragung und Wertverzehr ebenfalls in der Berechnung ihre Berücksichtigung finden. Als Berechnungsmodus schlagen

1 Vgl. hierzu auch Korn in KÖSDI 3/96, 10604; Lawall, NJW 1997, 1742; Gosch, DStZ 1997, 1 ff.; BFH, Urt. v. 23.10.1996, FR 1997, 20; Ahmann, DStZ 1998, 495.

GbR und OHG	KG	Unterbeteiligung und Stille Gesellschaft

GmbH	GmbH & Co. KG	Betriebsaufspaltung
werden, wenn den Aufwendungen im voraus getroffene klare und eindeutige Vereinbarungen zugrunde liegen. Danach bestehen bei allen Liefer- und Leistungsbeziehungen zwischen Gesellschafter und (Tochter-)Gesellschaft auch dann vGA-Risiken, wenn die Preisgestaltung unangreifbar ist, den Austauschverhältnissen aber keine eindeutigen Vertragswerke (zumindest Dokumentationen) zugrunde liegen. Gleiches soll nach Auffassung der Steuerverwaltung auch im Verhältnis zu Schwester-Gesellschaften gelten.[1] Gewinnberichtigungen über die Grenze wegen bloßen Formverstoßes sind aber immer dann unzulässig, wenn ein DBA eine dem Art. 9 Abs. 1 OECD-Musterabkommen vergleichbare Regelung enthält.[2] Nach der Rechtsprechung des BFH liegt eine Verletzung des Wettbewerbsverbots vor, wenn der beherrschende Gesellschafter oder der Gesellschafter-Geschäftsführer Informationen oder Geschäftschancen der GmbH nutzt, für deren Überlassung ein Dritter ein Entgelt gezahlt hätte.[3] Technisch ist das durch die vGA geminderte Einkommen der GmbH durch entsprechende Hinzurechnung auszu-		Wolf/Hinke[4] vor, zunächst die Verzinsung der tatsächlichen Werte der verpachteten Wirtschaftsgüter (einschließlich Firmenwert) zu errechnen (Zinsniveau wie für langfristige Kapitalanlagen) und sodann diesen vorläufig errechneten Zins der gebotenen Angemessenheitsprüfung aus der Sicht des Betriebsunternehmens wie folgt zu unterziehen: Durchschnittlicher Gewinn der letzten Jahre, umgerechnet auf den erzielbaren Zukunftsertrag beim Verpächter + Aufwendungen, die nach Pachtvertrag der Verpächter zu übernehmen hat, wie AfA auf verpachtete Wirtschaftsgüter, Zinsen für beim Besitzunternehmen verbliebene Verbindlichkeiten, Instandhaltungsaufwendungen (falls sie der Verpächter trägt), Steuern, Versicherungen und andere Kosten. ./. Gewerbekapitalsteuer des Betriebsunternehmens ./ Angemessener Unternehmerlohn (Gehälter, Pensionszusagen etc.) = Erzielbarer Zukunftsertrag des Betriebsunternehmens vor Miet- und Pachtzins, Erhaltungs- und Erneuerungsver-

1 Tz. 1.4.1. des Erlasses v. 23.2.1983, BStBl 1983, 218; vgl. Wassermeyer, DStR 1996, 733.
2 Vgl. Schaumburg, Rz. 18.75 m. w. N.
3 BFH, Urt. v. 13.11.1996, DB 1997, 506; BFH, Urt. v. 18.12.1996, DB 1997, 853; Wassermeyer, DStR 1997, 681; Gosch, DStR 1997, 442; zur Geschäftschancenlehre BFH, Urt. v. 12.6.1997, DStR 1997, 1360.
4 Teil 08/3.3 (m. w. N. und Berechnungsbeispielen).

GbR und OHG	KG	Unterbeteiligung und Stille Gesellschaft

7. Gewinn- und Verlustverrechnung

192 Gewinne wie Verluste, die bei den Gesellschaften entstehen, tragen unmittelbar die einzelnen Gesellschafter (Mitunternehmer), denen diese Gewinne oder Verluste im Gewinnfeststellungsverfahren zugerechnet werden. Im Wege des horizontalen und vertikalen Verlustausgleichs können die Gesellschafter die auf sie entfallenden Gewinne oder Verluste grundsätzlich mit positiven oder negativen Einkünften aus anderen Einkunftsquellen im gleichen Jahr verrechnen (ggf. ist ein Verlustabzug nach § 10d EStG vorzunehmen).[1] Beim Kommanditisten ist der Verlustabzug allerdings unter den Voraussetzungen des § 15a EStG nur eingeschränkt zulässig.[2]

1 Zu den aufgrund des Entwurfs zum Steuerentlastungsgesetz 1999/2000/2002 geplanten Änderungen vgl. auch Arndt/Jenzen, DStR 1998, 1818.

2 Zur Geltendmachung ausländischer Verluste vgl. Krüger, Stbg 1996, 544 m. w. N.

GmbH	GmbH & Co. KG	Betriebsaufspaltung
gleichen, wobei die beim Anteilseigner anrechenbare Körperschaftsteuer nicht hinzugerechnet wird. Sodann hat die GmbH für die vGA die Ausschüttungsbelastung herzustellen. Beim Anteilseigner gehören die vGA und die anrechenbare Körperschaftsteuer zu den Einnahmen aus Kapitalvermögen, sofern die vGA nicht in einem Betrieb anfällt. Die vGA ist mit dem verwendbaren Eigenkapital zum Schluß des Wirtschaftsjahres zu verrechnen, in dem die Ausschüttung erfolgt (§§ 28, 29 KStG). Durch die Anrechenbarkeit der Körperschaftsteuer erhält der Empfänger über die Zuwendung hinaus einen Vorteil, der zu Lasten der anderen Anteilseigner geht. Wie dieser – ungerechtfertigte – Vorteil zivilrechtlich wieder auszugleichen ist, sollte – da noch nicht hinreichend geklärt – gesellschaftsvertraglich in einer Satzungsklausel geregelt werden.[1]		pflichtung und Gewerbeertragsteuer des Betriebsunternehmens. Der mit diesem Bruttoertrag verglichene zunächst durch Abzinsung der tatsächlichen Werte der verpachteten Wirtschaftsgüter ermittelte Zins ist dann angemessen, wenn nach Abgang dieses Zinses und der voraussichtlichen Zuführung zur Substanzerhaltungsrückstellung dem Betriebsunternehmen noch ein Betrag verbleibt, der eine Kapitalverzinsung ermöglicht und darüber hinaus Gewinnchancen eröffnet. Anderenfalls liegt eine vGA oder eine verdeckte Einlage vor.[2] Gleiches gilt für die Verrechnungspreise für Warenlieferungen zwischen der Personengesellschaft und der Kapitalgesellschaft; die Preisgestaltung muß auch hier angemessen sein, also dem von einem fremden Dritten erzielbaren Preis entsprechen.
Grundsätzlich gibt es keine Gewinn- oder Verlustrechnung. Der Anteilseigner kann die Verluste der GmbH nicht geltend machen; diese sind nur bei der GmbH berücksichtigungsfähig, können allerdings, falls nicht ein Verlustrücktrag möglich ist, auf unbe-	Wie KG; für die Verluste der Komplementär-GmbH siehe GmbH.[3]	Die Gewinn- und Verlustverrechnung ist nur insoweit unproblematisch, als es um die Gewinne oder Verluste der Personengesellschaft geht, da diese einkommensteuerlich jederzeit mit anderen positiven oder negativen Einkünften ausgeglichen wer-

1 Vgl. hierzu Streck, § 8 KStG Anm. 117 m. w. N.
2 Zur Angemessenheit der Miet- und Pachtzinsen ausführlich Kleineidam/Seutter, StuW 1989, 250 m. w. N; Fichtelmann, INF 1994, 396; Schulze zur Wiesche, DStR 1991, 137.
3 Zur Verwertung von Verlusten bei einer GmbH & Co. KG allgemein vgl. Roemer, INF 1998, 545.

GbR und OHG	KG	Unterbeteiligung und Stille Gesellschaft

8. Nichtabzugsfähigkeit der Vermögensteuer

193 Eine VSt wird z. Zt. nicht erhoben. Für Altfälle ist zu beachten, daß sowohl für die Personengesellschaften als auch für die Innengesellschaften als solche keine selbständige Vermögensteuerpflicht bestand. Nur die Gesellschafter bzw. Beteiligten selbst waren vermögensteuerpflichtig. Die Vermögensteuer kann weder als Betriebsausgabe noch als Sonderausgabe abgezogen werden.

GmbH	GmbH & Co. KG	Betriebsaufspaltung
grenzte Zeit vorgetragen werden (vgl. oben Rz. 81). Nur ausnahmsweise kann es zur Verrechnung des Gewinns oder Verlusts kommen; eine solche Gewinn- oder Verlustverlagerung auf den Anteilseigner ist zulässig, falls eine körperschaftsteuerliche Organschaft mit Ergebnisabführungsvertrag besteht.		den können. Zu Verlusten der Kapitalgesellschaft siehe GmbH. Damit es in wirtschaftlich für das Gesamtunternehmen schwierigen Zeiten nicht zu einem Verlust bei der Kapitalgesellschaft kommt, schlägt Beinert[1] als Prophylaxe die Vereinbarung von gewinnabhängigen statt festen Pachtzinsen vor. Regelmäßig wird der Pachtzins in einen festen Anteil, der in dem Einsatz sämtlicher, nicht aktivierungspflichtiger Aufwendungen (insbesondere AfA) und der Schuldzinsen für das verpachtete Unternehmen besteht und einen gewinnabhängigen Teil aufgespaltet.
Die GmbH war vermögensteuerpflichtig (§§ 1, Abs. 1 Nr. 2a VStG 97, Abs. 1 Nr. 1 BewG). Die Vermögensteuer mußte als nichtabziehbare Aufwendung (§ 10 Nr. 2 KStG) aus dem mit 45 % zu versteuernden Einkommen entrichtet werden. Das Vermögen der GmbH wurde außer bei dieser auch bei ihren Anteilseignern versteuert, soweit diese mit ihren Anteilen an der GmbH der Vermögensteuer unterlegen haben (§§ 4 Abs. 1 Nr. 1 VStG, 110 Abs. 1 Nr. 3 BewG).	Wie KG; soweit für die Komplementär-GmbH Vermögensteuer zu entrichten war, blieb es bei der Doppelbelastung; vgl. im übrigen insoweit die Ausführungen zur GmbH. Da die Komplementär-GmbH bzw. die Betriebs- oder Vertriebskapitalgesellschaft regelmäßig mit geringen eigenem Betriebsvermögen ausgestattet sein wird, spielte die Nichtabzugsfähigkeit der Vermögensteuer keine entscheidende Rolle; die Belastung war aber insoweit immer höher als bei einer reinen Personengesellschaft.	Die Besitzpersonengesellschaft war nicht vermögensteuerpflichtig, sondern nur deren Gesellschafter; die Kapitalgesellschaft hingegen unterlag der Besteuerung. (Der vorstehende Absatz „Da die Komplementär-GmbH …“ erstreckt sich über beide Spalten.)

1 StbJb 1976/77, 236.

GbR und OHG	KG	Unterbeteiligung und Stille Gesellschaft

9. Besonderheiten bei der Einkommensermittlung

a) Tätigkeitsvergütung für tätige Gesellschafter

194 Gemäß § 15 Abs. 1 Nr. 2 2. Satzteil EStG mindern bei einer GbR, OHG und KG Tätigkeitsvergütungen für tätige Gesellschafter den Gewinn (und Gewerbeertrag) der Gesellschaft nicht. Die Art der Tätigkeitsvergütung ist unerheblich; Zuschüsse zu einer Lebensversicherung gehören ebenso wie die Arbeitgeberanteile zur Sozialversicherung eines Kommanditisten. Tätigkeitsvergütungen sind Sondervergütungen; sie werden gewährt für alle gesellschaftsrechtlichen oder wirtschaftlichen Beiträge zur Förderung des Gesellschaftszweckes im Sinne des § 15 Abs. 1 Nr. 2 EStG.[1] Streitig kann hier allenfalls sein, ob die gemäß § 15 Abs. 1 Nr. 2 2. Satzteil EStG gebotene Umqualifizierung der Tätigkeitsvergütung als Gewinnvorab auch dann vorzunehmen ist, wenn die Mitunternehmerschaft nur zufällig und kurzfristig besteht. In diesen Fällen könnte m. E. § 15 Abs. 1 Nr. 2 EStG verneint werden.
Zur Hinzurechnung von Tätigkeitsvergütungen bei einer doppelstöckigen Personengesellschaft vgl. Rz. 187 zu GmbH & Co. KG.

Wird ein Unterbeteiligter oder stiller Gesellschafter für die Gesellschaft tätig, dann ist der gezahlte Lohn für die Gesellschaft auch steuerrechtlich abzugsfähig und bei dem Tätigen entsprechend der Vorschrift des § 19 EStG zu versteuern. Ob dies auch für den atypischen Unterbeteiligten gilt, da dieser lediglich im Verhältnis zum Hauptbeteiligten als Mitunternehmer anzusehen ist und folglich keine Sonderbetriebseinnahmen erzielt, wenn er im Anstellungsverhältnis zur Gesellschaft steht (oder dieser ein Darlehen oder Wirtschaftsgüter zur Nutzung überlassen hat) ist str.[2] Liegt zwischen einem stillen Gesellschafter und der Gesellschaft selbst eine Mitunternehmerschaft vor, ist die Tätigkeitsvergütung als Gewinnvorab nach § 15 Abs. 1 Nr. 2 2. Satzteil EStG zu behandeln und zwar unabhängig davon, ob sie aufgrund des Gesellschaftsvertrages oder aufgrund schuldrechtlicher Grundlagen erbracht und bezahlt werden.[3]

1 Vgl. L. Schmidt; zur Vergütung an Mitunternehmer von Personengesellschaften BFH v. 23.5.1979, BStBl II 1979, 757, 763, 767, v. 24.1.1980, BStBl II 1980, 269, 271 und v. 25.1.1980 BStBl II 1980, 275.
2 BFH-Urteil v. 2.10.1997, DStR 1998, 203; L. Schmidt, § 15 EStG Rz. 365, 622 halten § 15 Abs. 1 Nr. 2 2. Satzt. i. V. m. § 52 Abs. 18 EStG im Verhältnis zur Gesellschaft für anwendbar mit der Folge der Hinzurechnung der Tätigkeitsvergütung. Mitunternehmer ist er aber nur gegenüber dem Hauptbeteiligten, nicht aber gegenüber der Gesellschaft; dies ist nur der Stille!
3 Vgl. hierzu Schulze zur Wiesche, FR 1997, 405; Schmidt, § 15 EstG Rz. 340 ff.

GmbH	GmbH & Co. KG	Betriebsaufspaltung
Im Rahmen der Angemessenheit (vGA) sind die Tätigkeitsvergütungen für tätige Gesellschafter Betriebsausgaben und steuerlich anzuerkennen. Solche Vergütungen mindern das Einkommen der GmbH, führen bei den Gesellschaftern ggf. zu entsprechenden Einkünften und eröffnen die Möglichkeit der Inanspruchnahme diverser Freibeträge. Dieser steuerliche Vorteil der GmbH ist um so bedeutsamer, je mehr in der Gesellschaft tätige Gesellschafter vorhanden sind und je höher sie sich ihre Leistungen vergüten lassen. Rückwirkende Gehaltserhöhungen für geschäftsführende Gesellschafter werden i. d. R. nicht anerkannt. Mit BFH-Urteilen v. 5.10.1994[1] und v. 12.10.1995[2] ist entschieden, daß prima facie eine vGA vorliegt, soweit Tantiemenversprechen einer GmbH gegenüber Gesellschaftergeschäftsführern insgesamt den Satz von 50 % des Jahresüberschusses übersteigen. Ferner müssen die Jahresgesamtbezüge wenigstens zu 75 % aus einem festen und höchstens zu 25 % aus einem erfolgsabhängigem Bestandteil bestehen.[3]	Die Komplementär-GmbH ist geschäftsführende Gesellschafterin der KG. Die ihr hierfür zu gewährende Vergütung ist eine Sondervergütung (Gewinnvorab) und darf den Gewinn nicht mindern (§ 15 Abs. 1 Nr. 2 2. Satzteil EStG). Um ihren gesellschaftsvertraglichen Pflichten nachzukommen, benötigt die GmbH zumindest einen Geschäftsführer. Die ihr dadurch entstehenden Aufwendungen mindern grundsätzlich ihren Gewinn und sind als Sonderbetriebsausgaben abzuziehen. Der Geschäftsführer seinerseits bezieht insoweit Einkünfte aus nichtselbständiger Arbeit. Nach BFH-Rechtsprechung gilt dies dann nicht, wenn und soweit die Geschäftsführer der GmbH zugleich Kommanditisten sind; unwiderleglich wird vermutet, daß ein solcher Geschäftsführer seine Funktion überwiegend im Interesse der KG wahrnimmt; dementsprechend wird er so behandelt, als wenn ihm die Vergütung von der GmbH unmittelbar als Vergütung der KG zugeflossen wäre. Dies hat zur Folge, daß der Geschäftsführer der Komplementär-GmbH in Höhe seiner Vergütung einen	Die Tätigkeitsvergütungen, die von der Vertriebs-/Betriebs-GmbH an ihre geschäftsführenden Gesellschafter gezahlt werden, sind Betriebsausgaben für die GmbH (zur Angemessenheit s. dort) und Einkünfte aus nichtselbständiger Arbeit für die Geschäftsführer. Die Tätigkeitsvergütung, die von der Besitzpersonengesellschaft an deren Gesellschafter geleistet werden, dürfen den Gewinn nicht mindern und sind folglich Gewinnvorab für den betreffenden Mitunternehmer (§ 15 Abs. 1 Nr. 2 2. Satzteil EStG). Eine Besonderheit ergibt sich daraus, daß die Geschäftsanteile der GmbH notwendiges Betriebsvermögen der Besitzpersonengesellschaft sind. Daher sind von der GmbH an die Personengesellschaft bzw. deren Gesellschafter geleistete Tätigkeitsvergütungen Betriebseinnahmen der Personengesellschaft und keine Einkünfte nach § 19 EStG, wenn sie für eine Tätigkeit des Besitzunternehmers in dessen Eigenschaft als Gesellschafterin der GmbH erbracht worden sind. Die Abzugsfähigkeit der Gesellschaftervergütungen

1 BStBl II 1995, 549.
2 BFH/NV 1996, 437.
3 Zur Übergangsregelung vgl. BMF-Schreiben v. 3.1.1996 (BStBl I 1996, 53) zur 50 %-Grenze, Böth, StBp 1997, 178; Glade, DB 1998, 691.

GbR und OHG	KG	Unterbeteiligung und Stille Gesellschaft

b) *Aufsichtsrats-/Beiratsvergütung*

195 Wurde gesellschaftsvertraglich ein Aufsichtsrat oder Beirat installiert (vgl. unter Rz. 121), dann sind die Zahlungen an die Mitglieder des Aufsichtsgremiums Tätigkeitsvergütungen und wie sonstige Sondervergütungen nicht abzuziehen, wenn diese Personen gleichzeitig Mitunternehmer zu der Gesellschaft sind, für die der Aufsichtsrat oder Beirat gebildet wurde (§ 15 Abs. 1 Nr. 2 2. Satzteil EStG). Sind die Aufsichtsrats- oder Beiratsmitglieder keine Mitunternehmer der GbR, OHG und KG oder zu der Gesellschaft, an der die stille Gesellschaft/Unternehmerbeteiligung besteht, dann sind die Zahlungen auch steuerrechtlich anzuerkennende Betriebsausgaben; die Mitglieder des Aufsichtsgremiums beziehen Einkünfte aus selbständiger Arbeit (§ 18 Abs. 1 Nr. 3 EStG).

c) *Miet- und Pachtzahlungen an Gesellschafter*

196 Vermieten oder verpachten die Mitunternehmer einer GbR, OHG oder KG an diese Wirtschaftsgüter, dann dürfen diese Gegenstände handelsrechtlich grundsätzlich nicht in der Bilanz der Gesellschaft ausgewiesen werden, da sie nicht

Miet- und Pachtzahlungen sind solange bei der Hauptgesellschaft auch steuerrechtlicher Aufwand, so-

GmbH	GmbH & Co. KG	Betriebsaufspaltung
	Gewinnvorab bezieht, falls er auch Kommanditist der KG ist (Gleichstellung mit einer „normalen" KG; vgl. Abschn. 40 Abs. 2 GewStR).[1] Zur Hinzurechnung von Sondervergütungen bei einer doppelstökkigen GmbH & Co. KG vgl. Rz. 187.	bei der Betriebskapitalgesellschaft ist ein wesentlicher Vorteil der Betriebsaufspaltung gegenüber der GmbH & Co. KG!
Für die Abzugsfähigkeit der Aufsichtsrats- oder Beiratsvergütung bei der GmbH kommt es nicht darauf an, ob es sich bei den Mitgliedern des Aufsichtsgremiums um Gesellschafter oder gesellschaftsfremde Personen handelt. In jedem Fall ist nur die Hälfte der Vergütung als abziehbare Aufwendungen einzusetzen (§ 10 Nr. 3 KStG). Die Aufsichtsratsmitglieder hingegen haben ihre volle Vergütung nach § 8 Abs. 1 Nr. 3 EStG zu versteuern. Vergütungen, die eine GmbH an Mitglieder eines neben ihrem Aufsichtsrat eingerichteten Beirats zahlt, sind ebenfalls nicht abziehbar, wenn das Schwergewicht der dem Beirat zugewiesenen Aufgaben in der Überwachung und Prüfung der Geschäftsführung besteht.[2]	Wie KG; ist für die Komplementär-GmbH ein Aufsichtsrat installiert, siehe GmbH.	Die Entscheidung der Frage, ob und in welcher Höhe die Aufsichtsrats- oder Beiratsvergütungen als Aufwand abzuziehen und in welcher Einkunftsart die Vergütungen beim Empfänger zu versteuern sind, richtet sich danach, an welcher Gesellschaft ein solches Aufsichtsgremium installiert wird. Insoweit kann auf die nebenstehenden Grundsätze verwiesen werden.
Die an die GmbH vermieteten oder verpachteten Wirtschaftsgüter bleiben Privatvermögen des überlassen-	Wie KG; die überlassenen Wirtschaftsgüter werden Sonderbetriebsvermögen des betreffenden Mitunter-	Richtet sich nach der gewählten Rechtsform; im Verhältnis Kapitalgesellschaft zu Anteilseigner ist

1 Schmidt, § 15 EStG Rz. 717.
2 Vgl. hierzu BFH v. 11.3.1981, BStBl II 1981, 623.

<table>
<tr><th>GbR und OHG</th><th>KG</th><th>Unterbeteiligung und Stille Gesellschaft</th></tr>
<tr><td colspan="2">Eigentümerin geworden ist. Die überlassenen Wirtschaftsgüter gehören zum Sonderbetriebsvermögen des betreffenden Gesellschafters. Gleiches gilt, wenn ein Mitunternehmer einem Dritten Grund und Boden und/oder Gebäude vermietet, damit dieser es der Personengesellschaft zur betrieblichen Nutzung überläßt.[1] Miet- und Pachtzins sind bei der Gesellschaft nicht abzugsfähig; beim Gesellschafter sind die Zahlungen Gewinnvorab (§ 15 Abs. 1 Nr. 2 2. Satzteil EStG). Rechtsprechung und Verwaltung leiten aus der Regelung des § 15 Abs. 1 Nr. 2 EStG eine Art „additive Gewinnermittlung" her, der zufolge Wirtschaftsgüter des Sonderbetriebsvermögens nicht in der Steuerbilanz des Gesellschafters ausgewiesen werden dürfen, sondern in der steuerlichen Gesamtbilanz Eigenkapital der Mitunternehmerschaft darstellen.[2]</td><td>lange der Unterbeteiligte oder Stille nicht Mitunternehmer zu dieser Gesellschaft ist. Regelmäßig mindern also Zahlungen für die neben der Einlage zur Verfügung gestellten Wirtschaftsgüter den Gewinn der Gesellschaft und führen beim Überlassenden zu entsprechenden Einkünften (etwa nach § 22 Nr. 3 EStG).[3] Dort führt der VIII. Senat aus, daß Sonderbetriebsvermögen dann in Betracht kommt, wenn der atypisch stille Gesellschafter dem Inhaber des Handelsgeschäfts Wirtschaftsgüter zur Nutzung überläßt; vgl. auch Rz. 194.</td></tr>
</table>

d) Zinszahlungen auf Gesellschafterdarlehen

197 Ist der das Darlehen gewährende Gesellschafter Mitunternehmer, dann können die Zinsen den steuerlichen Gewinn nicht mindern; die Zahlungen sind für den betreffenden Mitunternehmer Gewinnvorab i. S. d. § 15 Abs. 1 Nr. 2 2. Satzteil EStG;[4] das Darlehen ist Sonderbetriebsvermögen und damit in der steuerlichen Gesamtbilanz Eigenkapital der Mitunternehmerschaft (vgl. Rz. 196).

Grundsätzlich sind die neben der Einlage gewährten Darlehen auch steuerrechtlich als solche anzuerkennen; die Zinsen sind für die Hauptgesellschaft abzugsfähig und führen beim Unterbeteiligten bzw. Stillen zu Einkünften i. S. d. § 20 EStG. Eine andere Betrachtung ist nur dann geboten, falls eine Mitunternehmerschaft zwischen dem Darlehensgeber und der das Darlehen empfangenden Gesellschaft be-

1 Vgl. BFH v. 15.1.1981, BStBl II 1981, 314.
2 Grundlegend BFH-Urteil 18.7.1979, BStBl II 1979, 750; zuletzt v. 14.4.1988, BStBl II 1988, 667; BMF-Schreiben v. 10.12.1979, BStBl I 1979, 683; v. 28.4.1998, BStBl I 1998, 583, 586.
3 Vgl. aber BFH v. 12.11.1985, BStBl II 1986, 311.
4 Zur Abgrenzung partiarischer Rechtsverhältnisse und verdeckter Mitunternehmerschaft, vgl. Anders, INF 1988, 505 ff.

GmbH	GmbH & Co. KG	Betriebsaufspaltung
den Anteilseigners (es sei denn, es liegt eine Betriebsaufspaltung vor; s. dort). Demzufolge sind die Miet- und Pachtzahlungen bei der GmbH als Betriebsausgaben abzuziehen und führen beim Empfänger zu entsprechenden Einkünften (etwa nach § 22 Nr. 3 EStG). Bei Veräußerung des Wirtschaftsguts ist lediglich die Spekulationsfrist des § 23 Abs. 1 Nr. 1 EStG zu beachten.	nehmers. Die vereinbarten Zahlungen sind steuerlich bei der KG nicht abzugsfähig und gehören beim Empfänger zum Gewinnvorab. Bei der Veräußerung der Wirtschaftsgüter erzielte Gewinne gehören zu den gewerblichen Einkünften des Mitunternehmers. Zur bilanziellen Behandlung s. GbR, OHG, KG. Überläßt daher etwa die Komplementär-GmbH Wirtschaftsgüter pachtweise der KG, so sind die Wirtschaftsgüter zu Buchwerten (steuerlich) aus der GmbH-Bilanz auszubuchen und bei der KG als Sonderbetriebsvermögen zu erfassen. Überlassene Wirtschaftsgüter sind für Zwecke der steuerlichen Gewinnermittlung der KG und nicht der Eigentümerin GmbH zuzurechnen!	aber zu beachten, daß die verpachteten oder vermieteten Wirtschaftsgüter – soweit sie eine wesentliche Betriebsgrundlage der GmbH darstellen (vgl. Rz. 187) – steuerrechtlich Betriebsvermögen der Anteilseigner und damit steuerbefangen sind. Es gelten dann praktisch die gleichen Grundsätze wie für die GmbH & Co. KG. Nur wenn die überlassenen Gegenstände keine wesentlichen Betriebsgrundlagen der Kapitalgesellschaft sind, bleiben diese steuerlich Privatvermögen, unterliegen die Mietzahlungen nicht der Gewerbesteuer.
Die Zinszahlungen sind für die GmbH abzugsfähige Betriebsausgaben und für den Anteilseigner Einkünfte nach § 20 EStG.	Wie KG; zur Behandlung in der steuerlichen Gesamtbilanz als Eigenkapital der Mitunternehmerschaft vgl. Rz. 196.	Richtet sich danach, welcher der Gesellschaften das Darlehen gewährt wurde; es gelten keine Besonderheiten.

<table>
<tr><th>GbR und OHG</th><th>KG</th><th>Unterbeteiligung und Stille Gesellschaft</th></tr>
<tr><td></td><td></td><td>steht; dann gelten die Grundsätze für GbR, OHG, KG entsprechend.</td></tr>
</table>

e) Pensionsrückstellungen für Gesellschafter-Geschäftsführer

<table>
<tr><td colspan="2">198 Ob Zuführungen zu Pensionsrückstellungen für einen Mitunternehmer den Gesamtgewinn einer Personengesellschaft mindern darf, ist umstritten.[1] Aus den Gesetzesmaterialien ergibt sich, daß der Gewinn durch die Bildung von Pensionsrückstellungen zugunsten der Gesellschafter nicht gemindert werden darf; folglich kann es (nur noch) darum gehen, ob der „Mehrgewinn" allen Gesellschaftern oder nur dem Begünstigten zuzusprechen ist.[2] War ein Mitunternehmer zuvor Arbeitnehmer der Gesellschaft und wurde in dieser Zeit eine Pensionsrückstellung gebildet, dann braucht diese Rückstellung bis zu der bis dahin entstandenen Höhe nicht aufgelöst zu werden.
Pensionsrückstellungen, die im Rahmen einer doppelstökkigen Personengesellschaft zugunsten eines nur mittelbar beteiligten Gesellschafters (Mitunternehmers) gebildet worden sind, mußten nach dem Steueränderungsgesetz 1992 in dem Wirtschaftsjahr, das nach dem 31.12.1991 endet, in voller Höhe aufgelöst werden (vgl. hierzu Rz. 187).</td><td>Da der Unterbeteiligte oder stille Gesellschafter kein Mitunternehmer in der Hauptgesellschaft ist, bezieht er als Arbeitnehmer Lohn, und kann für ihn nach allgemeinen Grundsätzen eine Pensionsrückstellung wie für einen fremden Dritten gebildet werden. Ist der Unterbeteiligte bzw. der Stille atypisch beteiligt, dann gilt das für die GbR, OHG, KG Gesagte entsprechend.</td></tr>
</table>

f) Steuerbegünstigte und steuerfreie Erträge

199 Sowohl die Personengesellschaften GbR, OHG und KG als auch die Innengesellschaften haben im Einkommensteuerrecht keine eigene Steuerrechtsfähigkeit; demzufolge können die aufgrund besonderer Befreiungs- oder Ermäßigungsbestimmungen bezogenen Einnahmen der Gesellschaft von den Mitunternehmern steuerfrei entnommen werden. Dieser Vorteil gegenüber einem in der Rechtsform der GmbH betriebenen Unternehmen (s. GmbH) ist insbesondere dann zu beachten, wenn in nicht ganz unerheblichem Umfang der Unternehmung steuerbegünstigte/steuerfreie Einkünfte zufließen. Die gleichen Vorteile ergeben sich ferner, wenn das Unternehmen ausländische Einkünfte bezieht und diese nach den Bestimmungen eines Abkommens zur Vermeidung der Doppelbesteuerung von einer inländischen Besteuerung ausgenommen sind; die Steuerfreiheit für diese Einnah-

1 Vgl. BFH-Urteil v. 2.12.1997, DStR 1998, 482; ausführlich zum Stand der Meinungen vgl. Schmidt, § 15 EStG Rz. 585 ff.

2 Vgl. Schmidt, § 15 EStG Rz. 585 ff.

GmbH	GmbH & Co. KG	Betriebsaufspaltung
Für einen geschäftsführenden Gesellschafter ist die Bildung einer Pensionsrückstellung grundsätzlich zulässig, und zwar ohne Einschränkungen in gleicher Weise wie bei einem Dritten. Mit Urteil vom 28.4.1982,[1] hat der BFH die bisher vertretene Ansicht aufgegeben, daß bei Rückstellungen für beherrschende Gesellschafter-Geschäftsführer mit einer Belastung der Gesellschaft ernsthaft erst ab Vollendung des 75. Lebensjahres gerechnet werden kann. Dieses Urteil bedeutet prinzipiell die Gleichstellung des beherrschenden Gesellschafter-Geschäftsführers mit vergleichbaren Arbeitnehmern bei der steuerlichen Beurteilung einer Pensionszusage (vgl. hierzu Rz. 32; der Angemessenheitsrahmen ist zu beachten, vgl. Rz. 194).	Ist der geschäftsführende Gesellschafter der Komplementär-GmbH gleichzeitig Mitunternehmer der KG, dann gelten die gleichen Grundsätze wie für einen tätigen Gesellschafter einer normalen KG; gleiches gilt auch für eine doppelstöckige GmbH & Co. KG (s. auch KG). Anderenfalls können für die Gesellschafter-Geschäftsführer der Komplementär-GmbH Pensionsrückstellungen unter den gleichen Voraussetzungen gebildet werden, die auch für jede andere GmbH gelten (vgl. insoweit die nebenstehenden Ausführungen zur GmbH).	Richtet sich danach, ob die Pensionszusage den geschäftsführenden Gesellschaftern der Kapitalgesellschaft (s. GmbH) oder der Personengesellschaft (s. GbR, OHG, KG) gegeben wird. Zur betrieblichen Altersversorgung bei Betriebsaufspaltung gibt es keine Besonderheiten.[2]
Steuerfreie Einnahmen sind nur solange und soweit steuerfrei, als sie bei der GmbH thesauriert werden, führen aber im Falle einer Ausschüttung grundsätzlich zu einer anrechenbaren Körperschaftsteuer (durch die gem. § 27 Abs. 1 KStG gebotene Herstellung	Wie KG; fallen bei der Komplementär-GmbH steuerbegünstigte Erträge an, dann gelten die nebenstehenden Grundsätze für die GmbH.	Es gelten keine Besonderheiten. Steuerfreie oder steuerbegünstigte Erträge sollten bei der Personengesellschaft anfallen. Ist eine solche Gestaltung nicht möglich und fließen der GmbH in nicht unerheblichem Umfang entsprechende Einkünfte zu, dann

1 BStBl II 1982, 612.
2 Vgl. Binz/Rauser, BB 1980, 897.

men auch für den einzelnen Gesellschafter gewährleistet nur ein Personenunternehmen. Durch die Einmalbesteuerung in dem durch ein DBA abgeschotteten Quellenstaat kann der inländische Steuerpflichtige – so er eine natürliche Person ist – vollständig die inländische Steuer vermeiden. Sind die ausländischen Einkünfte steuerpflichtig, dann bietet die Steuerermäßigungsvorschrift des § 34c EStG für Mitunternehmer einer Personengesellschaft ebenfalls größere Vorteile als die Regelung des § 26 KStG für einen Anteilseigner einer GmbH (s. dort).

g) Internationales Schachtelprivileg/direkte und indirekte Steueranrechnung

200 Für Personengesellschaften gab und gibt es kein Internationales Schachtelprivileg; befindet sich im Betriebsvermögen einer Personengesellschaft eine Beteiligung an einer ausländischen Kapitalgesellschaft, dann können die Mitunternehmer diese ausländische Körperschaftsteuer ebensowenig auf ihre deutsche Steuer anrechnen wie ein Unterbeteiligter oder Stiller, der eine entsprechende Beteiligung an einer ausländischen Kapitalgesellschaft hält. Unabhängig von der Höhe der Beteiligung können sie aber bezüglich der Gewinnausschüttung etc. der ausländischen Körperschaft die Steuerermäßigungsvorschrift des § 34c EStG in Anspruch nehmen. Es ist zu unterscheiden, ob ein DBA mit dem Sitzstaat der ausländischen Kapitalgesellschaft abgeschlossen ist oder nicht. Liegt kein DBA vor, dann ermöglicht die Bestimmung des § 34c Abs. 1 EStG eine Anrechnung der mit der deutschen Einkommensteuer vergleichbaren ausländischen Steuer auf die deutsche Einkommensteuer, die auf die Einkünfte aus dem betreffenden Staat entfällt. Durch dieses Verfahren kann die ausländische Steuer jedoch nur höchstens bis zu der auf die ausländischen Einkommensteile entfallenden deutschen Einkommensteuer nach dem Durchschnittsteuersatz zur Anrechnung gelangen. Ein eventueller Anrechnungsüberhang an ausländischer Steuer geht definitiv verloren. Statt der Anrechnung kann auch ein Abzug der ausländischen Steuer vom Gesamtbetrag der Einkünfte beantragt werden (vgl. § 34c Abs. 2 und 3 EStG). Ist die anzurechnende ausländische Steuer gering oder gar nicht angefallen, empfiehlt sich gemäß dem sog. Pauschalierungserlaß eine Anrechnung des Pauschalsteuersatzes in Höhe von 25 % zu beantragen. Liegt ein DBA vor, ist eine Pauschalierung nicht möglich; es muß unterschieden werden, ob die Bundesrepublik Deutschland als Wohnsitzstaat auf ihr Besteuerungsrecht zugunsten des Quellenstaates (Sitzstaat der Kapitalgesellschaft) verzichtet hat und die ausländischen Einkünfte lediglich zur Berechnung des Tarifs erfaßt (Befreiungsmethode mit Progressionsvorbehalt, § 32b EStG) oder ob eine Besteuerung durch den Quellenstaat und den Wohnsitzstaat erfolgt, die Bundesrepublik Deutschland als Wohnsitzstaat aber die im Quellenstaat erhobene Steuer auf ihre eigene Steuer entsprechend der Regelung des § 34c Abs. 1 anrechnet (Anrechnungsmethode, § 34c Abs. 6 EStG). Vgl. Rz. 63 ff.

GmbH	GmbH & Co. KG	Betriebsaufspaltung
der Ausschüttungsbelastung) und sodann zur Besteuerung beim Anteilseigner (§ 20 Abs. 1 Nr. 1 und 3 EStG). Werden Ausschüttungen aus dem nicht belasteten Teilbetrag EK 01 (ausländische steuerfreie Einkünfte) gespeist, unterbleibt die Herstellung der Ausschüttungsbelastung (§ 8b Abs. 1 i. V. m. § 40 KStG); die Versteuerung beim Anteilseigner erfolgt dann ohne anrechenbare KSt.		ist eine Betriebsaufspaltung regelmäßig eine wenig geeignete Unternehmensform; unter diesem Gesichtspunkt wird eine GmbH & Co. KG vorteilhafter sein.
Erzielt eine GmbH im Ausland unmittelbar Erträge, dann gelten für die im Ausland erhobenen Steuern die gleichen, nebenstehend für die Personengesellschaften dargestellten Grundsätze. Darüber hinaus ermöglicht die Regelung des § 26 Abs. 2–5 KStG bei einem bis zu dreistufigen Konzernaufbau eine indirekte Steueranrechnung bei internationalen Schachtelbeteiligungen auch in den Fällen, in denen ein DBA kein Schachtelprivileg gewährt. Danach ist die auf den Gewinnanteilen lastende, vom Gewinn der ausschüttenden ausländischen Tochtergesellschaft erhobene Körperschaftsteuer auf die deutsche Körperschaftsteuer der inländischen Muttergesellschaft anzurechnen. Ist das ausländische Tochterunternehmen in einem Entwicklungsland domiziliert, so wird fingiert, daß die anzurechnende ausländische Körperschaftsteuer stets der	Das Internationale Schachtelprivileg kann allenfalls für die Komplementär-GmbH eingreifen (siehe GmbH; auch indirekte Steueranrechnung). Ist die Beteiligung an der ausländischen Kapitalgesellschaft aber als Sonderbetriebsvermögen der GmbH zu qualifizieren, dann ist – für steuerliche Zwecke – die Beteiligung aus dem Betriebsvermögen der GmbH aus- und in die Sonderbilanz der GmbH im Rahmen der KG-Bilanz einzubuchen (vgl. Rz. 196). Da nunmehr die Schachtelerträge bei der KG steuerlich zu erfassen sind, kann m. E. das Schachtelprivileg nicht beansprucht werden. Daraus ergibt sich, daß die Rechtsform der GmbH & Co. KG regelmäßig als Holding-Gesellschaft für ausländische Kapitalgesellschaften ungeeignet ist. Ist keine andere Rechtsform verfügbar, muß unter die GmbH & Co. eine Holding-GmbH als Tochter gehängt	Das Internationale Schachtelprivileg kann nur gewährt werden, wenn sich die Beteiligung von mindestens 10 % am Grund- oder Stammkapital der ausländischen Kapitalgesellschaft im Betriebsvermögen der Betriebs- oder Vertriebs-GmbH und nicht in dem der Besitzpersonengesellschaft befindet (s. GmbH).

GbR und OHG	KG	Unterbeteiligung und Stille Gesellschaft

h) Gewinne aus der Veräußerung des Anteils/Betriebsaufgabe bzw. der Beteiligung/Ende der Betriebsaufspaltung

201 Die Veräußerung einer Personengesellschaft im ganzen ist ebenso wie die Veräußerung eines Mitunternehmeranteils oder eines Teilbetriebes einkommensteuerpflichtig; der Erlös gehört zum Gewinn aus Gewerbebetrieb (§ 16 Abs. 1 Nr. 1 und 2 EStG), ist aber steuerlich mehrfach begünstigt. Unabhängig von der Höhe der Beteiligung gewährt § 34 EStG für den Veräußerungsgewinn, soweit er nicht den Betrag von 15 Mio. DM übersteigt (Betrag vermindert durch Gesetz zur Fortsetzung der Unternehmenssteuerreform; bis 31.7.1997 galt ein Höchstbetrag von 30 Mio. DM),[1] Ferner unterliegen Gewinne aus der Veräußerung (oder Aufgabe) kleiner Betriebe keiner Steuerpflicht, wenn der Steuerpflichtige nach Vollendung seines 55. Lebensjahres oder wegen dauernder Berufsunfähigkeit seinen Gewerbebetrieb veräußert oder aufgibt (§ 16 Abs. 4 EStG). Der maximale Freibetrag beträgt 60 000 DM und die Freibetragsgrenze 300 000 DM. Es kommt nicht mehr darauf an, ob der ganze Betrieb, ein Teilbetrieb oder ein Mitunternehmeranteil veräußert bzw. aufgegeben wird. Der Freibetrag wird nur auf Antrag (§ 16 Abs. 4 Satz 1 EStG) und jedem Steuerpflichtigen nur einmal gewährt (§ 16 Abs. 4 Satz 2 EStG). Die volle Steuerpflicht, d. h. der Wegfall des Freibetrages, setzt demzufolge erst bei Veräußerungsgewinnen von mehr als 360 000 DM ein. Der Freibetrag reduziert sich um den die Freigrenze übersteigenden Betrag, beträgt also 50 000 DM bei einem Veräußerungsgewinn von 310 000 DM und 20 000 DM bei einem Veräußerungsgewinn von 340 000 DM. Der Freibetrag ist „objektbeschränkt", ist somit auch dann in vollem Umfange verbraucht, wenn der Veräußerungsgewinn/Aufgabegewinn im Einzelfall niedriger ist als der Freibetrag (R 139 Abs. 13 Satz 4 EStR 1996).

Stellt ein Steuerpflichtiger seine gewerbliche Tätigkeit ein und verpachtet er die Wirtschaftsgüter des Betriebsvermö-

Liegt zwischen Unterbeteiligtem oder stillem Gesellschafter einerseits und Hauptbeteiligtem oder Geschäftsinhaber andererseits keine Mitunternehmerschaft, sondern eine sog. typische Innengesellschaft vor, dann ergeben sich beim Ausscheiden des Unterbeteiligten oder Stillen folgende Gestaltungen:

- Wird die Beteiligung an einen Dritten (nicht Geschäftsinhaber) veräußert, dann unterliegt der die Einlage übersteigende Ertrag nicht der Einkommensteuer, wenn es sich nicht um ein Spekulationsgeschäft i. S. d. § 23 EStG handelt. Es handelt sich um eine private Vermögensmehrung;[3] ein Veräußerungsverlust ist ebenfalls irrelevant. Dies gilt insoweit nicht, als mit dem die Einlage übersteigenden Erlös der laufende noch nicht ausgezahlte Gewinnanteil abgegolten wird.[4]

1 Z. Z. ist für § 34 Abs. 1 EStG gemäß § 52 Abs. 24a EStG ab VZ 2001 eine weitere Reduzierung des Höchstbetrages auf 10 Mio. DM gesetzlich vorgesehen. Ob diese Gesetzesänderung anläßlich der aufgrund des Steuerentlastungsgesetzes 1999/2000/2002 beabsichtigten gänzlichen Streichung des halben Steuersatzes in § 34 Abs. 1 EStG bereits ab VZ 1999 überhaupt noch Bedeutung erlangt, ist äußerst fraglich; zum drohenden Wegfall vgl. Herzig, Stbg 1998, 443; Kroschel/Wellisch, BB 1998, 2550.

2 Zur Veräußerung von Beteiligungen in Teilabschnitten vgl. Weber, DStZ 1989, 118.

3 BFH v. 11.2.1981, BStBl II 1981, 465.

4 So auch Heincke in Schmidt, § 20 EStG, Rz. 148.

GmbH	GmbH & Co. KG	Betriebsaufspaltung
auf die Schachteldividende entfallenden deutschen Körperschaftsteuer entspricht; eine deutsche Körperschaftsteuer auf solche Dividenden wird folglich nicht erhoben.[1]	werden, die ihrerseits die Auslandsbeteiligung hält.	
Hält der Anteilseigner eine Beteiligung am Stammkapital einer GmbH in seinem Privatvermögen, dann kommt es darauf an, ob er zu mehr als ¼ unmittelbar oder mittelbar an der Gesellschaft beteiligt ist (wesentliche Beteiligung). Gemäß der Fiktion des § 17 Abs. 1 EStG gehören zu den Einkünften aus Gewerbebetrieb auch die Gewinne aus der Veräußerung von GmbH-Anteilen, wenn der Veräußerer innerhalb der letzten 5 Jahre am Stammkapital wesentlich beteiligt war. Ebenso wird die Anteilsveräußerung eines unwesentlich Beteiligten gemäß § 17 Abs. 1 Satz 4 EStG erfaßt, wenn dieser den veräußerten Anteil innerhalb der letzten 5 Jahre vor der Veräußerung unentgeltlich erworben hat und sein Rechtsvorgänger oder, sofern der Anteil nacheinander unentgeltlich übertragen worden ist, einer der Rechtsvorgänger innerhalb der letzten 5	Wie KG; die Veräußerung von Mitunternehmeranteilen an der KG ist in jedem Fall einkommensteuerpflichtig; die Tarifermäßigung des § 34 EStG findet Anwendung (vgl. Spalte GbR/OHG/KG). Werden Anteile am Stammkapital der Komplementär-GmbH veräußert, kommt es nach Auffassung von Rechtsprechung und Finanzverwaltung darauf an, ob die Anteile an der Komplementär-GmbH von den Kommanditisten gehalten werden. Ist dies der Fall (anderenfalls gelten die nebenstehenden Grundsätze für die GmbH), dann werden insoweit die Geschäftsanteile an der GmbH als notwendiges Betriebsvermögen der KG bzw. Sonderbetriebsvermögen der Kommanditisten angesehen. Dies hat zur Folge, daß die Beteiligung an der GmbH über eine Ergänzungsbilanz bei gleichzeitiger Erhöhung der Kapitalkonten (Mehrkapital) für	Vorab ist zu beachten, daß der Wegfall der tatbestandlichen Voraussetzungen einer Betriebsaufspaltung (Wegfall etwa der personellen Verflechtungen) i. d. R. als Betriebsausgabe des Besitzunternehmens zu beurteilen ist mit der Folge, daß die im Betriebsvermögen des früheren Besitzunternehmens enthaltenen stillen Reserven aufzulösen sind (vgl. Rz. 15). Mit der ausdrücklichen Ablehnung der Anwendung der zum Strukturwandel entwickelten Grundsätze auf die Betriebsaufspaltung[2] ist somit jeweils zu prüfen, ob die Voraussetzungen der Betriebsaufgabe erfüllt sind, mithin zumindest der halbe Steuersatz für den Aufgabegewinn beansprucht werden kann. Grundsätzlich erfordert eine Betriebsaufgabe eine Totalentnahme und einen entsprechend nach außen in Erscheinung tretenden Entschluß des Steuerpflichtigen. Endet die Betriebs-

1 Vgl. hierzu ausführlich Schaumburg, Rz. 15.162 ff.
2 BFH v. 15.12.1988, BStBl II 1989, 363; Schmidt, § 15 EStG Rz. 865 f.

GbR und OHG	KG	Unterbeteiligung und Stille Gesellschaft

gens insgesamt, so liegt eine bloße Betriebsunterbrechung und keine Betriebsaufgabe i. S. d. § 16 Abs. 3 EStG vor, wenn der Steuerpflichtige beabsichtigt, seine gewerbliche Tätigkeit wieder aufzunehmen und fortzuführen. Erklärt der Steuerpflichtige während der Verpachtung, die vorher eingestellte gewerbliche Tätigkeit nicht wieder aufnehmen zu wollen, so wirkt der Zugang der Erklärung bei der Finanzbehörde als Betriebsaufgabe i. S. d. § 16 Abs. 3 EStG, für die die gleichen Grundsätze gelten wie für die Betriebsveräußerung (s. oben). Veräußert der Steuerpflichtige nach Abgabe der Betriebsaufgabeerklärung Wirtschaftsgüter seines früheren Betriebsvermögens, so ist die Veräußerung kein betrieblicher Geschäftsvorfall mehr. Der bei der Veräußerung erzielte Kaufpreis kann jedoch den gemeinen Wert der Wirtschaftsgüter zum Zeitpunkt der Betriebsaufgabe beeinflussen, wenn der Steuerpflichtige schon damals die Erwartung haben konnte, die Wirtschaftsgüter zu diesem Preis zu verkaufen.

Wird bei der Veräußerung eines Anteils an einer Personengesellschaft das Sonderbetriebsvermögen (z. B. Gebäude, das einer KG diente, aber dem Gesellschafter allein gehört) nicht mitveräußert, sondern in einen anderen Betrieb des bisherigen Gesellschafters überführt, so liegt keine Veräußerung des (ganzen) Mitunternehmeranteils vor mit der Folge, daß die Tarifvergünstigung für den Veräußerungsgewinn nicht in Betracht kommt.[1]

- Erfolgt die Abfindung durch den Geschäftsinhaber und wird die Beteiligung mit einem den Nominalwert übersteigenden Betrag zurückgezahlt, so handelt es sich um einen besonderen Vorteil, der neben den in § 20 Abs. 1 EStG bezeichneten Einkünften gewährt wird und nach § 20 Abs. 2 Nr. 1 EStG zu versteuern ist. Der Mehrbetrag ist m. E. der KapESt zu unterwerfen (§ 43 Abs. 1 Satz 2 EStG). Ob bei einem Mehrerlös die Tarifermäßigung nach § 34 Abs. 2 i. V. m. § 24 Nr. 1 Buchst. b EStG in Betracht kommt, ist bisher nur für den Fall entschieden, in dem die stille Gesellschaft vorzeitig aufgelöst wurde,[2] m. E. aber zu bejahen.[3]
- Liegt hingegen eine atypische Unterbeteiligung oder atypische stille Gesellschaft vor, dann gelten sinngemäß die Grundsätze wie bei der OHG, KG und der gewerblichen GbR.

Es entsteht also ein Veräußerungsgewinn, der nach §§ 16 Abs. 4, 34 EstG begünstigt ist. Der Erwerber hat – korrespondierend – aktivierungspflichtige Anschaffungskosten.

1 Vgl. Schmidt, § 16 EStG Rz. 414 mit umfangreichen Nachweisen.
2 BFH v. 14.2.1984, BStBl II 1984, 580.
3 Vgl. Neufang, INF 1987, 565; a. A. Heinicke in Schmidt, § 20 EstG Rz. 148.

GmbH	GmbH & Co. KG	Betriebsaufspaltung
Jahre wesentlich beteiligt war. Der Veräußerungsgewinn, soweit er den Betrag von 15 Mio. DM nicht übersteigt, unterliegt dem halben Einkommensteuersatz, der übersteigende Gewinn dem vollen Satz (§ 34 EStG, vgl. Spalte GbR/OHG/KG). § 17 Abs. 3 EStG gewährt einen Freibetrag i. H. v. 20 000 DM bei einer Obergrenze von 80 000 DM. Übersteigt der Veräußerungsgewinn die Obergrenze, dann sinkt der Freibetrag stufenweise bis auf 0 DM ab einem Veräußerungsgewinn von 100 000 DM. Alter und Erwerbsunfähigkeit des Veräußerers sind für die Höhe des Freibetrages irrelevant. Wird nicht das ganze Stammkapital veräußert, sondern nur teilweise, dann ist nur ein entsprechender Freibetrag zu gewähren. Zur fiktiven Veräußerung durch Wegzug vgl § 6 AStG und Rz. 84. Erlöse aus Beteiligungen von 25 % und weniger des Stammkapitals, die sich im Privatvermögen befinden, sind steuerfrei; nur wenn zwischen Erwerb und Veräußerung ein Zeitraum von nicht mehr als 6 Monaten liegt und die Freigrenze in Höhe von 999,99 DM überschritten wird, unterliegt der Gewinn dem vollen Steuersatz (§ 23 EStG). Wird die Beteiligung im Betriebsvermögen gehalten, dann ist der Gewinn nach den §§ 4, 5 EStG zu ermitteln. Nur wenn zum	jeden Kommanditisten, bei dem die Voraussetzungen vorliegen, einzubuchen ist. § 6 Abs. 1 Nr. 5 Buchst. b EStG gebietet eine Einbuchung zu den (historischen) Anschaffungs- oder Herstellungskosten, wenn es sich um Anteile i. S. d. § 17 EStG, also um wesentliche Anteile, handelt. Nicht wesentliche Anteile werden mit dem Teilwert eingebucht. Bei einer Veräußerung werden folglich die bei der GmbH vor der Einbuchung gebildeten stillen Reserven u. U. miterfaßt. Z. B. bei Gesellschaftern, die nicht wesentlich beteiligt sind, wird im Falle einer Veräußerung der Veräußerungsgewinn (Preis abzüglich Teilwert der Anteile im Zeitpunkt der Einbuchung) der vollen Einkommen- und Gewerbeertragsteuer unterworfen. Bei wesentlich Beteiligten ist die Rechtsfolge noch gravierender, da der Veräußerungsgewinn sich als Differenz zwischen erzieltem Preis und historischen Anschaffungskosten errechnet. Damit werden auch die vor der Einbuchung entstandenen stillen Reserven der vollen Ertragsteuer unterworfen. Nur bei einer gleichzeitigen Veräußerung der GmbH-Anteile kommt der ermäßigte Steuersatz gemäß §§ 16, 34 EStG in Betracht; die Gewerbeertragsteuerbelastung ist aber nicht zu vermeiden. Bei einer Überführung von GmbH-Anteilen in das Pri-	aufspaltung durch Vorgänge, die nach allgemeinen Grundsätzen zur Realisation stiller Reserven führen (Veräußerung, Nutzungsänderung), wären diese Voraussetzungen erfüllt; endet hingegen die Betriebsaufspaltung durch Volljährigkeit der Kinder oder durch Scheidung, durch Vorgänge also, die in aller Regel der Disposition und damit dem „Entschluß" des Steuerpflichtigen entzogen sind, führt die Anwendung der BFH-Rechtsprechung zu wenig sachgerechten Ergebnissen. Dem trägt auch die Finanzverwaltung Rechnung (R 139 Abs. 2 Satz 3 EStR 1996) und gewährt „aus Billigkeitsgründen" auf Antrag ein Wahlrecht zur Fortsetzung der gewerblichen Tätigkeit (unabhängig von den Voraussetzungen einer Betriebsverpachtung), wenn die personelle Verflechtung durch Eintritt der Volljährigkeit minderjähriger Kinder wegfällt. Die Finanzverwaltung beschränkt ihre Billigkeitsmaßnahme nur auf diesen Fall.[1] Bei Anteilsveräußerung unter Fortbestehen der Betriebsaufspaltung gilt folgendes: Ebenso wie bei der GmbH & Co. KG ergeben sich keine Besonderheiten bei der Veräußerung eines Mitunternehmeranteils an der Besitzpersonengesellschaft. Der erzielte Veräußerungsgewinn gehört zu den Einkünften am Ge-

1 Vgl. Wendt, FR 1998, 264 (275 ff.); Schmidt, § 15 EStG Rz. 866 m. w. N.

GbR und OHG	KG	Unterbeteiligung und Stille Gesellschaft

GmbH	GmbH & Co. KG	Betriebsaufspaltung
Betriebsvermögen eine hundertprozentige Beteiligung an einer GmbH gehört und diese Beteiligung im ganzen verkauft wird, werden die gleichen Vorteile wie bei einer Veräußerung eines Teilbetriebes gewährt (§ 16 Abs. 1 Nr. 1 und Abs. 4, § 34 EStG; aber Gewerbesteuerpflicht!). Ist die Beteiligung im Zuge einer Umwandlung aus einer Personengesellschaft entstanden und wurden anläßlich der Umwandlung die Wirtschaftsgüter der Personengesellschaft gegen Gewährung von Gesellschaftsrechten an der GmbH nicht unter Aufdeckung aller stillen Reserven eingebracht, dann handelt es sich um sog. einbringungsgeborene Anteile. Im Falle einer Veräußerung sind – unabhängig von der Höhe der Beteiligung – alle stillen Reserven gem § 21 UmwStG zu versteuern. Daneben sind noch die Entstrickungstatbestände des § 21 Abs. 2 UmwStG zu beachten. Ist der Veräußerer eine natürliche Person, so werden auch bei einbringungsgeborenen Anteilen die Steuerbegünstigungen des § 34 EStG gewährt (§ 21 Abs. 1 Satz 2 UmwStG). § 17 Abs. 1 Satz 2 EStG normiert eine Fiktion, der zufolge die verdeckte Einlage von Anteilen an einer Kapitalgesellschaft einer Anteilsveräußerung gleichsteht.[1] Gleiches gilt gem. § 21 Abs. 2 Nr. 5 UmwStG in der Fassung des StÄndG	vatvermögen gelten die gleichen Grundsätze (vgl. Abschn. 139 Abs. 2 EStR; H 139 Abs. 2 EStH 1997). Eine Besteuerung des Veräußerungsgewinns nicht wesentlich beteiligter Gesellschafter kann somit – von Spekulationsgeschäften abgesehen – nur vermieden werden, wenn die Anteilseigner nicht gleichzeitig Kommanditisten sind. Ist dies nicht der Fall, so sollte unbedingt darauf geachtet werden, daß die Komplementär-GmbH möglichst „arm" ist, um den steuerpflichtigen Veräußerungsgewinn möglichst niedrig zu halten.	werbebetrieb; soweit deren Voraussetzungen vorliegen, finden die Begünstigungen der §§ 16, 34 EStG Anwendung (vgl. Spalte GbR/OHG/KG). Bei der Veräußerung der Geschäftsanteile an der Betriebs- oder Vertriebs-GmbH ist zu unterscheiden, ob die Anteile Betriebsvermögen der Personengesellschaft sind, einzelnen Mitunternehmern oder nicht an der Personengesellschaft beteiligten Dritten gehören. Sind die Geschäftsanteile Betriebsvermögen der Personengesellschaft (Gesamthandseigentum), dann liegt ein Veräußerungsgewinn nach § 16 Abs. 1 Nr. 1 EStG nur vor, wenn die Geschäftsanteile der GmbH hundertprozentig zum Betriebsvermögen gehören und im ganzen veräußert werden; in diesem Fall kann – wie für einen Teilbetrieb – ein entsprechender Freibetrag angesetzt (§ 16 Abs. 4 EStG) und der halbe durchschnittliche Einkommensteuersatz für Veräußerungsgewinne bis 15 Mio. DM in Anspruch genommen werden (§ 34 EStG). Der Veräußerungsgewinn unterliegt der Gewerbeertragsteuer. Anderenfalls ist der anfallende Gewinn dem vollen Einkommensteuersatz und der Gewerbeertragsteuer zu unterwerfen. Gehört der Geschäftsanteil einem nicht an der Besitzpersonengesellschaft beteiligten Dritten, dann muß unterschieden werden, ob

1 Vgl. Weber-Grellet in Schmidt, § 17 EStG Rz. 110.

GbR und OHG	KG	Unterbeteiligung und Stille Gesellschaft

i) Aufpreiszahlung für stille Reserven durch Anteilserwerber

GbR, OHG und KG	Unterbeteiligung und Stille Gesellschaft
202 Der Erwerber einer Personengesellschaft oder eines Mitunternehmeranteils wird regelmäßig einen Kaufpreis zahlen müssen, der höher als die Summe des buchmäßigen Kapitals des Veräußerers ist. Diese Mehrzahlungen für die stillen Reserven und u. U. für einen Firmenwert sind für den Erwerber Anschaffungskosten und aktivierungspflichtig. Demzufolge hat er in einer Ergänzungsbilanz die Mehrwerte für die einzelnen Wirtschaftsgüter und ein entsprechendes Mehrkapital auszuweisen; soweit die Mehrzahlungen auf stille Reserven abschreibungsfähiger Wirtschaftsgüter entfallen, hat der Erwerber vom Tage des Erwerbs ab von dem in der Ergänzungsbilanz ausgewiesenen Betrag entsprechend der betriebsgewöhnlichen Nutzungsdauer des jeweiligen Wirtschaftsgutes die AfA vorzunehmen. Die so gewonnenen zusätzlichen Abschreibungen mindern den auf ihn entfallenden Gewinnanteil. Je größer also das erworbene AfA-Volumen bei möglichst kurz bemessener betriebsgewöhnlicher Nutzungsdauer, desto günstiger die künftige (steuerliche) Gewinnsituation und damit die Finanzierbarkeit. Insoweit ist damit die Rechtsform der Personengesellschaft der der Kapitalgesellschaft überlegen.	Da regelmäßig weder bei einer Unterbeteiligung noch bei einer stillen Gesellschaft ein gemeinschaftliches Vermögen vorhanden ist, ist dieser Gesichtspunkt in aller Regel irrelevant. Besteht ausnahmsweise eine Innengesellschaft mit gemeinschaftlichem Vermögen, dann gelten die nebenstehenden Grundsätze für GbR, OHG, KG.[1]

1 Zur Auflösung und Auseinandersetzung vgl. Geck, DStR 1994, 657.

GmbH	GmbH & Co. KG	Betriebsaufspaltung
1992 für die verdeckte Einlage sog. einbringungsgeborener Anteile.		dieser die Beteiligung im Privatvermögen (dann §§ 17, 34 oder 23 EStG) oder im Betriebsvermögen (dann §§ 4, 5 oder §§ 16, 34 EStG) hält; insoweit gelten die Ausführungen für die GmbH entsprechend. Halten die Mitunternehmer der Besitzpersonengesellschaft die GmbH-Anteile, dann qualifizieren sich Geschäftsanteile als notwendiges Sonderbetriebsvermögen der Personengesellschaften. Werden Anteile an der GmbH veräußert, handelt es sich um laufenden Gewinn. Es ist also darauf zu achten, daß die §§ 16 Abs. 1 Nr. 1, 34 EStG erfüllt sind.
Zahlt der Erwerber eines Geschäftsanteils an einer GmbH für die in dem Unternehmen steckenden stillen Reserven einen Aufpreis, dann kann er nicht wie ein Erwerber eines Anteils an einer Personengesellschaft mangels Steuerrechtsfähigkeit die Aufpreiszahlungen unmittelbar den einzelnen Wirtschaftsgütern zuordnen und folglich künftig zusätzliche Abschreibungen vornehmen (es gibt keine Ergänzungsbilanz). Der Erwerber hat die Beteiligung zu Anschaffungskosten anzusetzen. Wird die Beteiligung notleidend, kann er eine Teilwertafa auf die Beteiligung vornehmen, so die allgemeinen Voraussetzungen erfüllt sind.[1] In jedem Fall ist eine Um-	Wie KG; Für den Erwerber eines Geschäftsanteils an der Komplementär-GmbH gelten die nebenstehenden Ausführungen zur GmbH.	Richtet sich danach, ob ein Anteil am Stammkapital der Kapitalgesellschaft oder ein Mitunternehmeranteil an der Personengesellschaft erworben wird; es gelten keine Besonderheiten.

1 Vgl. Glanegger in Schmidt, § 6 EStG Rz. 250; zum geplanten Verbot der Teilwertabschreibungen im Zuge des Steuerentlastungsgesetzes 1999/2000/2002 (BT-Drucks. 14/23) und zur Frage der Verfassungswidrigkeit vgl Jacobs/Lorbacher, GmbHR 1998, 1204; zu Teilwertabschreibungen auf Beteiligungen nach der bisher geltenden Rechtslage vgl. Herkenroth/Körner/Rodewald, DStR 1999, 9.

GbR und OHG	KG	Unterbeteiligung und Stille Gesellschaft

j) Aufgabegewinn bei Liquidation

Nr.	GbR und OHG / KG	Unterbeteiligung und Stille Gesellschaft
203	Wird der Betrieb der Personengesellschaft innerhalb kurzer Zeit in einem einheitlichen Vorgang aufgegeben und das Unternehmen liquidiert (§ 16 Abs. 3 EstG), dann gilt eine solche Aufgabe als Veräußerung. Dementsprechend wird der erzielte Gewinn zur Einkommensteuer nur herangezogen, wenn und soweit die Freibetragsregelung des § 16 Abs. 4 EstG nicht eingreift; § 34 EStG findet wie im Falle der Veräußerung Anwendung (vgl. Rz. 201).	Entsteht ein Aufgabegewinn des Unterbeteiligten oder stillen Gesellschafters bei der Liquidation der Innengesellschaft, dann gelten – bei einer atypischen Innengesellschaft – die für die GbR, OHG und KG (§§ 16 Abs. 4, 34 EstG). Bei einer typischen Innengesellschaft entsteht i. d. R. kein Aufgabegewinn. Wird gleichwohl ein den Nominalwert übersteigender Betrag zurückgezahlt, dann ist dieser m. E. gem. § 20 Abs. 2 Nr. 1 EstG steuerbar, so sich der Aufgabegewinn als Abfindung durch den Gesellschafter darstellt; anderenfalls ist der Liquidationserlös steuerfrei.

k) Besonderheiten beim beherrschenden Gesellschafter

Nr.	GbR und OHG / KG	Unterbeteiligung und Stille Gesellschaft
204	Keine.	Keine; besteht zwischen einer GmbH und ihrem einzigen Gesellschafter eine stille Gesellschaft oder liegt eine andere Innengesellschaft zwischen beherrschenden Gesellschaftern und ihrer Kapitalgesellschaft vor, dann sind nebenstehende Grundsätze zur GmbH zu beachten.

GmbH	GmbH & Co. KG	Betriebsaufspaltung
wandlung in eine Personengesellschaft zu erwägen (vgl. Rz. 616 ff.)		
Der Liquidationsgewinn unterliegt bei der GmbH der Körperschaftsteuer, die ihrerseits von dem Anteilseigner auf seine Einkommensteuer angerechnet werden kann.[1] Die einkommensteuerliche Mehrbelastung im Vergleich zu einem Mitunternehmer an einer liquidierten Personengesellschaft ergibt sich daraus, daß dieser Gewinn bei dem Anteilseigner ohne jede steuerliche Vergünstigung zu Einkünften aus Kapitalvermögen führt (§ 20 Abs. 1 Nr. 2 EStG).	Wie KG; bei Liquidation der Komplementär-GmbH siehe nebenstehende Ausführungen zur GmbH. Da die Komplementär-GmbH regelmäßig „arm" sein wird, ist die einkommensteuerliche Belastung im Vergleich zur reinen Personengesellschaft unwesentlich.	Richtet sich danach, welche der Gesellschaften liquidiert wird; es gelten keine Besonderheiten. Je „reicher" die Kapitalgesellschaft, desto höher der dort anfallende Aufgabegewinn und damit letztlich wegen der Vorschrift des § 20 Abs. 1 Nr. 2 EStG die steuerliche Belastung der Anteilseigner.
Grundsätzlich gelten Einnahmen mit Erlangung der wirtschaftlichen Verfügungsmacht als zugeflossen (§ 11 Abs. 1 EstG). Wird aber in der Bilanz einer GmbH für eine gegenüber einem beherrschenden Gesellschafter bestehende Verbindlichkeit eine Rückstellung ausgewiesen, dann gilt der Rückstellungsbetrag beim Gesellschafter im Jahr der Rückstellung als zugeflossen, wenn die GmbH zur Zahlung des Rückstellungsbetrages in der Lage ist. Nur	Wie KG; im Verhältnis der Komplementär-GmbH zu ihrem beherrschenden Gesellschafter gelten die nebenstehenden Ausführungen zur GmbH entsprechend.	Nur im Verhältnis der Betriebs- oder Vertriebs-GmbH zu ihrem beherrschenden Gesellschafter gelten die Ausführungen zur GmbH.

1 Vgl. hierzu Streck, § 11 KStG Anm. 7 ff.

GbR und OHG	KG	Unterbeteiligung und Stille Gesellschaft

10. Gewinnverteilung (Angemessenheit)

205 Der Vorteil der Unternehmensform der GmbH aus einkommensteuerlicher Sicht gegenüber einer Personengesellschaft ist insbesondere bei Familiengesellschaften darin zu sehen, daß die Beteiligung von Angehörigen, ohne daß diese entscheidenden Einfluß auf die Geschicke der GmbH erlangen, nach dem derzeitigen Stand der Judikatur ohne steuer-

XXXIX. Kapitalertragsteuer

GbR und OHG / KG	Unterbeteiligung und Stille Gesellschaft
206 Es ist keine Kapitalertragsteuer einzubehalten.	Von dem Gewinnanteil des typischen Unterbeteiligten oder typischen stillen Gesellschafters ist Kapitalertragsteuer einzubehalten (§ 43 Abs. 1 Nr. 3 EstG). Die Kapitalertragsteuer beträgt 25 % des Kapitalertrages, wenn der Unterbeteiligte oder Stille die Steuer trägt (§ 43a Abs. 1 Nr. 1 EStG); die Kapitalertragsteuer wird auf die Einkommensteuer angerechnet (§ 36 Abs. 2 Nr. 2 EStG). Zum Zeitpunkt der Entstehung der Steuer vgl. § 44 Abs. 3 EStG.

XL. Gewerbesteuer[1]

1. Subjektive Steuerpflicht und allgemeine Grundsätze

GbR, OHG und KG	Unterbeteiligung und Stille Gesellschaft
207 Die Tätigkeit einer GbR, OHG oder KG gilt nach § 2 Abs. 2 Nr. 1 GewStG stets und in vollem Umfang als Gewerbebetrieb, wenn die Gesellschafter als Mitunternehmer (s. unter Rz. 175) anzusehen sind und die Gesellschaft sich gewerblich betätigt. Letzteres erfordert gem. § 15 Abs. 2 EStG als positive Merkmale eine persönliche Selbständigkeit (R 134 EStR 1996), Nachhaltigkeit (H 134a EStR 1997), Gewinnerzielungsabsicht (H 134b EStR 1997) und die Beteiligung am allgemeinen wirtschaftlichen Verkehr (H 134c EStR 1997); nicht vorliegen darf eine land- und forstwirtschaftliche oder freiberufliche Betätigung (zur Abgrenzung vgl. R 135 EStR	Weder die Unterbeteiligungsgesellschaft noch die stille Gesellschaft als solche ist gewerbesteuerpflichtig. – Typische Unterbeteiligung: Gehört die Unterbeteiligung zu einem gewerblichen Betriebsvermögen, hat aber der Hauptbeteiligte keine gewerblichen Einkünfte,

1 Im Zuge der unter Rz. 43, 186 angesprochenen Unternehmenssteuerreformbestrebungen der neuen Bundesregierung soll die Gewerbesteuer möglicherweise bereits ab 2000 komplett entfallen. Die weitere Entwicklung bleibt abzuwarten.

GmbH	GmbH & Co. KG	Betriebsaufspaltung
bei Konkursreife der GmbH gelten die allgemeinen Grundsätze.[1]		

liche Schwierigkeiten durchgeführt werden kann. Näheres, insbesondere zur Angemessenheit der Gewinnverteilung bei schenkweise übertragenen Beteiligungen auf nicht mitarbeitende Familienangehörige vgl. ausführlich Rz. 18 ff.

Von den ausgeschütteten Kapitalerträgen muß die GmbH gem. § 43 Abs. 1 Nr. 1 EStG Kapitalertragsteuer einbehalten und an das Finanzamt abführen; zur KapESt im Vergütungsverfahren vgl. § 43 Abs. 1 Nr. 6 EStG. Die Kapitalertragsteuer beträgt 25 % des Kapitalertrages, wenn der Anteilseigner die Steuer trägt (§ 43a Abs. 1 Nr. 1 EStG). Die einbehaltene Steuer gilt als Vorauszahlung auf die Einkommen- oder Körperschaftsteuer (§ 36 Abs. 2 Nr. 2 EStG).	Wie KG; für Gewinnausschüttungen der Komplementär-GmbH gelten die nebenstehenden Ausführungen für die GmbH entsprechend.	Kapitalertragsteuer ist nur von den Gewinnausschüttungen der Betriebs- oder Vertriebs-GmbH einzubehalten und an das Finanzamt abzuführen (s. GmbH).

Die GmbH ist unabhängig von der Art ihrer Tätigkeit kraft ihrer Rechtsform gewerbesteuerpflichtig (§ 2 Abs. 2 Nr. 2 GewStG).	Die GmbH & Co. KG gilt qua gesetzlich normierter Fiktion stets als gewerbliches Unternehmen (§ 15 Abs. 3 Nr. 2 EStG) und ist damit kraft dieser Fiktion stets gewerbesteuerpflichtig (Verweis in § 2 Abs. 1 Satz 2 GewStG auf die einkommensteuerlichen Vorschriften).	Die Betriebs- oder Vertriebs-GmbH ist Gewerbebetrieb kraft Rechtsform und daher gem. § 2 Abs. 2 Nr. 2 GewStG gewerbesteuerpflichtig. Die Gewerbesteuerpflicht der Besitzpersonengesellschaft hängt davon ab, ob ihre Tätigkeit als gewerblich oder vermögensverwaltend zu klassifi-

1 Vgl. Herrmann/Heuer/Raupach, § 11 EStG Rz. 28.

<table>
<tr><th>GbR und OHG</th><th>KG</th><th>Unterbeteiligung und Stille Gesellschaft</th></tr>
<tr><td colspan="2">1996; H 136 EStR 1997) oder eine Vermögensverwaltung (vgl. R 137 EStR 1996). Sind diese Voraussetzungen für eine Tätigkeit erfüllt, dann unterliegt die Personengesellschaft auch mit all ihren übrigen Tätigkeiten der Gewerbesteuerpflicht, gleichgültig, ob diese gewerblich sind oder nicht (vgl. § 15 Abs. 3 EStG). Die Abgrenzung zwischen vermögensverwaltender und gewerblicher Tätigkeit bei Grundstücksveräußerungen behandelt die Finanzverwaltung im BMF-Schreiben vom 20.12.1990.[1] Danach ist die Veräußerung von höchstens drei Objekten („Drei-Objekt-Grenze") innerhalb eines Fünfjahreszeitraums regelmäßig als Umschichtung im Rahmen einer privaten Vermögensverwaltung zu qualifizieren. Die Veräußerung von mehr als drei Objekten führt bei Vorliegen der übrigen Voraussetzungen (§ 15 Abs. 2 EStG) zur Gewerblichkeit aller Objektveräußerungen. Diese Auffassung entspricht der BFH-Rechtsprechung.[2] Nach dem BFH-Urteil vom 20.11.1990[3] gilt die Drei-Objekt-Grenze ausdrücklich auch für die GbR. Darüber hinaus erlaubt § 39 Abs. 2 Nr. 2 AO nach Auffassung der Finanzverwaltung in dem o. g. Erlaß die Objekte, die die Personengesellschaft veräußert hat, auf der Ebene des Gesellschafters mitzuberücksichtigen. Bei Ermittlung der Zahl der Veräußerungen sind danach beim Gesellschafter zu den eigenen die auf Gesellschaftsebene vorgenommenen Veräußerungen hinzuzuzählen, sofern der Gesellschafter mit mindestens 10 % an der Gesellschaft beteiligt ist. Schließlich gelte – so die Finanzverwaltung – die „Drei-Objekt-Grenze" auch beim Verkauf von Beteiligungen, sofern der Gesellschafter mit mindestens 10 % an der Gesellschaft beteiligt ist. Über die „10 %-Grenze" ist bisher vom BFH nicht entschieden worden; sie ist eine Art „Nichtaufgreifgrenze der Finanzverwaltung".[4]
Zum Zusammenrechnen von Beteiligungen an verschiedenen Objekten und zur Begründung eines gewerblichen Grundstückshandels beim Gesellschafter vgl. Weber-Grellet.[5]
In zwei Urteilen vom 25.4.1991[6] und vom 31.7.1991[7] hat der BFH entschieden, daß Personengesellschaften, deren Gesellschafter identisch oder teilweise identisch sind, nicht zu einem einheitlichen Steuersubjekt zusammengefaßt werden können. Dies hätte – entgegen der Entscheidung vom 20.11.1990 – zur Folge, daß eine gewerbliche Tätigkeit auf der Ebene einer Grundstücksgesellschaft nur vorliegt, wenn die Gesellschaft selbst mehr als drei Objekte inner-</td><td>dann unterliegen die Gewinnanteile beim Unterbeteiligten der GewSt. Erzielt der Hauptbeteiligte hingegen gewerbliche Einkünfte, dann qualifizieren sich die an den Unterbeteiligten gezahlten Gewinnanteile/Sondervergütungen beim Hauptbeteiligten als Sonderbetriebsausgaben, für die Hinzurechnungen gem. § 8 Nr. 3 GewStG zu unterbleiben haben, da diese Zahlungen beim Unterbeteiligten der GewSt unterliegen.
– Atypische Unterbeteiligung: Ist der Hauptbeteiligte nicht gewerbesteuerpflichtig, so werden die Gewinnanteile der Gewerbesteuer beim Unterbeteiligten nur dann unterworfen, falls die Beteiligung bei ihm zu einem Betriebsvermögen gehört. Sind Haupt- und Unterbeteiligter gewerbesteuerpflichtig, greift die Kürzungsvorschrift des § 9 Nr. 2 GewStG.
– Typische stille Gesellschaft: Die Gewinnanteile/Einlage wird beim Gewerbeertrag hinzugerechnet (§ 8 Nr. 3 GewStG).
– Atypische stille Gesellschaft: Gem. BFH v. 12.11.1985[8] ist weder die</td></tr>
</table>

1 BStBl I 1990, 884.
2 Nachweise bei Spindler, DStZ 1997, 10; Schuhmann, StBp 1997, 34; Schmidt-Liebig, FR 1997, 325; Schmidt-Liebig, BB 1998, 563; Schmidt-Liebig, StBp 1998, 66.
3 DB 1991, 683.
4 Vgl. BMF-Schreiben, a. a. O., Tz. 8; DStR 1997, 1208.
5 In Schmidt, § 15 EstG Rz. 70 ff.
6 BStBl II 1991, 345.
7 BFH/NV 1992, 809.
8 BStBl II 1986, 311.

GmbH	GmbH & Co. KG	Betriebsaufspaltung
	Die Komplementär-GmbH hingegen ist insoweit gewerbesteuerfrei, als sie Einkünfte aus der Beteiligung an der KG bezieht (s. Kürzungsvorschrift des § 9 Nr. 2 GewStG).	zieren ist. Nach Auffassung von Rechtsprechung und Verwaltung beteiligt sich die Personengesellschaft über die Kapitalgesellschaft am allgemeinen wirtschaftlichen Verkehr und wird demzufolge gewerbesteuerpflichtig, wenn sie der GmbH zumindest eine wesentliche Betriebsgrundlage miet- oder pachtweise zur Verfügung stellt und die Personengesellschaft wie die GmbH von einer Person oder einer Personengruppe beherrscht wird (vgl. hierzu ausführlich Rz. 11 ff.). Liegt eines der geforderten Merkmale nicht vor, dann ist eine vermögensverwaltende Tätigkeit der Personengesellschaft anzunehmen mit der Folge, daß auch die Gewerbesteuerpflicht der Miet- und Pachtzahlungen insoweit entfällt (vgl. auch H 137 Abs. 4–7 EStH 1997 und R 137 Abs. 8 EStR 1996). Die miet- und pachtweise überlassenen Vermögensgegenstände befinden sich in gesamthänderischer Verbundenheit im Privatvermögen.

<table>
<tr><th>GbR und OHG</th><th>KG</th><th>Unterbeteiligung und Stille Gesellschaft</th></tr>
<tr><td colspan="2">halb von fünf Jahren veräußert. In seiner Entscheidung vom 25.4.1991 hält es der BFH für unschädlich, wenn an der Gesellschaft Personen beteiligt sind, die selbst als Grundstückshändler tätig sind oder die an deren Grundstücksgesellschaften beteiligt sind. Diese BFH-Entscheidungen legen den Schluß nahe, daß Grundstückshandel durch Einschaltung unterschiedlicher GbR's praktisch unbegrenzt ausgedehnt werden kann, ohne daß die Grenze der Gewerblichkeit erreicht wird.[1]</td><td>Innengesellschaft noch deren Mitunternehmer mangels Gesellschaftsvermögens subjektiv gewerbesteuerpflichtig. Die Gewinnanteile des atypischen Stillen sind vielmehr Teil des gewerblichen Gewinns der Mitunternehmerschaft und dürfen diesen nicht mindern (vgl. Abschn. 50 Abs. 3 GewStR 1998).</td></tr>
</table>

a) Beginn der Gewerbesteuerpflicht

<table>
<tr><td>208</td><td colspan="2">Bei einer gewerblichen GbR, OHG oder KG beginnt die Gewerbesteuerpflicht in dem Zeitpunkt, in dem erstmals der Betrieb gegenüber jedermann mit Gewinnerzielungsabsicht tätig wird (Aufnahme der Betätigung, die den eigentlichen Geschäftszweck darstellt). Unbeachtlich sind die Eintragung in das Handelsregister und z. B. reine Vorbereitungshandlungen wie Anmieten der Geschäftsräume, Kauf von Einrichtungsgegenständen oder Maschinen, Einstellen von Arbeitskräften etc. Hierfür anfallende Betriebsausgaben sind bei der Einkommensteuer abzugsfähig, können aber bei der Gewerbesteuer nicht berücksichtigt werden (vgl. Abschn. 18 GewStR 1998).</td><td>Entfällt.</td></tr>
</table>

b) Ende der Gewerbesteuerpflicht

<table>
<tr><td>209</td><td colspan="2">Bei einer gewerblichen GbR, OHG oder KG erlischt die Gewerbesteuerpflicht mit der tatsächlichen Einstellung des Betriebes (Einstellung jeder werbenden Tätigkeit; Beginn der Liquidation). Eine nur vorübergehende Unterbrechung der gewerblichen Betätigung (z. B. bei Saisonbetrieben) genügt nicht (vgl. § 4 GewStDV; Abschn. 19 Abs. 1 Satz 3 GewStR 1998).[2] Der erzielte Veräußerungs- oder Aufgabegewinn ist gewerbesteuerlich nicht zu erfassen, vgl.</td><td>Entfällt.</td></tr>
</table>

1 Vgl. hierzu Sender, StBp 1995, 280.
2 Wortmann, DB 1987, 2008.

GmbH	GmbH & Co. KG	Betriebsaufspaltung
Bei einer GmbH beginnt die Gewerbesteuerpflicht mit der Eintragung in das Handelsregister. Ist die GmbH noch nicht eingetragen, dann beginnt die Steuerpflicht bereits mit einer nach außen in Erscheinung tretenden geschäftlichen Tätigkeit (vgl. Abschn. 18 Abs. 2 Satz 6 GewStR 1998).	Die Gewerbesteuerpflicht einer gewerblich geprägten Personengesellschaft beginnt erst dann, wenn jegliche Tatbestandsmerkmale eines Gewerbebetriebs, insbesondere die tatsächliche Beteiligung am allgemeinen wirtschaftlichen Verkehr, erfüllt sind.[1] Damit begründen weder Vorbereitungshandlungen für die werbende Tätigkeit noch eine vermögensverwaltende Tätigkeit die sachliche Gewerbesteuerpflicht. Die Finanzverwaltung wendet das Urteil über den entschiedenen Einzelfall nicht an (Abschn. 18 Abs. 1 Satz 3 GewStR 1998).	Der Beginn der Gewerbesteuerpflicht richtet sich nach der Gestaltung; demzufolge finden regelmäßig für die Kapitalgesellschaft die Grundsätze betreffend die GmbH und für die Personengesellschaft die für GbR, OHG und KG Anwendung; ausnahmsweise kann auch im Rahmen einer GmbH & Co. KG eine Betriebsaufspaltung vorliegen.
Bei einer GmbH erlischt die Gewerbesteuerpflicht nicht schon mit dem Aufhören der gewerblichen Betätigung, sondern mit dem Aufhören jeglicher Tätigkeit überhaupt, also mit dem Erlöschen der Rechts-	Im Gegensatz zur GmbH ist eine GmbH & Co. KG nach Einstellung ihrer werbenden Tätigkeit während der Liquidation nicht gewerbesteuerpflichtig;[2] so Abschn. 22 Abs. 1 Satz 2 GewStR 1990.[3]	Für das Ende der Gewerbesteuerpflicht gilt das unter Rz. 208 Dargestellte entsprechend. Bei Vereinbarung der Betriebsaufspaltung bleibt die Besitzpersonengesellschaft steuerpflichtig, weil sie sich

1 So BFH-Urt. v. 22.11.1994, BStBl II 1995, 900.
2 Vgl. BFH v. 24.4.1980, BStBl II 1980, 658.
3 In den GewStR 1998 ist dies nicht mehr enthalten.

GbR und OHG	KG	Unterbeteiligung und Stille Gesellschaft

Abschn. 39 Abs. 1 Nr. 1 Satz 8 GewStR 1998. Bringt ein Unternehmer seinen Betrieb zu Buchwerten in eine Personengesellschaft ein, so unterliegt der dabei entstehende Gewinn aus der Überführung eines nicht zu den wesentlichen Betriebsgrundlagen gehörenden Wirtschaftsgutes in das Privatvermögen auch dann nicht der Gewerbeertragsteuer, wenn dieser Gewinn bei der Einkommenbesteuerung in vollem Umfang nach dem Tarif zu versteuern ist.

2. Freibeträge/Steuermeßzahl

a) Gewerbeertrag

210 Bei der Bewertung der GewSt nach dem Gewerbeertrag ist von einem Steuermeßbetrag auszugehen, der durch Anwendung der Steuermeßzahl auf den auf volle Hundert DM nach unten abgerundeten Gewerbeertrag ermittelt wird (§ 11 GewStG). Die Steuermeßzahlen für Gewerbebetriebe von Personengesellschaften betragen im ganzen Bundesgebiet einheitlich für die ersten 24 000 DM 1 %, für die weiteren 24 000 DM 2 %, für die weiteren 24 000 DM 3 %, für die weiteren 24 000 DM 5 %, und für alle weiteren Beträge 5 % des Gewerbeertrags nach Abzug eines Freibetrags i. H. v. 48 000 DM. Beim Rechtsformwechsel sind die Freibeträge nur zeitanteilig zu gewähren.
Entgelte für Dauerschulden werden zur Ermittlung des Gewerbeertrags zur Hälfte hinzugerechnet (§ 8 Nr. 1 GewStG).

Unterbeteiligung und Stille Gesellschaft: Entfällt.

b) Gewerbekapital

211 Gewerbekapital ist der Einheitswert des Betriebsvermögens zzgl. Hinzurechnungen und abzgl. Kürzungen (§ 12 GewStG). Der zuletzt festgestellte EW des Betriebsvermögens ist maßgebend. Für die Erhebungszeiträume bis 1997 sind die Vorschriften über die Gewerbekapitalsteuer im Beitrittsgebiet nicht anzuwenden (§ 37 GewStG). Für Erhebungszeiträume ab 1998 entfällt die Gewerbekapitalsteuer für alle inländischen Gewerbebetriebe (§ 36 GewStG). Bis einschließlich 1997 ist in den alten Bundesländern zur Ermittlung des

3. Zinsen für Gesellschafterdarlehen

212 Zinszahlungen der Gesellschaft an ihre Gesellschafter für ein gewährtes Darlehen sind ertragsteuerrechtlich wegen der Vorschrift des § 15 Abs. 1 Nr. 2 2. Satzteil EStG nicht abzugsfähig. Demzufolge ist ein solcher Gewinnvorab bei § 7 GewStG zu berücksichtigen.

Unterbeteiligung und Stille Gesellschaft: Entfällt; Zahlungen seitens der Hauptgesellschaft werden u. U. gemäß § 8 Nr. 3 GewStG wieder hinzugerechnet.

GmbH	GmbH & Co. KG	Betriebsaufspaltung
fähigkeit. Dies ist grundsätzlich der Zeitpunkt, in dem das Vermögen an die Gesellschafter verteilt worden ist, d. h. nach Abschluß der Liquidation (Abschn. 19 Abs. 2 GewStR 1998).		über die Kapitalgesellschaft weiterhin am allgemeinen wirtschaftlichen Verkehr beteiligt.
Der Besteuerung liegt der volle Gewerbeertrag zugrunde; ein Freibetrag wird nicht gewährt. Die Steuermeßzahl für den Gewerbeertrag beträgt 5 %. Entgelte für Dauerschulden werden zur Ermittlung des Gewerbeertrags zur Hälfte zugerechnet (§ 8 Nr. 1 GewStG).	Wie KG.	Für die Betriebs- oder Vertriebs-GmbH s. GmbH; für die Besitzpersonengesellschaft s. GbR, OHG und KG.

Steuermeßbetrags nach dem Gewerbekapital die Steuermeßzahl von 2 ‰ auf das auf volle Tausend DM nach unten abgerundete Gewerbekapital anzuwenden (§ 13 GewStG). Dabei ist vor Ermittlung des Steuermeßbetrages ein Freibetrag i. H. v. 120 000 DM, höchstens jedoch ein Freibetrag in Höhe des abgerundeten Gewerbekapitals vom Gewerbekapital abzusetzen. Maßgebend ist das Gewerbekapital zu Beginn des Erhebungszeitraums.

Es ist zu unterscheiden zwischen kurzfristigen Darlehen und Dauerschulden. Kurzfristige Gesellschafterdarlehen sind voll abzugsfähig. Entgelte für Dauerschulden gemäß § 8 Nr. 1 GewStG dem Gewinn aus Gewerbebetrieb (§ 7 GewStG) zu 50 % wieder	Wie KG.	Für die Behandlung bei der Betriebs- oder Vertriebs-GmbH siehe GmbH; beim Anteilseigner führen die Zahlungen zu Einkünften aus Kapitalvermögen oder – wenn die Besitzpersonengesellschaft das Darlehen gewährt hat – zu Einkünften aus Gewerbebe-

GbR und OHG	KG	Unterbeteiligung und Stille Gesellschaft

4. Miet- und Pachtzahlungen an Gesellschafter

213 Wie oben unter Rz. 212; Miet- und Pachtzahlungen der Gesellschaft an ihre Gesellschafter für die Überlassung von Wirtschaftsgütern dürfen den ertragsteuerlichen Gewinn nicht mindern.	Entfällt.

5. Tätigkeitsvergütungen an Gesellschafter

214 Wie oben unter Rz. 212; alle Bezüge einschließlich Tantiemezahlungen der Gesellschaft an ihre Gesellschafter sind für diese Gewinnvorab und können daher den Gewerbeertrag nicht mindern.	Entfällt.

GmbH	GmbH & Co. KG	Betriebsaufspaltung
hinzuzurechnen. Zum Begriff „Dauerschulden“ vgl. Abschn. 45 GewStR 1998.[1]		trieb; in letzterem Fall erhöht sich der Gewerbeertrag der Personengesellschaft entsprechend der Entlastung bei der GmbH, so daß wirtschaftlich im Ergebnis keine Entlastung zu erzielen ist (nur wenn der Freibetrag noch nicht ausgeschöpft ist, bietet diese Lösung Vorteile).
Der steuerliche Gewinn der GmbH wird durch Miet- und Pachtzahlungen an die Anteilseigner gemindert (werden zu hohe Zahlungen geleistet, liegen insoweit verdeckte Gewinnausschüttungen vor; vgl. Rz. 191). Für die Besteuerung nach dem Gewerbeertrag ist jedoch bei Vermietung und Verpachtung von beweglichen Wirtschaftsgütern des Anlagevermögens die Hinzurechnungsvorschrift des § 8 Nr. 7 GewStG zu beachten.	Wie KG.	Wie unter Rz. 212 liegt eine Betriebsaufspaltung vor und beziehen die Mitunternehmer der Besitzpersonengesellschaft Einkünfte aus Gewerbebetrieb, dann erhöht sich in gleicher Weise der Gewerbeertrag bei der Personengesellschaft, wie er sich bei der GmbH vermindert. Die Betriebsaufspaltung führt also nur dann zu einer Entlastung, wenn der Freibetrag gem. § 11 Abs. 1 GewStG in Höhe von 48 000 DM noch nicht anderweitig ausgenutzt ist, oder wenn die Tätigkeit der Personengesellschaft vermögensverwaltender Natur ist (vgl. Rz. 210).
Im Rahmen der Angemessenheit und soweit keine verdeckten Gewinnausschüttungen vorliegen, mindern die Tätigkeitsvergütungen der Anteilseigner den Gewerbeertrag der GmbH.	Wie KG; auch das Gehalt des Geschäftsführers einer Komplementär-GmbH, die die Geschäfte der KG führt, darf den Gewerbeertrag der KG nicht mindern, wenn der Geschäftsführer zugleich Mitunternehmer der KG ist (vgl. Abschn. 39 Abs. 2 GewStR 1998).	Wie oben unter Rz. 212; für die Behandlung bei der Betriebs- oder Vertriebs-GmbH s. GmbH; bei dem Anteilseigner führen die Zahlungen zu Einkünften aus nichtselbständiger Arbeit; für die Behandlung der Tätigkeitsvergütung bei der Personengesellschaft s. GbR, OHG und KG.

1 Zum Begriff „Dauerschulden“ vgl. auch z. B. Glanegger/Güroff, § 8 Nr. 1 GewStG, Rz. 4–6.

GbR und OHG	KG	Unterbeteiligung und Stille Gesellschaft

XLI. Umsatzsteuer

215 GbR, OHG und KG als solche sind Unternehmer im Sinne des § 2 UStG und folglich steuerpflichtig. Die Führung der Geschäfte einer Personengesellschaft ist unabhängig davon, ob eine gewinnabhängige oder gewinnunabhängige Geschäftsführervergütung oder nichts gezahlt wird, keine gegenüber einer anderen Person erbrachte Leistung im Sinne des § 1 Abs. 1 Nr. 1 UStG. Demzufolge können die der Tätigkeit zuzuordnenden Vorsteuern nicht abgezogen werden.[1]

Die Beteiligung eines stillen Gesellschafters (und wohl auch eines Unterbeteiligten) stellt eine sonstige Leistung des Stillen (Unterbeteiligten) an das Unternehmen dar, an dem er beteiligt ist. Durch diese sog. Dauerleistung allein wird der Stille zum Unternehmer i. S. d. UStG. Das Bruttoentgelt (also vor KapESt) für die sonstige Leistung des stillen Gesellschafters stellt seine jeweilige Gewinnbeteiligung dar. Gem. der durch § 30 des Gesetzes über die Unternehmensbeteiligungsgesellschaften vom 17.12.1986[2] eingeführten Befreiungsregelung des § 4 Nr. 8 Buchst. j UStG ist diese sonstige Leistung steuerfrei, und zwar ohne Optionsmöglichkeit nach § 9 UStG. Der Inhaber des Handelsgeschäfts führt mit der Aufnahme des Stillen eine nach § 4 Nr. 8 Buchst. f UStG steuerbefreite sonstige Leistung aus. Vorsteuerbeträge, die in Zusammenhang mit der Werbung oder Aufnahme des Stillen stehen, sind folglich nicht abziehbar (§ 15 Abs. 2 Nr. 1 UStG).[3]

XLII. Vermögensteuer

216 Eine Vermögensteuer wird ab 1.1.1997 nicht mehr erhoben.[4]

1 Vgl. hierzu BFH v. 17.7.1980, BStBl II 1980, 622; BMF v. 14.11.1980, BStBl I 1980, 781.
2 BStBl I 1987, 181.
3 Vgl. BFH, Urt. v. 14.12.1995, BStBl II 1996, 250.
4 Vgl. hierzu ausführl. Rz. 83 m. w. N.

GmbH	GmbH & Co. KG	Betriebsaufspaltung
Eine GmbH ist grundsätzlich Unternehmerin i. S. d. § 2 UStG.	Wie KG; ebenso wie bei der KG ist die Führung der Geschäfte der GmbH & Co. KG sowie deren Vertretung durch die GmbH unabhängig von der Art der Vergütung keine gegenüber einer anderen Person erbrachte Leistung i. S. d. § 1 Abs. 1 Nr. 1 UStG (Abschn. 1 Abs. 7 Satz 1 UStR). Daraus folgt, daß die GmbH mit ihrer Geschäftsführertätigkeit keine Unternehmerin ist und die dieser Tätigkeit zuzuordnenden Vorsteuern nicht abziehen kann.[1]	Aus der Vertragsgestaltung einer Doppelgesellschaft ergibt sich regelmäßig, daß die Betriebs- oder Vertriebs-GmbH zur Besitzpersonengesellschaft in einem Unterordnungsverhältnis steht, das umsatzsteuerrechtlich als Organschaftsverhältnis zu qualifizieren ist.[2] Bei der umsatzsteuerlichen Behandlung der vermieteten und verpachteten Wirtschaftsgüter ist zu beachten, daß die Nutzungsüberlassung von Grundstücken umsatzsteuerbefreit (§ 4 Nr. 12 UStG), die Nutzungsüberlassung des sonstigen Anlagevermögens aber umsatzsteuerpflichtig ist. Ebenfalls zu versteuern sind die Leistungen, für die die Kapitalgesellschaft im Rahmen des Pachtvertrages an das Besitzunternehmen Entgelte zur Erhaltung der Substanz des gepachteten Anlagevermögens entrichtet, soweit dieses nicht aus Grundstücken besteht.[3]

1 Vgl. BFH v. 17.7.1980, BStBl II 1980, 622; vgl. ausführlich zur Umsatzsteuer Binz, § 21 Rz. 4 ff.
2 Zur finanziellen, wirtschaftlichen und organisatorischen Eingliederung vgl. Westermann u. a., III Rz. 981.
3 Vgl. Westermann u. a., III Rz. 979 f.

XLIII. Erbschaftsteuer

1. Allgemeines

217 Das in der Fassung des Jahressteuergesetzes 1997 ab 1.1.1996 anwendbare neue Erbschaft-/Schenkungsteuerrecht sieht eine Reihe von Begünstigungen für Betriebsvermögen und Anteile an Kapitalgesellschaften vor.

Neben dem persönlichen Freibetrag (§§ 15, 16 ErbStG) gewährt § 13a ErbStG einen Freibetrag für inländisches Betriebsvermögen und für Anteile an einer inländischen Kapitalgesellschaft, falls die Beteiligung größer als 25 % ist (mindestens 25 %, sofern die Steuer nach dem 31.12.1995 und vor dem 1.1.1997 entstanden ist) in Höhe von DM 500 000. Bei einem Erwerb von Todes wegen ist zu beachten, daß bei Vorhandensein mehrerer Bewerber eine Aufteilung des Freibetrages entsprechend schriftlich verfügter Aufteilung des Erblassers erfolgen kann. Sollte nur das oben benannte begünstigte Vermögen vorhanden sein, erfolgt die Aufteilung des Freibetrages entsprechend der Erbteile der Erben; ansonsten erfolgt die Aufteilung zu gleichen Teilen. Im Falle des Erwerbs im Wege der vorweggenommenen Erbfolge gilt die unwiderrufliche Erklärung des Schenkers, daß der Freibetrag in Anspruch genommen wird, wobei bei mehreren Erwerbern der Teilbetrag für jeden Bedachten bestimmt werden muß. Für weiteres, innerhalb von 10 Jahren nach Er-

2. Anteilsbewertung

218 Die Bewertung der Beteiligung nach dem anteiligen Einheitswert des Betriebsvermögens. Nach § 19 Abs. 1 Nr. 2 BewG ist für einen in der Rechtsform einer GbR, OHG oder KG betriebenen gewerblichen Betrieb ein Einheitswert festzustellen, der die Summe der Werte der zum gewerblichen Betrieb gehörenden Wirtschaftsgüter vermindert und die Betriebsschulden und die sonstigen zulässigen Abzüge umfaßt (§ 98a BewG). Grundbesitz ist mit dem Grundbesitzwert anzusetzen, der nach den neuen §§ 138 ff. BewG auf den Zeitpunkt der Entstehung der Steuer festgestellt wird. Für Bestand und Bewertung des übrigen Betriebsvermögens sind die Verhältnisse ebenfalls zur Zeit der Entstehung der Steuer maßgebend. Die §§ 95 bis 99, 103 und 104 sowie 109 Abs. 1 und 2 sowie § 137 BewG sind anwendbar.

Die Bewertung der Einlage eines typischen stillen Gesellschafters oder typischen Unterbeteiligten ist wie eine Kapitalforderung zu behandeln und grundsätzlich mit dem Neuwert anzusetzen.[1]

3. Stundung gem. § 28 ErbStG

219 Dem Erben einer Beteiligung an einer Personengesellschaft (Erwerb von Betriebsvermögen, land- und forstwirt-

Wird Betriebsvermögen erworben, dann kann unter

1 Näheres vgl. gleichlautender Erlaß der obersten Finanzbehörden der Länder zur Bewertung des übrigen Vermögens für Zwecke der Erbschaft- und Schenkungsteuer v. 18.6.1997, Tz. 6, BStBl I, 689 sowie R 112 ErbStR – BStBl I 1998, Sondernummer 2, S. 2 (54) –.

GmbH	GmbH & Co. KG	Betriebsaufspaltung

werb von derselben Person anfallendes Vermögen, kann ein weiterer Freibetrag nicht in Anspruch genommen werden – weder vom Bedachten noch von anderen Erwerbern. Das den Freibetrag übersteigende Vermögen ist nur mit 60 % anzusetzen. Von dem begünstigten Vermögen bleiben also nach Inanspruchnahme des Freibetrages 40 % steuerfrei. Diese Vorteile können dann nicht in Anspruch genommen werden, wenn das Vermögen aufgrund letztwilliger Verfügung des Erblassers oder einer rechtsgeschäftlichen Verfügung auf Dritte übertragen wird. Der entfallende Freibetrag oder der Freibetragsanteil gehen dann auf die Dritten über. Rückwirkend fällt der Freibetrag bzw. der Freibetragsanteil und der verminderte Wertansatz weg, falls das vererbte/verschenkte Vermögen veräußert wird oder bestimmte Entnahmehandlungen innerhalb von 5 Jahren nach dem Erwerb vorgenommen werden (§ 13a Abs. 5 ErbStG).[1] § 19a ErbStG bestimmt beim Erwerb von inländischem Betriebsvermögen oder einer wesentlichen Beteiligung an einer inländischen Kapitalgesellschaft für Personen der Steuerklasse II oder III, daß diese ungeachtet ihres Verwandtschaftsgrades nach der Steuerklasse I besteuert werden, so sie die Voraussetzungen der Behaltefrist von 5 Jahren einhalten.[2]

Die Bewertung eines GmbH-Anteils erfolgt durch Schätzung des gemeinen Werts, es sei denn, der gemeine Wert läßt sich aus Verkäufen ableiten, die weniger als ein Jahr zurückliegen. Liegen keine Verkäufe vor, so ist unter Berücksichtigung des Vermögens und der Ertragsaussichten der Kapitalgesellschaft die Schätzung vorzunehmen. Die Finanzverwaltung bedient sich hierzu der in Abschn. 3 ff. UStR niedergelegten Grundsätze (Stuttgarter Verfahren).	Wie KG; für die Komplementär-GmbH s. GmbH.	Für die Besitzpersonengesellschaft s. GbR, OHG, KG; für die operative Gesellschaft s. GmbH. Tendenziell sollte soviel wie möglich an Vermögen und Ertragskapital in die Besitzpersonengesellschaft verlagert werden.
Die Erben eines GmbH-Anteils haben keinen Stun-	Wie KG; die Erben der Anteile an der Komplemen-	Für die Besitzpersonengesellschaft s. GbR, OHG und

1 Vgl. zu den Neuerungen bei § 13a ErbStG vgl. R 51 ff. ErbStR – BStBl I 1998, Sondernummer 2, 2 (28 ff.) –; z. B. Christoffel, INF 1998, 267; Crezelius, DB 1997, 1584; Weßling, DStR 1997, 1381; Krüger/Siegemund/Köhler, DStR 1997, 637.

2 Möglicherweise kommt es Reformüberlegungen der GRÜNEN/BÜNDNIS 90 zufolge zu einer Reform des Erbschaftsteuergesetzes hin zu einem Nachlaßsteuergesetz zum 1.1.2000. Dies könnte Entlastungen bei Übertragungen von Betriebsvermögen bringen, da eine deutliche Anhebung des Freibetrages in der Diskussion steht. Die weitere Entwicklung bleibt abzuwarten.

<table>
<tr><th>GbR und OHG</th><th>KG</th><th>Unterbeteiligung und Stille Gesellschaft</th></tr>
<tr><td colspan="2">schaftlichem Vermögen) ist die darauf entfallende Erbschaftsteuer auf Antrag bis zu sieben Jahren insoweit zu stunden, als dies zur Erhaltung des Betriebes notwendig ist. Entgegen der alten Regelung bestimmt das StÄndG 1992, daß die Stundung bei Erwerben von Todes wegen zinslos zu gewähren ist. Diese Neuregelung gilt erstmals für Erwerber, für die die Steuer nach dem 28.2.1992 entsteht bzw. für nach dem 28.2.1992 beginnende Zinszeiträume. Bestandskräftige Zinsfestsetzungen sind aufzuheben bzw. zu ändern (§ 37 Abs. 8 ErbStG).</td><td>den Voraussetzungen des § 28 ErbStG Stundung der Erbschaftsteuer beantragt werden.</td></tr>
</table>

XLIV. Kapitalverkehrsteuern

1. Gesellschaftsteuer

220 Mit Wirkung ab 1.1.1992 sind die Vorschriften der §§ 2–10 KapVStG über die Gesell-

2. Börsenumsatzsteuer

221 Mit Wirkung ab 1.1.1991 sind die Vorschriften der §§ 17–25 KapVStG über Börsenumsatz-

XLV. Grunderwerbsteuer

<table>
<tr><td colspan="2">222 Der Wechsel im Gesellschafterkreis einer grundstücksbesitzenden Personengesellschaft löst grundsätzlich GrESt aus (vgl. § 1 Abs. 2a GrEStG).[1] Vereinigen sich alle Anteile an einer solchen Gesellschaft in einer Hand, sei es durch den Hinzuerwerb des letzten Anteils, sei es durch die Weiterübertragung der bereits vereinigten Anteile, wird über § 1 Abs. 3 GrEStG ein ebenfalls GrESt auslösender Grundstückserwerb fingiert (sog. Anteilsvereinigung). Werden Grundstücke in das gesamthänderisch gebundene Gesellschaftsvermögen oder aus dem Gesellschaftsvermögen in das Vermögen eines Gesellschafters übertragen, entsteht Grunderwerbsteuerpflicht. Beim Übergang auf eine Gesamthand ist die Vorschrift des § 5 GrEStG, beim Übergang von einer Gesamthand die des § 6 GrEStG zu beachten. Zu den Möglichkeiten und Grenzen zur Erlangung der Grunderwerbsteuerfreiheit durch Auswechslung der Gesellschafter einer Personengesellschaft vgl. Rz. 70.</td><td>Die Einlage eines Grundstücks (und nicht nur eine bloße Gebrauchsüberlassung) löst i. d. R. eine Grunderwerbsteuerpflicht aus. Gleiches gilt für die Rückübereignung des Grundstücks bei Beendigung der Innengesellschaft.</td></tr>
</table>

1 Vgl. hierzu Gleichlautender Ländererlaß v. 13.6.1997, BStBl I, 632 und ergänzendes Schreiben v. 27.10.1997 – FM Bayern 36 – S 4501 – 11/11 – 54026; koordinierter Ländererlaß, abgedruckt Handbuch der Bewertung 1998, 772, Rz. 113.

GmbH	GmbH & Co. KG	Betriebsaufspaltung
dungsanspruch nach § 28 ErbStG.	tär-GmbH haben hingegen keinen Stundungsanspruch. In aller Regel gehören aber die Gesellschaftsanteile zum Betriebsvermögen (Sonderbetriebsvermögen) der KG.	KG; für die Betriebs- bzw. Vertriebskapitalgesellschaft s. GmbH. Bei der Betriebsaufspaltung sind die Anteile an der operativen GmbH entweder Gesamthandsvermögen der Besitzpersonengesellschaft oder Sonderbetriebsvermögen, mithin ist also § 28 EStG anwendbar.

schaftsteuer ersatzlos aufgehoben worden.[1]

steuer ersatzlos aufgehoben. Zur alten Rechtslage vgl. 4. Auflage, Rz. 194.

Ein Grundstückserwerb durch die GmbH unterliegt der Grunderwerbsteuer; nach § 1 Abs. 3 GrEStG ist ferner die Anteilsvereinigung in einer Hand grunderwerbsteuerpflichtig, wenn die GmbH Grundvermögen hat. Wird ein Zwerganteil an der Kapitalgesellschaft zurückbehalten, läßt sich die Grunderwerbsteuer vermeiden.[2]	Wie KG; für die Komplementär-GmbH s. GmbH.	Regelmäßig entsteht bei der Bildung einer Betriebsaufspaltung keine Grunderwerbsteuerpflicht, da die Grundstücke nicht in die Betriebs- bzw. Vertriebskapitalgesellschaft eingebracht, sondern an sie verpachtet werden; sie bleiben im Eigentum der Besitzpersonengesellschaft.

1 Zur alten Rechtslage vgl. Vorauflage, Rz. 193.
2 Zu weiteren Gestaltungsmöglichkeiten zur Vermeidung von Grunderwerbsteuer vgl. auch Fleischer, DStR 1996, 1390.

Anhang I:

Allgemeines und Besteuerung der KGaA und ihrer Gesellschafter (Ertrag- und Substanzsteuern)

SCHRIFTTUM

Geck, Überlegungen zur Verwendung der GmbH & Co. KGaA in der mittelständischen Wirtschaft, NZG 1998, 586; *Herfs,* Die Kapitalgesellschaft & Co. KGaA als Rechtsformoptimierung für mittelständische Unternehmen, WiB 1997, 688; *Ladwig/Motte,* Die Kommanditgesellschaft auf Aktien – Eine Alternative für börsenwillige mittelständische Unternehmen, DStR 1996, 800, 842; *Niedner/Kusterer,* Der Weg von der GmbH in die GmbH & Co. KGaA, GmbHR 1998, 584; *Schaumburg,* Die KGaA als Rechtsform für den Mittelstand?, DStZ 1998, 525; *Schmidt/Levedag,* Die KGaA nach dem BGH-Beschluß vom 24.2.1997: Grundprofil und Einsatzfelder einer hybriden Rechtsform, INF 1997, 749; *Sethe,* Die Besonderheiten der Rechnungslegung bei der KGaA, DB 1998, 1044.

I. Allgemeines

Eine Kommanditgesellschaft auf Aktien (KGaA) ist als Rechtsform eine Mischform, die Elemente einer AG und einer KG in sich vereint und wegen ihrer Börsenfähigkeit für mittelständische Unternehmen eine in aller Regel überlegene Alternative zur AG darstellt. Die Rechtsform KGaA ermöglicht es, dem unternehmerisch nicht interessierten Miterben eine Kapitalbeteiligung einzuräumen, ohne daß dies mit dem Verlust unternehmerischer Einflußmöglichkeiten der unternehmerisch engagierten Familienmitglieder verbunden wäre. Die Errichtung einer KGaA insbesondere als neue Konzernspitze für eine bestehende Unternehmung läßt sich ohne ertragsteuerliche Belastung und ohne nennenswerte mitbestimmungsrechtliche Implikationen darstellen, so daß man sofort ein börsenfähiges Unternehmen und damit den Zugang zu einer Finanzierung über den Kapitalmarkt gewinnt.[1] **223**

Mit Beschluß vom 24.2.1997[2] hat der BGH nunmehr eine GmbH als alleinige Komplementärin einer KGaA als zulässig angesehen. Damit ist das Problem der gesellschaftsrechtlichen Zulässigkeit einer Kommanditgesellschaft auf Aktien ohne eine natürliche Person als Komplementär gelöst.[3] Die Haftung der Gesellschafter – soweit sie natürliche Personen sind – kann also durch eine juristische Person (GmbH/AG) oder durch eine beschränkt haftende Personengesellschaft (GmbH/AG & Co. KG) als alleinige Komplementärin der KGaA substituiert werden.[4]

1 Zu den Besonderheiten der Rechnungslegung vgl. Sethe, DB 1998, 1044.
2 DB 1997, 1219.
3 Schmidt/Levedag, INF 1997, 749; Geck, NZG 1998, 586; Schaumburg, DStZ 1998, 525; Niedner/Kusterer, GmbHR 1998, 584.
4 Vgl. zur Familien-KGaA als Instrument zur Gestaltung des Generationswechsels und als börsenfähiges Unternehmen: Niedner/Kusterer, DB 1997, 2010; Ladwig/Motte, DStR 1996, 800, 842; Herfs, WiB 1997, 688.

II. Besteuerung der KGaA und ihrer Gesellschafter

	Komplementäre			
	nat. Person	Personengesellschaft mit natürlicher Person als Vollhafter	GmbH & Co. KG	Kapitalgesellschaft
224 ESt/ KSt	– Einkünfte aus Gewerbebetrieb, § 15 Abs. 1 Nr. 3 EStG	– Einkünfte aus Gewerbebetrieb, § 15 Abs. 1 Nr. 1 EStG	– Einkünfte aus Gewerbebetrieb, § 15 Abs. 1 Nr. 1 EStG	– Körperschaftsteuer für durch Betriebsvermögensvergleiche ermittelten Gewinn
				– Körperschaftsteuer 45 % bei Thesaurierung, 30 % bei Ausschüttung
	– Gewinnanteile – Vergütungen (feste und gewinnabhängige Vergütungen) – Sonderbetriebseinnahmen (Ausnahme: Dividendeneinkünfte und Veräußerungsgewinne aus Kommanditaktien)	– Gewinnanteile – Vergütungen (feste und gewinnabhängige Vergütungen) – Sonderbetriebseinnahmen (Ausnahme: Dividendeneinkünfte und Veräußerungsgewinne aus Kommanditaktien)	– Gewinnanteile – Vergütungen (feste und gewinnabhängige Vergütungen) – Sonderbetriebseinnahmen (Ausnahme: Dividendeneinkünfte und Veräußerungsgewinne aus Kommanditaktien)	– sämtliche Einkünfte
225 GewSt	– keine Gewerbesteuer, da kein Gewerbebetrieb i. S. d. § 2 GewStG	– bei Vorliegen eines Gewerbebetriebes gem. § 2 Abs. 1 Satz 2 GewStG	– bei Vorliegen eines Gewerbebetriebes gem. § 2 Abs. 1 Satz 2 GewStG	– Gewerbebetrieb kraft Rechtsform
		– Gewerbeertrag einschließlich Gewinnanteil an der KGaA	– Gewerbeertrag einschließlich Gewinnanteil an der KGaA	– Gewerbeertrag einschließlich Gewinnanteil an der KGaA

KGaA	Kommanditaktionäre	
	Kommanditaktionäre (ausschließlich)	Komplementär (zugleich)
– Körperschaftsteuer für durch Betriebsvermögensvergleiche ermittelten Gewinn	– werden Kommanditaktien im Privatvermögen gehalten	– werden Kommanditaktien im Privatvermögen gehalten
– Körperschaftsteuer 45 % bei Thesaurierung, 30 % bei Ausschüttung		
– sämtliche Zahlungen an Komplementär (Gewinnanteil, feste und gewinnabhängige Vergütungen) abziehbare Aufwendungen gem. § 9 Abs. 1 Nr. 1 KStG	– Dividendeneinkünfte aus Kapitalvermögen – Spekulationsgewinn – Veräußerungsgewinn gem. § 17 EStG (wesentliche Beteiligung)	– Dividendeneinkünfte aus Kapitalvermögen – Spekulationsgewinn – Veräußerungsgewinn gem. § 17 EStG (wesentliche Beteiligung) – keine Sonderbetriebseinnahmen
– Gewerbebetrieb kraft Rechtsform	– wenn Kommanditaktien im Betriebsvermögen eines Gewerbebetriebes	– wenn Kommanditaktien im Betriebsvermögen eines Gewerbebetriebes
– Gewerbeertrag unter Hinzurechnung von Gewinnan-	– Gewerbeertrag	– Gewerbeertrag

	Komplementäre			
	nat. Person	Personengesellschaft mit natürlicher Person als Vollhafter	GmbH & Co. KG	Kapitalgesellschaft
		– Kürzung gem. § 9 Nr. 2b (GewStG)	– Kürzung gem. § 9 Nr. 2b GewStG)	– Kürzung gem. § 9 Nr. 2b GewStG)
226 VSt	– Vermögensteuer wird ab 1.1.1997 nicht mehr erhoben; zur alten Rechtslage vgl.			
227 ErbSt	– Bemessungsgrundlage Einheitswert	– Bemessungsgrundlage Einheitswert	– Bemessungsgrundlage Einheitswert	– Bemessungsgrundlage Stuttgarter Verfahren, wenn keine anderweitigen Verkäufe innerhalb des letzten Jahres oder (ausnahmsweise) Börsenpreis

KGaA	Kommanditaktionäre	
	Kommanditaktionäre (ausschließlich)	Komplementär (zugleich)
teilen, festen und gewinnabhängigen Vergütungen an Komplementär, § 8 Nr. 4 GewStG		
	– Kürzungen nur unter den Voraussetzungen des § 9 Nr. 2a GewStG bei 10%iger Beteiligung am Grundkapital	– Kürzungen nur unter den Voraussetzungen des § 9 Nr. 2a GewStG bei 10%iger Beteiligung am Grundkapital
Vorauflage Rz. 210		
	– Bemessungsgrundlage Kurswert	– Bemessungsgrundlage Kurswert

Anhang II:

Die Europäische Wirtschaftliche Interessenvereinigung (EWIV)

SCHRIFTTUM

Autenrieht, Die inländische Europäische Wirtschaftliche Interessenvereinigung (EWIV) als Gestaltungsmittel, BB 1989, 350; *Bach,* Die BGB-Gesellschaft als Mitglied einer Europäischen Wirtschaftlichen Interessenvereinigung (EWIV), BB 1990, 1432; *Bokelmann,* Die Neuregelungen im Firmenrecht nach dem Regierungsentwurf des Handelsrechtsreformgesetzes, GmbHR 1998, 57; *Brodersen,* Die Beteiligung der BGB-Gesellschaft und der Personengesellschaften, 1988; *Feurich,* Die überörtliche Anwaltssozietät, Anwaltsblatt 1989, 36; *Ganske,* Die Europäische Wirtschaftliche Interessenvereinigung (EWIV) – eine neue „supranationale" Unternehmensform als Kooperationsinstrument in der Europäischen Gemeinschaft, DB 1985, Beilage Nr. 20, 1; *Gleichmann,* Europäische Wirtschaftliche Interessenvereinigung, ZHR 149 (1985), 633; *Gleichmann,* Zur Zulässigkeit der Wahl der Firma bei der Europäischen Wirtschaftlichen Interessenvereinigung EuZW 1990, 136; *Görl,* Die freien Berufe im Internationalen Steuerrecht der Bundesrepublik Deutschland, München 1983; *Grüninger,* Die deutsche Rechtsanwaltssozietät als Mitglied einer Europäischen Wirtschaftlichen Interessenvereinigung (EWIV), DB 1990, 1449; *Grüninger,* Die Europäische Wirtschaftliche Interessenvereinigung beratender Freiberufler. Steuerliche Vor- und Nachteile, BB 1990, 2161; *Gustavus,* Die Neuregelungen im Gesellschaftsrecht nach dem Regierungsentwurf des Handelsrechtsreformgesetzes, GmbHR 1998, 17; *Hommelhoff,* Jahrbuch der Fachanwälte für Steuerrecht 1989/1990, 445; *Klein-Blenkers,* Wirtschaftliche Bedeutung und rechtliche Fragen zur Europäischen Wirtschaftlichen Interessenvereinigung, DB 1994, 2224; *Knoll/Schüppen,* Die Europäische Wirtschaftliche Interessenvereinigung (EWIV), WiB 1994, 889; *Meyer-Landrut,* Die Europäische Wirtschaftliche Interessenvereinigung, 1988; *Meyer-Landrut,* Die Europäische Wirtschaftliche Interessenvereinigung (EWIV) als neues Instrument für grenzüberschreitende Kooperation, WPK-Mitteilungen 3/1989, 56; *Müller-Gugenberger,* Die Firma der Europäischen Wirtschaftlichen Interessenvereinigung (EWIV), BB 1989, 1922; *Müller-Gugenberger,* EWIV – die neue europäische Gesellschaftsform, NJW 1989, 1449; *Neye,* Die Europäische wirtschaftliche Interessenvereinigung – eine Zwischenbilanz, DB 1997, 861; *von Rechtenberg,* Die EWIV – Ihr Sein und Werden, ZGR 1992, 299; *Rinze,* Zur Sachfirma einer Europäischen Wirtschaftlichen Interessenvereinigung, RPfleger 1993, 450; *Schmittmann,* Die Europäische Wirtschaftliche Interessenvereinigung (EWIV), INF 1996, 403; *Scriba,* Die Europäische Wirtschaftliche Interessenvereinigung, 1988; *Vogel,* DBA-Kommentar, 2. Aufl. 1990; *Weimar/Delp,* Die Europäische Wirtschaftliche Interessenvereinigung (EWIV) in rechtlicher und steuerlicher Sicht, Wpg 1989, 89; *Wöbke/Danckwerts,* Europäische Wirtschaftliche Interessenvereinigung: Eintragung mit einer reinen Sachfirma? DB 1994, 413; *Ziegler,* Europäische Wirtschaftliche Interessenvereinigung (EWIV), Rpfleger 1989, 261; *Ziegler,* Zur Firma der Europäischen Interessenvereinigung, Rpfleger 1990, 239; *Zuck,* Die Europäische Wirtschaftliche Interessenvereinigung als Instrument anwaltlicher Zusammenarbeit, NJW 1990, 954.

I. Vorbemerkungen

1. Rechtsgrundlagen

Die EWIV ist eine Gesellschaftsform, die als erste europäische Rechtsform bezeichnet werden kann. Sie ist durch das Zusammenwirken der Mitgliedstaaten der Europäischen Union – damals noch der Europäischen Gemeinschaften – in den 80er Jahren entstanden. 228

Der Rat der Europäischen Gemeinschaften hat am 25.7.1985 auf der Grundlage des Artikels 235 EWG-Vertrag die „Verordnung über die Schaffung einer Europäischen Wirtschaftlichen Interessenvereinigung (EWIV)" beschlossen.[1] Die am 1.7.1989 in Kraft getretene Verordnung ist nach Art. 189 Abs. 2 des EWG-Vertrags in allen Teilen verbindlich und gilt unmittelbar in jedem Mitgliedstaat der EG, setzt also unmittelbar anwendbares Recht. Regelungsgegenstand der Verordnung sind allerdings nur die Gründung, Existenz und innere Verfassung der EWIV. Im übrigen gilt das im Einzelfall anwendbare, also nach den Grundsätzen des internationalen Privatrechts oder des internationalen öffentlichen Rechts zu ermittelnde sachliche Recht eines Mitgliedstaates.[2] Für den Gründungsvertrag und für die innere Verfassung der Vereinigung gilt nach Art. 2 Abs. 1 der Verordnung das sachliche Recht des Mitgliedstaats, in dem die EWIV ihren im Gründungsvertrag bestimmten Sitz hat, soweit die Verordnung selbst hierzu keine Regelung enthält.

Das zur Ergänzung der Verordnungsbestimmungen erforderliche deutsche Ausführungsgesetz[3] ist am 1.1.1989 in Kraft getreten.

2. Erscheinungsformen

Die EWIV existiert mithin als Rechtsform seit über zehn Jahren. In dieser Zeit wurde die tatsächliche Handhabung der Verordnung, wie in deren Art. 42 vorgesehen, laufend[4] durch den EWIV-Kontaktausschuß beobachtet. Danach bestehen derzeit rund 750 europäische Vereinigungen in der Rechtsform der EWIV, die indes überwiegend in Belgien – wegen des Standortes Brüssel – und Frankreich – wegen der dort existierenden vergleichbaren nationalen Rechtsform der „groupement d'intérêt économique" – ansässig sind.[5] In Deutschland beläuft sich die Zahl der registrierten EWIVs auf unter 100. 229

Hinsichtlich der Tätigkeitsbereiche hat sich in Deutschland seit Bestehen dieser Rechtsform gezeigt, daß die EWIV als Kooperationsinstrument für Freiberufler, und unter diesen namentlich für Rechtsanwälte, besonders eignet.[6] Dies zeigt sich nicht zuletzt daran, daß die Beteiligung an einem

1 EWG-VO Nr. 2137/85, veröffentlicht im Amtsblatt der Europäischen Gemeinschaften Nr. L 199 vom 31.7.1985, 1.
2 Ganske, DB 1985, Beilage Nr. 20 zu Heft 35, 12.
3 EWIV-Ausführungsgesetz (EWIV-AG) vom 14.4.1988, BGBl. I 1988, 514.
4 Zuletzt Anfang 1997, vgl. den Kurzbericht über die Ausschußsitzung von Neye, DB 1997, 861.
5 Vgl. die empirischen Angaben bei Neye, DB 1997, 861, Stand: Februar 1997.
6 Zuck, NJW 1990, 954; Grüninger, DB 1990, 1449; Neye, DB 1997, 861, 862.

internationalen Verbund von Rechtsanwälten in der Rechtsform der EWIV als probates – und zulässiges[1] – Marketinginstrument angesehen wird.

230 Diese Tendenz könnte sich indes angesichts der jüngsten Entwicklungen im Berufsrecht der Rechtsanwälte künftig ändern, da in § 59a Abs. 3 Nr. 1 BRAO nunmehr die Tätigkeiten der korrespondierenden Berufsträger aus den übrigen Mitgliedstaaten der Europäischen Gemeinschaften ausdrücklich als sog. „sozietätsfähige Berufe" anerkannt worden sind. Damit eröffnen sich den genannten Freiberuflern nunmehr weiterreichende Möglichkeiten beruflicher Kooperationen auf europäischer Ebene, etwa durch den Zusammenschluß in Gesellschaften bürgerlichen Rechts oder der Partnerschaftsgesellschaft. Es bleibt abzuwarten, ob diese neuen Möglichkeiten die Attraktivität der EWIV für diese Berufsgruppen künftig weiter einschränken werden.

II. Überblick über das Gesellschaftsrecht der EWIV

231 Ziel der Verordnung ist die Eröffnung neuer Möglichkeiten der grenzüberschreitenden Zusammenarbeit von Unternehmen und Angehörigen freier Berufe unter dem Dach einer europäischen Unternehmensform.

1. Rechtsnatur

232 Nach Art. 1 Abs. 2 der Verordnung hat die EWIV von der Eintragung im Handelsregister[2] an die Fähigkeit, im eigenen Namen Träger von Rechten und Pflichten jeder Art zu sein, Verträge zu schließen oder andere Rechtshandlungen vorzunehmen, klagen oder verklagt zu werden. Nach § 1 EWIV-AG sind auf eine EWIV mit Sitz in der Bundesrepublik Deutschland die Vorschriften über die offene Handelsgesellschaft anzuwenden, soweit aufgrund der Verordnung oder des Ausführungsgesetzes nichts anderes gilt. Die nach Art. 19 Abs. 1 der Verordnung durch Gründungsvertrag oder durch Beschluß zu bestellenden Geschäftsführer brauchen im Gegensatz zum deutschen OHG-Recht nicht Mitglieder der Gesellschaft zu sein. Das deutsche Ausführungsgesetz stellt sie daher den GmbH-Geschäftsführern gleich. Schlagwortartig läßt sich die EWIV aus deutscher Sicht somit als „offene Handelsgesellschaft mit Fremdgeschäftsführung" bezeichnen.

2. Mitgliedschaft

233 Mitglieder einer EWIV können nach Art. 4 Abs. 1 der Verordnung natürliche Personen, Gesellschaften i. S. d. Art. 58 Abs. 2 EWG-Vertrag (Handelsgesellschaften, Genossenschaften und die sonstigen einen Erwerbszweck verfolgenden juristischen Personen des öffentlichen und privaten Rechts) sowie andere juristische Einheiten (z. B. gemeinnützige Unternehmen oder Regiebetriebe) aus den EU-Mitgliedstaaten sein.

1 OLG Hamm, Urt. v. 6.10.1992, NJW 1993, 1339.
2 Art. 6, 39 i. V. m. § 4 EWIV-AG.

Die Zulässigkeit der Mitgliedschaft von BGB-Gesellschaften in einer EWIV ist umstritten.[1] 234

M. E. fallen jedenfalls BGB-Gesellschaften, die auf Dauer angelegt sind und mit einer selbständigen Identitätsausstattung versehen sind, unter Art. 58 Abs. 2 EWG-Vertrag. Entsprechend der Zulässigkeit der Mitgliedsfähigkeit in einer Personenhandelsgesellschaft als nichtvertretungsberechtigte Gesellschafterin muß eine derart verselbständigte BGB-Gesellschaft Mitglied einer EWIV werden können. Anwaltssozietäten, die regelmäßig mit einer „Firmenbezeichnung" versehen sind, können daher Gesellschafter einer EWIV werden.[2]

Allerdings ist in diesem Falle die sonst bei der BGB-Gesellschaft grundsätzlich zulässige generelle Haftungsbeschränkung durch Beschränkung der Vertretungsmacht der vertretungsberechtigten Gesellschafter[3] nicht möglich, da die Zwecke der unbeschränkten Gesellschafterhaftung des Art. 24 Abs. 1 der Verordnung (s. u.) eine unbeschränkte Haftung der BGB-Gesellschafter erfordern. Individuell mit Vertragspartnern vereinbarte Haftungsausschlüsse sind jedoch auch in der EWIV zulässig.[4] Außerdem sind alle Gesellschafter der BGB-Gesellschaft im Handelsregister einzutragen, da die BGB-Gesellschaft selbst nach noch h. M. nicht parteifähig ist und nur so die angesichts der persönlichen Haftung der Gesellschafter erforderliche Möglichkeit der Kenntnisnahme der personellen Zusammensetzung der BGB-Gesellschaft gewährleistet ist.[5]

Nach Art. 4 Abs. 2 der Verordnung muß zumindest ein Mitglied in einem anderen Mitgliedstaat der EU seine Hauptverwaltung haben, wenn es sich um eine Gesellschaft handelt, bzw. seine Haupttätigkeit ausüben, wenn es sich um eine natürliche Person handelt. Hierin liegt der grenzüberschreitende Charakter der Vereinigung. 235

3. Unternehmensgegenstand und -zweck

Der Unternehmensgegenstand der EWIV kann in den Grenzen des Art. 3 der Verordnung, der den Zweck der Vereinigung beschreibt, frei bestimmt werden. Nach dessen Abs. 1 hat die Vereinigung den Zweck, die wirtschaftliche Tätigkeit ihrer Mitglieder zu erleichtern oder zu entwickeln sowie die Ergebnisse dieser Tätigkeit zu verbessern oder zu steigern; sie hat nicht den Zweck, Gewinn für sich selbst zu erzielen. Die Tätigkeit der EWIV darf demnach nicht die Tätigkeit ihrer Mitglieder ersetzen. Die EWIV dient somit in erster Linie als Instrument der Kooperation, um Synergieeffekte zu erzielen.[6] Sie wurde daher auch vorwiegend 236

1 Bejahend Autenrieht, BB 1989, 305, 308; Brodersen, 3; Baumbach/Duden/Hopt, Anh. § 160 HGB, Anm. II 1 A; Grüninger, DB 1990, 1449; Bach, BB 1990, 1432; K. Schmidt, Gesellschaftsrecht, § 65 II 1, der allerdings die Mitgliedsfähigkeit auf solche BGB-Gesellschafter beschränkt, die einen Erwerbszweck ausüben; verneinend Müller-Gugenberger, NJW 1989, 1449, 1456; Müller-Gugenberger, BB 1989, 1922, 1925; Ganske, DB 1985, Beilage 20 zu Heft 35, 1, 3 f.

2 So auch Grüninger, DB 1990, 1449, 1451 ff.

3 Vgl. BGH vom 25.10.1984, NJW 1985, 619.

4 Vgl. Scriba, 158.

5 Grüninger, DB 1990, 1449, 1454.

6 Autenrieth, BB 1989, 305, 307; Grüninger, BB 1990, 2161.

für kleinere und mittlere Unternehmen entwickelt,[1] während für größere Unternehmen die geplante Europäische Aktiengesellschaft ein geeignetes Instrument der Kooperation bieten soll. Dieser Hilfscharakter der EWIV schließt jedoch nicht aus, daß die Haupttätigkeit eines oder aller Mitglieder für ein begrenztes Vorhaben (z. B. Bauvorhaben in der Dritten Welt) von der EWIV ausgeübt wird.[2] Art. 3 Abs. 2 der Verordnung enthält fünf zwingende Einschränkungen des Tätigkeitsbereichs:

- Die Vereinigung darf keine Leitungsmacht gegenüber ihren Mitgliedern oder anderen Unternehmen ausüben.
- Sie darf keine Anteile an einem Mitgliedsunternehmen halten. Anteile an anderen Unternehmen dürfen für Rechnung der Mitglieder gehalten werden, sofern dies zur Erreichung des Ziels der Gesellschaft erforderlich ist.
- Sie darf nicht mehr als 500 Arbeitnehmer beschäftigen.
- Sie darf nicht dazu benutzt werden, Darlehen an Leiter einer Gesellschaft oder mit diesen verbundene Personen zu gewähren oder Geschäfte ähnlicher Wirkung vorzunehmen, wenn das nationale Gesellschaftsrecht hierfür Einschränkungen oder Kontrollen vorsieht. Ferner darf sie nur insoweit zur Übertragung von Gütern zwischen einer Gesellschaft und einem Leiter oder einer mit diesem verbundenen Person benutzt werden, als dies von dem anwendbaren nationalen Gesellschaftsrecht gestattet wird.
- Sie darf nicht Mitglied einer anderen EWIV sein.

Ferner darf die EWIV nach Art. 3 Abs. 2a der Verordnung weder unmittelbar noch mittelbar die Leitungs- oder Kontrollmacht über die eigenen Tätigkeiten ihrer Mitglieder oder die Tätigkeiten eines anderen Unternehmens, insbesondere auf den Gebieten des Personal-, Finanz- und Investitionswesens, ausüben.

Demnach ist fraglich, ob aufgrund des Holdingverbots und des Konzernleitungsverbots noch eine Einsatzmöglichkeit für die EWIV als Holding verbleibt.[3] Nach Art. 3 Abs. 2 der Verordnung besteht ein absolutes Konzernleitungsverbot und ein relatives Vermögensholdingverbot. Allerdings wird es für zulässig angesehen, wenn die EWIV als Zwischenholding fungiert.[4]

Denkbar ist auch die Ausgestaltung der EWIV als grenzüberschreitende Besitzgesellschaft.[5] In diesem Zusammenhang bietet sich die EWN auch als Instrumentarium für Projektorganisation an.[6]

Für die EWIV als Kooperationsinstrument für freie Berufe kommen folgende Tätigkeiten in Betracht:[7]

1 Begründung zum EWIV-Gesetz, BT-Drucks. 11/352, 6.
2 Ganske, DB 1985, Beilage 20 zu Heft 35, 1, 3.
3 Vgl. hierzu Autenrieth, BB 1989, 305.
4 Autenrieth, BB 1989, 305; Meyer-Landrut, WPK-Mitteilungen 3/1989 56, 60; a. A. Müller-Gugenberger, NJW 1989, 1449, 1454.
5 Autenrieth, EWIV, Rz. 16; Ziegler, RPfleger 1989, 261; vgl. auch zur grenzüberschreitenden Betriebsaufspaltung Autenrieth, EWIV, Rz. 16.
6 Vgl. Hommelhoff, 448.
7 Vgl. Meyer-Landrut, WPK-Mitteilungen 3/1989, 56, 61.

- Errichtung eines gemeinsamen Büros, etwa am Sitz einer zentralen Behörde oder am Sitz eines zentralen Finanzplatzes;
- Entwicklung von gemeinsamen Beratungsstrategien;
- gemeinsame Entwicklung eines zentralen Fortbildungs- und Ausbildungswesens;
- Zusammenarbeit auf dem Gebiet der Bürotechnik und Organisation (insbes. EDV);
- gemeinsame Akquisitionen von europäischen Mandanten;
- gemeinsame Herausgabe von Mandantenrundschreiben, Informationsbroschüren usw.;
- zentrale Rekrutierung von geeigneten jungen Mitarbeitern, z. B. bei den Placement-Centers der Law-Schools;
- gemeinsame Koordinierung und Betreuung von Großmandaten;
- Poolung der Informationsbeschaffung.

Die Sanktion eines Verstoßes gegen Art. 3 der Verordnung findet sich in Art. 31 Abs. 1 der Verordnung: Das nach dem nationalen Recht zuständige Gericht muß auf Antrag eines Beteiligten oder einer zuständigen Behörde die Auflösung der Vereinigung aussprechen, es sei denn, daß der Mangel zuvor behoben wird.

4. Gründungsvertrag, Sitz, Publizität

Der Gründungsvertrag bedarf der Schriftform. Nach Art. 5 der Verordnung muß er mindestens Angaben über den Namen und Sitz der Vereinigung, den Unternehmensgegenstand sowie die Mitglieder und ggf. die Dauer der Vereinigung enthalten. Die in §§ 2 und 3 EWIV-AG geregelte Registereintragung lehnt sich grundsätzlich an die Regelungen des HGB an. 237

Der Sitz der Vereinigung kann nach Art. 12 Satz 1 der Verordnung grundsätzlich frei innerhalb der Grenzen der EG gewählt werden; nach Satz 2 ist allerdings als Sitz der Ort zu bestimmen, an dem die Vereinigung oder eines ihrer Mitglieder die Hauptverwaltung hat bzw. die Haupttätigkeit ausübt.

Die EWIV-Verordnung sieht Publizitätspflichten in Art. 7 der Verordnung vor, der die Hinterlegung bestimmter Urkunden, insbes. des Gründungsvertrages, regelt, sowie in Art. 8 der Verordnung, der sich mit der – nur deklaratorischen – Bekanntmachung befaßt.[1]

1 Zur Gründung einer EWIV vgl. auch Schmittmann, INF 1996, 403.

5. Firmierung

238 In Rspr.[1] und Schrifttum[2] heftig umstritten war die Frage, ob als Firmierung der EWIV auch eine reine Sachfirma gewählt werden kann.

Auf Vorlage des OLG Frankfurt[3] hat der EuGH[4] nunmehr die ablehnende Haltung des OLG Frankfurt bestätigt und festgestellt, daß die Frage der Firmierung der EWIV – abgesehen von dem Rechtsformzusatz, dessen Führung in Art. 5 EWIV-VO geregelt ist, nach den jeweiligen Vorschriften des nationalen Gesellschaftsrechts im Sitzstaat der EWIV zu entscheiden ist. Im Hinblick auf die Funktion dieser Gesellschaftsform als moderne flexible europäische Rechtsform ist diese Entscheidung m. E. – jedenfalls aus deutscher Sicht – zu bedauern, da das bisher enge deutsche handelsrechtliche Firmenrecht einer nach außen sichtbaren breiteren Verwendung der EWIV entgegenwirkte. Zwischenzeitlich dürfte sich der Streit indes erledigt haben, da die nunmehr Gesetz gewordene Reform des HGB[5] im Zuge einer grundlegenden Reformierung des Personenhandelsgesellschaftsrechts die Zulässigkeit der Sachfirma für diese Gesellschaften normiert hat.

6. Organe und Beschlußfassung

239 Als Organe einer EWIV sieht die Verordnung in Art. 16 vor:

- die gemeinschaftlich handelnden Mitglieder und
- den oder die Geschäftsführer.

Die Mitglieder können daneben im Gründungsvertrag oder einer späteren Änderung desselben andere Organe schaffen. Oberstes Organ sind die als solches handelnden Mitglieder; sie können jede Entscheidung zur Verwirklichung des Unternehmensgegenstandes treffen. Nach Art. 17 der Verordnung hat jedes Mitglied grundsätzlich eine Stimme. Der Gründungsvertrag kann einem Mitglied mehrere Stimmen gewähren, sofern damit keine Stimmenmehrheit entsteht. Entsprechend dem personenbezogenen Charakter der EWIV ist hinsichtlich der Beschlußfassung der Grundsatz der Einstimmigkeit stark ausgeprägt.[6]

1 Dafür: AG München, Beschl. v. 13.12.1989, MDR 1990, 445; LG Frankfurt, Beschl. v. 8.1.1991, NJW-RR 1991, 931; LG Bonn, Beschl. v. 16.3.1993, NJW-RR 1994, 298; dagegen: OLG Frankfurt, Beschl. v. 18.5.1993, DB 1993, 1182; OLG Frankfurt, Beschl. v. 9.12.1996, DB 1997, 221.

2 Dafür: Müller-Gugenberger, BB 1989, 1922; Gleichmann, EuZW 1990, 136; Rinze, RPfleger 1993, 450; Wöbke/Danckwerts, DB 1994, 413; dagegen: Ziegler, RPfleger 1990, 239; Ziegler, RPfleger 1989, 261.

3 Beschl. v. 9.12.1996, DB 1997, 221.

4 Urt. v. 18.12.1997, IStR 1998, 94 ff. m. krit. Anm. Schmittmann.

5 Statt vieler Bokelmann, GmbHR 1998, 57; Gustavus, GmbHR 1998, 17 jew. m. w. N.

6 Im einzelnen vgl. Ganske, DB 1985, Beilage 20 zu Heft 35, 1, 6; Meyer-Landrut, 38 ff.

7. Geschäftsführung und Vertretung

Durch Gründungsvertrag oder Beschluß der Mitglieder können zur Geschäftsführung eine oder mehrere natürliche Personen bestellt werden, deren Befugnisse durch Gründungsvertrag oder Beschluß festgelegt werden. Da das Tätigwerden für die Vereinigung nicht an die Mitgliedschaft geknüpft ist, finden die §§ 115 und 116 HGB keine Anwendung. 240

Da nach Art. 20 Abs. 1 der Verordnung, der das im deutschen Recht für Personengesellschaften geltende Prinzip der Selbstorganschaft durchbricht, nur die Geschäftsführer zur Vertretung der Vereinigung gegenüber Dritten befugt sind, ist hinsichtlich der Vertretung § 125 HGB nicht anzuwenden.

8. Haftung

Art. 24 Abs. 1 Satz 1 der Verordnung legt die unbeschränkte und gesamtschuldnerische Haftung der Mitglieder für Verbindlichkeiten jeder Art fest, insbes. auch für Steuerschulden und Verbindlichkeiten gegenüber den Behörden der Sozialversicherung. Die Haftungsfolgen bestimmt das einzelstaatliche Recht,[1] so daß die §§ 128 ff. HGB subsidiär anwendbar sind.[2] 241

Nach Art. 24 Abs. 2 der Verordnung setzt die Inanspruchnahme eines Mitglieds durch den Gläubiger im Gegensatz zum deutschen OHG-Recht jedoch voraus, daß die Vereinigung zur Zahlung aufgefordert worden und die Zahlung nicht in angemessener Frist erfolgt ist; die Haftung ist insofern nur „mittelbar". Art. 9 Abs. 2 der Verordnung sieht eine der sog. Handelndenhaftung des § 11 Abs. 2 GmbHG entsprechende unbeschränkte und gesamtschuldnerische Haftung der natürlichen Personen, Gesellschaften und juristischen Einheiten vor, die vor der Eintragung einer EWIV in deren Namen gehandelt haben. Die Haftung ausscheidender Mitglieder regelt Art. 34 der Verordnung, der in Verbindung mit der Verjährungsbestimmung in Art. 37 Abs. 1 der Verordnung dem § 159 HGB entspricht.

9. Beendigung der EWIV

Die Vereinigung wird durch Mitgliederbeschluß (Art. 31 der Verordnung) oder durch gerichtliche Entscheidung (Art. 32 der Verordnung) aufgelöst. Im Gegensatz zum bisherigen deutsche Personengesellschaftsrecht sieht die Verordnung also keine automatische Beendigung der EWIV vor. Weder Zeitablauf noch Zweckvereitelung noch das Zusammenfallen aller Beteiligungen in einer Hand führen per se zur Auflösung bzw. Vollbeendigung. 242

1 Art. 24 Abs. 1 Satz 2 der Verordnung.
2 K. Schmidt, § 65 II 4, 1428.

Damit dürfte – abweichend von der Tradition des Sozietätsgedankens im deutschen Gesellschaftsrecht – eine Einmann-Personengesellschaft in der Rechtsform der EWIV jedenfalls bis zum Auflösungsbeschluß des verbleibenden Mitglieds bzw. der gerichtlichen Auflösungsentscheidung möglich sein.[1]

Die der Auflösung nachfolgende Abwicklung erfolgt außer im Fall des Konkursverfahrens durch die Geschäftsführer (§ 10 Abs. 1 EWIV-AG), sie unterliegt nach Art. 35 Abs. 1 und 2 der Verordnung dem einzelstaatlichen Recht. Auch die Durchführung von Insolvenzverfahren untersteht nach Art. 36 der Verordnung, der weitgehend der Regelung des § 209 KO entspricht, dem nationalen Recht. Den Antrag auf Eröffnung des Konkursverfahrens können auch die Geschäftsführer stellen. Bei Zahlungsunfähigkeit oder Überschuldung der Vereinigung sind sie hierzu verpflichtet (§ 11 EWIV-AG).

III. Überblick über die Besteuerung der EWIV

1. Allgemeines

243 Nach Art. 40 der Verordnung wird das Ergebnis der Tätigkeit der Vereinigung nur bei ihren Mitgliedern besteuert. Die Erwägungsgründe zur EWIV-Verordnung[2] stellen klar, daß sich die steuerrechtliche Harmonisierung auf Art. 40 der Verordnung beschränkt und im übrigen das jeweilige nationale Steuerrecht zur Anwendung kommt.

2. Ertragsteuerliche Behandlung

a) Einkommensteuer

244 § 1 EWIV-AG stellt klar, daß die EWIV auch außerhalb des sachlichen Geltungsbereichs der EWIV-Verordnung wie eine offene Handelsgesellschaft zu behandeln ist. Die EWIV unterliegt daher als Personengesellschaft nicht der Einkommensteuer. Sie ist jedoch als Personengesellschaft für die Einkommensteuer oder Körperschaftsteuer ihrer Mitglieder insoweit steuerrechtlich von Bedeutung, als sie in der Einheit ihrer Mitglieder Merkmale eines Besteuerungstatbestandes verwirklicht, welche den Mitgliedern für deren Besteuerung zuzurechnen sind.

Zwar liegt es nahe, wegen des personenrechtlichen Charakters der EWIV etwaige Einkünfte aus der Beteiligung an einer EWIV als solche aus gewerblicher Mitunternehmerschaft i. S. d. § 15 Abs. 1 Nr. 2 EStG („andere Gesellschafter") zu qualifizieren. Mitunternehmerschaft setzt nach § 15 Abs. 2 EStG eine selbständige, nachhaltige Betätigung voraus, die mit der Absicht, Gewinn zu erzielen, unternommen wird. Da die

1 Weimar/Delp, Wpg 1989, 95.
2 BT-Drucks. 11/352, 13.

EWIV nach Art. 3 Satz 1 2. Halbsatz der Verordnung nicht den Zweck hat, Gewinn für sich selbst zu erzielen, ist sie i. d. R. keine Mitunternehmerschaft, sondern nur Hilfsgesellschaft.[1]

Hierunter ist eine Personengemeinschaft zu verstehen, die keiner unmittelbaren gemeinsamen Gewinnerzielung dient, sondern vielmehr eine mittelbare Gewinnerzielung auf der Ebene der Mitglieder anstrebt.

Die Hilfsgesellschaft soll ihren Gesellschaftern für deren Betriebe durch die Übernahme von Aufwendungen wirtschaftliche Vorteile vermitteln. Die Betriebsausgaben und Betriebseinnahmen der Gesellschafter können auch im Falle einer Hilfsgesellschaft einheitlich und gesondert festgestellt werden.[2]

Für die Gewinnerzielungsabsicht reicht es allerdings nach § 15 Abs. 2 Satz 3 EStG aus, wenn diese Absicht nur ein Nebenzweck ist. Wird eine EWIV ausnahmsweise mit Gewinnerzielungsabsicht tätig, so sind die einzelnen Mitglieder als Mitunternehmer anzusehen. Die hierfür erforderlichen Merkmale der Mitunternehmerinitiative und des Mitunternehmerrisikos ergeben sich aus den Art. 17, 18 und 24 der Verordnung. Der Gewinn/Verlust der EWIV ist in diesen Fällen nach § 180 Abs. 1 Nr. 2 Buchst. a AO gesondert festzustellen.

b) Gewerbeertragsteuer

Art. 40 der Verordnung betrifft nur die einkommensteuerliche Betrachtung, nicht aber die Gewerbesteuer, so daß insoweit das jeweilige nationale Recht anzuwenden ist, wie die Erwägungsgründe zur EWIV-Verordnung hervorheben. Da nach dem Gesagten die EWIV in der Regel nicht gewerblich, d. h. mit Gewinnerzielungsabsicht, tätig wird, ist sie auch nicht als Gewerbebetrieb i. S. d. § 2 Abs. 1 GewStG anzusehen. § 5 Abs. 1 Satz 4 GewStG erklärt dementsprechend ausdrücklich die Mitglieder einer EWIV als Gesamtschuldner und nicht die EWIV selbst zu Steuerschuldnern der Gewerbesteuer. Nach Abschn. 37a GewStR darf gegen die EWIV nach § 155 Abs. 3 AO nur ein zusammengefaßter Gewerbesteuermeßbescheid ergehen, in dem die Mitglieder der EWIV als Schuldner der Gewerbesteuer aufgeführt sind. **245**

3. Substanzsteuern

a) Vermögensteuer

Die EWIV ist keine juristische Person des privaten Rechts und unterlag als solche somit nicht der Vermögensteuer (§ 1 Abs. 1 Nr. 2 VStG). Ab 1.1.1997 wird die VSt nicht mehr erhoben; vgl. hierzu Rz. 83. **246**

b) Gewerbekapitalsteuer

Die Besteuerung des Gewerbekapitals ist ab VZ 1998 abgeschafft. **247**

1 Schmidt, § 15 EStG, Rz. 57b; BMF-Schreiben vom 15.11.1988 – IV C 5 – S1316 – 67188 – DB 1989, 354 f.

2 VO zu § 180 II AO, BMF, BStBl I 1989, 146.

c) Grundsteuer

248 Da die Vereinigung nach Art. 1 Abs. 2 der Verordnung Träger von Rechten und Pflichten jeder Art sein kann, wird ihr etwaiger inländischer Grundbesitz zugerechnet. Für die sich ergebende Grundsteuer ist sie nach § 10 Abs. 1 GrStG Steuerschuldner.

4. Umsatzsteuer

249 Die EWIV ist Unternehmer i. S. d. Umsatzsteuergesetzes. Dies gilt wegen § 2 Abs. 1 UStG auch dann, wenn im Einzelfall die Absicht fehlt, Gewinn zu erzielen, und die EWIV nur gegenüber ihren Mitgliedern tätig wird, da nach dieser Vorschrift schon eine nachhaltige Tätigkeit zur Erzielung von Einnahmen für die umsatzsteuerliche Unternehmereigenschaft genügt.

5. Zwischenstaatliche Besteuerung

250 Die Beurteilung der EWIV als Personengesellschaft gilt auch für die steuerliche Behandlung unter der Anwendung von Doppelbesteuerungsabkommen. Die zwischenstaatliche Besteuerung erlangt bei der EWIV besondere Bedeutung, da die Mitglieder einer EWIV in mindestens zwei verschiedenen Staaten ihren Hauptsitz haben müssen. Da das Ergebnis, das von der EWIV erwirtschaftet wird, den einzelnen Mitgliedern unmittelbar zugerechnet wird, ist für jedes einzelne Mitglied zu ermitteln, welchem Staat das Besteuerungsrecht zukommt.

251 Hat die EWIV ihren Sitz in der Bundesrepublik Deutschland und besteht mit dem Staat, in dem das Mitglied ansässig ist, ein Doppelbesteuerungsabkommen, so wird der Bundesrepublik Deutschland als Quellenstaat insoweit in aller Regel das alleinige Besteuerungsrecht zukommen. Denn die Beteiligung an einer inländischen EWIV begründet für das ausländische Mitglied eine Betriebsstätte in der Bundesrepublik Deutschland, der nach dem jeweils anzuwendenden Doppelbesteuerungsabkommen als Betriebsstättenstaat das Recht zur Besteuerung zugewiesen ist. Der Wohnsitzstaat des Mitglieds verzichtet regelmäßig auf sein Besteuerungsrecht.

Besteht mit dem Staat eines Mitglieds einer EWIV ausnahmsweise kein Doppelbesteuerungsabkommen, so gelten die allgemeinen Vorschriften. Ein solches Mitglied erzielt dann über seine Mitgliedschaft an der EWIV inländische Einkünfte i. S. d. § 49 Abs. 1 Nr. 2 Buchst. a EStG, wenn die EWIV ihren Sitz im Inland hat. Eine Doppelbesteuerung kann nur unilateral durch eine Besteuerung im nationalen Recht des Wohnsitzstaates vermieden bzw. gemildert werden.

252 Hat die EWIV ihren Sitz im Ausland, so steht das Besteuerungsrecht für die den deutschen Mitgliedern zuzurechnenden Einkunftsteile nicht der Bundesrepublik Deutschland, sondern dem ausländischen Staat zu, wenn sich im Ausland eine feste Einrichtung der EWIV befindet. Fehlt es an einer festen Einrichtung im Ausland, so werden die Einkünfte gem. Art. 14 OECD-MA nur im Ansässigkeitsstaat der Gesellschafter be-

steuert. Die für die Gründung einer EWIV möglicherweise entscheidende Abzugsfähigkeit der Verluste in der Bundesrepublik hängt somit von der Frage des Vorliegens einer festen Einrichtung im Ausland ab.

Zwar gilt hinsichtlich gewerblicher Einkünfte nach der Ausnahmeregelung des Art. 5 Abs. 4e OECD-MA eine feste Geschäftseinrichtung, die ausschließlich zu dem Zweck unterhalten wird, für das Unternehmen andere Tätigkeiten auszuüben, die vorbereitender Art sind und eine Hilfstätigkeit darstellen, nicht als Betriebsstätte. Aufgrund der Hilfsfunktion der EWIV steht das Besteuerungsrecht daher bei gewerblichen Einkünften dem jeweiligen Ansässigkeitsstaat der einzelnen Mitglieder zu.

Im Bereich freiberuflicher Einkünfte ist die feste Einrichtung aufgrund der Eigenart der freien Berufe immer „Hilfsmittel" für die Berufsausübung, da diese von der persönlichen Arbeitsleistung geprägt wird.[1] Daher ist der Ausnahmetatbestand des Art. 5 Abs. 4e OECD-MA auf freiberufliche Einkünfte nicht entsprechend anwendbar; vielmehr ist entscheidend, ob eine Gestaltung möglich ist, wonach der Zusammenschluß zu einer EWIV keine feste Einrichtung begründet. Unter einer festen Einrichtung ist die Gesamtheit der Sachen zu verstehen, die der freiberuflichen Tätigkeit dienen, wobei die Einrichtung nicht nur vorübergehend, sondern für eine gewisse Dauer für die selbständige Tätigkeit bestimmt sein und dem Selbständigen für seine Tätigkeit „gewöhnlich zur Verfügung" stehen muß.[2] Sofern eine feste Einrichtung besteht, kommt auch keine Berücksichtigung der Betriebsausgaben in der Bundesrepublik nach § 2a EStG in Betracht, da es sich nicht um gewerbliche Einkünfte handelt. Bei der Berücksichtigung der Verluste kommt die EWIV daher in diesem Fall nur im Rahmen des sog. negativen Progressionsvorbehalts nach § 32b Abs. 1 Nr. 2 EStG in Verbindung mit der Vorschrift des jeweiligen DBA, das die ausländischen Einkünfte von der deutschen Besteuerung ausnimmt, zur Geltung.

Aus der Behandlung der EWIV als für ertragsteuerliche Zwecke transparente Personengesellschaft, die als solche auch selbst nicht abkommensberechtigt ist, folgt, daß eine Verlegung des Sitzes der EWIV per se keine nachteiligen steuerlichen Konsequenzen in Deutschland[3] nach sich zieht. Entscheidend ist vielmehr, ob der für deutsche steuerliche Zwecke allein maßgebliche Anknüpfungspunkt, das Vorhandensein einer inländischen Betriebsstätte, auch nach dem „Wegzug" der EWIV noch besteht. Wenn und sobald indes mit der Verlagerung der EWIV auch eine Aufgabe der in Deutschland zuvor bestehenden Betriebsstätte einhergeht, findet eine Liquidationsbesteuerung nach den allgemeinen Vorschriften des nationalen Steuerrechts statt. **253**

1 Vgl. Görl, 101.
2 Vgl. Art. 14 Abs. 1 OECD-MA 1977; Vogel, Art. 14 Rz. 22–25.
3 Dies ist in einigen Mitgliedstaaten der Europäischen Union anders; vgl. Neye, DB 1997, 861, 863.

Anhang III:

Die Partnerschaftsgesellschaft (PartG)

SCHRIFTTUM

Arnold, Die Tragweite des § 8 Abs. 2 PartGG vor dem Hintergrund der Haftungsverfassung der Gesellschaft bürgerlichen Rechts, BB 1996, 597; *Castan,* Die Partnerschaftsgesellschaft, Recht, Steuer, Betriebswirtschaft, 1997; *Henssler,* Der Gesetzentwurf zur Regelung der Rechtsanwalts-GmbH, ZIP 1997, 1481; *Henssler,* Partnerschaftsgesellschaftsgesetz, Kommentar 1997; *Meilicke/Graf v. Westphalen/Hoffmann/Lenz,* (M/W/H/L), Partnerschaftsgesellschaftsgesetz, Beck'sche Kurzkommentare, 1995; *Michalski/Römermann,* Kommentar zum Partnerschaftsgesellschaftsgesetz, 1995; *Notthoff,* Firmierung einer Handelsgesellschaft mit dem Partnerschaftsgesellschaftszusatz, NZG 1998, 123; *Römermann,* Anwalts-GmbH als „theoretische Variante" zur Partnerschaft? Anmerkungen zum Referentenentwurf eines AnwaltsGmbH-Gesetzes, GmbHR 1997, 530; *Römermann,* Der neue Regierungsentwurf zum AnwaltsGmbH-Gesetz, NZG 1998, 81; *Römermann,* Namensfortführung in der Freiberufler-Sozietät und Partnerschaft, NZG 1998, 121; *Römermann,* Neues im Recht der Partnerschaftsgesellschaft, NZG 1998, 675; *Ulmer,* Gesellschaft bürgerlichen Rechts und Partnerschaftsgesellschaft, Systematischer Kommentar, 3. Auflage 1997.

I. Rechtsgrundlagen

254 Durch das „Gesetz über Partnerschaftsgesellschaften Angehöriger Freier Berufe (Partnerschaftsgesellschaftsgesetz – PartGG)" vom 25.7.1994, in Kraft getreten am 1.7.1995, wurde die Partnerschaftsgesellschaft als neue, in dieser Form bisher im deutschen Gesellschaftsrecht unbekannte Rechtsform geschaffen. Obwohl die PartG damit kein gesetzliches Vorbild aufweisen konnte, umfaßt das PartGG einschließlich Übergangsvorschriften nur 11 Paragraphen. Auf eine weitergehende Regelung konnte verzichtet werden, da das PartGG in weitem Umfang auf die bestehenden gesetzlichen Bestimmungen für OHG und Gesellschaft bürgerlichen Rechts verweist. Darüber hinaus bedurfte es für diese neue Gesellschaftsform auch keiner eigenständigen gesetzlichen Regelung in bezug auf deren steuerliche Behandlung.

Ziel des PartGG war es, den Angehörigen Freier Berufe eine auf die besonderen Bedürfnisse dieser Berufsgruppen zugeschnittene Sonderrechtsform zur Verfügung zu stellen. Wesentliche Motivation zur Ausbildung der PartG waren dabei die sich verstärkenden Erörterungen insbesondere im Rahmen des anwaltlichen Standesrechts über eine Ausdehnung der Kooperationsmöglichkeiten über die bis dahin einzige Gesellschaftsform hinaus, nämlich die Gesellschaft bürgerlichen Rechts. Die in diesem Zusammenhang häufig erörterte – und zwischenzeitlich vom BayObLG[1] für zulässig erachtete – „Rechtsanwalts-GmbH" gesetzlich zu normieren, wurde zum Zeitpunkt des Gesetzgebungsverfahrens zum PartGG als politisch nicht durchsetzbar erachtet, so daß der Gesetz-

1 BayObLG, Beschl. v. 24.11.1994, GmbHR 1995, 42.

geber sich von dieser neuen Rechtsform eine Beruhigung dieser Diskussion erhoffte. Daß sich diese Hoffnungen nicht erfüllt haben, ist daraus ersichtlich, daß nunmehr eine Gesetzesänderung u. a. der BRAO (vgl. §§ 59c–59m) im BGBl. bekanntgemacht wurde[1], durch die mit Wirkung vom 1.3.1999 die Rechtsanwalts-GmbH als Alternative zur Partnerschaft geschaffen wird.[2]

II. Überblick über das Gesellschaftsrecht der PartG

1. Rechtsnatur

Eine ausdrückliche gesetzliche Regelung der Rechtsnatur der PartG ist in dem PartGG nicht enthalten, es besteht indes Einigkeit, daß es sich hierbei um eine weitere neben die Gesellschaft bürgerlichen Rechts und die Personenhandelsgesellschaften tretende Personengesellschaft handelt. Die Gesetzesbegründung sprach insoweit von einer ‚Schwesterfigur" zur OHG. 255

Gemäß § 1 Abs. 4 PartGG finden denn auch, soweit in diesem Gesetz nichts abweichendes geregelt ist, die Bestimmungen der §§ 705 ff. BGB auf die PartG entsprechende Anwendung (vgl. §§ 105 Abs. 2; 161 Abs. 2 HGB zur OHG bzw. KG). Wichtigstes Merkmal der Gleichstellung der PartG mit der OHG aber ist der Verweis in § 7 Abs. 2 PartGG auf § 124 HGB, der der PartG dieselbe partielle Rechtsfähigkeit verleiht wie der OHG/KG. Damit wurde der Streit um die Rechtsnatur der Gesellschaft bürgerlichen Rechts in diese neue Gesellschaftsform nicht hineingetragen.

2. Gründung der PartG

Die Errichtung der PartG erfolgt durch Abschluß des Partnerschaftsvertrages, d. h. wie bei jeder Personengesellschaft des Gesellschaftsvertrages. Gemäß § 3 PartGG bedarf der Partnerschaftsvertrag der Schriftform und hat vier wesentliche Bestandteile: 256

- Name der Partnerschaft,
- Sitz der Partnerschaft,
- Name, Vorname, in der Partnerschaft ausgeübter Beruf sowie Wohnort eines jeden Partners,
- Gegenstand der Partnerschaft.

Die Errichtung der PartG ist von den Partnern zur Eintragung in das eigens für diese Zwecke neugeschaffene, bei den Amtsregistern zu führende Partnerschaftsregister anzumelden (§ 4 PartGG). Erst mit Eintragung der Partnerschaft – einschließlich der genannten wesentlichen Vertragsbestandteile – in das Partnerschaftsregister wird die PartG im Außenverhältnis wirksam (§ 7 Abs. 1 PartGG).

1 Gesetz zur Änderung der Bundesrechtsanwaltsordnung, der Patentanwaltsordnung und anderer Gesetze vom 31.8.1998 (BGBl. I, 2600).

2 Zur Rechtsanwalts-GmbH vgl. Römermann, GmbHR 1997, 530; Michalski, NZG 1998, 81; Henssler, ZIP 1997, 1481.

3. Mitgliedschaft

257 Wesentliche Neuerung im Vergleich zu den bestehenden Personengesellschaften ist, daß der Kreis der Gesellschafter, denen die PartG zur Verfügung steht, begrenzt wird. Entsprechend der schon in der Gesetzesbezeichnung zum Ausdruck gebrachten Zielsetzung, eine besondere Gesellschaftsform für die Angehörigen Freier Berufe zu schaffen, bestimmt § 1 Abs. 1 Satz 1 PartGG, daß nur diese Berufsangehörigen Gesellschafter einer PartG sein können. Welche Berufsgruppe zu den Freien Berufen zu zählen sind, bestimmt § 1 Abs. 2 PartGG in enumerativer Aufzählung. Diese abschließende Aufzählung ist der Katalogisierung der selbständigen Tätigkeit in § 18 Abs. 1 Nr. 1 EStG nachgebildet, ohne jedoch deren Öffnungsklausel „und ähnliche Berufe" zu übernehmen. Aufgrund des Gesetzes zur Änderung des Umwandlungsgesetzes, des Partnerschaftsgesellschaftsgesetzes und anderer Gesetze vom 22.7.1998[1] ist nunmehr durch § 1 Abs. 1 Satz 1 PartGG eine Definition des Freien Berufes geschaffen worden.

Darüber hinaus ist der Kreis der möglichen Gesellschafter in § 1 Abs. 1 Satz 2 PartGG auf natürliche Personen begrenzt – eine Einschränkung, die angesichts der klaren Zielgruppenbestimmung verwundert. Denn für eine Vielzahl Freier Berufe ist – kraft ausdrücklicher gesetzlicher Regelung oder als Ausfluß der Berufsfreiheit des Art. 12 GG – anerkannt, daß diese auch in der Rechtsform von Kapitalgesellschaften, meist der GmbH, ausgeübt werden können. Gleichwohl ist ein Zusammenschluß mehrerer einen Freien Beruf ausübenden Kapitalgesellschaften in der Rechtsform der PartG nicht zulässig.

Weitere wichtige Einschränkungen des Kreises der Gesellschafter können sich aus den gemäß § 1 Abs. 3 PartGG unberührt bleibenden einzelnen berufsrechtlichen Sondervorschriften ergeben. Als in der Praxis wichtigste Berufsgruppe sind hiervon die Rechtsanwälte betroffen, für die der Kreis der möglichen Gesellschafter einer PartG durch § 59a BRAO auf die Angehörigen sog. „sozietätsfähiger Berufe", d. h. im wesentlichen Patentanwälte, Wirtschaftsprüfer und Steuerberater, begrenzt wird.

4. Gesellschaftszweck, Firmierung

258 Gegenstand der PartG ist entsprechend der in § 1 Abs. 1 Satz 1 PartGG formulierten Zielsetzung die gemeinsame Ausübung der Freien Berufe der Partner. Qualifiziert sich der gemeinsam ausgeübte Beruf nicht als Freier Beruf, so ist der Zusammenschluß nicht unwirksam.

Vielmehr handelt es sich dann – je nach Einzelfall – entweder um eine Gesellschaft bürgerlichen Rechts oder um eine OHG.

Die Firmierung der PartG hat neben dem Namen mindestens eines Partners sowie der Bezeichnung der in der PartG ausgeübten Berufe als Rechtsformzusatz die Bezeichnung „und Partner" oder „Partnerschaft" zu enthalten (§ 2 Abs. 1 PartGG). Anderen Gesellschaften oder Zusammenschlüssen ist das Führen dieses Rechtsformzusatzes seit Inkraft-

1 BGBl. I, 1878.

treten des Gesetzes nicht mehr gestattet, § 11 PartGG.[1] Für Altfälle galt bis 30.6.1997 eine Übergangsregelung, seither haben diese ihrer Firmierung bzw. Bezeichnung einen Hinweis auf die andere Rechtsform hinzuzufügen. Dies ist insbesondere für eine Vielzahl von Rechtsanwaltssozietäten virulent, da diese häufig in der Rechtsform der Gesellschaft bürgerlichen Rechts errichtet waren und im Rechtsverkehr die Bezeichnung „... und Partner" verwendeten. Hier scheint sich in der Praxis der „Rechtsformzusatz" GbR mehr und mehr zu verbreiten. Gesellschaftsformen, die zwingend einen anderen Rechtsformzusatz in ihrer Firmierung verwenden müssen, z. B. GmbH, sind von der Übergangsregelung nicht betroffen. Für Neugründungen seit 1.7.1995 kommt die Wahl des Zusatzes „und Partner" bzw. „Partnerschaft" unabhängig von der Verwendung eines weiteren Rechtsformzusatzes nicht mehr in Betracht.

5. Haftung

Für Verbindlichkeiten der PartG haften die Partner prinzipiell in vollem 259
Umfang persönlich mit ihrem gesamten Vermögen. Gemäß § 8 Abs. 2 PartGG n. F.[2] ist mit Wirkung vom 1.8.1998 nunmehr gesetzlich normiert, daß die Haftung für fehlerhafte Berufsausübung persönlich auf denjenigen Partner beschränkt ist, der die schädigende Leistung erbracht hat bzw. den Nichteintritt eines schädigenden Ereignisses zu überwachen hatte. Vor dieser Gesetzesänderung bestand lediglich die Möglichkeit eine diesbezügliche Haftungsbeschränkung entweder durch Individualabrede oder durch Allgemeine Geschäftsbedingungen herbeizuführen.[3] Hiervon wurde jedoch nur sehr sporadisch Gebrauch gemacht. Die Attraktivität der Partnerschaftsgesellschaft könnte durch die Neuregelung erhöht worden sein.[4] Von der darüber hinaus in § 8 Abs. 3 PartGG vorgesehenen Möglichkeit, durch berufsrechtliche Spezialregelungen die Haftung für fehlerhafte Berufsausübung für einzelne Berufe generell der Höhe nach zu beschränken, hat der Gesetzgeber bislang noch keinen Gebrauch gemacht.[5] Im Falle des Ausscheidens eines Partners oder der Auflösung der Partnerschaft gilt dieselbe fünfjährige Nachhaftungsfrist wie bei der OHG (§§ 10 Abs. 2 PartGG; 159 f. HGB).[6]

6. Sonstiges Innen- und Außenrecht

Hinsichtlich der übrigen Rechtsverhältnisse der Partner zueinander so- 260
wie im Verhältnis zu der PartG und zu Dritten sind im wesentlichen die handelsrechtlichen Bestimmungen für die OHG anzuwenden. Dies gilt insbesondere für

- die registerrechtliche Behandlung, § 5 Abs. 2 PartGG;
- das gesamte Innenrecht (Aufwendungsersatz, Wettbewerbsverbot, Geschäftsführungsbefugnis, Gesellschafterbeschlüsse etc.) mit Ausnahme der Gewinnverteilung, § 6 Abs. 3 PartGG;

1 Vgl. hierzu Römermann, NZG 1998, 121; Notthoff, NZG 1998, 123.
2 BGBl. I 1998, 1878.
3 Henssler, § 8 Rz. 26; Michalski/Römermann, § 8 Rz. 23 ff.
4 Einen Überblick über die neue Rechtslage ab 1.8.1998 gibt Römermann, NZG 1998, 675.
5 Lenz in M/W/H/L, § 1 Rz. 115.
6 Ulmer, § 10 Rz. 18; Castan, 133.

- Vertretungsmacht, § 7 Abs. 3 PartGG;
- Ausscheiden eines Partners, § 9 Abs. 1 PartGG;
- Liquidation der PartG, § 10 Abs. 2 PartGG.

III. Überblick über die Besteuerung der PartG

1. Ertragsteuern

261 Hinsichtlich der Besteuerung der in einer PartG erzielten Erträge gelten keine Besonderheiten gegenüber sonstigen Personengesellschaften. Die PartG ist für Zwecke der Ertragsbesteuerung vollständig transparent, so daß die in ihr erwirtschafteten Erträge in vollem Umfang den Partnern entsprechend dem (gesetzlichen oder vereinbarten) Gewinnverteilungsschlüssel zugerechnet und auf deren Ebene der Einkommensteuer (Körperschaftsteuer scheidet per definitionem wegen der Beschränkung des zulässigen Gesellschafterkreises aus) zu dem jeweils anzuwendenden Individualsteuersatz unterworfen werden.

Wegen der gesetzlichen Zweckbegrenzung und der weitgehend wortgleichen Fassung der Katalogisierung der Freien Berufe in § 1 Abs. 2 PartGG und § 18 Abs. 1 Nr. 1 EStG sind die von der PartG vermittelten Einkünfte stets Einkünfte aus selbständiger Tätigkeit. Da zudem die Partner zwingend natürliche Personen sind, kommt auch eine Umqualifizierung in gewerbliche Einkünfte kraft Prägung – mit der Folge der Gewerbesteuerpflicht der PartG – nicht in Betracht. Denkbar wären allenfalls eine Infizierung der durch die PartG vermittelten Einkünfte, wenn etwa die Beteiligung an der PartG zu einem anderen Gewerbebetrieb eines der Partner gehört, oder atypische Konstellationen einer Betriebsaufspaltung (Besitz-Kapitalgesellschaft mit personengleicher Betriebs-Personengesellschaft in der Rechtsform der PartG). Auch insoweit gelten indes die allgemeinen Grundsätze im Rahmen der Einkünfteerzielung durch Personengesellschaften.

2. Sonstige Steuerraten

262 Auch hinsichtlich der sonstigen Steuerarten gelten für die PartG keine Besonderheiten. Aufgrund des durch sie ausgeübten Freien Berufes ist sie Unternehmerin im umsatzsteuerlichen Sinne und insoweit Steuersubjekt. Da sie als teilrechtsfähiges Rechtssubjekt grundbuchfähig ist, kann sie grundsteuer- und grunderwerbsteuerpflichtig sein.

3. Fazit

263 In steuerlicher Hinsicht hat die PartG gegenüber dem bisherigen Rechtszustand im Falle der gemeinschaftlichen Berufsausübung im Rahmen einer Personengesellschaft keine Neuerungen gebracht. Die Steuersituation der Angehörigen Freier Berufe, die diese Rechtsform anstelle der bisher einzigen Personengesellschaft, der Gesellschaft bürgerlichen Rechts, wählen, ändert sich hierdurch nicht.

B. Voraussetzungen und Besonderheiten für die steuerliche Anerkennung von Familienpersonengesellschaften

SCHRIFTTUM

Bilsdorfer, Der Üblichkeitsvergleich bei der steuerlichen Anerkennung von Angehörigendarlehen, DStR 1996, 1065; *Bilsdorfer,* Die Rechtsprechung des Bundesfinanzhofs zum Fremdvergleich bei Ehegattenarbeitsverträgen – ein normsubsitutierendes Konglomerat, StuW 1997, 51; *Bilsdorfer,* Der Üblichkeitsvergleich bei der steuerlichen Anerkennung von Angehörigen-Darlehen, DStR 1996, 1065; *Bordewin,* Besonderheiten der Ertragsbesteuerung bei Familienpersonengesellschaften, DB 1996, 1359; *Brandi/Mühlmeier,* Übertragung von Gesellschaftsanteilen im Wege vorweggenommener Erbfolge und Vorbehaltsnießbrauch, GmbHR 1997, 734; *Claussen/Krüger,* Optimale Unternehmensnachfolge, 1992; *Ebenroth/Lorz,* Das Unternehmertestament als Bestandteil umfassender Nachfolgeplanung – Teil I Grundstrukturen der Unternehmensnachfolge, WiB 1995, 609; *Fischer,* Fremdvergleich und Üblichkeit, DStZ 1997, 357; *Gorski,* Das Bundesverfassungsgericht und das „Oder-Konto", DStZ 1996, 137; *Gosch,* Der BFH und der Fremdvergleich, DStZ 1997, 1; *Gschwender,* Mißbrauchsbestellung am Anteil einer Personengesellschaft, NJW 1995, 1875; *Hennerkes/Kirchdörfer,* Unternehmenshandbuch Familiengesellschaften, 2. Aufl. 1997; *Hoffmann,* Die BFH-Rechtsprechung zu Verträgen mit Nahestehenden auf dem Prüfstand des Bundesverfassungsgerichts, DStR 1997, 649; *Jülicher,* Der freie Widerrufsvorbehalt bei der Schenkung einer Kommanditbeteiligung – Kollision von Schenkungs- und Gesellschaftsrecht, ZGR 1996, 82; *Kanzler,* Anerkennung eines Ehegattenarbeitsverhältnisses, DStZ 1996, 117; *Kempermann,* Personengesellschaften im Ertragsteuerrecht, StuW 1992, 81; *Kuhfus,* Betriebsaufspaltung im Familien-Verbund, GmbHR 1990, 401; *Meyer-Koppitz,* Die steuerliche Anerkennung von Familienpersonengesellschaften in der Rechtsform der Kommanditgesellschaft, DStZ 1996, 265; *Niedner/Kusterer,* Die atypisch ausgestaltete Familien-KGaA als Instrument zur Gestaltung des Generationenwechsels in mittelständischen Unternehmen, DB 1997, 2010; *Pezzer,* Überweisung des Ehegattengehalts auf Oder-Konto anzuerkennen, FR 1996, 19; *Priester,* Gilt die Rechtsprechung zur Gewinnverteilung bei Familienpersonengesellschaften auch für die GmbH?, DB 1977, 224; *Priester,* Zur rechtlichen Beurteilung einer schenkweisen Einräumung eingeschränkter Mitgliedschaften, EWiR 1989, 761; *Riedel,* Unternehmensnachfolgeregeln, 2. Aufl. 1996; *Schmidt, K.,* Die Schenkung von Personengesellschaftsanteilen durch Einbuchung, BB 1990, 1992; *Schön,* Der Mißbrauch am Gesellschaftsanteil, ZHR 158 (1994), 229; *Schoor,* Gestaltung von Ehegatten-Arbeitsverhältnissen Teil I und II, INF 1996, 267 und 301; *Schulze zur Wiesche,* Der Mißbrauch am Gesellschaftsanteil einer Personengesellschaft, DStR 1995, 318; *Spindler,* Überweisung des Gehaltes auf ein Oder-Konto im Rahmen eines Ehegattenarbeitsverhältnisses nicht schädlich, DB 1995, 2574; *Westerfelhaus,* Betriebswirtschaftliche Einflüsse auf das Steuerrecht der Familienpersonengesellschaften, DB 1997, 2033; *Widmann,* Die Familien-GmbH im neuen Körperschaftsrecht, DStR 1980, 522; *Woerner,* Überweisung des Ehegattengehalts auf ein Oder-Konto, BB 1995, 2625.

I. Vorbemerkung

264 Die personelle Gestaltung der Zukunft ist für die Kontinuität gerade eines Familienunternehmens unerläßlich; aus dem Kreis der nachfolgenden Generation gilt es, die geeigneten Nachfolger auszuwählen und rechtzeitig an die unternehmerischen Aufgaben heranzuführen. Sollen solche Generationswechsel im Unternehmen nicht nur handels- und gesellschaftsrechtlich in den Gesellschaftsvertrag eingebunden werden, wozu nicht eindringlich genug geraten werden kann,[1] sondern darüber hinaus auch Steuern sparen helfen, dann wird man gut daran tun, die vom BFH in seiner jüngeren Judikatur entwickelten Grundsätze zu beachten.

Schließlich sind mit einem Generationswechsel in aller Regel erhebliche finanzielle Belastungen (Erbschaft- und Schenkungsteuer, Abfindungen, Pflichtteile, Ausgleichszahlungen unter Miterben etc.) verbunden, die diesbezügliche planerische Überlegungen unverzichtbar machen.

Die in aller Regel unentgeltliche Aufnahme von Kindern oder Enkeln in das elterliche oder großelterliche Unternehmen verspricht durch die Verteilung des Gewinns auf mehrere Personen Progressionsvorteile bei der Einkommensteuer; im übrigen sind Verträge dieser Art probate Mittel, Vermögenswerte bereits zu Lebzeiten aufzuteilen und folglich zumindest Erbschaftsteuer zu sparen. Gegen das Motiv „Steuersparen" ist dem Grunde nach auch nichts einzuwenden.[2] In dem Leitsatz des BFH-Urteils vom 20.10.1965 heißt es daher auch ausdrücklich: „Dem Steuerpflichtigen kann es grundsätzlich nicht verwehrt werden, seine Rechtsverhältnisse beliebig zu gestalten, selbst wenn dies entscheidend aus Steuerersparnisgründen geschieht."[3] Das große Mißtrauen der Steuerverwaltung und wohl auch der Gerichte gegenüber Familienpersonengesellschaften beruht denn auch darauf, daß die Vertragsgestaltungen auf die Erlangung der Steuervorteile abzielen, an dem status quo ante aber möglichst nichts oder nur wenig verändern: die übertragende Generation behält nach wie vor das Sagen im Unternehmen, steuerlich aber wollen alle Beteiligten so behandelt werden, als wären Unternehmensrisiko und Unternehmerinitiative bereits zum Teil auf die nachfolgende Generation übergegangen, oder – anders ausgedrückt – die Einkunftsquelle Gewerbebetrieb wird zu steuerlichen Zwecken aufgespalten, tatsächlich und wirtschaftlich bleibt bei dem Unternehmen aber alles beim alten.

1 Ebenroth/Lorz, WiB 1995, 609, 610; Claussen/Krüger, 7 ff.; Riedel, 128 ff.; May in Hennerkes/Kirchdörfer, 518 ff.

2 So schon BFH v. 22.8.1951, BStBl III 1951, 181; vgl. H 138a Abs. 1 „Allgemeines" EStH 1997; BMF-Schreiben v. 5.10.1989, BStBl I 1989, 378.

3 BStBl III 1965, 697.

II. Verträge mit Familienangehörigen, Ehegattenarbeitsverträge

In ständiger Rechtsprechung vertritt der BFH die Auffassung, daß Verträge zwischen Familienangehörigen nur dann einkommensteuerrechtlich zu berücksichtigen sind, wenn die Vereinbarungen, die Grundlage der Besteuerung werden sollen, eindeutig festgelegt und ernsthaft gemeint sind und damit die Gewähr ihrer tatsächlichen Durchführung bieten. Rechtsprechung wie Finanzverwaltung stellen wegen gleichgerichteter Interessen nahestehender Personen strenge Anforderungen an die getroffene Vereinbarung und deren Durchführung.[1] **265**

Zum tatsächlichen Vollzug eines Ehegattenverhältnisses (oder auch eines Arbeitsverhältnisses mit Kindern oder eines Darlehensvertrags) gehört, daß das vereinbarte Entgelt aus dem betrieblichen Bereich des Arbeitgeber-Ehegatten ausscheidet und in den alleinigen Einkommens- und Vermögensbereich des Arbeitnehmer-Ehegatten gelangt. Demzufolge sind Vergütungen nicht als Betriebsausgaben abziehbar, wenn das Arbeitsentgelt auf ein Konto überwiesen wird, dessen alleiniger Inhaber der Arbeitgeber-Ehegatte ist und über das der Arbeitnehmer-Ehegatte lediglich Verfügungsmacht hat, oder auf ein gemeinschaftliches Konto der Eheleute überwiesen wird, über das jeder der Ehegatten ohne Mitwirkung des anderen verfügen kann.[2] **266**

Für die Anerkennung des Ehegattenarbeitsvertrags ist die Art des Güterstandes, in dem die Ehegatten leben, nur ausnahmsweise von Bedeutung, nämlich dann, wenn der Güterstand auf dem Prinzip der Gütergemeinschaft beruht und der Betrieb sich im Gesamtgut befindet mit dem das Arbeitsverhältnis bestehen soll. Da in einem solchen Fall die Ehgatten als Mitunternehmer anzusehen sind, ist die Anerkennung eines Ehegatten-Arbeitsvertrags ausgeschlossen; ist der Betrieb Vorbehaltsgut eines Ehegatten, dann kann mit dem anderen Ehegatten ein Arbeitsvertrag abgeschlossen werden[3] (vgl. auch Rz. 104 ff.). **267**

Die Ehegattenvereinbarung sollte grundsätzlich vor Beginn des Vertragsverhältnisses abgeschlossen sein und der bürgerlich-rechtlichen Form genügen (z. B. Bestellung eines Ergänzungspflegers bei Verträgen mit Minderjährigen, §§ 181, 1629 Abs. 2, 1795, 1909 BGB). Zumindest die Hauptvertragsverpflichtungen sind unzweideutig in den Vertrag aufzunehmen und zumindest so zu dokumentieren, daß sie nachgewiesen werden können (Art und Umfang der Tätigkeit, Entgelt). Schließlich hat das Vertragsverhältnis dem Fremdvergleich zu genügen.[4] **268**

1 Vgl. Hoffmann, DStR 1997, 649; Gosch, DStZ 1997, 1; Bilsdorfer, StuW 1997, 51; Bilsdorfer, DStZ 1996, 1065 (zu Darlehen); Fischer, DStZ 1997, 357; Heinicke in L. Schmidt, § 4 EStG Rz. 520; L. Schmidt, § 15 EStG Rz. 426 zu Arbeitsverhältnissen zwischen Ehegatten, wenn der andere Ehegatte beherrschender Gesellschafter des Arbeitgebers ist.

2 Vgl. hierzu ausführlich Heinicke in L. Schmidt, § 4 EStG, Rz. 520 Anm. 97. c).

3 Vgl. hierzu BFH-Urt. v. 1.10.1992, BStBl II 1993, 574; FG Düsseldorf, Urt. v. 18.10.1994, EFG 1995, 312; Schoor, INF 1996, 267, 268.

4 Heinicke in L. Schmidt, a. a. O. m. w. N.; Schoor, INF 1996, 267, 269 f.

269 Die Rechtslage ist indessen in den Fällen anders zu beurteilen, in denen ein Arbeitsverhältnis zwischen einer Personengesellschaft und dem Ehegatten eines beherrschenden Gesellschafters vorliegt. Der Bundesfinanzhof nimmt hier die Durchführung des Arbeitsverhältnisses insbesondere auch dann an, wenn das Gehalt des Arbeitnehmer-Ehegatten auf ein Konto, welches er zusammen mit dem Gesellschafter-Ehegatten unterhält (Oder-Konto) überwiesen wird. So stellte das Gericht im amtlichen Leitsatz seiner Grundsatzentscheidung vom 24.3.1983 zur Anerkennung eines Arbeitsverhältnisses zwischen einer OHG und dem Ehegatten eines Gesellschafters fest:

„Der Anerkennung eines Arbeitsverhältnisses zwischen einer OHG und dem Ehegatten eines Gesellschafters steht nicht entgegen, daß der Arbeitslohn auf ein gemeinschaftliches Konto der Eheleute überwiesen wird, über das jeder der Ehegatten ohne Mitwirkung des anderen verfügen kann (sog. Oder-Konto)."[1]

Das oberste Finanzgericht stützt seine Entscheidung auf die vorgegebene Trennung des Vermögensbereichs der Gesellschaft (OHG) vom (privaten) Vermögensbereich der Eheleute. Es begründet die steuerliche Anerkennung des Arbeitsverhältnisses zwischen der OHG und dem Ehegatten des Gesellschafters damit, daß durch die Überweisung des Gehalts von der OHG auf das Oder-Konto der Eheleute ein Vermögensabgang beim Arbeitgeber und ein Vermögenszugang (auch) beim Arbeitnehmer-Ehegatten bewirkt wird. Nach der Entscheidung des BVerfG v. 7.11.1995[2] wird selbst der Fall als steuerunschädlich angesehen werden müssen, in dem das Gehalt auf ein Konto des beherrschenden Gesellschafters überwiesen wird, über das der Arbeitnehmer-Ehegatte aber ein Mitverfügungsrecht hat.[3]

Die vorstehend erörterte Rechtsprechung betrifft – dies muß zur Klarstellung besonders hervorgehoben werden – aber nur die unmittelbare Gehaltszahlung an den Arbeitnehmer-Ehegatten. Einer eigenständigen Beurteilung unterliegen indessen die Fälle, in denen Teile des Arbeitslohnes vermögenswirksam angelegt werden, z. B. auf einem Bausparvertrag. Hier gilt unverändert der Grundsatz, daß es der steuerlichen Anerkennung eines Ehegatten-Arbeitsverhältnisses nicht entgegensteht, wenn Teile des Arbeitslohnes (Gehalts) als vermögenswirksame Leistungen auf Verlangen des Arbeitnehmer-Ehegatten auf ein gemeinschaftliches Konto beider Ehegatten oder sogar auf ein Konto des Arbeitgeber-Ehegatten überwiesen werden.[4]

1 DB 1982, 2013.
2 BStBl II 1996, 34.
3 Vgl. Spindler, DB 1995, 2574; Woerner, BB 1995, 2625; Pezzer, FR 1996, 19; Kanzler, DStZ 1996, 117; Gorski, DStZ 1996, 137.
4 So schon BFH v. 19.9.1975, BStBl II 1976, 81.

III. Schenkung einer Beteiligung an einer Personengesellschaft als vorweggenommene Nachfolgeregelung

1. Gegenstand der Schenkung

Die schenkweise Einräumung einer Beteiligung kann auf zweierlei Weisen erfolgen: **270**

a) Einbuchung

Im ersten Fall der Leistungsübertragung können die Kinder durch Vertragsabschluß mit den vorhandenen Gesellschaftern (nachträglich) beitreten, wobei ihnen zu Lasten (Abbuchung) der beweglichen Konten des Schenkers (z. B Gesellschafterdarlehenskonten) ein Betrag auf ihrem Kapitalkonto gutgeschrieben wird, ohne daß sie ihrerseits Einlageleistungen erbringen müssen. Schenkungsgegenstand ist die Befreiung von der gesellschaftsvertraglichen Einlageschuld oder die Mitgliedschaft (Anteil). Die Schenkung ist mit der endgültigen Überführung des Schenkungsgegenstandes in das Vermögen der Kinder vollzogen. Da die Einbuchung auf die Kapitalkonten der Kinder formlos zulässig ist, kommt es auf weitere Tatbestände, wie z. B. die deklaratorische Registereintragung, nicht an. Die Umbuchung vom Kapitalkonto eines Gesellschafters ist der Vollzug der Schenkung und heilt auch den Mangel der Form.[1] **271**

b) Anteilsübertragung

Im zweiten Fall ist Gegenstand der unentgeltlichen Zuwendung der Kommanditanteil. Eine Anteilsübertragung ist zulässig. Die Mitgliedschaft selbst ist ein übertragbares Recht, maßgeblich ist nur die Berücksichtigung der Interessen der Mitgesellschafter, denen in einer Personengesellschaft nicht gegen ihren Willen Dritte als Mitgesellschafter aufgedrängt werden können. Voraussetzung der Übertragung der Mitgliedschaft ist deshalb, daß alle Gesellschafter zustimmen oder aber die Übertragung im Gesellschaftsvertrag zugelassen ist. Auch eine Teilabtretung ist unter dieser Voraussetzung zulässig. Die Voraussetzungen sind mit der Zustimmung der Gesellschafter erfüllt. **272**

Die Anteilsübertragung ist ein Verfügungsgeschäft und grundsätzlich formlos wirksam, sofern nicht der Gesellschaftsvertrag eine besondere Form der Anteilsübertragung vorschreibt. Eine besondere Form ist auch dann nicht erforderlich, wenn das Gesellschaftsvermögen beispielsweise aus Grundvermögen oder GmbH-Anteilen besteht und zwar auch für das zugrundeliegende obligatorische Geschäft. Gegenstand der Schenkung sind bei der Übertragung der Teilanteile auch die entsprechenden Teile des negativen Kapitalkontos, nicht aber Darlehenskonten oder andere im Sonderbetriebsvermögen des Schenkers befindliche Vermögensgegenstände, sofern nicht eine abweichende Regelung getroffen wird.

1 Vgl. L. Schmidt, § 15 EStG Rz. 747 u. 773 m. w. N.

273 Diese zunächst formalistisch erscheinende Abgrenzung zwischen beiden Gestaltungsmöglichkeiten ist von grundsätzlicher Bedeutung für die Widerruflichkeit der Schenkung. Im vorliegenden Zusammenhang kann die gesetzliche Widerrufsregel in § 530 BGB den Gegensatz beider Alternativen verdeutlichen. Eine Schenkung kann beispielsweise widerrufen werden, wenn sich der Beschenkte groben Undankes gegen den Schenker oder eines nahen Angehörigen des Schenkers schuldig gemacht hat. Ist in der ersten Gestaltungsalternative die Befreiung von der Einlageschuld als Schenkungsgegenstand anzusehen, so bräuchte der Beschenkte nur die Einlage zu leisten und somit seiner Pflicht der Herausgabe des Geschenkes Genüge tun. Er bleibt aber Gesellschafter. Ist dem Beschenkten hingegen die Mitgliedschaft zugewendet worden, so müßte er diese an den Schenker herausgeben durch Abtretung des Anteils an ihn. Die eindeutige Bestimmung des Schenkungsgegenstandes bestimmt demnach, was im Falle eines Widerrufs der Schenkung Gegenstand der Rückforderung ist.

Die Rückforderung nach Schenkungsrecht steht hier in einem Spannungsverhältnis zu gesellschaftsrechtlichen Grundsätzen. Der Gesellschafter ist gegen eine Hinauskündigung ohne wichtigen Grund und ohne angemessene Abfindung geschützt. Grundsätzlich bestimmen der Gesellschaftsvertrag und die gesetzlichen Regelungen die Voraussetzungen, nach denen ein Gesellschafter mit der Folge einer Abfindung hinausgekündigt werden kann.

Nach einer neueren Entscheidung des BGH[1] bestimmt sich aber ausschließlich nach Schenkungsrecht, ob der Beschenkte im Verhältnis zum Schenker seinen Anteil behalten darf, wenn dieser Schenkungsgegenstand war. Maßgeblich ist insoweit das Schenkungsrecht und ob ein Rückforderungstatbestand erfüllt ist. Diese Rechte stehen allerdings ausschließlich dem Schenker aus dem Schenkungsvertrag zu, während sich ein gesellschaftsvertragliches Hinauskündigungsrecht der (anderen) Mitgesellschafter aus dem schenkungsvertraglichen Rückforderungsrecht nicht begründen läßt.

Im Ergebnis ist daher empfehlenswert, den Schenkungsgegenstand in den Einbuchungsfällen eindeutig zu bestimmen, da Schenkungsgegenstand die Befreiung von der Einlageschuld oder aber die Mitgliedschaft (der Anteil) sein kann. Soll der Anteil bei einer eventuellen Rückforderung nach schenkungsrechtlichen Gesichtspunkten Gegenstand der Rückforderung sein, so muß er zuvor als Schenkungsgegenstand bestimmt worden sein.

Beim Einbuchungsmodell sollte der Schenkende die Einbuchung aus ungebundenem Kapital leisten, um sich nicht der Haftung nach § 172 Abs. 4 HGB auszusetzen (Wiederaufleben der Haftung). Die Leistung sollte daher ausschließlich zu Lasten des Darlehenskontos erfolgen, um sich nicht der Gefahr der persönlichen Inanspruchnahme auszusetzen. Die Übertragung vom Darlehenskonto auf die Festkapitalkonten der Kinder hat die Folge, daß das Guthaben dem Entnahmerecht entzogen

1 BGH v. 2.7.1990, DB 1990, 1656; eingehend K. Schmidt, Gesellschaftsrecht, § 4 Abs. 1.

und in eine Einlage umgewandelt wird. Auf diese Weise findet eine Art „Kapitalerhöhung aus Gesellschaftsmitteln" statt (Erhöhung der Haftsumme).

Hierbei sind die Grundsätze zu beachten, die die Rechtsprechung zur Leistung der Einlage durch Verrechnung von Forderungen des Kommanditisten gegen die Gesellschaft aufgestellt hat. Maßgeblich für die haftungsbefreiende Wirkung nach § 171 Abs. 1 HGB ist die Vollwertigkeit der Forderung und daß das Guthaben auf dem Darlehenskonto einer GmbH & Co. KG nicht als kapitalersetzendes Gesellschafterdarlehen i. S. d. § 172a HGB zu qualifizieren ist.

Eine weitere Gestaltungsalternative ist die schenkungsweise Hingabe der Kommanditanteile (Anteilsübertragung), verbunden mit teilweiser Abtretung des Guthabens auf dem Darlehenskonto an die Kinder. Das Darlehenskonto ist ein Forderungskonto, das insoweit frei übertragbar ist, soweit der Gesellschaftsvertrag nichts abweichendes bestimmt.

Regelmäßig ist eine Übertragung der Kommanditanteile nur zugleich mit der entsprechenden Beteiligung an der Komplementär-GmbH zulässig. Hiervon sollte jedoch zwecks Wahrung der Führungsstruktur und etwa im Hinblick auf einen möglichen Börsengang abgesehen werden. Eine förmliche Änderung des Gesellschaftsvertrages ist hierfür nicht erforderlich, sofern alle Gesellschafter zustimmen.

2. Schenkungsvarianten

Die schenkungsweise Übertragung der Kommanditanteile und ggf. Teile **274**
des Darlehenskontos können weitgehend privatautonom gestaltet werden. In praxi kommen folgende vier Möglichkeiten der Ausgestaltung einer Schenkung in Betracht:

- Die schenkungsweise Übertragung der Kommanditanteile kann ohne Beschränkungen oder Bedingungen vereinbart werden (Schenkungsabtretung).
- Die Schenkung kann unter der Auflage einer Nießbrauchsbestellung erfolgen. Der Nießbrauch kann am Kommanditanteil bestellt werden (Vollrechtsnießbrauch bzw. Vereinbarungsnießbrauch, wenn die Gesellschafterstellung beim Beschenkten verbleibt), er kann aber auch vom Gewinnstammrecht (strittig) bzw. am Gewinnanteil bestellt werden (Schenkung unter Nießbrauchsvorbehalt).
- Die Schenkung kann auch unter freien oder bestimmtem Widerrufsvorbehalt erfolgen (Schenkung mit Widerruf).
- Schließlich kann die Schenkung unter Nießbrauchsvorbehalt auch mit einem Widerrufsvorbehalt verbunden werden (Nießbrauchsabtretung mit Widerrufsvorbehalt).

3. Reine Schenkung

a) Zivilrechtliche Anforderungen und Ausgestaltung einer Schenkung an Minderjährige

aa) Vollzug der Schenkung

275 Wird ein Minderjähriger im Unternehmen seiner Eltern als Kommanditist beteiligt, so können die Eltern einzeln oder gemeinsam ihre Kinder bei der Schenkung nicht vertreten (§§ 181, 1795, 1909 BGB). Auch derjenige Elternteil kann die Kinder nicht wirksam vertreten, welcher an dem Unternehmen nicht beteiligt ist.

Ist bereits ein Elternteil von der Vertretungsmacht ausgeschlossen, so gilt dies auch für den anderen Teil. Nach § 1795 Abs. 1 Nr. 1 BGB können die Eltern bereits dann für einen minderjährigen Gesellschafter nicht auftreten, wenn sie zwar nicht selbst, wohl aber ein anderer Abkömmling an der Gesellschaft beteiligt ist.

bb) Ergänzungspfleger

276 Für jedes Kind ist folglich jeweils ein Ergänzungspfleger zu bestellen. Zwar ist bei einem beschränkt geschäftsfähigen Minderjährigen (Minderjährige, die älter als 7 Jahre sind) eine Einwilligung der gesetzlichen Vertreter bei der Annahme einer Schenkung dann nicht erforderlich, wenn sie lediglich rechtlich vorteilhaft ist (§ 107 BGB). Bei der schenkungsweisen Übertragung von Kommanditanteilen handelt es sich aber nicht nur um einen lediglich rechtlichen Vorteil. Zwar haftet der Kommanditist nicht, solange er nicht seine Einlage zurückerhält, da die im Gesellschaftsvermögen vorhandene Einlage die Haftung ersetzt (§ 171 Abs. 1 2. Halbsatz HGB). Aber auch ohne Haftung erwachsen dem beschränkt Geschäftsfähigen gesellschaftsvertragliche Pflichten, so daß eine Genehmigung der gesetzlichen Vertreter bzw. des Pflegers erforderlich ist.

Geschäftsunfähige, d. h. Minderjährige, die noch nicht das 7. Lebensjahr vollendet haben, müssen in jedem Fall vertreten werden, da ihre Willenserklärung nichtig ist.

Ausschließlich für den Abschluß des Gesellschaftsvertrages muß daher für jeden Minderjährigen ein Pfleger bestellt werden. Die Rechtsprechung des BFH hingegen, der ursprünglich für die steuerliche Anerkennung der Mitunternehmerschaft die Bestellung eines Dauerergänzungspflegers voraussetzte, ist nunmehr aufgegeben worden.[1] Eine Dauerpflegschaft alleine aus der Gesellschafterstellung des Minderjährigen ist nicht erforderlich,[2] wohl kann aber im Einzelfall bei Gesellschaftsvertragsänderungen die Bestellung eines Ergänzungspflegers erforderlich sein. Solange die Gesellschafter daher nicht voll geschäftsfähig sind, ist im Einzelfall zu prüfen, ob die gesetzlichen Vertreter für sie tätig werden können. Bei Gesellschafterbeschlüssen über Maßnahmen der Geschäftsführung und

1 BFH v. 29.1.1976, BStBl II 1976, 328; vgl. L. Schmidt, § 15 EStG Rz. 747; Meyer-Koppitz, DStZ 1996, 265, 267 f.

2 BGH v. 18.9.1975, BGHZ 65, 93.

sonstige gemeinsame Gesellschaftsangelegenheiten im Rahmen der Geschäftsführung können die Eltern zugleich im eigenen Namen wie auch im Namen der Kinder mitwirken. Nur in Ausnahmefällen dürfen die Eltern nicht an Gesellschafterbeschlüssen zugleich im eigenen Namen wie auch im Namen ihrer Kinder mitwirken.[1]

Regelmäßig besteht nur dann ein Grund für die Bestellung eines Ergänzungspflegers, wenn ein Interessenkonflikt zu befürchten ist.

Ist der Pfleger im Zeitpunkt des Abschlusses des Vertrages noch nicht bestellt, kann er gleichwohl den Vertrag zunächst „ohne Vertretungsmacht" abschließen. Nach erfolgter Bestellung kann er die Erklärung rückwirkend genehmigen.[2] Die Auswahl der Pfleger steht im pflichtgemäßen Ermessen des Gerichts (hier der Rechtspfleger, §§ 3 Nr. 2a, 14 Nr. 4 RPflG). Aus steuerlicher Sicht hat eine Bestellung vorab zu erfolgen, da eine Rückwirkung zweifelhaft ist.

cc) Genehmigung des Vormundschaftsgerichts

Die Beteiligung von Minderjährigen als Kommanditisten an einer Kommanditgesellschaft ist nach heutiger Auffassung genehmigungsbedürftig nach § 1822 Nr. 3 BGB. Der Kommanditist ist trotz der summenmäßigen Beschränkung der Haftung auf die Einlage als Mitträger des Unternehmens anzusehen. Bei entsprechenden Gestaltungen, die die Gesellschafter privatautonom im Gesellschaftsvertrag vereinbaren können, kann er auch weitergehende Pflichten haben. Insoweit rechtfertigt sich das Genehmigungserfordernis, mit dem die vermögensrechtliche Stellung des Minderjährigen geschützt werden soll.[3] Die Genehmigung steht im pflichtgemäßen Ermessen des Gerichts (Rechtspfleger, §§ 3 Nr. 2a, 2n ff. RPflG). 277

Die Kriterien für die Erteilung der vormundschaftsgerichtlichen Genehmigung lassen sich nur am Einzelfall konkretisieren. Der Gesetzgeber hat davon abgesehen, ein „allgemeines Interesse der Minderjährigen" als Tatbestandsmerkmal in das Gesetz aufzunehmen. Im Schrifttum und in der Rechtsprechung besteht jedoch Einigkeit dahingehend, daß der Beurteilungsmaßstab das „Wohl und das Interesse des Kindes" ist.[4] Das Vormundschaftsgericht wird bei der Frage der Genehmigung daher alle für das Interesse des Minderjährigen maßgebenden Umstände vernünftig abzuwägen haben. Die Belange Dritter können insoweit berücksichtigt werden, als beispielsweise Interessen der Familie vorhanden sind.

Heranzuziehen sind weiterhin die Beziehungen des Minderjährigen zum Vertragsgegner, also zum schenkenden Elternteil, sowie der Gegenstand und Zweck des Gesellschaftsvertrages. Über die Prüfung des Gesellschaftsvertrages hinaus hat das Gericht Vermögensverhältnisse sowie

1 BGH v. 18.9.1975, BGHZ 65, 93.
2 OLG Hamm, DNotZ 1972, 241.
3 BGH v. 3.4.1955, BGHZ 17, 160.
4 Vgl. Soergel/Damrau, § 1828 Rz. 8.

die charakterliche und fachliche Eignung der Mitgesellschafter zu beurteilen.[1] Maßgeblich wird hierbei auf die Prüfung der gesellschaftsvertraglichen Stellung der Minderjährigen abzustellen sein.

Im Vordergrund der Bewertung der gesellschaftsvertraglichen Stellung durch das Vormundschaftsgericht steht die Gefährdung des Privatvermögens des Minderjährigen durch die unternehmerische Beteiligung. Im Gesellschaftsvertrag der Kommanditgesellschaft ist daher sicherzustellen, daß die Gefahr der unbeschränkten und persönlichen Haftung des minderjährigen Kommanditisten ausgeschlossen ist, bevor der Gesellschaftsvertrag vom Gericht genehmigt werden soll. Die Genehmigung des Vormundschaftsgerichts bei dem Eintritt in die bestehende Kommanditgesellschaft wird deshalb von der Eintragung im Handelsregister abhängig gemacht werden.

Eine Vertretungsbefugnis des minderjährigen Kommanditisten, die privatautonom als Prokura erteilt werden kann, ist nicht genehmigungsfähig. Ebenso muß der Minderjährige grundsätzlich von der Geschäftsführung ausgeschlossen sein, da andernfalls das Risiko unternehmerischer Fehlentscheidung des Minderjährigen verbunden mit der Haftung des Kommanditisten aus geschäftsführender Tätigkeit besteht.

Fraglich ist die Auswirkung eines steuerlich negativen Kapitalkontos auf die Genehmigungsfähigkeit wegen der damit verbundenen latenten Steuerbelastung. Dieses Problem stellt sich in jedem Fall, wenn Gegenstand der Schenkung – sei es im Wege der Einbuchung, sei es im Wege der Übertragung – ein anteiliger Kommanditanteil ist, da insoweit steuerlich anteilig das negative Kapitalkonto übergeht (§ 7 Abs. 1 EStDV). Ob die schenkweise Übernahme einer Einlageverpflichtung im Wege der Einbuchung insoweit eine Alternative darstellt, beurteilt sich nach folgenden Kriterien: Zwar geht in diesem Fall kein negatives steuerliches Kapitalkonto anteilig auf die Kinder über. Auch ist in diesem Fall in Anlehnung an die Grundsätze der BFH-Rechtsprechung zur mittelbaren Grundstücksschenkung schenkungsteuerlich der Kommanditanteil Gegenstand der Schenkung, so daß insoweit der negative Einheitswert des Betriebsvermögens ausgenutzt werden kann. Allerdings ist Gegenstand einer späteren Rückforderung bei Störungen der vorweggenommenen Erbfolge (Widerruf der Schenkung) nicht der zugewendete Anteil, sondern der Geldbetrag. Bleibt vor diesem Hintergrund nur der Weg der Übertragung von (Teil-)Kommanditanteilen, so ist hinsichtlich der Genehmigungsfähigkeit maßgeblich auf das Wohl und Interesse der Kinder abzustellen. Konkrete Stellungnahmen zu der aufgeworfenen Frage sind im Schrifttum nicht ersichtlich. Entscheidend ist aber, ob eine künftige Gefährdung des Vermögens der Kinder zu befürchten ist. Insoweit ist die Gefahr, daß die Genehmigung versagt wird, gering einzuschätzen, da zum einen nicht absehbar ist, daß die latente Steuerlast überhaupt aktuell wird, zum anderen die Besteuerung des negativen Kapitalkontos durch entsprechende Maßnahmen (Umwandlung von Darlehen in Kapital) verhindert werden kann. Ist zu befürchten, daß dennoch die Genehmi-

1 Vgl. BayObLG v. 17.2.1976, OLGZ 1976, 281.

gung versagt wird, so kann sich der Schenker zur Übernahme der aus den steuerlichen negativen Kapitalkonten für die Kinder zu erwartenden Steuerbelastungen verpflichten.

Die vormundschaftsgerichtliche Genehmigung kann zivilrechtlich sowohl vor dem Abschluß des Rechtsgeschäfts erteilt werden wie auch mit Rückwirkung nachträglich. Liegt die Genehmigung im Zeitpunkt des Vertragsabschlusses noch nicht vor, so erlangt der Vertrag mit der Erteilung rückwirkend Wirksamkeit (§§ 1643 Abs. 3, 1829, 184 Abs. 1 BGB). Steuerlich wird die Rückwirkung freilich nur dann anerkannt, wenn die Genehmigung unverzüglich nach Vertragsschluß beantragt und in angemessener Form erteilt wird.[1] Das Fehlen einer vormundschaftsgerichtlichen Genehmigung macht den Gesellschaftsvertrag schwebend unwirksam, mit ihrer Versagung wird er nichtig (§ 1829 BGB).

dd) Form

Das Schenkungsversprechen muß über die Genehmigung hinaus notariell beurkundet sein, wenn die Leistung wirksam versprochen werden soll (§ 518 BGB). Der Mangel der Form wird durch den Vollzug der Schenkung, bei der der Schenker die versprochene Leistung freiwillig bewirkt, geheilt. Die endgültige Überführung des Schenkungsgegenstandes in das Vermögen des Neugesellschafters liegt bereits mit der Einbuchung eines Gesamthandanteils vor, unabhängig davon, ob der Schenkungsgegenstand die Befreiung von der Einlageschuld oder die Mitgliedschaft (den Anteil) darstellt. Dies wird auch steuerlich akzeptiert. Die Wirksamkeit der formlosen unentgeltlichen Einbuchung steht somit außer Frage. Auf die nur deklaratorisch wirkende Registereintragung kommt es nicht an. **278**

ee) Pflichtteilsanrechnung

Die Schenkung sollte mit der Maßgabe erfolgen, daß die Zuwendung der (Teil-)Kommanditbeteiligungen auf den Pflichtteil der Beschenkten angerechnet wird. Dadurch wird bewirkt, daß **279**

- die Schenkung auf den Pflichtteilsanspruch der Kinder angerechnet wird;
- das Unternehmen bzw. die Erben im Erbfall nicht sofort mit dem Pflichtteilsanspruch belastet werden.

ff) Auswirkungen aus der Minderjährigkeit des Kommanditisten

Wie gezeigt, bewirkt die Beteiligung von Minderjährigen an der Gesellschaft nicht, daß das Gesellschaftsleben für die Zukunft als Ganzes unter der Kontrolle des Vormundschaftsgerichts abläuft (Dauerpflegschaft). Insbesondere sind Geschäfte der geschäftsführenden Gesellschafter na- **280**

1 So schon BFH v. 1.2.1973, BStBl II 1973, 307; vgl. hierzu Rechtsprechungsübersicht Meyer-Koppitz, DStZ 1996, 265, 268; eine Genehmigungserteilung 3 Monate nach Vertragsschluß hat BFH im Urteil v. 23.4.1992, BStBl II 1992, 1024, 1025 f. für ausreichend erachtet.

mens der Gesellschaft auch dann nicht genehmigungsbedürftig, wenn es sich um Geschäfte handelt, die genehmigungsbedürftig wären, wenn der Minderjährige selbst handeln würde.

Streitig ist im einzelnen aber, ob für die Zukunft jede spätere Änderung des Gesellschaftsvertrages vom Vormundschaftsgericht genehmigt werden muß. Dem Wortlaut des § 1822 Nr. 3 BGB ist zu entnehmen, daß nur der Gesellschaftsvertrag, der auf den Erwerb oder die Veräußerung von Gesellschaftsanteilen gerichtet ist, der Genehmigung bedarf. Spätere Änderungen des Gesellschaftsvertrages erfordern keine Genehmigung.

Andererseits ist zu berücksichtigen, daß die Prüfung des Vormundschaftsgerichts bei der Errichtung der Gesellschaft sich auch auf den Inhalt des Gesellschaftsvertrages erstreckt (siehe oben). Wenn aber das Gericht die gesamten Bedingungen des Gesellschaftsvertrages prüft, unter denen der Minderjährige unternehmerischem Risiko unterliegt, kann durch genehmigungsfreie nachträgliche Veränderungen des Gesellschaftsvertrages der Minderjährigenschutz unterlaufen werden. Insoweit ist auch der verfassungsrechtliche Aspekt zu berücksichtigen, wonach den Eltern zwar das Recht eingeräumt wird, ihre Kinder in einem weitergehenden Maße zu verpflichten, der Gesetzgeber aber dann auch Sorge tragen muß, daß dem dann Volljährigen Raum bleibt, sein weiteres Leben selbst und ohne zumutbare Belastungen zu gestalten, die er nicht selbst verantwortet hat. Diese Möglichkeit ist ihm aber verwehrt, wenn er als Folge der Vertretungsmacht der Eltern nur mit erheblichen Schulden in die Volljährigkeit entlassen wird.[1]

Nach der Auffassung des BGH und der überwiegenden Meinung des Schrifttums ist aber dennoch von der Genehmigungsfreiheit der gesellschaftsvertraglichen Änderung auszugehen.[2] Der Genehmigungszwang für Vertragsänderungen würde einen außerordentlich weitgehenden Eingriff in die Entschließungsfreiheit der gesetzlichen Vertreter darstellen und den Vormundschaftsrichter (Rechtspfleger) in weitem Umfang mit kaufmännischen Zweckmäßigkeitserwägungen belasten.

Im Ergebnis wird deshalb regelmäßig eine vormundschaftsgerichtliche Genehmigung auch für gesellschaftsvertragliche Änderungen in der Zukunft nicht erforderlich sein.

b) Steuerrechtliche Konsequenzen

aa) Einmalbesteuerung der Schenkung der Anteile

281 Gem. § 1 Abs. 1 Nr. 2 ErbStG unterliegen Schenkungen unter Lebenden der Schenkung-/Erbschaftsteuer. Dabei gilt als Schenkung jede freigebige Zuwendung, soweit der Bedachte durch sie auf Kosten des Zuwendenden bereichert wird. Durch diesen Schenkungsvorgang wird Vermögen endgültig (soweit keine Widerrufsmöglichkeiten bestehen) auf die Kinder übertragen.

1 BVerfG v. 13.5.1986, BVerfGE 72, 155 (173).
2 BGH v. 20.9.1962, BGHZ 38, 26, 28 f., WM 1961, 301, 303; WM 1968, 649.

Nach einem Urteil des Bundesfinanzhofes vom 13.9.1989[1] steht der Umstand, daß eine vollzogene Schenkung unter freiem Widerrufsvorbehalt steht, der Schenkungsteuerpflicht nicht entgegen.

Die Steuer entsteht bei einer Schenkung unter Lebenden mit dem Zeitpunkt der Ausführung der Zuwendung (§ 9 Abs. 1 Nr. 2 ErbStG).

Der steuerpflichtige Erwerb richtet sich nach der Höhe der Bereicherung des Erwerbers, soweit keine Steuerbefreiung vorliegt (§ 10 Abs. 1 ErbStG). Dabei ist für die Bewertung der Entstehungszeitpunkt der Steuer maßgebend (Schenkungsstichtag). Die Bewertung der schenkweise übertragenen Anteile richtet sich, wie bei der substanzsteuerlichen Bewertung, nach den Verhältnissen zum Schenkungsstichtag. Fällt der Stichtag der Schenkung zusammen mit dem Bilanzstichtag der Gesellschaft, deren Anteile schenkweise übertragen werden, wird der auf diesen Stichtag festgestellte Einheitswert (bis 31.12.1997) des Betriebsvermögens der Schenkungsteuer unterworfen.

Zivilrechtlich ist Gegenstand der Schenkung entweder die Mitgliedschaft oder die Befreiung von der Einlageschuld. Nach den Grundsätzen der mittelbaren Beteiligungsschenkung[2] ist aber auch bei letzterem Gegenstand der Schenkung nicht der Geldbetrag, sondern die Beteiligung, wenn der Geldbetrag im Schenkungsvertrag dazu bestimmt ist, zum Erwerb der Beteiligung verwendet zu werden.

Im Falle eines Widerrufs erlischt die zunächst festgesetzte Steuer (§ 29 Abs. 1 ErbStG). Die gezahlte Schenkungsteuer ist zu erstatten. Dabei wird die zu erstattende Steuer gem. § 29 Abs. 2 ErbStG um die Steuer auf den kapitalisierten Wert für die von dem Erwerber gezogenen Nutzungen gemindert. Dabei wird der Erwerber wie ein Nießbraucher behandelt.

Besteht zwischen dem Zeitpunkt der ersten Schenkung sowie dem Zeitpunkt des Erbfalls bzw. weiterer Schenkungen ein Zeitraum von mehr als 10 Jahren, so bleiben die früheren Schenkungen für die Berechnung der späteren Schenkung-/Erbschaftsteuer gem. § 14 Abs. 1 ErbStG außer Betracht. Damit ergibt sich die Möglichkeit, durch mehrfache Schenkungen, jeweils außerhalb des 10-Jahres-Zeitraumes, Teile der Vermögenssubstanz schon auf die nachfolgende Generation zu verlagern, was im Rahmen des späteren Erbfalls zu Progressionsvorteilen bei der Erbschaftsteuer führt.

bb) Laufende Besteuerung

Bei der reinen, d. h. vorbehaltlosen Schenkung, erlangen die Kinder die Stellung eines Mitunternehmers. Ihnen werden die anteiligen Gewinne aus der Personengesellschaft zugerechnet. Diese sind als Einkünfte aus Gewerbebetrieb (§ 15 Abs. 1 Nr. 2 EStG) von den Kindern der Einkommensteuer zu unterwerfen. Daraus ergeben sich folgende Vorteile: **282**

1 BStBl II 1989, 1034 ff.; vgl. hierzu Meincke, § 7 ErbStG Rz. 53 ff.; § 9 ErbStG Rz. 40.
2 BFH v. 7.4.1976, BStBl II 1976, 632; Hess. FG v. 7.3.1990, EFG 1990, 433.

- Abmilderung der Tarifprogression durch Verteilung auf mehrere Köpfe;
- originäre Vermögenszuwächse bei den Kindern.

Etwas anderes gilt, wenn entgegen dem gesetzlichen Regelstatut die Herrschafts- und/oder Vermögensrechte der Kinder aufgrund des Gesellschaftsvertrages dergestalt eingeschränkt werden, daß sie nicht annäherungsweise denen eines Kommanditisten entsprechen. Prüfungsmaßstab ist, ob die Rechtsstellung der Kinder nach dem Gesamtbild zugunsten der Eltern in einer Weise beschränkt ist, wie dies in Gesellschaftsverträgen zwischen Fremden nicht üblich ist. Dies wäre der Fall, wenn die Kinder nicht an den stillen Reserven inklusive Firmenwert beteiligt werden, wenn Stimm- und Kontrollrechte ausgeschlossen werden, so daß der Gesellschafter in allen Angelegenheiten, insbesondere auch über die Änderung des Gesellschaftsvertrages und die Auflösung der Gesellschaft allein entscheiden kann, die Kinder jederzeit zum Buchwert aus der KG hinausgekündigt werden können, die Schenkung der Anteile jederzeit frei widerrufen werden kann. Werden die genannten Grenzen anläßlich der Vereinbarung des Gesellschaftsvertrages nicht eingehalten, so werden die Kinder ertragsteuerlich als stille Gesellschafter oder partiarische Darlehensgeber qualifiziert. Soweit ihnen Gewinnansprüche aus der KG zustehen, qualifizieren diese als Einkünfte aus Kapitalvermögen gem. § 20 Abs. 1 Nr. 4 EStG. Dies gilt für ausgezahlte Gewinne wie auch für stehengelassene Gewinne, die dem Kapitalkonto II zugewiesen werden. Die sonstigen Einkünfte der KG werden den Eltern/dem schenkenden Elternteil als Mitunternehmern steuerlich zugewiesen. Werden den Kindern keinerlei Gewinnansprüche gegen die KG zugewiesen, so sind deren gesamte Einkünfte den schenkenden Eltern weiterhin zuzurechnen und von diesen zu versteuern.[1]

283 Die grundlegende Forderung des BFH an die rechtliche Ausgestaltung der Gesellschafterstellung, die das Kind zukünftig einnehmen soll, ist auf den ersten Blick nicht recht einsichtig. Nach gefestigter Rechtsprechung kommt eine Anerkennung als Mitunternehmer des Gewerbebetriebes einer Kommanditgesellschaft (wegen der Möglichkeit der Haftungsbeschränkung wird die Wahl der Rechtsform in aller Regel auf eine KG entfallen, meist mit einer GmbH als Komplementärin; da nach der Rechtsprechung des BFH für die – ebenfalls erwägenswerte – schenkweise Einräumung einer Unterbeteiligung am Anteil des Vaters/der Mutter an der Personengesellschaft die gleichen Grundsätze anzuwenden sind wie für eine Familien-KG, an der das Kind als Kommanditist beteiligt werden soll, läßt sich die Darstellung auf die Mindestanforderungen an die Kommanditistenstellung beschränken[2] und damit eine Verlagerung eines entsprechenden Gewinnanteils auf das Kind nur dann in Betracht, wenn diesem „wenigstens annähernd die Rechte eingeräumt worden sind, die einem Kommanditisten nach den Normen des HGB zu-

1 U. U. führt genau diese Rechtsfolge zu dem gewünschten Ergebnis: zivilrechtlich stehen den Kindern die Früchte/Ertragnisse zu, ohne daß sie i. S. d. ErbStG bereichert werden, während die Eltern aus ihrem Vermögen sogar die Steuer zu entrichten haben. Das „Erbsubstrat" wird damit steuerbillig auf die Kinder übertragen.

2 BFH v. 3.5.1979, BStBl II 1979, 515, 517.

kommen". Für den BFH haben die dispositiven Vorschriften des HGB Leitbildfunktion und zwar auch dann, wenn dem präsumtiven Nachfolger die für die Kapitalanlage notwendigen Mittel geschenkt werden.[1] Den naheliegenden Einwand, auch ein Fremder würde sich bei schenkweiser Aufnahme in ein Unternehmen mit bescheidenen Gesellschafterrechten und Gewinnanteilen zufriedengeben, läßt der BFH nicht gelten. Ertragsteuerrechtlich können Verträge zwischen Familienangehörigen vor dem höchsten deutschen Steuergericht nur bestehen, wenn sie inhaltlich – unabhängig von ihrem möglicherweise zwischen Fremden nicht üblichen Entstehungsgrund (Schenkung) – den zwischen fremden Personen üblichen Verträgen entsprechen. Hierüber heute noch zu streiten ist müßig, zumal der BFH die geforderte Vergleichbarkeit der Vereinbarungen mit den unter fremden Dritten Üblichen so apodiktisch nicht meint.

In seinem Urteil vom 6.4.1979[2] relativiert der 1. Senat seine eigene Prämisse, indem er auf den Zweck abstellt, der mit der Beteiligung eines Nachkommen im Einzelfall erreicht werden soll, und führt weiter aus:

„Werden Kinder . . . beteiligt, so kann bei der Würdigung des Gesamtbildes in Grenzfällen für die Anerkennung einer Mitunternehmerschaft sprechen, daß die Vertragsgestaltung nach den objektiven Umständen darauf abzielt, die Kinder an das Unternehmen heranzuführen, um dessen Fortbestand zu sichern. In einem solchen Fall dürfen im Hinblick auf die eine Mitunternehmerschaft begründende Rechtsposition der Kinder . . . keine Anforderungen gestellt werden, deren Beachtung die Aufnahme von Abkömmlingen in das Unternehmen so erschweren würde, daß sie praktisch unmöglich gemacht und damit den Fortbestand des Unternehmens gefährden würde. Gegen in diesem Sinne überspannte Anforderungen an die Mitunternehmerschaft hätte der erkennende Senat im Hinblick auf den verfassungsrechtlich garantierten Schutz der Familie . . . auch verfassungsrechtliche Bedenken."

4. Schenkung unter Nießbrauchsvorbehalt

a) Rechtliche Besonderheiten

aa) Bestellung des Nießbrauchs

Eine Schenkung kann mit einer Auflage in dem Sinne verbunden werden, daß sich der Beschenkte mit der Annahme der Schenkung zur Vollziehung der Auflage verpflichtet. Hier kommt die Auflage einer Nießbrauchbestellung in Betracht. Der Schenker kann in diesem Fall die Vollziehung der Auflage verlangen, sobald er seinerseits geleistet hat (§ 525 BGB; Bestellung des Nießbrauchs durch die Kinder). Zivilrechtlich qualifiziert die Auflage nicht als Entgelt für die Zuwendung, sie mindert lediglich ihren Wert. **284**

1 BFH v. 5.7.1979, BStBl II 1979, 670; L. Schmidt, § 15 EStG Rz. 746; Meyer-Koppitz, DStZ 1996, 265, 271 f. m. w. N.
2 BStBl II 1979, 620 heute h. M., vgl. L. Schmidt, § 15 EStG Rz. 751 m. w. N.

Im folgenden sind der Nießbrauch am Kommanditanteil selbst, am Gewinnstammrecht oder am Gewinnanspruch zu unterscheiden. Der Nießbrauch kann auch insoweit eingeschränkt sein, indem z. B. zugunsten des Nießbrauchbestellers Rechte ausgespart sind. Insoweit sind die Parteien weitgehend frei in der Ausgestaltung und können den Nießbrauch individuell an ihre Bedürfnisse anpassen.

bb) Nießbrauch am Kommanditanteil

285 Der Nießbrauch am Kommanditanteil kann als sogenannter „Vollrechtsnießbrauch" vereinbart werden, wobei der Nießbraucher in die Gesellschafterstellung einrückt, oder auch als Vereinbarungsnießbrauch, wobei die Gesellschafterstellung bei dem Nießbrauchbesteller verbleibt, dem Nießbraucher aber im Innenverhältnis die Nutzungen aus dem Kommanditanteil zustehen.

Der Nießbrauch am Gesellschaftsanteil setzt die Übertragbarkeit des Kommanditanteils voraus. Voraussetzung ist daher, daß die Übertragbarkeit im Gesellschaftsvertrag bestimmt ist oder aber alle Gesellschafter der Übertragung zustimmen.

(1) Vollrechtsnießbrauch

286 Mit der Nießbrauchbestellung rückt der Nießbraucher in die vollen gesellschaftlichen Pflichten und Rechte des Bestellers ein.[1] Der Nießbraucher wird Gesellschafter auf Zeit, während der Besteller für die Dauer der Nießbrauchzeit als Gesellschafter ausscheidet. Grundsätzlich ist es gesellschaftsrechtlich nicht zulässig, daß Nießbraucher wie auch Besteller gleichzeitig Gesellschafter sind, auch nicht in der Weise, daß der Nießbraucher die gesellschaftlichen Vermögensrechte, hingegen der Besteller die Verwaltungsrechte wahrnehmen kann.[2] Gleichwohl bleibt der Gesellschaftsanteil selbst der Substanz nach dem Besteller als gegenwärtiges latentes Recht. Der Nießbraucher ist dem Besteller hingegen treuhänderisch verpflichtet, die sich aus den verbleibenden Stammrechten ergebenden Rechte zu beachten.

Der Nießbraucher, der in die vollen Rechte des Bestellers einrückt, hat daher Anspruch auf den anteiligen Gewinn gemäß der genehmigten Bilanz nach den maßgeblichen gesellschaftsvertraglichen Vorschriften. Auch das Entnahmerecht richtet sich nach dem Umfang der Rechte des Bestellers, die ihm nach dem Gesellschaftsvertrag zugestanden werden. Er hat daher Anspruch auf entnahmefähige Gewinnquoten, nicht jedoch auf den nicht entnahmefähigen Gewinnanteil.

Nach dieser nicht unbestrittenen Auffassung hat der Nießbraucher bei Beendigung keinen Anspruch auf die ihm als Gewinn zustehenden, aber noch nicht sofort entnahmefähigen Beträge.[3] Die noch nicht ausgeschütteten Gewinnquoten sind Kapital geworden und der Nießbraucher kann die Frucht, nicht aber den Stamm beanspruchen. Mit der

1 Münchener Kommentar, § 1068 BGB Anm. 14.
2 BGH v. 20.4.1972, NJW 1972, 1755.
3 BGH v. 20.4.1972, NJW 1972, 1755.

Beendigung des Nießbrauchs rückt der Besteller aufgrund seines Stammrechtes automatisch wieder in die volle Gesellschafterstellung ein.

Der Nießbrauchsvorbehalt ist im Zusammenhang mit der schenkungsweisen Übertragung der Kommanditanteile etwa wie folgt abzufassen:

„Die (näher zu bestimmende) Beteiligung als Kommanditist trete ich an meine(n) Sohn/Tochter ab, behalte mir aber am abgetretenen Anteil den lebenslänglichen Nießbrauch vor. Als Nießbraucher stehen mir alle gesellschaftlichen Rechte und Pflichten zu, ohne jedoch hinsichtlich der Kapitalsubstanz verfügungsberechtigt zu sein."

Die Zuwendung des Gesellschaftsanteils an die minderjährigen Kinder unter Nießbrauchsvorbehalt bedarf ebenfalls der vormundschaftsgerichtlichen Genehmigung (§ 1822 Nr. 3 BGB). Der Minderjährige bedarf eines Ergänzungspflegers, da der Kommanditanteil von einem Elternteil erworben werden soll (§§ 1909, 1795 Abs. 1 Nr. 1, 1629 Abs. 2 BGB).

(2) Vereinbarungsnießbrauch

Neben einem Vollrechtsnießbrauch kann aber auch ein Vereinbarungsnießbrauch bestellt werden, bei dem die Gesellschafterstellung bei dem Nießbrauchbesteller verbleibt. **287**

Die Gesellschafterstellung wird allerdings treuhänderisch für den Nießbraucher gehalten, dem daher Ertrag und Nutzungen zuzurechnen sind. Im Außenverhältnis werden die Gesellschafterrechte von dem Nießbrauchbesteller wahrgenommen, der jedoch im Innenverhältnis entsprechenden Weisungen des Nießbrauchs unterliegt. Rechte und Pflichten des Nießbrauchers müssen im einzelnen vereinbart werden.

cc) Nießbrauch am Gewinnstammrecht

Der Nießbrauch kann auch nach überwiegender Meinung am Gewinnstammrecht bestellt werden. Dem Nießbraucher stehen somit mit dinglicher Wirkung die jährlichen Gewinnquoten unmittelbar zu. Er braucht Beschlüsse, die sein Stammrecht verletzen, nicht gegen sich geltend zu machen, da nach § 1071 BGB das Nießbrauchsrecht nur mit Zustimmung des Nießbrauchers aufgehoben oder geschmälert werden darf. Allerdings ist der Nießbraucher in diesem Fall kein Gesellschafter, so daß er sich nicht unmittelbar gegen Gesellschafterbeschlüsse zur Wehr setzen kann. Das Zustimmungserfordernis nach § 1071 BGB gilt demnach nur im Innenverhältnis zum Besteller. Demgegenüber ist der Nießbraucher nicht verpflichtet, in Verlustjahren einen anteiligen Verlust zu übernehmen oder sich mit einem Verlustvortrag einverstanden zu erklären, da der Nießbrauch sich auf den Gewinnanteil des Bestellers bezieht. Der Nießbrauchsvorbehalt setzt voraus, daß der Gesellschaftsvertrag entsprechende Bestimmungen enthält, die ihn für zulässig erachten. Darüber hinaus ist eine Regelung der Rechtsstellung der Beteiligten empfehlenswert. Beispielsweise können folgende Klauseln in den Gesellschaftsvertrag aufgenommen werden: **288**

„Ist ein Nießbrauch am Gewinnstammrecht bestellt, ruht das Stimmrecht des Gesellschafters insoweit, als Beschlüsse über die Gewinnermittlung, -verteilung und -ausschüttung betroffen sind, vielmehr ist der Nießbraucher zu hören. Ohne seine Zustimmung können Änderungen der Gewinnverteilung nicht beschlossen werden.

Der Nießbraucher ist an die vertraglichen Entnahmevorschriften gebunden. Er hat nur Anspruch auf den entnahmefähigen Gewinn. Am Verlust nimmt er nicht teil."

dd) Nießbrauch am Gewinnanspruch

289 Vom Nießbrauch am Gewinnstammrecht ist der Nießbrauch am Gewinnanspruch zu unterscheiden. Hier steht die Gewinnauszahlung selbst dem Besteller zu, wohingegen dem Nießbraucher nur die Nutzung des Gewinnanspruchs, also bei verzinslichem Gewinnanspruch nur der Anspruch auf die Zinszahlung, zusteht.

b) Steuern

aa) Einmalbesteuerung

290 Die Schenkung unter Nießbrauchsvorbehalt stellt zivilrechtlich eine Schenkung unter Auflage gem. § 525 BGB dar. Die Auflage besteht in der Verpflichtung zur Einräumung des Nießbrauchs. Es kommt hierbei, gleichgültig welche Nießbrauchsgestaltung gewählt wird, zur Verlagerung der Vermögenssubstanz auf die Kinder, während dem Nießbraucher die Nutzungen aus der Zuwendung verbleiben. Somit vollziehen sich zukünftige Substanzzuwächse der geschenkten Kommanditanteile unmittelbar bei den Rechtsnachfolgern und unterliegen nicht mehr der Erbschaftsteuer, während der Ertrag und sich daraus ergebende Vermögenszuwächse bei dem Schenker verbleiben. Die Einräumung des Nießbrauchs tangiert nicht den erbschaftsteuerlich wirksamen Übergang des Kommanditanteils.

Die erbschaftsteuerliche Behandlung des Nießbrauchs richtet sich nach dem Urteil des Bundesfinanzhofes vom 12.4.1989.[1] Während die alte Rechtsprechung davon ausging, daß der Nießbrauchsvorbehalt eine Gegenleistung begründete, die den Wert der Schenkung mindert, vertritt der BFH nunmehr die Auffassung, daß bei der Schenkung unter Nießbrauchsvorbehalt der Schenkungsgegenstand zeitlich befristet mit einer Duldungspflicht belastet ist, die keinen entgeltlichen Vertragsteil begründet. Als Bereicherung des Bedachten gilt der gesamte Vermögensanfall (Gesamtwert der Schenkung). Der Erwerb von Vermögen, dessen Nutzungen dem Schenker zustehen, wird ohne Berücksichtigung dieser Belastungen besteuert (vgl. § 25 Abs. 1 ErbStG). Die Steuer, die auf den Kapitalwert dieser Belastungen entfällt (Wert des Nießbrauchs) ist jedoch bis zu deren Erlöschen zinslos zu stunden. Somit unterliegt nur die Differenz zwischen übertragenem Vermögen und Nießbrauchswert sofort der Erbschaftsteuer, was im Regelfall zu einer erheblichen Reduk-

1 BStBl II 1989, 524; vgl. auch Erlaß des Finanzministers des Landes Nordrhein-Westfalen v. 9.11.1989, UVR 1990, 29 ff.

tion der Steuerlast führt. Auf Antrag des Nießbrauchbestellers besteht jedoch die Möglichkeit, die gestundete Steuer jederzeit mit ihrem Barwert abzulösen, der nach den allgemeinen Vorschriften des Bewertungsgesetzes ermittelt wird (vgl. § 25 Abs. 1 ErbStG).

Bei einem Nießbrauch handelt es sich um Nutzungen und Leistungen von unbestimmter Dauer gem. § 13 Abs. 2 BewG. Der Nießbrauch an der Beteiligung an einer Personengesellschaft berechnet sich nach dem Jahreswert der Nutzung, vervielfältigt mit einem Kapitalisierungsfaktor, der abhängig vom vollendeten Lebensalter des Nießbrauchsberechtigten ist. Der Jahreswert dieses Nießbrauchs bemißt sich nach dem entnahmefähigen Gewinnanteil, der dem Gesellschafter zusteht, an dessen Beteiligung der Nießbrauch eingeräumt wurde. Daher wird der Jahreswert begrenzt auf die Höhe des Gewinnanteiles, den der Gesellschafter nach der gesellschaftsvertraglich vereinbarten Gewinnverteilungsabrede ohne die Nießbrauchsbestellung entnehmen könnte. Dies ist nur derjenige Teil des Gewinns, der nicht erforderlich ist, den Betrieb als solchen in seinem wirtschaftlichen Bestand zu erhalten. Gem. § 16 BewG ist jedoch bei der Ermittlung des Kapitalwerts der Nutzung (Nießbrauch am Kommanditanteil) eine Begrenzung auf den achtzehnten Teil des Wertes des Kommanditanteils festgelegt, der sich nach den Vorschriften des Bewertungsgesetzes für dieses Wirtschaftsgut ergibt.

Dementgegen steht ein Erlaß des hessischen Ministers der Finanzen vom 14.8.1985,[1] der besagt, daß keinerlei Bedenken bestehen, als Verkehrswert einer Nutzung den Wert anzusetzen, der sich aufgrund des tatsächlichen Jahreswertes ohne Begrenzung des § 16 BewG ergibt. Diese Regelung ist vorliegend insoweit von Bedeutung, als durch die Bewertung des Nießbrauchs eine hohe Last entstehen würde, die die Möglichkeit eröffnen würde, zusammen mit der Übertragung von Kommanditanteilen einen höheren Anteil des Gesellschafterdarlehens an die Kinder zu übertragen, ohne daß unmittelbar Schenkungsteuer fällig werden würde, da der Steuerbetrag gem. § 25 ErbStG auf die mit dem Kommanditanteil verknüpfte Last zinsfrei bis zum Wegfall der Belastung gestundet würde.

Dem steht jedoch die Rechtsprechung des BFH entgegen, die § 16 BewG als Höchstwertvorschrift auch in einem solchen Fall für anwendbar hält.[2] Danach ergibt sich im Falle eines negativen Einheitswertes der KG i. V. m. dem Nießbrauch kein höheres Schenkungsteuerpotential.

bb) Laufende Besteuerung

(1) Ertragsteuern

Die Qualifikation der Einkünfte bei Nießbraucher und Nießbrauchbesteller ist abhängig von Art und Inhalt des bestellten Nießbrauches. **291**

Der Nießbraucher am Gewinnstammrecht oder Gewinnanspruch eines Kommanditanteils ist unabhängig von der zivilrechtlichen Zulässigkeit dieser Gestaltung steuerlich nicht Mitunternehmer; d. h. er bezieht keine

1 StEK, ErbStG § 7/11.
2 BFH, Urt. v. 14.10.1981, BStBl II 1982, 163; BFH, Urt. v. 27.7.1983, BStBl II 1983, 740.

Gewinnanteile i. S. d. § 15 Abs. 1 Satz 1 Nr. 2 EStG. Die Bestellung des Nießbrauchs wird einkommensteuerlich wie eine Vorausabtretung künftiger Gewinnansprüche behandelt.

Entweder sind die Bezüge des Nießbrauchers nicht steuerpflichtig (z. B. Ertragsnießbrauch zwischen unterhaltsberechtigten Familienmitgliedern) und entsprechend nicht abzugsfähige Einkommensverwendung gem. § 12 Nr. 2 EStG, oder wiederkehrende Bezüge gem. § 22 Nr. 1 EStG und entsprechend beim Nießbrauchbesteller Sonderausgaben gem. § 10 Abs. 1 Nr. 1a EStG bei unentgeltlicher Anteilsübertragung.

Unabhängig davon, in welcher Form ein Nießbrauch am Kommanditanteil begründet wird (Vollrechtsnießbrauch/Vereinbarungsnießbrauch), qualifiziert der Nießbraucher dann als Mitunternehmer, wenn er aufgrund der im Einzelfall getroffenen Abreden eine rechtliche und tatsächliche Stellung erlangt, die die Merkmale eines Mitunternehmers (Mitunternehmerinitiative, Mitunternehmerrisiko) erfüllen. Dies ist beim Vollrechtsnießbrauch in der Regel der Fall, beim Vereinbarungsnießbrauch ist die vertragliche Ausgestaltung maßgebend.

Liegen die Voraussetzungen der Mitunternehmerschaft beim Nießbraucher vor, so qualifizieren seine Einkünfte gem. § 15 Abs. 1 Nr. 2 EStG als Einkünfte aus Gewerbebetrieb. Je nach Ausgestaltung ist auch der Nießbrauchbesteller Mitunternehmer.

Nach überwiegender Meinung des Schrifttums hat der Nießbraucher die ihm zivilrechtlich im Verhältnis zum Nießbrauchbesteller gebührenden Gewinnanteile als Mitunternehmer zu versteuern. Dies ist im Regelfall der durch den Gewinnverwendungsbeschluß der Gesellschaft entnahmefähige Teil des Anteils am festgestellten Handelsbilanzgewinn.

Korrespondierend hat dann der Nießbrauchbesteller den ihm zivilrechtlich gebührenden, auf den Gesellschaftsanteil entfallenden Anteil an den bei Bilanzfeststellung gebildeten Gewinnrücklagen und den nicht entnahmefähigen Teil des Handelsbilanzierungsgewinnanteils zu versteuern. Bei Auflösung während des Nießbrauchs gebildeter Gewinnrücklagen zugunsten des entnahmefähigen Bilanzgewinns ist beim Nießbrauchbesteller Sonderbetriebsaufwand, beim Nießbraucher Sonderbetriebseinnahmen anzusetzen.

Es wird aber auch vertreten, daß dem Nießbraucher steuerlich der gesamte Steuerbilanzgewinn zuzurechnen und von ihm zu versteuern ist. Ein Ausgleich für den nicht entnahmefähigen Gewinn erfolgt dann erst bei Nießbrauchbeendigung dergestalt, daß der Nießbraucher dann insoweit einen Verlust erleidet.

Soll die gewählte Gestaltung zu den o. g. steuerlichen Konsequenzen führen, sind den Kindern Mittel zur Finanzierung der Steuerschuld laufend zur Verfügung zu stellen.[1]

1 Vgl. hierzu Schön, ZHR 158 (1994), 229; Schulze zur Wiesche, DStR 1995, 318; Gschwendner, NJW 1995, 1875; Brandi/Mühlmeier, GmbHR 1997, 734; L. Schmidt, § 15 EStG Rz. 305 ff.

(2) Substanzsteuern

Ab 1.1.1997 wird eine Vermögenssteuer nicht mehr erhoben. In Altfällen gilt, daß der VSt sowohl der Nießbraucher als auch der belastete Gesellschafter unterlagen. Gem. § 110 Abs. 1 Nr. 4 BewG umfaßt das sonstige Vermögen des Nießbrauchers auch den Kapitalwert von Nießbrauchsrechten. Gem. Abschnitt 63 VStR sind diese Nießbrauchsrechte mit dem Kapitalwert nach §§ 13 ff. BewG anzusetzen. Gleichzeitig ist bei den nießbrauchsbelasteten Kindern der kapitalisierte Wert des Nießbrauchs in Abzug zu bringen, so daß sich keinerlei substanzsteuerliche Wirkungen ergeben. Auch hier kann der Jahreswert der Nutzung, der die Ausgangsgrundlage für den Kapitalwert bildet, nach § 16 BewG nicht höher als mit dem achtzehnten Teil des Wertes angesetzt werden, der sich nach dem Bewertungsgesetz für das Wirtschaftsgut ergibt. Die Begrenzung des Wertes auf den achtzehnten Teil des anteiligen Kommanditanteils bedeutet, daß der Kapitalwert der Nutzung (Nießbrauch) mit dem Wert null anzusetzen ist. **292**

5. Schenkung unter Widerrufsvorbehalt

a) Rechtliche Ausgestaltung

Die Beständigkeit einer Schenkung kann aus gesetzlichen oder vertraglichen Gründen eingeschränkt sein. Unter gewissen Umständen ist die Rückforderung des Schenkungsgegenstandes zulässig. **293**

Der Schenker kann nach der gesetzlichen Regelung zunächst die Erfüllung eines Schenkungsversprechens verweigern oder die Herausgabe des Geschenks fordern, wenn sein eigener angemessener Unterhalt gefährdet ist. Darüber hinaus kann er die Schenkung widerrufen, ohne daß eine vertragliche Regelung hierfür vorgesehen worden ist, wenn sich der Beschenkte durch eine schwere Verfehlung gegen den Schenker oder einen nahen Angehörigen des Schenkers des groben Undanks schuldig gemacht hat (§ 530 BGB). Beispiele aus der Rechtsprechung sind die Bedrohung des Lebens des Schenkers, die körperliche Mißhandlung, bewußt grundloser Entmündigungsantrag, belastende Aussagen trotz Zeugnisverweigerungsrecht, schwere Beleidigung und Strafanzeige wegen Steuerhinterziehung.

Die Ausübung des Widerrufsrechts erfolgt durch Erklärung gegenüber dem Beschenkten. Das Widerrufsrecht erlischt aber durch Verzeihung, durch Ablauf der Ausschlußfrist eines Jahres von dem Zeitpunkt an, an dem der Schenker von seinem Widerrufsrecht Kenntnis erlangt hat.

Der Schenkungsgegenstand kann nach den gesetzlichen Bestimmungen auch wegen der Nichtvollziehung einer Auflage zurückgefordert werden.

Der Schenker kann sich im Schenkungsvertrag auch ein Widerrufsrecht vorbehalten.

Die Beteiligten sind in der Bemessung von Widerrufsgründen weitgehend frei. Widerrufsgründe können sich insbesondere aus einem gesellschaftswidrigen Verhalten oder einer Gefährdung der Gesellschaft ergeben, wie beispielsweise der Vermögensverfall des Beschenkten. Darüber hinaus könnte die Benennung von Widerrufsgründen sinnvoll sein, die sich aus dem persönlichen Verhältnis zwischen den Beteiligten ergeben oder an ein bestimmtes Wohlverhalten der Beschenkten anknüpfen. Da die Gründe für mögliche Störungen der Verhältnisse in der Zukunft jetzt noch nicht abschließend bestimmt werden können, ist ein Katalog möglicher Widerrufsgründe offen zu formulieren.

Rechtlich ist es zulässig, daß das Widerrufsrecht an keine Bedingung gebunden ist und seine Ausübung völlig in das Belieben des Schenkers gestellt wird.

Der freie Widerruf gestattet dem Schenker allerdings nicht die völlig grundlose Rückforderung der Anteile. Vielmehr muß auch hier ein vertraglicher Rückforderungsgrund vorliegen, der im Einzelfall zu konkretisieren sein wird.[1]

Auf das Zusammenwirken von Gesellschafts- und Schenkungsvertragsrecht wurde oben bereits eingegangen. Demnach ist der Widerruf der Schenkung eines Kommanditanteils – sei es im Wege der Anteilsabtretung, sei es im Wege der Einbuchung – grundsätzlich zulässig.

Dies gilt allerdings nur im Verhältnis zum Schenker, nicht aber zu eventuellen anderen (Mit-)Gesellschaftern. Mit der Ausübung des Widerrufsrechts muß der Beschenkte den Schenkungsgegenstand zurückgewähren, wobei er allerdings für die zwischenzeitliche Nutzung keinen Ausgleich zu zahlen hat.

b) Steuern

aa) Einmalbesteuerung

294 Gemäß dem BFH-Urteil vom 13.9.1989[2] tangiert die Tatsache der Schenkung unter freiem Widerruf nicht die schenkungsteuerliche Wirksamkeit der vollzogenen Schenkung. Die Tatsache einer dem Widerruf vorbehaltenen Schenkung stellt ebenfalls keinen Grund zur Kürzung der schenkungsteuerlichen Bemessungsgrundlage dar. Es bleibt hinsichtlich der Steuerentstehung, der Höhe der Steuer sowie der Rückforderung i. V. m. § 29 Abs. 1 Nr. 1 ErbStG bei dem zuvor Gesagten.

bb) Laufende Besteuerung

295 Die beschenkten Kinder beziehen Einkünfte aus Gewerbebetrieb, wenn sie als Mitunternehmer qualifizieren. Dies ist regelmäßig nicht der Fall, wenn die Schenkung jederzeit frei widerrufen werden kann.[3] In diesem Fall gelten die oben dargestellten steuerlichen Folgen entsprechend. Soweit den Kindern Gewinnansprüche zustehen, qualifizieren diese als Einkünfte aus Kapitalvermögen. Die verbleibenden Einkünfte werden steuerlich dem Schenker zugewiesen.

1 Eingehend Priester, EWiR 1989, 762; K. Schmidt, BB 1990, 1992; Jülicher, ZGR 1996, 82; Kempermann, StuW 1992, 81; Westerfelhaus, DB 1997, 2033, 2037.
2 BStBl II 1989, 1034.
3 Vgl. BFH v. 16.5.1989, BStBl II 1989, 877; L. Schmidt, § 15 EStG Rz. 757 m. w. N.

Etwas anderes gilt, wenn der Widerrufskatalog klar und eindeutig orientiert am gesetzlichen Leitbild von § 530 BGB formuliert wird. In diesem Fall qualifizieren die beschenkten Kinder als Mitunternehmer.

Für die vermögensteuerliche Zurechnung des Kommanditanteils gelten die oben gemachten Ausführungen entsprechend.

6. Schenkung mit Widerruf und Nießbrauch

Die dargestellten Widerrufsrechte des Schenkers können als benannte Widerrufsgründe mit einem Nießbrauch und ggf. einer gesellschaftsvertraglichen Verfügungsbeschränkung verbunden werden. Die weiteren Konsequenzen ergeben sich aus den vorgenannten Ausführungen. **296**

7. Alter der Nachkommen

Das Alter des aufzunehmenden Angehörigen bei Abschluß des die Beteiligung begründenden Vertrages ist ein erstes wichtiges Indiz für und gegen eine Anerkennung. **297**

Unbestritten darf das Kind noch minderjährig sein. In diesem Fall ist unbedingt darauf zu achten, daß der Gesellschaftsvertrag wirksam abgeschlossen wird, vor allem also das Kind durch einen Pfleger beim Vertragsabschluß vertreten wird, und sodann die Genehmigung dieses Vertrages durch das Vormundschaftsgericht erfolgt[1] (s. oben). Darüber hinaus muß sich das Kind – so der BFH – in einem Alter befinden, in dem das Interesse an seiner beruflichen Zukunft im allgemeinen schon so ausgeprägt ist, daß es gegenüber der Aussicht, die ihm als künftigem Unternehmer geboten wird, offen und ggf. bereit ist, seinen weiteren Werdegang entsprechend auszurichten. Einen solchen „Reifegrad" hat der BFH für eine annähernd Siebzehnjährige bejaht.[2] Bei Kindern, die das 16. Lebensjahr noch nicht vollendet haben, wird man schwerlich dartun können, daß sie für die Nachfolge im Unternehmen interessiert werden sollten.

Diese Judikatur bedeutet nun aber nicht, daß bei Vorhandensein von Kindern unter 16 Jahren steuersparende Gestaltungen der vorgeschriebenen Art ausgeschlossen sind. Nur ist zu beachten, daß die Eltern aufgrund der elterlichen Sorge für das Vermögen des Kindes und damit auch für die eingeräumte Beteiligung verantwortlich sind und das Kind auch insoweit zu vertreten haben. Grundsätzlich können die Eltern nach eigenem Gutdünken darüber befinden, ob und ggf. in welcher Weise sie von den den Kindern gewährten Rechten (Entnahmerechte, Kontrollrechte etc.) in deren Namen in der Gesellschafterversammlung Gebrauch machen werden. Damit bliebe aber faktisch die Position der Eltern, die ihr Kind in das Unternehmen aufgenommen haben, unangetastet. Bis zu deren Volljährigkeit bestimmen sie – genau wie vor der Übertragung der Gesellschaftsanteile – alle Einzelheiten selbst; aus der Sicht der Eltern stehen die den Kindern konzedierten Gesellschafts-

1 BFH v. 29.1.1976, BStBl II 1976, 328.
2 BFH v. 6.4.1979, BStBl II 1979, 620.

rechte lediglich auf dem Papier. Man braucht kein Prophet zu sein, um den Ausgang solcher Fälle vor dem BFH vorherzusagen. Es sollten daher zusätzliche, die Eltern bindende Maßnahmen getroffen werden. Eine solche Maßnahme könnte die Installierung eines Beirates sein, der die Rechte der Kinder wahrzunehmen hat; auch könnte für die Dauer der Minderjährigkeit ein Treuhänder für das betreffende Kindesvermögen eingesetzt werden. Für ein solches Amt bietet sich u. U. der steuerliche Berater der Familie oder ein befreundeter Unternehmer an. Die Finanzverwaltung kann dann nicht einwenden, daß die übertragende Generation nach wie vor der eigentliche Herr der Beteiligung ist. Diese Vorsichtsmaßnahmen sind m. E. dann nicht geboten, wenn eine Beteiligung am großelterlichen Betrieb erfolgt, an dem die Eltern nicht oder nicht wesentlich beteiligt sind oder werden sollen.

8. Unternehmerinitiative

298 Ist die Altersbarriere überwunden, dann müssen sich aus der eingeräumten Rechtsposition ein Unternehmerrisiko und eine gewisse Unternehmerinitiative ergeben.

Zunächst zur Initiative: Nach den Vorschriften des HGB ist die Rechtsposition eines Kommanditisten, verglichen etwa mit der eines persönlich haftenden Gesellschafters, schwach ausgebildet und im wesentlichen auf seine kapitalmäßige Beteiligung eingeschränkt. Er kann gem. § 164 HGB Handlungen des Komplementärs widersprechen, die über den gewöhnlichen Betrieb des Handelsgewerbes der Gesellschaft hinausgehen. Den Ausschuß dieses Widerspruchsrechtes hat der BFH für unschädlich gehalten, „weil es gerade im Interesse des Fortbestands des Unternehmens sachlich gerechtfertigt ist, eine erhebliche Einwirkungsmöglichkeit solcher Gesellschafter auszuschließen, die noch kaufmännisch unerfahren sind und deren Fähigkeit zu unternehmerischen Entscheidungen auch für die Zukunft nicht abzusehen ist."[1] Diese Judikatur ist nicht völlig eindeutig; so hat der BFH mit Urteil v. 11.10.1988[2] entschieden, daß schenkweise aufgenommene Kinder dann keine Mitunternehmer seien, wenn ihr Widerspruchsrecht nach § 164 HGB ausgeschlossen ist und der Gesellschaftsvertrag Stimmrecht und Mehrheitserfordernisse für Gesellschafterbeschlüsse so regelt, daß die Altgesellschafter in allen Angelegenheiten (Änderung des Gesellschaftsvertrags/Auflösung der Gesellschaft) allein entscheiden können. Immerhin sollte also darauf geachtet werden, daß eine Initiative zumindest in Rudimenten sichtbar bleibt. Ohne großes Kopfzerbrechen für die ältere Generation läßt sich diese Forderung des BFH durch ein gesellschaftlich verankertes Verbot der Änderung des Gesellschaftsvertrages ohne Zustimmung des Kindes erfüllen. Werden dem Kind darüber hinaus noch die Überwachungsrechte des § 166 HGB (Einsicht und Prüfung der jährlichen Bilanz und Gewinn- und Verlustrechnung) ungeschmälert zugestanden und bedarf es auch seiner Zustimmung, wenn der Gesell-

1 BFH v. 6.4.1979, BStBl II 1979, 620; beteiligt durch Urteil v. 10.11.1987, BStBl II 1989, 758; vgl. auch L. Schmidt, § 15 EStG Rz. 751; Meyer-Koppitz, DStR 1996, 265, 271.
2 BStBl II 1989, 762.

schaftsvertrag geändert, die Gesellschaft aufgelöst oder Kapitalanteile und Gesellschafterguthaben abgetreten werden, dann droht der Anerkennung der Mitunternehmerschaft unter diesem Gesichtspunkt keine Gefahr.[1]

9. Stimmrecht bei Gesellschafterbeschlüssen

Sieht der Gesellschaftsvertrag vor, daß Befugnisse nicht vom Gesellschafter selbst, sondern von der Gesellschafterversammlung wahrgenommen werden sollen, dann hängen die Möglichkeiten einer Einflußnahme der einzelnen Gesellschafter von der Ausgestaltung des Abstimmungsmodus ab. Wer hier manipuliert, ist bei einer aufmerksamen Steuerverwaltung mit dem Versuch am Ende, Einkünfte auf seine Kinder zu verlagern. 299

Sicherlich ist das im HGB niedergelegte Prinzip der Einstimmigkeit und der Abstimmung nach Köpfen regelmäßig nicht sachgerecht und darf demzufolge zugunsten eines nach Kapitalanteilen (bzw. Gewinnanteilen) bemessenen Stimmrechts abbedungen werden.

Als schädlich, weil unter Fremden unüblich, wird aber zu Recht vom BFH ein Abstimmungsverfahren angesehen, das bei einem grundsätzlich nach Kapitalanteilen (Gewinnanteilen) bemessenen Stimmrecht einem der Gesellschafter ein die einfache Mehrheit in der Gesellschafterversammlung sicherndes Mehrstimmrecht einräumt und das auf der Grundlage einer derartigen Regelung jede Änderung des Gesellschaftsvertrages zuläßt. Hier bleibt faktisch solange alles beim alten, wie die ältere Generation über die Mehrheit verfügt.[2] Daher sollten zumindest die unter Rz. 275 ff. aufgeführten Beschlüsse nur einstimmig gefaßt werden können oder das Kontrollrecht und die Ausübung jener Rechte dem einzelnen Gesellschafter vorbehalten bleiben.

10. Verlustbeteiligung

Die Beteiligung am Verlust ist unproblematisch; der Kommanditist haftet mit seiner Einlage. Ausdrücklich sagt der BFH, daß das Unternehmerrisiko nicht deshalb in Zweifel gezogen werden kann, weil ein Verlust im Moment nicht ernsthaft zu erwarten ist. Die Bindung an das Unternehmen ist längerfristig (vgl. Rz. 297) und Ertragsentwicklungen lassen sich schwerlich voraussagen.[3] 300

11. Entnahmebeschränkungen

Fehlende oder stark eingeschränkte Entnahmerechte werden von der Steuerverwaltung und den Gerichten kritisch bewertet. Als ungenügend wird ein Entnahmerecht klassifiziert, das dem Kind lediglich eine Bezahlung der Steuern ermöglicht. Als ausreichend hingegen hat der BFH eine Regelung angesehen, wonach die Beträge zur Bezahlung der auf die 301

1 Vgl. L. Schmidt, § 15 EStG Rz. 751 f.
2 BFH v. 5.7.1979, BStBl II 1979, 670, 672; L. Schmidt, § 15 EStG Rz. 751 m. w. N.
3 BFH v. 6.4.1979, BStBl II 1979, 620, 622.

Beteiligung und die Einkünfte hieraus entfallenden Steuern und öffentlichen Abgaben, die Tätigkeitsvergütungen und jährlich die für das vorausgegangene Geschäftsjahr gutgeschriebenen Zinsen des Guthabens auf Privatkonto entnommen werden können; weitergehende Entnahmen waren für sämtliche Gesellschafter gleichermaßen von einem entsprechenden Gesellschafterbeschluß abhängig gemacht. Eine solche Klausel ist i. d. R. sachgerecht. Der notwendige Kapitalbedarf für das Unternehmen ist sichergestellt. Die Leistungsträger des Betriebes erhalten für ihren unternehmerischen Einsatz als Vorausgewinn eine Tätigkeitsvergütung, die sie in vollem Umfang frei verwenden können. Trägt ein Gesellschafter der älteren Generation noch das persönliche Haftungsrisiko, dann ist nach Auffassung des BFH ein zusätzlicher Vorausgewinn angemessen (z. B. 10 % des Reingewinns). Die im Streitfall vereinbarte Verzinsung des Guthabens in Höhe von 5 % wurde vom BFH nicht beanstandet. Als tolerabel wird man als Obergrenze auch einen bei Termingeldgeschäften üblichen Zinssatz ansehen dürfen.[1] Abschließend läßt sich zu diesem Punkt sagen, daß eine Beschränkung des Entnahmerechts für sich allein gesehen jedenfalls dann nicht schädlich ist, wenn das Recht, Auszahlung der gutgeschriebenen Gewinnanteile zu verlangen, für alle Gesellschafter in etwa gleichmäßig beschränkt ist.[2]

12. Befristung der Gesellschaft

302 Eine Befristung der Dauer der Gesellschaft ist in den Augen des BFH ein Sündenfall, der zum Verlust der steuerlichen Vorteile führt. Haben die Beteiligten ein Ausscheiden des Kindes aus der Gesellschaft mit Erlangen der Volljährigkeit oder z. B. mit Vollendung des 24. Lebensjahres vereinbart, dann ist es mit einer Anerkennung der Mitunternehmerschaft vorbei. Eine solche Automatik des Ausscheidens ist selbst dann schädlich, wenn dem Vater das Recht eingeräumt wird, den Verbleib des Kindes in der Gesellschaft zu verlangen.[3]

Die Judikatur ist sehr formalistisch, was unter dem Gesichtspunkt der Rechtssicherheit beim Ausfeilen des Gesellschaftsvertrages durchaus von Vorteil ist. So entschied der BFH in dem Urteil vom 23.6.1976,[4] daß eine Mitunternehmerschaft mit minderjährigen Kindern schon deshalb verneint werden kann, weil dem Vater (Eltern) ein nur einmal ausübbares Kündigungsrecht zum Ende des Jahres der Erreichung der Volljährigkeit eingeräumt ist, die ältere Generation also selbst aktiv tätig werden muß, um die jüngere wieder aus dem Unternehmen zu drängen.

Der verbleibende Gestaltungsspielraum bietet befriedigende Regelungsmöglichkeiten: Einerseits muß sichergestellt werden, daß man sich von einem Familienmitglied trennen kann, das die vorgesehene betriebsbezogene Ausbildung nicht erfolgreich durchlaufen hat, dem Betrieb nicht seine volle Arbeitskraft zur Verfügung stellt etc., kurz, nicht

1 BFH v. 6.4.1979, BStBl II 1979, 620, 622; vgl. Meyer-Koppitz, DStZ 1996, 265, 273 m. w. N.
2 BFH v. 5.7.1979, BStBl II 1979, 670, 673; vgl. Meyer-Koppitz, DStZ 1996, 265, 272 m. w. N.; L. Schmidt, § 15 EStG Rz. 755 f.
3 BFH v. 29.1.1976, BStBl II 1976, 324, 327.
4 BStBl II 1976, 678; bestätigend H 138a Abs. 2 „Befristete Gesellschafterstellung" EStH 1997.

die Erwartungen der Altgesellschafter erfüllt. Letzteren sollte ein nur einmal ausübbares Kündigungsrecht zu einem bestimmten Zeitpunkt eingeräumt werden. Der Zeitpunkt sollte so gewählt sein, daß sich einigermaßen sicher die Entwicklung des Nachfolgers absehen läßt, und ein sachgerechter Schutz vor ungeeigneten Gesellschaftern gewährleistet ist. Auf der anderen Seite empfiehlt es sich auch, einem Gesellschafter die Möglichkeit zu geben, sich von dem Unternehmen zu lösen. Ist die Ausübung dieses Gestaltungsrechts von der Erreichung eines gewissen Lebensalters (etwa des 26. Lebensjahres) abhängig, dann kommt – und daraus weist der BFH ausdrücklich hin[1] – durch eine solche Regelung eine Bindung an das Unternehmen zum Ausdruck; ein solcher Passus gestattet ein Ausscheiden erst zu einem Zeitpunkt, in dem der Betreffende reif genug ist, die Folgen einer solchen Maßnahme vernünftig abzuschätzen. Eine Abfindung zum Buchwert eines Kapitalkontos ist in diesem Fall nicht zu beanstanden.

1 BFH v. 6.4.1979, BStBl II 1979, 620.

C. Verbundene Unternehmen

SCHRIFTTUM

Adler/Düring/Schmaltz, Rechnungslegung und Prüfung der Unternehmen, 6. Auflage 1995; *Altmeppen,* Abschied vom „qualifiziert faktischen" Konzern, 1991; *Altmeppen,* Grenzenlose Vermutungen im Recht der GmbH, DB 1991, 2225; *Altmeppen,* Die systematische Einordnung der Rechtsprechung zum qualifiziert faktischen Konzern nach „TBB", DB 1994, 1912; *Arbeitskreis GmbH-Reform* (Hueck/Lutter/Mertens/Rehbinder/Ulmer/Wiedemann/Zöllner), Thesen und Vorschläge zur GmbH-Reform, Bd. II, 1972; *Assmann,* Gläubigerschutz im faktischen GmbH-Konzern durch richterliche Rechtsfortbildung, JZ 1986, 881, 928; *Assmann,* Der faktische GmbH-Konzern, Festschrift 100 Jahre GmbH-Gesetz, Hrsg.: *Luther/Ulmer/Zöllner,* 1992, 657; *Autenrieht,* Geschäftsführerhaftung bei fehlerhaftem Gewinnabführungsvertrag, GmbHR 1990, 113; *Bäcker,* Die Rechtsfolgen der eigenkapitalersetzenden Nutzungsüberlassung – Eine Analyse der Lagergrundstück-Urteile III und IV des BGH, GmbHR 1994, 766; *Bauder,* Anmerkung zum Urteil des BGH vom 29.3.1993 – II ZR 265/91 („TBB"), BB 1993, 1103; *Ballerstedt,* Handels- und gesellschaftsrechtliche Probleme der Organschaft, DB 1956, 815, 837; *Basten,* Beschränkung der Verlustausgleichspflicht im qualifiziert faktischen GmbH-Konzern?, GmbHR 1990, 442; *Bauder,* Neue Haftungsrisiken im qualifizierten faktischen GmbH-Konzern, BB 1992, 1009; *Baumgartl,* Die konzernbeherrschende Personengesellschaft (Abhandlungen zum deutschen und europäischen Handels- und Wirtschaftsrecht), 1986; *Bitter/Bitter,* Alles klar im qualifiziert faktischen Konzern? Oder: Die Ausweitung der BGH-Rechtsprechung durch das BAG, BB 1996, 2153; *Blumers/Schmidt,* Zivilrechtliche Wirksamkeit von Gewinnabführungsverträgen im GmbH-Recht und körperschaftsteuerliche Organschaft, GmbHR 1989, 261; *Blumers/Schmidt,* Eintragungspflicht von Gewinnabführungsverträgen im GmbH-Recht und Anerkennung der körperschaftsteuerlichen Organschaft bei „Altverträgen", DB 1989, 31; *Blumers/Schmidt,* Die körperschaftsteuerlichen Konsequenzen des „Supermarkt-Beschlusses" des BGH – eine Bestandsaufnahme, GmbHR 1991, 32; *Brandes,* Grundsätze der Kapitalerhaltung im Vertragskonzern, in FS Kellermann, 1991, 25; *Bredow,* Fallstudie: Vorzeitige Beendigung von Organschaftsverträgen durch Verschmelzung nach Unternehmensveräußerung?, WiB 1995, 527; *Breuniger/Prinz,* Organschaft bei fehlendem Beherrschungsvertrag und mittelbarer Beteiligung, DB 1995, 2085; *Bungert,* Die Beendigung von Beherrschungs- und Gewinnabführungsverträgen im GmbH-Konzern, NJW 1995, 1118; *Bungert,* Unternehmensvertragsbericht und Unternehmensvertragsprüfung gemäß §§ 293a ff. AktG, DB 1995, 1384; *Decher,* Neues zum qualifizierten faktischen GmbH-Konzern, DB 1989, 965; *Decher,* Die Zulässigkeit des qualifizierten faktischen Aktienkonzerns, DB 1990, 2005; *Decher,* Personelle Verflechtung im Aktienkonzern, 1990; *Donle,* Der faktische GmbH-Konzern: Resümee aus der bisherigen Rechtsprechung und Lösungsansatz für noch nicht geklärte Probleme, DStR 1995, 1918; *Drygala,* Verhaltenshaftung im faktischen GmbH-Konzern, GmbHR 1993, 316; *Ebenroth,* Die qualifizierte faktische Konzernierung und ihre körperschaftsteuerliche Auswirkung, AG 1990, 188; *Ebenroth/Müller,* Kündigung, Heilung und Mitwirkungspflichten bei fehlerhaften Organschaftsverhältnissen im GmbH-Konzernrecht, BB 1991, 358; *Ebenroth/Parche,* Konzernrechtliche Beschränkungen der Umstrukturierung des Vertragskonzerns, BB 1989, 637; *Ebenroth/Wilken,* Verlustübernahme als Substitut konzernspezifischer Kapitalerhaltung, BB 1991, 2229; *Ebenroth/Wilken,* Beweislast und Gesellschafterhaftung im qualifizierten faktischen GmbH-Konzern, ZIP 1993, 558; *Ebenroth/Wilken,* Zur Aufhebung von Beherrschungs- und Gewinnabführungsverträgen mit einer Einmann GmbH, WM 1993, 1617; *Ebenroth/Wilken,* Anmerkung zum Beschluß des LG Konstanz vom 26.11.1992 – 3 HT 1/92, ZIP 1992, 1738; *Ehlke,* Aufhebung von Beherrschungsverträgen – eine schlichte Geschäftsführungsmaßnahme?, ZIP 1995, 355; *Ehlke,* Konzerninduzierter Haftungsdurchgriff auf den GmbH-Gesellschafter?, DB 1986, 523; *Emmerich,* Das GmbH-Konzernrecht, AG 1975, 253, 285; *Emmerich,* Das Konzernrecht der Personengesellschaften – Rückblick und Ausblick –, in FS Stimpel 1985, 743; *Emmerich,* Der heutige Stand der Lehre vom GmbH-Konzernrecht, AG 1987, 1; *Emmerich,* Nachlese zum Autokran-Urteil des BGH zum GmbH-Konzernrecht, GmbHR 1987, 213; *Ensthaler/Kreher,* Haftungspotentiale unterschiedlicher Finanzierungsformen im Zusammenhang mit qualifizierten faktischen GmbH-Konzernen, BB 1996, 385; *Ensthaler/Kreher,* Verlustausgleichspflicht im qualifizierten faktischen GmbH-Konzern, BB 1995, 1422; *Fleck,* Die Drittanstellung des GmbH-Geschäftsführers, ZHR 149 (1985), 387; *Fleck,* Schuldrechtliche Verpflichtungen einer GmbH im Entscheidungsbereich der Gesellschafter, ZGR 1988, 104; *Flume,* Die Organschaft im Körperschaftsteuerrecht, DB 1956, 455; *Flume,* Allgemeiner Teil des bürgerlichen Rechts, 1, 2. Die juristische Person, 1983; *Flume,* Das Video-Urteil und das GmbH-Recht, DB 1992, 25; *Flume,* Das Video-Urteil als eine Entscheidung des II. Senats des BGH aus dessen Selbstverständnis der Innehabung gesetzgeberischer Gewalt, ZIP 1992, 817; *Forster,* Überlegung zur Bildung von Rückstellungen für drohende Verluste aus Gewinnabführungsverträgen, in FS Stimpel, 1985, 759; *Gäbelein,* Überlegungen zur Gestaltung eines europäischen Konzernrechts, in FS Quack, 1991, 211; *Gäbelein,* Ende der Haftungsgrenzen im Konzern? Video-Urteil des BGH vom 23.9.1991 – II ZR 135/90, GmbHR 1992, 273; *Geitzhaus,* Verlustausgleichspflicht als Motor der Konzernplanung, GmbHR 1989, 397, 455; *Geßler,* Bestandsschutz der beherrschten Gesellschaft im Vertragskonzern?, ZHR 140 (1976), 433; *Geßler,* Atypische Beherrschungsverträge, in FS Beitzke 1979, 923; *Geßler/Hefermehl/Eckardt/Kropff,* Kommentar zum Aktiengesetz, 1976; *Geuting,* Ausgleichs- und Abfindungsansprüche der Minderheitsgesellschafter im qualifizierten faktischen GmbH-Konzern, BB 1994, 365; *Günkel,* Aktuelle Fragen aus der Betriebsprüfung, JbFSt 1993/1994, 161; *Gummert,* Haftung im qualifiziert faktischen Konzern – Wochenkonzern, WiB 1997, 410; *Gutbrod,* Wirksamkeitsvoraussetzungen für den Ergebnisabführungsvertrag der GmbH, BB 1980, 288; *Hachenburg,* GmbHG, 8. Aufl. 1997; *Hanau/Ulmer,* Mitbestimmungsgesetz, Kommentar, 1981; *Hansen,* Die Gesellschafter größerer GmbH, GmbHR 1980, 99; *Heckschen,* Gelöste und ungelöste zivilrechtliche Fragen des GmbH-Konzernrechts, DB 1989, 29; *Heisterkamp,* Die Beendigung des GmbH-Vertragskonzerns, AnwBl 1994, 487; *Heydt,* Die Haftung im qualifizierten faktischen Konzern, DStR 1992, 147; *Hörstel,* Die Haftung einer Stafetten-GmbH, BB 1997, 1645; *Hoffmann-Becking,* Gelöste und ungelöste Fragen zum Unternehmensvertrag der GmbH, WiB 1994, 57; *Hommelhoff,* Die qualifizierte faktische Unternehmensverbindung – ihre Tatbestandsmerkmale nach dem TBB-Urteil und deren rechtsdogmatisches Fundament, ZGR 1994, 395; *Hommelhoff,* Die Konzernleitungspflicht: Zentrale Aspekte eines Konzernverfassungsrechts, 1982; *Hommelhoff,* Unternehmensführung in der mitbestimmten GmbH, ZGR 1978, 119; *Hommelhoff,* Eigenkapital-Ersatz im Konzern und in Beteiligungsverhältnissen, WM 1984, 1105; *Hommelhoff,* Der Verlustausgleich im Mehrmütter-Vertragskonzern, in FS Goerdeler, 1987, 221; *Hommelhoff,* Produkthaftung im Konzern, ZIP 1990, 761; *Hommelhoff,* Konzernpraxis nach „Video", DB 1992, 309; *Hommelhoff/Semler/Doralt/Roth,* Entwicklungen im GmbH-Konzernrecht (Zeitschrift für Unternehmens- und Gesellschaftsrecht, Sonderheft 6), 1986; *Höppner,* Aktuelle Fragen aus der Betriebsprüfung, JbFSt 1993/1994, 164; *Huber,* Betriebsführungsverträge zwischen konzernverbundenen Unternehmen, ZHR 152 (1988), 123; *Humbeck,* Die Prüfung der Unternehmensverträge nach neuem Recht, BB 1995, 1893; *Immenga/Werner,* Der Stimmrechtsausschluß eines GmbH-Gesellschafters, GmbHR 1976, 53; *Jäger,* Der Entherrschungsvertrag, DStR 1995, 1113; *Jasper,* Anmerkung zum Beschluß des OLG Frankfurt am Main vom 11.11.1993 – 20 W 317/93, WiB 1994, 118; *Kallmeyer,* Beendigung von Beherrschungs- und Gewinnabführungsverträgen, GmbHR 1995, 578; *Keßler,* Der GmbH-Konzern nach dem „Video-Urteil" des BGH: Möglichkeiten einer Haftungsvermeidung, GmbHR 1992, 249; *Kiethe/*

Groeschke, Haftungsverstärkung infolge sog. „Ingerenz" als Anwendungsfall der mißbräuchlichen Ausübung der Leitungsmacht im qualifizierten faktischen Konzern, BB 1997, 1957; *Kleindieck,* Fehlerhafte Unternehmensverträge im GmbH-Recht, ZIP 1988, 613; *Kleindieck,* Strukturvielfalt im Personengesellschaftskonzern, 1991; *Kleindieck,* Strukturkonzepte für den qualifizierten faktischen GmbH-Konzern, ZIP 1991, 1330; *Kleine,* Konzernumlagen bei Organschaft im internationalen Spartenkonzern, JbFSt 1993/1994, 154; *Knobbe/Keuck,* zum Erdbeben „Video", BG 1992, 1461; *Köhler,* Rückabwicklung fehlerhafter Unternehmenszusammenschlüsse, ZGR 1985, 307; *Koerfer/Selzner,* Minderheitenschutz beim Abschluß von GmbH-Beherrschungsverträgen, GmbHR 1997, 285; *Koppensteiner,* in Kölner Kommentar zum Aktiengesetz, hrsg. von Zöllner, 1986; *Koppensteiner,* Über wirtschaftliche Abhängigkeit, in FS Stimpel, 1985, 811; *Koppensteiner,* Abhängige Aktiengesellschaften aus rechtspolitischer Sicht, in FS Steindorff, 1990, 79; *Kort,* Der Abschluß von Beherrschungs- und Gewinnabführungsverträgen im GmbH-Recht, 1986; *Kort,* Die konzerngebundene GmbH in der Insolvenz, ZIP 1988, 681; *Kort,* Zur Vertragsfreiheit bei Unternehmensverträgen, BB 1988, 79; *Kort,* Handelsregistereintragung bei Unternehmensverträgen im GmbH-Konzernrecht – de lege lata und de lege ferenda, AG 1988, 369; *Korth,* Rechtsänderungen und Auswirkungen für die Abschlußprüfung durch das KonTraG, Stbg 1998, 219; *Kowalski,* „TBB" Rückkehr zu „Autokran"? Korrektur der BGH-Rechtsprechung zur Haftung im qualifzierten faktischen GmbH-Konzern, GmbHR 1993, 253; *Krieger,* Änderung und Beendigung von Beherrschungs- und Gewinnabführungsverträgen, in Schneider, Beherrschungs- und Gewinnabführungsverträge, 99; *Krieger,* Inhalt und Zustandekommen von Beherrschungs- und Gewinnabführungsverträgen im Aktien- und GmbH-Recht, DStR 1992, 432; *Krieger,* Der Konzern in Fusion und Umwandlung, ZGR 1990, 517; *Krieger,* Kann die Praxis mit TBB leben?, ZGR 1994, 375; *Krieger/Jannott,* Änderung und Beendigung von Beherrschungs- und Gewinnabführungsverträgen im Aktien- und GmbH-Recht, DStR 1995, 1473; *Kübler,* Haftungstrennung und Gläubigerschutz im Recht der Kapitalgesellschaften, in FS Heinsius, 1991, 397; *Küting/Weber/Joost,* Handbuch der Konzernrechnungslegung, 1989; *Lappe,* Die Entwicklung des Gerichts- und Notarkostenrechts im Jahr 1988, NJW 1989, 3528 (VII. Notarkosten); *Laube,* Die Beendigung eines Beherrschungsvertrages aus wichtigem Grund (§ 297 Abs. 1 AktG) und korrespondierende Handlungspflichten der Verwaltung einer beherrschten Aktiengesellschaft, AG 1990, 145; *Limmer,* Der qualifizierte faktische GmbH-Konzern nach „TBB" – Analyse und Folgerungen für die Praxis, DStR 1993, 765; *Limmer,* Die Haftungsverfassung des faktischen GmbH-Konzerns, 1991; *Limmer,* Haftung im Personengesellschaftskonzern, GmbHR 1992, 265; *Lingemann/Wasmann/Mehr,* Kontrolle und Transparenz im Aktienrecht: Das KonTraG im Aktienrecht, BB 1998, 853; *Löffler,* Die abhängige Personengesellschaft, 1988; *Löw,* Die Abhängigkeit der Personengesellschaft – Voraussetzungen und Entstehungskontrolle, Diss. 1987; *Lutter,* Das Recht der faktischen Unternehmensverbindungen und die Beschlüsse des 59. Deutschen Juristentages, DB 1992, 2429; *Lutter,* Zur analogen Anwendung der AktG §§ 302, 302 gegenüber einem eine GmbH beherrschenden Gesellschafter bei unangemessener Benachteiligung der abhängigen Gesellschaft im Konzernverbund, JZ 1993, 580; *Lutter,* Die Rechte der Gesellschafter beim Abschluß fusionsähnlicher Unternehmensverbindungen, Beilage Nr. 21, DB 1973, 11; *Lutter,* Die zivilrechtliche Haftung in der Unternehmensgruppe, ZGR 1982, 244, 266; *Lutter,* Die Haftung des herrschenden Unternehmens im GmbH-Konzern, ZIP 1985, 1425; *Lutter,* Das System des deutschen GmbH-Konzernrechts in Hommelhoff/Semler/Doralt/Roth, a. a. O., 192; *Lutter,* Der qualifizierte faktische Konzern, AG 1990, 170; *Lutter,* Teilfusionen im Gesellschaftsrecht, in FS Bartz, 1974, 199; *Lutter/Hommelhoff,* Formerfordernisse für Unternehmensverträge im GmbH-Recht, NJW 1988, 1240; *Lutter/Timm,* Konzernrechtlicher Präventivschutz im GmbH-Recht, NJW 1982, 409; *Martens,* Das Konzernrecht nach dem Referentenentwurf eines GmbH-Gesetzes, DB 1970, 813, 865; *Martens,* Die Entscheidungsanatomie des Vorstands und die „Basis-Demokratie" in der Aktiengesellschaft, ZHR 147 (1983), 377; *Martens,* Die GmbH und der Minderheitenschutz, GmbHR 1984, 265; *Mertens,* Anmerkung zum Urteil des BGH vom 23.9.1991 II ZGR 135/90, AG 1991, 429; *Mestmäcker,* Verwaltung, Konzerngewalt und Rechte der Aktionäre, 1958; *Mestmäcker/Behrens,* Das Gesellschaftsrecht der Konzerne im internationalen Vergleich, 1991; *Milatz,* Eintragungserfordernis bei der Verlängerung eines Unternehmensvertrags?, GmbHR 1995, 369; *Möhring/Tank,* Handbuch der AG, Loseblattausgabe, Stand 1990; *Müller,* Minderheitenschutz im GmbH-Konzernrecht – so nicht, AG 1981, 306; *Ordelheide,* Der Konzern als Gegenstand betriebswirtschaftlicher Forschung, BFuP 1986, 293; *Österreich,* Die Betriebsüberlassung zwischen Vertragskonzern und faktischem Konzern, 1979; *Pach-Hanssenheimb,* Kann die deutsche Holding eines internationalen Spartenkonzerns Organträger sein?, IStR 1993, 1; *Paschke.* Rechtsfragen der Durchgriffsproblematik im mehrstufigen Unternehmensverbund, AG 1988, 196; *Priester,* Bildung und Auflösung des GmbH-Vertragskonzern, in Hommelhoff/Semler/Doralt/Roth, 151; *Priester,* Unbeschränkte Konzernhaftung des GmbH-Gesellschafters, ZIP 1986, 137; *Priester,* Liquiditätsausstattung der abhängigen Gesellschaft und unterjährige Verlustdeckung bei Unternehmensverträgen, ZIP 1989, 1301; *Priester,* Herrschaftswechsel beim Unternehmensvertrag, ZIP 1992, 293; *Prinz,* Aktuelle Entwicklung und Beratungsfragen im steuerlichen Organschaftsrecht, FR 1993, 725; *Raiser,* Beherrschungsvertrag im Recht der Personengesellschaften, ZGR 1980, 558; *Raiser,* Wettbewerbsverbote als Mittel des konzernrechtlichen Präventivschutzes, in FS Stimpel, 1985, 855; *Raupach,* Der international tätige Spartenkonzern Organisation-Recht-Steuer, IStR 1993, 194; *Real,* Betriebsaufspaltung ade? Gestalterische Überlegungen nach den Lagergrundstück-Urteilen III und IV des BGH, GmbHR 1994, 777; *Rehbinder,* Treuepflichten im GmbH-Konzern, ZGR 1976, 387; *Rehbinder,* Gesellschaftsrechtliche Probleme mehrstufiger Unternehmensverbindungen, ZGR 1977, 581; *Rehbinder,* Ausgründung und Erwerb von Tochtergesellschaften und Rechte der Aktionäre, in FS Coing, 1982, 423; *Rehbinder,* Minderheiten- und Gäubigerschutz im faktischen GmbH-Konzern, AG 1986, 85; *Rehbinder,* Die Abwicklung fehlerhafter Unternehmensverträge beim GmbH-Vertragskonzern, in FS Fleck, 1988, 253; *A. Reuter,* Beurkundungs- und Eintragungspflicht bei Unternehmensverträgen: Gebührenrechtliche Folgen, BB 1989, 614; *D. Reuter,* Die Personengesellschaft als abhängiges Unternehmen, ZHR 146 (1982); *D. Reuter,* Ansätze eines Konzernrechts der Personengesellschaft in der höchstrichterlichen Rechtsprechung, AG 1986, 130; *Reuter/Körnig,* Mitbestimmung und gesellschaftsrechtliche Gestaltungsfreiheit, ZHR 140 (1976), 494; *Rix,* Gesellschaftsrechtliche Probleme von Gewinnabführungsverträgen bei der GmbH, MittRhNotK 1986, 29; *Röhricht,* Das Wettbewerbsverbot des Gesellschafters und des Geschäftsführers, WPg 1992, 766; *Rottnauer,* Vertragsgestaltungsproblematik bei „Mehrmütterorganschaft" im GmbH-Konzernrecht, DB 1991, 27; *Rowedder/Koppensteiner,* GmbHG-Kommentar, 2. Auflage 1990; *Ruwe,* Die BGB-Gesellschaft als Unternehmen i. S. des Aktienkonzernrecht, DB 1988, 2037; *Säkker,* Die Anpassung des Gesellschaftsvertrages der GmbH an das Mitbestimmungsgesetz, DB 1977, 1845; *Schanze/Kern,* Sanierungsversuch und Konzernhaftung, AG 1991, 421; *Schatz,* Die Sicherung des Gesellschaftsvermögens und der Gläubigerinteressen im deutschen Konzernrecht, 1980; *Scheffler,* Der qualifizierte faktische Konzern, Versuch einer betriebswirtschaftlichen Definition, AG 1990, 173; *Scheffler,* Konzernmanagement, Betriebswirtschaftliche und rechtliche Grundlagen der Konzernführungspraxis, 1992; *Schießl,* Die beherrschte Personengesellschaft, 1985; *Schilling,* Anmerkung zu BGH-Urteil vom 5.6.1975 – II ZR 23/24, BB 1975, 1452; *Schilling,* Grundlagen eines GmbH-Konzernrechts, in FS Hefermehl 1976, 383; *Schlögell,* Die Beendigung von Unternehmensverträgen im GmbH-Konzern, GmbHR 1995, 401; *A. Schmidt,* Organschaft ohne Beherrschungsvertrag, GmbHR 1996, 175; *H. Schmidt,* Zustimmungsbeschlüsse zu Beherrschungs- und Gewinnabführungsverträgen aus kostenrechtlicher Sicht, BB 1989, 1290; *K. Schmidt,* „Konzernhaftung" nach dem TBB-Urteil – Versuch einer Orientierung, ZIP 1993, 549; *K Schmidt,* Konzernhaftung von freiberuflichen Mehrfachgesellschaftern?, ZIP 1994, 1741; *K. Schmidt,* Die wundersame Karriere des Unternehmensbegriffs im Reich der Konzernhaftung, AG 1994, 189; *K. Schmidt,* Konzernrecht, Minderheitenschutz und GmbH-Innenrecht, GmbHR 1979, 121; *K. Schmidt,* Konzernrechtliche Wirksamkeitsvoraussetzungen für typische stille Beteiligungen an Kapitalgesellschaften?, ZGR 1984, 295; *K. Schmidt,* Zum Haftungsdurchgriff wegen Sphärenvermischung und zur Haftungsverfassung im GmbH-Konzern, BB 1985, 2074; *K. Schmidt,* Gesellschaftsrecht, 1986; *K. Schmidt,* Konzernhaftung oder mitgliedschaftliche Haftung des privaten GmbH-Gesellschafters?, ZIP 1986, 146; *K. Schmidt,* Verlustausgleichspflicht und Konzernleitungshaft im qualifizierten faktischen GmbH-Konzern, ZIP 1989, 545; *K. Schmidt,* Zum Stand des Konzernhaftungsrechts bei der GmbH, ZIP 1991, 1325; *K. Schmidt,* Gleichordnung im Konzern: terra incognita?, ZHR 155 (1991), 4127; *Schneider,* Die Personengesellschaft als verbundenes Unternehmen, ZGR 1975, 253; *Schneider,* Die Auskunfts- und Kontrollrechte des Gesellschafters in der verbundenen Personengesellschaft, BB 1975, 1353; *Schneider,* Die Personengesellschaft als herrschendes Unternehmen im Konzern, ZHR 143 (1979), 485; *Schneider,* Konzernbildung, Konzernleitung und Verlustausgleich im Konzernrecht der Personengesellschaften, ZGR 1989, 511; *Schneider,* Die Personengesellschaft als Konzernunternehmen, BB 1980, 1057; *Schneider,* Mittelbare verdeckte Gewinnausschüttungen im GmbH-Konzern, ZGR 1985, 279; *Schneider,* Die Vertretung der GmbH bei Rechtsgeschäften mit ihren Konzernunternehmen, BB 1986, 201; *Schneider,* Die Fortentwicklung des Handelsregisters zum Konzernregister, WM 1986, 181; *Schneider,* Stimmverbote im GmbH-Konzern, ZHR 150 (1986), 609; *Schneider,* Die Gründung von faktischen GmbH-Konzernen, in Hommelhoff u. a., Entwicklungen im GmbH-Konzernrecht, 1996, 121; *Schneider,* Beherrschungs- und Gewinnabführungsverträge mit einer GmbH, in Uwe H. Schneider (Hrsg.), Beherrschungs- und Gewinnabführungsverträge in der Praxis der GmbH, 1989; *Schneider, Uwe H.,* Neues zum qualifizierten faktischen GmbH-Konzern: „Das TBB-Urteil", WM 1993, 782; *Schneider/Reusch,* Die Vertretung und die Mitwirkung der Gesellschafter bei der Gründung einer GmbH & Still, DB 1989, 713; *Scholz/Emmerich,* Kommentar zum GmbH-Gesetz, 8. Aufl. 1993; *Schulze-Osterloh,* Vermeidung der Konzernhaftung nach dem TBB-Urteil durch ordnungsmäßige Buchführung, ZIP 1993, 1838; *Schulze-Osterloh,* Gläubiger- und Minderheitenschutz bei der steuerlichen Betriebsaufspaltung, ZGR 1983, 123; *Schwark,* Die Haftung des herrschenden Unternehmens im qualifizierten faktischen GmbH-Konzern, JUS 1987, 443; *Semler,* Fehlerhafte Geschäftsführung in der Einmann-GmbH, in FS Goerdeler 1987, 551; *Skribbe,* Gesellschaftsrechtliche Aspekte des Ergebnisabführungsvertrages bei einer GmbH, GmbHR 1968, 245; *Sonnenschein,* Organschaft und Konzerngesellschaftsrecht, 1976; *Sonnenschein/Holdorf,* Unbegrenzte Haftung eines GmbH-Gesellschafters im Konzern, JZ 1992, 715; *Stehle,* Gesellschafterschutz wegen fremdunternehmerischem Einfluß in der Personenhandelsgesellschaft, 1986; *Stein,* Konzernherrschaft durch EDV? – Gesellschaftsrechtliche und konzernrechtliche Probleme der EDV-Auslagerung auf ein konzernverbundenes Unternehmen, ZGR 1988, 163; *Stimpel,* Haftung im qualifizierten faktischen GmbH-Konzern, ZGR 1991, 144; *Stimpel,* Die Rechtsprechung des Bundesgerichtshofes zur Innenhaftung des herrschenden Unternehmens im GmbH-Konzern, AG 1986, 117; *Stimpel,* Bemerkungen zur BGH-Rechtsprechung zum Gläubigerschutz im faktischen GmbH-Konzern, in Hommelhoff u. a., Entwicklungen im GmbH-Konzernrecht, 1986, 39; *Stimpel,* „Durchgriffshaftung" bei der GmbH: Tatbestände, Verlustausgleich, Ausfallhaftung, in FS Goerdeler 1987, 601; *Stimpel,* Rückblick auf das „Gervais"-Urteil in: P. Ulmer (Hrsg.), Probleme des Konzernrechts 1989, 11; *Stimpel,* Haftung im qualifizierten faktischen GmbH-Konzern – Besprechung der Entscheidung, BGHZ 107, 7 ff. ZGR 1991, 144; *Strobl,* Beherrschungs- und Gewinnabführungsverträge im Steuerrecht unter besonderer Berücksichtigung der Spezialfragen wirksam abgeschlossener Altverträge, in Schneider, Beherrschungs- und Gewinnabführungsverträge in der Praxis der GmbH, 1989, 65; *Stützle,* Zur

Finanzierung, Haftung und Verlustausgleichspflicht der GmbH bei Bestehen eines Beherrschungs- und Gewinnabführungsvertrages, in Schneider, Beherrschungs- und Gewinnabführungsverträge in der Praxis der GmbH, 1989, 81; *Tiebert,* Die analoge Anwendbarkeit des aktienrechtlichen Konzernrechts auf den GmbH-Konzern, Diss. 1985; *Timm,* Die Auswirkungen einer Realteilung des herrschenden Unternehmens auf Beherrschungs- und Gewinnabführungsverträge, DB 1993, 569; *Timm,* Der Abschluß des Ergebnisabführungsvertrages im GmbH-Recht, BB 1981, 1491; *Timm,* Minderheitenschutz im GmbH-Verschmelzungsrecht, AG 1982, 93; *Timm,* Geklärte und offene Fragen im Vertragskonzernrecht der GmbH, GmbHR 1987, 8; *Timm,* Unternehmensverträge im GmbH-Recht, GmbHR 1989, 11; *Timm,* Rechtsfragen zur Änderung und Beendigung von Unternehmensverträgen, in FS Kellermann, 1991, 461; *Timm,* Neuere Entwicklungen im GmbH-(Vertrags-)Konzernrecht, GmbHR 1992, 213; *Timm/Geuting,* Abschied von der Strukturhaftung im qualifizierten faktischen Konzern? ZIP 1992, 821; *Trölitzsch,* Übergang eines Unternehmensvertrages bei Verschmelzung, WiB 1997, 193; *Ulmer,* Aktienrechtliche Beherrschung durch Leistungsaustauschbeziehungen, ZGR 1978, 457; *Ulmer,* Der Gläubigerschutz im faktischen GmbH-Konzern beim Fehlen von Minderheitsgesellschaftern, ZHR 148 (1984), 391; *Ulmer,* Verlustübernahmepflicht des herrschenden Unternehmens als konzernspezifischer Kapitalhaltungsschutz, AG 1986, 123; *Ulmer,* Gläubigerschutz im qualifizierten „faktischen" Konzern, NJW 1986, 1578; *Ulmer,* Der Gläubigerschutz im GmbH-Konzern, WPg 1986, 685; *Ulmer,* Fehlerhafte Unternehmensverträge im GmbH-Recht, BB 1989, 10; *Ulmer,* Probleme des Konzernrechts, 1989; *Versteegen,* Das TBB-Urteil als Wegbereiter einer allgemeinen Intransparenzhaftung in der GmbH, DB 1993, 1225; *Vetter,* Zur Aufhebung eines Beherrschungs- und Gewinnabführungsvertrages im GmbH-Recht, ZIP 1995, 345; *Vetter,* Die Zuständigkeit der Hauptversammlung beim Abschluß eines Beherrschungs- und Gewinnabführungsvertrages mit einer GmbH, BB 1989, 2125; *Verhoeven,* GmbH-Konzern – Innenrecht, 1978; *Vonnemann,* Die Haftung des herrschenden Unternehmens im qualifizierten faktischen Konzern, DB 1990, 2509; *Vonnemann,* Die Haftung im qualifizierten faktischen GmbH-Konzern, BB 1990, 217; *Weigel,* Wirksamkeitserfordernis für den Abschluß von Unternehmensverträgen zwischen Gesellschaften mit beschränkter Haftung, in FS Quack, 1991, 505; *Weimar,* Die typische Betriebsaufspaltung – ein Unterordnungskonzern?, ZIP 1988, 1525; *Weimar/Alfes,* Einstandspflicht der Treuhandanstalt für Sozialpläne ihrer Beteiligungsunternehmen, ZIP 1991, 1529; *Wellkamp,* Der Gleichordnungskonzern – Ein Konzern ohne Abhängigkeit?, DB 1993, 2517; *Werner,* Die Ausgliederung, Ein Beitrag zum Entwurf eines Gesetzes zur Bereinigung des Umwandlungsrechts, in FS Quack, 1991, 519; *Westermann,* Rechtsprechung zum Recht der neuen Bundesländer, ZIP 1993, 545; *Westermann,* Der GmbH-Konzern; *Westermann,* Umwelthaftung im Konzern, ZHR 155 (1991), 223 ff.; *Wiedemann,* Aufgaben und Grenzen der unternehmerischen Mitbestimmung der Arbeitnehmer, BB 1978, 5; *Wiedemann,* Spätlese zu Autokran, ZGR 1986, 656; *Wiedemann,* Gesellschaftsrechtliche Probleme der Betriebsaufspaltung, ZIP 1986, 1293; *Wiedemann,* Die Unternehmensgruppe im Privatrecht, 1988; *Wilhelm,* Konzernrecht und allgemeines Haftungsrecht, DB 1986, 2113; *Winter,* Mitgliedschaftliche Treueverbindungen im GmbH-Recht, 1988; *Wirth,* Beendigung von Beherrschungs- und Gewinnabführungsverträgen bei der Veräußerung der abhängigen GmbH, DB 1990, 2105; *Würdinger,* Großkommentar zum Aktiengesetz (§§ 15, 22 und 291-328); *Zeidler,* Neues zur Haftung im qualifizierten faktischen Konzern? Eine Anmerkung zu BGH, GmbHR 1996, 366 und OLG Köln, GmbHR 1997, 220, GmbHR 1997, 881; *Ziegler,* Verlustausgleich und Haftungsdurchgriff beim qualifiziert faktischen GmbH-Konzern, WM 1989, 1041, 1077; *Zöllner,* Zum Unternehmensbegriff der §§ 15 ff. AktG, ZGR 1976, 1; *Zöllner,* Die Schranken mitgliedschaftlicher Stimmrechtsmacht bei den privatrechtlichen Personenverbänden, 1963.

I. Vorbemerkungen

303 Das Vorhandensein von Unternehmensverbindungen in der Rechtswirklichkeit wird noch immer weitgehend unterschätzt. Begriffe wie „Unternehmensgruppe", „Konzern" oder „verbundene Unternehmen" werden allein den großen, in der Regel international tätigen Unternehmenskonglomeraten, d. h. den führenden Zusammenschlüssen der deutschen bzw. internationalen Wirtschaft, zugeschrieben. Daran haben auch die höchstrichterlichen Entscheidungen der vergangenen Jahre, die wegen ihrer grundlegenden Bedeutung auch außerhalb der rechtswissenschaftlichen Fachpresse publiziert wurden und damit allgemeine Verbreitung gefunden haben, nichts geändert. Dies erstaunt umso mehr, als gerade einer Reihe jüngster Entscheidungen des BGH[1] eben nicht Sachverhalte aus dem Bereich der internationalen Großkonzerne zugrunde lagen, sondern Vorgänge bei Angehörigen der deutschen mittelständischen Wirtschaft. Bereits dieser Umstand läßt ersehen, daß die konzernspezifischen Besonderheiten verbundener Unternehmen bei einer Vielzahl mittelgroßer Unternehmen vorliegen, häufig sogar ohne daß dies von den Betroffenen (Gesellschaftern, Geschäftsführern, Waren- und/oder Geldkreditgeber) erkannt wird.[2] Zwar liegen genaue empirische Untersuchungen über die Verbreitung von Konzernen nicht vor, Schätzungen aus der Praxis gehen aber davon aus, daß bis zu 75 % der deutschen AG's[3] und über 50 % der deutschen GmbH's (ohne GmbH's, die nur die Komplementärfunktion in einer GmbH & Co. KG wahrnehmen)[4] in irgendeiner Weise konzernverbunden sind.

Die herausragende wirtschaftliche Bedeutung rechtlicher Unternehmensverbindungen erklärt sich aus den Möglichkeiten, durch eine Aufteilung einzelner Unternehmensteile auf rechtlich selbständige Unternehmensträger eine gegenüber einem Einheitsunternehmen überlegene Organisationsstruktur zu schaffen. Insbesondere bei grenzüberschreitenden Betätigungen zwingen die jeweiligen Besonderheiten der unterschiedlichen nationalen Rechtsordnungen regelmäßig dazu, sich der jeweiligen zur Verfügung stehenden gesellschaftsrechtlichen Organisationsform des Gastlandes zu bedienen. Ein besonders deutliches Beispiel hierfür bildet die Organisation einer Unternehmensgruppe in der Form eines Spartenkonzerns (s. i. e. Rz. 542 ff.), wie sie insbesondere bei international operierenden Großkonzernen anzutreffen ist. Bei dieser Organisationsform werden die Vorteile bzw. Notwendigkeiten rechtlich selbständiger Untereinheiten mit dem Erfordernis der Bildung effizienter, schlanker Leitungsstrukturen kombiniert, indem gemeinschaftliche Konzernfunktionen wie Finanz- und Rechnungswesen, Recht und Steu-

1 Z. B. BGHZ 95, 330 ff. („Autokran"); BGHZ 115, 187 ff. („Video"); aber auch AG Erfurt, AG 1992, 26 („Treuhand"), das m. E. gute Chancen besitzt, gleichfalls vor dem BGH behandelt zu werden.

2 Hommelhoff in Mestmäcker/Behrens, 129; Lutter/Hommelhoff, Anh. § 13 GmbHG Rz. 1; Scholz/Emmerich, Anh. KonzR Rz. 4 f.

3 Ordelheide, BFuP 1986, 293, aufgrund einer Zufallsstichprobe von 210 Gesellschaften.

4 Hansen, GmbHR 1980, 99; Scholz/Emmerich, Anh. KonzR Rz. 5a.

ern etc. in der Konzernleitung angegliederten Stabsabteilungen zentralisiert und daneben die verschiedenen operativen Einheiten, etwa nach Produktlinien gegliedert, in Sparten zusammengefaßt werden.

Aber auch im Mittelstand sind verbundene Unternehmen anzutreffen, oft als Resultat historisch gewachsener Strukturen, wenn das expandierende Stammhaus vorgefundene Organisationsstrukturen in zuerworbenen Unternehmensteilen beibehalten hat, oder in exportorientierten Branchen, wenn die rechtliche Separierung der Auslandsaktivitäten von der Geschäftstätigkeit des inländischen Mutterhauses aufgrund notwendiger Haftungsabschottung ein Gebot wirtschaftlicher Vernunft ist. Häufiger Nukleus solcher heute anzutreffender Strukturen war die regelmäßig steuerlich motivierte Begründung einer Betriebsaufspaltung (vgl. Rz. 86), aus der sich dann in der Folgezeit ein „Mittelstandskonzern" entwickelt hat.

Die Bedeutung des Phänomens verbundener Unternehmen in der wirt- **304**
schaftlichen Realität spiegelt sich indes in keiner Weise in den darauf anzuwendenden gesellschaftsrechtlichen Gesetzesbestimmungen wider. Vielmehr lassen die Regelungen des AktG und des GmbHG, aber auch die Vorschriften der §§ 705 ff. BGB, 105 ff. HGB erkennen, daß das typisierte Leitbild des historischen Gesetzgebers von der Vorstellung der werbend tätigen Einzelgesellschaft als Trägerin des gesamten von ihr betriebenen Unternehmens geprägt war. Dementsprechend ist es notwendig, alle auf verbundene Unternehmen anwendbaren, ihrem Kern nach aber auf die autonome Einzelgesellschaft zugeschnittenen gesellschaftsrechtlichen Regelungen darauf hin zu überprüfen, ob sie aufgrund der Besonderheiten der Konzernverbundenheit entsprechend anzupassen sind. Dies betrifft das gesamte Gesellschaftsinnenrecht (Organisationsrecht), gilt aber auch im Außenverhältnis des Unternehmens für Arbeits- und Kreditverträge, für Lizenzen und Wettbewerbsverbote und für sämtliche Haftungsfragen. In jeder Rechtsbeziehung kann die Konzernlage zu berücksichtigen sein, wenn die Vertrags- oder Rechtsordnung nicht auf ein einheitliches Rechtssubjekt, sondern auf verbundene Unternehmen trifft. Inhalt und Reichweite der Anpassungen sind dabei naturgemäß vielfach umstritten und weder durch gesetzliche Regelungen noch durch eine einheitliche Auffassung in obergerichtlicher Rechtsprechung und rechtswissenschaftlichem Schrifttum ausgeformt.

Ähnlich stellt sich darüber hinaus die Situation in bezug auf die Be- **305**
steuerung verbundener Unternehmen dar. Auch das Steuerrecht knüpft grundsätzlich an die Rechtsform des Unternehmens an. Solange Unternehmen ihre rechtliche Selbständigkeit nicht aufgeben, erfolgt die Besteuerung jedes Unternehmens nach den allgemeinen Vorschriften für Kapitalgesellschaften und Personenunternehmen. Ausgehend von dem nach handelsrechtlichen Vorschriften ermittelten Ergebnis (vgl. §§ 15 EStG, 8 KStG, 7 GewStG) sowie unter Berücksichtigung verschiedener Korrekturvorschriften (z. B. verdeckte Gewinnausschüttung, verdeckte Einlage, § 1 AStG) wird der Erfolg so ermittelt, als wenn das Unternehmen auch wirtschaftlich unabhängig wäre. Dies gilt grundsätzlich auch für verbundene Unternehmen, da ein kodifiziertes Konzernsteuerrecht,

das den handelsrechtlichen Konzernrechnungslegungsvorschriften folgt, also den Konzern als wirtschaftliche Einheit auch steuerrechtlich als eine Einheit behandelt, nicht existiert.

Die im handelsrechtlichen Konzernabschluß eliminierten und somit nicht im Konzerngewinn enthaltenen Zwischengewinne unterliegen voll der Besteuerung. Die Anknüpfung an die Rechtsform führt damit prinzipiell zu einer Benachteiligung von Unternehmensverbindungen auf der Grundlage von Kapitalbeteiligungen. Diesem Umstand trägt das Unternehmenssteuerrecht allerdings mit einer Reihe von Sondervorschriften Rechnung, die die wirtschaftliche Verbundheit konzernabhängiger Einheiten auch für steuerliche Zwecke berücksichtigen und damit die steuerlichen Nachteile für verbundene Unternehmen jedenfalls teilweise beseitigen wollen. Dies gilt namentlich für das Rechtsinstitut der Organschaft bei der Körperschaftsteuer, Gewerbesteuer und Umsatzsteuer (§§ 14 ff. KStG, 2 Abs. 2 Satz 2 GewStG, 1 Abs. 2 Satz 2 UStG), durch das die beteiligten Unternehmen, soweit jeweils die entsprechenden Voraussetzungen erfüllt sind, einheitlich und nur einmal der jeweiligen Besteuerung unterworfen werden. Außerdem wird die Beteiligung eines Unternehmens an einem anderen Unternehmen teils generell (§§ 9 Nr. 2, 12 Abs. 3 Nr. 2 GewStG),[1] teils bei Vorliegen einer qualifizierten Beteiligungshöhe (§§ 9 Nr. 2a, 12 Abs. 3 Nr. 2a GewStG, 102 BewG)[2] für gewerbe- und vermögensteuerliche Zwecke privilegiert, indem für die aus der Beteiligung fließenden Erträge bzw. die darin repräsentierten Vermögenswerte eine Zwei- oder Mehrfachbelastung durch entsprechende Freistellungen vermieden wird (sog. Schachtelprinzip, vgl. Rz. 188). Für die Einkommen- und Körperschaftsteuer dagegen bedurfte es derartiger Sonderregelungen nicht, da wegen der unmittelbaren Zurechnung der durch Personengesellschaften erwirtschafteten Erträge als Einkünfte des Gesellschafters sowie wegen des Körperschaftsteueranrechnungssystems eine doppelte ertragsteuerliche Erfassung der von verbundenen Unternehmen erzielten Erträge a priori ausgeschlossen ist.

Diese steuerlichen Begünstigungen haben die Bildung konzernverbundener Unternehmenszusammenschlüsse erheblich gefördert und deren Ausgestaltung, da die jeweiligen Organisationsstrukturen den steuerlichen Vorgaben entsprechend ausgebildet sein müssen, maßgeblich geprägt. Logische Folge hiervon war, daß die Entwicklung des Konzerngesellschaftsrechts wesentlich von den parallelen Entwicklungen des Steuerrechts beeinflußt wurde.[3]

306 Die für Unternehmensverbindungen geltenden zivil- und steuerrechtlichen Besonderheiten sind mithin auch zu beachten, wenn über die Wahl der zweckmäßigsten Unternehmensform zu entscheiden ist. Im folgenden Abschnitt werden daher die Grundzüge des Rechts der verbundenen Unternehmen aus zivil- und steuerrechtlicher Sicht dargestellt, wobei die Darstellung – entsprechend der Gesamtkonzeption des

1 § 12 GewStG sowie § 102 BewG aufgehoben mit Wirkung ab EZ 1998 durch Gesetz zur Fortsetzung der Unternehmenssteuerreform.

2 § 12 GewStG sowie § 102 BewG aufgehoben mit Wirkung ab EZ 1998 durch Gesetz zur Fortsetzung der Unternehmenssteuerreform.

3 Vgl. Emmerich/Sonnenschein, § 1 VI., 28 ff.

vorliegenden Werkes – rein aktienrechtliche Problemfelder ausspart und sich auf GmbH's und Personengesellschaften als verbundene Unternehmen konzentriert.

II. Konzerngesellschaftsrecht

1. Einleitung

An Unternehmensverbindungen können – sowohl auf seiten des herrschenden als auch auf seiten des bzw. der beherrschten Unternehmen – Unternehmen sämtlicher Rechtsformen beteiligt sein, wobei alle Konzernglieder dieselbe oder auch unterschiedliche Rechtsformen besitzen können. Maßgeblich für die gesellschaftsrechtliche Einordnung der Unternehmensverbindung ist dabei entsprechend der gesetzlichen Systematik des Aktienrechts die Rechtsform des abhängigen Unternehmens, da die Einbindung in einen Konzern in erster Linie für dieses zu konzerntypischen Konflikt- und Gefährdungslagen führt. Dementsprechend werden Unternehmensverbindungen, bei denen das beherrschte Unternehmen eine AG ist, als Aktienkonzern bezeichnet, während die konzernmäßige Einbindung einer GmbH zur Bildung eines GmbH-Konzerns führt. Nach dieser Einordnung richtet sich sodann auch, welche gesetzlichen Bestimmungen bzw. nicht kodifizierten Rechtsinstitute zur Anwendung gelangen. **307**

Die in Rechtsprechung und rechtswissenschaftlichem Schrifttum erörterten und hier im einzelnen darzustellenden Fragenkreise des Konzerngesellschaftsrechts erstrecken sich dabei auf drei Ebenen:

- Welche Rechtsregeln sind auf den GmbH-Konzern anzuwenden (s. Rz. 308 ff.)?
- Wie ist der Schutz der Beteiligten bei Errichtung einer Unternehmensverbindung auszugestalten (sog. „Konzernbildungskontrolle", s. Rz. 326 ff.)?
- Wie ist der Schutz der Beteiligten in einem bestehenden Konzern auszugestalten, und zwar zum einen im faktischen Konzern (s. Rz. 344 ff.), zum anderen im Vertragskonzern (sog. „Konzernleitungskontrolle", s. Rz. 379 ff.)?

Den nachfolgenden Ausführungen zu diesen Fragenkreisen liegt der Regelfall eines GmbH-Konzerns zugrunde, bei dem alle beteiligten Unternehmen in der Rechtsform der GmbH organisiert sind. Soweit sich im einzelnen Abweichungen ergeben, wenn die Konzernobergesellschaft eine andere Rechtsform besitzt, ist dies bei der Darstellung berücksichtigt, wohingegen spezifisch aktienkonzernrechtliche Aspekte weitgehend ausgespart bleiben. Wegen der strukturellen Verschiedenheit ist dem Bereich der konzernabhängigen Personengesellschaften ein eigenes Kapitel vorbehalten, in dem die daraus resultierenden Besonderheiten im Zusammenhang dargestellt werden.

2. Rechtsgrundlagen

a) Allgemeines

308 Ein kodifiziertes GmbH-Konzerngesellschaftsrecht gibt es bisher nicht, nachdem die in dem Regierungsentwurf eines neuen GmbH-Gesetzes von 1973 geplante umfassende Regelung des Konzernrechts gescheitert ist und zur Zeit nicht weiterverfolgt wird. Eine Teilkodifikation des Konzerngesellschaftsrechts findet sich nur im Aktiengesetz. Dort wurde es eingeführt, um den Strukturveränderungen Rechnung zu tragen, die die Einbeziehung einer Aktiengesellschaft in einen Unternehmensverbund zur Folge hat. Entscheidend waren dafür die Risiken, die Minderheitsgesellschaftern und Gläubigern einer abhängigen Gesellschaft dann drohen, wenn das herrschende Unternehmen seinen Einfluß nicht mehr im gemeinschaftlichen Interesse aller Gesellschafter, sondern nach Maßgabe seiner eigenen unternehmerischen Interessen ausübt. Diese Risiken sind im Kern rechtsformunabhängig und gelten damit auch für die konzernverbundene GmbH. Hinzu kommt, daß die GmbH wegen der Weisungsabhängigkeit der Geschäftsführung und der Bestellungs- und Abberufungskompetenz der Gesellschafterversammlung für die Geschäftsführung vergleichsweise konzernanfälliger ist. Insoweit besteht allgemeiner Konsens, daß auch das Recht der GmbH um konzernrechtliche Elemente zu ergänzen ist.[1]

b) Gesetzliche Regelungen

309 Einzelne konzernrechtlich relevante gesetzliche Bestimmungen finden sich in verschiedenen zivilrechtlichen Einzelgesetzen. Von besonderer Bedeutung für konzernverbundene GmbH's sind dabei zum einen spezielle Regelungen des GmbHG, zum anderen rechtsformunabhängige und damit auch auf die GmbH anwendbare Vorschriften des AktG und des HGB. So begrenzen die Einschränkungen in § 33 GmbHG hinsichtlich des Erwerbs eigener Anteile die Möglichkeiten wechselseitiger Beteiligungen einer GmbH mit einem anderen Unternehmen, enthält § 47 Abs. 4 GmbHG für bestimmte Fälle ein gesetzliches Stimmverbot des herrschenden Unternehmens in der Gesellschafterversammlung der beherrschten GmbH und bilden die Informationsrechte der §§ 51a, 51b GmbHG wichtige Schutzrechte auch und gerade für außenstehende Gesellschafter in einem GmbH-Konzern.

Ist eine AG Teil eines GmbH-Konzerns, so sind die allgemeinen, die Beteiligung an einer AG regelnden Vorschriften des AktG zu beachten. Gemäß § 20 Abs. 1 AktG hat ein Aktionär, sobald er mehr als 25 % des Aktienkapitals erwirbt, die AG hierüber schriftlich zu unterrichten, die §§ 56 Abs. 2, 71d Satz 1[2] und 2, 71e Abs. 1 AktG enthalten noch weitergehende Einschränkungen wechselseitiger Beteiligungen als die korrespondierende Vorschrift des § 33 GmbHG, und die §§ 71b und 71d Satz 4 AktG suspendieren die aus wechselseitigen Beteiligungen resultierenden Gesellschafterrechte, insbesondere das Stimm- und das Divi-

1 Statt aller Scholz/Emmerich, Anh. KonzR Rz. 6, 10; Lutter/Hommelhoff, Anh. § 13 GmbHG Rz. 9, jew. m. w. N.

2 § 71d Satz 1 mit Wirkung vom 1.5.1998 geändert durch KonTraG vom 27.4.1998 (BGBl I, 786).

dendenbezugsrecht. § 100 Abs. 2 Nrn. 2 und 3 AktG schließlich bestimmen die Inkompatibilität von Aufsichtsratsmandat und Stellung als Vertretungsorgan, was gerade im Konzernverbund große praktische Relevanz erfährt.

Von den speziellen konzernrechtlichen Gesetzesbestimmungen besitzen vor allem die allgemeinen Definitionsnormen der §§ 15–19 AktG über verbundene Unternehmen, Mehrheitsbeteiligungen, Abhängigkeit, Konzern und wechselseitige Beteiligung (s. i. e. Rz. 312 ff.) auch im GmbH-Konzern Gültigkeit. Aber auch die Konzernrechnungslegungsvorschriften der §§ 290 ff. HGB sind im GmbH-Konzern prinzipiell zu beachten, wobei allerdings gemäß § 42a Abs. 4 GmbHG eine Pflicht zur Feststellung des Konzernabschlusses nicht besteht, wenn Konzernobergesellschaft eine GmbH ist. Schließlich finden die speziell aktienkonzernrechtlichen Bestimmungen der §§ 291 ff. AktG (natürlich) auch dann Anwendung, wenn herrschendes Unternehmen des Aktienkonzerns eine GmbH ist.

c) *Analogie zum Aktienrecht*

Eine weitergehende Übertragung der aktienkonzernrechtlichen Rege- **310**
lungen auf die GmbH ist nicht möglich. Dem stehen die Unterschiede in Typus und Struktur der beiden Gesellschaftsformen entgegen. Die GmbH ist in ihrem typischen Erscheinungsbild unabhängig von der Höhe des Stammkapitals eher personalistisch ausgestaltet. Die wesentlichen strukturellen Unterschiede zwischen GmbH und Aktiengesellschaft liegen in der Abhängigkeit der Geschäftsführung von den GmbH-Gesellschaftern, der weitgehenden Organisationsfreiheit der Gesellschafter, der mit weichreichenden Befugnissen ausgestatteten Mitgliedschaft des GmbH-Gesellschafters und der im Vergleich zum Aktienrecht wesentlich schwächer ausgestalteten Bindung des Gesellschaftsvermögens. Diese Unterschiede schließen eine undifferenzierte Übertragung aktienrechtlicher Regelungen auf den GmbH-Konzern aus. So scheiterte der erwähnte, nicht Gesetz gewordene Regierungsentwurf zum GmbH-Gesetz nicht zuletzt daran, daß er sich im Konzernrecht allzu eng an System und Inhalt der entsprechenden aktienrechtlichen Vorschriften lehnte. Das hindert allerdings nicht daran, einzelne Vorschriften der §§ 291 ff. AktG oder darin zum Ausdruck kommende Rechtsgedanken unter Berücksichtigung der GmbH-spezifischen Besonderheiten auch auf den GmbH-Konzern zu übertragen. Wo diese Anhaltspunkte nicht weiterhelfen, bleibt nur der Rückgriff auf allgemeine gesellschaftsrechtliche Grundsätze. So werden die Vorschriften des Aktiengesetzes über Unternehmensverträge zwar nicht vollständig, aber doch in wesentlichen Bereichen auf Unternehmensverträge mit abhängigen Gesellschaften mit beschränkter Haftung angewendet, während eine Analogie der Vorschriften der §§ 311 bis 318 AktG über faktische Konzerne weitgehend abgelehnt wird, vielmehr allgemeine GmbH-rechtliche Prinzipien und Normen bzw. Elemente des aktienrechtlichen Vertragskonzerns angewendet werden.

311 Die mangels Tätigwerdens des Gesetzgebers bis heute fehlende Kodifikation eines GmbH-Konzerngesellschaftsrechts wird in der Rechtswirklichkeit durch die zivilrechtliche Rechtsprechung, unterstützt durch entsprechende theoretische Vor- und Nachbereitung seitens des rechtswissenschaftlichen Schrifttums, ersetzt. So hat insbesondere der für gesellschaftsrechtliche Fragen zuständige Zweite Senat des Bundesgerichtshofes in einer Reihe von Grundsatzurteilen im Wege richterlicher Rechtsfortbildung die tragenden Prinzipien eines GmbH-Konzerngesellschaftsrechts entwickelt. Hierzu zählen:

- Voraussetzungen, Inhalt und Umfang der Haftung im einfachen und im qualifizierten faktischen Konzern,[1]
- Minderheitenschutz bei Entstehung des Konzernverhältnisses („Konzerneingangsschutz"),[2]
- Erfordernisse zur wirksamen Begründung eines Vertragskonzerns sowie Rechtsfolgen bei fehlerhafter Begründung.[3]

Die in dieser Rechtsprechung entwickelten Grundsätze haben in der gesellschaftsrechtlichen Literatur in ihren Grundzügen weitgehend Zustimmung gefunden, wenn auch Einzelheiten z. T. bis heute Gegenstand ausführlicher und kontroverser Diskussionen sind. Die vorgenannten Prinzipien bilden indes zusammengenommen ein rechtliches Rüstzeug, mit dem die wesentlichen für die Praxis verbundener Unternehmen relevanten Fragen des GmbH-Konzerngesellschaftsrechts beantwortet werden können. Lediglich Einzelheiten und Randbereiche, die bisher nicht im Focus der Auseinandersetzungen standen, sind insoweit noch offen.

d) Begriffsbestimmungen

312 In den §§ 15–18 AktG finden sich Legaldefinitionen für die verschiedenen Arten der Unternehmensverbindungen, die für verbundene Unternehmen aller Rechtsformen, namentlich für den GmbH-Konzern, anzuwenden sind. § 15 AktG definiert dabei als „verbundene Unternehmen" solche rechtlich selbständige Unternehmen, die zueinander in einem der fünf folgenden Unternehmensverbindungen stehen:

- im Mehrheitsbesitz stehende Unternehmen oder mit Mehrheit beteiligte Unternehmen (§ 16 AktG, Mehrheitsbeteiligungen);

1 „ITT"-Urteil, BGH v. 5.6.1975, BGHZ 65, 15; „Danone-Gervais"-Urteil, BGH v. 5.2.1979, NJW 1980, 231; „Autokran"-Urteil, BGH v. 16.9.1985, BGHZ 95, 330; „Tiefbau"-Urteil, BGH v. 20.2.1989, BGHZ 107, 7; „Video"-Urteil v. 23.9.1991, BGHZ 115, 187; zu den arbeitsrechtlichen Implikationen BAG v. 15.1.1991 „Warmwassergeräte", AG 1991, 434 mit Besprechungsaufsatz Schanze/Kern, AG 1991, 421; „TBB"-Urteil, BGH v. 29.3.1993, NJW 1993, 1200; „Softec"-Urteil, BGH v. 13.12.1993, NJW 1994, 446; sowie BGH v. 19.9.1994, WM 1994, 2016 und BGH v. 27.3.1995, WM 1995, 896; BGH v. 12.2.1996, NJW 1996, 1283; „Wochenkonzern"-Urteil, BGH v. 25.11.1996, WiB 1997, 412; OLG Köln v. 26.8.1996, n. rkr., GmbHR 1997, 220; OLG Köln v. 6.6.1997, rkr., ZIP 1998, 74; OLG München v. 3.12.1997, n. rkr., DB 1998, 614.

2 „Süssen"-Urteil, BGH v. 16.12.1981, BGHZ 80, 69; „Heumann-Ogilvy"-Urteil, BGB v. 5.12.1983, BGHZ 89, 167.

3 „Familienheim"-Urteil, BGH v. 14.12.1987, NJW 1988, 1326; „Supermarkt"-Urteil, BGH v. 24.10.1988, BGHZ 105, 324; „Stromlieferung"-Urteil v. 11.11.1991, DB 1992, 29; „Siemens"-Urteil, BGH v. 30.1.1992, ZIP 1992, 395.

- herrschende und abhängige Unternehmen (§ 17 AktG, Abhängigkeit herrschender Einfluß);
- Konzernunternehmen (§ 18 AktG, Zusammenfassung unter einheitlicher Leitung);
- wechselseitig beteiligte Unternehmen (§ 19 AktG) sowie
- Vertragsteile eines Unternehmensvertrages (§ 15 i. V. m. §§ 291, 292 Nr. 1, 2 und 3 AktG).

Mit diesen Begriffsbestimmungen sind die Zentralbegriffe des Konzern- **313** gesellschaftsrechts erfaßt, mit deren Hilfe die Tatbestände des Vertragskonzerns und des einfachen sowie des qualifizierten faktischen Konzerns ermittelt werden können. Allen Definitionen gemeinsam ist dabei der Begriff des „Unternehmens", da nach der Vorstellung des Gesetzgebers ein Konzernverhältnis nur zwischen Unternehmen begründet werden kann.

aa) Unternehmen

Der Gesetzgeber hat angesichts der zu erwartenden praktischen **314** Schwierigkeiten bei der Abgrenzung ausdrücklich und bewußt davon abgesehen, den Begriff des Unternehmens gesetzlich zu definieren.[1] Die Gesetzesbegründung enthält lediglich den Hinweis, daß der Begriff des Unternehmens im Rahmen der konzernrechtlichen Definitionen des AktG deswegen gewählt wurde, weil sich die typischen konzernrechtlichen Gefahren für das abhängige Unternehmen bei einem unternehmerisch tätigen Aktionär mit größerer Wahrscheinlichkeit realisierten als bei einer Privatperson.

Damit ist der Anwendungsbereich des Konzerngesellschaftsrechts auf **315** solche Gesellschafter beschränkt, die – neben ihrer Beteiligung an dem anderen Unternehmen – eigene unternehmerische Interessen verfolgen und damit potentiell ihren gesellschaftsrechtlichen Einfluß zugunsten dieser anderen Interessen ausnutzen können. Als Unternehmen im konzernrechtlichen Sinn ist daher jeder Gesellschafter anzusehen, dessen sonstige wirtschaftliche Interessenbindung stark genug ist, um die Besorgnis zu begründen, der Gesellschafter könnte diese Interessen zum Nachteil der Gesellschaft geltend machen.[2] Nicht erforderlich ist, daß das Unternehmen an der Gesellschaft mehrheitlich beteiligt ist, vielmehr reichen gesellschaftsrechtliche Sonderrechte (Mehrstimmrechte, Sperrminoritäten) oder sogar rein tatsächliche Umstände (traditionell schwach vertretende Hauptversammlung) aus, die Möglichkeit der nachteiligen Beeinflussung zu begründen.

1 Begründung Regierungsentwurf zum § 15 AktG, abgedruckt bei Geßler/Hefermehl/Eckhardt/Kropff, 27

2 Seit „Veba-Gelsenberg", BGH v. 13.10.1977, BGHZ 69, 334, 377, st. Rspr.; „Autokran-Urteil", BGH v. 16.9.1985, BGHZ 95, 330, 337; „Video-Urteil", BGH v. 23.9.1991, BGHZ 115, 187, 189; BGH v. 29.3.1993, BGHZ 122, 123, 127; „TBB-Urteil", BGH v. 29.3.1993, NJW 1993, 1200; „Softec-Urteil", BGH v. 13.12.1993, NJW 1994, 446; Hachenburg/Ulmer, Anh. § 77 GmbHG Rz. 20; Hommelhoff, ZGR 1994, 397; jew. m. w. N.; kritisch zum teleologischen Unternehmensbegriff im Konzernrecht vornehmlich K. Schmidt, ZHR 155 (1991), 417; K. Schmidt, AG 1994, 189; K. Schmidt, ZIP 1994, 1741, 1742.

316 Ebenfalls ohne Belang für den konzernrechtlichen Unternehmensbegriff ist die Rechtsform des Unternehmens, so daß neben den Handelsgesellschaften auch Gesellschaften bürgerlichen Rechts, natürliche Personen oder sogar nicht wirtschaftliche Vereine Unternehmen im konzerngesellschaftsrechtlichen Sinne sein können.[1] Holdinggesellschaften dagegen sind, wenn sie nur eine Beteiligung halten, unabhängig von ihrer Rechtsform nicht als Unternehmen anzusehen,[2] und zwar auch dann nicht, wenn die Gesellschaft, an der sie (mehrheitlich oder sogar allein) beteiligt sind, ihrerseits als Holdinggesellschaft fungiert und damit konzernrechtliches Unternehmen ist.[3] Hiervon streng zu unterscheiden ist die Frage, wann eine Holdinggesellschaft steuerlich als Unternehmen qualifiziert, was nach eigenständigen steuerlichen Kriterien zu beurteilen ist (s. Rz. 537 ff.). Ebenfalls kein Unternehmen ist die Komplementär-GmbH einer GmbH Co. KG im Verhältnis zu ihrer KG, wenn, was in der Praxis fast immer der Fall ist, ihre Geschäftstätigkeit auf die Komplementärfunktion in dieser KG beschränkt ist.

bb) Mehrheitsbeteiligung

317 Eine Mehrheitsbeteiligung ist gegeben, wenn die Mehrheit der Anteile der GmbH einem anderen Unternehmen gehört oder dem anderen Unternehmen die Mehrheit der Stimmrechte bei der Gesellschaft zustehen, § 16 Abs. 1 AktG. Anteile im Besitz abhängiger Unternehmen oder einer für Rechnung des herrschenden oder eines von diesem abhängigen Unternehmens handelnden Person sind dem Anteilsbesitz des herrschenden Unternehmens zuzurechnen, § 16 Abs. 4 AktG. Fallen Kapital- und Stimmbeteiligung auseinander, so ist eine Mehrheitsbeteiligung für konzernrechtliche Zwecke nur anzunehmen, wenn die Stimmenmehrheit für genügend wichtige Beschlußgegenstände, vor allem die Bestellung der Geschäftsführer und die Ausübung des Weisungsrechtes, eingeräumt ist. Die wichtigste Rechtsfolge der Mehrheitsbeteiligung ist die daran geknüpfte Vermutung der Abhängigkeit (vgl. Rz. 321).

cc) Abhängigkeit

318 Abhängige Unternehmen sind rechtlich selbständige Unternehmen, auf die ein anderes Unternehmen unmittelbar oder mittelbar einen beherrschenden Einfluß ausüben kann, § 17 Abs. 1 AktG. Es genügt die Möglichkeit der Einflußnahme. Es kommt nicht darauf an, daß es diesen Einfluß konkret ausübt. Der beherrschende Einfluß muß gesellschaftsrechtlich begründet sein und sich auf das abhängige Unternehmen als Ganzes erstrecken.[4] Eine durch schuldrechtliche Verträge (Lieferungs-

1 Vgl. zuletzt BGH-„Video"-Urteil v. 23.9.1991, DB 1991, 2176, 2177; „Softec"-Urteil, BGH v. 13.12.1993, NJW 1994, 446 (zu natürlichen Personen); vgl. hierzu ebenso OLG Köln v. 6.6.1997, ZIP 1998, 76; „ADAC"-Urteil, BGH v. 29.9.1992, BGHZ 85, 84, 90 f. (zum Verein).

2 BGH v. 13.10.1980, AG 1980, 342; OLG Saarbrücken, AG 1980, 26; Koppensteiner in Kölner Kommentar, § 15 AktG Rz. 35 m. w. N.; a. A. Lutter in FS Steindorff 1990, 125, 130/31; Scholz/Emmerich, Anh. KonzR Rz. 31.

3 BGH v. 13.10.1980, AG 1980, 342; W. Müller, AG 1981, 306; Stimpel, ZGR 1991, 144, 157; a. A. Scholz/Emmerich, Anh. KonzR Rz. 31 sowie Voraufl. Rz. 264.

4 Geßler, § 17 AktG, Rz. 13 ff.; Würdinger in Großkommentar zum AktG, § 17 AktG Anm. 4; a. A. Koppensteiner in Kölner Kommentar, § 17 AktG Rz. 25.

und Abnahmeverpflichtung, Lizenzverträge, Kreditverträge) begründete wirtschaftliche Abhängigkeit reicht nicht aus.[1] Sie kann allenfalls im Zusammenspiel mit gesellschaftsrechtlich vermittelten Einflußmöglichkeiten die Abhängigkeit begründen (kombinierte Beherrschung).[2] Ebensowenig genügt es, wenn ein Unternehmen in der Lage ist, wesentliche Entscheidungen bestimmten Inhalts bloß zu blockieren (negative Beherrschung).[3]

Die Möglichkeit positiver Einflußnahme muß sich indes wiederum (vgl. **319**
Rz. 315) nicht zwingend aus einer Mehrheitsbeteiligung ergeben, sondern kann sich aus satzungsmäßigen oder sonst vertraglich vereinbarten Sonderrechten ergeben. Maßgeblich ist, daß das beherrschende Unternehmen die Geschäfts- und Personalpolitik des abhängigen Unternehmens beeinflussen kann, indem es die Besetzung von Vorstand bzw. Geschäftsführung bestimmt oder personell mit ihr verflochten ist. Eine nur mittelbare Abhängigkeit reicht im Rahmen des § 17 Abs. 1 AktG aus, so daß die von ihrer Muttergesellschaft abhängige Tochtergesellschaft zugleich von ihrer „Großmutter" abhängig ist, wenn das Mutterunternehmen ihrerseits von der „Großmutter" abhängig ist.

Möglich ist auch die Abhängigkeit von mehreren Unternehmen, wenn **320**
diese ihre Einflußmöglichkeiten koordinieren (mehrfache Abhängigkeit, Gemeinschaftsunternehmen).[4] In diesen Fällen sind die Beteiligungsgesellschaften als herrschende Unternehmen einzuordnen, so daß diese bei Nichtwiderlegung der Konzernvermutung des § 18 Abs. 1 Satz 3 mit dem Gemeinschaftsunternehmen einen Konzern bilden. Es muß sich um Ausübung gemeinsamer Herrschaft auf ausreichender Grundlage handeln.[5] Entsprechende vertragliche Vereinbarungen sind nicht unbedingt erforderlich; vielmehr kann die gemeinsame Herrschaft der Mehrheitsgruppe durchaus auf sonstigen rechtlichen oder tatsächlichen Umständen beruhen, sofern sie nur auf Dauer eine gemeinsame Interessenverfolgung in der abhängigen Gesellschaft gewährleisten. Eine gemeinsame Unternehmenspolitik auf der Grundlage gleichgerichteter Teilinteressen genügt. Gesellschafteridentität bei den Beteiligungsgesellschaften reicht aus.

Bei Vorhandensein einer Mehrheitsbeteiligung wird gem. § 17 Abs. 2 **321**
AktG Abhängigkeit des in Mehrheitsbesitz stehenden Unternehmens vermutet. Bei der AG begründet sich diese Vermutung darauf, daß der Mehrheitsaktionär – über die Anteilseignervertreter im Aufsichtsrat – mittelbar auf Bestellung und Abberufung des Vorstandes Einfluß nehmen kann. Angesichts der im Vergleich zur Hauptversammlung erheblich stärkeren Stellung der Gesellschafterversammlung im Verhältnis zur Geschäftsführung bei der GmbH, die ihr über die Weisungsgebunden-

1 BGH v. 26.3.1984, BGHZ 90, 381; Koppensteiner in Kölner Kommentar, § 17 AktG Rz. 50; Koppensteiner in FS Stimpel, 811.

2 BGH v. 26.3.1984, BGHZ 90, 381, 397; Ulmer, ZGR 1978, 457, 472 ff.; a. A. Koppensteiner in Kölner Kommentar, § 17 AktG Rz. 56.

3 Koppensteiner in Kölner Kommentar, § 17 AktG Rz. 22 m. w. N.

4 Koppensteiner in Kölner Kommentar, § 17 AktG Rz. 70 m. w. N.

5 BGH v. 4.3.1974, BGHZ 62, 193, 199.

heit der Geschäftsführer sogar Eingriffe in die laufende Geschäftsführung ermöglicht, ist die Abhängigkeitsvermutung ohne weiteres auch auf die mehrheitlich beherrschte GmbH zu übertragen.

Abgesehen von den in § 19 Abs. 3 AktG erwähnten Fällen einer wechselseitigen Mehrheitsbeteiligung ist die Konzernvermutung des § 17 Abs. 2 AktG widerleglich. Da allerdings die Abhängigkeitsvermutung in erster Linie auf die Möglichkeit des herrschenden Unternehmens abstellt, die Geschäftsleitung des abhängigen Unternehmens zu besetzen, muß zu ihrer Widerlegung der Nachweis erbracht werden, daß diese Möglichkeit nicht besteht. Hinzu kommt bei der GmbH als abhängigem Unternehmen der Nachweis, daß Weisungen gegenüber der Geschäftsleitung entweder nicht möglich sind, oder daß der Mehrheitsgesellschafter auf ihren Inhalt keinen bestimmenden Einfluß hat. Grundlage für die Widerlegung der Abhängigkeitsvermutung können entsprechende Satzungsbestimmungen, aber auch Verträge zwischen der Gesellschaft und dem Mehrheitsgesellschafter sein, die die mit der Mehrheitsbeteiligung verbundenen Herrschaftsmöglichkeiten beseitigen. Ein in der Praxis verbundener Unternehmen häufig anzutreffendes Mittel, die Konzernvermutung zu widerlegen, ist der Abschluß eines sog. „Entherrschungsvertrages" zwischen dem Mehrheitsbeteiligten und der Untergesellschaft. In dem Entherrschungsvertrag verpflichtet sich der Gesellschafter gegenüber dem Beteiligungsunternehmen, seine Stimmenmehrheit nur so eingeschränkt auszuüben, daß eine Abhängigkeit nicht entsteht. Die Zulässigkeit des Abschlusses von Entherrschungsverträgen ist in jüngster Zeit erneut in Zweifel gezogen worden, stellt indes m. E. ein probates Mittel dar, den von dem Gesetz zugelassenen Beweis der fehlenden Abhängigkeit zu führen.[1] Dagegen ist die Anwendung des Mitbestimmungsgesetzes jedenfalls bei der GmbH nicht geeignet, die Abhängigkeitsvermutung zu widerlegen, da die Gesellschafterversammlung nach wie vor den Geschäftsführern uneingeschränkt Weisungen für ihre Geschäftspolitik erteilen kann.

dd) Konzern

322 § 18 AktG enthält die Legaldefinition für den Begriff Konzern, indem er statuiert, daß Unternehmen, die unter einer einheitlichen Leitung zusammengefaßt sind, einen Konzern bilden. Tritt zu der einheitlichen Leitung das Merkmal der Abhängigkeit, so bilden die Konzernunternehmen einen sog. Unterordnungskonzern, § 18 Abs. 1 AktG, fehlt es an der Abhängigkeit, so handelt es sich um einen sog. Gleichordnungskonzern, § 18 Abs. 2 AktG.[2]

323 Was unter einheitlicher Leitung zu verstehen ist, ist dem Gesetz nicht zu entnehmen. Es enthält lediglich bei Bestehen eines Beherrschungsvertrages die unwiderlegliche Vermutung, daß die Unternehmen unter ein-

1 Zu Voraussetzungen und Zulässigkeit des Entherrschungsvertrages vgl. zuletzt Jäger, DStR 1995, 1113.
2 Ausf. zum Gleichordnungskonzern vgl. jüngst Lutter/Timm/Trygalla, ZGR 1995, 577; Wellkamp, DB 1993, 2517.

heitlicher Leitung geführt werden, § 18 Abs. 1 Satz 2 AktG, sowie bei Vorhandensein eines Abhängigkeitsverhältnisses die widerlegliche Vermutung einer Konzernverbindung, § 18 Abs. 1 Satz 3 AktG.

Zur Ausfüllung des Merkmals der einheitlichen Leitung wendet die im Schrifttum überwiegende Auffassung[1] den sog. weiten Konzernbegriff an, während die einschränkende Ansicht[2] den sog. engen Konzernbegriff bevorzugt. Einigkeit herrscht dabei, daß Kennzeichen der einheitlichen Leitung eine einheitliche Finanzplanung für alle Konzernunternehmen ist, ohne die eine Konzernverbindung somit nicht angenommen werden kann. Zutreffenderweise läßt die h. M. aber ausreichen, wenn durch die Konzernspitze eine weitere Zentralfunktion (z. B. Ein- oder Verkauf, Personalwesen, Organisation, Recht und Steuern) für alle Konzernglieder wahrgenommen wird, während der enge Konzernbegriff verlangt, daß alle zentralen unternehmerischen Bereiche einer einheitlichen Planung und Steuerung unterliegen. Im Hinblick auf die vielfältigen denkbaren Erscheinungsformen unternehmerischer Betätigung erscheint es nur schwer praktikabel, die „zentralen" Bereiche für Zwecke eines allgemeingültigen Konzernbegriffs zu definieren, da sich die Gewichtigkeit der einzelnen Bereiche wohl nur im jeweiligen Einzelfall feststellen lassen dürfte. Aus Gründen der Rechtssicherheit ist daher m. E. der herrschenden Meinung zu folgen. **324**

ee) Wechselseitige Beteiligungen

Wechselseitige Beteiligungen liegen gemäß § 19 Abs. 1 AktG vor, wenn inländische Kapitalgesellschaften dadurch verbunden sind, daß jede mehr als 25 % der Anteile an der anderen hält, wobei mittelbare Beteiligungen im Sinne des § 16 Abs. 4 AktG mitzurechnen sind. Hält eines der wechselseitigen beteiligten Unternehmen an dem anderen eine Mehrheitsbeteiligung, so gilt das andere als abhängiges Unternehmen i. S. d. § 17 AktG, hält jedes der Unternehmen an dem anderen eine Mehrheitsbeteiligung, so gelten sie als gleichzeitig herrschend und abhängig, § 19 Abs. 2 und 3 AktG. Ratio dieser Bestimmungen ist die Tatsache, daß diese Art der Unternehmensverflechtung die Kapitalgrundlage der beteiligten Gesellschaften bedroht und zugleich die gesetzliche Kompetenzverteilung zwischen Gesellschafterversammlung und Geschäftsführung gefährdet. Die Anwendbarkeit der Schutzvorschriften des Konzerngesellschaftsrechts bildet hier das notwendige Korrektiv. Die wechselseitige 100%ige Beteiligung zweier Kapitalgesellschaften dürfte dagegen als Sonderform der Begründung von sog. „Kein-Mann-Gesellschaften" insofern unzulässig sein, als – unter Anwendung der Grundsätze der „Kein-Mann-Gesellschaft"[3] – der zeitlich letzte Anteilserwerb zur Auflösung der Gesellschaften führt. **325**

1 Geßler/Hefermehl/Eckhard/Kropff, § 18 AktG Rz. 34; Emmerich/Sonnenschein, § 4 II 2a; Scholz/Emmerich, Anh. KonzR Rz. 62b.
2 Koppensteiner in Kölner Kommentar, § 18 AktG Rz. 20; ebenso Voraufl.
3 Hierzu vgl. statt aller Lutter/Hommelhoff, § 60 GmbHG Rz. 25 m. w. N.

3. Konzerneingangsschutz

326 Die konzernrechtlichen Regelungen des AktG beschränken sich, wie die Bestimmungen der §§ 15 ff., 291 ff. AktG zeigen, weitgehend auf die Rechtsverhältnisse in einem bereits bestehenden Konzernverbund. Im Sinne eines wirkungsvollen Schutzes der beteiligten Unternehmen, ihrer Träger sowie sonstiger Betroffener greifen diese Normen indes häufig zu spät, da ein Schutzbedürfnis bereits im Vorfeld der Konzernierung, etwa bei Begründung einer Mehrheitsbeteiligung oder eines Abhängigkeitsverhältnisses sowie bei faktischer Einbeziehung in den Unternehmensverbund, zu identifizieren ist.

327 Dieser Befund hat im Aktienkonzern schon früh zur Ausformung einer Konzernbildungskontrolle durch die höchstrichterliche Rechtsprechung geführt.[1] Für den GmbH-Konzern hat das wissenschaftliche Schrifttum[2] diese Grundsätze aufgegriffen und zu einem im Grundsatz allgemein akzeptierten System konzernrechtlichen Präventivschutzes weiterentwickelt.

328 Als schutzbedürftige Betroffene sind in diesem Zusammenhang neben der künftig abhängigen Gesellschaft und ggf. deren Minderheitsgesellschafter auch die (Minderheits)Gesellschafter des herrschenden Unternehmens zu nennen. Das Problem der Konzernprävention wird hier zur Frage der Kompetenzverteilung zwischen Gesellschaftern und Geschäftsführung des herrschenden Unternehmens.

a) Schutz der abhängigen Gesellschaft

329 Ein konzernrelevantes Abhängigskeitsverhältnis kann entweder dadurch entstehen, daß das herrschende Unternehmen eine mehrheitliche Beteiligung erwirbt (durch Kauf, Betriebsübernahme,[3] Spaltung, Erbschaft, Kapitalerhöhung etc.), oder dadurch, daß der Mehrheitsgesellschafter durch Aufnahme unternehmerischer Aktivitäten zum Unternehmen im konzerngesellschaftsrechtlichen Sinne wird. Beiden Fällen kann durch geeignete Regelungen in der Satzung der künftigen abhängigen Gesellschaft begegnet werden.

330 Rechtsgeschäftliche Verfügungen über Geschäftsanteile können durch – dinglich wirkende – Vinkulierungsklausel (§ 15 Abs. 5 GmbHG) mit entsprechenden Mehrheitserfordernissen bzw. Zustimmungsvorbehalten der Kontrolle der übrigen Gesellschafter unterstellt werden. Für den Fall sonstiger Anteilsübertragungen können in der Satzung entsprechende Abtretungsverpflichtungen oder Ausschluß- bzw. Einziehungsrechte begründet werden. Die Aufnahme unternehmerischer Tätigkeiten durch einen Gesellschafter kann – eingeschränkt – durch

1 „Kali und Salz"-Urteil, BGH v. 13.3.1978, BGHZ 71, 40; „Holzmann"-Urteil, BGH v. 19.4.1982, BGHZ 83, 319; „Hoesch/Hoovegens"-Urteil, BGH v. 16.11.1981, BGHZ 82, 188; „Holzmüller"-Urteil, BGH v. 25.2.1982, BGHZ 83, 122; vgl. auch OLG Hamm v. 3.11.1986, NJW 1987, 1030; LG Mannheim v. 17.1.1990, DB 1990, 2011.

2 Grundlegend Lutter/Timm, NJW 1982, 409, 411 ff.; Scholz/Emmerich, Anh. KonzR Rz. 90 ff.; Baumbach/Hueck/Zöllner, GmbHG, Schlußanh. I, Konzernrecht Rz. 19 ff.; Rowedder/Koppensteiner, Anh. nach § 52 GmbHG, Konzernrecht, Rz. 24 ff.; Lutter/Hommelhoff, GmbHG, Anhang § 13 GmbHG Rz. 10 f.

3 OLG Köln v. 26.8.1996, GmbHR 1997, 220; vgl. hierzu auch Hörstel, BB 1997, 1645.

statutarische Wettbewerbsverbote verhindert werden. Im übrigen kann für diesen Fall der Einfluß des Unternehmer-Gesellschafters durch Vereinbarung von Stimmrechtsausschlüssen, Höchst- oder Mehrstimmrechten begrenzt werden.

In allen diesen Fällen ist empfehlenswert, die entsprechenden Sat- 331
zungsregelungen zugleich mit einer Befreiungsmöglichkeit durch Gesellschafterbeschluß zu versehen, um zu vermeiden, daß ein Dispens im Einzelfall nur durch Satzungsänderung erteilt werden kann. Soweit nichts abweichendes vereinbart ist, bedarf der Befreiungsbeschluß der lediglich einfachen Mehrheit der Gesellschafterversammlung,[1] wobei der betroffene Gesellschafter gem. § 47 Abs. 4 GmbHG bei der Beschlußfassung vom Stimmrecht ausgeschlossen ist.[2] Wegen der besonderen Gefahrenlage bei Begründung eines Abhängigkeitsverhältnisses ist allerdings auch ein unter Einhaltung der erforderlichen Mehrheit gefaßter Dispensbeschluß rechtswidrig, wenn nicht ausnahmsweise aufgrund der Besonderheiten des Einzelfalls die beschlossene Maßnahme den Interessen der Gesellschaft entspricht und damit sachlich gerechtfertigt ist.[3] Über den von dem BGH entschiedenen Fall der Befreiung von einem Wettbewerbsverbot hinaus dürfte dies generell für Gesellschafterbeschlüsse gelten, die zu einer Abhängigkeit der Gesellschaft im konzernrechtlichen Sinne führen.[4]

Die vorstehenden Grundsätze gelten im übrigen auch, wenn die Satzung eine Befreiungsmöglichkeit durch Gesellschafterbeschluß nicht vorsieht und der Dispens deshalb im Wege einer förmlichen Satzungsänderung erteilt wird.[5] In diesem Fall bedarf es allerdings der satzungsändernden Mehrheit von drei Vierteln bzw. der satzungsmäßig vorgeschriebenen höheren Mehrheit, § 53 Abs. 2 GmbHG.

Ist in den genannten Fällen nach den Umständen eine Abhängigkeits- 332
begründung erforderlich, so hat die Mehrheit zum Schutze der Minderheit gegebenenfalls treuhänderische Bindungen einzugehen, die das bislang im Gesellschaftsvertrag angelegte und abgesicherte Interesse der Minderheit trotz Umgestaltung ihrer Interessen auch weiterhin sichern.[6]

Durch einen solchen vorgezogenen Interessenausgleich wird der Nachteil ausgeglichen, der sich für die GmbH daraus ergibt, daß sie nunmehr ein von einem Konkurrenten bzw. anderweitig unternehmerisch interessierten Gesellschafter abhängiges Unternehmen ist.

1 BGH v. 16.2.1981, NJW 1981, 1512, 1513 (für Befreiung vom Wettbewerbsverbot); Scholz/Emmerich, Anh. KonzR Rz. 102.
2 Scholz/Emmerich, Anh. KonzR Rz. 102.
3 BGH v. 16.2.1981, NJW 1981, 1512.
4 Lutter/Timm, NJW 1982, 417; Rowedder/Koppensteiner, Anh. nach § 52 GmbHG, Konzernrecht, Rz. 26.
5 Scholz/Emmerich, Anh. KonzR Rz. 101; Lutter, ZGR Sonderheft 6, 204; a. A. Rowedder/Koppensteiner, Anh. nach § 52 GmbHG, Konzernrecht, Rz. 27.
6 Lutter/Timm, NJW 1982, 417; Scholz/Emmerich, KonzR Rz. 103; Rowedder/Koppensteiner, Anh. nach § 52 GmbHG, Konzernrecht Rz. 26.

333 Fehlen abhängigkeitsausschließende Satzungsklauseln, unterliegt der Mehrheitsgesellschafter auch ohne vertragliche Regelung und obwohl eine ausdrückliche gesetzliche Regelung fehlt einem Wettbewerbsverbot, zumindest wenn es sich um eine personalistisch strukturierte Gesellschaft handelt.[1] Dies ergibt sich aus § 112 HGB,[2] richtiger als Konkretisierung der allgemeinen Treupflicht der Gesellschafter.[3]

334 Dabei schlägt das Wettbewerbsverbot für den herrschenden Gesellschafter im mehrstufigen Konzern auch auf eine diesen Gesellschafter beherrschende Muttergesellschaft durch, die nicht unmittelbar an der GmbH, aus deren Innenrecht das Wettbewerbsverbot resultiert, beteiligt ist.[4] Das genannte Wettbewerbsverbot betrifft allerdings nur das eigene Tätigkeitsgebiet der GmbH. Es hindert den Mehrheits-Gesellschafter nicht daran, einen weiteren Geschäftsbetrieb mit einem anderen Tätigkeitsfeld aufzubauen und auf diese Weise zum herrschenden Unternehmen zu werden.[5] Dem kann nur durch zusätzliche, über das generelle Wettbewerbsverbot hinausgehende Vertragsklauseln begegnet werden. Das satzungsunabhängige Wettbewerbsverbot kann durch satzungsändernden Beschluß ausgeschlossen werden.[6] Für die inhaltlichen Anforderungen an den Befreiungsbeschluß dürften dieselben Grundsätze gelten, die der BGH für die Befreiung von statutarischen Wettbewerbsverboten aufgestellt hat.

335 Auch wenn ein Wettbewerbsverbot nicht eingreift, ist ein Unternehmens-Gesellschafter verpflichtet, die Abhängigkeitslage der Gesellschaft den anderen Gesellschaftern unaufgefordert mitzuteilen.[7] Insoweit enthalten die §§ 20 bis 22 AktG einen verallgemeinerungsfähigen Rechtsgedanken.

336 Sind die Grundsätze der Konzernbildungskontrolle eingehalten und das Beteiligungsunternehmen zulässigerweise in die Abhängigkeit von dem herrschenden Unternehmen gebracht worden, so stellt dies nach überwiegender Auffassung in der Literatur[8] keine Rechtfertigung dafür dar, die Mehrheitsstellung durch entsprechende Maßnahmen zu einer konzernbegründenden einheitlichen Leitung zu verdichten. Die Gegenansicht[9] geht davon aus, daß mit der Zustimmung der Minderheitsaktionäre zur Herstellung der Abhängigkeit zugleich die Zustimmung zur Eingliederung der Gesellschaft in den Unternehmensverbund des herrschen-

1 Lutter/Timm, NJW 1982, 419; Baumbach/Hueck/Zöllner, Schlußanhang I, Konzernrecht Rz. 21; Winter, Rz. 244 ff.
2 Lutter/Timm, NJW 1982, 419; Baumbach/Hueck/Zöllner, Schlußanhang I, Konzernrecht Rz. 21; Lutter/Hommelhoff, Anhang § 13 Rz. 11.
3 BGH v. 5.12.1983, BGHZ 89, 162, 165; Winter, 244 ff.
4 BGH v. 5.12.1983, BGHZ 89, 162, 165.
5 Lutter/Timm, NJW 1982, 409, 419; Lutter, ZGR Sonderheft 6, 204.
6 Rowedder/Koppensteiner, Anh. nach § 52 GmbHG, Konzernrecht Rz. 28a; Winter, 259/60, allerdings Stimmrechtsausschluß gem. § 47 Abs. 2 Satz 1 GmbHG.
7 Scholz/Emmerich, Anh. KonzR Rz. 89; Rowedder/Koppensteiner, Anh. nach § 52 GmbHG, Konzernrecht Rz. 28b; Baumbach/Hueck/Zöllner, Schlußanhang I, Konzernrecht Rz. 23.
8 Scholz/Emmerich, Anh. KonzR Rz. 110 f.; Baumbach/Hueck/Zoellner, GmbHG, Schlußanhang I, Konzernrecht Rz. 10a; Schneider, ZGR Sonderheft 6, 121, 131 ff.; Martens, GmbHR 1984, 265, 268 f.
9 Lutter, ZGR Sonderheft 6, 204; Rowedder/Koppensteiner, Anh. nach § 52 GmbHG, Konzernrecht Rz. 29; sowie Voraufl. Rz. 284.

den Unternehmens erteilt worden sei, jedenfalls bis zur Grenze einer nach den Grundsätzen über den qualifizierten faktischen Konzern zu behandelnden Vermögensbeschädigung der Gesellschaft. Diese Auffassung vermag nicht zu überzeugen, wenn man bedenkt, daß die sich aus einer Konzerneingliederung ergebenden Gefahren ungleich größer sind als bei Herstellung einer bloßen Abhängigkeit. Ist aber schon für letztere – unstreitig – die Mitwirkung der Minderheitsgesellschafter erforderlich, so muß gleiches für die Begründung eines Konzernverhältnisses gelten.

Da die Schutzfunktion der Konzernbildungskontrolle sich in erster Linie auf die abhängige Gesellschaft und deren (Minderheits)Gesellschafter erstreckt, finden die dargelegten Grundsätze a priori keine Anwendung auf die Rechtsverhältnisse zwischen einer GmbH und ihrem Alleingesellschafter. Dies ist auch aus Aspekten des Gläubigerschutzes nicht geboten, da dieser erst im Falle von Vermögensschädigungen der Gesellschaft Relevanz erlangt und dann nach den Grundsätzen über den qualifizierten faktischen Konzern ausreichend gewährleistet werden kann.[1] **337**

b) *Schutz der Gesellschafter des herrschenden Unternehmens*

Auf der Ebene der beherrschenden Gesellschaft stellt sich in erster Linie die Frage nach der Kompetenzverteilung zwischen Anteilsinhabern und Verwaltung im Falle der Begründung von Abhängigkeits- oder Konzernverhältnissen. Dies gilt sowohl für den Erwerb von bisher nicht zu dem Unternehmensverbund gehörenden Beteiligungen an anderen Unternehmen als auch für die Übertragung von Teilen des herrschenden Unternehmens auf eine (oder mehrere) selbständige Tochtergesellschaft(en). **338**

aa) Begründung einer Mehrheitsbeteiligung

Die Befugnis der Geschäftsführung zum Erwerb einer Mehrheitsbeteiligung an einem anderen Unternehmen ist in der Regel durch die Satzung des herrschenden Unternehmens begrenzt. In der Praxis finden sich nämlich regelmäßig Satzungsbestimmungen über bestimmte Geschäfte und Maßnahmen der Geschäftsführer, die der vorherigen Zustimmung der Gesellschafterversammlung bedürfen (sog. „Vorbehaltskatalog") und zu denen typischerweise der Erwerb von Beteiligungen und die Errichtung von Tochtergesellschaften zählen. Darüber hinaus ist der Beteiligungserwerb jedenfalls dann der Entscheidung der Gesellschafter vorbehalten, wenn dieser bzw. der Geschäftsgegenstand der zu erwerbenden Tochtergesellschaft durch den Gesellschaftszweck der Obergesellschaft nicht gedeckt ist. In diesem Fall bedarf es nämlich sogar einer Satzungsänderung, bevor der Erwerb erfolgen kann. **339**

Aber auch dann, wenn der Erwerb an sich von der Satzung gedeckt wäre, herrscht weitgehend Einigkeit, daß die Begründung einer konzernrechtlichen Mehrheitsstellung der Mitwirkung der Gesellschafterversammlung bedarf. Darauf gerichtete Verwaltungsmaßnahmen bilden prinzipiell den Gesellschaftern vorbehaltene außergewöhnliche Ge- **340**

1 Scholz/Emmerich, Anh. KonzR Rz. 113.

schäfte, da die Verfolgung des Unternehmensgegenstandes durch eigenunternehmerisches Handeln qualitativ etwas anderes darstellt als Beteiligungsverwaltung, wenn die Tochtergesellschaft als Konzernunternehmen geführt wird. Diese zum Aktienrecht entwickelten Kriterien[1] gelten auch für eine GmbH als herrschendes Unternehmen.

Ebenso verhält sich die Rechtslage im Falle der Ausgliederung von Vermögensteilen eines Unternehmens in eine selbständige Tochtergesellschaft. Auch hier bedarf es eines Beschlusses der Gesellschafterversammlung mit einer Mehrheit von drei Vierteln der Stimmen. Diese Rechtsauffassung ist zwischenzeitlich durch das Inkrafttreten des UmwG bestätigt worden, wonach die Beschlußfassung über eine Spaltung ebenfalls nur mit einer Mehrheit von drei Vierteln möglich ist.[2]

bb) Laufende Geschäftsführung

341 Maßnahmen der Konzernführung und Konzernleitung seitens des Geschäftsführungsorgans der herrschenden GmbH können sich aus deren Sicht als außergewöhnliche Maßnahmen qualifizieren und daher der Mitwirkung der Gesellschafterversammlung bedürfen.[3] Gleiches gilt für statutarische Zustimmungsvorbehalte in der Satzung der Obergesellschaft. Auch wenn solche Regelungen nur von Maßnahmen in der Obergesellschaft sprechen, können sie im Zweifel konzerndimensional zu verstehen sein.

342 In den genannten Fällen wird die Geschäftsführungsbefugnis der Verwaltung eingeschränkt; dagegen bleibt die Vertretungsmacht der Geschäftsführer bestehen. Auch dann, wenn der Erwerb einer Mehrheitsbeteiligung ohne Zustimmung der Gesellschafterversammlung im Verhältnis zu dieser nicht möglich ist, ändert dies nichts an der Wirksamkeit des Erwerbs selbst.

cc) Konzernbildung

343 Ebenso wie auf der Ebene der abhängigen GmbH (s. Rz. 336) stellt sich auf der Ebene der herrschenden Gesellschaft die Frage, ob die Maßnahmen der Konzernbildungskontrolle auch bei dem Übergang von bloßer Abhängigkeit zur Konzernierung erneut der Mitwirkung der Anteilseigner bedürfen. Auch hier nimmt die h. M.[4] an, daß das Schutzbedürfnis bei Konzernbildung überwiege, während die Gegenansicht[5] diese Maßnahmen als von der Mitwirkung der Gesellschafter bei Begründung der Abhängigkeit gedeckt ansieht. M. E. sprechen auch hier die besseren Argumente für die Anwendung der vorgenannten Grundsätze auch auf die Konzernierung eines bisher nur abhängigen Unter-

1 „Holzmüller-Urteil", BGH v. 25.2.1982, BGHZ 83, 122, 125; Rehbinder in FS Coing, 1982, 123; Koppensteiner in Kölner Kommentar, Vorbemerkung § 291, Rz. 18 ff.
2 Einzelheiten zur Spaltung im Vertragskonzern s. u. bei Rz. 483 ff.
3 Lutter, ZGR Sonderheft 6, 213 f.
4 Scholz/Emmerich, Anh. KonzR Rz. 110 f.; Baumbach/Hueck/Zoellner, GmbHG, Schlußanhang I, Konzernrecht Rz. 10a; Schneider, ZGR Sonderheft 6, 121, 131 ff.; Martens, GmbHR 1984, 265, 268 f.
5 Lutter, ZGR Sonderheft 6, 204; Rowedder/Koppensteiner, GmbHG, Anh. nach § 52 GmbHG, Konzernrecht Rz. 29; sowie Voraufl.

nehmens, zumal der BGH[1] für die Begründung eines GmbH-Vertragskonzerns in analoger Anwendung der Vorschriften des § 392 Abs. 2 AktG einen Zustimmungsbeschluß der Gesellschafter der Obergesellschaft verlangt.

4. Der faktische GmbH-Konzern

Ein faktischer GmbH-Konzern liegt vor, wenn eine oder mehrere ab- 344
hängige GmbH's mit einem herrschenden Unternehmen einen Konzern im Sinne der §§ 15 ff. AktG bilden, ohne daß der Konzernbildung der Abschluß eines Unternehmensvertrages im Sinne der §§ 291 ff. AktG zugrunde liegt, mit anderen Worten, wenn die Konzernbildung auf tatsächlichen („faktischen") Umständen beruht und nicht auf dem Abschluß eines Vertrages. Faktische Konzernverbindungen sind in der Praxis weit verbreitet, wenngleich empirische Erhebungen wegen der Schwierigkeiten das Vorliegen eines Konzernverhältnisses festzustellen, fehlen. Da sichere äußere, jedem Außenstehenden ohne weiteres erkennbare Kennzeichen wie der Abschluß eines in das Handelsregister einzutragenden Vertrages nicht existieren und – jedenfalls bei wirtschaftlich erfolgreicher Tätigkeit – Interessengegensätze zwischen dem herrschenden Unternehmen und der abhängigen, oft 100%igen Tochtergesellschaft nicht zutage treten, bleibt das Konzernverhältnis u. U. jahrelang verborgen. Gerade deswegen bergen faktische Konzernverhältnisse spezifische Gefahren insbesondere für Gläubiger und Minderheitsgesellschafter der faktisch abhängigen Gesellschaft, woraus sich das besondere Interesse dieses rechtstatsächlichen Befundes in der Rechtsprechung und Literaturdiskussion der letzten Jahre erklärt.

Gesetzliche Bestimmungen über faktische Konzernverhältnisse exi- 345
stieren, wie bereits erwähnt, nicht, vielmehr sind die rechtlichen Grundsätze das Ergebnis einer vom rechtswissenschaftlichen Schrifttum vorbereiteten und kritisch begleiteten Entwicklung der gesellschaftsrechtlichen Rechtsprechung. Die folgenden wichtigsten Entscheidungen des BGH zu diesen Fragen sind unter in der Regel dem Streitgegenstand entnommenen Bezeichnungen weit über das Fachpublikum hinaus öffentlich bekannt geworden:

- „ITT",[2]
- „Autokran",[3]
- „Tiefbau",[4]
- „Video",[5]
- „TBB".[6]

1 BGH v. 24.10.1988, BGHZ 105, 324.
2 BGH, Urt. v. 5.6.1975, BGHZ 65, 15.
3 BGH, Urt. v. 16.9.1985, BGHZ 95, 330.
4 BGH, Urt. v. 20.2.1989, BGHZ 107, 7.
5 BGH, Urt. v. 23.9.1991, BGHZ 115, 187.
6 BGH, Urt. v. 29.3.1993, BGHZ 122, 123.

Das die Entscheidungen begleitende rechtswissenschaftliche Schrifttum ist inzwischen nahezu unübersehbar geworden, wenn auch durch die „TBB"-Entscheidung, die einen (vorläufigen?) Kulminationspunkt darstellt, eine gewisse Zäsur eingetreten ist.[1]

346 Daß sich dabei die Rechtsfragen in der Regel am Beispiel der abhängigen GmbH erhoben haben, liegt darin begründet, daß die GmbH naturgemäß anfälliger ist für faktische Konzernierung als die AG. Wegen der gem. § 37 Abs. 1 GmbHG bestehenden weitgehenden Weisungsgebundenheit des GmbH-Geschäftsführers gegenüber der Gesellschafterversammlung (bzw. dem Alleingesellschafter) kann das herrschende Unternehmen hier auch ohne Vorhandensein eines Beherrschungsvertrages viel eher eine tatsächliche beherrschende Stellung ausüben als gegenüber einem die Gesellschaft eigenverantwortlich leitenden Vorstand einer AG. Inhaltlich konzentrieren sich die Rechtsprobleme im Zusammenhang mit faktischen Konzernverhältnissen in erster Linie auf den Schutz der Gläubiger sowie der außenstehenden Gesellschafter der abhängigen Gesellschaft,[2] zunehmend finden sich aber auch Erörterungen zu anderen Themenkreisen.[3]

a) Abgrenzung

347 Entsprechend den allgemeinen Begriffsbestimmungen des Konzerngesellschaftsrechts (s. Rz. 312 ff.), die auch für den hier darzustellenden GmbH-Konzern gelten, erfordert das Vorliegen faktischer Konzernverhältnisse (mindestens) ein herrschendes und (mindestens) ein abhängiges Unternehmen im Sinne des § 17 AktG. Über diese notwendige Bedingung hinaus müssen beide Unternehmen zusätzlich unter einheitlicher Leitung zusammengefaßt sein, wobei die widerlegliche Kon-

1 Umfangreiche Literaturübersichten bei Scholz/Emmerich, Anh. KonzR vor Rz. 1; sowie Lutter/Hommelhoff, die in die Zeit „vor" (Anh. § 13 GmbHG vor Rz. 1) und „nach" (Anh. § 13 GmbHG vor Rz. 16) TBB einteilen.

2 So insbesondere die unter Rz. 345 zit. BGH-Rechtsprechung nebst Kommentierungen des Schrifttums, insbesondere bei Lutter, ZIP 1985, 1425; Lutter, ZGR Sonderheft 6, 191, 206 ff.; Priester, ZIP 1986, 137; Rehbinder, AG 1986, 85; Schwark, JuS 1987, 443; K. Schmidt, BB 1985, 2074; K. Schmidt, ZIP 1986, 146; K. Schmidt, ZIP 1986, 554; Semler in FS Goerdeler, 551; Stimpel, AG 1986, 117; Stimpel, ZGR Sonderheft 6, 39; Stimpel in FS Goerdeler, 601; Ulmer, AG 1986, 123; Ulmer, NJW 1986, 1579; Ulmer, WPg 1986, 685; Wiedemann, ZIP 1986, 1293; Wiedemann, ZGR 1986, 656; Decher, DB 1989, 965; Ziegler, WM 1989, 1041, 1077; Geitzhaus, GmbHR 1989, 397, 455; Vonnemann, BB 1990, 217; Basten, GmbHR 1990, 447; Decher, DB 1990, 2005; Vonnemann, DB 1990, 2509; LG Köln, Teil-Urteil vom 6.6.1989, GmbHR 1990, 459; OLG Köln, Urteil vom 2.5.1990, GmbHR 1990, 456; dezidiert anderer Ansicht, Koppensteiner in Kölner Kommentar, Vorbemerkungen vor § 311 Rz. 24; Koppensteiner in Probleme des Konzernrechts, 87; Rowedder/Koppensteiner, Anh. nach § 52 GmbHG, Konzernrecht Rz. 61a/b; K. Schmidt, ZIP 1993, 549; H.P. Westermann, ZIP 1993, 545; Uwe H. Schneider, WM 1993, 782; Lutter, JZ 1993, 580; Drygala, GmbHR 1993, 316; Bauder, BB 1993, 1103; Versteegen, DB 1993, 1225; Limmer, DStR 1993, 765; Kowalski, GmbHR 1993, 253; Schanze, AG 1993, 376; Ebenroth/Wilken, ZIP 1993, 558; Buchner/Weigl, DNotZ 1994, 580; Altmeppen, DB 1994, 1912; Krieger, ZGR 1994, 375; Ensthaler/Kreher, BB 1995, 1422; dies., BB 1996, 385; Bitter/Bitter, BB 1996, 2153; Mohr, GmbH-StB 1997, 297.

3 Zu Stimmverboten im GmbH-Konzern Immenga/Werner, GmbHR 1976, 53; Schneider, ZHR 1986, 609; zur Vertretung im Konzern Schneider, BB 1986, 201; zu Finanzierungsfragen im Konzern Schneider, ZGR 1984, 497; Schneider, ZGR Sonderheft 6, 121; Schneider, ZGR 1985, 279; zu verdeckten Gewinnausschüttungen im GmbH-Konzern Mertens/Cahn in FS Heinsius, 545; zum Wettbewerbsverbot im GmbH-Konzern Röhricht, WPg 1992, 766.

zernvermutung des § 18 Abs. 1 Satz 3 AktG auch hier Anwendung findet. Der faktische Konzern unterscheidet sich dabei vom Vertragskonzern dadurch, daß die einheitliche Leitung nicht durch einen Beherrschungsvertrag,[1] sondern aufgrund anderer, faktischer Herrschaftsinstrumente verwirklicht wird.

Innerhalb faktischer Konzernverhältnisse wird allgemein zwischen sog. „einfachen" und sog. „qualifzierten" faktischen Konzernen unterschieden. Diese Unterscheidung kommt insbesondere im Rahmen der nachfolgend noch im einzelnen darzulegenden Haftungsfolgen für das herrschende Unternehmen Bedeutung zu, da nach herrschender Auffassung bei einfachen faktischen Konzernverbindungen letzteres lediglich zum Einzelausgleich erfolgter Schädigungen verpflichtet ist, während eine qualifizierte faktische Konzernierung zum umfassenden Verlustausgleich verpflichtet. Allgemeinverbindliche Abgrenzungskriterien zwischen beiden Konzernformen existieren nicht, allgemein anerkannt ist lediglich, daß zwischen ihnen ein Stufenverhältnis in Abhängigkeit zum Grad der Einflußnahme der herrschenden auf die abhängige Gesellschaft besteht. Dieses wird allgemein aus der Erkenntnis abgeleitet, daß das Schutzsystem des einfachen faktischen Konzerns durch die Pflicht zum Einzelausgleich nachteiliger Weisungen naturgemäß ihre Grenze findet, wenn sich die Summe der Eingriffe des herrschenden Unternehmens zu einer dauernden und umfassenden Leitung der beherrschten Gesellschaft verdichtet, so daß einzelne schädigende Maßnahmen nicht mehr identifizierbar und damit nicht mehr kontrollierbar sind.[2] **348**

Als Beispiele für Verstöße gegen das Verbot schädigender Einzelmaßnahmen lassen sich z. B. nennen: **349**

- Gewinnverlagerungen durch verdeckte Gewinnausschüttungen;
- die Verlagerung chancenreicher Geschäfte von der abhängigen Gesellschaft auf das herrschende Unternehmen;
- die Sanierung einer anderen Konzerngesellschaft zu Lasten der abhängigen Gesellschaft;
- die Vereinbarung überhöhter Verrechnungspreise sowie von Konzernumlagen ohne angemessene Gegenleistung;
- die Veranlassung der abhängigen Gesellschaft zu übermäßig riskanten oder spekulativen Geschäften, zur Abgabe wertvoller Vermögensgegenstände oder zur Kreditgewährung an das herrschende Unternehmen ohne angemessene Gegenleistung oder ohne Sicherheiten.

Angesichts der Vielzahl wirtschaftlicher Betätigungsmöglichkeiten ist die Anzahl möglicher schädigender Einzelmaßnahmen nahezu unbegrenzt. Die vorstehende Aufzählung kann daher nicht als abschließend betrachtet werden, gibt aber typische Interessenlagen in Konzernverhältnissen wieder, so wie sie in der Praxis häufig anzutreffen sind.

1 Vgl. hierzu Koerfer/Selzner, GmbHR 1997, 285.
2 Statt aller Lutter/Hommelhoff, Anh. § 13 GmbHG Rz. 16; Scholz/Emmerich, Anh. KonzR Rz. 195 ff.; jew. m. w. N.

350 Demgegenüber ist die Grenze zu qualifiziert faktischer Konzernierung überschritten, wenn mittels dauernder und umfassender Leitung die abhängige Gesellschaft wie eine unselbständige Betriebsabteilung geführt wird und aufgrund der hohen Dichte und Intensität der Einflußnahme Einzelmaßnahmen und ihre (schädigenden) Auswirkungen auf die abhängige Gesellschaft nicht mehr erfaßt werden können (mangelnde Isolierbarkeit).[1] Beschränkt sich das herrschende Unternehmen nicht mehr nur auf die Vorgabe strategischer Grundausrichtungen, sondern übernimmt es wesentliche Teile der unternehmerischen Einzelplanung, so ist die Gefahr qualifizierter faktischer Konzernbeherrschung gegeben. Im einzelnen kann dies bei folgenden Maßnahmen anzunehmen sein:

- Zentralisierung wesentlicher Einzelfunktionen wie Finanzwesen („Cash-Poolung"), Forschung und Entwicklung, Einkauf, Verkauf, Produktion;
- Abzug von Gesellschaftsvermögen auch außerhalb der Grenzen der §§ 30, 31 GmbHG, wenn dies dazu führt, daß die Gesellschaft ihren eigenen – aktuellen und vorhersehbaren zukünftigen – Verbindlichkeiten nicht mehr nachkommen kann;
- Gewinnverlagerungen im Konzern, etwa durch erhöhte Konzernumlagen oder erhöhte Verrechnungspreise im Rahmen von Liefer- und Leistungsbeziehungen zwischen Konzerngesellschaften;
- Abzug von Führungspersonal;
- Beschränkung der Werbung;
- Verlagerung oder der Aufgabe von Produktgruppen oder Geschäftsfeldern;
- Verzicht auf Wettbewerbsverbote oder auf die Entwicklung neuer Produktgruppen zugunsten anderer Konzerngesellschaften;
- Unterlassung notwendiger Wartungsarbeiten;
- Nichtabschluß notwendiger Versicherungen.

Auch hier kann die Aufzählung notwendigerweise nur eine typisierende Auflistung praxisrelevanter Leitungsmaßnahmen darstellen. Insbesondere ist zu beachten, daß nicht schon das Vorliegen einer der genannten Maßnahmen zwingend dazu führen muß, daß ein qualifiziertes faktisches Konzernverhältnis vorliegt. Erforderlich ist nach dem Gesagten jedenfalls zusätzlich die mangelnde Isolierbarkeit der Einzelschädigungen.

351 Diese kann sich indes nicht nur aus der Menge der Einzelakte leitender Maßnahmen ergeben, sondern auch daraus, daß aufgrund der konkreten Gegebenheiten bei der abhängigen Gesellschaft, etwa eines Grundsätzen ordnungsgemäßer Buchführung nicht mehr entsprechenden Beleg- und Rechnungswesens, die wirtschaftlichen Konsequenzen einzelner Eingriffe nicht mehr nachzuvollziehen sind („Waschkorbsituation").[2]

1 BGH, „Autokran", Urt. v. 16.9.1985, BGHZ 95, 330; „TBB", Urt. v. 29.3.1993, BGHZ 122, 123; Scholz/Emmerich, Anh. KonzR Rz. 205; Lutter/Hommelhoff, GmbHG, Anh. § 13 Rz. 23; Krieger, ZGR 1994, 375, 387.

2 Lutter/Hommelhoff, Anh. § 13 GmbHG Rz. 23; Schulze-Osterloh, ZIP 1993, 1840.

Dementsprechend kann eine konkrete Maßnahme, z.B. eine Gewinnverlagerung im Konzern aufgrund betriebswirtschaftlich nicht gerechtfertigter Verrechnungspreise, je nach Situation bei dem beherrschten Unternehmen lediglich zum Einzelausgleich verpflichten (wenn anhand einer geordneten Kostenrechnung bei der abhängigen Gesellschaft das Ausmaß der Schädigung im einzelnen nachvollzogen werden kann) oder das Risiko umfassender Verlustausgleichspflicht nach sich ziehen (wenn der betriebswirtschaftlich „richtige" Preis je Produkt oder Produktgruppe nicht zu ermitteln ist).

Die Feststellung, daß ein faktisches Konzernverhältnis vorliegt, sowie die Einordnung desselben als „einfach" bzw. „qualifiziert" ist somit nur auf der Grundlage einer umfassenden Analyse der konkreten Gegebenheiten bei den betroffenen Unternehmen möglich, bei der Art und Umfang der Leitungsmaßnahmen sowie deren Isolierbarkeit bei der abhängigen Gesellschaft zu untersuchen sind. Anhaltspunkte bieten dabei in erster Linie Aufzeichnungen und sonstige Unterlagen über Geschäftsführer- und Aufsichtsratssitzungen, Protokolle von Gesellschafterversammlungen, einzelne schriftliche Weisungen, konzerninterne Verträge und Absprachen sowie Organisation und tatsächliche Handhabung des Rechnungswesens der abhängigen Gesellschaft. Da die maßgebenden Umstände und Kriterien, abgesehen von der Führungsebene der betroffenen Gesellschaften, in der Regel nur dem Wirtschaftsprüfer der Unternehmen bekannt sind bzw. im Rahmen einer eigens zu diesem Zwecke anzuberaumenden Sonderprüfung bekannt werden können, ist die Abgrenzungsfrage nur theoretisch eine rechtliche, de facto indes eine wirtschaftliche Problemstellung, die im konkreten Einzelfall nur bei Zusammentreffen rechtlicher und wirtschaftlicher Kompetenz verläßlich gelöst werden kann. 352

b) Voraussetzungen und Rechtsfolgen des einfachen faktischen GmbH-Konzerns

Nach der Rechtsprechung des BGH[1] sind die aktienrechtlichen Grundregeln des (einfachen) faktischen Konzerns der §§ 311 f. AktG (Verpflichtung der herrschenden Gesellschaft zum Nachteilsausgleich, Verpflichtung der abhängigen Gesellschaft zur Erstellung eines Abhängigkeitsberichts) wegen der wesentlichen strukturellen Unterschiede zwischen Aktiengesellschaft und GmbH im GmbH-Konzern nicht anzuwenden. Allerdings unterliegt auch im einfachen faktischen GmbH-Konzern der herrschende Gesellschafter einem allgemeinen Schädigungsverbot, d. h. dieser ist verpflichtet, die abhängige GmbH nicht zu schädigen. Das Konzerninteresse vermag die Zulässigkeit der schädigenden Maßnahmen nicht zu begründen. Selbst der Ausgleich der Nachteile oder die Gewährung eines Rechtsanspruchs auf Ausgleich der Nachteile kann die Rechtswidrigkeit der schädigenden Maßnahmen nicht ausräumen. Dies gilt nicht, wenn alle Mitgesellschafter zustimmen und der Nachteil nicht in den durch § 30 GmbHG geschützten, dem 353

1 BGH, „Autokran", Urt. v. 16.9.1985, BGHZ 95, 330, 340.

Einfluß der Gesellschafter entzogenen Vermögensbereich eingreift. Bis zu dieser Grenze steht das Gesellschaftsvermögen zur Disposition der Gesellschafter.

354 Das Schädigungsverbot findet seine Rechtsgrundlage in der Treupflicht des herrschenden Unternehmens gegenüber der abhängigen Gesellschaft und den außenstehenden Gesellschaftern, aufgrund derer das herrschende Unternehmen bei sämtlichen Maßnahmen in der abhängigen Gesellschaft auf den gemeinsamen Zweck sowie auf die legitimen Interessen der Mitgesellschafter Rücksicht zu nehmen hat.[1] Die Art der Einflußnahme (Weisungsbeschlüsse, unmittelbare Direktiven an die Geschäftsleitung) spielt keine Rolle. Der Sorgfaltsmaßstab richtet sich nach den zu § 43 GmbHG entwickelten Grundsätzen, wenn die Einflußnahme unmittelbar gegenüber den Geschäftsführern erfolgt; für das Verschulden gilt außerdem die zu § 43 GmbHG entwickelte Beweislastumkehr. Inwieweit dies auch dann gilt, wenn das herrschende Unternehmen seinen Einfluß über die Gesellschafterversammlung der GmbH geltend macht, ist umstritten.[2]

355 Als Rechtsfolge von Verstößen kommen bei Weisungsbeschlüssen vor allem deren Anfechtung und im übrigen in erster Linie Unterlassungsansprüche jedes Minderheitsgesellschafters gegen die GmbH und das herrschende Unternehmen, vor allem aber der GmbH selbst auf Schadensersatz gegen das herrschende Unternehmen in Betracht. Für dessen Umfang gelten die §§ 249 ff. BGB. Die gleiche Haftung trifft den Geschäftsführer; handelt dieser jedoch auf dem Hintergrund eines förmlichen und nicht angefochtenen Weisungsbeschlusses, so ist er bis zur Grenze des § 30 GmbHG von eigener Haftung frei, § 43 Abs. 3 Satz 3 GmbHG. Neben der geschädigten GmbH selbst kann auch jeder Minderheitsgesellschafter den Schaden geltend machen. Das folgt aus einer entsprechenden Anwendung der §§ 309 Abs. 4, 317 Abs. 4 und 318 Abs. 4 AktG.[3] Doch ist hier zunächst ein Beschluß der Gesellschafterversammlung gem. § 46 Nr. 8 GmbHG erforderlich; das herrschende Unternehmen ist dabei nicht stimmberechtigt. Der Schadensersatz ist in das Gesellschaftsvermögen zu leisten. Insoweit kommt der Schutz des Schädigungsverbots als Reflex auch den Gläubigern der abhängigen GmbH zugute, da der Schadensersatzanspruch der abhängigen GmbH deren Gläubigern als Haftungsmasse zur Verfügung steht und im Konkurs vom Konkursverwalter geltend zu machen ist. In der Literatur wird darüber hinaus überwiegend auch den Gläubigern die Möglichkeit eingeräumt, diesen Anspruch durchzusetzen, wenn sie von der abhängigen Gesellschaft keine Befriedigung ihrer Ansprüche erlangen können, §§ 309 Abs. 4 Satz 3, 317 Abs. 1 und 4 AktG analog.[4]

1 BGH, „ITT", Urt. v. 5.6.1975, BGHZ 65, 15.

2 Vgl. Rowedder/Koppensteiner, Anh. nach § 52 GmbHG, Konzernrecht Rz. 51; m. w. N.

3 Hachenburg/Ulmer, GmbHG, Anh. § 77 Rz. 90; a. A. Rowedder/Koppensteiner, Anh. nach § 52 GmbHG, Konzernrecht Rz. 52; actio pro societate.

4 Ulmer, ZHR 1984, 421; Schilling, BB 1975, 1452; Rehbinder, ZGR 1976, 394; Schwark, JuS 1987, 443, 447 f.; vgl. auch BGH, „Autokran", Urt. v. 16.9.1985, BGHZ 95, 330, 340; Rowedder/Koppensteiner, Anh. nach § 52, Konzernrecht Rz. 52; dagegen Baumbach/Hueck/Zöllner, Schlußanhang I, Konzernrecht Rz. 34; Stimpel, ZGR Sonderheft 6, 39, 41 ff.

Problematisch ist die Geltung des auf der Treuepflicht des Unternehmensgesellschafters aufbauenden Schädigungsverbots in mehrstufigen Abhängigkeits- bzw. Konzernverhältnissen, da die Begründung etwa einer Treupflicht der Muttergesellschaft gegenüber der Enkelgesellschaft und deren außenstehenden Gesellschaftern jedenfalls dann versagt, wenn die Muttergesellschaft nicht unmittelbar an der Enkelgesellschaft beteiligt ist. Ein Bedürfnis für die Haftung der Muttergesellschaft ist auch in diesen Fällen evident. Rechtsdogmatisch läßt sich die Haftung aus einer Verlängerung der Treupflicht der Konzernspitze kraft Schutzwirkung zugunsten Dritter herleiten.[1] **356**

Die rechtstechnische Anbindung des Gläubigerschutzes an den durch die Treupflicht vermittelten Minderheitenschutz führt zu einem Defizit in der Einmann-GmbH, wenn man besondere Treupflichten des herrschenden Einmann-Gesellschafters gegenüber seiner GmbH verneint. Dies wird zum Teil hingenommen, da sich die Gläubigerinteressen in der Einmann-GmbH auf die Einhaltung der Stammkapitalvorschriften (§§ 30 und 31 GmbHG), beschränken.[2] Bejaht man dagegen den Bestandsschutz als vom Gesellschafter unabhängiges Gesellschaftsinteresse,[3] so kommen hier ebenfalls Schadensersatzansprüche der abhängigen Gesellschaft gegen das herrschende Unternehmen in Betracht, auf die dann gegebenenfalls die Gläubiger zugreifen können. Andere wollen mit einer Analogie zu § 317 AktG helfen.[4] **357**

c) Voraussetzungen und Rechtsfolgen des qualifizierten faktischen GmbH-Konzerns

aa) Entwicklung der Rechtsprechung

Über Tatbestand und Rechtsfolgen des qualifizierten faktischen GmbH-Konzerns herrscht inzwischen weitgehend Einigkeit, wohingegen deren rechtstheoretische Begründungen im Verlaufe der Rechtsentwicklung der letzten zwanzig Jahre zum Teil heftig umstritten waren und in Einzelheiten bis heute als nicht restlos geklärt angesehen werden können. **358**

Nachfolgend soll ein kurzer Überblick über die wesentlichen Schritte dieser Entwicklung gegeben werden, ohne daß hier die divergierenden Argumentationslinien im einzelnen nachgezeichnet werden können.[5]

1 Stimpel, AG 1986, 117, 119 ff.; Paschke, AG 1988, 196, 204; Winter, 256 ff.; vgl. in diesem Zusammenhang auch BGH, BGHZ 89, 165; a. A. Rowedder/Koppensteiner, Anh. nach § 52 GmbHG, Konzernrecht Rz. 50; analoge Heranziehung der Grundsätze über die Haftung des faktischen Geschäftsführers.

2 Lutter, ZGR Sonderheft 6, 192, 211; Rehbinder, AG 1986, 85, 94; Baumbach/Hueck/Zöllner, Schlußanhang I, Konzernrecht Rz. 35; Lutter/Hommelhoff, Anh. § 13 GmbHG, Rz. 28; vgl. auch BGH, „Autokran“, Urt. v. 16.9.1985, BGHZ 95, 330.

3 Ulmer, ZHR 1984, 391, 417, 419; Ulmer, AG 1986, 123, 127; Winter, 202 ff.

4 Rowedder/Koppensteiner, Anh. nach § 52 GmbHG, Konzernrecht Rz. 51a; allerdings begrenzt auf die Höhe des Stammkapitals.

5 Zum Streitstand vor der „TBB“-Entscheidung s. ausf. Voraufl. Rz. 304 ff. m. w. N.

– „Autokran"-Entscheidung:

359 In der „Autokran"-Entscheidung[1] begründet der BGH die Konzernhaftung des herrschenden Unternehmens – im entschiedenen Fall eine natürliche Person – gegenüber den Gläubigern der abhängigen Gesellschaften damit, daß das Vorliegen einer dauernden und umfassenden Leitung der abhängigen durch das herrschende Unternehmen eine (widerlegliche) Vermutung für eine nachhaltige Beeinträchtigung der Eigeninteressen der abhängigen Gesellschaft durch das herrschende Unternehmen begründet. Die so geschaffene, mit der Situation im aktienrechtlichen Vertragskonzern vergleichbare Gefährdungslage erlaube, in Analogie zu den Bestimmungen der §§ 291 ff. AktG, einen haftungsrechtlichen Zugriff auf das herrschende Unternehmen.

– „Tiefbau"-Entscheidung:

360 Demgegenüber stellt der BGH in der „Tiefbau"-Entscheidung[2] nicht mehr auf ein schädigendes Verhalten des herrschenden Gesellschafters ab, sondern leitet dessen Verantwortlichkeit allein aus der dauernden und umfassenden Ausübung der Konzernleitungsmacht ab (Zustandshaftung). Zur Abwendung konzernrechtlicher Haftungsfolgen bleibe dem herrschenden Unternehmen der Nachweis fehlender Kausalität zwischen ausgeübter Konzernleitung und bei der abhängigen Gesellschaft eingetretener Schädigung, wenn die Verluste auf Umständen beruhten, die nicht auf die Ausübung der Leitungsmacht zurückzuführen seien. Könne dieser Nachweis nicht geführt werden, so stehe dem abhängigen Unternehmen ein Verlustausgleichsanspruch analog § 302 AktG zu, der im entschiedenen Fall durch den Konkursverwalter geltend gemacht wurde.

– „Video"-Entscheidung:

361 In der „Video"-Entscheidung[3] begründet der BGH unter ausdrücklicher Aufrechterhaltung des Konzepts der verschuldensunabhängigen Zustandshaftung die Einstandspflicht des herrschenden Unternehmens mit dem Risiko, das sich aus der Einbindung der abhängigen Gesellschaft in die übergeordneten Konzerninteressen ergebe. Rechtsfolge sei – wiederum aufgrund analoger Anwendung der §§ 302, 303 AktG – eine Verlustausgleichsverpflichtung bzw. eine unmittelbare Außenhaftung der herrschenden Gesellschaft gegenüber der abhängigen Gesellschaft bzw. deren Gläubigern, wenn nicht die herrschende Gesellschaft den Entlastungsbeweis fehlender Kausalität führen könne.

– „TBB"-Entscheidung:

362 Dagegen schränkt der BGH in der „TBB"-Entscheidung[4] seine bis dahin entwickelte Auffassung einer Zustandshaftung mit der Möglichkeit des Entlastungsbeweises signifikant ein. Eine Inanspruchnahme unter dem Aspekt qualifizierter faktischer Konzernierung komme nur in Betracht, wenn neben der – immer noch für erforderlich gehaltenen – dauernden

1 BGH, Urt. v. 16.9.1985, BGHZ 95, 330.
2 BGH, Urt. v. 20.2.1989, BGHZ 107, 7.
3 BGH, Urt. v. 23.9.1991, BGHZ 115, 187.
4 BGH, Urt. v. 29.3.1993, BGHZ 122, 123.

und umfassenden Ausübung von Konzernleitungsmacht ein objektiver die abhängige Gesellschaft schädigender Mißbrauch dieser Leitungsmacht festzustellen sei. Letzterer sei gegeben, wenn das herrschende Unternehmen nicht in angemessener Weise auf die berechtigten eigenen Interessen des abhängigen Rücksicht nehme und die Schädigungen auch nicht durch Einzelausgleichsmaßnahmen kompensiert habe. Darüber hinaus wird das Konzept des dem herrschenden Unternehmen obliegenden Entlastungsbeweises zugunsten einer gestaffelten Verteilung der Darlegungs- und Beweislast modifiziert, da die Voraussetzungen für das Vorliegen eines Haftungstatbestandes aufgrund qualifizierten faktischen Konzernverhältnisses grundsätzlich dem Anspruchsteller obliege, der sich allerdings, soweit er keinen Einblick in die konzerninternen Verhältnisse besitzen könne, auf eine entsprechende (negative) Substantiierungspflicht des herrschenden Unternehmens berufen könne.

– Resonanz im rechtswissenschaftlichen Schrifttum:

Im Gefolge der „Autokran"-Entscheidung, in der die dogmatische Begründung des Konzernhaftungstatbestandes noch offengeblieben war, stritten – mit Modifikationen – im wesentlichen die Konzeptionen einer Verhaltenshaftung[1] und einer Zustandshaftung.[2] Dieser Streit wurde durch den BGH im letzteren Sinne entschieden, wobei zunächst die „Tiefbau"-Entscheidung mit breiter Zustimmung aufgenommen,[3] während sodann die „Video"-Entscheidung heftig kritisiert[4] wurde. Die durch die „TBB"-Entscheidung vorgenommene Einschränkung des Haftungstatbestandes des qualifizierten faktischen Konzerns wurde demgemäß weitgehend[5] begrüßt, wenn auch zum Teil Schwächen bzw. weiterer Handlungsbedarf bei der Ausformung des Tatbestandsmerkmals des objektiven Mißbrauchs von Konzernleitungsmacht[6] sowie bei der abgestuften Darlegungs- und Beweislast[7] erkannt wurden. **363**

Die aufgezeigte Rechtsprechungsentwicklung läßt erkennen, daß nach einigem Schwanken nunmehr eine gewisse Festigung der Voraussetzungen und Rechtsfolgen des qualifizierten faktischen Konzerns eingetreten ist. Zwischenzeitlich hat der BGH die wesentlichen Grundzüge **364**

1 Verhaltenshaftung: Lutter, ZIP 1985, 1425, 1429 ff.; Lutter, ZGR Sonderheft 6, 192, 207; Rehbinder, AG 1986, 85, 95 ff.; Schwark, JuS 1987, 443, 449.

2 Zustandshaftung: K. Schmidt, BB 1985, 2074, 2077; K. Schmidt, Gesellschaftsrecht, § 31 IV 4, 728; K. Schmidt, ZIP 1989, 545; Ulmer, AG 1988, 123, 127 ff.; Ulmer, NJW 1986, 1579, 1583; Assmann, JZ 1986, 928, 934; Wiedemann, ZGR 1986, 656, 664 ff.; Wiedemann, Unternehmensgruppe, 81 ff.; Emmerich, AG 1987, 1, 5; Emmerich, GmbHR 1987, 213, 216 ff.

3 Decher, DB 1989, 965, 968 ff.; Geitzhaus, GmbHR 1989, 397, 405; Vornemann, BB 1990, 217, 221; Baumbach/Hueck/Zöllner, GmbHG, Schlußanhang I Rz. 30.

4 Flume, DB 1992, 25, 27 ff.; Flume, ZIP 1992, 817, 819 ff.; Hommelhoff, DB 1992, 309; Lutter, DB 1992, 2429, 2430; Sonnenschein/Holdorf, JZ 1992, 715; Mertens, AG 1991, 434; Timm, GmbHR 1992, 213, 219; Timm/Genting, ZIP 1992, 821, 823 ff.; Altmeppen, DB 1991, 2225, 2230.

5 K. Schmidt, ZIP 1993, 549; H.P. Westermann, ZIP 1993, 545; Uwe H. Schneider, WM 1993, 782; Lutter, JZ 1993, 580; Drygala, GmbHR 1993, 316; Bauder, BB 1993, 1103; Versteegen, DB 1993, 1225; Limmer, DStR 1993, 765; Kowalski, GmbHR 1993, 253; Schanze, AG 1993, 376; Ebenroth/Wilken, ZIP 1993, 558; Buchner/Weigl, DNotZ 1994, 580; Altmeppen, DB 1994, 1912; Krieger, ZGR 1994, 375.

6 Baumbach/Hueck/Zöllner, GmbHG, Schlußanh. I, Rz. 88 f., der m. E. zu Recht den Streit um das Haftungskonzept als „wenig fruchtbar" bezeichnet.

7 H.P. Westermann, ZIP 1993, 545, 547 ff.; Ebenroth/Wilken, ZIP 1993, 558, 562.

der „TBB"-Entscheidung in einigen jüngeren Urteilen[1] bestätigt, und auch das BAG[2] hat sich der Rechtsauffassung des BGH nunmehr angeschlossen. Es kann damit bis auf weiteres davon ausgegangen werden, daß drei Voraussetzungen für die Annahme eines qualifizierten faktischen Konzerns erfüllt sein müssen:

- Dauernde und umfassende Ausübung von Konzernleitungsmacht;
- nachteilige, nicht in Einzelmaßnahmen isolierbare Schädigung der Eigeninteressen der abhängigen Gesellschaft; Vorrang des Einzelausgleichs;[3]
- (nachweisbare) Kausalität zwischen Machtausübung und Schädigung.

Ob die Voraussetzungen erfüllt sind, ist Tatfrage und nach dem Gesagten (s. Rz. 350 ff.) anhand einer eingehenden Analyse der konkreten Umstände bei den betroffenen Unternehmen – unter Einschluß der entsprechenden Beweislage – zu entscheiden. Dem Umstand, daß die seit „TBB" ergangenen Entscheidungen des BGH[4] das vorliegen eines qualifizierten faktischen Konzerns nicht mehr angenommen haben, kann dabei m. E. keine Indizwirkung beigemessen werden.[5]

bb) Verlustausgleich

365 Liegen die Voraussetzungen für einen qualifizierten faktischen Konzern vor, so ist das herrschende Unternehmen in erster Linie verpflichtet, analog § 302 AktG die Verluste der beherrschten Gesellschaft in bar auszugleichen.[6] Der Höhe nach beläuft sich die Verpflichtung auf die während der Dauer der faktischen Konzernierung entstandenen Jahresfehlbeträge der Untergesellschaft. Die Verlustausgleichspflicht endet mit Beendigung der faktischen Einbindung der abhängigen Gesellschaft in das herrschende Unternehmen bzw. mit Konkurseröffnung.

1 BGH, Urt. v. 13.12.1993, „Softec", ZIP 1994, 207; BGH, Urt. v. 19.9.1994, GmbHR 1994, 881; BGH, Urt. v. 17.3.1995, DB 1995, 1120; BGH, Urt. v. 12.2.1996, NJW 1996, 1283; „Wochenkonzern", BGH v. 25.11.1996, WiB 1997, 412; vgl. hierzu Gummert, WiB 1997, 410.

2 BAG, Urt. v. 14.12.1993, GmbHR 1994, 315; BAG, Urt. v. 8.3.1994, NJW 1994, 3244; möglicherweise weitergehend wieder jüngst in Urt. v. 1.8.1995, NJW 1996, 1491; dazu krit. Bitter/Bitter, BB 1996, 2153, 2155 ff.

3 Insbesondere in Fällen der Insolvenz und massenlosen Liquidation neigt die Rechtsprechung unter Vernachlässigung dieses Tatbestandsmerkmals zur Globalhaftung, so z. B. BGH v. 12.2.1996, NJW 1996, 1283; OLG Köln v. 26.8.1996, GmbHR 1997, 220. Derartige Tendenzen werden in der Literatur äußerst kritisch beurteilt, so z. B. Zeidler, GmbHR 1997, 881; Bitter/Bitter, BB 1996, 2153 (2157 f.); dies ist durch das OLG München jetzt besser berücksichtigt, Urteil v. 3.12.1997, n. rkr., DB 1998, 614.

4 BGH, Urt. v. 13.12.1993, „Softec", ZIP 1994, 207; BGH, Urt. v. 19.9.1994, GmbHR 1994, 881; BGH, Urt. v. 17.3.1995, DB 1995, 1120; BGH, Urt. v. 12.2.1996, NJW 1996, 1283; „Wochenkonzern", BGH v. 25.11.1996, WiB 1997, 412; vgl. hierzu Gummert, WiB 1997, 410.

5 So aber Bitter/Bitter, BB 1996, 2153, 2159 f., die daraus entnehmen wollen, daß die durch die „TBB"-Entscheidung aufgestellten Anforderungen an die Darlegungs- und Beweislast die Erfolgsaussichten für eine auf Konzernhaftungstatbestände gestützte Klage erheblich verringert hätten.

6 Seit „Video" (BGH, Urt. v. 23.9.1991, BGHZ 115, 187) und „TBB" (BGH, Urt. v. 29.3.1993, BGHZ 122, 123) h. M.; vgl. Lutter/Hommelhoff, Anh. § 13 GmbHG, Rz. 25; Baumbach/Hueck/Zöllner, GmbHG, Schlußanh. I Rz. 90; jew. m. w. N.

Der Anspruch auf Verlustausgleich ist von der abhängigen Gesellschaft, namentlich im Konkursfall durch den Konkursverwalter geltend zu machen, kann aber auch – außerhalb von Konkursfällen – von Gläubigern der beherrschten Gesellschaft im Wege der Einzelzwangsvollstreckung gepfändet und zur Einziehung überwiesen werden. Ein Verzicht auf den Ausgleichsanspruch ist analog § 302 Abs. 3 AktG nur unter den dort genannten einschränkenden Voraussetzungen möglich, wobei die Drei-Jahres-Frist zu dem Zeitpunkt beginnt, zu dem die Verlustausgleichspflicht endet.

cc) Ausfallhaftung

Mit Beendigung der faktischen Abhängigkeit, Liquidation oder Konkurs der abhängigen Gesellschaft ist das herrschende Unternehmen darüber hinaus analog § 303 AktG Gläubigern der abhängigen Gesellschaft gegenüber zur Sicherheitsleistung für deren Ansprüche verpflichtet.[1] Die Sechs-Monats-Frist (§ 303 Abs. 1 Satz 1 AktG) findet im qualifizierten faktischen Konzern keine Anwendung, da es an einer entsprechenden Bekanntmachung des Endes der Konzernierung, abgesehen von den Fällen des Konkurses, naturgemäß fehlt. **366**

Ist die abhängige Gesellschaft vermögenslos, so daß es einer vorherigen Sicherheitsleistung nicht mehr bedarf, schlägt der Anspruch in einen Zahlungsanspruch um. Da zu dem Vermögen der abhängigen Gesellschaft stets der – vorrangige – Verlustausgleichsanspruch gehört, kann dies nur insoweit eintreten, als der tatsächlich durchgesetzte Verlustausgleich hinter den Verbindlichkeiten der Gesellschaft zurückbleibt.

dd) Schutz der Minderheitsgesellschafter

Sind an der in faktische Abhängigkeit geratenen Gesellschaft außenstehende Gesellschafter beteiligt, so steht diesen nach einhelliger Auffassung das Recht zu, das Gesellschaftsverhältnis anläßlich der qualifizierten faktischen Konzernverbindung aus wichtigem Grund fristlos zu kündigen.[2] Sie erhalten in diesem Fall eine Abfindung in Höhe des vollen Anteilswertes, was de facto einer Abfindungsverpflichtung analog § 305 AktG gleichkommt. Dagegen ist für einen daneben bestehenden Anspruch, analog der Bestimmungen des § 304 AktG den Minderheitsgesellschaftern einen Anspruch auf angemessene Ausgleichszahlungen bzw. Garantiedividende zu gewähren, kein Raum.[3] **367**

d) Vermeidung faktischer Konzernverbindungen

Angesichts der gravierenden haftungsrechtlichen Folgen faktischer Konzernverbindungen, insbesondere im Rahmen qualifizierter faktischer Konzerne, gewinnt die Frage nach der Vermeidung dieser Rechts- **368**

1 Seit „Autokran" im Grundsatz allgemein anerkannt, vgl. Lutter/Hommelhoff, Anh. § 13 GmbHG, Rz. 26; Baumbach/Hueck/Zöllner, GmbHG, Schlußanh. I Rz. 91; jew. m. w. N.

2 Scholz/Emmerich, Anh. KonzR Rz. 213; Rowedder/Koppensteiner, Anh. nach § 52 GmbHG, Konzernrecht Rz. 59; K. Schmidt, ZGR 1981, 455, 473; Rehbinder, AG 1986, 91, 95; Geuting, BB 1994, 365, 366.

3 Rowedder/Koppensteiner, Anh. nach § 52 GmbHG, Konzernrecht Rz. 60.

folgen in demselben Maße an Bedeutung, in dem die Ausprägung des GmbH-Konzernrechts durch die höchstrichterliche Rechtsprechung fortschreitet. Die vielfältigen im Schrifttum erörterten Lösungsansätze lassen sich dabei in strukturelle Maßnahmen, nämlich

– Zusammenfassung aller unternehmerischer Aktivitäten in einer rechtlichen Einheit (Einheitsunternehmen),[1]
– Herstellung eines vertikalen Konzernaufbaus,
– Zwischenschaltung einer neuen Konzernobergesellschaft (Holding),[2]

sowie in organisatorische Vorkehrungen, nämlich

– Verzicht auf organschaftliche Leitungsfunktionen,[3]
– dezentrale Konzernleitung,[4]
– Herstellung isolierbarer Einzelmaßnahmen,[5]

unterscheiden.

369 Die Zusammenfassung der Unternehmensgruppe in einem Einheitsunternehmen bildet regelmäßig keine realistische Strukturalternative, da sie die mit der Begründung von Unternehmensverbindungen verfolgten Ziele (s. dazu Rz. 303 ff.) nicht erfüllen kann. Bei größeren Unternehmensverbindungen erschwert darüber hinaus die Bildung einer einzigen rechtlichen Einheit eine effektive Steuerung des Unternehmens.

370 Gleiches gilt für die Errichtung eines vertikalen Konzernaufbaus, bei der die einzelnen verbundenen Unternehmen jeweils einander nachgeordnet sind. Zum einen ist diese Variante dann nicht geeignet, wenn mehrere zu dem Konzernverbund gehörende Gesellschaften außenstehende Gesellschafter besitzen, da bei den nur im Mehrheitsbesitz stehenden Unternehmen die Gefahr einer Durchbrechung der Leitungsmachtkette erheblich größer ist als bei Einmann-Gesellschaften. Zum anderen dürfte bei einem solchen Konzernaufbau die Herstellung einer körperschaftssteuerlichen Organschaft, die in Konzernen häufig erreicht werden soll, in den meisten Fällen nicht möglich sein.

371 Vielversprechender für einen herrschenden Privat-Gesellschafter ist die Möglichkeit, die abhängigen Gesellschaften in einer einzigen zwischengeschalteten Holding-Gesellschaft zusammenzufassen, in die alle Anteile an den abhängigen Unternehmen eingebracht werden und die sodann ausschließlich die Konzernleitungsmacht ausübt. Durch die Einschaltung der Zwischenholding verliert der bisherige herrschende Gesellschafter seine Unternehmenseigenschaft, so daß ihm gegenüber – abgesehen von der Möglichkeit des Haftungsdurchgriffs nach allgemei-

1 Lutter, ZIP 1985, 1425, 1435; Priester, ZIP 1986, 137, 144; Schwark, JuS 1987, 443, 451; Ehlke, DB 1986, 523, 526; Keßler, GmbHR 1992, 249.

2 Lutter, ZIP 1985, 1425, 1435; Priester, ZIP 1986, 137, 144; Ulmer, NJW 1986, 1579, 1586; Hommelhoff, ZIP 1990, 761; Fußnote 18; Stimpel, ZGR 1991, 144, 157; Keßler, GmbHR 1992, 249 ff.; Donle, DStR 1995, 1918, 1922.

3 Keßler, GmbHR 1992, 249, 251.

4 Geitzhaus, GmbHR 1989, 455, 458 ff.; Hommelhoff, ZIP 1990, 761, 767; Hommelhoff, DB 1992, 309, 311, 313.

5 Schulze-Osterloh, ZIP 1993, 1838.

nen Grundsätzen – eine Haftung nicht mehr in Betracht kommt.[1] Die Zwischenholding an der Konzernspitze wirkt hier als Damm vor der persönlichen Inanspruchnahme des Privat-Gesellschafters, weil nicht er das konzernherrschende Unternehmen ist, sondern die Zwischenholding. Die Zwischenholding muß jedoch für die Bewältigung der potentiellen Ausgleichspflichten kapitalmäßig ausreichend ausgestattet sein, damit deren Gesellschafter nicht der unbeschränkten persönlichen Durchgriffshaftung aus Unterkapitalisierung ausgesetzt sind.

Organisatorische Vorkehrungen, die eine qualifizierte Verdichtung einer **372**
faktischen Konzernverbindung vermeiden, setzen voraus, daß die Geschäftsleitungen aller oder ausgewählter Konzerntochter- und -enkelgesellschaften ganz weitgehend in unternehmerischer Autonomie operieren. In den zentralen Unternehmensfunktionen darf Konzernleitung nur im grundsätzlichen stattfinden. Dem herrschenden Unternehmen bleibt nur die Festlegung von Rahmenbedingungen überlassen, alles übrige verbleibt dem autonomen Entscheidungsbereich der Geschäftsleitungen der abhängigen Gesellschaften. Aber auch dieses Konzept wird in aller Regel dem mit der Herstellung der Unternehmensverbindungen angestrebten Zweck, die unternehmerischen Aktivitäten der einzelnen Gliedunternehmen im Interesse besseren wirtschaftlichen Erfolges zu koordinieren, zuwiderlaufen.

Vor dem Hintergrund der Einschränkungen, die die Rechtsprechung zu **373**
qualifizierten faktischen Konzernierungen mit der „TBB"-Entscheidung[2] erfahren hat, kommt allerdings der Frage, inwieweit die einzelnen Leitungsmaßnahmen auf der Ebene der abhängigen Gesellschaft dokumentiert und damit im Sinne einer Nachprüfbarkeit „isolierbar" sind, erhebliche Bedeutung zu. Denn die Ausübung konzernrelevanter Leitungsmacht führt nach derzeitigem Stand dann nicht zu einer umfassenden Haftung des herrschenden Unternehmens, wenn es an einem Mißbrauch dieser Macht fehlt, wenn also ein Einzelausgleich schädigender Maßnahmen erfolgt oder zumindest möglich ist. Insbesondere die Schaffung der buchhalterischen Voraussetzung für eine Isolierbarkeit der beherrschenden Einflußnahme sowie eine den tatsächlichen Verhältnissen entsprechende Dokumentation derselben sind mithin geeignet, die Rechtsfolgen einer umfassenden Konzernhaftung zu vermeiden. Soweit allerdings einzelne schädigende Maßnahmen nicht kompensiert worden sind, verbleiben der abhängigen Gesellschaft und deren Gläubigern und Minderheitsgesellschaftern die Rechte, die sich aus dem Vorhandensein einer einfachen faktischen Konzernierung ergeben.

1 Zweifelnd: K. Schmidt, ZIP 1986, 146, 149; Schwark, JuS 1987, 443, 451; Geitzhaus, GmbHR 1989, 455, unter Hinweis auf die Rechtsprechung des BGH, die den Durchgriff nach oben in einzelnen Fällen anerkannt hat: BGH, Urt. v. 21.9.1981, BGHZ 81, 311; BGH, Urt. v. 5.12.1989, BGHZ 39, 162; in den angeführten Entscheidungen verfolgte der beherrschende Gesellschafter der Holding allerdings noch außerhalb der Holding andere wirtschaftliche Interessen, während sich hier seine Interessen auf die Holding beschränken, dies ist ein erheblicher Unterschied; vgl. auch Stimpel, ZGR 1991, 144, 157 f.

2 BGH, Urt. v. 29.3.1993, BGHZ 122, 123.

e) *Besonderheiten bei Einmann-Gesellschaften*

374 In der „Autokran"-Entscheidung[1] hatte der BGH noch offengelassen, ob auch in GmbH-Konzernen, bei denen die abhängigen Gesellschaften keine Minderheitsgesellschafter haben, eine Verlustausgleichspflicht analog der Bestimmungen des § 302 AktG besteht, und zur Begründung der Entscheidungen auf die Ausfallhaftung nach § 303 AktG abgestellt. In den folgenden Entscheidungen „Tiefbau"[2], „Video",[3] „TBB"[4] sowie zum „Wochenkonzern"[5] dagegen bejaht der BGH die Verpflichtung des Ein-Mann-Gesellschafters zum alljährlich fälligen Verlustausgleich analog § 302 AktG. Maßgebend ist dafür das Verständnis des BGH zum Verlustausgleich als Kompensation der bei qualifizierter Verdichtung der Konzernverbindung außer Kraft gesetzten Kapitalerhaltungsvorschriften. In der Konsequenz dieses dogmatischen Ansatzpunktes läge es, die Verlustübernahmepflicht wegen des bei der GmbH im Vergleich zur AG schwächer ausgebildeten Kapitalschutzes auf das zur Erhaltung des Stammkapitals erforderliche Vermögen zu beschränken; auszugleichen wäre danach der Verlust des Stammkapitals sowie auch eine darüber hinaus eingetretene Überschuldung.[6] Diese Frage läßt der BGH in der „Video"-Entscheidung offen, ebenso die Frage, ob insoweit zur mehrgliedrigen Gesellschaft ein Unterschied besteht; ausdrücklich abgelehnt wird eine entsprechende Beschränkung der sich aus der analogen Anwendung des § 303 AktG für das herrschende Unternehmen ergebenden Verpflichtung.

375 Die Beschränkung des Ausgleichsanspruchs auf den Verlust des Stammkapitals bzw. eine darüber hinaus eingetretene Überschuldung erscheint jedoch zu eng. Zwar ist § 302 AktG auch die konzernspezifische Fortschreibung der im Vertragskonzern versagenden Kapitalerhaltungsregeln. Darauf beschränkt sich jedoch die Funktion des Verlustausgleichs nicht, vielmehr ist er auch „Gegenstück der bis zur Beendigung des Vertragsverhältnisses bestehenden Leitungsmacht und der mit ihrer Ausübung verbundenen zulässigen Benachteiligung der beherrschten Gesellschaft".[7] Damit kompensiert der Verlustausgleich die der Gesellschaft aus der Konzernierung drohenden Gefahren der Aushöhlung ihrer Vermögenssubstanz bzw. die dem herrschenden Unternehmen aus dem Zugriff auf die Vermögenssubstanz des abhängigen Unternehmens eröffneten Vorteile und Möglichkeiten.[8] Die Konzernierungsgefahr ist jedoch im Kern eine rechtsformunabhängige Gefahr, die sich in einigen Rechtsformen lediglich leichter durchsetzen, in anderen dagegen leichter regulatorisch bewältigen läßt. Dies schließt eine

1 BGH, Urt. v. 16.9.1985, BGHZ 95, 330.
2 BGH, Urt. v. 20.2.1989, BGHZ 107, 7.
3 BGH, Urt. v. 23.9.1991, BGHZ 115, 187.
4 BGH, Urt. v. 29.3.1993, BGHZ 122, 123.
5 BGH, Urt. v. 25.11.1996, WiB 1997, 412; vgl. hierzu Gummert, WiB 1997, 410.
6 Vgl. Ehlke, DB 1986, 523, 526; Rehbinder, AG 1986, 98; Assmann, JZ 1986, 139; sowie Ulmer, NJW 1986, 1584; Ulmer, WPG 1986, 689; Stimpel in Probleme des Konzernrechts, 11, 14; Stimpel, ZGR 1991, 144, 158 f.; Lutter/Hommelhoff, Anhang § 13 Rz. 23.
7 BGH v. 14.12.1987, ZIP 1988, 229, 232; Assmann, JZ 1986, 928, 935; Semler in FS Goerdeler 1987, 551, 564, 577; Stimpel, ZGR, Sonderheft 6, 39, 44; Stimpel in Probleme des Konzernrechts, 11, 21, 24.
8 Vgl. auch Hommelhoff in FS Goerdeler, 1987, 221, 230 f.

rechtsformspezifische Abstufung des Schutzinstrumentariums aus, da die Gefährdungslage, wenn ein Konzern entstanden ist, bei allen Gesellschaftsformen, im faktischen wie im vertraglich legitimierten Konzern, prinzipiell gleich ist. Insbes. kann nicht angenommen werden, daß der vergleichsweise schmälere Gläubigerschutz bei der GmbH auch auf das herrschende Unternehmen als Gesellschafter zugeschnitten ist,[1] so daß eine Begrenzung des Verlustausgleichs auf den Ausgleich des zur Erhaltung des Stammkapitals erforderlichen Vermögens bzw. einer darüber hinausgehenden Verschuldung als zu eng erscheint, da sie das erhöhte Konzernrisiko und die rechtsformunabhängige Gefährdungslage zu wenig berücksichtigt.

Aus der Begründung der „Autokran"-Entscheidung[2] wurde darüber hinaus zum Teil entnommen, daß nach Auffassung des BGH im Einmann-GmbH-Konzern die Ausfallhaftung analog § 303 AktG insgesamt und generell an die Stelle einer Verlustausgleichsverpflichtung treten solle, wegen des Fehlens von Minderheitsgesellschaftern ausschließlich schutzwürdige Belange der Gläubiger der abhängigen Einmann-GmbH betroffen seien. Dem ist die inzwischen überwiegende Auffassung in der Literatur[3] zu Recht nicht gefolgt; insoweit ergeben sich in der Einmann-GmbH mithin keine Besonderheiten gegenüber der mehrgliedrigen Gesellschaft. **376**

f) Betriebsaufspaltung als faktisches Konzernverhältnis

Bei der Betriebsaufspaltung wird regelmäßig ein wirtschaftlich einheitliches Unternehmen vertikal in eine Betriebskapitalgesellschaft und eine als Besitzunternehmen fungierende fortbestehende Personengesellschaft aufgespalten, die beide jedoch einem einheitlichen wirtschaftlichen Zweck dienen. Die Beteiligungsverhältnisse an beiden Gesellschaften sind im Regelfall identisch, sei es, daß die Gesellschafter an beiden Gesellschaften unmittelbar mehrheitlich beteiligt sind (Mehrheitsidentität) oder daß die Anteile an der Betriebs-GmbH von der Besitz-Personengesellschaft gehalten werden. Relevant sind dabei nur die Fälle, in denen die Gesellschafter unmittelbar an beiden Gesellschaften mehrheitlich beteiligt sind und dadurch als herrschendes Unternehmen qualifiziert werden können. Liegen die Anteile der Betriebs-GmbH bei der Besitz-KG, so trifft die Verlustübernahmepflicht allenfalls die KG als herrschendes Unternehmen. **377**

Dagegen wird zum Teil[4] angenommen, daß in den „klassischen" Fällen der Betriebsaufspaltung, in denen die Anteile an Besitzunternehmen und Betriebsgesellschaft in denselben Händen liegen, ein qualifiziertes faktisches Konzernverhältnis vorliegt. Dem ist allerdings entgegenzuhalten, daß sich das Besitzunternehmen regelmäßig auf die Verpachtung der bei ihm verbliebenen Wirtschaftsgüter beschränkt und keine darüber hin- **378**

1 Vgl. Wiedemann, ZGR 1986, 656, 670 f.
2 BGH, Urt. v. 16.9.1985, BGHZ 95, 330.
3 Lutter/Hommelhoff, GmbHG, Anh. § 13 Rz. 30; Baumbach/Hueck/Zöllner, GmbHG, Schlußanh. I Rz. 96; jew. m. w. N.
4 Schulze-Osterloh, ZGR 1983, 126, 156 ff.; Wiedemann, ZIP 1986, 1293; Weimar, ZIP 1988, 1525, 1528 f.; Baumbach/Hueck/Zöllner, Schlußanh. I, Konzernrecht Rz. 25.

ausgehende unternehmerische Betätigung entfaltet. Es ist daher m. E. schon zweifelhaft, ob der bzw. die Inhaber beider Gesellschaften als herrschendes Unternehmen im Sinne der Konzernrechtsprechung angesehen werden können, da hierfür die Beteiligung an mindestens zwei Unternehmen im konzernrechtlichen Sinn erforderlich ist, während diese Qualität dem Besitzunternehmen einer Betriebsaufspaltung in aller Regel abzusprechen sein wird. Dafür spricht darüber hinaus, daß der BGH in seiner jüngsten Rechtsprechung zur sog. eigenkapitalersetzenden Nutzungsüberlassung (s. Rz. 224 ff.) Ansprüche gegen den Gesellschafter einer Betriebsaufspaltung ausschließlich aus den Kapitalschutzvorschriften der §§ 32a, 32b GmbHG herleitet, ohne auf die Möglichkeit eines qualifizierten faktischen Konzernverhältnisses einzugehen. Die Anwendung konzernrechtlicher Haftungsgrundsätze auf die Fälle der „klassischen" Betriebsaufspaltung kommt daher allenfalls in extrem gelagerten Ausnahmefällen in Betracht.

5. GmbH-Vertragskonzern

379 Im Unterschied zu faktischen Konzernen, die ungeachtet der Motivationslage der Beteiligten und häufig unerkannt und angesichts ihrer Rechtsfolgen unerwünscht per se existieren, wenn die entsprechenden Tatbestandsmerkmale aufgrund der tatsächlichen Verhältnisse in dem konkreten Unternehmensverbund erfüllt sind, stellt der Vertragskonzern das Resultat eines bewußt herbeigeführten Organisationsaktes dar – des Abschlusses eines Unternehmensvertrages. In der Praxis verbundener Unternehmen besitzen daher die Gründe, die für bzw. gegen die Bildung eines Vertragskonzerns sprechen können, eine zentrale Bedeutung.

380 Dementsprechend konzentrieren sich die gesellschaftsrechtlichen Erörterungen heute auf die Fragen des wirksamen Zustandekommens von Unternehmensverträgen zwischen GmbH's sowie die damit verbundenen Rechtsfolgen. Dagegen ist die Zulässigkeit des Abschlusses in der Literatur[1] zwischenzeitlich einhellig anerkannt, nachdem der BGH in drei Grundsatzurteilen[2] umfassend zu Unternehmensverträgen mit abhängigen GmbH's Stellung genommen hat.

a) Vertragsarten

381 Das AktG unterteilt die Unternehmensverträge in zwei Kategorien:

- Beherrschungsverträge und Gewinnabführungsverträge (§ 291 AktG), wobei per definitionem (§ 291 Abs. 1 Satz 2 AktG) als Gewinnabführungsverträge auch Betriebsführungsverträge gelten, sowie
- andere Unternehmensverträge (§ 292 AktG), zu denen außer den Betriebspacht- und Betriebsüberlassungsverträgen die praktisch weniger bedeutsamen Gewinngemeinschaften und Teilgewinnabführungsverträge gehören.

1 Grundlegend Timm, BB 1981, 1491.

2 „Familienheim"-Urteil, BGH, Urt. v. 14.12.1987, NJW 1988, 1326; „Supermarkt"-Beschluß, BGH, Urt. v. 24.10.1988, BGHZ 105, 324; „Siemens"-Beschluß, BGH v. 30.1.1992, ZIP 1992, 395.

Die §§ 291 ff. AktG finden ihren Wortlaut nach zwar unmittelbar nur auf Verträge Anwendung, bei denen die abhängige Gesellschaft die Rechtsform einer AG oder KGaA besitzt. Es ist allerdings allgemein anerkannt, daß systematische Einordnung der Unternehmensverträge durch das AktG auch gilt, wenn diese mit einer abhängigen GmbH geschlossen werden.

b) Funktion von Vertragskonzernen

In der Praxis am häufigsten anzutreffen sind zwischen verbundenen Unternehmen geschlossene Beherrschungs- und Gewinnabführungsverträge, letztere auch – bilanzrechtlich präziser – als Ergebnisabführungsverträge (EAV) bezeichnet. Die nachfolgende Darstellung konzentriert sich daher auf diese wirtschaftlich wichtigsten Unternehmensverträge. **382**

Nicht in den Kontext konzerngesellschaftsrechtlicher Erwägungen gehören darüber hinaus die gleichfalls häufig vorzufindenden Betriebspacht- oder -überlassungsverträge zur Herstellung einer Betriebsaufspaltung. Bei diesen Verträgen ist nämlich das seinen Betrieb verpachtende Unternehmen in der Regel in der Rechtsform einer Personengesellschaft oder als Einzelunternehmen geführt, auf die die Bestimmungen der §§ 291 ff. AktG keine Anwendung finden.

Der Abschluß von Beherrschungs- und Ergebnisabführungsverträgen, **383** der auch als Kombination (sog. „Organschaftsverträge") beider Vertragstypen verbreitet ist, ist regelmäßig ertragsteuerlich motiviert. Ergebnisabführungsverträge sind gem. § 14 KStG – neben den drei Eingliederungsvoraussetzungen – notwendige Tatbestandsvoraussetzung für die Begründung einer körperschaftsteuerlichen Organschaft.[1] Die Entscheidung über den Abschluß eines Ergebnisabführungsvertrages wird damit zu einem wichtigen Steuerungsinstrument für die Ertragsteuerplanung in verbundenen Unternehmen, da die Wirkungen einer (körperschaftsteuerlichen) Organschaft, z. B. bei Vorliegen steuerlicher Verlustvorträge, nicht immer vorteilhaft sein muß.

Entsprechendes trifft auch auf den Abschluß von Beherrschungsverträgen zu. Zwar kann das herrschende Unternehmen kraft Stimmenmehrheit in der Gesellschafterversammlung, wenn es nicht z. B. gem. § 47 Abs. 4 GmbHG im Einzelfall einem Stimmverbot unterliegt, regelmäßig seinen Willen in der abhängigen GmbH durchsetzen. Allerdings setzen die gesellschaftsrechtliche Treuepflicht gegenüber Minderheitsgesellschaftern, der Gesellschaftszweck der abhängigen Gesellschaft sowie ggf. weitere einschränkende Satzungsbestimmungen oder die Grundsätze der Kapitalerhaltung (§§ 30, 32a, 32b GmbHG) dem Einfluß des Mehrheitsgesellschafters gewisse Grenzen. Hinzu kommt, daß die Durchsetzung der gesellschaftsrechtlichen Machtposition insbesondere bei Meinungsverschiedenheiten zwischen den Gesellschaftern unflexibel, zeitraubend und fehlergeneigt ist, da Grundlage aller Entscheidungen entsprechende, regelmäßig in Versammlungen zu fassende Gesell-

1 Einzelheiten zur Organschaft s. bei Rz. 513 ff.

schafterbeschlüsse sein müssen, auch wenn das Abstimmungsergebnis aufgrund der konkreten Stimmverteilung bereits im vorhinein feststeht. Das formale Procedere einhalten zu müssen, kann erhebliches Konfliktpotential in sich bergen, was in der Praxis leicht zu erheblichen Nachteilen bis hin zu einer wirtschaftlichen Gefährdung des abhängigen Unternehmens führen kann. Durch den Abschluß eines Beherrschungsvertrages, aufgrund dessen die Rechtspositionen der Minderheitsgesellschafter durch die Vereinbarung von Ausgleichszahlungen oder Garantiedividenden (§ 304 Abs. 1 AktG), die Möglichkeit von Abfindungen (§ 305 AktG) sowie die Verpflichtung des herrschenden Unternehmens zum Verlustausgleich (§ 302 AktG) hinreichend gewahrt sind, können die Nachteile und Risiken einer nur auf der Mehrheitsbeteiligung beruhenden Beherrschung vermieden werden.

384 Darüber hinaus erlangt der Beherrschungsvertrag bei der Herstellung der organisatorischen Eingliederung zur Begründung einer (umsatz-, gewerbe- und körperschaftsteuerlichen) Organschaft eine wichtige Funktion. Kann nämlich die organisatorische Eingliederung nicht durch Personalunion der Geschäftsführungen beider Unternehmen herbeigeführt werden, so kann sie durch den Abschluß eines Beherrschungsvertrages begründet werden. Nach Auffassung der Finanzverwaltung[1] gilt in diesem Fall die organisatorische Eingliederung stets als erfolgt, so daß auch hier Raum für steuerliche Gestaltungen besteht.

c) Wesen des Beherrschungsvertrages und der Ergebnisabführungsvertrag

385 Beherrschungs- und Gewinnabführungsverträge sind materiell gesellschaftsrechtliche Organisationsverträge, die satzungsgleich den rechtlichen Status der beherrschten Gesellschaft ändern.[2] Dies folgert der BGH aus den tiefgreifenden Auswirkungen des Beherrschungs- und Gewinnabführungsvertrages auf die rechtliche Struktur der durch sie verpflichteten GmbH und den damit verbundenen Eingriffen in die Mitgliedschaftsrechte der außenstehenden Gesellschafter. Der BGH nennt dabei den Übergang der Weisungsrechte der Gesellschafterversammlung auf das herrschende Unternehmen unter Verlust der mitunternehmerischen Kompetenz der Minderheitsgesellschafter, die Ausrichtung der abhängigen Gesellschaft auf das Konzerninteresse sowie die damit verbundene Veränderung des Verhaltensmaßstabes für die Geschäftsführung in der abhängigen GmbH und, soweit der Beherrschungsvertrag mit einer Gewinnabführungsabrede verbunden ist, den Eingriff in das Gewinnbezugsrecht der Gesellschafter. Als Konsequenz aus dem organisatorischen Charakter des Beherrschungs- und Gewinnabführungsvertrages kann nicht der Geschäftsführer aufgrund seiner allgemeinen Organvertretungsmacht den Vertrag abschließen, vielmehr bedarf es der Mitwirkung der Gesellschafter der abhängigen GmbH.

1 Vgl. BMF-Schreiben v. 2.1.1990, DB 1990, 200.
2 „Familienheim"-Urteil, BGH, Urt. v. 14.12.1987, NJW 1988, 1326; „Supermarkt"-Beschluß, BGH, v. 24.10.1988, BGHZ 105, 324 ff.; zugleich h. M. in der Literatur, statt aller Scholz/Emmerich, Anh. KonzR Rz. 237 m. w. N.

In formeller Hinsicht dagegen ist der Beherrschungs- und Ergebnisabführungsvertrag einer Satzungsänderung nicht ohne weiteres gleichzustellen, da er die Satzung zwar inhaltlich überlagert, aber formell unberührt läßt. Auf den Abschluß des Vertrages finden daher die Bestimmungen der §§ 53 ff. GmbHG für Satzungsänderungen keine unmittelbare Anwendung,[1] insbesondere ist der Vertragstext nicht in die Satzungsurkunde aufzunehmen. 386

d) Abschluß

aa) Ebene der abhängigen Gesellschaft

(1) Zuständigkeit

Die Zuständigkeit zum Abschluß des Unternehmensvertrages liegt, ungeachtet seines Charakters als satzungsgleicher Organisationsvertrag, bei der Geschäftsführung der GmbH.[2] Soweit die Satzung die Mitwirkung weiterer (fakultativer) Gesellschaftsorgane, z. B. Aufsichtsrat oder Beirat, anordnet, ist deren Zustimmung einzuholen. 387

Bei Bestehen eines obligatorischen Aufsichtsrates kann bei Vorliegen der Voraussetzungen des § 111 Abs. 4 Satz 2 AktG, § 25 Abs. 1 Ziff. 2 MitbestG 1976[3] ein Unternehmensvertrag auch der Zustimmung des Aufsichtsrates bedürfen. Die Frage betrifft die für die GmbH umstrittene Abgrenzung zwischen Gesellschafter- und Aufsichtsratskompetenzen und kann hier nicht eingehend erörtert werden. Es dürfte danach zu differenzieren sein, ob die Initiative zum Vertragsschluß von den Geschäftsführern oder den Gesellschaftern ausgeht. Im Falle eines vorhergehenden Weisungsbeschlusses der Gesellschafter mit einfacher Mehrheit entfällt das Mitwirkungsrecht des Aufsichtsrats,[4] da hinsichtlich derartiger Grundlagen- und Strukturentscheidungen das Entscheidungsprimat bei den Gesellschaftern liegt und die Kontrolle von Gesellschafterentscheidungen nicht zu den Aufgaben des Aufsichtsrates gehört.[5] Wird die Geschäftsführung initiativ und verweigert der Aufsichtsrat seine Zustimmung, so kann sie nach §§ 111 Abs. 4 Satz 3, 25 Abs. 1 Ziff. 2 MitbestG 1976 eine Entscheidung der Gesellschafterversammlung herbeiführen. Ungeklärt ist die Frage, mit welchen Mehrheitserfordernissen sich die Gesellschafter gegenüber dem Aufsichtsrat durchsetzen müssen.[6] 388

1 „Supermarkt"-Beschluß, BGH, v. 24.10.1988, BGHZ 105.
2 „Supermarkt"-Beschluß, BGH, v. 24.10.1988, BGHZ 105; unstr., statt aller Scholz/Emmerich, Anh. KonzR Rz. 246.
3 Statutarischer Zustimmungsvorbehalt, Selbsteintrittsrecht.
4 Ebenso für die AG: Martens, ZHR 1983, 377, 386, Fußnote 23; Koppensteiner in Kölner Kommentar, § 293 AktG Rz. 7.
5 Ebenso Hommelhoff, ZGR 1978, 119, 146; Wiedemann, BB 1978, 5, 7; Reuter/Körnig, ZHR 1976, 494, 512; Zöllner, ZGR 1976, 327; a. A. Säcker, DB 1977, 1845, 1849; Hanau/Ulmer, § 25 MitbestG Rz. 65.
6 Säcker, DB 1977, 1845, 1849; Hommelhoff, ZGR 1978, 119, 153.

(2) Zustimmung der Gesellschafter

389 Angesichts der wirtschaftlichen Bedeutung von Unternehmensverträgen ist der Abschluß solcher Verträge in der Praxis häufig unter den Zustimmungsvorbehalt der Gesellschafterversammlung gestellt. Dann ergibt sich die Mitwirkung der Gesellschafterversammlung schon aus der statutarisch geregelten Kompetenzverteilung.

In dem „Supermarkt"-Beschluß hat der BGH indes klargestellt, daß der Abschluß des Beherrschungs- und Ergebnisabführungsvertrages auch ohne eine solche statutarische Regelung stets der Zustimmung der Gesellschafter der abhängigen GmbH bedarf, dabei jedoch, da es sich in dem entschiedenen Fall um eine 100%ige Tochtergesellschaft handelte, ausdrücklich offengelassen, welche Mehrheit hierfür erforderlich ist. Im rechtswissenschaftlichen Schrifttum werden hierzu im wesentlichen zwei[1] Auffassungen vertreten.

390 Nach herrschender Meinung[2] bedarf der Vertragsschluß der Zustimmung aller Gesellschafter, wobei zum Teil[3] dahingehend differenziert wird, daß zwar der Gesellschafterbeschluß nur einer Dreiviertel-Mehrheit bedürfe, die nicht an dem Beschluß mitwirkenden Gesellschafter zumindest nachträglich und ggf. formlos dem Vertragsschluß zustimmen müßten. Zur Begründung wird im wesentlichen angeführt, daß durch den Abschluß des Beherrschungs- und Ergebnisabführungsvertrages in wesentliche Kernbereiche der Mitgliedschaft wie Ergebnisverteilung und Einflußnahme auf die Geschäftsführung eingegriffen werde, die einem Gesellschafter gegen seinen Willen nicht entzogen werden dürften.

391 Die neuerdings im Vordringen begriffene Ansicht läßt eine ¾-Mehrheit entsprechend den Regeln zur Satzungsänderung, § 53 Abs. 2 GmbHG, zur Fusion, § 20 Abs. 2 KapErhG, zur Auflösung, § 60 Abs. 1 Nr. 2 GmbHG und den Vorschriften des AktG, § 293 Abs. 1 AktG, genügen,[4] wobei zum Teil der Zustimmungsbeschluß einer materiellen Beschlußkontrolle oder jedenfalls Mißbrauchskontrolle unterzogen wird.[5] Von den Vertretern einer ¾-Mehrheit wird zum Teil zusätzlich verlangt, daß der Vertrag Ausgleichs- und Abfindungsregelungen analog §§ 304, 305 AktG vorsehen muß[6] bzw. der herrschenden Gesellschaft auch in der

1 Die dritte Auffassung, es sei analog der §§ 9, 24 UmwG 1977 eine Mehrheit von 90 % erforderlich, hat sich nicht durchgesetzt und ist zudem durch die Neufassung des UmwG 1995 gegenstandslos geworden.

2 Schneider, in Beherrschungs- und Gewinnabführungsverträge in der Praxis der GmbH, 7, 15; Ulmer, BB 1989, 10, 14; Fleck, ZGR 1988, 104, 134; Scholz/Priester, § 53 GmbHG, Rz. 131, 139, 140 m. w. N.; Ebenroth/Müller, BB 1991, 358, 359; Scholz/Emmerich, GmbHG, Anh. KonzR Rz. 252 ff.

3 So Voraufl. m. w. N.

4 Ballerstedt, DB 1956, 837, 839; Flume, DB 1956, 455, 457; Mestmäcker, Konzerngewalt, 337; Skibbe, GmbHR 1968, 245; Hachenburg/Goerdeler/Müller, § 29 GmbHG Rz. 62; Kort, 109 ff.; Rowedder/Koppensteiner, Anh. § 52 GmbHG, Rz. 40; Timm, GmbHR 1987, 8, 11; Lutter, ZGR Sonderheft 6, 192, 196; Lutter/Hommelhoff, Anh. § 13, Rz. 42; Heckschen, DB 1989, 29.

5 Lutter, ZGR Sonderheft 6, 192, 196; Heckschen, DB 1989, 29.

6 Hachenburg/Goerdeler/Müller, § 29 GmbHG, Rz. 64 ff.; Lutter, ZGR Sonderheft 6, 198; Lutter/Hommelhoff, Anh. § 13 GmbHG, Rz. 44; Kort, 151 ff.; Skibbe, GmbHR 1968, 245, 248; Flume, DB 1956, 455, 457; Ballerstedt, DB 1956, 837, 840; Rowedder/Koppensteiner, § 52 GmbHG, Anh. Rz. 41.

Rechtsform der GmbH zwingend die Gewährung von Anteilsrechten auferlegt.[1] Diejenigen, die Zustimmung aller Gesellschafter verlangen, wollen demgegenüber auf entsprechende Ausgleichs- und Abfindungsansprüche verzichten, da die Gesellschafter der abhängigen GmbH ihre Ansprüche durch Verweigerung der Zustimmung zu dem Vertrag hinreichend zur Geltung bringen können.[2]

Durch die vorgenannten Schutzmaßnahmen ist den Interessen außen- **392**
stehender Gesellschafter m. E. ausreichend Rechnung getragen, ohne daß es der Einstimmigkeit, wie von der h. M. gefordert, bedürfte. Insbesondere die Ausgleichs- und Abfindungsmaßnahmen sichern der Minderheit den wirtschaftlichen Gehalt ihrer Beteiligung während der Vertragslaufzeit und bieten ihr die Möglichkeit, ihre verloren gehenden Mitwirkungsmöglichkeiten auf einer anderen Ebene, nämlich der Konzernspitze, wiederzuerlangen.[3] Ein struktureller Unterschied zu der Lage in einer AG besteht insoweit auch unter Berücksichtigung der eher personalistisch strukturierten GmbH nicht.

Umgekehrt gibt das Einstimmigkeitsprinzip jedem noch so gering Beteiligten ein Blockaderecht an die Hand, das dieser – ungeachtet der tatsächlichen und wirtschaftlichen Verhältnisse – ausüben oder gar mißbrauchen kann. Der Hinweis auf mögliche Zustimmungspflichten des Minderheitsgesellschafters aufgrund gesellschaftsrechtlicher Treuepflicht erscheint hier keine praktikable Alternative, wenn zur Durchsetzung dieser Pflichten erst der u. U. mehrjährige Rechtsweg beschritten werden muß. Die Beispiele aus der jüngeren Vergangenheit über Versuche, Aktionärsrechte zur Vermögensmehrung statt zur Rechtsverteidigung zu verwenden, belegen dies eindrücklich.

Im übrigen führt das Einstimmigkeitsprinzip keineswegs stets zu dem erstrebten Minderheitenschutz. Die (unmittelbare) Anwendung der insoweit flexibleren Regelungen des Aktienrechts kann nämlich leicht durch einen Formwechsel der abhängigen GmbH in eine AG erreicht werden, ohne daß der Minderheitsbeteiligte dies verhindern kann. Wird nachfolgend der Unternehmensvertrag – wiederum ohne seine zwingende Mitwirkung – abgeschlossen, so steht er sich wirtschaftlich nicht schlechter als bei Anwendung des Mehrheitsprinzips auch in der abhängigen GmbH.

Mithin sprechen m. E. die besseren Argumente dafür, eine Dreiviertel-Mehrheit für die Wirksamkeit des Zustimmungsbeschlusses zum Abschluß von Unternehmensverträgen genügen zu lassen. Solange allerdings eine höchstrichterliche Entscheidung zu dieser Frage noch nicht

1 Timm, GmbHR 1987, 11; Timm, GmbHR 1989, 11, 14; dagegen aber die überwiegende Literatur, vgl. etwa Priester, ZGR Sonderheft 6, 178; sowie jetzt auch BGH v. 24.10.1988, DB 1988, 2625.

2 Hachenburg/Barz, § 13 GmbHG, Anh. II Rz. 42; Zöllner, GmbHG, Schlußanhang I, Rz. 18; Gutbrod, BB 1980, 288, 290 ff.; Martens, DB 1970, 813, 817; Scholz/Emmerich, Anh. KonzR, Rz. 265; Westermann, 25, 38; Verhoeven, GmbH-Konzern-Innenrecht, Rz. 413; a. A. Tiebert, 210 ff.; Priester, ZGR Sonderheft 6, 177; Baumgartl, 120 ff.; zweifelnd K. Schmidt, GmbHR 1979, 121, 133 f.

3 Zum Minderheitenschutz beim Abschluß von GmbH-Beherrschungsverträgen vgl. Koerfer/Selzner, GmbHR 1997, 285.

vorliegt, ist nicht auszuschließen, daß einem solchen Beschluß seitens des zuständigen Registergerichts die Anerkennung versagt wird.

393 Ist das herrschende Unternehmen, was regelmäßig der Fall sein dürfte, zugleich Gesellschafter der abhängigen Gesellschaft, so ist es gleichwohl nicht gehindert, an der Beschlußfassung über den Unternehmensvertrag mitzuwirken. Nach zutreffender Auffassung[1] unterliegt das herrschende Unternehmen nicht dem Stimmverbot des § 47 Abs. 4 GmbHG, da es sich bei dem Beschlußgegenstand um einen gesellschaftsrechtlichen Organisationsvertrag handelt, auf den diese Bestimmung keine Anwendung findet.

394 Die Zustimmung muß sich auf sämtliche Abreden erstrecken, die im Hinblick auf den Unternehmensvertrag getroffen worden sind. Dazu gehören alle Vereinbarungen, die rechtsverbindlich die Beziehungen der Parteien regeln sollen, von denen die eine nicht ohne die andere gelten soll und die daher ein einheitliches Ganzes i. S. d. § 139 BGB bilden. Unerheblich ist, ob dieses einheitliche Vertragswerk in einer oder in mehreren Urkunden niedergelegt worden ist.[2] Vertragsteile, die nicht zum Gegenstand der Zustimmung gemacht wurden, können nicht wirksam werden. Was dies für den übrigen Inhalt des Vertrages bedeutet, richtet sich nach § 139 BGB.[3]

bb) Ebene der herrschenden Gesellschaft

395 Auch auf der Ebene des herrschenden Unternehmens verlangt der BGH[4] einen Zustimmungsbeschluß der Gesellschafterversammlung (§ 293 Abs. 2 AktG analog), der wiederum mit einer Dreiviertel-Mehrheit zu fassen ist, der notariellen Beurkundung bedarf und in das Handelsregister der herrschenden Gesellschaft einzutragen ist.[5]

396 Da die Argumentation, mit der der BGH diese Zustimmungspflicht begründet, insbesondere die sich aus dem Unternehmensvertrag ergebenden Risiken im Hinblick auf die Verlustausgleichsverpflichtung, rechtsformunabhängig ist, gelten die vorstehenden Grundsätze für alle herrschenden Unternehmen. Dies trifft nicht nur bei der AG[6] zu (die §§ 293, 294 AktG sind nicht unmittelbar anzuwenden, da diese Bestimmungen nur bei einer AG als abhängiger Gesellschaft greifen), sondern auch bei Personengesellschaften.[7]

1 Scholz/Schmidt, § 47 GmbHG Rz. 115; Hachenburg/Barz, § 13 GmbHG Anh. II Rz. 36; Hachenburg/Ulmer, § 53 GmbHG Rz. 129; Rowedder/Koppensteiner, Anh. § 52 Rz. 40; Timm, AG 1982, 93, 104; a. A. Zöllner, 251; Baumbach/Hueck/Zöllner, Schlußanhang I Rz. 17; Flume, 235.
2 BGH v. 16.11.1981, BGHZ 82, 188, 196 ff. „Hoesch-Hoovegens".
3 Koppensteiner in Kölner Kommentar, § 293 AktG, Rz. 33; Geßler, § 293 AktG Rz. 38.
4 „Supermarkt"-Beschluß, BGH v. 24.10.1988, BGHZ 105, 324.
5 „Siemens"-Beschluß, BGH v. 30.1.1992, ZIP 1992, 395; zust. Scholz/Emmerich, Anh. KonzR Rz. 264; anders noch ausdrücklich „Supermarkt"-Beschluß, BGH v. 24.10.1988, BGHZ 105, 324; für die GmbH geht das AG Duisburg v. 1.11.1993, GmbHR 1994, 811 und das AG Erfurt v. 2.10.1996, GmbHR 1997, 75 nach wie vor unter Hinweis auf den „Supermarkt"-Beschluß des BGH davon aus, daß dies für die herrschende Gesellschaft nicht erforderlich ist.
6 Schneider, 22; Ulmer, BB 1989, 10, 12; Scholz/Emmerich, Anh. KonzR Rz. 236; Lutter, ZGR Sonderheft 6, 192, 198; Kort, 125; bestätigt durch „Siemens"-Beschluß, BGH v. 30.1.1992, ZIP 1992, 395, 397; a. A. OLG Düsseldorf, Vorlagebeschluß vom 4.4.1991, DB 1991, 2381 als Vorinstanz des genannten BGH-Beschlusses; Vetter, BB 1989, 2125, 2127 ff.
7 Schneider, 22; Kort, 123.

Bei letzteren wird man allerdings davon ausgehen müssen, daß der Beschluß der Einstimmigkeit bedarf, wenn nicht mit der erforderlichen Bestimmtheit schon in dem Gesellschaftsvertrag eine Zustimmung enthalten ist. Bei der Personengesellschaft gilt nämlich der Grundsatz, daß Gesellschaftsvertragsänderungen – und hierzu gehört eben auch der Abschluß eines Unternehmensvertrages – der Mitwirkung aller Gesellschafter bedarf. Andererseits dürfte bei Personengesellschaften der Zustimmungsbeschluß – wie sonstige Gesellschaftsvertragsänderungen auch – grundsätzlich formfrei sein, es sei denn, der Gesellschaftsvertrag weist eine gewillkürte Formvereinbarung auf.

Ein Zustimmungserfordernis entfällt (naturgemäß), wenn herrschendes Unternehmen ein Einzelkaufmann ist. Ebenso dürfte die Notwendigkeit der Registereintragung ersatzlos entfallen, wenn das herrschende Unternehmen nicht in dem Handelsregister eingetragen ist (BGB-Gesellschaft, nichtkaufmännisches Einzelunternehmen, Verein). Einzelheiten zu diesen Sonderformen von Vertragskonzernen sind in der Literatur indes noch nicht vertieft behandelt worden, und einschlägige obergerichtliche Rechtsprechung existiert gleichfalls nicht. Daher ist bei diesen Konstellationen Vorsicht geboten, wenn der Abschluß des Beherrschungs- und Ergebnisabführungsvertrages aus steuerlichen Gründen erfolgte. Eine festgestellte Unwirksamkeit des Vertrages wegen fehlerhafter oder fehlender Beschlußfassung, Formverstoßes oder mangelnder Registereintragung kann leicht zum Anlaß für seine steuerliche Nichtanerkennung werden, insbesondere wenn die konkrete Gestaltung zu Steuerersparnissen führen würde.

Ebenfalls völlig offen ist derzeit noch, ob in drei- oder mehrstufigen **397**
Konzernverhältnissen die Gesellschafterversammlung der Konzernspitze mitwirken muß, wenn zwischen nachgeordneten Tochter- und Enkelgesellschaften Unternehmensverträge abgeschlossen werden sollen. Zum Teil[1] wird dies unter Hinweis auf die einschneidenden Haftungsfolgen, die der Abschluß von Beherrschungs- und Ergebnisabführungsverträgen für das herrschende Unternehmen nach sich zieht, generell bejaht. Dem läßt sich entgegenhalten, daß sich diese Risiken auf der Ebene der Konzernobergesellschaft, die ja nicht Partei des zwischen ihrer Tochter- und ihrer Enkelgesellschaft geschlossenen Vertrages ist, dann nicht auswirkt, wenn zwischen ihr und der Tochtergesellschaft entweder (z. B. weil es an einem herrschenden Einfluß fehlt) gar kein oder nur ein einfaches faktisches Konzernverhältnis besteht. In diesen Fällen unterliegt die Konzernspitze keiner Verlustausgleichspflicht hinsichtlich der Verluste der Tochter- und – über § 302 AktG analog – der Enkelgesellschaft, sondern allenfalls einer Verpflichtung zum Einzelausgleich in bezug auf einzelne schädigende Maßnahmen, so daß es einer Mitwirkung der Gesellschafter der Konzernobergesellschaft nicht bedarf.[2]

1 Rehbinder, ZGR 1977, 613; ebenso Voraufl.; a. A. Schneider, 26; wohl auch Priester, 56.
2 Vgl. Voraufl.; a. A. Priester, 56.

398 M. E. ist für die Frage der Mitwirkung nicht an das potentielle Risiko, das mit dem Unternehmensvertrag verbunden ist, anzuknüpfen, sondern daran, wie sich der Vertragsschluß aus der Sicht der Konzernobergesellschaft qualifiziert. Grundlage des „Supermarkt"-Beschlusses, eine Mitwirkung der Gesellschafterversammlung beider vertragschließender Gesellschaften zu statuieren, war der Umstand, daß es sich bei dem Beherrschungs- und Ergebnisabführungsvertrag nicht um ein schuldrechtliches Rechtsgeschäft, sondern um einen satzungsgleichen Organisationsvertrag handelt. In mehrstufigen Konzernverhältnissen aber liegt die Kompetenz zur Änderung der Satzung der Enkelgesellschaft (= abhängiges Unternehmen) bei der Tochtergesellschaft (= herrschendes Unternehmen), während die Satzungsänderung bei der Tochtergesellschaft der Konzernobergesellschaft – ausgeführt durch deren Geschäftsführung – obliegt. Eine Einschaltung deren Gesellschafterversammlung ist daher nur erforderlich, wenn die Satzungsänderung bei der Tochtergesellschaft über die gewöhnliche Geschäftstätigkeit der Konzernspitze hinausgeht oder in der Satzung der Muttergesellschaft ein entsprechender Zustimmungsvorbehalt implementiert ist. In der Praxis bedeutet dies, daß in einem Unternehmensverbund mit mehreren Teilkonzernen, etwa einem internationalen Spartenkonzern, die Eingliederung einer (weiteren) Enkelgesellschaft in eine Tochtergesellschaft (Zwischenholding) aus der Sicht der Konzernleitung eine Maßnahme der gewöhnlichen Geschäftstätigkeit bildet, die darin besteht, die einzelnen Konzernteile zu organisieren und zu leiten und insbesondere zu diesem Zweck die Gesellschafterrechte in den Tochtergesellschaften auszuüben. Lediglich dann, wenn eine solche Maßnahme zwar – nach dem Gesagten – nicht dem Grunde nach, aber wegen ihrer wirtschaftlichen Bedeutung so gewichtig ist, daß sie den Rahmen der gewöhnlichen Konzernleitungstätigkeit verläßt, ist die Zustimmung der Gesellschafterversammlung der Konzernspitze einzuholen.

399 Ähnlich gelagert stellt sich die Frage dar, ob die Gesellschafterversammlung der Komplementär-GmbH einer GmbH & Co. KG zustimmen muß, wenn die KG als herrschendes Unternehmen einen Unternehmensvertrag schließt. M. E. gelten hier die gleichen Grundsätze wie für den mehrstufigen Konzern. Grundsätzlich zuständig für Änderungen des KG-Vertrages ist die Geschäftsführung der Komplementär-GmbH (zusammen mit den Kommanditisten), wenn nicht aufgrund der besonderen Umstände oder kraft Satzungsbestimmung die Kompetenz der Gesellschafterversammlung anzunehmen ist. Anders als in dem zuvor dargestellten Fall des Spartenkonzerns dürfte allerdings die Rechtsform der GmbH & Co. KG als herrschendes Unternehmen eher bei mittelständisch geprägten Unternehmensverbindungen anzutreffen sein, so daß hier der Abschluß eines Unternehmensvertrages regelmäßig eine außerordentliche, der Zustimmung der Gesellschafterversammlung unterliegende Maßnahme darstellen wird. Im übrigen dürfte die praktische Relevanz dieser Frage nicht allzu groß sein, da die Gesellschafterversammlung der Komplementär-GmbH in der Regel mit den Kommanditisten personenidentisch ist.

cc) Statutarische Konzernklauseln

400 Um die Mitwirkung der Gesellschafter der vertragschließenden Gesellschaften zu erleichtern oder zu vermeiden, finden sich gelegentlich in den Satzungen von GmbH's sog. Konzernklauseln, in denen die erforderliche Zustimmung zum Abschluß von Unternehmensverträgen antizipiert wird oder die erforderliche Mehrheit abweichend (meist niedriger) geregelt ist. Allerdings ist die generelle Ermächtigung an die Geschäftsführung zum Abschluß von Unternehmensverträgen in der Satzung wegen der Qualität dieser Verträge als Satzungsänderung unwirksam, da die Zuständigkeit der Gesellschafterversammlung insoweit nicht übertragen werden kann. Gleiches gilt für eine Herabsetzung der erforderlichen Mehrheit, die allgemein in bezug auf Satzungsänderungen unzulässig ist.[1] Möglich ist dagegen eine konkrete Ermächtigung, wenn die Essentialia des Vertrages (Parteien, Art des Vertrages, wesentlicher Inhalt) in der Klausel bezeichnet werden. Dies wird indes in den seltensten Fällen gegeben sein, so daß diese Möglichkeit in der Praxis keine große Rolle spielt.

401 Von dem Zustimmungserfordernis der Gesellschafterversammlung soll allerdings in Fällen geringerer wirtschaftlicher Bedeutung auf der Ebene der herrschenden Gesellschaft abgesehen werden können.[2] Dem ist m. E.[3] mit den vorstehend genannten Einschränkungen zuzustimmen (s. Rz. 398). Maßgeblich ist auch auf der Ebene der herrschenden Gesellschaft, ob sich der Abschluß des Unternehmensvertrages aus der Sicht dieser Gesellschaft (noch) als gewöhnliche Geschäftstätigkeit qualifiziert. Dies kann aber nur angenommen werden, wenn der Abschluß von Beherrschungs- und Ergebnisabführungsverträgen zum Geschäftsgegenstand gehört, vornehmlich also bei Holdinggesellschaften, *und* der Vertragsschluß nicht wegen seiner wirtschaftlichen Bedeutung eine außerordentliche Maßnahme darstellt.

dd) Unternehmensvertragsprüfung und Unternehmensvertragsbericht

402 Durch das Gesetz zur Bereinigung des Umwandlungsrechts vom 28.10.1994[4] wurden mit Wirkung ab 1.1.1995 die Bestimmungen der §§ 293a–293g AktG in das Aktienrecht eingefügt, in denen das neu eingeführte Rechtsinstitut der Unternehmensvertragsprüfung und des Unternehmensvertragsberichtes kodifiziert wurde. Nach der Gesetzesbegründung sind diese Vorschriften in weitem Umfang den zeitgleich in Kraft getretenen Bestimmungen der §§ 8–12 UmwG über die Prüfungs- und Berichtspflichten anläßlich einer Verschmelzung nachgebildet. Die Vorschriften finden allerdings nur Anwendung, soweit der Abschluß des Unternehmensvertrages der Zustimmung der Hauptversammlung be-

1 Scholz/Emmerich, Anh. KonzernR Rz. 260 f. m. w. N.

2 Priester, ZGR Sonderheft 6, 173; für Bagatellklauseln im Rahmen von Ausgliederungen, Beteiligungsmaßnahmen und faktischer Konzerneinbeziehung: Lutter in FS Barz, 199, 214; Rehbinder in FS Coing, 423, 426 ff.; Hommelhoff, 397 ff.

3 A. A. Ulmer, BB 1989, 12, Fußnote 30; sowie Voraufl.

4 BGBl. I, 3210; aufgrund des KonTraG v. 27.4.1998 (BGBl. I, 786) sind §§ 293b und 293c AktG mit Wirkung vom 1.5.1998 geändert worden; eine Zusammenstellung der Änderungen findet sich bei Korth, Stbg 1998, 219 und Lingemann/Wasmann/Mehr, BB 1998, 853.

darf, also bei der abhängigen AG stets, bei der herrschenden AG nur für Beherrschungs- und Ergebnisabführungsverträge (§ 293 Abs. 1 und 2 AktG).

403 Gemäß § 293a AktG obliegt dem Vorstand einer als Partei an einem Unternehmensvertrag beteiligten AG, über den abgeschlossenen Unternehmensvertrag einen ausführlichen schriftlichen Bericht zu erstatten, indem insbesondere dessen wesentlicher Inhalt rechtlich und wirtschaftlich zu erläutern ist. Darüber hinaus ist der Unternehmensvertrag durch einen von dem Vorstand der abhängigen Gesellschaft zu bestellenden Vertragsprüfer (ab 1.5.1998 mit der Möglichkeit der Bestellung eines einzelnen Prüfers) zu prüfen (§§ 293b–293d AktG), wobei Auswahl, Rechtsstellung und Verantwortlichkeit des Vertragsprüfers im wesentlichen den in den Bestimmungen der §§ 319f., 323 HGH niedergelegten Kriterien im Zusammenhang mit der Pflichtprüfung des Jahresabschlusses entsprechen. Die Prüfung hat sich im wesentlichen darauf zu erstrecken, ob die in dem Unternehmensvertrag enthaltenen Ausgleichs- und Abfindungsangebote (§§ 304f. AktG) wirtschaftlich angemessen sind. Über die Durchführung der Vertragsprüfung hat der Vertragsprüfer einen schriftlichen Bericht zu erstellen, in dem zu der Angemessenheit Stellung zu nehmen und dieses Ergebnis unter Erläuterung der Ermittlungsmethoden zu begründen ist (§ 293e AktG). In den §§ 293f und 293g AktG schließlich sind weitreichende Informations- und Auskunftspflichten des Vorstandes gegenüber den Aktionären in bezug auf den Unternehmensvertrag bestimmt, namentlich die Pflicht, den Unternehmensvertragsbericht, den Prüfungsbericht sowie die letzten drei Jahresabschlüsse nebst Lageberichten von der Einberufung der Hauptversammlung an bis zu deren Ende auszulegen und in der Hauptversammlung den Vertrag mündlich zu erläutern und den Aktionären Auskunft zu erteilen.

404 Bisher naturgemäß nur vereinzelt erörtert wurde die Frage, ob diese neuen aktiengesetzlichen Regelungen auch auf Unternehmensvertragsparteien anderer Rechtsform, in erster Linie in der Rechtsform der GmbH, anzuwenden sind, wobei sich darin wiederum die unterschiedlichen Auffassungen[1] über die Grundkonzeption des Vertragsschlusses im GmbH-Konzern widerspiegeln. Die Befürworter[2] einer Anwendbarkeit der §§ 293a ff. AktG auf abhängige GmbH's verweisen darauf, daß die Einführung einer Unternehmensvertragsberichterstattung und -prüfung in erster Linie dazu diene, die Angemessenheit der Ausgleichs- und Abfindungsansprüche der außenstehenden Gesellschafter gem. der §§ 304, 305 AktG sicherzustellen. Da nach der Auffassung dieser Vertreter der Abschluß von Unternehmensverträgen zwischen GmbH's nur einer sat-

1 S. unter Rz. 387ff. sowie Schneider, in Beherrschungs- und Gewinnabführungsverträge in der Praxis der GmbH, 7, 15; Ulmer, BB 1989, 10, 14; Fleck, ZGR 1988, 104, 134; Scholz/Priester, § 53 GmbHG, Rz. 131, 139, 140 m.w.N., Ebenroth/Müller, BB 1991, 358, 359; Scholz/Emmerich, GmbHG, Anl. KonzR Rz. 252ff.; Ballerstedt, DB 1956, 837, 839; Flume, DB 1956, 455, 457; Mestmäcker, Konzerngewalt, 337; Skibbe, GmbHR 1968, 245; Hachenburg/Goerdeler/Müller, § 29 GmbHG, Rz. 62; Kort, 109ff.; Rowedder/Koppensteiner, Anh. § 52 GmbHG, Rz. 40; Timm, GmbHR 1987, 8, 11; Lutter, ZGR Sonderheft 6, 192, 196; Lutter/Hommelhoff, Anh. § 13, Rz. 42; Heckschen, DB 1989, 29.

2 Rowedder/Koppensteiner, GmbHG, Anh. nach § 52 GmbHG Rz. 46a; Humbeck, BB 1995, 1893.

zungsändernden Mehrheit der Gesellschafterversammlung bedürfe und die Minderheitsgesellschafter durch eine analoge Anwendung der §§ 304 f. AktG geschützt seien, ist die Erstreckung der Informations- und Prüfungspflichten auf den GmbH-Konzern aus deren Sicht konsequent. Demgegenüber verweisen die Vertreter des Einstimmigkeitserfordernisses[1] beim Abschluß von Unternehmensverträgen darauf, daß gesteigerte Auskunfts- und Informationsrechte für Minderheitsgesellschafter vertragschließender GmbH's nicht erforderlich seien, da diese ihre – erforderliche – Zustimmung leicht von der vorherigen umfassenden Information über die beabsichtigten Maßnahmen abhängig machen könnten.

Beide Auffassungen setzen somit – jeweils aus ihrer Sicht konsequent – **405**
den Streit um die „richtige" Form des Vertragsschlusses und damit um die Anwendbarkeit der aktienrechtlichen Regelungen über Ausgleichs- und Abfindungsansprüche bei der Frage nach dem Erfordernis einer Vertragsprüfung und -berichterstattung fort. Systematisch ist dem zu folgen, was nach der hier vertretenen Auffassung dazu führt, die Anwendbarkeit der §§ 293a ff. AktG auf den GmbH-Vertragskonzern generell zu bejahen. M.E. besteht kein Grund, den mit der Gesetzesänderung eingetretenen verbesserten Schutz der Minderheitsaktionäre außenstehenden GmbH-Gesellschaftern vorzuenthalten, die ja – nach dem Gesagten – bei dem Abschluß von Unternehmensverträgen dieselben Interessen besitzen. Die Empfehlung, zumindest aus Sicherheitsgründen alle außenstehenden Gesellschafter in der Form des § 293a Abs. 3 AktG (öffentlich beglaubigte Erklärung) auf die Erstellung des Vertragsberichtes und die Durchführung der Vertragsprüfung verzichten zu lassen, wenn diese nicht erfolgen sollen,[2] sollte daher in der Kautelarpraxis befolgt werden.

ee) Formalien

Grundsätzlich bedarf der Abschluß eines Beherrschungs- und Ergebnis- **406**
abführungsvertrages der Schriftform; notarielle Beurkundung ist an sich nicht erforderlich. Etwas anderes gilt indes, wenn an der abhängigen Gesellschaft außenstehende Gesellschafter beteiligt sind. In diesem Fall finden nach hier vertretener Ansicht (s. Rz. 437) die Bestimmungen der §§ 304, 305 AktG analoge Anwendung mit der Folge, daß der Beherrschungs- und Ergebnisabführungsvertrag den Minderheitsgesellschaftern auf Verlangen ein Abfindungsangebot zu unterbreiten hat. Materiell stellt dieses Abfindungsangebot aber das Angebot auf Erwerb von GmbH-Anteilen dar, das gem. § 15 Abs. 4 GmbHG der notariellen Beurkundung bedarf.[3]

Der mit ¾-Mehrheit gefaßte Zustimmungsbeschluß der Gesellschafter- **407**
versammlung der beherrschten Gesellschaft bedarf der notariellen Be-

1 Hüffer, § 293a AktG Rz. 5; Baumbach/Hueck/Zöllner, GmbHG, Schlußanh. I Rz. 43; differenzierend und mit bisher ausführlichster Abwägung der wechselseitigen Argumente Bungert, DB 1995, 1384, 1449, der nur die Informationspflichten des § 293f AktG für analog anwendbar hält, wenn Ober- und Untergesellschaft die Rechtsform der GmbH besitzen.

2 Humbeck, BB 1995, 1893, 1898.

3 Statt aller „Supermarkt"-Beschluß, BGH v. 24.10.1988, BGHZ 105, 324, 342; Scholz/Emmerich, Anh. KonzR Rz. 249; jew. m. w. N.

urkundung entsprechend § 53 Abs. 2 Satz 1 GmbHG. Entsprechend § 54 Abs. 1 Satz 1 GmbHG sind Zustimmungsbeschluß und Unternehmensvertrag zur Eintragung in das Handelsregister anzumelden. Gem. § 54 Abs. 1 Satz 2 2. Halbsatz GmbHG sind der Anmeldung der Zustimmungsbeschluß der Gesellschafterversammlung der verpflichteten Gesellschaft und der Unternehmensvertrag beizufügen. Dem Registergericht ist die Zustimmung der bei Beschlußfassung nicht mitwirkenden bzw. überstimmten Gesellschafter nachzuweisen. Entsprechend § 294 Abs. 1 Satz 2 AktG ist ihm auch der Zustimmungsbeschluß der Gesellschafterversammlung der herrschenden Gesellschaft vorzulegen.

408 Anzumelden und einzutragen sind entsprechend § 294 Abs. 1 AktG Bestehen und die Art des Unternehmensvertrages sowie der Name des anderen Vertragsteils, das Bestehen des Zustimmungsbeschlusses der beherrschten Gesellschaft sowie das Abschlußdatum des Unternehmensvertrages und das Datum des Zustimmungsbeschlusses entsprechend § 10 Abs. 1 Satz 1 GmbHG. Wegen des weitergehenden Vertrags- und Beschlußinhalts kann auf den Unternehmensvertrag und die Zustimmungsbeschlüsse, die zu den Handelsregisterakten eingereicht werden, Bezug genommen werden. Für die Anmeldung genügt es, wenn das Datum aus den beizufügenden Anlagen ersichtlich ist.

409 Bei diesen Anlagen handelt es sich um den Vertrag und den Zustimmungsbeschluß der Gesellschafter des anderen Vertragsteils.[1] Letzterer bedarf, wie bereits erwähnt (s. Rz. 395), nach der nunmehr geänderten Rechtsprechung ebenfalls der notariellen Beurkundung und ist in das Handelsregister der herrschenden Gesellschaft einzutragen.

ff) Wirksamwerden

410 Der Beherrschungsvertrag wird erst mit Eintragung im Handelsregister des abhängigen Unternehmens wirksam. Anders als für Gewinnabführungsverträge wird eine Rückbeziehung nicht anerkannt.[2] In diesem Fall soll der Zustimmungsbeschluß, soweit er sich auf die Rückwirkungsregelung für die Beherrschungsabrede bezieht, wegen einer Kompetenzüberschreitung des Beschlußorgans schlechthin unbeachtlich und wirkungslos sein.[3] Der sachliche Grund für das Rückwirkungsverbot liegt darin, daß Leistungsmaßnahmen vor Wirksamwerden nicht nachträglich durch den Beherrschungsvertrag legitimiert werden können. Diese zur

1 Zu den gebührenrechtlichen Fragen vgl. Reuter BB 1989, 714; Schmidt, BB 1989, 1290; Lappe, NJW 1989, 3258; BayObLG, Beschl. v. 23.5.1990, DB 1990, 1605; zur Auslandsbeurkundung: AG Köln v. 14.8.1989, DB 1989, 2423 im Gegensatz zur h. M.

2 Koppensteiner in Kölner Kommentar, § 294 AktG Rz. 23; Krieger, Münchener Handbuch des Gesellschaftsrechts, Aktienrecht, § 70 Rz. 28; OLG Hamburg v. 6.10.1989, ZIP 1989, 1326; OLG Hamburg v. 6.10.1990, 1071; OLG Karlsruhe v. 12.10.1993, GmbHR 1994, 810; LG Kassel v. 15.11.1995, GmbHR 1996, 292; vgl. aber jetzt § 14 Nr. 2 Satz 3 KStG in der Fassung des Steueränderungsgesetzes 1992, wonach aus praktischen Erwägungen ein Wirksamwerden des Beherrschungsvertrages bis zum Ende des Folgejahres für die Annahme der organisatorischen Eingliederung aufgrund dieses Vertrages ausreicht, wenn er tatsächlich durchgeführt wurde, also mit den Worten des Konzerngesellschaftsrechts die verpflichtete Gesellschaft ab Vertragsschluß qualifiziert beherrscht wurde. Diese Regelung steht in krassem Widerspruch zum Zivilrecht, indem sie den gesellschaftsrechtlich unzulässigen qualifizierten faktischen Konzern steuerlich legitimiert und anreizt.

3 „Nichtbeschluß", OLG Hamburg v. 6.10.1989, ZIP 1989, 1327; a. A. Timm, ZIP 1990, 361.

AG als abhängige Gesellschaft entwickelte Argumentation überzeugt auch für den GmbH-Vertragskonzern. Auch der Geschäftsführer einer abhängigen GmbH ist – abgesehen von der Einmann-Gesellschaft und bei Zustimmung aller Gesellschafter – dem Eigeninteresse der GmbH verpflichtet. Weisungsbeschlüsse der Gesellschafterversammlung, die diese Grenzen mißachten, sind anfechtbar und brauchen vom Geschäftsführer nicht befolgt zu werden. Unmittelbare Weisungen lösen überhaupt keine Folgepflicht aus. Weigert sich der Geschäftsführer daher pflichtgemäß, derartige Weisungen durchzuführen, so kann dem nicht durch einen mit Rückwirkung ausgestatteten Beherrschungsvertrag nachträglich die Grundlage entzogen werden.

Die Vereinbarung der Rückwirkung in dem Unternehmensvertrag ist nichtig, läßt aber die Wirksamkeit der übrigen Vertragsbestimmungen in der Regel unberührt (§ 139 BGB). Allerdings stellt die Teilnichtigkeit ein Eintragungshindernis auch in bezug auf die hiervon nicht betroffenen Vertragsbestimmungen dar.[1]

gg) Abschluß isolierter Beherrschungs- und Ergebnisabführungsverträge

Die Anforderungen an den Abschluß von Beherrschungs- und Ergebnisabführungsverträgen unterscheiden nicht zwischen diesen beiden Vertragsarten. Die vorstehenden Ausführungen gelten daher nicht nur für die Kombination beider Typen, sondern in gleicher Weise für den isolierten Abschluß nur eines Beherrschungs- bzw. nur eines Ergebnisabführungsvertrages.[2] **411**

e) Inhalt des Beherrschungsvertrages

aa) Beherrschungsabrede

Durch den Beherrschungsvertrag unterstellt sich die GmbH der Leitung **412** eines anderen Unternehmens, so daß fortan der Wille des herrschenden Unternehmens darüber entscheidet, wie das Unternehmen der abhängigen Gesellschaft zu führen ist. Da ein Beherrschungsvertrag dann nicht vorliegt, wenn es dem Belieben der Gesellschaft überlassen bleibt, ob es den Anregungen des anderen Vertragsteils folgt, muß sich aus dem Vertragsinhalt ergeben, daß sich jedenfalls im Konfliktfall der Wille des herrschenden Unternehmens durchsetzt. Zur rechtstechnischen Durchführung des Leistungstransfers räumt § 308 AktG der Konzernspitze ein Weisungsrecht ein, dem eine Folgepflicht der abhängigen Gesellschaft korrespondiert. Die Einräumung eines Direktionsrechts des anderen Vertragsteils ist auch für den Beherrschungsvertrag einer GmbH erforderlich. Ein Vertrag, der die Leitung der GmbH dem Willen eines anderen Unternehmens unterstellt, aber gleichzeitig die gebundene Gesellschaft nicht verpflichtet, den Weisungen des anderen Vertragsteils zu folgen, ist kein Beherrschungsvertrag.[3]

1 OLG Karlsruhe v. 12.10.1993, GmbHR 1994, 810, 811.
2 Timm, GmbHR 1989, 11, 15; Schneider, 22.
3 Kort, 48; für die AG: Koppensteiner in Kölner Kommentar, § 291 GmbHG Rz. 13; Würdinger in Großkommentar zum AktG, § 308 AktG Anm. 8; Möhring/Tank, Handbuch der AG I, Rz. 741; a. A. Geßler in Festschrift Beitzke, 923, 928 ff.; Huber, ZHR 1988, 123, 131.

413 Weisungsadressat ist nicht die abhängige GmbH, sondern deren Geschäftsführung. Das Weisungsrecht bezieht sich auf alle Tätigkeitsbereiche der Geschäftsführung. Die den Gesellschaftern der abhängigen GmbH in Geschäftsführungsangelegenheiten zustehende Leitungskompetenz geht aufgrund des Beherrschungsvertrages auf das herrschende Unternehmen über. Unberührt bleibt die Kompetenz der Gesellschafterversammlung für Grundlagen- und Strukturentscheidungen, Satzungsänderungen, Entscheidungen über Auflösung, Verschmelzung und Umwandlung etc. Auf der Grundlage eines isolierten Beherrschungsvertrages kann die abhängige Gesellschaft, soweit sie nicht im Alleinbesitz des Gesellschafters ist, nicht angewiesen werden, ihren Gewinn an das herrschende Unternehmen abzuführen. Notwendig ist vielmehr eine vertragliche Regelung der Gewinnabführung.[1]

414 Besteht bei der beherrschten GmbH ein fakultativer Aufsichtsrat, so setzt sich das Weisungsrecht des herrschenden Unternehmens auch im Kontext zustimmungspflichtiger Geschäfte durch. § 308 Abs. 3 AktG, der bei Verweigerung der Zustimmung die Wiederholung der Weisung seitens des herrschenden Unternehmens ggf. mit Zustimmung von dessen Aufsichtsrat verlangt, ist nicht anwendbar. Der Leitungstransfer betrifft die mitgliedschaftlichen Weisungsrechte der Gesellschaft, die der Überwachungskompetenz des Aufsichtsrates entzogen sind. Zustimmungsvorbehalte des Aufsichtsrats beziehen sich nur auf den Kompetenzbereich der Geschäftsführer, Weisungen der Gesellschafter gehen vor. An ihre Stelle treten Weisungen des herrschenden Unternehmens, so daß § 308 Abs. 3 AktG nicht gilt.

415 Die Rechte eines obligatorischen Aufsichtsrates bestimmen sich dagegen im wesentlichen nach den entsprechenden Vorschriften des Aktienrechts sowie §§ 25, 31 Mitbestimmungsgesetz 1976. Bei zustimmungspflichtigen Geschäften gem. § 111 Abs. 4 AktG muß das herrschende Unternehmen daher über den Weg des § 308 Abs. 3 AktG die Kompetenz des Aufsichtsrats der abhängigen GmbH seinem Weisungsrecht unterordnen.[2]

bb) Grenzen des Weisungsrechts

416 Soweit der Beherrschungsvertrag nichts abweichendes bestimmt, darf das herrschende Unternehmen der Geschäftsführung auch Weisungen erteilen, die für deren Gesellschaft nachteilig sind, § 308 Anm. 1 Satz 2 AktG analog. Allerdings sind dem Weisungsrecht des herrschenden Unternehmens Schranken gesetzt, die dessen Leitungsmacht allerdings nicht wesentlich beschränken.

417 Weisungen zum Nachteil der Gesellschaft dürfen nur dann erteilt werden, wenn sie unmittelbar oder mittelbar den Belangen des herrschenden Unternehmens oder eines mit ihm konzernverbundenen Unternehmens dienen. Maßnahmen, die dem Konzern nicht zugute kom-

1 Sonnenschein, 431.
2 Tiebert, 201; Scholz/Schneider, § 52 GmbHG Rz. 117, 119, 120; a. A. Scholz/Emmerich, Anh. KonzR Rz. 245, der bei Zustimmungspflichten des Aufsichtsrates das Weisungsrecht des herrschenden Unternehmens ausschließen will.

men können, rechtfertigen keine nachteiligen Weisungen, § 308 Abs. 1 Satz 3 AktG analog. Darüberhinaus hat die Konzernspitze abzuwägen. Die der abhängigen Gesellschaft angesonnenen Nachteile dürfen nicht außer Verhältnis zu den Vorteilen stehen, die der Konzern aufgrund der angewiesenen Maßnahme zu erwarten hat.[1] Anders als der Vorstand einer Aktiengesellschaft kann der Geschäftsführer aber nicht einwenden, die Weisung diene offensichtlich nicht den Belangen des herrschenden Unternehmens oder mit ihm konzernverbundener Unternehmen. Denn § 308 Abs. 2 Satz 2, der das Weisungsrecht insoweit begrenzt, ist auf ein eigenverantwortlich handelndes Organ wie den Vorstand zugeschnitten und paßt nicht auf den weisungsabhängigen Geschäftsführer einer GmbH.[2]

Das Weisungsrecht richtet sich allein gegen die Geschäftsführer, die bei ihrer Tätigkeit an das statutarische Handlungsprogramm der Gesellschaft (Unternehmensziel und -gegenstand) gebunden sind. Änderungen des Unternehmensgegenstandes fallen in die nicht derogierbare Kompetenz der Gesellschafter. Unzulässig sind daher Weisungen, neue Tätigkeiten außerhalb des bisherigen Unternehmensgegenstandes aufzunehmen, oder zum statutarischen Handlungsprogramm der Gesellschaft gehörende Tätigkeiten nicht nur vorübergehend aufzugeben.[3] **418**

Darüber hinaus darf das herrschende Unternehmen in Ausübung seines Weisungsrechts nicht die Lebensfähigkeit der Tochter gefährden.[4] Als Beispiel für existenzgefährdende Weisungen werden genannt: übermäßiger Abzug von Liquidität, Einstellung wichtiger Produktionen oder vielversprechender Entwicklungen, Übertragung der ertragsreichsten Betriebszweige, Verlagerung des Vertriebes, Unterlassung lebenswichtiger Erneuerungsinvestitionen, ungesicherte oder zu ungewöhnlichen Konditionen eingeräumte Kredite an andere Konzernunternehmen.[5] Der Beherrschungsvertrag geht vom Fortbestand der Gesellschaft aus; er verpflichtet das herrschende Unternehmen, deren Existenz nicht nur im Interesse der Gläubiger, sondern auch der außenstehenden Aktionäre für die Gegenwart zu erhalten und für die Zukunft zu sichern. Diese Sicherung erfolgt nicht nur durch den Ausgleich der Substanzverluste, sondern auch dadurch, daß das herrschende Unternehmen alles unterläßt, was die abhängige Gesellschaft zahlungsunfähig und damit konkursreif werden läßt. **419**

1 Emmerich, ZGR Sonderheft 6, 64, 69; für die AG: Geßler, § 308 AktG, Rz. 53; Koppensteiner in Kölner Kommentar, § 308 AktG Rz. 30.
2 Fleck, ZHR 1985, 387, 418; a. A. Kort, 141.
3 Vgl. OLG Düsseldorf vom 7.6.1990, DB 1990, 1394, 1397.
4 Und zwar weder die Existenzfähigkeit nach einer möglichen Beendigung der vertraglichen Konzernierung, noch die während der Laufzeit des Beherrschungsvertrages; Geßler, § 308 AktG Rz. 55; Hommelhoff, 150 ff. m. w. N.; für die GmbH: Emmerich, ZGR Sonderheft 6, 64, 70 ff.; Brandes in FS Kellermann, 24, 31; vgl. auch BGH v. 5.2.1979, BB 1979, 1735, 1738; OLG Düsseldorf v. 7.6 1990, DB 1990, 1394, 1397; a. A. Koppensteiner in Kölner Kommentar, § 308 AktG Rz. 32.
5 Emmerich, ZGR Sonderheft 6, 73; Scholz/Emmerich, Anh. KonzR Rz. 281 ff.

420 Auch die Fähigkeit des herrschenden Unternehmens, die Verpflichtung aus § 302 Abs. 1 AktG analog zu erfüllen, stellt eine Weisungsschranke dar.[1] Ist anzunehmen, daß das herrschende Unternehmen seiner Verlustausgleichspflicht nicht mehr nachkommen kann, dürfen für die abhängige Gesellschaft nachteilige Weisungen von den Geschäftsführern nicht mehr befolgt werden. Der Gegenauffassung[2], die gerade in wirtschaftlichen Schwierigkeiten des herrschenden Unternehmens eine besondere Rechtfertigung für schädigende Eingriffe im Konzern sieht, ist nicht zu folgen. Denn solche Maßnahmen beeinträchtigen nicht nur die Interessen der außenstehenden Gesellschafter und der Gläubiger der Tochtergesellschaft, sondern auch die Interessen desselben Personenkreises auf der Ebene der Muttergesellschaft. Denn auf diesem Wege wäre es einer in die Krise geratenen Konzernobergesellschaft möglich, den Zeitpunkt des Zusammenbruchs legal hinauszuzögern und durch planmäßige Entwertung seiner Tochtergesellschaft das Haftungssubstrat für seine Verbindlichkeiten zu schmälern.

cc) Verlustübernahme

421 § 302 Abs. 1 AktG verpflichtet das herrschende Unternehmen, jeden während der Vertragsdauer sonst entstehenden Jahresfehlbetrag auszugleichen, soweit dieser nicht dadurch ausgeglichen wird, daß den anderen Gewinnrücklagen Beträge entnommen werden, die während der Vertragsdauer in sie eingestellt worden sind. Diese Vorschrift ist auch im GmbH-Vertragskonzern entsprechend anzuwenden.[3] Die Verlustausgleichspflicht entsteht ex lege, sie bedarf gesellschaftsrechtlich keiner Vereinbarung. Sie greift vielmehr auch dann ein, wenn der Vertrag darüber nichts enthält.

422 Die Verlustübernahme bewirkt, daß während der Laufzeit des Unternehmensvertrages eine Überschuldung der Gesellschaft nicht möglich ist, sofern das herrschende Unternehmen nicht selbst in die Krise gerät. Illiquidität wird dadurch jedoch nicht ausgeschlossen.[4] Daraus läßt sich aber nicht folgern, das herrschende Unternehmen habe das abhängige Unternehmen über den Verlustausgleich hinaus ständig mit der benötigten Liquidität zu versorgen.[5] Die Finanzierungsfreiheit des Gesellschafters bleibt auch im Vertragskonzern unberührt, vorbehaltlich allerdings der Grundsätze über eigenkapitalersetzende Gesellschafterleistungen.[6]

1 Scholz/Emmerich, Anh. KonzR Rz. 281 ff.; Lutter, ZGR Sonderheft 6, 212; a. A. Voraufl.
2 Geßler, ZHR 1976, 433, 440; Koppensteiner in Kölner Kommentar, § 308 AktG Rz. 32.
3 Scholz/Emmerich, Anh. KonzR Rz. 268; Rowedder/Koppensteiner, § 52 GmbHG Anhang, Rz. 67; Priester, ZGR Sonderheft 6, 179.
4 Vgl. OLG Hamburg, DB 1987, 1778, 1780; BGH v. 19.9.1988, DB 1988, 2141.
5 So auch Hommelhoff, WM 1984, 1105, 1115; Schneider, ZGR 1984, 497, 535; Emmerich, ZGR Sonderheft 6, 95; Kleindieck, Strukturvielfalt im Personengesellschaftskonzern, 173 f.; differenzierend Priester, ZIP 1989, 1301, 1305: Verbot des Liquiditätsabzuges bei Existenzgefährdung der Tochter, keine Verpflichtung zur Liquiditätsausstattung.
6 OLG Hamburg vom 24.7.1987, DB 1987, 1778, 1780; BGH v. 19.9.1988, DB 1988, 2141.

(1) Ermittlung des Verlustausgleichsbetrages

423 Auszugleichen ist der Jahresfehlbetrag, der sich ohne die Verlustübernahme ergeben würde. Der Jahresfehlbetrag stellt keine objektive, von Entscheidungen der Vertragsbeteiligten schlechthin unabhängige Größe dar. Dieselben Maßnahmen, mit denen ein Jahresüberschuß erhöht werden kann, lassen sich zwecks Minderung eines Jahresfehlbetrages einsetzen.

424 Neben der Auflösung während der Vertragszeit gebildeter anderer Gewinnrücklagen kommt namentlich die Auflösung (auch vorvertraglicher) Rückstellungen, von Sonderposten mit Rücklageanteil und von stillen Reserven in Betracht. Bei der Ermittlung des Ergebnisses kann das herrschende Unternehmen die GmbH im Rahmen der gesetzlich gegebenen Möglichkeiten der verlustminimierenden Ausübung von Ansatz- und Bewertungswahlrechten anweisen.[1] Einschränkungen können sich allerdings im Hinblick auf das aus § 264 Abs. 2 HGB abzuleitende Verbot mißbräuchlicher Ausübung von Bewertungswahlrechten sowie aus dem Stetigkeitsgrundsatz des § 252 Abs. 1 Nr. 6, Abs. 2 HGB ergeben. Ebenso können vorvertragliche stille Reserven zwecks Verringerung oder Vermeidung von Verlustergebnissen ergebniswirksam aufgelöst werden.[2] Dem Gläubigerschutz ist durch die Verlustausgleichspflicht analog § 302 AktG Genüge getan. Hinsichtlich des Gesellschafterschutzes ist davon auszugehen, daß nur noch die Interessen der nicht abgefundenen außenstehenden Gesellschafter zu berücksichtigen sind. Bei der Vereinbarung angemessener Ausgleichsleistungen kann aber dem Bestand stiller Reserven, soweit er für die Ertragslage von Bedeutung ist, Rechnung getragen werden. Es verbleibt damit nur die Perspektive des Konzernausgangsschutzes mit der Notwendigkeit, der Gesellschaft danach eine Fortdauer ihrer Existenz als rentables Unternehmen zu sichern. In dieser Hinsicht kommt es aber nicht entscheidend auf die Erhaltung von Reserven, sondern darauf an, ob der Bereich der geschäftlichen Aktivitäten und die hierfür erforderlichen personellen und sachlichen Mittel erhalten bleiben.

425 Rücklagen aus der Zeit vor Inkrafttreten des Unternehmensvertrages dürfen gem. § 302 Abs. 1 AktG nicht zum Verlustausgleich herangezogen werden. Dies ist Ausfluß des den §§ 300 bis 303 AktG zugrunde liegenden Prinzips der Erhaltung der beim Abschluß des Vertrages vorhandenen bilanzmäßigen Substanz. Daß nur während der Dauer des Vertrages gebildete Gewinnrücklagen zum Verlustausgleich herangezogen werden können, dürfte, wenn man die §§ 300 ff. AktG als rechtsformunabhängigen Mindeststandard konzernrechtlicher Garantien interpretiert, auch im GmbH-Konzern gelten. Ebenso dürfte sich dies aus dem Vertragszweck ergeben.[3] Der Beherrschungsvertrag räumt dem herrschenden Unternehmen das zeitlich limitierte Recht zur Disposition über die unternehmerischen Ressourcen der beherrschten Gesellschaft

1 Für die AG: Geßler, § 308 AktG Rz. 44; Würdinger in Großkommentar zum AktG, § 308 AktG Anm. 9; Koppensteiner in Kölner Kommentar, § 308 AktG Rz. 21.

2 Geßler, § 301 AktG Rz. 20; Würdinger in Großkommentar zum AktG, § 308 AktG Anm. 7; Koppensteiner in Kölner Kommentar, § 301 AktG Rz. 21.

3 Hachenburg/Barz, § 13 GmbHG, Anhang II, Rz. 32.

ein, verpflichtet sie dafür aber im Gegenzug zur Übernahme der unter seiner Geltung entstehenden unternehmerischen Risiken. Daraus folgt, daß die Verlustdeckungspflicht der Mutter schon dann eintritt, wenn die Tochter die vor Beginn angesammelten Rücklagen in Anspruch nehmen müßte, da ansonsten das herrschende Unternehmen zu Lasten des abhängigen Unternehmens zu einem Zeitpunkt disponieren würde, in dem ihm diese Befugnis noch nicht zustand. Entsprechendes gilt für einen aus der Zeit vor dem Unternehmensvertrag stammenden Gewinnvortrag, der, was die Heranziehung zum Ausgleich anlangt, einer vorvertraglichen Gewinnrücklage gleichsteht.[1] Aus dem Vorgesagten ergibt sich, daß auch ein aus der Zeit vor Beginn des Vertrages stammender Verlustvortrag nicht ausgeglichen werden muß. Er schmälert lediglich den Höchstbetrag des Gewinns, der aufgrund eines etwaigen Gewinnabführungsvertrages abgeführt werden kann.

426 Die Ausgleichsverpflichtung endet mit der Beendigung des Beherrschungsvertrages. Dies ist auch dann der Fall, wenn der Beherrschungsvertrag während des Geschäftsjahres endet.[2] Da die Verlustübernahmepflicht ein ex lege begründetes Dauer-Schuldverhältnis ist, bleibt sie bis zu dem Zeitpunkt bestehen, an dem die Vertragsbeendigung eintritt. Der bis dahin angefallene Verlust ist aufgrund einer Stichtagsbilanz zu ermitteln. Im Konkurs der abhängigen GmbH hat das herrschende Unternehmen daher die bis zur Eröffnung des Konkursverfahrens, das zur automatischen Beendigung des Beherrschungsvertrages führt, aufgelaufenen Verluste zu übernehmen. Dagegen erstreckt sich die Verlustübernahmeverpflichtung nicht auf Abwicklungsverluste im eröffneten Konkursverfahren.[3] Für Aufwendungen, mit denen anläßlich der Beendigung des Unternehmensvertrages gerechnet werden muß, dürfen in der Stichtagsbilanz keine den letzten Jahresfehlbetrag erhöhenden Rückstellungen gebildet werden. Dies gilt auch für Kosten und Wertminderungen, deren Deckung durch Erträge während der Abwicklung oder des Konkursverfahrens nicht gewährleistet erscheint.

(2) Sicherheitsleistung bei Vertragsbeendigung

427 Im Aktienrecht gewährt § 303 AktG den Gläubigern bei Beendigung des Unternehmensvertrages Anspruch auf Sicherheitsleistung, soweit ihre Verbindlichkeiten nicht zur Zahlung fällig sind. Entsprechendes gilt auch für die GmbH, wo die Vertragsbeendigung ebenso in das Handelsregister einzutragen ist und ebenso wie im Aktienrecht die Sicherungsinteressen der Gläubiger bei Beendigung des Unternehmensvertrages durch die Verlustdeckung während der Vertragszeit allein nicht hinreichend gewährleistet wären.[4]

1 Geßler, § 302 AktG Rz. 20; Koppensteiner in Kölner Kommentar, § 302 AktG Rz. 12.

2 BGH v. 14.12.1987, ZIP 1988, 229, 232 in Ablehnung anderer Ansichten, wonach § 302 Abs. 1 AktG wegen seines Wortlautes nicht zu einer Ausgleichspflicht für das Jahr der Vertragsbeendigung führt.

3 Kort, ZIP 1988, 681, 683; Scholz/Emmerich, Anh. KonzR Rz. 270; für die AG: Koppensteiner in Kölner Kommentar, § 302 AktG Rz. 19; Geßler, § 302 AktG Rz. 15.

4 Scholz/Emmerich, Anh. KonzR Rz. 271; Priester, ZGR Sonderheft 6, 185; Baumbach/Hueck/Zöllner, Anhang I, Rz. 28; Küting/Weber/Joost, Handbuch der Konzernrechnungslegung II, Rz. 524; LAG Frankfurt v. 11.3.1988, AG 1989, 256.

(3) Durchführung des Verlustausgleichs

428 Aufgrund des Ergebnisabführungsvertrages ist die Muttergesellschaft zum Verlustausgleich verpflichtet (§§ 291 Abs. 1, 302 Abs. 1 AktG). Die Regelung des § 302 AktG ist nach allgemeiner Auffassung auf das GmbH-Recht übertragbar und jedenfalls bei stammkapitalschmälernden Verlusten der GmbH auch zwingend.[1] Streitig ist dagegen, wann und wie der Verlustausgleich tatsächlich durchzuführen ist.

Hinsichtlich des Zeitpunktes des Verlustausgleichs ist zwischen Entstehen und Fälligkeit des Anspruchs der abhängigen Gesellschaft zu differenzieren. Nach einer Ansicht treffen Entstehungszeitpunkt und Fälligkeit zeitlich zusammen, nämlich am Bilanzstichtag,[2] die Gegenauffassung[3] nimmt Entstehung und Fälligkeit erst mit Feststellung des Jahresabschlusses der Untergesellschaft an. Eine Zwischenmeinung nimmt an, daß der Anspruch auf Verlustausgleich zwar am Bilanzstichtag der abhängigen Gesellschaft entsteht, mangels Bestimmtheit der Höhe nach zu diesem Zeitpunkt aber erst mit Feststellung der Bilanz fällig wird.[4]

429 Für die Fälligkeit am Bilanzstichtag spricht die Regelung des § 271 Abs. 1 BGB, wonach der Gläubiger bei unbestimmter Leistungszeit die Leistung sofort verlangen kann. § 271 BGB ist jedoch nur anwendbar, wenn sich die Leistungszeit auch nicht aus den Umständen entnehmen läßt. Dies ist indes anzunehmen, da zwar der ohne Beherrschungs- und Ergebnisabführungsvertrag sich ergebende Jahresfehlbetrag wirtschaftlich mit Ablauf des Wirtschaftsjahres der Untergesellschaft entstehen würde. Der Betrag der Verlustausgleichspflicht steht aber zum Bilanzstichtag der Höhe nach noch nicht endgültig fest, insbesondere wirken sich zwischen diesem und Aufstellung des Jahresabschlusses eintretende Ereignisse auf dessen Höhe noch aus, wenn es sich insoweit um bilanzerhellende Tatsachen handelt. M. E. ist daher richtigerweise anzunehmen, daß der Anspruch auf Verlustausgleich, da er wirtschaftlich dem abgelaufenen Wirtschaftsjahr zuzuordnen ist, am Bilanzstichtag entsteht, aber erst mit Aufstellung der Bilanz fällig wird, weil bis zu diesem Zeitpunkt seine Höhe beeinflussende Tatsachen oder Erkenntnisse noch zu berücksichtigen sind. Die Bilanzfeststellung dagegen ist für die Fälligkeit ohne Relevanz, da sie zum einen die Höhe des Anspruchs nicht mehr beeinflußt und zum anderen in der Regel von dem Anspruchsgegner, der herrschenden Gesellschaft, bestimmt wird. Würde diese die Bilanzfeststellung verzögern oder gar ganz verweigern, könnte sie den Fälligkeitszeitpunkt ihrer Verpflichtung nach Belieben bestimmen. Dies ist mit dem Schutzzweck der Bestimmungen des § 302 AktG nicht vereinbar.

430 Auf der Ebene der verpflichteten Gesellschaft ist der Verlustausgleich, wenn deren Wirtschaftsjahr mit dem der Tochtergesellschaft überein-

1 Statt aller Baumbach/Hueck, GmbHG, Schlußanhang I Rz. 77 m. w. N.

2 Emmerich/Sonnenschein, § 16 V 7a; Hüffer, § 302 AktG Rz. 15, jedenfalls hinsichtlich der Entstehung der Verpflichtung auf Ebene der Muttergesellschaft (für Vermögensteuerzwecke) ebenso BFH, Urt. v. 16.2.1979, DB 1979, 1163.

3 OLG Schleswig, Urt. v. 3.4.1987, AG 1988, 382, 383; Geßler in Geßler/Hefermehl, § 302 AktG Rz. 41 f.; ebenso wohl auch, jedenfalls hinsichtlich der Fälligkeit, LG Bochum, Urt. v. 1.7.1986, GmbHR 1987, 24, 26.

4 Koppensteiner in Kölner Kommentar, § 302 AktG Rz. 26 f.; sowie Voraufl. Rz. 373.

stimmt, in demselben Wirtschaftsjahr zu erfassen. Steht die Höhe noch nicht endgültig fest, weil der Jahresabschluß des herrschenden Unternehmens aufgestellt wird, bevor die Bilanz der Untergesellschaft festgestellt ist, so ist der voraussichtliche Betrag des Verlustausgleichs nach allgemeinen Regeln zu schätzen. Weichen die Wirtschaftsjahre beider Unternehmen voneinander ab, so hat die verpflichtete Gesellschaft den bis zu ihrem Bilanzstichtag entstandenen Verlust der Untergesellschaft zu schätzen und für diesen eine Rückstellung für Aufwendungen aus Verlustübernahmen zu bilden. In dem Zeitpunkt, in dem das Wirtschaftsjahr der Tochtergesellschaft endet, ist die Rückstellung aufzulösen und in Höhe des tatsächlich zu übernehmenden Verlustes aufwandswirksam eine Verbindlichkeit auszuweisen.

431 Die bilanzielle Erfassung der Verlustausgleichspflicht beschränkt sich in der Regel auf die Verluste eines Geschäftsjahres der Untergesellschaft. Die verpflichtete Gesellschaft kann aber in Fällen nachhaltiger Ertragslosigkeit der abhängigen Gesellschaft eine Rückstellung in Höhe der abdiskontierten voraussichtlichen Zahlungspflicht für mehrere künftige Wirtschaftsjahre bilden.[1] Steuerlich findet eine solche Rückstellung allerdings keine Anerkennung.[2]

432 Der Verlustausgleich ist grundsätzlich in bar zu entrichten. Insbesondere kann die abhängige GmbH auf den Anspruch auf Verlustausgleich frühestens drei Jahre nach Beendigung des Ergebnisabführungsvertrages verzichten (§ 302 Abs. 3 AktG). Eine Rückerstattungsklausel etwa des Inhalts, daß die abhängige Gesellschaft in späteren Gewinnjahren verpflichtet ist, den erhaltenen Verlustausgleich zurückzugewähren, ist nach der herrschenden Literaturauffassung unzulässig. Ebenso wird eine Ersetzungsbefugnis des Schuldners, anstelle der Barzahlung andere Wirtschaftsgüter hinzugeben, abgelehnt, weil die abhängige Gesellschaft dagegen geschützt werden soll, Vermögensgegenstände zu erhalten, deren betriebswirtschaftlicher Wert hinter dem einer Liquiditätszufuhr zurückbleibt.[3] Eine Leistung an Erfüllungs statt ist also nur möglich, wenn die Gesellschaft den vollen Gegenwert des Verlustausgleichsanspruchs erhält. Eine Leistung erfüllungshalber wäre dagegen immer möglich, weil hierdurch ein Schadensersatzanspruch der Tochtergesellschaft nicht entfällt.[4]

433 Ab Fälligkeit ist der Anspruch nach § 353 HGB zu verzinsen. In dieser Frage besteht in der Literatur Übereinstimmung, obwohl die Muttergesellschaft das Ergebnis in jedem Fall später übernehmen wird.[5] Als Begründung wird der temporäre Liquiditätsvorteil der Tochtergesellschaft angeführt, der durch beliebig lange zinslose Stundung mindestens gefährdet wäre. Hier gewinnt somit der vorstehend dargelegte Streit, ab welchem Zeitpunkt der Anspruch auf Verlustausgleich fällig wird, Be-

1 Adler/Düring/Schmaltz, § 253 HGB Rz. 267 f.; Forster in FS Stimpel, 759 ff.; Wirtschaftsprüfer-Handbuch 1996, Rz. E 141, F 349; a. A. Kropff in FS Döllerer, 349, 352 ff. sowie Voraufl. Rz. 373.

2 Abschn. 58 Abs. 2 KStR.

3 Koppensteiner in Kölner Kommentar zum AktG, § 302 AktG Rz. 25.

4 Kraft in Kölner Kommentar zum AktG, § 50 AktG Rz. 9.

5 Koppensteiner in Kölner Kommentar zum AktG, § 302 AktG Rz. 28; Geßler in Geßler/Hefermehl, § 302 AktG Rz. 43; Hüffer, § 302 AktG Rz. 16.

deutung. Nach hier vertretener Auffassung tritt die Verzinsungspflicht erst ein, wenn der Jahresabschluß der abhängigen Gesellschaft aufgestellt und damit die genaue Anspruchshöhe bekannt ist. Wegen der im Falle fehlender Verzinsung möglichen negativen steuerlichen Konsequenzen (Annahme verdeckter Gewinnausschüttungen) sowie im Lichte der Auffassung des BFH zur Fälligkeit des Anspruches aus vermögensteuerlicher Sicht (Bilanzstichtag) empfiehlt sich aus Sicherheitsgründen, den Anspruch ab dem Bilanzstichtag der Untergesellschaft zu verzinsen. Es bleibt der kautelarjuristischen Kunst überlassen, die sich aus der noch unsicheren Höhe des Ausgleichsanspruchs ergebenden Schwierigkeiten zu überwinden, eine „klare und eindeutige" im Vorhinein zu treffende Vereinbarung zu formulieren.

Trotz Fälligkeit und grundsätzlicher Barzahlungspflicht ist eine physi- **434**
sche Bezahlung des Verlustausgleichs in der Praxis häufig nicht erwünscht bzw. stößt auf wirtschaftliche Bedenken oder Schwierigkeiten. So kann es nicht ratsam sein, einer Tochtergesellschaft, die trotz Verlustsituation mit genügend Liquidität versehen ist, Überliquidität durch Zahlung des Verlustausgleichs zu verschaffen. Umgekehrt ist denkbar, daß der verpflichteten Gesellschaft nicht genügend liquide Mittel für eine Begleichung der Ausgleichsverbindlichkeit zur Verfügung stehen, so daß diese sich erst unter erheblichem administrativem Aufwand die erforderliche Liquidität verschaffen müßte. Schließlich bestehen in großen Unternehmensverbindungen häufige eigenständige Finanzierungsgesellschaften, die aus Kosten- und Effizienzgründen die gesamte Konzernfinanzierung steuern. In allen diesen Fällen besteht ein wirtschaftliches Bedürfnis, anstelle eines Barausgleichs Ersatzmaßnahmen für die Durchführung der Verlustübernahme vorzunehmen, etwa den Anspruch an eine andere Konzerngesellschaft, z. B. die konzerneigene Finanzierungsgesellschaft, zu veräußern, oder der verpflichteten Gesellschaft in Höhe des Verlustausgleichsanspruchs ein (verzinsliches) Darlehen zu gewähren.

Solche Ersatzmaßnahmen sind aus konzerngesellschaftsrechtlicher Sicht nicht a priori unzulässig. Der Verlustausgleichsanspruch ist nämlich, obwohl die berechtigte Gesellschaft nach dem Gesagten zum Teil nur eingeschränkt darüber verfügen kann, prinzipiell verkehrsfähig, d. h. er kann abgetreten werden, solange die Gesellschaft für ihren Anspruch den vollen Gegenwert erhält.[1] Der Normzweck des § 302 AktG ist die Erhaltung des bilanziellen Vermögens; eine Überschuldung der abhängigen Gesellschaft kann nach dem Gesetz während der Laufzeit eines Beherrschungs- und Ergebnisabführungsvertrages nicht eintreten. Dem Gesetzeszweck widerspricht deshalb nicht die Umwandlung des Geldleistungsanspruches in ein Darlehen der abhängigen Gesellschaft.[2] Diese erhält mit dem Anspruch auf Rückgewährung des Darlehens den vollen Gegenwert des Verlustausgleichsanspruchs. Zugleich begründet das Darlehen ein neues Rechtsverhältnis, so daß die Erfüllung des Ver-

1 Koppensteiner in Kölner Kommentar zum AktG, § 302 AktG Rz. 20, 38; Geßler in Geßler/Hefermehr, § 302 AktG Rz. 56; Hüffer, § 302 AktG Rz. 17.

2 Dötsch/Witt, § 14 KStG Rz. 59; Frotscher/Maas, § 14 KStG Rz. 152; Lademann/Gassner, § 14 KStG Rz. 117; Walter in Arthur Andersen, § 14 KStG Rz. 653.

lustausgleichsanspruch durch den Abschluß des Darlehensvertrages anzunehmen ist. Die abhängige Gesellschaft ist dann nicht mehr Gläubigerin aufgrund des § 302 AktG, sondern Darlehensgeberin aufgrund des § 607 BGB.

Voraussetzung für solche regelmäßig finanzstrukturell geprägte Maßnahmen ist nach dem Normzweck des § 302 AktG allerdings in jedem Fall, daß die abhängige Gesellschaft trotz der eingetretenen Verluste über ausreichende Liquidität verfügt, da das verpflichtete Unternehmen der abhängigen Gesellschaft zu deren Nachteil Liquidität nicht vorenthalten darf. Darüber hinaus ist erforderlich, daß die Vereinbarungen mit den verbundenen Unternehmen einem Drittvergleich standhalten. Anderenfalls droht in steuerlicher Hinsicht, daß die Vereinbarungen nicht anerkannt werden.[1]

435 Unterhalten das berechtigte und das verpflichtete Unternehmen außerhalb des Unternehmensvertrag laufende Geschäftsbeziehungen, so wird in der Praxis häufig der Verlustausgleich in der Weise vollzogen, daß der Ausgleichsbetrag dem Verrechnungskonto der Untergesellschaft gutgeschrieben wird. Obwohl diese Behandlung von der Finanzverwaltung häufig unbeanstandet bleibt, ist diese wegen der Vermeidung administrativen Aufwandes sehr praktikable Behandlung des Verlustausgleichs m. E. nicht unbedenklich. Denn es fehlen dann die aus steuerlichen Gründen stets erforderlichen bzw. empfehlenswerten im vorhinein getroffenen schriftlichen Vereinbarungen zwischen Gesellschaft und beherrschendem Gesellschafter. Auch in Fällen, in denen der Verlustausgleichsanspruch durch unterjährige Verrechnung im Rahmen laufender Liefer- und Leistungsbeziehungen sukzessive beglichen werden soll, sollte daher dies durch eine entsprechende schriftliche Vereinbarung unterlegt werden. Die übrigen vorgenannten Voraussetzungen, insbesondere die Werthaltigkeit der von der verpflichteten Gesellschaft zu gewährenden Wirtschaftsgüter, müssen auch bei dieser Art der Durchführung des Verlustausgleichs erfüllt sein.

436 Erfolgt der Verlustausgleich in anderer Weise als durch Barzahlung, so ist aus steuerlicher Sicht darüber hinaus zu beachten, daß dies nicht zu einer Nichtanerkennung der körperschaftsteuerlichen Organschaft führt. Bei Ergebnisabführungsverträgen besteht in diesen Fällen nämlich die Gefahr, daß die steuerliche Ergebniszurechnung zugunsten der Muttergesellschaft gemäß § 14 KStG wegen fehlender tatsächlicher Durchführung des Ergebnisabführungsvertrages nicht möglich ist. Nach überwiegender Auffassung in der Literatur muß der Verlustausgleich in angemessener Zeit stattgefunden haben. Andernfalls wird der Ergebnisabführungsvertrag als gegenstandslos behandelt und die Wirkung des § 14 KStG entfällt.[2] Wird also der Verlustausgleich schlicht nicht vorgenommen und auch keine der erwähnten Vereinbarungen (Forderungsverkauf, Novation in Darlehen, Verrechnungsabrede im Liefer- und Leistungsverkehr) getroffen, dann besteht die Gefahr, daß die Finanzverwaltung annimmt, der Vertrag sei nicht durchgeführt worden.

1 Statt aller Frotscher/Maas, § 14 KStG Rz. 152.
2 Statt aller Dötsch/Witt, § 14 KStG Rz. 59.

dd) Schutz der Minderheitsgesellschafter

Im Aktienrecht regeln § 304 AktG den Ausgleich und § 305 AktG die Abfindung an außenstehende Gesellschafter der abhängigen Gesellschaft. Diese Regelung bietet den außenstehenden Aktionären dadurch besonderen Schutz, daß nicht § 304 Abs. 3 Satz 1 AktG Beherrschungsverträge, die keinen Ausgleich vorsehen, nichtig sind und daß ein unangemessen niedriger Ausgleich oder eine unangemessen niedrige Abfindung durch das Gericht erhöht wird. Ob die Bestimmungen der §§ 304, 305 AktG im GmbH-Konzern entsprechend angewendet werden können, ist im Schrifttum sehr umstritten, wobei das Meinungsbild die oben bereits dargelegte Diskussion um die erforderliche Mehrheit bei der Zustimmung der Gesellschafterversammlung der abhängigen Gesellschaft widerspiegelt (i. e. s. Rz. 390 ff.).[1] Diejenigen, die für den Zustimmungsbeschluß Einstimmigkeit verlangen, halten einen weitergehenden Schutz der außenstehenden Gesellschafter – von ihrem Standpunkt aus besehen zu Recht – nicht für erforderlich. Mit der hier vertretenen Ansicht ist dagegen richtigerweise davon auszugehen, daß weiterer notwendiger Bestandteil eines Beherrschungsvertrages die Ausgleichs- und Abfindungsregelungen analog der §§ 304, 305 AktG sind. Fehlen diese in dem Vertrag, so ist der Vertrag ungeachtet etwaiger abweichender Vereinbarungen insgesamt nichtig; § 139 BGB findet insoweit keine Anwendung. **437**

f) Inhalt des Ergebnisabführungsvertrages

aa) Verpflichtung zur Ergebnisabführung

Wesentlicher Inhalt eines Ergebnisabführungsvertrages ist die Verpflichtung der Untergesellschaft, ihren gesamten Gewinn an den anderen Vertragsteil abzuführen. Der Ergebnisabführungsvertrag und damit die Verpflichtung zur Ergebnisabführung werden zwar erst mit Eintragung in das Handelsregister wirksam. Gesellschaftsrechtlich kann aber vereinbart werden, daß der Vertrag Rückwirkung auf den Beginn des im Zeitpunkt seines Wirksamwerdens noch nicht abgelaufenen Wirtschaftsjahres entfalten soll.[2] Die Rückwirkung des Ergebnisabführungsvertrages setzt voraus, daß das herrschende Unternehmen Ausgleichszahlungen auch für den vor Wirksamkeit des Unternehmensvertrages liegenden Zeitraum übernimmt. **438**

bb) Ermittlung des Abführungsbetrages

Für den Aktienkonzern limitiert § 301 AktG die Ergebnisabführung zwingend auf den ohne die Ergebnisabführung entstehenden Jahres- **439**

1 Schneider, in Beherrschungs- und Gewinnabführungsverträge in der Praxis der GmbH, 7, 15; Ulmer, BB 1989, 10, 14; Fleck, ZGR 1988, 104, 134; Scholz/Priester, § 53 GmbHG, Rz. 131, 139, 140 m. w. N.; Ebenroth/Müller, BB 1991, 358, 359; Scholz/Emmerich, GmbHG, Anh. KonzR Rz. 252 ff.; Ballerstedt, DB 1956, 837, 839; Flume, DB 1956, 455, 457; Mestmäcker, Konzerngewalt, 337; Skibbe, GmbHR 1968, 245; Hachenburg/Goerdeler/Müller, § 29 GmbHG Rz. 62; Kort, 109 ff.; Rowedder/Koppensteiner, Anh. § 52 GmbHG, Rz. 40; Timm, GmbHR 1987, 8, 11; Lutter, ZGR Sonderheft 6, 192, 196; Lutter/Hommelhoff, Anh. § 13, Rz. 42; Heckschen, DB 1989, 29.

2 BGH v. 5.4.1993, WM 1993, 1087, 1091; LG Kassel v. 15.11.1995, GmbHR 1996, 292, 293 f.; zur steuerlichen Rückwirkung s. bei Rz. 558 f.

überschuß, vermindert um einen etwaigen Verlustvortrag aus Vorjahren sowie um den nach § 300 AktG in die gesetzliche Rücklage einzustellenden Betrag. Diese gesetzliche Definition des abzuführenden Betrages findet nach allgemeiner Auffassung[1] auch auf Ergebnisabführungsverträge mit einer GmbH als verpflichteter Gesellschaft Anwendung, allerdings mit der Maßgabe, daß die in § 301 AktG enthaltene weitere Minderung des abzuführenden Betrages um den gem. § 300 AktG in die gesetzliche Rücklage einzustellenden Betrages bei der GmbH mangels gesetzlicher Rücklagepflicht entfällt. Andererseits verlangt § 17 Satz 2 Nr. 1 KStG, daß bei einer GmbH als Organgesellschaft die Gewinnabführung, um für körperschaftsteuerliche Zwecke anerkannt werden zu können, den in § 301 AktG genannten Betrag nicht überschreiten darf. Der Steuergesetzgeber ging mithin offenbar davon aus, daß es bei einer aus einem Ergebnisabführungsvertrag verpflichteten GmbH (zivil-)rechtlich zulässig ist, mehr als den nach § 301 AktG zu ermittelnden Betrag an den anderen Vertragsteil abzuführen – daß also § 301 AktG auf den GmbH-Vertragskonzern keine Anwendung findet. Es empfiehlt sich daher aus Sicherheitsgründen, in dem Vertragstext den maximal abzuführenden Betrag entsprechend der Vorschrift des § 301 Satz 2 AktG zu begrenzen, um so einen Gleichlauf zwischen Gesellschaftsrecht und Steuerrecht herbeizuführen. Fehlt eine solche Vereinbarung im Vertragstext, so kann der Ergebnisabführungsvertrag allerdings dennoch steuerlich anerkannt werden, wenn er tatsächlich in der Weise durchgeführt wurde, daß nur die gem. § 301 AktG zulässigen Beträge abgeführt wurden.[2]

440 Die Auflösung und Abführung vor Beginn der Vertragslaufzeit gebildeter Gewinn- und Kapitalrücklagen ist – handelsrechtlich – seit Inkrafttreten des Bilanzrichtliniengesetzes nicht mehr möglich, da gem. § 275 Abs. 4 HGB Veränderungen dieser Rücklagen im Jahresabschluß erst nach dem Jahresüberschuß/Jahresfehlbetrag, der für die Ermittlung des Abführungsbetrages maßgebenden Größe, auszuweisen sind.[3] Diese Einschränkung gilt indes nicht für vorvertragliche stille Reserven, z. B. aufgrund von Wertsteigerungen in Grundstücken oder Tochtergesellschaften und Beteiligungen der verpflichteten Gesellschaft. Solche vorvertraglichen stillen Reserven können, z. B. durch Veräußerung der entsprechenden Wirtschaftsgüter, realisiert und an das berechtigte Unternehmen abgeführt werden, da die dabei erzielten Veräußerungsgewinne den ohne Ergebnisabführungsvertrag entstehenden Jahresüberschuß erhöhen würden und damit von der Abführungsverpflichtung mitumfaßt sind.[4]

1 Sonnenschein, 344; Emmerich/Scholz, Anh. KonzR Rz. 297; Rowedder/Koppensteiner, Anhang § 52 GmbHG Rz. 65; Tiebert, 202 ff.; a. A. Hachenburg/Goerdeler/Müller, § 29 GmbHG Rz. 59.

2 BMF v. 20.9.1994, DB 1994, 2111.

3 Dies übersehen BMF-Schreiben v. 11.10.1990, BStBl II 1990, 715; BMF-Schreiben v. 11.7.1988, DB 1988, 1617; siehe aber jetzt § 17 Satz 2 Nr. 1 KStG in der Fassung durch das Steueränderungsgesetz 1992, der auf die Gewinnabführungsbegrenzung gemäß § 301 AktG abstellt.

4 OLG Düsseldorf, Urt. v. 7.6.1990, BB 1990, 1394, 1397.

Umgekehrt dürfen während der Vertragslaufzeit offene Reserven durch Einstellung von Teilen des Jahresüberschusses in die anderen Gewinnrücklagen nur gebildet werden, wenn der Ergebnisabführungsvertrag dies vorsieht oder wenn der andere Vertragsteil zustimmt. Im letzteren Fall stellt dies m. E. eine einvernehmliche Änderung des eine Rücklagenbildung vorsehenden Ergebnisabführungsvertrages dar, die konsequenterweise den Regelungen für Vertragsänderungen (s. Rz. 448) unterliegt. Insbesondere im Hinblick darauf, daß die Finanzverwaltung an die Wirksamkeit von Verträgen bzw. Vertragsänderungen zwischen einer GmbH und ihrem beherrschenden Gesellschafter erhöhte Anforderungen stellt und Gestaltungen ohne klare, eindeutige und im vorhinein getroffene Vereinbarungen steuerlich nicht anerkennt, selbst wenn die Vereinbarungen zivilrechtlich wirksam sind, empfiehlt sich daher, bereits in dem Vertragstext für diesen Fall Vorsorge zu treffen. Dementsprechend finden sich in der Praxis häufig in Ergebnisabführungsverträgen Regelungen, die es der verpflichteten Gesellschaft im Rahmen vernünftiger kaufmännischer Vorsorge gestatten, wirtschaftlich begründete Rücklagen zu bilden. **441**

Der aufgrund eines Ergebnisabführungsvertrages erhaltene oder abgeführte Gewinn ist in der Gewinn- und Verlustrechnung jeweils gesondert unter entsprechender Bezeichnung auszuweisen, § 277 Abs. 3 Satz 2 HGB. Der bei dem berechtigten Unternehmen auszuweisende Ertrag ist mit dem Abschlußstichtag der verpflichteten Gesellschaft realisiert, also stets auszuweisen, wenn berechtigtes und verpflichtetes Unternehmen identische Bilanzstichtage haben oder der Bilanzstichtag der verpflichteten Gesellschaft dem der berechtigten zeitlich vorgelagert ist. Nicht notwendig ist, daß die gewinnabführende Gesellschaft den Jahresabschluß bereits festgestellt hat. Endet das Geschäftsjahr der verpflichteten Gesellschaft nach dem Abschlußstichtag des anderen Vertragsteils, so kann eine Ertragsrealisierung im Abschluß des berechtigten Unternehmens nicht mehr erfolgen. Ausgleichszahlungen in Form von Garantieleistungen an außenstehende Gesellschafter mindern den Ertrag aus dem Ergebnisabführungsvertrag bzw. erhöhen die Aufwendungen aus Verlustübernahme bei dem berechtigten Unternehmen, § 158 Abs. 2 AktG. **442**

cc) Durchführung der Ergebnisabführung

Hinsichtlich der Durchführung der Ergebnisabführung erheben sich prinzipiell dieselben Fragen wie im Rahmen der Durchführung des Verlustausgleichs (s. i. e. Rz. 428 ff.). Allerdings wird in der Literatur nicht vertiefend erörtert, wann der Anspruch auf Ergebnisabführung entsteht und fällig wird. Lediglich für die Frage des Bilanzausweises auf der Ebene der herrschenden Gesellschaft findet sich der Hinweis, daß der Ertrag aus Ergebnisabführungsverträgen bei gleichen Wirtschaftsjahren beider Gesellschaften in demselben Wirtschaftsjahr ergebniswirksam zu vereinnahmen ist. Liegt der Bilanzstichtag der Untergesellschaft nach dem der berechtigten Gesellschaft, so hat letztere den Ertrag in dem Wirtschaftsjahr auszuweisen, in dem das Wirtschaftsjahr der Untergesellschaft endet. **443**

Im übrigen müssen m. E. hinsichtlich Entstehung und Fälligkeit des Anspruchs dieselben Grundsätze gelten wie für den Verlustausgleichsanspruch, d. h. der Anspruch auf die Ergebnisabführung entsteht am Bilanzstichtag der Untergesellschaft und wird mit Aufstellung deren Jahresabschlusses fällig. Die erwähnten abweichenden Auffassungen im Rahmen des Verlustausgleichs müßten hier konsequenterweise ebenfalls zu abweichenden Lösungen gelangen und jeweils entweder Bilanzstichtag oder Feststellungszeitpunkt für maßgeblich erachten.

444 Da die Verfügungsbeschränkungen des § 302 Abs. 3 AktG für den Anspruch auf Ergebnisabführung nicht gelten, kann das herrschende Unternehmen aus konzernrechtlicher Sicht über diesen Anspruch frei verfügen, d. h. ihn abtreten, darauf verzichten oder ihn auch zinslos stunden. Aus steuerlicher Sicht gilt indes wiederum, daß zum einen Vereinbarungen über den Anspruch, z. B. die Umwandlung in ein Darlehen, klar und eindeutig im vorhinein zu treffen sind und einem Drittvergleich standhalten müssen. Zum anderen muß die Art der Durchführung im voraus vertraglich festgelegt werden, da anderenfalls das Risiko besteht, daß die Finanzverwaltung das Organschaftsverhältnis wegen Nichtdurchführung des Ergebnisabführungsvertrages die steuerliche Anerkennung versagt.

Vor diesem Hintergrund ist anerkannt, daß der Anspruch der herrschenden Gesellschaft auf Ergebnisabführung in ein Darlehen umgewandelt wird. Ebenso zulässig wäre ein „Führ-ab-hol-zurück"-Verfahren, bei dem der abgeführte Gewinn sogleich wieder der abhängigen Gesellschaft als Gesellschaftereinlage zurückgegeben wird.[1] Schließlich wird auch hier das in der Praxis häufige Vorgehen, den Gewinnanspruch im Rahmen des laufenden Verrechnungsverkehrs aufgrund von Liefer- und Leistungsbeziehung zwischen den Vertragsparteien sukzessive zu erfüllen, von der Finanzverwaltung regelmäßig nicht beanstandet. Meine diesbezüglichen Bedenken im Rahmen des Verlustausgleichsanspruchs bestehen hier insoweit nicht, als auch eine zinslose Stundung der Abführungsverpflichtung hier als bloße Nutzungseinlage keine ertragsteuerlichen Konsequenzen nach sich ziehen kann – vorausgesetzt, die Durchführung des Ergebnisabführungsvertrages ist ansonsten nicht zu beanstanden. Aus demselben Grund ist hier auch der Streit um den „richtigen" Fälligkeitszeitpunkt – und damit den Beginn des Zinslaufs – von geringerer praktischer Relevanz. Schon aus Gründen der besseren Ermittlungsmöglichkeit empfiehlt sich aber auch hier, als Zinsbeginn den Beginn des Wirtschaftsjahres der Untergesellschaft zu wählen.

445 Unabhängig von bzw. zusätzlich zu der nach vorstehenden Kriterien durchzuführenden Ergebnisabführung kann die Auskehrung offener Reserven von der verpflichteten Gesellschaft an ihre Gesellschafter im Wege der Auflösung vor oder während der Vertragszeit gebildeter anderer Gewinnrücklagen und Ausschüttung derselben an die Gesellschafter erfolgen. Da die Auflösung von Gewinnrücklagen den sonst entstehenden Jahresüberschuß unberührt läßt, handelt es sich insoweit

1 Dötsch/Witt, § 14 KStG Rz. 59; Walter in Arthur Andersen, § 14 KStG Rz. 654; Frotscher/Maas, § 14 KStG Rz. 152.

nicht um Beträge, die von der Abführungsverpflichtung erfaßt sind – und zwar unabhängig von der Zeit, in der sie gebildet wurden. Der Ausschüttungsbetrag kommt dabei allen Gesellschaftern im Verhältnis der für die Gesellschaft geltenden Gewinnverteilungsabrede zugute; außenstehende Gesellschafter haben sich den auf sie entfallenden Teil insbesondere auch nicht auf ggf. auf an sie zu entrichtende Ausgleichszahlungen bzw. Garantiedividenden gem. § 304 Abs. 1 AktG anrechnen zu lassen. Steuerlich stellt die Auflösung und Auskehrung anderer Gewinnrücklagen während der Laufzeit eines Ergebnisabführungsvertrages eine sog. andere Ausschüttung dar, die nach den Regelungen der ordentlichen Gewinnausschüttung zu behandeln ist.

dd) Verlustausgleich

Die Bestimmungen des § 302 AktG finden auf Ergebnisabführungsverträge in gleicher Weise Anwendung wie für Beherrschungsverträge. Dies gilt auch für den GmbH-Vertragskonzern. Auf die vorstehenden Ausführungen zum Verlustausgleich bei Beherrschungsverträgen wird daher verwiesen. **446**

g) Änderung von Unternehmensverträgen

Das Aktienkonzernrecht enthält in den §§ 295 bis 299 AktG Regelungen über die Änderung und Beendigung von Unternehmensverträgen, deren entsprechende Anwendung im GmbH-Konzernrecht umstritten ist. **447**

Gem. § 295 Abs. 1 AktG kann der Unternehmensvertrag einer Aktiengesellschaft nur mit Zustimmung der Hauptversammlung geändert werden; dazu ist eine ¾-Mehrheit des bei der Beschlußfassung vertretenen Grundkapitals erforderlich. Soweit die Änderung die im Vertrag vorgesehenen Abfindungs- und/oder Ausgleichsregelungen betrifft, ist des weiteren ein Sonderbeschluß der außenstehenden Aktionäre notwendig, § 295 Abs. 2 AktG; auch insoweit bedarf es einer ¾-Mehrheit. Zweck dieser Regelung ist die Verhinderung von Umgehungen. Die für den Abschluß von Unternehmensverträgen erforderlichen Wirksamkeitsvoraussetzungen könnten umgangen werden, wenn an die Änderung solcher Verträge geringere Anforderungen gestellt würden als an ihren Abschluß.[1]

Die Ratio dieser Bestimmung bildet keine aktienrechtliche Besonderheit, da das Schutzbedürfnis der Minderheitsgesellschafter und Gläubiger im GmbH-Vertragskonzern in gleicher Weise besteht.[2] Auch hier gelten daher für die Änderung eines Unternehmensvertrages dieselben Anforderungen wie für den Vertragsschluß, so daß die Gesellschafter des herrschenden wie des abhängigen Unternehmens der Vertragsänderung zustimmen müssen. Nach hier vertretener Auffassung (s. Rz. 390 ff.) reicht dafür auf beiden Ebenen eine Mehrheit von drei Vierteln aus; eine Zustimmung der Minderheitsgesellschafter der abhängigen Gesellschaft ist nicht erforderlich. Ein Bedürfnis, die Minderheitsgesellschafter bei **448**

1 Koppensteiner in Kölner Kommentar, § 295 AktG Rz. 1 m. w. N.
2 Krieger, in Beherrschungs- und Gewinnabführungsverträge in der Praxis der GmbH, 99, 101.

einer Vertragsänderung stärker zu schützen als bei dessen Abschluß, besteht nicht. Allerdings hat die Änderungsvereinbarung erneute bzw. geänderte Regelungen über Ausgleichszahlungen und Abfindungsangebote an die Minderheitsgesellschafter zu enthalten, wenn die Vertragsänderungen die bisherigen Rechte der außenstehenden Gesellschafter tangiert.[1]

449 Im aktienrechtlichen Schrifttum ist allerdings umstritten, welche Maßnahmen oder Vereinbarungen im einzelnen als Änderungen eines Unternehmensvertrages anzusehen sind. Dabei konzentriert sich der Streit im wesentlichen auf die Frage, ob es sich bei der einzelnen Vereinbarung um eine Vertragsänderung handelt oder diese sich als Neuabschluß des Vertrages qualifiziert. Geht man, wie hier vertreten, davon aus, daß auf Vertragsänderungen die Regelungen über den Abschluß von Unternehmensverträgen anzuwenden sind, ist dieser Streit indes ohne praktische Relevanz. Vielmehr stellt sich die Frage, ob jede Veränderung des einmal geschlossenen Vertrages als Vertragsänderung anzusehen ist oder ob in Fällen geringeren Gewichts die Abschlußformalien, insbesondere das Erfordernis der Zustimmung der Gesellschafter beider Unternehmen, nicht bzw. nur eingeschränkt zu beachten sind.

450 Die überwiegende Auffassung in der Literatur[2] definiert als Vertragsänderung jede zweiseitige Vereinbarung der Vertragsparteien, die bereits während der Laufzeit des ursprünglich geschlossenen Vertrages wirksam werden soll. Diese Definition kann als allgemeiner Grundsatz im Ausgangspunkt auch auf die Verhältnisse im GmbH-Vertragskonzern angewendet werden. Dementsprechend sind als Vertragsänderungen insbesondere anzusehen:

- Verlängerung der Laufzeit vor Ablauf des ursprünglichen Vertrages,[3]
- sonstige Änderungen des Regelungsgehaltes der Vertragsbestimmungen,
- Aufnahme eines weiteren herrschenden Unternehmens,[4]
- Vertragsübernahme durch ein anderes herrschendes Unternehmen.[5]

451 Darüber hinaus soll nach überwiegender Literaturansicht auch die bloße redaktionelle Änderung des Vertragstextes als Vertragsänderung in dem genannten Sinne qualifizieren, die entsprechend nur unter Einhaltung der Abschlußformalien wirksam vorgenommen werden könne. Anderenfalls führe die Notwendigkeit, zwischen inhaltlichen und redaktionellen Änderungen abgrenzen zu müssen, zu nicht haltbarer Rechtsunsicherheit. Eine Ausnahme soll nach dieser Auffassung lediglich für

1 Rowedder/Koppensteiner, Anh. § 52 GmbHG Rz. 72; Lutter/Hommelhoff, Anh. § 13 GmbHG Rz. 57; a. A. Scholz/Emmerich, Anh. KonzR Rz. 277; Rix, Mitt.Rh.Not.Kammer 1986, 29, 42; sowie Voraufl.

2 Statt aller Koppensteiner in Kölner Kommentar, § 295 AktG Rz. 4.

3 Koppensteiner in Kölner Kommentar, § 295 AktG Rz. 4; Hüffer, § 295 AktG Rz. 7; die allerdings die Laufzeitveränderung als Neuabschluß auffassen; hiergegen Milatz, GmbHR 1995, 369, 370.

4 BGH, Urt. v. 15.6.1992, ZIP 1992, 1228; LG Essen, Urt. v. 16.12.1994, AG 1995, 189, 190; Lutter/Hommelhoff, Anh. § 13 GmbHG Rz. 57; Priester, ZIP 1992, 293 ff.

5 OLG Karlsruhe, Beschl. v. 28.2.1977, DB 1977, 668; Priester, ZIP 1992, 293, 300; Krieger/Jannott, DStR 1995, 1473, 1478.

nicht auf einer Änderungsvereinbarung beruhende schlichte Berichtigungen des Vertragstextes, z. B. die Neubezeichnung einer Vertragspartei nach durchgeführter Firmenänderung, gelten.[1]

Diese Differenzierung überzeugt m. E. nicht, da die Abgrenzung zwischen Inhaltsänderung und redaktioneller Überarbeitung nicht mit größeren Schwierigkeiten verbunden ist als die Abgrenzung zwischen Vertragsänderung und schlichter Berichtigung, so daß damit das Problem nicht wirklich gelöst wird. Vielmehr ist davon auszugehen, daß die erwähnten Befürchtungen in bezug auf eine praktikable Abgrenzung unbegründet sind. Zum einen besteht diese Problematik im Rahmen von (sonstigen) Satzungsänderungen in gleichem Maße,[2] wo ebenfalls zwischen „materiellen" bzw. „echten" und „formellen" bzw. „unechten" Änderungen[3] unterschieden wird, ohne daß die erforderliche Abgrenzung als hinderlich empfunden wird. Zum anderen erwachsen aus dieser Abgrenzung keine besonderen Gefahren für die betroffenen Personenkreise, da eine fälschlicherweise als redaktionelle Änderung des Vertrages behandelte materielle Vertragsänderung keine rechtliche Wirkung entfalten kann, da sie mangels Beachtung der erforderlichen Form nichtig ist. Der Auffassung, daß bloße redaktionelle Änderungen den Regelungen über die Änderung von Organschaftsverträgen nicht unterliegen, ist daher zuzustimmen.

Auch hinsichtlich der einzuhaltenden Formalien sind die Anforderungen **452**
bei der Vertragsänderung mit denen bei Abschluß identisch.[4] Ist nämlich nach zutreffender Auffassung der Abschluß eines Unternehmensvertrages als Satzungsänderung der beteiligten Gesellschaften aufzufassen, so sind die für diese geltenden Vorschriften auch für die Änderung der Satzungsänderung maßgebend. Der Änderungsvertrag bedarf daher der notariellen Beurkundung, wenn in ihm ein erneutes Abfindungsangebot enthalten ist, sonst der Schriftform. Die Zustimmungsbeschlüsse beider Gesellschafterversammlungen sind gleichfalls notariell zu beurkunden. Die Vertragsänderung nebst beizufügender Zustimmungsbeschlüsse ist bei den Handelsregistern aller beteiligter Unternehmen zur Eintragung anzumelden. Erst mit Eintragung des geänderten Vertragsinhalts in das Handelsregister wird die Änderung wirksam.[5]

Die Möglichkeiten, durch statutarische Vorsorge die vorgenannten Formalerfordernisse zu vermeiden, sind ebenso begrenzt wie im Falle sog. Konzernklauseln. Zulässig wäre eine satzungsmäßige Ermächtigung zur Vertragsänderung nur in bezug auf einen konkret zu bezeichnenden Beherrschungs- und Ergebnisabführungsvertrag und auf konkret einzugrenzende Änderungen, z. B. die Ermächtigung, einen bestimmten

1 Vgl. Koppensteiner in Kölner Kommentar, § 295 AktG Rz. 4; Geßler in Geßler/Hefermehl, § 295 AktG Rz. 3; jew. zur AG.

2 So zu Recht Krieger/Jannott, DStR 1995, 1473, 1474.

3 Lutter/Hommelhoff, § 54 GmbHG Rz. 28 ff. m. w. N.

4 OLG Karlsruhe, Beschl. v. 28.2.1997, DB 1997, 668, 669 f. (Beitritt zu einem Beherrschungsvertrag); zu den Formalien beim Vertragsschluß s. bei Rz. 407 ff.

5 A. A. (für den Fall der Verlängerung der ursprünglichen Vertragslaufzeit): Milatz, GmbHR 1995, 369, 370 ff.

Vertrag über die vereinbarte Laufzeit hinaus für einen weiteren Maximalzeitraum zu verlängern.[1] Die Anwendungsfälle in der Praxis dürften daher gering bleiben.

453 Die gesellschaftsrechtlichen Anforderungen an eine wirksame Vertragsänderung sind zu beachten, damit der geänderte Unternehmensvertrag auch steuerliche Anerkennung finden kann. Allerdings sind über die vorstehenden Maßgaben hinaus im Hinblick auf die Bestimmungen in § 17 KStG weitere Besonderheiten zu beachten, damit die ursprünglich steuerlich wirksame begründete Organschaft durch die Vertragsänderungen nicht gefährdet wird (s. i. e. Rz. 558 f.).

h) Beendigung von Unternehmensverträgen

aa) Allgemeines

454 Können die Voraussetzungen für den Abschluß eines Unternehmensvertrages, an dem als verpflichtete Gesellschaft eine GmbH beteiligt ist, inzwischen als weitgehend geklärt betrachtet werden, so hat sich der Schwerpunkt der rechtswissenschaftlichen Auseinandersetzungen in diesem Zusammenhang nun auf die Frage verlagert, unter welchen Voraussetzungen und in welchen Fallkonstellationen ein einmal geschlossener Beherrschungs- und Ergebnisabführungsvertrag wieder beendet wird. Dabei sind die folgenden Beendigungsgründe zu differenzieren:

- Einvernehmliche Aufhebung (actus contrarius),
- (ordentliche und außerordentliche) Kündigung,
- Auflösung oder Umwandlung einer Vertragspartei,
- Rücktritt vom Vertrag,
- Zeitablauf.

455 Gesetzliche Regelungen finden sich insoweit für den Aktienkonzern in den Bestimmungen der §§ 296 bis 299 AktG, die indes die vorgenannten möglichen Beendigungsgründe nicht vollständig behandeln. Vielmehr ist in diesen Vorschriften lediglich die vertragliche Aufhebung (§ 296 AktG), die Kündigung (§ 297 AktG), Anmeldung und Eintragung der Beendigung (§ 298 AktG) sowie das Verbot, Weisungen in bezug auf Änderungen oder Beendigung des Unternehmensvertrages zu erteilen (§ 299 AktG), geregelt. Ob und inwieweit diese Regelungen auf den GmbH-Vertragskonzern Anwendung finden und/oder durch allgemeine zivilrechtliche Grundsätze ergänzt oder ersetzt werden müssen, ist noch weitgehend ungeklärt.

bb) Actus contrarius

(1) Ebene der abhängigen Gesellschaft

456 Die Beendigung eines Unternehmensvertrages durch Abschluß eines einvernehmlichen Aufhebungsvertrages spielt in der Praxis eine wichtige Rolle. Insbesondere in dem Fall, daß sich innerhalb eines Unternehmensverbundes die Verhältnisse ändern, etwa weil eine Konzerngesell-

1 A. A. Krieger/Jannott, DStR 1995, 1473, 1474.

schaft veräußert oder die rechtliche Struktur des Konzern im Zuge interner Restrukturierungsmaßnahmen verändert werden soll, bietet die Aufhebung bestehender Unternehmensverträge die Möglichkeit, zu einem frei bestimmbaren Zeitpunkt die gewünschten bzw. erforderlichen Anpassungen der Rechtsverhältnisse vorzunehmen. Diese Flexibilität besteht bei anderen Beendigungstatbeständen nicht in gleichem Maße.

Unstreitig ist in diesem Zusammenhang, daß die Aufhebung des Unternehmensvertrages den Abschluß einer hierauf gerichteten Vereinbarung, des actus contrarius, zwischen den Parteien des aufzuhebenden Vertrages bedarf und daß für den Abschluß, ebenso wie für die Begründung des Vertragskonzerns, die Geschäftsführungen der beteiligten Unternehmen zuständig sind. Unterschiedliche Auffassungen dagegen werden sowohl in der vorhandenen Judikatur als auch im Schrifttum dazu vertreten, ob die durch den „Supermarkt"-Beschluß des BGH[1] aufgestellten weiteren Voraussetzungen für den Abschluß des Unternehmensvertrages, insbesondere die Mitwirkung der betroffenen Gesellschafter, und die entsprechenden Formalien auf den actus contrarius anzuwenden sind.

In zwei neueren OLG-Urteilen[2] und in Teilen des Schrifttums[3] wird an- **457**
genommen, daß hierfür ein Bedürfnis nicht bestehe, da die beherrschte Gesellschaft durch den Aufhebungsvertrag lediglich wieder in den „Normalzustand" zurückfalle und mithin ein satzungsgleicher Eingriff wie beim Abschluß des Unternehmensvertrages nicht gegeben sei. In analoger Anwendung der Bestimmungen des § 296 Abs. 1 AktG genüge daher der Abschluß durch die Geschäftsführung, die allenfalls vorhandene satzungsmäßige Zustimmungsvorbehalte der Gesellschafterversammlung für außergewöhnliche Geschäftsführungsmaßnahmen zu beachten hätten. Allerdings bedürfe der Abschluß des actus contrarius, wenn die beherrschte Gesellschaft Minderheitsgesellschafter besitze, analog § 296 Abs. 2 AktG eines Zustimmungsbeschlusses der außenstehenden Gesellschafter. Demgegenüber geht die überwiegende Ansicht in der Literatur[4] davon aus, daß auch die Beendigung eines Beherrschungs- und Ergebnisabführungsvertrages satzungsändernde Qualität besitze und daher die Abschlußvoraussetzungen einzuhalten seien. Eine analoge Anwendung des § 296 AktG komme nicht in Betracht, da insoweit die Unternehmensverfassungen von AG und GmbH unterschiedlich seien, wie gerade die Vorschriften des § 293 AktG zeig-

1 BGH v. 24.10.1988, BGHZ 105, 324; s. i. e. Rz. 387 ff.

2 OLG Karlsruhe, Beschl. v. 3.6.1994, GmbHR 1994, 807; OLG Frankfurt, Beschl. v. 11.11.1993, GmbHR 1994, 809.

3 Rix, MittRhNotK 1986, 29, 43; Priester, ZGR Sonderheft 6, 183 f.; Tiebert, 197/89, bei personalistisch ausgestalteten GmbH's; Timm, GmbHR 1987, 8, 14; Timm, GmbHR 1989, 11; Krieger, Beherrschungs- und Gewinnabführungsverträge, 112; Jasper, WiB 1994, 118; Bungert, NJW 1995, 1118, 1119 ff.; Vetter, ZIP 1995, 345, 352; Kallmeyer, GmbHR 1995, 578, 579; sowie Voraufl. Rz. 386.

4 Tiebert, 197/89; Rowedder/Koppensteiner, Anh. § 52 GmbHG Rz. 72; Emmerich/Scholz, Anh. KonzR Rz. 277; Hachenburg/Ulmer, § 53 GmbHG Rz. 154; Lutter/Hommelhoff, Anh. § 13 GmbHG Rz. 60; Ehlke, ZIP 1995, 354, 357; Ebenroth/Wilken, ZIP 1992, 1738, 1739; Schlögell, GmbHR 1995, 401, 403 ff.; Hoffmann-Becking, WiB 1994, 57, 63.

ten, die den Abschluß eines Unternehmensvertrages – im Unterschied zu den Grundsätzen des „Supermarkt"-Beschlusses – eben nicht den Bestimmungen über Satzungsänderungen unterstellen.

458 Die erstgenannte Auffassung vermag nicht zu überzeugen. Maßgeblicher Grundsatz des „Supermarkt"-Beschlusses des BGH ist – unstreitig –, daß der Abschluß des Unternehmensvertrages satzungsgleiche Wirkung besitzt. Die Aufhebung einer satzungsändernden Maßnahme ist aber nur wiederum im Rahmen einer neuerlichen Satzungsänderung möglich; die Sachlage bei einem actus contrarius deckt sich insoweit mit der Situation bei Änderung eines Unternehmensvertrages.[1] Darüber hinaus besitzt die Aufhebung des Vertragskonzerns in der Regel für die abhängige Gesellschaft und ihre Gesellschafter ebenso gravierende wirtschaftliche Konsequenzen wie dessen Begründung, was auch von der h. M. in der Literatur nicht in Abrede gestellt wird. Das Postulat, dem sei durch Herbeiführung eines Zustimmungsbeschlusses der Minderheitsgesellschafter und Beachtung satzungsmäßiger Zustimmungsvorbehalte ausreichend Rechnung getragen, wird aber dem Wesen des Beherrschungs- und Ergebnisabführungsvertrages nicht gerecht. Etwas anderes läßt sich m. E. auch nicht aus dem „Stromlieferungs"-Urteil des BGH[2] herleiten, in dem der BGH ausführt, es bestehe kein Anlaß, an die Beendigung eines Beherrschungs- und Ergebnisabführungsvertrages strengere Formalanforderungen zu stellen als im Aktienkonzern. Denn in dem entschiedenen Fall stand lediglich die (konstitutive oder deklaratorische) Wirkung der Eintragung der Vertragsbeendigung zu Debatte, die der BGH im letzteren Sinne entschied. Hieraus läßt sich daher nicht entnehmen, daß der BGH allgemein für die Vertragsbeendigung von der in dem „Supermarkt-"Beschluß dargelegten Rechtsqualität von Unternehmensverträgen wieder abrücken wollte.[3] Mit der derzeit vorherrschenden Auffassung im Schrifttum ist somit davon auszugehen, daß auch die einvernehmliche Vertragsbeendigung nach denselben Regelungen vorzunehmen ist wie der Abschluß und die Änderung von Unternehmensverträgen. Der Abschluß des actus contrarius bedarf daher zu seiner Wirksamkeit eines Zustimmungsbeschlusses der Gesellschafterversammlungen sowohl des herrschenden als auch des beherrschten Unternehmens.

459 Damit noch nicht entschieden ist indes die weitergehende Frage, mit welcher Mehrheit diese Gesellschafterbeschlüsse zu fassen sind. Die überwiegenden Vertreter der h. M.[4] gehen davon aus, daß die satzungsändernde Mehrheit von drei Vierteln nur dann ausreiche, wenn der Vertrag, dessen Beendigung beschlossen werden soll, keine Ausgleichsverpflichtungen gegenüber außenstehenden Gesellschaftern enthalte. Anderenfalls müßten diese der Vertragsaufhebung zustimmen, da in ihre Rechtspositionen eingegriffen werde. Diese Argumentation deckt sich

1 Ehlke, ZIP 1995, 355, 358; Schlögell, GmbHR 1995, 401, 403 f.
2 BGH v. 11.11.1991, DB 1992, 29, 31.
3 Schlögell, GmbHR 1995, 401, 405; a. A. Vetter, ZIP 1995, 345, 350; Timm, GmbHR 1992, 213, 217.
4 Scholz/Emmerich, Anh. KonzR Rz. 320; Hachenburg/Ulmer, § 53 GmbHG Rz. 154; Lutter/Hommelhoff, Anh. § 13 GmbHG Rz. 60; Schlögell, GmbHR 1995, 401, 405 f.; Hoffmann-Becking, WiB 1994, 57, 63.

mit der allgemeinen Auffassung zu Satzungsänderungen durch Mehrheitsbeschluß, wonach diese stets der Zustimmung dessen bedürfen, in dessen Rechte die Änderung eingreift.

Beide Fälle sind jedoch m.E. in diesem Punkt nicht vergleichbar. Wie schon die Erwägungen zu den erforderlichen Mehrheiten bei Abschluß eines Beherrschungs- und Ergebnisabführungsvertrages (s. Rz. 389ff.) gezeigt haben, erhalten die Minderheitsgesellschafter für ihren Rechtsverlust einen Ausgleich, dessen wirtschaftliche Angemessenheit durch die Möglichkeit der nötigenfalls gerichtlichen Überprüfung gewährleistet ist. Durch die Aufhebung des Unternehmensvertrages wird somit nicht (unzulässigerweise) in eine Rechtsposition des Minderheitsgesellschafters nachteilig eingegriffen, vielmehr werden lediglich die wirtschaftlich gleichwertigen Ersatzleistungen des Beherrschungs- und Ergebnisabführungsvertrages durch das „Original", nämlich die volle gesellschaftsrechtliche Beteiligung an einem nicht mehr von dem Mehrheitsgesellschafter beherrschten Unternehmen, wieder ersetzt. Folgerichtig muß dieser Vorgang, erkennt man eine Mehrheitsentscheidung bei Abschluß des Vertrages als ausreichend an, ebenfalls ohne Zustimmung des außenstehenden Gesellschafters zulässig sein. Im übrigen greifen auch hier die zum Abschluß angestellten zusätzlichen Erwägungen (s. Rz. 392), daß wegen vorhandener Mißbrauchsmöglichkeiten seitens der Minderheit sowie Umgehungsmöglichkeiten seitens der Mehrheit das unbestreitbar vorhandene Bedürfnis nach ausreichendem Minderheitenschutz durch ein Zustimmungserfordernis nicht besser befriedigt werden kann als im Rahmen einer qualifizierten Mehrheitsentscheidung.

(2) Ebene der herrschenden Gesellschaft

Ausgangspunkt für die Frage, ob auch die Gesellschafterversammlung der herrschenden Gesellschaft bei der Aufhebung des Unternehmensvertrages mitwirken muß, ist richtigerweise wiederum die Rechtslage bei Abschluß desselben (s. Rz. 395f.). In dem „Supermarkt"-Beschluß sowie dem „Siemens"-Beschluß hat der BGH[1] zur Begründung der Mitwirkungspflicht darauf abgestellt, daß auch aus der Sicht des herrschenden Unternehmens diese Maßnahme die Qualität einer Satzungsänderung besitzt, weil die mit der Begründung des Konzernverhältnisses einhergehenden wirtschaftlichen Auswirkungen so gewichtig sind, daß sie in die Entscheidungskompetenz der Gesellschafter fällt. Dem wird zum Teil[2] entgegengehalten, daß dies für die Beendigung des Konzernverhältnisses nicht gelten könne, weil schon bei seiner Begründung die Rechtsfolgen einer Beendigung bekannt seien. Der Zustimmungsbeschluß der Gesellschafterversammlung des berechtigten Unternehmens zum Abschluß des Vertrages beinhalte daher zugleich die Ermächtigung an die Verwaltung, den Vertrag auch wieder aufzuheben. Eine Ausnahme sei nur dann anzunehmen, wenn im Einzelfall die Vertragsbeen- **460**

1 „Supermarkt"-Beschluß, BGH v. 24.10.1988, BGHZ 105, 324; „Siemens"-Beschluß, BGH v. 30.1.1992, ZIP 1992, 395.

2 LG Konstanz, Urt. v. 26.11.1992, GmbHR 1993, 169; Vetter, ZIP 1995, 345, 347; Krieger, Beherrschungs- und Gewinnabführungsverträge, 111; Schlögell, GmbHR 1995, 401, 406f.; Hoffmann-Becking, WiB 1994, 54, 63.

digung wegen der damit verbundenen wirtschaftlichen Folgen als außergewöhnliche Maßnahme anzusehen sei, über die die Gesellschafterversammlung zu befinden habe.

Hierin spiegelt sich der allgemeine zivilrechtliche Rechtsgedanke wider, daß der actus contrarius generell nicht der Form bedürfe, der das ursprüngliche Rechtsgeschäft unterlegen habe. Indes kann in Ansehung von Unternehmensverträgen auf der Ebene der herrschenden Gesellschaft nichts anderes gelten als bei dem verpflichteten Unternehmen. Nimmt man mit der Argumentation des BGH hin, daß der Vertragsschluß auch auf der Ebene des herrschenden Unternehmens satzungsändernde Qualität besitzt, so kann auch die Aufhebung nur im Wege einer (erneuten) Satzungsänderung erfolgen. Nach richtiger Ansicht[1] bedarf daher auch die Aufhebung des Unternehmensvertrages eines Zustimmungsbeschlusses der Gesellschafterversammlung des herrschenden Unternehmens mit qualifizierter satzungsändernder Mehrheit. Die Gegenauffassung läßt m. E. zu Unrecht außer Acht, daß die wirtschaftlichen Auswirkungen, mit denen die Entscheidung über die Aufhebung verbunden ist, für die Form, in der die Satzungsänderung durchzuführen ist, ohne Belang ist. Die zum Abschluß von Unternehmensverträgen angestellten Erwägungen sind daher auch in diesem Punkt vollinhaltlich auf die Rechtslage bei Beendigung des Vertragskonzern zu übertragen.

461 Dementsprechend ist hinsichtlich der Anforderungen an den Zustimmungsbeschluß je nach Rechtsform des herrschenden Unternehmens zu differenzieren. Bei AG und GmbH ist eine Mehrheit von drei Vierteln ausreichend; der Beschluß bedarf der notariellen Beurkundung und ist in das Handelsregister einzutragen. Bei Personengesellschaften gilt das Einstimmigkeitsprinzip, wenn nicht – unter Beachtung des Bestimmtheitsgrundsatzes – eine Mehrheitsentscheidung gesellschaftsvertraglich zugelassen ist. Bei einem Einzelunternehmen entfällt eine weitere Zustimmung naturgemäß.

462 Entsprechendes gilt im mehrstufigen Konzern hinsichtlich einer Mitwirkungspflicht der Gesellschafterversammlung der obersten Konzernebene sowie bei einer GmbH & Co. KG hinsichtlich der Gesellschafterversammlung der Komplementär-GmbH.[2] In diesen Fällen ist danach zu differenzieren, ob es sich um einen Akt gewöhnlicher Geschäftsführung handelt oder ob nach allgemeinen Kriterien eine Mitwirkung erforderlich ist. Die Differenzierung auf dieser Ebene rechtfertigt sich daraus, daß rechtlich zwischen der unmittelbaren Muttergesellschaft, bei der die Maßnahme wegen der unmittelbaren rechtlichen Betroffenheit satzungsgleich wirkt, und höheren Konzernstufen bzw. sonst nur mittelbar Betroffenen unterschieden werden muß.

1 Scholz/Emmerich, Anh. KonzR Rz. 320; Emmerich/Sonnenschein, 476; Ebenroth/Wilken, WM 1993, 1617, 1627; Ebenroth/Wilken, ZIP 1992, 1738, 1740.

2 Zur Rechtslage bei Vertragsschluß in diesen Fällen s. Rz. 397 f.

(3) Aufhebungszeitpunkt

Im Aktienkonzern bestimmt § 296 Abs. 1 AktG, daß eine Vertragsaufhebung nur auf den Schluß eines Geschäftsjahres der abhängigen Gesellschaft erfolgen darf und daß eine Aufhebung nicht mit Rückwirkung versehen werden kann. Im Falle einer abhängigen GmbH ist die Frage, ob dieselben Grundsätze anzuwenden sind, obergerichtlich noch nicht entschieden. Einigkeit herrscht insoweit, daß eine rückwirkende Aufhebung des Unternehmensvertrages auch im GmbH-Konzern unzulässig ist. Darüber hinaus geht die h. M.[1] davon aus, daß § 296 Abs. 1 Satz 1 AktG hier analog anzuwenden sei und daher eine Aufhebung auch bei Beteiligung einer GmbH als abhängiger Gesellschaft nur zum Schluß des Geschäftsjahres dieser Gesellschaft möglich ist. **463**

Dieser Auffassung ist schon aus Gründen der Praktikabilität zuzustimmen. Eine unterjährige Aufhebung des Unternehmensvertrages würde nämlich in der Regel erfordern, daß bei der beherrschten Gesellschaft auf den Aufhebungszeitpunkt ein Zwischenabschluß zu erstellen wäre, um das noch abzuführende bzw. auszugleichende Ergebnis zu ermitteln. Geht man davon aus, daß die Aufhebungsvereinbarung erst mit ihrer Eintragung in das Handelsregister wirksam wird (s. Rz. 464), also zu einem von den Beteiligten nur eingeschränkt beeinflußbaren Zeitpunkt, und daß eine Rückwirkungsvereinbarung unzulässig ist, so besteht vielfach die Gefahr, daß der Aufhebungszeitpunkt – und damit der Zeitpunkt, auf den die Zwischenbilanz zu erstellen ist – erst im Nachhinein feststeht und damit die Erstellung des Zwischenabschlusses erheblich erschwert wenn nicht gar unmöglich wird. Darüber hinaus würde eine unterjährige Aufhebung von Ergebnisabführungsverträgen zwingend zu einer gravierenden Abweichung der handelsrechtlichen von der steuerlichen Rechtslage bedeuten, da eine Organschaft in jedem Fall nur für volle (Rumpf-)Geschäftsjahre anerkannt wird.

(4) Formalien

Die Beendigung eines Unternehmensvertrages ist (unstreitig) ebenso wie sein Abschluß in das Handelsregister einzutragen, unklar ist indes, ob dieser Eintragung bloß deklaratorische oder konstitutive Bedeutung zukommt. Der „Supermarkt"-Beschluß des BGH,[2] der auch insoweit im Schrifttum[3] jedenfalls hinsichtlich des Ergebnisses überwiegend Zustimmung gefunden hat, nimmt unter Hinweis auf § 298 AktG, der dies für den Aktienvertragskonzern ausdrücklich regelt, eine nur deklaratorische Wirkung an, da für eine strengere Handhabung im GmbH-Konzern kein Bedürfnis bestehe. Dem ist vor dem Hintergrund des hier entwickelten Verständnisses, daß Änderung wie Aufhebung von Unternehmensverträgen satzungsändernde Qualität besitzen, nicht zu folgen. Die **464**

1 Hachenburg/Ulmer, § 53 GmbHG Rz. 154; Rowedder/Koppensteiner, Anh. § 52 GmbHG Rz. 72; Vetter, ZIP 1995, 345, 353; Schlögell, GmbHR 1995, 401, 408; Kallmeyer, GmbHR 1995, 578, 579; Wirth, DB 1990, 2105, 2106; a. A. Hoffmann-Becking, WiB 1994, 54, 63.

2 BGH v. 24.10.1988, BGHZ 105, 324, 331; ebenso OLG Karlsruhe, Beschl. v. 3.6.1994, GmbHR 1994, 807; OLG Frankfurt, Beschl. v. 11.11.1993, GmbHR 1994, 809.

3 Vetter, ZIP 1995, 345, 353; Schlögell, GmbHR 1995, 401, 407 f.; Timm, GmbHR 1992, 213, 216; Jasper, WiB 1994, 118, 119.

Formerfordernisse der §§ 53, 54 GmbHG sind daher auch auf den actus contrarius anzuwenden[1] mit der Folge, daß die Aufhebungsvereinbarung erst mit ihrer Eintragung in das Handelsregister wirksam wird.

465 Die Anmeldung zur Eintragung hat durch die Vertretungsorgane der beteiligten Gesellschaften in der Form des § 12 Abs. 1 HGB (öffentliche Beglaubigung) zu erfolgen. Ihr sind Ausfertigungen der Aufhebungsvereinbarung sowie nach hier vertretener Auffassung der Zustimmungsbeschlüsse beider Gesellschafterversammlungen beizufügen.

cc) Kündigung

(1) Zulässigkeit

466 Gesetzliche Regelungen über die Zulässigkeit der Vertragskündigung finden sich für den Aktienkonzern lediglich in § 297 Abs. 1 AktG, der die außerordentliche fristlose Kündigung von Unternehmensverträgen bei Vorliegen eines wichtigen Grundes regelt. Die Anwendbarkeit dieser Vorschrift und damit die Zulässigkeit der außerordentlichen Kündigung auch im GmbH-Vertragskonzern ist allgemein anerkannt.[2] Gleiches gilt für die Zulässigkeit der Einräumung eines ordentlichen, fristgebundenen und ggf. mit einem Kündigungstermin versehenen Kündigungsrechts, wenn es ausdrücklich in den Vertragstext aufgenommen ist.

Umstritten ist dagegen, ob ein solches ordentliches Kündigungsrecht auch dann besteht, wenn die vertraglichen Vereinbarungen hierzu keine Regelungen getroffen haben. Mit der herrschenden Auffassung in der Literatur[3] ist diese Frage im Hinblick auf insoweit fehlende gesetzliche Regelungen zu verneinen. Ein nicht ausdrücklich vereinbartes Kündigungsrecht müßte nämlich seine Rechtsgrundlage in einer gesetzlichen Normierung finden, woran es aber schon im Aktiengesetz für den Fall der abhängigen AG fehlt. Damit ist aber erst recht in dem gesetzlich nicht geregelten GmbH-Konzern eine Rechtsgrundlage für ein ungeschriebenes ordentliches Kündigungsrecht nicht ersichtlich.

Letztlich kann indes der Streit dahinstehen, da sich in der Vertragspraxis in aller Regel Bestimmungen über die Vertragsbeendigung durch Kündigung finden. Da aus Gründen der steuerlichen Anerkennung die Vereinbarung einer Mindestlaufzeit von Ergebnisabführungsverträgen zwingend erforderlich ist, bietet sich nämlich an, in die vertraglichen Vereinbarungen zugleich Bestimmungen über die Kündigung aufzunehmen, ggf. verbunden mit einer automatischen Verlagerung im Falle der Nichtkündigung.

1 Ebenso Schlögell, GmbHR 1995, 401, 408, der allerdings eine teleologische Reduktion dieser Bestimmungen vornimmt und so mit der h. M. zu nur deklaratorischer Wirkung der Eintragung gelangt.

2 Statt aller Koppensteiner in Kölner Kommentar, § 297 AktG Rz. 6; Krieger/Jannott, DStR 1995, 1473, 1475; jew. m. w. N.

3 Koppensteiner in Kölner Kommentar, § 297 AktG Rz. 6; Hüffer, § 297 Rz. 13; Krieger/Jannott, DStR 1995, 1473, 1475; a. A. Emmerich/Sonnenschein, § 15 III. 2. a) (für AG); Timm, DB 1993, 569, 570 f.; Heisterkamp, AnwBl 1994, 487, 489.

(2) Kündigungsgründe

§ 297 Abs. 1 Satz 2 AktG, der nach dem Gesagten auch im GmbH-Vertragskonzern angewendet werden kann, nennt als wichtigen Kündigungsgrund beispielhaft die Situation, daß der andere Vertragsteil voraussichtlich seinen vertraglichen Verpflichtungen nicht mehr nachkommen kann. Eine bloße Verschlechterung der Vermögens- oder Ertragslage des abhängigen Unternehmens reicht hierfür nicht aus, wohl aber eine Krisensituation der Untergesellschaft, die für das herrschende Unternehmen zu nicht mehr tragbaren Risiken führen würde. Ebenso kann eine negative wirtschaftliche Entwicklung der herrschenden Gesellschaft dieser das Recht zur außerordentlichen Kündigung geben, wenn die Lösung von den Verpflichtungen aus dem Unternehmensvertrag geeignet ist, die Entstehung weiteren Schadens abzuwenden.[1] **467**

Praktisch wichtigster Fall des wichtigen Grundes ist die Veräußerung der **468** Beteiligung an der abhängigen Gesellschaft durch das herrschende Unternehmen. In diesem Fall besteht fraglos ein wirtschaftliches Bedürfnis, die Vereinbarungen eines Beherrschungs- und Ergebnisabführungsvertrages zu beenden, da anderenfalls die vertraglich in den Konzern eingebundene Tochtergesellschaft faktisch unverkäuflich bzw. nur zu – ggf. wirtschaftlich ungünstigen – bestimmten Zeitpunkten veräußerbar wäre oder komplizierte zusätzliche Vereinbarungen zwischen dem Verkäufer und dem Käufer erforderlich würden, um das wirtschaftlich gewünschte Ergebnis herbeizuführen. Die rechtliche Zulässigkeit einer außerordentlichen Kündigung in diesem Fall wird indes in der instanzgerichtlichen Rechtsprechung sowie im konzernrechtlichen Schrifttum zum Teil bejaht,[2] zum Teil verneint[3] und zum Teil differenzierend beantwortet.[4]

Die Befürworter eines Kündigungsrechts verweisen dabei im wesentlichen auf das beschriebene wirtschaftliche Bedürfnis, wonach die – zwar nicht rechtliche, wohl aber wirtschaftliche – Grundlage des Unternehmensvertrages, nämlich die mehrheitliche Beteiligung an der abhängigen Gesellschaft, weggefallen sei, sowie auf Abschn. 55 Nr. 6 KStR 1996, der die Anteilsveräußerung als steuerlich anzuerkennenden Beendigungsgrund für Ergebnisabführungsverträge statuiert. Der Grundsatz der Einheitlichkeit der Rechtsordnung erfordere, daß die darin zum Ausdruck gebrachte Auffassung der Finanzverwaltung auch im Konzerngesellschaftsrecht anzuwenden sei. Dem halten die Vertreter der ablehnenden Auffassung insbesondere entgegen, daß die Anerkennung

1 Krieger/Jannott, DStR 1995, 1473, 1475; Timm, GmbHR 1987, 8, 13; Heisterkamp, AnwBl 1994, 487, 490.

2 LG Bochum, Beschl. v. 1.7.1986, GmbHR 1987, 24; LG Dortmund, Beschl. v. 6.8.1993, DB 1993, 1916; Krieger/Jannott, DStR 1995, 1473, 1476; Laule, AG 1990, 145, 152; Heisterkamp, AnwBl 1994, 487, 491; sowie Voraufl. Rz. 395.

3 LG Frankenthal, Beschl. v. 4.8.1988, ZIP 1988, 1460; Ebenroth/Parche, BB 1989, 637, 642 f.; Wirth, DB 1990, 2105.

4 OLG Düsseldorf, Beschl. v. 19.8.1994, GmbHR 1994, 805, 806 f. (kein wichtiger Grund, wenn Anteilsveräußerung ohne wirtschaftlichen Zwang erfolgte); Timm, GmbHR 1987, 15 (Kündigung zulässig, wenn Anteilserwerber die Verlustübernahmeverpflichtung aus dem Unternehmensvertrag übernimmt und hierzu auch in der Lage ist oder das veräußernde Unternehmen Sicherheiten stellt); Schlögell, GmbHR 1995, 401, 408 ff. (Kündigungsrecht, wenn keine Interessen von außenstehenden Gesellschaftern oder Gesellschaftsgläubigern berührt werden).

der Veräußerung als wichtiger Grund systemwidrig sei, da die sich darauf berufende herrschende Gesellschaft eben diesen Grund gerade selbst herbeigeführt habe. Die abweichenden steuerlichen Regelungen zwängen im übrigen nicht zu anderen Ergebnissen, da im Gesellschaftsrecht insoweit eigenständige Wertungen Platz greifen müßten.

469 M. E. überzeugt die letztgenannte Auffassung mehr, wobei allerdings zwei unterschiedliche Fragenkreise zu unterscheiden sind. Hinsichtlich der Frage nach der Zulässigkeit einer außerordentlichen Kündigung, d. h. des Vorliegens eines wichtigen Grundes, kommt dem Umstand, daß es im Falle einer (freiwilligen) Veräußerung der abhängigen Gesellschaft gerade an der Außerordentlichkeit fehlt, besondere Bedeutung zu. Die Unzumutbarkeit, das Vertragsverhältnis fortzusetzen, darf eben nicht auf einem Verhalten des Kündigenden selbst beruhen, sondern muß sich aus Umständen ergeben, die dieser nicht zu vertreten hat. Dem stehen auch nicht die steuerlichen Wertungen in Abschn. 55 Abs. 6 KStR 1996 entgegen, da die Finanzverwaltung insoweit nur die Auffassung vertritt, daß eine – auch unterjährige und ggf. vor Ablauf der Mindestfrist von fünf Jahren erfolgende – Beendigung eines Ergebnisabführungsvertrages im Hinblick auf den Bestand und die Anerkennung einer körperschaftsteuerlichen Organschaft unschädlich ist. Ob der Tatsache der Anteilsveräußerung die zivilrechtliche Qualität eines wichtigen, zur fristlosen Kündigung berechtigenden Grundes beizumessen ist, ist durch diese steuerliche Auffassung – die im übrigen nicht einmal Gesetzesrang besitzt – nicht präjudiziert.

Das hiergegen angeführte wirtschaftliche Bedürfnis für ein außerordentliches Kündigungsrecht vermag dem Veräußerungstatbestand diese besondere Qualität eines wichtigen Grundes nicht zu verleihen. Vielmehr kommt hierin die Frage zum Ausdruck, ob die Veräußerung der Beteiligung an der abhängigen Gesellschaft dem herrschenden Unternehmen die Möglichkeit gibt, zu einem frei wählbaren Zeitpunkt und damit ggf. in Abweichung zu § 296 AktG nicht zum Schluß des Geschäftsjahres der Untergesellschaft eine Beendigung des Unternehmensvertrages herbeizuführen. Jedenfalls in dem in der Praxis wohl häufigsten Fall der Veräußerung einer zu 100 % in einem Konzern eingebundenen Tochtergesellschaft kann die veräußerungswillige Konzernmutter durch andere rechtliche Gestaltungen (Aufhebungsvereinbarung, Vorkehrungen in dem Unternehmensvertrag) leicht dasselbe wirtschaftliche Ergebnis erzielen, ohne daß es hierzu einer außerordentlichen fristlosen Kündigung als rechtliches Instrument bedarf.

470 Insbesondere die Befürworter des wichtigen Grundes weisen darauf hin, daß die Aufnahme des Beteiligungsverkaufs als ausdrücklich vereinbarter Kündigungsgrund geeignet sei, die dargestellte rechtswissenschaftliche Auseinandersetzung zu vermeiden.[1] Dem ist unbeschadet der hier vertretenen abweichenden Ansicht in der Sache selbst zu folgen, da die vertragliche Vereinbarung von Kündigungsgründen auch im Rahmen von Unternehmensverträgen im GmbH-Vertragskonzern rechtlich

1 Schlögell, GmbHR 1995, 401, 411; Kallmeyer, GmbHR 1995, 578, 580; Krieger/Jannott, DStR 1995, 1473, 1476.

zulässig ist. Aus der grundsätzlichen Vertragsfreiheit der Parteien ergibt sich darüber hinaus, daß es in diesem Fall auch nicht einer Außerordentlichkeit des Kündigungsgrundes bedarf, da die Vertragsparteien sich auch ohne diese rechtliche Qualität darauf verständigen können, daß die vereinbarten Gründe zur fristlosen Kündigung berechtigen sollen. Im übrigen ist eine entsprechende Vereinbarung geeignet, die steuerliche Argumentation im Hinblick auf die Anerkennung der körperschaftsteuerlichen Organschaft zu stützen.

(3) Kündigungszeitpunkt

Während im Aktienkonzernrecht die Auffassung vorherrscht, daß auf die **471**
Kündigung eines Unternehmensvertrages § 296 Abs. 1 AktG (Beendigung nur auf den Schluß des Wirtschaftsjahres der abhängigen Gesellschaft) anzuwenden sei und abweichende vertragliche Vereinbarungen unwirksam seien,[1] gilt dies im GmbH-Vertragskonzern nicht.[2] Es ist somit von der Vertragsfreiheit gedeckt, wenn in den Unternehmensvertrag Bestimmungen über einen Kündigungstermin aufgenommen werden. Damit relativiert sich die im Zusammenhang mit der Frage nach der außerordentlichen Kündigung bei Anteilsveräußerung vertretene Argumentation, hierfür bestehe ein erhebliches wirtschaftliches Bedürfnis, da der veräußernden Gesellschaft das Festhalten an dem Unternehmensvertrag nicht mehr zumutbar sei, erheblich. Denn die Vertragsparteien können – abgesehen von der Möglichkeit, den Anteilswechsel als wichtigen Kündigungsgrund zu statuieren – z. B. durch die Vereinbarung kurzer Kündigungsfristen die Beendigung des Unternehmensvertrages so flexibel ausgestalten, daß auch im Zusammenhang mit einer Veräußerung der Beteiligung an der Untergesellschaft die erforderliche Gestaltungsfreiheit gewahrt ist.

(4) Formalien

Hinsichtlich der Formalerfordernisse für eine Kündigung gelten diesel- **472**
ben Grundsätze wie bei einer Beendigung des Unternehmensvertrages durch actus contrarius.[3] Nach hier vertretener Ansicht bedarf es mithin auch insoweit eines vorherigen zustimmenden Gesellschafterbeschlusses auf der Ebene der abhängigen wie der herrschenden Gesellschaft in der für Satzungsänderungen erforderlichen Form. Im Falle der außerordentlichen Kündigung berührt das Fehlen des Zustimmungsbeschlusses die Wirksamkeit der Kündigungserklärung nicht, wenn wegen besonderer Eilbedürftigkeit ein solcher nicht rechtzeitig einzuholen war und die Zustimmung nachträglich erteilt wird (Rechtsgedanke des § 297 Abs. 2 AktG).[4] Die Kündigungserklärung selbst bedarf der Schriftform, § 297 Abs. 3 AktG. Die Beendigung des Unternehmensvertrages bedarf auch im Falle der Kündigung der Eintragung in das Handelsregister.

1 Vgl. Koppensteiner in Kölner Kommentar, § 297 AktG Rz. 3 m. w. N.
2 BGH, Urt. v. 5.4.1993, „SSI", BGHZ 122, 211; Kallmeyer, GmbHR 1995, 578, 580; Schlögell, GmbHR 1995, 401, 411; anders noch Voraufl. Rz. 399.
3 Schlögell, GmbHR 1995, 401, 411; a. A. Krieger/Jannott, DStR 1995, 1473, 1477; sowie Voraufl. Rz. 399 (Mitwirkungspflicht der Gesellschafterversammlung nur nach allgemeinen Vorschriften).
4 Krieger/Jannott, DStR 1995, 1473, 1477 f.

dd) Auflösung oder Umwandlung einer Vertragspartei

473 Derzeit noch weitgehend ungeklärt und in Einzelheiten umstritten ist die Frage, wie sich Veränderungen in der Person eines Vertragsteils eines Unternehmensvertrages, namentlich dessen Auflösung oder Umwandlung, auf den Bestand des Unternehmensvertrages auswirkt. Die Umwandlung unterfällt dabei seit Inkrafttreten des UmwG 1995 in die vier Grundfälle Verschmelzung, Spaltung, Formwechsel und Vermögensübertragung (§ 1 Abs. 1 UmwG). Da letztere als Sonderform des Vermögenswechsels im Wege der Gesamtrechtsnachfolge nur bestimmten Rechtsträgern (insbesondere öffentlich-rechtlichen Gebietskörperschaften und öffentlich- und privatrechtlichen Versicherungsunternehmen) vorbehalten ist (vgl. § 175 UmwG), kann diese Umwandlungsart bei den nachfolgenden Erwägungen außer Betracht bleiben.

(1) Auflösung

474 Die herrschende Auffassung[1] in der Literatur geht davon aus, daß die Auflösung der herrschenden wie auch der beherrschten Gesellschaft zur Beendigung des Unternehmensvertrages führt, gleich aus welchem Grunde die Auflösung erfolgt. Der BGH[2] hat dies für den Fall des Konkurses der Untergesellschaft ausdrücklich bestätigt. Mit der durch die Auflösung eintretenden Änderung des Gesellschaftszwecks von einer werbenden in eine Abwicklungsgesellschaft ist der Sinn eines Unternehmensvertrages, der gerade auf die Bedürfnisse werbend tätiger Gesellschaften ausgelegt ist, nicht vereinbar. Die Eröffnung des gerichtlichen Vergleichsverfahrens dagegen beendet bestehende Unternehmensverträge nicht automatisch,[3] da hierdurch das betroffene Unternehmen nicht aufgelöst wird. Dem anderen Vertragsteil steht in diesem Fall allerdings regelmäßig das Recht zu, den Unternehmensvertrag aus wichtigem Grund fristlos zu kündigen.

475 Eine andere Auffassung[4] nimmt demgegenüber an, daß während der Abwicklungsphase lediglich die mit dem Abwicklungszweck unvereinbaren Rechte und Pflichten des Unternehmensvertrages, insbesondere etwa die Pflicht zur Ergebnisabführung, ruhen, und begründet es damit, daß bis zur Vollbeendigung der Gesellschaft die Gesellschafter jederzeit die Fortführung der Gesellschaft beschließen könnten. M. E. überzeugt diese Argumentation indes nicht, da der Fortsetzungsbeschluß eine neue, die Auflösung revidierende Entscheidung der Gesellschafter darstellt und die Rechtswirkungen der Auflösung nicht ex tunc beseitigt. Der herrschenden Meinung ist daher zu folgen.

1 Geßler, § 297 AktG Rz. 46 f.; Würdinger in Großkommentar zum AktG, § 297 AktG Anm. 26; Sonnenschein, 421; Rix, MittRhNotK 1986, 29, 41; Krieger/Jannott, DStR 1995, 1473, 1476.

2 BGH v. 14.12.1987, „Familienheim", NJW 1988, 1326; Scholz/Emmerich, Anh. KonzR Rz. 279; Rix, MittRhNotK 1986, 29, 43; Kort, ZIP 1988, 681, 685; Krieger/Jannott, DStR 1995, 1473, 1476; Heisterkamp, AnwBl 1994, 487, 488; jew. m. w. N.

3 Kort, 684 f.; Krieger/Jannott, DStR 1995, 1473, 1476; Heisterkamp, AnwBl 1994, 487, 488; jew. m. w. N.

4 Koppensteiner in Kölner Kommentar, § 297 AktG Rz. 26.

(2) Verschmelzung

476 Verschmelzung ist die Zusammenführung der Vermögen zweier Unternehmen („Rechtsträger"), bei der das Vermögen des einen („übertragenden") Rechtsträgers unter Auflösung desselben ohne Abwicklung auf den anderen bestehenden („übernehmenden") bzw. durch die Verschmelzung entstehenden („neuen") Rechtsträger übergeht (vgl. zur Terminologie § 2 UmwG). Bei der Verschmelzung von Rechtsträgern, die zugleich Partei eines Unternehmensvertrages sind, sind vier Fallkonstellationen zu unterscheiden:

– Zwei Parteien eines Unternehmensvertrages werden miteinander verschmolzen.
– Der übernehmende Rechtsträger ist Partei eines Unternehmensvertrages.
– Der übertragende Rechtsträger ist beherrschtes Unternehmen.
– Der übertragende Rechtsträger ist herrschendes Unternehmen.

477 Werden die beiden Parteien eines Unternehmensvertrages miteinander verschmolzen, so besteht Einigkeit,[1] daß dadurch der Vertrag automatisch endet. Dies gilt unabhängig davon, ob das herrschende oder das beherrschte Unternehmen übertragender Rechtsträger ist. Gemäß § 20 Abs. 1 Nr. 1 Satz 1 UmwG erlischt der übertragende Rechtsträger mit Wirksamwerden der Verschmelzung, so daß dieser als Vertragspartei des Unternehmensvertrages wegfällt. Damit ist die Situation dem Fall der Auflösung eines Vertragspartners (s. Rz. 474), insbesondere z. B. der kraft Gesetzes stattfindenden Auflösung bei Konkurs, vergleichbar, da auch dort durch die Auflösung der Zweck des Unternehmensvertrages nicht mehr weiterverfolgt werden kann. Im übrigen vereinigen sich durch die Verschmelzung alle Rechte und Pflichten aus dem Vertrag in einer Person, dem übernehmenden Rechtsträger, und erlöschen damit („Konfusion"). Hinsichtlich der formalen Anforderungen an die Verschmelzung gelten die allgemeinen Regelungen des Umwandlungsgesetzes.

478 Sind an dem beherrschten Unternehmen außenstehende Gesellschafter beteiligt, so sollen deren Rechte aus dem Unternehmensvertrag, insbesondere Ausgleichs- und Abfindungsansprüche, nach einer Entscheidung des OLG Düsseldorf[2] auch nach der Verschmelzung bestehen bleiben und sich gegen den übernehmenden Rechtsträger richten. Dem ist m. E. im Hinblick auf die Rechtswirkung der Verschmelzung nicht zuzustimmen. Erkennt man an, daß der Unternehmensvertrag durch Konfusion endet, so ist die Rechtsgrundlage auch für die Ansprüche der außenstehenden Gesellschafter weggefallen. Dem berechtigten Interesse der Minderheitsgesellschafter, daß ihnen Rechtspositionen nicht durch Maßnahmen Dritter entzogen werden sollen, kann m. E. ausreichend mit dem allgemeinen im Umwandlungsrecht vorgesehenen Instrumentarium Rechnung getragen werden. Insbesondere sind deren Ansprüche aus dem Unternehmensvertrag im Rahmen des im Verschmelzungsvertrag festzulegenden Umtauschverhältnisses (§ 5 Abs. 1

1 Trölitzsch, WiB 1997, 193; Krieger/Jannott, DStR 1995, 1473, 1479, m. w. N.
2 Beschl. v. 7.6.1990, DB 1990, 1394, 1395; a. A. Krieger, ZGR 1990, 517, 534 ff., m. w. N.

Nr. 3 UmwG) bzw. bei der Bemessung des Abfindungsangebotes (§ 29 UmwG) angemessen zu berücksichtigen, was im übrigen im Rahmen des Spruchverfahrens gerichtlich überprüft werden kann (§§ 15, 34, 305 ff. UmwG).

479 Ebenfalls unproblematisch[1] sind die Fälle, in denen der aufnehmende Rechtsträger Partei eines Unternehmensvertrages ist; dieser bleibt durch den Umwandlungsakt unberührt. Der Umstand, daß die aus der Übernahme des übertragenden Rechtsträgers möglicherweise resultierenden Risiken mittelbar auch die Rechtsposition von Minderheitsgesellschaftern des übernehmenden Rechtsträgers berühren können, ist durch die allgemeinen Schutzmechanismen des Umwandlungsrechts (Mehrheitserfordernisse, Klagemöglichkeiten) hinreichend berücksichtigt. Konzernspezifische Besonderheiten greifen in diesen Fällen nicht.

480 Wird dagegen ein beherrschtes Unternehmen auf einen anderen Rechtsträger verschmolzen, so endet nach überwiegender und zutreffender Meinung[2] der Unternehmensvertrag, auch wenn der übernehmende Teil nicht Vertragspartner des Unternehmensvertrages war. Auch hier gilt nämlich, daß wegen § 20 Abs. 1 Nr. 1 Satz 1 UmwG die Untergesellschaft erlischt und damit eine Vertragspartei wegfällt. Die Rechtslage ist mithin ebenfalls dem Fall, daß eine Partei des Unternehmensvertrages aufgelöst wird, vergleichbar; daß im Falle der Verschmelzung eine Liquidation unterbleibt, ist hierfür ohne Belang. Es gilt daher, insbesondere hinsichtlich der Rechtsstellung von Minderheitsgesellschaftern des übertragenden Rechtsträgers, das zur Verschmelzung zweier Unternehmensvertragspartner Gesagte (s. Rz. 476 f.) entsprechend.

481 Die Verschmelzung eines herrschenden Unternehmens auf einen Dritten schließlich führt nach ganz herrschendes Auffassung[3] dazu, daß die Rechte und Pflichten aus dem Unternehmensvertrag im Rahmen der Gesamtrechtsnachfolge in toto auf den übernehmenden Rechtsträger übergehen. Einer Mitwirkung außenstehender Gesellschafter oder des anderen Vertragsteils bedarf es dieser Ansicht nach nicht. Ggf. soll der Untergesellschaft allerdings in diesem Fall ein außerordentliches Kündigungsrecht zustehen.

482 M. E. läßt diese Auffassung zu Unrecht außer Betracht, daß auch der Fall der Verschmelzung eines herrschenden Unternehmens auf einen Dritten das Erlöschen des übertragenden Rechtsträgers zur Folge hat (§ 20 Abs. 1 Nr. 1 Satz 1 UmwG). Wenn aber weitgehender Konsens besteht, daß der rechtliche Untergang der beherrschten Gesellschaft durch Verschmelzung ebenso wie die Auflösung einer Vertragspartei – gleich, ob herrschend oder beherrscht! – zur Beendigung des Unternehmensvertrages führt, so muß dies konsequenterweise auch für die Verschmelzung

1 Krieger, ZGR 1990, 517, 541; Trölitzsch, WiB 1997, 193.

2 OLG Karlsruhe, Beschl. v. 29.8.1994, WM 1994, 2023, 2024; LG Mannheim, Urt. v. 30.5.1994, ZIP 1994, 1024, 1025; Scholz/Emmerich, Anh. KonzR Rz. 322; Koppensteiner in Kölner Kommentar, § 291 AktG Rz. 51; Krieger, ZGR 1990, 517, 538 f.; Krieger/Jannott, DStR 1995, 1473, 1479; Trölitzsch, WiB 1997, 193; Bredow, WiB 1995, 527.

3 BGH, Urt. v. 15.6.1992, WM 1992, 1479; LG Bonn, Beschl. v. 30.1.1996, WiB 1997, 193 (Anm. Trölitzsch); Scholz/Emmerich, Anh. KonzR Rz. 322; Koppensteiner in Kölner Kommentar, § 291 AktG Rz. 50; Krieger, ZGR 1990, 517, 540; Krieger/Jannott, DStR 1995, 1473, 1479.

des herrschenden Unternehmens gelten. Eine Differenzierung hinsichtlich der Parteirolle bei dem Unternehmensvertrag erscheint mir nicht gerechtfertigt, da sich Rechte wie auch – u. U. wirtschaftlich gravierende – Pflichten aus dem Unternehmensvertrag für das herrschende Unternehmen ebenso ergeben (können) wie für das beherrschte. Richtigerweise ist daher auch in diesem Fall davon auszugehen, daß der Unternehmensvertrag mit Wirksamwerden der Verschmelzung erlischt.

(3) Spaltung

Das Umwandlungsrecht unterscheidet per Legaldefinition drei Arten von Spaltungen, nämlich die Aufspaltung (§ 123 Abs. 1 UmwG), bei der der zu spaltende Rechtsträger liquidationslos untergeht, sowie die Abspaltung (§ 123 Abs. 2 UmwG) und die Ausgliederung (§ 123 Abs. 3 UmwG), bei der der übertragende Rechtsträger bestehen bleibt. Die Ausgliederung unterscheidet sich von der Abspaltung lediglich dadurch, daß die als Gegenleistung gewährten Anteile an dem übernehmenden Rechtsträger der übertragenden Gesellschaft selbst und nicht deren Anteilseignern zustehen. Gemeinsames Kennzeichen aller Arten von Spaltungen ist, daß durch die Spaltung Teile des Vermögens des übertragenden Rechtsträgers im Wege der Universalsukzession auf einen oder mehreren übernehmenden Rechtsträger übergehen. Aus diesem Grund kann man die Spaltung gewissermaßen als Teilverschmelzung des übertragenden Rechtsträgers ansehen. **483**

Die Aufspaltung eines Unternehmens, das – herrschend oder abhängig – Partei eines Unternehmensvertrages ist, führt nach zutreffender Auffassung zur Beendigung[1] des Unternehmensvertrages. Dies ergibt sich aus dem Umstand, daß – wie bei der Verschmelzung (s. Rz. 476 ff.) – die Vertragspartei mit Wirksamwerden der Spaltung erlischt und damit der mit dem Unternehmensvertrag verfolgte Zweck nicht mehr weiterverfolgt werden kann. Eine Differenzierung nach der Parteirolle ist hier wie dort nicht gerechtfertigt, so daß auch die Aufspaltung des herrschenden Unternehmens zur Beendigung des Unternehmensvertrages führt. **484**

Bei der Abspaltung und Ausgliederung dagegen bleibt die Vertragspartei rechtlich bestehen, so daß hier zutreffend[2] auch der Fortbestand des Unternehmensvertrages angenommen wird. Führt der teilweise Vermögensübergang zu einer Beeinträchtigung der Vermögens- oder Ertragsverhältnisse des konzernierten Unternehmens, die befürchten läßt, daß der übertragende Rechtsträger seinen Verpflichtungen aus dem Unternehmensvertrag künftig nicht mehr wird nachkommen können, so hat der andere Vertragsteil nach allgemeinen Grundsätzen (s. Rz. 467 ff.) das Recht, den Vertrag aus wichtigem Grund zu kündigen. **485**

Ein in der konzernrechtlichen Praxis relevanter Unterfall der Abspaltung bzw. Ausgliederung einer unternehmensvertraglich gebundenen Gesellschaft ist der Fall, daß ein herrschendes Unternehmen seine 100%ige **486**

1 Krieger/Jannott, DStR 1995, 1473, 1479; einschränkend Widmann/Meyer, § 126 UmwG Rz. 232 ff.; Dehmer, § 131 UmwG Rz. 65 ff.; Timm, DB 1993, 569, 574, die bei Aufspaltung des herrschenden Unternehmens der abhängigen Gesellschaft lediglich ein außerordentliches Kündigungsrecht einräumen.

2 Krieger/Jannott, DStR 1995, 1473, 1479.

Beteiligung an der abhängigen Gesellschaft, mit der es einen Beherrschungs- und Ergebnisabführungsvertrag geschlossen hat, im Wege der Spaltung auf eine andere Gesellschaft desselben Konzernkreises überträgt. Dieser Weg bietet sich im Rahmen von gruppeninternen Umstrukturierungen häufig an, um die Reorganisation ertragsteuerneutral durchführen zu können, was wegen der Teilbetriebsfiktion des § 15 Abs. 1 Satz 3 des UmwStG grundsätzlich möglich ist. Nach dem zuvor Gesagten ist davon auszugehen, daß auch diese Art der Spaltung den Bestand des Organschaftsvertrages unberührt läßt mit der Folge, daß die abgespaltene bzw. ausgegliederte Organgesellschaft aus dem Vertrag weiterhin gegenüber ihrer ehemaligen Muttergesellschaft berechtigt und verpflichtet bleibt. Die Rechtslage stellte sich dann ebenso dar wie im Falle einer Veräußerung der Beteiligung, so daß – nach hier vertretener Ansicht – eine Beendigung des Unternehmensvertrages anläßlich des Beteiligungswechsels nur möglich wäre, wenn dies in dem Vertrag ausdrücklich vorgesehen wäre oder ein entsprechender Aufhebungsvertrag geschlossen würde.

487 M. E. müßte aber – anders als bei der Übertragung im Wege der Einzelrechtsnachfolge – auch zulässig sein, in dem Spaltungsvertrag zwischen übertragendem und übernehmendem Rechtsträger zu vereinbaren, daß im Rahmen der Spaltung mit der Beteiligung an der Untergesellschaft auch der mit dieser geschlossene Unternehmensvertrag in toto übergeht.[1] Denn in dem Spaltungsvertrag sind die einzelnen im Rahmen der Spaltung zu übertragenden Vermögensgegenstände gem. § 126 Abs. 1 Nr. 9 UmwG genau zu bezeichnen, wozu auch die Rechtsposition aus einem Unternehmensvertrag gehören kann. Hierin ist m. E. auch keine Änderung des Unternehmensvertrages zu sehen, so daß die dort zu beachtenden formellen Anforderungen (s. Rz. 447 ff.) hier nicht greifen. Denn es handelt sich eben bei der Übertragung im Wege der Spaltung um eine kraft Gesetzes eintretende Rechtsfolge (Universalsukzession) und nicht um eine vertraglich vereinbarte Auswechselung einer Partei des Unternehmensvertrages. Solange allerdings durch höchstrichterliche Rechtsprechung abgesicherte Erkenntnisse über die Rechtslage in diesen Fällen nicht existiert, empfiehlt es sich, sich vor Durchführung einer solchen Reorganisationsmaßnahme mit den betroffenen Registergerichten und Finanzbehörden abzustimmen.

(4) Formwechsel

488 Der Formwechsel (§§ 190 ff. UmwG) ermöglicht in weit größerem Umfang als nach der Rechtslage vor 1995, einen („formwechselnden") Rechtsträger, insbesondere Personenhandelsgesellschaften und Kapitalgesellschaften, in eine andere Rechtsform zu überführen, wobei nach der Gesetzeskonzeption die Identität des umzuwandelnden Rechtsträgers durch den Formwechsel nicht berührt wird (vgl. § 202 Abs. 1 Nr. 1 UmwG). Dies gilt namentlich auch im Falle eines sog. kreuzenden Formwechsels, durch den eine Kapital- in eine Personengesellschaft oder umgekehrt umgewandelt wird. Da ungeachtet des Formwechsels die

1 Ebenso Krieger/Jannott, DStR 1995, 1473, 1479, die allerdings in dem Abschluß des Spaltungsvertrages eine Änderung des Unternehmensvertrages sehen.

Identität des Rechtsträgers erhalten bleibt, bleibt dieser auch Zuordnungssubjekt für die sich aus einem Unternehmensvertrag ergebenden Rechte und Pflichten; der Unternehmensvertrag bleibt unverändert wirksam. Soweit hinsichtlich einzelner Bestimmungen des Vertrages aus der neuen Rechtsform Anpassungsbedarf entsteht, kann dies im Wege der Vertragsänderung durchgeführt werden. In besonderen Fällen kann – wie stets – ein Recht des anderen Vertragsteils zur außerordentlichen Kündigung des Vertrages gegeben sein.

ee) Sonstige Beendigungsgründe

(1) Zeitablauf

Ein Unternehmensvertrag, der von vorneherein auf bestimmte Zeit abgeschlossen wurde, endet mit Ablauf der vereinbarten Zeit, ohne daß es weiterer Erklärungen oder sonstiger Rechtshandlungen bedürfte. Im Hinblick auf die aus körperschaftsteuerlichen Gründen erforderliche Mindestlaufzeit von fünf Jahren findet sich in der Kautelarpraxis regelmäßig dieser Zeitraum als vereinbarte Festlaufzeit, allerdings in der Regel verbunden mit einer stillschweigenden Verlängerung um meist ein weiteres Jahr, wenn keine Vertragsseite zuvor von dem gleichfalls eingeräumten ordentlichen Kündigungsrecht Gebraucht gemacht hat. **489**

(2) Rücktritt

Nach einer jüngeren Entscheidung des BGH[1] ist die Vereinbarung, daß eine oder beide Vertragsparteien von dem geschlossenen Unternehmensvertrag wieder zurücktreten können zulässig, wenn das Rücktrittsrecht nur bis zum Zeitpunkt des Wirksamwerdens des Vertrages besteht. In diesem Fall bestehen nämlich weder schutzwürdige Belange von Gesellschaftsgläubigern und/oder außenstehenden Gesellschaftern noch bedarf es einer Rückabwicklung des noch nicht in Vollzug gesetzten Vertrages. Allerdings kann die Vereinbarung eines solchen Rücktrittsrechts Risiken bergen, wenn ein Ergebnisabführungsvertrag steuerlich anerkannt wird, weil er in dem Jahr, für das er erstmals gelten soll, abgeschlossen und im Vertrauen auf sein Wirksamwerden durch Eintragung auch durchgeführt wurde. Kann sich hier eine Partei durch Rücktritt vor Wirksamwerden von dem Vertrag wieder lösen, kann dies für das erste Jahr seiner Durchführung zu nachteiligen steuerlichen Konsequenzen führen. **490**

Während der Laufzeit eines Unternehmensvertrages besteht ein (gesetzliches) Rücktrittsrecht für keine Partei.[2] Wie bei sonstigen Dauerschuldverhältnissen besteht hierfür auch kein Bedürfnis, da das Recht zur Kündigung aus wichtigem Grund insoweit die Interessen der auf Dauer gebundenen Vertragspartner angemessen berücksichtigt. Aber auch vertraglich vereinbarte Rücktrittsrechte sind, soweit sie nach Wirksamwerden des Vertrages noch ausgeübt werden können, unwirksam. **491**

1 BGH, Urt. v. 5.4.1993, WM 1993, 1087, 1093.
2 Koppensteiner in Kölner Kommentar, § 297 AktG Rz. 15 m. w. N.; Rix, MittRhNotK 1986, 29, 43.

Anderenfalls würde das in § 296 Abs. 1 Satz 2 AktG, der auch im GmbH-Vertragskonzern anzuwenden ist, niedergelegte Rückwirkungsverbot für die Beendigung von Unternehmensverträgen unterlaufen.

(3) Beitritt außenstehender Gesellschafter

492 Für das Aktienkonzernrecht bestimmt § 307 AktG, daß ein Unternehmensvertrag mit einer abhängigen Gesellschaft, die zum Zeitpunkt der Zustimmung ihrer Hauptversammlung zum Abschluß des Vertrages keine außenstehenden Aktionäre hatte, automatisch mit Ablauf des Geschäftsjahres endet, in dem ein außenstehender Gesellschafter in diese Gesellschaft eintritt. Dieser Grundsatz findet auch im GmbH-Vertragskonzern Anwendung, allerdings nur, soweit der beitretende Gesellschafter von der Existenz des Unternehmensvertrages keine Kenntnis hatte.[1]

i) Andere Unternehmensverträge

493 § 292 AktG faßt mehrere Vertragstypen unter der Bezeichnung „Andere Unternehmensverträge" zusammen, auf die ebenso die besonderen Vorschriften der §§ 293 bis 298 AktG über den Abschluß, die Änderung und die Beendigung von Unternehmensverträgen Anwendung finden (Ausnahmen: Zustimmung des anderen Vertragsteils, § 293 Abs. 2 AktG; besonderes Auskunftsrecht der Aktionäre, § 293 Abs. 4 AktG). Erfaßt werden drei Arten von Verträgen, nämlich die Zusammenlegung des Gewinnes der Gesellschaft mit dem Gewinn eines oder mehrerer Unternehmen mit dem Ziel anschließender Aufteilung dieses gemeinsamen Gewinnes (Gewinngemeinschaft, Abs. 1 Ziff. 1). Ein Unternehmensvertrag liegt ferner dann vor, wenn sich die Gesellschaft verpflichtet, einen Teil ihres Gewinnes an einen anderen abzuführen (Teilgewinnabführungsvertrag, Abs. 1 Ziff. 2). Regelungsgegenstand der Bestimmung sind schließlich Verträge, mit denen die Gesellschaft den Betrieb ihres Unternehmens verpachtet oder sonst überläßt (Betriebspachtvertrag, Betriebsüberlassungsvertrag, Abs. 1 Ziff. 3). Als Überlassungsverträge i. S. d. § 292 Abs. 1 Ziff. 3 AktG sind auch Betriebsführungsverträge aufzufassen, durch die ein Unternehmen (Eigentümerunternehmen) einem anderen Unternehmen (dem Betriebsführungsunternehmen) die Befugnis einräumt, den Betrieb des Eigentümerunternehmens für Rechnung des Eigentümerunternehmens zu führen.[2] Dabei wird zwischen der Betriebsführung in fremdem Namen (echte Betriebsführung) und der Betriebsführung im eigenen Namen (unechte Betriebsführung) unterschieden.

Nach der Gesetzessystematik der §§ 291 f. AktG, die insoweit auch gilt, wenn abhängige Gesellschaft eine GmbH ist, stellen die anderen Unternehmensverträge i. S. d. § 292 AktG keine Organisationsverträge wie Beherrschungs- und Ergebnisabführungsverträge dar. Vielmehr handelt es sich dabei um sog. qualifizierte schuldrechtliche Austauschverträge,

1 Krieger in Beherrschungs- und Gewinnabführungsverträge, 109; Krieger/Jannott, DStR 1995, 1473, 1476; Heisterkamp, AnwBl. 1994, 487, 489.

2 Koppensteiner in Kölner Kommentar, § 292 AktG Rz. 67; Geßler, § 292 AktG Rz. 84; Österreich, 53 ff.

die nur wegen ihrer in der Regel großen Bedeutung für die vertragschließenden Parteien den allgemeinen Regelungen über Unternehmensverträge unterworfen worden sind.

Der Abschluß „anderer Unternehmensverträge" i. S. d. § 292 AktG durch eine GmbH wird sich stets als außergewöhnliches Geschäft darstellen, so daß die Zustimmung der Gesellschafter im Rahmen des gesetzlichen Regelstatuts schon aus diesem Grund erforderlich ist. Ungeklärt und noch nicht eingehend erörtert ist aber, welche sonstigen Erfordernisse einzuhalten sind. **494**

aa) Betriebspacht-, Betriebsüberlassungs-, Betriebsführungsverträge

Betriebspacht- und -überlassungsverträge, bei denen die Gesellschaft den gesamten Betrieb ihres Unternehmens verpachtet bzw. überläßt, führen zu einer Verlagerung der Betriebs- und Ertragszuständigkeit mit der Folge, daß die überlassene Gesellschaft zur Rentnergesellschaft wird. Sie werden daher als materiell satzungsändernd – richtiger zweckändernd – eingestuft, da die Gesellschaft aufhört, ihr Unternehmen selbständig für eigene Rechnung zu führen, so daß, falls eine entsprechende Regelung im ursprünglichen Gesellschaftsvertrag fehlt, zu ihrem Abschluß ein notariell beurkundeter Beschluß der Gesellschafterversammlung mit satzungsändernder Mehrheit erforderlich ist,[1] wobei allerdings umstritten ist, ob das Zustimmungserfordernis nur im Innenverhältnis wirkt oder auch im Außenverhältnis.[2] **495**

Betriebsführungsverträge führen zu einer Verlagerung der Betriebszuständigkeit mit der Konsequenz, daß sich die Gesellschaft einer wesentlichen ihr obliegenden Aufgabe entledigt, nämlich des von der Geschäftsführung wahrzunehmenden Betreibens ihres Unternehmens. Auch dies setzt, soweit nicht bereits im ursprünglichen Gesellschaftsvertrag vorgesehen, einen Beschluß der Gesellschafterversammlung mit satzungsändernder Mehrheit voraus. **496**

Ohne Vorliegen eines satzungsändernden Beschlusses bei Abschluß eines Betriebspacht-, Betriebsüberlassungs- oder Betriebsführungsvertrages fehlt den Geschäftsführern auch im Außenverhältnis die Vertretungsmacht. Dies ergibt sich, wenn man den Abschluß dieser Unternehmensverträge als Änderung des Unternehmensgegenstandes (i. S. d. formalen Unternehmensziels = Unternehmenszweck und sachlichen Unternehmensziels = Unternehmensgegenstand) begreift. Eine solche Satzungsänderung ist durch die Vertretungsmacht der Geschäftsführer nicht gedeckt.[3] Dies gilt für Betriebspacht und Betriebsüberlassung und **497**

1 Lutter in FS Barz 199, 216 ff.; Scholz/Emmerich, Anh. KonzR Rz. 313; Rowedder/Koppensteiner, § 52 GmbHG Anh. Rz. 44; Hachenburg/Ulmer, § 53 GmbHG Rz. 161; Huber, ZHR 1988, 1, 35; LG Berlin v. 14.8.1991, WM 1992, 22, 25; a. A. Hachenburg/Barz, § 13 GmbHG Anh. II, Rz. 33 f., Zustimmung (wohl mit einfacher Mehrheit) ratsam, aber außer bei besonderer Anordnung durch die Satzung nicht erforderlich.

2 Für Außenwirkung Rowedder/Koppensteiner, § 52 GmbHG Anh. Rz. 44; Scholz/Emmerich, Anh. KonzR Rz. 307, 313; LG Berlin v. 14.8.1991, WM 1992, 22, 25 unter Hinweis auf die durch den Unternehmensverkauf bewirkte Änderung des Unternehmensgegenstandes; Lutter, Beilage DB 1973, Heft Nr. 46, 11, 15, wenn anderer Vertragsteil Gesellschafter.

3 LG Berlin v. 14.8.1991, WM 1992, 22, 25.

die insoweit gleichstehende Betriebsführung, aber auch den Abschluß von Teilgewinnabführungsverträgen und das Eingehen von Gewinngemeinschaften. Entsprechend § 294 AktG ist das Bestehen solcher Verträge zum Handelsregister der verpflichteten Gesellschaft anzumelden. Der Vertrag wird erst wirksam, wenn sein Bestehen in das Handelsregister eingetragen ist.

498 Die vorgenannten Erfordernisse gelten beim Abschluß solcher Verträge zwischen unabhängigen wie abhängigen Gesellschaften. Werden solche Verträge mit einer abhängigen GmbG abgeschlossen, so sollen jedoch die gleichen Wirksamkeitsvoraussetzungen und Sicherungen (Zustimmung aller Gesellschafter der abhängigen Gesellschaft, Zustimmung der Gesellschafterversammlung des herrschenden Unternehmens, Verlustausgleich) einzuhalten sein, die auch beim Abschluß eines Beherrschungs- oder Gewinnabführungsvertrages mit einer GmbH gelten.[1]

499 Dem liegt die Vorstellung zugrunde, daß durch den Abschluß derartiger Verträge dieselben u. U. sogar weitergehenden Eingriffsmöglichkeiten wie bei einem Beherrschungs- oder Gewinnabführungsvertrag verschafft werden können dergestalt, daß dem herrschenden Unternehmen der unmittelbare Zugriff auf das von der abhängigen Gesellschaft betriebene Unternehmen eröffnet wird, während beim Beherrschungsoder Gewinnabführungsvertrag der Zugriff gesellschaftsrechtlich vermittelt wird, die mit diesen Verträgen verbundenen Sicherungen (Zustimmung aller Gesellschafter der abhängigen Gesellschaft, Verlustausgleich) aber vermieden werden kann. Jedoch kann nicht jeder konzerninterne Betriebspacht-, Betriebsüberlassungs- und Betriebsführungsvertrag als Beherrschungs- oder Gewinnabführungsvertrag aufgefaßt werden.[2] Dagegen spricht die gesetzliche Wertung des § 302 Abs. 2 AktG, die auch für den GmbH-Vertragskonzern zu beachten ist. Ein Überlassungsvertrag mit nicht gesetzestypischem Inhalt kann jedoch unter besonderen Voraussetzungen als Beherrschungs- oder Gewinnabführungsvertrag zu qualifizieren sein. Dies ist dann der Fall, wenn der andere Vertragsteil die Gesellschaft aufgrund vertraglich gewährter Rechte seiner umfassenden Herrschaftsgewalt unterwerfen kann. Die vertragliche Dispositionsbefugnis der herrschenden Gesellschaft muß sich auch auf die der abhängigen Gesellschaft im Rahmen der Überlassungsverträge verbleibenden Mindestkompetenzen erstrecken. Das ist dann nicht der Fall, wenn ein der Leistung der Gesellschaft äquivalentes Entgelt ermittelbar und gewährleistet ist, daß sie zuständig bleibt, über dessen Verwendung zu entscheiden.[3] Bei Betriebspacht- oder -überlassungsverträgen muß der Gesellschaft analog dem Pachtmodell des BGB als vertraglich nicht tangierter Bereich die Entscheidung über Ergänzungsinvestitionen verbleiben, § 582 Abs. 2 BGB.[4] An langfristigen über die Laufzeit des Überlassungsvertrages wirkenden Entscheidun-

1 Lutter/Hommelhoff, Anh. § 13 GmbHG Rz. 49; Schulz/Emmerich, Anh. KonzR Rz. 314; Huber, ZHR 1988, 123, 140, 144; Timm, BB 1981, 1493; Schneider, 28.
2 Tendenziell anderer Ansicht: Huber, ZHR 1988, 140, der unabhängig von der Vertragsgestaltung jeden Betriebsführungsvertrag mit einem abhängigen Unternehmen als Beherrschungsvertrag einordnen will.
3 Koppensteiner in Kölner Kommentar, § 291 AktG Rz. 19, 22 m. w. N.
4 Österreich, 142; Koppensteiner in Kölner Kommentar, § 291 AktG Rz. 19, jeweils m. w. N.

gen, also insbesondere über Änderungs- und Erweiterungsinvestitionen, ist die überlassende Gesellschaft – mindestens in der Form von Zustimmungsvorbehalten – verantwortlich zu beteiligen. Bei Betriebsführungsverträgen muß deren Geschäftsführer die letzte Entscheidung über die Unternehmenspolitik verbleiben, er insbesondere durch Kontroll- und Mitwirkungsrechte die Unternehmensplanung weiter in Händen halten.[1]

Überschreitet ein Vertrag die genannten Grenzen, so ist er kein Über- **500**
lassungsvertrag, sondern ein Beherrschungs- oder Gewinnabführungsvertrag mit den entsprechenden Wirksamkeitsvoraussetzungen.[2] Unterwirft das herrschende Unternehmen die dem abhängigen Unternehmen zwingend zugewiesenen Mindestkompetenzen kraft außervertraglicher Herrschaftsmöglichkeiten seiner Leitungsmacht, so ist dem nicht durch Anknüpfung an die für den Beherrschungsvertrag geltenden Regeln zu begegnen, sondern durch Unterwerfung unter das Instrumentarium des einfachen bzw. qualifizierten faktischen Konzerns.

Als Unterfall der Betriebspachtverträge und damit ebenso als Unterneh- **501**
mensverträge qualifizieren Verträge, durch die eine Betriebsaufspaltung (personell verflochtene Besitzpersonengesellschaft und Betriebskapitalgesellschaft) begründet werden. Gegenstand dieser Verträge ist – neben der Veräußerung des Umlaufvermögens von dem bisherigen Unternehmen an die Betriebskapitalgesellschaft – die Verpachtung des bisher als einheitliches Unternehmen geführten Betriebes, einschließlich der bei dem Besitzunternehmen verbliebenen wesentlichen Betriebsgrundlagen, meist die Betriebsgrundstücke.

In vier zeitlich dicht aufeinanderfolgenden Entscheidungen („Lager- **502**
grundstück I–IV") hat der BGH[3] die haftungsrechtlichen Konsequenzen solcher Verträge, wenn die Betriebsgesellschaft notleidend wird, behandelt. Unter dem Aspekt der sog. „eigenkapitalersetzenden Nutzungsüberlassung" hat der BGH entschieden, daß die Verpachtung eines Betriebsgrundstücks durch den Gesellschafter oder eine diesem nahestehende Person an eine GmbH oder GmbH & Co. KG eigenkapitalersetzende Gesellschafterleistungen im Sinne der §§ 32a, 32b GmbHG; 172a HGB darstellen können. Im Konkurs der pachtenden Gesellschaft steht dieser allerdings kein Anspruch auf Übertragung des Pachtgegenstandes oder eines korrespondierenden Vermögenswertes gegen den Gesellschafter zu. Vielmehr ist dieser lediglich verpflichtet, die während der Dauer der Krise von der Gesellschaft gezahlten Pachtzinsen zurückzugewähren und darüber hinaus der Gesellschaft die verpachteten Gegenstände weiterhin unentgeltlich zur Nutzung zu überlassen, wobei die Dauer dieser Pflicht offenbleibt. Nachdem zunächst die Rechtsfolgen der eigenkapitalersetzenden Nutzungsüberlassung durch den BGH offengeblieben und mithin äußerst kontrovers[4] diskutiert wor-

1 Geßler in FS Hefermehl, 263, 277; Geßler, § 292 AktG, Rz. 82; Koppensteiner in Kölner Kommentar, § 291 AktG Rz. 25; BGH v. 5.10.1981, NJW 1982, 1817, „Holiday Inn"; Löffler, NJW 1983, 2920, 2922.

2 Hachenburg/Ulmer, § 53 GmbHG Rz. 161.

3 BGH, Urt. v. 16.10.1989, „Lagergrundstück I", BGHZ 109, 55; BGH, Urt. v. 14.12.1992, „Lagergrundstück II", BGHZ 121, 31; BGH, Urt. v. 11.7.1994, „Lagergrundstück III", ZIP 1994, 1261; BGH, Urt. v. 11.7.1994, „Lagergrundstück IV", ZIP 1994, 1441.

4 Ausf. Darstellung des Streitstandes bei Scholz/K. Schmidt, §§ 32a, 32b GmbHG Rz. 106 ff.

den waren, ist die nunmehr erfolgte Klärung im rechtswissenschaftlichen Schrifttum – trotz einzelner kritischer[1] Stimmen – im Ergebnis weitgehend[2] auf Zustimmung gestoßen.

503 Die Haftungsfolgen der eigenkapitalersetzenden Nutzungsüberlassung lassen sich im Regelfall ohne weiteres auf die Rechtslage bei der Betriebsaufspaltung, jedenfalls in ihrer in der Praxis typischen Ausgestaltung im Bereich mittelständischer Familienunternehmen, übertragen, da wegen der personellen Verflechtung die Besitzpersonengesellschaft regelmäßig nahestehende Person zu den Gesellschaftern der Betriebskapitalgesellschaft sein wird. Das üblicherweise mit der Begründung einer Betriebsaufspaltung verfolgte Ziel, wertvolle Teile des unternehmerischen Vermögens aus dem Betriebsrisiko des Einheitsunternehmens herauszulösen und zugleich eine wirksame Haftungsabschottung für die Unternehmerfamilie persönlich zu erreichen, läßt sich vor diesem Hintergrund künftig nur noch eingeschränkt verwirklichen. Die persönliche Inanspruchnahme im Falle des wirtschaftlichen Scheiterns läßt sich nämlich nur vermeiden, wenn die vertragliche Gestaltung des Pachtverhältnisses eine entsprechende Flexibilität erlaubt und die tatsächliche Durchführung der Betriebsaufspaltung die wirtschaftliche Situation der Betriebskapitalgesellschaft angemessen berücksichtigt. Immerhin bleibt auch nach der Rechtsprechung des BGH die Zuordnung der Vermögenssubstanz zum persönlichen Vermögen der Inhaberfamilie im Rahmen einer Betriebsaufspaltung erhalten, wenn auch u. U. für längere Zeit ohne die Möglichkeit, aus dieser Erträge zu ziehen.

bb) Teilgewinnabführungsverträge

504 Ein Teilgewinnabführungsvertrag ist zwar keine taugliche Grundlage organschaftlicher Ergebniszurechnung, seine praktische Relevanz kann sich aber daraus ergeben, daß im Aktienrecht die Aufnahme eines typischen oder atypischen stillen Gesellschafters als Vertrag i. S. d. § 292 Abs. 1 Ziff. 2 zu qualifizieren ist.[3]

505 Wegen der eingangs erwähnten qualitativen Verschiedenheit des Teilgewinnabführungsvertrages gegenüber dem organisationsrechtlichen Gewinnabführungsvertrag können Teilgewinnabführungsverträge über den periodischen Gewinn aus dem Unternehmen oder einen seiner Betriebe nur dann den für Unternehmensverträge geltenden Regeln unterworfen werden, wenn sie ein Unternehmensvertrag sind, einem solchen also nicht erst gleichgestellt werden müssen. Daher sind diejenigen Teilgewinnabführungen der Zustimmungskompetenz der Gesellschafter zu unterwerfen, die zu Strukturveränderungen in der GmbH führen.[4] Das ist für den Teilgewinnabführungsvertrag, der den Bilanzgewinn und das Gewinnbezugsrecht verkürzt und sich vom Gewinnabführungsvertrag nur quantitativ, nicht aber qualitativ unterscheidet, zu bejahen, bei der stillen Beteiligung aber nicht einschlägig. Nur wenn die Regeln

1 Z. B. Real, GmbHR 1994, 777, 782, der die Auffassung des BGH für betriebs- und volkswirtschaftlich nicht gerechtfertigt hält.
2 Lutter/Hommelhoff, §§ 32a, 32b GmbHG Rz. 111 ff.; Bäcker, GmbHR 1994, 766; jew. m. w N.
3 Koppensteiner in Kölner Kommentar, § 292 AktG Rz. 53 f.
4 Hachenburg/Ulmer, § 53 GmbHG Rz. 160; K. Schmidt, ZGR 1984, 295, 309.

über Gewinnabführungsverträge durch stille Beteiligungen umgangen werden sollen – etwa bei besonders hoher, längerfristiger Gewinnbeteiligung – müßte auch der stille Gesellschaftsvertrag den für Gewinnabführungsverträge geltenden Wirksamkeitsvoraussetzungen unterworfen werden.[1] Im übrigen gibt es im GmbH-Recht keine gesicherte Gesellschafterkompetenz bei Teilgewinnabführungsverträgen. Nur die Verteilung des Reingewinns ist durch § 29 GmbHG gesichert. Gewinnbeteiligungen Dritter – auch stille Beteiligungen[2] – sind ertragswirksamer Aufwand und daher nicht dem Vorbehalt des Gesellschaftsvertrages unterstellt. Auch ein Beschluß der Gesellschafter ist im Außenverhältnis nicht erforderlich.[3] Daran ändert sich auch nichts, wenn der Teilgewinnabführungsverpflichtung keine äquivalente Gegenleistung gegenübersteht.[4] Zwar sind Teilgewinnabführungsverträge ohne angemessenes Entgelt im GmbH-Recht unzulässig, doch betrifft dies nicht das Außenverhältnis. Ein Geschäftsführer, der ohne angemessene Gegenleistung eine Gewinnbeteiligung verspricht, handelt pflichtwidrig, aber nicht ohne weiteres ohne Vertretungsmacht.

Geht man hiervon aus, so bedeutet dies, daß bei einer stillen Gesellschaft **506**
die allgemeinen Regeln zur Anwendung kommen. Die Vertretungsbefugnis des Geschäftsführers umfaßt hiernach auch solche Verpflichtungen, die Gewinnbeteiligungen enthalten. Ist die Gewinnbeteiligung nicht unbedeutend, werden dem stillen Gesellschafter Informations-, Einsichts- und sonstige Mitwirkungsbefugnisse eingeräumt, so bedarf es intern eines Gesellschafterbeschlusses mit satzungsändernder Mehrheit.[5] Ausnahmsweise gelten die für einen Gewinnabführungsvertrag geltenden Wirksamkeitsvoraussetzungen, wenn der gesamte oder nahezu gesamte Gewinn dem stillen Gesellschafter versprochen wird. Ist der stille Gesellschafter zugleich an der GmbH beteiligt und bedarf es intern eines Gesellschafterbeschlusses, so führt die fehlende Zustimmung zu einer Beschränkung der Vertretungsmacht.

j) Behandlung fehlerhafter Unternehmensverträge

Der BGH wendet auf fehlerhafte Unternehmensverträge die Grundsätze **507**
über die fehlerhafte Gesellschaft an.[6] Danach ist der Unternehmensvertrag solange als wirksam zu behandeln und begründet beiderseitige

1 K. Schmidt, ZGR 1984, 295, 309; Schneider/Reusch, DB 1989, 713, 716; Schneider, 26 f.
2 Scholz/Emmerich, § 29 GmbHG Rz. 65, 66; Rowedder, § 29 GmbHG Rz. 68.
3 K. Schmidt, ZGR 1984, 295, 309.
4 Schmidt, ZGR 1984, 310 f.; Rowedder/Koppensteiner, Anhang § 52 GmbHG Rz. 45; a. A. Scholz/Emmerich, Anh. KonzR Rz. 300 ff.
5 A. A. Schneider, 716; Schneider, 27, Zustimmung aller Gesellschafter.
6 „Familienheim"-Urteil, BGH v. 14.12.1987, ZIP 1988, 299; „Stromlieferung"-Urteil, BGH v. 11.11.1991, DB 1992, 29; Vorinstanz: OLG Koblenz v. 30.11.1990, DB 1991, 155; ebenso: Geßler, DB 1965, 1631, 1694 ff.; Geßler, § 293 AktG Rz. 59; Timm, DB 1981, 1491, 1497; Rehbinder in FS Fleck, 253, 261; Ulmer, BB 1989, 15; a. A. Köhler, ZGR 1985, 307, 309; Koppensteiner in Kölner Kommentar § 293 AktG Rz. 48 ff., 52, § 297 AktG Rz. 34 ff., Vorbemerkung § 300 AktG Rz. 11; Kleindieck, ZIP 1988, 613, 618 ff.; zur Heilung fehlerhafter Unternehmensverträge im GmbH-Recht: Ulmer, BB 1989, 10, 16 ff.; Priester, ZGR Sonderheft 6, 51 ff.; zu den steuerrechtlichen Konsequenzen: Strobl in Beherrschungs- und Gewinnabführungsverträge, 65 ff.; Blumers/Schmidt, DB 1989, 31; Blumers/Schmidt, GmbHR 1989, 261 ff.; BMF-Schreiben vom 31.10.1989, DB 1989, 2249; OFD Münster v. 11.9.1990, BB 1990, 2103; BFH v. 30.7 1997, DStR 1997, 2020.

Rechte und Pflichten, bis sich einer der Vertragspartner mit Wirkung ex nunc auf die Nichtigkeit beruft, wozu das Instrument der außerordentlichen Kündigung analog § 297 Abs. 1 Satz 1 AktG zur Verfügung steht. Das herrschende Unternehmen ist zwar zum Ausgleich aller bis zur Kündigung entstandenen Verluste verpflichtet, kann aber für diesen Zeitraum auch alle Rechte für sich in Anspruch nehmen, die ihm der Vertrag gewährt. Bei einem kombinierten Beherrschungs- und Gewinnabführungsvertrag bleibt die Gesellschaft für die Vergangenheit also ebenso zur Abführung ihres Gewinnes verpflichtet wie von dem anderen Vertragsteil erteilte und ausgeführte nachteilige Weisungen ihre Wirksamkeit behalten.

508 Zwar ging es in dem Urteil vom 14.12.1987, „Familienheim", um die Frage, ob das herrschende Unternehmen sich unter Berufung auf die Unwirksamkeit des Vertrages seiner Pflicht für die Verlustübernahme in der Vergangenheit entledigen kann, das Urteil läßt jedoch den Schluß zu, daß der BGH nicht nach den Gründen für die Unwirksamkeit des Unternehmensvertrages differenzieren will, sondern allgemein fehlerhafte Unternehmensverträge bis zur Berufung auf den Mangel als wirksam behandelt wissen will.[1] Die Regeln über fehlerhafte Unternehmensverträge gelten daher nicht nur in den Fällen, in denen die Ursache für die Unwirksamkeit des Unternehmensvertrages in der fehlenden Beurkundung des Zustimmungsbeschlusses der Gesellschafter der abhängigen GmbH, der fehlenden Zustimmung der Gesellschafter der Obergesellschaft oder der fehlenden Handelsregistereintragungen begründet liegt, sondern auch dann, wenn die Gesellschafter der abhängigen GmbH einen entsprechenden Beschluß gar nicht gefaßt haben oder ein solcher Beschluß unwirksam ist.[2] Trotz fehlender Zustimmung greifen die Grundsätze über die fehlerhafte Gesellschaft ein, wenn die Beteiligten den Vertrag für wirksam gehalten und entsprechend vollzogen haben.[3] Dies gilt naturgemäß dann nicht, wenn der Unternehmensvertrag faktisch gegen den Widerspruch der Minderheit (Anfechtungskläger) vollzogen wurde.[4]

509 Soweit die Kündigung zu wenig interessengerechten Ergebnissen führen kann, ist anhand der Grundsätze von Treu und Glauben und des Verbots mißbräuchlicher Rechtsausübung zu entscheiden, ob die Ausübung des Kündigungsrechts nicht im Einzelfall ausgeschlossen ist.[5] Dies wäre etwa denkbar, wenn sich das beherrschte Unternehmen durch die Kündigung der Pflicht zur Gewinnabführung entziehen will, wenn sich nach mehreren Verlustjahren und entsprechenden Aufwendungen des herrschenden Unternehmens erste Sanierungserfolge zeigen, oder umgekehrt das begünstigte Unternehmen lange Zeit die Vorteile des

1 Kleindieck, ZIP 1988, 614; Ulmer, BB 1989, 15.

2 A. A. Kleindieck, ZIP 1988, 613, 618 ff.; Timm, GmbHR 1989, 11, 19; Priester, ZGR Sonderheft 6, 47 ff.

3 Ulmer, BB 1989, 16; BGH v. 12.10.1987, NJW 1988, 1321, 1323, zum mangels Beteiligung der Mitgesellschafter fehlerhaften Gesellschafterwechsel; Ebenroth/Müller, BB 1991, 358, 360.

4 LG Frankenthal v. 4.8.1988, ZIP 1988, 1460; im Ergebnis ebenso Priester, ZGR Sonderheft 6, 47.

5 OLG Düsseldorf v. 20.3.1980, NJW 1982, 284; LG Bochum v. 1.7.1986, GmbHR 1987, 24; BGH v. 18.1.1988, NJW 1988, 1324 f.

Unternehmensvertrages in Anspruch genommen hat und sich durch die Kündigung seiner Verantwortung für die inzwischen notwendige Sanierung der beherrschten Gesellschaft entziehen will.[1] Dann ist der Vertrag trotz der ihm anhaftenden Mängel solange als wirksam zu behandeln, bis die Bedenken gegen die Berufung auf den Vertragsmangel nicht mehr durchschlagen. Zum Vollzug eines mangelhaft zustandegekommenen Beherrschungs- und Gewinnabführungsvertrages genügt es, daß das herrschende Unternehmen die Verluste der abhängigen GmbH tatsächlich ausgleicht. Der Nachweis, daß das herrschende Unternehmen von den ihm eingeräumten Herrschaftsrechten und Befugnissen keinen Gebrauch gemacht hat, ist auch bei Abschluß eines fehlerhaften Beherrschungsvertrages abgeschnitten. Gleiches gilt, soweit es um einen Gewinnabführungsvertrag geht, da dieser weder eine tatsächliche Beherrschung noch das Recht und die Möglichkeit zur nachteiligen Einflußnahme voraussetzt. Trotz fehlender Eintragung der Vertragsbeendigung haftet das herrschende Unternehmen nur für die bis zur Vertragsbeendigung entstandenen Forderungen. Einen abstrakten Vertrauensschutz auf eine fehlende Eintragung der Beendigung des Unternehmensvertrages im Handelsregister lehnt der BGH zumindest für die Fälle ab, in denen die Eintragungspflichtigkeit für die Beendigung eines Unternehmensvertrages einer GmbH erst nach der diesbezüglichen Rechtsprechung des BGH allgemein anerkannt worden ist.[2] Besonders gravierende Folgen können die Grundsätze des fehlerhaften Unternehmensvertrages nach sich ziehen, wenn ein Beherrschungs- und Ergebnisabführungsvertrag fehlerhaft ist, der zur Herstellung steuerlicher Organschaft geschlossen wurde. Wird ein solcher nämlich für steuerliche Zwecke insgesamt nicht anerkannt, so weichen gesellschafts- und steuerrechtliche Rechtsfolgen in nicht mehr vereinbarer Weise voneinander ab. Während z. B. gesellschaftsrechtlich nach dem Gesagten die Ergebnisabführungspflicht bzw. die Verlustausgleichspflicht bestehen bleiben, würden die abgeführten Beträge steuerlich als verdeckte Gewinnausschüttungen qualifizieren bzw. ein erbrachter Verlustausgleich als verdeckte Einlage die Anschaffungskosten auf die Beteiligung des herrschenden Unternehmens erhöhen, statt dessen steuerpflichtiges Ergebnis zu mindern.

III. Konzernsteuerrecht

1. Einleitung

Ebenso wie im Konzerngesellschaftsrecht existiert für das rechtstatsächliche Phänomen der verbundenen Unternehmen auch im Steuerrecht eine geschlossene, vollständige Kodifizierung, die als Konzernsteuerrecht bezeichnet werden könnte, nicht. Vielmehr finden sich lediglich in einer Vielzahl steuerlicher Einzelgesetze einzelne Normen, die dem Vorhandensein einer Unternehmensverbindung Rechnung tragen (Beispiele s. Rz. 305). Innerhalb dieser Einzelvorschriften besitzen dabei in **510**

1 Kleindieck, ZIP 1988, 625; Ulmer, BB 1989, 16.
2 Sog. Altfälle, „Stromlieferung-Urteil", BGH v. 11.11.1991, DB 1992, 29.

der Praxis die Regelungen über die steuerliche Organschaft die weitaus wichtigste Bedeutung. Die nachfolgende Darstellung der Grundzüge des Konzernsteuerrechts beschränkt sich daher auf die rechtlichen und tatsächlichen Fragestellungen im Zusammenhang mit dem Institut Organschaft.

511 Das Unternehmenssteuerrecht unterscheidet in Abhängigkeit der Steuerarten drei Arten steuerlicher Organschaft:

- körperschaftsteuerliche Organschaft (s. Rz. 513 ff.),
- gewerbesteuerliche Organschaft (s. Rz. 573 ff.),
- umsatzsteuerliche Organschaft (s. Rz. 579 ff.).

Gemeinsames Kennzeichen aller drei Organschaftsarten ist, daß mehrere an sich selbständige Steuersubjekte (Unternehmen) in der Weise miteinander verbunden sind, daß ein oder mehrere abhängige Unternehmen (Organgesellschaften) einem herrschenden Unternehmen (Organträger) zugeordnet sind. Der erforderliche Grad der Verbundenheit ist in § 14 KStG für die körperschaftsteuerliche Organschaft gesetzlich definiert als finanzielle (§ 14 Nr. 1 KStG), organisatorische (§ 14 Nr. 2, 2. Alt.) und wirtschaftliche (§ 14 Nr. 2, 1. Alt.) Eingliederung, während § 2 Abs. 2 Satz 2 GewStG für die gewerbesteuerliche und § 1 Abs. 2 Satz 2 UStG für die umsatzsteuerliche Organschaft auf diese Legaldefinition verweisen. Hinsichtlich dieser drei Eingliederungsvoraussetzungen sind mithin die Anforderungen an das Vorhandensein einer steuerlichen Organschaft für alle drei Steuerarten identisch.

Darüber hinaus bestimmt § 14 KStG (nur für die körperschaftsteuerliche Organschaft) allerdings als weitere Organschaftsvoraussetzung, daß der oder die Organgesellschaften mittels eines Ergebnisabführungsvertrages mit dem Organträger verbunden sein müssen. Dieser Voraussetzung bedarf es für das Vorliegen einer gewerbe- und/oder umsatzsteuerlichen Organschaft nicht, so daß insoweit verbundenen Unternehmen ein steuerplanerischer Gestaltungsspielraum verbleibt. Dementsprechend finden sich in der Praxis häufig Konfigurationen, in denen Unternehmensverbindungen aufgrund der erfüllten Eingliederungsvoraussetzungen zwar gewerbe- und umsatzsteuerlich einen Organkreis bilden, wegen des nicht vorhandenen Ergebnisabführungsvertrages aber einzelne oder alle Organgesellschaften für körperschaftsteuerliche Zwecke eigenständige Steuersubjekte bleiben.

512 Durch Art und Inhalt der steuerlichen Organschaftsvoraussetzungen ist bedingt, daß im Falle des Vorliegens steuerlicher Organschaft in aller Regel zugleich die gesellschaftsrechtlichen Voraussetzungen für verbundene Unternehmen erfüllt sind. Die Mitglieder eines körperschaftsteuerlichen Organkreises bilden per definitionem einen Vertragskonzern im Sinne des Konzerngesellschaftsrechts, sieht man von dem seltenen Fall eines fehlerhaften Unternehmensvertrages ab. Sind nur die Eingliederungsvoraussetzungen erfüllt, ohne daß ein Ergebnisabführungsvertrag zwischen Organgesellschaften und Organträger abgeschlossen wurde, so sind in aller Regel zugleich die Voraussetzungen für ein faktisches Konzernverhältnis erfüllt. Das Bestehen einer steuerlichen

Organschaft indiziert damit das Vorhandensein einer Konzernverbindung zwischen den Organgliedern – mit allen damit verbundenen gesellschafts- und haftungsrechtlichen Konsequenzen.

2. Körperschaftsteuerliche Organschaft

a) Funktion der Organschaft

513 Die körperschaftsteuerliche Organschaft ist ein zunächst von der Rechtsprechung des RFH[1] und des BFH[2] entwickeltes und später vom Gesetzgeber in die §§ 14–19 KStG übernommenes Rechtsinstitut, das der wirtschaftlichen Einheit der rechtlich selbständigen Unternehmen des Organs und des Organträgers Rechnung trägt, wenn zwischen beiden Unternehmen ein Ergebnisabführungsvertrag i. S. d. §§ 291 ff. AktG abgeschlossen worden ist. Das Einkommen der Organgesellschaft wird dem Organträger zugerechnet und bei diesem der Einkommensbesteuerung unterworfen. Die Organschaft führt nicht zur Besteuerung des konsolidierten Konzernerfolgs. Es werden lediglich die Ergebnisse aller im Organkreis zusammengefaßten Unternehmen addiert, ohne daß der Schritt zur Gewinnermittlung nach dem Vorbild eines einheitlichen Unternehmens gezogen wird, d. h. es unterbleiben jegliche Gewinneliminierungen aus konzerninternen Transaktionen.

514 Eine wesentliche Aufgabe der körperschaftsteuerlichen Organschaft bestand ursprünglich in der Vermeidung der zwei- oder mehrfachen Körperschaftsteuerbelastung von Beteiligungserträgen innerhalb eines Unterordnungskonzerns. Dieser Aspekt spielt nach der Einführung des Anrechnungsverfahrens keine Rolle mehr. Die körperschaftsteuerliche Organschaft bietet jedoch weitere steuerliche Vorteile, die mit Hilfe des Anrechnungsverfahrens nicht erreicht werden und die Konzernbildung privilegieren. Die Zurechnung des Einkommens der Organgesellschaften beim Organträger ermöglicht einen Gewinn- und Verlustausgleich zwischen allen organschaftlich verbundenen Konzernunternehmen, die, wenn ausgleichsfähige Periodenverluste vorliegen, zum Liquiditäts- und Zinsvorteil führen.

515 Die Steuerfreiheit von Einnahmen, die ansonsten bei Ausschüttungen aufgrund des Anrechnungsverfahrens verlorengeht, kann infolge der Einkommenszurechnung dem Organträger zugute kommen. Ist der Organträger ein Einzelunternehmen oder eine Personenhandelsgesellschaft, so ist die Steuerfreiheit endgültig. Ist der Organträger eine Kapitalgesellschaft, so wirkt sich die Zurechnung der steuerfreien Einnahmen der Organgesellschaft nur bis zur Weiterausschüttung durch den Organträger aus, da in diesem Fall die Ausschüttungsbelastung hergestellt werden muß. Der Vorteil der steuerfreien Einnahmen kann jedoch dann erhalten bleiben, wenn es dem Organträger gelingt diese Beträge zu thesaurieren und aufgrund der Verwendungsfiktion des § 28 Abs. 3 KStG nur tarifbelastetes Eigenkapital zur Ausschüttung zu verwenden. Ist der Organträger ein Einzelunternehmen oder eine Personenhandelsgesellschaft, so werden durch die im Rahmen der Organschaft vorzunehmende

1 RFH v. 30.1.1990, RStBl 1930, 148, 151.
2 BFH v. 17.7.1952, BStBl III 1952, 234.

Einkommenszurechnung auch der thesaurierte Gewinn und die nichtabziehbaren Aufwendungen der Kapitalgesellschaft nur mit den für die Besteuerung der Inhaber des Einzelunternehmens bzw. des Personenunternehmens maßgeblichen Steuersätzen besteuert. Die steuerliche Problematik der inländischen Konzernverrechnungspreise verliert an Gewicht, da verdeckte Gewinnausschüttungen der Organgesellschaft an den Organträger im allgemeinen als Vorausleistung auf den abzuführenden Gewinn anzusehen sind.

516 Besonderheiten gelten, wenn im Organkreis Einkünfte erzielt werden, die aufgrund von Doppelbesteuerungsabkommen in Deutschland steuerfrei gestellt werden. Hierzu zählen in der Praxis verbundener Unternehmen in erster Linie Dividendeneinkünfte aus ausländischen Tochtergesellschaften, Gewinne aus der Veräußerung von Auslandsbeteiligungen sowie Einkünfte, die in ausländischen Betriebsstätten des inländischen Unternehmens erzielt werden. Dividenden ausländischer Kapitalgesellschaften, die an eine inländische Kapitalgesellschaft ausgeschüttet werden, können nämlich nach den meisten von der Bundesrepublik Deutschland abgeschlossenen Doppelbesteuerungsabkommen in Deutschland steuerfrei vereinnahmt werden, wenn die inländische Gesellschaft mit einer Mindestkapitalquote beteiligt ist (sog. „Internationales Schachtelprivileg“, vgl. Art. 10 Abs. 1 i. V. m. Art. 23 Abs. 1 OECD-Musterabkommen, dem die meisten deutschen Doppelbesteuerungsabkommen nachgebildet sind). Die Mindestbeteiligungshöhe ist dabei, ungeachtet der Vereinbarungen in dem konkreten DBA, gem. § 8b Abs. 5 KStG auf 10 % festgelegt. Veräußerungsgewinne aus der Beteiligung an ausländischen Kapitalgesellschaften sind aufgrund des Standortsicherungsgesetzes vom 2.7.1993 seit dem Veranlagungszeitraum 1994 gem. § 8b Abs. 2 KStG gleichfalls steuerbefreit, wenn die aus den veräußerten Anteilen fließenden Dividenden nach einem anwendbaren DBA steuerbefreit gewesen wären. Betriebsstätteneinkünfte eines inländischen Unternehmens schließlich sind generell in den meisten deutschen DBA aufgrund des Belegenheitsprinzips in Deutschland von der Besteuerung freigestellt (vgl. Art. 7 Abs. 1 i. V. m. Art. 23 Abs. 1 OECD-Musterabkommen).

517 Bezieht eine Organgesellschaft ausländische steuerfreie Dividenden, so kann jedoch gemäß § 15 Nr. 2 KStG die Steuerfreiheit nach dem DBA nur beansprucht werden, wenn der Organträger bei unterstellter unmittelbarer Beteiligung dies auch gekonnt hätte. Gleiches gilt darüber hinaus gemäß § 15 Nr. 3 KStG für gemäß § 8b Abs. 2 KStG steuerfrei gestellte Veräußerungsgewinne aus ausländischen Beteiligungen. Ist demnach Organträger eine nicht nach dem DBA begünstigte Person, namentlich eine natürliche Person oder eine Personengesellschaft, an der nicht Begünstigte beteiligt sind, so entfallen insoweit die Vergünstigungen nach dem DBA bzw. nach § 8b Abs. 2 KStG. Dies gilt hinsichtlich der Dividendeneinkünfte allerdings trotz des insoweit nicht ganz eindeutigen Wortlautes des § 15 Nr. 2 KStG nicht für Gewinnanteile aus einer ausländischen Personengesellschaft[1] oder einer ausländischen Be-

1 Walter in Arthur Andersen, § 15 KStG Rz. 23.

triebsstätte, deren Steuerfreiheit erhalten bleibt, auch wenn Organträger eine natürliche Person bzw. eine Personengesellschaft mit natürlichen Personen als Gesellschafter ist.

Bezieht eine Organgesellschaft steuerfreie Auslandseinkünfte, die dem Organträger zugerechnet werden, und ist der Organträger gleichfalls eine inländische Kapitalgesellschaft, so ist seit Inkrafttreten des Standortsicherungsgesetzes darüber hinaus die Möglichkeit eröffnet, diese Einkunftsteile an die Gesellschafter des Organträgers weiterzuschütten, ohne die Ausschüttungsbelastung herstellen zu müssen (§ 8b Abs. 1 Satz 1 KStG). Da solche Einkunftsteile außerdem, wenn sie von einer inländischen Kapitalgesellschaft bezogen werden, gemäß § 30 Abs. 2 Nr. 1 KStG in der Gliederung des verwendbaren Eigenkapitals dem sog. EK 01 zugerechnet werden, ist eine steuerneutrale Weiterleitung über mehrstufige Beteiligungsketten möglich, ohne daß ein Organschaftsverhältnis vorliegen muß. Eine Besteuerung findet erst und nur insoweit statt, als die ausländischen Einkünfte via Dividende an eine im Inland steuerpflichtige Person, insbesondere eine natürliche Person oder eine ausländische Kapitalgesellschaft mit Betriebsstätte im Inland, gelangen. 518

b) Beteiligte Unternehmen

Bei den an einem Organkreis beteiligten Unternehmen wird zwischen den abhängigen Unternehmen, den Organgesellschaften, und dem herrschenden Unternehmen, dem Organträger, unterschieden. Nach dieser Unterscheidung richtet sich dann auch der Kreis der möglichen Rechtsformen, in denen ein Unternehmen an einem Organkreis teilnehmen kann. 519

aa) Organgesellschaft

Organgesellschaften können gem. § 14 Abs. 1 KStG nur Aktiengesellschaften und Kommanditgesellschaften auf Aktien und nach § 17 Abs. 1 KStG andere Kapitalgesellschaften i. S. d. § 1 Abs. 1 Nr. 1 KStG, also insbes. eine GmbH, sein. Die übrigen Körperschaften (Erwerbs- und Wirtschaftsgenossenschaften, Versicherungsvereine auf Gegenseitigkeit, Vereine, Stiftungen etc.) sowie sämtliche Formen der Personengesellschaft, insbesondere der GmbH & Co. KG, können nicht Organgesellschaft sein. 520

In Rechtsprechung und Literatur umstritten ist, ob bereits eine Vorgesellschaft, d. h. die notariell errichtete, aber noch nicht im Handelsregister eingetragene Gesellschaft (GmbH oder AG), als Organgesellschaft fungieren kann. Die herrschende Auffassung[1] bejaht diese Frage unter Hinweis darauf, daß die von der Vorgesellschaft eingegangenen Verpflichtungen uno actu auf die eingetragene juristische Person übergehen. Dem hält die Gegenansicht[2] entgegen, daß ein wirksamer Er- 521

1 BFH, Urt. v. 8.11.1989, BStBl II 1990, 91 (für eine Vor-GmbH); FG Hamburg, Urt. v. 28.11.1985, EFG 1986, 414 f. (für eine Vor-AG); Streck, § 14 KStG Rz. 3; Walter in Arthur Andersen, § 14 KStG Rz. 67 ff.; Danelsing in Blümich, § 14 KStG Rz 5.

2 Winter in Herrmann/Heuer/Raupach, § 14 KStG Rz. 16; Frotscher in Frotscher/Maas, § 14 KStG Rz. 59a; Gassner in Lademann, § 14 KStG Rz. 7.

gebnisabführungsvertrag mit einer Vorgesellschaft gar nicht abgeschlossen werden könne, da dieser zu seiner Wirksamkeit der Eintragung in das Handelsregister bedürfe und es im Falle der Vorgesellschaft gerade an einer Registererfassung der Gesellschaft noch fehle.

522 Diese Argumentation, der aus konzerngesellschaftsrechtlicher Sicht vollinhaltlich zuzustimmen ist, berücksichtigt indes m. E. die Besonderheiten der körperschaftsteuerlichen Organschaft nicht in ausreichendem Maße. Zum einen ist nach § 14 Nr. 4 Satz 1 KStG gar nicht erforderlich, daß der Ergebnisabführungsvertrag zu dem Zeitpunkt, zu dem die körperschaftsteuerliche Organschaft erstmals greifen soll, bereits wirksam abgeschlossen ist. Vielmehr ist insoweit ausreichend, wenn die Wirksamkeit, d. h. die Eintragung des Unternehmensvertrages in das Handelsregister, bis zum Ende des Wirtschaftsjahres eintritt, das dem ersten Organschaftsjahr folgt.[1]

523 Zum anderen läßt diese Auffassung zu Unrecht außer Betracht, daß bereits die Vorgesellschaft nach herrschender Meinung Körperschaftsteuersubjekt ist, das als solches mit der eingetragenen Gesellschaft identisch im Sinne einer vollständigen Kontinuität der Rechtsverhältnisse ist.[2] Wäre die Vorgesellschaft nicht geeignet, als Organgesellschaft zu qualifizieren, so wäre diese körperschaftsteuerlich anzuerkennende Kontinuität durchbrochen. Das im Zeitraum zwischen Errichtung und Eintragung der Gesellschaft erwirtschaftete Ergebnis müßte, z. B. im Wege der Erstellung einer Zwischenbilanz auf den Tag der Eintragung, gesondert erfaßt und auf der Ebene der Gesellschaft der Besteuerung unterworfen werden, während das ab dem Tag der Eintragung erwirtschaftete Ergebnis dem Organträger zugerechnet würde. Eine solche differenzierte steuerliche Erfassung der Geschäftstätigkeit der Vorgesellschaft ist aber im Körperschaftsteuerrecht nicht vorgesehen. Auch die Vorgesellschaft kann damit Organgesellschaft sein, wenn die übrigen Organschaftsvoraussetzungen (Vorliegen der Eingliederungsvoraussetzungen und Wirksamwerden des Ergebnisabführungsvertrages spätestens im Folgejahr) erfüllt sind bzw. werden.

524 Die Organgesellschaft muß Geschäftsleitung und Sitz im Inland haben. Die inländische Betriebsstätte einer Kapitalgesellschaft, die Geschäftsleitung und/oder Sitz im Ausland hat, kann nicht Organgesellschaft sein. Das gilt uneingeschränkt auch für inländische Betriebstätten, die als eingetragene Zweigniederlassung betrieben werden.

bb) Organträger

525 Für die Fähigkeit, Organträger zu sein, spielt die Rechtsform keine Rolle. Organträger können natürliche Personen, Personengesellschaften i. S. d. § 15 Abs. 1 Nr. 2 EStG (zu Personengesellschaften i. S. d. § 15 Abs. 1 Nr. 2 EStG als Organträger s. Abschn. 52 KStR), Kapitalgesellschaften, andere rechtsfähige oder nicht rechtsfähige Körperschaften, Personenvereinigungen oder Vermögensmassen i. S. d. § 1 KStG sein. Der Organträger

1 In diesem Sinne auch Walter in Arthur Andersen, § 14 KStG Rz. 69.
2 Hierzu und zur Kritik dieser Ansicht Kalbfleisch in Arthur Andersen, § 1 KStG Rz. 123 f. m. w. N.

muß aber Inhaber eines gewerblichen Unternehmens sein. Gewerbliches Unternehmen ist jedes, das die Voraussetzungen des § 2 GewStG erfüllt.[1] Dies gilt unabhängig von seiner Betätigung für den Gewerbebetrieb kraft Rechtsform (Holding, Vermögensverwaltungs-GmbH, Betriebsaufspaltung) und die gewerblich geprägte Personengesellschaft i. S. d. § 15 Abs. 3 Nr. 2 EStG. Der Organträger muß grundsätzlich unbeschränkt steuerpflichtig sein; außerdem darf er nicht steuerbefreit sein. Ist der Organträger beschränkt steuerpflichtig, so ist die Organschaft nur unter den Voraussetzungen des § 18 KStG anzuerkennen, wenn der Organträger im Inland eine Betriebstätte in der Form einer im Handelsregister eingetragenen Zweigniederlassung (§§ 13, 13b HGB) unterhält, der Gewinnabführungsvertrag unter der Firma der Zweigniederlassung abgeschlossen ist, die für die finanzielle Eingliederung erforderliche Beteiligung im Betriebsvermögen der Zweigniederlassung belegen ist und die wirtschaftliche und organisatorische Eingliederung im Verhältnis zur Zweigniederlassung selbst gegeben ist.

c) Eingliederungsvoraussetzungen

In sachlicher Hinsicht setzt die Organschaft voraus, daß die Organgesellschaft nach dem Gesamtbild der tatsächlichen Verhältnisse finanziell, wirtschaftlich und organisatorisch in das Unternehmen des Organträgers eingegliedert ist. Die Eingliederung der Organgesellschaft muß vom Beginn ihres Wirtschaftsjahres an ununterbrochen bestehen.[2] **526**

aa) Finanzielle Eingliederung

Die finanzielle Eingliederung setzt voraus, daß der Organträger an der Organgesellschaft vom Beginn ihres Wirtschaftsjahres an ununterbrochen und unmittelbar in einem solchen Maße beteiligt ist, daß ihm die Mehrheit der Stimmrechte aus den Anteilen an der Organgesellschaft zusteht. Eine mittelbare Beteiligung genügt gem. § 14 Nr. 1 Satz 2 KStG, wenn jede der Beteiligungen, auf denen die mittelbare Beteiligung beruht, die Mehrheit der Stimmrechte gewährt. Die finanzielle Eingliederung muß entweder auf *einer* unmittelbaren Beteiligung oder auf *einer* mittelbaren Beteiligung an der Organgesellschaft beruhen. Durch Zusammenrechnung von unmittelbaren und mittelbaren Beteiligungen oder nur von mittelbaren Beteiligungen kann eine finanzielle Eingliederung nicht begründet werden. **527**

Die finanzielle Eingliederung wird ausschließlich an der Stimmenmehrheit gemessen. Aufgrund stimmrechtsloser Anteile oder Anteilen mit Mehrfachstimmrecht kann die Kapital- von der Stimmbeteiligung abweichen. Eigene Anteile, die die Organgesellschaft hält, rechnen bei der Berechnung der Mehrheit der Stimmen nicht mit. Die Stimmrechte müssen dem Organträger steuerrechtlich zuzurechnen sein. Maßgebend ist deshalb § 39 AO. Unabhängig vom Vorliegen der Voraussetzungen des **528**

1 BFH v. 26.4.1989, BStBl II 1989, 668.
2 Zur mehrmaligen Umstellung des Wirtschaftsjahres der Organgesellschaft im Jahr der Begründung der Organschaft, BFH v. 13.9.1989, BFH/NV 1990, 326; BMF-Schreiben v. 17.11.1989, 2512; BMF-Schreiben v. 18.5.1990 DB 1990, 1164.

wirtschaftlichen Eigentums gemäß § 39 AO ist indes auch hier entscheidend, ob die wirtschaftlichen Eigentümer die Stimmrechte ausüben können. Daher ist bei treuhänderisch übertragenen Anteilen, sicherungshalber übertragenen Anteilen, gepfändeten Anteilen, Anteilen aus Nießbrauchbestellungen, in Pension gegebenen Anteilen jeweils darauf abzustellen, wem die Stimmrechte zustehen. Der schuldrechtliche Anspruch auf Übertragung von GmbH-Anteilen (ohne Abschluß eines Vertrages auf Stimmrechtsübertragung oder Stimmrechtsbindung) reicht nicht aus, um beim Erwerber eine finanzielle Eingliederung und damit ein Organschaftsverhältnis entstehen zu lassen.[1] Durch Stimmrechtsvollmacht kann die finanzielle Eingliederung nicht begründet werden.[2]

bb) Organisatorische Eingliederung

529 Die organisatorische Eingliederung muß gewährleisten, daß in der Geschäftsführung der Organgesellschaft der Wille des Organträgers tatsächlich durchgeführt wird.

530 Die organisatorische Eingliederung ist stets gegeben, wenn eine Organgesellschaft in der Rechtsform einer AG oder KGaA durch einen Beherrschungsvertrag i. S. d. § 291 Abs. 1 AktG die Leitung ihrer Gesellschaft dem Organträger unterstellt oder eine AG nach den Vorschriften der §§ 319–327 AktG in eine andere AG eingegliedert ist. Dies gilt über § 17 Satz 1 KStG auch dann, wenn sich eine Organgesellschaft in Form einer GmbH durch Abschluß eines Beherrschungsvertrages, der im übrigen den Voraussetzungen des § 291 Abs. 1 AktG entspricht, dem Organträger unterordnet.[3] In allen anderen Fällen muß durch andere rechtliche und organisatorische Maßnahmen sichergestellt werden, daß durch die Geschäftsführung der Organgesellschaft der Wille des Organträgers tatsächlich ausgeführt wird.

531 Dies ist am besten dann gewährleistet, wenn zwischen den Vertretungsorganen des Organträgers und der bzw. den Organgesellschaften Personalunion besteht, wobei Teilidentität der Geschäftsführungen für ausreichend erachtet wird.[4] Insbesondere in mittelständischen Familienunternehmen wird dies häufig schon deswegen gegeben sein, weil die Inhaberfamilie die unternehmerische Führung der Gruppe durch ausschließliche Besetzung der Geschäftsführungspositionen zum Ausdruck bringt. Vorsicht ist allerdings in diesen Fällen geboten, wenn die Personalunion nicht über alle Gesellschaften des Konzernverbundes gleichmäßig verteilt ist, sondern, etwa funktionalen oder regionalen Aufgabenteilungen folgend, nur einzelne Mitglieder der Inhaberfamilie in den Organgesellschaften die Geschäftsführung innehaben, während im Stammhaus (Organträger) alle Inhaber vertreten sind. Eine organisatorische Eingliederung kann dann nur dargestellt werden, wenn auf der Ebene des Organträgers für Geschäftsführerentscheidungen ein Einstimmigkeitsprinzip festgeschrieben ist, da nur dann gewährleistet ist,

1 FG Hamburg v. 6.12.1985, EFG 1986, 415.
2 Witt, § 14 KStG Rz. 16.
3 BMF-Schreiben v. 2.1.1990, DB 1990, 200.
4 Breuninger/Prinz, DB 1995, 2085, 2087, m. w. N.

daß der auf der Ebene des Organträgers gemeinschaftlich gebildete und formulierte Wille von den jeweils einzelnen Familienmitgliedern in den Tochtergesellschaften auch tatsächlich umgesetzt wird.

Kommt eine vollständige Personalunion, etwa in internationalen Groß- **532** konzernen, wegen der Vielzahl der Gruppengesellschaften oder hierarchischen Staffelung der Funktionen nicht in Betracht, so wird in der Literatur als ausreichend angesehen, wenn die Geschäftsleitungspositionen bei den Organgesellschaften durch leitende Angestellte nachgeordneter Hierarchiestufen des Organträgers besetzt werden.[1] Jedenfalls wenn diese unmittelbar den Weisungen des Vertretungsorgans des Organträgers unterstellt sind, wird man noch annehmen können, daß der Wille des Organträgers unmittelbar bei den Organgesellschaften umgesetzt werden kann.

Kommt eine Personalunion, auch mit leitenden Angestellten des Organ- **533** trägers, nicht in Betracht, so kann die organisatorische Eingliederung schließlich auch dadurch hergestellt werden, daß auf andere Weise sichergestellt wird, daß der Wille des Organträgers in den Organgesellschaften umgesetzt wird. Dabei reicht es aus, wenn sich die Konzernspitze auf die Festsetzung der obersten Zielgrößen und die Ausrichtung der Konzernunternehmen auf diese Zielgrößen beschränkt.[2] Problematisch sind solche Fälle, in denen die Ausrichtung der Konzernunternehmen auf einheitliche Zielgrößen bereits auf höherer Ebene (etwa im Ausland) stattfindet. Ansonsten ist eine rechtlich erzwingbare Folgepflicht erforderlich, d. h. vertragliche oder statutarische Bestimmungen, Weisungen des Organträgers zu befolgen. Außerdem muß der Organträger der Organgesellschaft tatsächlich laufend Weisungen erteilen und die Organgesellschaft diese durchführen. Personelle Verflechtungen im Aufsichtsrat reichen allenfalls bei einer GmbH als Organgesellschaft aus, wenn dem Aufsichtsrat Weisungsbefugnisse in Geschäftsführungsangelegenheiten zustehen. Die organisatorische Eingliederung kann auch mittelbar erfolgen (Beherrschungsvertrag zwischen Mutter- und Enkelgesellschaft oder jeweils ein Beherrschungsvertrag zwischen Mutter- und Tochter- sowie zwischen Tochter- und Enkelgesellschaft).

cc) Wirtschaftliche Eingliederung

Die wirtschaftliche Eingliederung bildet neben der finanziellen und or- **534** ganisatorischen Eingliederung eine selbständige Voraussetzung für die Anerkennung eines Organschaftsverhältnisses.[3] Unter wirtschaftlicher Eingliederung ist eine wirtschaftliche Zweckabhängigkeit des beherrschten Unternehmens von dem herrschenden zu verstehen. Deshalb muß das herrschende Unternehmen solche eigenen gewerblichen Zwecke verfolgen, denen sich das beherrschte Unternehmen im Sinne einer Zweckabhängigkeit unterordnen kann.[4] Für die wirtschaftliche Zweckabhängigkeit des beherrschten vom herrschenden Unternehmen genügt es nicht, daß das herrschende Unternehmen ausschließlich Tä-

1 Streck, § 14 KStG Rz. 30; Witt in Dötsch/Ebersberg/Jost/Witt, § 14 KStG Rz. 33.
2 BFH v. 21.1.1976, BStBl II 1976, 389.
3 BFH v. 26.4.1989, BStBl II 1989, 668.
4 Vgl. BFH v. 26.4.1989, BStBl II 1989, 668.

tigkeiten gegenüber dem herrschenden Unternehmen ausübt, weil dann die Muttergesellschaft in ihren wirtschaftlichen Zielsetzungen darauf ausgerichtet ist, die gewerblichen Tätigkeiten der Tochtergesellschaft zu fördern und zu ergänzen statt – wie es die wirtschaftliche Eingliederung verlangt – umgekehrt die Tätigkeit der Tochter diejenige der Mutter. An einer wirtschaftlichen Zweckabhängigkeit fehlt es daher, wenn das herrschende Unternehmen ohne sonstige unternehmerische Betätigung nur Gewerbebetrieb kraft Rechtsform ist, das Unternehmen nur ein beherrschtes Unternehmen leitet, sich darauf beschränkt, Anlagevermögen im Rahmen einer Betriebsaufspaltung zu vermieten bzw. zu verpachten oder als Finanzierungsgesellschaft zu fungieren oder aber der Organträger keiner Tätigkeit mehr nachgeht, die der Organgesellschaft dient bzw. die sie fördert. Kritisch sind auch solche Fälle, wo bei operativer Tätigkeit des Organträgers diese im Vergleich zur Tätigkeit der Tochtergesellschaft von untergeordneter Bedeutung ist.[1]

535 Ob eine wirtschaftliche Eingliederung der Organgesellschaft gegeben ist, ist in der Praxis häufig nur schwierig zu beantworten. Zweifelsfrei sind dabei lediglich die Fälle einer „klassischen" Funktionsverteilung zwischen den einzelnen Konzerngesellschaften, wie etwa Aufteilung zwischen Produktion und Vertrieb oder Verteilung verschiedener Produktlinien auf selbständige Tochtergesellschaften. Darüber hinaus werden in der Literatur folgende weitere Funktionen genannt, die zu einer wirtschaftlichen Eingliederung führen können:

- Verbesserung von Marktchancen und Absatzmöglichkeiten,
- Verwaltung von Vermögen des Organträgers,
- Vermittlung von Krediten oder Versicherungen,
- Stärkung der Nachfragemacht des Organträgers.

Ob und unter welchen Voraussetzungen die genannten Kriterien indes zur Begründung eines Organschaftsverhältnisses ausreichen, läßt sich isoliert betrachtet nicht beantworten. Vielmehr ist die Frage der wirtschaftlichen Eingliederung stets im Zusammenhang mit der organisatorischen Eingliederung zu sehen.

536 Die wirtschaftliche und die organisatorische Eingliederung muß nach dem Gesamtbild der tatsächlichen Verhältnisse bestehen. Diese Eingliederungsvoraussetzungen können also in verschiedenem Umfang oder mit verschiedener Intensität erfüllt sein, es darf jedoch keines der Merkmale ganz fehlen. Für die finanzielle Eingliederung gilt das Gesamtbild der tatsächlichen Verhältnisse nicht. Sie muß immer in dem dargestellten Umfang vorliegen und kann von den beiden anderen Merkmalen nicht beeinflußt werden, hat aber umgekehrt auch keinen Einfluß auf die beiden anderen Merkmale.[2]

1 BFH v. 21.1.1976, BStBl II 1976, 389.
2 Witt, § 14 KStG Rz. 35.

dd) Praxisrelevante Sonderfälle

(1) Holding-Strukturen

Häufige Schwachstelle von Organschaftsstrukturen bildet die Konstruktion, mehrere operative Tochtergesellschaften unter dem gemeinsamen Dach einer sog. „Holding-Gesellschaft" zusammenzufassen, deren alleinige Funktion darin besteht, die Anteile an den operativen Gesellschaftern zu halten und zu verwalten. Da der Organträger indes stets selbst Inhaber eines gewerblichen Unternehmens sein muß, besteht in diesen Fällen die große Gefahr, daß die Finanzverwaltung – u. U. erst nach Jahren der Praktizierung – der Holding-Gesellschaft die Organträgerqualität abspricht und das vermeintliche Organschaftsverhältnis steuerlich nicht anerkennt. Die Praxis verbundener Unternehmen hat versucht, dieser Beurteilung dadurch zu begegnen, daß der Holding-Gesellschaft bestimmte gruppenübergreifende Funktionen zugewiesen werden, die in der Regel mit dem Begriff der „geschäftsleitenden Holding-Gesellschaft" umschrieben werden. **537**

In zwei noch vor der Kodifikation der Regelungen der Organschaft in den §§ 14 ff. KStG ergangenen grundlegenden Entscheidungen hat der BFH[1] anerkannt, daß eine geschäftsleitende Holding-Gesellschaft geeigneter Organträger sein kann. Voraussetzung ist allerdings, daß die Holding-Gesellschaft die folgenden Merkmale erfüllt: **538**

- Erkennbarkeit der Holding-Gesellschaft nach außen,
- Ausübung der einheitlichen Konzernleitung durch nach außen erkennbare Merkmale,
- Beherrschung von mindestens zwei Tochtergesellschaften.

Die Finanzverwaltung hat sich dieser Rechtsprechung in Abschn. 50 Abs. 2 KStR[2] grundsätzlich angeschlossen. Allerdings sind die Einzelheiten, welche Anforderungen erfüllt sein müssen, damit eine Holding-Gesellschaft die Qualität als geschäftsleitend besitzt, jeweils nicht in allgemein gültiger Form, sondern nur anhand einer Analyse des konkreten Falles zu ermitteln. Daher lassen sich die Kriterien für das Vorliegen einer geschäftsleitenden Tätigkeit nur beispielhaft und ohne Anspruch auf Vollständigkeit skizzieren.

Die Erkennbarkeit der Holding-Gesellschaft nach außen läßt sich am sichersten durch eine Eintragung derselben in das Handelsregister erreichen, was im Falle einer GmbH oder AG auch ohne weiteres möglich sein wird. Soll dagegen eine GmbH & Co. KG als Holding-Gesellschaft dienen, so konnte die Registrierung bislang Schwierigkeiten bereiten, da die Tätigkeit als geschäftsleitende Holding-Gesellschaft kein Grundhandelsgewerbe i. S. d. § 1 Abs. 2 HGB darstellte und in der Regel auch keinen in kaufmännischer Weise eingerichteten Geschäftsbetrieb erforderte. Abhilfe hat hier die Reform des Handelsrechts geschaffen, wonach die hergebrachte Unterscheidung zwischen Handelsgeschäften und sonstiger gewerblicher Tätigkeit beseitigt worden ist. **539**

1 BFH, Urt. v. 17.12.1969, BStBl II 1970, 257, 260 f.; BFH, Urt. v. 15.4.1970, BStBl II, 554; seither st. Rspr.

2 Vgl. auch OFD Frankfurt, Vfg. v. 26.10.1994, GmbHR 1995, 159.

540 Schwieriger gestaltet sich die Abgrenzung, welche Tätigkeiten die Konzernleitung umfaßt und auf welche Weise diese nach außen erkennbar gemacht werden muß. Maßgeblich ist auch hier der Einzelfall.

541 In bezug auf das Erfordernis der Beherrschung von mindestens zwei Tochtergesellschaften ist schließlich unklar, ob jede dieser Gesellschaften in den Organkreis einbezogen sein muß. Die Finanzverwaltung hat dies verneint und die Auffassung vertreten, daß der Abschluß eines Ergebnisabführungsvertrages mit nur einer Organgesellschaft ausreicht, wenn nur eine zweite Gesellschaft vorhanden ist. Hieraus wird in der Literatur gefolgert, daß die Organschaftsvoraussetzung erfüllt ist, wenn neben der (einzigen) Organgesellschaft eine (oder mehrere) ausländische Tochtergesellschaften oder in- oder ausländische Personengesellschaften beherrscht werden.[1]

(2) Internationale Spartenkonzerne

542 Schwierigkeiten kann die Sicherstellung der Eingliederungsvoraussetzungen innerhalb großer, international verflochtener Konzerne bereiten, wenn diese nach Sparten organisiert sind. Der gesellschaftsrechtliche Konzernaufbau ist hier in der Regel „klassisch" strukturiert, d. h. unterhalb der Konzernspitze finden sich jeweils Landesholdinggesellschaften, die die Beteiligungen an den operativen Konzerngesellschaften des jeweiligen Landes halten.

Die Konzerninnenstruktur dagegen ist durch die Spartenorganisation geprägt, in der die interne Führungsstruktur unabhängig von den gesellschaftsrechtlichen Gegebenheiten organisiert ist. Wesentliche Leitungsfunktionen werden von den nach der Gesetzessystematik an sich zuständigen Organen (Geschäftsführung, Gesellschafterversammlung) auf eigens dafür eingerichtete Zentralstellen (Management-Gesellschaften, zentrales Finanz- und Rechnungswesen, Stabsabteilungen, Linienführung etc.) verlagert. Die interne Unternehmenshierachie, Weisungsströme und „reporting lines" entsprechen dann nicht mehr dem gesetzlichen Leitbild der gesellschaftsrechtlich gewählten Unternehmensformen und der rechtlichen Konzernstruktur.

543 Bei Unternehmensverbindungen dieser Organisationsform besteht häufig das Risiko, daß die deutsche Finanzverwaltung für die inländischen Gesellschaften eine Verlagerung des Ortes der Geschäftsleitung annimmt. Befinden sich die tatsächlich zuständigen Entscheidungsträger (Spartenführer) im Ausland und wird auch von dort aus das Tagesgeschäft erledigt, so kann nämlich der Ort der Geschäftsleitung im Inland zu verneinen sein. Umgekehrt kann eine Spartenorganisation, innerhalb derer die zentralen Leitungsfunktionen aus dem Inland heraus ausgeübt werden, dazu führen, daß die so geführten ausländischen Tochterunternehmen den Ort ihrer Geschäftsleitung im Inland haben. In beiden Fällen kann dadurch die Implementierung einer Spartenorganisation zu ungewollten Begründungen bzw. Beendigungen der unbeschränkten Steuerpflicht einschließlich der damit verbundenen Steuerfolgen[2] führen.

1 Statt vieler Walter in Arthur Andersen, § 14 KStG Rz. 210 m. w. N.
2 Vgl. §§ 11, 12 KStG; zu Wegzugsfällen i. e. Kalbfleisch in Arthur Andersen, § 1 KStG Rz. 50 ff.

Für inländische Teilkonzerne eines ausländischen Spartenkonzerns wird daher häufig angestrebt, das Risiko einer ungewollten Verlagerung des Ortes der Geschäftsleitung in das Ausland dadurch zu verringern, daß ein Organschaftsverhältnis zwischen der Landesholding als Organträgerin und den deutschen operativen Konzerngesellschaften als Organgesellschaften begründet wird. Die finanzielle Eingliederung wird aufgrund des „klassischen" gesellschaftsrechtlichen Konzernaufbaus regelmäßig gegeben sein.

Die organisatorische Eingliederung kann in der Weise hergestellt werden, daß die (ausländischen) Spartenführer zu Geschäftsführern der Landesholding bestellt werden. Eine separate Vergütung für diese Tätigkeit ist nicht zwingend erforderlich. Parallel sollten zwischen der Landesholding und den Organgesellschaften Beherrschungsverträge abgeschlossen und tatsächlich durchgeführt werden.[1] Als Geschäftsführer der Landesholding kann der jeweilige Spartenführer aufgrund des Beherrschungsvertrages sein Weisungsrecht gegenüber den jeweiligen operativen Konzerngesellschaften ausüben. Das schon bisher aufgrund der Spartenorganisation des Konzerns vom Spartenführer ausgeübte Weisungsrecht wird auf diese Weise unter Einschaltung der Organträgerin wahrgenommen. Diese Gestaltung entspricht somit den gesellschaftsrechtlichen Grundlagen der Weisungen der Spartenführer an die Organgesellschaften, die nur über die vermittelnden Beteiligungsverhältnisse darstellbar sind.[2] **544**

Sofern die des weiteren erforderliche wirtschaftliche Eingliederung der Organgesellschaften in die Landesholding fraglich ist, kann diese im Rahmen der Spartenorganisation ggf. durch entsprechende organisatorische Vorkehrungen hergestellt werden. So kann der Landesholding als Organträgerin – repräsentiert durch die Spartenführer als ihre Geschäftsführer – zentrale Funktionen, z. B. im Bereich Personal und Finanzen, für alle operativen Organgesellschaften übertragen werden. Außerdem können über die Organträgerin die Konzernumlageverträge abgewickelt werden, mit der Folge, daß die Konzerndienstleistungen des gesamten inländischen Teilkonzerns zentral von der Organträgerin und nicht mehr von den einzelnen Organgesellschaften unmittelbar eingekauft werden. Je nach den konkreten Gegebenheiten können auch weitere Zentralfunktionen, wie z. B. Forschung und Entwicklung oder Finanz- und Rechnungswesen, bei dem Organträger angesiedelt werden.[3] **545**

(3) Mehrmütterorganschaft

Schließen sich mehrere gewerbliche (herrschende) Unternehmen zum Zwecke der einheitlichen Willensbildung gegenüber einer (abhängigen) Kapitalgesellschaft zusammen, so wird dies konzernsteuerrechtlich üb- **546**

1 Kleine, JbFSt 1993/1994, 154; Höppner, JbFSt 1993/1994, 164; a. A. Günkel, JbFSt 1993/1994, 161, der den bloßen Abschluß des Beherrschungsvertrages für ausreichend erachtet.
2 Vgl. Raupach, IStR 1993, 194, 198.
3 Günkel, JbFSt 1993/1994, 161; Höppner, JbFSt 1993/1994, 164; Raupach IStR 1993, 194, 198; weitergehend Prinz, FR 1993, 725, unter Bezugnahme auf eine nicht veröffentlichte Verfügung der OFD Frankfurt – S 2770 A 14 –, wonach die Landesholding Kontrollrechte in bezug auf die Weisungen der Spartenführer haben müsse; vgl. auch Pach-Hanssenheimb, IStR 1993, 1.

licherweise als „Mehrmütterorganschaft" bezeichnet.[1] Das praktische Bedürfnis für derartige Zusammenschlüsse tritt in der Regel im Rahmen von nationalen oder internationalen Kooperationen – Gemeinschaftsunternehmen, Joint Ventures, Konsortien etc. – zwischen sonst nicht miteinander verbundenen Unternehmen auf, etwa zur Umsetzung von Großprojekten im Anlagen-, Flugzeug- oder Kraftwerksbau, Durchführung gemeinsamer Forschungs- und Entwicklungsarbeiten, Bildung von Einkaufs- oder Verkaufsmacht oder zur Führung und Steuerung gemeinschaftlicher Tochterunternehmen in neuen Märkten.

Grundlage derartiger Zusammenschlüsse ist regelmäßig ein Vertragswerk, in dem vereinbart wird, daß und in welcher Weise die Kooperationspartner die gemeinschaftliche Leitung des Joint Venture-Unternehmens übernehmen, wie die einheitliche Willensbildung erfolgen soll und welche einzelnen Rechte und Pflichten in bezug auf das Gemeinschaftsunternehmen jedem Partner zukommen. Dagegen besteht die (gesellschaftsrechtliche) Beteiligung an dem Gemeinschaftsunternehmen jeweils isoliert mit dem einzelnen Kooperationspartner. Zivilrechtlich handelt es sich bei der Zusammenschlußvereinbarung in der Regel um einen GbR-Vertrag im Sinne der §§ 705 ff. BGB, da die Partner sich zu einem gemeinsamen Zweck – Durchführung des Kooperationsvorhabens – zusammenschließen. Da die Beteiligung an dem Joint Venture-Unternehmen von den Partnern selbst gehalten wird, mithin Gesamthandsvermögen nicht gebildet wird, handelt es sich um die atypische Form der reinen Innengesellschaft.

Aus steuerlicher Sicht kann eine solche Kooperation so ausgestaltet werden, daß ein Organschaftsverhältnis mit mehreren Beteiligten – nämlich dem Gemeinschaftsunternehmen als Organgesellschaft und den Joint Venture-Partnern bzw. der GbR als Organträger – entsteht. Dabei sind die Voraussetzungen für eine solche Mehrmütterorganschaft im Grundsatz dieselben wie bei einer zweiseitigen Organschaft. Die Organgesellschaft muß in den Organträger finanziell, wirtschaftlich und organisatorisch eingegliedert sein, und es muß – im Falle körperschaftsteuerlicher Organschaft – zwischen diesen ein Ergebnisabführungsvertrag abgeschlossen werden. Die Besonderheiten der vorstehend skizzierten Konstellation werfen allerdings im einzelnen Fragen hinsichtlich der Erfüllung dieser Voraussetzungen auf.

547 Organträger kann nur sein, wer ein gewerbliches Unternehmen betreibt (s. Rz. 525), was bei der GbR mangels eigener geschäftlicher Betätigung nicht gegeben ist. Dennoch ist nach nunmehr allgemeiner Auffassung[2] gewohnheitsrechtlich anerkannt, daß diese Voraussetzung erfüllt ist, wenn alle an der GbR beteiligten Gesellschafter ein gewerbliches Unternehmen betreiben. Im Schrifttum umstritten ist in diesem Zusammenhang die Frage, welcher der Beteiligten einer Mehrmütterorganschaft als Organträger anzusehen ist – die GbR selbst oder deren Gesell-

1 Vgl. die Def. in Abschn. 52 Abs. 6 Satz 1 KStR.
2 Statt aller BFH, Urt. v. 14.4.1993, BStBl II 1994, 124, 126; Abschn. 52 Abs. 6 Nr. 2 KStR; Walter in Arthur Andersen, § 14 KStG Rz. 245 ff.

schafter.[1] Dieser dogmatische Streit kann indes in praxi dahinstehen, da über die steuerlichen Wirkungen der Mehrmütterorganschaft weitgehend Einigkeit herrscht (s. Rz. 552).

Auch die finanzielle Eingliederung der Organgesellschaft besteht nicht zur GbR, die mangels Gesamthandsvermögen zivilrechtlich nicht Gesellschafterin ist, sondern zu der Gesamtheit der „Mehrmütter". Sie ist erfüllt, wenn die an der Kooperation beteiligten Partner zusammen die Mehrheit der Stimmrechte an dem Joint Venture-Unternehmen auf sich vereinigen. Darüber hinaus hat der BFH[2] in Übereinstimmung mit der überwiegenden Auffassung in Schrifttum und Finanzverwaltung[3] nunmehr klargestellt, daß auch eine nur mittelbare Beteiligung an der Untergesellschaft ausreicht, selbst wenn diese niedriger ist als 50 %. Für die Annahme einer finanziellen Eingliederung ist somit ausreichend, wenn alle mittelbaren und unmittelbaren Beteiligungen aller Kooperationspartner an dem Gemeinschaftsunternehmen zusammengenommen eine mehrheitliche Beteiligung ergeben. 548

Die wirtschaftliche Eingliederung ist gegeben, wenn die Tätigkeit der Organgesellschaft die gewerblichen Unternehmen aller GbR-Gesellschafter fördert oder ergänzt. Dies ist die Konsequenz aus dem Umstand, daß die GbR selbst ein gewerbliches Unternehmen, das gefördert oder ergänzt werden könnte, nicht betreibt. 549

Wie die organisatorische Eingliederung bei der Mehrmütterorganschaft dargestellt werden muß, ist in der Literatur umstritten. Die herrschende Auffassung[4] geht davon aus, daß die organisatorische Eingliederung gegenüber der GbR selbst bestehen muß, da eine Organgesellschaft nur in einen einzigen Rechtsträger organisatorisch eingegliedert sein kann. Die Gegenmeinung[5] nimmt an, daß schon die im Rahmen der GbR vereinbarte Stimmenbindung die organisatorische Eingliederung sicherstellt. Begründet wird dies damit, daß anderenfalls wegen der fehlenden wirtschaftlichen Betätigung und eigenen Personals der GbR die Eingliederung zur GbR auf andere Weise als durch den Abschluß eines Beherrschungsvertrages, z. B. im Wege der Personalunion, nicht hergestellt werden könnte. Dies ist m. E. nicht zutreffend, da die GbR durch ihre Gesellschaftsorgane – alle bzw. die im Gesellschaftsvertrag bezeichneten Gesellschafter – vertreten wird, die ihrerseits durch ihre Organe (Vorstand, Geschäftsführer) handeln, so daß es eigenen Personals auf der Ebene der GbR nicht bedarf, um Personalunion zwischen den Vertretungsorganen der GbR und der Organgesellschaft herzustellen. Es empfiehlt sich indes in diesen Fällen aus Gründen der Praktikabilität, die Vertretung der GbR gesellschaftsvertraglich so zu gestalten, daß eine noch überschaubare Anzahl von Personen zur Vertretung ermächtigt ist. Anderenfalls besteht bei Personalunion mit den gesetzlichen Vertretern 550

1 Nachweise bei Walter in Arthur Andersen, § 14 KStG Rz. 245 ff.
2 BFH, Urt. v. 14.4.1993, BStBl II 1994, 124, 126.
3 Abschn. 52 Abs. 6 Nr. 1 KStR.
4 Witt in Dötsch/Ebersberg/Jost/Witt, § 14 KStG Rz. 38c; Frotscher in Frotscher/Maas, § 14 KStG Rz. 44; Schwarz in Mössner/Seeger, § 14 KStG Rz. 73.
5 Streck, § 14 KStG Rz. 55; Walter in Arthur Andersen, § 14 KStG Rz. 522 f.

der Untergesellschaft die Gefahr, daß die Handlungs- und Entscheidungsfähigkeit bei dieser Gesellschaft aufgrund der Größe des Vertretungsorgans beeinträchtigt würde.

551 Ebenfalls noch nicht abschließend geklärt ist, wer Vertragspartner der Organgesellschaft bei dem Abschluß des Ergebnisabführungsvertrages sein sollte bzw. muß. Das überwiegende steuerrechtliche Schrifttum und die Finanzverwaltung[1] gehen davon aus, daß die Wirkungen der Organschaft für körperschaftsteuerliche Zwecke nur eintreten können, wenn der Vertrag mit der GbR abgeschlossen wird.

Diese Auffassung läßt allerdings m. E. unzutreffenderweise außer Betracht, daß gemäß § 291 Abs. 1 Satz 1 AktG der die Gewinnabführung empfangende Vertragspartner eines Ergebnisabführungsvertrages Unternehmer sein muß.[2] Dies gilt auch im GmbH-Konzern, so daß die „Mehrmütter-GbR", bei der diese Voraussetzung nicht gegeben ist, zivilrechtlich kein tauglicher Vertragspartner eines Ergebnisabführungsvertrages sein kann. Hieran ändert auch nichts, daß für steuerliche Zwecke auf dieses Erfordernis verzichtet wird, wenn die GbR-Gesellschafter Unternehmen betreiben, da dies den zivilrechtlichen Mangel nicht heilen kann. Andererseits kommt ein unmittelbarer Abschluß mit allen „Mehrmüttern" gleichfalls nicht in Betracht, da ein solcher Vertrag aktienrechtlich als die Vereinbarung mehrerer Teilgewinnabführungsverträge i. S. d. § 292 Abs. 1 AktG und nicht mehr als Ergebnisabführungsvertrag im Sinne von § 291 Abs. 1 Satz 1 AktG anzusehen wäre. Dementsprechend wird zum Teil[3] empfohlen, den Vertrag mit allen Beteiligten, also der GbR und allen GbR-Gesellschaftern, abzuschließen.

M. E. bleibt als einzig sicherer Weg, sowohl die steuerrechtlichen als auch die aktienrechtlichen Vorgaben zu erfüllen, nur, die GbR über ihren eigentlichen Zweck hinaus so auszugestalten, daß sie selbst neben ihren Gesellschaftern als Unternehmen im aktienrechtlichen Sinn anzusehen ist. Kommt dies nicht in Betracht, so sollte der Wortlaut des abzuschließenden Vertrages zumindest im vorhinein sowohl mit dem zuständigen Registergericht als auch mit der Finanzverwaltung abgestimmt werden.

552 Sind die Voraussetzungen für eine Mehrmütterorganschaft erfüllt, so ergeben sich hinsichtlich der steuerlichen Folgen keine Besonderheiten gegenüber einer Organschaft, deren Organträger eine gewerblich tätige Personengesellschaft ist. Hieran zeigt sich, daß der dogmatischen Streitfrage im Ergebnis keine Bedeutung zukommt, da sich nahezu alle Meinungen hinsichtlich der steuerlichen Wirkungen der Mehrmütterorganschaft einig sind.

Für Körperschaftsteuerzwecke wird das Ergebnis der Organgesellschaft auf der Ebene der GbR einheitlich und gesondert festgestellt und den Gesellschaftern unmittelbar zugerechnet. Damit ist es den Koopera-

1 Abschn. 52 Abs. 6 Satz 2 a. E.; Witt in Dötsch/Ebersberg/Jost/Witt, § 14 KStG Rz. 38d; Streck, § 14 KStG Rz. 55.
2 Zum aktienrechtlichen Unternehmensbegriff s. Rz. 314.
3 Hüffer, § 291 AktG Rz. 16; Walter in Arthur Andersen, § 14 KStG Rz. 583.

tionspartnern möglich, Verluste, die durch die Organgesellschaft erzielt werden, im Rahmen ihrer eigenen geschäftlichen Betätigung steuermindernd anzusetzen.

Für gewerbesteuerliche Zwecke dagegen ist die GbR selbst – durch die gewerbliche Tätigkeit ihrer Gesellschafter gewerblich geprägtes – Steuersubjekt, dem das gewerbesteuerliche Ergebnis der Organgesellschaft zugerechnet wird. Etwa erwirtschaftete Verluste der Organgesellschaft können damit gewerbesteuerlich nicht von den Joint Venture-Partnern selbst genutzt, sondern lediglich auf der Ebene der GbR vorgetragen und mit künftigen Gewinnen verrechnet werden.

Umsatzsteuerlich schließlich wird im Regelfall ein Organschaftsverhältnis überhaupt nicht entstehen, da die GbR kein Unternehmer im umsatzsteuerlichen Sinne ist. Etwas anderes gilt nur dann, wenn die GbR ausnahmsweise – etwa um die Eigenschaft eines aktienrechtlichen Unternehmens zu erlangen – selbst eine unternehmerische Betätigung entfaltet.

d) *Ergebnisabführungsvertrag*

Neben den Eingliederungsvoraussetzungen setzt ein körperschaftsteuerlich anzuerkennendes Organschaftsverhältnis i. S. d. §§ 14–19 KStG einen zivilrechtlich wirksamen Ergebnisabführungsvertrag voraus. Nur dann kann dem Organträger das Einkommen der Organgesellschaft zugerechnet werden. Der isolierte Abschluß eines Beherrschungsvertrages führt nicht zur Einkommenszurechnung; die Verlustübernahme ist als Gesellschaftereinlage zu qualifizieren und auf dem Beteiligungskonto zu aktivieren, wenn die berechtigte Gesellschaft den Verlust der abhängigen Gesellschaft übernimmt (vgl. aber Rz. 572). Andererseits wird allein aufgrund eines Ergebnisabführungsvertrages dem berechtigten Unternehmen das Einkommen der verpflichteten Gesellschaft mit steuerlicher Wirkung nicht zugerechnet, solange nicht die sonstigen Organschaftsvoraussetzungen erfüllt sind. **553**

Ist der Organträger eine Aktiengesellschaft oder KGaA, so verlangt § 14 Satz 1 KStG den Abschluß eines Ergebnisabführungsvertrages i. S. d. § 291 Abs. 1 AktG, d. h. der Vertrag muß auch allen anderen im Aktiengesetz normierten Voraussetzungen entsprechen (Eintragung im Handelsregister, § 293 AktG; Begrenzung der Gewinnabführung gem. § 301 AktG; Verlustübernahme gem. § 302 AktG). Ein Ergebnisabführungsvertrag mit einer Organgesellschaft in der Rechtsform einer GmbH muß die vom BGH in dem „Supermarkt-Beschluß" vom 24.10.1988[1] aufgestellten Wirksamkeitsvoraussetzungen erfüllen, § 17 Satz 1 KStG. Danach sind für die zivilrechtliche Wirksamkeit die Zustimmung der Gesellschafterversammlung der herrschenden Gesellschaft mit einer Mehrheit von ¾ der abgegebenen Stimmen, die Zustimmung aller Gesellschafter der beherrschten Gesellschaft, die notarielle Beurkundung des Zustimmungsbeschlusses der Gesellschafterversammlung der beherrschten Gesellschaft und die Eintragung des Zustimmungsbeschlus- **554**

1 BGHZ 105, 324 ff.

ses der beherrschten Gesellschaft unter Angabe des Datums, des Abschlusses und der Art des Unternehmensvertrages, des Namens des anderen Vertragsteils und des Datums des Vertragsabschlusses im Handelsregister erforderlich.

555 Weitere Voraussetzung ist, daß eine Gewinnabführung den in § 301 des AktG genannten Betrag nicht überschreitet und eine Verlustübernahme entsprechend den Vorschriften des § 302 des AktG vereinbart wird, § 17 Satz 2 KStG. Der Vertrag muß daher ausdrücklich eine dem § 302 AktG entsprechende Vereinbarung über die Verlustübernahme enthalten.[1] Es genügt, daß entweder in dem Vertragstext auf § 302 AktG verwiesen oder der Vertragstext entsprechend dem Inhalt dieser Vorschrift gestaltet wird. Die Verlustübernahmevereinbarung ist aber unzureichend, wenn der Vertrag nur § 302 Abs. 1 AktG verweisungsmäßig oder inhaltlich berücksichtigt. Sie muß sich unbedingt auch auf § 302 Abs. 3 AktG erstrecken. Dagegen hat die Finanzverwaltung zunächst auf mögliche Konsequenzen verzichtet, wenn der Vertrag den Wortlaut des § 302 AktG verwendet, dieser jedoch nicht an die geänderte Terminologie durch das Bilanzrichtlinien-Gesetz angepaßt worden ist. Insoweit sollte aber der Vertrag möglichst bald hinsichtlich des § 302 AktG an die Änderungen durch das Bilanzrichtlinien-Gesetz angepaßt werden, zumal die Finanzverwaltung ausdrücklich eine Anpassung bei nächster Gelegenheit erwartet.[2]

556 Da § 14 Nr. 4 und § 17 KStG eine wirksam begründete Gewinnabführungsverpflichtung der Organgesellschaft verlangen, reicht es nicht aus, wenn der Vertrag fehlerhaft oder nichtig ist, aber zivilrechtlich nach den Regeln über die fehlerhafte Gesellschaft als wirksam behandelt wird (vgl. Rz. 507). Ein wegen eines Formmangels nichtiger oder schwebend unwirksamer Ergebnisabführungsvertrag schließt daher die Anwendung der §§ 14 – 19 KStG aus. Für sogenannte Alt-Verträge, die nicht die vom BGH aufgestellten zivilrechtlichen Wirksamkeitserfordernisse erfüllen, hat die Finanzverwaltung jedoch großzügige Übergangsregelungen erlassen.[3]

557 Danach werden für Wirtschaftsjahre der Organgesellschaft, die bis zum 31.12.1992 enden, bestehende oder neu abgeschlossene Ergebnisabführungsverträge steuerrechtlich nicht beanstandet, wenn sie zwar nicht die nach dem BGH-Beschluß erforderlichen zivilrechtlichen Wirksamkeitsvoraussetzungen erfüllen, im übrigen aber entsprechend § 17 KStG abgeschlossen und durchgeführt worden sind. Wird der Ergebnisabführungsvertrag bis zum Ablauf dieser Übergangsfrist nicht an die nach dem BGH-Beschluß erforderlichen Wirksamkeitsvoraussetzungen angepaßt oder wird er im Hinblick auf diese strengeren Voraussetzungen durch Kündigung oder im gegenseitigen Einvernehmen zum Schluß des letzten im Jahr 1992 endenden Wirtschaftsjahres der Organgesellschaft beendet, so bleibt der Ergebnisabführungsvertrag für die bis dahin abgelaufenen Jahre steuerrechtlich wirksam, auch wenn er in diesem Zeit-

1 BFH v. 17.12.1980, BStBl II 1981, 383.
2 BMF-Schreiben v. 3.6.1987, DB 1987, 1327; BMF-Schreiben v. 11.7.1988, DB 1988, 16.
3 BMF-Schreiben v. 31.10.1989, DB 1989, 2249; vgl. hierzu auch BFH v. 30.7.1997, DStR 1997, 2020.

punkt noch nicht fünf aufeinanderfolgende Jahre durchgeführt worden ist. Ein Ergebnisabführungsvertrag, der an die vom BGH genannten Formerfordernisse angepaßt wird, muß für seine steuerrechtliche Anerkennung nicht erneut auf 5 Jahre abgeschlossen werden. Es reicht vielmehr aus, wenn der bisher im Wege der Übergangsregelung anerkannte Ergebnisabführungsvertrag und der neu abgeschlossene Vertrag zusammen die Mindestlaufzeit von 5 Jahren erfüllen.

Der Ergebnisabführungsvertrag muß nach § 14 Nr. 4 Satz 1 KStG bis zum **558** Ende des Wirtschaftsjahres der Organgesellschaft, für das er erstmals gelten soll, abgeschlossen und bis zum Ablauf des folgenden Wirtschaftsjahres wirksam werden. Die Verlängerung der Frist durch das Steueränderungsgesetz 1992 wurde erforderlich, weil der BGH die Formerfordernisse an einen Ergebnisabführungsvertrag verschärft hat und weil die Unternehmen diese Formvoraussetzungen häufig nicht in der bisher im Gesetz genannten Frist, nämlich bis zum Ende des Wirtschaftsjahres der erstmaligen Geltung, erfüllten konnten.[1] Während das Gesellschaftsrecht für einen Ergebnisabführungsvertrag keine bestimmte Zeitdauer voraussetzt, muß der Vertrag steuerlich gem. § 14 Nr. 4 Satz 1 KStG auf mindestens 5 Jahre abgeschlossen und während dieser Zeit durchgeführt werden. Dabei muß der Vertrag auf 5 Zeitjahre, d. h. einen Zeitraum von 5 Jahren, abgeschlossen werden.[2] Wurde ein Ergebnisabführungsvertrag auf 5 Jahre abgeschlossen und durchgeführt und wird er anschließend verlängert, braucht der Anschlußvertrag nicht erneut auf 5 Jahre abgeschlossen zu werden.

Wurde der Ergebnisabführungsvertrag jedoch einmal mit steuerlicher **559** Wirkung unterbrochen, beginnt die 5-Jahres-Frist erneut zu laufen. Wird der Ergebnisabführungsvertrag vor Ablauf der Mindestvertragsdauer beendet, so entfällt die Anerkennung rückwirkend, es sei denn, daß ein wichtiger Grund die Kündigung rechtfertigt, vgl. § 14 Abs. 4 Satz 2 KStG. Als solche wichtigen Gründe bezeichnet Abschn. 55 Abs. 6 Satz 2 KStR u. a. die Veräußerung, die Einbringung der Organbeteiligung in ein anderes Unternehmen, ferner die Umwandlung, Verschmelzung oder Liquidation des Organträgers oder der Organgesellschaft, ohne zwischen Fällen der automatischen Beendigung des Ergebnisabführungsvertrages und solchen, die bei Fortbestand des Vertrages allenfalls u. U. eine Kündigung aus wichtigem Grunde rechtfertigen, zu unterscheiden. Diese undifferenzierte Betrachtungsweise ist jedoch vor dem Hintergrund der gesellschaftsrechtlichen Ausgangslage zu relativieren, so daß in den Fällen des automatischen Wegfalls des Ergebnisabführungsvertrages (vgl. Rz. 471 ff.) eine Kündigung allenfalls deklaratorischen Charakter haben kann. Steht bereits im Zeitpunkt des Vertragsabschlusses fest, daß der Ergebnisabführungsvertrag vor Ablauf der Mindestvertragsdauer beendet sein wird, so wird ein wichtiger Grund nicht anerkannt (Abschn. 55 Abs. 6 Satz 3 KStR). Unabhängig von zivilrechtlichen Auswirkungen wirkt die Kündigung oder Aufhebung des Ergebnisabführungsvertrages auf den Beginn des Wirtschaftsjahres der Organgesellschaft zurück, in dem die Kündigung oder Aufhebung beschlossen

1 Beschl. v. 24.10.1988, DB 1988, 2623.
2 Witt, § 14 KStG Rz. 53.

wird, § 14 Nr. 4 Satz 4. Die Neuregelung durch das Steueränderungsgesetz 1992 dient angesichts der zivilrechtlich noch nicht abschließend geklärten Rechtslage der Rechtssicherheit auf steuerlichem Gebiet; sie entspricht der bisherigen Verwaltungspraxis.

560 Der Ergebnisabführungsvertrag muß tatsächlich durchgeführt werden. Vertragsinhalt und Vertragsvollzug müssen sich decken. Gem. §§ 14 Satz 1 und 17 Satz 2 Nr. 1 KStG muß der ganze Gewinn, d. h. der handelsrechtlich zulässige Höchstbetrag (vgl. Rz. 434 ff.), abgeführt werden. Gewinnabhängige Vergütungen Dritter, die handels- und steuerrechtlich als Aufwand bzw. Betriebsausgaben qualifizieren, sind unschädlich. Die Gewinnabführung macht keine tatsächlichen Geldbewegungen erforderlich. Der Ausweis der Gewinnabführungen als Forderungen und Schuld genügt. Zur Durchführung gehört aber auch die Begleichung der Verbindlichkeiten in angemessener Zeit. Der Verlustausgleich ist in bar zu leisten. Allerdings fehlt die tatsächliche Durchführung, wenn ein Vertragspartner auf Erfüllung seiner Forderung verzichtet.

561 Während der Dauer des Ergebnisabführungsvertrages in andere Gewinnrücklagen eingestellte Beträge dürfen diesen Rücklagen entnommen und abgeführt werden. Dies gilt nicht für während der Vertragszeit gebildete Kapitalrücklagen. Entnahmen aus Kapitalrücklagen sind in der Gewinn- und Verlustrechnung nach dem Jahresüberschuß anzuführen. Ihre Auflösung führt daher nicht zur Erhöhung des Jahresüberschusses und insofern auch nicht zur Erhöhung des abführbaren Betrages.

562 Vorvertragliche Kapital- und Gewinnrücklagen und ein vorvertraglicher Gewinnvortrag dürfen nicht abgeführt werden. Anderes gilt für Sonderposten mit Rücklageanteil. Diese können nachvertraglich aufgelöst und abgeführt werden. Stille Reserven, die zulässigerweise gebildet wurden, können nachvertraglich aufgelöst werden und müssen dann abgeführt werden. Soweit sie nicht zulässig gebildet worden sind und im Rahmen einer Betriebsprüfung aufgedeckt werden, gehen sie in den nichtabführbaren vorvertraglichen Gewinnvortrag ein. Die Verpflichtung zur Verlustübernahme darf nicht durch Verrechnung mit vorvertraglichen Gewinnvorträgen oder vorvertraglichen Rücklagen gemindert werden. Abführungspflichtig sind auch Gewinne aus Teil-Betriebsveräußerungen (Abschn. 57 Abs. 7 KStR), nicht jedoch Gewinne oder Verluste aus der Liquidation der Organgesellschaft (Abschn. 56 Abs. 1 und 2 KStR). Einer Durchführung des Ergebnisabführungsvertrages steht es nicht entgegen, wenn der an den Organträger abzuführende Gewinn durch einen beim Inkrafttreten des Ergebnisabführungsvertrages vorhandenen Verlustvortrag gemindert wird. Gewinnrücklagen gem. § 272 Abs. 3 HGB darf die Organgesellschaft gem. § 14 Nr. 2 KStG nur insoweit bilden, wie dies bei vernünftiger kaufmännischer Beurteilung wirtschaftlich begründet ist. Nach Abschn. 55 Abs. 5 Buchst. d Satz 3 KStR muß ein konkreter Anlaß gegeben sein, der aus objektiver unternehmerischer Sicht die Bildung der Rücklage rechtfertigt, wie z. B. eine geplante Betriebsverlegung, Werkserneuerung, Kapazitätsausweitung etc.[1] Rück-

1 Vgl. auch BFH v. 29.10.1980, BStBl II 1981, 336.

lagen für eigene Anteile gem. § 272 Abs. 4 HGB dürfen gebildet werden, soweit dafür nicht während der Dauer des Ergebnisabführungsvertrages gebildete freie verfügbare Gewinnrücklagen verwendet werden können.

e) Steuerliche Folgen der Organschaft

Als Folge der körperschaftsteuerlichen Organschaft ist das Einkommen der Organgesellschaft dem Organträger zuzurechnen. Die Organgesellschaft bleibt trotz Ergebnisabführungsvertrag subjektiv steuerpflichtig. Die allgemeinen abgaberechtlichen Verpflichtungen bleiben bestehen, so auch die Pflicht zur Buchführung und Bilanzierung. Das Einkommen der Organgesellschaft ist nach Maßgabe der Vorschriften des Körperschaftsteuergesetzes selbständig und getrennt vom Einkommen des Organträgers zu ermitteln. **563**

Die getrennt ermittelten Einkommen von Organgesellschaft und Organträger sind zusammenzurechnen. Die Summe aus beiden Einkommen ist der Veranlagung des Organträgers zugrundezulegen, so daß das Einkommen der Organgesellschaft bei dem Organträger der Steuerart und dem Tarif unterworfen wird, der für den Organträger selbst maßgebend ist. Ist der Organträger eine natürliche Person oder eine Personengesellschaft aus natürlichen Personen, so unterliegt das Einkommen der Organgesellschaft also nicht der Körperschaftsteuer, sondern der Einkommensteuer. Während handelsbilanziell der Jahresüberschuß bzw. -fehlbetrag als Ergebnis abgeführt wird, wird steuerlich das Einkommen des Organs beim Organträger erfaßt. Soweit der an den Organträger abzuführende Gewinn von dem zuzurechnenden Einkommen abweicht (Mehr- bzw. Minderabführungen), ist dem zwecks Vermeidung von Doppelerfassungen durch die Bildung von Ausgleichsposten Rechnung zu tragen. Soweit der an den Organträger abzuführende Gewinn das ihm zuzurechnende Einkommen der Organgesellschaft übersteigt, hat der Organträger in seiner Steuerbilanz entsprechend seiner Beteiligung am Nennkapital der Organgesellschaft einen passiven Ausgleichsposten anzusetzen.[1] In Höhe von Minderabführungen ist in der Steuerbilanz des Organträgers einkommensneutral ein aktiver Ausgleichsposten zu bilden (Abschn. 59 Abs. 1 KStR), der verhindert, daß bei einer Veräußerung der Beteiligung die bereits nach § 14 KStG zugerechnete und versteuerte, aber nicht abgeführte Vermögensmehrung, nochmals als Teil des Veräußerungsgewinns versteuert wird. Die Bildung besonderer Ausgleichsposten beim Organträger unterbleibt insoweit, als der Unterschied zwischen dem abgeführten Gewinn und dem Steuerbilanzgewinn der Organgesellschaft eine Folgewirkung von Geschäftsvorfällen aus vorvertraglicher Zeit ist. **564**

Während der Wirksamkeit eines Ergebnisabführungsvertrages kann bei der Organgesellschaft wegen der Verlustübernahmeverpflichtung des Organträgers ein steuerlicher Verlust nicht entstehen. Vorvertragliche Verluste der Organgesellschaft können das dem Organträger zuzurech- **565**

1 Abschn. 59 Abs. 2 KStR; BMF-Schreiben v. 10.1.1981, BStBl I 1981, 44.

nende Einkommen nicht mindern und wirken sich folglich bei dem Organträger steuerlich nicht aus, § 15 Nr. 1 KStG.

566 Übernimmt der Organträger die Verpflichtung, einen vorvertraglichen Verlust der Organgesellschaft auszugleichen, so stellt der Verlustausgleich steuerrechtlich eine Einlage des Organträgers in die Organgesellschaft dar, die beim Organträger als nachträgliche Anschaffungskosten für die Anteile an der Organgesellschaft auf dem Beteiligungskonto zu aktivieren ist (Abschn. 61 KStR). Vorvertragliche Verluste können erst durch nachvertragliche Gewinne ausgenutzt werden.

567 Zwecks Vermeidung einer Doppelerfassung bzw. Nichterfassung bleibt bei der Ermittlung des eigenen Einkommens des Organträgers der an ihn abgeführte Gewinn des Organs inklusive vorweggenommener Gewinnabführungen (u. a. verdeckte Gewinnausschüttungen) außer Ansatz. Dies wird dadurch erreicht, daß ein entsprechender Betrag bei der Einkommensermittlung des Organträgers abgezogen wird, so daß der Gewinn des Organträgers von Gewinnabführung und Verlustübernahme unberührt bleibt. Während eine Verlustübernahme außerhalb der Organschaft, die steuerlich als Einlage der Mutter- in die Tochtergesellschaft zu werten und als nachträgliche Anschaffungskosten für die Beteiligung zu erfassen ist, u. U. Vorstufe einer Teilwertabschreibung sein kann, führt eine organschaftlich bedingte Verlustübernahme nicht zu einer Einlage des Organträgers in die Organgesellschaft und folglich nicht zu einer steuerlich anzuerkennenden Teilwertabschreibung auf die Organbeteiligung.[1]

f) Ausgleichszahlungen

568 Ausgleichszahlungen in Form einer festen oder variablen Dividende[2] mindern gem. § 4 Abs. 5 Nr. 9 EStG weder den Gewinn der Organgesellschaft noch den Gewinn des Organträgers. Sie sind nach § 16 KStG von der Organgesellschaft zuzüglich der darauf entfallenden Ausschüttungsbelastung als eigenes Einkommen zu versteuern, und zwar unabhängig davon, ob die Organgesellschaft die Zahlung direkt an die außenstehenden Anteilseigner leistet oder ob die Zahlung vom Organträger vorgenommen wird. Schließt der Organträger mit Verlust ab, so erhöhen die von ihm geleisteten Ausgleichszahlungen diesen Verlust.

569 Die Organgesellschaft hat jedoch in diesem Fall die Ausgleichszahlungen zuzüglich der darauf entfallenden Ausschüttungsbelastungen als eigenes Einkommen zu versteuern. Schließt das Organ mit Verlust ab, so vergrößert er sich um die Ausgleichszahlungen. Der Organträger hat einen entsprechend höheren Verlust auszugleichen. Verdeckte Gewinnausschüttungen an einen außenstehenden Anteilseigner sind dem eigenen Einkommen der Organgesellschaft hinzuzurechnen. Sie gelten als verdeckte Ausgleichszahlungen. Der Verzicht auf Ausgleichszahlungen kann u. U. eine verdeckte Gewinnausschüttung des außenstehenden Gesellschafters an den Organträger sein; die Zahlung von Ausgleichs-

1 Absch. 60 Abs. 1 KStR; eingehend Dötsch/Buyer, DB 1991, 10, 12 ff.
2 Vgl. zur Zulässigkeit der letzteren BMF-Schreiben v. 16.4.1991, DB 1991, 1049.

zahlungen, obwohl auf deren Vereinbarung kein Anspruch besteht, kann zu verdeckten Einlagen führen.

g) Verunglückte Ergebnisabführung

Stellt sich nach der Durchführung des Gewinnabführungsvertrages nachträglich heraus, daß die Voraussetzungen der körperschaftsteuerlichen Organschaft nicht erfüllt sind und somit die Rechtsfolgen des § 14 KStG nicht eintreten können, so ist im nachhinein diejenige Behandlung herzustellen, die ohne den Gewinnabführungsvertrag vorgelegen hätte. Die verpflichtete Gesellschaft hatte ihr bislang dem Mutterunternehmen nach § 14 KStG zugerechneten Einkommen selbst zu versteuern. Die bereits auf der Grundlage des § 14 KStG durchgeführten Einkommensteuer- bzw. Körperschaftsteuerveranlagungen sind zu ändern. Bei der verpflichteten Gesellschaft ist für die abgeführten Gewinne die Ausschüttungsbelastung herzustellen. Auf der anderen Seite erhält das Mutterunternehmen, an das der Gewinn abgeführt worden ist, die Körperschaftsteueranrechnung. Dies gilt entsprechend bei vorzeitiger Beendigung und Nichtdurchführung des Gewinnabführungsvertrages. **570**

Eine gleichwohl durchgeführte Gewinnabführung ist als verdeckte Gewinnausschüttung zu beurteilen, da sie nicht auf einem den gesellschaftsrechtlichen Vorschriften entsprechenden Gewinnverteilungsbeschluß beruht (§ 29 Abs. 1 KStG), die sich in Höhe der vorgenommenen Gewinnabführung bemißt. Hat der Organträger einen Verlust übernommen, ist dies als Gesellschaftereinlage zu behandeln. **571**

Die Organgesellschaft kann von ihrem um die Verlustübernahme erhöhten Ergebnis die erhaltene Einlage wieder kürzen. Noch nicht abschließend geklärt ist die Frage, ob beim Organträger die Einlage beteiligungserhöhend zu aktivieren ist.[1] **572**

3. Gewerbesteuerliche Organschaft

Die gewerbesteuerliche Organschaft ist in § 2 Abs. 2 Satz 2 GewStG geregelt. Danach gilt eine Kapitalgesellschaft, die in ein anderes inländisches gewerbliches Unternehmen in der Weise eingegliedert ist, daß die Voraussetzungen des § 14 Nr. 1 und 2 KStG erfüllt sind, als Betriebstätte des anderen Unternehmens. Die Gewerbesteuerpflicht der Organgesellschaft kraft ihrer Rechtsform als Kapitalgesellschaft wird zum Teil negiert. Gewerbeertrag und Gewerbekapital der Organgesellschaft gehören zum Gewerbeertrag und Gewerbekapital des Organträgers. **573**

1 Vgl. FG Düsseldorf v. 12.4.1989, EFG 1989, 478 einerseits und Witt, § 14 KStG Rz. 114 andererseits.

a) *Beteiligte Unternehmen*

574 Organgesellschaft kann nur eine Kapitalgesellschaft i. S. d. § 1 Abs. 1 Nr. 1 KStG sein, nicht auch eine Personengesellschaft. Die Kapitalgesellschaft muß lediglich im Inland einen Gewerbebetrieb unterhalten. Im Gegensatz zur Körperschaftsteuer kann gewerbesteuerrechtlich auch eine ausländische Kapitalgesellschaft Organgesellschaft sein.[1] Von Bedeutung wird dies jedoch nur, wenn und soweit die Organgesellschaft im Inland eine Betriebstätte unterhält. Dementsprechend entfallen auch nur die Hinzurechnungen und Kürzungen, die auf Vorgängen zwischen der inländischen Betriebstätte der Organgesellschaft und dem Organträger beruhen, während die sich aus den Beziehungen des Organträgers zum ausländischen Stammhaus und zu ausländischen Betriebstätten der Organgesellschaft ergebenden Hinzurechnungen und Kürzungen von der Organschaft unberührt bleiben. Als Organträger kommt, wie bei der körperschaftsteuerlichen Organschaft, jedes inländische gewerbliche Unternehmen in Frage, gleichgültig in welcher Rechtsform es geführt wird.

575 Wollen mehrere gewerbliche Unternehmen gemeinsam als Organträger fungieren (Mehrmütter-Organschaft) und schließen sie sich deshalb zum Zwecke der einheitlichen Willensbildung gegenüber der Organgesellschaft zu einer Gesellschaft des bürgerlichen Rechts zusammen, so kann dies als gewerbliches Unternehmen angesehen werden, wenn alle Gesellschafter Gewerbebetriebe unterhalten.

b) *Eingliederungsvoraussetzungen*

576 Hinsichtlich der Eingliederungsvoraussetzungen gilt das zur körperschaftsteuerlichen Organschaft Gesagte entsprechend, § 2 Abs. 2 Satz 2 GewStG. Weitergehende formelle und zeitliche Voraussetzungen werden nicht gestellt. Insbes. ist im Gegensatz zur körperschaftsteuerlichen Organschaft für die gewerbesteuerliche Organschaft das Vorliegen und die Durchführung eines Ergebnisabführungsvertrages nicht erforderlich. Rücklagenbildungen bei der Organgesellschaft sind unschädlich.

c) *Rechtsfolgen der gewerbesteuerlichen Organschaft*

577 Die Organgesellschaft gilt als Betriebsstätte des Organträgers. Die Organgesellschaft ist nicht gewerbesteuerpflichtig, sie wird in die Besteuerung des Organträgers einbezogen und erhält folglich weder einen Gewerbesteuermeßbescheid noch einen Gewerbesteuerbescheid. Bei dem Organträger erfolgt aber keine einheitliche Ermittlung des Gewerbeertrages und Gewerbekapitals. Gewerbeertrag und Gewerbekapital von Organträger und Organgesellschaft werden vielmehr getrennt ermittelt. Die getrennt ermittelten Gewerbeerträge und Gewerbekapitalien werden zusammengerechnet. Die Summe wird bei dem Organträger zur Gewerbesteuer herangezogen. Bei der Ermittlung des Gewerbeertrages und des Gewerbekapitals unterbleiben zur Vermeidung einer doppelten steuerlichen Belastung Hinzurechnungen gem. § 8 GewStG

1 BFH v. 28.3.1979, BStBl II 1979, 447.

und § 12 Abs. 2 GewStG, soweit die für die Hinzurechnung in Betracht kommenden Beträge bereits in einem der zusammenzurechnenden Gewerbeerträge bzw. Gewerbekapitalien enthalten sind.

Auf die Ermittlung des Steuermeßbetrages nach dem Gewerbeertrag ist die für den Organträger maßgebliche Steuermeßzahl anzuwenden. Der gegen den Organträger festgesetzte einheitliche Gewerbesteuermeßbetrag wird gem. § 28 GewStG auf alle Gemeinden zerlegt, in denen der Organträger und die Organgesellschaft Betriebstätten unterhalten. Die betreffenden Gemeinden setzen dann unter Anwendung des jeweiligen Hebesatzes die Gewerbesteuer fest. Je nach den Zerlegungs- und Hebesatzverhältnissen kann das Bestehen einer Organschaft im Einzelfall auch zu einer Mehrbelastung führen. Da die gewerbesteuerliche Organschaft automatisch eintritt, wenn die Voraussetzungen der finanziellen, wirtschaftlichen und organisatorischen Eingliederung gegeben sind, kann insoweit auch nicht auf die Organschaft verzichtet werden. Um nachteilige Steuerfolgen zu vermeiden, muß daher in diesem Fall durch entsprechende Gestaltungen dafür Sorge getragen werden, daß das Organschaftsverhältnis unterbrochen wird. **578**

4. Umsatzsteuerliche Organschaft

Gem. § 1 Abs. 1 Nr. 1 UStG unterliegen der Umsatzsteuer Lieferungen und sonstige Leistungen, die ein Unternehmer im Erhebungsgebiet gegen Entgelt im Rahmen seines Unternehmens ausübt. Gem. § 2 Abs. 1 Satz 1 UStG ist Unternehmer derjenige, der eine gewerbliche oder berufliche Tätigkeit selbständig ausführt, so daß ein Unternehmen, das nach dem Gesamtbild der tatsächlichen Verhältnisse finanziell, wirtschaftlich und organisatorisch in das Unternehmen eines Organträgers eingegliedert ist, nicht Unternehmer i. S. d. Umsatzsteuerrechts sein kann. Demnach gelten also die innerhalb des Organkreises ausgeführten Umsätze als Umsätze des Organträgers, die als Innenumsätze nicht steuerbar sind. Erst Lieferungen und Leistungen über den Organkreis hinaus bilden eine Lieferung und Leistung eines selbständigen Unternehmers (des Organträgers). Die Organschaft im Umsatzsteuerrecht basiert also auf der Einheitstheorie des Konzerns, nach der Außen- und Innenumsätze getrennt werden. **579**

a) Beteiligte Unternehmen

Organträger kann jeder Unternehmer i. S. d. § 2 Abs. 1 UStG sein. Als Organgesellschaft kommt jede juristische Person des Privatrechts in Frage. **580**

b) Eingliederungsvoraussetzungen

Es genügt, wenn die Organgesellschaft nach dem Gesamtbild der tatsächlichen Verhältnisse finanziell, wirtschaftlich und organisatorisch in ein Unternehmen eingegliedert ist. Die Eingliederungsvoraussetzungen sind nicht in vollem Umfange identisch mit den Voraussetzungen der körperschaftsteuerlichen und gewerbesteuerlichen Organschaft (vgl. **581** näher Abschn. 21, Abs. 3–6 UStR). Weitergehende formelle und zeitliche Anforderungen bestehen nicht. Der Abschluß eines Gewinnabführungsvertrages ist nicht erforderlich.

c) Rechtsfolgen der umsatzsteuerlichen Organschaft

582 Umsätze innerhalb des Organkreises gelten als Innenumsätze und sind deshalb nicht steuerbar. Nur der Organträger hat Umsatzsteuererklärungen abzugeben und erhält Umsatzsteuerbescheide, d. h. innerhalb des Organkreises ist eine Berechnung und Verbuchung der Umsatzsteuer nicht erforderlich und sind Zahlungen nicht zu leisten.

IV. Personengesellschaftskonzerne

1. Einleitung

583 Beteiligte von Unternehmensverbindungen können Unternehmen jeglicher Rechtsform sein, und zwar prinzipiell sowohl auf der herrschenden als auch auf der abhängigen Seite, wenn nicht Besonderheiten bestimmter Rechtsformen die Beteiligtenrolle ausschließen, also auch Personengesellschaften. Entsprechend der generellen terminologischen Einordnung konzernrechtlicher Strukturen (s. Rz. 308) werden dabei Unternehmensverbindungen, bei denen die abhängige Gesellschaft die Rechtsform einer Personengesellschaft besitzt, als Personengesellschaftskonzerne bezeichnet. Inwieweit sich diese Rechtsform auf die zum GmbH-Konzern dargelegten konzerngesellschaftsrechtlichen Erkenntnisse auswirkt, wird im folgenden Abschnitt untersucht. Wegen des größeren systematischen Zusammenhangs sollen darüber hinaus aber auch rechtliche Besonderheiten dargestellt werden, die sich ergeben, wenn das herrschende Unternehmen eine Personengesellschaft ist, auch wenn es sich insoweit in der Regel nicht um einen Personengesellschafts- sondern einen GmbH-Konzern handeln wird.

a) Erscheinungsformen

aa) Mögliche Rechtsformen

584 Zu den als verbundene Unternehmen in Betracht kommenden Personengesellschaften zählen in erster Linie die BGB-Gesellschaft, die OHG und die KG, letztere dabei sowohl in ihrer „reinen" Form mit einer oder mehreren natürlichen Personen als persönlich haftende Gesellschafter als auch in der Form der GmbH & Co. KG. Da diese Gesellschaften entweder eine kaufmännische Tätigkeit im Sinne der §§ 1 ff. HGB oder jeden rechtlich zulässigen Zweck (§ 705 BGB) zum Gegenstand haben, sind sie als Träger eines Unternehmens, das mit anderen Unternehmen verbunden werden kann, geeignet, und zwar sowohl in der Rolle der herrschenden als auch der beherrschten Gesellschaft.

Empirische Erkenntnisse über die tatsächliche Verbreitung von Personengesellschaften als Teil einer Unternehmensverbindung existieren nicht. Die bisher über Strukturen und Bedeutung von Personengesellschaftskonzernen erstellten Untersuchungen[1] gehen davon aus, daß in der Mehrzahl der Fälle abhängiger Personengesellschaften die GmbH & Co. KG gewählt wurde. Dies ist verständlich, da sich bei dieser Sonderform die Vorteile der Personengesellschaft in bezug auf die Flexibilität des Innenrechts mit den Vorteilen einer sonst nur Kapitalgesellschaften vorbehaltenen Haftungsbeschränkung verbinden lassen. Eine konzernierte Personengesellschaft mit natürlichen Personen als Vollhafter kann in steuerlicher Hinsicht vorteilhaft sein, wenn die sog. gewerbliche Prägung (§ 15 Abs. 3 Nr. 2 EStG) vermieden werden soll.

Besondere Bedeutung besitzen Personengesellschaftskonzerne aus steuerlicher Sicht, insbesondere im Bereich der mittelständischen personalistisch geprägten Unternehmensstruktur. Zum einen führt die unmittelbare einkommensteuerliche Zurechnung der Einkünfte aus der unternehmerischen Tätigkeit beim Gesellschafter dazu, daß (steuerliche) Verluste des Unternehmens auf der Ebene der Inhaberfamilie mit anderen sonst steuerpflichtigen Einkünften unternehmerischer wie nicht unternehmerischer Art bzw. Unternehmensgewinne mit steuermindernden sonstigen Aktivitäten (z. B. Verlusten aus nicht unternehmerischen Immobilienaktivitäten) verrechnet werden können. Zum anderen können Auslandsaktivitäten des Unternehmens bei entsprechender Gestaltung im Inland bis auf die Ebene der Anteilsinhaber steuerfrei gestellt werden. In solchen internationalen Unternehmensverbindungen kann allerdings die Einbindung natürlicher Personen erforderlich sein, wenn die betreffende ausländische Rechtsordnung – wie z. B. in der Schweiz sowie in vielen asiatischen Ländern – Kapitalgesellschaften als persönlich haftende Gesellschafter nicht zuläßt. 585

Demgegenüber kann die stille Gesellschaft – auch in ihrer gewerblichen Form der atypisch stillen Gesellschaft – als reine Innengesellschaft mit nur schuldrechtlichen Rechtsbeziehungen zwischen dem Geschäftsherren und dem Stillen nicht selbst Teil eines Unternehmensverbundes sein. Träger des Unternehmens und damit Teil des Konzerns ist nur der Geschäftsherr, der allerdings selbstverständlich die sich aus den vertraglichen Vereinbarungen gegenüber dem Stillen ergebenden wechselseitigen Rechte und Pflichten (Informationspflichten des Geschäftsherren, Mitwirkungsrechte des Stillen etc.) zu beachten hat. 586

Ebensowenig ist möglich, daß eine EWIV[2] Teil eines Personengesellschaftskonzern bildet, da diese zum einen nicht den Zweck haben kann, selbst Gewinn zu erwirtschaften, und zum anderen keine Leitungsmacht über andere Unternehmen ausüben darf. Damit scheidet die EWIV nicht nur als Trägerin eines aktiven beherrschbaren Unternehmens, sondern auch als konzernrechtliche Leitungsmacht ausübende Obergesellschaft aus. 587

Einschränkungen hinsichtlich der „Konzernverträglichkeit" ergeben sich schließlich auch für die Partnerschaftsgesellschaft[3] im Sinne des § 1 Abs. 1 Satz 1 PartGG, bei der eine Stellung als abhängige Gesellschaft 588

1 Bericht der Unternehmensrechtskommission, Rz. 1717; Löffler, 4 ff.; Loew, 2 ff.
2 Einzelheiten zur EWIV s. o. Rz. 228 ff.
3 Einzelheiten zur Partnerschaftsgesellschaft s. o. Rz. 254 ff.

nur schwer denkbar ist. Denn zum einen dürfen Angehörige der Partnerschaftsgesellschaft gemäß § 1 Abs. 1 Satz 3 PartGG nur natürliche Personen sein, so daß eine Abhängigkeit von einer anderen (Personen- wie Kapital-) Gesellschaft ausscheidet. Zum anderen unterliegen die Partner gemäß der §§ 6 Abs. 3 Satz 2 PartGG; 112 HGB einem gesetzlichen Wettbewerbsverbot, so daß diese eine Unternehmenseigenschaft nicht besitzen können, wenn nicht ausnahmsweise der Partnerschaftsvertrag eine Befreiung von dem Wettbewerbsverbot enthält. Dagegen kann die Partnerschaftsgesellschaft leicht als herrschendes Unternehmen zu qualifizieren sein, wenn die sich aus dem zwingenden Zweck der Partnerschaftsgesellschaft, Ausübung eines freien Berufes, ergebenden Einschränkungen, namentlich die jeweiligen berufsrechtlichen Besonderheiten, dies zulassen. Zu denken wäre hierbei etwa an einen Zusammenschluß von Ärzten in der Rechtsform der Partnerschaftsgesellschaft, die ein Labor in der Rechtsform der GmbH betreiben, oder an eine interprofessionelle Partnerschaft von Wirtschaftsprüfern, Rechtsanwälten und Steuerberatern, die eine Wirtschaftsprüfungs- und/ oder Steuerberatungs-GmbH hält.

bb) Mögliche Konzernarten

589 Ebenso wie im GmbH-Konzern lassen sich im Personengesellschaftskonzern faktische Konzernverbindungen, bei denen die Unternehmensverbindung auf der tatsächlichen Ausübung unternehmerischer Leitungsmacht beruht, und Vertragskonzerne, bei denen die Konzernierung durch Abschluß eines Unternehmensvertrages erfolgt, unterscheiden. Bei den faktischen Personengesellschaftskonzernen finden sich im wesentlichen drei Formen:[1]

- der für die Geschäftsführung maßgebende persönlich haftende Gesellschafter qualifiziert als herrschendes Unternehmen in der beherrschten Personengesellschaft, weil er auch noch außerhalb der Gesellschaft unternehmerisch tätig ist;
- das herrschende Unternehmen ist mittelbar über eine nicht selbst unternehmerisch tätige Komplementär-GmbH oder AG an der Personengesellschaft beteiligt;
- der Kommanditist, der die Geschäftsführung maßgeblich beeinflussen kann, qualifiziert als herrschendes Unternehmen, weil er noch in einem anderen Unternehmen unternehmerisch interessiert ist.

590 Faktische Personengesellschaftskonzerne, insbesondere die beiden ersten vorstehend genannten Formen, sind in der Rechtswirklichkeit verbundener Personengesellschaften häufiger anzutreffen,[2] wohingegen Unternehmensverträge mit abhängigen Personengesellschaften selten sind. Der wesentliche Grund für den Abschluß solcher Verträge im Aktien- und GmbH-Konzern, die Herstellung steuerlicher Organschaft, entfällt im Personengesellschaftskonzern, da die erstrebte ertragssteuerliche Konsolidierung wegen der unmittelbaren Ergebniszurechnung

1 Bericht der Unternehmensrechtskommission, Rz. 1709 ff.; ebenso Ulmer in Großkommentar HGB, Anhang § 105 HGB Rz. 8 ff.

2 Vgl. auch BAG, Urteil vom 15.1.1991 „Warmwassergeräte", AG 1991, 434.

beim Gesellschafter per se gegeben ist. Darüber hinaus ist das Innenrecht der Personengesellschaften in weiten Teilen flexibler als das der Kapitalgesellschaften, so daß die mit Unternehmensverträgen beabsichtigten Rechtsfolgen auf anderem Weg, insbesondere durch entsprechende Ausgestaltung des Gesellschaftsvertrages, leichter erreicht werden kann. Von praktischer Relevanz[1] sind dabei insbesondere gesellschaftsvertragliche Vereinbarungen über die Zuweisung von Beherrschungsmacht, z. B. durch Übertragung der Geschäftsführungs- und Vertretungsbefugnis der Personengesellschaft auf nur den beherrschenden Gesellschafter.

b) Rechtsgrundlagen

aa) Allgemeines

Auch das Recht des Personengesellschaftskonzerns ist gesetzlich nicht **591**
kodifiziert, und der Erlaß gesetzlicher Regelungen ist weniger noch als im GmbH-Konzernrecht in näherer Zukunft zu erwarten. Die mit dieser Erscheinungsform verbundenen Rechtsfragen werden erst seit Mitte der siebziger Jahre im rechtswissenschaftlichen Schrifttum[2] erörtert. Im Anschluß an einige Grundsatzurteile des BGH[3] finden sich zudem einige monographische Aufarbeitungen[4] des Themas. In jüngster Zeit indes finden sich keine vertieften Stellungnahmen mehr zu den Fragenkreisen des Personengesellschaftskonzerns.

Wie im GmbH-Konzern herrscht dabei im Grundsatz Einigkeit, daß eine **592**
schematische Analogie der aktienrechtlichen Bestimmungen der §§ 291 ff. AktG den Besonderheiten der Rechtsformen der Personengesellschaften nicht gerecht wird und daß die konzernrechtlichen Fragestellungen vielmehr richtigerweise durch eine entsprechende Fortentwicklung der personengesellschaftsrechtlichen Rechtsgrundsätze und gesetzlichen Bestimmungen zu lösen sind. Zu diesen konzernrechtlich relevanten Rechtsregeln zählen insbesondere:
- unbeschränkte und unbeschränkbare Außenhaftung mindestens eines Gesellschafters,
- gesellschaftsrechtliche Treuepflicht,
- Einstimmigkeitsprinzip,
- Geltendmachen von Ansprüchen der Gesellschaft gegen einen Gesellschafter im Wege der Klage durch einen Mitgesellschafter („actio pro socio"),

1 Vgl. Bericht der Unternehmensrechtskommission, Rz. 1711.

2 Vgl. Schneider, ZGR 1975, 253; Schneider, BB 1975, 1353; Schneider, ZHR 1979, 485; Schneider, BB 1980, 1057; Raiser, ZGR 1980, 558; Raiser in FS Stimpel 1985, 855 ff.; Reuter, ZHR 1982, 1; Reuter, AG 1986, 130; Emmerich in FS Stimpel 1985, 743 ff.

3 „Danone-Gervais", BGH v. 5.2.1979, NJW 1980, 231; „Holiday Inn", BGH v. 5.10.1981, NJW 1982, 1817; „Heumann-Ogilvy", BGH v. 5.12.1983, BGHZ 89, 162; vgl. auch BAG v. 15.1.1991 „Warmwassergeräte", AG 1991, 434.

4 Schießl, 1985; Baumgartel, 1986; Stehle, 1986; Loew, 1987; Löffler, 1988; Kleindieck, 1991; Gesamtdarstellung des Personengesellschafts-Konzernrechts bei Ulmer in Großkommentar HGB, Anhang zu § 105.

– ausgeprägte Minderheitsrechte (Mitsprache-, Informations-, Kontrollrechte),
– Austritts- und Abfindungsrechte.

bb) Begriffsbestimmungen

593 Ungeachtet dieser grundsätzlichen Eigenständigkeit konzernrechtlicher Lösungsansätze ist ebenfalls weitgehend unstreitig, daß die zentralen Grundbegriffe der §§ 15ff. AktG, insbesondere die termini „Unternehmen", „Abhängigkeit" sowie „Konzern", auch auf verbundene Personengesellschaften anzuwenden sind. Allerdings sind insoweit einige rechtsformspezifische Besonderheiten zu beachten:

594 – „Unternehmen":

Der konzernrechtliche Unternehmensbegriff gilt nicht nur für die Personengesellschaft, sondern insbesondere auch für deren Gesellschafter. Dieser wird nämlich nicht schon aufgrund seiner Stellung als (persönlich haftender) Gesellschafter bzw. gar nur als Kommanditist zum Unternehmer im konzerngesellschaftsrechtlichen Sinne, vielmehr muß er außerhalb seiner Gesellschafterstellung ein weiteres unternehmerisches Engagement unterhalten, aufgrund dessen er erst in die konzerntypische Interessenkollision zwischen eigener unternehmerischer Tätigkeit und Eigeninteresse der abhängigen Gesellschaft gerät. Dementsprechend bildet die „klassisch" strukturierte GmbH & Co. KG, bei der einziger persönlich haftender Gesellschafter der KG die an Gewinn und Vermögen der KG nicht beteiligte GmbH ist, für sich noch keinen Personengesellschaftskonzern.[1] Zwar beherrscht die Komplementär-GmbH aufgrund der ihr allein zustehenden Geschäftsführungs- und Vertretungsbefugnis die KG, sie qualifiziert indes mangels anderweitiger unternehmerischer Betätigung nicht als Unternehmen im konzernrechtlichen Sinne.

Etwas anderes gilt allerdings, wenn die Komplementär-GmbH entweder zusätzlich eine eigene Geschäftstätigkeit entfaltet oder, was häufiger der Fall sein dürfte, wenn sie zugleich die Komplementär-Stellung in mehreren KG's innehat. Dies gilt auch dann, wenn die GmbH ihrerseits nach GmbH-Konzerngrundsätzen von einem anderen Unternehmen abhängig ist. In allen diesen Fällen manifestiert sich nämlich der konzernspezifische potentielle Interessenkonflikt zwischen den Eigeninteressen der beteiligten Unternehmen.

595 – „Abhängigkeit":

Eine nach dem gesetzlichen Normalstatut errichtete Personengesellschaft kann in der Regel nicht von einem anderen Unternehmen abhängig sein. Insbesondere kann hier die Abhängigkeitsvermutung des § 17 Abs. 2 AktG, wonach ein im Mehrheitsbesitz stehendes Unternehmen als abhängig gilt, nicht greifen, da Personengesellschaften per definitionem mindestens zwei Gesellschafter besitzen müssen und für Gesellschafterbeschlüsse das Einstimmigkeitsprinzip gilt (§§ 709 Abs. 1 Satz 2 BGB, 119 Abs. 1 HGB). Im übrigen sind Ent-

1 H. M., vgl. Emmerich/Sonnenschein, Konzernrecht, § 26 III 1, m. w. N.

scheidungen der Gesellschafter, wenn nicht etwas abweichendes vereinbart wird, nach Köpfen zu fällen (§§ 709 Abs. 2 BGB; 119 Abs. 2 HGB), so daß ein einzelner Gesellschafter keinen beherrschenden Einfluß erlangen kann.

Diese gesetzlichen Regelungen, die in weitem Umfang abdingbar sind, entsprechen allerdings nicht der gesellschaftsvertraglichen Kautelarpraxis der im Wirtschaftsleben vorzufindenden Personengesellschaften. Insbesondere GmbH & Co. KG's, aber auch andere Personengesellschaften sehen im Regelfall in Anlehnung an die gesetzlichen Bestimmungen für Kapitalgesellschaften vor, daß sich die vermögens- wie stimmenmäßige Beteiligung der Gesellschafter an der Personengesellschaft nach dem Verhältnis der im einzelnen vertraglich festgelegten Kapitalbeiträge richtet. Damit ist zugleich die Möglichkeit einer Mehrheitsbeteiligung und, vice versa, einer Abhängigkeit der Personengesellschaft kraft Mehrheitsbesitz eines Gesellschafters eröffnet. Dem Gesellschaftsvertrag kommt damit im Konzernrecht der Personengesellschaften eine herausragende Bedeutung zu.

– „einheitliche Leitung": **596**

Entscheidendes Kriterium für das Vorliegen eines Konzerns ist nach § 18 Abs. 1 Satz 1 AktG die Zusammenfassung unter einheitlicher Leitung. Während die Abhängigkeit das Gesellschaftsinteresse als Richtschnur für die Leitung der Gesellschaft und die Sorgfaltspflichten der Geschäftsführer unberührt läßt, führt die Konzernierung wegen der damit verbundenen Zusammenfassung unter der einheitlichen Leitung des herrschenden Unternehmens zur Überlagerung oder Verdrängung des Gesellschafts- durch das Konzerninteresse, sprich das Interesse des herrschenden Unternehmens, und damit verbunden zu einer Änderung des Verhaltensmaßstabes für die Geschäftsführung in der beherrschten Personengesellschaft. Die Einbeziehung in einen Konzern bewirkt daher eine deutliche Erhöhung der Risikolage für Gläubiger und außenstehende Gesellschafter der abhängigen Personengesellschaft. Aus der konkret festgestellten Abhängigkeit einer Personengesellschaft resultiert eine Vermutung dafür, daß eine Zusammenfassung unter einheitlicher Leitung vorliegt, (§ 18 Abs. 1 Satz 3 AktG), denn es liegt nahe, daß ein herrschendes Unternehmen von seinen Einflußmöglichkeiten im eigenen unternehmerischen Interesse Gebrauch macht und dabei die wirtschaftliche Selbständigkeit des abhängigen Unternehmens mißachtet.[1] Ebenso entsprechend anwendbar ist § 18 Abs. 1 Satz 2 AktG, wonach beim Vorliegen eines Beherrschungsvertrages die Zusammenfassung unter einheitlicher Leitung unwiderleglich vermutet wird. Das gilt naturgemäß auch für die Fälle, in denen dem herrschenden Unternehmen im Gesellschaftsvertrag selbst entsprechende Beherrschungsmöglichkeiten eingeräumt sind.

1 „Heumann-Ogilvy", BGH v. 5.12.1983, BGHZ 89, 162, 167; Ulmer in Großkommentar HGB, Anhang zu § 105 HGB Rz. 31; Kleindieck, 68.

2. Konzernbildungskontrolle

597 Die Gefahren konzernrechtlicher Unternehmensverbindungen für die beherrschte Gesellschaft und insbesondere deren (Minderheits-)Gesellschafter bestehen im Personengesellschaftskonzern in gleichem Maße wie im GmbH-Konzern. Daher stellt sich auch hier die Frage nach einem wirksamen Schutz dieses Personenkreises vor ungewollter Konzernbildung.

a) Abschluß von Unternehmensverträgen

598 Die praktische Relevanz von Unternehmensverträgen, an denen eine Personengesellschaft als verpflichteter Teil beteiligt ist, ist gering. Wesentlicher Grund hierfür dürfte sein, daß, wie bereits erwähnt, steuerliche Motivationen insbesondere für Ergebnisabführungsverträge nicht bestehen. Aufgrund der umfassenden Geschäftsführungs- und Vertretungsbefugnisse des persönlich haftenden Gesellschafters besteht zudem auch kein Bedürfnis für Beherrschungsverträge, wenn die Beherrschung des persönlich haftenden Gesellschafters anderweitig gesichert ist. Allenfalls finden sich gelegentlich Unternehmenspachtverträge im Rahmen einer sog. mitunternehmerischen Betriebsaufspaltung, deren Bedeutung in der Praxis indes gleichfalls gering ist.

Die Zulässigkeit des Abschlusses von Unternehmensverträgen ist in der konzernrechtlichen Literatur umstritten, wobei sich die Argumentation im wesentlichen auf den Abschluß von Beherrschungs- und Ergebnisabführungsverträgen i. S. d. § 291 Abs. 1 AktG konzentriert. Gegen die Zulässigkeit werden eine Reihe grundsätzlicher Einwendungen erhoben, wie die Prinzipien der Selbstorganschaft und der Verbandssouveränität, die Unvereinbarkeit der einheitlichen, am Konzerninteresse ausgerichteten Leitung mit dem Erfordernis des gemeinsamen Zwecks, das Verbot wirtschaftlicher Selbstentmündigung bzw. die Unvereinbarkeit von Fremdbestimmung und persönlicher Haftung;[1] zum Teil wurde die Beherrschung einer Personengesellschaft nur auf der Grundlage eines schuldrechtlichen Beherrschungsvertrages anerkannt.[2] Demgegenüber mehren sich in neuerer Zeit die Stimmen, die die Konzerneinbeziehung der Personengesellschaft unter Einhaltung bestimmter immanenter Schranken der Weisungsunterworfenheit oder zwingender Schutzinstrumente zugunsten der außenstehenden Gesellschafter oder der Gläubiger der beherrschten Gesellschaft für zulässig halten.[3] Auch die Rechtsprechung hat die Zulässigkeit der Konzerneinbeziehung der Personengesellschaft als solche nicht in Frage gestellt, sondern sich darauf beschränkt, aufgrund der als wirksam unterstellten Unternehmensverbindung Rechtsfolgen zum Schutz der konzernierten Gesellschaft und damit verbunden der außenstehenden Gesellschafter und der Gläubiger herzuleiten.[4]

1 Vgl. bereits Schneider, ZGR 1975, 253, 266 ff., der insoweit die nachfolgende Diskussion entscheidend geprägt hat; zusammenfassend Stimpel in Probleme des Konzernrechts, 11, 16 ff.; Kleindieck, 94 ff., 127 f.; Heymann/Emmerich, § 105 HGB Rz. 121.

2 Reuter, ZHR 1982, 1, 16 ff.

3 Vgl. Emmerich/Sonnenschein, Konzernrecht, § 27 III 1.; Ulmer in Großkommentar HGB, Anhang § 105 HGB Rz. 68 ff.; jew. m. w. N.

4 „Danone-Gervais", BGH v. 5.2.1979, NJW 1980, 231.

Ein generelles Verbot der Konzerneinbeziehung der Personengesellschaft kommt daher nicht in Frage. Dies gilt auch für den Abschluß organisationsrechtlicher Beherrschungsverträge mit einem herrschenden Unternehmen. Solche Verträge sind von der weitgehenden Gestaltungsfreiheit im Personengesellschaftsrecht gedeckt, wenn die vertraglich legitimierte Leitungsmacht des herrschenden Unternehmens in die personengesellschaftsrechtliche Organisation eingebunden ist. Das ist der Fall, wenn das herrschende Unternehmen selbst als persönlich haftender Gesellschafter oder als Kommanditist mit weitreichenden Geschäftsführungsbefugnissen Mitglied der abhängigen Personengesellschaft ist oder mittelbar über eine beherrschte Komplementär-GmbH beteiligt ist.[1] Aus der erweiterten Leitungsmacht des herrschenden Unternehmens, die auch die Befugnis zur Vornahme von nachteiligen Maßnahmen im Konzerninteresse beinhaltet, resultiert aber eine gesteigerte rechtliche Folgeverantwortung des herrschenden Unternehmens für die Erhaltung der wirtschaftlichen Substanz der abhängigen Personengesellschaft. Allenfalls Beherrschungsabreden mit Nicht-Gesellschaftern erscheinen wegen der damit verbundenen Gefahr der Selbstentmündigung der verpflichteten Personengesellschaft und ihrer Organe als bedenklich.[2] Gleiches gilt für solche Fälle, in denen außenstehende Gesellschafter der persönlichen und unbeschränkten Einstandspflicht unterliegen. Hier gerät die vertragliche Konzernierung der Personengesellschaft in Konflikt mit ihren zwingenden Strukturelementen sowie dem allgemeinen Sittengebot des § 138 BGB. Die außenstehenden Gesellschafter müssen für die Verbindlichkeiten der Gesellschaft mit ihrem gesamten Privatvermögen einstehen, obwohl diese den fremdunternehmerischen Interessen des herrschenden Vertragsteils dienstbar gemacht werden darf. Die vertragliche Konzerneinbindung einer Gesellschaft mit persönlich und unbeschränkt haftenden Gesellschaftern setzt deshalb voraus, daß deren Haftungs- und Verlustrisiko hinreichend kompensiert wird.[3] Dies hindert allerdings nicht, all jene Kommanditgesellschaften der vertraglichen Konzernierung zu unterwerfen, an denen Außenstehende entweder ausschließlich als Kommanditisten oder (zusätzlich) als Gesellschafter der Komplementär-GmbH beteiligt sind. **599**

Ist die Konzernbildung mit einer Personengesellschaft daher rechtlich zulässig, so stellt sich aus der Sicht des Konzernrechts die Frage nach dem Schutz der abhängigen Gesellschaft, ihrer Gesellschafter und der Gesellschaftsgläubiger vor den Gefahren aus der Unternehmensverbindung. Gerade unter dem Schutzrechtsaspekt greift die Orientierung an der bereits existenten Unternehmensverbindung, die das geltende Aktienkonzernrecht kennzeichnet, regelmäßig zu kurz. Die daraus abzuleitende Forderung nach einem konzernrechtlichen Präventivschutz ist auch für die Personengesellschaft anerkannt.[4] **600**

1 Stimpel in Probleme des Konzernrechts, 18.
2 Ulmer in Großkommentar HGB, Anhang zu § 105 HGB Rz. 16; Stimpel in Probleme des Konzernrechts, 18.
3 Kleindieck, 128.
4 Vgl. Löffler, 61 ff.; Loew, 126 ff.; Emmerich/Sonnenschein, § 26 II 2.

b) Begründung eines Abhängigkeitsverhältnisses

601 Der beherrschende Einfluß eines Unternehmensgesellschafters auf die Personengesellschaft, der zur Entstehung einer Unternehmensverbindung führt, kann einmal dadurch erfolgen, daß die Personengesellschaft bereits als abhängiges Unternehmen und mit entsprechend angepaßtem Gesellschaftsvertrag gegründet wird, daß ein Gesellschafter, der einen herrschenden Einfluß auf die Personengesellschaft ausüben kann, eine weitere unternehmerische Tätigkeit aufnimmt, daß einem Gesellschafter, der bereits unternehmerisch tätig ist, Befugnisse eingeräumt werden, die ihm die Ausübung beherrschenden Einflusses ermöglichen, oder daß die Personengesellschaft im Wege des Beitritts oder der Anteilsübertragung einen Gesellschafter aufnimmt, der die Voraussetzungen eines herrschenden Unternehmens erfüllt.

602 Kommt die Gesellschaft von vorneherein als abhängige zur Entstehung, so willigen Mitgesellschafter, die in Kenntnis dieses Umstandes den Gesellschaftsvertrag schließen und dem Unternehmensgesellschafter eine beherrschende Stellung einräumen, in die Abhängigkeit der Gesellschaft ein. In den anderen Fällen wird die Begründung der Abhängigkeitslage regelmäßig einen Gesellschafterbeschluß verlangen.[1] Eines solchen Beschlusses bedarf es namentlich für die Einräumung von Leitungsmacht an einen Unternehmensgesellschafter oder die Neuaufnahme eines unternehmerisch tätigen Gesellschafters.

603 Flankierend greift das gesetzliche Wettbewerbsverbot gem. §§ 112, 113 HGB, das die Aufnahme unternehmerischer Tätigkeit durch einen herrschenden Gesellschafter von der Zustimmung der übrigen Gesellschafter abhängig macht. Der persönliche Anwendungsbereich des § 112 Abs. 1 HGB erstreckt sich entgegen § 165 HGB auch auf solche Kommanditisten, die einen beherrschenden Einfluß auf die Gesellschaft ausüben können oder über besondere Informationen aus ihrem Geschäftsbetrieb verfügen. Darüber hinaus werden auch mittelbar beteiligte Gesellschafter als herrschende Unternehmen erfaßt, wenn sie ohne direkte Gesellschaftsbeteiligung auf dem Weg über eine von ihnen beherrschte, über keinen nennenswerten eigenen Geschäftsbetrieb verfügende Komplementär-GmbH die Gesellschaft kontrollieren.[2] In sachlicher Hinsicht umfaßt das Wettbewerbsverbot gem. § 112 Abs. 1 HGB nur eine Betätigung des Gesellschafters im Handelszweig der Gesellschaft bzw. die Teilnahme als persönlich haftender Gesellschafter in einer anderen gleichartigen Handelsgesellschaft. Eine Erstreckung auf sämtliche unternehmerische Aktivitäten eines Unternehmensgesellschafters außerhalb der Gesellschaft läßt der Wortlaut des § 112 Abs. 1 HGB nicht zu.[3] Wollen die Gesellschafter jedwede anderweitige unternehmerische Betätigung verhindern, so bedarf es ergänzender gesellschaftsvertraglicher Regelung.

1 Loew, 170 ff.; Schießl, 36 f.; Kleindieck, Strukturvielfalt, 255.
2 „Heumann-Ogilvy", BGH v. 5.12.1983, BGHZ 89, 162, 165 ff.
3 Schießl, 38; Stehle, 86; Loew, 138.

Soweit es zur Abhängigkeitsbegründung eines Gesellschafterbeschlusses bedarf, ist nach dem gesetzlichen Regelstatut die Zustimmung aller Gesellschafter erforderlich. Abweichend hiervon kann der Gesellschaftsvertrag mehrheitliche Beschlußfassung zulassen, soweit dadurch nicht in den Kernbereich der Mitgliedschaft der Gesellschafter eingegriffen wird. Das ist bei Begründung der Abhängigkeit nicht generell der Fall,[1] da bei schlichter Abhängigkeit allenfalls punktuelle Einzeleingriffe seitens des herrschenden Unternehmens zu befürchten sind, eine intensive Ausübung unternehmerischer Leistungsmacht im Konzerninteresse dagegen nicht erfolgt. Dabei sind die für Mehrheitsbeschlüsse von Personengesellschaften geltenden formellen (Stimmverbote, Bestimmtheitsgrundsatz) Schranken zu beachten. Wegen der großen Gefahren, die mit jeder Abhängigkeit der Gesellschaft namentlich für die Minderheit verbunden sind, reicht jedoch ein bloßer Mehrheitsbeschluß nicht aus; vielmehr ist der Beschluß nur wirksam, wenn die Mehrheit damit im Interesse der Gesellschaft handelt und dieser hieraus neben etwaigen Nachteilen zumindest gleichwertige Vorteile erwachsen.[2] 604

Ist nach Art und Weise der Abhängigkeitsbegründung kein Gesellschafterbeschluß erforderlich, so bedarf die nachträgliche Herbeiführung der Abhängigkeit keines besonderen Gesellschafterbeschlusses. Aufgrund der gesellschaftsrechtlichen Treuepflicht bleibt das herrschende Unternehmen weiterhin dem Gesellschaftsinteresse verpflichtet. Jede Geschäftsführungsmaßnahme hat sich allein an den Interessen der Gesellschaft auszurichten. Das herrschende Unternehmen darf keine Geschäftsführungsmaßnahmen selbst vornehmen oder durch Mehrheitsbeschluß oder sonst irgendwie veranlassen, die nicht dem Gesellschaftsinteresse entsprechen. Verletzt das herrschende Unternehmen diese Pflichten, so ist es zum Schadensersatz verpflichtet, wobei ihm die Haftungsprivilegierung des § 708 BGB nicht zugute kommt, sondern der Haftungsmaßstab des § 276 BGB gilt. Geschäfte der Personengesellschaft mit dem herrschenden Gesellschafter oder anderen verbundenen Unternehmen stellen außergewöhnliche Geschäftsführungsmaßnahmen dar, die gem. §§ 116 Abs. 2, 164 Satz 1 HGB der Zustimmung aller Gesellschafter bedürfen. Fehlt mangels Zustimmung der Minderheit die Geschäftsführungsbefugnis des handelnden Gesellschafters, so schlägt dieser Mangel meist auf die Wirksamkeit des Geschäftes nach außen durch, weil sich der Vertragspartner wegen seiner Gesellschafterrolle nicht auf die unbeschränkte Vertretungsmacht berufen kann.[3] Solche Mitspracherechte können zwar vertraglich modifiziert oder abgedungen werden, soweit dadurch nicht in den Kernbereich der Mitgliedschaft der Gesellschafter eingegriffen wird. Zu beachten sind jedoch die Grenzen von Mehrheitsbeschlüssen. 605

1 Loew, 154, mit der Konsequenz, daß die Zustimmung sämtlicher Gesellschafter erforderlich ist.

2 Materielle Beschlußkontrolle, „Süssen", BGH v. 16.2.1981, BGHZ 80, 69, 74; Ulmer in Großkommentar HGB, Anhang § 105 HGB Rz. 44.

3 Schießl, 63 ff.; Löffler, 157 ff.; Ulmer in Großkommentar HGB, Anhang § 105 HGB Rz. 46 ff.

c) *Konzernbildung*

606 Die Unterstellung einer Personengesellschaft unter die konzernstiftende einheitliche Leitung des herrschenden Unternehmens setzt nach verbreiteter Ansicht eine gesellschaftsvertragliche Legitimation oder einen vertragsändernden Konzernierungsbeschluß der Gesellschafter der beherrschten Personengesellschaft voraus, wenn die Gesellschaft ursprünglich entweder als unabhängige oder als zwar abhängige, aber nicht konzernierte Personenvereinigung gegründet war.[1] Der Beschluß bedarf der Zustimmung sämtlicher Gesellschafter, und zwar angesichts der Auswirkungen auf den Kernbereich der Mitgliedschaft selbst dann, wenn der Gesellschaftsvertrag Mehrheitsbeschlüsse zuläßt.

Maßgebend ist dafür die Erwägung, daß der Verlust der wirtschaftlichen Selbständigkeit die auf wirtschaftliche Autonomie angelegte Struktur der Gesellschaft grundlegend verändert,[2] daß die personalistische Struktur der Personengesellschaft eine einseitige faktische Konzernierung ausschließt,[3] daß die Konzernbildung mit Blick auf die von ihr ausgehenden Gefahren einem Grundlagengeschäft gleichsteht, das den Regeln über die Änderung des Gesellschaftsvertrages untersteht[4] bzw. daß die Überlagerung oder Ersetzung des Gesellschaftsinteresses durch das Konzerninteresse eine Änderung der Zweckbestimmung der konzernierten Personengesellschaft bewirkt.[5] Dies führt nach einer im Schrifttum zunehmend verfochtenen Auffassung[6] dazu, daß legitime Konzernleitungsmacht nur aufgrund Vereinbarungen im Rahmen des Gesellschaftsvertrages, eines auf Vertragsänderung gerichteten Konzernierungsbeschlusses, der die Leitungsmacht des herrschenden Unternehmens begründet, oder im Rahmen eines Beherrschungsvertrages, der Weisungs- oder Leitungsbefugnis des herrschenden Unternehmens etabliert, erfolgen kann.

607 Eine ohne diese Maßnahmen durchgeführte Einbeziehung der Personengesellschaft in den Konzern des herrschenden Unternehmens läßt dessen besondere konzernrechtliche Verantwortung allerdings unberührt.[7] Sie knüpft bereits an den organisatorischen Befund der Konzernbildung an. Die Verlustausgleichspflicht beschränkt sich nicht auf den vertraglich legitimierten Konzern, sondern gilt ebenso während der faktischen Ausübung einheitlicher Leitung. Darüber hinaus stellt die Errichtung einheitlicher Leitung ohne Zustimmung aller Gesellschafter eine besonders gravierende Verletzung gesellschaftsvertraglicher Pflichten dar, die sowohl zum Entzug der Geschäftsführungs- und Vertretungsbefugnis als auch zum Ausschluß des herrschenden Gesellschafters berechtigt. Die bereits vollzogene Konzernbildung kann auch von den Mitgesellschaftern durch eine Beseitigungsklage rückgängig

1 Kleindieck, 245 f.
2 Schneider, ZGR 1975, 253, 275; Schneider, ZGR 1980, 511, 525; Schießl, 27, 40 ff.; Emmerich/Sonnenschein, § 27 II 1; ebenso bereits für die Begründung der Abhängigkeit, Loew, 154.
3 Reuter, ZHR 1982, 1, 15 ff.; Reuter, AG 1986, 130, 137.
4 Kleindieck, 257.
5 Ulmer in Großkommentar HGB, Anhang § 105 HGB Rz. 59; im Ergebnis wohl auch Löffler, 41.
6 Ulmer in Großkommentar HGB, Anhang § 105 HGB Rz. 36; Ulmer in Probleme des Konzernrechts, 26, 33; Löffler, 56 ff.
7 Becker in Das Gesellschaftsrecht der Konzerne im internationalen Vergleich, 419, 451.

gemacht werden. Der Gesellschaft steht gegen das herrschende Unternehmen ein auch im Wege der actio pro socio geltend zu machender Schadensersatzanspruch hinsichtlich aller ihr aus der Konzerngliederung entstandener Schäden zu.

3. Rechtsfolgen der Konzernierung

Hinsichtlich der Rechtsfolgen, die die Einbindung einer Personengesellschaft in einen Unternehmensverbund nach sich zieht, ist zwischen der Begründung eines bloßen Abhängigkeitsverhältnisses und der Begründung eines (faktischen oder vertraglichen) Konzerns zu differenzieren. **608**

Bei der schlicht abhängigen Personengesellschaft verbleibt es beim punktuellen Schadensausgleich. Für nachteilige Maßnahmen haftet das herrschende Unternehmen unter dem Gesichtspunkt der Treupflichtverletzung bzw. positiven Forderungsverletzung des Gesellschaftsvertrages. Eine Privilegierung des herrschenden Unternehmens durch einen zeitlich aufgeschobenen Nachteilsausgleich ist nicht möglich. Dieselbe Verantwortlichkeit trifft bei mehrstufiger Abhängigkeit auch den mittelbar herrschenden Gesellschafter.[1] Das Haftungsprivileg nach § 708 BGB kommt dem herrschenden Unternehmen nicht zugute, weil es an der von dieser Norm vorausgesetzten Parallelität der Gesellschafterinteressen fehlt. Die Gläubiger in der abhängigen Personengesellschaft partizipieren reflexartig an den durch die Treuepflicht gesetzten Schranken für die Ausübung beherrschenden Einflusses. Die dem Vermögensschutz der abhängigen Personengesellschaft dienenden Ansprüche der Minderheit kommen mittelbar auch den Gläubigern zugute. Ist das herrschende Unternehmen über eine zwischengeschaltete GmbH mittelbar als Komplementär an der KG beteiligt, so finden ergänzend zum einen die Kapitalerhaltungsvorschriften der §§ 30, 31 GmbH-Gesetz analog Anwendung, wobei es nicht darauf ankommt, ob die zur Verminderung des Gesellschaftsvermögens oder des Haftkapitals führende Auszahlung aus dem Vermögen der GmbH oder unmittelbar aus demjenigen der KG erfolgt; hinzu tritt die Anwendung der Vorschriften über eigenkapitalersetzende Gesellschafterdarlehen nach § 172a HGB. Soweit die Komplementär-GmbH mit dem herrschenden Unternehmen einen qualifizierten faktischen GmbH-Konzern bildet, sind zum anderen im Verhältnis zwischen ihnen sowie gegenüber den Gläubigern der Komplementär-GmbH die Vorschriften der §§ 302, 303 AktG analog anwendbar. **609**

Die Begründung eines Konzernverhältnisses, sei es durch faktische Unterstellung unter eine einheitliche Leitung, sei es durch Abschluß eines Unternehmensvertrages, bedarf nach dem Gesagten der Zustimmung aller Gesellschafter. Dem Schutz der Minderheitsgesellschafter ist demnach Genüge getan, wenn die Vereinbarung von Abfindungsansprüchen, Garantiedividenden etc. deren Verhandlungsgeschick über- **610**

1 Emmerich in FS Stimpel, 1985, 743, 751; Reuter, AG 1986, 130; Ulmer in Großkommentar HGB, Anhang zu § 105 HGB Rz. 52.

lassen bleibt. Der Begründung solcher Ansprüche durch analoge Anwendung der Bestimmungen der §§ 304, 305 AktG bedarf es mithin nicht.

611 Darüber hinaus ist allgemein[1] anerkannt, daß das herrschende Unternehmen während der Dauer der Konzernverbindung entsprechend den Bestimmungen des § 302 AktG zum Ausgleich der bei der Personengesellschaft entstandenen Verluste verpflichtet ist. Die aus dem Konzernverhältnis resultierende Gefährdungslage der abhängigen Gesellschaft ist rechtsformunabhängig, so daß insoweit die Grundsätze, die im GmbH-Konzern gelten, auf den Personengesellschaftskonzern übertragen werden können.

4. Die Personengesellschaft als herrschendes Unternehmen

612 Die gesetzlichen Regelungen über verbundene Unternehmen sind im wesentlichen aus der Sicht der beherrschten Gesellschaft, des Schutzes ihrer außenstehenden Gesellschafter und Gläubiger entwickelt worden. Konzernbildung und Konzernleitung werfen aber auch auf der Ebene der herrschenden Gesellschaft erhebliche Kompetenzprobleme auf, da Konzerngründung und -führung herkömmlich als Zuständigkeit der Geschäftsführung aufgefaßt werden. Für die Personengesellschaft als herrschendes Unternehmen stellt sich diese Problematik im Vergleich zur Aktiengesellschaft aufgrund des flexiblen Innenrechts der Personengesellschaft und der im Vergleich zum Aktienrecht weitergehenden Mitsprache und Informationsrechte der nicht an der Geschäftsführung der herrschenden Personengesellschaft beteiligten Gesellschafter in der Regel nicht.

Hier kommt wiederum zum Tragen, daß das gesetzliche Normalstatut der Personengesellschaften den nicht geschäftsführungs- und vertretungsbefugten Gesellschaftern erheblich weiterreichende Mitwirkungsmöglichkeiten einräumt als dem außenstehenden Gesellschafter einer GmbH oder AG. Da andererseits in der Praxis hiervon durch abweichende gesellschaftsvertragliche Vereinbarungen in weitem Umfang abgewichen wird und das Innenrecht der Personengesellschaften – insbesondere der GmbH & Co. KG – dem der Kapitalgesellschaft stark angenähert wird, bedarf die Ausgestaltung des Gesellschaftsvertrages in bezug auf mögliche konzernrechtliche Gefährdungen der Minderheitsgesellschafter besonderen Augenmerks. Es empfiehlt sich daher, bei der Abfassung des Vertrages darauf zu achten, daß der üblicherweise aufgestellte Katalog zustimmungspflichtiger Geschäfte, vor deren Vornahme der geschäftsführende Gesellschafter verpflichtet ist, einen Gesellschafterbeschluß herbeizuführen, gerade auch Maßnahmen der Konzernbildung und Konzernleitung enthält. Außerdem sollten die Auskunfts- und Kontrollrechte der nicht an der Geschäftsführung beteiligten Gesellschafter ausdrücklich auch die wirtschaftlichen Umstände in potentiellen Konzerngesellschaften umfassen.

1 Vgl. mit unterschiedlicher Begründung: „Danone-Gervais“, BGH v. 5.2.1979, NJW 1980, 231; Reuter, ZHR 1982, 1, 21; Baumgartl, 113 ff.; Löffler, 92; Ulmer in Großkommentar HGB, Anhang § 105 HGB Rz. 71 ff.; Stimpel in Probleme des Konzernrechts, 11, 24.

a) Konzernbildung

Der Erwerb einer Beteiligung, die Neugründung von Tochtergesellschaften oder Gemeinschaftsunternehmen sowie die Ausgliederung wesentlicher Unternehmensteile qualifizieren als außergewöhnliche Maßnahmen gem. §§ 116 Abs. 2, 164 HGB und erfordern daher die Mitwirkung der außenstehenden Gesellschafter. Die fehlende Zustimmung der Mitgesellschafter läßt zwar die unbeschränkte Vertretungsmacht der geschäftsführenden Gesellschafter unberührt. Sie kann jedoch auf die Außenwirksamkeit des Geschäftes durchschlagen, wenn sich der Vertragspartner wegen seiner Gesellschafterrolle nicht auf die unbeschränkte Vertretungsmacht berufen kann. 613

b) Konzernleitung

Maßnahmen der Konzernführung und Konzernleitung, gleichgültig ob diese auf der Ebene der herrschenden Personengesellschaft oder auf derjenigen der Tochtergesellschaft vorgenommen werden, können Mitwirkungsbefugnisse der außenstehenden Gesellschafter gem. §§ 116 Abs. 2, 164 HGB auslösen. Das gilt einmal in bezug auf die Geschäftsführung der herrschenden Personengesellschaft einschließlich der Ausübung von Beteiligungsrechten durch ihre Geschäftsführer bei der Tochtergesellschaft; darunter fällt auch die Beschlußfassung über die Gewinnverwendung in der Tochtergesellschaft. Darüber hinausgehend sind eigene Mitspracherechte der Gesellschafter der herrschenden Personengesellschaft auch in bezug auf außergewöhnliche Geschäfte der Tochtergesellschaft möglich, wenn diese mit der Obergesellschaft ein wirtschaftlich einheitliches Unternehmen bildet und wenn sie keine außenstehenden Gesellschafter hat, in deren Rechtsposition durch die Mitspracherechte Dritter eingegriffen wird.[1] 614

Die Informationsrechte gem. §§ 118, 166 HGB erstrecken sich auch auf die Rechtsbeziehung der herrschenden Personengesellschaft zu ihren verbundenen Unternehmen. Darüber hinaus stehen den Gesellschaftern der herrschenden Personengesellschaft auch Einsichts- und Auskunftsrechte hinsichtlich der Unterlagen der Tochtergesellschaft zu.[2] Dies gilt jedoch nur dann, wenn das abhängige Unternehmen sich im Alleinbesitz der Personengesellschaft befindet. Lediglich das außerordentliche Einsichtsrecht nach § 116 Abs. 3 HGB erstreckt sich allgemein auf Bücher und Papiere eines abhängigen Unternehmens, soweit die geschäftsführenden Personengesellschafter Besitz daran haben; ein Anspruch der nicht geschäftsführenden Gesellschafter unmittelbar gegen die Tochtergesellschaft auf Vorlage der Bücher und Papiere besteht dagegen nicht. 615

1 Ulmer in Großkommentar HGB, Anhang § 105 HGB Rz. 84.
2 BGH v. 8.7.1957, BGHZ 25, 115, 118.

D. Umwandlungsrecht und Umwandlungsteuerrecht

SCHRIFTTUM

Bacmeister, § 24 UmwG und die Bindung zwischen Handels- und Steuerbilanz (Maßgeblichkeit) bei der Verschmelzung, DStR 1996, 121; *Blumers/Beinert,* Grundregeln für die Optimierung des Unternehmenskaufs nach neuem Umwandlungs(-steuer)recht, DB 1995, 1043; *Blumers/Beinert,* Umwandlungsrecht überraschend rückwirkend geändert, BB 1997, 1880; *Binz,* Die GmbH & Co., 8. Aufl. 1992; *Bogenschütz,* Änderung der Unternehmensstruktur nach neuem Umwandlungsrecht, Teil B, 2. Abschnitt in WP-Handbuch der Unternehmensbesteuerung, Ergänzungsband, 2. Aufl. 1995; *Boochs,* Auswirkungen des Umwandlungssteuerrechts 1995 auf die Umsatzsteuer und die Grunderwerbsteuer, UVR 1997, 36; *Böttcher,* Zum Steuer- und Wirtschaftsrecht der Familienunternehmen, StbJb 1965/66, 175, 189; *Cattalaens,* Gesetz zur Fortsetzung der Unternehmenssteuerreform: Änderungen des EStG, DB 1997, 2294; *Crezelius,* Grundsätzliches und Zweifelsfragen zum Umwandlungsrecht 1995, Stbg 1995, 438; *Dehmer,* Umwandlungssteuererlaß 1998, Erläuterungsbuch für die Praxis, 1998; *Dötsch/Wochinger,* Das neue UmwStG und seine Folgeänderungen bzw. Auswirkungen bei der ESt, KSt und GewSt, DB 1994, Beilage 14; *Felix u. a.,* Steuer- und Rechtspraxis der Mitunternehmer 1980, Kölner Beratungsrichtlinien, Richtlinie 6, 1980; *Fischer,* Verschmelzung von GmbH in der Handels- und Steuerbilanz, DB 1995, 485; *Frey/v. Bredow,* Der Wegfall des einzigen Komplementärs nach der HGB-Reform, ZIP 1998, 1621; *Füger/Rieger,* Das Gesetz zur Fortsetzung der Unternehmenssteuerreform – rückwirkende Änderungen im EStG, KStG und UmwStG, DStR 1997, 1427; *Füger/Rieger,* Das Umwandlungsmodell und Steuerausländer oder die Furcht vor dem Neuen, IStR 1995, 419; *Füger/Rieger,* Anteilskauf und Umwandlungsmodell unter Beteiligung von Steuerausländern, IStR 1995, 257; *Ganske,* Berufsrelevante Regelungen für Wirtschaftsprüfer im neuen Umwandlungsrecht, Wpg 1994, 157; *Geßler,* Zur Buchwertabfindung bei Ausscheiden aus einer GmbH, GmbHR 1984, 29; *Gronella,* Kann die GmbH & Co KG Inhaberin sämtlicher Geschäftsanteile ihrer allein persönlich haftenden GmbH-Komplementärin sein?, DB 1965, 1165; *Hemscha,* Die GmbH & Co. KG als Alleingesellschafterin ihrer GmbH-Komplementärin, 1974; *Hennerkes/Binz,* Die Buchwertabfindung – ein Fossil unserer Zeit?, DB 1983, 2669; *Herfort/Strunkl,* Step-up-Modell auch für Erwerbe von Nichtanrechnungsberechtigten, IStR 1995, 415; *Herzig,* Steuerliche Optimierung der Rechtsform durch Rechtsformwechsel, Stbg 1996, 49; *Herzig,* Neues Umwandlungsrecht (Spaltung) in WP-Handbuch der Unternehmensbesteuerung, Ergänzungsband, 2. Aufl. 1995, Kapitel B; *Höflacher/Wendlandt,* Überlegungen zur Umwandlung von Kapitalgesellschaften in Personengesellschaften, DStR 1996, 530; *Jakobs/Plewka,* Formwechselnde Umwandlung einer Kapitalgesellschaft in eine Personengesellschaft aus der Sicht beschränkt steuerpflichtiger Gesellschafter, DB 1995, 1630; *Kellermann,* Die Buchwertklausel zur Abfindung ausscheidender Gesellschafter, StbJb 1986/87, 403; *Kröner,* Überlegungen zur Verlustnutzung vor dem Hintergrund des Erlaßentwurfs zu §§ 8 Abs. 4 KStG und 12 Abs. 3 Satz 2 UmwStG, DStR 1998, 1495; *Knepper,* Rechtliche und wirtschaftliche Identität als Voraussetzung für den körperschaftssteuerlichen Verlustabzug, DStR 1994, 1796; *Neye,* Partnerschaft und Umwandlung, ZIP 1997, 722; *Neye,* Die Änderungen im Umwandlungsrecht nach den handels- und gesellschaftsrechtlichen Reformgesetzen in der 13. Legislaturperiode, DB 1998, 1649; *Neye,* Der Regierungsentwurf zur Reform des Umwandlungsrechts, ZIP 1994, 165; *Neye/Limmer/Frenz/Harnacke,* Handbuch der Unternehmensumwandlungen 1997; *Olbing,* Änderungen des zeitlichen Anwendungsbereichs der durch das Gesetz zur Fortsetzung der Unternehmenssteuerreform eingeführten Steuerverschärfungen, Stbg 1998, 111; *Ott*, Der Umwandlungssteuer-Erlaß vom 25.3.1998, INF 1998, 385; *Rasner*, Abfindungsklauseln in OHG- und KG-Verträgen, NJW 1983, 2905; *Reichert*, Folgen der Anteilsvinkulierung für Umstrukturierungen von Gesellschaften mit beschränkter Haftung und Aktiengesellschaften nach dem Umwandlungsgesetz 1995, GmbHR 1995, 176; *Rixen/Böttcher*, GmbH Internationaler Erfahrungsbericht über eine transnationale Verschmelzung, GmbHR 1993, 572; *Röder-Lingemann*, Schicksal von Vorstand und Geschäftsführer bei Unternehmensumwandlungen und Veräußerungen, DB 1993, 1341; *Römermann*, Neues Recht der Partnerschaftsgesellschaft, NZG 1998, 675; *Sagasser/Bula*, Umwandlungen, 1995; *Schmidt, K.*, Die Freiberufliche Partnerschaft. Zum neuen Gesetz zur Schaffung von Partnerschafts-Gesellschaften, NJW 1995, 1; *Schmidt, K.*, Das Handelsrechtsreformgesetz, NJW 1998, 2161; *Schmidt*, Abfindung, Unternehmensbewertung und schwebende Geschäfte, DB 1983, 2401; *Schulze zur Wiesche*, Die Einschränkung der Übertragung von Verlusten in Umwandlungsfällen durch das Gesetz zur Fortsetzung der Unternehmensreform, DStZ 1998, 413; *Schwarz*, Das neue Umwandlungsrecht, DStR 1994, 1694; *Schwedhelm/Olbing*, Von der Steuerreform zur Steuerfalle: Gesetz zur Fortsetzung der Unternehmenssteuerreform, Stbg 1997, 385; *Seithel*, Ertragsteuerliche Probleme der „Umwandlung" einer GmbH & Co. KG auf die Komplementär-GmbH im Wege der Anwachsung, GmbHR 1978, 65; *Thiel/Ebersberg/van Lishaut/Neumann*, Der Umwandlungssteuer-Erlaß 1998, GmbHR 1998, 397; *Wacker*, Die §§ 20 ff. UmwStG 1995 nach dem Einführungsschreiben vom 25.3.1998, BB 1998, Beilage 8; *Wiegand*, Offene Fragen zur neuen Gründerhaftung in der Vor-GmbH, BB 1998, 1065; *Wochinger/Rödder*, Neue Restriktionen für die Umwandlung von Kapital- in Personengesellschaften, FR 1998, 129.

I. Die Änderung der Unternehmensform

1. Vorbemerkung

616 Die Wahl der Unternehmensform gehört zu den wichtigsten und grundlegenden Entscheidungen im Rahmen der strategischen Ausrichtung der Unternehmung. Wie an anderer Stelle dieses Buches dargestellt, wird die Rechtsformwahl von einer großen Anzahl von Determinanten bestimmt. Dies hat unter anderem zur Folge, daß die rechtsformbestimmenden Einflußfaktoren im Zeitablauf einer Änderung unterliegen (können). Im dynamischen Wirtschaftsprozeß ergeben sich u. U. Notwendigkeiten, die einmal gewählte Unternehmensform zu wechseln. Sei es, daß das Unternehmen aus dem gewählten Rechtskleid „herausgewachsen" ist, den Kapitalmarkt nutzen möchte, aufgrund eines Verschlankungsprozesses ein „kleineres" Rechtskleid benötigt, eine Trennung von Gesellschaftern und/oder Geschäftsfeldern erfolgen soll, haftungsrechtlichen Bedenken Rechnung getragen werden soll oder aber auch aus steuerlichen Erwägungen eine andere Rechtsform vorgezogen wird. Daneben besitzt die Wahl der Unternehmensform bzw. die Möglichkeit, die vom „Vorbesitzer" gewählte Rechtsform zu ändern, besondere Bedeutung im Rahmen des Unternehmenskaufs. Sei es, um in der Unternehmensgruppe bzw. im Konzern eine einheitliche Rechtsformwahl durchzusetzen (z. B. Kapitalgesellschaften zwecks Organschaft) oder aber auch um eine steuerliche Optimierung des Unternehmenserwerbs zu bewirken, die sich im Rahmen des Erwerbs einer Kapitalgesellschaft durch Umwandlung in eine Personengesellschaft ergibt (steuerliche Effektuierung vergüteter stiller Reserven auf einzelne Wirtschaftsgüter zwecks Geltendmachung zukünftiger zusätzlicher Abschreibungen – sogenannter „Step-up" – sowie Erstattung etwaiger Anrechnungsguthaben aus der Gliederung des verwendbaren Eigenkapitals).

Soll ein Rechtsformwechsel vollzogen werden, ist stets zu prüfen,

- ob die gewünschte Restrukturierung möglich ist (handels- und steuerrechtlich);
- ob für deren Realisation mehrere Alternativen zur Verfügung stehen;
- welche Vor- bzw. Nachteile die verschiedenen Alternativen aufweisen;
- welche steuerlichen Folgen eine Restrukturierung selbst auslöst;
- welche Besteuerungskonsequenzen sich für die laufende Besteuerung ergeben.

2. Zivilrecht

617 Soll die Rechtsform eines Unternehmens geändert werden, so hängen Voraussetzungen und Rechtsfolgen zivilrechtlich davon ab, ob eine Einzelrechtsnachfolge oder Gesamtrechtsnachfolge vorliegt bzw. es zu keinem Vermögensübergang kommt.

Die verschiedenen Alternativen gliedert die folgende Übersicht:

Zivilrechtliche Umwandlungsmöglichkeiten zur Änderung der Unternehmensform

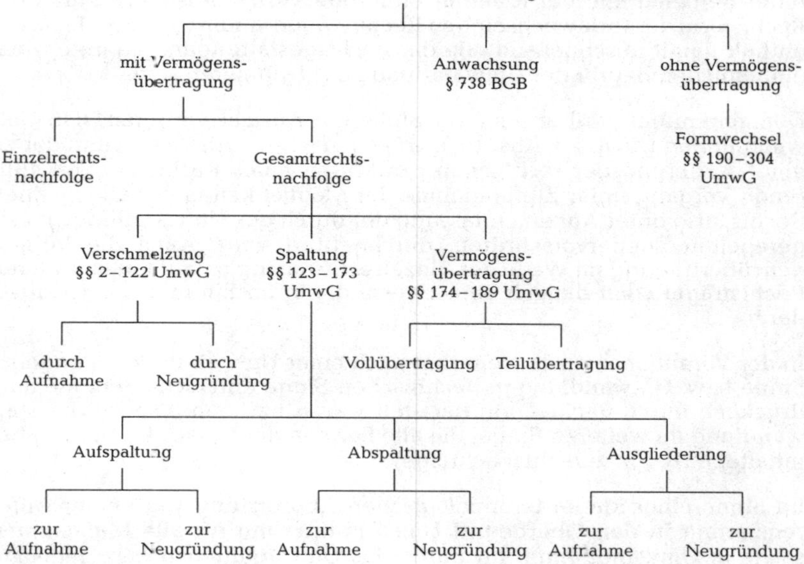

Die Umwandlungsmöglichkeiten Verschmelzung, Spaltung, Vermögensübertragung sowie Formwechsel wurden völlig reformiert und neu gefaßt bzw. erstmals gesetzlich geregelt (Spaltung) durch das Gesetz zur Bereinigung des Umwandlungsrechts vom 28.10.1994.[1] Das neue Umwandlungsrecht gilt für Umwandlungen, zu deren Vorbereitung nicht bereits vor dem 1.1.1995 ein Vertrag oder eine Erklärung beurkundet oder notariell beglaubigt oder eine Versammlung der Anteilsinhaber einberufen worden ist. Für diese Umwandlung bleibt es bei der Anwendung des alten Umwandlungsrechts (vgl. § 318 UmwG). Die Neuauflage konzentriert sich auf die Darstellung des geltenden Rechts. Soweit Fragen zum alten Recht bestehen, wird auf die Vorauflagen verwiesen.

Die Änderung der Rechtsform eines Unternehmens wird im allgemeinen als Umwandlung bezeichnet. Als fraglich kann durch Einführung des neuen Umwandlungsrechts angesehen werden, ob nunmehr nur noch Umwandlungen, die dem strengen numerus clausus des Umwandlungsrechts entsprechen, unter den Begriff Umwandlung zu subsumieren sind. Diese Ansicht spiegelt sich z. B. in folgender Definition wider:

„Unter einer Umwandlung kann ein Umstrukturierungsvorgang von Unternehmen verstanden werden, in dem von einem oder von mehreren Rechtsträgern Vermögen auf einen oder mehrere Rechtsträger im Wege der Gesamt- oder Sonderrechtsnachfolge übergeht und im Gegenzug

1 Art. 1 dieses Gesetzes enthält das neue Umwandlungsgesetz, BGBl. I 1994, 3210, Überblick z. B. bei Neye, ZIP 1994, 165, Schwarz, DStR 1994, 1694.

Anteile an den übertragenden Rechtsträger bzw. deren Gesellschafter und/oder eine sonstige Gegenleistung gewährt wird bzw. durch den sich unter Beibehaltung der Identität und ohne Vermögensübertragung die Rechtsform des formwechselnden Rechtsträgers ändert § 1 Abs. 1 UmwG enthält damit abschließend alle die Rechtsgestaltungen, die unter dem einheitlichen Begriff der Umwandlung zu subsumieren sind."[1]

Demgegenüber wird an anderer Stelle die Ansicht vertreten, daß Umwandlungen i. S. d. § 1 Abs. 1 UmwG auch dann vorliegen, wenn der zu einer Änderung der rechtlichen Strukturen eines Rechtsinhabers führende Vorgang unter Zuhilfenahme der Möglichkeiten des allgemeinen Rechts, also unter Außerachtlassung der durch das Umwandlungsgesetz geregelten Sondervorschriften, durchgeführt wird. Auch die Vermögensübertragung im Wege der Einzelrechtsnachfolge auf einen anderen Rechtsträger stellt danach eine Umwandlung im Sinne des § 1 UmwG dar.[2]

In der Vorauflage wurde weiterhin nach einer Umwandlung im engeren Sinne bzw. Umwandlung im technischen Sinne unterschieden, die ausdrücklich durch Rechtsnorm geregelt waren bzw. sind, sowie der Umwandlung im weiteren Sinne, die alle Formen der Umstrukturierung beinhaltet (z. B. Einzelrechtsnachfolge).

Im Sinne einer klaren terminologischen Abgrenzung wäre einer Differenzierung in den Oberbegriff Umstrukturierung für alle Maßnahmen sowie in Umwandlungen für durch das Umwandlungsgesetz gedeckte Umstrukturierung sinnvoll. Da es sich hierbei aber letztlich um einen mehr akademischen Streit handelt und aufgrund der oben aufgezeigten unterschiedlichen Ansichten diesbezüglich auch mit keiner eindeutigen Begriffswelt zu rechnen ist, wird nachfolgend der Begriff Umwandlung auch synonym für Umstrukturierungen gebraucht, die nicht nach den Vorschriften des Umwandlungsgesetzes erfolgen.

3. Steuerrecht

618 (Fast) jeder Umstrukturierungsvorgang löst auch steuerliche Konsequenzen aus. Vorrangig sind die ertragsteuerlichen Auswirkungen (Einkommen-, Körperschaft-, Gewerbesteuer) sowie Verkehrssteuern (Umsatzsteuer, Grunderwerbsteuer, die Gesellschaftsteuer wurde mit Wirkung zum 1.1.1992 abgeschafft)[3] zu nennen.

Besondere Probleme bereitet im Rahmen von Umstrukturierungsvorgängen häufig die Tatsache, daß Zivil- und Steuerrecht nicht aufeinander abgestimmt sind. So löst z. B. der Formwechsel einer GmbH auf eine AG grundsätzlich keinerlei Ertragbesteuerung aus. Erfolgt jedoch der Formwechsel der GmbH auf eine vermögensverwaltende KG, kommt

1 Vgl. Dehmer, § 1 UmwG Anm. 1.
2 Vgl. Widmann/Mayer, Einf. UmwG, A, Anm. 2.2.
3 Vgl. Gesetz zur Verbesserung der Rahmenbedingungen der Finanzmärkte, Finanzmarktförderungsgesetz v. 22.2.1990, BGBl. I 1990, 266.

es zur Aufdeckung und Versteuerungen sämtlicher stiller Reserven. Ein verblüffendes Ergebnis, wenn man bedenkt, daß zivilrechtlich in beiden Fällen keine Vermögensübertragung vorliegt.

Bereits dieses einfache Beispiel verdeutlicht, daß (auch) im Umwandlungsrecht Zivil- und Steuerrecht nicht harmonieren. Insbesondere in Fällen der nicht durch das Umwandlungsgesetz gedeckten Umstrukturierungsvorgänge ergeben sich erhebliche steuerliche Probleme. Aber auch im Bereich des Umwandlungsrechts müssen Gestaltungen stets unter Berücksichtigung der steuerlichen Komponente erfolgen, da sonst u.U. eine volle Besteuerung aller ggf. über viele Jahre gebildeten stillen Reserven erfolgt.

II. Umstrukturierungen außerhalb des Umwandlungsgesetzes

1. Umstrukturierung durch Einzelrechtsnachfolge

a) Zivilrecht

Neben den Regelungen des Umwandlungsgesetzes bleibt die Möglichkeit erhalten, die Rechtsform eines Unternehmens im Wege der Einzelrechtsnachfolge zu ändern. Wird diese Möglichkeit der Umformung gewählt und anläßlich der Änderung der Unternehmensform das Vermögen des bisherigen Unternehmens auf ein anderes Unternehmen im Wege der Einzelrechtsnachfolge übertragen, dann ist das diesem Vorgang zugrundeliegende schuldrechtliche Grundgeschäft (Verpflichtungsgeschäft) streng vom Verfügungsgeschäft (dingliche Übertragung) zu trennen (sog. Abstraktionsprinzip). **619**

Gegenstand des schuldrechtlichen Grundgeschäfts kann das Unternehmen als Ganzes sein. Man braucht keine Einzelverträge für die einzelnen Unternehmensbestandteile abzuschließen; es ist ebenfalls nicht nötig, diese auch nur einzeln zu nennen bzw. Einrichtungsgegenstände, Waren, Forderungen oder Verbindlichkeiten besonders aufzuführen oder sogar zu bewerten. Die bloße Verpflichtung, sein Unternehmen auf ein anderes zu übertragen, ist bereits ausreichend.

Eine besondere Form ist nicht vorgeschrieben und nur erforderlich, wenn das Geschäft das ganze Vermögen des Übertragenden ausmacht (§ 311 BGB) oder ein Geschäftsanteil an einer GmbH (§ 15 GmbHG) oder Gegenstände mitübertragen werden sollen, bei denen für das Verpflichtungsgeschäft eine Form vorgeschrieben ist, z.B. Grundstücke (§ 313 BGB), oder der Gesellschaftsvertrag ein Schenkungsversprechen enthält (§ 518 BGB) oder eine Kartellvereinbarung darstellt (§ 34 GWB). In einem solchen Fall bedarf der ganze Vertrag der notariellen Beurkundung. **620**

Eine Vollmacht zur Übertragung eines Grundstücks etc. bedarf nur dann der Form, wenn sie unwiderruflich erteilt worden ist.[1]

1 BGH v. 23.2.1979, NJW 1979, 2306.

Praktisch kann man nur dazu raten, derart wichtige Geschäfte stets schriftlich festzulegen.

621 Was im einzelnen übertragen werden soll, muß der Vertrag bestimmen. Im Zweifel umfaßt er alle Bestandteile des Unternehmens einschließlich des Zubehörs (§ 314 BGB).

Im allgemeinen werden alle Aktiven und Passiven erfaßt, die im Zeitpunkt der Übertragung vorhanden sind. Neben den Geschäftsgrundstücken ist das Eigentum an den beweglichen Sachen des Unternehmens zu übertragen (z. B. Geschäftseinrichtung, Maschinen, Rohstoffe, Warenlager, Bargeld etc.); die Verpflichtung zur Übertragung der Handelsbücher, Geschäftsbriefe etc. muß ebenfalls Inhalt des Vertrages sein. Zu den Aktiven zählen weiter die Forderungen (Bonität prüfen!), aber auch alle sonstigen dem Unternehmen zugehörigen Rechte, wie z. B. Firmen- und Warenzeichenrechte, Hypotheken und sonstige Pfand- und Sicherungsrechte, Patente und sonstige gewerbliche Schutzrechte, Mitgliedschaftsrechte u. a. m. Auch die immateriellen Werte sind zu überlassen. Zu den Passiven gehören vor allem die Geschäftsschulden. Bei Abschluß des Verpflichtungsgeschäfts darf nicht übersehen werden, daß die Verpflichtung zur Übertragung der Geschäftsforderungen und zur Übernahme der Schulden die Gläubiger und Schuldner nicht unmittelbar berührt; die diesbezüglichen Abmachungen sind im Außenverhältnis zu den Gläubigern und Schuldnern nicht unmittelbar von Bedeutung.

Das Verpflichtungsgeschäft kann sich auf ganze Vertragsverhältnisse in ihren Rechten und Pflichten beziehen. Hier sind vor allem die im Unternehmen begründeten Arbeitsverhältnisse, die regelmäßig übernommen werden müssen, zu nennen (§ 613a BGB). Immer bedacht werden soll die Statuierung einer Unterlassungspflicht der Beteiligten, beispielsweise nicht selbst in unmittelbarer Nähe ein gleichartiges Geschäft zu eröffnen (Wettbewerbsverbot) sowie Abreden über die Haftung für Fehlbestände im übertragenen Unternehmen und Gewährleistungspflichten.[1] Ferner empfehlen sich Regelungen betreffend die Altschuldhaftung.[2]

Im Gegensatz zum schuldrechtlichen Grundgeschäft gibt es kein einheitliches Verfügungsgeschäft über das Unternehmen. Die einzelnen Bestandteile müssen nach den für jeden Einzelgegenstand geltenden Vorschriften übertragen werden.

Bei Grundstücken ist also die Auflassung und Eintragung (§§ 873, 925 BGB), bei beweglichen Sachen (z. B. Geschäftseinrichtung, Waren, Bargeld) die Einigung und Übergabe (§ 929 BGB) erforderlich, für die Forderungsübertragung bedarf es der Abtretung (§§ 398 ff. BGB), bei Wertpapieren müssen die dafür geltenden Übertragungsformen eingehalten werden. Bei Inhaberaktien und regelmäßig auch bei Wandelschuldverschreibungen (§ 221 AKtG) sind das Einigung und Übergabe (§ 929 BGB),

1 BGH v. 14.7.1978, NJW 1979, 33.

2 §§ 25–28 HGB, § 419 BGB (diese Vorschrift entfällt aufgrund des Einführungsgesetzes zur Insolvenzordnung vom 5.10.1994 mit Wirkung vom 1.1.1999 – vgl. hierzu auch die Neufassung der Anwendungsregelung durch das Gesetz zur Änderung des Einführungsgesetzes zur Insolvenzordnung und anderer Gesetze vom 19.12.1998 [BGBl. I, 3836]), §§ 74–75 AO; Freistellungserklärungen allein wirken nur im Innenverhältnis, vgl. aber § 25 Abs. 2 HGB.

bei Namensaktien zusätzlich noch das Indossament (§ 68 AktG). Sparkassenbücher, Postsparbücher, Leihhausscheine, Depotscheine der Banken und Versicherungsscheine auf den Inhaber (§ 4 Abs. 1 VVG) sind Rektapapiere; ihre Übertragung erfolgt dementsprechend nicht durch Übereignung des Papiers, sondern durch Abtretung des Rechts aus dem Papier (§§ 398 ff. BGB). Gleiches gilt für Hypotheken-, Grund- und Rentenschuldbriefe (vgl. § 952 BGB), die Anweisung des bürgerlichen Rechts (vgl. § 783 BGB), den Kuxschein (§§ 105, 108 des preuß. allgemeinen Berggesetzes vom 24.6.1865)[1], den Rektascheck (Art. 5 Abs. 1 ScheckG), den Rektawechsel (Art. 11 Abs. 2 WG), den protestierten Wechsel und Scheck sowie die nicht mit der Orderklausel versehenen Papiere i. S. d. § 363 HGB. Inhaberschuldverschreibungen (§§ 793 ff. BGB) werden hingegen durch Einigung und Übergabe (§ 929 BGB) übertragen, indossabel sind die Orderschuldverschreibungen, also der Wechsel (Art. 11 Abs. 1 WG), der Namensscheck (Art. 14 ScheckG), der Zwischenschein (§ 68 Abs. 5 AktG) und die sieben kaufmännischen Orderpapiere (kaufmännische Anweisung, kaufmännischer Verpflichtungsschein, Konnossement, Ladeschein, Lagerschein, Bodmereibrief, Transportversicherungspolice).

Die Übertragbarkeit von Beteiligungen an Gesellschaften setzen deren Fungibilität voraus. So muß z. B. bei einer Personenhandelsgesellschaft und einer BGB-Gesellschaft die Vorschrift des § 717 BGB ausgeschlossen und die Zustimmung zur Übertragung erteilt sein. Die Mitgliedschaft an einer Genossenschaft ist hingegen nicht übertragbar.

Beschränkt persönliche Dienstbarkeiten (§ 1092 BGB), Nießbrauch (§ 1059 BGB) und Vorkaufsrechte (§ 1098 BGB) sind grundsätzlich im Wege der Einzelrechtsnachfolge nicht übertragbar (vgl. aber §§ 1059a ff. BGB). Gleiches gilt darüber hinaus für Urheberrechte an geschützten Werken (§ 29 UrhG), an denen lediglich – ihrerseits wiederum übertragbare – Nutzungsrechte eingeräumt werden können.

Vollmachten, Vertretungen und Aufträge müssen neu erteilt werden. Verträge können nicht einfach übernommen werden. Bei Schuldverträgen ist für die daraus begründeten Forderungen eine Abtretung und für die Verbindlichkeiten eine Schuldübernahme notwendig, die wenn sie befreiend wirken soll, nur mit Zustimmung des Gläubigers möglich ist (§ 415 BGB).

Weitere Besonderheiten gelten bei der Übertragung von Firmen- und Warenzeichen (die auch im Wege der Einzelrechtsnachfolge übertragen werden können), von Patenten, Geschmacks- und Gebrauchsmustern, bei denen zusätzlich die Umschreibung in den jeweiligen Schutzrechtsregistern erfolgen muß. Die einzelnen Voraussetzungen sind dabei in den entsprechenden Einzelgesetzen im Detail geregelt.

Besondere, dem Arbeitsrecht angehörende Probleme ergeben sich für **622**
den Übergang der Rechte und Pflichten aus den bestehenden Arbeitsverhältnissen. Geht ein Betrieb oder Betriebsteil durch Rechtsgeschäft auf einen anderen Rechtsträger über, so tritt dieser in die Rechte und

1 PreußGesslg, 705.

Pflichten aus den im Zeitpunkt des Übergangs bestehenden Arbeitsverhältnissen ein (§ 613a BGB). Allerdings kann der Arbeitnehmer dem bevorstehenden oder bereits erfolgten Übergang des Arbeitsverhältnisses widersprechen.[1] Der Widerspruch muß ab Ankündigung des Betriebsübergangs bis zu dem Zeitpunkt erfolgen, zu dem der Betrieb oder Betriebsteil auf den Erwerber übergeht. Ausnahmsweise kann der Arbeitnehmer auch nach dem Betriebsübergang widersprechen, wenn der Übergang ohne Information der Belegschaft vorgenommen wird. Setzt er in Kenntnis des Betriebsübergangs die Arbeit bei dem neuen Arbeitgeber ohne Vorbehalt fort, dann ist darin eine Zustimmung zu dem Übergang seines Arbeitsverhältnisses zu sehen. Hat der Arbeitgeber die betroffenen Arbeitnehmer über den geplanten Betriebsübergang unterrichtet und hat er damit die Aufforderung verbunden, innerhalb einer angemessenen Überlegungsfrist ausdrücklich zu widersprechen, falls sie nicht bereit sind, in die Dienste des Erwerbers bzw. der neuen Gesellschaft überzugehen, so gilt das Schweigen des Arbeitnehmers als Zustimmung. Der neue und alte Arbeitgeber haften als Gesamtschuldner für die aus dem Arbeitsverhältnis resultierenden Verpflichtungen, soweit sie vor dem Zeitpunkt des Übergangs entstanden sind und vor Ablauf von einem Jahr nach diesen Zeitpunkt fällig werden.[2] Werden solche Verpflichtungen nach dem Zeitpunkt des Übergangs fällig, so haftet der bisherige Arbeitgeber für sie jedoch nur in dem Umfang, der dem im Zeitpunkt des Übergangs abgelaufenen Teil ihres Bemessungszeitraums entspricht. Widerspricht der Arbeitnehmer dem Übergang seines Arbeitsverhältnisses auf den Betriebsnachfolger, dann braucht er seinem bisherigen Arbeitgeber nur seine Arbeitskraft anzubieten (§ 294 BGB); alle Voraussetzungen eines Annahmeverzuges sind dann erfüllt mit der Folge, daß der Arbeitgeber zur Weiterzahlung der vereinbarten Vergütung verpflichtet ist (§ 615 Abs. 1 BGB). Sieht man von der Möglichkeit des Abschlusses eines Aufhebungsvertrages einmal ab, dann kann das Arbeitsverhältnis vom Arbeitgeber aus nur durch eine ordentliche Kündigung (aus betrieblichem Grund) beendet werden; bis dahin braucht sich der Arbeitnehmer auf den ihm zu zahlenden Lohn nur den Wert desjenigen anrechnen zu lassen, was er infolge des Unterbleibens der Dienstleistung erspart oder durch anderweitige Verwendung seiner Dienste erwirbt oder zu erwerben böswillig unterläßt.

Vor einem Betriebsübergang sollte ein Arbeitgeber daher schon in eigenem Interesse alle betroffenen Arbeitnehmer rechtzeitig informieren. Nach dem BAG-Urteil vom 17.11.1977[3] gehören dazu „Angaben über den neuen Arbeitgeber; der Arbeitnehmer muß in der Lage sein, Erkundigungen und Rat einzuholen. Mit dieser Information kann der Ar-

1 BAG v. 2.10.1974, BB 1975 468, seitdem st.Rspr.

2 Die Enthaftungsregelung des § 613a Abs. 2 BGB priviligiert nur den rechtsgeschäftlichen Betriebsübergang (Betriebsveräußerung, Betriebsverpachtung, Nießbrauchbestellung); bei Verschmelzung oder Umwandlung gilt diese Bestimmung gem. § 613a Abs. 3 BGB nicht. Nach BAG v. 3.5.1983, WM 1983, 848 und BGH v. 19.5.1983, WM 1983, 698 kann die Enthaftungsregelung des § 613a Abs. 2 BGB nicht „als Muster für die Gestaltung der Haftung ausgeschiedener Gesellschafter" herangezogen werden und diese entsprechend begrenzen. Bei Gesellschafterwechsel gelten also die allgemeinen Haftungsgrundsätze (vgl § 159 HGB; „Endlos-Haftungs-Problematik", vgl. Binz, § 8 Rz. 168 ff. m. w. N.

3 BAG, Urt. v. 17.11.1977, NJW 1978, 1653.

beitgeber die Aufforderung an die Arbeitnehmer verbinden, innerhalb einer angemessenen Überlegungsfrist ausdrücklich zu widersprechen, falls sie nicht bereit sind, in die Dienste des Erwerbers überzugehen". Wird widersprochen, dann kann der Arbeitgeber von seinem (ordentlichen) Kündigungsrecht Gebrauch machen.[1]

Zusammenfassend läßt sich feststellen, daß der jedem Unternehmer/ 623
Unternehmen aufgrund der allgemeinen Regeln des Handelsrechts und des Bürgerlichen Rechts freistehende Weg, ein neues Unternehmen mit beliebiger Rechtsform zu begründen, das in der bisherigen Rechtsform geführte Unternehmen zu liquidieren und das Vermögen durch Einzelrechtsübertragung übergehen zu lassen, wenig praktikabel, umständlich und kostspielig ist.

b) Steuerrecht

aa) Übertragung zwischen Betriebsvermögen eines Steuerpflichtigen

Verfügt ein Steuerpflichtiger über mehrere inländische Betriebsver- 624
mögen, so ist eine Übertragung zwischen diesen Betriebsvermögen zu Buchwerten möglich bzw. zwingend, ohne daß dies eine Ertragsbesteuerung auslöst (Buchwertverknüpfung).[2]

Die Überführungen in einen ausländischen Betrieb, bei dem die Betriebsstättenergebnisse aufgrund eines DBA nicht der deutschen Besteuerung unterliegen, führt wegen Entstrickung (Verlust des deutschen Besteuerungsrechts) grundsätzlich zum Ansatz des Teilwerts (Fremdvergleichspreis zwecks zutreffender Gewinnabgrenzung). Da die Überführung als solche jedoch nicht auch zugleich zu einem Ausscheiden aus dem (inländischen) Betriebsvermögens führt, wird die Gewinnrealisierung bis zum Ausscheiden, bzw. bei abnutzbaren Anlagevermögen nur im Rahmen des Werteverzehrs (Abschreibung) mittels Bildung und Auflösung eines Ausgleichspostens berücksichtigt (dies gilt auch für selbstgeschaffene immaterielle Wirtschaftsgüter). Wahlweise kann (einheitlich) auch zu einer unmittelbaren Realisation optiert werden.[3]

Auch die Übertragung von Wirtschaftsgütern zu Buchwerten zwischen Besitz- und Betriebsunternehmen bei bestehender Betriebsaufspaltung ist zu Buchwerten möglich, soweit Beteiligungsidentität besteht.[4] Mit dem Steuerentlastungsgesetz 1999/2000/2002 sollen diese steuerneutralen Übertragungsmöglichkeiten alle entfallen.

Setzt der Steuerpflichtige die zu übertragenden Wirtschaftsgüter mit einem höheren Wert an, ergibt sich in Höhe der Differenz ein steuerlich relevanter Ertrag. Erfolgt die Überführung in das steuerliche Privat-

1 Zum Übergang von Versorgungsanwartschaften aus betrieblicher Rentenzusage vgl. BAG v. 15.3.1979, NJW 1979, 2533 sowie Lepke, BB 1979, 526 ff.; zu den Rechtsproblemen beim Betriebsübergang nach § 613a BGB allgemein, vgl. zur Haftung aus betrieblichen Versorgungszusagen ausführlich Binz, § 8 Rz. 175 ff.

2 Vgl. z. B. Schmidt, § 15 EStG Anm. 657; für Gewerbesteuer s. a. A 39 Abs. 1 Satz 16 Gewerbesteuerrichtlinien.

3 Vgl. BdF v. 12.2 1990, BStBl I 1990, 72.

4 Vgl. BMF v. 22.1.1985 BStBl I 1985, 97; ebenso Schmidt, § 15 EStG Anm. 877.

vermögen (z. B. Übertragung in eine vermögensverwaltende Tätigkeit), löst dies ebenfalls die Aufdeckung und Versteuerung der stillen Reserven aus.

In allen Realisationsfällen ist zu prüfen, ob die Voraussetzungen des § 16 i. V. m. § 34 EStG vorliegen. In diesen Fällen besteht unter Umständen die Möglichkeit, den sogenannten „halben" Steuersatz im Fall der geballten Aufdeckung von stillen Reserven geltend zu machen. Hierunter versteht man die Anwendung des halben durchschnittlichen Steuersatzes auf den außerordentlichen Gewinn. Die Begünstigung ist aufgrund des Gesetzes zur Fortsetzung der Unternehmenssteuerreform allerdings je Jahr und Steuerpflichtigen gegenwärtig auf DM 15 Mio. begrenzt.[1] Ab 1999 entfällt der „halbe" Steuersatz. Die Neuregelung des § 34 EStG begünstigt nur noch Fälle, in denen das laufende Einkommen unter dem Spitzensteuersatz liegt. Grundsätzlich fällt in Fällen begünstigter Gewinne keine Gewerbesteuer an. Soweit allerdings Übertragender und Übernehmender identisch sind, gilt ein entstehender Gewinn als laufend („Verkauf an sich selbst") und wird nicht begünstigt (§ 16 Abs. 2 Satz 3 EStG).[2] Bei einer Übertragung zwischen zwei Betrieben eines Steuerpflichtigen dürfte die Identität stets gegeben sein.

bb) Übertragung auf eine Personengesellschaft

625 Besteht die zu übertragende Einheit aus einem Betrieb oder Teilbetrieb oder in einem Mitunternehmeranteil, erfolgt die Übertragung auf eine Personengesellschaft, die steuerlich als Mitunternehmerschaft qualifiziert und wird der einbringende Mitunternehmer, so besteht das Wahlrecht zur Buch-, Zwischenwert- oder Teilwerteinbringung (§ 24 UmwStG).

Bei Buchwerteinbringung werden auch in diesem Fall ertragsteuerlich keine Konsequenzen gezogen (ertragsteuerliche Neutralität). Wird ein Zwischenwert angesetzt, ist der sich ergebende Ertrag stets voll zu versteuern (jedoch nicht für Zwecke der Gewerbesteuer), bei Teilwertansatz kommt eine Begünstigung (§ 34 Abs. 1 EStG) nur soweit in Frage, wie keine Teilwerteinbringung „an sich selbst" vorliegt. In Höhe der Beteiligungsquote des Einbringenden an der übernehmenden Personengesellschaft entsteht folglich laufender Gewinn, der nicht tarif- oder freibetragsbegünstigt ist.[3] Gewerbesteuerlich ist dieser Ertrag nicht zu erfassen.

Für die Übertragung aus dem Betriebsvermögen einer Personengesellschaft in das (Sonder-)Betriebsvermögen eines Mitunternehmers oder umgekehrt, wird bei Buchwertübertragung ebenfalls ertragsteuerliche Neutralität gewährt.[4] Auch die verdeckte Einlage kann zu Buchwerten erfolgen.[5]

Die zuletzt benannten Übertragungsakte sollen ab 1999 der vollen Besteuerung unterworfen werden.

1 Eine weitere Absenkung auf DM 10 Mio. ab 2002 war vorgesehen.
2 Zum „Verkauf an sich selbst" vgl. UmwSt-Erlaß vom 25.3.1998, Tz. 24.16; Wacker, BB Beilage 8, 29, Dehmer, Umwandlungssteuererlaß 1998, 513 f.
3 Vgl. Dehmer, § 24 UmwG Anm. 267.
4 Vgl. Schmidt, § 15 EStG Anm. 666.
5 Vgl. BMF v. 20.12.1977 („Mitunternehmer-Erlaß"), BStBl I 1978, 8; Schmidt, § 15 EStG Anm. 682.

cc) Übertragung auf eine Kapitalgesellschaft

(1) Verschleierte Sachgründung

Von einer verschleierten Sachgründung bzw. Sacheinlage spricht man, wenn zwar formal Bareinlagen geleistet werden, der Betrag aber materiell durch Sachleistung erbracht wird (Bargründung Gesellschaft, Veräußerung des Unternehmens an die Gesellschaft gegen das Bargründungskapital). 626

Aufgrund des Verstoßes gegen § 5 Abs. 4 GmbHG bzw. § 27 AktG ist die Sacheinlage unwirksam, der Gesellschafter folglich von der Bareinlageverpflichtung nicht befreit.[1] Die Voraussetzungen des § 20 Abs. 1 UmwStG (Einbringung in eine Kapitalgesellschaft gegen Gewährung neuer Anteile) sind in diesem Fall nicht erfüllt.[2]

Die verschleierte Sachgründung führt damit als verdeckte Einlage zur Gewinnrealisation. Werden die Wirtschaftsgüter zu einem Wert unter dem Teilwert auf die Kapitalgesellschaft übertragen (z. B. Verkauf des Einzelunternehmens zu Buchwerten an die bar gegründete GmbH), gilt ertragsteuerlich dennoch der Teilwert als realisiert. Dabei ist auch ein originärer Firmenwert aufzudecken und zu versteuern. In Höhe einer etwaigen Differenz liegt eine verdeckte Einlage vor.[3]

(2) Verdeckte Einlage

Zur Vermeidung der zivilrechtlichen Konsequenzen einer verschleierten Sachgründung kann statt der eigens gegründeten GmbH eine Vorratsgesellschaft verwandt (erworben) werden. 627

Steuerlich führt aber auch in diesem Fall eine Einbringung ohne Gewährung von neuen Anteilen stets zur Realisation, steuerlich gilt dies ebenfalls als verdeckte Einlage (Ausnahme in Fällen der Betriebsaufspaltung).[4]

Als verdeckte Einlage bezeichnet man den Fall, in dem ohne Vornahme einer Sachkapitalerhöhung der Kapitalgesellschaft neues Vermögen unentgeltlich oder zu einer Gegenleistung unter dem Teilwert aus gesellschaftsrechtlichen Gründen zugewiesen wird. Es liegt weder ein Veräußerungsgeschäft noch ein Tausch vor (dennoch Realisation gemäß § 17 Abs. 1 Satz 2 EStG für wesentliche Beteiligungen).

Erfolgt die verdeckte Einlage von Betriebsvermögen in eine Kapitalgesellschaft, so sind auf Ebene des Einlegenden die stillen Reserven i. H. d. Differenz Buchwert – Teilwert aufzudecken und zu versteuern. Der Anteilswert an der Kapitalgesellschaft erhöht sich um den gemeinen Wert der Einlage.[5]

1 Vgl. Dehmer, § 20 UmwG Anm. 202.
2 Vgl. BFH v. 1.2.1992, BStBl II 1993, 131.
3 Vgl. BFH v. 1.2.1992, BStBl II 1993, 131.
4 Vgl. BdF v. 22.1.1985, BStBl I 1985, 97, die Ausnahme entfällt voraussichtlich ab 1999.
5 Vgl. Schmidt, § 6 EStG Anm. 440 „verdeckte Einlage".

Bleibt eine evtl. gewährte Bar- oder Sachvergütung hinter dem Wert der Einlage zurück, spricht man auch von einer gemischten verdeckten Einlage. In diesem Fall kommen die nachstehenden Grundsätze in bezug auf den unentgeltlichen Teil zur Anwendung.

Bei dem Einbringenden können die Sonderregelungen der §§ 16, 34 EStG zur Anwendung kommen. Die Annahme einer „Übertragung an sich selbst", die zur Besteuerung eines laufenden Ertrages führt, scheidet bei der Übertragung auf eine Kapitalgesellschaft generell aus.

Gemäß § 17 Abs. 1 Nr. 2 EStG gilt auch die verdeckte Einlage einer wesentlichen Beteiligung als Veräußerung. Hiermit wurde die entgegenstehende Ansicht des BFH[1] überholt und die verdeckte Einlage, die mangels Gegenleistung grundsätzlich unentgeltlich ist, einer entgeltlichen Veräußerung unter Ansatz des gemeinen Wertes gleichgestellt.

(3) Offene Sacheinlage (Einbringung im Sinne des § 20 UmwStG)

628 Erfolgt die Übertragung auf die Kapitalgesellschaft gegen Gewährung neuer Gesellschaftsanteile (Sachkapitalerhöhung), liegt steuerrechtlich außerhalb des § 20 UmwStG grundsätzlich ein Tausch und damit ein Realisationstatbestand vor. Es ergibt sich ein Gewinn oder Verlust in Höhe der Differenz zwischen dem gemeinen Wert des hingegebenen Betriebsvermögens und der gewährten neuen Anteile. Wird die Regelung des § 20 UmwStG nicht in Anspruch genommen, erfolgt eine Aufdeckung und Versteuerung der stillen Reserven, § 16 i. V. m. § 34 EStG kommt grundsätzlich zur Anwendung.

Sind die Voraussetzungen des § 20 UmwStG erfüllt (insbesondere Betriebs- bzw. Teilbetriebsvoraussetzungen und Buchwertfortführung), kann alternativ auch eine Buchwertfortführung unter Ertragsteuerneutralität erreicht werden. Vergleiche i. e. zu § 20 UmwStG unter Rz. 830 ff.

dd) Grunderwerbsteuer

629 Überträgt ein Steuerpflichtiger zwischen mehreren, in seinem Alleineigentum stehenden Betriebsvermögen Grundstücke, so löst dies keine Grunderwerbsteuer mangels Erwerbsvorgang bzw. Ersatzstatbestand aus.

Wird ein Grundstück auf eine Personengesellschaft übertragen (hierunter fällt nicht der Zurückbehalt im Sonderbetriebsvermögen des Einbringenden) so entsteht Grunderwerbsteuer, die sich nach dem anteiligen Wert der Gegenleistung (gewährte Anteile) bemißt. Soweit allerdings an der Personengesellschaft Verwandte im Sinne des § 3 Nr. 4–6 GrEStG beteiligt sind, greift diese Befreiungsvorschrift. Darüber hinaus entfällt die Steuererhebung in Höhe des Anteils, in der der übertragende Alleineigentümer an der übernehmenden Gesamthand beteiligt ist (§ 5 Abs. 2 GrEStG).

1 BFH v. 28.2.1990, BStBl II 1990, 615.

Bei der Übertragung auf eine Kapitalgesellschaft entsteht Grunderwerbsteuer. Bemessungsgrundlage ist der anteilige Wert der gewährten Geschäftsanteile und sonstiger Gegenleistungen. Da grundsätzlich die Vermutung der ausgewogenen Gegenleistung besteht, wird folglich praktisch der Teilwert des Grundstückes angesetzt.

ee) Umsatzsteuer

Bei der Übertragung zwischen Betriebsvermögen eines Steuerpflichtigen werden die Tatbestandsvoraussetzungen des Umsatzsteuergesetzes nicht erfüllt. Es handelt sich um einen nichtsteuerbaren Innenumsatz. Nur bei Übertragung in eine ausländische EU-Betriebsstätte handelt es sich um einen steuerbaren Vorgang. **630**

Bei der Übertragung auf eine Personen- oder Kapitalgesellschaft ist nach Art und Umfang des Geschäfts zu differenzieren.

Liegt die Übertragung des gesamten Geschäfts oder einer gesondert gegliederten betrieblichen Einheit vor (entgeltlich oder unentgeltlich), so handelt es sich um den Fall der „Geschäftsveräußerung im Ganzen", der nicht umsatzsteuerbar ist (§ 1 Abs. 1a UStG). Die Vorsteuerabzugsberechtigung ist im Gegensatz zu steuerbefreiten Umsätzen in diesem Fall jedoch nicht eingeschränkt (kein Fall des § 15 Abs. 2 UStG).

Greift § 1 Abs. 1a UStG, ist zu beachten, daß der Übernehmende umsatzsteuerlich an die Stelle des übertragenden Unternehmers tritt, insbesondere hat der Übernehmer in diesen Fällen den Berichtigungszeitraum gem. § 15a UStG fortzuführen (§ 15a Abs. 6a UStG).

Greift die Ausnahme des § 1 Abs. 1a UStG nicht, liegt bei Gewährung von Anteilen als Gegenleistung ein steuerbarer Leistungsaustausch vor (tauschähnlicher Umsatz § 3 Abs. 12 UStG). Die Gewährung der Geschäftsanteile (sowohl bei Personen- als auch Kapitalgesellschaften) ist steuerbar, jedoch gem. § 4 Nr. 8f UStG steuerfrei. Um Nachteile bzgl. der Vorsteuerabzugsberechtigung zu vermeiden, kann hier gem. § 9 UStG zur Umsatzsteuer optiert werden. Zusätzlich ist zu prüfen, ob der Erwerber (insbesondere bei Anteilen an Kapitalgesellschaften) korrespondierend den Vorsteuerabzug geltend machen kann. Diesbzgl. können sich erhebliche Zweifel ergeben, da der Beteiligungserwerb (außerhalb von „Unternehmenshändlern") grundsätzlich nicht der umsatzsteuerlichen unternehmerischen Sphäre zugeordnet sein soll (u. E. abzulehnen).

Fehlt es an einer Gegenleistung dürfte eine Entnahme vorliegen. Im Rahmen des § 1 Abs. 1a UStG bleibt es bei einem nicht steuerbaren Vorgang. Im übrigen liegt eine nach den allgemeinen umsatzsteuerlichen Regelungen zu beurteilende Entnahme (allg. Befreiungstatbestände sind zu beachten) vor, bei der ein korrespondierender Vorsteuerabzug mangels Voraussetzungen (insbesondere Rechnung i. S. d. § 14 UStG) entfällt.

2. Umstrukturierung durch Anwachsung

a) Zivilrecht

aa) Allgemeines

631 Die Anwachsung ist ein für alle Gesamthandsgemeinschaften geltendes Prinzip, das in der Vorschrift des § 738 BGB geregelt ist. Danach fällt einem ausscheidenden Gesamthänder bei Weiterbestehen der Gesamthand nicht sein Anteil zu, sondern seine Beteiligung endet; die Mitberechtigung der übrigen Gesamthänder erweitert sich, indem ihnen ohne besonderen Übertragungsakt die Beteiligung des Ausscheidenden „anwächst". Bei Ausscheiden eines Gesellschafters ändert sich also das Gesamthandseigentum kraft Gesetzes ohne rechtsgeschäftliche Übertragung einzelner Vermögensgegenstände; bei Grundstücken bedarf es keiner Auflassung, sondern nur einer Berichtigung im Grundbuch. Der ausscheidende Gesellschafter ist auf einen schuldrechtlichen Anspruch gegen die übrigen Gesellschafter auf Rückgabe der zur Benutzung eingebrachten Gegenstände beschränkt; darüber hinaus kann er Befreiung von den gemeinschaftlichen Schulden und Herausgabe dessen verlangen, was er bei der Auseinandersetzung erhalten würde, wenn die Gesellschaft zur Zeit seines Ausscheidens aufgelöst worden wäre. Ferner nimmt er gemäß § 740 Abs. 1 BGB auch am Gewinn und Verlust der zur Zeit seines Ausscheidens schwebenden Geschäfte teil. Um hieraus sich ergebende Rechnungslegungspflichten zu vermeiden, empfiehlt es sich, im Gesellschaftsvertrag zu vereinbaren, daß der ausscheidende Gesellschafter an den schwebenden Geschäften nicht mehr teilnimmt oder daß er zur Abgeltung seines gesetzlichen Beteiligungsrechts daran einen bestimmten Zuschlag zu seinem Auseinandersetzungsguthaben, wie es sich aus der Auseinandersetzungsbilanz ergibt, erhält.[1]

Das Prinzip der Anwachsung findet selbst dann Anwendung, wenn alle Gesellschafter bis auf einen ausscheiden und eigentlich eine Gesamthandsgemeinschaft nicht mehr besteht.[2] § 738 BGB gilt auch für Personenhandelsgesellschaften (OHG, KG) uneingeschränkt (§§ 105 Abs. 2, 161 Abs. 2 HGB).

Eine Änderung der Unternehmensform unter Ausnutzung des Prinzips der Anwachsung ist ein Rechtsübergang kraft Gesetzes (§ 738 BGB); wie bei Verschmelzungen sind daher zur Vermögens- und Schuldübernahme keine Übertragungshandlungen erforderlich und möglich.[3]

Die Anwachsung stellt damit einen Vermögensübergang dar, bei dem keine Einzelübertragung möglich ist. Die gesamthänderische Bindung zwingt zu der Anwachsung. Dennoch wird die Anwachsung nicht als ein „echter" Fall der Gesamtrechtsnachfolge angesehen, da dieser Vorgang nur aufgrund der spezifischen Merkmale des Gesamthandeigentums möglich sei.[4]

1 Zu Abfindungsklauseln vgl. Rz. 144 ff.
2 BGH, Urt. v. 19.5.1960, BGHZ 32, 307, 317, 318; BGHZ 50, 307, 309.
3 Binz, 567.
4 Vgl. Dehmer, § 20 UmwStG Anm. 198.

bb) Gestaltungsmöglichkeiten

Eine Änderung der Unternehmensform durch Anwachsung ist naturgemäß nur möglich, wenn durch das Ausscheiden eines Gesellschafters die gesellschaftsrechtlichen Voraussetzungen der bestehenden Unternehmensform entfallen und die einer anderen erfüllt werden. Scheidet aus einer mehrgliedrigen GbR oder OHG ein Gesellschafter aus, dann ist dieser Vorgang für die Rechtsform des Unternehmens ebenso unbeachtlich wie etwa das Ausscheiden eines Kommanditisten aus einer KG, falls noch zumindest ein weiterer Kommanditist in der Gesellschaft verbleibt. Andererseits führt das Ausscheiden des einzigen persönlich haftenden Gesellschafters auch nach der Neuregelung des § 131 HGB durch das Handelsrechtsreformgesetz entgegen dem Wortlaut des § 131 Abs. 2 Nr. 1 oder Nr. 3 HGB quasi zur Auflösung einer KG, da es keine Personengesellschaft gibt, die nur aus Kommanditisten besteht.[1] **632**

Das Prinzip der Anwachsung bietet daher nur folgende rechtsformändernde Gestaltungsmöglichkeiten:

(1) Treten aus einer GbR, einer OHG oder KG alle bis auf einen (persönlich haftenden) Gesellschafter aus, so wachsen deren Anteile am Gesellschaftsvermögen dem verbleibenden Gesellschafter zu mit der Konsequenz, daß aus der Personengesellschaft ein Einzelunternehmen wird.

(2) Besteht eine GmbH (AG) & Co. KG und scheiden alle Gesellschafter bis auf eine Kapitalgesellschaft aus, entsteht aus einer Personengesellschaft eine Kapitalgesellschaft, und zwar unabhängig davon, ob die Kapitalgesellschaft zuvor Komplementärin oder Kommanditistin gewesen ist.

(3) Treten aus einer KG alle Kommanditisten aus und verbleiben zumindest zwei persönlich haftende Gesellschafter in dem Unternehmen, so entsteht eine OHG, ggf. auch eine GbR, falls die Gesellschaft kein Grundhandelsgewerbe betreibt und keine Eintragung in das Handelsregister erfolgt.

(4) Ein Rechtsformwechsel im Wege der Anwachsung von einer Personengesellschaft, an der zunächst nur natürliche Personen beteiligt sind, in eine Kapitalgesellschaft, ist – soweit ersichtlich – erstmals von Böttcher,[2] entwickelt worden. Für die „Umgründung" einer KG empfiehlt Böttcher ein Procedere in „sechs Akten":

Erster Akt: Bargründung einer Kapitalgesellschaft, deren Anteile von den Gesellschaftern der KG entsprechend ihrer Beteiligung an dieser übernommen werden.

Zweiter Akt: Nach Eintragung in das Handelsregister tritt die Kapitalgesellschaft als persönlich haftende Gesellschafterin in die KG ein, und zwar ohne Kapitalanteil und ohne Beteiligung am Gewinn und Verlust.[3]

1 So auch Frey/v. Bredow, ZIP 1998, 1621, 1622, K. Schmidt, NJW 1998, 2161, 2166.
2 StbJb 1965/66, 175, 189 ff.
3 Zulässig! Vgl. BFH v. 3.2.1977, BStBl II 1977, 346; Felix u. a., Anm. 96.

Dritter Akt: Alle Gesellschafter bis auf die Kapitalgesellschaft scheiden aus der KG aus. Die ausscheidenden Gesellschafter erhalten kein Abfindungsguthaben.

Vierter Akt: Änderung der Firmierung der Kapitalgesellschaft in die Firma, die von der KG abgeleitet wird.[1]

Fünfter Akt: Auf Antrag aller Gesellschafter (auch der ausgeschiedenen) wird die KG im Handelsregister gelöscht (der Übergang des Vermögens auf die Kapitalgesellschaft muß ebenfalls von allen Gesellschaftern zur Eintragung in das Handelsregister angemeldet werden).

Sechster Akt: Verwendung der aus den Kapitalkonten der Gesellschafter der KG entstandenen freien Rücklagen bei der Kapitalgesellschaft zu einer Kapitalerhöhung aus Gesellschaftsmitteln (die von der KG übernommenen Aktiva und Passiva übernimmt die Kapitalgesellschaft zu Buchwerten und weist die Kapitalkonten der Gesellschafter als freie Rücklagen aus).

633 Wohl eher theoretische Bedeutung erlangt das Prinzip der Anwachsung bei einer sog. Einheitsgesellschaft. Eine Einheitsgesellschaft liegt vor, wenn eine GmbH & Co. KG sämtliche Anteile ihrer Komplementär-Kapitalgesellschaft hält, wenn also die Kapitalgesellschaft Gesellschafterin in der KG und zugleich diese Gesellschafterin der Kapitalgesellschaft ist. Die Zulässigkeit einer solchen gesellschaftsrechtlichen Gestaltung war lange umstritten, ist heute aber anerkannt.[2] Treten aus einer solchen Einheitsgesellschaft alle Kommanditisten aus, dann wachsen deren Anteile der Komplementär-GmbH zu. Dies hat zur Folge, daß die u. a. im Betriebsvermögen der KG befindlichen Anteile an der Kapitalgesellschaft auf diese übergehen, die GmbH mithin ihre eigenen Anteile hält. Das Ergebnis ist eine Kein-Mann-Gesellschaft. Die Zulässigkeit des Erwerbs sämtliche Anteile durch eine GmbH ist umstritten.[3] Eine solche Gesellschaft ohne Gesellschafter wäre ein Art Zweckvermögen, eine „Stiftung" ohne die in den §§ 80 ff. BGB vorgesehene Staatsaufsicht.[4] Im übrigen Schrifttum wird der Besitz aller eigenen Geschäftsanteile durch die Kapitalgesellschaft selbst entweder grundsätzlich für unmöglich gehalten (der Übergang des letzten Geschäftsanteils soll unwirksam sein) oder als Auflösungsgrund der Gesellschaft für die Fälle angesehen, in denen die Gesellschaft nicht in der Lage ist, ihre eigenen Geschäftsanteile zu veräußern. Die zweite, differenzierende Lösung hat den Vorzug, daß sie eine Gestaltung, die gegen den einheitlichen Sinn und Zweck einer Körperschaft verstößt, als Dauerlösung verhindert, aber den Bedürfnissen der Praxis dadurch Rechnung trägt, daß sie sie als Interimslösung toleriert. Dürfen Gesellschafter nur für die Dauer einer von ihnen ausgeübten Tätigkeit eine Beteiligung halten (z. B. leitende Angestellte)

1 Scholz/Emmerisch, § 4 GmbHG Anm. 40 ff.

2 Vgl. § 172 Abs. 6 HGB: Gonella, DB 1965, 1165; Winkler, GmbH 1972, 73, 79 ff.; Hunscha 1974; Binz 59f, 282 ff.

3 Hohner in Kommentar zum GmbHG, § 33 GmbHG Anm. 72 ff. m. w. N.; K. Schmidt, Gesellschaftsrecht, § 33 V 2b 828.

4 So Hachenburg in FS Cohn, 11, der diese Gestaltung für zulässig erachtet; die Bestellung der Geschäftsführer und des Aufsichtsrats müßte – mangels einer Gesellschafterversammlung – in der Satzung geregelt werden.

und wachsen ihre Anteile satzungsgemäß mit ihrem Ausscheiden der Komplementär-GmbH zu, so besteht auch in den Fällen, in denen aus irgendwelchen Gründen das gesamte Führungspersonal auf einmal ausscheidet, ein schützenswertes Interesse, die Gesellschaft bis zum Eintritt neuer Gesellschafter (neues Management) am Leben zu erhalten.[1]

cc) Zivilrechtliche Behandlung

Wie oben dargestellt, kann die Überführung eines von einer KG/OHG betriebenen Unternehmens unter Ausnutzung des Anwachsungsmodells auf einen ihrer persönlich haftenden Gesellschafter oder etwa auf eine als Kommanditistin beteiligte GmbH erfolgen. Voraussetzung ist lediglich, daß sämtliche Gesellschafter mit Ausnahme des übernehmenden Gesellschafters aus der Personengesellschaft ausscheiden und die Beteiligten vereinbaren, daß das Unternehmen mit allen Aktiven und Passiven auf die verbleibenden Gesellschafter übergehen soll. Weitere Übertragungshandlungen sind weder möglich noch nötig; gehört ein Grundstück zum Gesellschaftsvermögen, haben daher die ausscheidenden Gesellschafter nur einer Berichtigung des Grundbuchs zuzustimmen (§ 894 BGB). **634**

Dem Wesen der Anwachsung zufolge erhält der Ausscheidende nicht seinen „Anteil", sondern seine Beteiligung endet und die Mitberechtigung des übrigen erweitert sich, indem ihm die Beteiligung des Ausscheidenden anwächst, während letzterer auf seinen Auseinandersetzungsanspruch beschränkt ist. Die Ratio der Bestimmung des § 738 BGB beruht darauf, daß „trotz Verzichts auf eine Auseinandersetzung der Gesellschaft die Stellung des ausgeschiedenen derjenigen bei erfolgter Abwicklung soweit wie möglich anzunähern" ist.[2] Folglich soll sich grundsätzlich der Abfindungsanspruch nach der Höhe des dem Ausgeschiedenen im Falle der Liquidation zustehenden Auseinandersetzungsguthabens bemessen (§§ 733 Abs. 2 Satz 1, 734, 739 BGB); Anspruchsgegner ist die Gesamthand, im Falle der Beendigung der Gesellschaft der Übernehmer. Der Ausgeschiedene hat einen Anspruch auf Rückgabe der zur Benutzung überlassenen Gegenstände (§ 738 Abs. 1 Satz 2 BGB); von den Mitgesellschaftern kann er Schuldbefreiung bzw. Sicherheitsleistung hinsichtlich derjenigen Verbindlichkeiten verlangen, für die er die persönliche Haftung übernommen hat. Ferner steht ihm eine Ergebnisbeteiligung an den schwebenden Geschäften zu (§ 740 BGB).[3]

An der persönlichen Haftung des Ausgeschiedenen für fällige Gesamthandsverbindlichkeiten ändert sich aber nichts. Dies bedeutet, daß der Schuldbefreiungsanspruch zwar den Gesellschaftern, nicht aber den Gesellschaftsgläubigern gegenüber geltend gemacht werden kann. Im Verhältnis zu diesen kann sich der Ausgeschiedene nur entsprechend der Regelung des § 160 HGB auf die fünfjährige Verjährungsfrist berufen.

1 Ausführlich hierzu Hohner in Kommentar zum GmbHG, § 33 GmbHG Anm. 72 ff.
2 Ulmer, in Münchner Kommentar, § 738 BGB Rz. 1.
3 Langfristige Dauerrechtsverhältnisse sind nicht als schwebende Geschäfte i. S. d. § 740 BGB zu verstehen: Schmidt, DB 1983, 2401, 2405 f.; BGH v. 16.12.1985, WM 1986, 709 „Abbaurechte".

Aufgrund des Nachhaftungsbegrenzungsgesetzes erfolgt nunmehr auch für Fälle von erst später fällig werdenden Ansprüchen eine wirksame Begrenzung auf die fünfjährige Verjährungsfrist.[1]

Gem. § 738 Abs. 1 und 2 BGB entsteht der Abfindungsanspruch im Zeitpunkt des Ausscheidens; fällig hingegen ist er nach h. M. erst mit Feststellung der Abschichtungsbilanz.[2] Gem. § 284 Abs. 1 BGB ist der Abfindungsanspruch erst dann zu verzinsen, wenn die Gesamthand bzw. der Übernehmer nach Eintritt der Fälligkeit auf eine Mahnung des Ausgeschiedenen nicht leistet.

Sieht man einmal von dem Anwachsungsprinzip selbst ab, dann sind sämtliche Bestimmungen grundsätzlich dispositiver Natur. Folglich können gesellschaftsvertraglich insbesondere abweichende Vereinbarungen hinsichtlich der Bewertung des Anteils des Ausscheidenden getroffen werden; als Bewertungsmaßstab kommen Liquidationswerte, Teilwerte oder bis 31.12.1996 Vermögensteuerwerte bzw. bis einschließlich Erhebungszeitraum 1997 Gewerbekapitalsteuerwerte ebenso in Betracht wie Abfindungen zu Buchwerten.[3]

635 Ein Rechtsformwechsel im Wege der Anwachsung auf eine Kapitalgesellschaft ist keine Sacheinlage, mithin entfällt die für Sacheinlagen erforderliche besondere Prüfung der Angemessenheit der Bewertung des in die Kapitalgesellschaft einzubringenden Vermögens (vgl. §§ 56 ff. GmbH, 183 AktG). Durch den Wegfall der Gründungsprüfung lassen sich somit die Kosten für ein Sachverständigengutachten sparen. Dies

1 Vgl. z. B. die umfangreichen Gesetzesmaterialien abgedruckt bei Widmann/Mayer, Bd. I.

2 Kritisch hierzu Ulmer, in Münchner Kommentar, § 738 BGB Rz. 15 m. w. N., zu vertraglich vereinbarten Fälligkeitszeitpunkten; BGH v. 13..7.1987, WM 1987, 1280.

3 Übersicht bei Ulmer, in Münchner Kommentar, § 738 BGB Rz. 30 ff. vertragliche Abfindungsvereinbarungen, Ulmer in Münchner Kommentar § 798 BGB Rz. 30 ff.; Kellermann, StbJb 1986/87, 403, 409; Bewertungsklauseln, wonach der Gesellschafter seinen buchmäßigen Kapitalanteil zuzüglich anteiliger offener Rücklagen und Gewinnvortrag abzüglich anteiligen etwaigen Verlustvortrags erhält, wurden früher vorherrschend als zulässig angesehen. Inzwischen hat sich das Bild in Schrifttum und Rechtssprechung verschoben. Auch der BGH hat Bedenken gegen Buchwertklauseln geäußert. Die im Bereich der Personengesellschaft zu entscheidenden Fälle betrafen bisher allerdings Konstellationen, in denen es um den Ausschluß von Gesellschaftern ohne wichtigen Grund ging (WM 1982, 462; NJW 1973, 651; NJW 1979, 104; Rasner, NJW 1983, 2905). Im BGH, Urteil v. 29.4.1984, DB 1985, 167, war die Buchwertklausel nunmehr entscheidungsrelevant unter dem Gesichtspunkt der Kündigungserschwerung (§ 723 Abs. 3 BGB) zu beurteilen. Das Gericht kommt zu dem Ergebnis, eine solche Klausel sei unzulässig, „wenn sie aufgrund wirtschaftlich nachteiliger Folgen, insbesondere wegen eines erheblichen Mißverhältnisses zwischen Buchwert und wirtschaftlichem Wert, die Freiheit des Gesellschafters, sich zu einer Kündigung zu entschließen, unvertretbar einengt". Dabei hält der BGH, auch wenn er das nicht ausdrücklich anspricht, offenbar den Kündigungszeitpunkt für maßgebend. Folge der Unwirksamkeit ist freilich nicht die dispositive Regelung des § 738 BGB, sondern die ergänzende richterliche Vertragsauslegung. Maßgebend sei der wirkliche Wert der Beteiligung, wobei der Ertragswert vorrangig zu berücksichtigen sei. Der wirkliche Wert könne – so der BGH unter Verweisung auf Hennerkes/Binz, DB 1983, 2669 – dementsprechend auch unter dem Buchwert liegen (zur Buchwertklausel vgl. Geßler, GmbHR 1984, 29, 31 ff.) Die vertraglich vereinbarte Kürzung des Abfindungsanspruchs auf die Hälfte des buchmäßigen Kapitalanteils stellt grundsätzlich eine sittenwidrige Benachteiligung des ausscheidenden Gesellschafters dar (BGH, Urt. v. 9.1.1989, WM 1989, 783). Zwar sind Ratenzahlungsvereinbarungen und hinausgeschobene Fälligkeitstermine grundsätzlich nicht zu beanstanden. Eine gesellschaftsvertragliche Regelung, die eine Auszahlung des Abfindungsguthabens in 15 gleichen Jahresraten vorsieht, ist aber selbst für den Fall einer Hinauskündigung aus wichtigem Grund nicht zu rechtfertigen (BGH, Urt. v. 9.1.1989, WM 1989, 783, 785).

bedingt einen weiteren Vorteil des Anwachsungsmodells, der darin zu sehen ist, daß die Eintragung im Handelsregister unverzüglich erfolgen kann, was insbesondere im Hinblick auf die Gefahren der persönlichen Haftung im Gründungsstadium einer Kapitalgesellschaft (vgl. § 11 Abs. 2 GmbHG) von Bedeutung ist.[1] Wird auf eine Kapitalgesellschaft umgewandelt, dann gelten die gleichen Grundsätze wie oben, falls die Gesellschafter entweder neue Gesellschaftsanteile an der übernehmenden Kapitalgesellschaft erhalten oder anderweitig abgefunden werden.[2] Scheiden die Gesellschafter mit der Maßgabe aus der Personengesellschaft aus, daß ihr Anteil der – übernehmenden – Kapitalgesellschaft anwachsen soll, und daß ihnen unter Verzicht auf einen Abfindungsanspruch quasi als Gegenleistung neue Gesellschaftsrechte an der Kapitalgesellschaft gewährt werden, dann steht es ihnen frei, ihren auf die Kapitalgesellschaft übergehenden Anteil an der Personengesellschaft entweder als Obergrenze zu Teilwerten, zu Zwischenwerten oder – als Untergrenze – zu Buchwerten zu bewerten. Auch diese Gestaltung ist keine Sacheinlage, selbst wenn sie ihr wirtschaftlich nahe kommt.[3]

Als Nachteil des Anwachsungsmodells ist mit Hennerkes/Binz[4] anzusehen, daß – anders als bei Betriebseinbringung oder Umwandlung nach dem UmwG – die Enthaftungsbestimmung des § 613a Abs. 2 BGB nicht anwendbar ist, sondern für die Nachhaftung des ausgeschiedenen Gesellschafters für Ansprüche aus Arbeitsverhältnissen der „umgewandelten" GmbH & Co. die allgemeine Regelung des § 159 HGB, § 160 HGB gilt.[5] Jedoch sind auch diesbezüglich die Neuregelungen des Nachhaftungsbegrenzungsgesetzes zu beachten.

b) *Steuerrecht*

aa) Anwachsung auf ein Personenunternehmen

(1) Einfache Anwachsung

Im Fall der sogenannten einfachen Anwachsung bzw. klassischen Anwachsungsmodells[6] scheidet der Gesellschafter ohne Entschädigung aus. **636** Soweit mit diesem Vorgang eine mittelbare Schenkung an die übrigen Gesellschafter verbunden ist, tritt damit bei mitunternehmerischen Personengesellschaften eine Entnahme durch den austretenden Gesellschafter ein (Realisierung der stillen Reserven).[7] Durch die zurückbleibenden Gesellschafter muß im Anschluß daran entsprechend eine Einlage unterstellt werden.

Ein Fall des § 24 UmwStG ist nicht gegeben, da es an der Gewährung einer Mitunternehmerstellung (zwingende Voraussetzung des § 24 UmwStG) fehlt.

1 Böttcher, StbJb 1965/66, 175, 189; Seithel, GmbHR 1978, 65; Hennerkes/Binz, 447; BGH, Urt. v. 27.1.97 – II ZR 123/94, BB 1997, 905; ausführlich zu Haftungsfragen der Vor-GmbH: Wiegand, BB 1989, 1065 ff.
2 Widmann/Mayer, § 20 UmwStG Anm. 446.
3 Widmann/Mayer, § 20 UmwStG Anm. 449.
4 Hennerkes/Binz, 477.
5 Vgl. BAG v. 2.10.1974, BB 1975, 468 und Rz. 622; Hennerkes/Binz, 100 ff.
6 Vgl. Dehmer, § 20 GmbHG Anm. 198.
7 Vgl. Schmidt, § 15 EStG Anm. 666.

Tritt aus einer GmbH & Co. KG die nicht an Vermögen und Ertrag beteiligte Komplementär-GmbH aus und das Kommanditkapital wird nur von einer Person gehalten, kommt es zu einer Anwachsung bei dem alleinigen Kommanditisten. Auf Basis des oben Gesagten entfällt die Annahme einer Entnahme durch die austretende Kapitalgesellschaft, da sie an Vermögen und Ertrag nicht beteiligt war. Es stellt sich aber weiter die Frage, ob dieser Vorgang aufgrund der Beendigung der Kommanditgesellschaft (Fehlen eines Komplementärs) einen Realisationstatbestand darstellt (Liquidation). Für die Annahme einer steuerlichen Aufgabebesteuerung spricht die Tatsache, daß die fortschreitende Verselbständigung der Personengesellschaft (Subjekt der Gewinnermittlung, umsatzsteuerlicher Unternehmer, Gewerbesteuersubjekt) zu der Annahme führen kann, daß die Beendigung einer Mitunternehmerschaft nicht ertragsteuerneutral erfolgen kann.

Dem ist allerdings entgegenzuhalten, daß sowohl aufgrund des Mitunternehmererlasses als auch der zur Realteilung ergangenen Rechtsprechung vieles dafür spricht, daß es einem Mitunternehmer stets möglich ist, steuerliches Betriebsvermögen von einer Personengesellschaft in eine andere Personengesellschaft oder in sein Einzelunternehmen zu überführen, ohne dabei einen Realisationstatbestand zu verwirklichen. Die Buchwerte können in diesen Fällen regelmäßig fortgeführt werden. Aufgrund der geplanten Gesetzesänderungen verlieren diese Rechtsgrundsätze u. U. ab dem VZ 1999 ihre Bedeutung.

In Fällen der einfachen Anwachsung besteht keine Rückwirkungsmöglichkeit. Lediglich im Rahmen der allgemeinen Grenzen kann z.B. zwecks Vereinfachung eine Rückwirkung angenommen werden (ca. 4 Wochen).[1] Etwas anderes gilt nur im Rahmen der Erbauseinandersetzung. Bei klarer Vereinbarung gilt hier der Übergang bis zu einem halben Jahr rückwirkend.[2]

(2) Erweiterte Anwachsung

637 Im Fall der erweiterten Anwachsung wird dem ausscheidenden Gesellschafter eine Gegenleistung gewährt.

Hierbei ist weiter zu unterscheiden, ob die Gegenleistung aus sonstigem Entgelt besteht (Veräußerung) oder der sicherlich seltene Fall vorliegt, daß § 24 UmwStG anwendbar ist. Eine erweiterte Anwachsung im Sinne des § 24 UmwStG soll dann vorliegen, wenn der ausscheidende Gesellschafter entsprechend seinem bisherigen Wert der Beteiligung als atypisch stiller Gesellschafter rückbeteiligt wird oder eine atypische Unterbeteiligung vereinbart.[3] Zivilrechtlich liegt zweifelsfrei ein Fall der Anwachsung vor, da der austretende Gesellschafter nicht mehr zur Gesamthandsgemeinschaft zählt. Ob dies jedoch überhaupt einen Anwendungsfall des § 24 UmwStG darstellt, stehen deshalb Zweifel entgegen, da es aus steuerlicher Sicht zu keiner Aufgabe und Neubegründung der

1 Wegen des steuerlich grundsätzlich bestehenden Rückwirkungsverbots besteht aber auch darauf kein Anspruch, Schmidt, § 2 EStG Anm. 46.
2 Vgl. BMF vom 11.1.1993, BStBl I 1993, 62, Tz. 8.
3 Vgl. Dehmer, § 24 UmwStG Anm. 59.

Mitunterstellung kommt.[1] Steuerlich handelt es sich auch nach der Anwachsung in bezug auf den Ausgetretenen um einen Mitunternehmer. Die lediglich zivilrechtlich veränderte Situation ist steuerlich insoweit unbeachtlich. Etwas anderes könnte nur dann gelten, wenn man den Austritt aus der Gesamthandsgemeinschaft als Realisationstatbestand ansieht mit anschließender Wiedereinlage. Es spricht allerdings vieles dafür, in einem solchen Vorgang ertragsteuerlich eine durchgehend bestehende Mitunternehmerschaft anzunehmen.

Im Rahmen des § 24 UmwStG ist eine maximal achtmonatige Rückwirkung möglich (§§ 24 Abs. 4 i. V. m. 20 Abs. 7 und 8 UmwStG).

Wird keine (anders geartete) mitunternehmerische Beteiligung eingeräumt, stellen Abfindungszahlungen an den ausscheidenden Gesellschafter für diesen einen Veräußerungsvorgang und für den oder die zurückbleibenden Gesellschafter einen Anschaffungsvorgang dar. Entsprechen sich Buch- und Teilwerte, ergeben sich keine steuerlichen Folgen. Da keine stillen Reserven realisiert werden, realisiert der Veräußernde keinen Gewinn, die übernehmenden Gesellschafter führen die Buchwerte fort. Übersteigt die Abfindung den Buchwert, entsteht für den Ausscheidenden ein ggf. gem. §§ 16, 34 EStG begünstigter Veräußerungsgewinn, für die übernehmenden Gesellschafter ergeben sich entsprechend erhöhte Buchwerte im Hinblick auf die abgefundenen Wirtschaftsgüter. Eine Rückwirkung ist grundsätzlich nicht möglich, vgl. aber Rz. 636. Liegt der Abfindungswert unter dem Buchwert realisiert der Veräußerer einen Verlust. Die die Abfindung zahlenden Gesellschafter haben auch in diesem Fall konsequent die (gegenüber den bisherigen Buchwerten) geringeren Anschaffungskosten anzusetzen. Fälschlicherweise wird dies auch als Abstockung bezeichnet. Tatsächlich handelt es sich nur um eine Ausprägung des Prinzips der Bilanzierung zu Anschaffungs- und Herstellungskosten.

bb) Anwachsung auf eine Kapitalgesellschaft

(1) Einfache Anwachsung

Bei der entschädigungslosen Anwachsung auf eine Kapitalgesellschaft **638**
(klassischerweise bei Anwachsung auf die Komplementär-GmbH einer KG) fehlt es an einer Gegenleistung. Es werden folglich auch keine neuen Anteile an der übernehmenden Kapitalgesellschaft ausgegeben. Steuerlich wird damit ein Mitunternehmeranteil verdeckt in eine Kapitalgesellschaft eingelegt und realisiert. Zu den steuerlichen Folgen vgl. i. e. Rz. 627.

(2) Erweiterte Anwachsung

Im Fall der erweiterten Anwachsung ist wiederum zu unterscheiden, ob **639**
ein Abfindungsguthaben bezahlt wird oder neue Anteile ausgegeben werden.

1 Es sei denn, man würde für eine logische Sekunde im Übergangszeitpunkt von z. B. offener Beteiligung zu Unterbeteiligung einen Wegfall der Mitunternehmerstellung sehen.

Im Fall der Abfindungszahlungen liegt ein entgeltliches Geschäft vor. Unterschreitet die Abfindungszahlung den Teilwert, ergibt sich für den Fall, daß der austretende Gesellschafter an der Kapitalgesellschaft beteiligt ist in Höhe der Differenz eine verdeckte Einlage, die wiederum zur Gewinnrealisierung führt. Fehlt eine solche Beteiligung, liegt eine gewinnrealisierende Entnahme aus dem Betriebsvermögen der Personengesellschaft vor.

Besteht die Gegenleistung nur in der Gewährung von Anteilen oder übersteigt die neben neuen Anteilen gewährte sonstige Gegenleistung nicht die Buchwerte des übergehenden Vermögens, kann § 20 UmwStG angewandt werden. Bei Beachtung der Bedingungen des § 20 UmwStG (insbesondere Buchwertfortführung, Betrieb, Teilbetrieb) kann die Anwachsung ertragsteuerneutral erfolgen. In Fällen des § 20 UmwStG kann gemäß des § 20 Abs. 7 und 8 UmwStG die Anwachsung auch bis zu acht Monate rückwirkend erfolgen.

III. Umwandlungen gemäß Umwandlungsgesetz

1. Überblick

a) Erstmalige Anwendung und Gesetzesänderungen

640 Gemäß § 318 UmwG greift das neue Recht nicht für Umwandlungen, zu deren Vorbereitung bereits vor dem 1. Januar 1995

- ein Vertrag oder
- eine Erklärung beurkundet oder notariell beglaubigt oder
- eine Versammlung der Anteilsinhaber einberufen worden ist.

Für diese Umwandlung bleibt es bei der Anwendung der alten Rechtslage. Es besteht keine Rechtswahlmöglichkeit. Abhängig vom Sachverhalt ist zwingend altes oder neues Recht anzuwenden.[1]

Die zur Anwendung des alten Rechts führenden Tatbestände sind restriktiv auszulegen. Bereits abgeschlossene Verträge müssen konkret die Umwandlung vorbereiten und Glied einer ununterbrochenen Kausalkette des Umwandlungsvorgangs sein (z. B. Verschmelzungsvertrag). Der Vertrag muß darüber hinaus notariell beurkundet oder notariell beglaubigt sein. In gleicher Weise müssen Erklärungen konkret im Hinblick auf eine bestimmte Umwandlung abgegeben werden und beurkundet oder notariell beglaubigt sein. Die Einberufung der Gesellschafterversammlung muß ebenfalls unmittelbar mit einer geplanten Umwandlung im Zusammenhang stehen.[2] In allen anderen Fällen ist die Anwendungsvoraussetzung für das alte Recht nicht erfüllt. Zu beachten ist, daß die Versammlung der Anteilsinhaber noch nicht stattgefunden haben braucht. Die Einberufung reicht aus.

1 Vgl. Widmann/Mayer, Einf. UmwG Anm. 1.6.
2 Vgl. Dehmer, § 318 UmwG Anm. 3–6.

Wurden derartige Akte bereits 1994 vorgenommen, kann unter Umständen dennoch eine Anwendung des neuen Rechts erreicht werden. Hierzu müssen die entsprechenden Rechtsakte aufgehoben oder rückgängig gemacht werden und in 1995 oder später erneut durchgeführt werden. Beruht die durchgeführte Umwandlung auf Maßnahmen, die nicht bereits in 1994 durchgeführt wurden, gilt das Umwandlungsgesetz 1995.[1]

Besondere Probleme ergeben sich wegen fehlender Abstimmung zu den Anwendungsvorschriften des neuen Umwandlungsteuergesetzes (§ 27 UmwStG). Während § 318 UmwG vorbereitende Handlungen als entscheidungserheblich normiert, stellt das Steuerrecht dagegen auf das Wirksamwerden von Rechtsakten ab. Gemäß § 27 Abs. 1 UmwStG ist das Umwandlungsteuergesetz 1995 erstmals auf den Übergang von Vermögen anzuwenden, der auf Rechtsakten beruht, die nach dem 31. Dezember 1994 wirksam werden.

Offenkundig sind damit Fälle denkbar, in denen zwar Vorbereitungshandlungen noch 1994 erfolgten, deren Wirksamkeit aber erst nach dem 1.1.1995 eintritt. Da darüber hinaus aber das Umwandlungsteuergesetz gemäß § 1 UmwStG 1995 auf Umwandlungen gemäß Umwandlungsgesetz nur dann anwendbar ist, wenn neues Umwandlungsrecht (Umwandlungsgesetz 1995) zur Anwendung gelangt, wären damit Fallkonstellationen denkbar, in denen kein Umwandlungsteuergesetz zur Anwendung gelangt da grundsätzlich schon neues Umwandlungssteuerrecht (§ 27 UmwStG), aber noch altes Umwandlungsrecht (§ 318 UmwG) zur Anwendung kommt, in diesen Fällen aber gerade die Anwendung des neuen Umwandlungsteuergesetzes ausgeschlossen bleibt (§ 1 UmwStG), das alte Umwandlungsteuergesetz gemäß § 27 UmwStG aber ebenfalls nicht mehr zur Anwendung gelangen kann. Zu weiteren Einzelheiten vgl. Rz. 798.

Das Umwandlungsgesetz 1995 ist erstmals in 1998 durch folgende vier Gesetze geändert worden:
- Stückaktiengesetz vom 25.3.1998 (BGBl. I, 590),
- Euro-Einführungsgesetz vom 9.6.1998 (BGBl. I, 1242),
- Handelsrechtsreformgesetz vom 22.6.1998 (BGBl. I, 1474) und
- Gesetz zur Änderung des Umwandlungsgesetzes, des Partnerschaftsgesetzes und anderer Gesetze vom 22.7.1998 (BGBl I, 1878).

Weitreichende Änderungen ergeben sich insbesondere durch die beiden letztgenannten Änderungsgesetze.[2]

1 Vgl. Widmann/Mayer, Einf. UmwG, Anm. 1.7.3; Dehmer, § 318 UmwG Anm. 4; Sagasser/Bula, B, Anm. 30.

2 Zu den Änderungen vgl. neben den nachfolgenden Ausführungen insb. auch Neye, DB 1998, 1649.

b) Umwandlungsformen und -möglichkeiten

aa) Beschränkung auf das Inland

641 Gemäß § 1 Abs. 1 1. Halbsatz UmwG können nur Rechtsträger mit Sitz im Inland umgewandelt werden. Es sind nur nationale Umwandlungen erfaßt.[1] Damit dürfte sich die Forderung verbinden, daß sowohl der statutatorische Sitz und der Ort der effektiven Geschäftsleitung im Inland liegen müssen.[2]

bb) Typenzwang und zwingendes Recht

642 Von den Regelungen des UmwG (und über § 1 UmwStG gilt dies ebenfalls für die steuerlichen Konsequenzen bestimmter Umstrukturierungen) werden nur Umwandlungen i. S. d. § 1 Abs. 1 UmwG erfaßt (Typenzwang). Andere Arten der Umwandlung sind nur dann zulässig, wenn sie in anderen Bundes- oder Landesgesetzen zugelassen oder angeordnet sind (vgl. § 1 Abs. 2 UmwG).

Dies schließt jedoch Umwandlungen nach anderem Recht nicht aus.[3] Insoweit besteht jedoch nicht die Möglichkeit, von den Vorschriften des Umwandlungsgesetzes (und ggf. Umwandlungssteuerrechts) Gebrauch zu machen. Sonstige Umstrukturierungsmöglichkeiten sind z. B.:
- die Anwachsung (§ 105 Abs. 2 HGB i. V. m. § 738 BGB),
- Realteilung,
- die Verschmelzung von Sparkassen aufgrund Landesrecht,
- Sacheinlage, Sachgründung (statt Ausgliederung).[4]

Von den gesetzlichen Vorschriften darf nur abgewichen werden, soweit dies ausdrücklich zugelassen ist. Ergänzende Bestimmungen in Verträgen, Satzungen, Statuten oder Willenserklärungen sind zulässig, es sei denn, daß das UmwG eine abschließende Regelung enthält (vgl. § 1 Abs. 3 UmwG). Die Regelung stellt klar, daß das UmwG grundsätzlich zwingendes Recht ist. Durch die Einschränkung der Parteiautonomie soll Klarheit und Sicherheit geschaffen werden.[5] Das Umwandlungsgesetz ist folglich nicht dispositiv, wenn und soweit dadurch der Regelungsgehalt der Normen verändert wird.[6] Soweit allerdings das Gesetz Öffnungsklauseln vorsieht, können diese genutzt werden. Als nicht abdingbar dürften insbesondere Schutzvorschriften (Anleger, Minderheitsgesellschafter, Gläubiger) anzusehen sein.[7]

1 Vgl. Dehmer, § 1 UmwG Anm. 3.
2 Vgl. Widmann/Mayer, Einf. UmwG, Anm. 1.10.; zu „internationalen" Umwandlungen vgl. „Erfahrungsbericht EG-Verschmelzung", Rixen/Böttcher, GmbHR 1993, 572.
3 Vgl. Crezelius, Stbg 1995, 438.
4 Vgl. Begründung zum Regierungsentwurf, BR-Drucks. 75/94, zu § 1.
5 Vgl. Gesetzesbegründung zu § 1 Abs. 3 UmwG.
6 Vgl. Dehmer, § 1 Abs. 3 UmwG Anm. 30.
7 Da diese Vorschrift auf § 23 Abs. 5 AktG beruht, können Rechtsprechungen und Literatur zu dieser Vorschrift ergänzend herangezogen werden.

cc) Umwandlungsformen

(1) Verschmelzung

Die schon nach altem Recht mögliche Umwandlung von Rechtsträgern im Wege der Verschmelzung wird in den Vorschriften der §§ 2–122 UmwG dezidiert geregelt. Danach wird das Vermögen eines Rechtsträgers oder mehrerer Rechtsträger auf einen anderen schon bestehenden Rechtsträger (Verschmelzung durch Aufnahme) oder neugegründeten Rechtsträger (Verschmelzung durch Neugründung) im Wege der Gesamtrechtsnachfolge unter Auflösung ohne Abwicklung übertragen. Die Anteilsinhaber (Gesellschafter, Partner, Aktionäre, Genossen, Mitglieder) des übertragenden Rechtsträgers erhalten im Tausch gegen ihre Anteile an dem übertragenden Rechtsträger, welcher untergeht, Rechte an dem neuen Rechtsträger (§ 2 UmwG). **643**

An der Verschmelzung können als übertragende, übernehmende oder neue Rechtsträger Personenhandelsgesellschaften (OHG, KG), Partnerschaftsgesellschaften (ab 1.8.1998),[1] Kapitalgesellschaften (GmbH, AG, KGaA), eingetragene Genossenschaften, eingetragene Vereine (§ 21 BGB), genossenschaftliche Prüfungsverbände, Versicherungsvereine auf Gegenseitigkeit, soweit sie übertragender Rechtsträger sind, wirtschaftliche Vereine (§ 22 BGB) und natürliche Personen, die als Alleingesellschafter einer Kapitalgesellschaft deren Vermögen übernehmen, in Betracht kommen (§ 3 Abs. 1, Abs. 2 UmwG).

An der Verschmelzung können darüber hinaus als übertragende Rechtsträger auch aufgelöste Rechtsträger beteiligt sein, wenn die Fortsetzung dieser Rechtsträger beschlossen werden könnte (§ 3 Abs. 3 UmwG).

Eine Gesellschaft bürgerlichen Rechts kann an einer Verschmelzung nicht beteiligt werden. Bis 31.7.1998 war dies auch der Partnergesellschaft verwehrt (vgl. nunmehr §§ 45a–45e UmwG).[2]

Die Verschmelzung kann sowohl unter Beteiligung von Rechtsträgern derselben Rechtsform als auch unterschiedlicher Rechtsformen erfolgen, soweit in den speziellen Vorschriften nicht etwas anderes bestimmt ist (§ 3 Abs. 4 UmwG).

(2) Spaltung

Die Spaltung von Rechtsträgern war nach bisherigem Recht nicht möglich, sieht man von der Spaltung der von der Treuhandanstalt verwalteten Unternehmen („Spaltungsgesetz“ [SpTrUG]) sowie der Spaltung nach den §§ 4–12 LandwirtschaftsanpassungsG ab. Daher stellen die zivilrechtlichen und handelsrechtlichen Regelungen der Spaltung die grundlegende Neuerung des Umwandlungsgesetzes dar (§ 123–173 UmwG). **644**

1 Eingefügt durch Gesetz zur Änderung des Umwandlungsgesetzes, des Partnerschaftsgesellschaftsgesetzes und anderer Gesetze vom 22.7.1998 (BGBl. I, 1878).
2 Zu den Neuregelungen vgl. Neye, DB 1998, 1649, 1650 f.; Römermann, NZG 1998, 675, 678.

Die Spaltung ist in drei Varianten möglich, nämlich als Aufspaltung (§ 123 Abs. 1 UmwG), als Abspaltung (§ 123 Abs. 2 UmwG) und als Ausgliederung (§ 123 Abs. 3 UmwG). Dies kann jeweils zur Aufnahme auf einen bereits bestehenden Rechtsträger oder zur Neugründung auf einen neu zu gründenden Rechtsträger erfolgen.

Als Aufspaltung wird der Fall bezeichnet, in dem ein übertragender Rechtsträger unter Auflösung ohne Abwicklung sein gesamtes Vermögen aufteilt und die Vermögensteile auf mindestens zwei andere schon bestehende oder neugegründete Rechtsträger im Wege der Sonderrechtsnachfolge überträgt. Als Gegenleistung werden Anteile des übernehmenden oder neuen Rechtsträgers an die Anteilsinhaber des übertragenden Rechtsträgers gewährt.

Bei der Abspaltung bleibt hingegen das übertragende Rechtssubjekt bestehen. Es überträgt nur einen Teil seines Vermögens auf einen anderen oder mehrere andere, bereits bestehende oder neue Rechtsträger. Dies erfolgt ebenfalls gegen Gewährung von Anteilen an die Anteilsinhaber des übertragenden Rechtsträgers.

Die Ausgliederung (Ausgründung) unterscheidet sich von den vorgenannten Spaltungsvarianten dadurch, daß die Gegenleistung für die Ausgliederung eines Teiles des Vermögens eines Rechtsträgers auf einen anderen Rechtsträger nicht an dessen Anteilsinhaber sondern vielmehr in das Vermögen des übertragenden Rechtsträgers gelangen.

Gemäß § 123 Abs. 4 UmwG kann die Spaltung auch in der Weise erfolgen, daß eine gleichzeitige Übertragung auf bestehende (Spaltung zur Aufnahme) und neue Rechtsträger (Spaltung zur Neugründung) vorgenommen wird.

Im Gegensatz zur Verschmelzung, wo Vermögensmassen durch Gesamtrechtsnachfolge zusammengefügt werden, erfolgt bei der Spaltung die Trennung von Vermögensmassen, die im Wege der Sonderrechtsnachfolge (bzw. partielle Universalsukzession oder auch Spezialsukzession) zugeordnet werden.

Das Gesetz spricht nur von Vermögensteilen, die im Wege der Spaltung übergehen. Ein bestimmter (Mindest-)Umfang bzw. qualitativer innerer Zusammenhang wird dagegen nicht normiert. Damit stehen im Handelsrecht einer Spaltung nicht die besonderen Bestimmungen wie im Steuerrecht bzgl. der Teilbetriebsqualifikation entgegen. Prinzipiell können damit auch nur einzelne bzw. wenige Vermögensgegenstände spaltweise übertragen werden, vgl. zur steuerlichen Behandlung Rz. 861.

(3) Vermögensübertragung

645 Die §§ 174–189 UmwG regeln die Umwandlung im Wege der Vermögensübertragung. Danach kann eine Vollübertragung des Vermögens (§ 174 Abs. 1 UmwG) als auch eine Teilübertragung des Vermögens gem. § 174 Abs. 2 Nr. 1–3 UmwG erfolgen.

Bei Vollübertragung überträgt ein Rechtsträger unter Auflösung ohne Abwicklung sein Vermögen als Ganzes auf einen bestehenden übernehmenden Rechtsträger. Bei der Teilübertragung erfolgt eine Auf- oder Abspaltung bzw. Ausgliederung auf einen oder mehrere bestehende Rechtsträger.

Im Unterschied zur Verschmelzung oder Spaltung erfolgt die Vermögensübertragung nicht gegen Gewährung von Anteilen an den übernehmenden Rechtsträger, sondern es treten an ihre Stelle aufgrund der besonderen Struktur der beteiligten Rechtsträger andere Gegenleistungen, die regelmäßig in Geld bestehen werden, aber keineswegs müssen.

Aufgrund der Tatsache, daß die Vermögensübertragung nur von einer Kapitalgesellschaft auf die öffentliche Hand (Bund, Land, Gebietskörperschaft) und zwischen Versicherungsunternehmen (Versicherungs-Aktiengesellschaft, Versicherungsverein auf Gegenseitigkeit, öffentlich-rechtlichen Versicherungsunternehmen) möglich ist, wird man in der Praxis der Vermögensübertragung ungleich seltener begegnen als der Verschmelzung, dem Formwechsel oder Spaltung. Nachfolgend wird daher diese Umwandlungsform nur rudimentär behandelt.

(4) Formwechsel

Im 5. Buch des Umwandlungsgesetzes (§§ 190–304) wird der Form- **646**
wechsel geregelt. Danach ist es Rechtsträgern möglich, unter erleichterten Voraussetzungen ihr „Rechtskleid" zu wechseln. Der Gesetzgeber hat das im Rahmen des Umwandlungsgesetzes 1969 und der aktienrechtlichen Regelungen differenzierende Prinzip der formwechselnden und der errichtenden Umwandlung zugunsten eines einheitlichen, identitätswahrenden Formwechsels aufgegeben. Nicht das Vermögen geht über, nur die Rechtsform ändert sich. Es handelt sich damit um die einzige Umwandlungsform ohne Vermögensübertragung und ist dementsprechend weitgehend selbständig im Rahmen des Umwandlungsgesetzes geregelt. Im Rahmen der formwechselnden Umwandlung bleibt daher die wirtschaftliche und rechtliche Identität auch dann erhalten, wenn durch den Formwechsel eine juristische Person entsteht oder diese Eigenschaft verlorengeht, wie bei der Umwandlung einer Personenhandelsgesellschaft in eine Kapitalgesellschaft oder umgekehrt. Die Gesetzesbegründung weist in diesem Zusammenhang auf die dadurch vom Gesetzgeber anerkannte weitgehende Verselbständigung der Gesamthand der Personengesellschaft hin („Dies entspricht einer modernen Auffassung von der Natur der Personengesellschaft").

Das Gesetz eröffnet in vielen Fällen neue Möglichkeiten des Formwechsels. Insbesondere die Umwandlung einer Personenhandelsgesellschaft in eine Kapitalgesellschaft oder Genossenschaft, die bisher nur über die errichtende Umwandlung möglich war, ist nunmehr als identitätswahrender Formwechsel wesentlich vereinfacht worden. Im Unterschied zu den übrigen Umwandlungsarten, daß heißt zur Verschmelzung, zur Spaltung sowie zur Vermögensübertragung, erfolgt im Rahmen des Formwechsels keine Übertragung des Vermögens durch den Umwandlungsakt Der formwechselnde Rechtsträger besteht in der neu bestimmten Rechtsform weiter. Nicht das Vermögen oder der Rechtsträger wechselt, sondern ausschließlich die Rechtsform.

dd) Tabellarische Übersicht

647 Neben den bislang schon bestehenden 44 Möglichkeiten der Umwandlung wurden weitere 75 neue geschaffen. Unterteilt man die Umwandlungsmöglichkeiten weiter in die durch Aufnahme bzw. Neugründung möglichen, ergeben sich insgesamt 271 neue Umwandlungsvorgänge.[1] Ab 1.8.1998 sind weitere Möglichkeiten für Umwandlungen unter Beteiligung von Partnerschaftsgesellschaften hinzugekommen.

Eine „alte" juristische Person i. S. d. Artikels 163 des Einführungsgesetzes zum Bürgerlichen Gesetzbuch kann nach den für wirtschaftliche Vereine geltenden Vorschriften dieses Gesetzes umgewandelt werden. Hat eine solche juristische Person keine Mitglieder, so kann sie nach den für Stiftungen geltenden Vorschriften dieses Gesetzes umgewandelt werden.[2] Die EWIV ist durch § 1 EWIV-Ausführungsgesetz der OHG gleichgestellt und damit kraft Verweisung umwandlungsfähig.[3]

Im einzelnen ergeben sich folgende Umwandlungsmöglichkeiten.[4]

Verschmelzung

648

Rechtsträger Übertragender/ Übernehmender	PHG	Partnerschaft	GmbH	AG	KGaA	eG	eV	Gen Pr Vbd	VVaG	nat. Person
PHG	39–45	39–45 45a–45e	39–45 46–59	39–45 60–77	39–45 78	39–45 79–98	–	–	–	–
Partnerschaft		45a–45e								
GmbH	39–45 46–59	45a–45e 46–59	46–59	46–59 60–77	46–59 78	46–59 79–98	–	–	–	nur A 120–122 i. V. m. 46–59
AG	39–45 60–77	45a–45e 60–77	46–59 60–77	60–77	60–77 78	60–77 79–98	–	–	–	nur A 120–122 i. V. m. 78
KGaA	39–45 78	45a–45e 78	46–59 78	66–77 78	78	78 79–98	–	–	–	nur A 120–122 i. V. m. 78
eG	39–45 79–98	45a–45e 79–98	46–59 79–98	60–77 79–98	78 79–98	79–98	–	–	–	–

1 Vgl. Gesetzesbegründung, Einleitung; Schwarz, 1694.
2 Vgl. Widmann/Mayer, Einf. UmwG Anm. 12.1.
3 Vgl. Sagasser/Bula, 60; Schmidt, NJW 1995, 1, 7.
4 Vgl. Widmann/Mayer, Einführung UmwG Anm. 12.1. ff. mit folgenden Abkürzungen: A: Aufnahme, Aus: Ausgliederung, Auf: Aufspaltung, Ab: Abspaltung, V: Vollübertragung, T: Teilübertragung. Dehmer, Einf. UmwG Anm. 18 bis 21, jedoch um die Partnerschaftsgesellschaft erweitert; separate Übersicht zu den Umwandlungsmöglichkeiten für Partnerschaftsgesellschaften vgl. BT-Drucks. 13/8808, S. 9; s. auch UmwStE Tz. 00.05, 00.07, 00.12 und 00.14.

Rechtsträger Übertragender/ Übernehmender	PHG	Partnerschaft	GmbH	AG	KGaA	eG	eV	Gen Pr Vbd	VVaG	nat. Person
eV	nur N 39–45 99–104a	nur N 45a–45e 99–104a	nur N 46–59 99–104a	nur N 60–77 99–104a	nur N 78 99–104a	nur N 79–98 99–104a	99–104a	–	–	–
GenPrVbd	–	–	–	–	–	–	–	nur A 105–108	–	–
VVaG	–	–	–	nur A (nur VersAG 60–77 109–119	–	–	–	–	109–119	–
nat. Person	–	–	–	–	–	–	–	–	–	–

Spaltung

649

Rechtsträger Übertragender/ Übernehmender	PHG	Partnerschaft	GmbH	AG KGaA	eG	eV	GenPr Vbd	VVaG
PHG	39–45	39–45 45a–45e 125, 135	39–45 46–59 138–140	39–45 60–78 141–146	39–45 79–98 147–148	–	–	–
Partnerschaft		45a–45e 125, 135						
GmbH	39–45 46–59 138–140	45a–45e 46–59 138–140	46–59 138–140	46–59 60–78 138–140 141–146	46–59 79–98 138–140 147, 148	–	–	–
AG/KGaA	39–45 60–78 141–146	45a–45e 60–78 141–146	46–59 60–78 138–140 141–146	66–78 141–146	60–78 79–98 141–146 147 148	–	–	–
eG	39–45 79–98 147 148	45a–45e 79–98 147, 148	46–59 79–98 138–140 147 148	60–78 79–98 141–146 147 148	79–98 147 148	–	–	–
eV	nur N 39–45 99–104a	nur N 45a–45e 99–104a 125 135	nur N 46–59 99–104a 138–140	nur N 60–78 99–104a 141–146	nur N 79–98 99–104a 147 148	99–104a	–	–

Rechtsträger Übertragender/ Übernehmender	PHG	Partnerschaft	GmbH	AG KGaA	eG	eV	GenPr Vbd	VVaG
GenPrVbd	–	–	nur Aus 46–59 138-140 105–108 150	nur Aus 60–78 141–146 105–108 150	–	–	nur A 105–108 150	–
VVaG	–	–	nur Aus 46–59 109–119 138–140 151	nur Auf/ Ab 60–77 109–119 141–146 151	–	–	–	nur Auf/ Ab 151
Einzelkfm.	nur Aus/A 39–45 152–160	–	nur Aus 46–59 138–140 152–160	nur Aus 60–78 141–146 152–160	nur Aus 79–98 147 148 152–160	–	–	–
Stiftungen	nur Aus/A 39–45 161–167	–	nur Aus 46–59 138–140 161–167	nur Aus 60–78 141–146 161–167	–	–	–	–
Gebietsk.	nur Aus/A 39–45 168–173	–	nur Aus 46–59 138–140 168–173	nur Aus 60–78 141–146 168–173	nur Aus 79–98 147 148 168–173	–	–	–

Vermögensübertragung

650

Rechtsträger Übertragender/ Übertragender	Öffentliche Hand	VVaG	VersAG	öffentl.-rechtl. Versunternehmen
GmbH/AG/ KGaA	V) 46–59 60–77 78 176 T) 46–59, 138–140, 60–77, 141–146, 78, 60–77, 141–146, 177	–	–	–
VersAG	–	V) 60–77, 109–119, 178 T) 60–77, 141–146 109–119, 151, 176, 178, 179	–	V) 60–77, 176, 178 T) 60–77, 176, 178, 179

Rechtsträger Übertragender/ Übertragender	Öffentliche Hand	VVaG	VersAG	öffentl.-rechtl. Versunternehmen
VVaG	–	–	V) 60–77, 109–119, 180–183 T) 60–77, 109–119, 151 180–183, 184	V) 109–119, 180–183 T) 109–119, 151, 180–183, 184
öffentl.recht.	–	V) 109–119, 176, 188 T) 109–119, 151, 176, 188, 189	V) 60–77, 176, 188 T) 60–77, 141–146, 176, 188, 189	–

Formwechsel

651

Rechtsträger Übertragender/ Übernehmender	GbR/PHG	Partnerschaft	GmbH	AG	KGaA	eG
PHG/GbR	190 Abs. 2	– (190 Abs. 2, 225a, 191 Abs. 1)	214–225	214–225	214–225	214–225
Partnerschaft		– (190 Abs. 2, 225a, 214 Abs. 1)				
GmbH	226, 227, 228–237	225a–225e, 226, 228–237	–	226, 227, 238–250	226, 227, 238–250	226, 227, 251–257
AG	226, 227, 228–237	225a–225e, 226, 228–237	226, 227, 238–250	–	226, 227, 238–250	226, 227, 251–257
KGaG	226, 227, 228–237	225a–225e, 227, 228–237	226, 227, 238–250	226, 227, 238–250	–	226, 227, 251–257
eG	–	– (225a, 258 Abs. 1)	258–271	258–271	258–271	–
eV	–	– (225a, 272 Abs. 1)	272, 273–282	272, 273–282	272, 273–282	272, 283–290
VVaG	–	– (225a, 291 Abs. 1)	–	nur große VVaG 191–300	–	–
Körp./Anst. d. öffentl. Rechts	–	– (225a, 301 Abs. 1)	301–304	301–304	301–304	–

c) Gesetzesaufbau/-systematik

652 Das Umwandlungsgesetz bedient sich einer „Baukasten"-Technik.[1] Mit diesem Begriff wird das Zusammenspiel von allgemeinen (übergreifend wirkenden) und nur für bestimmte Rechtsformen/Umwandlungsfälle geltenden Spezialvorschriften umschrieben. Im alten Recht wurden jeweils bestimmte, konkrete Umwandlungsvorgänge geregelt. Im neuen Recht werden dagegen zunächst in einem Allgemeinen Teil für jede Umwandlungsgattung die Vorschriften zusammengefaßt, die grundsätzlich für alle Rechtsformen gelten. Daneben besteht jeweils ein Besonderer Teil, in dem spezielle Regelungen für einzelne Rechtsformen oder Sonderfälle dem Spezialitätsgrundsatz folgend die Regelung des Allgemeinen Teils verdrängen, ergänzen oder zusätzliche Normen schaffen. Daneben stellt der Allgemeine Teil der Vorschriften zur Verschmelzung (§ 2–38 UmwG) einen weiteren „versteckten allgemeinen Teil" für die Verschmelzung, Spaltung und Vermögensübertragung dar (Umwandlung mit Vermögensübergang). Der Formwechsel ist dagegen aufgrund des fehlenden Vermögensübergangs und Anteilstausches eigenständig geregelt.

Jedes Buch ist so aufgebaut, daß zunächst die Möglichkeiten der Umwandlung unter Benennung der Umwandlungsarten und der umwandlungsfähigen Rechtsträger dargestellt werden, danach wird das einzuhaltende Verfahren umschrieben, anschließend werden die Besonderheiten für die jeweilige konkrete Rechtsform geregelt.[2]

Aufgrund dieser speziellen Gesetzestechnik können sich unter Umständen längere Verweisketten ergeben.[3]

d) Grundstruktur des Umwandlungsverfahrens

653 Der Gesetzgeber hat jedes Umwandlungsverfahren in ein dreiteiliges Grundschema gegliedert: Vorbereitungs-, Beschluß- und Vollzugsphase.

In der Vorbereitungsphase ist in der Regel durch die Leitungsorgane der beteiligten Rechtsträger der Entwurf eines Umwandlungsvertrags oder Plans bzw. eines Umwandlungsberichts zu erstellen (§ 192 UmwG im Falle des Formwechsels), es sind die Anteilsinhaber mittels eines Berichts zu informieren sowie eine Prüfung der Umwandlung vorzunehmen.

In der zweiten Phase werden die notwendigen Beschlüsse gefaßt. Hierfür sind in der Regel die für Satzungsänderungen erforderlichen Mehrheiten beachtlich. Strengere Anforderung durch den Gesellschaftsvertrag bzw. Satzung sind vorrangig. Besonderheiten gelten bei Personengesellschaften.[4] In Sonderfällen ist die Zustimmung einzelner Anteilsinhaber vorgeschrieben.[5] Entsprechend ist hierauf bereits bei der Formulierung von Gesellschaftsverträgen das besondere Augenmerk zu legen.

1 Vgl. Gesetzesbegründung Allgemeines VI.
2 Vgl. Dehmer, § 1 UmwG Anm. 12.
3 Vgl. z. B. hinsichtlich der u. U. sich ergebenden komplexen Gesetzesanwendung Widmann/Mayer, Einf. UmwG Anm. 10.2.
4 Vgl. §§ 43 Abs. 1 und 2, 217 Abs. 1 UmwG.
5 Vgl. §§ 13, Abs. 2, 193 Abs. 2 UmwG; z. B. wenn die Abtretung der Anteile eines übertragenden Rechtsträgers von der Zustimmung bestimmter Anteilsinhaber abhängt.

In der Vollzugs- oder Schlußphase erfolgen Anmeldung, Eintragung und Bekanntmachung. Mit der Eintragung wird die Umwandlung wirksam. Mängel der notariellen Beurkundung, des Umwandlungsvertrages oder -planes und das Fehlen erforderlicher Zustimmungs- oder Verzichtserklärungen werden geheilt.[1] Bezüglich sonstiger Mängel entfaltet die Eintragung keine Wirkung. So gehen z. B. im Falle der Abspaltung nicht hinreichend genau bestimmte Vermögensgegenstände nicht auf den neuen Rechtsträger über.[2]

Aufgrund der speziellen Verweistechnik des Gesetzes werden wesentliche Regelungen des Umwandlungsverfahrens einheitlich im Rahmen der Verschmelzung bestimmt. Die Grundstruktur einer Umwandlung ist daher prinzipiell für alle Umwandlungsarten ähnlich bzw. identisch und kann folglich einheitlich bzw. beispielhaft dargestellt werden. Ohne Anspruch auf Vollständigkeit werden lediglich einige, wesentliche Abweichungen anderer Umwandlungsarten angesprochen.

Eine Umwandlung erfolgt im wesentlichen nach dem folgenden Verfahren:

aa) Vorbereitungsmaßnahmen

Die Vorbereitung der Umwandlung obliegt in der Regel den Vertre- **654**
tungsorganen der an der Umwandlung beteiligten Rechtsträger. Dabei bedarf es für die Umwandlung durch Verschmelzung, Spaltung oder Vermögensübertragung des Abschlusses eines Vertrages in notarieller Form (Beurkundung). Der Mindestinhalt des Vertrages ist gesetzlich vorgeschrieben. Bei der Spaltung zur Neugründung wird mangels Vertragspartner der Vertrag durch einen Spaltungsplan ersetzt (§ 136 UmwG). Beim Formwechsel wird der Vertrag durch den Entwurf eines Umwandlungsbeschlusses vorbereitet, dessen notwendiger Inhalt ebenfalls gesetzlich fixiert ist (§ 194 UmwG).

bb) Information der Anteilseigner

Die Anteilseigner der beteiligten Rechtsträger sind grundsätzlich über **655**
die Umwandlung mittels eines Berichtes, der durch die Vertretungsorgane zu erstellen ist, umfassend („ausführlicher schriftlicher Bericht") zu informieren. Der Umwandlungsbericht dient als Grundlage für die Entscheidung der Anteilseigner. Dabei liegt der Schwerpunkt der Berichterstattung auf der Erläuterung und der Begründung der Angemessenheit des Umtauschverhältnisses oder anderer Gegenleistungen.

Der Umwandlungsbericht ist jedoch dann nicht erforderlich, wenn alle Anteilsinhaber aller beteiligten Rechtsträger auf seine Erstattung verzichten oder sich alle Anteile des übertragenden Rechtsträgers in der Hand des übernehmenden Rechtsträgers befinden. Soweit die Anteilsinhaber auf die Erstattung eines Berichtes verzichten, sind die Verzichtserklärungen notariell zu beurkunden (§ 8 Abs. 3 UmwG).

1 Vgl. Widmann/Mayer, Einf. UmwG Anm. 11.6; Dehmer, § 1 UmwG Anm. 15 m. w. N.
2 Vgl. Widmann/Mayer, Einf. UmwG Anm. 11.6.1.

cc) Umwandlungsprüfung

656 Gemäß §§ 9–12 UmwG erfolgt in bestimmten Fällen der Umwandlung eine Prüfung des Umwandlungsvorganges, insbesondere des Umtauschverhältnisses der Anteile durch unabhängige Sachverständige. Dieses gesetzliche Institut dient dem Schutz der Anteilsinhaber. Die Umwandlungsprüfung ist nicht für alle Umwandlungen zwingend vorgeschrieben. So ist beispielsweise mangels Anteilstauschs im Falle der Ausgliederung eine Spaltungsprüfung gemäß § 125 Satz 2 UmwG nicht erforderlich.

Ebenfalls erfolgt eine Umwandlungsprüfung nur in den vom Gesetz vorgeschriebenen rechtsformspezifischen Fällen. So ist eine Umwandlungsprüfung für eine Personenhandelsgesellschaft nur dann erforderlich, wenn diese einer ihrer Gesellschafter verlangt (§§ 44, 125, 135 Abs. 1 UmwG). Das gleiche gilt für eine GmbH (§§ 48, 56, 125, 135 Abs. 1 UmwG). Demgegenüber ist bei der Beteiligung von Aktiengesellschaften eine Umwandlungsprüfung grundsätzlich vorgeschrieben (§§ 60, 73, 125, 135 Abs. 1 UmwG).

Weiterhin kann, soweit das Gesetz eine Umwandlungsprüfung vorsieht, durch notariell beurkundete Erklärung sämtlicher Anteilsinhaber aller beteiligten Rechtsträger auf diese verzichtet werden (§ 9 Abs. 3 i. V. m. § 8 Abs. 3 UmwG). Für die Verschmelzung einer 100%igen Tochtergesellschaft auf ihre Muttergesellschaft ist eine Verschmelzungsprüfung gemäß § 9 Abs. 2 UmwG nicht erforderlich, soweit sie die Aufnahme der Tochtergesellschaft betrifft. Für die Auf- und Abspaltung gilt gemäß § 125 Satz 1 UmwG ebenfalls die Möglichkeit, auf die Umwandlungsprüfung zu verzichten. Die Umwandlung mittels Rechtsformwechsel erfolgt ebenfalls ohne Umwandlungsprüfung, da kein Vermögen übertragen wird.

Als Umwandlungsprüfer kommen Wirtschaftsprüfer und Wirtschaftsprüfungsgesellschaften in Betracht (§ 11 Abs. 1 UmwG i. V. m. § 319 HGB). Bei mittelgroßen GmbHs können auch vereidigte Buchprüfer und Buchprüfungsgesellschaften die Prüfungen durchführen.

Entsprechendes gilt für mittelgroße und kleine Rechtsträger, deren Rechnungslegung keiner gesetzlichen Prüfungspflicht unterliegt.[1]

dd) Umwandlungsbeschluß

657 Die Anteilseigner der beteiligten Rechtsträger entscheiden über die Umwandlung durch Beschluß in der nach dem für die jeweilige Rechtsform maßgeblichen Gesellschaftsrecht vorgesehenen Anteilseignerversammlung. Grundsätzlich ist die für die Satzungsänderung erforderliche Mehrheit notwendig. Beschlußgegenstand ist der Umwandlungsvertrag bzw. dessen Entwurf, nicht die Umwandlung als solche.

Soweit durch die Umwandlung Sonderrechte verändert werden oder entstehen oder für Anteilseigner im Rahmen der Umwandlung zusätzliche Risiken entstehen (z. B. Übernahme der persönlichen Haftung), bedarf es der Zustimmung der betroffenen Anteilsinhaber.

1 Vgl. Ganske, Wpg 1994, 157.

Zur Vorbereitung des Umwandlungsbeschlusses müssen den Anteilsinhabern der Vertrag bzw. dessen Entwurf, der Bericht der Vertretungsorgane, der Prüfungsbericht, soweit vorgesehen, die Jahresabschlüsse und Lageberichte der letzten drei Geschäftsjahre zugänglich gemacht und in der Anteilseignerversammlung erläutert werden.

Der Umwandlungsbeschluß ist gem. §§ 62 Abs. 1, Abs. 2, 125 UmwG in Anlehnung an § 352b AktG a. F. im Fall der Konzernverschmelzung bzw. -spaltung für die übernehmende Aktiengesellschaft nicht erforderlich, wenn sie zu 90 % an der übertragenden Kapitalgesellschaft beteiligt ist und nicht eine Minderheit von 5 % des Grundkapitals die Einberufung der Hauptversammlung verlangt.

Der Umwandlungsbeschluß sowie eventuell erforderliche Zustimmungserklärungen bedürfen der notariellen Beurkundung.

ee) Anmeldung zur Registereintragung

Die Umwandlung ist von den zuständigen Vertretungsorganen der beteiligten Rechtsträger zum Handelsregister anzumelden. Art und Umfang der notwendigen Anlagen bestimmt § 17 UmwG. Gem. §§ 16 Abs. 2, 36 Abs. 1, 125, 135 Abs. 1 UmwG haben die Vertretungsorgane bei der Anmeldung der Verschmelzung oder Spaltung zu erklären, daß eine Klage gegen die Wirksamkeit des Umwandlungsbeschlusses nicht, nicht fristgerecht oder nicht erfolgreich erhoben wurde. Sofern diese Negativerklärung fehlt, trägt der Registerrichter die Umwandlung nicht ein, es sei denn, die klageberechtigten Anteilsinhaber verzichten durch notariell beurkundete Erklärung auf eine Klage (§ 16 Abs. 2 Satz 2 UmwG). **658**

Vor dem Hintergrund der Rechtsprechung des BGH[1] enthält § 16 Abs. 3 UmwG eine Eindämmung sogenannter mißbräuchlicher Anfechtungsklagen in Verschmelzungssituationen. Danach kann gem. § 16 Abs. 3 Satz 2 UmwG die Verschmelzung auch dann eingetragen werden, wenn das alsbaldige Wirksamwerden der Verschmelzung nach freier Überzeugung des Gerichts, unter Berücksichtigung der Schwere der mit der Klage geltend gemachten Rechtsverletzungen zur Abwendung der vom Antragsteller dargestellten wesentlichen Nachteile für die an der Verschmelzung beteiligten Rechtsträger und ihrer Anteilsinhaber vorrangig erscheint. Ein klagender Anteilsinhaber, dessen Klage sich letztlich doch als begründet erweist, wird durch Schadensersatzansprüche gegen den Rechtsträger geschützt, der den Beschluß erwirkt hat (§§ 16 Abs. 3 Satz 6, 25 Abs. 2, 36 Abs. 1, 125, 135 Abs. 1 UmwG).

ff) Wirkungen der Eintragungen

Mit der Eintragung der Verschmelzung und des Formwechsels in das jeweils zuständige Register (Handels-, Partnerschafts-, Genossenschafts-, Vereinsregister) des Sitzes des übernehmenden bzw. des neuen Rechtsträgers wird die Verschmelzung und der Formwechsel wirksam (§§ 20, **659**

1 BGH v. 22.5.1989, BGHZ 107, 296; BGH v. 29.10.1990, ZIP 1990, 1560.

202 UmwG). Bei der Spaltung als auch bei der Vermögensübertragung ist das maßgebende Register dasjenige, welches für das übertragende Unternehmen zuständig ist (§§ 131, 176 Abs. 3, 177 Abs. 2 UmwG).

Gem. § 20 Abs. 1 Nr. 4 UmwG heilt die Eintragung im zuständigen Register den Mangel der Beurkundung. Mängel der Umwandlung lassen die Wirkungen der Eintragung unberührt (§ 20 Abs. 2 UmwG). Mit der Eintragung der Verschmelzung gehen grundsätzlich sämtliche Aktiva und Passiva des übertragenden Rechtsträgers im Wege der Gesamtrechtsnachfolge, bei der Spaltung entsprechend der im Spaltungs- und Übernahmevertrag bzw. -plan vorgesehenen Verteilung im Wege der Sonderrechtsnachfolge auf den übernehmenden Rechtsträger über. Der übertragende Rechtsträger erlischt ohne besondere Löschung bei der Verschmelzung und Aufspaltung. Bei der Verschmelzung, der Aufspaltung, sowie der Abspaltung werden die Anteilsinhaber der übertragenden Rechtsträger Anteilsinhaber des übernehmenden Rechtsträgers, wobei sich die Rechte Dritter an den durch Anteilstausch erworbenen Anteilen fortsetzen (§§ 20 Abs. 1, 36 Abs. 1, 87, 96, 131 Abs. 1, 135 Abs. 1 UmwG). Gemäß §§ 131 Abs. 1, 2, 132, 135 Abs. 1 UmwG sind ausnahmsweise bei der Spaltung jedoch die allgemeinen Vorschriften des Zivilrechts über die Übertragbarkeit von Gegenständen zu beachten, so daß diese Vorschriften durch die Wirkungen der Eintragungen unberührt bleiben. Dies betrifft bspw. die Vorschriften über akzessorische Sicherungsrechte, Abtretungsverbote oder die Unübertragbarkeit verschiedener Rechte.[1]

Lediglich bei der Umwandlung durch Formwechsels hat die Eintragung im Handelsregister nicht zur Folge, daß das Vermögen übergeht, da sich durch den Rechtsformwechsel lediglich das „Rechtskleid" ändert. Eine Vermögensübertragung erfolgt insgesamt nicht.

gg) Regelungen zum Schutz der Anteilseigner

660 Sämtlichen Anteilseignern steht das Recht zur Anfechtung oder, bei dessen Einschränkung, der Überprüfung der Angemessenheit des Umtauschverhältnisses oder der Abfindung durch das gerichtliche Spruchverfahren gleichermaßen zu. Ein Austrittsrecht gegen Barabfindung besitzen die Anteilseigner bei der übertragenden Umwandlung auf einen Rechtsträger wie beim Formwechsel (§§ 29, 207 UmwG).

Als Gesamtschuldner sind die Mitglieder der Verwaltungs- und Aufsichtsorgane der jeweils beteiligten Rechtsträger zum Ersatz des Schadens den Anteilseignern verpflichtet, der diesen durch die Umwandlung entsteht (§§ 25, 125, 176, 177, 205 UmwG).

Darüber hinaus gibt das Umwandlungsgesetz einen Verwässerungsschutz für Inhaber von Sonderrechten, die kein Stimmrecht haben, in der Weise, daß sie Anspruch auf Einräumung eines wirtschaftlich gleichwertigen Rechts erhalten (§§ 23, 125, 133, 178, 179, 204 UmwG).

1 Vgl. Begründung BT-Drucks. 12/6699, 93.

hh) Regelungen zum Schutz der Gläubiger

Die Gläubiger des übertragenden sowie übernehmenden Rechtsträgers haben einen Anspruch auf Sicherheitsleistungen, soweit sie keine Befriedigung erlangen und eine Gefährdung der Erfüllung ihrer Forderungen durch die Umwandlung glaubhaft gemacht wird (§§ 22, 36 Abs. 1, 125, 133 Abs. 1 Satz 2, 135 Abs. 1 UmwG). Der Nachweis der Gefährdung wird nicht mehr verlangt. 661

Für die Umwandlung durch Rechtsformwechsel sieht das Umwandlungsgesetz keine besonderen Gläubigerschutzvorschriften vor, da das Vermögen des rechtsformwechselnden Rechtsträgers nicht übertragen wird.

Für den Fall der Spaltung wird dem Gläubigerschutz in besonderer Weise dadurch Rechnung getragen, daß alle beteiligten Rechtsträger gesamtschuldnerisch für die Verbindlichkeiten des übertragenden Rechtsträgers haften, soweit diese vor dem Wirksamwerden der Umwandlung begründet worden sind (§ 133 Abs. 1 UmwG). Die gesamtschuldnerische Haftung ist auf 5 Jahre begrenzt (§ 133 Abs. 3 UmwG).

ii) Kapitalschutzvorschriften

Durch das Umwandlungsgesetz bleiben die für die jeweiligen Rechtsformen maßgeblichen Gründungsvorschriften unberührt. Darüber hinaus ordnet das Gesetz zusätzliche Schutzregelungen an (vgl. §§ 58, 75 125, 144, 159, 165, 170, 176, 177, 197 UmwG). 662

Die Durchführung von Kapitalerhöhungen oder -herabsetzungen hat im Rahmen der Umwandlung im vorhinein zu erfolgen (§§ 53, 66, 78, 125, 139 Satz 2, 176, 177 UmwG).

jj) Schutz der Arbeitnehmer

Der Schutz der Arbeitnehmer im Umwandlungsrecht, das umstrittenste Problem des neuen Rechts in der Schlußphase seiner Beratung, wird dadurch erreicht, daß der Umwandlungsvertrag unter anderem Informationen bzgl. der Folgen der Umwandlung für die Arbeitnehmer und ihre Vertretungen sowie die insoweit vorgesehenen Maßnahmen zwingend enthalten muß (§ 5 Abs. 1 Nr. 9, § 126 Abs. 1 Nr. 11, § 194 Abs. 1 Nr. 7 UmwG). Darüber hinaus muß der Entwurf des jeweiligen Umwandlungsvertrages spätestens einen Monat vor dem Tag der Versammlung der Anteilsinhaber, die die Umwandlung beschließen sollen, dem zuständigen Betriebsrat der jeweils beteiligten Rechtsträger zugeleitet werden (§ 5 Abs. 3, § 126 Abs. 3, § 194 Abs. 2 UmwG). Als Anlage zur Einreichung zum Register ist eine Bescheinigung des Betriebsrates beizufügen, aus der ersichtlich ist, daß die Ein-Monats-Frist eingehalten wurde (§ 17 Abs. 1, § 199 UmwG). Die Zuleitung der Entwürfe zu den jeweiligen Betriebsräten der betroffenen Rechtsträger dient lediglich dazu, diese zu informieren. Ein Mitbestimmungsrecht haben die Betriebsräte nicht. Soweit die betroffenen Rechtsträger einen Wirtschaftsausschuß gebildet haben, ist dieser ebenfalls rechtzeitig zu informieren 663

(§ 106 Abs. 3 Nr. 8 BetrVG 1972). Dies gilt für den Zusammenschluß oder die Spaltung von Unternehmen oder Betrieben. Darüber hinaus ist § 111 Betriebsverfassungsgesetz 1972 zu beachten.

§ 324 UmwG bestimmt, daß § 613a Abs. 1 und 4 BGB durch die Wirkungen der Eintragung einer Verschmelzung, Spaltung oder Vermögensübertragung unberührt bleibt.

§ 325 UmwG normiert die Beibehaltung der Mitbestimmung der Arbeitnehmer im Aufsichtsrat für maximal 5 Jahre, soweit diese für bestimmte Fälle im Rahmen der Umwandlung entfällt.

Die kündigungsrechtliche Stellung eines Arbeitnehmers wird in § 323 UmwG geregelt. Danach verschlechtert sich die kündigungsrechtliche Stellung des Arbeitnehmers aufgrund einer Spaltung oder einer Teilübertragung für die Dauer von zwei Jahren ab dem Zeitpunkt ihrer Wirksamkeit nicht.

§§ 321, 322 UmwG regeln Besonderheiten für den Betriebsrat. Der Betriebsrat des abgespaltenen Betriebes erhält ein Übergangsmandat, sofern die Voraussetzungen des § 1 BetrVG erfüllt sind (mind. fünf ständig wahlberechtigte Arbeitnehmer) und in dem übernehmenden Rechtsträger kein Betriebsrat besteht. Für diesen Fall ist ein neuer Betriebsrat zu wählen.

664 Zusammenfassend können die wichtigsten Schritte einer Umwandlung ähnlich einer Checkliste wie folgt dargestellt werden.[1]

A Vorbereitungsphase

(I) Möglichkeit des Umwandlungsvorgangs

(1) Allgemeine Zulässigkeitsvoraussetzungen

(a) Ausdrückliche Regelung im Gesetz

(b) Allgemeine Beteiligungsfähigkeit der betroffenen Rechtsträger

(2) Besondere Zulässigkeitsvoraussetzungen (insbesondere die besondere Beteiligungsfähigkeit der betroffenen Rechtsträger am konkreten Vorgang)

(II) Rechtsgeschäftliche Grundlage

(1) Erstellung

(a) Gesetzlich notwendiger Inhalt

(b) Faktultativer Inhalt

(2) Form

(III) Berichtspflichten

(1) Erforderlichkeit

(2) Erstellung

(a) Gemeinsamer Bericht

(b) Gesetzlich notwendiger Inhalt

(c) Fakultativer Inhalt

1 Vgl. Widmann/Mayer, Einf. UmwG Anm. 11.2.

(IV) Prüfung
  (1) Erforderlichkeit
  (2) Bestellung der Prüfer
  (3) Durchführung der Prüfung
  (4) Prüfungsbericht
    (a) Gemeinsamer Bericht
    (b) Form
    (c) Inhalt
    (d) Abschlußerklärung
(V) Beteiligung der Arbeitnehmervertretung(en)
  (1) Allgemeine Beteiligung nach Betriebsverfassungsrecht
  (2) Besondere Beteiligung nach Umwandlungsrecht
    (a) Zuleitung der rechtsgeschäftlichen Grundlage
    (b) Fristwahrung

(B) Beschlußphase
(I) Vorbereitung der Beschlußfassung
  (1) Einberufung der Versammlung(en) der Anteilsinhaber
  (2) Vorbereitende Unterrichtung
    (a) Rechtsgeschäftliche Grundlage
    (b) Bericht
    (c) Prüfungsbericht
(II) Durchführung der Versammlung(en) der Anteilseigner
  (1) Unterrichtung
  (2) Beschlußfassung
    (a) Erforderliche Mehrheit
    (b) Abstimmung
    (c) Widersprüche
    (d) Form
(III) Klagen gegen die Wirksamkeit des Beschlusses
  (1) Allgemeine Zulässigkeitsvoraussetzungen
  (2) Besondere Zulässigkeitsvoraussetzungen
    (a) Frist
    (b) Ausschluß
    (c) Begründetheit

(C) Vollzugsphase
(I) Anmeldung(en) zur Eintragung des Umwandlungsvorgangs in das Register
  (1) bei Verschmelzung, Spaltung, Vermögensübertragung
    (a) der übertragenden Rechtsträger
    (b) der übernehmenden Rechtsträger
    (c) der neuen Rechtsträger

(2) beim Formwechsel
(a) des formwechselnden Rechtsträgers oder
(b) des Rechtsträgers neuer Rechtsform

(II) Prüfung der Eintragungsfähigkeit durch jedes Registergericht
(1) Vollständigkeit der Anmeldeunterlagen
(2) Erfüllung der allgemeinen Eintragungsvoraussetzungen
(3) Erfüllung der besonderen Eintragungsvoraussetzungen
(a) Ordnungsmäßigkeit des Umwandlungsvorgangs
(b) Erklärung nach § 16 Abs. 2 UmwG oder (rechtskräftiger) Beschluß des Prozeßgerichts nach § 16 Abs. 3 UmwG

(III) Vornahme der Eintragung(en) in das Register
(1) bei der Verschmelzung und Vermögensübertragung (Vollübertragung)
(a) der übertragende Rechtsträger mit Vorbehaltsvermerk
(b) der übernehmende oder neue Rechtsträger
(c) Mitteilung von b) an die Register zu a)
(d) Löschung der Vorbehaltsvermerke in den Registern zu (a)
(2) bei der Spaltung und Vermögensübertragung (Teilübertragung)
(a) der übernehmenden oder neuen Rechtsträger mit Vorbehaltsvermerk
(b) der übertragenden Rechtsträger
(c) Mitteilung von (b) an die Register zu (a)
(d) Löschung der Vorbehaltsvermerke in den Registern zu (a)
(3) beim Formwechsel
(a) des formwechselnden Rechtsträgers oder
(b) des Rechtsträgers neuer Rechtsform

(IV) Bekanntmachung(en) der Eintragung(en)

(V) Wirksamwerden des Umwandlungsvorgangs durch
(1) bei der Verschmelzung und Vermögensübertragung (Vollübertragung)
Eintragung in das Register des Sitzes des übernehmenden oder neuen Rechtsträgers
(2) bei der Spaltung und Vermögensübertragung (Teilübertragung)
Eintragung in das Register des Sitzes des übertragenden Rechtsträgers
(3) beim Formwechsel
Eintragung in das Register des Sitzes des formwechselnden Rechtsträgers oder des Rechtsträgers neuer Rechtsform

(VI) Wirkungen der Umwandlung
- (1) (a) bei Verschmelzung, Spaltung und Vermögensübertragung: Vermögensübergang
  - (b) beim Formwechsel: Änderung der Normstruktur
- (2) (a) bei Verschmelzung und Spaltung: Anteilstausch
  - (b) bei Vermögensübertragung: Fälligkeit der Gegenleistung
  - (c) bei Formwechsel: Qualitativer Wechsel der Beteiligung der Anteilsinhaber
- (3) Schutz der Anteilsinhaber
  - (a) Verbesserung des Umtauschverhältnisses (Spruchverfahren I)
  - (b) Barabfindung
    - aa) Annahme
    - bb) Gerichtliche Nachprüfung (Spruchverfahren II)
- (4) Schutz der Inhaber von Sonderrechten
- (5) Gläubigerschutz
  - (a) Allgemeine Regelungen
    - aa) Sicherheitsleistung
    - bb) Gesamtschuldnerische Haftung (nur bei Spaltung und Vermögensübertragung, Teilübertragung)
  - (b) Arbeitnehmerschutz
    - aa) Geltung von § 613a BGB (§ 324)
    - bb) Wahrung der kündigungsrechtlichen Stellung (§ 323)
    - cc) Übergangsmandat des Betriebsrats (§ 321)
    - dd) Gemeinsamer Betrieb der Betriebsspaltung (§ 322)
    - ee) Gesamtschuldnerische Haftung bei Betriebsaufspaltung für künftig entstehende Forderungen (§ 134)
    - ff) Mitbestimmungsbeibehaltung
- (6) Organhaftung

e) Rückwirkung

665 Gem. § 17 Abs. 2 Satz 4 UmwG kann als Anlage zur Anmeldung der Umwandlung zum Registergericht eine Bilanz beigefügt werden, die auf einem höchstens acht Monate vor der Anmeldung liegenden Stichtag aufgestellt worden ist. Auf den Zeitpunkt der Eintragung in das Register kommt es insoweit nicht an. Die maximale Rückwirkung von acht Monaten gilt für den Formwechsel nicht, da es hier an einem Vermögensübergang fehlt. Der Formwechsel kann jedoch ebenfalls wie die übrigen

Umwandlungsarten mit steuerlicher Rückwirkung auf einen höchstens acht Monate vor der Anmeldung liegenden (Bilanz-)Stichtag erfolgen. Sofern die Vertragsparteien eine maximal acht Monate alte Bilanz der Übertragung zugrundelegen, wird dies zugleich auch häufig zum Anlaß genommen, vertraglich eine (schuldrechtliche) Rückwirkung auf den Bilanzstichtag zu vereinbaren.

In den Fällen der vermögensübertragenden Umwandlung wird der Zeitpunkt, von dem an die Handlungen der übertragenden Rechtsträger als für Rechnung des übernehmenden Rechtsträgers vorgenommen werden, im Umwandlungsvertrag frei bestimmt (Verschmelzungsstichtag, § 5 Abs. 1 Nr. 6 UmwG, Legaldefinition).[1] Der Umwandlungsstichtag ist damit im Innenverhältnis der Beteiligten frei disponibel.[2] Er kann damit auch in die Vergangenheit gelegt werden. Der dingliche Rechtsübergang des Vermögens sowie der Übergang der Arbeitsverhältnisse erfolgt erst mit Wirksamwerden, also Eintragung.[3] Ebenso endet z. B. im Verschmelzungsfall die Rechnungslegungspflicht des übertragenden Rechtsträgers nicht bereits am Verschmelzungsstichtag sondern ebenfalls erst mit der Eintragung. Die Rechnungslegungspflicht entfällt ex nunc mit der konstitutiv wirkenden Registereintragung.[4] Dennoch muß der übernehmende Rechtsträger die laufenden Geschäfte bereits von dem Zeitpunkt an erfassen, in dem sie ihm zugerechnet werden. Im Ergebnis zwingt diese Regelung zu einer „doppelten" Buchführung, sowohl beim übertragenden als auch beim übernehmenden Rechtsträger. Von besonderer Bedeutung kann dies dann werden, wenn die Eintragung nicht mehr im laufenden Geschäftsjahr erfolgt. In diesen Fällen ist durch den übertragenden Rechtsträger trotz des vorgesehenen rückwirkenden Umwandlungsstichtags noch eine Handelsbilanz aufzustellen.

Trotz des grundsätzlich frei bestimmbaren Umwandlungsstichtags dürfte regelmäßig § 17 Abs. 2 UmwG[5] dazu führen, daß der Umwandlungsstichtag maximal 8 Monate vor die Anmeldung rückdatiert wird. Der Anmeldung zum Register des Sitzes jedes der übertragenden Rechtsträger ist eine Bilanz dieses Rechtsträgers beizufügen (Schlußbilanz). Das Registergericht darf die Verschmelzung nur eintragen, wenn die Bilanz auf einen höchstens 8 Monate vor der Anmeldung liegenden Stichtag aufgestellt wurde (vgl. § 17 Abs. 2 UmwG). Die Schlußbilanz dient den Gläubigern als Einblick in die Verhältnisse zum Zeitpunkt des Umwandlungsstichtages und im Falle der Kapitalerhöhung als Nachweis des Nettovermögens.[6]

Die dingliche Wirkung der Verschmelzung entfaltet sich erst mit der Eintragung. Daher kann insbesondere bei der Übertragerin AG im Ver-

1 Gemäß § 126 Abs. 1 Nr. 6 und § 135 UmwG gilt diese Vorschrift auch für die Spaltung, gemäß § 176 Abs. 1 und 177 Abs. 1 UmwG ebenfalls für die Vermögensübertragung. Die Vorschriften zum Formwechsel enthalten dagegen keine Stichtagsbestimmung oder Verweisungen auf die entsprechende Verschmelzungsnorm.
2 Vgl. Regierungsbegründung zu § 5 Abs. 1 Nr. 6 UmwG.
3 Vgl. Widmann/Mayer, § 126 Anm. 162.
4 Vgl. Dehmer, § 5 UmwG Anm. 36.
5 Für die Spaltung vgl. § 125 UmwG.
6 Vgl. Dehmer, § 17 UmwG Anm. 9.

schmelzungsfall die rein schuldrechtliche Verpflichtung, rückwirkend sind bereits die Konsequenzen der Verschmelzung zu berücksichtigen, als Ergebnisabführungsvertrag interpretiert werden (§ 291 Abs. 1 Sätze 1 und 2 AktG).[1]

Ergänzend sind die steuerlichen Rückwirkungsregelungen zu betrachten. Gemäß den §§ 2 Abs. 1, 20 Abs. 7 und 8, 24 Abs. 4 UmwStG gilt steuerlich eine Rückwirkung für die Besteuerung von Einkommen und Vermögen auf den steuerlichen Übertragungsstichtag. Hiermit wird der Zeitpunkt definiert, der „mit Ablauf des Stichtages der Bilanz, die dem Vermögensübergang zugrunde liegt" (vgl. § 2 Abs. 1 UmwG). Steuerlich handelt es sich damit um mehr als eine Rückwirkung im Innenverhältnis. Werden entsprechend dem Handelsrecht Umwandlungsbilanzen zugrunde gelegt, führt dies zwingend zur steuerlichen Rückwirkung. Maßgeblich ist auch hier die Anmeldung zum Handelsregister. Auf den Zeitpunkt der Eintragung kommt es nicht an.

Die Rückwirkung greift nicht für Zwecke der Verkehrssteuern (insbesondere Umsatzsteuer). Auch insofern wird es stets bei einer „doppelten Buchführung" bei übertragenden und übernehmenden Rechtsträgern bleiben.

f) Anfechtung und Abfindung

aa) Negativerklärung als Eintragungsvoraussetzung

Bei der Anmeldung der Umwandlung zum Register haben die Vertre- **666**
tungsorgane eine Negativerklärung mit dem Inhalt abzugeben, daß eine Klage gegen die Wirksamkeit eines Umwandlungsbeschlusses nicht oder nicht fristgemäß erhoben oder eine solche Klage rechtskräftig abgewiesen oder zurückgenommen worden ist. Darüber hinaus haben die Vertretungsorgane dem Registergericht auch nach der Anmeldung über derartige Sachverhalte Mitteilung zu machen. Fehlt diese Erklärung, wird die Umwandlung nicht eingetragen. Etwas anderes gilt nur dann, wenn die klageberechtigten Anteilsinhaber durch notariell beurkundete Verzichtserklärung auf die Klage gegen die Wirksamkeit des Umwandlungsbeschlusses verzichten.[2] Die Negativerklärung muß in den Umwandlungsbeschlüssen aller beteiligten Rechtsträger enthalten sein. Jedoch hat jedes Vertretungsorgan diese Erklärung nur für den jeweiligen Rechtsträger abzugeben.

Durch die gesetzlich eingeräumte Alternative des Klageverzichts kann ggf. bereits im Vorfeld das Anfechtungsrisiko durch entsprechende Maßnahmen minimiert werden.

Die Negativerklärung muß nicht mit der Anmeldung abgegeben werden. Diese kann vielmehr innerhalb der Klagefrist erfolgen. Lediglich die Eintragung kann innerhalb der Frist nicht erfolgen.[3]

1 Vgl. Widmann/Mayer, § 20 UmwG Anm. 18.
2 Vgl. § 16 Abs. 2 UmwG Verschmelzung, § 125 UmwG Spaltung, § 176 UmwG Vermögensübertragung, § 198 Abs. 3 UmwG Formwechsel.
3 Vgl. Dehmer, § 16 UmwG Anm. 21.

Eine Klage gegen die Wirksamkeit eines Umwandlungsbeschlusses muß binnen eines Monats nach Beschlußfassung erhoben werden.[1] Hiermit wird erstmals eine einheitliche Frist für derartige Klagen vorgesehen. Die Formulierung stellt sicher, daß nicht nur Fälle der Anfechtung bei Kapitalgesellschaften, Genossenschaften und Versicherungsvereine auf Gegenseitigkeit erfaßt werden, sondern auch Klagen gegen die Wirksamkeit von Beschlüssen übertragender Personenhandelsgesellschaften und Vereinen. Es wurde eine Fassung gewählt, die alle Klagetypen erfaßt, mit denen die Nichtigkeit, Unwirksamkeit oder Anfechtbarkeit eines Beschlusses der Anteilsinhaber geltend gemacht werden kann.[2] Die Vorschrift erfaßt auch Klagen gegen den Umwandlungsbeschluß beim übernehmenden Rechtsträger. Materiell rechtlich ist das jeweilige für den betroffenen Rechtsträger geltende Recht maßgeblich.[3]

Da die Klageerhebung grundsätzlich eine Eintragung und damit die dingliche Wirksamkeit des Umwandlungsvorganges verhindert,[4] kommt dieser Ausschlußfrist besondere Bedeutung zu, da sonst Eintragung und Wirksamwerden ggf. auf unbestimmte Zeit hinausgeschoben würde. Durch die Frist von einem Monat ist eine feste Ausschlußfrist gesetzt, nach deren Ablauf einer Eintragung insoweit nichts mehr entgegensteht.

bb) Umwandlung trotz Klage

667 Unter besonderen Umständen ist eine Eintragung und damit dingliches Wirksamwerden der Umwandlung trotz Klage möglich. Hierfür muß das gegen die Wirksamkeit eines Umwandlungsbeschlusses zuständige Prozeßgericht auf Antrag des Rechtsträgers, gegen dessen Umwandlungsbeschluß sich die Klage richtet, durch rechtskräftigen Beschluß feststellen, daß

- die Klage unzulässig,
- offensichtlich unbegründet oder
- das alsbaldige Wirksamwerden der Verschmelzung nach freier Überzeugung des Gerichts unter Berücksichtigung der Schwere der mit der Klage geltend gemachten Rechtsverletzung zur Abwendung der vom Antragsteller dargelegten wesentlichen Nachteile für die an der Umwandlung beteiligten Rechtsträger und ihre Anteilsinhaber vorrangig erscheint.

Eine Klage ist vor allem dann als unbegründet anzusehen, wenn sie rechtsmißbräuchlich erhoben wurde.[5] Die Entscheidung darüber, wann eine Klage „offensichtlich" unbegründet ist, soll der weiteren Rechtsprechung überlassen bleiben.[6] Neu ist die dritte Möglichkeit, die den „rechtsmißbräuchlichen (räuberischen) Anfechtungsklagen" entgegen-

1 Vgl. § 14 Abs. 1 UmwG Verschmelzung, § 125 UmwG Spaltung, § 176 UmwG Vermögensübertragung, § 195 UmwG Formwechsel.
2 Vgl. Gesetzesbegründung zu § 14 UmwG.
3 Vgl. Dehmer, § 14 UmwG Anm. 1.
4 Vgl. § 16 Abs. 2 UmwG Verschmelzung, § 125 UmwG Spaltung, § 176 UmwG Vermögensübertragung, § 198 UmwG Abs. 3 Formwechsel.
5 Vgl. BGH v. 22.5.1989, BGHZ 107, 296, BGH v. 18.12.1989, ZIP 1990, 168, BGH v. 29.10.1990, ZIP 1990, 1560.
6 Vgl. Gesetzesbegründung zu § 16 Abs. 3 UmwG.

treten soll.[1] Mit dieser neuen Vorschrift soll dem Gericht größtmögliche Entscheidungsfreiheit für die Abwägung der widerstreitenden Individualinteressen gegeben werden. Das Gericht soll nach seiner freien Überzeugung entscheiden. Zusätzlich wird klargestellt, daß nicht jeder Nachteil sondern nur „wesentliche" als Anfechtungsgrund in Frage kommen. Des weiteren unterstreicht der Gesetzestext, daß nicht nur wirtschaftliche Überlegungen der jeweiligen Unternehmensleitung, sondern auch die Auswirkung der Verzögerung auf die Anteilsinhaber beachtlich sind. Zur Beschleunigung kann in dringenden Fällen auch ohne mündliche Verhandlung entschieden werden. Es ist kein Vorbeweis notwendig. Glaubhaftmachung reicht aus. Einziges Rechtsmittel ist die sofortige Beschwerde.

Beachtlich bleibt, daß durch diesen Beschluß des Prozeßgerichts nicht das Klageverfahren selbst entschieden wird, sondern lediglich die Frage, ob die anhängige Klage der Eintragung entgegensteht.

Dringt die Klage selbst durch, kann aber auch dies die Umwandlung nicht mehr vereiteln. Selbst dann, wenn sich die Klage als begründet erweist, kann nicht die Beseitigung der Wirkung der Eintragung verlangt werden.[2] Der Antragsgegner ist daher kraft Schadensersatz so zu stellen, als sei die Eintragung nicht erfolgt.

cc) Klageausschluß

Eine Klage gegen die Wirksamkeit des Umwandlungsbeschlusses eines übertragenden Rechtsträgers kann nicht darauf gestützt werden, daß **668**

- das Umtauschverhältnis der Anteile zu niedrig bemessen ist oder
- die Mitgliedschaft bei dem übernehmenden Rechtsträger kein ausreichender Gegenwert für die Anteile oder die Mitgliedschaft bei den übertragenden Rechtsträgern ist.[3]

dd) Verbesserung des Umtauschverhältnisses

Differenzen über das Umtauschverhältnis oder Unangemessenheit der Mitgliedschaft können damit die Wirksamkeit der Umwandlung nicht in Frage stellen. Statt mit einer Anfechtungsklage gegen die Umwandlung vorzugehen, besteht hier die Möglichkeit, eine Verbesserung des Umtauschverhältnisses zu verlangen. Notwendig ist stets, daß die Voraussetzungen für eine Klage gegen die Wirksamkeit des Umwandlungsbeschlusses vorliegen, diese jedoch aufgrund der Klageausschlußvorschrift für diese Fälle ausscheiden.[4] Im Gegensatz zu einer Barabfindung bedingt dies jedoch keinen Widerspruch gegen den Umwandlungsbeschluß.[5] **669**

1 Vgl. Dehmer, § 16 UmwG Anm. 22 m. w. N.
2 Vgl. § 16 Abs. 3 Satz 6 UmwG.
3 Vgl. § 14 Abs. 2 UmwG Verschmelzung, § 125 UmwG Spaltung (mit Ausnahme der Ausgliederung), bei der Vermögensübertragung werden keine Anteile gewährt, ähnliche Formulierung für den Formwechsel in § 195 Abs. 2 UmwG.
4 Vgl. Dehmer, § 15 UmwG Anm. 3.
5 § 15 Abs. 1 UmwG Verschmelzung, § 125 UmwG Spaltung mit Ausnahme der Ausgliederung, bei Vermögensübertragung werden keine Anteilsrechte gewährt, Formulierung ähnlich in § 196 UmwG für den Formwechsel.

Als Bewertungsstichtag sollte der Tag des Wirksamwerdens (Eintragung) anzusehen sein. Die Zuzahlung hat stets in bar (in Geld) zu erfolgen. Eine höhenmäßige Begrenzung gibt das Gesetz nicht vor. Ab Fälligkeit (Eintragung in das Register) ist der Anspruch mit jährlich 2 % über dem jeweiligen Diskontsatz der Deutschen Bundesbank zu verzinsen (§ 15 Abs. 2 Satz 1 UmwG).

ee) Barabfindung

670 Als weiterer Minderheitenschutz steht dem Anteilsinhaber wahlweise das Recht auf Barabfindung zu. Bei der Umwandlung eines Rechtsträgers auf eine andere Rechtsform hat der übernehmende Rechtsträger im Umwandlungsvertrag oder in dem Entwurf jedem Anteilsinhaber, der gegen den Umwandlungsbeschluß des übertragenden Rechtsträgers Widerspruch zur Niederschrift erklärt, den Erwerb seiner Anteile oder Mitgliedschaften gegen eine angemessene Barabfindung anzubieten. Das gleiche gilt, wenn die Umwandlung von Rechtsträgern der selben Rechtsform erfolgt aber dabei die Anteile zuvor nicht gegebenen Verfügungsbeschränkungen unterworfen werden. Kann der übernehmende Rechtsträger eigene Anteile oder eine Mitgliedschaft nicht erwerben (z. B. Personengesellschaften), so ist die Barabfindung für den Fall anzubieten, daß der Anteilsinhaber sein Ausscheiden aus dem Rechtsträger erklärt. Dem Widerspruch zur Niederschrift steht es gleich, wenn ein nicht erschienener Anteilsinhaber zu der Versammlung der Anteilsinhaber zu Unrecht nicht zugelassen worden ist oder die Versammlung nicht ordnungsgemäß einberufen oder der Gegenstand der Beschlußfassung nicht ordnungsgemäß bekannt gemacht worden ist.[1] Die Barabfindung muß die Verhältnisse des übertragenden Rechtsträgers im Zeitpunkt der Beschlußfassung berücksichtigen. Es werden jedoch keine Bewertungsmethoden vorgegeben. Die Angemessenheit der Abfindung ist stets durch Prüfung zu verifizieren. Durch notariell beurkundete Verzichtserklärung können die Berechtigten jedoch von einer Prüfung absehen.

Der Prüfer darf jedoch nicht selbst die Höhe der angemessenen Abfindung festlegen. Kommt der Prüfer zu dem Ergebnis, daß die Abfindung nicht angemessen ist, kann die Festsetzung der angemessenen Abfindung nur durch Gericht erfolgen.[2] Durch die gerichtliche Nachprüfung der Abfindung wird die Verbindung zu den §§ 305–312 UmwG hergestellt. In diesem 6. Buch des UmwG wird das Spruchverfahren geregelt. Das Gericht stellt die Höhe des Anspruchs auf angemessene Barabfindung der Höhe nach fest. Die Annahmefrist für die Barabfindung oder Klagefrist beträgt zwei Monate nach Bekanntmachung der Eintragung.

1 Vgl. § 29 Abs. 1 und 2 UmwG Umwandlung, § 125 UmwG Spaltung mit Ausnahme Ausgliederung, § 176 UmwG Vermögensübertragung, ähnliche Formulierung für den Formwechsel in § 207 UmwG.

2 § 34 UmwG Verschmelzung, § 125 UmwG Spaltung mit Ausnahme Ausgliederung, § 176 UmwG Vermögensübertragung, Formulierung ähnlich in § 212 UmwG für den Formwechsel.

ff) Verwertung durch anderweitige Veräußerung

Alternativ wird dem Gesellschafter eine Verwertung durch anderweitige Veräußerung seines Anteilsrechts gemäß § 33 UmwG zugebilligt. In der 2-Monatsfrist für Annahme der Barabfindung bzw. Anrufung des Gerichts zur Überprüfung der Höhe der Barabfindung steht es dem Anteilsinhaber frei ohne Verfügungsbeschränkungen (z. B. Vinkulierung) die Anteile zu veräußern. Hiermit soll dem Anteilsinhaber die Möglichkeit eröffnet werden, die Anteile zum tatsächlichen Verkehrswert zu verwerten.[1] 671

Es wird zu Recht darauf hingewiesen, daß die Vorschrift in sich nicht schlüssig ist. Die Vorschrift erlaubt die Veräußerung des Anteils trotz bestehender Verfügungsbeschränkung des übertragenden Rechtsträgers, jedoch in der Annahmefrist der Barabfindung, d. h. nach Eintragung und damit Wirksamwerden der Umwandlung. Damit ist z. B. im Falle der Verschmelzung der übertragende Rechtsträger erloschen. Satzungsmäßige Übertragungsbeschränkungen des übertragenden Rechtsträgers existieren folglich nicht mehr. Der Anteilsinhaber verfügt nur noch über Anteile der übernehmenden Gesellschaft. Nur über diese Anteile verfügt er und nur diese kann er veräußern. Es wird daher daraus geschlossen, daß entgegen dem Wortlaut die Vorschrift Verfügungsbeschränkungen bei dem übernehmenden Rechtsträger für die Dauer der Ausschlußfrist nach § 31 UmwG suspendiert.[2] Dies wird weiterhin damit begründet, daß die Verfügungsbeschränkung nur dann aufzuheben sei, wenn endgültig sicher sei, daß die Umwandlung erfolgt; also nach Eintragung. Dem ist entgegenzusetzen, daß ggf. der Wert der Anteile nach Wirksamwerden der Umwandlung (subjektiv) nicht mehr identisch zu dem Anteilswert vor Umwandlung ist. Es könnte daher auch überlegt werden, ob noch eine uneingeschränkte Verfügungsmacht vor Umwandlung eingeräumt werden kann.

Zutreffend wird darauf hingewiesen, daß ein Vorkaufsrecht für den übernehmenden Rechtsträger fehlt und somit durch die Drittverwertungsmöglichkeit ggf. fremden Dritten oder sogar Konkurrenten der Eintritt in den Rechtsträger ermöglicht wird.[3]

Daneben besitzen die Anteilsinhaber ggf. Schadensersatzansprüche gegen die Verwaltungsträger der übertragenden und übernehmenden Rechtsträger. Diese Ansprüche verjähren innerhalb von 5 Jahren.[4]

gg) Spruchverfahren

Soweit eine Verbesserung des Umtauschverhältnisses oder der Barabfindung geltend gemacht wird, geschieht dies im Rahmen des Spruchverfahrens.[5] Der Antrag auf gerichtliche Entscheidung kann nur 672

1 Vgl. Dehmer, § 33 UmwG Anm. 2.
2 Vgl. Dehmer, § 33 UmwG Anm. 5.
3 Vgl. Dehmer, § 33 UmwG Anm. 6, so auch Reichert, GmbHR 1995, 176, 190.
4 Vgl. §§ 25–27 UmwG Verschmelzung, § 125 UmwG Spaltung mit Ausnahme § 27 UmwG gemäß § 135 UmwG bei Spaltung zur Neugründung, § 176 UmwG Vermögensübertragung, Schadensersatzpflicht nur gegen übertragenden Rechtsträger gemäß § 205 UmwG für Formwechsel.
5 6. Buch des Umwandlungsgesetzes, §§ 305–312 UmwG.

binnen zwei Monaten nach dem Tage gestellt werden, an dem die Eintragung der konstitutiv wirkenden Umwandlung erfolgt ist (vgl. § 305 UmwG).[1] Der Antrag muß zur Fristwahrung beim zuständigen Landgericht eingegangen sein. Die Unkenntnis der Bekanntmachung gilt nicht als unverschuldet.

Das Spruchverfahren lehnt sich inhaltlich stark an das Umwandlungsgesetz 1969 an. Die Entscheidung des Gerichts wirkt für und gegen alle (§ 311 Satz 2 UmwG). Die Regelung verfolgt die Gleichbehandlung aller Anteilsinhaber; d. h. unabhängig davon, ob Anträge i. S. d. § 305 oder § 307 Abs. 3 UmwG gestellt wurden oder nicht. Zu diesem Zweck ist für die nichtantragstellenden Anteilsinhaber ein gemeinsamer Vertreter zu bestellen (vgl. § 308 UmwG). Der gemeinsame Vertreter kann das Verfahren auch nach Rücknahme eines Antrags (durch einen antragstellenden Anteilsinhaber) weiterführen (vgl. § 308 Abs. 3 Satz 1 UmwG). Hierdurch soll erreicht werden, daß entgegen der Praxis der konzernrechtlichen Spruchverfahren, in den Unternehmen dazu neigen könnten, Antragsteller auszukaufen, eine Verfahrensbeendigung durch Rücknahme eines einzelnen Antrags vermieden wird. Der gemeinsame Vertreter kann in diesen Fällen das Verfahren zugunsten der (anderen) betroffenen Anteilsinhaber weiterführen.[2] Die Rechtsposition der Nichtantragstellenden kann sich durch das Spruchverfahren lediglich verbessern, niemals jedoch verschlechtern.[3]

Das Spruchverfahren dient der einheitlichen Feststellung einer angemessenen Abfindung, der Prozeßökonomie durch Konzentration des Verfahrens und Sicherstellung des Rechtschutzes ohne nennenswertes finanzielles Risiko.[4]

Antragberechtigt sind

- Anteilsinhaber des übertragenden Rechtsträgers, soweit eine auf ein unangemessenes Umtauschverhältnis gestützte Unwirksamkeitsklage ausgeschlossen ist, im übrigen aber alle Voraussetzungen hierfür vorliegen würden, mit dem Ziel der Verbesserung des Umtauschverhältnisses,
- ausgeschiedene Anteilsinhaber, die gegen den Umwandlungsbeschluß des übertragenden Rechtsträgers Widerspruch zur Niederschrift erklärt haben und das Angebot zum Ausscheiden bereits angenommen haben oder dieses Angebot noch annehmen können, mit dem Ziel der Nachprüfung der Barabfindung.[5]

Das Gericht kann nur über die Höhe der baren Zuzahlung oder angemessenen Abfindung entscheiden. Dem Gericht steht dagegen zum Beispiel nicht die Entscheidungskompetenz bezüglich

- der Rechtsgültigkeit der Umwandlung,
- einer höheren als der gesetzlichen Verzinsung,
- sonstiger Schadensersatzansprüche zu.

1 Dehmer, § 305 UmwG, Anm. 1.
2 Vgl. Gesetzesbegründung zu § 308 Abs. 3 Satz 1 UmwG.
3 Vgl. Dehmer, § 308 UmwG Anm. 2.
4 Vgl. Dehmer, vor §§ 305 bis 312 UmwG Anm. 4.
5 Vgl. Dehmer, § 305 UmwG Anm. 5, 6.

Ebenfalls kann in diesem Verfahren keine Zwangsvollstreckung betrieben werden. Alle diese Ansprüche können nur im Rahmen eines normalen Zivilprozesses durchgesetzt werden.[1]

Aufgrund der verfahrensökonomischen Gründe (Identität des zu ermittelnden Sachverhalts) erscheint es naheliegend, daß die Nachprüfung der Angemessenheit vom Umtauschverhältnis und Barabfindung in einem gemeinsamen Verfahren erfolgen können. Ferner sollte ein gemeinsames Spruchverfahren gegen mehrere Rechtsträger (z. B. Spaltung) zulässig sein.[2]

Gegen die Entscheidung im Spruchverfahren nach § 307 Abs. 5 UmwG findet die sofortige Beschwerde statt (§ 309 Abs. 1 Satz 1 UmwG). Sie ist innerhalb einer Frist von zwei Wochen einzulegen (§ 22 Abs. 1 Satz 1 FGG). Die Beschwerdeschrift ist durch einen Rechtsanwalt einzulegen (§ 309 Abs. 1 Satz 2 UmwG). Die Formulierung verlangt nicht zugleich einen Anwaltszwang für die weiteren Verfahrenshandlungen.

hh) Tabellarische Übersicht

Eine Übersicht über diesen Regelungsbereich gibt die nachstehende Übersicht. **673**

	Verschmelzung	Spaltung	Vermögens-übertragung	Formwechsel
Negativ-erklärung	keine Klage gegen Wirksamkeit § 16 II	Verweis § 125	Verweis § 176	Verweis § 198 III
Eintragung trotz Klage	– Unzulässigkeit – Unbegründetheit – Ermessensentscheidung Prozeßgericht § 16 III	Verweis § 125	Verweis § 176	Verweis § 198 III
Klagefrist	1 Monat nach Beschlußfassung § 14 I	Verweis § 125	Verweis § 176	1 Monat nach Beschlußfassung § 195
Klage-ausschluß	– Umtauschverhältnis – Mitgliedschaft überneh. Rechtsträger kein ausreichender Gegenwert § 14 II – Barabfindung § 32	Verweis § 125 Ausnahme Ausgliederung	Verweis § 176 (es werden keine Anteilsrechte gewährt)	§ 195 II § 210

1 Vgl. Dehmer, § 307 UmwG Anm. 46.
2 Vgl. hierzu auch Dehmer, § 307 UmwG Anm. 48, 49.

	Verschmelzung	Spaltung	Vermögens-übertragung	Formwechsel
Zuzahlung (Verbesserung Umtauschverhältnis)	– Umtauschverhältnis – Mitgliedschaft übernehm. Rechtsträger kein ausreichender Gegenwert § 15 I	Verweis § 125 Ausnahme Ausgliederung	keine Anteilsrechte	Formulierung ähnlich § 15 § 196
Wahlrecht Barabfindung	– Widerspruch und – keine vergleichbaren Anteile – weiterreichende Beschränkungen der Anteilsrechte § 29	Verweis § 125 Ausnahme Ausgliederung	gemäß § 176 gilt § 29 auch für § 23	jeder Anteilseigner bei Widerspruch § 207
Schadensersatzpflicht Verwaltungsträger	– übertragender Rechtsträger §§ 25, 26 – übernehmender Rechtsträger § 27 – Verjährung 5 Jahre nach Eintragung	Verweis § 125 Ausnahme § 27 gem. § 135	Verweis § 176	übertragender Rechtsträger § 205
Höhe Barabfindung	Verhältnisse Zeitpunkt Beschlußfassung § 30 I	Verweis § 125 Ausnahme Ausgliederung	Verweis § 176	Verweis § 208
	Prüfungsgebot (Verzicht möglich) § 30 II	Verweis § 125 Ausnahme Ausgliederung	Verweis § 176	Verweis § 208
	Gerichtliche Nachprüfung § 34	Verweis § 125 Ausnahme Ausgliederung	Verweis § 176	Formulierung ähnlich § 34 § 212
Annahmefrist Barabfindung	2 Monate nach Bekanntmachung Eintragung oder Gerichtsentscheidung § 31	Verweis § 125 Ausnahme Ausgliederung	Verweis § 176	Formulierung ähnlich § 31 § 209
Anderweitige Veräußerung	In 2 Monatsfrist des § 31 Befreiung von Verfügungsbeschränkungen § 33	Verweis § 125 Ausnahme Ausgliederung	Verweis § 176	Formulierung ähnlich § 33 § 211

ii) Strafvorschriften und Bußgelder

674 Im Siebenten Buch des Umwandlungsgesetzes sind die Strafvorschriften und Zwangsgelder zusammengefaßt (vgl. §§ 313 bis 316 UmwG). Mit Freiheitsstrafen bis zu drei Jahren oder einer Geldstrafe werden falsche

Angaben bestraft, die im Rahmen einer Umwandlung gemacht werden und die unmittelbar oder mittelbar Einfluß auf die Entscheidung der Anteilsinhaber haben und zu einer Schädigung führen können. Betroffener Personenkreis sind Mitglieder der Vertretungsorgane, vertretungsberechtigte Gesellschafter, Aufsichtsräte oder Abwickler (Liquidatoren). Bei Verletzung der Berichtspflicht durch Verschmelzungs-, Spaltungs- oder Übertragungsprüfer oder als Gehilfe eines solchen Prüfers droht ebenfalls eine Freiheitsstrafe bis zu drei Jahren oder Geldstrafe, soweit über das Ergebnis einer aus Anlaß einer Umwandlung erforderlichen Prüfung falsch berichtet oder erhebliche Umstände in dem Prüfungsbericht verschwiegen werden. In schweren Fällen kann die Freiheitsstrafe fünf Jahre betragen.

Das unbefugte Offenbaren von Betriebs- oder Geschäftsgeheimnissen kann zu einer Freiheitsstrafe bis zu einem Jahr führen.

Zwangsgelder bis zu einem Betrag von DM 10 000 stellen Druckmittel gegenüber Vertretungsorganen und vertretungsberechtigten Gesellschaftern bzw. Liquidatoren dar (vgl. § 316 Abs. 1 UmwG).

2. Umwandlung mit Vermögensübertragung

a) Verschmelzung durch Aufnahme

aa) Verschmelzungsvertrag

Bei der Verschmelzung durch Aufnahme ist gem. § 4 UmwG ein Verschmelzungsvertrag zwingend vorgeschrieben. Die Abschlußkompetenz liegt bei den Vertretungsorganen der beteiligten Rechtsträger. Da der Verschmelzungsvertrag aber nur wirksam wird, wenn die Anteilsinhaber der beteiligten Rechtsträger ihm durch Beschluß zugestimmt haben (schwebend unwirksam bis zur Zustimmung der Anteilseigner gem. § 13 UmwG), sieht § 4 Abs. 2 UmwG die Möglichkeit vor, den betreffenden Anteilsinhaberversammlungen zunächst einen schriftlichen Entwurf des Vertrags zuzuleiten. Hierdurch wird ermöglicht, den Zustimmungsbeschluß im vorhinein sowohl als Einwilligung als auch als nachträgliche Genehmigung zu gestalten. Beschließen die Anteilsinhaber über einen Entwurf, muß dieser mit dem später abgeschlossenen Vertrag nicht nur inhaltlich, sondern wortgleich übereinstimmen. **675**

Der Verschmelzungsvertrag muß notariell beurkundet werden (vgl. § 6 UmwG). Formbedürftig ist nicht nur der Verschmelzungsvertrag an sich, sondern auch alle bestehenden Nebenabreden, die zusammen mit dem Vertrag selbst ein untrennbares Ganzes darstellen.[1]

Besteht Gleichwertigkeit mit einer inländischen Beurkundung (als Voraussetzung hierfür wird vor allem eine entsprechende Vorbildung und Stellung sowie eine der Tätigkeit des deutschen Notars entsprechende Funktion verstanden), soll auch die Beurkundung im Ausland

1 Vgl. Dehmer, § 6 UmwG Anm. 3.

möglich sein.[1] Jedoch wird dies an anderer Stelle als nicht zulässig angesehen.[2]

Die Regelung des § 5 Abs. 1 UmwG normiert die Mindestangabepflicht. Weitere deklatorische oder konstitutive Bestandteile sind möglich. Insbesondere bieten sich hier z. B. Angaben über die Firmierung (§ 18 UmwG[3]) an.

Gemäß § 5 UmwG muß der Verschmelzungsvertrag folgenden Mindestinhalt enthalten.

(1) Name, Firma und Sitz (§ 5 Abs. 1 Nr. 1 UmwG)

676 Die exakte Identifikation der beteiligten Rechtsträger ist selbstredend notwendig. Die Anforderungen bezüglich der Bezeichnung lassen sich den rechtsformspezifischen Spezialgesetzen entnehmen (z. B. §§ 4, 5 AktG, § 3 Abs. 1, 4 GmbHG, § 19 HGB, § 3 GenG).

(2) Vermögensübertragung (§ 5 Abs. 1 Nr. 2 UmwG)

677 Der Vertrag muß klarstellen, daß eine Vermögensübertragung im Sinne des Umwandlungsgesetzes vorliegt. Nicht notwendig, aber sicherlich hilfreich und daher anzuraten, ist die Wiederholung des Gesetzestextes.[4]

(3) Bestimmung des Umtauschverhältnisses (§ 5 Abs. 1 Nr. 3 UmwG)

678 Die Anteilseigner der übertragenden Gesellschaft geben im Rahmen der Verschmelzung ihre Anteile ab. Sie sind in Zukunft nur noch an der übernehmenden Gesellschaft beteiligt. Die Wertäquivalenz besitzt folglich eine dominierende Bedeutung für alle beteiligten Parteien und kann wohl auch als eine maßgebliche Voraussetzung dafür angesehen werden, daß die Anteilsinhaber einer Verschmelzung zustimmen (§ 13 UmwG).

679 Maßgeblich sind naturgemäß die Verkehrswerte, nicht die Buchwerte. Hieraus ergibt sich zugleich die Komplexität und Fehleranfälligkeit der Bewertung. Unternehmen sind lebendige, dynamische, sich ständig weiterentwickelnde Organisationseinheiten. Der Gesamtwert eines Unternehmens setzt sich aus Substanz- und Ertragswertfaktoren zusammen, wobei interne und externe Variablen und Daten, die nur zum Teil (hinreichend exakt) prognostiziert werden können und die bezüglich ihrer relativen Wertigkeit für den Gesamtwert in nicht bestimmbarer Weise zusammenwirken, in ihrer Summe den Unternehmenswert ergeben. Einen einzigen richtigen Unternehmenswert gibt es daher nicht. Es kann nur eine prognoseabhängige Bandbreite angegeben werden.[5]

1 Vgl. Dehmer, § 6 UmwG Anm. 6 m. w. N.
2 Vgl. Heckschen, 210 m. w. N., ebenfalls weitere Nachweise zu ablehnenden Stimmen in Dehmer, § 6 UmwG Anm. 7, ausführliche Diskussion auch in Widmann/Mayer, § 6 UmwG Rz. 42–56.
3 Zu den Änderungen aufgrund des Handelsrechtsreformgesetzes vom 22.6.1998 (BGBl. I, 1474) vgl. Neye, DB 1998, 1649, 1653 f.
4 Vgl. Sagasser/Bula, 67 m. w. N.; ebenso Dehmer, der der Klarheit und Einfachheit halber eine möglichst weitgehende Orientierung am Gesetzestext empfiehlt.
5 Vgl. Sagasser/Bula, 67.

Hilfreich kann in diesem Zusammenhang die Tatsache sein, daß es für die alleinige korrekte Bestimmung des Umtauschverhältnisses nicht notwendig wäre, einen exakten Unternehmenswert im Sinne eines zutreffenden Veräußerungspreises bzw. Marktwertes zu ermitteln, sondern für die Zwecke des Verschmelzungsvertrages bei einer „reinen" Verschmelzung letztlich eine relative Unternehmensbewertung, nämlich das Umtauschverhältnis, ausreichen würde. Dies ermöglicht es und zwingt zugleich nur, die Unternehmensbewertung bei allen beteiligten Rechtsträgern nach der gleichen Methodik[1] und unter Zugrundelegung der gleichen Szenarien und Annahmen durchzuführen.

Diese Betrachtung stößt allerdings in den Fällen an ihre Grenzen, in denen bare Zuzahlungen oder Barabfindungen geleistet werden sollen. **680**
Soweit neben Anteilsrechten Nominalwerte gewährt werden, ist es notwendig, nicht nur auf eine Identität der Bewertungsmethodik zu achten, sondern darüber hinaus einen Bewertungsmodus zu wählen, der dem (unbekannten) Marktwert möglichst nahe kommt.

Nicht eindeutig gelöst ist die Frage, auf welchen Stichtag die Bewertung zu erfolgen hat. Nach wohl herrschender Meinung muß der Bewertungsstichtag nicht mit dem Tag des Wirksamwerdens der Verschmelzung identisch sein, sondern kann von den Parteien frei bestimmt werden.[2] Dies dürfte auch in aller Regel zweckmäßig sein, da der Tag des Wirksamwerdens willkürlich durch den Handelsregistereintrag bestimmt wird und darüber hinaus die Entscheidung über Verschmelzung und Umtauschverhältnis dem Wirksamwerden zeitlich vorgelagert zu treffen ist. Der spätestmögliche Zeitpunkt für die Festlegung dieses Verhältnisses liegt einen Monat vor der Beschlußfassung durch die Anteilsinhaber, da zu diesem Zeitpunkt der im wesentlichen mit dem endgültig zu schließenden Vertrag übereinstimmende Entwurf dem Betriebsrat zugeleitet werden muß.[3]

Aus Praktikabilitätserwägungen bietet sich der letzte Bilanzstichtag an, der regelmäßig auch Basis der Umwandlungsbilanz sein dürfte (§ 17 Abs. 2 UmwG). Im Rahmen der Verschmelzung von besonders prosperierenden und stagnierenden Rechtsträgern bzw. bei denen sich derartige Tendenzen erst im Laufe des Jahres herauskristallisieren, kann u. U. die auf den letzten Bilanzstichtag beruhende Bewertung bereits überholt sein. Ggf. sollte über ergänzende Barabfindungen ein Ausgleichsmechanismus geschaffen werden, bei dem derartige Zahlungen erst nach Ablauf von ein bis zwei Jahren nach der Verschmelzung zu ermitteln und fällig wären, nachdem die weitere Unternehmensentwicklung Klarheit über die Unternehmenswerte gebracht hat. Einschränkend muß allerdings in diesem Zusammenhang darauf hingewiesen werden, daß eine derartige Anpassungsklausel nur dann Sinn machen kann, wenn die im Rahmen der Verschmelzung sich vereinigenden Unternehmensteile eine zumindest soweit gehende Selbständigkeit behalten, daß dies noch eine Beurteilung der Substanz- und Ertragskraft der einzelnen Unternehmensteile ermöglicht.

1 Vgl. Widmann/Mayer, § 5 UmwG Anm. 101.
2 Vgl. Sagasser/Bula, 68.
3 Soweit ein Betriebsrat besteht.

681 Ein bestimmtes Verfahren oder feste Regeln dafür, wie die Ermittlung des Unternehmenswertes zu erfolgen hat, sind gesetzlich nicht vorgegeben.

682 Da der wahre innere Wert der Unternehmung festgestellt werden soll, scheidet als generell ungeeignet ein reiner Liquidationswert ebenso wie ein reiner Substanzwert aus. Keine Eignung besitzt auch das sogenannte Stuttgarter Verfahren (Abschn. 4 ff. VStR). Nur eingeschränkte Akzeptanz dürfte auch die Anwendung der Mittelwertmethode finden. Hierbei handelt es sich um das arithmetische Mittel von Ertragswert und Teilreproduktionswert. Die Anwendung mag dann sinnvoll sein, wenn ein Unternehmen von seinem Zweck her auf die Vermögenssubstanz angewiesen ist und hierüber im großen Umfange verfügt.[1]

683 Ungeeignet dürfte in der Regel auch der Börsenkurs sein, da dieser häufig nicht Spiegelbild des tatsächlichen Unternehmenswertes ist. Einflußmöglichkeiten auf Geschäftsführung oder Ausschüttungspolitik, z. B. aufgrund der Beteiligungshöhe fließen ebenfalls nicht in die Bewertung ein. Aufgrund der Vorgabe einer objektiven Bewertung kann auch kein Abschlag für Minderheitsbeteiligungen vorgenommen werden. Als wertbeeinflussend werden dagegen steuerliche Verlustvorträge bezeichnet. Ebenfalls können prognostizierte Synergieeffekte berücksichtigt werden.

684 Von der herrschenden Meinung wird die sogenannte reine Ertragswertmethode präferiert.

Hierbei handelt es sich um den Barwert der zukünftigen Einnahmeüberschüsse – nicht der zukünftigen Gewinne. Nicht betriebsnotwendiges Vermögen wird mit dessen Liquidationswert, dem Ertragswert hinzugerechnet.

Maßgebliche Einflußgrößen in diesem Bewertungssystem sind die geschätzten zukünftigen Einnahmeüberschüsse sowie der zugrunde zu legende Abzinsungssatz. Gem. der IDW-Stellungnahme HFA II/1983 wird für die Schätzung der Einzahlungsüberschüsse eine Phasenmethode vorgegeben.

In der ersten, längstens drei Jahre betragenden Periode, wird der Jahreserfolg exakt geplant und bestimmt. Für den Zeitraum der zweiten Phase, circa weitere 5 Jahre, wird ein durchschnittlicher Jahreserfolg auf Basis der Erkenntnisse der Phase 1 ermittelt. Die darüber hinaus reichende Zukunft (Phase 3) wird nur noch im Rahmen einer groben Schätzung des Durchschnittserfolgs erfaßt.

Alternativ wird pauschal ein durchschnittlicher Jahresüberschuß ermittelt und abgezinst.

Die Abzinsung der Zahlungsreihen erfolgt nach Rechtsprechung auf einem Basiszins, welcher sich auf der Grundlage der Durchschnittsrendite inländischer Staatsobligationen (ca. 7,5 % – 8 %) ermittelt, einem Geldentwertungsabschlag (je nach Preiselastizität 0,5 % – 2 %), um die

1 Die Mittelwertmethode führt bei der Unternehmensbewertung häufig zu sachgerechten Ergebnissen, BGH v. 30.9.1981, DB 1982, 106 m. w. N.

Sachwertanlage in Unternehmen zu berücksichtigen sowie einen Zuschlag für das Unternehmerrisiko (abhängig von Lage und Branche ca. 0,5 %–2 %). Hieraus errechnen sich im Ergebnis Kapitalisierungszinssätze zwischen 7,5 % und 8,5 %. Außerhalb der Rechtsprechung werden diese allerdings häufig überschritten.[1]

(4) Einzelheiten für die Übertragung der Anteile oder Erwerb der Mitgliedschaft (§ 5 Abs. 1 Nr. 4 UmwG)

Hierunter sind Einzelheiten über die Übertragung der Anteile auszu- **685**
führen, ebenso regelt die Vorschrift die Angabe von Einzelheiten über den Erwerb von Mitgliedschaften. Dies spielt zum Beispiel dann eine Rolle, wenn es zu dem Erlöschen einer Mitgliedschaft und dem gleichzeitigen Erwerb einer neuen kommt.[2]

Bei Aktiengesellschaften ist nach § 71 UmwG für den Empfang der zu gewährenden Aktien und baren Zuzahlungen ein Treuhänder zu bestellen. Bei der GmbH muß für jeden Gesellschafter der Nennbetrag für Geschäftsanteile angegeben werden.

Entstehen Kosten, ist die Kostentragungslast zu bestimmen.

(5) Gewinnbeteiligungszeitpunkt (§ 5 Abs. 1 Nr. 5 UmwG)

Ebenfalls ist zwingend Auskunft darüber zu geben, von welchem Zeit- **686**
punkt an die im Rahmen der Verschmelzung gewährten Anteile gewinnanspruchsberechtigt sind. Der Zeitpunkt kann frei bestimmt werden.

Probleme ergeben sich regelmäßig daraus, daß der Tag der Eintragung (Wirksamwerden) nicht vorbestimmt werden kann und ggf. erst in einem kommenden Wirtschaftsjahr erfolgt. Es wird daher empfohlen, im Verschmelzungsvertrag festzulegen, daß die neuen Anteilsinhaber erst am Anfang des der Eintragung der Verschmelzung nachfolgenden Geschäftsjahres gewinnberechtigt werden und bis dahin nur eine Gewinnberechtigung am übertragenden Rechtsträger vorliegt. Wirtschaftlich kann dies allerdings zur Folge haben, daß die bereits beschlossene und von allen Parteien gewollte Gewinnverteilung auf Basis des durch die Verschmelzung entstehenden neuen Rechtsträgers noch nicht erfolgt. Soweit z. B. durch das Umtauschverhältnis auch eine zukünftig abweichende Gewinnverteilung berücksichtigt wurde, sind Friktionen für einen Interimszeitraum ggf. durch Zahlung eines Bonus zu mindern.[3] Unter Umständen kann auch eine spätere Gewinnbeteiligung durch ein besonders günstig ausgestaltetes Umtauschverhältnis kompensiert werden.

(6) Verschmelzungsstichtag (§ 5 Abs. 1 Nr. 6 UmwG)

Hier ist der Zeitpunkt zu bestimmen, von dem an die Handlungen des **687**
übertragenden Rechtsträgers als für Rechnung des übernehmenden Rechtsträgers vorgenommen gelten. Es handelt sich damit um die Be-

1 Vgl. Sagasser/Bula, 71 m. w. N.
2 Vgl. Sagasser/Bula, 73, z. B. Genossenschaften und Vereine.
3 Vgl. Sagasser/Bula, 74 m. w. N.

stimmung im Innenverhältnis der beteiligten Rechtsträger. I. d. R. ist dieser Termin identisch mit dem Stichtag der Schlußbilanz des übertragenden Rechtsträgers.[1] Nur auf diesen Tag besteht Identität zur steuerlichen Rückwirkung.

Die damit zusammenhängende Problematik wurde bereits oben unter dem Stichwort „Rückwirkung" diskutiert (Rz. 665).

(7) Sonderrechte (§ 5 Abs. 1 Nr. 7 UmwG)

688 Jede Form des Sonderrechts (z. B. Vorzugsaktien, Mehrstimmrechtsaktien, Schuldverschreibungen und Genußrechte) oder gegenüber der Gesellschaft bestehende schuldrechtliche Sondervorteile oder für Personen vorgesehene Maßnahmen sind anzugeben. Es findet dabei keine Beschränkung auf anläßlich der Verschmelzung gewährte Vorteile statt. Vielmehr besteht eine generelle Angabepflicht.[2] Vorteile, die allen Anteilsinhabern in gleichem Umfang gewährt werden, unterliegen nicht der Angabepflicht.

(8) Vorteilsgewährung an Geschäftsleitung, Aufsichtsgremien, Partner, Prüfer (§ 5 Abs. 1 Nr. 8 UmwG)

689 Die Vorschrift dürfte vorrangig dem Schutz der Anteilsinhaber dienen. Durch die Angabepflicht wird ihnen die Möglichkeit eingeräumt, darüber zu urteilen, inwiefern bestimmte Vorteilsgewährungen ggf. Einfluß auf die grundsätzlich nach objektiven Kriterien zu treffende Entscheidung bzgl. einer Verschmelzung genommen hat. Aus dieser Zielsetzung ergibt sich naturgemäß die Ausweitung der Angabepflicht auch auf den Abschluß- bzw. Verschmelzungsprüfer. Die üblichen Prüfungsvergütungen stellen jedoch keinen besonderen Vorteil dar. Als Beispiel für einen besonderen Vorteil nennt die Gesetzesbegründung den Fall, daß ein langjähriger Prüfer aufgrund der Verschmelzung aus Verträgen entlassen und entschädigt wird. Zugleich wird dieser Fall aber mit dem Hinweis auf bestehende berufsrechtliche Regelungen relativiert.[3]

Unter die Angabepflicht fallen im übrigen insbesondere Abfindungszahlungen für ausscheidende Organe oder Aufsichtsgremien. Derartige Sondervorteile dürften regelmäßig auftreten, da es bei einer Verschmelzung mehrerer existierender Gesellschaften anderenfalls zu einer Mehrfachbesetzung von Leitungsfunktionen käme. Als Sondervorteil gilt ebenfalls eine Zusage auf eine Organfunktion bei dem übernehmenden Rechtsträger. Obschon eine solche Zusage nicht rechtsverbindlich im Verschmelzungsvertrag getroffen werden kann, da über die jeweilige Besetzung der Organe ausschließlich und vertraglich nicht abdingbar die jeweils gesetzlich vorgeschriebenen Entscheidungsträger bei der übernehmenden Gesellschaft entscheidungsbefugt sind, gilt die Angabepflicht.[4] Mit Wirkung vom 1.8.1998 sind in den Adressatenkreis von Vorteilsgewährungen auch die Partner einer Partnerschaftsgesellschaft aufgenommen worden.

1 Vgl. Widmann/Mayer, § 5 UmwG Anm. 158.
2 Vgl. Sagasser/Bula, 75.
3 Vgl. Gesetzesbegründung zu § 5 Nr. 8 UmwG.
4 Vgl. Dehmer, § 5 UmwG Anm. 42, Sagasser/Bula, 76 ff.

(9) *Verschmelzungskonsequenzen für Arbeitnehmer und deren Vertretungen sowie insoweit vorgesehene Maßnahmen (§ 5 Abs. 1 Nr. 9 UmwG)*

Hiernach sind die durch die Verschmelzung eintretenden individual- und kollektivarbeitsrechtlichen Änderungen im Verschmelzungsvertrag aufzuzeigen. Diese Informationspflicht steht im Zusammenhang mit dem einen Monat vor der Anteilsinhaberversammlung an den Betriebsrat zuzuleitenden (Entwurf des) Vertrag(es). Die Regelung zielt damit auf eine frühzeitige Information für die Arbeitnehmervertretung. Nach der Gesetzesbegründung soll hiermit eine sozialverträgliche Durchführung erleichtert und somit dem sozialen Frieden gedient werden.[1] **690**

Der konkrete Umfang der Berichtspflicht bleibt unklar. Aufgrund der weiten Formulierung könnte ein derart großes Spektrum darzustellen sein, daß dies den „Rahmen eines jeden Verschmelzungsvertrages sprengen" würde.[2] Es sollte daher davon ausgegangen werden können, daß sich die Angabepflichten auf die unmittelbar durch die Verschmelzung ergebenden Konsequenzen für den einzelnen Arbeitnehmer und ihre Vertretung beschränkt.[3] In diesem Zusammenhang sei auch auf die Regelung des § 8 Abs. 2 UmwG verwiesen, wonach bereits im Verschmelzungsbericht Angaben unterlassen werden dürfen, wenn diese dem Unternehmen einen erheblichen Nachteil zufügen könnten. Entsprechend wird daraus gefolgert, daß die Angabepflicht im Verschmelzungsvertrag nicht weitergehen kann wie im Verschmelzungsbericht.[4]

Den Arbeitnehmern steht kein Recht zu, gegen die Verschmelzung bzw. deren Eintragung gerichtlich vorzugehen. Mit der Eintragung wird ein etwaig vorliegender Verstoß gegen die Angabepflicht des § 5 Abs. 1 Nr. 9 UmwG geheilt. Grundsätzlich wirkt hier als Kontrollinstanz nur der Registerrichter, der bei fehlenden Angaben die Eintragung verweigern kann. Eine inhaltliche Überprüfung erfolgt jedoch nicht durch das Registergericht. Eine Eintragungsverweigerung wegen unzureichender (nicht fehlender) Information kommt nicht in Betracht.[5] Lediglich Anteilsinhaber können den auf Basis eines fehlerhaften Verschmelzungsvertrages erfolgenden Verschmelzungsbeschluß anfechten, wenn es sich um einen gravierenden und offensichtlichen Rechtsverstoß handelt.[6]

Der Verschmelzungsvertrag oder sein Entwurf ist spätestens einen Monat vor der über die Verschmelzung beschließenden Anteilsinhaberversammlung dem zuständigen Betriebsrat des Rechtsträgers zuzuleiten. Der Nachweis über die rechtzeitige Zuleitung stellt eine zwingende Anlage zur Anmeldung beim Handelsregister dar (§ 17 Abs. 1 UmwG). Unklar bleibt, gegenüber welchem Betriebsrat die Zuleitungspflicht besteht. Im Zweifel sollte daher bis zu einer rechtlichen Klärung eine umfassende Information an Einzelbetriebsräte, Gesamt- und Konzernbetriebsräte gegeben werden.

1 Vgl. Gesetzesbegründung zu § 5 Abs. 1 Nr. 9 UmwG.
2 Vgl. Dehmer, § 5 UmwG Anm. 46.
3 So auch Widmann/Mayer, § 5 UmwG Anm. 180ff., Anm. 199ff.
4 Vgl. Sagasser/Bula, 78.
5 Vgl. Sagasser/Bula, 99.
6 Vgl. Dehmer, § 5 UmwG Anm. 49.

(10) Barabfindungsgebot

691 Neben den durch § 5 Abs. 1 UmwG gegebenen Pflichtangaben normiert § 29 Abs. 1 UmwG eine Zusatzangabepflicht für die Fälle, in denen Anteilsinhaber gegen den Verschmelzungsbeschuß des übertragenden Rechtsträgers Widerspruch zur Niederschrift erklärt haben. Der Verschmelzungsvertrag muß ein konkretes Barabfindungsgebot enthalten.

(11) Weitere rechtsformspezifische Angaben[1]

692 – Personenhandelsgesellschaft als übernehmender Rechtsträger:

Haftart des übernehmenden Personengesellschafters (§ 40 Abs. 1 Satz 1 UmwG)

Einlagebetrag der hinzutretenden Gesellschafter (§ 40 Abs. 1 Satz 2 UmwG)

– Partnerschaftsgesellschaft als übernehmender Rechtsträger:

Bezeichnung des ausgeübten Berufs und Angabe des jeweiligen Wohnort der einzelnen Partner (§ 45b UmwG)

– GmbH als übernehmender Rechtsträger

Nennbetrag Geschäftsanteil der hinzutretenden Gesellschafter (§ 46 Abs. 1 und 3 UmwG)

Angabe von Sonderrechten und -pflichten, mit denen neue Anteile ausgestattet sind (§ 46 Abs. 2 UmwG)

Abweichung der durch Kapitalerhöhung geschaffenen gegenüber originären Anteilen (§ 47 Abs. 2 UmwG)

Gesellschafter, die vorhandene Geschäftsanteile übernehmen sollen (§ 46 Abs. 3 UmwG)

– Angaben bei AG/KGaA

Benennung eines Treuhänders zur Entgegennahme von Aktien und baren Zuzahlungen (§ 71 UmwG)

Listenverfahren für unbekannte Aktionäre (§ 35 UmwG)

(12) Fakultative Bestandteile

693 – Vereinbarung von Kündigungs- oder Rücktrittsrechten
– Aufnahme von Bedingungen und Befristungen
– Kostentragungspflicht (auch für den Fall des Scheiterns)
– Regelungen bei kartellrechtlichen Vorbehalten
– Satzungs- und Firmenänderungen
– Vereinbarungen über Organbestellungen
– Auswirkungen auf sonstige Vereinbarungen (z. B. bestehender Unternehmensvertrag)

bb) Verschmelzungsbericht

694 Der ausführliche, schriftlich vorzulegende Verschmelzungsbericht soll sicherstellen, daß sich der Anteilsinhaber auf die Versammlung, auf der der Verschmelzungsbeschluß gefaßt wird (§ 13 UmwG), vorbereiten

1 Vgl. Sagasser/Bula, 79 ff.

kann. Er dient damit ausschließlich dem Schutz der Anteilsinhaber.[1] Durch das formalisierte Informationsrecht soll eine ausführliche Vorabinformation gesichert werden. Der Bericht sollte daher dem Anteilseigner in angemessener Frist zugeleitet werden.[2]

Auf den Bericht kann verzichtet werden, wenn alle Anteilsinhaber aller beteiligten Rechtsträger auf seine Erstattung verzichten oder sich alle Anteile des übertragenden Rechtsträgers in der Hand des übernehmenden Rechtsträgers befinden. Die Verzichtserklärungen sind notariell zu beurkunden (vgl. § 8 Abs. 3 UmwG). Bei Beteiligung von Personenhandelsgesellschaften entfällt für diese die Erforderlichkeit eines Verschmelzungsberichts, wenn alle Gesellschafter dieser Gesellschaft oder alle Partner der Partnerschaftsgesellschaft (vgl. §§ 45e Satz 1 i. V. m. 41 UmwG) zur Geschäftsführung befugt sind (vgl. § 41 UmwG).[3]

Soweit die Ausnahme nicht greift, haben die Leitungsorgane einen ausführlichen, schriftlichen Bericht über den Verschmelzungsvertrag bzw. seinen Entwurf zu erstatten, der im einzelnen und insbesondere das Umtauschverhältnis der Anteile oder Angaben bzgl. der Mitgliedschaft sowie die Höhe einer Barabfindung behandelt. Weiterhin ist auf die rechtlichen und wirtschaftlichen Gründe für die Verschmelzung einzugehen. Auf die Folgen für die Beteiligung der Anteilsinhaber ist hinzuweisen. Zur besseren Beurteilbarkeit von Umtauschverhältnis bzw. Barabfindung sind ebenfalls Angaben über besondere Schwierigkeiten bei der Bewertung der Rechtsträger zwingend. Zwecks Vereinfachung kann auch ein gemeinsamer Bericht der beteiligten Rechtsträger erstellt werden.

Insgesamt muß der Verschmelzungsbericht nicht eine abschließende, umfassende und wissenschaftlichen Ansprüchen genügende Darstellung aller Details der Verschmelzung enthalten. Es wird als ausreichend angesehen, wenn die Anteilsinhaber eine Plausibilitätskontrolle durchführen können.[4] Eine abschließende höchstrichterliche Rechtsprechung zu diesen Fragen besteht jedoch nicht.[5] Es wird auf jeden Fall der Verschmelzungsvertrag bzw. sein Entwurf im einzelnen zu erläutern sein ebenso die rechtliche und wirtschaftliche Wirkung der Verschmelzung. Bezüglich der wertmäßigen Angaben werden als zwingend die ermittelten Unternehmenswerte und die in die Bewertung einfließenden Einzelfaktoren angesehen.[6] Vorrangig dürften dies die Prognoserechnungen bzgl. der zukünftigen Entwicklung als auch die Herleitung des Abzinsungsfaktors sein.

Soweit an der Verschmelzung ein beteiligter Rechtsträger ein verbundenes Unternehmen im Sinne des § 15 AktG darstellt, sind ebenfalls Angaben über alle für die Verschmelzung wesentlichen Angelegen-

1 Vgl. Gesetzesbegründung zu § 8 UmwG.
2 I. d. R. spätestens mit der Einberufung der beschlußfassenden Anteilsinhaberversammlung gem. § 13 Abs. 1 UmwG.
3 Dem gesetzlichen Leitbild nach wird hiermit die OHG beschrieben. Durch abweichende gesellschaftliche Regelungen kann aber auch eine KG angesprochen sein; zur Partnerschaftsgesellschaft vgl. Neye, DB 1998, 1649, 1651.
4 Vgl. Dehmer, § 8 UmwG Anm. 10.
5 Vgl. Sagasser/Bula, mit ausführlicher Darlegung des Rechtsstands, 22 ff.
6 „Kernstück des Verschmelzungsberichts", vgl. Widmann/Mayer, § 8 UmwG Anm. 24.

heiten der anderen verbundenen Unternehmen zu machen. Diese Ausweitung der Berichtspflicht begründet sich damit, daß soweit der übertragende Rechtsträger herrschende Gesellschaft ist, die Rechte und Pflichten aus einem Beherrschungsvertrag mit einem dritten Unternehmen auf den übernehmenden Rechtsträger übergehen. Entsprechend ist auf bedeutsame rechtliche und wirtschaftliche Gegebenheiten der verbundenen Unternehmen (besondere Haftungsrisiken und Ertragschancen) einzugehen.

Die Berichtspflicht wird beschränkt, soweit sich hieraus nicht unerhebliche Nachteile ergeben würden. Aufgrund des Transparenzgebotes sind in jedem Fall die Gründe darzulegen, aus denen Tatsachen nicht aufgenommen wurden.

Zeitpunkt der Unterrichtung der Gesellschafter

695

	Verschmelzungsvertrag oder Entwurf	Verschmelzungsbericht
AG	vor Einberufung der Hauptversammlung gem. § 13 Abs. 1 UmwG: – zum Register einzureichen (Gericht macht die Hinterlegung publik) (§ 61 UmwG) – Auslage zur Einsicht durch die Aktionäre in den Geschäftsräumen der Gesellschaft (§ 63 UmwG) – Auslage in der Hauptversammlung (§ 64 UmwG) – mündliche Erläuterungspflicht durch den Vorstand in der Hauptversammlung (§ 64 UmwG)	vor Einberufung der Hauptversammlung gem. § 13 Abs. 1 UmwG: Auslage zur Einsicht durch die Aktionäre in den Geschäftsräumen der Gesellschaft (§ 63 UmwG)
KGaA	analog AG (§ 78 UmwG)	analog AG (§ 78 UmwG)
GmbH	spätestens zusammen mit Einberufung Gesellschafterversammlung gem. § 13 Abs. 1 UmwG (§ 47 UmwG)	spätestens zusammen mit Einberufung Gesellschafterversammlung gem. § 13 Abs. 1 UmwG (§ 47 UmwG)
PHG/ Partnerschaft	Gesellschafter, die von Geschäftsführung ausgeschlossen sind, spätestens zusammen mit Einberufung Gesellschafterversammlung gem. § 13 Abs. 1 UmwG (§ 42 UmwG). Das gleiche gilt für Partnerschaftsgesellschaften (vgl. §§ 45e Satz 1 i. V. m. 42 UmwG)	Gesellschafter, die von Geschäftsführung ausgeschlossen sind, spätestens zusammen mit Einberufung Gesellschafterversammlung gem. § 13 Abs. 1 UmwG (§ 42 UmwG). Das gleiche gilt für Partner, die gemäß § 6 Abs. 2 PartGG von der Geschäftsführung ausgeschlossen sind.

	Verschmelzungsvertrag oder Entwurf	Verschmelzungsbericht
eV	Vor Einberufung Mitgliederversammlung gem. § 13 Abs. 1 UmwG: Auslage in den Geschäftsräumen des Vereins. Auf Verlangen ist jedem Mitglied unverzüglich und kostenlos eine Abschrift zu erteilen (§ 101 UmwG).	Vor Einberufung Mitgliederversammlung gem. § 13 Abs. 1 UmwG: Auslage zur Einsicht der Mitglieder. Auf Verlangen ist jedem Mitglied unverzüglich und kostenlos eine Abschrift zu erteilen (§ 101 UmwG).
eG	Vor Einberufung Generalversammlung gem. § 13 Abs. 1 UmwG: Auslage in den Geschäftsräumen der eG. Auf Verlangen ist jedem Genossen unverzüglich und kostenlos eine Abschrift zu erteilen (§ 82 UmwG).	Vor Einberufung Generalversammlung gem. § 13 Abs. 1 UmwG: Auslage in den Geschäftsräumen der eG. Auf Verlangen ist jedem Genossen unverzüglich und kostenlos eine Abschrift zu erteilen (§ 82 UmwG).

Für die Ladungsfrist gelten die gesetzlichen oder gesellschaftsrechtlichen Bestimmungen. In der Ladung muß der Tagesordnungspunkt Verschmelzungsbeschluß benannt sein.

cc) Verschmelzungsprüfung

Die §§ 9–11 UmwG normieren das Institut der Verschmelzungsprüfung. **696**
Die Verschmelzungsprüfung dient vorrangig der Kontrolle der Angemessenheit der Umtauschverhältnisse. Ein Prüfungszwang ergibt sich jedoch nur, soweit das Gesetz in den speziellen Regelungen dies vorschreibt.

Bei Verschmelzung einer Tochter- auf eine Muttergesellschaft ist eine Verschmelzungsprüfung generell nicht erforderlich. Da es zu keinem Umtausch von Anteilen kommt, bedarf es auch keiner Prüfung. Eine Verschmelzungsprüfung ist ebenfalls nicht erforderlich, wenn alle Anteilsinhaber aller beteiligten Rechtsträger auf die Durchführung verzichten oder sich alle Anteile des übertragenden Rechtsträgers in der Hand des übernehmenden Rechtsträgers befinden. Die Verzichtserklärungen sind notariell zu beurkunden.

Die Prüfungspflicht besteht somit außerhalb der oben genannten generellen Ausnahmen in folgenden Fällen:

AG	zwingende Prüfung (§ 60 UmwG)
KGaA	zwingende Prüfung (§ 60 UmwG) i. V. m. § 78 UmwG
GmbH	Prüfungspflicht auf Verlangen eines Gesellschafters (§ 48 UmwG)[1]

1 Die Kosten der Prüfung trägt die Gesellschaft.

PHG/Partnerschaft	Prüfungspflicht auf Verlangen eines Gesellschafters oder Partners im Fall der Mehrheitsumwandlung (§ 44 i. V. m. § 43 Abs. 2 und § 45e Satz 1 UmwG)[1]
eV	Prüfungspflicht bei Verlangen von mindestens 10 % der Mitglieder (§ 100 Satz 2 UmwG)
wV	Wirtschaftlicher Verein, zwingende Prüfung (§ 100 Satz 1 UmwG)
eG	Prüfungspflicht durch Prüfungsverband der Genossenschaft (§ 81 UmwG)

Gegenstand der Prüfung ist der Verschmelzungsvertrag oder sein Entwurf, nicht dagegen der Verschmelzungsbericht. Es handelt sich um eine Rechtmäßigkeitsprüfung. Ob die rechtlichen und wirtschaftlichen Interessen der Anteilseigner bei Verschmelzung gewahrt sind, stellt dagegen nicht unmittelbar den Inhalt des Prüfungsberichts dar (nur im Hinblick auf das Umtauschverhältnis ist diesbzgl. zu prüfen). Ggf. kann jedoch eine Redepflicht des Abschlußprüfers bestehen.[2] Gemäß § 30 Abs. 2 i. V. m. § 29 UmwG bedarf es darüber hinaus einer Prüfung der Barabfindung, soweit die ausscheidungswilligen Anteilseigner nicht in notariell beurkundeten Erklärungen hierauf verzichten.

Die Bestellung des Prüfers erfolgt durch die Vertretungsorgane der beteiligten Rechtsträger. Es wird auch eine gemeinsame Prüfung – parteiautonom oder durch das Gericht – zugelassen. Dies dient der Verfahrensökonomie und macht ggf. die Bestellung eines weiteren „Obergutachters" obsolet.[3]

Im Mittelpunkt der Prüfung steht die Erklärung über die Angemessenheit des Umtauschverhältnisses und ggf. barer Zuzahlungen. Bezeichnet der Prüfer das Umtauschverhältnis als unangemessen, führt dies nicht zu zwingenden Konsequenzen. In der Regel wird man aber davon ausgehen können, daß die Anteilsinhaber in diesem Fall dem Verschmelzungsvertrag nicht zustimmen. Kommt es dennoch zu der Zustimmung, kann eine gerichtliche Nachprüfung im Spruchverfahren erfolgen (§§ 14, 15, 305 UmwG).[4]

dd) Verschmelzungsbeschluß

697 Der Verschmelzungsvertrag wird nur wirksam, wenn die Anteilsinhaber der beteiligten Rechtsträger ihm durch Verschmelzungsbeschluß zustimmen (vgl. § 13 Abs. 1 UmwG). Die Anteilsinhaber können lediglich zustimmen oder ablehnen, jedoch keine Änderungen beschließen.[5] Der Beschluß kann nur in einer Versammlung der Anteilsinhaber gefaßt werden (Verbot von schriftlichen Beschlußverfahren oder Umlaufbeschlüssen). Ist die Abtretung der Anteile von der Genehmigung be-

1 Die Kosten trägt die Gesellschaft.
2 Vgl. WP-Handbuch, Band I Abschn. O Rz. 754 ff.
3 Vgl. Dehmer, § 10 UmwG Rz. 1 ff.
4 Vgl. Widmann/Mayer, § 9 UmwG Anm. 34.
5 Vgl. Dehmer, § 13 UmwG Anm. 14 ff.

stimmter einzelner Anteilsinhaber abhängig, so bedarf der Verschmelzungsbeschluß dieses Rechtsträgers zur Wirksamkeit deren Zustimmung. Die Erklärungen müssen notariell beurkundet werden.

Wird lediglich über den Entwurf entschieden, muß der später abgeschlossene Vertrag wortgleich übereinstimmen.

Ein Verschmelzungsbeschluß ist im Fall einer übernehmenden Aktiengesellschaft nicht notwendig, soweit sich mindestens 90 % des Stamm- oder Grundkapitals einer übertragenden Kapitalgesellschaft in der Hand der übernehmenden AG befinden, es sei denn, Aktionäre mit mindestens 5 % des Grundkapitals verlangen die Durchführung der Hauptversammlung mit Verschmelzungsbeschluß (vgl. § 62 Abs. 1 und 2 UmwG).

Die Mehrheitsverhältnisse hängen von der Rechtsform der beteiligten Rechtsträger ab. Das Umwandlungsgesetz verlangt grundsätzlich eine qualifizierte ¾-Mehrheit. Eine Verminderung durch Gesellschaftsvertrag/Satzung/Statut kann nicht erfolgen.[1] Größere Mehrheiten können bestimmt werden. Soweit die notwendigen Mehrheiten erreicht sind, wird der Verschmelzungsbeschluß damit auch dann gefaßt, wenn Minderheiten Nachteile erleiden. Der Minderheitenschutz erfolgt über die §§ 29 ff. UmwG mit der Möglichkeit einer angemessenen Barabfindung.

Stimmrechtserfordernisse Verschmelzungsbeschluß

698

AG	mindestens ¾ des vertretenen Grundkapitals, getrennte Zustimmung je stimmberechtigte Aktiengattung	größere Mehrheit und weitere Erfordernisse per Satzung zulässig	§ 65 Abs. 1, 2 UmwG
KGaA	mindestens ¾ Aktienkapital Zustimmung aller phG	größere Mehrheit zulässig, Mehrheitsentscheidung phG zulässig	§ 65 Abs. 1 § 78 Satz 3 UmwG
GmbH	mindestens ¾ der abgegebenen Stimmen, Zustimmungspflicht einzelner Gesellschafter bei Sonderrechten bzgl. Geschäftsführung	größere Mehrheit und weitere Erfordernisse per Gesellschaftsvertrag zulässig	§ 50 Abs. 1 UmwG
PHG/Partnerschaft	Einstimmigkeit aller Gesellschafter bzw. Partner	Mehrheitsentscheidung mindestens ¾ der Gesellschafter bzw. Partner zulässig[2]	§ 43 Abs. 1, 2 bzw. § 45d Abs. 1, 2 UmwG
eV	mindestens ¾ der erschienenen Mitglieder	größere Mehrheit und weitere Erfordernisse per Satzung zulässig	§ 103 UmwG

1 Vgl. Dehmer, § 13 UmwG Anm. 20.

2 Die gesetzliche Regelung kann im Partnerschaftsvertrag abbedungen werden. Anders als bei den Personenhandelsgesellschaften kann widersprechenden Minderheitsgesellschaftern jedoch nicht die Stellung eines Kommanditisten eingeräumt werden, vgl. hierzu Neye, DB 1998, 1649 (1651).

eG	mindestens ¾ der abgegebenen Stimmen	größere Mehrheit und weitere Erfordernisse nach Statut zulässig	§ 84 UmwG

Neben dem Beschluß der Umwandlung sollte (soweit möglich) zugleich ein Anfechtungsverzicht mitbeurkundet werden. Dadurch braucht nach der Anmeldung zum Registergericht durch dieses die Anfechtungsfrist nicht mehr beachtet werden (Beschleunigung).[1] Zugleich wird hiermit gegen „nachgeschobene" Anfechtungsklagen vorgebeugt.

ee) Anmeldung der Verschmelzung

699 Die Vertretungsorgane jedes der an der Verschmelzung beteiligten Rechtsträgers haben die Verschmelzung zur Eintragung in das Register des Sitzes ihres Rechtsträgers anzumelden. Das Vertretungsorgan des übernehmenden Rechtsträgers ist berechtigt, die Verschmelzung auch zur Eintragung in das Register des Sitzes jedes der übertragenden Rechtsträger anzumelden (vgl. § 16 Abs. 1 UmwG).

700 Gegenstand der Anmeldung ist nur die Verschmelzung als solche. Alle weiteren notwendigen Urkunden und Dokumente sind der Anmeldung als Anlage oder Erklärung beizufügen. Ohne vollständige Unterlagen ist die Eintragung ausgeschlossen. Hierbei handelt es sich um folgende Dokumente:

- Negativerklärung (keine Klage anhängig, vgl. § 16 Abs. 2, 3 UmwG, vgl. hierzu auch Rz. 666)
- der Verschmelzungsvertrag (§ 4 Abs. 1)[2]
- Niederschriften der Verschmelzungsbeschlüsse (§ 13 UmwG)
- ggf. notwendige Zustimmungserklärungen einzelner Anteilsinhaber (§§ 13 Abs. 2, 43 Abs. 1, 50 Abs. 2, 51 Abs. 1, 2)
- ggf. abgegebene Verzichtserklärungen bzgl. Verschmelzungsbericht (§ 8 Abs. 3), Verschmelzungsprüfung (§ 9 Abs. 3) oder Verschmelzungsprüfungsbericht (§ 12 Abs. 3).

701 Die vorstehend aufgeführten Anlagen sind notarielle Urkunden. Diese sind daher in Ausfertigung (§§ 47, 49 BeurkG) oder in beglaubigter Abschrift (§ 42 BeurkG) vorzulegen. Alle weiteren Unterlagen können in Urschrift oder Abschrift beigefügt werden.

- Verschmelzungsbericht (§ 8 UmwG)
- ggf. Prüfungsbericht (§ 12 UmwG)
- Nachweis der rechtzeitigen Zuleitung des Verschmelzungsvertrags/Entwurfs an den Betriebsrat (Vorlage Übersendungsschreiben oder Empfangsbestätigung)
- höchstens 8 Monate alte Schlußbilanz des übertragenden Rechtsträgers (§ 17 Abs. 2 UmwG)
- ggf. Genehmigungsurkunde bei staatlicher Genehmigungspflicht.

1 Einmonatsfrist nach Beschlußfassung (§ 14 Abs. 1 UmwG).
2 Der Entwurf des Verschmelzungsvertrags genügt nicht, da zum Zeitpunkt der Anmeldung der endgültige Vertrag geschlossen sein muß.

Die Anlagen zur Registeranmeldung sind grundsätzlich gleichzeitig mit der Anmeldung einzureichen. Das Registergericht hat bei Nichtbefolgen unter Fristsetzung zur Nachreichung aufzufordern.

Anzeigen nach Kartellrecht zählen nicht zu den staatlichen Genehmigungen.[1] In Deutschland liegt diesbezüglich der Unterschwellenwert der Aufgreifkriterien bei DM 500 Mio. Umsatz aller beteiligten Rechtsträger. Die Zuständigkeit der EU Kommission setzt einen weltweiten Gesamtumsatz von mehr als ECU 5 Mrd. und mehr als ECU 250 Mio. gemeinschaftlicher (EU) Umsatz zweier beteiligter Rechtsträger voraus.[2] **702**

ff) Eintragung und Bekanntmachung der Verschmelzung

Die Verschmelzung darf in das Register des Sitzes des übernehmenden Rechtsträgers erst eingetragen werden, nachdem sie im Register des Sitzes jedes der übertragenden Rechtsträgern eingetragen worden ist (vgl. § 19 Abs. 1 Satz 1 UmwG). Die Eintragungsreihenfolge ist zwingend. Hiermit soll sichergestellt werden, daß die konstitutive Eintragung bei dem übernehmenden Rechtsträger zuletzt erfolgt. Wird die Verschmelzung bei den übernehmenden Rechtsträgern bereits früher eingetragen, treten bereits zu diesem Zeitpunkt die Verschmelzungswirkungen ein.[3] Da die Eintragungen bei den übertragenden Rechtsträger nicht deklaratorisch wirken, sind diese mit dem Vermerk zu versehen, daß die Verschmelzung erst mit Eintragung bei dem übernehmenden Rechtsträger wirksam wird (vgl. § 19 Abs. 1 Satz 2 UmwG). **703**

Sobald bei der Verschmelzung auf eine Kapitalgesellschaft eine Kapitalerhöhung notwendig ist, darf die Eintragung der Verschmelzung erst nach Eintragung der Kapitalerhöhung erfolgen (vgl. § 53 UmwG für die GmbH, § 66 UmwG für die AG). Von der konstitutiv wirkenden Eintragung beim übernehmenden Rechtsträger hat das handelnde Registergericht allen Registern der übertragenden Rechtsträger Anzeige zu machen. Darüber hinaus sind alle zuständigen Registergerichte verpflichtet, die jeweils vorgenommenen Eintragungen von Amts wegen durch Bundesanzeiger und ein weiteres Blatt ihrem ganzen Inhalt nach bekannt zu machen. Im Rahmen dieser Bekanntmachung sind die Gläubiger der an der Verschmelzung beteiligten Rechtsträger auf ihr Recht zur Sicherheitsleistung gemäß § 22 UmwG hinzuweisen.

Der Registerrichter prüft neben der Einhaltung der Formalien insbesondere die Vollständigkeit der mit der Anmeldung einzureichenden Erklärungen, Urkunden und sonstigen Unterlagen. Hierbei erfolgt auch eine Überprüfung des gesetzlichen Mindestinhalts des Verschmelzungsvertrages, Ordnungsmäßigkeit der Verschmelzungsbeschlüsse und Beachtung der notwendigen Beschlußmehrheiten.[4]

1 Vgl. Dehmer, § 17 UmwG Anm. 6; a. A. wohl Sagasser/Bula, 97.
2 Vgl. hierzu § 23 f. GWB, FKVO, Widmann/Mayer § 126 UmwG Anm. 333 ff. Zu Vertragsgestaltungsmodellen bei kartellrechtlichen Zustimmungsproblemen, z. B. Sagasser/Bula, 95 f.
3 Vgl. Dehmer, § 19 UmwG Anm. 5.
4 Vgl. Dehmer, § 19 UmwG Anm. 8.

gg) Wirkungen der Eintragung

704 Mit der konstitutiv wirkenden Eintragung beim übernehmenden Rechtsträger kommt es zu der zwingenden, nicht abdingbaren Gesamtrechtsnachfolge. Das Vermögen des übertragenden Rechtsträgers geht einschließlich der Verbindlichkeiten auf den übernehmenden Rechtsträger uno actu über (vgl. § 20 Abs. 1 Nr. 1 UmwG). Der übertragende Rechtsträger erlischt ohne eine besondere Löschung bzw. Liquidation und ist als Rechtssubjekt von da an nicht mehr existent.

Die Anteilsinhaber des übertragenden Rechtsträgers werden Anteilsinhaber des übernehmenden Rechtsträgers (vgl. § 20 Abs. 1 Nr. 3 UmwG). Mit dem Wegfall des Anteils erlöschen auch die sich hieraus ergebenden Rechte (z. B. Gewinnanspruch). Bezüglich Pfand- oder Nießbrauchsrechten besteht eine dingliche Surrogation (§§ 1075, 1287 BGB). Derartige Rechte Dritter bestehen an den als äquivalent gewährten Anteilen oder Mitgliedschaften des übernehmenden Rechtsträgers weiter.[1]

Der übernehmende Rechtsträger ist Gesamtrechtsnachfolger. Auf ihn gehen grundsätzlich alle Aktiva und Passiva über. Kapitalersetzende Darlehen und kapitalersetzende Nutzungseinlagen (§§ 32a, 32b GmbH, § 172a HGB) sowohl bei der Übertragerin als auch bei der Übernehmerin sind nach der Verschmelzung neu zu beurteilen. Verbessert sich die Vermögenslage durch die Umwandlung entsprechend, verlieren die Darlehen oder Nutzungseinlagen ihren kapitalersetzenden Charakter.[2]

705 Ebenfalls kann die Geschäftsgrundlage für einen Rangrücktritt entfallen oder in Fällen des bedingten Verzichts der Besserungsschein aufleben. Der übernehmende Rechtsträger tritt ebenfalls in die unbeschränkte Haftung ein. Dies gilt auch für persönlich haftende Anteilsinhaber des übernehmenden Rechtsträgers.

706 Die Organe der übertragenden Rechtsträger verlieren mit dem Erlöschen ihre Stellung. Ebenso erlöschen Prokuren und Handlungsvollmachten. Davon ist nicht der unabhängig von der Organstellung bestehende Vergütungsanspruch betroffen.[3] Lediglich Aufsichtsratsmitglieder verlieren mit dem Erlöschen ihres Amtes auch den Vergütungsanspruch (vgl. § 113 AktG).

707 Die Gesamtrechtsnachfolge bewirkt einen umfassenden Rechtsübergang. Sollen einzelne Vermögensgegenstände nicht übertragen werden, müssen sie vorher aus dem Vermögen entnommen werden.[4] Abweichende, nur vertragliche Vereinbarungen sind unwirksam. Neben den bilanzierten Aktiva und Passiva gehen auch alle nicht bilanzierten Vermögensgegenstände über. Der übernehmende Rechtsträger tritt ebenfalls umfassend in die Rechte und Pflichten des übertragenden Rechtsträgers ein.

1 Vgl. Dehmer, § 20 UmwG Anm. 16.
2 Vgl. Widmann/Mayer, § 20 UmwG Anm. 226.
3 Vgl. Dehmer, § 20 UmwG Anm. 7, 8; Rödder-Lingemann, DB 1993, 1341.
4 Dies hat in der Regel einen ertragsteuerlichen Realisationstatbestand mit entsprechender Besteuerung der aufgedeckten stillen Reserve zur Folge.

Soweit nach dem dinglichen Inhalt des geschuldeten Nießbrauchs dessen Übertragbarkeit auch für Fälle der Gesamtrechtsnachfolge ausgeschlossen wurde, geht dieser auch bei Verschmelzung nicht über (§§ 1059a Nr. 1, § 1059e BGB). Entsprechendes gilt für Ansprüche auf Bestellung von beschränkt persönlichen Dienstbarkeiten oder auf dingliche Vorkaufsrechte (§§ 1092 Abs. 2, 1098 Abs. 3 BGB).[1] **708**

Rechtsgeschäftliche Genehmigungen, die bei Einzelübertragung notwendig wären (z. B. § 12 WEG), entfallen jedoch im Umwandlungsfall. Das gleiche gilt für öffentlich-rechtliche Genehmigungen (z. B. Grundstücksverkehrsgesetz). Rechtsformbezogene öffentlich-rechtliche Genehmigungen (z. B. § 7 Abs. 1 VAG, § 1 Abs. 2 KAGG, § 2a KWG) gehen nur über, sofern die Übernehmerin die gesetzlich geforderte Rechtsform aufweist. Personenbezogene Erlaubnisse, die z. B. an die Zuverlässigkeit oder sonstige Eigenschaften anknüpfen, die nur natürliche Personen erfüllen können, erlöschen (z. B. §§ 30, 33a, 33c, 33d ff. GewO). Geht der Konzessionsträger mit über, kann die Erlaubnis erneut beantragt werden.[2] Dies gilt auch für Wirtschaftsprüfungs- und Steuerberatungsgesellschaften (§ 33 Abs. 1 Nr. 1 WPO, § 54 Abs. 1 Nr. 1 StBerG). **709**

Probleme können sich ggf. in bezug auf ausländisches Vermögen ergeben. Grundsätzlich wird davon ausgegangen, daß nach den Grundsätzen des internationalen Privatrechts für das Gesellschaftsrecht die Gesamtrechtsnachfolge auch eine Anerkennung durch den ausländischen Staat begründet.[3] Im Zweifel sollte die Anerkennung durch die Rechtsordnung des ausländischen Staates im vorhinein geprüft werden. Im Zweifel wird jedoch aus Gründen der Praktikabilität und Rechtssicherheit empfohlen, (zusätzlich) eine Einzelrechtsnachfolge nach lokalen Vorschriften zu bewirken (z. B. Veräußerung). Die Übertragung sollte dann vor Eintragung der Verschmelzung erfolgen. Ergänzend muß in diesem Fall wiederum mit einer Auslösung von ertragsteuerlichen Tatbeständen gerechnet werden. **710**

Schwebende Prozesse werden gemäß § 239, 246 ZPO unterbrochen. Der übernehmende Rechtsträger ist gemäß § 239 ZPO verpflichtet, den unterbrochenen Prozeß nach Vollzug der Verschmelzung fortzuführen. **711**

Treffen unvereinbare Verpflichtungen aufeinander, hat der übernehmende Rechtsträger einen entsprechenden Anpassungsanspruch gegenüber den Vertragspartnern (§ 21 UmwG).

Ist der übertragende Rechtsträger herrschende Gesellschaft, gehen Rechte und Pflichten aus einem Beherrschungsvertrag mit einem dritten Unternehmen auf den übernehmenden Rechtsträger über. **712**

Bei der Verschmelzung von herrschenden und abhängigen Unternehmen wird der Unternehmensvertrag gegenstandslos. Der Vertrag erlischt durch Konfusion. Bei Verschmelzung des abhängigen Unternehmens auf einen anderen Rechtsträger erlischt der Unternehmensvertrag ebenfalls.[4]

1 Vgl. Widmann/Mayer, § 20 UmwG Anm. 198.
2 Vgl. Widmann/Mayer, § 20 UmwG Anm. 247 ff.
3 Vgl. Dehmer, § 20 UmwG Anm. 26.
4 Vgl. Widmann/Mayer, § 20 UmwG Anm. 287 ff.

Von der gleichen Rechtsfolge ist auszugehen, wenn das abhängige Unternehmen übernehmender Rechtsträger ist.[1] Die Verschmelzung auf eine anderweitig beherrschte oder herrschende Übernehmerin oder Verschmelzung der anderweitig herrschenden Übertragerin beeinflußt dagegen nicht den Fortbestand der Unternehmensverträge.

713 Beteiligungen an Kapitalgesellschaften gehen ebenfalls in Gesamtrechtsnachfolge über. Bei Beteiligung an Personenhandelsgesellschaften sind die Folgen der Verschmelzungen zum Teil umstritten. Wird das Erlöschen der übertragenden Kapitalgesellschaft mit deren Tod gleichgesetzt, hat dies unter Umständen die Auflösung der Personenhandelsgesellschaft zur Folge, an der die Beteiligung der übertragenden Kapitalgesellschaft besteht. Nach verbreiteter Ansicht soll allerdings das Erlöschen einer Kapitalgesellschaft nicht mit dem Tod eines Gesellschafters gleichzustellen sein.[2]

714 Patentrechte, Geschmacksmuster und Markenzeichen gehen automatisch mit der Eintragung über.

715 Gemäß § 22 GrErwStG darf die Übernehmerin erst dann als Eigentümerin von Grundstücken und grundstücksgleichen Rechten eingetragen werden (dies gilt auch für Grundbuchberichtigungen), wenn eine Unbedenklichkeitsbescheinigung des zuständigen Finanzamtes vorliegt (etwaige Grunderwerbsteuer muß gezahlt, sichergestellt oder gestundet sein bzw. Steuerfreiheit muß vorliegen). Zur Vermeidung von Grunderwerbsteuer sollte die Verschmelzungsrichtung so gewählt werden, daß die „grundstückslose Gesellschaft" als Übertragende fungiert. In diesem Fall fehlt es bereits an dem Tatbestand einer Grundstücksübertragung.

716 Für die Verschmelzung hat § 613a Abs. 1 BGB keine Bedeutung, da die Arbeitsverhältnisse ohnehin kraft Gesamtrechtsnachfolge vollständig auf den übertragenden Rechtsträger übergehen.[3] Auch sämtliche Pensionsverpflichtungen und Rückstellungen gehen über.

717 Die Eintragung führt auch zu einer Heilung von Mängeln der notariellen Beurkundung (§ 20 Abs. 1 Nr. 4 UmwG). Da aufgrund der Prüfung durch das Registergericht nur selten nicht beurkundete Verschmelzungsverträge eingetragen werden dürften, wird davon ausgegangen, daß die praktische Bedeutung der Vorschrift darin liegt, daß nicht beurkundete Nebenabreden mit der Eintragung rechtswirksam werden.[4] Allerdings soll eine Heilung nur dann greifen, wenn überhaupt eine Beurkundung stattgefunden hat[5] (z. B. Fälle der „Nicht-Beurkundung" durch Auslandsnotare seien nicht heilbar).

1 Vgl. Dehmer, § 20 UmwG Anm. 45.
2 Vgl. ausführlich zu dieser Diskussion Dehmer, § 20 UmwG Anm. 49 ff. Ebenfalls gegen eine Auflösung: Widmann/Mayer, § 20 UmwG Anm. 159.
3 Vgl. Dehmer, § 20 UmwG Anm. 78.
4 Vgl. Widmann/Mayer, § 20 UmwG Anm. 368 f.
5 Vgl. Widmann/Mayer, § 20 UmwG Anm. 370 ff.

Des weiteren lassen Mängel der Verschmelzung die Wirksamkeit derselben unberührt (§ 20 Abs. 2 UmwG). Durch diese Bestimmung wird eine „Entschmelzung" generell ausgeschlossen.[1] Mit Eintragung wird und bleibt die Verschmelzung wirksam. Es ist ohne Belang, welche Art der Mängel und welche Rechtshandlung mit Mängeln behaftet ist.[2]

Die Geltendmachung von Ansprüchen aufgrund von Mängeln, insbesondere Schadensersatz, ist jedoch durch die Heilung nicht ausgeschlossen. Soweit z. B. Mängel im Verschmelzungsvertrag vorliegen, können Probleme auftreten, inwieweit die Interessen aller beteiligten Rechtsträger zutreffend geregelt wurden. Gegebenenfalls bedarf es daher – zumindest bei den wesentlichen Elementen des Verschmelzungsvertrags – einer ergänzenden Vertragsauslegung.[3]

hh) Firma

Es besteht kein Zwang, die „alte Firma" ganz oder teilweise fortzuführen. **718**

Die Möglichkeit, die Firma eines übertragenden Rechtsträgers fortzuführen, war im alten Verschmelzungsrecht nicht vorgesehen. Abweichend hiervon normiert nunmehr § 18 UmwG, daß der übernehmende Rechtsträger die Firma eines der übertragenden Rechtsträger fortführen kann. Dies kann mit oder ohne Beifügung des das Nachfolgeverhältnis andeutenden Zusatzes erfolgen. Insoweit ist auch eine Firmenvereinigung zulässig (z. B. Max Müller Freiburger Farbwerke, Nachfolger (Inhaber) Anna Mayer & Co. OHG).[4] Als unzulässig wird dagegen eine Kombination von Firmenbestandteilen mehrerer übertragener Rechtsträger angesehen.[5]

Soweit kein eindeutiger Nachfolgezusatz erfolgt, ist der Rechtsformzusatz des übertragenden Rechtsträgers unzulässig, soweit der übernehmende Rechtsträger einer anderen Rechtsform zugehört.

Sofern eine Personenhandelsgesellschaft Übernehmerin ist, schloß § 18 Abs. 1 Satz 2 UmwG bis zum 30.6.1998 die Fortführung einer reinen Sachfirma aus. Durch die generelle Liberalisierung des handelsrechtlichen Firmenrechts (§§ 18, 19 HGB) durch das Handelsrechtsreformgesetz vom 22.6.1998 (BGBl. I 1474). konnten ab 1.7.1998 auch die in § 18 Abs. 1 Satz 2 und 3 UmwG normierten Einschränkungen für Personenhandelsgesellschaften ersatzlos gestrichen werden.[6] Zulässig bleibt, daß die Namen von natürlichen Personen verwendet werden können, die nicht Gesellschafter der (übernehmenden) Personengesellschaft sind.[7] Gegebenenfalls ist die Zustimmung gemäß § 18 Abs. 2 UmwG (bis 30.6.1998 „§ 18 Abs. 3") der Person oder dessen Erben einzuholen.

1 Vgl. Sagasser/Bula, 100 m. w. N.
2 Vgl. Dehmer, § 20 UmwG Anm. 95.
3 Vgl. Kronewald in Geßler/Hefermehl, § 352a UmwG Anm. 14; Dehmer, § 20 UmwG Anm. 100.
4 Dehmer, § 18 UmwG Anm. 5. Der Zusatz „Nachfolger" bezeichnet hierbei den Rechtsnachfolger des erlöschenden Rechtsträgers, hier: Farbwerke Max Müller.
5 Vgl. Dehmer, § 18 UmwG Anm. 3.
6 Vgl. hierzu Neye, DB 1998, 1649, 1654.
7 Vgl. Dehmer, § 18 UmwG Anm. 14.

Sofern eine Partnerschaftsgesellschaft an einer Verschmelzung beteiligt ist (zulässig ab 1.8.1998), muß zusätzlich zu den Voraussetzungen in § 18 Abs. 1 und 2 UmwG noch § 18 Abs. 3 Satz 2 und 3 UmwG beachtet werden.

ii) Kündigung des Verschmelzungsvertrages

719 Ist der Verschmelzungsvertrag unter einer Bedingung geschlossen worden und ist diese binnen fünf Jahren nach Abschluß des Vertrages nicht eingetreten, so kann jeder der beteiligten Rechtsträger den Vertrag nach fünf Jahren mit halbjährlicher Frist kündigen; im Verschmelzungsvertrag kann eine kürzere Zeit vereinbart werden. Die Kündigung kann stets nur für den Schluß des Geschäftsjahres des Rechtsträgers, dem gegenüber sie erklärt wird, ausgesprochen werden (vgl. § 7 UmwG). Bis zur Eintragung kann ein Verschmelzungsvertrag daneben auch einvernehmlich aufgehoben werden. Weiterhin kommt eine Anfechtung wegen arglistiger Täuschung (§ 123 Abs. 1 BGB), wegen Irrtums über eine verkehrswesentliche Eigenschaft (§ 119 Abs. 2 BGB) oder die Nichtigkeit des Verschmelzungsvertrages (§ 134, 138 BGB) in Frage. Im Rahmen der §§ 325, 326 BGB wird auch der Rücktritt für zulässig erklärt.[1]

Des weiteren sind auf den Verschmelzungsvertrag auch die Regelungen über den Wegfall der Geschäftsgrundlage anzuwenden. Hier kommt insbesondere eine wesentliche und nicht voraussehbare Veränderung der Vermögenslage eines der beteiligten Rechtsträger nach Wirksamwerden des Verschmelzungsvertrages in Betracht. Rechtsfolge ist nicht die Auflösung, sondern die Anpassung des Vertrages an die veränderten Umstände. Es sei denn, ein Festhalten wäre für einen der Vertragspartner schlichtweg unzumutbar.[2]

jj) Unbekannte Aktionäre

720 Unbekannte (Kommandit-)Aktionäre einer AG oder KGaA sind im Verschmelzungsvertrag, bei Anmeldungen zur Eintragung in ein Register oder bei der Eintragung in eine Liste von Anteilsinhabern durch die Angaben ihrer Aktienurkunden sowie erforderlichenfalls des auf die Aktie entfallenden Anteils zu bezeichnen, soweit eine Benennung der Anteilsinhaber für den übernehmenden Rechtsträger gesetzlich vorgeschrieben ist. Werden solche Anteilsinhaber später bekannt, so sind Register oder Listen von Amts wegen zu berichtigen (vgl. § 35 UmwG).

b) Verschmelzung durch Neugründung

721 Bei der Verschmelzung durch Neugründung erfolgt der Vermögensübergang auf einen zuvor noch nicht bestehenden Rechtsträger. Grundsätzlich sind dennoch die für die Verschmelzung zur Aufnahme geltenden Regelungen umfassend auch auf die Verschmelzung durch Neugründung anzuwenden. Einzig die §§ 16 Abs. 1 und 27 UmwG werden ausgeschlossen, da hierin Regelungen betreffend den übernehmenden

1 Vgl. hierzu im ganzen Dehmer, § 7 UmwG Anm. 11 ff.; Widmann/Mayer, § 7 UmwG Anm. 45.

2 Weitergehend Widmann/Mayer, § 7 UmwG Anm. 38.

Rechtsträger erfolgen, die bei Verschmelzung durch Neugründung leerlaufen (vgl. § 36 Abs. 1 UmwG). Entsprechend haben nur die Vertretungsorgane jedes der übertragenden Rechtsträger die Verschmelzung zur Eintragung in das Register des Sitzes ihres Rechtsträgers anzumelden. Darüber hinaus haben die Vertretungsorgane aller übertragenden Rechtsträger den neuen Rechtsträger zur Eintragung anzumelden (vgl. § 38 UmwG).

Neben den auch im Falle der Aufnahme zu beachtenden Regelungen bezüglich des Verschmelzungsvertrags (folgt grundsätzlich dem Verschmelzungsvertrag bei Verschmelzung zur Aufnahme) muß im Falle der Verschmelzung durch Neugründung auch der Gesellschaftsvertrag, die Satzung oder das Statut des neuen Rechtsträgers im Verschmelzungsvertrag enthalten sein oder festgestellt werden (vgl. § 37 UmwG). Die Verfassung des neuen Rechtsträgers ist folglich notwendiger Bestandteil des Verschmelzungsvertrages.

Der Verschmelzungsvertrag wird durch die sich vereinigenden Rechtsträger ohne Beteiligung des neuen Rechtsträgers geschlossen.[1]

Auf die Gründung des neuen Rechtsträgers sind die für dessen Rechtsform geltenden Gründungsvorschriften anzuwenden, soweit sich aus den speziellen Vorschriften nichts Abweichendes ergibt. Den Gründern stehen die übertragenden Rechtsträger gleich. Eine Mindestanzahl von Gründern ist im Rahmen der Verschmelzung durch Neugründung nicht beachtlich.[2]

c) Spaltung zur Aufnahme

Die Spaltung wird vielfach als Spiegelbild der Verschmelzung bzw. als deren Gegenstück bezeichnet.[3] Wichtiger Unterschied zur Verschmelzung ist, daß im Rahmen der Spaltung grundsätzlich nicht das ganze Vermögen auf eine Person übergeht. Vielmehr kann nur ein Teil des Vermögens auf einen oder das ganze auf verschiedene Übernehmer übertragen werden. Bei der Spaltung zur Aufnahme erfolgt die Übertragung auf einen bereits bestehenden Rechtsträger. Im Rahmen der Aufspaltung geht der übertragende Rechtsträger unter, bei Abspaltung bleibt dieser bestehen. Abzugrenzen sind diese „echten" Spaltungstatbestände von der Ausgliederung. Im Gegensatz zur Auf- und Abspaltung berührt die Ausgliederung regelmäßig nicht die Anteilseignerebene.[4] Auch steuerlich wird Auf- und Abspaltung anders gehandhabt als eine Ausgliederung.[5] **722**

1 Vgl. Dehmer, § 36 UmwG Anm. 6.

2 Vgl. § 36 Abs. 2 UmwG. Zu den spezifischen Gründungsvorschriften und Besonderheiten vgl. z. B. Dehmer, § 36 UmwG Anm. 14 ff.; Widmann/Mayer, § 36 UmwG Anm. 14 ff.

3 Vgl. z. B. Gesetzesbegründung zu § 123 UmwG.

4 Während bei der Auf- und Abspaltung der übernehmende Rechtsträger Anteile an die Anteilsinhaber des übertragenden Rechtsträgers gewährt, werden bei der Ausgliederung Anteile an den übertragenden Rechtsträger gewährt; vgl. Rz. 644.

5 Im Bereich der Kapitalgesellschaft werden Auf- und Abspaltung gem. § 15 UmwStG behandelt, Ausgliederung dagegen gem. § 20 UmwStG; vgl. Rz. 831, 861 ff.

Die gleichzeitige Beteiligung mehrerer übertragender Rechtsträger ist im Rahmen der Spaltung nicht möglich.[1] Insbesondere im Rahmen der Aufspaltung erfolgt jedoch eine Spaltung auf mehrere Rechtsträger.

Die Spaltungsregelungen verweisen umfangreich auf die Normen zur Verschmelzung. Dies gilt gem. § 124 Abs. 1 UmwG auch für die spaltungsfähigen Rechtsträger. Mit Ausnahme der Verschmelzung auf einen Alleingesellschafter ist der Kreis der Rechtsträger, die eine Auf- oder Abspaltung vornehmen können, identisch zu dem der Verschmelzung.[2] Demgegenüber ist der Kreis der ausgliederungsfähigen Rechtsträger (als Übertragender) erweitert um wirtschaftliche Vereine, Einzelkaufleute, Stiftungen sowie Gebietskörperschaften oder Zusammenschlüsse von Gebietskörperschaften, die nicht Gebietskörperschaften sind (vgl. § 124 Abs. 1 UmwG).

Hiermit wird insbesondere die Möglichkeit eröffnet, eine Stiftung in eine Holding umzuwandeln.[3] Dagegen kann eine Stiftung nicht als übernehmender Rechtsträger fungieren.

An der Spaltung können als übertragende Rechtsträger auch aufgelöste Rechtsträger beteiligt werden, wenn die Fortsetzung beschlossen werden könnte.

Die Spaltung kann sowohl unter gleichzeitiger Beteiligung von Rechtsträgern derselben oder unterschiedlicher Rechtsform erfolgen, soweit in den Einzelbestimmungen nichts anderes normiert wird (vgl. § 124 Abs. 2 UmwG). Ausgeschlossen bleibt die Spaltung in Einzelunternehmen. So kann z. B. eine zu je 50 % von zwei natürlichen Personen gehaltene GmbH nicht auf diese beiden natürlichen Personen unmittelbar gespalten werden.[4]

aa) Nicht anwendbare Verschmelzungsvorschriften

723 Die Spaltungsvorschriften verweisen grundsätzlich auf die anzuwendenden Verschmelzungsvorschriften (vgl. § 125 UmwG). Nur soweit das Spaltungsrecht den Verweis als nicht sachdienlich oder sinnvoll erachtet, werden Verschmelzungsvorschriften für nicht anwendbar erklärt oder durch spaltungsspezifische Sondervorschriften ersetzt. Die Verweisungsnorm des § 125 UmwG wird daher auch als die zentrale Vorschrift des Spaltungsrechts bezeichnet.[5]

1 Vgl. Dehmer, § 123 UmwG Anm. 18.
2 Vgl. Widmann/Mayer, § 124 UmwG Anm. 1.
3 Vgl. Gesetzesbegründung zu § 124 UmwG.
4 Vgl. Widmann/Mayer, C Anm. 24 3. Auflage 1995. Zur Umgehung dieses Problems wird vorgeschlagen, zunächst eine Aufspaltung der GmbH auf je einen der beiden Gesellschafter vorzunehmen, die diese dann jeweils auf den verbliebenen Alleingesellschafter verschmelzen können (§ 3 Abs. 2 Nr. 2 UmwG).
5 Vgl. Widmann/Mayer, § 125 UmwG Anm. 1.

Nicht anwendbare Vorschriften des Verschmelzungsrechts im Rahmen der Spaltung (§ 125 UmwG)			
	Aufspaltung	Abspaltung	Ausgliederung
§ 9 Abs. 2 UmwG Wegfall Prüfung bei 100 % Besitz	X	X	X
§ 18 UmwG Firmenfortführung		X	X
§ 14 Abs. 2, § 15 UmwG Umtauschverhältnis			X
§ 29 bis 34 UmwG Barabfindungsregelungen			X
§ 54, 68 UmwG Verschmelzung ohne Kapitalerhöhung			X
§ 71 UmwG Treuhänder			X
§ 9 bis 12 UmwG Prüfung			X

Die Ausnahmen betreffen in der Hauptsache die Ausgliederung. Diese Einschränkung des Verweises ist sachgerecht, da die in den angesprochenen Normen zu regelnden Sachverhalte im Rahmen einer Ausgliederung nicht in entsprechender Weise vorliegen.

Als zweifelhaft muß dagegen die Nichtanwendbarkeit des § 9 Abs. 2 UmwG angesehen werden. Gemäß der Gesetzesbegründung sei eine Prüfung bei Auf- und Abspaltung stets notwendig, da es regelmäßig zu einem Anteilstausch komme.[1] Hierbei hat der Gesetzgeber jedoch die Möglichkeit der Abspaltung durch Aufnahme von einer 100 % Tochtergesellschaft auf die eigene Muttergesellschaft übersehen.[2] Mit den zuvor genannten Autoren wird davon ausgegangen, daß eine derartige Abspaltung auf die eigene Muttergesellschaft zulässig ist und in diesen Fällen das für die Auf- und Abspaltung nicht angesprochene Verbot der Kapitalerhöhung gem. § 54 bzw. § 68 UmwG auslöst.[3] Es ist daher zu fordern, daß in diesem speziellen Fall eine Spaltungsprüfung entfallen kann.[4] Durch notarielle Verzichtserklärung gemäß § 125 Satz 1 UmwG in Verbindung mit § 9 Abs. 3 und § 8 Abs. 3 UmwG kann die Prüfung abbedungen werden.

1 Vgl. Gesetzesbegründung zu § 125 UmwG.

2 Vgl. zur Zulässigkeit z. B. Sagasser/Bula, 204, sog. „Up-stream"-Spaltung; Dehmer, § 125 UmwG Anm. 12.

3 Von einer Unzulässigkeit der Spaltung sollte hier wegen einem fehlenden gesetzlichen Verbot der Vorgehensweise nicht ausgegangen werden können. Diese Überlegung erwägend wohl Dehmer, § 125 UmwG Anm. 12.

4 Im Ergebnis gleichlautend Dehmer, § 125 UmwG Anm. 13; ebenso Sagasser/Bula, die in diesen Fällen kraft teleologischer Reduktion ebenfalls den gesetzlichen Prüfungsbefehl als unzutreffend ablehnen, a. A. Neye, Limmer, Frenz, Harnacke Rz. 1113.

bb) Spaltungsvertrag

724 Entsprechend der Verschmelzung ist auch im Rahmen der Spaltung ein Umwandlungsvertrag zu schließen (§ 126 UmwG). Es handelt sich damit um die Parallelvorschrift zu § 5 UmwG. In weiten Teilen wird der gleiche Mindestinhalt normiert wie zu § 5 UmwG. Insoweit kann auf die Ausführungen im Rahmen der Verschmelzung verwiesen werden.[1] Nachfolgend werden daher nur die im Rahmen der Spaltung besonderen Verpflichtungen näher beleuchtet.

(1) Name, Firma und Sitz (§ 126 Abs. 1 Nr. 1 UmwG)

725 Alle an der Spaltung beteiligten Rechtsträger sind eindeutig zu benennen. Die Spaltung – auch auf mehrere Übernehmer – (z. B. Aufspaltung) hat stets durch einen Vertrag zu erfolgen.

(2) Vermögensübertragung (§ 126 Abs. 1 Nr. 2 UmwG)

726 Der Vertrag muß klarstellen, daß es sich um eine Spaltung im Sinne des Umwandlungsgesetzes mit den damit einhergehenden Rechtsfolgen handelt.

(3) Bestimmung des Umtauschverhältnisses (§ 126 Abs. 1 Nr. 3 UmwG)

727 Die Bestimmung des Umtauschverhältnisses besitzt auch bei der Spaltung große Bedeutung. Es muß sichergestellt werden, daß sich die Beteiligungsverhältnisse nicht zwischen den Gesellschaftern abweichend von den tatsächlichen Verhältnissen „verschieben".[2] Bei einer Spaltung zur Aufnahme auf einen Rechtsträger, der bereits über eigenes Vermögen verfügt, kommt der zutreffenden Bewertung besondere Bedeutung zu (Abbildung der richtigen Teilvermögenswerte). Im Rahmen der Ausgliederung ist kein Umtauschverhältnis anzugeben. Dennoch kann in Fällen der Ausgliederung zur Aufnahme (bei außenstehenden Anteilseignern) die Angabe von großer Wichtigkeit sein.[3]

(4) Einzelheiten für die Übertragung der Anteile oder Erwerb der Mitgliedschaft (§ 126 Abs. 1 Nr. 4 UmwG)

728 Aufgrund der Besonderheiten der Ausgliederung bestehen die Angabepflichten nur bei der Auf- und Abspaltung.

(5) Gewinnbeteiligungszeitpunkt (§ 126 Abs. 1 Nr. 5 UmwG)

729 Es gilt voll inhaltlich das zur Verschmelzung Gesagte (vgl. Rz. 686).

(6) Spaltungsstichtag (§ 126 Abs. 1 Nr. 6 UmwG)

730 Es gilt voll inhaltlich das zur Verschmelzung Gesagte (vgl. Rz. 687).

(7) Sonderrechte (§ 126 Abs. 1 Nr. 7 UmwG)

731 Es gilt voll inhaltlich das zur Verschmelzung Gesagte (vgl. Rz. 688).

1 Vgl. Rz. 675 ff.
2 Vgl. Widmann/Mayer, § 126 UmwG Anm. 126.
3 Vgl. Widmann/Mayer, § 126 UmwG Anm. 130, der jedoch dennoch mit Verweis auf die Anteilsgewährungsangabe zu § 126 Abs. 1 Nr. 2 UmwG eine Angabepflicht nach Nr. 3 verneint; a. A. Dehmer, § 126 UmwG Anm. 35, der die Angabe für unverzichtbar hält.

(8) Vorteilsgewährung an Geschäftsleitung, Partner, Aufsichtsgremien, Prüfer (§ 126 Abs. 1 Nr. 8 UmwG)

Es gilt voll inhaltlich das zur Verschmelzung Gesagte (vgl. Rz. 689). **732**

(9) Vermögensaufteilung (§ 126 Abs. 1 Nr. 9 UmwG)

Obwohl es sich auch bei der Spaltung um einen Vorgang der Gesamt- **733**
rechtsnachfolge handelt, bewirkt diese Umwandlungsform keine vollständige Übertragung des gesamten Vermögens auf einen anderen Rechtsträger, sondern nur eine teilweise, nämlich eine Spaltung in verschiedene Teile. Aufgrund dieser Sachlage ergibt sich das „Paradoxon", daß zur Durchführung der nur partiellen Gesamtrechtsnachfolge bzw. Sonderrechtsnachfolge, der grundsätzlich nur im Rahmen der Einzelrechtsnachfolge anzuwendende sachenrechtliche Bestimmtheitsgrundsatz auch für Spaltungen Bedeutung besitzt.[1]

Im Ergebnis muß daher für Zwecke der Spaltung eine genaue Aufstellung aller zu übertragenden Vermögensgegenstände sowie Rechtsverhältnisse erfolgen. Die Beteiligten können grundsätzlich jeden Gegenstand jedem beliebigen übernehmenden Rechtsträger zuweisen.[2] Nur soweit Betriebe oder Betriebsteile übergehen, gilt für die Arbeitsverhältnisse zwingend die Regelung des § 613a Abs. 1 Satz 1 BGB.[3]

Trotz dieser detaillierten Benennungspflicht ergeben sich im übrigen die **734**
der Gesamtrechtsnachfolge eigenen Vorteile. Insbesondere bei der Übertragung von Verbindlichkeiten entfällt die sonst zwingende Mitwirkung des Gläubigers (§§ 414, 415 BGB). Die Gesamtrechtsnachfolge wird allerdings zusätzlich dadurch eingeschränkt, daß allgemeine Vorschriften, welche die Übertragbarkeit eines bestimmten Gegenstandes ausschließen oder an bestimmte Voraussetzungen knüpfen oder nach denen die Übertragung eines bestimmten Gegenstandes einer staatlichen Genehmigung bedarf, auch im Rahmen der Spaltung zu beachten sind (vgl. § 132 UmwG). Hiermit wird das Prinzip der Gesamt- bzw. Sonderrechtsnachfolge durchbrochen. Die Regelung wird inhaltlich kontrovers diskutiert, wobei neben den deutschen Rechtsgrundsätzen auch die sogenannte „Spaltungsrichtlinie" für die Auslegung zu beachten sein dürfte.[4] Lediglich im Rahmen der Aufspaltung gilt das Abtretungsverbot gem. § 399 BGB generell nicht, da es zu einer Vollbeendigung des übertragenden Rechtsträgers kommt.[5]

1 Vgl. Widmann/Mayer, § 126 UmwG Anm. 202.

2 Vgl. Gesetzesbegründung zu § 126 Abs. 1 Nr. 9 UmwG. Vgl. aber zu den bestehenden Beschränkungen § 132 UmwG. Zu beachten sind auch die steuerlichen Restriktionen. Hierdurch werden letztlich nur Betriebe oder Teilbetriebe im steuerlichen Sinne übertragungsfähig mittels Spaltung, vgl. Rz. 861 ff.

3 Vgl. Gesetzesbegründung zu § 126 Abs. 1 Nr. 9 UmwG. Dementsprechend sind auch die Begriffe Betrieb und Betriebsteil, die im § 126 Abs. 1 Nr. 9 UmwG verwendet werden, ausschließlich im arbeitsrechtlichen Sinne zu verstehen, vgl. Dehmer, § 126 UmwG Anm. 64 f.

4 Vgl. zum Diskussionsstand z. B. Widmann/Mayer, § 132 UmwG Anm. 15 ff. mit Darstellung Meinungsstand in der Literatur sowie Dehmer, § 132 UmwG Anm. 15 ff.; „Spaltungsrichtlinie": Richtlinie 82/891/EWG vom 17.12.1982, ABl. EG Nr. L 387/47.

5 Vgl. § 132 Satz 2 UmwG; Gesetzesbegründung zu § 132 UmwG.

735 Es hat eine genaue Bezeichnung des spaltweise zu übertragenden Aktiv- und Passivvermögens zu erfolgen. Im Ergebnis sind damit die Anforderungen an Bestimmtheit und Bestimmbarkeit im Rahmen der Einzelrechtsnachfolge zu erfüllen. Neben materiellen Vermögensgegenständen und -schulden sind ebenfalls selbstgeschaffene immaterielle sowie bereits abgeschriebene Wirtschaftsgüter zu bezeichnen. Auf die bilanzielle Berücksichtigung kommt es mithin nicht an, folglich reicht die (alleinige) Bezugnahme auf Inventare und Bilanz in aller Regel nicht aus. Desgleichen sind neben Verbindlichkeiten auch Rückstellungen anzugeben und zuzuordnen. Vereinfachend wird die Heranziehung von Inventarlisten oder sog. „All-Formeln" für zulässig gehalten („gesamtes Warenlager").[1] Ebenfalls sind Patente, Urheberrechte und Markenrechte zu benennen sowie Beteiligungen und zu übertragende Unternehmensverträge. Auch andere Vertragsverhältnisse, wie z. B. Dauerschuldverhältnisse (Miet-, Pacht- und Leasingverträge) sind zu benennen. Soweit keine Betriebe oder Teilbetriebe im Sinne des § 613a BGB übergehen, sind ebenfalls Regelungen bzgl. des Übergangs der Arbeitsverhältnisse zu treffen. Desgleichen sind öffentlich-rechtliche Rechtspositionen zu benennen (Genehmigungen, Konzessionen). Die Rechtsnachfolge im Prozeßrechtsverfahren ist ebenfalls durch Zuordnung zu klären. Es sollte auch eine Regelung für Surrogate aufgenommen werden, da z. T. die benannten Vermögenswerte (weiter-) veräußert wurden und z. B. an deren Stelle liquide Mittel oder Forderungen getreten sind (z. B. Warenverkauf, Lagerabbau, Fertigstellung langfristiger Fertigung etc.) oder aber auch Verbindlichkeiten getilgt oder aufgerechnet wurden.

736 In bezug auf Auslandsvermögen muß stets zusätzlich lokales Recht geprüft und beachtet werden.

737 Hinsichtlich Beherrschungs- und Gewinnabführungsverträge gilt folgendes.

Die Spaltung des herrschenden Unternehmens steht einer Fortführung des Unternehmensvertrages durch einen der übernehmenden Rechtsträger nicht entgegen. Der Vertrag muß klar zugeordnet werden. Eine „Spaltung" des Unternehmensvertrages selbst ist nicht möglich. Den Vertragsparteien des Unternehmensvertrages steht in diesem Fall ein Kündigungsrecht gem. § 297 AktG zu (fristlose Kündigung aus wichtigem Grund).[2]

Ist das beherrschte Unternehmen Gegenstand der Spaltung, so ist bei einer Aufspaltung kaum erklärbar, wie der Unternehmensvertrag behandelt werden soll („Spaltung" des Vertrages wohl ausgeschlossen). Wird der Vertrag im Rahmen der Spaltung zugewiesen, geht der Unternehmensvertrag über. Das herrschende Unternehmen besitzt auch hier ein Kündigungsrecht aus wichtigem Grund, da sich die Geschäftsgrundlage durch Spaltung regelmäßig wesentlich verändert haben dürfte.[3] Einschränkend weist Dehmer allerdings darauf hin, daß die Spaltung

1 Vgl. Dehmer, § 126 UmwG Anm. 70 ff.; Widmann/Mayer, § 126 UmwG Anm. 216.
2 Vgl. Widmann/Mayer, § 126 UmwG Anm. 232; Dehmer, § 131 UmwG Anm. 65.
3 Vgl. Widmann/Mayer, § 126 UmwG Anm. 234; Dehmer, § 131 UmwG Anm. 66.

zur Aufnahme eine Teilverschmelzung darstellt, analog zur Verschmelzung müsse daher in diesem Fall ein Beherrschungs- oder Ergebnisabführungsvertrag erlöschen.[1]

(10) Aufteilung der Anteile oder Mitgliedschaftsrechte (§ 126 Abs. 1 Nr. 10 UmwG)

Diese Angabepflicht besteht nur bei der Auf- und Abspaltung. Insbesondere im Rahmen der nichtverhältniswahrenden Spaltung erhält diese Angabepflicht erhöhte Bedeutung.[2] **738**

Bei einer verhältniswahrenden Spaltung genügt die Angabe, daß die Aufteilung nach Maßgabe der bisherigen Beteiligungsverhältnisse erfolgt.[3]

Bei der nichtverhältniswahrenden Spaltung werden die Anteilseigner an dem übernehmenden Rechtsträger nicht im gleichen Verhältnis beteiligt, wie es bei dem übertragenden Rechtsträger der Fall war. Hiermit sollte u. a. die Trennung von Gesellschaftergruppen oder Familienstämmen ermöglicht werden.[4] Insoweit sind besondere Schutzvorschriften beachtlich (vgl. § 128 UmwG). Bei der nichtverhältniswahrenden Spaltung ist zum einen das Aufteilungsverhältnis abstrakt zu beschreiben, zum anderen wird i. d. R. eine konkrete Bezeichnung der Aufteilung der Anteile auf die einzelnen Anteilsinhaber notwendig sein.[5]

(11) Spaltungskonsequenzen für Arbeitnehmer und deren Vertretungen sowie insoweit vorgesehene Maßnahmen (§ 126 Abs. 1 Nr. 11 UmwG)

Die arbeitsrechtlichen Angabepflichten entsprechen denen der Verschmelzung. **739**

Grundsätzlich gelten damit die zur Verschmelzung gemachten Ausführungen (vgl. Rz. 690). Da es sich bei der Spaltung aber stets nur um eine partielle Gesamtrechtsnachfolge handelt, ergeben sich häufig weitreichendere Konsequenzen für Arbeitnehmer und deren Vertretungen.

Soweit wenigstens Teilbetriebe i. S. d. § 613 BGB übergehen, sind die Arbeitnehmer auf ihr Widerspruchsrecht entsprechend der Vorschrift hinzuweisen. Individualarbeitsrechtlich dürfte stets der Hinweis auf die besondere zweijährige Kündigungsschutzregelung des § 323 UmwG geboten sein. Kollektivarbeitsrechtlich besitzt insbesondere § 325 UmwG besondere Bedeutung. Hiernach gelten bei dem übertragenden Rechtsträger die Mitbestimmungsregelungen fünf Jahre nach Wirksamwerden der Abspaltung oder Ausgliederung fort, soweit die Zahl der Arbeitnehmer des übertragenden Rechtsträgers auf nicht weniger als i. d. R. ein Viertel der Mindestzahl sinkt.

1 Vgl. Dehmer, § 131 UmwG Anm. 68.
2 Vgl. zur nicht verhältniswahrenden Spaltung § 128 UmwG.
3 Vgl. Dehmer, § 126 UmwG Anm. 99.
4 Vgl. Gesetzesbegründung zu § 126 Abs. 1 Nr. 10 UmwG; zum Sinn und Zweck der redaktionellen Anpassung des Gesetzestextes durch das Gesetz vom 22.7.1998 vgl. Neye, DB 1998, 1649, 1652 f.
5 So ist z. B. für jeden Gesellschafter einer Personenhandelsgesellschaft der Betrag seiner Einlage genau zu beziffern. Vgl. Dehmer, § 126 UmwG Anm. 101.

Entsprechend der Verschmelzungsregelung ist auch der Spaltungsvertrag oder sein Entwurf spätestens einen Monat vor dem Tag der Versammlung der Anteilsinhaber jedes beteiligten Rechtsträgers, die über die Zustimmung zum Spaltungs- und Übernahmevertrag beschließen, dem zuständigen Betriebsrat des Rechtsträgers zuzuleiten (vgl. § 126 Abs. 3 UmwG).

(12) Fakultative Bestandteile

740
- Vereinbarung von Kündigungs- oder Rücktrittsrechten
- Aufnahme von Bedingungen und Befristungen
- Kostentragungspflicht (auch für den Fall des Scheiterns)
- Regelungen bei kartellrechtlichen Vorbehalten
- Wettbewerbsverbote
- Satzungs- und Firmenänderungen
- Vereinbarungen über Organbestellungen
- Vereinbarungen über die Übertragung von Surrogaten, die an die Stelle von zum Zeitpunkt des Wirksamwerdens der Spaltung von nicht mehr vorhandenen Gegenständen getreten sind
- den Inhalt eines u. U. notwendigen Kapitalerhöhungsbeschlusses[1]
- Auffangklauseln bzgl. der Zuordnung „vergessener" Aktiva oder Passiva.

(13) Weitere rechtsformspezifische Angaben

741 Es gilt hier im vollen Umfang das zur Verschmelzung Gesagte (vgl. Rz. 692).

cc) Spaltungsbericht

742 Funktion und Inhalt entsprechen weitestgehend dem Verschmelzungsbericht gemäß § 8 UmwG (§ 127 UmwG). Auf die Erstattung des Spaltungsberichts kann unter den gleichen Voraussetzungen wie im Rahmen der Verschmelzung verzichtet werden.[2] Er wird daher auch als Gegenstück zum Verschmelzungsbericht bezeichnet.[3] Die Vorschrift wurde jedoch nochmals formuliert, da zusätzlich im Rahmen der Aufspaltung und Abspaltung im Spaltungsbericht auch der Maßstab für die Aufteilung der Anteile zu erläutern und zu begründen ist, um die Anteilsinhaber über den Umfang ihrer künftigen Beteiligungen näher zu unterrichten.[4]

Der Darstellung des Aufteilungsmaßstabs kommt im Rahmen der Spaltung zum Teil noch größere Bedeutung zu als bei einer Verschmelzung.[5] Während im Rahmen der Verschmelzung nur die Wertgleichheit für je-

1 Vgl. hierzu u. a. Dehmer, § 126 UmwG Anm. 105.
2 Vgl. § 8 Abs. 3 UmwG; notarielle Verzichtserklärung aller Anteilinhaber aller beteiligten Rechtsträger oder 100 % Anteilsbesitz des übernehmenden Rechtsträgers („Up-stream"-Spaltung).
3 Vgl. Gesetzesbegründung zu § 127 UmwG.
4 Vgl. Gesetzesbegründung zu § 127 UmwG.
5 Naturgemäß entfällt die Angabepflicht in Fällen der Ausgliederung. Im Fall der Ausgliederung zur Aufnahme kann diese Angabe jedoch durchaus relevant sein.

den an der Verschmelzung beteiligten Anteilsinhaber gesichert werden soll, ergeben sich insoweit Bewertungsprobleme nur im Rahmen der Fusion der Vermögen mehrerer Rechtsträger, wogegen die verschiedenen Spaltungsvarianten zu komplexeren Bewertungsproblemen führen, die insbesondere dadurch verschärft werden, daß auch nicht verhältniswahrende Spaltungen zugelassen bzw. vorgesehen werden (§ 126 Abs. 1 Nr. 10 i. V. m. § 128 UmwG).[1]

dd) Spaltungsprüfung

Es gelten grundsätzlich die zur Verschmelzung gemachten Ausführungen (vgl. Rz. 696). Zusätzlich sind die im Rahmen der Spaltung nicht anwendbaren Vereinfachungsvorschriften zu beachten (vgl. Rz. 723). **743**

ee) Spaltungsbeschluß

Es gilt grundsätzlich in vollem Umfang das zur Verschmelzung Gesagte (vgl. § 125 UmwG i. V. m. § 13 UmwG und Rz. 697). **744**

Besonderheiten hinsichtlich der Zustimmungserfordernisse ergeben sich bei sog. nicht verhältniswahrenden Spaltungen. Diese sind gemäß § 126 Abs. 1 Nr. 10 UmwG zulässig. Hier soll eine Mehrheitsumwandlung ausgeschlossen werden, um Anteilsinhaber nicht in ihrem Besitzstand zu beeinträchtigen.[2]

Bei der verhältniswahrenden Spaltung wird als ausreichende Angabe angesehen, daß der Aufteilungsmaßstab die bisherigen Beteiligungsverhältnisse wahrt. Eine verhältniswahrende Spaltung liegt bei rechnerisch identisch festgesetzten Beteiligungen vor.[3]

Beispiel zur verhältniswahrenden Spaltung: **745**

Die Gesellschafter A und B sind zu 70 bzw. 30 % an dem Rechtsträger A beteiligt. Es erfolgt eine Abspaltung zur Neugründung. An der durch Abspaltung neu entstandenen Gesellschaft sind beide Anteilsinhaber wiederum jeweils zu 70 bzw. 30 % beteiligt.

Bei der nichtverhältniswahrenden Spaltung ist zu unterscheiden, ob die Spaltung nur zu nominell abweichenden Beteiligungsverhältnissen führt oder ob sich der effektive Beteiligungswert ändert. Gleichwohl wird auch die „kompensatorische Spaltung" als zustimmungspflichtig nach § 128 UmwG angesehen, folglich als nicht verhältniswahrend.[4]

Beispiel für nominelle Änderungen der Wertverhältnisse: **746**

Die Gesellschafter G1 und G2 sind an der Gesellschaft A zu je 50 % beteiligt. Ein besonders risikoreicher, aber auch potentiell ertragsstarker Bereich wird durch Abspaltung auf die Gesellschaft B separiert. Laut Unternehmensbewertung beträgt der Wert des zurückbleibenden und des übergehenden Unternehmensteils

1 Vgl. das Erfordernis, daß bei der nicht verhältniswahrenden Spaltung alle Anteilsinhaber zuzustimmen haben. Eine Mehrheitsumwandlung ist in diesen Fällen generell ausgeschlossen.
2 Vgl. Gesetzesbegründung zu § 128 UmwG.
3 Vgl. Widmann/Mayer, § 128 UmwG Anm. 31.
4 Vgl. Widmann/Mayer, § 128 UmwG Anm. 35.

jeweils ½ des Werts des übertragenden Rechtsträgers A. Nach Spaltung verfügt G1 über 80 % der Anteile an A und 20 % der Anteile an der neu entstandenen Gesellschaft B. G2 hält 20 % von A und 80 % von B. Es ist zu einer Verschiebung der Anteilsrelationen bei gleichem Anteilswert je Gesellschafter gekommen.

747 **Beispiel** für nominelle Änderung der Wertverhältnisse und Involvierung Dritter mit Trennung von Gesellschafterstämmen:

An der Gesellschaft A sind die Gesellschaft G1 bis G3 jeweils zu einem Drittel beteiligt. Die Gesellschaft A verfügt über zwei Teilbetriebe A1, A2. Der Wert der Teilbetriebe beträgt: A1 : 100, A2 : 70. Es ist eine Abspaltung durch Aufnahme des Teilbetriebs A2 auf die Gesellschaft B vorgesehen. Deren Anteile werden von G4 und G5 gehalten. Diese hat einen Wert von 50. Im Rahmen der Umwandlung soll zugleich eine Veränderung in der Gesellschafterstruktur erfolgen (nicht verhältniswahrend). Während G1 nur an der verbleibenden Gesellschaft A interessiert ist, möchte sich G2 verhältniswahrend an A und B beteiligen, während G3 lediglich Interesse am Teilbetrieb A2 zeigt und daher nach Umwandlung nur noch an B beteiligt sein möchte.

Abspaltung durch Aufnahme mit Dritten

Werte vor Spaltung

A1:	100
A2:	70
A:	170
B:	50

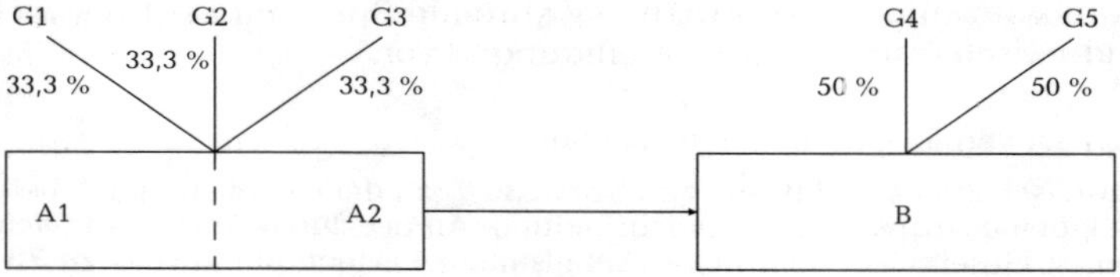

Ziel: G1 bleibt nur an A beteilit
G2 wird an A und B beteiligt
G3 möchte nur an B beteiligt werden

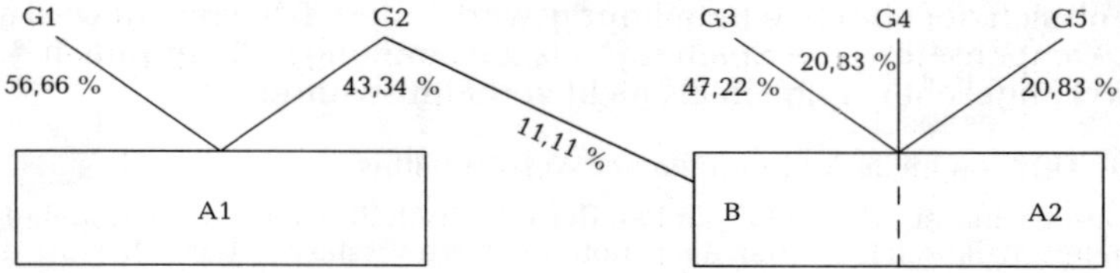

Das Beispiel macht deutlich, daß je nach Interessenlage der Gesellschafter nicht nur die Wertäquivalenz der gewährten Anteile des übernehmenden Rechtsträgers gewährleistet sein muß, sondern daneben auch die Werthaltigkeit der verbleibenden Beteiligung beim übertragenden Rechtsträger von Bedeutung ist.

Köhler

Erfolgt mit der nichtverhältniswahrenden Spaltung auch eine Veränderung der Wertverhältnisse, so sind die Gründe hierfür im einzelnen anzugeben. Es ist zu erläutern und zu begründen, warum die getroffene Aufteilung dem beabsichtigten nichtverhältniswahrenden Maßstab entspricht.[1] 748

Beispiel für nichtverhältniswahrende, wertändernde Spaltung: 749

Die Gesellschafter G1 und G2 sind zu je 50 % an der Gesellschaft A beteiligt. Ein Teilbereich der Gesellschaft gilt als besonders risikoreich, verfügt aber auch über besondere Ertragspotentiale. Übergehender und zurückbleibender Unternehmensbereich sind prinzipiell gleich werthaltig, aufgrund der schwer einzuschätzenden Risiken besteht große Unsicherheit über den subjektiven Wert des übergehenden Bereichs. G1 ist stark risikoavers und möchte daher eine haftungsrechtlich wirksame Trennung erreichen. Zu diesem Zweck stimmt er einer nichtverhältniswahrenden Trennung zu. G2 ist nur zu einer Spaltung bereit, soweit das höhere Risiko berücksichtigt wird. G1 und G2 verständigen sich darauf, daß G1 an der übertragenden A zu 80 % beteiligt wird, G2 zu 20. An der übernehmenden B erhält G1 eine Beteiligung von nunmehr 10 % und G2 90 %. (Variante: G2 zahlt einen Spitzenausgleich an G1).[2]

Es sei darauf hingewiesen, daß derartige Ausgleichszahlungen keine baren Zuzahlungen i. S. d. §§ 125 i V. m. 15 UmwG darstellen. Die im Rahmen des Umwandlungsgesetzes geregelten baren Zuzahlungen sind stets durch den übernehmenden Rechtsträger zu leisten. Im Gegensatz dazu stellen Ausgleichszahlungen im Rahmen einer nichtverhältniswahrenden Spaltung Leistungen durch die Anteilsinhaber dar. Die Begrenzungsregelungen der §§ 54 Abs. 4, 68 Abs. 3 UmwG (Beschränkung der baren Zuzahlung auf den zehnten Teil des Grund- oder Stammkapitals der übernehmenden GmbH bzw. AG) dürften damit in diesem Zusammenhang nicht zur Anwendung gelangen.

Um die abweichenden Beteiligungsverhältnisse klarzustellen, bedarf es vertraglicher Gestaltungen, die im Umwandlungsgesetz, namentlich im § 128 UmwG, nicht geregelt sind. Ein „übergehender Gesellschafter", z. B. im Rahmen der Trennung von Gesellschafterstämmen besitzt nach den Regelungen der Spaltung grundsätzlich auch noch nach Spaltung Anteile am übertragenden Rechtsträger. Um die Gesellschaftertrennung wirksam zu vollziehen, wird es daher notwendig sein eine Anteilsveräußerung in den Spaltungsplan aufzunehmen. Dies kann zu ertragsteuerlichen Wirkungen führen. Alternativ könnte auch eine Einziehung von Anteilen in Betracht kommen. Dies bedarf der Zustimmung des betroffenen Gesellschafters und entsprechender gesellschaftsvertraglicher Regelungen bzw. rechtsformspezifischer Möglichkeiten. Zu beachten sind hier stets die Probleme beim Erwerb eigener Anteile.[3] 750

1 Vgl. Dehmer, § 127 UmwG Anm. 7.
2 Steuerrechtlich führen Ausgleichszahlungen zu einem entgeltlichen Geschäft. Soweit die Anteile steuerlich verstrickt sind (Betriebsvermögen, wesentliche Beteiligung gem. § 17 EStG oder einbringungsgeborene Anteile gem. § 21 UmwStG), entsteht entsprechend ein steuerpflichtiger Ertrag. Insoweit stehen ggf. steuerliche Erwägungen den nach Umwandlungsgesetz möglichen nichtverhältniswahrenden Spaltungen entgegen.
3 Vgl. Sagasser/Bula, 211 ff.

751 Die Zustimmungspflicht sämtlicher (auch nicht erschienener) Anteilsinhaber besteht bei der nicht verhältniswahrenden Spaltung nur bei dem übertragenden Rechtsträger. Auch stimmrechtslose Gesellschafter müssen zustimmen, da in den Kernbereich der Mitgliedschaft eingegriffen wird.[1] Für den Spaltungsbeschluß bei dem übernehmenden Rechtsträger gelten die allgemeinen Regelungen. Bis zur (auch nachträglich möglichen) Zustimmung aller Gesellschafter ist der Spaltungsbeschluß schwebend unwirksam.

Bezüglich der Anwendung der besonderen Zustimmungsvorschrift des § 128 UmwG muß stets zunächst geklärt werden, ob eine nichtverhältniswahrende Spaltung i. S. d. Vorschrift vorliegt. Da der Gesetzgeber keine Definition gegeben hat, ergibt sich hier ein erhebliches Potential möglicher Anfechtungsklagen mit der Begründung, es hätte einer einstimmigen Zustimmung bedurft. Es wird daher vorgeschlagen, unbewußt nichtverhältniswahrende Spaltungen als nicht vom Regelungsbereich des § 128 UmwG erfaßt anzusehen, so daß in diesen Fällen die Anteilsinhaber auf das Spruchverfahren verwiesen würden, wodurch eine Anfechtungsklage ausgeschlossen bliebe (§ 125 i. V. m. 14 Abs. 2, 15, 305 ff. UmwG).[2] Ob man dieser Auslegung folgen kann, erscheint fraglich. Mit der Vorgabe, daß es sich um eine unbewußte nichtverhältniswahrende Spaltung gehandelt habe, wird der durch § 128 UmwG gewollte Rechtsschutz ausgehebelt. Eine restriktive Normanwendung scheint daher nicht mit dem Normzweck vereinbar.

752 Bei Spaltung zur Neugründung führt die rechnerisch gleiche Beteiligung stets zu einer verhältniswahrenden Spaltung. Soweit eine Spaltung zur Aufnahme erfolgt, dürfte (sollte) aufgrund der schwierigen Bewertungsfragen (vorsichtshalber) stets von einer nichtverhältniswahrenden Spaltung ausgegangen werden; mit anderen Worten: in diesen Fällen setzt die Wirksamkeit stets die Zustimmung aller Anteilsinhaber des übertragenden Rechtsträgers voraus.[3]

Soweit Barzuzahlungen im Rahmen der 10-%-Grenze der §§ 125 i. V. m. 54 Abs. 4 und 68 Abs. 3 UmwG geleistet werden, liegt generell kein Anwendungsfall des § 128 UmwG vor.[4]

ff) Anmeldung der Spaltung

753 Grundsätzlich gilt auch hierfür durch den Generalverweis des § 125 UmwG in vollem Umfang das zur Verschmelzung Gesagte (vgl. Rz. 699 ff.). Insbesondere sind damit auch sämtliche Anlagen der Anmeldung in gleicher Weise beachtlich (vgl. §§ 16, 17 UmwG). Als lediglich klarstellend wird daher die Regelung des § 129 UmwG angesehen. Hiernach ist zur Anmeldung der Spaltung auch das Vertretungsorgan jedes der übernehmenden Rechtsträger berechtigt. Zunächst erscheint diese Regelung gleichartig zu der des § 16 Abs. 1 Satz 2 UmwG. Richtlinienkonform wird man die Vorschrift allerdings dahingehend auslegen

1 Vgl. Widmann/Mayer, § 128 UmwG Anm. 20.
2 Vgl. Sagasser/Bula, 212.
3 Vgl. Widmann/Mayer, § 128 UmwG Anm. 46.
4 So auch Sagasser/Bula, 212; Widmann/Mayer, § 128 UmwG Anm. 34.

müssen, daß die Vertretungsorgane des übernehmenden Rechtsträgers nur den ihn betreffenden Teil der Spaltung anmelden können.[1] Der Fall besitzt insbesondere dann Bedeutung, wenn eine Spaltung auf mehrere übernehmende Rechtsträger erfolgt. Eine Beschleunigung durch Anmeldung weiterer Teile der Spaltung wird nicht als zulässig angesehen.[2]

Ergänzend sind im Rahmen der Anmeldung die besonderen Vorschriften der §§ 137, 140, 146, 148, 160 zu beachten.

gg) Eintragung und Bekanntmachung der Spaltung

Eintragung und Bekanntmachung erfolgen spiegelbildlich (also seiten- **754**
verkehrt) zu dem System bei der Verschmelzung.[3] Im Gegensatz zur Verschmelzung wirkt als konstitutive Eintragung im Rahmen der Spaltung die bei dem übertragenden Rechtsträger. Entsprechend sind zunächst die Eintragungen bei den übernehmenden Rechtsträgern vorzunehmen und erst im Anschluß daran die bei dem übertragenden Rechtsträger. Erfolgt fälschlicherweise zuerst die Eintragung bei dem übertragenden Rechtsträger, löst dies bereits die Rechtsfolgen der Spaltung aus. Selbst eine fehlende Voreintragung einer notwendigen Kapitalerhöhung ändert dies nicht.[4]

Die Eintragung bei dem übertragenden Rechtsträger erscheint im Rahmen der Spaltung zutreffend konstitutiv zu wirken, da häufig mehrere übernehmende, aber stets nur ein übertragender Rechtsträger an einer Spaltung mitwirkt. Nur hierdurch kann ein eindeutiger Zeitpunkt für den Eintritt der Rechtswirkung bestimmt werden.

Im Gegensatz zur Verschmelzung bewirkt eine Abspaltung oder Ausgliederung nicht das Erlöschen des übertragenden Rechtsträgers. Bei einer Aufspaltung geht die übertragende Gesellschaft zwar unter, jedoch liegen wenigstens zwei übernehmende Rechtsträger vor. Dies hat Bedeutung für den Verbleib der Registerakten. Eine Schließung und Übersendung der Registerakten stellt im Rahmen der Spaltung keine sinnvolle Lösung dar. Dementsprechend hat das Gericht des Sitzes des übertragenden Rechtsträgers gem. § 137 Abs. 3 UmwG von Amts wegen dem Gericht des Sitzes jedes der übernehmenden Rechtsträger den Tag der Eintragung der Spaltung mitzuteilen sowie einen Handelsregisterauszug und eine beglaubigte Abschrift des Gesellschaftsvertrages, des Partnerschaftsvertrages,[5] der Satzung oder des Statuts des übertragenden Rechtsträgers zu übersenden. Hierdurch wird eine gewisse Information für das Registergericht der übernehmenden Rechtsträger gewährleistet. Die Unterlagen dokumentieren allerdings naturgemäß nur den Stand zum Zeitpunkt der Spaltung.

Im übrigen kann auf die Ausführung zur Verschmelzung sinngemäß verwiesen werden (vgl. Rz. 703).

1 Vgl. Dehmer, § 129 UmwG Anm. 2.
2 Vgl. Dehmer, § 129 UmwG Anm. 2; Widmann/Mayer, § 129 UmwG Anm. 9.1.
3 Vgl. Gesetzesbegründung zu § 130 UmwG.
4 Vgl. Dehmer, § 130 UmwG Anm. 8, 9; Widmann/Mayer, § 130 UmwG Anm. 4.3.4.
5 Gilt ab 1.8.1998.

hh) Wirkungen der Eintragung

755 Im Gegensatz zur Verschmelzung kommt es lediglich bei der Aufspaltung zum Erlöschen des übertragenden Rechtsträgers. Entsprechend der Verschmelzungsregelung bedarf es auch in diesem Fall keiner besonderen Löschung (vgl. § 131 Abs. 1 Nr. 2 UmwG).

Bei der Aufspaltung und Abspaltung werden die Anteilsinhaber des übertragenden Rechtsträgers entsprechend der im Spaltungs- und Übernahmevertrag vorgesehenen Aufteilung Anteilsinhaber der übernehmenden Rechtsträger. Bei Ausgliederung wird der übertragende Rechtsträger entsprechend dem Ausgliederungs- und Übernahmevertrag Anteilsinhaber der übernehmenden Rechtsträger (vgl. § 131 Abs. 1 Nr. 3 Satz 3 UmwG).

756 Entsprechend der Regelung im Rahmen der Verschmelzung bewirkt auch bei Spaltungen die konstitutiv wirkende Eintragung bei dem übertragenden Rechtsträger eine umfassende Heilungswirkung. Mängel der notariellen Beurkundung des Spaltungs- und Übernahmevertrags und ggf. erforderlicher Zustimmungs- oder Verzichtserklärungen einzelner Anteilsinhaber werden geheilt (vgl. § 131 Abs. 1 Nr. 4 UmwG). Ebenfalls wird eine „Wieder-Verschmelzung", also ein Rückgängigmachen der Spaltung wegen Mängeln, nach Eintragung der Spaltung generell ausgeschlossen (vgl. § 131 Abs. 2 UmwG). Eine Rückabwicklung nach Eintragung scheidet ausnahmslos aus.

757 Das Vermögen bzw. Teile des Vermögens des übertragenden Rechtsträgers gehen entsprechend der im Spaltungs- und Übernahmevertrag vorgesehenen Aufteilung jeweils als Gesamtheit auf die übernehmenden Rechtsträger über (Sonderrechtsnachfolge, partielle Gesamtrechtsnachfolge). Damit bedarf es einer exakten Bestimmung aller übergehenden Vermögensgegenstände, die letztlich bezüglich der Bezeichnungspflichten dem sachenrechtlichen Bestimmtheitsgrundsatz entsprechen müssen, wodurch insofern keine Vereinfachung gegenüber der Einzelrechtsnachfolge besteht. Dennoch liegt ein Vorgang der Gesamtrechtsnachfolge vor, so daß z. B. bei der Übertragung von Verbindlichkeiten kein Mitwirkungsrecht der Gläubiger besteht. Mit diesen Vorteilen verbinden sich aber auch Nachteile wie z. B., daß im Gegensatz zu einer „Spaltung" durch Einzelrechtsnachfolge im Rahmen einer durch das Umwandlungsgesetz gedeckten Spaltung eine gesamtschuldnerische Haftung aller beteiligten Rechtsträger gem. § 133 Abs. 1 Satz 1 UmwG und eine nachwirkende Haftung gem. § 134 UmwG entsteht (dazu detailliert unter Rz. 766 ff.).

758 Die Gesamtrechtsnachfolge wird dahingehend begrenzt, daß Gegenstände, die nicht durch Rechtsgeschäft übertragen werden können, bei Abspaltung und Ausgliederung im Eigentum oder in Inhaberschaft des übertragenden Rechtsträgers verbleiben (vgl. § 131 Abs. 1 Nr. 1 Satz 2 UmwG). Höchstpersönliche Rechte und Pflichten, die nicht übertragbar sind, erlöschen daher bei Abspaltung. Bei höchstpersönlichen Verpflichtungen kann das Erlöschen zu einem Schadensersatzanspruch, für welchen die übernehmenden Rechtsträger gesamtschuldnerisch haften, führen.[1]

1 Vgl. Dehmer, § 131 UmwG Anm. 80.

Übertragungssperren bestehen grundsätzlich im Bereich der Nießbrauchsrechte, beschränkten persönlichen Dienstbarkeiten und dinglichen Vorkaufsrechten.[1] Ein gutgläubiger Erwerb ist ebensowenig wie bei der Verschmelzung möglich.[2]

Grundsätzlich uneingeschränkt gehen im Rahmen der Gesamtrechtsnachfolge über: Grundstücke und grundstücksgleiche Rechte, Grundpfandrechte, bewegliche Sachen, Anwartschaften, Pfandrechte, Forderungen,[3] Wertpapiere, verbriefte Forderungen, Beteiligungen, Immaterialgüter, Verbindlichkeiten,[4] Rückstellungen, Arbeitsverhältnisse,[5] Bürgschaften. **759**

Wettbewerbsverbote, Kartellverpflichtungen, Unterlassungsverpflichtungen können nicht spaltweise nur auf einen Rechtsträger übertragen werden. Die Verpflichtung geht vielmehr auf alle übernehmenden Rechtsträger über.[6] Bei der Übertragung eines vermieteten Grundstücks gehen zugleich bestehende Miet- oder Pachtverhältnisse über. **760**

Grundsätzlich werden nur Gegenstände übertragen, die zum Zeitpunkt des Wirksamwerdens der Spaltung vorhanden sind und im Spaltungs- und Übertragungsvertrag bezeichnet wurden. Bei Ausscheiden vor Wirksamwerden der Spaltung aus dem Vermögen des übertragenden Rechtsträgers kommt es auch bei entsprechender Nennung im Spaltungs- und Übertragungsvertrag nicht zu einem Übergang. Besondere Probleme bereiten neu hinzugetretene Vermögensgegenstände, die demzufolge noch nicht bezeichnet werden konnten, sowie Surrogate (zum Beispiel an die Stelle von Warenbestände getretene Forderungen). **761**

Da die Spaltung nur eine partielle Gesamtrechtsnachfolge bewirkt, war auch eine Auffanglösung für „vergessene" Aktiva[7] zu treffen. Das rechtliche Schicksal von Gegenständen, bezüglich deren Zuweisung Unklarheiten verbleiben, regelt § 131 Abs. 3 UmwG nur für den Fall der Aufspaltung. Im Gegenschluß folgt daraus, daß in Fällen der Abspaltung und Ausgliederung derartige Vermögensgegenstände nicht übertragen werden, somit bei dem sich spaltenden Rechtsträger zurückbleiben. Allerdings wird darauf hingewiesen, daß bei Abspaltung und Ausgliederung nicht generell von einem Zurückbleiben ungenannter Gegenstände auszugehen sei. Vielmehr sollten auch hier mittels ergänzender Vertragsauslegung bestehende Lücken geschlossen werden. Nur soweit diese Vorgehensweise ergebnislos bleibt, verbleiben die Gegenstände beim übertragenden Rechtsträger.[8] **762**

1 Vgl. zu Einzelheiten z. B. Dehmer, § 131 UmwG Anm. 18 ff.
2 Vgl. Widmann/Mayer, § 131 UmwG Anm. 26.
3 Abtretungsverbote hindern jedoch eine Übertragung der Forderung, zu Einschränkungen für Abtretungsverbote vergleiche § 354a HGB.
4 Die Gläubiger erhalten eine gesamtschuldnerische Haftung aller übernehmenden Rechtsträger und können darüber hinaus Sicherheitsleistung verlangen (§ 133 Abs. 1, 125, 22 UmwG).
5 Soweit die Voraussetzungen des § 613a BGB vorliegen (Betrieb oder Teilbetrieb), wirken abweichende Regelungen des Spaltungs- und Übernahmevertrags nicht.
6 Vgl. Dehmer, § 131 UmwG Anm. 69.
7 Vgl. Gesetzesbegründung zu § 131 UmwG.
8 Vgl. Dehmer, § 131 UmwG Anm. 103.

763 Im Rahmen der Aufspaltung werden Gegenstände, die kraft Vertrags keinem der übernehmenden Rechtsträger zugeteilt wurden und deren Zuteilung sich auch nicht durch Auslegung des Vertrages ermitteln läßt, in dem Verhältnis auf die übernehmenden Rechtsträger übertragen, das sich aus dem Vertrag für die Aufteilung des Überschusses der Aktivseite der Schlußbilanz über deren Passivseite ergibt. Scheidet eine Zuteilung an mehrere Rechtsträger aus, ist der Gegenwert im bezeichneten Verhältnis zu verteilen.

764 Als Auslegungshilfe zum Vertrag kann u. U. hilfsweise die steuerliche Argumentation hinzugezogen werden. Da grundsätzlich nur Betriebe oder Teilbetriebe im steuerlichen Sinn steuerneutral abgespalten werden können, sollten nach dieser Lesart „vergessene" Aktiva den zugehörigen Teilbetrieben folgen.[1]

Soweit eine innere Verknüpfung, ein Bezug oder in anderer Weise eine Verbindung zu einem der Spaltbereiche hergestellt werden kann, sollte dies hinreichendes Indiz für die Zuordnung im Sinne einer ergänzenden Vertragsauslegung darstellen.

Soweit eine ergänzende Auslegung ausscheidet, gilt der Grundsatz, daß der Gegenstand aufzuteilen ist. Damit wirkt die Gesamtrechtsnachfolge hiermit nicht nur partiell, sondern auch quotal.[2] Für Grundstücke und Sachen wird in diesen Fällen Eigentum nach Bruchteilen erworben (vgl. § 741 ff. BGB). Selbst wenn mehrere Gegenstände gleicher Art vorliegen, erfolgt keine Zuordnung ganzer Sachen, sondern jeweils die Vermittlung von Bruchteilseigentum an jedem einzelnen Gegenstand. Entsprechend tritt bei Forderungen Gesamtgläubigerschaft ein (vgl. § 428 BGB). Kann keine quotale Zuteilung erfolgen, ist der Gegenwert im bezeichneten Verhältnis zu verteilen. Dies kann zum einen dadurch erreicht werden, daß der Gegenstand im ganzen auf einen der übernehmenden Rechtsträger übergeht, der einen Ausgleich an die benachteiligten Parteien leistet, oder aber der Gegenstand als solcher verwertet wird und jedem der übernehmenden Rechtsträger der quotale Ausgleich zu gewähren wäre.[3] Gegen eine solche (zwingend) anzuwendende Auslegung spricht die Tatsache, daß hierdurch ggf. bei fehlerhaft, weil unvollständig formuliertem Spaltungs- und Übernahmevertrag ggf. für die Rechtsträger (subjektiv) wertvolle Gegenstände wegen der Ausgleichspflicht ggf. weit unter dem (subjektiven) Wert veräußert werden müßten. Es ist allerdings zuzugeben, daß das Gesetz offenläßt, welchem der übernehmenden Rechtsträger der Vermögensgegenstand zuzuordnen wäre, der dann seinerseits Ausgleichszahlungen an den oder die anderen Rechtsträger zu leisten hätte.

765 Zu Recht kritisiert wird der Aufteilungsmaßstab. Das bilanzielle Eigenkapital leitet sich aus den Buchwerten des erlöschenden Rechtsträgers ab. Damit entspricht dies nicht (zwingend) den Verkehrswerten. Hierdurch können sich Abweichungen gegenüber dem zutreffenden Um-

1 Vgl. Dehmer, § 131 UmwG Anm. 95.
2 Vgl. Dehmer, § 131 UmwG Anm. 97.
3 Die zweite Variante bejahend, z. B. Dehmer, § 131 UmwG Anm. 102.

tauschverhältnis ergeben.[1] An anderer Stelle wird die Ansicht vertreten, daß dennoch eine Orientierung an den Verkehrswerten zu erfolgen habe.[2]

Für „vergessene" Verbindlichkeiten hat der Gesetzgeber keine besondere Regelung für notwendig erachtet („eine besondere Regelung [ist] entbehrlich").[3] Da § 133 Abs. 1 UmwG insgesamt eine gesamtschuldnerische Haftung aller an der Spaltung beteiligten Rechtsträger normiert, entfällt die Notwendigkeit einer detaillierten Zuordnungsregelung analog der Aktiva. Hierbei ist jedoch beachtlich, daß diejenigen Rechtsträger, denen Verbindlichkeiten nicht im Spaltungs- und Übernahmevertrag zugewiesen wurden, für diese Verbindlichkeiten nur vor Ablauf von fünf Jahren nach der Spaltung haften, soweit diese in diesem Zeitraum fällig und daraus Ansprüche gegen sie gerichtlich geltend gemacht wurden. Es wird zwar die Ansicht vertreten, daß im Falle von „vergessenen" Verbindlichkeiten mangels einer Zuweisung alle beteiligten Rechtsträger Hauptschuldner seien, so daß eine Verjährung gem. § 133 Abs. 3 UmwG nicht eintrete,[4] hiergegen spricht aber der Wortlaut des § 133 Abs. 3 UmwG. In Fällen von „vergessenen" Verbindlichkeiten sind gerade alle von der Abspaltung betroffenen Rechtsträger von dieser Vorschrift betroffen, da keine Zuweisung an diese stattgefunden hat. Demgemäß kann sich jeder der übernehmenden Rechtsträger auf diese Nachhaftungsbegrenzung berufen.[5]

Es wird daher vorgeschlagen, die Aufteilungsregelung für „vergessene" Aktiva in entsprechender Weise auch auf das Passivvermögen anzuwenden.[6] Daraus folgend würde der Schuldübergang in der Gesamtrechtsnachfolge begründet und somit der Grundregel des § 133 Abs. 1 UmwG zugeleitet, wodurch die Nachhaftungsbegrenzung des § 133 Abs. 3 UmwG für die lediglich gesamtschuldnerisch betroffenen anderen übernehmenden Rechtsträger nicht angesprochen würde.[7] Zugleich ließe sich hierdurch auch der Maßstab für die Ausgleichsverpflichtung im Innenverhältnis bestimmen.[8]

ii) Nachhaftungsregelungen

Für die Verbindlichkeiten des übertragenden Rechtsträgers, die vor dem Wirksamwerden der Spaltung begründet worden sind, haften die an der Spaltung beteiligten Rechtsträger als Gesamtschuldner. Diejenigen Rechtsträger, denen die Verbindlichkeiten im Spaltungs- und Übernahmevertrag nicht zugewiesen wurden, haften für diese Verbindlichkeiten, wenn sie vor Ablauf von 5 Jahren nach der Spaltung fällig und daraus Ansprüche gegen sie gerichtlich geltend gemacht sind (vgl. § 133 Abs. 1 Satz 1 und Abs. 3 1. Halbsatz UmwG). **766**

1 Ggf. kann dies bereits den Anspruch auf einen Barausgleich bewirken oder einen Fall einer nicht verhältniswahrenden Spaltung darstellen.
2 Vgl. Geck, 419.
3 Vgl. Gesetzesbegründung zu § 131 Abs. 3 UmwG.
4 Vgl. Sagasser/Bula, 222.
5 Vgl. Dehmer, § 131 UmwG Anm. 105.
6 Vgl. Dehmer, § 131 UmwG Anm. 106.
7 So auch Widmann/Mayer, § 131 UmwG Anm. 220.
8 Vgl. Dehmer, § 131 UmwG Anm. 106f.

Durch diese Regelungen werden alle beteiligten Rechtsträger in einen „Haftungsverbund" einbezogen. Die Gläubiger können die Leistungen nach Belieben von jedem der beteiligten Rechtsträger verlangen, die ihrerseits im Innenverhältnis einen Ausgleich vornehmen können. Die Haftung betrifft jedwede Art von Verbindlichkeiten sowohl aus Vertrag, unerlaubter Handlung als auch öffentlich-rechtlichen Beziehungen.[1] Die Verbindlichkeiten müssen bis zum Zeitpunkt der Eintragung der Verschmelzung entstanden sein. Nicht erfaßt werden Verbindlichkeiten, die einer der übernehmenden Rechtsträger vor Wirksamwerden der Spaltung begründet.[2] Irrelevant ist ebenfalls die Frage, ob die Verbindlichkeit bereits fällig war oder die Höhe des Betrages abzusehen war. Generell ist die gesamtschuldnerische Haftung höhenmäßig unbegrenzt.[3]

767 Die Nachhaftungsbegrenzung gilt für diejenigen Rechtsträger, denen die Verbindlichkeiten nicht zugewiesen wurden. Diese können als Gesamtschuldner nur innerhalb der Verjährungsfrist von 5 Jahren belangt werden, soweit bis dahin die Verbindlichkeit fällig und der daraus begründete Anspruch gerichtlich geltend gemacht wurde (die gerichtliche Geltendmachung entfällt bei öffentlich-rechtlichen Verpflichtungen oder bei schriftlicher Anerkennung durch den Rechtsträger). Der Fristablauf kann gehemmt und unterbrochen werden.[4]

768 Soweit es zu keiner Inanspruchnahme kommt, verbleibt die Passivierung der Verbindlichkeit oder Rückstellung ausschließlich bei dem Rechtsträger, auf den die Verbindlichkeiten spaltweise übergegangen sind. Bei den anderen Rechtsträgern kommt nur eine Anhangangabepflicht in Frage (§ 285 Nr. 3 HGB).[5] Eine Angabe unter der Bilanz gemäß § 251 HGB scheidet dagegen aus, da die Haftung gemäß § 133 UmwG nicht in den abschließenden Katalog der dort bezeichneten Haftungsverhältnisse fällt.[6]

769 Sofern bei einer Kommanditgesellschaft die Auf- oder Abspaltung eine Einlagerückgewähr im Sinne von § 172 Abs. 4 HGB bewirkt, führt dies zu einem Wiederaufleben der persönlichen Haftung.[7]

770 Ergänzt werden die Haftungsbestimmungen durch eine Sondervorschrift bezüglich Versorgungsverpflichtungen für Arbeitnehmer. Führt die Spaltung zur Begründung einer sogenannten „Betriebsaufspaltung",[8] so wird über die gesamtschuldnerische Mithaftung der Anlagegesellschaft über § 133 UmwG hinaus auch eine Mithaftung für solche Forderungen normiert, die binnen 5 Jahren nach Wirksamwerden der Spaltung, z. B. aufgrund von Sozialplänen oder aufgrund einer Versorgungszusage, begründet werden. Andere Haftungsgrundlagen (z. B. konzernrechtlicher Art) bleiben unberührt. Diese gesamtschuldnerische Haftung gilt

1 Vgl. Dehmer, § 133 UmwG Anm. 3.
2 Vgl. Dehmer, § 133 UmwG Anm. 18.
3 Vgl. Dehmer, § 133 UmwG Anm. 7, 10.
4 Vgl. Widmann/Mayer, § 133 UmwG Anm. 43 ff.
5 Vgl. Widmann/Mayer, § 133 UmwG Anm. 16.
6 Vgl. Dehmer, § 133 UmwG Anm. 31.
7 Vgl. Dehmer, § 133 UmwG Anm. 33.
8 Erstmals wird das Institut der Betriebsaufspaltung gesetzlich definiert (§ 134 Abs. 1 UmwG).

auch für vor dem Wirksamwerden der Spaltung begründete Versorgungsverpflichtungen aufgrund des Gesetzes zur Verbesserung der betrieblichen Altersversorgung.

Für die Ansprüche gegen die Anlagegesellschaft (Besitzunternehmen) nach § 134 Abs. 1 und 2 gilt § 133 Abs. 3 bis 5 UmwG entsprechend, mit der Maßgabe, daß die Frist 5 Jahre nach dem in § 133 Abs. 4 Satz 1 UmwG bezeichneten Tag beginnt. Durch diese Formulierung ergibt sich im Ergebnis eine Ausschlußfrist von 10 Jahren, da die Frist des § 134 erst mit Ablauf der ersten Fünfjahresfrist des § 133 Abs. 3 zu laufen beginnt.[1]

d) Spaltung zur Neugründung

Nach der bereits vertrauten Gesetzestechnik wird die Spaltung zur Neugründung weitestgehend durch Verweise geregelt. In einer ersten Verweisebene wird auf die Vorschriften der Spaltung zur Aufnahme, durch den darin wiederum enthaltenen weitergehenden Verweis auf die Verschmelzungsvorschriften in einer zweiten Ebene auf diesen Regelungskreis verwiesen. Daneben sind stets spezielle, rechtsformabhängige Regelungen in den speziellen Teilen zu beachten. **771**

§ 135 UmwG normiert den weitgehenden Verweis sowie die relevanten Ausnahmen. Hierdurch wird die besondere Situation bei der Spaltung zur Neugründung berücksichtigt. Diese charakterisiert sich vor allem dadurch, daß der übernehmende Rechtsträger erst mit Vollendung der Spaltung entsteht. Hierdurch ergeben sich zwangsläufig Beschränkungen hinsichtlich Art und Umfang der Involvierung des neuen Rechtsträgers. Aufgrund der fehlenden Vertretungsorgane des noch nicht existenten Rechtsträgers können diese z. B. die Spaltung nicht zur Anmeldung bringen (§ 129 UmwG). Ebensowenig können die noch nicht berufenen Organe einer Schadensersatzpflicht unterliegen (§ 27 UmwG). Aufgrund der Nichtexistenz des neuen Rechtsträgers kann mit diesem auch noch kein Verschmelzungsvertrag abgeschlossen werden (§ 4 UmwG), der einer Kündigungsregelung zugänglich wäre (§ 7 UmwG). An dessen Stelle tritt daher der Spaltungsplan (§ 136 UmwG). Insgesamt sind damit die Besonderheiten bei Spaltung zur Neuaufnahme selbsterklärend und werden daher nicht detailliert erläutert. Ein Überblick über die Sonderregelungen ergibt nachfolgende tabellarische Übersicht.

Besonderheiten der Spaltung zur Neugründung

772

Abweichende Terminologie: statt übernehmender Rechtsträger:	neue Rechtsträger
statt Eintragung der Spaltung:	Eintragung der neuen Rechtsträger
Besondere Regelungen: § 129 UmwG keine Anmeldung der Spaltung durch Vertretungsorgane übernehmender Rechtsträger	Vertretungsorgane des übernehmenden Rechtsträgers vor Gründung inexistent

1 Vgl. Widmann/Mayer, § 134 UmwG Anm. 95 f.

§ 130 Abs. 2 UmwG Mitteilungspflicht	§ 137 Abs. 3 Mitteilungspflicht Sonderregelung
§ 4 UmwG Verschmelzungsvertrag	Spaltungsplan, da Vertragspartner fehlt § 136 UmwG
§ 7 UmwG Kündigung	entfällt ersatzlos wegen fehlendem Vertrag
§ 16 Abs. 1 UmwG Anmeldung	§ 137 Abs. 1, 2 UmwG Anmeldung nur durch Organe des übertragenden Rechtsträgers
§ 27 UmwG Schadensersatz	vor Existenz keine Haftung durch Organe des übernehmenden Rechtsträgers

Auf die Gründung des neuen Rechtsträgers (übernehmenden Rechtsträger) sind die für die jeweilige Rechtsform des neuen Rechtsträgers geltenden Gründungsvorschriften anzuwenden, soweit das UmwG keine abweichenden, speziellen Regelungen trifft. Als Gründer tritt in diesen Fällen der übertragende Rechtsträger auf. Vorschriften, die für die Gründung eine Mindestanzahl von Gründern vorschreibt, sind daher nicht anzuwenden (vgl. § 135 Abs. 2 UmwG).

Während für die Gründung einer GmbH oder Aktiengesetz nunmehr auch die Ein-Mann-Gründung möglich ist, kann trotz der Sondervorschrift über die Anzahl der Gründungsgesellschafter eine Spaltung auf gewissen Rechtsformen nur Bestand haben, wenn die vom Gründer zu unterscheidende Mindestanzahl der Anteilsinhaber repräsentiert wird. Insbesondere bei Personenhandelsgesellschaften ist hier die Mindestanzahl der Gesellschafter beachtlich.[1]

Wichtige rechtsformspezifische Besonderheiten bei Spaltung:

- Personenhandelsgesellschaften/Partnerschaften

773 Es existieren keine Spezialvorschriften für die Spaltung. Durch den Rückverweis in § 125 auf die §§ 39 bis 45 UmwG bzw. für Partnerschaftsgesellschaften über § 45e Satz 1 UmwG i. V. m. §§ 39 bis 45 UmwG sind die Besonderheiten bei Spaltung erfaßt.[2]

- GmbH

774 Im Fall der Neugründung ist stets ein Sachgründungsbericht erforderlich (§ 138 UmwG).[3] Eine Ausdehnung auf Spaltungen zur Aufnahme ist der gesetzlichen Regelung nicht zu entnehmen.[4] Zur Durchführung der Abspaltung oder Ausgliederung kann eine Herabsetzung des Kapitals in vereinfachter Form vorgenommen werden. Die Abspaltung oder Aus-

1 Vgl. Dehmer, § 135 UmwG Anm. 13.
2 Vgl. Gesetzesbegründung zum 2. Teil der Spaltungsvorschriften – besondere Vorschriften.
3 Vgl. Gesetzesbegründung zu § 138 UmwG.
4 Vgl. Dehmer, § 138 UmwG Anm. 3.

gliederung darf in diesen Fällen erst dann eingetragen werden, wenn die Herabsetzung des Stammkapitals im Register eingetragen wurde (vgl. § 139 UmwG).

– AG, KGaA

Eine AG oder KGaA, die noch nicht 2 Jahre im Register eingetragen ist, kann nicht gespalten werden (vgl. § 141 UmwG). Hierdurch wird Vorsorge getroffen, daß eine Aktiengesellschaft nicht schon in der sogenannten Nachgründungsperiode durch Aufspaltung wieder erlischt oder durch Abspaltung oder Ausgliederung einen großen Teil ihres Vermögens abgibt. Im Hinblick auf die Herabsetzung des Grundkapitals gilt eine wortgleiche Regelung zu § 139 UmwG für die GmbH auch bei der AG/KGaA (§ 145 UmwG). **775**

Daneben sind Besonderheiten zu beachten bei der Spaltung mit Kapitalerhöhung, dem Spaltungsbericht sowie bezüglich der besonderen Unterrichtung über Vermögensveränderungen zwischen dem Abschluß des Vertrages oder der Aufstellung des Entwurfs und dem Zeitpunkt der Beschlußfassung (vgl. §§ 142, 143 UmwG).

Ein Gründungsbericht (§ 32 AktG) und eine Gründungsprüfung (§ 33 Abs. 2 AktG) sind stets erforderlich (vgl. § 144 UmwG).

3. Umwandlung ohne Vermögensübertragung: Formwechsel

a) Umwandlungsbeschluß

Für den Formwechsel ist gemäß § 193 ein Beschluß der Anteilsinhaber des formwechselnden Rechtsträgers (Umwandlungsbeschluß) zwingend erforderlich. Dieser Beschluß kann nur in einer Versammlung der Anteilseigner gefaßt werden. Da an der Umwandlung kein weiterer Rechtsträger beteiligt ist, kann naturgemäß kein Vertrag geschlossen werden. **776**

Der Umwandlungsbeschluß und etwaig erforderliche Zustimmungserklärungen einzelner Anteilsinhaber (vgl. § 193 Abs 2 UmwG) sowie erforderliche Zustimmungserklärungen nicht erschienener Anteilsinhaber müssen notariell beurkundet werden (vgl. § 193 Abs. 3 Satz 1 UmwG).

Die jeweils notwendige qualifizierte Mehrheit ergibt sich aus nachfolgender Übersicht.[1]

1 Vgl. Widmann/Mayer, § 193 UmwG Rz. 31.

777

Rechtsform von/in	**Norm**	**erforderliche (Mindest-)Mehrheit**
PGH — KapG, eG	§ 217 Abs. 1	100 % aller soweit Gesellschaftsvertrag nichts anderes bestimmt
Partnerschaft	§§ 225c, 217 Abs. 1	100 % aller soweit Gesellschaftsvertrag nichts anderes bestimmt
KapG — OHG, GbR	§ 233 Abs. 1	100 % aller
KapG — KG	§ 233 Abs. 2 Sätze 1–2	mind. ¾ soweit Gesellschaftsvertrag nicht strengere Anforderungen stellt
KapG — andere KapG	§§ 240 Abs. 1, 65 Abs. 2	mind. ¾
KapG — eG	§ 252 Abs. 1 § 252 Abs. 2	100 % aller soweit Statut der Genossenschaft Nachschußpflichten vorsieht mind. ¾ soweit Gesellschaftsvertrag nicht strengere Anforderungen stellt
eG — KapG	§ 262 Abs. 1	mind. ¾ bzw. 9/10 soweit Statut nicht strengere Anforderungen stellt
Verein — KapG	§ 275 Abs. 1 § 275 Abs. 2	100 % aller soweit Vereinszweck zugleich geändert wird mind. ¾ bzw. 9/10 soweit Satzung nicht strengere Anforderungen stellt
Verein — eG	§ 284 Satz 1 §§ 284 Satz 2, 275 Abs. 2	100 % aller soweit Vereinszweck zugleich geändert oder Nachschußpflicht der Genossen bestimmt wird mind. ¾ bzw. 9/10 soweit Satzung nicht strengere Anforderungen stellt
VVaG — AG	§ 293	mind. ¾ bzw. 9/10 soweit Satzung nicht strengere Anforderungen stellt

In Parallele zu dem Verschmelzungsvertrag (§ 5 UmwG) regelt § 194 UmwG den Mindestinhalt des Umwandlungsbeschlusses, soweit nicht wegen der Eigenart des formwechselnden Rechtsträgers eine differenzierende Betrachtung in den besonderen Vorschriften erfolgt.[1] Damit enthält die Regelung lediglich die Mindestangabepflichten zuzüglich etwaiger Ergänzungen wie z. B. rechtsformspezifischen Spezialitäten. Weitere deklaratorische oder konstitutive Bestandteile sind möglich.

Folgender Mindestinhalt ist stets notwendig.

aa) Die Rechtsform, die der Rechtsträger durch den Formwechsel erlangen soll (§ 194 Abs. 1 Nr. 1 UmwG)

Es ist die neue Rechtsform zweifelsfrei nach den einschlägigen gesell- **778**
schaftsrechtlichen Vorschriften zu bezeichnen.

bb) Der Name oder die Firma des Rechtsträgers neuer Rechtsform

Aufgrund des Formwechsels in eine neue Rechtsform ist eine uneinge- **779**
schränkte Firmenfortführung nicht möglich (§ 200 UmwG). Bereits wegen der sich ändernden Rechtsformzusätze ist stets eine Angabe notwendig.

cc) Beteiligungsverhältnisse (§ 194 Abs. 1 Nr. 3 UmwG)

Unter dieser Ordnungsziffer sind die seltenen Fälle abzuhandeln, daß ein **780**
Gesellschafter im Rahmen des Formwechsels ausscheidet oder hinzutritt. Diese Besonderheit tritt nur im Hinblick auf den persönlich haftenden Gesellschafter einer KGaA sowie im Hinblick auf einen etwaigen Ausschluß bestimmter Mitglieder eines sich formwechselnden VVaG auf.[2]

dd) Beteiligungsmodalitäten (§ 194 Abs. 1 Nr. 4 UmwG)

Es ist Zahl, Art und Umfang der Anteile oder der Mitgliedschaftsrechte, **781**
welche die Anteilsinhaber durch den Formwechsel erlangen sollen oder die einem beitretenden persönlich haftenden Gesellschafter eingeräumt werden, anzugeben. Hierdurch wird die künftige Beteiligung der Anteilsinhaber qualitativ und quantitativ näher bestimmt [3] Neben der Angabe der gesamten Anzahl ausgegebener Anteile oder Mitgliedschaften ist auch die Art zu bestimmen (z. B. Komplementär-, Kommanditistenstellung, Aktiengattungen etc.). Darüber hinaus sind z B. bei Personengesellschaften die Höhe der einzelnen Kapitalkonten, Hafteinlagen, bei der AG die Nennbeträge, bei der GmbH die Stammeinlage etc. zu beziffern.[4] Enthält der Formwechselbeschluß auch den Wortlaut des künftigen Gesellschaftsvertrags/Satzung/Statut, kann bezüglich der näheren Angaben über die Mitgliedschaftsrechte auf diese Unterlagen Bezug genommen werden.[5]

1 Vgl. Gesetzesbegründung zu § 194 Abs. 1 UmwG.
2 Vgl. Gesetzesbegründung zu § 194 Abs. 1 Nr. 3 UmwG.
3 Vgl. Gesetzesbegründung zu § 194 Abs. 1 Nr. 4 UmwG.
4 Vgl. hierzu Widmann/Mayer, § 194 UmwG Anm. 9 ff.
5 Vgl. Gesetzesbegründung zu § 194 Abs. 1 Nr. 5 UmwG.

ee) Gewährung von Sonderrechten

782 Es hat eine Angabe über Rechte zu erfolgen, die einzelnen Anteilsinhabern sowie Inhabern besonderer Rechte wie Anteile ohne Stimmrecht, Vorzugsaktien, Mehrstimmrechtsaktien, Schuldverschreibungen und Genußrechte in dem neuen Rechtsträger gewährt werden sollen, oder entsprechende Maßnahmen, die für diese Personen vorgesehen sind.

Die Vorschrift dient dem Schutz der Anteilseigner, die nicht in den Genuß von Sonderrechten gelangen (sollen), um die Einhaltung des gesellschaftsrechtlichen Gleichbehandlungsgrundsatzes zu sichern. Folglich müssen keine Vorteile angegeben werden, die allen Gesellschaftern in gleicher Weise gewährt werden.[1] Daneben soll ein Fortbestehen von Sonderrechten in der neuen Rechtsform gesichert oder ein Wegfall wirtschaftlich auszugleichen sein.[2] Es wird darauf hingewiesen, daß gesetzlich kein Anspruch normiert wurde, gleichwohl sich in Verbindung mit § 196 Umwandlungsgesetz ein entsprechender Ausgleichsanspruch ergibt.[3]

Bestimmte Sonderrechte gehen beim Formwechsel in Abhängigkeit von der Zielgesellschaft zwingend unter (z. B. Vetorechte, Mehrstimmrechte, Vinkulierung).[4]

ff) Abfindungsangebot (§ 194 Abs. 1 Nr. 6 UmwG)

783 Soweit nicht die Zustimmung aller Anteilsinhaber notwendig ist oder aber am formwechselnden Rechtsträger nur ein Anteilsinhaber beteiligt ist, muß des weiteren zwingend ein Abfindungsangebot entsprechend den Vorgaben des § 207 ff. UmwG enthalten sein.[5]

gg) Konsequenzen für die Arbeitnehmer und ihre Vertretungen (§ 194 Abs. 1 Nr. 7 UmwG)

784 Im Rahmen des Formwechsels kommt insbesondere Änderungen der Mitbestimmungsregelung große Bedeutung zu. Bei einem Formwechsel in die Personengesellschaft entfällt in aller Regel die Unternehmensmitbestimmung.[6]

Daneben werden Hinweise auf die zukünftige Haftungsverfassung als angaberelevant bezeichnet.[7] Der Entwurf des Umwandlungsbeschlusses ist spätestens einen Monat vor dem Tage der Versammlung der Anteilsinhaber, die den Formwechsel beschließen soll, dem zuständigen Betriebsrat des formwechselnden Rechtsträgers zuzuleiten (§ 194 Abs. 2

1 Vgl. Dehmer, § 194 UmwG Anm. 7.
2 Vgl. Widmann/Mayer, § 194 UmwG Anm. 39.
3 Vgl. Widmann/Mayer, § 194 UmwG Anm. 39.
4 Vgl. Widmann/Mayer, § 194 UmwG Anm. 41.6 ff.
5 Vgl. zu der gesamten Problematik Rz. 670 ff.
6 Vgl. Widmann/Mayer, § 194 UmwG Anm. 49. Detaillierte Darstellung der Auswirkungen des Formwechsels auf die Unternehmensmitbestimmung vgl. Tabelle Widmann/Mayer, § 202 UmwG Anm. 60.
7 Vgl. Widmann/Mayer, § 194 UmwG Anm. 50; a. A. wohl Dehmer, § 194 UmwG Anm. 9, der auf Basis des rechtlichen und wirtschaftlichen Fortbestehens der Unternehmen außerhalb von Mitbestimmungsfragen keine Hinweispflichten erkennt.

UmwG). Existiert kein Betriebsrat, so bedarf es keiner anderweitigen Bekanntmachung gegenüber der Belegschaft (z. B. Mitteilung am „Schwarzen Brett"). In diesem Fall reicht für die Handelsregisteranmeldung die Zusicherung aus, daß ein Betriebsrat nicht besteht.[1]

Rechtsformspezifische Sondervorschriften **785**

Neben den o. g. – rechtsformneutralen – Angabepflichten treten daneben aufgrund des besonderen Teils zum Teil ergänzende Angabepflichten. Vgl. hierzu die nachfolgende Übersicht.[2]

Rechtsform von/in	**Norm**	**Bestimmung**
PHG – KapG, eG	§ 218 Abs. 1, 3	Feststellung des Gesellschaftsvertrags, der Satzung oder des Statuts Vorsehung von mindestens einem Geschäftsanteil pro Genossen
PHG – KGaA	§ 218 Abs. 2	Beteiligung oder Beitritt von mind. einem persönlich haftenden Gesellschafter
Partnerschaft – Kap, eG	§§ 225c, 218 Abs. 1, 3	Feststellung des Gesellschaftsvertrags, der Satzung oder des Statuts Vorsehung von mindestens einem Geschäftsanteil pro Genossen
Partnerschaft – KGaA	§§ 225c, 218 Abs. 2	Beteiligung oder Beitritt von mindestens einem persönlich haftenden Gesellschafter
KapG – PersG	§ 234	Bestimmung des Sitzes; bei Formwechsel in KG Angabe der Kommanditisten und der Hafteinlage
KapG – KapG	§§ 243, 218	Feststellung des Gesellschaftsvertrags bzw. der Satzung unter Übernahme von Sonderbestimmungen zur Kapitalaufbringung
AG/GmbH – KGaA	§§ 243, 218 Abs. 2	Beteiligung oder Beitritt von mind. einem persönlich haftenden Gesellschafter

Eine besondere Stellung nimmt im Hinblick auf die rechtsformspezifischen Vorschriften die gesellschaftsrechtliche Verfassung der neuen Rechtsform ein. Im allgemeinen Teil verlangt das Gesetz die neue Sat-

1 Vgl. Dehmer, § 194 UmwG Anm. 13.
2 Vgl. Widmann/Mayer, § 194 UmwG Anm. 4; hier nur Wiedergabe der Besonderheiten bei Formwechsel zwischen Personen- und Kapitalgesellschaften.

zung nicht als zwingenden Bestandteil des Umwandlungsbeschlusses. Aufgrund der Spezialvorschriften sind Regelungen zum Gesellschaftsvertrag aber letztlich nur beim Formwechsel in eine Personengesellschaft nicht zwingend.[1]

786 In aller Regel wird es sich empfehlen, im Rahmen des Umwandlungsbeschlusses zugleich einen neuen Gesellschaftsvertrag mit zur Grundlage der Beschlußfassung über den Formwechsel zu machen. Nur so ist gesichert, daß zugleich eine neue Unternehmensverfassung verabschiedet wird, um damit unnötigen Streit im nachhinein zu vermeiden. Im Rahmen von nicht einstimmigen Umwandlungsbeschlüssen ist darauf zu achten, ob eine Änderung des Gesellschaftsvertrags eine andere Beschlußmehrheit vorsieht.[2]

b) *Umwandlungsbericht*

787 Ein Umwandlungsbericht ist nicht erforderlich, wenn an dem formwechselnden Rechtsträger nur ein Anteilsinhaber beteiligt ist oder wenn alle Anteilsinhaber mit notariell beurkundeter Erklärung auf die Erstattung verzichten (vgl. § 192 Abs. 3 UmwG).

Wird die Berichtspflicht nicht abbedungen, ist ein ausführlicher schriftlicher Bericht zu erstatten, in dem der Formwechsel und insbesondere die künftige Beteiligung der Anteilsinhaber an dem Rechtsträger rechtlich und wirtschaftlich erläutert und begründet wird. Daneben muß ein Entwurf des Umwandlungsbeschlusses enthalten sein und eine Vermögensaufstellung beigefügt werden, die den wirklichen Wert der Vermögensgegenstände aufzeigt. Aufgrund der rechtsformspezifischen Sondervorschriften ist regelmäßig auch ein Entwurf des Gesellschaftsvertrages, der Satzung oder des Statuts des neuen Rechtsträgers beizulegen.

Braucht kein Umwandlungsbericht erstellt zu werden, sind auch alle vorgenannten zusätzlichen Dokumente insoweit nicht zu erstellen. Lediglich der Entwurf des Umwandlungsbeschlusses ist im Falle der Existenz eines Betriebrats zwingend, um die gemäß § 194 Abs. 2 Umwandlungsgesetz bestehende Informationsfrist einhalten zu können.[3]

Der Umwandlungsbericht ist durch das jeweilige zur rechtsgeschäftlichen Vertretung befugte Organ zu erstellen. Der Bericht ist stets schriftlich zu erstatten. Er muß ausführlich sein. Es muß eine rechtliche und wirtschaftliche Erläuterung und Begründung im Hinblick auf die künftige Beteiligung der Anteilsinhaber erfolgen. Da in der Regel die Beteiligungshöhe unverändert bleibt, werden hierdurch vorrangig qualitative Unterschiede in der Beteiligung angesprochen. Auch Hinweise auf eine abweichende steuerliche Behandlung nach Formwechsel erscheinen zwingend notwendig (z. B. Wechsel von einer nicht wesentlichen, nicht steuerverhafteten Beteiligung – § 17 EStG – in eine steuerlich beachtliche Mitunternehmerstellung (§ 15, 16 EStG). Allgemeine Ausführungen sind nicht hilfreich. Es muß auf die jeweiligen rechtsformspezifischen Be-

1 Vgl. Widmann/Mayer, § 194 UmwG Anm. 58.
2 Vgl. hierzu insgesamt Widmann/Mayer, § 194 UmwG Anm. 59 ff.
3 Vgl. Widmann/Mayer, § 192 UmwG Anm. 27.

sonderheiten konkret eingegangen werden. Es sind alle relevanten Tatsachen und alle beurteilungserheblichen Informationen offenzulegen, so daß der Anteilsinhaber die Möglichkeit einer Plausibilitätskontrolle erhält und die erwarteten möglichen Vorteile, Nachteile und Risiken abschätzen kann. Der Umwandlungsbericht muß daher mit großer Sorgfalt erstellt werden. Ohne Weitschweifigkeit muß eine umfassende Information sichergestellt werden. Ein relativ unbedeutender Fehler kann bei rechtzeitigem Vorgehen durch die Anteilseigner aufgrund einer Unwirksamkeitsklage den gesamten Formwechsel blockieren.[1]

Soweit keine der Ausnahmen zur Anwendung gelangt, muß des weiteren die Vermögensaufstellung erfolgen. Diese muß die Aufdeckung aller stillen Reserven berücksichtigen. Dem Anteilseigner soll hierdurch die Information zugeleitet werden, die aufgrund der bei den anderen Umwandlungsformen vorgesehenen Prüfung im Rahmen des Formwechsels nicht gegeben ist. Des weiteren wird eine Informationsfunktion für das Registergericht gesehen. Es sind alle bislang bilanzierten und nicht bilanzierten Vermögensgegenstände mit ihrem wahren Wert zu berücksichtigen. Aufgrund der Fortsetzung des Unternehmens sind keine Zerschlagungswerte anzusetzen (sogenanntes „going concern"). In Abgrenzung zum Liquidationswert wird der sich ergebende Wert daher auch als Substanzwert bezeichnet.[2] Tatsächlich kann es sich hierbei jedoch nur um den Verkehrswert handeln.[3]

c) *Prüfung des Formwechsels*

Auf den Formwechsel sind die für die neue Rechtsform geltenden Gründungsvorschriften anzuwenden, soweit sich aus den speziellen Bestimmungen zu den einzelnen Rechtsformen nichts anderes ergibt (§ 197 UmwG). Dementsprechend haben z. B. Gründungsprüfungen bei Formwechsel in eine GmbH, AG oder KGaA zu erfolgen (§ 220 Abs. 2, 3 UmwG). **788**

Eine Prüfung des Formwechsels selbst analog der Verschmelzungsprüfung gemäß den §§ 9 bis 11 UmwG erfolgt dagegen nicht.

Vorschriften, die für die Gründung eine Mindestzahl der Gründer vorschreiben, sowie die Vorschriften über die Bildung und Zusammensetzung des ersten Aufsichtsrats sind nicht anzuwenden (vgl. § 197 Satz 2 UmwG).

d) *Anmeldung des Formwechsels*

Die durch Formwechsel erreichte Rechtsform ist zur Eintragung in das Register, in dem der formwechselnde Rechtsträger eingetragen ist, anzumelden (vgl. § 198 Abs. 1 UmwG). Hierdurch wird der Grundfall beschrieben, daß ein Rechtsträger durch Formwechsel „maximal" die Abteilung innerhalb desselben Handelsregisters „wechselt". Gegenstand der Anmeldung ist die neue Rechtsform des Rechtsträgers, nicht mehr **789**

1 Vgl. Dehmer, § 192 UmwG Anm. 7 ff., 24.
2 Vgl. Widmann/Mayer, § 192 UmwG Anm. 57.
3 Vgl. Dehmer, § 192 UmwG Anm. 18.

der Umwandlungsbeschluß als solcher wie im alten Recht. Die Niederschrift des Umwandlungsbeschlusses soll der Anmeldung lediglich als Anlage noch beigefügt werden.

Ein Sonderfall tritt ein, wenn durch den Formwechsel eine nicht mehr registerfähige Rechtsform angenommen wird. In diesem Fall kann nur noch ein entsprechender Vermerk im Handelsregister der „alten" Rechtsform erfolgen. Beim Formwechsel einer Kapitalgesellschaft in eine GbR ist statt der neuen Rechtsform die Umwandlung der Gesellschaft zur Eintragung in das Register, in dem die formwechselnde Gesellschaft eingetragen ist, anzumelden (vgl. § 235 Abs. 1 UmwG).

War der formwechselnde Rechtsträger bislang nicht in einem Register eingetragen (wirtschaftliche Vereine), so ist der Rechtsträger neuer Rechtsform bei dem zuständigen Gericht zur Eintragung in das für die neue Rechtsform maßgebende Register anzumelden (vgl. § 198 Abs. 2 Satz 1).

Wird der neue Rechtsträger in ein anderes Register eingetragen (Formwechsel z. B. einer Kapitalgesellschaft in eine Genossenschaft) oder wechselt durch eine Sitzverlegung im Rahmen des Formwechsels die Zuständigkeit des Registers, so ist statt der neuen Rechtsform oder des Umwandlungsbeschlusses der Rechtsträger als solcher zur Eintragung in das nunmehr maßgebende Register anzumelden. Zuständig ist das Gericht, in dessen Register der Rechtsträger wegen des Formwechsels oder der damit verbundenen Sitzverlegung übernommen werden muß. Kommt es zu einer Sitzverlegung, ist daneben eine Anmeldung in dem Register der „alten Rechtsform" vorzunehmen. Dabei ist die Eintragung mit dem Vermerk zu versehen, daß die Umwandlung erst mit Eintragung des Rechtsträgers neuer Rechtsform in das hierfür maßgebliche Register wirksam wird. Die Eintragung der neuen Rechtsform darf erst eingetragen werden, wenn die entsprechenden Eintragungen bei dem alten Register erfolgten (vgl. § 198 Abs. 2 UmwG).

Der Anmeldung sind folgende Anlagen beizufügen (vgl. § 199 UmwG):

- Niederschrift des Umwandlungsbeschlusses (in Ausfertigung oder öffentlich beglaubigter Abschrift),
- gegebenenfalls notwendige Zustimmungserklärungen einzelner Gesellschafter,
- Zustimmungserklärungen nicht erschienener Anteilsinhaber,
- der Umwandlungsbericht oder die Erklärung über den Verzicht auf seine Erstellung,
- Nachweis über die fristgerechte Information des Betriebsrats,
- gegebenenfalls die Genehmigungsurkunde bezüglich einer staatlichen Genehmigung,
- Nachweis der Voreintragung gem. § 198 Abs. 2 Satz 3 und 4 UmwG.

Im Gegensatz zu den Umwandlungsformen mit Übergang des Vermögens ist eine handelsrechtliche Schlußbilanz entsprechend § 17 UmwG nicht beizulegen. Ist eine notarielle Beurkundung vorgesehen, sind die Anlagen in Ausfertigung oder beglaubigter Abschrift beizufügen. Rechtsformabhängig (§ 214 UmwG) sind die Niederschrift des Umwandlungsbeschlusses, die Zustimmungserklärungen sowie etwaig abgegebene Verzichtserklärungen in Ausfertigung (§§ 47, 49 BeurkG) oder beglaubigter Abschrift (§ 42 BeurkG) vorzulegen.[1] Alle anderen Unterlagen können in Urschrift oder Abschrift eingereicht werden. Um Beweiszweifel auszuräumen, empfiehlt sich stets eine beglaubigte Abschrift. Das Gericht kann seinerseits eine Beglaubigung verlangen (§ 12 FGG).

Grundsätzlich sind die Anlagen mit der Anmeldung einzureichen. Bei Unterlassen hat das Registergericht unter Fristsetzung zur Nachreichung aufzufordern (Zwischenverfügung).[2]

Die rechtsformspezifischen Sondervorschriften hinsichtlich der Anlagen ergeben sich z. B. aus der Übersicht bei Widmann/Mayer.[3]

e) Eintragung und Bekanntmachung des Formwechsels

Das für die Anmeldung der neuen Rechtsform oder des Rechtsträgers **790**
neuer Rechtsform zuständige Gericht hat die Eintragung der neuen Rechtsform oder des Rechtsträgers neuer Rechtsform durch den Bundesanzeiger und durch mindestens ein anderes Blatt ihrem ganzen Inhalt nach bekanntzumachen. Mit dem Ablauf des Tages, an dem das letzte der die Bekanntmachung enthaltenden Blätter erschienen ist, gilt die Bekanntmachung als erfolgt (vgl. § 201 UmwG).

f) Wirkungen der Eintragung

Durch den konstitutiv wirkenden Eintragungsakt ändert sich die Rechts- **791**
form des Unternehmens ohne Vermögensübertragung. Der Rechtsträger besteht in der neuen Rechtsform weiter (vgl. § 202 Abs. 1 Nr. 1 UmwG).

Die konstitutive Wirkung der Eintragung erfolgt mit der Eintragung in das Register der neuen Rechtsform (§ 202 Abs. 2 UmwG).

Die Anteilsinhaber sind nunmehr an dem Rechtsträger neuer Rechtsform nach den hierfür geltenden Vorschriften beteiligt (vgl. § 202 Abs. 1 Nr. 2 UmwG). Hierdurch wird die Kontinuität der Mitgliedschaft festgeschrieben. Nur in Sonderfällen kommt ein Ausscheiden oder Hinzutreten in Frage (KGaA, VVaG). Rechte Dritter an den Anteilen oder Mitgliedschaften des formwechselnden Rechtsträgers bestehen an den an ihre Stelle tretenden Anteilen oder Mitgliedschaften des Rechtsträgers neuer Rechtsform weiter (vgl. § 202 Abs. 1 Nr. 2 Satz 2 UmwG). Etwaige Mängel der notariellen Beurkundung des Umwandlungsbeschlusses und gegebenenfalls erforderliche Zustimmungs- oder Verzichtserklärungen einzelner Anteilsinhaber werden mit der Eintragung geheilt (vgl. § 202 Abs. 1 Nr. 3 UmwG).

Mängel des Formwechsels lassen die Wirkungen der Eintragung der neuen Rechtsform unberührt (vgl. § 202 Abs. 3 UmwG). Durch diese Einschränkung der Nichtigkeit sollen gesellschaftsrechtliche Akte möglichst erhalten werden, da eine Rückabwicklung besondere Schwierigkeiten

1 Vgl. Widmann/Mayer, § 199 UmwG Anm. 1, 2; Dehmer, § 199 UmwG Anm. 2, 3.
2 Vgl. Dehmer, § 199 UmwG Anm. 4.
3 § 199 UmwG Anm. 5 ff.

auslösen dürfte.[1] Damit hindern auch schwerwiegende Mängel den Rechtsformwechsel nicht. Aufgrund der fehlenden Umkehrbarkeit wächst entsprechend das Risiko der Organe des formwechselnden Rechtsträgers, zu Schadenersatz herangezogen zu werden (§§ 205, 206 UmwG).[2]

g) Firma

792 Aufgrund der Beibehaltung der wirtschaftlichen Identität gilt der Grundsatz der Kontinuität der Firma. Der Rechtsträger neuer Rechtsform darf seine bisher geführte Firma beibehalten, soweit sich aus den nachfolgenden Spezialitäten nichts anderes ergibt.[3] Zusätzliche Hinweise, die auf die „alte Rechtsform" hinweisen, sind unzulässig.

Aufgrund der generellen Liberalisierung des handelsrechtlichen Firmenrechts durch das Handelsrechtsreformgesetz mußte entsprechend der Änderungen im Zusammenhang des für Verschmelzungen geltenden § 18 UmwG (vgl. Rz. 718) auch die entsprechende Vorschrift für Formwechsel (§ 200 UmwG) an die Neuregelungen angepaßt werden.

Demgemäß dürfen nunmehr ab 1.7.1998 bei Formwechsel auf eine Personenhandelsgesellschaft auch reine Sachfirmen fortgeführt werden, ebenso sind Personennamen in der Firma einer eingetragenen Genossenschaft jetzt zulässig (reine Sachfirma der eG).[4]

Generell sind die Rechtsformzusätze der neuen Rechtsform zu beachten (z. B. AG, KGaA, eG).

Darüber hinaus sind in § 200 Abs. 4 UmwG für Partnerschaften (Zulässigkeit eines Formwechsels nach dem UmwG ab 1.8.1998 – §§ 225a–225c UmwG – durch das Gesetz zur Änderung des Umwandungsgesetzes, des Patnerschaftsgesetzes und anderer Gesetze) weitere Voraussetzungen festgeschrieben.

Entsteht durch den Formwechsel eine Gesellschaft des bürgerlichen Rechts erlischt die Firma der formwechselnden Gesellschaft. Die GbR darf keine Firma führen (vgl. § 200 Abs. 5 UmwG).

IV. Umwandlungssteuerrecht

1. Überblick über die neuen steuerlichen Regelungen des Umwandlungssteuerrechts

a) Wesentliche Änderungen

793 Die mit Wirkung zum 1.1.1995 erfolgte Reform des Umwandlungsgesetzes machte auch eine Anpassung der steuerrechtlichen Vorschriften erforderlich, da das Umwandlungssteuerrecht in wesentlichen Teilen an die gesellschaftsrechtlichen Bestimmungen des Umwandlungsgesetzes anknüpft.

1 Vgl. Gesetzesbegründung zu § 202 Abs. 3 UmwG.
2 Vgl. Dehmer, § 202 UmwG Anm. 11.
3 Vgl. § 200 Abs. 1 Satz 1 UmwG, § 18 Abs. 1 Satz 2 und 3 UmwG ist entsprechend anzuwenden.
4 Vgl. § 200 Abs. 1 Satz 2 UmwG, Verweis auf § 18 Abs. 1 Satz 2 und 3 UmwG.

Die gesellschaftsrechtlich nun umfangreich eingeräumten Umstrukturierungsmöglichkeiten sollen – soweit möglich – nicht durch negative steuerliche Folgen behindert werden.[1]

Das Umwandlungssteuergesetz 1995 stellt damit im Ergebnis ein Annex-Gesetz zu den gesellschaftsrechtlichen Regelungen dar. Entsprechend sollte auch jede Auslegung des neuen Umwandlungssteuerrechts berücksichtigen, daß hiermit eine möglichst weitgehende steuerneutrale Umwandlung gewährleistet werden soll, um somit den gesetzgeberischen Intentionen möglichst nahe zu kommen, also Umstrukturierungen nicht nur aus Zivil-, sondern auch aus steuerrechtlicher Sicht möglichst problemlos und ohne negative Konsequenzen zuzulassen.

Das alte Umwandlungssteuergesetz wies erhebliche Mängel auf.

Es hatte als Umwandlungs- und Spaltungsbremse fungiert.

So fehlte eine Vorschrift, die eine steuerneutrale Umwandlung von Kapitalgesellschaften in Personengesellschaften erlaubte. Ferner gingen generell keine Verlustvorträge über.

Weiterhin bestand keine gesetzliche Regelung der Spaltung. Lediglich im Rahmen eines Erlasses[2] wurde aus Billigkeitsgründen unter bestimmten Voraussetzungen eine steuerneutrale Spaltung zugelassen.

Darüber hinaus kam es zu einer Erwerbsfiktion bezüglich übergehender Wirtschaftsgüter. Damit zusammenhängende, an Mindestbesitzzeiten oder an den Neuerwerb geknüpfte Vergünstigungen gingen verloren. Auch griff regelmäßig keine Freistellung von der Grunderwerbsteuer.

In bezug auf diese Kernpunkte der Kritik am alten Umwandlungssteuerrecht kann im Vergleich dazu dem nunmehr geltenden Recht bescheinigt werden, daß hierdurch deutliche Verbesserungen eingetreten sind.

Es besteht jetzt die Möglichkeit der weitgehend steuerneutralen Überführung von Kapitalgesellschaften in Personengesellschaften mittels Buchwertfortführung. Insbesondere aufgrund der Sonderregelung des § 50c EStG, aber auch wegen der Vollausschüttungsfiktion bei einem Vermögensübergang auf Personengesellschaften wird systembedingt jedoch nicht in jedem Fall eine volle Steuerneutralität gewährleistet.

Erstmals erfolgt im Rahmen des Umwandlungssteuergesetzes 1995 eine gesetzliche Regelung der steuerlichen Behandlung von Spaltungen. Auch hierbei wird der Grundsatz der Steuerneutralität weitgehend beachtet. Kritisch anzumerken ist in diesem Zusammenhang jedoch die

1 Gesetz zur Änderung des Umwandlungssteuerrechts vom 24.10.1994, BStBl I 1994, 839, geändert durch das JStG 1996 (BGBl. I 1995, 1250), JStErgG 1996 (BGBl. I 1995, 1959), JStG 1997 (BGBl. I 1996, 2049), Gesetz zur Fortsetzung der Unternehmensreform (BGBl. I 1997, 2590), Gesetz zur Finanzierung eines zusätzlichen Bundeszuschusses zur gesetzlichen Rentenversicherung (BGBl. I 1997, 3121) und das Stückaktiengesetz (BGBl. I 1998, 590). Die Änderungen der zuvor aufgezählten Gesetze sind – sofern erwähnenswert – bei den nachführenden Ausführungen berücksichtigt. Einschneidende Änderungen hat es insbesondere durch das Gesetz zur Fortsetzung der Unternehmenssteuerreform gegeben. Auf anstehende Steueränderungen (Steuerentlastungsgesetz 1999/2000/2002) für das Jahr 1999 wird jeweils gesondert kurz hingewiesen.

2 BMF v. 9.1.1992 DB 1992, 65.

Zusammenballung von detaillierten und umfangreichen Voraussetzungen sowie Mißbrauchsregelungen, die die praktische Anwendbarkeit der Spaltungsvorschriften zumindest behindert bzw. stark einschränkt und bei börsennotierten Gesellschaften faktisch ausschließt. Beachtenswert in diesem Zusammenhang ist die Tatsache, daß nur die Auf- und Abspaltung auch steuerrechtlich als Spaltung gewertet werden (§ 15 UmwStG), die Ausgliederung dagegen als Einbringung i. S. d. § 20 UmwStG qualifiziert.

Ebenfalls ein Novum stellt die Bestimmung dar, nach der bei der Verschmelzung, Aufspaltung oder Abspaltung von Kapitalgesellschaften auf Kapitalgesellschaften Verlustvorträge nunmehr grundsätzlich übergehen. Die Details der Regelungen zeigen allerdings auch hier, daß aufgrund der restriktiven Bedingungen[1] die praktische Reichweite stark eingeschränkt ist.[2]

Verlustvorträge gehen generell nicht im Fall des Vermögensübergangs von Kapitalgesellschaften auf Personenunternehmen über. Hier ist lediglich eine „Generierung“ von Aufstockungspotential durch Übernahmeverlust möglich. Aufgrund dieser Technik fungiert der Vermögensübergang nunmehr als das „optimierte Kombinationsmodell“ nach Unternehmenserwerben. Da dieser Übernahmeverlust jedoch nicht in unmittelbarem Zusammenhang mit der Höhe eines untergehenden Verlustvortrages steht, sondern die Differenz zwischen den Anschaffungskosten der Beteiligung und dem Wert des (positiven) übergehenden Vermögens repräsentiert, kommt es damit nicht immer zu einem entsprechenden Ausgleichsmechanismus. Verlustvorträge gehen letztlich regelmäßig effektiv unter. Soweit das übergehende Betriebsvermögen negativ ist, wird selbst dieser Betrag nicht in die Berechnung des Übernahmeerfolgs einbezogen.

Weiterhin ist zu begrüßen, daß die Erwerbsfiktion regelmäßig entfällt. Die Übernehmerin tritt grundsätzlich in die Rechtsposition des Rechtsvorgängers ein, nachteilige steuerliche Folgen durch Umwandlung werden insofern in Zukunft vermieden.

Im Rahmen der Einbringung erfolgte keine materielle Neuregelung. Lediglich die §§ 20–23 UmwStG wurden neu strukturiert. Hierdurch erfolgte eine Entzerrung der national (§ 20–22 UmwStG) und im EU-Bereich (§ 23 UmwStG) anzuwendenden Vorschriften.

Insgesamt kann festgestellt werden, daß im Gegensatz zu dem bis zum 31.12.1994 geltenden Recht eine weitgehend gleiche Behandlung aller Umwandlungsformen dahingehend gelungen ist, als die Buchwertfortführung nun den allgemeinen nicht (mehr) antragsgebundenen Grundsatz für Umwandlungsvorgänge darstellt, der Eintritt in die Rechtspositionen des Rechtsvorgängers weitgehend einheitlich geregelt ist, als

1 Zuletzt verschärft durch das Gesetz zur Fortsetzung der Unternehmensteuerreform vom 29.10.1997, BStBl I 1997, 928, sowie Gesetz zur Finanzierung eines zusätzlichen Bundeszuschusses zur gesetzlichen Rentenversicherung vom 19.12.1997, BStBl 1998, 7.

2 Vgl. zu den jüngsten Verschärfungen z. B. Füger/Rieger, DStR 1997, 1427ff; Blumers/Beinert, BB 1997, 1880; Wochinger/Rödder, FR 1998, 129; Schulze zur Wiesche, DStZ 1998, 413; Olbing, Stbg 1998, 111; Cattelaens, DB 1997, 2294.

auch einheitliche Rückwirkungsfristen (acht Monate) dem Gesetz eigen sind (auch in Einbringungsfällen in Personengesellschaften in Fällen der Gesamtrechtsnachfolge).

Es bleibt allerdings zu beachten, daß das Umwandlungssteuerrecht vorrangig ein Umwandlungs„ertrags"steuerrecht darstellt. In der Hauptsache wird die Einkommen-, Körperschaft- und gewerbesteuerliche Behandlung normiert. Im Bereich der Rückwirkungsfiktion findet zusätzlich auch eine Beachtung der Substanzbesteuerung statt, nicht jedoch der Erbschaftsteuer. Ebenfalls nicht erfaßt wird die Umsatzsteuer. Hier kann es nur im Rahmen des § 1 Abs. 1a UStG zu einer Nichtsteuerbarkeit kommen. Soweit eine Umsatzsteuerpflicht entsteht, führt diese zwar häufig, aber nicht immer, zu keiner Effektivbelastung. Allerdings gehen auch hiermit regelmäßig erhebliche Ermittlungs- und Deklarationsarbeiten einher, so daß zumindest insoweit auch die Umsatzsteuer eine Belastungswirkung entfaltet.

Eine weitere u. U. erhebliche Belastung bewirkt die Grunderwerbsteuer. Insbesondere bei Umstrukturierungsfällen innerhalb eines Konzerns, d.h. ohne daß die rechtliche Zuständigkeit für Grundstücke „tatsächlich" wechselt, kommt es hier regelmäßig zu einer steuerlichen Zusatzbelastung.[1] Hierdurch wird die ertragsteuerlich gegebene Neutralität und dadurch gegebene Erleichterung von Umwandlungsprozessen deutlich eingeschränkt. Die ertragsteuerliche Freistellung und parallele Erhebung von Grunderwerbsteuer stellt einen steuerpolitischen Anachronismus resultierend aus dem historisch gewachsenen Steuerartenkonglomerat des deutschen Steuerrechts dar. Durch die Anhebung des Grunderwerbsteuersatzes auf 3,5 % durch das JStG 1997 für Erwerbsvorgänge nach dem 31.12.1996 wurde der Zustand noch verstärkt.

Nur im Rahmen des Formwechsels ist nach neuem Recht keine Grunderwerbsteuerpflicht mehr gegeben.[2]

Neben den durch das Umwandlungssteuergesetz eröffneten Möglichkeiten der steuerneutralen Umstrukturierung soll jedoch nicht übersehen werden, daß auch außerhalb des Regelungsbereiches dieses Gesetzes Umstrukturierungen möglich sind. Hierbei kann man entweder bewußt auf die Anwendung des Umwandlungssteuerrechts verzichten, um Realisationstatbestände herbeizuführen (z. B. im Rahmen sonst untergehender Verlustvorträge), oder aber man bedient sich anderer Rechtsinstitute, die auch außerhalb des Umwandlungssteuergesetzes bislang steuerneutrale Umstrukturierungen zulassen. Hier wäre zum Beispiel die mögliche Buchwertübertragung vom Besitz- auf das Betriebsunternehmen im Rahmen der Betriebsaufspaltung zu nennen,[3] die steuerneutralen Übertragungsmöglichkeiten im Rahmen des Mitunternehmererlasses,[4] die steuerneutrale Realteilung[5] oder aber auch die

1 Vgl. Boochs, UVR 1997, 36.
2 Vgl. BFH v. 4.12.1996, BStBl II 1997, 661.
3 BMF-Schreiben v. 22.1.1985, BStBl I 1985, 97.
4 Vgl. BMF-Schreiben v. 20.12.1977, BStBl II 1978, 8.
5 Vgl. BFH v. 19.1.1982, BStBl II 1982, 456; BFH v. 10.12.1991, BStBl II 1992, 385; BMF-Schreiben v. 11.8.1994, BStBl I 1994, 601; BMF-Schreiben vom 25.3.1998 (BStBl I, 268) – Umwandssteuererlaß (UmwStE), hier Tz. 24.18.

Anwendung des Tauschgutachtens.[1] Alle diese Instrumente sollen ab 1999 entfallen (vgl. Entwurf zum Steuerentlastungsgesetz 1999/2000/2002 – BT-Drucks. 14/23). Nach Ansicht der Finanzverwaltung ist dessen Anwendungsbereich allerdings mit Inkrafttreten des neuen Rechts auf Fälle beschränkt, die nicht durch das Umwandlungssteuergesetz abgedeckt werden. Bei Bejahung dieser Rechtsansicht fehlt für den Anwendungsbereich des Tauschgutachtens damit der Charakter eines Wahlrechts. Vielmehr wäre insofern entweder nur das Umwandlungssteuerrecht oder nur das Tauschgutachten anwendbar. Zur Anwachsung vgl. Rz. 636 ff.

b) Zuordnung handelsrechtlicher Umwandlungstatbestände zu steuerlichen Regelungen

794 Das Umwandlungsrecht hat eine sehr klare, einfache Gliederung in die vier Umwandlungsarten erfahren: Verschmelzung, Spaltung, Vermögensübertragung und Formwechsel. Problematisch ist die Tatsache, daß im Gegensatz zum Handelsrecht kein völlig neu formuliertes Umwandlungssteuergesetz vorliegt. Statt dessen sind Änderungen, Erweiterungen und Einfügungen in das Umwandlungssteuergesetz 1977 getreten. Als Konsequenz daraus ergibt sich eine Weiterführung der bisherigen steuerlichen Gesetzessystematik, woraus ein Auseinanderfallen in Aufbau- und Regelungsumfang zwischen dem neuen Umwandlungsgesetz und dem neuen Umwandlungssteuergesetz resultiert.

Dabei ist jedoch auch zu bedenken, daß allein durch die auseinanderfallenden Zielsetzungen und prinzipiellen Wertungen von Handels- und Steuerrecht insgesamt inhaltliche Abweichungen nicht zu vermeiden waren. Insbesondere die steuerlich völlig differierende Behandlung von Personen- und Kapitalgesellschaften führen zu abweichenden Strukturen. Auch sind besondere steuerliche Hemmnisse beachtlich (z. B. die Teilbetriebsvoraussetzung bei Spaltungen, Mindesthaltefristen oder auch andere Mißbrauchsklauseln, z. B. in Zusammenhang mit einem Verlustübergang).

Ein weiterer wichtiger struktureller Unterschied zum neuen Umwandlungsgesetz stellt die Tatsache dar, daß es auch weiterhin bei einer Auslagerung von Vorschriften des Umwandlungssteuerrechts im Körperschaftsteuergesetz bleibt. Die Eigenkapitalgliederung bei Verschmelzung und Spaltung bleibt weiterhin in Zukunft in § 38 und § 38a KStG geregelt.

Aus den oben genannten Gründen (lediglich Modifizierung des Umwandlungssteuergesetzes 1977, Systemunterschiede und andere Zielsetzungen des Steuergesetzes) folgt das Umwandlungssteuergesetz der handelsrechtlichen Systematik nicht. Die Gliederung des Umwandlungssteuergesetzes läßt, wie nachfolgend dargestellt, die einfache und klare Systematik des Umwandlungsgesetzes vermissen.

1 Vgl. BMF-Schreiben v. 9.2.1998, BStBl I 1998, 163.

Gliederung des Umwandlungssteuergesetzes 1995

1. Teil: Allgemeine Vorschriften des zweiten bis siebten Teils 795

2. Teil: Vermögensübertragung auf eine Personengesellschaft oder eine natürliche Person

3. Teil: Verschmelzung auf eine andere Körperschaft

4. Teil: Formwechsel einer Kapitalgesellschaft und einer Genossenschaft in eine Personengesellschaft

5. Teil: Aufspaltung, Abspaltung und Teilübertragung

6. Teil: Barabfindung des Minderheitsgesellschafters

7. Teil: Gewerbesteuer

8. Teil: Einbringung eines Betriebs, Teilbetriebs oder Mitunternehmeranteils in eine Kapitalgesellschaft

9. Teil: Einbringung eines Betriebs, Teilbetriebs oder Mitunternehmeranteils in eine Personengesellschaft

10. Teil Formwechsel einer Personengesellschaft in eine Kapitalgesellschaft

11. Teil: Verhinderung von Mißbräuchen

12. Teil: Übergangs- und Schlußvorschriften

Systematisiert man die Arten der steuerlichen Behandlung von Umwandlungsvorgängen, zeigen sich deutliche Abweichungen vom Handelsrecht.

Grundstruktur der steuerlichen Behandlung von Umwandlungsvorgängen

1. Vermögensübergang von Kapitalgesellschaften auf Personenunternehmen oder natürliche Personen (steuerliche Konsequenzen neu geregelt) 796
   (§§ 2; 3–10; 14; 16; 17; 18)
2. Verschmelzung von Kapitalgesellschaften
   (§§ 2; 11–13; 17; 19)
3. Spaltung von Kapitalgesellschaften (erstmals geregelt)
   (§§ 2; 15; 17; 19)
4. Einbringung in Kapitalgesellschaften, national, Europäische Union
   (§§ 20–23, 25)
5. Einbringung in Personengesellschaften
   (§ 24)
6. Vermögensübertragung[1]
   (§§ 2; 11–13; 17, 19; oder 15; 17; 19)

1 Wegen der eingeschränkten Bedeutung wird auf die Vermögensübertragung nicht weiter eingegangen.

Maßgebend für die umwandlungssteuerliche Behandlung eines Rechtsträgers ist grundsätzlich dessen zivilrechtliche Rechtsform.[1]

Für die Frage, ob eine Umwandlung i. S. d. § 1 UmwG vorliegt, ist regelmäßig von der registerrechtlichen Entscheidung auszugehen.[2]

797 Im Rahmen einer Matrixdarstellung ergibt sich damit folgendes Bild:

Von \ In	Umwandlungsform	Personengesellschaft §§ UmwStG 1995	Kapitalgesellschaft §§ UmwStG 1995
Kapitalgesellschaft	Verschmelzung	2, 3–10, 17, 18	2, 11–13, 17, 19
	Spaltung – Aufspaltung – Abspaltung – Ausgliederung	 2, 16, 3–10, 15, 17, 18 2, 16, 3–10, 15, 17, 18 24	 2, 15, 11–13, 17, 19 15, 11–13, 19 20–23
	Formwechsel	14, 3–10, 17, 18	Stl. irrelevant
Personengesellschaft	Verschmelzung	24	20–23
	Spaltung – Aufspaltung – Abspaltung – Ausgliederung	 24 24 24	 20–23 20–23 20–23
	Formwechsel	Stl. irrelevant	25, 20–23

c) Erstmalige Anwendung des neuen Rechts

798 Auch im Rahmen der zeitlichen Anwendungsvorschriften wird die Annexfunktion des Umwandlungssteuerrechts deutlich. Gemäß § 27 UmwStG ist das Umwandlungssteuergesetz 1995 erstmals auf den Übergang von Vermögen anzuwenden, der auf Rechtsakten beruht, die nach dem 31. Dezember 1994 wirksam werden. Das Umwandlungssteuergesetz 1977 ist letztmals auf den Übergang von Vermögen anzuwenden, der auf Rechtsakten beruht, die vor dem 1.1.1995 wirksam werden.

Die besondere Brisanz dieser Übergangsvorschrift ergibt sich aus der nichtkompatiblen Bestimmung des § 318 UmwG; vgl. auch Rz. 640. Hierin wird bestimmt, daß die Vorschriften des Umwandlungsgesetzes 1995 nicht auf solche Umwandlungen anzuwenden sind, zu deren Vorbereitung bereits vor dem 1.1.1995 ein Vertrag oder eine Erklärung beurkundet oder notariell beglaubigt oder eine Versammlung der Anteilsinhaber einberufen worden ist. Für diese Umwandlungen bleibt es bei der Anwendung der bis zu diesem Tage geltenden Vorschriften.

1 Vgl. Tz. 1.04 UmwStE, der deshalb auch eine GmbH & atypisch Still als Kapitalgesellschaft qualifizieren will. U. E. ist diesbzgl. auf die steuerliche Qualifikation als Mitunternehmerschaft abzustellen; so wohl auch Thiel/Eversberg/van Lishaut/Neumann, GmbHR 1998, 397, 399; vgl. auch Dehmer, Erläuterung zu Tz. 01.04 UmwStE.

2 Vgl. Tz. 1.07 UmwStE; vgl. hierzu auch Thiel/Eversberg/van Lishaut/Neumann, GmbHR 1998, 397, 399.

Damit ist evident, daß der Wortlaut des § 27 UmwStG auf den Zeitpunkt des Wirksamwerdens der Umwandlung abstellt. Die Übergangsvorschrift des § 318 UmwG knüpft dagegen an eine Reihe von die Umwandlung vorbereitenden Handlungen an. Hieraus kann sich als Konsequenz ergeben, daß nach dem Wortlaut der Gesetze zwar altes Umwandlungsrecht anzuwenden ist, soweit bereits Vorbereitungshandlungen erfolgten, aufgrund des Wirksamwerdens der Rechtsakte 1995 jedoch bereits das neue Umwandlungssteuerrecht Anwendung findet.

Ein solches Auseinanderfallen von Umwandlung- und Umwandlungssteuerrecht wird jedoch z. B. für den Bereich des 2. bis 7. Teils durch § 1 UmwStG verhindert. Hiernach sind die im 2. bis 7. Teil genannten Umwandlungsvorgänge nur dann nach dem Umwandlungssteuergesetz 1995 zu behandeln, wenn den Umstrukturierungen Umwandlungsvorgänge des Umwandlungsgesetzes 1995 zugrunde liegen. Im Ergebnis kann dies letztlich dazu führen, daß zwar nach der Anwendungsvorschrift des § 27 UmwStG das neue Steuerrecht greifen würde, da die Verweisgrundlage (UmwG 1995) jedoch nicht erfüllt werden kann, die Anwendung des neuen Steuerrechts wieder aufgehoben würde. Da jedoch auch das alte Steuerrecht nicht mehr zur Anwendung gelangt, ergibt sich im Ergebnis eine Regelungslücke.

Bei expliziter Anwendung des Gesetzeswortlautes fehlt es für diese Fälle an einem anzuwendenden Umwandlungssteuergesetz. Hieraus resultiert die evidente Gefahr einer vollen Realisierung aller stillen Reserven, mit anderen Worten einer Liquidationsbesteuerung.

Aufgrund dieser Verwerfung zwischen Handels- und Steuerrecht erging mit Datum vom 19.12.1994 ein BMF-Schreiben,[1] wonach das Umwandlungssteuergesetz ebenso wie das handelsrechtliche Umwandlungsgesetz noch nicht auf solche Umwandlungen anzuwenden ist, zu deren Vorbereitung bereits vor dem 1.1.1995 ein Vertrag oder eine Erklärung beurkundet oder notariell beglaubigt oder eine Versammlung der Anteilsinhaber einberufen worden ist.

Zwar bewirkt dieses BMF-Schreiben (allerdings nicht auf gesetzlicher Grundlage) eine wünschenswerte Klarheit und einheitliche Anwendung der neuen Gesetzeslage, auf der anderen Seite kann nicht verkannt werden, daß hiermit auf dem Erlaßwege letztlich eine vom Gesetzeswortlaut des § 27 UmwStG abweichende Regelung gefunden wurde. Steuerpflichtige und deren Berater, die im Vertrauen auf den Wortlaut des § 27 UmwStG im Hinblick auf das neue Recht bereits in 1994 qualifizierte Vorbereitungshandlungen i. S. d. Umwandlungsgesetzes vorgenommen haben, verlieren hierdurch die Möglichkeit, die nach dem Gesetzestext gegebene u. U. vorteilhaftere Behandlung nach dem Umwandlungssteuergesetz 1995 in Anspruch zu nehmen. Es ist daher Schaumburg/Rödder zuzustimmen, die hier von einer für den Steuerpflichtigen überraschenden und zwangsweisen Zurückverweisung auf

1 BStBl I 1995, 42; DB 1995, 6, UmwStE Teil 3 S 01.

das alte Umwandlungssteuerrecht sprechen.[1] U. E. ist ebenfalls nicht sichergestellt, daß keine Umwandlungen in die „Falle einer Liquidationsbesteuerung" laufen.

Zu denken wäre hier an die Fälle, in denen 1994 Vorbereitungshandlungen erfolgten, also noch das alte Umwandlungsrecht Anwendung findet, die Umwandlung jedoch auf Rechtsakten beruht, die erst 1995 wirksam werden. Diesen Fall hat der Erlaß nicht erfaßt. § 27 Abs. 2 UmwStG 1995 versagt aber hier ausdrücklich die Anwendung des alten Umwandlungssteuergesetzes. Das Beispiel verdeutlicht, daß auch die Erlaßregelung unbefriedigend wirkt, es wäre eine im Gesetzgebungsverfahren abgestimmte Anwendungsvorschrift wünschenswert gewesen.

Im Ergebnis läßt sich die Rechtslage dahingehend zusammenfassen, daß das neue Umwandlungssteuerrecht nur dann in Zusammenhang mit einer geplanten Umwandlung zur Anwendung gelangt, wenn alle relevanten Rechtsakte sowohl im Sinne des § 318 UmwG als auch im Sinne des § 27 UmwStG erst 1995 erfolgten.

d) Rückwirkung

799 Gemäß § 2 Abs. 1 UmwStG ist das Einkommen und das Vermögen der übertragenden Körperschaft sowie der Übernehmerin so zu ermitteln, als ob das Vermögen der Körperschaft mit Ablauf des Stichtages der Bilanz, die dem Vermögensübergang zugrunde liegt (steuerlicher Übertragungsstichtag), ganz oder teilweise auf die Übernehmerin übergegangen wäre. Das gleiche gilt für die Ermittlung der Bemessungsgrundlage bei der Gewerbesteuer sowie der ab 1.1.1997 nicht mehr erhobenen Vermögensteuer. Keine Rückwirkung gilt z. B. für die Umsatzsteuer, Grunderwerbsteuer oder Erbschaftsteuer.

Eine maximal zulässige steuerliche Rückwirkungsfrist regelt das neue Recht in § 2 UmwStG nicht mehr. Im Gegensatz zu den unterschiedlichen Fristen in dem bis 31.12.1994 geltenden Recht erfolgt nun auch insoweit eine volle Anlehnung an das Handelsrecht. Gemäß § 17 Abs. 2 UmwG darf die Eintragung nur erfolgen, wenn die Schlußbilanz höchstens acht Monate vor dem Tag der Anmeldung der Umwandlung aufgestellt wurde. Gemäß § 125 UmwG gilt dies für die Spaltung, gemäß § 176 UmwG für die Vermögensübertragung entsprechend. Lediglich für den Formwechsel ist im Rahmen des Handelsrechts bezüglich einer Rückwirkung nichts geregelt, da es hier insgesamt an einem Vermögensübergang und damit an einer Bilanzaufstellungspflicht mangelt. Aufgrund dieser Tatsache haben die §§ 14 und 25 UmwStG eigenständig für steuerliche Zwecke diese Aufstellungspflichten normiert, die ebenfalls gleichlautende Acht-Monatsfristen definieren.

Außerhalb des § 2 UmwStG sind in den Absätzen 7 und 8 des § 20 UmwStG für die Einbringung in Kapitalgesellschaften ebenfalls Rückwirkungsregelungen mit einer zeitlichen Befristung von acht Monaten

1 Vgl. Schaumburg/Rödder, § 27 UmwStG Rz. 8.

eingefügt worden.[1] Im Rahmen des § 24 Abs. 4 UmwStG greift die Rückwirkungsfiktion nur in Fällen der Einbringung in eine Personengesellschaft im Wege der Gesamtrechtsnachfolge.

Steuerlich sind das Einkommen und das Vermögen der übertragenden Körperschaft sowie der Übernehmerin im Rahmen des § 2 Abs. 1 UmwStG so zu ermitteln, als ob das Vermögen der Körperschaft mit Ablauf des steuerlichen Übertragungsstichtages übergegangen wäre. Erfolgt die Übernahme durch eine Personengesellschaft, so erfolgt entsprechend eine Erfassung bei den Gesellschaftern.

Durch diese Rückwirkungsregelung wird zusätzlicher Bilanzierungsaufwand vermieden. In der Regel kann der letzte ordentliche Abschluß als Übertragungsbilanz fungieren. Der zugrundeliegende Bilanzstichtag (bei Wirtschaftsjahr gleich Kalenderjahr z. B. der 31.12.01) ist im Rahmen des § 2 Abs. 1 UmwStG zwingender steuerlicher Umwandlungsstichtag (die Rückwirkung kann bis zum 31.08.02, also des Folgejahres ausgelöst werden). Die Wahl eines anderen Stichtages ist bei Zugrundelegung der ordentlichen Jahresbilanz nicht möglich.[2] In diesem Beispiel sind die (ertrag)steuerlichen Konsequenzen für übertragende (z. B. Aufwertung) und übernehmende Rechtsträger (z. B. Aufstockung, Verrechnung, Verluste, verwendbares Eigenkapital) noch im ablaufenden Veranlagungszeitraum 01 zu ziehen.

Übertragungs- und Übernahmegewinne entstehen damit stets in demselben Veranlagungszeitraum.

Insbesondere gilt:

- die Steuerpflicht der übertragenden Körperschaft endet
- die Steuerpflicht eines etwaig neu entstehenden Rechtsträgers beginnt (Umwandlung zur Neugründung), die Bemessungsgrundlagen gehen über (Umwandlung zur Aufnahme)
- alle Geschäftsvorfälle im Interimszeitraum zwischen steuerlichem Übertragungsstichtag und zivilrechtlicher Wirksamkeit (Eintragung Umwandlung in das Handelsregister) gelten als durch den übernehmenden Rechtsträger ausgeführt und werden entsprechend steuerlich zugerechnet.

Die Rückwirkung setzt nicht die zivilrechtliche Existenz der übernehmenden Gesellschaft zum steuerlichen Übernahmestichtag voraus.[3]

An der Rückwirkung nehmen solche Anteilseigner nicht teil, die bis zur handelsrechtlichen Wirksamkeit der Umwandlungsmaßnahme ausscheiden. Diese Gesellschafter unterliegen daher stets den Steuerfolgen, die die Veräußerung auch ohne Umwandlung ausgelöst hätte (z. B. Verkauf GmbH-Anteil, GmbH wird durch Erwerber umgewandelt: Verkäufer wird nach den Grundsätzen des § 17 EStG besteuert (Beteiligung wurde im Privatvermögen gehalten).

1 Vgl hierzu i. e. Dehmer, § 20 UmwStG Anm. 226 ff.
2 Vgl. § 2 Abs. 1 UmwStG, Tz. 2.03 UmwStE; vgl. hierzu auch die Übersicht bei Thiel/Eversberg/van Lishaut/Neumann, GmbHR 1998, 397, 400.
3 Vgl. UmwStE Tz. 2.08; s. auch Ott, INF 1998, 385, 386; Dehmer, Erläuterung zu Tz. 02.08 UmwStE.

Etwas anderes gilt grundsätzlich dann, wenn das Ausscheiden auf einer Barabfindung gemäß §§ 29, 209 UmwG beruht, da hier das Ausscheiden rechtlich erst nach der zivilrechtlichen Wirksamkeit erfolgt. Aus steuerlicher Sicht bleibt bei Umwandlung in eine Personengesellschaft hier die Frage, ob diese Personen (noch) Mitunternehmer werden.

Die Finanzverwaltung vertritt die Ansicht, daß dieser Personenkreis ebenfalls als aus dem übertragenden Rechtsträger ausgeschieden zu behandeln sei.[1] Da bei Ausscheiden eine bereits feststehende Abfindung gezahlt wird, könnte man vertreten, daß weder Mitunternehmerinitiative noch -risiko gegeben sind.

In bezug auf die Rückwirkungsfiktion des § 20 UmwStG erscheint dagegen noch die Frage zu klären, wie eine Doppelbesteuerung in Fällen vermieden wird, in denen ein Personengesellschaftsanteil im Laufe eines Jahres erworben wird und anschließend vom Erwerber rückwirkend zum 1.1. des Jahres in eine Kapitalgesellschaft eingebracht wird. Da die Rückwirkungsfiktion gem. § 20 Abs. 7 Satz 1 UmwStG nur den Einbringenden sowie die übernehmende Kapitalgesellschaft betrifft, erscheint es prinzipiell denkbar, daß in diesen Fällen die Rückwirkungsfiktion eine Doppelbesteuerung bewirken kann: Der Veräußerer erzielt unzweifelhaft einen Veräußerungsgewinn gemäß § 16 EStG. Die laufenden Einkünfte bis zum Veräußerungsstichtag sind ihm zeitanteilig zuzurechnen.[2] Wird nun die Einbringung durch den Erwerber rückwirkend vorgenommen, so muß nach dem Gesetzeswortlaut dennoch die Einkommensermittlung so erfolgen, als ob die Kapitalgesellschaft bereits ab dem steuerlichen Übertragungsstichtag die Einkünfte erzielt habe. Folglich würde sich für diesen Zeitraum eine doppelte Erfassung der laufenden Einkünfte, mithin eine Doppelbesteuerung ergeben. Daneben ist in dieser Konstellation fraglich, ob für die Einbringung trotz Verwendung der „alten Bilanz" bereits die nach dem Erwerb erhöhten Wertansätze Gegenstand der Einbringung werden können.[3]

2. Vermögensübergang von Kapitalgesellschaften auf Personengesellschaften oder natürliche Personen

a) Einführung

800 Anders als Kapitalgesellschaften, die als juristische Personen als eigenständige Steuersubjekte klassifiziert werden, unterliegen Personenhandelsgesellschaften nicht selbst, sondern nur ihre Gesellschafter der Einkommen- respektive der Körperschaftsteuer. Gleichwohl sind Personenhandelsgesellschaften eigenständige Gewinnerzielungs- und Gewinnermittlungssubjekte.[4] Auf der sog. ersten Gewinnermittlungsstufe wird auf der Grundlage des Gesamthandsvermögens der Gewinn der Gesellschaft auf Gesellschaftsebene ermittelt; auf der zweiten Gewinnermittlungsstufe erfolgt in einem nächsten Schritt die Gewinnermittlung

1 Vgl. UmwStE Tz. 02.10.
2 Vgl. Widmann/Mayer, § 20 UmwStG Rz. 616.
3 Befürwortend wohl Widmann/Mayer, § 20 UmwStG Rz. 615.
4 Knobbe-Keuk, 361 ff.

unter Einbeziehung des Sonderbetriebsvermögens und unter Berücksichtigung von eventuellen Sondervergütungen; dieser Gewinn wird dann in aller Regel entsprechend dem Gewinn-/Verlustverteilungsschlüssel den Gesellschaftern zugewiesen und von diesen gemäß § 15 Abs. 1 Satz 1 Nr. 2 EStG als Einkünfte aus Gewerbebetrieb versteuert. Anders die Kapitalgesellschaft: Sie unterliegt der Körperschaftsteuer. Die Anteilseigner erzielen aus der Gesellschaft erst Einkünfte, falls offen oder verdeckt ausgeschüttet wird. Es ergibt sich somit bei Umwandlung einer Kapitalgesellschaft auf eine Personenhandelsgesellschaft ein „Systemwechsel" hinsichtlich der steuerlichen Behandlung. Die umwandlungsbedingten Steuerfolgen treten auf allen drei möglichen Ebenen auf:

- Ebene der übertragenden Kapitalgesellschaft
- Ebene der Personenhandelsgesellschaft
- Gesellschafterebene.

Aufgrund der Transparenz der Personengesellschaft können die steuerlichen Konsequenzen für Personengesellschaften und deren Gesellschafter allerdings zusammengefaßt dargestellt werden.

b) Besteuerung der übertragenden Kapitalgesellschaft

Im Gegensatz zum alten Recht, welches zwingend einen Teilwertansatz **801**
und damit eine Vollversteuerung aller stillen Reserven mit Ausnahme des originären Geschäfts- bzw. Firmenwerts vorschrieb, ist die Neufassung z. T. als Wahlrecht ausgestaltet. Soweit das Vermögen der übertragenden Körperschaft Betriebsvermögen wird, können die Wirtschaftsgüter in der steuerlichen Schlußbilanz mit dem Buchwert oder einem höheren Wert angesetzt werden. Die Teilwerte der einzelnen Wirtschaftsgüter dürfen jedoch nicht überschritten werden.

Hierdurch besteht nunmehr unter der einzigen Voraussetzung, daß eine spätere Versteuerung der stillen Reserven sichergestellt ist, gemäß § 3 UmwStG grundsätzlich ein uneingeschränktes Wahlrecht zur Buchwertfortführung[1] oder anteiligen bzw. vollständigen Aufdeckung der stillen Reserven.

Von seiten der Finanzverwaltung als auch von seiten des Schrifttums wird allerdings bezweifelt, ob aufgrund der Maßgeblichkeit des § 5 Abs. 1 EStG i. V. m. § 17 Abs. 2 UmwG ein Ansatz über den handelsrechtlichen Buchwerten möglich ist.[2] Insoweit würde das Wahlrecht leerlaufen. Für die „Wirksamkeit" des Wahlrechts spricht, daß § 3 Abs. 1 UmwStG als lex specialis § 5 Abs. 1 EStG vorgeht, folglich die Maßgeblichkeit nicht gewahrt werden muß.

Soweit aufgrund der Betriebsvermögensverknüpfung das Wahlrecht i. S. d. § 3 UmwStG besteht und ausübbar wäre, dürfte der Ansatz des

1 Änderungen aufgrund einer Betriebsprüfung oder ähnliches sind bei der aufnehmenden Gesellschaft zu beachten.
2 Vgl. UmwStE Tz. 3.01. Widmann/Mayer, S 228; s. auch Thiel/Eversberg/van Lishaut/Neumann, GmbHR 1998, 397, 402.

Zwischen- oder Teilwertes nur dann vorteilhaft sein, wenn Verlustvorträge bestehen, die im Rahmen der Umwandlung untergehen (Verlustvorträge i. S. d. § 10d EStG bzw. § 10a GewStG gehen bei einem Vermögensübergang auf Personenunternehmen nicht über). Soweit diesen rein steuerlichen Verlustvorträgen nicht entsprechende Vermögensminderungen zwischen übergehendem Buchwert und Anteilswert gegenüberstehen, die im Rahmen des noch darzustellenden Aufstockungsverfahrens ein erhöhtes Abschreibungspotential bewirken, geht endgültig Aufwandspotential verloren. Insoweit wirkt eine Aufwertung auf Ebene der übertragenden Kapitalgesellschaft vorteilhaft.

Auch ausländische Unternehmensteile sind in eine eventuell mögliche oder notwendige Aufstockung einzubeziehen. Der entstehende Gewinn unterliegt allerdings nur in den Schranken der deutschen DBA der Besteuerung.

Auf ausländische Beteiligungen, die grundsätzlich nach § 8b Abs. 2 KStG begünstigt sind, soll diese Befreiungsvorschrift im Falle der Aufstockung nicht greifen.[1] Diese Beteiligung müßte daher zuvor von der Übernehmerin „herausgekauft" werden.

Soweit keine Betriebsvermögensverknüpfung nach der Umwandlung gegeben ist, erfolgt der Ansatz zwingend zum gemeinen Wert (§ 16 Abs. 3 Satz 3 EStG). Steuerlich ist von einer Liquidation auszugehen (§ 11 KStG).

802 Ob bei einem Teilwertansatz auch ein originärer Geschäftswert zu berücksichtigen ist, muß dagegen zum gegenwärtigen Zeitpunkt als noch ungeklärt angesehen werden.[2] Es wird u. a. die Ansicht vertreten, daß ein Firmenwert nur dann anzusetzen sei, wenn ein Vermögensübergang in den steuerfreien Bereich erfolgt.[3]

An anderer Stelle wird dagegen die Ansicht vertreten, daß aufgrund der Rechtsprechung des BFH zur Aktivierung originärer immaterieller Wirtschaftsgüter im Falle der Einlage die Aufstockung einschließlich der originären immateriellen Wirtschaftsgüter und eines Geschäfts- oder Firmenwerts möglich sei.[4]

Die Finanzverwaltung vertritt die Ansicht, daß, soweit eine Aufstockung möglich sei, selbst geschaffene immaterielle Wirtschaftsgüter sowie ein originärer Firmenwert nicht anzusetzen seien,[5] es sei denn, es kommt zu einem Übergang in das Privatvermögen.

803 Der Ansatz mit dem Buchwert wird auch dann für zulässig erachtet, wenn in der Handelsbilanz das eingebrachte Betriebsvermögen nach handelsrechtlichen Vorschriften mit einem höheren Wert angesetzt werden muß (§ 3 Satz 2 UmwStG). Hiermit wird eine dem § 20 Abs. 2 Satz 2

1 Vgl. UmwStE Tz. 3.11.
2 Vgl. Dötsch, Anh. UmwStG Rz. 57; Widmann/Mayer, S 226.
3 Ebenda, ebenso UmwStE Tz. 03.07, 03.08.
4 Vgl. Sagasser/Bula, 166.
5 Vgl. UmwStE Tz. 3.03, 3.07, 3.08.

UmwStG entsprechende Formulierung eingebracht, die jedoch im Rahmen des § 3 UmwStG als wenig sinnvoll erscheint. Sie wird daher auch als absolut unklar bezeichnet.[1]

Setzt der übernehmende Rechtsträger nach § 24 UmwG höhere Werte als die (steuerlichen) Buchwerte für das übernommene Vermögen an, so sind die resultierenden Konsequenzen umstritten. Da nach § 4 UmwStG eine zwingende Buchwertverknüpfung vorgesehen ist, könnte man daraus folgern, daß keine steuerlichen Konsequenzen aus dem (rein) handelsrechtlichen Wahlrecht resultieren. Die Finanzverwaltung vertritt dagegen die Ansicht, daß in diesem Fall auch in der auf die Umwandlung folgenden Jahresbilanz erfolgswirksam bis zu den fortgeführten Anschaffungs- und Herstellungskosten (d. h. gemindert um AfA) aufzustocken sei.[2] Da selbstgeschaffene, immaterielle Wirtschaftsgüter aber wohl nicht zu berücksichtigen sein dürften, erscheint das „effektive Wertaufholungspotential" wohl relativ begrenzt. Hier wäre wohl z. B. an vorangegangene Teilwertabschreibungen zu denken. Eine Neuberechnung anhand linearer statt degressiver AfA-Sätze ist dagegen von der Finanzverwaltung nicht vorgesehen.

Soweit eine Buchwertfortführung auf Ebene der Kapitalgesellschaft erfolgt, ergeben sich auf dieser Ebene keine ertragsteuerlichen Folgerungen. Bei Ansatz eines Zwischen- oder Teilwerts entsteht ein laufender, voll steuerpflichtiger Ertrag. Dieser unterliegt sowohl der Körperschaftsteuer als auch der Gewerbesteuer (§ 18 Abs. 1 UmwStG). Eine Stundung oder Ermäßigung dieser Steuerlast ist nicht vorgesehen.

c) Besteuerung der Übernehmer

Anders als bei Vermögensübergängen zwischen Kapitalgesellschaften **804**
kann im Rahmen des Vermögensübergangs auf eine Personengesellschaft keine sinnvolle steuerliche Trennung zwischen der Ebene der Gesellschaft und den Gesellschaftern vorgenommen bzw. aufrechterhalten werden. Zwar stellt die Personengesellschaft eigenständiges Gewinnerzielungssubjekt dar, da die Besteuerung jedoch hinsichtlich der Einkommen- bzw. Körperschaftsteuer nur auf Ebene der beteiligten Gesellschafter erfolgt, hängen die Besteuerungsfolgen (auch) unmittelbar von den dahinterstehenden Gesellschaftern und deren Steuersituation ab. Es ist daher für die Besteuerung zu unterscheiden, ob das auf eine Personengesellschaft oder eine natürliche Person übergehende Vermögen hier zu Betriebsvermögen oder Privatvermögen wird und – soweit ersteres zutrifft – die untergehenden Anteile an der Kapitalgesellschaft im Betriebsvermögen oder Privatvermögen gehalten wurden, wesentliche oder nicht wesentliche Beteiligungen sind, einbringungsgeborene Anteile oder aber Anteile ausländischer Anteilseigner.

1 Vgl. Dötsch, Anh. UmwStG Rz. 56d, Widmann/Mayer, S 228 „geht ins Leere, weil derartige handelsrechtliche Vorschriften nicht bestehen".
2 Vgl. UmwStE Tz. 3.02.

aa) Vermögensübergang auf ein Betriebsvermögen

805 Es sei darauf hingewiesen, daß nicht zwingend gewerbliche Einkünfte vorliegen müssen. So erfüllt z. B. auch § 18 EStG die hier hinreichende Bedingung der Schaffung von Betriebsvermögen. Diesbezüglich wird zutreffend angemerkt, daß es in bezug auf die Gewerbesteuer zu einer endgültigen Entstrickung ohne Gewerbesteuerbelastung kommen könnte (z. B. Formwechsel einer „freiberuflichen GmbH" in eine GbR).[1]

(1) Unbeschränkt steuerpflichtige Anteilseigner und steuerlich relevante Beteiligung

806 Die nachfolgenden Ausführungen gelten für alle Personenunternehmen (gemäß § 9 Abs. 1 UmwStG gelten die Vorschriften gleichermaßen für Personengesellschaften und Einzelunternehmer) mit Betriebsvermögen, soweit sich die Anteile an der übertragenden Körperschaft in diesem Betriebsvermögen befinden oder als in dieses eingelegt gelten (§ 5 Abs. 2–4 UmwStG).

Damit nehmen kraft Gesetz folgende Anteile an dem nachfolgend geschilderten Regelverfahren teil:

- Anteile, die sich zum Übertragungsstichtag im Personenunternehmen mit Gewinneinkunftsart befinden
- Anteile, die nach dem steuerlichen Übertragungsstichtag angeschafft wurden bzw. aus der Abfindung eines Anteilseigners stammen
- Anteile i. S. d. § 17 EStG, die nicht zu einem Betriebsvermögen eines unbeschränkten steuerpflichtigen Gesellschafters gehören und deren Veräußerung nicht unbeachtlich ist (§ 17 Abs. 2 Satz 4 EStG)[2]
- einbringungsgeborene Anteile.

807 Als relevante Buchwerte gelten grundsätzlich die historischen Anschaffungskosten bzw. die Buchwerte der Anteile. Soweit es zu einer Einlage in das Betriebsvermögen innerhalb der letzten 5 Jahre vor dem steuerlichen Übertragungsstichtag kam, sind zur Verhinderung von Mißbräuchen jedoch die Anschaffungskosten anzusetzen, soweit diese den Buchwert unterschreiten. Hierdurch soll ein erhöhtes Aufstockungsvolumen durch Ansatz eines zeitnahen Einlagewertes verhindert werden. Alternativ zur Einlage kann jedoch bei nicht wesentlichen Anteilen aus

1 Vgl. Dötsch/Wochinger, DB 1994, Beilage 14, 31.

2 Nach dem Wortlaut kommt es wohl nicht – wie in der Regelung des § 17 Abs. 2 Satz 4 EStG – darauf an, daß bei der Veräußerung ein Verlust entsteht bzw. entstanden ist. Damit sollte ein umwandlungsnaher Erwerb stets im Betriebsvermögen erfolgen. Der „Durchgangserwerb" (also Erwerb und Umwandlung) wesentlicher Beteiligungen im Privatvermögen führt dagegen aufgrund der Einschränkung durch das Gesetz zur Fortsetzung der Unternehmenssteuerreform zur Versagung des „Step-up", vgl. hierzu insbes. Füger/Rieger, DStR 1997, 1427, 1439; Thiel/Eversberg/van Lishaut/Neumann, GmbHR 1998, 397, 415. Dies sollte rückwirkend für alle Vermögensübergänge nach dem 31.12.1996 gelten. Durch das Gesetz zur Finanzierung eines zusätzlichen Bundeszuschusses zur gesetzlichen Rentenversicherung wurde diese als verfassungsrechtlich bedenklich erachtete Rückwirkung (so. z B. Schwedhelm/Olbing, Stbg 1997, 385, 389; Füger/Rieger, DStR 1997, 1427, 1440) dahin gehend abgemildert, daß die Änderung in § 5 Abs. 2 Satz 2 UmwStG erst für solche Umwandlungsvorgänge angewendet werden kann, deren Eintragung im Handelsregister nach dem 5.8.1997 beantragt worden war. Aber auch diese Abmilderung wird weiterhin für bedenklich erachtet, so z. B. Olbing, Stbg 1998, 111.

dem Privatvermögen eine Veräußerung in ein Betriebsvermögen hinein vorgenommen werden, dies ermöglicht (jedenfalls nach dem Gesetzeswortlaut) insoweit eine steuerneutrale Aufwertung. Die Finanzverwaltung geht in diesen Fällen allerdings von einem Mißbrauch i. S. d. § 42 AO aus.[1]

Es werden grundsätzlich alle Anteile, die im Falle einer Veräußerung der Besteuerung unterlägen, in das Aufstockungsverfahren einbezogen. Ausgeschlossen ist nur der nicht wesentlich Beteiligte sowie ggf. ausländische Anteilseigner. Von den steuerlichen Folgen der Umwandlung werden die Anteilseigner erfaßt, die im Zeitpunkt der zivilrechtlichen Wirksamkeit der Umwandlung beteiligt sind. Veräußern folglich Anteilseigner im Interimszeitraum zwischen steuerlichem Umwandlungsstichtag und Eintragung in das relevante Handelsregister die Beteiligung, so liegt auch für steuerliche Zwecke die Veräußerung/der Erwerb von Kapitalgesellschaftsanteilen vor. Von der steuerlichen Rückwirkungsfiktion wird in diesem Fall nur der Erwerber erfaßt. Die Anteile gelten als am steuerlichen Umwandlungsstichtag angeschafft. **808**

Bei dem Übergang in ein Betriebsvermögen hat das aufnehmende Personenunternehmen die übergehenden Wirtschaftsgüter mit dem in der steuerlichen Schlußbilanz der übertragenden Körperschaft angesetzten Werte zwingend zu übernehmen (§ 4 Abs. 1 UmwStG). Dieser Grundsatz der Buchwertverknüpfung erlaubt in Verbindung mit dem Buchwertansatz in der Schlußbilanz der übertragenden Körperschaft die (steuerneutrale) Buchwertfortführung. Aber auch bei einem u. U. möglichen Zwischen- oder Teilwertansatz auf Ebene der Kapitalgesellschaft sind zwingend die dort gewählten Wertansätze durch das Personenunternehmen fortzuführen. **809**

Es erfolgt ein umfassender Eintritt in die steuerliche Rechtsposition der übertragenden Kapitalgesellschaft. § 4 Abs. 2 UmwStG normiert den Grundsatz, daß das übernehmende Personenunternehmen bezüglich der Absetzung für Abnutzung, der erhöhten Absetzungen, der Sonderabschreibungen, der Inanspruchnahme einer Bewertungsfreiheit oder eines Bewertungsabschlags, der den steuerlichen Gewinn mindernden Rücklagen sowie der Anwendung des § 6 Abs. 1 Nr. 2 Satz 2 und 3 des EStG in die Rechtsstellung der übertragenden Körperschaft eintritt. Soweit Besitzdauern relevant sind, erfolgt eine Anrechnung der Vorbesitzzeit des Rechtsvorgängers (z. B. § 8b Abs. 3 KStG, § 26 Abs. 2 UmwStG, Schachtelprivileg). Dieser Eintritt in die Rechtsposition hängt nicht davon ab, ob die übertragende Körperschaft die Buchwerte beibehalten hat. Im Gegensatz zum alten Recht greift damit nun nicht mehr eine Anschaffungsfiktion, dem Grundsatz der Gesamtrechts- oder Sonderrechtsnachfolge folgend wird nun Steuerneutralität gewährt. **810**

Die Gesamtrechtsnachfolge bezieht jedoch nicht den Übergang eines Verlustabzugs i. S. d. § 10 Abs. 3 Satz 2 EStG ein. Ebenso wird der Übergang des Verlustabzugs für die Gewerbesteuer gem. § 18 Abs. 1 Satz 2 UmwStG ausgeschlossen.

1 Vgl. UmwStE Tz. 5.15 – 5.20 mit zahlreichen Beispielvarianten; s. auch Thiel/Eversberg/van Lishaut/Neumann, GmbHR 1998, 397, 414 f.

Soweit es zu einer Wertzuschreibung im Rahmen des Vermögensübergangs kommt, spiegelt sich diese auch in einem erhöhten AfA-Volumen wider. In den Fällen des § 7 Abs. 4 Satz 1 und Abs. 5 des EStG erhöht sich die bisherige Bemessungsgrundlage um den Unterschiedsbetrag zwischen dem Buchwert der einzelnen Wirtschaftsgüter und dem Wert, mit dem die Körperschaft die Wirtschaftsgüter in der steuerlichen Schlußbilanz angesetzt hat.

Beispiel:[1] Bemessung der AfA in den Fällen des § 7 Abs. 4 Satz 1, Abs. 5 EStG:

Die A-GmbH hat am 1.1.1990 ein Gebäude angeschafft, für das lineare AfA nach § 7 Abs. 4 Satz 1 Nr. 1 vorgenommen worden ist. Die bisherige Bemessungsgrundlage betrug DM 500 000 (= Anschaffungskosten). Zum 1.1.1995 wird die A-GmbH auf die B-KG verschmolzen; in der steuerlichen Schlußbilanz der A-GmbH wird das Gebäude mit dem Teilwert von DM 700 000 angesetzt.[2]

		DM
Anschaffungskosten		500 000
./. AfA 1990–1994 5 x 2 % x DM 500 000		50 000
Buchwert 1.1.1995		450 000
Teilwert 1.1.1995		700 000
Aufstockungsbetrag		250 000
bisherige Bemessungsgrundlage		500 000
neue Bemessungsgrundlage		750 000
jährliche AfA: DM 750 000 x 2 % =	DM 15 000 p. a.	

Die verbleibende Abschreibungsdauer beträgt somit (DM 700 000/DM 15 000 p. a.) 46 Jahre und 8 Monate. Beträgt die tatsächliche Nutzungsdauer des Gebäudes nur noch 45 Jahre, dann bemißt sich die AfA nach der tatsächlichen Nutzungsdauer:

DM 700 000/45 Jahre = DM 15 556 p. a.

In allen anderen Fällen bemißt sich die AfA gemäß § 4 Abs. 3 UmwStG nach dem Wertansatz, mit dem die Wirtschaftsgüter übernommen werden sowie der Restnutzungsdauer. Nach Ansicht der Finanzverwaltung soll die Restnutzungsdauer nach den Verhältnissen am steuerlichen Übertragungsstichtag neu geschätzt werden.[3] Dabei bleibt offen, wie dies mit dem (vollen) Eintritt in die steuerliche Rechtsposition des Übertragenden zu vereinbaren ist. Diese Ansicht spricht vielmehr für eine (verdeckte) Anschaffungsthese. Jedoch sollen insbesondere keine Investitionszulage sowie die Begünstigungen nach § 6 Abs. 2 EStG und § 6b EStG erfolgen, da es gerade an der Anschaffung mangelt.[4]

811 Trotz der nach neuem Recht möglichen Buchwertfortführung ergibt sich auch eine steuerrelevante Größe: der zweistufig zu ermittelnde Übertragungsgewinn bzw. Verlust (§ 4 Abs. 4 und 5 UmwStG). Dieser entsteht vorrangig dadurch, daß der bislang bestehende Dualismus (Trennung zwischen dem Vermögen der Kapitalgesellschaft und den Anteilen an der Kapitalgesellschaft) in den „unmittelbaren" anteiligen Besitz der

1 Vgl. Sagasser/Bula, 151.
2 Ob dieser Ansatz zulässig ist, ist aufgrund der Maßgeblichkeit strittg.
3 Vgl. UmwStE Tz. 4.03; Thiel/Eversberg/van Lishaut/Neumann, GmbHR 1998, 397, 407.
4 Vgl. UmwStE Tz. 4.07.

Wirtschaftsgüter des Personenunternehmens überführt wird (steuerliche Transparenz der Personengesellschaft). Dementsprechend sind Wertdifferenzen zwischen dem (Gesamt-)Wert der übergehenden Wirtschaftsgüter und dem Buchwert der Anteile steuerlich zu berücksichtigen. Soweit es sich um „historische Anteile" handelt, werden sich in der Regel stille Reserven gebildet haben, die zu einem positiven Übernahmegewinn führen. Im Fall eines zeitnahen Anteilserwerbs dürfte sich dagegen regelmäßig ein Übernahmeverlust ergeben, da zwar die Anteile den vollen Verkehrswert widerspiegeln, die Buchwerte der Kapitalgesellschaft dagegen stille Reserven beinhalten dürften.

Der sich so ergebende Übernahmegewinn bzw. -verlust erhöht sich bzw. verringert sich um das anzurechnende Körperschaftsteuerguthaben und einen Sperrbetrag i. S. d. § 50c EStG. Die Zurechnung eines Sperrbetrags gemäß § 50c EStG greift unter den dort genannten Voraussetzungen. Die Vorschrift betrifft erworbene Anteile von nicht anrechnungsberechtigten (§ 50c Abs. 1, 6 EStG) sowie von anrechnungsberechtigten Personen, deren Veräußerungsgewinn aufgrund § 17 EStG nicht steuerbar ist (§ 50c Abs. 11 EStG[1]). Im Rahmen der Umwandlung besitzt damit die Steuersituation des Veräußerers für den die Umwandlung durchführenden Erwerber besondere Bedeutung. **812**

Bei der anzurechnenden Körperschaftsteuer (§ 10 Abs. 1 UmwStG) handelt es sich nicht um die gemäß § 36 Abs. 2 Nr. 3 EStG anzurechnende Körperschaftsteuer in Höhe von 3/7, sondern um die auf dem verwendbaren Eigenkapital lastende Körperschaftsteuer. Es wird keine Ausschüttungsbelastung hergestellt, sondern unmittelbar die im vEK latent vorhandene Körperschaftsteuer dem Anteilseigner zugerechnet. Damit wird auf die verfahrensmäßigen Vorschriften des Körperschaftsteueranrechnungsverfahrens und der Einbehaltung von Kapitalertragsteuer verzichtet, im Ergebnis jedoch auch auf diesem Wege die volle Körperschaftsteuer, die das verwendbare Eigenkapital repräsentiert, dem steuerpflichtigen Anteilseigner gutgebracht. Das Körperschaftsteuerguthaben ist wiederum anrechenbar. Das wirtschaftliche Ergebnis entspricht damit einer Vollausschüttung. Die körperschaftsteuerliche Vorbelastung wird durch die Besteuerung des Anteilseigners ersetzt. Positive und negative Bestände der belasteten vEK-Bestände sind zu saldieren. Dagegen erfolgt keine Verrechnung mit nicht belasteten negativen vEK-Teilen (EK 0).[2] Auf positive unbelastete vEK-Teile ist keine „Ausschüttungsbelastung" herzustellen. **813**

Die Steuerbescheinigung kann von der übertragenden Kapitalgesellschaft oder der übernehmenden Personengesellschaft ausgestellt werden. Sie erfolgt auf Grundlage des Bescheides über die gesonderte Feststellung des verwendbaren Eigenkapitals gemäß § 47 Abs. 1 Nr. 1 KStG. **814**

1 Zu den Konsequenzen im Hinblick auf die mit Wirkung ab Veranlagungszeitraum 1997 (mangels anderslautender Regelung gilt § 52 Abs. 1 in der Fassung des Jahressteuergesetzes 1997; so auch BMF-Schreiben vom 17.–19.6.1998, BStBl I, 912, 913 f.) durch das Gesetz zur Fortsetzung der Unternehmenssteuerreform eingefügte Vorschrift und der problematischen Rückwirkung vgl. Füger/Rieger, DStR 1997, 1427, 1431; Olbing, Stbg 1998, 111; Blumers/Beinert, BB 1997, 1880; BMF-Schreiben vom 17.–19.6.1998, BStBl I, 912 ff.

2 Vgl. BFH v. 22.11.1995, BStBl II 1996, 390.

Schematisch berechnet sich der Übernahmeerfolg wie folgt:

+	Wert der übergangenen Wirtschaftsgüter[1] (muß mindestens Null sein)
–	Buchwert der Anteile an der übertragenden Körperschaft
	Übernahmeerfolg
+	anzurechnende Körperschaftsteuer
+	Sperrbetrag i. S. d. § 50c
=	verbleibender Betrag

Das übergehende Vermögen ist für alle Umwandlungsvorgänge, deren Eintragung im Handelsregister nach dem 5.8.1997 erfolgte, wenigstens mit DM 0 anzusetzen.[2] Das Vorliegen einer überschuldeten Gesellschaft wird negiert (vgl. § 4 Abs. 5 UmwStG). Durch diese Fiktion wird die Höhe der stillen Reserven künstlich vermindert. In Fällen von negativen Beträgen sollte die „Lücke" z.B. durch eine die Anschaffungskosten erhöhende Einlage vor Umwandlung geschlossen werden.

815 Das Übernahmeergebnis entsteht mit Ablauf des steuerlichen Übertragungsstichtages. Es ist für jeden Beteiligten zu differenzieren, ob eine steuerlich relevante (untergehende) Beteiligung vorliegt, wie hoch die individuellen Anschaffungskosten bzw. Buchwerte sind (verdeckte Einlagen!) und ob einzelne/alle Anteile mit einem Sperrbetrag i. S. d. § 50c EStG behaftet sind. Im Ergebnis können sich dadurch für verschiedene Gesellschafter stark unterschiedliche Ergebnisse einstellen. Hierüber hat das für die übernehmende Personengesellschaft zuständige Finanzamt im Rahmen der gesonderten Feststellung gemäß § 180 AO zu entscheiden.

816 Soweit der verbleibende Betrag positiv ist (Übernahmegewinn), ist dieser beim Anteilseigner der Einkommen- bzw. Körperschaftsteuer zu unterwerfen. Dabei wird die den Übernahmegewinn erhöhende Körperschaftsteuer auf die Steuerschuld angerechnet. Anrechnungsüberhänge werden erstattet. Der Gewerbeertragsteuer unterliegt der Übernahmegewinn indes nicht (§ 18 Abs. 2 UmwStG). Entsprechend entfällt die Anwendung von § 32c EStG. Bei einer Weiterveräußerung innerhalb von 5 Jahren ist allerdings § 18 Abs. 4 UmwStG beachtlich, der für diesen Zeitraum entgegen allgemeinen Grundsätzen die Gewerbesteuerpflicht für die Veräußerung von Teilbetrieben, Mitunternehmeranteilen oder deren Liquidation normiert.

817 Ist der verbleibende Betrag negativ (Übernahmeverlust), kommt es zu einer Aufstockung der Wertansätze der übergegangenen Wirtschaftsgüter (§ 4 Abs. 6 UmwStG). Die in den Anteilen der übertragenden Kapitalgesellschaft enthaltenen stillen Reserven können durch dieses Aufstockungsverfahren in ggf. abschreibbare Wirtschaftsgüter transformiert werden. Es gelingt dadurch der Werttransfer von in der Regel nicht ab-

1 Ein negativer Wert wird nicht in die Ermittlung des Umwandlungserfolgs einbezogen (§ 4 Abs. 5 UmwStG). Zu der Neuregelung aufgrund des Gesetzes zur Fortsetzung der Unternehmenssteuerreform s. Füger/Rieger, DStR 1997, 1427, 1437; Schulze zur Wiesche, DStZ 1998, 413.

2 S. auch Dehmer, Erläuterung zu Tz. 04.39 UmwStE.

schreibbaren Anteilen an Kapitalgesellschaften in steuerlich effektuierbare Wirtschaftsgüter. Aufgrund dieses Mechanismus eignet sich daher das neue Umwandlungsrecht optimal als Gestaltungsinstrument nach Unternehmenskäufen in Form von Anteilen an Kapitalgesellschaften. Statt dem mit Gewerbesteuer belasteten Kombinationsmodell ohne die Möglichkeit einer Gesamtrechtsnachfolge können die stillen Reserven nach Anteilserwerb nun durch Umwandlung auf eine Personengesellschaft den einzelnen (abschreibbaren) Wirtschaftsgütern zugeordnet werden.[1]

Soweit alle bislang bilanzierten Wirtschaftsgüter bis zu ihren Teilwerten aufgestockt sind, ist ein verbleibender übersteigender Betrag als Anschaffungskosten der übernommenen immateriellen Wirtschaftsgüter einschließlich eines Geschäfts- oder Firmenwertes zu aktivieren. Nach Ansicht der Finanzverwaltung sind folglich die stillen Reserven in bislang nicht bilanzierten immateriellen Wirtschaftsgütern gleichmäßig unter Einbeziehung des Geschäfts- oder Firmenwertes aufzustocken.[2] Damit würde der Geschäfts- oder Firmenwert (erstmals) nicht als Residualgröße gelten, sondern als völlig gleichwertig auf eine Stufe mit anderen immateriellen Wirtschaftsgütern gestellt. Soweit auch deren Teilwerte überschritten werden, führt ein überschießender Betrag zu einem sog. „Spitzenbetrag", der nur auf 15 Jahre abgeschrieben werden kann. Nach Ansicht der Finanzverwaltung handelt es sich hierbei um kein Wirtschaftsgut. Entsprechend sei auch keine Teilwertabschreibung möglich.[3] **818**

Der Wortlaut des bisherigen § 4 Abs. 6 Satz 2 UmwStG war jedoch nicht völlig eindeutig. Er konnte wohl auch dahingehend verstanden werden, daß zunächst immaterielle Wirtschaftsgüter (z. B. Patente, Warenzeichen u. ä.) vorrangig und ein Geschäftswert nur im übrigen zu aktivieren ist, aber auch dahin, daß immaterielle Wirtschaftsgüter und Geschäftswerte anteilig zu berücksichtigen sind. Nach Rechtsprechung und Literatur wurde bislang eine sogenannte Stufentheorie angewandt.[4] Hiernach erfolgt die Verteilung des Mehrwerts zunächst auf bilanzierte Wirtschaftsgüter dann auf selbstgeschaffene, immaterielle Wirtschaftsgüter und nur ein verbleibender Betrag wird auf den Geschäftswert aktiviert. **819**

Folgt man der Stufentheorie, ergibt sich folgendes Aufstockungsschema:

- Aufstockung der materiellem Wirtschaftsgüter bis höchstens Teilwert
- verbleibender Betrag: Aktivierung übernommener immaterieller Wirtschaftsgüter bis höchstens Teilwert
- verbleibender Betrag: Aktivierung Geschäfts-/Firmenwert bis maximal Teilwert
- verbleibender Betrag: „Spitzenbetrag"

1 Vgl. Blumers/Beinert, DB 1995, 1 043.
2 Vgl. UmwStE Tz. 4.33.
3 Vgl. UmwStE Tz. 04.36; vgl. zu der Änderung aufgrund des Gesetzes zur Fortsetzung der Unternehmenssteuerreform auch Thiel/Eversberg/van Lishaut/Neumann, GmbHR 1998, 397, 412; Dehmer, Erläuterung zu Tz. 04.36 UmwStE.
4 Vgl. z. B. Bogenschütz, Rz. 95 m. w. N.

Zwar lehnt sich die „Aufstockungsvorschrift" des § 4 Abs. 6 UmwStG erkennbar an diese Stufentheorie an, jedoch ist der Wortlaut nicht eindeutig formuliert. Grundsätzlich sollte man sich an der Stufentheorie orientieren. Für die steuerliche Behandlung ergeben sich hieraus häufig Vorteile, da immaterielle Wirtschaftsgüter z. T. kürzer abzuschreiben sind als ein Geschäfts- oder Firmenwert (§ 7 Abs. 1 Satz 3 EStG, 15 Jahre), es sei denn, es handelt sich um nicht amortisierbare Werte (z. B. Güterfernverkehrskonzessionen oder u. U. Markenrechte). Für eine völlige Klärung dieser Streitfrage wird man allerdings höchstrichterliche Judikatur abwarten müssen.

820 Ein maximaler steuerlicher Effekt wurde bis 5.8.1997 erreicht, soweit ein überschießender Betrag („Spitzenbetrag") vorlag, da dieser sofort zu Betriebsausgaben führte. Häufig war es äußerst schwierig, den Nachweis zu führen, daß der Anteilswert höher als die Summe aller materiellen und immateriellen Wirtschaftsgüter sowie Firmenwert liegt. Als denkbare Konstellation wären zu nennen echter Fehlkauf (hier stellt sich allerdings im Betriebsvermögensbereich das Problem einer bereits prinzipiell notwendigen Teilwertabschreibung auf die Beteiligung vor Umwandlung), keine unmittelbare Umwandlung nach Erwerb, so daß sich im Falle einer ungünstigen Entwicklung nachteilige Wertveränderungen ergeben können, oder das Vorliegen eines lästigen Gesellschafters, der im Rahmen der Umwandlung „herausgekauft" wurde. Zu dessen Sonderbehandlung (§ 6b EStG ohne Zeitfrist) vgl. § 17 UmwStG. Aufgrund des Gesetzes zur Fortsetzung der Unternehmenssteuerreform ist für Umwandlungsvorgänge, die nach dem 5.8.1997 im Handelsregister eingetragen wurden, ein überschießender Betrag (sogenannter „Spitzenbetrag") jedoch generell zu aktivieren und auf 15 Jahre abzuschreiben (§ 4 Abs. 6 Satz 2 UmwStG). Es sollte daher – soweit möglich – im Vorfeld eine Teilwertabschreibung vorgenommen werden.

Soweit durch die Aufstockung erhöhtes Absetzungspotential entsteht, gelten für die Bemessung der Absetzung die oben gemachten Ausführungen.[1]

(2) Nicht wesentlich beteiligte Gesellschafter mit Beteiligung im Privatvermögen

821 Der nicht wesentlich beteiligte Gesellschafter, der Anteile im Privatvermögen hält, wird von der oben dargestellten Methodik (Aufstockung von Mehrwerten) des Umwandlungssteuerrechts ausgeschlossen. Er erhält anteilig zu seiner Beteiligung am Nennbetrag den Teil des für Ausschüttungen verwendbaren Eigenkapitals mit Ausnahme des EK 04 sowie die darauf lastende Körperschaftsteuer gemäß §§ 7, 10 UmwStG i. V. m. § 20 EStG zugerechnet. Die Einkünfte unterliegen nicht dem Kapitalertragsteuerabzug. Mit Ausnahme des EK 04 sind alle vEK-Gliederungsbeträge zu saldieren. Nur ein insgesamt positiver Betrag soll zu einer Anrechnung führen.[2] Die Einkünfte gelten mit Ablauf des steuerlichen Übertragungsstichtages als zugeflossen. Der nicht wesentlich Be-

1 Vgl. § 4 Abs. 6 Satz 3 UmwStG.
2 Vgl. UmwStE Tz. 7.03; vgl. auch Dehmer, Erläuterung zu Tz. 07.03 UmwStE.

teiligte erzielt damit generell keinen Übernahmegewinn bzw. -verlust, sondern erhält lediglich eine (anteilige) „Vollausschüttung" zugerechnet, die er unter Anrechnung der Körperschaftsteuer versteuert. Die von solchen Gesellschaftern aufgewandten Anschaffungskosten sind folglich nicht im Rahmen des Aufstockungsverfahrens effektuierbar. Sie sind „verloren".

Das gleiche gilt gem. § 7 Satz 2 UmwStG für Anteile i. S. d. § 17 Abs. 2 Satz 4 EStG.

Beachtenswert ist für diesen Personenkreis, daß im Rahmen der Umwandlung auf ein Personenunternehmen bislang nicht steuerlich verstrickte Anteile an Kapitalgesellschaften (keine Anwendung § 17 EStG) zu steuerlich relevanten Beteiligungen an Personenunternehmen werden (§ 16 Abs. 1, Nr. 2 EStG). Dadurch entsteht in bezug auf spätere Veräußerungsgewinne eine deutliche Verschlechterung der Steuerposition des Anteilseigners. Auch die bislang in den Anteilen ruhenden, nicht steuerverhafteten stillen Reserven unterliegen im Falle der Veräußerung der Besteuerung. Jedoch werden z. B. Finanzierungskosten für den Anteilserwerb nach Umwandlung als Sonderbetriebsausgaben auf Ebene der Personengesellschaft abzugsfähig.[1]

Aufgrund der nachteiligen steuerlichen Behandlung derartiger Anteile bei einem Erwerber aufgrund § 50c Abs. 11 EStG (kein „Step-up") dürfte allerdings ein Verkauf vor Umwandlung i. d. R. auch nur zu einem verringerten Wert in Frage kommen.[2]

(3) Ausländische Anteilseigner (beschränkt Steuerpflichtige)

Bezüglich der Behandlung von ausländischen Anteilseignern bestehen **822**
immer noch weitreichende Meinungsunterschiede. Auf der einen Seite wird die Ansicht vertreten, daß die Anteile ausländischer Anteilseigner als nicht in das Betriebsvermögen der Personengesellschaft eingelegt gelten. Dies hat zur Folge, daß die Anteile ebenso wie die der nicht wesentlich beteiligten privaten Anteilseigner vom Aufstockungsverfahren ausgeschlossen bleiben.[3] Weiterhin resultiert daraus, daß Anschaffungskosten von Anteilen beschränkt Steuerpflichtiger grundsätzlich „leerlaufen". Nur soweit Deutschland nach einem DBA das Besteuerungsrecht zustünde, soll die Einlagefiktion des § 5 Abs. 2 UmwStG und damit die Teilnahme am Aufstockungsverfahren gewährleistet sein.[4] Darüber hinaus nehmen nach dieser Ansicht beschränkt steuerpflichtige Anteilseigner auch nicht an der Ausschüttungsfiktion teil. Soweit das verwendbare Eigenkapital auf diese Anteilseigner entfällt, wird damit die darauf lastende Körperschaftsteuertarifbelastung definitiv.

Völlig konträr hierzu wird aber auch die Ansicht vertreten, daß be- **823**
schränkt Steuerpflichtige, die über eine wesentliche Beteiligung i. S. d. § 17 bzw. § 49 Abs. 1 Nr. 2 Buchst. e EStG verfügen, von der Einlagefiktion erfaßt und dementsprechend in die Berechnung des Übernahmege-

1 Vgl. UmwStE Tz. 04.37.
2 Zur fehlenden Möglichkeit des steuerlichen Step-up vgl. auch Ott, INF 1998, 385, 386.
3 Vgl. Dötsch, Anh. UmwStG Rz. 113.
4 Vgl. Dötsch, Anh. UmwStG Rz. 113.

winns/Verlusts einbezogen werden.[1] Dieser Ansicht folgend, wird ein Übernahmegewinn entsprechend einem Inländer berechnet. Da die Anteile als in eine inländische Personengesellschaft eingelegt gelten, nimmt der Ausländer auch am Körperschaftsteueranrechnungsverfahren teil (§ 50 Abs. 5 Nr. 1 EStG). Im Lager der Befürworter einer Einbeziehung von Steuerausländern ist jedoch (wohl) zusätzlich dahingehend zu unterscheiden, wie bezüglich eines Übernahmegewinnes zu verfahren ist. Hierzu wird auf der einen Seite die Ansicht vertreten, daß der Übernahmegewinn in einer inländischen Betriebsstätte, nämlich der übernehmenden Personengesellschaft, anfällt, und daher im Rahmen des allgemeinen Betriebstättenvorbehalts der deutschen Besteuerung unterliegt.[2] Auf der anderen Seite wird die Ansicht vertreten, daß die Besteuerung des Übernahmegewinns aufgrund DBA entsprechend der Zuordnung des Besteuerungsrechts für Veräußerungsgewinne ausgeschlossen sein kann.[3]

824 U. E. spricht einiges für ein deutsches Besteuerungsrecht kraft Betriebsstättenprinzip. Da das Gesetz Steuerausländer nicht explizit ausschließt, sollten die allgemeinen Regelungen zur Anwendung gelangen. Es kann nicht angehen, zwar einerseits die Einlagefiktion anzuwenden, jedoch andererseits bezüglich des „Veräußerungsgewinns" der Anteile die Einlagefiktion zu negieren. Grenzüberschreitend bleibt fraglich, ob insbesondere in DBA-Fällen auch für DBA-Zwecke eine Betriebsstätte angenommen werden kann.

825 Als weiterer Problemkreis muß in diesem Zusammenhang die Regelung des § 50c EStG angesprochen werden. Soweit auch die fingierte Einlage des Ausländers in das Inland als von § 50c EStG belasteter Vorgang angesehen wird, entfällt damit in tatsächlicher Hinsicht regelmäßig die Aufstockungsmöglichkeit (die Zurechnung des Sperrbetrags neutralisiert das Aufstockungspotential). So vertreten z. B. Füger und Rieger die Ansicht, daß der Tatbestand des § 50c EStG im vorliegenden Fall nicht erfüllt würde.[4] Dieser Ansicht stehen dagegen andere Autoren entgegen.[5] Die Einlage führt entweder gemäß § 50c Abs. 1 EStG oder mittelbar über den Ersatztatbestand des § 50c Abs. 6 EStG generell zum Entstehen von „50c EStG behafteten Anteilen".

U. E. sollte man aufgrund des insoweit undeutlichen Gesetzeswortlautes als Auslegungshilfe auch auf die Besteuerungsfolgen abstellen, die im Rahmen einer alternativ möglichen Struktur eintreten. Statt der unmittelbaren Umwandlung stünde es dem Steuerausländer auch offen, die Anteile in eine neue Personengesellschaft hineinzuveräußern. Hierdurch wäre klargestellt, daß im ersten Schritt ein in Deutschland u. U. steuerfreier Veräußerungsgewinn (DBA) entstünde. In der Personengesellschaft käme ein hoher Anschaffungswert im Rahmen der Umwandlung zum Ansatz. Ebenso unstreitig greift hier aber auch § 50c Abs. 6 EStG. In Höhe des Sperrbetrags entfällt eine Aufstockung.

1 Vgl. Bogenschütz, Rz. 136 ff., Jakobs/Plewka, DB 1995 1630.
2 Vgl. Bogenschütz, Rz. 137.
3 Vgl. Jakobs/Plewka, DB 1995, 1630, 1635.
4 Vgl. Füger/Rieger, IStR 1995, 419 sowie Füger/Rieger IStR 1995, 257.
5 Vgl. Herfort/Strunkl, IStR 1995, 415.

Nach Ansicht der Finanzverwaltung gilt für diese Personengruppe die Einlage- und Übertragungsfiktion nur, wenn die Anteile zu einem inländischen Betriebsvermögen gehören oder eine wesentliche Beteiligung vorliegt, für die Deutschland das Besteuerungsrecht besitzt. Andernfalls nehmen die Anteile weder an der Ermittlung des Übernahmeergebnisses teil, noch erfolgt eine Anrechnung von Körperschaftsteuer (§ 10 Abs. 2 UmwStG).[1] 826

Vor dem Hintergrund dieser Überlegung und aufgrund der allgemeinen Systematik des Umwandlungs- und Einkommensteuerrechts sprechen gute Gründe dafür, auch im Rahmen einer Umwandlung ohne vorherige Veräußerung den Steuerausländer im Rahmen des § 50c EStG zu erfassen. Als Konsequenz würden „Steuerausländer" insoweit nicht am Aufstockungsverfahren teilnehmen.

bb) Vermögensübertragung auf eine Personengesellschaft oder natürliche Person ohne Betriebsvermögen

Die §§ 8 und 9 Abs. 2 UmwStG regeln den Übergang des Vermögens auf 827
eine Personengesellschaft oder eine natürliche Person, bei der es nicht zu Betriebsvermögen wird. Dies ist z. B. bei einer reinen vermögensverwaltenden GmbH als Übertragerin (z. B. Immobilienbesitz, Wertpapierverwaltung) denkbar.[2] Geht das Vermögen in die Privatsphäre über, muß die übertragende Kapitalgesellschaft zwingend gemeine Werte ansetzen. Damit kommt es auf Ebene der Kapitalgesellschaft stets zu einer vollständigen Versteuerung.

Daneben erfolgt u. U. eine Versteuerung der in den Anteilen enthaltenen stillen Reserven. Abhängig davon, in welcher Vermögenssphäre die Anteile gehalten werden, treten abweichende steuerliche Folgen ein. Gehören die Anteile zu einem Betriebsvermögen, können sich infolge des Vermögensübergangs gewerbliche Einkünfte ergeben. Handelt es sich um wesentliche Anteile i. S. d. § 17 EStG, entsteht ggf. ein Gewinn entsprechend dieser Vorschrift. Jedoch wird gem. § 8 Abs. 2 UmwStG generell die Gewährung des Freibetrags nach § 17 Abs. 3 EStG als auch der ermäßigte Steuersatz des § 34 Abs. 1 EStG versagt. Darüber hinaus wird auch die Vorschrift über Spekulationsgewinne (§ 22 Nr. 2 EStG) als unanwendbar erklärt. Bei nicht wesentlich beteiligten Gesellschaftern, deren Anteile nicht als einbringungsgeboren qualifizieren, entfällt dagegen eine steuerliche Erfassung der Substanz.

Soweit verwendbares Eigenkapital vorhanden ist, wird dieses sowie die darauf lastende Körperschaftsteuer gem. § 20 EStG angesetzt.

Das nachfolgende zusammenfassende **Beispiel** ist dem BMF-Schreiben vom 25.3.1998 entnommen und dient der Veranschaulichung des bisher zum Umwandlungssteuerrecht Gesagten.[3]

1 Vgl. UmwStE Tz. 5.12.
2 Einer derartigen „Zwangsaufdeckung" der stillen Reserven kann durch eine entsprechende Gestaltung entgegengewirkt werden; z. B. mittels Anwendung der gesetzlich normierten Geprägerechtsprechung gem. § 15 Abs. 3 Nr. 2 EStG.
3 UmwStE, nach Tz. 10.06.

828 **Grundfall**

Gesellschafter der X-GmbH (Stammkapital 1 000) sind A zu 50 %, B zu 30 % und C zu 20 %. A hält eine Beteiligung, die er kurz vor der Verschmelzung zu Anschaffungskosten in Höhe von 2 000 (Buchwert) erworben hat, im Betriebsvermögen. B und C halten ihre Beteiligung im Privatvermögen. B hat seinen Anteil bei Gründung der GmbH für 300 erworben. C hat für seinen Anteil Anschaffungskosten i. H. v. 700 aufgewendet.

Bilanz der X-GmbH zum 31.12.1995

	Buchwert	Teilwert			Buchwert	Teilwert
Firmenwert	0	1 000	Eigenkapital		1 000	3 000
			– Stammkapital	1 000		
			– Rücklagen	1 500		
			– Verlustvortrag	– 1 500		
Anlage-vermögen	1 000	1 400				
Umlauf-vermögen	1 500	2 100	Verbindlich-keiten		1 500	1 500
	2 500	4 500			2 500	4 500

Eigenkapitalgliederung der X-GmbH zum 31.12.95

EK 50	EK 02
1 500	- 1 500

Die X-GmbH soll zum 01.01.96 durch Neugründung zum Buchwert auf die A, B, C - OHG verschmolzen werden.

Lösung:

1. Grundfall

   a) X-GmbH

   Die X-GmbH kann nach § 3 UmwStG die Wirtschaftsgüter in ihrer steuerlichen Schlußbilanz mit dem Buchwert ansetzen, da das übertragene Vermögen bei der A, B, C-OHG Betriebsvermögen bleibt. Bei Buchwertansatz ergibt sich kein Übertragungsgewinn. Die in den Wirtschaftsgütern enthaltenen stillen Reserven gehen auf die übernehmende Personengesellschaft über.

   b) A, B, C-OHG und Gesellschafter

   Die A, B, C-OHG hat auf den Verschmelzungsstichtag eine handelsrechtliche und eine steuerliche Eröffnungsbilanz aufzustellen. Gemäß § 4 Abs. 1 UmwStG ist die A, B, C-OHG an die Wertansätze der Übertragungsbilanz der X-GmbH gebunden (Grundsatz der Wertverknüpfung). Die A, B, C-OHG tritt nach § 4 Abs. 2 u. 3 UmwStG in die Rechtsstellung der übertragenden X-GmbH ein (Grundsatz der Gesamtrechtsnachfolge).

   Die von der X-GmbH übernommenen Wirtschaftsgüter sind anstelle der nach § 5 UmwStG als in das Betriebsvermögen der A, B, C-OHG eingelegt geltenden Beteiligung in die Bilanz aufzunehmen. In Höhe des Unterschiedsbetrages zwischen dem Wert, mit dem die übergegangenen Wirtschaftsgüter zu übernehmen sind, und dem Buchwert der Anteile an der übertragenden Körperschaft ergibt sich ein Übernahmegewinn oder Übernahmeverlust (§ 4 Abs. 4 UmwStG). Dabei gilt die im Betriebsvermögen gehaltene Beteiligung des A nach § 5 Abs. 3 UmwStG als mit dem Buchwert, die im Privatvermögen gehaltene wesentliche Beteiligung im Sinne von § 17 EStG des B nach § 5 Abs. 2 UmwStG als mit den Anschaffungskosten in das Betriebsvermögen der A, B, C-OHG eingelegt.

Ein Übernahmegewinn nach § 4 Abs. 4 bis 6 UmwStG ist ohne tarifliche Begünstigung von den Gesellschaftern der übernehmenden Personengesellschaft nach § 15 Abs. 1 Nr. 1 oder Nr. 2 EStG zu versteuern. Bei Buchwertfortführung umfaßt der Übernahmegewinn regelmäßig nur die in dem übertragenen Vermögen enthaltenen offenen Rücklagen. Gewerbesteuerlich ist der Übernahmegewinn nach § 18 Abs. 2 UmwStG nicht zu erfassen.

Ein Übernahmeverlust führt bei der übernehmenden Personengesellschaft (i. d. R. in Ergänzungsbilanzen der Gesellschafter) zu einer (steuerneutralen) Buchwertaufstockung bei den einzelnen Wirtschaftsgütern nach der Stufentheorie (§ 4 Abs. 6 UmwStG).

Für die im Privatvermögen gehaltene nicht wesentliche Beteiligung[1] des C an der X-GmbH gilt die Einlagefiktion des § 5 Abs. 2 UmwStG nicht. Die anteilig hierauf entfallenden Wirtschaftsgüter werden bei der Ermittlung des Übernahmegewinns oder Übernahmeverlustes nicht berücksichtigt (§ 4 Abs. 4 Satz 3 UmwStG). C hat nach § 7 UmwStG das anteilig auf ihn entfallende verwendbare Eigenkapital der übertragenden Kapitalgesellschaft (offene Rücklagen) sowie die anzurechnende KSt als Einkünfte aus Kapitalvermögen zu versteuern.

Ein bei der Kapitalgesellschaft verbleibender Verlustabzug i. S. d. § 10d Abs. 3 Satz 2 EStG geht trotz des Eintritts der Personengesellschaft in die Rechtsstellung der Kapitalgesellschaft nicht auf die Gesellschafter der übernehmenden Personengesellschaft über (§ 4 Abs. 2 Satz 2 UmwStG).

Die Eröffnungsbilanz der A, B, C-OHG und die Auswirkungen der Verschmelzung auf die Gesellschafter A, B und C bei Ansatz der Buchwerte der übergehenden Wirtschaftsgüter in der Bilanz der X-GmbH stellen sich wie folgt dar:

Steuerliche Eröffnungsbilanz A, B, C-OHG 31.12.1995:

Verschiedene Aktiva	2 500	Kapital A	500	
		Kapital B	300	
		Kapital C	200	
				1 000
		Verbindlichkeiten		1 500
	2 500			2 500

1 Ab 1999 qualifiziert die Beteiligung des C voraussichtlich als wesentlich (Absenkung der Grenze des § 17 EStG auf unter 10 %).

Die Auswirkungen auf die A, B, C-OHG und ihre Gesellschafter:

	A (50 %-Beteiligung im Betriebsvermögen)	**B (30 %-Beteiligung im Privatvermögen)**	**C (20 %-Beteiligung im Privatvermögen)**
Buchwert des übergegangenen Vermögens	500	300	–
abzgl. Buchwert der Anteile	./. 2 000	./. 300	–
vorläufiges Übernahmeergebnis	./. 1 500	0	–
Zurechnung nach § 7 UmwStG	–	–	0
anzurechnende KSt (§ 4 Abs. 5, § 7 Nr. 2 UmwStG)	750	450	300
Übernahmeergebnis	./. 750	450	–
Aufstockung gemäß § 4 Abs. 6 UmwStG	0	–	–
Steuerpflichtiger Übernahmegewinn	0	450	–
Einkünfte aus Kapitalvermögen	–	–	300
Steuersatz (z. B. 50 %)	0	225	150
anrechenbare KSt	750	450	300
Erstattung	750	225	150

Ergänzungsbilanz A

Anlagevermögen	200	Mehrkapital	750
Umlaufvermögen	300		
Firmenwert	250		
	750		750

A hat einen durch die Verschmelzung bedingten Übernahmeverlust in Höhe von 750 erzielt. In entsprechender Höhe hat er in einer Ergänzungsbilanz die anteilig auf ihn entfallenden Wirtschaftsgüter auszustocken. Ferner erhält A ein Körperschaftsteuerguthaben in Höhe von 750 erstattet.

B hat einen steuerpflichtigen Übernahmegewinn in Höhe von 450 erzielt. Auf die Besteuerung des Übernahmegewinns ist der auf B entfallende Teil der anrechenbaren KSt anzurechnen (§ 10 UmwStG).

C ist als nicht wesentlich Beteiligter nicht in die Ermittlung des Übernahmegewinns oder -verlustes auf der Ebene der A, B, C-OHG einbezogen worden. Ihm werden gemäß § 7 UmwStG das auf seine Anteile entfallende verwendbare Eigenkapital 0 (bei Anwendung des § 7 UmwStG werden negative Teilbeträge des EK 0 mit positiven Teilbeträgen des belasteten EK – mit Ausnahme des EK 04 – verrechnet) und die anrechenbare KSt in Höhe von 300 als Einkünfte aus Kapitalvermögen zugerechnet. Die KSt von 300 ist auf seine ESt anrechenbar.

Abwandlung

Wie Ausgangsfall, jedoch sind die Gesellschafter B und C beschränkt steuer- **829**
pflichtig.

Bei einem beschränkt steuerpflichtigen Gesellschafter, der nicht wesentlich an der übertragenden Kapitalgesellschaft beteiligt ist, sieht das UmwStG ebenso wie bei einem unbeschränkt Steuerpflichtigen keine Einlage in das Betriebsvermögen der übernehmenden Personengesellschaft vor. Das gleiche gilt für einen beschränkt steuerpflichtigen Gesellschafter mit wesentlicher Beteiligung deren Veräußerung nicht der inländischen Besteuerung unterliegt. Auch hier gilt die wesentliche Beteiligung nicht gemäß § 5 Abs. 2 UmwStG als in das Betriebsvermögen eingelegt. Bei diesen Anteilseignern kann kein steuerlich zu berücksichtigender Übernahmeverlust i. S. d § 4 Abs. 4 UmwStG entstehen.

3. Vermögensübergang auf Kapitalgesellschaften (Einbringung)

Einbringung eines Betriebes, Teilbetriebes oder Mitunternehmeranteils in eine Kapitalgesellschaft gegen Gewährung von Gesellschaftsrechten

a) Einführung

Materiell hat der 8. Teil des Umwandlungssteuerrechts keine weit- **830**
reichenden Änderungen durch das neue UmwStG erfahren. Es ist lediglich zu einer redaktionellen Neufassung gekommen, die der Übersichtlichkeit dieses Teils dient. Der § 20 UmwStG enthält in seiner Neufassung nur noch die Regelung für Inlandssachverhalte oder Auslandssachverhalte außerhalb der Europäischen Union. Einbringungssachverhalte, die die Europäische Union betreffen, sind dagegen in § 23 UmwStG zusammengefaßt worden und ersetzen die alten Regelungen des § 20 Abs. 6 Satz 2 und Abs. 8 UmwStG. Soweit § 20 und § 23 Abs. 4 UmwStG anwendbar sind (z. B. Einbringung einer ausländischen EU-Gesellschaft in eine deutsche Gesellschaft), so dürfte ein Wahlrecht bestehen, die günstigere Regelung anzuwenden. Aufgrund der weitergehenden Restriktionen in § 23 UmwStG sollte hier i. d. R. § 20 UmwStG vorzuziehen sein.

Materielle Neuregelungen stellen zum einen die einheitlichen Stundungs- und Rückwirkungsregelungen des § 20 Abs. 6 und 7 i. V. m. Abs. 8 UmwStG dar sowie die Neufassung von Art und Umfang des Eintritts in die steuerliche Rechtsposition bei der übernehmenden Kapitalgesellschaft gemäß § 22 UmwStG.

b) Begünstigte Fälle

831 Folgende zivilrechtliche Maßnahmen sind grundsätzlich als Einbringung durch das Gesetz erfaßt:[1]

a) im Wege der Gesamtrechtsnachfolge:

aa) durch Verschmelzung von Personenhandelsgesellschaften[2] auf eine bereits bestehende oder neu gegründete Kapitalgesellschaft (vgl. § 2, § 3 Abs. 1 Nr. 1 UmwG);

bb) durch Aufspaltung und Abspaltung von Vermögensteilen einer Personenhandelsgesellschaft[2] auf eine bereits bestehende oder neu gegründete Kapitalgesellschaft (vgl. § 123 Abs. 1 und 2 UmwG);

cc) durch Ausgliederung von Vermögensteilen eines Einzelkaufmanns, einer Personenhandelsgesellschaft,[2] einer Kapitalgesellschaft oder eines sonstigen sowohl in § 1 Abs. 1 KStG als auch in §§ 124 Abs. 1, 2. Alternative, 3 Abs. 1 UmwG genannten Rechtsträgers auf eine bereits bestehende oder neu gegründete Kapitalgesellschaft;

b) im Wege des Formwechsels einer Personenhandelsgesellschaft[2] in eine Kapitalgesellschaft nach § 190 UmwG. Der Formwechsel wird steuerlich wie ein Rechtsträgerwechsel behandelt, vgl. § 25 UmwStG,

c) im Wege der Einzelrechtsnachfolge

aa) durch Sacheinlage im Sinne von § 5 Abs. 4 GmbHG bzw. § 17 AktG bei der Gründung einer Kapitalgesellschaft oder

bb) durch Sachkapitalerhöhung aus Gesellschaftermitteln (vgl. § 56 GmbHG, §§ 183, 194, 205 AktG) bei einer bestehenden Kapitalgesellschaft. Die Anwachsung (§ 738 BGB, § 142 HGB) wird ertragsteuerlich als Unterfall der Einzelrechtsnachfolge behandelt;

d) im Rahmen des § 23 UmwStG ggf. in sonstigen, durch ausländisches Recht bestimmten Formen.

c) Begünstigte Organisationseinheiten

832 Daneben muß die Einbringung spezifisch steuerliche Qualifikationsmerkmale erfüllen. Begünstigt sind nur die Einbringung von:

- (ganzen) Betrieben
- (in sich abgeschlossenen) Teilbetrieben
- Mitunternehmeranteilen (oder Teilen eines Mitunternehmeranteils)
- Kapitalgesellschaftsanteilen, wenn die übernehmende Gesellschaft nach der Einbringung unmittelbar die Mehrheit der Stimmrechte hält.

1 Vgl. UmwStE Tz. 20.02, vgl. auch Wacker, BB 1998, Beilage 8 zu Heft 26, 3.
2 Ab 1.8.1998 ist dies auch Partnerschaftsgesellschaften möglich.

In Fällen der rückwirkenden Einbringung muß die Teilbetriebseigenschaft (bereits) im Rückwirkungszeitpunkt erfüllt sein.[1] Aufgrund der reinen Fiktion der Rückwirkung erscheint diese Ansicht nicht zwingend. Gleichwohl schafft die Ansicht der Finanzverwaltung dahingehend Sicherheit, als – insbesondere bei Eintragungsverzögerungen – nicht bis zur Eintragung nachgehalten werden muß, ob der übertragene (Teil-) Betrieb noch (unverändert) fortbesteht.

Bei der Einbringung von Betrieben, Teilbetrieben und Mitunternehmeranteilen ist stets darauf zu achten, daß die wesentlichen Betriebsgrundlagen Gegenstand der Einbringung sind. Eine (zukünftige) Nutzungsüberlassung wesentlicher Betriebsteile reicht nicht aus.[2] Derartige Problemfälle können insbesondere in Fällen der Betriebsaufspaltung oder bei Vorliegen von Sonderbetriebsvermögen I auftreten. Auch bestehende Beteiligungen an Kapitalgesellschaften können als wesentliche Betriebsgrundlage zu qualifizieren sein. Besondere Schwierigkeiten treten auf, soweit eine zivilrechtliche Übertragung nicht möglich ist (z. B. Grundstücke, Patente etc.) oder auf sehr große Probleme/Kosten trifft. Wird ein Wirtschaftsgut (z. B. Grundstück) von mehreren Teilbetrieben genutzt, so wäre zu prüfen, ob dieses Wirtschaftsgut in eine getrennte Gesellschaft isoliert werden kann, so daß die verbleibenden Betriebsteile keine mehrfachen Nutzungen von Wirtschaftsgütern, die im Eigentum stehen, aufweisen. U. U. könnte dies als Mißbrauch gelten.

Handelt es sich um Anteile an der Gesellschaft, in die die Einbringung erfolgen soll (z. B. Einbringung des Besitzunternehmens in die Betriebsgesellschaft zwecks Beendigung einer Betriebsaufspaltung, hier qualifizieren die Anteile an der Betriebsgesellschaft in aller Regel als wesentliche Betriebsgrundlage), so würde die Einbringung zu eigenen Anteilen führen. Zwecks Vereinfachung müssen diese Anteile daher nicht eingebracht werden. Sie gelten dennoch gemäß § 21 UmwStG als „einbringungsgeboren", soweit die Einlage unter Teilwert erfolgte.

Die Zurückbehaltung wesentlicher Betriebsgrundlagen führt zur Versteuerung aller stillen Reserven (keine Anwendung § 20 UmwStG). Die Überführung nicht wesentlicher Betriebsgrundlagen in das Privatvermögen bewirkt insoweit eine Entnahmebesteuerung. Beide Maßnahmen können der Tarifermäßigung (§ 34 EStG) unterliegen.[3]

Bei der Einbringung von Anteilen an einer Personengesellschaft (Mitunternehmergesellschaft) kann auch ein Bruchteil der Beteiligung eingebracht werden. Bei der Einbringung von Kapitalgesellschaftsanteilen ist nur der anschließende Mehrheitsbesitz entscheidend. Er kann also auch so schon vor der Einbringung vorgelegen haben.

Bestand vor der Einbringung noch keine Mehrheit, qualifiziert auch die gleichzeitige Einbringung mehrerer Beteiligungen durch mehrere Personen, wenn in Summe die Mehrheit erreicht wird (z. B. X-GmbH

1 Vgl. UmwStE Tz. 20.19. U. U. kann aber ein Teilbetrieb im Aufbau gegeben sein, vgl. BFH v. 2.1.1989, BStBl II 1989, 458; vgl. hierzu auch Wacker, BB 1998, Beilage 8 zu Heft 26, 6; Dehmer, Erläuterung zu Tz. 20.19 UmwStE.
2 Vgl. BFH v. 16.2.1996, BStBl II 1996, 342.
3 Vgl. BFH v. 25.9.1991, BStBl II 1992, 406.

hält an der Y-GmbH 25 %, 6 Y-GmbH-Gesellschafter bringen ihren Anteil von je 5 % in die X-GmbH ein, X-GmbH hält nunmehr 55 %, also die Mehrheit).

d) *Steuerliche Rückwirkung*

833 Gem. § 20 Abs. 7 und 8 UmwStG besteht auch im Rahmen der Einbringung die gesetzliche Rückwirkungsfiktion ähnlich § 2 UmwStG. Dies gilt jedoch unabhängig davon, ob die Einbringung durch das Umwandlungsgesetz abgedeckt wird. Einkommen und Vermögen des Einbringenden und der übernehmenden Kapitalgesellschaft sind dementsprechend auf Antrag so zu ermitteln, als ob das eingebrachte Betriebsvermögen mit Ablauf des steuerlichen Übertragungsstichtages auf die Übernehmerin übergegangen wäre (§ 20 Abs. 7 UmwStG). Hierbei ist allerdings zu beachten, daß diese Rückwirkungsfiktion nicht für Entnahmen und Einlagen gilt. Insofern greift noch eine Besteuerung im Rahmen der untergehenden Personengesellschaft. Grundsätzlich führt die Rückwirkungsfiktion dazu, daß bereits ab dem letzten Bilanzstichtag alle Einkünfte als durch die Kapitalgesellschaft erzielt gelten.

Die Rückwirkungsregelungen des § 20 Abs. 7, 8 UmwStG lassen einen Rückbezug von maximal 8 Monaten zu.[1] Hierbei muß allerdings hinsichtlich der exakten Ausgestaltung dieser Frist differenziert werden:

- in Fällen der Verschmelzung (§ 2 UmwG) und Spaltung (§ 123 UmwG) darf die der Einbringung zugrundeliegende Bilanz (§ 17 Abs. 2 UmwG) nicht älter als 8 Monate im Zeitpunkt der Anmeldung sein
- in allen anderen Fällen bezieht sich der 8-monatige Rückbezug auf die maximale Frist zwischen Rückbezugstermin und (nachträglichem) Abschluß des Einbringungsvertrages, zugleich darf auch der Übergang des Vermögens nicht mehr als 8 Monate nach dem Rückbezugstermin liegen.

Bsp.: Eine Einbringung soll gem. § 20 Abs. 7 auf den 1.1.1999 wirksam werden, es erfolgt eine Sacheinlage mit Kapitalerhöhung, kein Vorgang der Gesamtrechtsnachfolge: Einbringungsvertrag und Übergang des Vermögens müssen bis zum 31.8.1999 erfolgt sein, mit anderen Worten: Der Vorgang muß bis zu diesem Stichtag abgeschlossen sein, um eine Rückwirkung auszulösen.

Variante: Übertragung erfolgt per Ausgliederung im Wege der Gesamtrechtsnachfolge: lediglich die Anmeldung zum Handelsregister bis zum 31.8.1999 reicht aus.

Grundsätzlich wird die Einbringung im Zeitpunkt des Übergangs des wirtschaftlichen Eigentums wirksam (im Vertrag benannter Zeitpunkt des Übergangs von Nutzen und Lasten).

Veräußert ein Mitunternehmer im Interimszeitraum seine Beteiligung, nimmt er an der Rückwirkungsfiktion nicht teil, weil er nicht mehr zum Zeitpunkt des zivilrechtlichen Wirksamwerdens beteiligt ist. Er ist nicht Einbringender.

1 Zur steuerlichen Rückbeziehung des § 20 Abs. 7, 8 UmwStG vgl. auch Wacker, BB 1998, Beilage 8 zu Heft 26, 3.

e) Gewährung neuer Anteile

Die Einbringung muß zumindest zum Teil zwingend gegen Gewährung neuer Anteile erfolgen. Damit ist sowohl die (ausschließliche) verdeckte Einlage als auch die verschleierte Sachgründung nicht von der Vorschrift erfaßt. In beiden Fällen entfällt damit die Möglichkeit einer steuerneutralen Einbringung (vgl. Rz. 625 ff.). **834**

Auch eine Anwachsung auf die Komplementär GmbH durch Austritt der Kommanditisten ohne Gewährung neuer Anteilsrechte (§ 738 BGB, § 142 HGB) stellt keine begünstigte Einbringung dar (vgl. Rz. 638 ff.).

Letztlich reicht die Ausgabe eines neuen Anteils, im übrigen können auch die Rücklagen angesprochen werden (§ 272 Abs. 2 Nr. 4 HGB, § 30 Abs. 2 Nr. 4 KStG).

Ebenso können neben Gesellschaftsanteilen andere Gegenleistungen (steuerneutral bis zum Buchwert) gewährt werden (§ 20 Abs. 2 Satz 5, Abs. 4 Satz 2 UmwStG). Die Gegenleistung kann auch von Dritten gewährt werden. Als sonstige Gegenleistung kommt z. B. die Zahlung liquider Mittel oder die Einstellung einer Verbindlichkeit in der Gesellschaftsbilanz (= Begründung einer Forderung des einbringenden Gesellschafters) in Betracht. Die Zuzahlungen mindern die Anschaffungskosten der gewährten Anteile, d. h. die stillen Reserven steigen in Höhe von Zuzahlungen an (mittels entsprechender Entnahmen vor Einbringung aus dem einzubringenden Betrieb ist dies prinzipiell in gleicher Weise möglich), wodurch sich ein späterer Veräußerungs- oder Entstrikkungsgewinn entsprechend erhöht.

f) Besteuerung der übertragenden Gesellschafter

Einbringende Personen können **835**

- natürliche Personen,
- Körperschaften, Personenvereinigungen und Vermögensmassen i. S. d. § 1 Abs. 1 KStG (unbeschränkte Körperschaftsteuerpflicht) sowie
- juristische Personen des öffentlichen Rechts im Hinblick auf die Einbringung eines Betriebs gewerblicher Art

sein.

In bezug auf die Einbringung von Mitunternehmeranteilen gelten stets die Gesellschafter (Mitunternehmer), nicht die Gesellschaft als Einbringende.[1]

Gem. § 20 Abs. 4 UmwStG gilt der Wert, mit dem die Kapitalgesellschaft das eingebrachte Betriebsvermögen ansetzt, für den Einbringenden als Veräußerungspreis und als Anschaffungskosten der gewährten Gesellschaftsanteile (Wertverknüpfung). Damit hängen die Steuerfolgen für die einbringenden Gesellschafter maßgeblich von der Behandlung auf Ebene der Kapitalgesellschaft und der Erfüllung aller notwendigen Voraussetzungen ab. **836**

1 Vgl. BFH vom 16.2.1996, BStBl II 1996, 342; UmwStE Tz. 20.05; vgl. hierzu auch Wacker, BB 1998, Beilage 8 zu Heft 26, 17; Dehmer, Erläuterung zu Tz. 20.05 UmwStE.

837 Außerhalb von Sonderfällen wird man regelmäßig eine Buchwerteinbringung anstreben. Hierfür ist notwendig, daß, wie oben dargelegt, Gegenstand der Einbringung ein Betrieb oder Teilbetrieb oder ein Mitunternehmeranteil oder Anteile an einer Kapitalgesellschaft sind, wenn die übernehmende Kapitalgesellschaft aufgrund ihrer Beteiligung einschließlich der übernommenen Anteile nachweisbar unmittelbar die Mehrheit der Stimmrechte an der Kapitalgesellschaft hat, deren Anteile eingebracht werden. Sind diese Voraussetzungen erfüllt, kann eine Buchwerteinbringung (Wahlrecht) erfolgen.

Da § 24 UmwG bei Formwechsel keine Anwendung findet, soll der Formwechsel gemäß § 25 UmwStG nur zu Buchwerten möglich sein.[1]

Der Buchwertansatz hängt ausschließlich von der Wahlrechtsausübung auf Ebene der übernehmenden Kapitalgesellschaft ab. Die Kapitalgesellschaft kann das eingebrachte Betriebsvermögen mit dem Buchwert oder einem höheren Zwischenwert, aber maximal dem Teilwert ansetzen (§ 20 Abs. 2 Satz 1 und 6 UmwStG). Ein Ansatz unter dem bisherigen Buchwert ist unzulässig. Soweit die aufnehmende Kapitalgesellschaft einen höheren Wertansatz wählt, kommt es zu einer Erfassung/Besteuerung der aufgedeckten stillen Reserven auf Ebene der einbringenden Gesellschafter. Hierbei wird generell (also auch bei Zwischenwertansatz) die Vergünstigung des § 34 Abs. 1 EStG (beachte höhenmäßige Begrenzung) gewährt. Die Freibetragsregelung der §§ 16 Abs. 4 oder 17 Abs. 3 EStG sind dagegen nur bei einem Teilwertansatz zu berücksichtigen. Darüber hinaus muß im Falle der Einbringung einer Kapitalgesellschaft für diese Steuerbegünstigung das gesamte Nennkapital Einbringungsgegenstand sein.

838 Ein Zwischenwertansatz ist zwingend notwendig, soweit anderenfalls die Passivposten die Aktiva übersteigen würden (Verbot der Einbringung eines negativen Kapitals). Eine negative Größe kann z. B. auch durch Entnahmen während des Interimszeitraums (Zeitraum der Rückwirkung) entstehen.

Das Bewertungswahlrecht gilt durch Abgabe von Steuererklärung mit Bilanz als ausgeübt.[2] U. E. sollte eine spätere Änderung bis zur Bestandskraft zulässig sein. Aus diesen Unterlagen muß sich der Einbringungszeitpunkt sowie der Wertansatz (Buch-, Zwischen-, Teilwert) ergeben. Diese Angabe sollte stets explizit erfolgen. Wird z. B. der Teilwertansatz gewählt, korrigiert aber die Betriebsprüfung den „Teilwert", so ändert dies sowohl die Anschaffungskosten der neuen Anteile als auch den Veräußerungsgewinn für die Einbringenden. Es bleibt bei der Entstrickung. Wird dagegen ein höherer Teilwert festgestellt, ohne (klare) Wahlrechtsausübung respektive explizite Erklärung, wird u. U. ein Zwischenwertansatz unterstellt mit der Folge, daß nunmehr einbringungsgeborene Anteile entstanden sind.[3]

1 Vgl. UmwStE Tz. 20.30; vgl. hierzu auch Wacker, BB 1998, Beilage 8 Heft 26, 8; Thiel/Eversberg/van Lishaut/Neumann, GmbHR 1998, 397, 435.
2 Vgl. UmwStE Tz. 20.31; Wacker, BB 1998, Beilage 8 zu Heft 26, 8.
3 Vgl. UmwStE Tz. 20.34; Dehmer, Erläuterung zu Tz. 20.34 UmwStE.

Das Wahlrecht zum Ansatz unter dem Teilwert entfällt, wenn das Besteuerungsrecht der Bundesrepublik Deutschland hinsichtlich des Gewinns aus einer Veräußerung der dem Einbringenden gewährten Gesellschaftsanteile im Zeitpunkt der Sacheinlage ausgeschlossen ist (§ 20 Abs. 3 UmwStG). Dies ist z. B. dann der Fall, wenn der einbringende Gesellschafter Anteile erhält, die kraft DBA-Regelung nicht in Deutschland besteuert werden können (Einbringender ist im „DBA-Ausland" ansässig). Gelangen die Anteile dagegen in ein inländisches Betriebsvermögen eines Steuerausländers, greift diese Sondervorschrift nicht. Insoweit ist eine Buchwerteinbringung möglich. Soweit bezüglich Steuerausländern eine Vollaufdeckung notwendig wird, kann die anfallende Einkommen- oder Körperschaftsteuer in jährlichen Teilbeträgen von mindestens ⅕ ohne Stundungszinsen entrichtet werden (§ 20 Abs. 6 UmwStG). Durch Umwandlung in eine KGaA, an der der Steuerausländer als persönlich haftender Gesellschafter beteiligt bleibt, könnten diese Konsequenzen z. B. vermieden werden. Gleiches gilt, wenn das einzubringende Betriebsvermögen Teil eines gewerblichen Inlandsvermögens darstellt, so daß die im Rahmen der Einbringung gewährten Anteile im Inland steuerverstrickt bleiben (z. B. Einlage eines Mitunternehmeranteils in einer weiteren GmbH & Co. KG, die auch für DBA-Zwecke als Betriebsstätte qualifiziert, Einbringung des Mitunternehmeranteils, die gewährten Anteile werden im Vermögen der GmbH & Co. KG gezeigt).

Setzt die aufnehmende Kapitalgesellschaft das eingebrachte Betriebsvermögen unter dem Teilwert an, entstehen stille Reserven in den neuen Anteilen.[1] Dieser Tatsache wird mit der „Steuerverhaftung" der entstehenden Anteile begegnet. Es handelt sich um sog. einbringungsgeborene Anteile. Diese stellen unabhängig von der Höhe des Anteilswertes i. S. d. § 17 EStG steuerverstrickte Anteile dar. Eine Veräußerung ist stets steuerpflichtig. Es greift bis zur Höchstgrenze § 34 EStG. Die steuerverhafteten stillen Reserven einbringungsgeborener Anteile „springen" bei Kapitalerhöhungen oder unentgeltlicher Übertragung auf Dritte über. Dieser Vorgang wirkt zwar als solcher nicht gewinnrealisierend, jedoch gelten auch diese Anteile als steuerverhaftet.[2]

Neben einer Veräußerung erfolgt eine Versteuerung einbringungsgeborener Anteile auch, wenn das Besteuerungsrecht der Bundesrepublik Deutschland ausgeschlossen wird (z. B. Wohnsitzwechsel in das DBA-Ausland), die Kapitalgesellschaft aufgelöst oder abgewickelt wird, das Kapital herabgesetzt oder zurückgezahlt wird oder der Anteilseigner die Anteile verdeckt in eine Kapitalgesellschaft einlegt. Darüber hinaus tritt eine Veräußerungsbesteuerung auch auf Antrag des Anteilseigners ein. Hierdurch hat es der Anteilseigner jederzeit in der Hand, die Entstrikkung zu wählen. Dies bietet sich z. B. an, soweit es sich bei den Anteilen um nicht wesentliche Anteile i. S. d. § 17 EStG handelt. Die Vorschrift ermöglicht in diesem Fall, zu einem vorausgeplanten Zeitpunkt steuer- **839**

1 Handelt es sich bei der Einlage um Privatvermögen, greift der Mechanismus nicht.
2 Vgl. BFH, Urt. v. 8.4.1992, BStBl II 1992, 761; BFH-Urt. v. 8.4.1992, BStBl II 1992, 766; vgl. auch Wacker, BB 1998, Beilage 8 zu Heft 26, 11; Thiel/Eversberg/van Lishaut/Neumann, GmbHR 1998, 397, 438.

liches Privatvermögen zu generieren und zukünftige Wertsteigerungen steuerfrei im Privatvermögen zu erzielen. Grundsätzlich kann bei den Ersatztatbeständen eine Stundung auf 5-Jahresbeträge ohne Stundungszinsen erreicht werden. Jedoch endet die Stundung bei einer Veräußerung der Anteile. Die Versteuerung auf Antrag kann zusätzlich ein Vorteil im Hinblick auf die Bemessungsgrundlage bieten. Soweit keine zeitnahen Verkäufe vorliegen, wird der Veräußerungspreis regelmäßig zu schätzen sein. Soweit die Schätzung auf konservativer Grundlage erfolgt, ermöglicht dies ggf. einen zusätzlichen Steuervorteil. Daneben kann u. U. gezielt (in einem „Ertragstal" der Gesellschaft) ein Veräußerungsverlust erzielt bzw. der Entstrickungsgewinn minimiert werden.

Nach Ansicht der Finanzverwaltung soll allerdings nicht das sogenannte Stuttgarter Verfahren zur Anwendung gelangen (§ 11 BewG), sondern eine Bewertung nach allgemeinen Grundsätzen (Gemeiner Wert, § 9 Abs. 2 BewG).

g) Besteuerung der übernehmenden Kapitalgesellschaft

840 Übernehmende Kapitalgesellschaften können sein:

- GmbH
- AG
- KGaA

die aufgrund Sitz oder Geschäftsleitung im Inland der unbeschränkten Körperschaftsteuerpflicht unterliegen (§ 1 Abs. 1 Nr. 1 KStG).[1]

Im Rahmen des § 20 UmwStG ist der Maßgeblichkeitsgrundsatz zu beachten (§ 5 Abs. 1 EStG). Folglich greift allgemein der handelsrechtliche Wertansatz auch für die Steuerbilanz und determiniert damit Anschaffungskosten und etwaige Veräußerungsgewinne.

Eine Ausnahme gilt nur dann, wenn handelsrechtlich ein Aufwertungszwang besteht (z. B. Erreichung Mindesteigenkapital bei Sachgründung GmbH, Darstellung zutreffender Wertverhältnisse (Aufdeckung stiller Reserven) zwecks zutreffender Gewinnverteilung bei mehreren Beteiligten, Existenz negativer Ergänzungsbilanzen).[2] In diesen Fällen ist ein spezieller Ausgleichsposten („Luftposten") einzustellen.

Soweit die Kapitalgesellschaft das eingebrachte Betriebsvermögen mit dem Buchwert ansetzt, kommt es zu einem umfassenden Eintritt in die steuerliche Rechtsposition der einbringenden Personen (§ 4 Abs. 2 Satz 3 und § 12 Abs. 3 UmwStG[3] gelten mit Ausnahme des Übergangs eines Verlustvortrags entsprechend, § 22 Abs. 1 UmwStG). Der Verlustüber-

1 Vgl. UmwStE Tz. 20.05 mit Hinweis auf BFH-Urt. v. 16.2.1996, BStBl I 1996, 342; so hierzu auch Wacker, BB 1998, Beilage zu Heft 26, 17; Thiel/Eversberg/van Lishaut/Neumann, GmbHR 1998, 397, 431 f.

2 Vgl. UmwStE Tz. 20.27.

3 Zur Neuregelung aufgrund des Gesetzes zur Fortsetzung der Unternehmenssteuerreform vgl. Ott, INF 1998, 385, 393; Kröner, DStR 1998, 1495, 1502 unter Berücksichtigung des im Entwurfsstadium befindlichen separaten BMF-Schreiben v. 7.7.1998.

gang im Rahmen der Einbringung ist nicht vorgesehen. Einkommen- oder körperschaftsteuerliche Verlustvorträge verbleiben bei den einbringenden Personen.

Erfolgt der Ansatz über dem Buchwert aber unter dem Teilwert, so gilt ein modifizierter Eintritt in die Rechtsposition der Einbringenden (§ 22 Abs. 2 UmwStG). Es erfolgt eine entsprechend den stillen Reserven anteilige Aufstockung der stillen Reserven, wobei auch selbstgeschaffene, immaterielle Wirtschaftsgüter Berücksichtigung finden. Ein Firmenwert wird als Residualgröße „zuletzt" gezeigt. Die Besitzzeitanrechnung greift nicht.

Soweit die Einbringung im Wege der Gesamtrechtsnachfolge entsprechend dem Umwandlungsgesetz erfolgt, gilt diese Regelung auch für den Teilwertansatz.

Eine Anschaffungsfiktion greift nur, soweit ein Teilwertansatz erfolgt und die Einbringung im Wege der Einzelrechtsnachfolge geschieht. Hierbei vertritt die Finanzverwaltung die Ansicht, daß die Anwachsung gemäß § 738 BGB, § 142 HGB keinen Fall der (begünstigten) Gesamtrechtsnachfolge repräsentiere. Insgesamt als Gesamtrechtsnachfolge soll dagegen der Fall zu qualifizieren sein, in dem neben der Gesamtrechtsnachfolge zugleich ein Übergang in Einzelrechtsnachfolge (z. B. KG-Anteil zzgl. Sonderbetriebsvermögen) erfolgt. Da die §§ 20–22 UmwStG eine einheitliche Würdigung vornehmen, sei der Vorgang einheitlich als Gesamtrechtsnachfolge zu würdigen.[1]

h) Einbringung in die Europäische Union

§ 23 UmwStG enumeriert die begünstigten Einbringungsfälle innerhalb **841**
der Europäischen Union,[2] die kraft der Fusionsrichtlinie in ihren Rechtsfolgen (Steuerneutralität) inländischen Einbringungsvorgängen weitgehend gleichgestellt werden.

Hiervon sind vorrangig erfaßt:

- die Einbringung eines Betriebes oder Teilbetriebes durch eine unbeschränkt steuerpflichtige Kapitalgesellschaft (§ 1 Abs. 1 Nr. 1 KStG) in eine inländische Betriebsstätte einer beschränkt steuerpflichtigen EU-Kapitalgesellschaft (§ 23 Abs. 1 UmwStG),
- die Einbringung eines Betriebs oder Teilbetriebs durch eine beschränkt steuerpflichtige EU-Kapitalgesellschaft in eine unbeschränkt oder beschränkt steuerpflichtige EU-Kapitalgesellschaft oder
- die Einbringung eines Betriebs oder Teilbetriebs in eine in einem anderen Mitgliedsstaat belegene Betriebsstätte einer beschränkt steuerpflichtigen EU-Kapitalgesellschaft (§ 23 Abs. 3 UmwStG) durch eine unbeschränkt steuerpflichtige EU-Kapitalgesellschaft. Beachtenswert ist in diesem Zusammenhang, daß bei den begünstigten Betriebseinheiten der Mitunternehmeranteil fehlt, der in § 20 Abs. 1 UmwStG genannt ist. Insofern besteht kein Gleichlauf in den Tatbe-

1 Vgl. UmwStE Tz. 22.14.
2 Zum ganzen vgl. auch Wacker, BB 1998, Beilage 8 zu Heft 26, 12; Thiel/Eversberg/van Lishaut/Neumann, GmbHR 1998, 397, 439.

standsvoraussetzungen. U. U. könnte eine Realteilung oder Entnahme per Mitunternehmererlaß in eine Betriebsstätte als Zwischenschritt hilfreich sein.

Entsprechend kann auch eine beschränkt steuerpflichtige EU-Kapitalgesellschaft ihre inländische Betriebsstätte im Rahmen der Einbringung eines Betriebes oder Teilbetriebes in eine unbeschränkt oder beschränkt steuerpflichtige EU-Kapitalgesellschaft einbringen. Mit Ablauf von 7 Jahren „mutieren" die erhaltenen Anteile im Verhältnis zu „OECD-DBA-Staaten" zu „steuerfreien Inlandsanteilen" (§ 26 Abs. 2 UmwStG i. V. m. Art. 13 Abs. 4 OECD-Musterabkommen).

Darüber hinaus können Anteile an einer EU-Kapitalgesellschaft in eine andere EU-Kapitalgesellschaft zu Buchwerten eingebracht werden, soweit auch hier die Voraussetzung erfüllt wird, daß nach der Einbringung die übernehmende Gesellschaft die Mehrheit der Stimmrechte innehält und den steuerlichen Buchwert der Übertragerin fortführt – „Buchwertverknüpfung über die Grenze" (§ 23 Abs. 4 UmwStG). Auf die an dieser Stelle weiteren niedergelegten Voraussetzungen sei hingewiesen. Erfolgt die Einbringung durch einen deutschen Gesellschafter, ist auch hier unter Beachtung der 7-Jahresfrist gemäß § 26 Abs. 2 UmwStG und § 8b Abs. 3 KStG eine spätere steuerfreie Veräußerung gemäß § 8b Abs. 2 KStG grundsätzlich möglich.

Insbesondere setzt das Gesetz in § 23 Abs. 4 UmwStG voraus, daß die aufnehmende ausländische EU-Kapitalgesellschaft die erhaltenen Anteile zum (ehemaligen) Buchwert der übertragenden Person ansetzt (Buchwertverknüpfung über die Grenze). Neben der dogmatischen Frage der Verdopplung der stillen Reserven über die Grenze hinweg geht damit das praktisch schwierige Problem einher, die Buchwertverknüpfung zu erlangen. Spiegelbildlich zu den deutschen Vorschriften gilt auch im europäischen Ausland (häufig) der Grundsatz, daß im Falle der grenzüberschreitenden Einlage diese zum Teilwert zu erfolgen hat, was der – zur Erlangung der Steuerneutralität vorgeschriebenen Buchwertverknüpfung – diametral gegenübersteht. Die praktische Anwendbarkeit der Vorschrift ist daher aufgrund dieser (unnötigen und in der Fusionsrichtlinie nicht enthaltenen) Nebenbestimmung als äußerst begrenzt zu bezeichnen. Eine Streichung erscheint angezeigt.

Für den Nachweis der Buchwertverknüpfung über die Grenze unterliegt der Steuerpflichtige den erhöhten Mitwirkungspflichten des § 90 Abs. 2 AO.[1] Werden diese nicht erfüllt, gilt in den Fällen des § 23 Abs. 4 UmwStG stets eine (steuerpflichtige) Teilwerteinbringung als realisiert.

Im Hinblick auf etwaige Mißbrauchs- und Umgehungsmöglichkeiten sei ergänzend nochmals auf die entsprechenden Sonderregelungen in § 26 Abs. 2 UmwStG und § 8b Abs. 3 KStG hingewiesen. Durch diese wird eine 7jährige Haltedauer des übernommenen Vermögens bzw. der gewährten Anteile normiert.

1 Vgl. UmwStE Tz. 23.09; Dehmer, Erläuterung zu Tz. 23.09 UmwStE.

4. Vermögensübergang auf Personengesellschaften (Einbringung)

Einbringung eines Betriebs, Teilbetriebs oder Mitunternehmeranteils in eine Personengesellschaft

a) Einführung in die Vorschrift

Der 9. Teil des Umwandlungssteuergesetzes besteht nur aus einem Paragraphen. Er ermöglicht die Einbringung zu Buch-, Zwischen- oder Teilwerten und erlaubt damit im Grundsatz ebenfalls eine steuerneutrale Umwandlung bzw. Einbringung. Im Prinzip greift der gleiche Mechanismus wie bei den §§ 20 ff. UmwStG. Ein wichtiger Unterschied besteht darin, daß mittels positiver und negativer Ergänzungsbilanzen eine besondere Technik zur Erlangung der Buchwertfortführung gefunden wurde, die es ermöglicht, abweichende Handelsbilanzen zu erstellen. **842**

Entgegen der Regelung zu § 20 UmwStG ist nach § 24 UmwStG auch dann eine Buchwerteinbringung möglich, wenn das eingebrachte Betriebsvermögen negativ ist. Daneben reicht in Fällen des § 24 UmwStG auch eine Einbringung in das Sonderbetriebsvermögen.

Ein weiterer, wichtiger Unterschied zu der Einbringung gem. § 20 UmwStG ist die Tatsache, daß auch ein beschränkt Steuerpflichtiger ohne den Zwang zur Gewinnrealisierung einbringen kann.

Aufgrund der teilweise gleichlautenden Tatbestandsvoraussetzungen und Rechtsfolgen kann in bezug auf folgende Ausführungen auf die unter Rz. 830 ff. gemachten Ausführungen zurückverwiesen werden:

- Definition Betrieb/Teilbetrieb/Mitunternehmeranteil
- Bewertung des eingebrachten Betriebsvermögens
- Eintritt in die steuerliche Rechtsposition des Einbringenden.

Teilbetrieb im Sinne von § 24 Abs. 1 UmwStG ist auch eine zu einem Betriebsvermögen gehörende 100%ige Beteiligung an einer Kapitalgesellschaft.

Ergänzend zu § 24 UmwStG muß der sog. Mitunternehmererlaß[1] genannt werden. Im Rahmen des Mitunternehmererlasses sind bei entsprechender Verbuchung auf den relevanten Kapitalkonten auch ertragsteuerneutrale Übergänge von einzelnen Wirtschaftsgütern zwischen Betriebsvermögen der Gesellschafter und der Gesellschaft möglich. Nicht erfaßt von der Vorschrift wird eine Einlage aus dem Privatvermögen. Diese wird gemäß § 6 Abs. 1 Nr. 5 EStG stets mit dem Teilwert bzw. Anschaffungskosten bewertet. Der Mitunternehmererlaß soll ab 1999 außer Kraft gesetzt werden.

Darüber hinaus verweist § 24 Abs. 4 UmwStG aufgrund des Jahressteuer-Ergänzungsgesetzes 1996 nunmehr in Fällen der Gesamtrechtsnachfolge auch unmittelbar auf § 20 Abs. 7 und 8 UmwStG. Damit besteht in diesen Fällen auch die unter Rz. 833 beschriebene Rückwir-

1 Vgl. BMF v. 20.12.1977, BStBl I 1978, 8.

kungsmöglichkeit. Nach Ansicht der Finanzverwaltung qualifiziert die Anwachsung nicht als Fall der begünstigten Gesamtrechtsnachfolge.[1] Erfolgt die Einbringung als Kombination von Einzel- und Gesamtrechtsnachfolge, so soll auch die Einzelrechtsnachfolge an der Rückbeziehung teilnehmen.[2]

Daneben kann in entsprechender Weise der Rechtsgedanke des § 24 UmwStG auf Spaltungen und Realteilungen (Ausbringungen) angewandt werden.[3]

b) Begünstigte Fälle

843 Die Einbringung eines Betriebs, Teilbetriebs oder Mitunternehmeranteils in eine Personengesellschaft nach § 24 UmwStG ist möglich

im Wege der Einzelrechtsnachfolge, insbesondere

- durch Aufnahme eines Gesellschafters in ein Einzelunternehmen gegen Geldeinlage oder Einlage anderer Wirtschaftsgüter. Aus Sicht des § 24 UmwStG bringt dabei der Einzelunternehmer seinen Betrieb in die neu entstehende Personengesellschaft ein;
- durch Einbringung eines oder mehrerer Einzelunternehmen in eine bereits bestehende Personengesellschaft bzw. erstmaliges Entstehen der Mitunternehmerschaft durch „Zusammenführung" der Einzelunternehmen;
- durch Eintritt eines weiteren Gesellschafters in eine bestehende Personengesellschaft gegen Geldeinlage oder Einlage anderer Wirtschaftsgüter;[4]
- indem die Gesellschafter einer Personengesellschaft I ihre Gesellschaftsanteile (Mitunternehmeranteile) in die übernehmende Personengesellschaft II gegen Gewährung von Mitunternehmeranteilen an dieser Gesellschaft einbringen und das Gesellschaftsvermögen der Personengesellschaft I der übernehmenden Personengesellschaft II anwächst (§ 738 BGB, § 142 HGB);

sowie auch im Wege der Gesamtrechtsnachfolge, und zwar

- durch Verschmelzung von Personenhandelsgesellschaften nach §§ 2, 39 ff. UmwG;
- durch Ausgliederung aus Körperschaften, Personenhandelsgesellschaften oder Einzelunternehmen auf Personenhandelsgesellschaften, § 123 Abs. 3 UmwG.

1 Vgl. UmwStE Tz. 24.07.
2 Vgl. UmwStE Tz. 24.07; s. auch Thiel/Eversberg/van Lishaut/Neumann, GmbHR 1998, 397, 441.
3 BFH v. 10.12.1991, BStBl II 1992, 385.
4 Die bisherigen Gesellschafter der Personengesellschaft bringen in diesem Fall – aus Sicht des § 24 UmwStG – ihre Mitunternehmeranteile an der bisherigen Personengesellschaft in eine neue, durch den neu hinzutretenden Gesellschafter vergrößerte Personengesellschaft ein. Der bloße Gesellschafterwechsel bei einer bestehenden Personengesellschaft – ein Gesellschafter scheidet aus, ein anderer erwirbt seine Anteile und tritt an seine Stelle – fällt nicht unter § 24 UmwStG.

§ 24 UmwStG ist auch anwendbar, wenn der Einbringende bereits Mitunternehmer ist und seinen Mitunternehmeranteil durch einen Vorgang der oben beschriebenen Art weiter aufstockt.

Bei Verschmelzung von Körperschaften auf Personenhandelsgesellschaften und bei Aufspaltung und Abspaltung aus Körperschaften auf Personenhandelsgesellschaften gelten die §§ 16, 3 ff. UmwStG.[1]

§ 24 UmwStG ist nicht auf die formwechselnde Umwandlung einer Personengesellschaft sowie auf den Beitritt einer GmbH zu einer bestehenden Personengesellschaft ohne vermögensmäßige Beteiligung anzuwenden. In derartigen Fällen fehlt es an einem Übertragungsvorgang, so daß ein Gewinn im Sinne des § 16 EStG nicht entsteht und eine Wertaufstockung nicht möglich ist.[2]

c) Besteuerung der übertragenden Gesellschafter

Der Einbringende muß zwingend Mitunternehmer der aufnehmenden **844** Gesellschaft werden. Abhängig von dem auf Ebene der Personengesellschaft auszuübenden Wahlrecht entsteht bei dem übertragenden Gesellschafter ein Einbringungsgewinn (Ansatz über dem Buchwert) oder aber ein ertragsteuerneutraler Vorgang (Ansatz zum Buchwert). Ob der Buchwertansatz erfolgt, hängt nicht nur vom Bilanzansatz ab, sondern durch zusätzliche (negative) Ergänzungsbilanzen kann auch bei einem Wertansatz über dem Buchwert in der Bilanz insgesamt ein steuerneutraler Vorgang erzeugt werden.

Für den einbringenden Gesellschafter gilt der Wertansatz auf Ebene der Personengesellschaft als Veräußerungspreis. Die Vergünstigung des Freibetrags gemäß § 16 Abs. 4 EStG sowie der Tarifbegünstigung gemäß § 34 EStG wird nur bei Teilwertansatz gewährt. Darüber hinaus entfällt auch bei Teilwertansatz diese Vergünstigung anteilig, soweit der Mitunternehmer „an sich selbst verkauft". Es soll insoweit ein laufender, nicht begünstigter Gewinn vorliegen, als auf der Seite des Einbringenden und auf der Seite des Erwerbers dieselbe Person Unternehmer oder Mitunternehmer ist.

Der Einbringende muß als Gegenleistung Gesellschaftsrechte der aufnehmenden Gesellschaft erwerben. (Zu-)Zahlungen (z. B. Verbuchung auf einem Darlehenskonto der Gesellschaft,[3] Zahlungen von Mitgesellschaftern, Tilgung von Verbindlichkeiten) sind schädlich. Im Hinblick auf Zuzahlungen kann auch keine negative Ergänzungsbilanz erstellt werden. Wird zeitnah nach Einbringung ein größerer Betrag entnommen, kann auch dies u. U. als Zuzahlung interpretiert werden.[4]

1 Vgl. UmwStE Tz. 24.02; Wacker, BB 1998, Beilage 8 zu Heft 26, 27; Dehmer, Erläuterung zu Tz. 24.02 UmwStE.
2 Vgl. BFH, Urt. v. 21.6.1994, BStBl II 1994, 856.
3 Zur Abgrenzung zwischen Darlehenskonto und Kapitalkonto vgl. BMF-Schreiben v. 30.5.1997, BStBl I 1997, 627.
4 Vgl. BFH v. 8.12 1994, BStBl II 1995, 599; vgl. hierzu auch Wacker, BB 1998, Beilage 8 zu Heft 26, 29; Thiel/Eversberg/van Lishaut/Neumann, GmbHR 1998, 397, 442 f.

d) *Besteuerung der aufnehmenden Gesellschaft*

845 Da die aufnehmende Gesellschaft generell Personengesellschaft ist, treffen sie die einkommen- bzw. körperschaftsteuerlichen Folgen nicht unmittelbar. Die Personengesellschaft ist lediglich Gewinnermittlungssubjekt. Für die Bewertung der Absetzung für Abnutzung sowie Eintritt in andere steuerlich relevante Rechtspositionen gilt § 22 UmwStG vollumfänglich. Insoweit kann auf die Ausführungen diesbezüglich verwiesen werden. Relevant ist jedoch die Tatsache, daß durch die ggf. zusätzlich erstellten positiven und/oder negativen Ergänzungsbilanzen das AfA-Volumen je Gesellschafter stark auseinanderfallen kann.

Für Gesellschafter mit negativen Ergänzungsbilanzen führt deren Fortführung (Auflösung), die grundsätzlich spiegelverkehrt zur Abschreibung in der Bilanz verläuft, zu zusätzlichen steuerlichen Gewinnen, die im Ergebnis eine im Zeitablauf eintretende Nachversteuerung des zunächst steuerneutralen Einbringungsvorganges bewirken. Lediglich bezüglich nicht abschreibbarer Wirtschaftsgüter wird die Erfassung der stillen Reserven bis zu einer späteren Veräußerung hinausgeschoben.

Positive Ergänzungsbilanzen entstehen i. d. R. bei entgeltlichem Erwerb eines Mitunternehmeranteils oder im Rahmen einer Umwandlung gemäß §§ 3 ff. UmwStG. Sie weisen Mehrwerte gegenüber dem in der Gesamthandsbilanz ausgewiesenen Kapitalkonto des jeweiligen Gesellschafters aus. Die Abschreibung hierauf führt zu Mehraufwand, also einem geringen steuerlichen Ergebnis.

Um für die Gewinnverteilung adäquate Beteiligungskonten darstellen zu können, wird häufig in der Gesamthandsbilanz eine „Aufstockung" vorgenommen. Dieser Vorgang kann dann in einer Ergänzungsbilanz neutralisiert werden.

Beispiel:[1]

A unterhält ein Einzelunternehmen mit einem buchmäßigen Eigenkapital von 100 000 DM. In den Buchwerten sind stille Reserven von 200 000 DM enthalten. Der wahre Wert des Unternehmens beträgt also 300 000 DM.

Die Schlußbilanz des A im Zeitpunkt der Einbringung sieht wie folgt aus:

Aktiva	100 000 DM	Kapital	100 000 DM

In das Einzelunternehmen des A tritt B als Gesellschafter ein; A bringt also sein Einzelunternehmen in die neue von ihm und B gebildete Personengesellschaft ein. A und B sollen an der neuen Personengesellschaft zu je 50 % beteiligt sein. B leistet deshalb eine Bareinlage von 300 000 DM. Die Kapitalkonten von A und B sollen in der Bilanz der Personengesellschaft gleich hoch sein.

Die Eröffnungsbilanz der Personengesellschaft lautet wie folgt:

Aktiva		Kapital A	200 000 DM
Das von A eingebrachte Betriebsvermögen	100 000 DM	Kapital B	200 000 DM
Kasse (Bareinlage des B)	300 000 DM		
	400 000 DM		400 000 DM

1 UmwStE Tz. 24.14; vgl. auch Wacker, BB 1998, Beilage 8 zu Heft 26, 29.

Da B eine Einlage von 300 000 DM geleistet hat, hat er 100 000 DM mehr gezahlt, als sein buchmäßiges Kapital in der Bilanz der neuen Personengesellschaft beträgt (B hat mit diesen 100 000 DM praktisch dem A die Hälfte der stillen Reserven „abgekauft"). Er muß in diesem Fall sein in der Bilanz der Personengesellschaft nicht ausgewiesenes Mehrkapital von 100 000 DM in einer Ergänzungsbilanz ausweisen.

Die Ergänzungsbilanz des B hat den folgenden Inhalt:

Mehrwert für Aktiva	100 000 DM	Mehrkapital	100 000 DM

Das von A in die Personengesellschaft eingebrachte Betriebsvermögen ist danach in der Bilanz der Personengesellschaft einschließlich der Ergänzungsbilanz des Gesellschafters B mit insgesamt 200 000 DM ausgewiesen (mit 100 000 DM in der Gesamtbilanz der Personengesellschaft und mit 100 000 DM in der Ergänzungsbilanz des B). Es war bisher bei A nur mit 100 000 DM angesetzt. Es würde sich danach für A ein Veräußerungsgewinn von 100 000 DM ergeben.

A kann diesen Veräußerungsgewinn dadurch neutralisieren, daß er seinerseits eine Ergänzungsbilanz aufstellt und in dieser dem in der Ergänzungsbilanz des B ausgewiesenen Mehrwert für die Aktiva von 100 000 DM einen entsprechenden Minderwert gegenüberstellt, sog. negative Ergänzungsbilanz.

Diese negative Ergänzungsbilanz des A sieht wie folgt aus:

Minderkapital	100 000 DM	Minderwert für Aktiva	100 000 DM

Das eingebrachte Betriebsvermögen ist nunmehr in der Bilanz der Personengesellschaft und den Ergänzungsbilanzen ihrer Gesellschafter insgesamt wie folgt ausgewiesen: mit 100 000 DM in der Bilanz der Personengesellschaft zuzüglich 100 000 DM in der Ergänzungsbilanz des B abzüglich 100 000 DM in der Ergänzungsbilanz des A, insgesamt also mit 100 000 DM. Dieser Wert ist nach § 24 Abs. 3 UmwStG für die Ermittlung des Veräußerungsgewinns des A bei der Einbringung maßgebend.

Da der Buchwert des eingebrachten Betriebsvermögens in der Schlußbilanz des A ebenfalls 100 000 DM betrug, entsteht für A kein Veräußerungsgewinn.

Die Ergänzungsbilanzen für A und B sind auch bei der künftigen Gewinnermittlung zu berücksichtigen und korrespondierend weiterzuentwickeln. Dabei ergibt sich z. B. gegenüber der Bilanz der Personengesellschaft für den Gesellschafter B aus seiner (positiven) Ergänzungsbilanz ein zusätzliches AfA-Volumen und für den Gesellschafter A aus seiner (negativen) Ergänzungsbilanz eine Minderung seines AfA-Volumens[1] gegenüber dem in der Gesamthandsbilanz zugewiesenen Aufwand.

Würde das von A eingebrachte Betriebsvermögen in der Eröffnungsbilanz der Personengesellschaft nicht mit seinem Buchwert von 100 000 DM, sondern mit seinem wahren Wert von 300 000 DM angesetzt werden und würden demgemäß die Kapitalkonten von A und B mit je 300 000 DM ausgewiesen werden, so könnte A zur Vermeidung eines Veräußerungsgewinns eine negative Ergänzungsbilanz mit einem Minderkapital von 200 000 DM aufstellen; für B entfiele in diesem Fall die Ergänzungsbilanz.

1 Vgl. hierzu auch BFH-Urteil v. 28.9.1995, BStBl II 1996, 68; zum angegebenen BFH-Urteil vgl. auch Wacker, BB 1998, Beilage 8 zu Heft 26, 29.

5. Verschmelzung oder Vermögensübertragung (Vollübertragung) unter Beteiligung von Kapitalgesellschaften

a) Einführung

846 Die materiell wichtigste Änderung der steuerlichen Behandlung der Verschmelzung stellte die Möglichkeit dar, gemäß § 12 Abs. 3 Satz 2 UmwStG auch bestehende Verlustvorträge zu übertragen. Hierdurch wurde ein bedeutendes, in der Vergangenheit gegebenes Verschmelzungshindernis beseitigt. Damit hatte die „eiserne Beratungsregel"[1] an Bedeutung verloren, nach der immer nur auf die Verlustgesellschaft zu verschmelzen war und nicht diese selbst. Ebenso war auch die sonst empfohlene Realisation in der übertragenden Gesellschaft vor einer Verschmelzung zum Verbrauch des Verlustvortrages grundsätzlich obsolet. Durch die nunmehr erfolgte Beschränkung des Verlustübergangs (5 Jahre Fortbestehen des Verlustbetriebs in vergleichbarem Umfang) für Umwandlungsvorgänge, deren Eintragung im Handelsregister nach dem 5.8.1997 beantragt worden ist, hat diese Neuregelung allerdings stark an praktischer Bedeutung verloren.[2]

Die ebenfalls mögliche Vermögensübertragung (§§ 174 ff. UmwG) ist grundsätzlich nicht zu Buchwerten, also steuerneutral, möglich. Etwas anderes gilt nur dann, wenn die Übertragung ohne Gegenleistung erfolgt (z. B. 100 % Kapitalgesellschaft wird auf die „Gesellschafter-Gemeinde" übertragen). Diese Umwandlungsform wird nachstehend nicht näher behandelt.

b) Verschmelzungsfähigkeit

847 Die Verschmelzung von Kapitalgesellschaften auf Kapitalgesellschaften ist im dritten Teil des Umwandlungssteuergesetzes geregelt. Damit gilt die steuergesetzliche Regelung gemäß § 1 Abs. 1 UmwStG nur für Umwandlungen i. S. d. § 1 UmwG von Kapitalgesellschaften, eingetragenen Genossenschaften, eingetragenen Vereinen, genossenschaftlichen Prüfungsverbänden, Versicherungsvereinen auf Gegenseitigkeit sowie Körperschaften und Anstalten des öffentlichen Rechts. Hiermit wird klargestellt, daß der Anwendungsbereich der Verschmelzungsvorschriften der §§ 11–13, 19 UmwStG auf körperschaftsteuerpflichtige Subjekte beschränkt bleibt.

Übertragende und übernehmende Rechtsträger müssen ihren Sitz im Inland haben. Die Körperschaften müssen nach § 1 Abs. 5 UmwStG unbeschränkt steuerpflichtig i. S. d. § 1 KStG sein. Ausländische Gesellschaften mit Geschäftsleitung im Inland und statutarischem Sitz im Ausland kommen weder als übertragende noch als übernehmende Rechtsträger in Betracht.[3]

1 Schaumburg/Rödder, § 11 UmwStG Rz. 2.
2 Zu der Neuregelung aufgrund des Gesetzes zur Fortsetzung der Unternehmenssteuerreform vgl. auch Ott, INF 1998, 385, 393 sowie Kröner, DStR 1998, 1495, 1502 unter Bezugnahme auf das im Entwurfsstadium befindliche BMF-Schreiben vom 7.7.1998.
3 Vgl. UmwStE Tz. 1.03 mit Hinweis auf BFH-Urt. v. 23.6.1992, BStBl II 1992, 977.

c) *Einkommen-/körperschaftsteuerliche Behandlung der Verschmelzung*

aa) Steuerliche Rückwirkung/Stichtag

Für Verschmelzungstatbestände i. S. d. §§ 11–13 UmwStG gilt § 2 UmwStG. Damit greift in Verbindung mit § 17 Abs. 2 UmwG grundsätzlich die Möglichkeit einer achtmonatigen Rückwirkung. Einkommen und Vermögen der übertragenden Körperschaft sowie der Übernehmerin sind folglich so zu ermitteln, als ob das Vermögen mit Ablauf des Stichtages der Bilanz, die dem Vermögensübergang zugrundeliegt (steuerlicher Übertragungsstichtag), ganz oder teilweise auf die Übernehmerin übergegangen wäre. **848**

Während zivilrechtlich eine gesetzliche Rückwirkung nicht vorgesehen ist, sondern lediglich aus Vereinfachungsgründen die letzte Bilanz dem erst mit Eintragung wirksamen Verschmelzungsakt zugrundegelegt werden kann, stellt sich die steuerliche Rückwirkung als wirksame Fiktion dar. Auf den steuerlichen Übertragungsstichtag, d. h. auf den Ablauf des Stichtags der Bilanz, die dem Vermögensübergang zugrundeliegt, gilt die Verschmelzung als vollzogen. Sämtliche laufenden Geschäfte als auch das Vermögen gelten als in der Hand der Übernehmerin vereint.

Da dies ebenfalls für die Ermittlung der Bemessungsgrundlage bei der Gewerbesteuer gilt, ist es mittels der Rückwirkungsfiktion z. B. in „Mutter-Tochter-Konstellation" auch möglich, verdeckte Gewinnausschüttungen, die im Interimszeitraum (also dem Zeitraum zwischen dem steuerlichen Übertragungsstichtag und der Anmeldung der Verschmelzung) entstanden sind, wirkungsvoll zu neutralisieren. Durch die Rückwirkungsfiktion können ab dem steuerlichen Übertragungsstichtag kraft Fiktion keinerlei Geschäftsvorfälle mehr zwischen den zu verschmelzenden Gesellschaften stattgefunden haben. Gesellschaft und Gesellschafter haben sich steuerlich wirksam bereits rückwirkend fusioniert. Geschäftsvorfälle, die zu einer vGA führen, können daher nicht mehr eintreten. Die Geschäfte werden rückwirkend zu „in-sich-Geschäften".

Fraglich ist in Zusammenhang hinsichtlich § 8a KStG, ob auch bereits rückwirkend ein fiktiv erhöhtes handelsbilanzielles Eigenkapital der „Safe-Haven-Berechnung" zugrundezulegen ist. Nach dem Wortlaut der Vorschrift des § 8a KStG wird ausschließlich auf die Handelsbilanz abgestellt, die aber nicht rückwirkend Gegenstand der Verschmelzung ist, womit folglich auch keine rückwirkende Eigenkapitalerhöhung eintritt. Will man aber zu einem wirtschaftlich sinnvollen Ergebnis und Anwendung der Rückwirkungsfiktion gelangen, so erscheint es durchaus vertretbar bzw. geboten, auch für Zwecke des § 8a KStG die steuerliche Rückwirkungsfiktion in bezug auf das relevante Eigenkapital zuzulassen.

Die Finanzverwaltung teilt diese Ansicht nicht. Nach deren Ansicht soll das erhöhte Kapital bei Verschmelzung zur Aufnahme erstmals im Jahr nach der handelsregisterlichen Eintragung (bei Verschmelzung zur Neugründung sei die Eröffnungsbilanz relevant) herangezogen werden.[1]

1 Vgl. UmwStE Tz. 8a.03 f.

Gleichwohl soll der erhöhte Zinsaufwand bereits rückwirkend berücksichtigt werden.[1] Dieses Ergebnis mag man zwar aufgrund der unterschiedlichen gesetzlichen Anknüpfungspunkte begründen können, es ist dennoch unbillig.

bb) Besteuerung der übertragenden Kapitalgesellschaft

(1) Implikationen des Umwandlungsgesetzes

849 Bevor man die ertragsteuerlichen Konsequenzen auf Seite der übertragenden Kapitalgesellschaft besprechend kann, sind vorab aufgrund des allgemeinen Maßgeblichkeitsprinzips des § 5 Abs. 1 EStG einige handelsbilanzielle Grundsätze zu erörtern. Aufgrund des § 24 UmwG, der im alten Recht keine Vorgängernorm kennt, ist es handelsbilanziell möglich, in den Jahresbilanzen des übernehmenden Rechtsträgers als Anschaffungskosten die in der Schlußbilanz des übertragenden Rechtsträgers angesetzten Werte zu übernehmen. Dies ist jedoch nunmehr lediglich als Wahlrecht ausgedrückt. Hieraus wird deutlich, daß auch ein anderer, höherer Wertansatz als möglich angesehen wird. Die Vorschrift räumt die Möglichkeit ein, einen in der Vergangenheit häufig zu verzeichnenden Verschmelzungsverlust durch Ansatz eines höheren Wertansatzes zu vermeiden.

Beachtenswert an diesem Wahlrecht ist die Tatsache, daß es auf Ebene der übernehmenden Gesellschaft ausgeübt wird. Im Gegensatz dazu ist das bestehende steuerliche Wahlrecht zum Buch-, Zwischen- oder Teilwertansatz für steuerliche Zwecke gemäß § 11 UmwStG auf Ebene der übertragenden Körperschaft auszuüben.

Damit sind insgesamt 4 Komponenten bei der Wahlrechtsausübung zu beachten.

Auf handelsbilanzieller Ebene

- die Schlußbilanz der übertragenden Kapitalgesellschaft (hier besteht gemäß § 17 Abs. 2 UmwG grundsätzlich eine Fortführungspflicht auf Basis des Stetigkeitsgrundsatzes),
- die Bilanz der aufnehmenden Gesellschaft (hier besteht erstmals ein Wahlrecht zum Ansatzes eines höheren Wertes).

Auf steuerbilanzieller Ebene

- die steuerliche Schlußbilanz (hier besitzt die übertragende Körperschaft ein Wahlrecht zum Ansatz des Buch-, Zwischen- oder Teilwertes)
- und die Steuerbilanz der übernehmenden Körperschaft (hier gilt gemäß § 12 Abs. 1 i. V. m. § 4 Abs. 1 UmwStG eine zwingende Fortführung mit der Bewertung, die durch die übertragende Körperschaft festgesetzt wurde).

1 Vgl. UmwStE Tz. 8a.01; vgl. auch Dehmer, Erläuterung zu Tz. 8a.01 UmwStE.

Überblick: Wahlrechtsausübung in Handels- und Steuerbilanz bei Verschmelzung

	Handelsbilanz	Steuerbilanz	850
Übertragerin (Schlußbilanz)	Buchwerte (Nur Bewertungswahlrechte können neu ausgeübt werden; § 17 II UmwG)	Buchwert Zwischenwert Teilwert	
Übernehmerin (Aufnahmebilanz)	Buchwert oder höherer Wert, § 24 UmwG	Bindung an den Wertansatz der Übertragerin (Schlußbilanz)	

Es zeigt sich, daß die Wahlrechte in Handels- und Steuerbilanz gegeneinander verschoben wurden. Eine Maßgeblichkeit der Wahlrechtsausübung kann sich daher nur dann ergeben, wenn

- eine sogenannte diagonale Maßgeblichkeit existieren würde
- oder eine „Nachholung" einer handelsrechtlichen Aufstockung in der Steuerbilanz erforderlich wäre.

Da eine solche diagonale Maßgeblichkeit u. E. jedoch nicht besteht, stellt §11 UmwStG eine eigenständige steuerliche Bewertungsvorschrift dar, die zu einer Durchbrechung der Maßgeblichkeit führt.[1] Dies eröffnet die Möglichkeit, steuerlich eine Buchwertfortführung vorzunehmen, handelsrechtlich dennoch aufzuwerten.[2] Die Finanzverwaltung neigte zunächst zu der Bejahung der sogenannten diagonalen Maßgeblichkeit, verfolgt jedoch nunmehr die Theorie, daß die handelsrechtliche Aufwertung auch eine steuerliche Wertaufholung bis auf die fortgeführten Anschaffungs- und Herstellungskosten bedeute (AHK ./. AfA).[3]

Prinzipiell bewirkt das Wahlrecht eine erhebliche Erleichterung von Verschmelzungsvorgängen. Durch die nun grundsätzlich gegebene, wertmäßige Abkopplung von Handels- und Steuerbilanz kann der handelsrechtliche Verschmelzungsverlust vermieden werden. Hiermit hat der Gesetzgeber eine begrüßenswerte, weitgehende Flexibilisierung der Bewertungsvorschriften im Rahmen der Verschmelzung zugelassen. Durch die restriktive Ansicht der Finanzverwaltung ist die praktische Anwendung allerdings eingeschränkt.

(2) Körperschaftsteuerliche Behandlung der Übertragerin

Gemäß § 11 Abs. 1 UmwStG gilt der Grundsatz, daß regelmäßig von 851
einer Buchwertfortführung auszugehen ist, soweit sichergestellt wird, daß die stillen Reserven bei der übernehmende Körperschaft der deutschen Körperschaftsteuer unterliegen und eine Gegenleistung nicht gewährt wird oder nur in Gesellschaftsrechten besteht. Andere Gegenleistungen sind z. B. Zuzahlungen durch die übernehmende Kapitalgesellschaft.

1 Vgl. Bacmeister, DStR 1996, 121.
2 Der entgegenstehenden Ansicht von Fischer (DB 1995, 485, 488) kann nicht zugestimmt werden. Ebenso tritt die Finanzverwaltung dieser Ansicht entgegen, UmwStE Tz. 11.01.
3 Vgl. UmwStE Tz. 11.02.

Bei Barabfindungen (z. B. gem. § 29 UmwG) an widersprechende Gesellschafter, die ausscheiden, liegt eine Veräußerung durch diesen Gesellschafter vor. Dies ist kein Fall des § 11 Abs. 1 Nr. 2 UmwStG. Das gleiche gilt für den Fall der Barabfindung durch Gesellschafter der übernehmenden oder übertragenden Gesellschaft. Erfolgt die Barabfindung durch die übertragende Gesellschaft, liegt grundsätzlich auch eine Veräußerung vor. Ergänzend müssen in diesem Fall stets die Grundsätze der verdeckten Gewinnausschüttung beachtet werden.

Werden Schwestergesellschaften verschmolzen, stellen die auszugebenden Anteile keine (schädliche) Gegenleistung dar.[1] Auch die Verschmelzung der Mutter- auf die Tochtergesellschaft unterliegt nach Ansicht der Finanzverwaltung antragsgebunden aus Billigkeitsgründen den Vorschriften der §§ 13-15 UmwStG, ist also unter den allgemeinen Voraussetzungen steuerneutral möglich.[2]

Daneben besteht prinzipiell das freie Wahlrecht, einen Zwischenwert oder höchstens den Teilwert anzusetzen. Das Wahlrecht kann, wie auch im bis 31.12.1994 geltenden Recht, nur für das übertragende Vermögen einheitlich ausgeübt werden. Die Beschränkung auf einzelne Wirtschaftsgüter ist nicht zulässig. Im Rahmen einer Teilwertaufstockung bei der übertragenden Gesellschaft zur Nutzung vorhandener Verluste ist zu beachten, daß ggf. der gewerbesteuerliche Verlust geringer sein kann und somit eine Gewerbesteuerbelastung auslöst. Nach Ansicht der Finanzverwaltung ist die tatsächliche Reichweite dieses Wahlrechts allerdings stark eingeschränkt. Statt der generellen Aufstockungsmöglichkeit wird aufgrund der unterstellten Maßgeblichkeit der handelsrechtlichen Übertragungsbilanz nur eine Wertaufholung im Rahmen des handelsrechtlich Zulässigen auch für steuerliche Zwecke bejaht.[3] Darüber hinaus sei steuerlich generell in diesen Fällen kein Ansatz selbsterstellter, immaterieller Wirtschaftsgüter oder eines Firmenwertes möglich.[4] Um dieser Problematik zu entgehen, könnte das Vermögen ggf. z. T. oder ganz entgeltlich übertragen werden oder eine Liquidation der Übertragerin betrieben werden.[5]

In dem Umfang, wie die Voraussetzungen des § 11 Abs. 1 UmwStG nicht vorliegen, kommt § 11 Abs. 2 UmwStG zur Anwendung. Hiernach sind die übergegangenen Wirtschaftsgüter entweder mit dem Wert der Gegenleistung anzusetzen oder, soweit eine solche nicht gewährt wird, mit dem Teilwert. In diesen Fällen ist ggf. auch der Ansatz selbsterstellter, immaterieller Wirtschaftsgüter vorzunehmen sowie ein Firmenwert zu aktivieren.

Wird eine Gegenleistung gewährt, die nicht in Gesellschaftsrechten besteht, ist das übergegangene Vermögen zu dem Gegenwert anzusetzen. Der Wert ist gleichmäßig zu verteilen, jedoch sind selbstgeschaffene im-

1 Vgl. hierzu auch die Gegenüberstellung von unschädlichen und schädlichen Gegenleistungen bei Thiel/Eversberg/van Lishaut/Neumann, GmbHR 1998, 397, 419.

2 Vgl. UmwStE Tz. 11.24–11.30; vgl. zum sog. down-stream-merger Thiel/Eversberg/van Lishaut/Neumann, GmbHR 1998, 397, 419 f.; Ott, INF 1998, 385, 392.

3 Vgl. UmwStE Tz. 11.01.

4 Vgl. UmwStE Tz. 11.19.

5 In diesem Fall können allerdings nicht mehr die gesellschaftsrechtlichen Vorteile der Gesamtrechtsnachfolge genutzt werden.

materielle Wirtschaftsgüter sowie eine Geschäfts- oder Firmenwert nur anzusetzen, wenn alle anderen (bilanzierten) Wirtschaftsgüter bereits bis zum Teilwert aufgestockt wurden.[1]

Ist die (zukünftige) Besteuerung der stillen Reserven nicht sichergestellt, muß stets der Teilwertansatz erfolgen. Auch in diesem Fall ist kein Geschäfts- oder Firmenwert anzusetzen, wenn der Betrieb der übertragenden Körperschaft nicht fortgeführt wird.[2]

Ein Übertragungsgewinn unterliegt der laufenden Besteuerung nach allgemeinen Grundsätzen (Körperschaft- und Gewerbesteuer [§ 19 UmwStG]). Er entsteht mit Ablauf des Übertragungsstichtages.

Die Übertragerin erstellt eine Schlußbilanz und gliedert letztmalig das verwendbare Eigenkapital. Soweit ein steuerpflichtiger Übertragungs- respektive Aufwertungsgewinn entsteht, wird auch dieser noch in der letzten vEK-Gliederung berücksichtigt.

cc) Besteuerung der übernehmenden Kapitalgesellschaft

Die Übernehmerin hat zwingend die Ansätze der steuerlichen Schluß- **852**
bilanz der übertragenden Körperschaft zu übernehmen. Kommt es z. B. zu einem späteren Zeitpunkt aufgrund einer steuerlichen Außenprüfung zu Änderungen der Wertansätze in der steuerlichen Schlußbilanz der Übertragerin, ergeben sich hieraus auch zwingend entsprechende Folgeänderungen bei der Übernehmerin.[3]

Eine Ausnahme hiervon bildet § 12 Abs. 1 Satz 2 UmwStG, der abweichend einen Ansatz zum Teilwert normiert, soweit der Vermögensübergang von einer steuerfreien auf eine steuerpflichtige Körperschaft erfolgt.

Neben diesem Grundsatz der Wertverknüpfung regelt § 12 Abs. 2 Satz 1 **853**
UmwStG auch eine prinzipielle Steuerneutralität der Verschmelzung. Sowohl ein Verschmelzungsgewinn als auch ein Verschmelzungsverlust bleiben für die Besteuerung außer Ansatz. Der steuerfreie Übernahmegewinn bzw. Übernahmeverlust entsteht am steuerlichen Übertragungsstichtag. Er ist außerhalb der Bilanz zu neutralisieren. Steuerbilanziell bedeutet ein Verschmelzungsverlust die „Vernichtung" des gegenüber dem Eigenkapital in der Gesellschaft erhöhten Beteiligungsansatzes für die Gesellschaft. Dieses Wertvolumen geht – im Gegensatz zu einer Verschmelzung auf eine Personengesellschaft („Step-up") – steuerlich völlig verloren. Weder kann der Verschmelzungsverlust geltend gemacht werden, noch findet eine Aufstockung der übernommenen Wirtschaftsgüter auf das Wertniveau der untergehenden Beteiligung statt. Damit liegt eine Schlechterstellung dieser Verschmelzungsvariante vor, die dringend einer Verbesserung bedürfte.

Die Ertragsteuerneutralität ist jedoch eingeschränkt. Soweit die tatsächlichen Anschaffungskosten den Buchwert der Anteile an der übertragenden Körperschaft übersteigen, ist der Unterschiedsbetrag dem Gewinn der Körperschaft hinzuzurechnen. Damit soll sichergestellt werden,

1 Vgl. UmwStE Tz. 11.20.
2 Vgl. UmwStE Tz. 11.21.
3 Dötsch, KStG, Anh. UmwStG Rz. 141; vgl. auch Thiel/Eversberg/van Lishaut/Neumann, GmbHR 1998, 397, 419; Dehmer, Erläuterung zu Tz. 11.21 UmwStE.

daß stille Reserven in den Anteilen besteuert werden, soweit die tatsächlichen Anschaffungskosten den Buchwert der Anteile übersteigen. Hiermit werden vor allem Übertragungen von stillen Reserven gemäß § 6b EStG oder vorangegangene Teilwertabschreibungen rückgängig gemacht, nicht jedoch EK 04-Ausschüttungen. Beachtlich ist dabei, daß auch ein gegebenenfalls entstehender Verschmelzungsverlust nicht zunächst mit einem solchen Gewinn aus der Nachholung einer Teilwertabschreibung saldiert wird. Vielmehr kann es nebeneinander zu einem Verschmelzungsverlust und einem dennoch steuerpflichtigen Beteiligungskorrekturgewinn kommen.[1] Die Zuschreibung hat generell bis zu den tatsächlichen Anschaffungskosten zu erfolgen (u. E. gilt dies nicht in Fällen einer versagten Abschreibung aufgrund § 50c EStG). Es ist unbeachtlich, ob der Teilwert des übergehenden Vermögens überhaupt diese Maßnahme rechtfertigt.

Ein steuerpflichtiger Übernahmegewinn nach § 12 UmwStG läßt sich nach Ansicht von Dötsch u. U. dadurch vermeiden, daß nicht die Tochter auf die Mutter, sondern umgekehrt die Mutter auf die Tochtergesellschaft verschmolzen wird („down stream merger").[2] Die Finanzverwaltung vertritt dagegen die Ansicht, daß hier in gleicher Weise – also letztlich spiegelbildlich – eine Zuschreibung vorzunehmen sei.[3] Selbst bei der Verschmelzung von Schwestergesellschaften soll bereits ein potentieller Zurechnungsbetrag festgestellt und für den Fall vorgehalten werden, daß in einem nächsten Schritt eine Verschmelzung mit der Mutter erfolgt.[4]

§ 12 Abs. 3 UmwStG regelt in umfassender Weise den Eintritt in die steuerliche Rechtsposition der Übertragerin.

Es kommt nach neuem Recht nun grundsätzlich zu einem vollen Eintritt in die Rechtsposition des übertragenden Rechtsträgers. Der Eintritt ist nicht mehr von der Buchwertfortführung abhängig.

854

Eintritt in die steuerliche Rechtsposition des übertragenden Rechtsträgers bei Buch-, Zwischen- oder Teilwertansatz	Verschmelzung § 12 Abs. 3
– AfA	ja[5]
– erhöhte AfA	ja
– Sonderabschreibungen	ja
– Bewertungsfreiheit	ja
– Bewertungsabschlag	ja
– Rücklagen (z. B. § 6b EStG)	ja
– § 6 Abs. 1 Nr. 2 Satz 2 und 3 EStG	ja
– Frist i. S. d. § 5 Abs. 2 KapErhStG	ja
– Verlustabzug § 10d EStG	ja[6]
– Anrechnung Zugehörigkeitsdauer	ja

1 Vgl. hierzu Widmann/Mayer, Rz. 5774 ff., Rz. 6114.1 ff.
2 Dötsch, Anh. UmwStG Rz. 147; s. hierzu auch Thiel/Eversberg/van Lishaut/Neumann, GmbHR 1998, 397, 419 f.; Ott, INF 1998, 385, 392.
3 Vgl. UmwStE Tz. 12.07.
4 Vgl. UmwStE Tz. 12.07.
5 §§ 7 Abs. 4, 5 EStG Fortführung von historischen Werten bei Ansatz über Buchwert.
6 Fortführung des Geschäftsbetriebs für 5 Jahre in vergleichbarem Umfang.

Besondere Bedeutung und wesentlichste Änderung im Bereich der Verschmelzungsvorschriften durch das UmwStG 1995 stellt die prinzipielle Möglichkeit dar, daß auch ein verbleibender Verlustabzug i. S. d. § 10d Abs. 3 Satz 2 EStG im Rahmen der Verschmelzung übergeht. Da der Verlustabzug letztlich nur Ersatz für eine interperiodische Durchschnittsbesteuerung darstellt, muß diese Änderung als betriebswirtschaftlich richtig und überfällig bezeichnet werden. Allein entscheidend für die Frage nach der Identität und damit für die Berechtigung zum Verlustabzug sollte nicht das Rechtskleid, sondern der Inhalt des Unternehmens sein.[1] Der Übergang des Verlustabzugs war zunächst nur an die Voraussetzung geknüpft, daß die übertragende Körperschaft ihren Geschäftsbetrieb im Zeitpunkt der Eintragung des Vermögensübergangs im Handelsregister noch nicht eingestellt hatte. Die Aufnahme eines Verlustmantels soll allein nicht ausreichen, um den Verlustabzug geltend machen zu können. Ein bedeutender Streitpunkt im Rahmen dieser Vorschrift dürfte die Frage werden, wann ein Betrieb als eingestellt gilt. Zum Teil wird hierzu die Ansicht vertreten, daß die Definition der Betriebsaufgabe i. S. d. § 16 Abs. 3 entsprechend heranzuziehen sei. Demnach müsse eine dauerhafte Betriebsstillegung vorliegen. Eine lediglich vorübergehende Betriebsunterbrechung sei nicht ausreichend.[2] 855

Durch die Neufassung des § 12 Abs. 3 Satz 2 UmwStG aufgrund des Gesetzes zur Fortsetzung der Unternehmenssteuerreform setzt nunmehr der Übergang des Verlustabzugs voraus, daß der Betrieb oder Betriebsteil, der den Verlust verursacht hat, über den Umwandlungsstichtag hinaus 5 Jahre in einem nach dem Gesamtbild der wirtschaftlichen Verhältnisse vergleichbaren Umfang fortgeführt wird. Da diese Voraussetzungen in der Praxis kaum zu erfüllen sind, dürfte damit für eine große Anzahl von Verschmelzungen nicht mehr von einem Verlustübergang auszugehen sein. Es ist daher unter Beachtung von § 8 Abs. 4 KStG eine Verschmelzung auf die Verlustgesellschaft zu prüfen.[3]

Ein weiterer Problembereich stellt die Frage nach der zeitlichen Nutzbarkeit des übergehenden Verlustabzugs dar. Als wohl herrschende Meinung kann angesehen werden, daß ein Verlustausgleich und ein Verlustvortrag möglich ist. So könnte damit z. B. bei einem Übertragungsstichtag auf den 31.12.1998 ein verbleibender Verlustabzug bereits mit dem positiven Einkommen der Übernehmerin des gleichen Jahres verrechnet werden. Soweit der Verlustausgleich dieses Einkommen übersteigt, ist darüber hinaus ein Verlustvortrag möglich. Der Rücktrag in frühere Jahre der Übernehmerin wird dagegen eher ablehnend behandelt.

1 Vgl. Knepper, DStR 1994, 1796, 1798.
2 Vgl. Sagasser/Bula, 479.
3 Zu Überlegungen zur Verlustnutzung vor dem Hintergrund des Erlaßentwurfs des BMF v. 7.7.1998 zu §§ 8 Abs. 4 KStG und 12 Abs. 3 Satz 2 UmwStG vgl. Kröner, DStR 1998, 1495.

dd) Gliederungsmäßige Behandlung der Verschmelzung von Körperschaften

856 Die gliederungsmäßige Behandlung einer Verschmelzung wurde außerhalb des Umwandlungssteuerrechts in § 38 KStG geregelt. Obwohl es äußerlich zu einer starken Veränderung der Vorschrift kam, blieb die Grundkonzeption der Vorschrift unverändert. Danach löst die Verschmelzung nicht die Folgen des Anrechnungsverfahrens aus, sondern bewirkt im Grundsatz eine einfache Addition der verwendbaren Eigenkapitalteile. Die Vorschrift wurde lediglich um eine Aussage bezüglich des Sonderausweises gemäß § 47 Abs. 1 Satz 1 Nr. 2 i. V. m. § 29 Abs. 3 KStG ergänzt sowie eine Vereinfachung dahingehend vorgenommen, daß notwendige Eigenkapitalanpassungen nur noch bei dem Teilbetrag EK 04 erfolgen. Im Ergebnis sind damit drei Schritte zu unterscheiden.

Wie dargelegt, bestimmt § 38 KStG im Grundsatz zunächst eine einfache Addition der verwendbaren Eigenkapitalteile.

Übersteigt die Summe der Nennkapitalbeträge nach Verschmelzung die Summe der Nennkapitalbeträge der an der Verschmelzung beteiligten Rechtsträger und ist der Mehrbetrag nicht durch bare Zuzahlung oder durch Sacheinlage entstanden, so erhöht sich der Sonderausweis i. S. d. § 47 Abs. 1 Nr. 2 KStG. Ergibt sich in der Summe ein niedrigeres Nennkapital, ergibt sich eine entsprechende negative Differenz. Hierin spiegelt sich der Gedanke der Kapitalerhöhung aus Gesellschaftsmitteln bzw. einer Kapitalherabsetzung wider.[1]

Soweit ein über die vorgenannten Effekte hinausgehender Differenzbetrag bei der Verprobung des vEK verbleibt, ist dieser Betrag nur noch mit EK 04 zu verrechnen, da es sich bei einer Verschmelzung um einen Vorgang auf gesellschaftsrechtlicher Ebene handelt.

Die Addition kann für einzelne Gesellschafter auch durchaus positive oder negative Konsequenzen bewirken. Wird z. B. eine Gesellschaft mit negativem EK 45 auf eine Gesellschaft mit positivem EK 45 verschmolzen, vernichtet dies Anrechnungsguthaben. Soweit nichtanrechnungsberechtigten Gesellschaftern durch die Verschmelzung neue EK 01-Beträge „gutgeschrieben" werden, sind die steuerlichen Folgen gegenüber einem Steuerinländer u. U. vorteilhaft.

Die Wirkung dieser Vorschrift läßt sich am einfachsten an einer Reihe von Beispielen darstellen.[2]

1 Schaumburg/Rödder, § 12 UmwStG Rz. 25.
2 Entnommen bei Wochinger/Dötsch, DB 1994, Beilage 14, 19 f.

Beipiel 1 (Neubildung Sonderausweis, in TDM): **857**

	Nenn-kapital	Rück-lagen	vEK (EK 45)	Sonder-ausweis
Übertragerin A	100	50	50	–
Übertragerin B	20	130	130	–
Übernehmerin	150	150	180	30

		Gliederung des vEK (EK 45)	Sonderausweis i. S. d. § 47 Abs. 1 Satz 1 Nr. 2 KStG
1. Zusammenfassung der Teilbeträge des vEK		180	–
2. Abgleich Nennkapitalsphäre			
Nennkapital Übernehmerin	150		
Summe der Nennkap. vorher	120		
Mehrbetrag = Zugang Sonderausweis	30		30
3. vEK-Verprobung:			
vEK laut Steuerbilanz:			
Rücklagen	150		
+ Sonderausweis	+ 30		
	180		
– Summe vEK laut Gliederung	–180		
vEK-Anpassung	0		
4. Bestände nach Verschmelzung		180	30

858 **Beipiel 2** (Wegfall eines bisherigen Sonderausweises):

	Nenn-kapital TDM	Rück-lagen TDM	vEK (EK 45) TDM	Sonder-ausweis TDM
Übertragerin	70	30	30	–
Übernehmerin (vorher)	60	40	55	15
Übernehmerin (nachher)	70	30	?	?

		Gliederung des vEK		Sonderausweis i. S. d. § 47 Abs. 1 Satz 1 Nr. 2
	TDM	EK 45 TDM	EK 04 TDM	KStG TDM
1. Zusammenfassung vEK u. Sonderausweis		85	0	15
2. Abgleich Nennkapitalsphäre: Nennkapital der Übernehmerin	70			
Summe der Nennkapitalien vorher	–130			
Verringerung des Sonderausweises (bis auf null DM)	–60	—	—	–15
		85	0	0
3. vEK-Verprobung: vEK lt. Steuerbilanz (nur Rücklagen, kein Sonderausweis)	30			
– Summe des vEK lt. Gliederungsrechnung	–85			
vEK-Anpassung beim EK 04	–55	—	–55[1]	—
		85	–55	0
		30		

1 Der Abzug von 55 TDM beim EK 04 ergibt sich gedanklich wie folgt:
Zugang EK 04 i. H. des Betrags, um den die „Kapitalherabsetzung" den Sonderausweis übersteigt (60 TDM ./. 15 TDM) 45
Bei einem Zugang zum EK 04 von 45 TDM würde das gegliederte vEK 85 TDM + 45 TDM = 130 TDM betragen. Dann ergäbe sich eine Eigenkapitalanpassung an die StBil. von 130 TDM ./. 30 TDM –100
–55

Beispiel 3 (Verschmelzung durch Aufnahme) 859

a) Sachverhalt

Die Alt-GmbH wird mit steuerlicher Wirkung zum 30.6.2002 mit der Neu-GmbH verschmolzen; die Buchwerte werden fortgeführt. Die Neu-GmbH (Übernehmerin) war an der Alt-GmbH beteiligt (Buchwert und Anschaffungskosten der Beteiligung = 210 000 DM). Wirtschaftsjahr der Alt-GmbH: 1.7.–30.6., Wirtschaftsjahr der Neu-GmbH: 1.1.–31.12.

Steuerliche Schlußbilanz der Alt-GmbH auf den 30.6.2002

	DM		**DM**
Aktiva	390 000	Stammkapital	150 000
		Rücklagen	120 000
		Verbindlichkeiten	60 000
		Gewinn	60 000
	390 000		390 000

Das vEK der Alt-GmbH zum 30.6.02 setzt sich wie folgt zusammen:

	DM
EK 45	100 000
EK 03	80 000
	180 000

Steuerbilanz der Neu-GmbH zum 31.12.2001

	DM		**DM**
Aktiva (einschl. Beteiligung an der Alt-GmbH von 210 000 DM)		Stammkapital	300 000
		Rücklagen	300 000
		Verbindlichkeiten	600 000
	1 500 000	Gewinn	300 000
	1 500 000		1 500 000

Das vEK der Neu-GmbH setzt sich wie folgt zusammen:

	DM
EK 45	400 000
EK 03	200 000
	600 000

b) Steuerfreier Übernahmegewinn bei der Neu-GmbH (§ 12 UmwStG n. F.)

Zugang Aktivvermögen	390 000 DM
– Verbindlichkeiten	–60 000 DM
	330 000 DM
– Wegfall der Beteiligung an der Alt-GmbH	–210 000 DM
	120 000 DM

Der Übernahmegewinn unterliegt gem. § 12 Abs. 2 Satz 1 UmwStG nicht der KSt und gem. § 19 Abs. 1 UmwStG n. F. nicht der GewSt.

c) Fiktive Steuerbilanz der Neu-GmbH zum 30.6.2002 (Nebenrechnung)

	DM	DM		DM	DM
Anlage- und Umlaufvermögen am 31.12.2001	1 500 000		Stammkapital		300 000
			Rücklagen		300 000
			Verbindlichkeiten am 31.12.2001	600 000	
Buchwert der Beteiligung an der Alt-GmbH 1 290 000	–210 000		von der Alt-GmbH	+60 000	660 000
		1 290 000			
Von der Alt- auf die Neu-GmbH übergegangenes Anlage- und Umlaufvermögen		+390 000	Gewinn am 31.12.2001	300 000	
			Übernahmegewinn	+120 000	420 000
		1 680 000			1 680 000

d) vEk der Neu-GmbH lt. vorstehender fiktiver Steuerbilanz

Gesamtes EK i. S. d. § 29 Abs. 1 KStG (300 000 DM +300 000 DM +420 000 DM)	1 020 000 DM
– übriges EK (= Stammkapital)	–300 000 DM
= vEK i. S. d. § 29 Abs. 2 KStG	720 000 DM

e) vEK-Zu- und Abgänge infolge des Vermögensübergangs (zu erfassen i. R. der EK-Gliederung der Neu-GmbH zum 31.12.2002)

		Summe des vEK DM	EK 45 DM	EK 03 DM	EK 04 DM
Bestände 31.12.2001		600 000	400 000	200 000	0
+ Hinzurechnung der Teilbeträge der Übertragerin zum 30.06.2002 (§ 38 Abs. 1 Satz 1 KStG)		+180 000	+100 000	+80 000	–
Zwischensumme (zusammengerechnetes vEK beider Körperschaften)		780 000	500 000	280 000	0
Verprobung:	DM				
vEK lt. zusammengefaßter Gliederungsrechnung (Summe lt. vorstehender Zeile)	780 000				
vEK lt. fiktiver Steuerbilanz zum 30.6.2002 (vgl. vorstehend unter d))	–720 000				
Übersteigender Betrag	60 000				
Angleichung der Gliederungsrechnung an die Steuerbilanz (§ 38 Abs. 1 Satz 4 KStG)[1]		–60 000			–60 000
		720 000	500 000	280 000	–60 000
– Beträge lt. Zeile 1		–600 000	–400 000	–200 000	0
= Zu- und Abgänge aus dem Vermögensübergang		120 000	100 000	80 000	–60 000

ee) Besteuerung der Gesellschafter der übertragenden Körperschaft

Die Vorschrift des § 13 UmwStG zielt auf eine wert- und qualitätsmäßige Verknüpfung der Anteile. Sowohl Buchwert bzw. Anschaffungskosten als auch steuerliche Qualifikation wie z. B. wesentliche Beteiligung, einbringungsgeborene Anteile, § 50c EStG-Anteile bleiben im Rahmen der **860**

1 Die Angleichung des vEK entspricht der Differenz zwischen dem Stammkapital der Übertragerin und dem wegfallenden Buchwert der Beteiligung der Übernehmerin an die Übertragerin (150 000 DM – 210 000 DM = – 60 000 DM).

Verschmelzung erhalten. Dabei gelten die Regelungen des § 13 UmwStG zwingend. Es existiert keinerlei Abhängigkeit von der Wahlrechtsausübung auf Ebene der übertragenden Kapitalgesellschaft im Rahmen des § 11 UmwStG. Eine Realisation auf Anteilseigner-Ebene ist somit im Rahmen der Verschmelzungsvorschriften generell ausgeschlossen.[1]

Soweit Anteile zu einem Betriebsvermögen gehören, gelten sie als zum Buchwert veräußert und die an ihre Stelle tretenden Anteile als mit diesem Wert angeschafft.

Gehören die Anteile nicht zu einem Betriebsvermögen, sind aber die Voraussetzungen des § 17 EStG oder 23 EStG erfüllt, treten anstelle der „alten" Anteile die „neuen" zu den Anschaffungskosten der „alten". Werden erstmals Anteile wesentlich i. S. d. § 17 EStG, gelten bei diesen als Anschaffungskosten der gemeine Wert am steuerlichen Übertragungsstichtag. Das erstmalige Entstehen von wesentlichen Anteilen i. S. d. § 17 EStG dürfte weniger die Fälle der Verschmelzung betreffen als vielmehr der Spaltung. Gemäß § 15 Abs. 1 Satz 1 UmwStG sind die §§ 11–13 über die Verschmelzung entsprechend anzuwenden.

Im Fall von einbringungsgeborenen Anteilen kommt es ebenfalls zu einer Wert- und qualitativen Verknüpfung. Das gleiche gilt für Anteile i. S. d. § 50c EStG.

Nach Ansicht der Finanzverwaltung beginnt mit Bezug der Anteile an der Übernehmerin eine neue Spekulationsfrist.[2]

6. Die Spaltung von Kapitalgesellschaft auf Kapitalgesellschaften

a) Einführung

861 Die Aufspaltung, Abspaltung und Teilübertragung auf andere Körperschaften ist erstmals im Umwandlungssteuergesetz 1995 im Rahmen des § 15 UmwStG gesetzlich geregelt. Gemäß § 16 UmwStG ist auch eine gesetzliche Regelung für die Auf- oder Abspaltung auf Personengesellschaften vorgesehen. Da es sich hierbei inhaltlich jedoch um eine reine Verweisvorschrift bezüglich des Vermögensüberganges von Kapital- auf Personengesellschaften handelt (§§ 3 ff. UmwStG), bedarf es hierzu keiner gesonderten Ausführung. Im nachfolgenden wird sich daher auf die Spaltungsvorschriften zwischen Kapitalgesellschaften konzentriert.

Übertragende und übernehmende Rechtsträger müssen ihren Sitz im Inland haben. Die Körperschaften müssen nach § 1 Abs. 5 UmwStG unbeschränkt steuerpflichtig i. S. d. § 1 KStG sein. Ausländische Gesellschaften mit Geschäftsleitung im Inland und statutarischen Sitz im Ausland kommen weder als übertragende noch als übernehmende Rechtsträger in Betracht.[3]

1 Vgl. Schaumburg/Rödder, § 13 UmwStG Rz. 6; Dötsch, Anh. UmwG, Rz. 155.
2 Vgl. UmwStE Tz. 13.08; vgl. hierzu auch Dehmer, Erläuterung zu Tz. 13.08 UmwStE.
3 Vgl. UmwStE Tz. 1.03 mit Hinweis auf BFH, Urt. v. 23.6.1992, BStBl II 1992, 977.

In der Grundkonzeption handelt es sich um den Umkehrfall der Verschmelzung. Dies erkennt man insbesondere daran, daß § 15 UmwStG in wesentlichen Teilen ein Verweis auf die Vorschriften für die Verschmelzung vornimmt, zusätzlich werden lediglich spezielle Mißbrauchstatbestände definiert sowie Spaltungsbesonderheiten behandelt. Damit besteht insbesondere grundsätzlich die Möglichkeit der spaltweisen Übertragung von Verlustvorträgen.

Prinzipiell gilt damit auch für Spaltungsfälle eine ertragsteuerlich neutrale Behandlung. Einschränkend muß jedoch darauf hingewiesen werden, daß durch eine Reihe äußerst restriktiv gefaßter und ausgelegter Voraussetzungen sowie spezieller Mißbrauchsbestimmungen die Steuerneutralität einer starken Beschränkung unterliegt.[1] Die Mißbrauchsvorschriften können zu einem echten Hemmschuh werden. Insbesondere sei auf eine gewichtige Abweichung zwischen Handels- und Steuerrecht hingewiesen. Handelsrechtlich kann auch ein einzelner Vermögensgegenstand im Wege der Sonderrechtsnachfolge spaltweise übertragen werden. Steuerlich steht demgegenüber wenigstens die kleinste Einheit Teilbetrieb, Mitunternehmeranteil oder 100 %-Beteiligung an einer Kapitalgesellschaft gegenüber. Hierdurch fällt bereits eine wichtige Voraussetzung zwischen Handels- und Steuerrecht auseinander, vgl. zum UmwG Rz. 644, 733 ff.

Eine weitere wesentliche Besonderheit besteht darin, daß im steuerlichen Bereich nur die Auf- und Abspaltung, nicht jedoch die Ausgliederung im Rahmen der Spaltungsvorschriften behandelt wird. Dies beruht darauf, daß steuerlich die Ausgliederung als Einbringung gem. § 20 ff. UmwStG gilt und somit nur die Auf- und Abspaltung als Spaltungsfälle i. S. d. Umwandlungssteuerrechts qualifizieren.

b) Besteuerung der übertragenden Kapitalgesellschaft

Durch den Verweis auf § 11 UmwStG kann die übertragende Kapital- **862**
gesellschaft das übergehende Vermögen mit den Buchwerten ansetzen, soweit die Besteuerung der stillen Reserven bei der übernehmenden Kapitalgesellschaft sichergestellt ist und eine Gegenleistung nicht oder nur in Gesellschaftsrechten besteht. Weiterhin muß auf die Übernehmerin ein Teilbetrieb übertragen werden und, soweit im Falle der Abspaltung bei der übertragenden Gesellschaft Vermögen zurückbleibt, auch dieses als Teilbetrieb qualifizieren. Dabei gelten als Teilbetrieb auch Mitunternehmeranteile oder die 100%ige Beteiligung an einer Kapitalgesellschaft. Im Ergebnis sind damit für jeden steuerlich neutralen Spaltungsvorgang wenigstens zwei Teilbetriebe oder als solche zu qualifizierende Einheiten notwendig.

Liegen die Voraussetzungen des § 15 Abs. 1 UmwStG nicht vor, greift die Verweisvorschrift auf die §§ 11–13 UmwStG insgesamt nicht. Folglich kommt es sowohl auf Ebene der Körperschaft als auch der Anteilseigner

1 Zu der Mißbrauchregelung des § 15 Abs. 3 UmwStG vgl. auch Thiel/Eversberg/van Lishaut/Neumann, GmbHR 1998, 397, 426 f.

zu einer liquidationsähnlichen Gewinnrealisierung. Dieser Zustand tritt bei Einzelrechtsnachfolge und/oder Nichterfüllung der Teilbetriebsvoraussetzung(en) ein.[1]

Soweit die Voraussetzungen der §§ 15 und 11 UmwStG erfüllt sind, kann die übertragende Gesellschaft wahlweise auch einen Zwischen- oder Teilwert ansetzen. Insoweit entsteht ein laufender steuerlicher Gewinn, der den allgemeinen Vorschriften zu unterwerfen ist. Die Finanzverwaltung dürfte auch hier aufgrund der Maßgeblichkeit von keiner umfassenden Aufstockungsmöglichkeit ausgehen. Insoweit sei auf die entsprechenden Ausführungen zur Verschmelzung (§ 11 UmwStG) verwiesen (vgl. Rz. 851).

Von einer vollen Liquidationsbesteuerung sind die Folgen zu unterscheiden, die eintreten, wenn lediglich die besonderen Mißbrauchsbestimmungen des § 15 Abs. 3 UmwStG nicht erfüllt werden. Da § 15 Abs. 3 UmwStG im Verstoßfall nur die Nichtanwendbarkeit des § 11 Abs. 1 normiert, entfällt im Rahmen der Mißbrauchsbestimmung lediglich die Buchwertfortführung auf Gesellschaftsebene. Die Gesellschafter werden dagegen zwingend nach den Bestimmungen des §13 UmwStG behandelt. Auf ihrer Ebene tritt damit insoweit keine Realisierung ein.

Die Mißbrauchsvorschrift des § 15 Abs. 3 stellt zum einen darauf ab, daß Mitunternehmeranteile und Beteiligungen nicht durch Übertragung von Wirtschaftsgütern, die nicht unter die Teilbetriebsfiktion fallen, erworben oder aufgestockt wurden (mißbräuchliche Herstellung der Teilbetriebsvoraussetzungen).

So gilt z. B. die Einlage einer 60 %-GmbH-Beteiligung in eine andere Gesellschaft, die zu 100 % gehalten wird, als schädlich. Als unhaltbar muß die Ansicht der Finanzverwaltung angesehen werden, daß jede Einlage von Wirtschaftsgütern mit stillen Reserven 3 Jahre vor Spaltung in eine Mitunternehmerschaft als schädliche Aufstockung des Mitunternehmeranteils gilt.[2] Diese würde faktisch fast jeder Spaltung unter Beteiligung von Mitunternehmerschaften als „Spaltprodukt" entgegenstehen. U. E. können hier nur gezielte, wertsignifikante Übertragungen angesprochen sein (relativ und absolut hohe Werte/stille Reserven).

Als weiterer Mißbrauchstatbestand gilt eine Spaltung, die die Voraussetzung für eine Veräußerung schafft. Davon ist nach der gesetzlichen Vermutung insbesondere dann auszugehen, wenn innerhalb von 5 Jahren nach dem steuerlichen Übertragungsstichtag Anteile an einer an der Spaltung beteiligten Körperschaft, die mehr als 20 % der vor Wirksamkeit der Spaltung an der Körperschaft bestehenden Anteile ausmachen, veräußert werden.

Im Grundsatz ist damit jede im Rahmen einer Spaltung vorbereitete Veräußerung von der Mißbrauchsvorschrift bedroht bzw. erfaßt. Die 20 %-Grenze wirkt lediglich typisierend. Sie ist dahingehend zu verstehen, als insoweit mehr als 20 % der vor Wirksamkeit der Spaltung an der Körperschaft bestehenden Anteile veräußert werden[3], die Spaltung ins-

1 Vgl. ausführlich hierzu Herzig, Rz. 315 ff.
2 Vgl. UmwStE Tz. 15.17; vgl. auch Dehmer, Erläuterung zu Tz. 15.17 UmwStE.
3 Vgl. Dötsch, Anh. UmwStG, Rz. 335.

gesamt nicht mehr steuerneutral erfolgen kann. Hierdurch entsteht eine „Schicksalsgemeinschaft". Jeder der „Spaltgesellschafter" kann, soweit er über einen hinreichenden Anteil an einer Spaltgesellschaft verfügt, mit nachteiliger Wirkung für alle Gesellschafter die Buchwertfortführung des § 11 Abs. 1 UmwStG innerhalb der 5jährigen Nachlauffrist zur Unanwendbarkeit bringen. Vertragliche Absicherungen dürften daher von großer Bedeutung sein.

Soweit die Spaltung der Trennung von Gesellschafterstämmen dienen soll, tritt als weitere Voraussetzung hinzu, daß die Beteiligung an der übertragenden Körperschaft mindestens 5 Jahre vor dem steuerlichen Übertragungsstichtag bestanden haben müssen. Der Begriff „Gesellschafterstämme" wird zutreffend als unscharf bezeichnet.[1]

c) Besteuerung der übernehmenden Gesellschaft

Für die übernehmende Gesellschaft verweist § 15 auf § 12 UmwStG. **863**
Dieser verweist wiederum auf § 4 Abs. 1 UmwStG. Damit gilt auch hier zwingend eine Buchwertverknüpfung. Die übernehmende Gesellschaft tritt gem. § 12 Abs. 3 in vollem Umfang in die steuerliche Rechtsstellung der übertragenden Gesellschaft ein.

Auch der Verlustabzug geht anteilig über. Nach der gesetzlichen Regelung in § 15 Abs. 4 UmwStG ist das Verhältnis in der Regel aus den Angaben zum Umtauschverhältnis der Anteile im Spaltungs- und Übernahmevertrag oder im Spaltungsplan zu entnehmen. Entspricht das Umtauschverhältnis der Anteile nicht dem Verhältnis der übergehenden Vermögensteile, ist das Verhältnis der gemeinen Werte der übergehenden Vermögensteile maßgebend. Damit entspricht der Aufteilungsmaßstab dem auch für die Aufteilung des vEK relevanten in § 38a KStG.

d) Besteuerung der beteiligten Gesellschafter

Soweit nicht eine der Grundvoraussetzungen des § 15 Abs. 1 unerfüllt **864**
bleibt (Gesamtrechtsnachfolge, Teilbetriebseigenschaft), die zu einer vollen Liquidationsbesteuerung führt, gilt § 13 UmwStG entsprechend. Qualitativ und quantitativ erfolgt eine Verknüpfung mit den „Altanteilen". Insoweit kann auf die Ausführungen im Rahmen der Verschmelzung verwiesen werden (vgl. Rz. 860).

Der steuerliche Wertansatz einer Beteiligung erfolgt nach dem Umtauschverhältnis oder nach den Verhältnissen der gemeinen Werte.[2]

1 Vgl. Dötsch, Anh UmwStG, Rz. 338.
2 So auch UmwStE, Tz. 1551; vgl. auch Dehmer, Erläuterung zu Tz. 15.51 UmwStE.

E. Going Public – Der Gang an die Börse

SCHRIFTTUM

Baums, Aktienmarkt und Finanzierung kleiner Unternehmen, ZIP 1997, 1942; *Blättchen,* Emissionsberatung beim Börsengang mittelständischer Unternehmen, DStR 1997, 1547; *Deutsches Aktieninstitut e. V.,* DAI Factbook 1998; *Deutsches Aktieninstitut e. V.,* Der Gang an die Börse: Chancen für Ihr Unternehmen, 1998; *Geck,* Überlegungen zur Verwendung der GmbH & Co. KGaA in der mittelständischen Wirtschaft, NZG 1998, 586; *Harrer/Erwe,* Der Neue Markt der Frankfurter Wertpapierbörse im Vergleich zu NASDAQ und EASDAQ, RAIW 1998, 661; *Herfs,* Die Kapitalgesellschaft & Co. KGaA als Rechtsformoptimierung für mittelständische Unternehmen, WiB 1997, 688; *Hoppenstedt,* Aktienführer 1999; *Jäger,* Thema Börse (1): Vorüberlegungen aus Berater- und Unternehmersicht, NZG 1998, 496; *Jäger,* Thema Börse (2): Alternative Maßnahmen der Kapitalbeschaffung, NZG 1998, 718; *Korth,* Rechtsänderungen und Auswirkungen für die Abschlußprüfung durch das KonTraG, Stbg 1998, 219; *Ladewig/Motte,* Die Kleine AG, Eine moderne Rechtsform für mittelständische Unternehmen, 1998; *Ladewig/Motte,* Die Kommanditgesellschaft auf Aktien – Eine Alternative für börsenwillige mittelständische Unternehmen, DStR 1996, 800; *Lingemann/Wasmann/Mehr,* Kontrolle und Transparenz im Aktienrecht: Das KonTraG im Aktienrecht, BB 1998, 853; *Niedner/Kusterer,* Der Weg von der GmbH in die GmbH & Co. KGaA, GmbHR 1998, 584; *Niquet,* Das Ende des Kapitalmangels, 1997; *Schaumburg,* Die KGaA als Rechtsform für den Mittelstand?, DStZ 1998, 525; *Schmidt/Levedag,* Die KGaA nach dem BGH-Beschluß vom 24.2.1997: Grundprofil und Einsatzfelder einer hybriden Rechtsform, INF 1997, 749; *Schröer,* Vorschläge für Hauptversammlungsbeschlüsse zur Umstellung auf Stückaktie und Euro, ZIP 1998, 306; *Schürmann/Körfgen,* Familienunternehmen auf dem Weg zur Börse, 3. Aufl. 1997; *Seibert,* Die kleine AG, 1994; *Sethe,* Die Besonderheiten der Rechnungslegung bei der KGaA, DB 1998, 1044; *Wellkamp,* Die Aktienrechtsreform, INF 1998, 146.

I. Entwicklung des deutschen Aktienmarktes

865 Nachdem die Zahl der Aktiengesellschaften in der Bundesrepublik seit Mitte der 50er Jahre ständig abgenommen hat, wird die Aktie seit Mitte der 80er Jahre wieder vermehrt als Finanzierungsinstrument genutzt mit besonders starkem Anstieg etwa seit Mitte dieses Jahrzehnts. Dennoch wird auch heute nur ein Bruchteil der bestehenden Aktiengesellschaften an der Börse notiert. Bedenkt man weiterhin, daß eine Vielzahl von Aktiengesellschaften sich in Händen eines oder weniger Anteilseigner befindet, wird daraus ersichtlich, daß für den Aktienmarkt in Deutschland noch ein erhebliches weiteres Entwicklungspotential vorhanden ist.

Im Vergleich zur Anzahl der börsennotierten Gesellschaften und zur Marktkapitalisierung der AG's hinkt der deutsche Aktienmarkt nach wie vor gegenüber Ländern wie USA, Japan oder Großbritannien weit hinterher. Allerdings sind seit Mitte der 80er Jahre Tendenzen erkennbar, durch Schaffung verbesserter Rahmenbedingungen die Attraktivität des deutschen Aktienmarktes zu erhöhen, um den Gang zur Börse, insbesondere die zulassungsrechtlichen Voraussetzungen, zu erleichtern.

In den letzten Jahren haben sich deutsche Unternehmen, vermehrt zuerst größere, dann aber auch mittelständische und in der jüngsten Zeit auch noch in der Entwicklungsphase befindliche Unternehmen, mit Aktienemissionen an die Börse begeben. Bei Aktienemissionen ist zu unterscheiden zwischen der

- Erstemission, vielfach auch Going Public genannt, weil sich das Unternehmen erstmalig der Öffentlichkeit des Kapitalmarkts aussetzt,
- weiteren Emissionen, sowohl im Rahmen einer sogenannten Umplazierung (Verkauf weiterer Aktien aus dem bisherigen Eigentümerkreis) als auch im Rahmen weiterer Kapitalerhöhungen,
- sogenannten Privatplazierungen (private placements), vielfach als Vorstufe einer eigentlichen Börseneinführung.

Deutsche Unternehmen folgen damit, wenn auch recht spät, einem internationalen Trend, der im anglo-amerikanischen Raum besonders ausgeprägt ist, sich das nötige Eigenkapital über die Ausgabe von Aktien zu beschaffen. In der Vergangenheit war und weitgehend ist der deutsche Eigenkapitalmarkt dadurch gekennzeichnet, daß er von wenigen überwiegend großen Unternehmen zur Eigenkapitalversorgung in Anspruch genommen wurde und auch diese Unternehmen vielfach nur mit einem international vergleichlich geringen Kapitalanteil im Streubesitz gehalten wurden, während Schachtelbeteiligungen oder auch Mehrheitsbeteiligungen häufig von anderen Unternehmen oder Kapitalsammelstellen, vielfach auch Banken und Versicherungen gehalten wurden. Diese Besonderheit ist auch jetzt noch für den deutschen Kapitalmarkt, insbesondere im Bereich der Großunternehmen und der älteren Unternehmen, vorherrschend. Die Einstiegsbarrieren wurden herabgesetzt durch Einführung neuer Marktsegmente und die damit verbundene Erleichterung bei den Zulassungskriterien. Trotz der begonnenen Entwicklung ist nach wie vor der Eigenkapitalmarkt in Deutschland gekennzeichnet von einer vergleichlich geringen Zahl von börsennotierten Gesellschaften. Das korrespondiert mit einer im internationalen Vergleich geringen Eigenkapitalausstattung, insbesondere im mittelständischen Bereich. Die Gründe dafür sind auf verschiedenen Gebieten zu suchen:

- die historische Entwicklung und die Eigenkapitalknappheit nach dem Zweiten Weltkrieg,
- die in Deutschland wesentlich stärker ausgeprägte mittelständische Struktur der Wirtschaft und die damit verbundene ‚Herr im Haus'-Mentalität vieler Unternehmer,
- dem in der Vergangenheit sowohl formell (Börsenzulassungsvoraussetzungen) als auch materiell (Anforderungen des Kapitalmarkts im allgemeinen und der emissionsbegleitenden Banken im besonderen) restriktiven Vorgehen, vielfach in der unausgesprochenen Absicht, die mit der Bereitstellung von Eigenkapital verbundenen Risiken für den Anleger und evtl. Haftungsrisiken und Imageschäden für den Kapitalmarkt und die beteiligten Banken so gering wie möglich zu halten. Insbesondere im anglo-amerikanischen Bereich stand und

steht der Charakter der Aktie als Risikopapier, selbstverständlich auch als Papier mit den entsprechenden Chancen, stärker im Vordergrund,

– und nicht zuletzt in der steuerlichen Mehrbelastung von Eigenkapital und noch verstärkt börsengehandeltem Eigenkapital, sowohl im Vergleich zu Fremdkapital als auch im internationalen Vergleich, die erst in den letzten beiden Jahren einen wesentlichen Abbau erfahren hat.

Während die Körperschaftsteuerreform bereits 1977 mit der Einführung des Anrechnungsguthabens die ertragsteuerliche Doppelbelastung weitgehend, wenn auch nicht vollständig, beseitigte und die Abschaffung der Gesellschaftsteuer und der Börsenumsatzsteuer den Eigenkapitalmarkt von weiteren steuerlichen Zusatzbelastungen befreite, wurde die vermögensteuerliche (und z. T. auch gewerbekapitalsteuerliche) Doppelbelastung erst ab 1997 bzw. 1998 abgeschafft und stellte bis dahin für die am Börsengang interessierten Unternehmen und auch die dahinterstehenden Unternehmer doch eine wesentliche Belastung und damit eine Einstiegshürde dar. Die Diskussion um eine Wiedereinführung der Vermögensteuer für natürliche Personen (und die Forderung einer – glücklicherweise deutlich geringen Minderheit – nach der Wiedereinführung einer Vermögensteuer auch für Kapitalgesellschaften) läßt aber auch jetzt noch einige umwandlungswillige Unternehmer zögern.

Das in Deutschland in den letzten Jahren durch Erbgänge und Generationswechsel verstärkt für Kapitalanlagen zur Verfügung stehende Kapital suchte deshalb den Weg in tatsächlich oder vermeintlich steuergünstigere Anlageformen (Immobilienbeteiligungen, Abschreibungsgesellschaften, etc.) und stand und steht damit insoweit nur in einem geringeren Umfang für die Eigenkapitalausstattung der Unternehmen zur Verfügung.

866 Wie sich aus den nachfolgenden Statistiken ersehen läßt, haben in den letzten Jahren vermehrt bisher nicht börsennotierte Gesellschaften den Weg an die Börse gefunden, wobei sich viele der Unternehmen erst im zeitlichen Zusammenhang mit einer Erstemission und nur zu diesem Grund in die Rechtsform einer Kapitalgesellschaft, insbesondere einer AG, begeben haben. Die Gründe für den Börsengang sind recht unterschiedlich. Der vorherrschende Grund ist die Notwendigkeit vieler Unternehmen für ihre Aktivitäten und die damit verbundenen Risiken, eine angemessene Eigenkapitalausstattung zu finden, die sich nur aus dem bisherigen Gesellschafterkreis, vielfach Familien in der zweiten oder dritten Generation des Unternehmens, nicht mehr im ausreichenden Maße darstellen ließ. Die steuerlich eher erschwerte Zurückhaltung von Erträgen zur Eigenkapitalverstärkung unterstützte diesen Effekt noch. Andere Gründe, die z. T. gleichzeitig und verstärkend auftreten, sind der Generationswechsel in der Gesellschaft und die für das Gewinnen familienfremder Manager vielfach fehlende unabhängige Organisationsstruktur, die innere Lösung von Gesellschaftern aus einer Nachfolgegeneration von ihren Familienunternehmen, die Erleichterungen bei den Kapital- und Besteuerungsvorschriften, wobei die Erleichterungen insbesondere in Bezug auf die Steuerbelastung vielfach noch nicht als ausreichend angesehen werden, um eine steuerliche Neutralität für den Wettbewerb der Finanzierungsformen, insbesondere für das Eigenkapital im Vergleich zum Fremdkapital darzustellen und z. T. nicht nur der Abbau von Mehrbelastungen, sondern eine aktive Förderung der Investition in Aktien wie in einigen unserer Nachbarstaaten gefordert wird.

Dennoch veranlaßt der Bedarf an Eigenkapital primär durch gewachsenes Geschäftsvolumen, auch im Rahmen der Vorbereitung von Unternehmen auf die Anfordernisse des EG-Marktes, für Investitionen in den neuen Bundesländern und für die Teilnahme an internationalen Märkten, aber auch der Ersatzbedarf für bisher bei Familienunternehmern liegenden Eigenkapital für andere Anlagezwecke, deutlich mehr Unternehmen, sich Eigenkapital über die Börse zu beschaffen. Aber auch die Privatisierung eines, wenn auch noch kleinen Teils der Beteiligungen der öffentlichen Hand (primär IVG, Telekom und weitere Anteile an der Lufthansa) haben zu einer Verstärkung der gesamten Börsenkapitalisierung geführt, wobei mit weiteren Privatisierungstranchen (z. B. Telekom) und weiteren Börsengängen (z. B. Postbank, Deutsche Bahn, Deutsche Post) gerechnet wird. Die insbesondere bei der größten Privatisierung, der Telekom, anfänglich geäußerte Befürchtung, daß damit privaten Unternehmen, insbesondere jüngeren Börsengängern das anlagesuchende Kapital verknappt würde, hat sich nicht bewahrheitet, eher im Gegenteil: Es wurden neue Aktionärskreise angesprochen. Dies und die in den letzten Jahren äußerst günstige Kursentwicklung hat dazu beigetragen, daß vermehrt auch kleinere und z.T. auch jüngere Unternehmen an der Börse Kapital gesucht und auch in ausreichendem Maße gefunden haben.

Durch die Einführung des geregelten Marktes zum 1.5.1987 hat der Gesetzgeber ein Börsensegment geschaffen, das insbesondere mittelständischen Gesellschaften die Möglichkeit bietet, kostengünstig Eigenkapital zu beschaffen und einer börsengesetzlich geregelten Aufsicht zu unterliegen.

Dabei wurde ein Kompromiß zwischen dem im deutschen Aktienrecht stark verankerten Grundsatz des Anlegerschutzes, der sich primär in Ordnungs- und Publikationsvorschriften darstellt, und den Zielvorstellungen der Emittenten von erleichterten Zugangsvoraussetzungen zu einem organisierten Kapitalmarkt erreicht.

Die weitere Einführung des Neuen Marktes als weiteres Marktsegment der deutschen Börse für vorwiegend jüngere und innovative Unternehmen, bei denen den Gesellschaften sogar noch weitergehende Berichtspflichten als im amtlichen Handel abverlangt werden, hat zu einem selbst von den Initiatoren in diesem Umfang nicht erwarteten Erfolg geführt und den Neuemissionen weitgehend eine volle Plazierung zu verhältnismäßig hohen Börsenbewertungen ermöglicht.

Das Erfordernis einer Kapitalverstärkung trifft nicht nur Unternehmen, die als Gründer- oder Familienunternehmen gestartet sind, sondern auch Unternehmen, die aufgrund ihrer Zielrichtung als Genossenschaften gegründet worden sind, und die aufgrund der Notwendigkeit der Geschäftsentwicklungen oder aus der ursprünglichen Aufgabenstellung heraus über eine reine Hilfsfunktion für die Mitglieder hinausgewachsen sind. Viele der Genossenschaften stellen heute eigenständige Geschäftsbetriebe dar und sind damit den gleichen Kapitalverstärkungserfordernissen ausgesetzt. Auch diese Unternehmen haben es schwer, aus dem bisherigen Mitgliederkreis und in der bisherigen Rechtsform neues Eigenkapital zu gewinnen, da die Bereitstellung nötigen Eigenkapitals von den Mitgliedern vielfach als Belastung angesehen wird, insbesondere bei Berücksichtigung der genossenschaftsrechtlichen Vorschriften bzgl. der Übertragung von Anteils- und Mitgliedschaftsrechten, mit der Besonderheit, daß damit weder rechtlich noch praktisch über den geschaffenen und finanzierten Geschäftswert und die stillen Reserven verfügt werden kann.

II. Die Aktie als Kapitalmarktinstrument

867 Im Gegensatz zu Anteilen an den anderen beschriebenen Gesellschaftsformen, die Freiheit für die Ausgestaltung der Gesellschaftsrechte sowohl im Hinblick auf die Gestaltungs- und Bestimmungsrechte als auch auf die Vermögens- und Ertragsrechte gewähren, ist die Aktie einer Aktiengesellschaft oder Kommanditgesellschaft auf Aktien durch das Aktiengesetz in hohem Grade festgelegt und damit standardisiert. Die Aktie ist damit einem Börsenhandel zugänglich, bei dem nur noch Art, Preis, Menge und Zeitpunkt vereinbart werden müssen und nicht weitere Vereinbarungen zwischen Käufer und Verkäufer und ggf. anderen Mitgesellschaftern bei der Veräußerung zu treffen sind. Die Aktie ist auch als Wertpapier ausgestaltet und kann ohne ins einzelne gehende Vertragsverhandlungen und -vereinbarungen und auch ohne die Notwendigkeit einer notariellen Beurkundung übertragen werden. Sie eignet sich deshalb – und das ist eine Folge ihrer Wertpapiereigenschaft – für eine Handelbarkeit und damit für den Kapitalmarkt.

Notwendig für die Fungibilität und Standardisierung ist aber gleichzeitig, neben der Einschränkung von Gestaltungsfreiheiten bei der Unternehmensverfassung, wie sie im Aktiengesetz erfolgt ist, auch die Information der beteiligten Kreise, der Börsenöffentlichkeit, über das Ergehen der Gesellschaft in einem ebenfalls vorher bestimmten Mindestumfang.

Die Standardisierung ermöglicht nicht nur die erleichterte Einigung über den Preis und die Regelung der Übergabe, sondern auch die Abwicklung der über die Börse gehandelten Aktien durch Depotübertragungen und Übertragungen von Beständen im Rahmen des Kassenvereins, der als zentrale Abwicklungsstelle für die deutschen Börsen dient. In Deutschland gibt es die Börsen Frankfurt, Düsseldorf, München, Stuttgart, Bremen, Berlin, Hannover, Hamburg, wobei Frankfurt den größten Teil des internationalen Börsenhandels abwickelt, der daneben auch über Düsseldorf und München läuft. Die meisten deutschen Börsen handeln die großen deutschen Standardwerte und ihnen regional näher liegende

Standardwerte, sind zugleich auch Heimatbörse für eine Reihe von Regionalwerten und haben in den letzten Jahren auch vermehrt Auslandswerte mit gewissen Schwerpunkten in den Handel mit aufgenommen.

Die zwischenzeitlichen Turbulenzen an den Aktienmärkten haben diesen Trend nicht gebremst. Trotz der für den Kapitalmarkt positiven Entwicklung besteht im internationalen Vergleich noch ein erheblicher Nachholbedarf, um zu anderen Ländern hinsichtlich der Anzahl börsennotierter Gesellschaften und Marktkapitalisierung aufzuschließen. Die weiterhin steigende Anzahl von Absichtserklärungen zahlreicher Gesellschaften, in naher Zukunft den Börsengang anzustreben, insbesondere im Bereich junger Unternehmen im Bereich neuer Technologien und Märkte und des größeren Mittelstandes, läßt auch unter Berücksichtigung möglicher Instabilitäten der internationalen und nationalen Kapitalmärkte eine weitere positive Entwicklung der Zahl der Neuemissionen erwarten.

Bei den Börsenemissionen seit der verstärkten Zuwendung zum Aktienmarkt lassen sich sechs Grundtypen unterscheiden, die jeweils durch mindestens eine Gesellschaft als Beispiel dargestellt werden, ohne daß damit eine Einzigartigkeit oder Besonderheit ausgedrückt werden soll: **868**

Veba, Volkswagen, Telekom IVG, Lufthansa	Privatisierung von Bundes- und Landeseigentum durch Börsengang
Wella, Grohe, Jungheinrich, GEA	Veräußerung einer Familiengesellschaft bei der die Familie weiterhin beteiligt bleibt
Linotype	Veräußerung einer Konzerngesellschaft an eine Bank (Commerzbank), die die Gesellschaft aus eigenem Bestand und auf eigenes Risiko an die Börse bringt
Kolbenschmidt, SGL Carbon	Beteiligung des Kapitalmarkts an einer Konzerngesellschaft, bei der der Konzern (Metallgesellschaft) maßgeblich weiter Einfluß behält und für sich und die Beteiligungsgesellschaft die Kapitalbasis vergrößert, dabei zugleich den Wert darstellt (shareholders' value)
Asko, Coop, Garant Schuh	(z. T. über Umwege) Wahl einer neuen Rechtsform und Kapitalbasis bei Herauswachsen aus der Rechtsform der Genossenschaft
EX-CELL-O	Börsengang nach vorherigen Management-Buy-Out
1 & 1, Intershop, MobilCom	junge Unternehmen mit neuer Technologie oder neuen Produkten oder Märkten

III. Der Begriff des Going Public

869 Unter Going Public wird die erstmalige Plazierung von Aktien im Rahmen der Börseneinführung verstanden. Der Begriff „Börse" umfaßt dabei alle vorhandenen Marktsegmente: amtlicher Handel, geregelter Markt, Neuer Markt, Freiverkehr und in der letzten Zeit auch ausländische und internationale Börsen wie die NASDAQ (National Association of Securities Dealer Automated Quotation)[1] ein elektronisches Handelssystem in den USA, das Züge des Freiverkehrs und z. T. auch des geregelten Marktes aufweist und EASDAQ, einem neu geschaffenen europäischen Äquivalent.[1]

Mehr und mehr verbreitet sich auch der Begriff IPO (Initial Public Offering) der aber inhaltlich ein Synonym ist.

Auch in der Bundesrepublik stößt der Gang an die Börse auf immer größeres Interesse. So ist die Anzahl der Neuemissionen seit Beginn der 80er Jahre stetig gestiegen. Haben sich in den Jahren 1977 bis 1982 nur 9 Unternehmen dem Kapitalmarkt geöffnet und den Börsengang durchgeführt, so waren es im Zeitraum 1983 bis Ende 1991 weit mehr als 150 neue Unternehmen und allein in den Jahren 1997 und 1998 30 bzw. 71 Unternehmen.[2]

In der Zeit vor 1983 spielten Privatisierungen von in Bundes- und Landesbesitz gehaltenen Gesellschaften eine größere Rolle. Die Plazierung der Wella AG leitete die eigentliche Emissionswelle ein.

IV. Abwägung der Motive für ein Going Public

870 Bei der Entscheidung über den Gang an die Börse sind, wie bei jeder Abwägung, die Vor- und Nachteile sowohl allgemein als auch in Bezug auf die spezifische Situation zu betrachten. Besonders zu beachten ist aber, daß bis auf wenige und zum Teil sehr teure Ausnahmen die Durchführung des Börsengangs unumkehrbar ist, da einmal verkaufte Anteile an dem Unternehmen ggf. nur zu erhöhten Preisen zurückerworben werden können (insbesondere da es Marktteilnehmer gibt, die solche Situationen ausnutzen wollen) und deshalb durch die bisherigen Gesellschafter auch keine Verfügung über das Unternehmen im ganzen mehr möglich ist. Es gibt zwar noch bestimmte Möglichkeiten einer Umwandlung und eines Ausschlusses von Minderheitsaktionären, dies aber nur unter den strengen Vorschriften des Minderheitenschutzes des Aktiengesetzes.

Die Motivationen für den Gang an die Börse sind vielfältig, der wohl wesentlichste Grund ist die Verbesserung der Finanzierungssituation der Gesellschaft, zum Teil aus unmittelbarem Bedarf, zum Teil als Vorberei-

1 Vgl. zur NASDAQ und zur EASDAQ Baums, ZIP 1997, 1942, 1944 ff.
2 Zu der Anzahl der Neuemissionen in 1995 und 1996 vgl. Blättchen, DStR 1997, 1547; zu 1997 und 1998 DAI Factbook und Hoppenstedt.

tung auf Kapitalbedarf, zur Schaffung eines erhöhten Kapitals auch als „Risikopolster" für zukünftige Erweiterungen und Investitionen des Unternehmens.[1]

Eine Börseneinführung ist die erstmalige Inanspruchnahme dieser Möglichkeit zur Verbreiterung der Außenfinanzierung der Gesellschaft und führt zu einer Eigenkapitalverstärkung, die aber zugleich die Grundlage für weitere Kapitalmaßnahmen schafft. Dabei ist zu berücksichtigen, daß die Zeiträume zwischen den einzelnen Emissionsvorgängen meist einen Einfluß auf die Börsenkurse haben und deshalb nicht nur aus Kostengründen ein „Kleckern" z.B. bei weiteren Kapitalerhöhungen, vermieden werden sollte.

1. Finanzierungseffekte

Eine solide Finanzierungsstruktur ist Grundvoraussetzung für den lang- 871 fristigen Unternehmensbestand, insbesondere im Hinblick auf die Wahrnehmung von Investitionschancen und die Wettbewerbsfähigkeit im internationalen Bereich. Dennoch ist in der Bundesrepublik zu beobachten, daß die Eigenkapitalquote, insbesondere bei mittelständischen Unternehmen, immer noch auf einem im internationalen Vergleich niedrigen Niveau verharrt. Durch die Wahl der Rechtsform einer AG oder KGaA, die die Möglichkeit zur Inanspruchnahme eines organisierten Kapitalmarktes und einer Börseneinführung bietet, kann sich ein Unternehmen in die Lage versetzen, einen Teil seines Finanzierungsbedarfs über den Kapitalmarkt zu decken. Im Rahmen eines Going Public kann diese Gelegenheit zur Kapitalaufnahme wahrgenommen werden.[2]

Die Ausgabe von Aktien als Außenfinanzierungsinstrument spielt volumensmäßig unter den Möglichkeiten der größeren mittelständischen Unternehmen die größte Rolle. Die Stückelung der Aktien auf einen Mindestnennbetrag von DM 5 bzw. zukünftig einem Euro oder der nennwertlosen Stückaktie (die allerdings in dem einer Aktie entsprechenden Anteil am Grundkapital nicht unter einem Euro liegen darf) ermöglicht es, zur Schaffung und zur Liquidität des Marktes in einer Aktie einer Gesellschaft durch ausreichend kleine und damit „leichte" Aktien und eine große Anzahl beizutragen. Die daneben verfolgte Absicht des Gesetzgebers, auch weniger vermögende Personenschichten zu einer Mitfinanzierung der Emission zu bewegen, wirkt sich wohl auch wegen noch fehlender Rahmenbedingungen erst langsam aus, dürfte sich aber wegen der Umstellungen in der Altersversorgung weiter verstärken.

Die Institute der bedingten und der genehmigten Kapitalerhöhung er- 872 möglichen Aktiengesellschaften in Grenzen flexible und in der Durchführung einfacher zu handhabende Instrumente, um bei gegebenem Kapitalbedarf die Börse zur weiteren Mittelaufnahme in Anspruch zu nehmen. Das von der Hauptversammlung genehmigte Kapital erlaubt dem Vorstand der Aktiengesellschaft, das Grundkapital, insbesondere

1 Zu weiteren Motiven für den Börsengang vgl. Jäger, NZG 1998, 496, 497f.; Blättchen, DStR 1997, 1547, 1548.

2 Vgl. hierzu auch Jäger, NZG 1998, 718.

bei einem günstigen Emissionsklima, zu erhöhen. Das bedingte Kapital erleichtert die Ausgabe von Belegschaftsaktien z. B. über Aktienoptionspläne. Eine von der Hauptversammlung genehmigte Kapitalerhöhung unter Ausschluß des Bezugsrechtes der Aktionäre ermöglicht daneben über den Austausch von Aktienpaketen nationale und internationale Unternehmensverbindungen. Daneben besteht bei entsprechenden Beschlüssen der Hauptversammlung seit 1997 auch die Möglichkeit der Ausgabe von Aktien direkt in den Markt, d. h. ohne Bezugsrechte der Aktionäre zu marktnahen Preisen. Neben der Plazierung von Aktien schafft der Börsengang zugleich Zugang zu anderen Kapitalmarktinstrumenten. Insbesondere kann mit der Ausgabe von Wandel- und Optionsanleihen mit daran gekoppelten Aktienbezugsrechten Fremdkapital aufgenommen und auch reguläre Anleihen plaziert werden, die ohne Börsennotiz des Unternehmens nicht zu den gleichen vorteilhaften Bedingungen plazierbar sind.

Der Börsengang bzw. die Erstemission kann dabei im Wege einer Kapitalerhöhung und/oder einer Umplazierung erfolgen. Während bei der Umplazierung der Emissionserlös den bisherigen Gesellschaftern zur Erhöhung ihrer Liquidität zur Verfügung steht, fließt im Rahmen einer Kapitalerhöhung der Emissionserlös dem Unternehmen zu.

Die Entwicklung der Erstemission seit 1977 zeigt, daß die Börseneinführung in verstärktem Maße auch dazu genutzt wird, durch Umplazierung Betriebsvermögen zu Privatvermögen zu machen, um damit auch eine Risikodiversifikation der Altgesellschafter herbeizuführen. Allerdings sind Kapitalerhöhungen, die den Unternehmen neues Kapital zuführen, in der Anzahl und im Volumen stärker vertreten. Sehr häufig werden beide Formen kombiniert, d. h. sowohl dem Unternehmen neues Kapital zugeführt als auch zugleich Aktien verkauft. Dies wird z. T. wegen der vorbereitenden Umstrukturierungsmaßnahmen nicht oder nur schwer sichtbar. Insbesondere bei Wachstumsunternehmen ist dieser Aspekt aber i. d. R. der wichtigste, ermöglicht doch vielfach nur eine Zuführung von zusätzlichem Kapital erst das notwendige Wachstum oder die Vollendung von Projekten oder Entwicklungen. Im Neuen Markt wird deshalb die volle Zuführung des Erlöses aus der Börseneinführung in das Eigenkapital erwartet. Erst bei weiteren Plazierungen sollen Veräußerungen durch die bisherigen Gesellschafter ermöglicht werden.

2. Fungibilität

873 Durch den Börsengang werden die bei der Erstemission und bei weiteren Emissionen an die Börse gebrachten Aktien fungibel, zugleich wächst diese Fungibilität aber auch den bisher zurückgehaltenen Aktien zu. Die Vorteile liegen nicht nur in einer nunmehr leichteren Wertfindung und der Möglichkeit der durch einen breiteren Markt gegebenen Erzielung eines Preises, sondern vielfach auch in einem sogenannten Wertsprung, da der potentielle Erwerber der Aktien die Vorteile der Fungibilität, der Liquidität und auch weiterer Vorteile, die mit den Rahmenbedingungen einer börsennotierten Aktiengesellschaft oder Kommanditgesellschaft auf Aktien verbunden sind, schätzt. Darüber hinaus werden neben den

tatsächlich neu erschlossenen potentiellen Aktionären (im Vergleich zu anderen Rechtsformen, aber auch zu nicht notierten Aktien) auch rechtlich neue Investorenkreise wie Versicherungen und andere Kapitalsammelstellen (z. B. Investmentfonds) aber auch ausländische Investoren als Anlegerkreise neu erschlossen.

Die Fungibilität ermöglicht auch Erb-, Familien- und Gesellschafterauseinandersetzungen, die ansonsten nur zu deutlich schwierigeren Bedingungen, zu ungünstigeren Werten oder unter erheblichen Schäden, wie sie z. B. durch Kündigung oder Liquidation von Gesellschaften oder der Suche nach „Ersatzgesellschaftern" in einem sehr engen Markt und z. T. nur im Kreis von potentiell beteiligten Wirtschaftskreisen wie Lieferanten, Kunden oder gar Wettbewerbern möglich wäre.

3. Vermögensdiversifikation

Ein weiteres Motiv für einen Börsengang und die Veräußerung von Aktien, vielfach verbunden mit einer Kapitalerhöhung für das Unternehmen, liegt darin, daß in der Vergangenheit durch den Kapitalbedarf des Unternehmens alle oder nahezu alle Mittel des Unternehmers oder der Unternehmerfamilie, z. T. auch in späteren Generationen, im Unternehmen gebunden worden sind. Dies hat vielfach eine zu geringe Eigenkapitalquote im Unternehmen zur Folge, zugleich aber auch eine Festlegung des gesamten Familienvermögens oder eines sehr großen Teils nur in dem Unternehmen. Der Börsengang ermöglicht gleichzeitig sowohl eine Verstärkung der Eigenkapitalbasis des Unternehmens als auch eine teilweise Veräußerung von Unternehmensanteilen und damit eine Diversifikation des Unternehmens, des Unternehmers oder der Unternehmerfamilie. **874**

4. Gesellschafter- und Familienauseinandersetzungen

Eine solche Vermögensdiversifikation kann nicht nur Absicherungs- und Anlagezwecken dienen, sondern auch wiederum der Vorbereitung von Gesellschafter- oder Familien- bzw. Erbauseinandersetzungen dienen, aber auch einer neuen unternehmerischen Aktivität. **875**

Ähnliche Überlegungen spielen eine Rolle bei der Lösung eherechtlicher Güterstandsprobleme, aber auch bei Güterstandsvereinbarungen, Zugewinnausgleichslösungen, die ohne eine entsprechende Fungibilität zu erheblichen Problemen (bis hin zum Zwangsverkauf) führen können. Insbesondere unter Berücksichtigung, daß der BGH[1] die Zulässigkeit bestimmter Klauseln im Gesellschaftsvertrag von Familiengesellschaften, gerade auch Wertermittlungsklauseln und Übertragungsklauseln in Frage gestellt hat, führt eine Börseneinführung vielfach zu Gestaltungsfreiheiten, die ansonsten nicht gegeben wären.

1 So z. B. BGH v. 13.6.1994, NJW 1994, 2536; BGH v. 9.1.1989, NJW 1989, 2685.

5. Selbständige Stellung der Aktiengesellschaft

876 Ein weiterer Vorteil, der je nach Interessenlage allerdings auch als Nachteil angesehen werden kann, einer Umwandlung eines Unternehmens in eine Aktiengesellschaft und eines nachfolgenden Börsengangs liegt in der stärkeren rechtlichen und tatsächlichen Verselbständigung des Unternehmens, d. h. in einer deutlicheren Trennung des Unternehmens vom Unternehmer oder der Unternehmerfamilie bzw. dem bisherigen Gesellschafterkreis.

Die Bestimmungen des Aktiengesetzes führen zu einer stärkeren formalen Trennung, die sowohl durch aktienrechtliche Vorschriften als auch über Beteiligung fremder Dritter in einem hohen Grad unumkehrbar sind und deshalb stabiler sind als entsprechende Gesellschaftervereinbarungen oder Satzungsbestimmungen bei einer Personengesellschaft oder einer GmbH.

Die hieraus resultierende stärkere wirtschaftliche Trennung zwischen Unternehmer bzw. Unternehmerfamilie und der Gesellschaft kann für den Fortbestand und die eigene Fortentwicklung des Unternehmens vorteilhaft sein, insbesondere wenn der Kreis der Aktionäre und der im Unternehmen tätigen Familienmitglieder nicht mehr identisch ist. Dies gilt regelmäßig für durch den Börsengang neu hinzutretende Aktionäre. Im Unternehmen verbleibende und z. B. als Vorstand tätige Personen werden stärker von sachfremden, z. B. familienbezogenen, Einflüssen befreit; andere Familienaktionäre werden durch die Vorschriften des Aktiengesetzes weitgehend in ihren Vermögens- und Bestimmungsrechten geschützt, ohne ständig in der Gesellschaft vertreten sein zu müssen und die aktive und je nach Rechtsform auch mit Haftungsrisiken verbundene Gesellschafterstellung einnehmen zu müssen. Drittgesellschafter können sich beteiligen ohne, oder zumindest ohne im gleichen Umfang wie es bei einer anderen Gesellschaftsform der Fall wäre, als Mitleidende in einen Familienstreit und ggf. auch in die Nachteile einer Zerschlagung des „Familiensilbers" hineingezogen zu werden.

In diesem Zusammenhang ist auf die im Vergleich zu anderen Rechtsformen von den Gesellschaftern wesentlich stärker unabhängige Rolle des Vorstandes hinzuweisen, der nicht den unmittelbaren Einwirkungen der Aktionäre ausgesetzt ist (z. B. im Verhältnis zu Personengesellschaften oder der GmbH), sondern über die Selbstorganschaft einer Aktiengesellschaft (grundsätzlich anders bei der KGaA) eine unabhängige Stellung genießt.

Zwar ist über die Möglichkeiten einer Vorstandsbestellung weiter ein gewisser Einfluß der Aktionäre gegeben, aber über die Entscheidungsmechanismen, die durch Hauptversammlung und Aufsichtsrat, insbesondere auch durch beteiligte Aktionäre aus der Börsenemission, entstehen, kommen hier vielfach objektivierbare und überprüfbare, damit also letztendlich zumeist dem Unternehmen und damit auch den Aktionären dienende Kriterien zum Tragen.

6. Publizität

Die strengen Publizitätserfordernisse und auch die damit verbundenen Kosten haben in der Vergangenheit viele Unternehmen davon abgehalten, den Börsengang anzutreten. Primär bedingt durch die mit dem Bilanzrichtliniengesetz in Kraft getretene größenabhängige Publizitätspflicht der GmbH und auch die verstärkte Selbstdarstellung nicht publizitätspflichtiger Unternehmen ist hier allerdings ein Umdenkungsprozeß im Gange. Auch die Publizität der GmbH & Co. KG wird wohl ein Anlaß für viele Unternehmen sein, ihre restriktives Publizitätsverhalten aufzugeben und damit ein Hindernis für einen Börsengang zu beseitigen. 877

Ein Unternehmen, das nicht bereit ist, bestimmte Informationen offenzulegen, kann nicht an die Börse gehen, da es keine entscheidungsrelevanten Informationen für zukünftige Anleger liefert. Darüber hinaus werden die mit einer Börseneinführung verbundenen Publizitätskosten durch die Erhöhung des Bekanntheitsgrades auch der Produkte sowie durch Kapital- und Liquiditätsvorteile oft kompensiert oder überkompensiert.

Die im Rahmen einer aktiven Öffentlichkeitsarbeit nötige Darstellung der Unternehmensstärken, der Ausweis der Ertragskraft und der zukünftigen Wachstumspotentiale erhöhen den Informationsstand des Anlegers und schaffen damit die Voraussetzung für seine Zeichnungsbereitschaft im Rahmen der Erstemission und späterer Emissionen. Die in der Praxis immer häufigere vorzeitige Schließung von Zeichnungslisten während der kurzen Verkaufsfrist von Neuemissionen wäre ohne Öffentlichkeitsarbeit nicht vorstellbar.

Außer den Kehrseiten der jeweils o.g. Argumente und außer den steuerlichen und rechtsstrukturbedingten Überlegungen, sind aber auch noch andere Gesichtspunkte zu berücksichtigen.

Im Vergleich zum reinen Familienunternehmen, insbesondere in der Rechtsform der Personengesellschaft, bei der vielfach die Ausübung der Verantwortung für das unternehmerische Handeln keiner weiteren Kontrolle unterworfen ist, verliert die börsennotierte Aktiengesellschaft etwas an Beweglichkeit. Dies kann aber sowohl Vor- als auch Nachteil sein. Das Unternehmen ist in der Darstellung seiner finanziellen Situation an die aktienrechtlichen Gliederung und den vorgeschriebenen Umfang gebunden. Damit geht zwar Gestaltungsfreiheit in der Darstellung verloren, die Objektivierbarkeit der Darstellung nimmt jedoch zu. Dies wird insbesondere durch die Prüfungspflicht verstärkt und zwar sowohl in formaler als auch in inhaltlicher Hinsicht.

7. Image-, Standing- und PR-Vorteile

Der Börsengang eines Unternehmens ist mit einer Erhöhung des Bekanntheitsgrades verbunden. Die im Vorfeld der Emission betriebene freiwillige Publizität sowie die ständigen Presseberichterstattungen über Jahresabschlüsse, Zwischenberichte, Hauptversammlungen und Meldungen über bedeutende Unternehmensereignisse sind mit einer star- 878 ken Erhöhung des Bekanntheitsgrades verbunden. Obwohl in den anglo-amerikanischen Ländern dieses Publizitätsverhalten stärker ausgeprägt ist, setzt sich auch in Deutschland die Erkenntnis durch, daß durch den Einsatz von Finanzmarketinginstrumenten der Bekanntheitsgrad und das Standing des Unternehmens wesentlich verbessert werden kann und damit im Rahmen der Börseneinführung eine erhöhte Zeichnungsbereitschaft bei den Anlegern geschaffen wird.

Darüber hinaus führt die Börseneinführung zu einer Erhöhung des Bekanntheitsgrades der Produkte des Unternehmens, was sich insbesondere bei Gesellschaften mit erkennbaren oder Markenprodukten positiv auf die Umsatzentwicklung niederschlagen kann. Aber auch nach der Börseneinführung ist die fortlaufende Unterrichtung der Anleger im Rahmen der gesetzlichen Vorschriften und der „Investors Relations" ein Muß für die Gesellschaft, um das Vertrauen der Anleger weiterhin zu erhalten und zu erhöhen. Diese fortgesetzte Sichtbarkeit hat auch Einfluß auf die Stellung des Unternehmens außerhalb des Aktionärskreises.

Eine börsennotierte Aktiengesellschaft besitzt aufgrund ihrer aktienrechtlich festgelegten Kompetenzverteilung eine besonders hohe Anziehungskraft auf qualifizierte Führungskräfte. Die gesetzlich verankerte Eigenverantwortlichkeit des Vorstandes als eigenständiges Organ der Aktiengesellschaft und die damit verbundene Trennung zwischen Gesellschafts- und Gesellschafterebene erleichtern die Führung des Unternehmens. Die die Unternehmenskontinuität beeinflussenden Nachfolgeprobleme, insbesondere bei Familiengesellschaften, werden durch die erhöhte Attraktivität für ein familienfremdes Management bei der Aktiengesellschaft erheblich vermindert.

Daraus und aus der Publizität, die mit dem Börsengang verbunden ist, ergeben sich zugleich auch „Standing"-, Image- und PR-Vorteile und zwar sowohl bei den Kreditgebern des Unternehmens, die aufgrund der stärkeren formalen Ordnung einer Aktiengesellschaft und der Verantwortlichkeiten der Organe, aber auch wegen der Publizität, der laufenden Unterrichtung der Öffentlichkeit in z. T. geprüfter Form stärker auf das Unternehmen, seine Unabhängigkeit und auch den zeitigen Zugang und Inhalt der Informationen vertrauen können und auch – und das zumeist zu Recht – durch das Rechtsformimage und die Finanzierungsmöglichkeiten in ihren kritischen Entscheidungen positiv beeinflußt werden.

Dieser Einfluß erstreckt sich auch auf den Bereich der Arbeitnehmer und insbesondere der leitenden Angestellten und der potentiellen Mitarbeiter, die i. d. R. bei Entscheidungen über Anstellungsalternativen einer Aktiengesellschaft, insbesondere einer börsengehandelten Aktiengesellschaft, auch aus den o. a. Überlegungen den Vorzug vor einer reinen personenbezogenen Gesellschaft, sei es in der Rechtsform einer Personengesellschaft, einer GmbH oder einer „Nur-Familien-AG" geben.

Dieser Effekt wird noch verstärkt durch die Möglichkeit, Aktien zu erwerben, z. B. durch Aktienoptionspläne, Belegschaftsaktien oder Aktienerwerbszusagen. Damit werden zugleich wirtschaftliche Anreize geschaffen, die im Hinblick auf Leistungen und Ergebnisse gewährt werden.

8. „Exit" eines MBO

Weitere Motive für einen Börsengang sind vielfach der sogenannte „Exit" eines Management-Buy-Outs, also die Chance, und das nicht nur bezogen auf den Management-Buy-Out, eine Investition durch einen Beteiligten zu einem guten Kurs zu realisieren oder über die Fungibilität zumindestens realisierbar zu machen, und damit den Wertzuwachs sichtbar zu machen. 879

9. Dividendenkonstanz

Das Unternehmen ist, zumindest bei gleichlaufendem Geschäftsgang, zu einer gewissen Konstanz der Ausschüttungspolitik angehalten, verliert damit Beweglichkeit, gewinnt aber an Stabilität, insbesondere auch den anderen Beteiligten, nicht nur den Aktionären, sondern auch Kreditgebern und Kunden gegenüber, selbst wenn die Kreditgeber und Lieferanten sonst einen Verzicht auf Ausschüttung lieber sehen würden. 880

10. Form- und Ordnungsvorschriften

Die AG unterliegt nicht nur Vorschriften hinsichtlich der Gliederung und Darstellung der Ergebnisse, sondern auch Frist- und Formvorschriften, so muß z. B. der Jahresabschluß innerhalb von drei Monaten erstellt sein, die Hauptversammlung muß von einem Notar begleitet und die Ergebnisse von ihm festgehalten werden, Organkredite werden ausweispflichtig und die Organe sind der Gesetzgebung bezüglich des Verbots der Verwertung von Insiderkenntnissen unterworfen. Hinsichtlich der praktischen Auswirkungen in Einzelfällen sind allerdings noch einige Fragen klärungsbedürftig. 881

Sowohl in handelsrechtlicher als auch in steuerrechtlicher Hinsicht besteht die Verpflichtung des Handelns zwischen Gesellschaften und Gesellschaftern wie zwischen fremden Dritten, also dem Verbot der verdeckten Gewinnausschüttung an einzelne Gesellschafter. Zugleich wird aber auch die Argumentation gegenüber der Finanzverwaltung in Grenzfällen leichter, in denen sonst durch die Finanzverwaltung bei Transaktionen zwischen Gesellschaftern und Gesellschaft eher eine verdeckte Gewinnausschüttung angenommen würde.

V. Die Rechtsform der Aktiengesellschaft

1. Arten der Kapitalgesellschaften und Aktienformen

Für die Beschaffung von Eigenkapital über die Börse stehen dem Unternehmen in Deutschland zwei Rechtsformen zur Verfügung, die Aktiengesellschaft (AG) und die Kommanditgesellschaft auf Aktien (KGaA). 882

Vorschläge an den Gesetzgeber, auch GmbH-Anteile und Kommanditbeteiligungen zum Börsenhandel zuzulassen und damit bestimmte von Unternehmen als Nachteil der AG angesehene Auswirkungen, die sie veranlassen, diese Rechtsform zu meiden und die Vorteile anderer

Rechtsformen zu suchen (einfachere gesellschaftsrechtliche Struktur, größere Freiheit der gesellschaftsrechtlichen Ausgestaltung, leichteres Festschreiben von Geschäftsführungsbefugnissen und Vermeidung steuerlicher Nachteile, wie der Doppelbelastung durch Vermögensteuern), haben sich nicht durchgesetzt und werden als nicht realisierbar angesehen. Dadurch, daß die sog. „kleine Aktiengesellschaft"[1] für einen geschlossenen Aktionärskreis, also nicht für einen Börsengang als Form zur Verfügung steht, die eine Reihe von – zumeist formellen – Erleichterungen gewährt, ist eine Übergangsmöglichkeit von den mehr personenorientierten Rechtsformen der Personengesellschaft, aber auch der GmbH gegeben.

Damit stellt die Aktiengesellschaft die übliche Form dar und die KGaA als die für bestimmte mittelständische Unternehmen mehr geeignete, sei es als zeitlich bedingte Zwischenlösung oder sei es endgültig. Die Rechtsform der KGaA ist bei weitem nicht so gebräuchlich, allerdings im Zunehmen begriffen.

Es gibt in Deutschland z. Z. etwa 500 Aktiengesellschaften und Kommanditgesellschaften auf Aktien, davon sind ca. 850 an der Börse notiert. Der Anteil der Kommanditgesellschaften auf Aktien davon ist sehr gering, aber im Steigen begriffen.

883 Die Aktiengesellschaft ist eine Kapitalgesellschaft, also eine Gesellschaft mit eigener Rechtspersönlichkeit. Ihre Rechtsverhältnisse und die der Kommanditgesellschaft auf Aktien sind im Aktiengesetz geregelt, daneben kommen u. a. Vorschriften des Handelsgesetzbuches zum Tragen.

Das AktG regelt die Gründung, den notwendigen Satzungsinhalt, geht aber sowohl im Regelungsumfang als auch in der Festlegung von Vorschriften viel weiter als das GmbHG. Viele Regelungen, die bei der GmbH den Gründern und Gesellschaftern überlassen worden sind, sind bei der AG im Detail und in wesentlichen Teilen ohne Wahlrechte der Gründer und Aktionäre festgelegt. Dies führt zum einen zu einer gewissen Standardisierung zwischen den Aktien verschiedener AG's und zum anderen wird der Aktionär in ihm weitgehend auch ohne Studium der Satzung der jeweiligen AG in bekannten Umfang in seinen Rechten geschützt. Der Schutz des Aktionäres, z. B. der Minderheitenschutz, der Schutz durch die Prüfungs- und Veröffentlichungspflicht, ist nicht abdingbar.

884 Die nicht als eigenständige Rechtsform bestehende AG & Co.KG stellt eine Verknüpfung einer AG mit einer KG dar und ist aus steuerlichen Notwendigkeiten geboren, hat allerdings trotz gewisser Vorteile insbesondere für die Übergangszeit bis zum Börsengang und bis zu einer Plazierung eines erheblichen Teils der Werte der Gesellschaft an der Börse wohl eher Übergangscharakter. Bis jetzt ist kein Unternehmen in dieser Gestaltungsform an die Börse gebracht worden, allerdings wurde von einem großen familienbeherrschten Unternehmen eine Börseneinführung von Aktien einer AG & Co.KG angekündigt.

1 Vgl. hierzu Ladewig/Motte, 1 ff., die die kleine AG als moderne Rechtsform für mittelständische Unternehmen bezeichnen.

Die Aktie ist, von Ausnahmen abgesehen, frei übertragbar. Die Übertragung kann, ohne die Pflicht einer notariellen Beurkundung wie bei der GmbH, durch Einigung und Übergabe bzw. Übergabesubstitut erfolgen. Dies ist zugleich die Voraussetzung für die Abwicklung von Börsengeschäften. Aktien müssen auf mindestens DM 5 oder in Zukunft 1 Euro Nominalbetrag lauten bzw. können aufgrund des Stückaktiengesetzes vom 25.3.1998[1] mit Wirkung vom 1.4.1998 als Stückaktien ausgestaltet werden. Nur wenige, ältere Gesellschaften haben eine höhere Nennkapitalstückelung als DM 50; es setzt sich – insbesondere im Zusammenhang mit der Umstellung auf den Euro und wegen der dabei sonst notwendigen Umrechnungs- und Anpassungsnotwendigkeiten zur Herstellung gerader Beträge – mehr und mehr die international übliche Stückaktie durch.

Das alles macht die Aktiengesellschaft zu einer Gesellschaft, deren Anteile in einheitlicher und allgemein bekannter Form, d. h. ohne Prüfung des Mindestinhalts der Satzung, eventueller wesentlicher Ausgestaltungen und ggf. Neuverhandlungen, standardisiert, damit also auch an der Börse gehandelt werden kann.

Die Satzung muß mindestens die folgenden Regelungen enthalten: **885**

1. Die Firma und den Sitz.
2. Den Gegenstand der Unternehmung (soll Sachfirma sein).
3. Die Höhe des Grundkapitals.
4. Die Nennbeträge der Aktien, Angaben über Aktiengattung und die Anzahl (Stückelung).
5. Die Angabe, ob die Aktien auf den Inhaber oder den Namen lauten sollen.
6. Angaben über die Zahl der Vorstände.

Die Organe der Aktiengesellschaft sind: **886**

1. Die Hauptversammlung.
2. Der Aufsichtsrat.[2]
3. Der Vorstand.[2]
4. Der Abschlußprüfer.[2]

Der Aufsichtsrat hat die Geschäftsführung des Vorstandes zu überwachen, er hat aber keine Geschäftsführungsbefugnisse: er bestellt den Vorstand und kann bestimmte Geschäfte von seiner Zustimmung abhängig machen.

Der Vorstand der Aktiengesellschaft hat im Vergleich zum Geschäftsführer der GmbH eine viel unabhängigere Stellung. Er ist den Aktionären und auch der Hauptversammlung gegenüber nicht weisungsgebunden und hat im Rahmen des Gesetzes und der Satzung nur die Inter-

1 BGBl. I 1998, 590; zu den Auswirkungen vgl. z. B. Schröer, ZIP 1998, 306.
2 Zu den Änderungen bei den Rechten und Aufgaben des Vorstandes, Aufsichtsrates sowie bei der Abschlußprüfung aufgrund des KonTraG v. 27.4.1998 (BGBl. I, 786) vgl. insb. Korth, Stbg 1998, 219; Lingemann/Wasmann/Mehr, BB 1998, 853; Wellkamp, INF 1998, 146.

essen der Gesellschaft zu vertreten; für Ausnahmen davon, z. B. im Rahmen von Unternehmensverträgen, bestehen ausdrückliche Regelungen im AktG.

Die Hauptversammlung ist die höchste Instanz einer Aktiengesellschaft. Sie beschließt über die Verwendung des Bilanzgewinns, über eventuelle Satzungsänderungen, über Entlastung des Vorstandes und Aufsichtsrates, über die Bestellung des Abschlußprüfers und ggf. Sonderprüfers und wählt den Aufsichtsrat, soweit dieser nicht von den Arbeitnehmern gewählt wird und kann letztlich die Auflösung der AG beschließen.

Der Abschlußprüfer prüft den Jahresabschluß der AG im Rahmen des AktG, HGB und anderer Vorschriften auch für Zwecke der Pflichtpublikation und berichtet über die Ergebnisse der Prüfung und führt ggf. auch Sonderprüfungen durch. Als einziges Organ hat er keine gestaltende Funktion.

2. Ausgestaltung von Aktien

887 Das deutsche Aktienrecht gebraucht als übliche Form die Stammaktie, die damit das „Normalmaß der Aktie" ist. Die Stammaktie vermittelt Mitgliedschaftsrechte und damit indirekt Bestimmungsrechte (Stimmrecht) und indirekt Vermögensrechte. Wenn auch die Aktie dem Aktionär kein direktes Vermögen an den Wirtschaftsgütern und an dem Betrieb der AG vermittelt, so wird doch in gewissem Umfang, insbesondere bei handelbaren Aktien, über den Markt die Möglichkeit einer Verfügung über den Wert durch Verkauf geschaffen (Fungibilität und Liquidität). Die Markteinschätzung, d. h. der Börsenpreis, bewertet die dahinterstehenden Werte und die daraus resultierenden zu erwartenden Erträge in dieser speziellen Situation, d. h. unter Berücksichtigung der Rechte der Miteigentümer und der gegebenen Herrschaftsstrukturen, die über das Stimmrecht allerdings auch wieder letztlich der Verfügungsgewalt der Aktionäre als Gruppe unterliegen.

888 Neben der Stammaktie gibt es die Vorzugsaktie, die im Aktiengesetz mit etwas mehr Freiheit in der Ausgestaltung definiert ist. Die Freiräume in der Ausgestaltung einer Vorzugsaktie nach dem Aktiengesetz (§§ 139 ff. AktG) sind wesentlich geringer als sie in anderen Rechtsstrukturen, insbesondere im anglo-amerikanischen Bereich, zu finden sind. Der „preferred share" im anglo-amerikanischen Bereich kann dort viel freier gestaltet werden, was unter Ausnutzung der steuerlichen Strukturen, der aktienrechtlichen Vorschriften und der Kapitalmarktgegebenheiten den Emittenten veranlassen kann, dem „preferred share" eine Ausstattung zu geben, die im Extremfall entweder der einer Anleihe oder aber einer Vorzugsaktie gleicht, die gegenüber einer Stammaktie nur Vorzüge und keinerlei Nachteile (z. T. nicht einmal die Stimmrechtslosigkeit) gewährt. Dies wird vielfach in Verhandlungen zwischen deutschen Unternehmen und Unternehmen aus dem angloamerikanischen Bereich übersehen. Die Vorzugsaktie in Deutschland bietet nicht diese Gestaltungsbreite, sie ist nach der Definition des Aktiengesetzes regelmäßig eine Aktie ohne Stimmrecht, wobei dieser Nachteil durch bestimmte Vorzüge zu kompensieren ist. In der Gestaltung der Vorzüge ist die Satzung und damit der bisherige Aktionärskreis relativ frei. Die Vorzüge bestehen vielfach in einer Mindestdividende und/oder einer Überdividende im Vergleich zur Stammaktie; die Zusage einer garantierten „Mindestdividende" ist allerdings relativ zu betrachten, da eine AG eine Dividende nicht garantieren kann und nicht ausschütten kann, wenn sie weder über die entsprechenden laufenden Gewinne noch über entsprechende auflösbare freie Rücklagen verfügt. Allerdings werden von Aktiengesellschaften, die Vorzugsaktien begeben haben, üblicherweise, sobald wieder ausschüttungsfähige Gewinne vorliegen, die Vorzugsaktionäre vor den Stammaktionären mit ihrem Anspruch bedient, weil den an und für sich nicht stimmberechtigten Vorzugsaktionären, wenn für zwei aufeinanderfolgende Jahre die zugesagte Mindestdividende nicht gezahlt worden ist gemäß § 140 Abs. 2 AktG vorübergehend solange Stimmrechte zuwachsen, bis der aufgelaufene Dividendenrückstand beglichen ist.

Von der formalen Gestaltung her gibt es die Unterscheidung von Inhaber- und Namensaktien, wobei in Deutschland die Emission von Inhaberaktien üblich ist. Lediglich bei Versicherungsunternehmen oder in besonderen Fällen werden Namensaktien gebraucht. Während die Inhaberaktie durch Übergabe, die in Deutschland üblicherweise durch den Aktiengiroverkehr erfolgt und durch den Kassenverein durchgeführt wird, übereignet wird, ist für die Erlangung der Rechte aus der Namensaktie die Eintragung in das Aktionärsbuch oder Aktionärsregister erforderlich. Die Aktienübertragung erfolgt durch Indossament, wobei ähnlich wie im anglo-amerikanischen Aktienwesen in der Regel von der Möglichkeit eines Blankoindossaments Gebrauch gemacht wird. Die Namensaktie spielt immer dort eine Rolle, wo nicht voll gezahlte Aktien gehandelt werden und deshalb rechtlich die Person des Volleinzahlungsverpflichteten festgehalten werden muß. In der Praxis ist die Durchführung der Volleinzahlungsverpflichtung allerdings i. d. R. bedeutungslos geworden und deshalb nimmt die Zahl der Namensaktien deutlich ab. Auch bereits bestehende Namensaktien mit Volleinzahlungsverpflichtung werden wirtschaftlich nach und nach zu allgemeinen Namensaktien, die im Ergebnis wie Inhaberaktien behandelt werden. Eine Besonderheit, allerdings nicht nur ein reiner Unterfall, sind die sogenannten vinkulierten Namensaktien. Die vinkulierten Namensaktien werden ebenfalls primär in der Versicherungswirtschaft gebraucht, allerdings auch in anderen Fällen (z. B. Springer AG), in denen Wert darauf gelegt wird, die Auswahl der Aktionäre einer Kontrolle zu unterziehen, sind Namensaktien mit dem zusätzlichen Erfordernis, daß zur Umschreibung der Aktie und damit Vollerwerb der Mitgliedschaftsrechte des Aktionärs die Zustimmung eines Gremiums – in der Regel des Vorstandes oder des Aufsichtsrates der AG – erforderlich ist. Die AG bekommt damit zu einem gewissen Grad eine Selbstautonomie, d. h. eine Autonomie, die nicht vom jeweiligen Aktionärskreis allein gesteuert ist und die Organe haben damit eine Freiheit, wie sie in der Analogie bei Tendenzbetrieben nach dem Betriebsverfassungsgesetz gegeben ist. Diese Autonomie, die dem Vorstand oder Aufsichtsrat gegeben wird, mit der Möglichkeit durch Ablehnung der Eintragung neuer Aktionäre sich den Aktionärskreis und damit auch die Einflußmöglichkeiten von Aktio- 889 nären selbst auszusuchen, wird im Moment sehr kritisch beobachtet, wobei Springer und die AachenMünchener Beteiligungsgesellschaft als Beispiele gelten. Es ist zur Zeit Gegenstand von Rechtsstreiten, ob und ggf. unter welchen Voraussetzungen ein Vorstand die Eintragung von neuen Aktionären verweigern kann, welche Voraussetzungen dafür gegeben sein müssen oder ob eine Eintragung gerichtlich erzwungen werden kann.

890 Es ist üblich, daß die Börse sowohl Vorzugs- als auch vinkulierte Namensaktien anders bewertet, d. h. die Verfügungsbeschränkungen haben i. d. R. ihren wirtschaftlichen Preis. Es ist verständlich, daß mittelständische Unternehmen, die an die Börse gehen wollen, erwägen, die Entscheidungsstruktur ihrer Unternehmungen über diese rechtlichen Instrumentarien festzuschreiben. Sie müssen dabei allerdings berücksichtigen, daß dafür von den emissionsführenden Banken, die ja hier nur die Rolle eines Vorreiters und Mittlers des Eigenkapitalmarktes einnehmen, und damit auch die späteren Aktionäre vertreten, z. T. erhebliche Abschläge gefordert werden, sofern sie eine Emission unter diesen Umständen überhaupt unterstützen können. Die Höhe dieser Abschläge steht in vielen Fällen in keinem sinnvollen wirtschaftlichen Zusammenhang mit den sonst erzielbaren Werten. Von Ausnahmefällen abgesehen sollten sich die emittierenden Unternehmen und die Unternehmer fragen, ob sie bereit sind, diese Abschläge hinzunehmen, da sie einen wirtschaftlichen Minderkaufpreis auf die von ihnen hingegebenen Beteiligungsrechte darstellen. Dies gilt insbesondere umsomehr in den Fällen, in denen auf längere Sicht beabsichtigt ist, die Mehrheit oder sogar die Dreiviertelmehrheit der Anteile im Familienvermögen zu halten und zumindest für diese Zeit die Mehrheitsverhältnisse ohnehin festgeschrieben sind.

Es ist allerdings nicht immer so, daß die Börse Stammaktien höher als die Vorzugsaktien bewertet, selbst dann, wenn sich aufgrund der tatsächlichen Dividendenhöhe die Vorzugsausgestaltung einer Mindestdividende praktisch nicht mehr auswirkt. Bei SAP notieren die Vorzugsaktien üblicherweise mit einem Aufschlag, was darauf zurückgeführt wird, daß die Vorzugsaktien den Stammaktien gegenüber viel liquider im Markt sind, da ein erheblicher Anteil der Stammaktien noch fest von den Gründern gehalten wird.

Vorzugsaktien können nur bis zur Höhe des Stammaktienkapitals ausgegeben werden (§ 139 AktG). Es ist viel darüber gestritten worden, ob dies eine kluge Vorschrift ist, generell wird das bejaht, was auch im internationalen Vergleich unterstützt wird durch die Entscheidung amerikanischer Börsen, stimmrechtslose Vorzugsaktien nicht oder nur bei einer Mindestausstattung an Stimmrechten zum Handel im Hauptsegment zuzulassen. Einer entsprechenden Regelung ist der Neue Markt (ab 10.3.1997 an der Frankfurter Wertpapierbörse)[1] gefolgt.

1 Zum Neuen Markt vgl. auch Blättchen, DStR 1997, 1547, 1550; Baums, ZIP 1997, 1942, 1945.

3. Errichtung einer Aktiengesellschaft

Die Aktiengesellschaft kann auf eine der folgenden Weisen zur Entstehung gelangen:[1] 891

Gründung
- Bargründung
- Sachgründung

Umwandlung
- Umwandlung von einer Personengesellschaft
- Umwandlung von einem Einzelunternehmen

Bei der Sachgründung oder Umwandlung ist u. a. eine Prüfung durchzuführen.

Die in Kapitel D (Rz. 648 ff.) dargestellten Umwandlungsvoraussetzungen, Schritte und Folgen gelten im wesentlichen auch für die Umwandlung in eine Aktiengesellschaft, insbesondere in steuerlicher Hinsicht. Bei der Umwandlung in eine AG kommen allerdings zusätzliche Gesichtspunkte hinzu, bzw. sind wichtiger als bei einer sonstigen Umwandlung. Dies gilt insbesondere für solche Wertansätze, die sich in unterschiedlichen steuerlichen und handelsbilanziellen und Konsolidierungseffekten auswirken.

Ein Abwägungsproblem besteht bei der Wahl des Wertansatzes abschreibungsfähiger Wirtschaftsgüter einschließlich eines Geschäftswertes normalerweise darin, daß ein hoher Wert ein besseres Kapital darstellt, ein geringerer Wert in der Zukunft zu geringerem Aufwand, also einem höheren Ergebnis und damit auch zu einem höheren Ergebnis pro Aktie führt. Da i. d. R. das Ergebnis pro Aktie für die Bewertung einer Aktie von den Analysten als der im Vergleich zum anteiligen Buchwert wichtigere Wert angesehen wird und sich über das Kurs-Gewinn-Verhältnis auch höher auswirkt, wird zumeist dem geringeren Buchwert der Vorzug gegeben.

Eine dauerhaft wirksame Mehrabschreibung nur für steuerliche Zwecke (also in einer abweichenden Steuerbilanz) wirkt sich doppelt positiv aus. Das handelsbilanzielle Ergebnis wird nicht um die Abschreibung vermindert, der niedrigere Steueraufwand führt sogar noch zu einer weiteren Erhöhung des Ergebnisses und damit auch des bewertungsrelevanten, ggf. zu korrigierenden, Ergebnisses pro Aktie. Eine solche Wirkung kann z. B. von der steuerlichen Fortführung von Ergänzungsbilanzwerten einer früheren Personengesellschaft herrühren.

Da solche Differenzen zumeist nur durch Umwandlungen und Einbringungen und die dazugehörigen Vorbereitungsschritte entsteht, ist hier eine über die nur steuerlichen Wirkungen hinausgehende Planung möglich und notwendig.

1 Vgl. hierzu auch Blättchen, DStR 1997, 1547, 1548 f.

VI. Die Kommanditgesellschaft auf Aktien

1. Abgrenzung zur Aktiengesellschaft

892 Wie die AG ist die KGaA im Aktiengesetz geregelt. Die KGaA ist weit weniger verbreitet als die AG. Sie stellt eine Mischform dar, die Elemente der AG und der KG in sich vereint.

Allein an der Zahl der als KGaA betriebenen Unternehmen kann jedoch die Bedeutung dieser Rechtsform nicht gemessen werden. Die Rechtsform der KGaA kann besondere Zielvorstellungen erfüllen, die sich bei Unternehmen mit besonders stark ausgeprägter individualistischer Führung und großem Kapitalbedarf ergeben. Dies läßt die KGaA vor allem als Unternehmensform für Familiengesellschaften als besonders geeignet erscheinen, bei denen starke Unternehmerpersönlichkeiten die Geschäfte auch nach Börsengang des Unternehmens führen wollen.[1] Der Übergang vom familienbezogenen Gesellschafterkreis zur unverbundenen Mitgliedschaft der Aktiengesellschaft kann so stufenweise vollzogen werden. Die KGaA bietet sich aber auch für andere Unternehmen an, bei denen die weitere Führung durch bisherigen Inhaber oder einen Mitgesellschafter als wesentlicher Erfolgsfaktor angesehen wird und deshalb voraussichtlich vom Markt entsprechend bewertet wird.

Dies ist in der Rechtsform der AG nur sehr eingeschränkt möglich. Ein direkter Durchgriff des Anteilseigners auf Geschäftsführungsentscheidung ist nicht möglich. Für die AG gilt vielmehr folgende Führungsstruktur:

- Eigenverantwortliche Leitung durch den Gesamtvorstand
- Kontrolle und punktuelle Genehmigungen durch den Aufsichtsrat, aber ohne Weisungsrecht in Geschäftsführungsangelegenheiten
- Grundlagenentscheidungen durch die Hauptversammlung.

Selbst der Mehrheitsaktionär hat ohne Abschluß eines Unternehmensvertrages keine rechtliche Möglichkeit, in Form von Weisungen in die Leitung der AG einzugreifen. Bei einem Eintritt im den Vorstand steht ihm kein Alleinentscheidungs- oder Vetorecht zu. Die Geschäftsordnung kann zwar Mehrheitsentscheidungen im Vorstand zulassen. Dem Vorstandsvorsitzenden kann bei Stimmengleichheit im Vorstand ein Vetorecht eingeräumt werden, nicht aber im zweigliedrigen Vorstand. Praktisch besteht zwar auch bei der AG ein erheblicher faktischer Einfluß der Mehrheitsaktionäre auf den Vorstand. Der unmittelbare Einfluß der Mehrheitsaktionäre auf die Besetzung des Aufsichtsrats veranlaßt regelmäßig auch die Vorstandsmitglieder, ihre wesentlichen Geschäftsführungsmaßnahmen mit den Mehrheitsaktionären abzustimmen. Dies setzt jedoch z. B. die Wahrung der Mehrheit durch die Familie voraus, die deshalb – je nach prozentualem Aktienbesitz – bei späteren Kapitalerhöhungen von ihren Bezugsrechten Gebrauch machen muß, um zu vermeiden, daß ihre Beteiligung verwässert wird. Außerdem unterliegt die Rechtsform der AG einer erweiterten Unternehmensmitbestimmung.

1 Zur Familien-KGaA als Instrument zur Gestaltung des Generationswechsels und als börsenfähiges Unternehmen vgl. Niedner/Kusterer, DB 1997, 2010; Herfs, WiB 1997, 668; Ladewig/Motte, DStR 1996, 800.

2. Vor- und Nachteile der KGaA

Der persönlich haftende Gesellschafter einer KGaA ist dagegen von den Entscheidungen des Aufsichtsrats über Bestellung und Abberufung nicht abhängig, seine Stellung ist über den Gesellschaftsvertrag abgesichert und praktisch auf Lebenszeit eingeräumt. Die Mitwirkungsrechte der Hauptversammlung können weitgehend abbedungen werden, Zustimmungsvorbehalte des Aufsichtsrats zu besonderen Arten von Geschäften, soweit überhaupt vorgesehen, auf wenige Punkte beschränkt sein. Umgekehrt sind Grundlagenentscheidungen der Hauptversammlung von der Zustimmung der Komplementäre abhängig. **893**

Es ist allerdings zu bedenken, daß die ausgeprägte Vorherrschaft des Komplementärs auch ihren Preis hat. Der Aktionär hat im Vergleich zu dem einer AG eine deutlich schwächere Stellung. Obwohl die persönliche Haftung und die fortgesetzte verantwortliche Stellung im Unternehmen i. d. R. meist positiv aufgenommen wird, wird die Aktie bei der Emission wohl meist einen Abschlag hinnehmen müssen, zumal die Aktie keinerlei Übernahmephantasie zeigen kann. Im Einzelfall kann – insbesondere bei einer prominenten Unternehmenspersönlichkeit – dieser Effekt auch überkompensiert werden. Dabei ist eine Nachfolgeregelung, sei sie personeller oder struktureller Art, von vornherein vorzusehen, weil sonst weitere erhebliche Kursabschläge drohen oder im Einzelfall die Gesellschaft als nicht börsenfähig eingestuft werden könnte.

Wenn der einzige persönlich haftende Gesellschafter aus der Gesellschaft ausscheidet, ohne das zugleich ein geeigneter neuer persönlich haftender Gesellschafter eintritt, kommt es zur Auflösung der Gesellschaft. Dies ist insbesondere bei einem börsennotierten Unternehmen unannehmbar. Steht kein geeigneter und befähigter Nachfolger zur Verfügung, bleibt als letzter Ausweg dann nur noch die Umwandlung auf der Grundlage eines Fortsetzungsbeschlusses in die Rechtsform einer AG (so z. B. 1985 die Umwandlung der A. Steigenberger KGaA in die Steigenberger Hotel AG).

Auch mitbestimmungsrechtlich genießt die KGaA eine Sonderstellung. **894**

Zwar ist auch bei ihr ein mitbestimmter Aufsichtsrat zu bilden. Dessen Kompetenzen sind indes deutlich eingeschränkt. So hat der Aufsichtsrat keine Kompetenz

- zur Bestellung oder Berufung der Mitglieder des Geschäftsführungsorgans und eines Arbeitsdirektors;
- zum Erlaß einer Geschäftsordnung für die Geschäftsführung;
- zur Mitwirkung bei der Feststellung des Jahresabschlusses;
- bestimmte Arten von Geschäften seinem Zustimmungsvorbehalt zu unterwerfen.

Allerdings mußten bisher in der Regel die Vorteile bei der Absicherung der unternehmerischen Vorherrschaft und die besondere Stellung der KGaA in der Mitbestimmung durch eine unbeschränkbare persönliche Haftung der Komplementäre erkauft werden. Geschäftsführungsbefugte und vertretungsberechtigte persönlich haftende Gesellschafter konnten nach bisher herrschender Meinung nur natürliche Personen sein. Kapitalgesellschaften oder eine GmbH & Co. KG konnten nur Komplementäre einer KGaA sein, wenn sie von Geschäftsführung und Vertretung ausgeschlossen waren. Durch die Entscheidung des Bundesgerichtshofs v. 24.2.1997[1] ist es nunmehr möglich, daß die Komplementärstellung auch von einer Kapitalgesellschaft oder einer GmbH & Co. KG übernommen wird. Damit ergeben sich weitgehende gestalterische Möglichkeiten ohne die bisher damit verbundene Übernahme der persönlichen Haftung durch eine natürliche Person. Eine wichtige Folge aus dieser Entscheidung ist, daß durch eine Kapitalgesellschaft von vorneherein eine Nachfolgeregelung für das Ausscheiden des Komplementärs, z. B. durch Tod, sichergestellt werden kann. Darüber hinaus ist durch die Ausgestaltung als GmbH & Co. KG – KGaG (oder AG & Co. KG – KGaA) ohne die persönliche Haftung die steuerlich in bestimmten Situationen gewünschte Kombination einer Personengesellschaft mit einer Kapitalgesellschaft darzustellen.[2] Daß eine solche Struktur auch praktisch börsenfähig sein kann, ist durch den Börsengang der 1&1 AG & Co. KGaA bewiesen.

895 Die Schenkung- bzw. Erbschaftsteuerbelastung von Gesellschaft und Anteilseigner unterscheidet sich bei Personen- und Kapitalgesellschaften grundlegend durch die unterschiedliche Form der Bewertung, die der Schenkung- und Erbschaftsbesteuerung zugrunde gelegt wird, weil als Bewertungsmaßstab der Aktienkurs herangezogen wird, im Gegensatz zum besonderen, bei Bedarf zu ermittelnden Wert bei der Personengesellschaft.

Die bei der Kapitalgesellschaft immanente Benachteiligung bei der Schenkung- und Erbschaftsteuer gilt zwar im Grundsatz auch für die KGaA als Kapitalgesellschaft. Hinsichtlich der nicht wiederum über eine Kapitalgesellschaft gehaltenen Einlage des Komplementärs kommt er jedoch in den Genuß der günstigeren Bewertungsmethode bzw. bei nicht ihrerseits börsengehandelten Komplementärkapitalgesellschaften.

3. Laufende Ertragsbesteuerung der KGaA

896 Die KGaA als Mischform zwischen Kapital- und Personengesellschaft zieht eine unterschiedliche Behandlung der Beteiligten aus steuerlicher Sicht nach sich. Persönlich haftender Gesellschafter, Kommanditaktionäre und die KGaA selbst sind daher getrennt zu beurteilen und unterliegen jeweils einer eigenständigen steuerlichen Behandlung, da jeder für sich ein eigenständiges Steuersubjekt bildet.

a) Besteuerung der KGaA

897 Die KGaA mit Geschäftsleitung und Sitz im Inland ist nach § 1 Abs. 1 Nr. 1 KStG selbständiges Steuersubjekt für die Körperschaft- und Gewerbesteuer.

1 DStR 1997, 1219.

2 Vgl. hierzu auch Geck, NZG 1998, 568; Schmidt/Levedag; INF 1997, 749; Niedner/Kusterer, GmbHR 1998, 584; Schaumburg, DStZ 1998, 525 sowie Rz. 223.

Bei der Ermittlung des zu versteuernden Einkommens sind grundsätzlich sämtliche Zahlungen aufgrund von Verpflichtungen gegenüber Gesellschaftern und Dritten als Betriebsausgaben abziehbar. Dies gilt auch für gewinnabhängige Vergütungen an geschäftsführende persönlich haftende Gesellschafter.

Die ausgeschütteten Gewinne an die Kommanditaktionäre und die zurückbehaltenen Gewinne werden wie bei der AG oder der GmbH besteuert.

b) Besteuerung des persönlich haftenden Gesellschafters

Der persönlich haftende Gesellschafter erzielt gemäß § 15 Abs. 1 Satz 1 **898**
Nr. 3 EStG Einkünfte aus Gewerbebetrieb. Diese Vorschrift sieht allerdings keine Mitunternehmerstellung des persönlich haftenden Gesellschafters vor.

Sofern der persönlich haftende Gesellschafter zusätzlich Kommanditaktien an der Gesellschaft hält, werden diese nach herrschender, aber nicht unbestrittener Meinung nicht Sonderbetriebsvermögen. Daraus folgt, daß die Dividenden Einkünfte aus Kapitalvermögen darstellen und i. d. R. Veräußerungsgewinne bei Vorliegen der übrigen Voraussetzungen steuerfrei sind.

c) Besteuerung der Kommanditaktionäre

Dividendenzahlungen stellen Einkünfte aus Kapitalvermögen dar und **899**
werden mit dem Zufluß berücksichtigt. Dies gilt nach der Rechtsprechung des Bundesfinanzhofes auch, soweit ein persönlich haftender Gesellschafter zugleich Kommanditaktionär ist. Die Möglichkeit, das Körperschaftsteuer-Anrechnungsguthaben sowie die von der Kommanditgesellschaft auf Aktien einbehaltene Kapitalertragsteuer, auf die persönliche Einkommensteuerschuld anzurechnen, bleibt auch in diesem Fall unberührt, sofern der persönlich haftende Gesellschafter nach den allgemeinen Vorschriften zu einer solchen Anrechnung berechtigt ist.

Zusammenfassend kann die KGaA sowohl von der rechtlichen Struktur als auch von der Besteuerung her Vorteile bieten, die ggf. durch Zugeständnisse im Emissionskurs erkauft werden müssen.

VII. Steuerliche Besonderheiten der AG und KGaA und Unterschiede zu anderen Rechtsformen

Steuerliche Unterschiede sind jeweils abhängig von der Vergleichsbasis. **900**

Die Aktiengesellschaft ist wie die GmbH in Deutschland eine unbeschränkt steuerpflichtige Kapitalgesellschaft. Deshalb gelten für die AG die meisten der in Teil A für die GmbH dargestellten steuerlichen Wirkungen, sowohl für sich gesehen als auch im Vergleich zu den anderen Rechtsformen. Dies trifft vollständig für die Ertragsbesteuerung, also für die Gewerbeertragsteuer und Körperschaftsteuer, zu. Zu den darüberhinausgehenden Besonderheiten der KGaA siehe oben.

1. Ausschüttungspolitik

901 Wie bei der GmbH werden Dividenden dem ermäßigten Steuersatz von 30 % unterworfen, einbehaltene Gewinne unterliegen dem vollen Steuersatz von 45 % (bzw. 40 % laut Gesetzesentwurf),[1] jeweils zuzüglich Solidaritätszuschlag, solange er anwendbar ist. Die langfristige Steuerbelastung einer Aktiengesellschaft kann aber von der einer Gesellschaft mit beschränkter Haftung insoweit wesentlich abweichen, als das Ausschüttungsverhalten insbesondere dann nicht nur steuerlichen Überlegungen folgen kann, wenn die Aktiengesellschaft börsennotiert ist. Der Aktionär erwartet i. d. R. eine gewisse Dividendenkonstanz, auf der anderen Seite sind der Anwendung des „Schütt-aus-Hol-zurück"-Verfahrens in der Praxis Grenzen gesetzt. Durch das nicht primär steuerlich bestimmte Ausschüttungsverhalten werden auch bestimmte Steuerplanungen, die stärker Rücksicht auf die jeweilige Steuersituation der Anteilseigner nehmen (z. B. anderweitige Verluste bei den Gesellschaftern, Ausschüttung von nichtbelasteten EK 0), erschwert oder gänzlich unmöglich gemacht.

2. Einkommensermittlung

902 Im Vergleich zu Personengesellschaften ist darauf hinzuweisen, daß Gehälter, einschließlich der Zuführung zu Pensionsrückstellungen für die tätigen Gesellschafter, und andere Vergütungen, wie Mieten, Zinsen an Gesellschafter, abzugsfähig sind.

Die Aufsichtsratsvergütungen sind steuerlich nur zur Hälfte abzugsfähig. Da der Aufsichtsrat bei der Aktiengesellschaft ein satzungsmäßiges Organ ist, besteht nicht die Möglichkeit wie bei der GmbH, ihn als Beirat auszugestalten und die dann mögliche volle Abzugsfähigkeit der Vergütung zu erreichen.

Besondere Zuwendungen an Gesellschafter, auch an einen Teil der Gesellschafter, die in ihrem Wesen oder ihrer Höhe nach unangemessen sind, unterliegen als verdeckte Gewinnausschüttungen einer Wiederhinzurechnung zum Einkommen, soweit sie vorher abgezogen worden sind und der Besteuerung als Ausschüttung. Solche Vergütungen sind i. d. R. bei einer AG gesellschaftsrechtlich unzulässig und können zu Schadensersatzansprüchen der übrigen Gesellschafter führen. Auf der anderen Seite lassen sich aber gerade deswegen entsprechende Vorwürfe im Rahmen einer steuerlichen Außenprüfung vielfach dadurch entkräften, daß die Angemessenheit bereits aus gesellschaftsrechtlichen Gründen geprüft und von Aufsichtsrat und Hauptversammlung, verbunden mit der Veröffentlichung des Jahresabschlusses, akzeptiert worden sind.

3. Sozialversicherung

903 Als weitere Besonderheit ist darauf hinzuweisen, daß Vorstände von Aktiengesellschaften nicht der Rentenversicherungspflicht unterliegen, und zwar unabhängig davon, ob sie zugleich Aktionäre sind. Bei Gesell-

1 Entwurf Steuerentlastungsgesetz (BT-Drucks. 14/23).

schafter-Geschäftsführern einer GmbH besteht bei Beherrschung keine Sozialversicherungspflicht, soweit die Voraussetzungen im einzelnen erfüllt sind. In beiden Fällen ist die Befreiung nicht antragsgebunden und auch nicht abwählbar, das Recht zur freiwilligen Rentenversicherung nach allgemeinen Vorschriften besteht aber weiter.

VIII. Steuerplanung zur Vorbereitung auf den Börsengang

Die möglichen und ratsamen Schritte in der Steuerplanung zur Vorbereitung auf einen Börsengang sind selbstverständlich abhängig von einer Reihe von Faktoren, die sich aus der Ausgangslage, den Wertverhältnissen, insbesondere den Relationen zwischen Buchwerten und Verkehrswerten bzw. gemeinen Werten den Zielvorstellungen und dem zeitlichen Planungshorizont ergeben. Deshalb sollen hier auch nur einige Planungsüberlegungen angesprochen werden, die sich häufiger bei der Vorbereitung zum Börsengang im weiteren Sinne, d. h. einschließlich der dazugehörigen vorbereitenden Umwandlungs- und Restrukturierungsmaßnahmen, ergeben. 904

1. Schenkungen und Übertragungen

Schenkungen und Übertragungen im Rahmen der vorweggenommenen Erbfolge können i. d. R. steuerlich wesentlich günstiger vor der Umwandlung eines Einzelunternehmens oder einer Personengesellschaft in eine Kapitalgesellschaft, danach aber immer noch günstiger als nach der Emission erfolgen. Zwar ist eine Schenkung von Aktien leichter zu handhaben als eine Schenkung von Anteilen an einer Personengesellschaft, insbesondere bei minderjährigen Kindern und der Notwendigkeit der Mitwirkung eines Ergänzungspflegers und des Vormundschaftsgerichts, doch ist die Schenkung mit dem Kurswert von Aktien zu versteuern und dieser liegt i. d. R. deutlich über den besonders zu ermittelnden Werten der Personengesellschaft, und auch höher als der für eine GmbH zu ermittelten Wert, und löst deshalb eine erheblich höhere Schenkungsteuer aus. 905

Sowohl bei einer Personengesellschaft als auch bei einer Kapitalgesellschaft kann vor Umwandlung und vor späterem Börsengang auch die Aufnahme von Angehörigen der nächsten oder übernächsten Generation in die Personengesellschaft oder Kapitalgesellschaft steuerlich interessant sein.

In diesem Zusammenhang ist auch zu prüfen, ob u. U. einbringungsgeborene Anteile vorliegen, da deren Veräußerung, auch bei Eigentum von nicht mehr als 25 % (bzw. 10 % oder mehr in der beabsichtigten Reform)[1] der Anteile, Steuerpflicht auslöst und eine Schenkung diese Eigenschaft fortbestehen läßt (§ 21 Abs. 1 Satz 1 UmwStG).

1 Entwurf Steuerentlastungsgesetz 1999/2000/2002 (BT-Drucks. 14/23).

906 Der Beitritt von Gesellschaftern im Rahmen einer Kapitalerhöhung oder der entgeltliche Erwerb von Geschäftsanteilen oder Aktien durch den Angehörigen kann dann zusätzlich von Vorteil sein, wenn der oder einer der abgebenden oder verbleibenden Gesellschafter einer Kapitalgesellschaft mehr als 25 % (bzw. 10 % oder mehr in der beabsichtigten Reform)[1] der Geschäftsanteile hält oder in den letzten fünf Jahren hielt, da bei einer Schenkung der Beschenkte in die Rechtsposition des Schenkers eintritt und ihm auf die Dauer von fünf Jahren der Umstand, daß die Anteile von dem Inhaber einer wesentlichen Beteiligung von mehr als 25 % (bzw. 10 % oder mehr) der Anteile gehalten worden sind, zugerechnet wird (§ 17 Abs. 1 Satz 4 EStG). Da vielfach die zu bedenkenden Angehörigen noch nicht aus eigenen Geldmitteln in der Lage sind, Anteile zu erwerben, und noch mit frei verfügbaren Mitteln ausgestattet werden müssen und insbesondere, weil bei minderjährigen Angehörigen die Einschaltung eines Pflegers und des Vormundschaftsgerichtes erforderlich ist, empfiehlt sich hier eine frühzeitige Planung. Diese ist aber auch angeraten, weil, wenn die sonstigen Planungen oder Vorbereitungen des Börsengangs bereits eingeleitet oder gar weitgehend fortgeschritten sind, bei dem Erwerb von Gesellschaftsanteilen, also Anteilen an einer GmbH oder nicht notierten Aktien, im Rahmen einer Kapitalerhöhung der Wert der später notierten Aktie u. U. leichter als Wertmaßstab für den Übertragungsvorgang herangezogen werden kann, als wenn der zeitliche Abstand größer wäre.

Insbesondere bei einem Eintritt von Angehörigen in eine bereits bestehende Kapitalgesellschaft ist darauf zu achten, daß steuerlich vertretbare Werte gewählt werden, weil sonst eventuell eine gemischte Schenkung und in Extremfällen, wie bei der Einbringung von Sachwerten, sogar eine verdeckte Gewinnausschüttung angenommen werden kann. Eine gemischte Schenkung wäre insoweit nachteilig, als bei einer Schenkung durch einen Gesellschafter, der mehr als 25 % (bzw. 10 % oder mehr) der Anteile hält und einer nachfolgenden Veräußerung durch die Aktionäre innerhalb von 5 Jahren Veräußerungsgewinne nach § 17 EStG zu besteuern sind, da GmbH-Anteile, die dann in Aktien umgewandelt worden sind, auch dann als Veräußerung einer wesentlichen Beteiligung gewertet werden, wenn der hinzugetretene Gesellschafter selbst nicht mehr als 25 % (bzw. 10 % oder mehr) der Anteile der Gesellschaft hält.

907 Dieses Problem stellt sich bei reinen Schenkungen nicht, da hier auf den jeweils zuletzt festgestellten gemeinen Wert der Anteile abgestellt wird und spätere Transaktionen auf diese Feststellung keinen Einfluß mehr haben. Bei Personengesellschaften kann das Problem einer „fortgesetzten Schachtelbeteiligung" keine Rolle spielen. Da allerdings aber auch hier bei einem Beitritt durch Kapitalerhöhung zu günstigen Bedingungen evtl. eine gemischte Schenkung vorliegen kann, kann ggf. Schenkungsteuer erhoben werden.

Die Berücksichtigung der besonderen Regelungen des § 50c sollte auf solche eher seltenen Ausnahmefälle beschränkt sein, bei denen eine

1 Entwurf Steuerentlastungsgesetz 1999/2000/2002 (BT-Drucks. 14/23).

Kapitalgesellschaft im Zuge der Vorbereitungen auf einen Börsengang auf eine Personengesellschaft umgewandelt wird, die ihrerseits dann eingebracht oder umgewandelt werden soll.

2. Entnahmen und Einlagen

Zur Vorbereitung der Gesellschaft zum Börsengang ist es vielfach notwendig oder wünschenswert, bestimmte Vermögensgegenstände auf die Gesellschaft oder von der Gesellschaft auf Gesellschafter oder Nichtbeteiligte zu übertragen. Dies kann z. B. dann der Fall sein, wenn sich bestimmte Wirtschaftsgüter vorher im Gesellschaftsvermögen und damit i. d. R. auch im Betriebsvermögen befinden, aber dem Unternehmen nicht oder nicht mehr dienen und deshalb zurückbehalten werden sollen, insbesondere wenn abzusehen ist, daß ihr Wert den späteren Kurswert der Aktie nicht entsprechend erhöhen würde. Ein solcher Fall kann bei betrieblich nicht oder nicht mehr genutztem Grundvermögen gegeben sein. Auf der anderen Seite ist es, insbesondere bei Familiengesellschaften, vielfach der Fall, daß sich für den Betrieb notwendige Vermögensteile im Privatvermögen eines Gesellschafters oder auch Nichtgesellschafters befinden. Bei einem Gesellschafter ist dann noch zu prüfen, ob sich die Vermögensgegenstände im steuerlichen Privatvermögen befinden oder ob sie Sonderbetriebsvermögen darstellen. Je nach Ausgangslage, Richtung und Wertverhältnissen und den Absichten der Beteiligten über die Beteiligung der Eigentümer der Vermögensgegenstände an der zu emittierenden Gesellschaft und auch den Absichten über die prozentualen Beteiligungsverhältnisse, die gewünscht werden, kann es sich hier empfehlen, Wirtschaftsgüter zu entnehmen, einzulegen oder auch zu kaufen oder zu verkaufen. Dabei sind die Fallstricke, die sich aus dem Institut der Betriebsaufspaltung ergeben, zu beachten (vgl. hierzu Rz. 7 ff., 187). 908

IX. Erhaltung des unternehmerischen Einflusses

1. Möglichkeiten der Stimmrechtseinschränkung

Die Aktien verbriefen nicht nur Anteile am Eigentum der Gesellschaft, sondern über die Stimmrechte auch Einfluß auf die Entscheidungsträger und wesentliche Entscheidungen. 909

Bei vielen Unternehmen, insbesondere bei Familienunternehmen, besteht ein Vorbehalt gegen einen Börsengang in der Sorge um einen zu hohen Fremdeinfluß und den damit verbundenen Verlust der unternehmerischen Führung.

Die Einschränkung der (begrenzten) Alleinbestimmungsrechte des Unternehmers hat sowohl Vor- als auch Nachteile, die Börsenöffentlichkeit bewertet sowohl die Fortführung der unternehmerischen Verantwortung als auch die Bereitschaft, die bisher uneingeschränkte Macht einer Kontrolle durch den Aufsichtsrat und letztendlich der Hauptversammlung zu unterwerfen.

Bei Bedenken, die unternehmerische Führung zu verlieren, wird vielfach übersehen, daß zur Abwehr einer Überfremdungsgefahr ein ausreichendes Instrumentarium vorhanden ist, dieser Gefahr entgegenzutreten. Durch die Ausgabe stimmrechtsloser Vorzugsaktien oder vinkulierter Namensaktien, den Einsatz von Höchststimmrechten sowie der vertraglichen Gestaltung von Entsendungsrechten in Organe des Börsenneulings kann die unternehmerische Führungskompetenz der bisherigen Gesellschafter gewahrt bleiben.

Am wichtigsten in diesem Zusammenhang ist allerdings bei der AG, wieviel Prozent der Aktien an die Börse gebracht werden, welcher Aktiengattung sie angehören und ob und ggf. in welcher Form die Aktien oder Stimmrechte, z. B. der Familie zusammengehalten werden, etwa in der Form eines Pools.

Darüber hinaus bietet sich mit der Rechtsform der KGaA eine Möglichkeit, Geschäftsführungsbefugnisse wahrzunehmen, die Entscheidungsbefugnis der Kommanditaktionäre in der Hauptversammlung weitgehend einzuschränken und die unternehmerischen Entscheidungsbefugnisse beim Komplementär zu belassen.

Der Rückbehalt von Bestimmungsrechten hat allerdings seinen Preis, der sich im Emissionskurs auswirken kann. Es ist allerdings kaum möglich, die Auswirkung exakt zu quantifizieren.

2. Familien- oder Aktionärspool

910 Gerade bei Familiengesellschaften ist es vielfach gewünscht, für eine bestimmte Zeit oder auf Dauer die Gesellschaftsanteile oder auch nur die Stimmrechte auch nach einer Umwandlung und einem Börsengang weiterhin zusammenzufassen. Hierfür können unterschiedliche Gründe maßgeblich sein, wie z. B. die Sicherung des unternehmerischen Einflusses der Familie oder bestimmter Familienmitglieder, das Zusammenhalten des Familieneigentums in die nächste Generation, die Erhaltung des Status der Gesellschaft als Familiengesellschaft, der Wunsch der Verstärkung des Familienzusammenhalts, aber auch Image- und Prestigegründe.

Je nach Absicht bieten sich hier unterschiedliche Gestaltungsmodelle an, die unterschiedliche steuerliche Folgen haben.

911 Die wohl stärkste Form der Bündelung oder Poolung der Aktien an der emittierenden Gesellschaft ist eine Holding in der Rechtsform der GmbH, die ihrerseits alle oder einen Teil der im Familienbesitz verbleibenden Aktien hält. Diese Lösung ist zugleich aber auch langfristig die steuerlich ungünstigste, insbesondere wenn die Kurse der emittierenden Gesellschaft deutlich steigen. Bei einer späteren Veräußerung von Aktien fällt innerhalb der GmbH Veräußerungsgewinn an, der der Gewerbesteuer und der Körperschaftsteuer unterliegt, bei einer Weiterausschüttung an die Gesellschafter sind die Dividenden dem vollen Steuersatz unterworfen. Bei entsprechend stark angestiegenen Börsenkursen kommt das einem faktischen Veräußerungsverbot recht nahe;

aber gerade aus diesem Grund ist eine solche Lösung in einzelnen Fällen gewählt worden. Dabei ist allerdings zu beachten, daß damit wirtschaftlich die Gesellschafter der GmbH von einem Teil des Vermögenszuwachses, selbst soweit er nur die Inflationswirkung ausgleicht, ausgeschlossen werden.

Die relative Gestaltungsfreiheit in der GmbH, die Möglichkeit von Mehrstimmanteilen und Sonderrechten und die Möglichkeit der Beschränkung der Verfügbarkeit von GmbH-Anteilen sowie der oben angesprochene steuerliche „Zwang" lassen ein Erreichen der o. a. Ziele und insbesondere eine langfristige Durchsetzung aber leicht zu.

Etwas freundlicher gegenüber der nächsten Generation ist die Alternative 912
einer Holding AG, da die Aktien der AG leichter fungibel sind. Selbst für den Fall, daß die Holding AG später selbst börsennotiert wird, verbleibt noch ein Nachteil, da erfahrungsgemäß Holdinggesellschaften nicht den gleichen Kurs erzielen wie die von ihnen gehaltene Gesellschaft. Zwar ist auch der gegenteilige Fall denkbar, insbesondere wenn die Holdinggesellschaft wegen des Einflusses für bestimmte Käufer stärker von Interesse werden könnte, aber die Praxis hat dies bisher kaum unterlegt.

Bei einer späteren Kapitalerhöhung kann es für die Holdinggesellschaft sowohl in der Form der GmbH als auch der AG, falls diese nicht selbst börsennotiert ist, schwer sein, an der Kapitalerhöhung teilzunehmen, insbesondere dann, wenn die durch Fremdmittelaufnahme ausgelösten Zinsbelastungen nicht durch die zu erwartenden Mehrerträge gedeckt werden können, was üblicherweise bei marktnahen Kapitalerhöhungen nicht der Fall ist. Bei sogenannten ‚billigen' Kapitalerhöhungen erhöhen sich die stillen Reserven und damit die in die Zukunft vorgetragene Steuerbelastung

Beim Verkauf von Bezugsrechten, auch wenn die Verkaufserlöse zum Bezug neuer Aktien verwandt werden, sogenannte operation blanche, entsteht Steuerpflicht. Die AG als Familienholding wird heute nur noch selten gewählt.

Diese Nachteile lassen sich vermeiden, wenn die Anteile statt in einer 913
Kapitalgesellschaft durch eine nicht gewerblich tätige Personengesellschaft gehalten werden. Dabei werden die laufenden Erträge und die Veräußerungsgewinne, so sie steuerpflichtig sind, den Gesellschaftern direkt zugerechnet. Veräußerungsgewinne sind nur steuerpflichtig, wenn sie entweder als Spekulationsgewinne qualifizieren, d. h. innerhalb der Sechs-Monatsfrist seit Erwerb veräußert worden sind oder wenn der Anteil des einzelnen Gesellschafters, oder im Falle des unentgeltlichen Erwerbs, seines Rechtsvorgängers innerhalb der letzten 5 Jahre mehr als 25 % (bzw. 10 % oder mehr) betragen hat oder es sich um sogenannte einbringungsgeborene Anteile handelt. Dabei ist es nicht steuererheblich, ob die Personengesellschaft selbst mehr als 25 % (bzw. 10 % oder mehr) der Aktien der emittierenden Gesellschaft hält. Als Gesellschaftsform bieten sich hier primär die Gesellschaft bürgerlichen Rechts und die Kommanditgesellschaft an; hier stellt sich das Problem der nicht gewerblichen Kommanditgesellschaft seit dem 1.7.1998 nicht

mehr.[1] Die Bindungsfristen und die Ausübung des Stimmrechts sowie weitere Regelungen können fast beliebig im Gesellschaftsvertrag festgelegt werden, wobei der Freiheit in dreifacher Hinsicht Grenzen gesetzt sind:

- Ein Vertrag, der eine Kündigung nicht ermöglicht oder durch zu starke Benachteiligung bei den Abfindungsregelungen wirtschaftlich zu stark erschwert, könnte nach der BGH-Rechtsprechung[2] insoweit unwirksam sein.
- Eine vertragliche Abfindungsregelung, wenn sie nicht dem Verkehrswert entspricht oder ihm nahekommt, kann nach höchstrichterlicher Entscheidung für Vermögensauseinandersetzungen bei Scheidungen, insbesondere beim Zugewinnausgleich, nicht maßgeblich sein, so daß es im Extremfall zu einem unterschiedlichen tatsächlichen Wertzuwachs und zu berücksichtigenden Wertzuwachs bei der Vermögensauseinandersetzung kommen kann.
- Wenn die Gewinnverteilung und die sonstigen Gesellschafterrechte, insbesondere das Recht auf Zuwachs von stillen Reserven und die Mitbestimmungsrechte zu stark und dauerhaft von der im Vertrag beabsichtigten Quote abweichen kann, bei besonders stark ausgeprägten Fällen, das wirtschaftliche Eigentum nicht bei allen Gesellschaftern, gemäß vertraglicher Aufteilung, sondern mehr bei den durch solche vertragliche Regelungen insoweit begünstigten Gesellschaftern gesehen werden mit der Folge, daß die Besteuerung bei diesen anfällt oder ihnen ein größerer Anteil zugerechnet wird.

914 Neben den gesellschaftsrechtlichen Lösungen sind auch vertragsrechtliche Lösungen eines Pools, z. B. eines Familienpools, denkbar, in der sich einzelne Aktionäre verpflichten, sich untereinander abzustimmen oder einem bestimmten Aktionär bei seiner Stimmabgabe zu folgen, ihm Stimmrechtsvollmacht zu gewähren, bei bestimmten Anträgen wie dann vereinbart oder wie vorher festgelegt zu stimmen und die Aktien auch nur im vorher festgelegten oder später vereinbarten Umfang oder nur an einen bestimmten Personenkreis zu veräußern und die Rechtsnachfolger entsprechend zu binden.

Für solche Vereinbarungen, die im übrigen auch außerhalb der Familienrahmen anzutreffen sind, gibt es einen großen Freiraum und viele praktische Beispiele. Die Grenzen sollten jeweils dort zu sehen sein, wo es sich um Knebelungsverträge handelt, wobei für diese Beurteilung nach herrschender Rechtsprechung auch auf die Absichten und die Gründe der Parteien für einen solchen Vertragsabschluß abgestellt wird.

Bei vertragsrechtlichen Poollösungen ist allerdings zu beachten, daß sich Durchsetzungsprobleme ergeben können, weil die Verpflichtungen nur schuldrechtlich eingegangen werden und deswegen einer dinglichen Verfügung, z. B. vertragswidriger Veräußerung von Aktien, nicht entgegenstehen. Zwar ist der Vertragsverletzer grundsätzlich zum Schadenersatz verpflichtet, aber der Nachweis und die Quantifizierung des

1 Änderung des Handelsgesetzbuches zum 1.7.1998 aufgrund des Handelsrechtsreformgesetzes.
2 So z. B. BGH v. 20.9.1993, NJW 1993, 3193.

Schadens dürften im Einzelfall schwer fallen. Eine Vertragsdurchsetzung läßt sich z. T. über Vollmachten, Treuhand- und Depotverhältnisse regeln.

Poollösungen sowohl in gesellschaftsrechtlicher als auch in vertragsrechtlicher Ausgestaltung können auch verknüpft werden mit Darlehensgestaltung, mit Maßnahmen der vorweggenommenen Erbfolge und Nießbrauchsvereinbarungen, sowie mit Wertpapierleihe – und Pensionsgeschäften.

Poollösungen werden nicht nur gewählt, um den Aktienbesitz von Familien oder Familienstämmen zusammenzuhalten, sondern auch im Rahmen der Mitarbeiterbeteiligung oder bei Zusagen von Optionen an Vorstände und leitende Mitarbeiter.

X. Anforderungsprofil an einen Börsenneuling

Zur Feststellung der Börsenreife eines Unternehmens bedarf es im Vorfeld einer Börseneinführung der Festlegung eines Unternehmensprofils. **915**

Hierzu ist es notwendig, eine Stärken- und Schwächenanalyse des Emissionskandidaten und seines Entwicklungspotentials vorzunehmen. Im Rahmen einer solchen Analyse müssen u. a. folgende Gesichtspunkte erörtert werden:

- aktuelle Konjunkturlage und zukünftige Entwicklung,
- Branche und Branchenkonjunktur,
- Marktposition und Wettbewerbsfähigkeit des Unternehmens, relative Stärken und Schwächen gegenüber Konkurrenten, Wachstumspotential,
- bisherige Unternehmensentwicklung und vorhandene Planung der Gesellschaft,
- Kapitalbedarf für zukünftige Jahre und Möglichkeit der Deckung aus Eigenmitteln,
- Nominal- und Gesamtkapitalausstattung bei sofortiger Emission bzw. zu einem späteren Zeitpunkt.

1. Umsatz, Größe und Alter des Unternehmens

Unternehmen, die einen Börsengang anstreben, sollten mindestens zwischen drei und fünf Jahren alt sein (die erste Aufbauphase sollte dabei abgeschlossen sein, da die börsenrechtlichen Gegebenheiten die Emission eines Venture-Capital-Unternehmens in der ersten Aufbauphase wenig aussichtsreich erscheinen lassen). **916**

Der Umsatz des Neuemittenten sollte dabei eine Größenordnung von DM 50 Millionen nur in Ausnahmefällen unterschreiten. Eine Abweichung von diesem Richtwert ist nur dann möglich, wenn das Unternehmen in stark wachstumsträchtigen Marktsegmenten tätig ist und, durch Vergangenheitswerte belegt, ein schnelles Erreichen dieser Umsatzgrenze sehr wahrscheinlich ist. Gerade aus dem mittelständischen Unternehmensbereich ergibt sich durch die relativ geringe erforderliche Umsatzgröße noch ein erhebliches Potential von Neuemittenten.

Geringere Anforderungen werden an Unternehmen im Neuen Markt[1] gestellt.

2. Ertragskraft und Ertragsdynamik

917 Der Kurs einer Aktie stellt einen Erwartungswert dar und antizipiert hauptsächlich die zukünftige Ertragsentwicklung und Ausschüttungsfähigkeit des Unternehmens. Potentiellen Anlegern muß damit zur Einschätzung ihres Anlagerisikos eine durch Vergangenheitsergebnisse dokumentierte Ertragskraft des Unternehmens bewiesen werden, die in Abhängigkeit von der Branche einen Wert von ca. 5 % Umsatzrendite nicht unterschreiten sollte.

Diese Erfahrungswerte aus der Vergangenheit gelten allerdings nur für Unternehmen, die schon die Entwicklungs- und erste Wachstumsphase hinter sich haben. Bei jungen Unternehmen in innovativen Geschäftsbereichen im Neuen Markt sind schon Unternehmen notiert worden, die noch nicht die Gewinnschwelle erreicht haben.

3. Eigenkapitalquote

918 Die Eigenkapitalquote sollte i. d. R. 20–25 % nicht unterschreiten, 20–30 % des Jahresüberschusses sollten nach der Emission für die Verstärkung der Eigenkapitalquote vorgesehen werden.

4. Cash-flow

919 Daneben stellt Cash-flow eine weitere und immer wichtiger werdende Meßgröße zur Beurteilung der Leistungsfähigkeit dar. Ein hoher Cash-flow unterstreicht die Fähigkeit des Unternehmens, Investitionen zur Erhaltung bzw. Verbesserung der Wettbewerbsposition aus eigenen Mitteln zu erwirtschaften und seine Finanzstruktur zu verbessern.

Die DVFA hat ein Schema erarbeitet, das die Vergleichbarkeit von cash-flow Angaben ermöglicht.

5. Planung

920 Das Unternehmen muß über eine Planung verfügen, die über eine bloße Festschreibung der Vergangenheit hinausgeht, wobei die Planungssicherheit (d. h. Erfahrungen mit der Planung in der Vergangenheit) neben der Plausibilität sehr wesentlich ist. Für die Planungsdurchführung gibt es Softwaremodelle, die nicht nur die Planung erleichtern, sondern auch die innere Konsistenz, den Zusammenhang von Planungsvorgaben, den Planungsjahresabschlüssen und der cash-flow-Rechnung sicherstellen.

1 Zum Neuen Markt vgl. auch Baums, ZIP 1997, 1942, 1945; Blättchen, DStR 1997, 1547, 1550.

XI. Vorbereitung des Going Public

1. Wahl der Konsortialbanken

Mit eine der wichtigsten Entscheidungen beim Börsengang ist die Wahl der Konsortialbanken, insbesondere des Konsortialführers, wobei bei der Wahl eine Reihe von Kriterien zu berücksichtigen ist. Es empfiehlt sich deshalb, insbesondere wenn nicht von vornherein die Festlegung auf eine Bank erfolgt ist, weil z. B. eine Vereinbarung besteht oder die Beziehungen zur Hausbank besonders eng sind, die Möglichkeiten und Vorstellungen verschiedener Institute abzufragen. Kriterien, die bei der Auswahl des Konsortialführers und der Konsortialmitglieder zum Tragen kommen, sind z. B. die Position als Hausbank und bestehende Verbindungen, die Plazierungskraft eines Instituts oder einer Institutsgruppe, die Erfahrung bei Börseneinführungen und bei der Plazierung, die Preisvorstellungen der Banken zu den Kosten der Erstemission und was diese Kosten beinhalten, erste Indikationen zur Gesamtbörsenkapitalisierung des Unternehmens, welches Börsensegment die Bank vorschlägt, Vorstellungen über Syndikation oder Übernahme (Underwriting), über Marktpflege, über zeitliche Vorstellungen, aber auch z. B. über die Plazierungsbreite. **921**

In anfänglichen Gesprächen wird einer der wesentlichsten Punkte, nämlich die Frage nach dem Börsenwert des Unternehmens, wohl noch kaum besprochen werden können, da zu diesem Zeitpunkt die Bank noch nicht ihre eigentlichen Arbeiten, auch gerade was die Börsenpreisfindung angeht, hat beginnen oder gar abschließen können. Deshalb ist es üblich, daß in solchen ersten Gesprächen eher Anhaltswerte und bestimmte Faktoren, wie z. B. das Kurs-Gewinn-Verhältnis, als Bandbreiten diskutiert werden.

Für die Gespräche mit der Bank ist zu berücksichtigen, daß die konsortialführende Bank durch Mitunterzeichnung des Zulassungsantrags eine Prospekthaftung eingeht und deshalb die Prospektangaben überprüft und i. d. R. durch einen von ihr bestimmten Wirtschaftsprüfer eine zusätzliche interne Prüfung vornehmen läßt.

Die Auswahl des Konsortialführers sollte auch unter dem Gesichtspunkt des zu wählenden Börsensegments und Börsenplatzes erfolgen, andererseits aber sollte auch die Entscheidung über den Börsenplatz oder die Börsenplätze einbeziehen, welches Konsortium gewählt wurde.

Die konsortialführende Bank tritt dem emittierenden Unternehmen und den Altgesellschaftern gegenüber federführend auf, so daß das Unternehmen i. d. R. Verhandlungen nur mit einer Bank zu führen hat.

Die Konsortialbanken agieren später zumeist auch als Hinterlegungsstellen und als Zahlstellen.

2. Wahl der sonstigen Berater

Neben der Wahl der konsortialführenden Bank, die ihr Know-how auch in die Beratung über die Einzelheiten der Planung und Abwicklung des Börsengangs einbringt, die aber zwangsläufig dabei auch eigene Inter- **922** essen wahren muß und zumeist zeitlich noch vor dieser, hat das emittierende Unternehmen noch mit einer Reihe anderer Berater zu tun. Es ist vielfach sinnvoll, andere Berater schon vor der konsortialführenden Bank oder den dafür in Frage kommenden Kandidaten anzusprechen, weil einige Fragen im Vorfeld zu klären sind, um die Bank mitauszuwählen, aber auch, um die Bank mit den für diese Gespräche notwendigen Informationen zu versorgen. Dabei kommen als Berater[1] vor allem in Frage

– Vertraute der Familie oder der Gesellschafter, soweit es um die interne Abstimmung von Zielen und Interessen in dieser Gruppe geht und es erforderlich ist, Interessengegensätze auszugleichen,

– Steuerberater,

– Rechtsanwälte und (ggf. separat) Notare,

– Wirtschaftsprüfer,

– Presse und PR-Berater, Fachleute für Kapitalmarketing,

– Finanzberater, insbesondere Going-Public-Berater.

Das Unternehmen hat i. d. R. schon Berater für seine verschiedenen Aufgaben, die das Unternehmen kennen und mit seinen Wünschen und Problemen vertraut sind. Dennoch sollte, auch wegen der Bedeutung für die weitere Zukunft des Unternehmens und der finanziellen Bedeutung, überlegt und ggf. mit den vorhandenen Beratern besprochen werden, ob es sinnvoll und erforderlich ist, noch weitere Berater mit Erfahrung mit Börsengängen hinzuzuziehen. Eine Börseneinführung mit den dafür nötigen Vorbereitungsschritten, wie Gründung, Satzungsänderung, Umwandlung, setzt Kompetenzen voraus, die ggf. über die Erfahrung aus der laufenden Beratung hinausgehen. Die Kriterien der Auswahl hinzuzuziehender Berater sind der Name und das Image, auch im Hinblick auf dessen Akzeptanz bei den Konsortialabteilungen der Banken, die bisherige Erfahrung, und, soweit dies in Erfahrung zu bringen ist, auch Beispiele für erfolgreiche Umwandlungen und Börseneinführungen; eventuelle Probleme, die Verfügbarkeit des Beraters betreffend, und was bei einer Börseneinführung wichtiger ist als bei den meisten anderen Beratungsprojekten, die Fähigkeit und Bereitschaft der Kooperation mit den Beratern aus der gleichen und aus anderen Fachrichtungen. Die Höhe der Honorare ist zwar ein Auswahlkriterium, sollte aber nur bei ansonsten als gleichwertig eingestuften Alternativen eine Rolle spielen.

Der Going-Public-Berater ist kein eigener Berufsstand, sondern er bringt sein aus anderen Fällen gewonnenes Know-how mit ein und unterstützt die Unternehmensleitung bei der Koordination der verschiedenen Aufgaben. Diese Funktion wird z. T. von unabhängigen Finanzberatern wahrgenommen, z. T. wird sie von einem der angesprochenen Berater, etwa dem Wirtschaftsprüfer und Steuerberater, übernommen.

1 Vgl. hierzu auch Jäger, NZG 1998, 496 f.; Blättchen, DStR 1997, 1547, 1551.

3. Vorbereitung des Plazierungsvorgangs

Die Wahl der Emissionsbank bzw. des Bankenkonsortiums ist u. a. in Abhängigkeit vom gewählten Börsenmarktsegment zu sehen. Im amtlichen Handel besteht die Notwendigkeit zur Heranziehung eines Kreditinstitutes als emissionsgeleitendes Unternehmen, während im geregelten Markt vorgesehen ist, auch unter Einschaltung einer Nicht-Bank die Börsenzulassung zu beantragen. In der Praxis erfolgen Börseneinführungen stets durch Banken. Liegen die Voraussetzungen für eine Notierung im amtlichen Handel vor, besteht die Notwendigkeit, festzustellen, inwieweit die in Frage kommenden Banken für eine ausreichende Streuung bzw. Plazierung am Markt sorgen können und werden. Im Regelfall wird die Verteilung der zu plazierenden Aktien in Abhängigkeit vom Emissionsvolumen auf verschiedene Banken erfolgen (Bankenkonsortium), um eine breite Streuung im Anlegerpublikum zu gewährleisten. Dabei kann nur eine Bank als Emissionsführer fungieren, da sie gleichzeitig mit dem Neuemittenten Unterzeichner des Zulassungsantrags ist und auch die Verhandlungen mit dem Emittenten und den anderen Konsortialbanken führt. Das gesteigerte Interesse für Neuemissionen hat dabei auch unter den Banken zu einem verschärften Wettbewerb geführt, so daß der Emissionspreis und die Emissionskosten innerhalb gewisser Grenzen verhandelbar geworden sind und z. T. auch weitere Serviceleistungen der Bank den Ausschlag für die Konsortialführerschaft geben können. 923

Der Plazierungsvorgang erfolgt regelmäßig im Wege der Fremdemission, d. h. das Bankenkonsortium übernimmt sämtliche Aktien zum Emissionspreis und bietet sie zusammen mit den weiteren Konsortialmitgliedern entsprechend der jeweiligen Quote im Wege der Privatplazierung oder eines öffentlichen Bezugsangebotes dem breiten Publikum zu Zeichnung an. Dabei kann die Vereinbarung zwischen dem Konsortialführer einerseits und dem Emittenten und den abgebenden Aktionären andererseits durchaus unterschiedlich gestaltet sein, insbesondere im Hinblick auf die Übernahme des Emissionsrisikos. Deshalb muß unterschieden werden zwischen der sich aus rechtlichen und praktischen Gründen anbietenden Wahl der Form der Fremd- oder der Selbstemission und der wirtschaftlichen Übernahme des Emissionspreisrisikos und des Risikos der Abnahme des Emissionsvolumens. Hier wird unter Übernahme der anglo-amerikanischen Begriffe vielfach von Syndication und Underwriting gesprochen, wobei das Underwriting durch den Konsortialführer oder das Konsortium für diese Institute ein wirtschaftliches Risiko darstellt, das direkt durch entsprechende Emissionskostenanteile („underwriting fee") und indirekt auch über den zu bestimmenden Emissionskurs zu bezahlen ist.

Daneben gibt es noch, wenn auch von dieser Möglichkeit in Deutschland bisher kein Gebrauch gemacht worden ist, das sog. Tender-(„Versteigerungs-") Verfahren, bei dem lediglich ein Mindestpreis festgelegt wird. 924

Dagegen ist insbesondere in den letzten Jahren ein modifiziertes Tenderverfahren üblich geworden, das sogenannte Bookbuilding, bei dem nach Bekanntgabe der Rahmenbedingungen und insbesondere eines Mindestgebots Angebote angenommen werden, aus denen der Konsortialführer üblicherweise zusammen mit dem Emittenten nach i. d. R. vorher festgelegten Kriterien die Zeichner auswählt, die dann zu einem Einheitskurs die Aktien zugeteilt bekommen. Dabei wird, vielfach unter besonderer Berücksichtigung von z. B. Mitarbeitern auch darauf geachtet, daß auch Zeichner, von denen eine Bereitschaft zu einem dauerhaften Engagement zu erwarten ist, entsprechend berücksichtigt werden.

Die Übernahme des Plazierungsrisikos ist i. d. R. ein wesentlicher Bestandteil der vom Börsenneuling zu entrichtenden Konsortialprovision. Zusätzlich kann sich die emissionsführende Bank verpflichten, innerhalb eines kurzen Zeitraums nach der Erstemission Kurspflege zu betreiben, um eventuell auftretende Kursschwankungen aufgrund stark divergierender Angebots- bzw. Nachfrageverhalten zu glätten. Darüber hinaus ist zu beachten, daß i. d. R. für den Fall einer nicht vollständigen Plazierung aller zur Plazierung vorgesehenen Aktien durch das Emissionskonsortium eine Marktschutzklausel vereinbart wird, daß innerhalb eines vertraglich fixierten Zeitraums nach der Emission aus dem Bestand der Alteigner nur mit Zustimmung des Konsortialführers weitere Aktien an der Börse plaziert werden können.

4. Festlegung des Börsenmarktsegments

925 Bei der Festlegung des Börsenmarktsegments bieten sich dem Unternehmen der amtliche Handel, der geregelte Markt, der Neue Markt und der Freiverkehr sowie unter bestimmten Voraussetzungen ausländische Börsen als Alternativen an.

5. Marktsegmente und Zulassungsvoraussetzungen

a) Amtlicher Handel

926 Der amtliche Handel stellt dabei an den Emittenten die höchsten Anforderungen und bietet aus Anlegersicht den höchsten Vertrauensschutz. Seine gesetzlichen Grundlagen sind im Börsengesetz, der Börsenzulassungsordnung sowie der Börsenordnung zu finden. Der Emittent stellt zusammen mit einem Kreditinstitut den Antrag auf Zulassung, da beide Parteien in dem gleichzeitig zu erstellenden Börsenzulassungsprospekt die Prospekthaftung übernehmen. Das Emissionsvolumen, d. h. der Kurswert der in den Handel einzuführenden Aktien, soll dabei ein Volumen von mindestens DM 2,5 Mio. erreichen. Weiterhin ist zu beachten, daß die Pflicht zur Zulassung aller Aktien besteht und gleichzeitig mindestens 25 % der zugelassenen Aktien beim Börsenpublikum gestreut werden müssen. Das Unternehmen muß mindestens drei Jahre alt sein, dabei ist es nicht erforderlich, daß das Unternehmen in der Rechtsform zum Zeitpunkt der Emission drei Jahre bestand. Der Börsenzulassungsprospekt muß detaillierte Angaben zum Unternehmen beinhalten (z. B. Geschäftstätigkeit, Jahresabschlüsse, Organe, Ergebnis und Dividende je Aktie). Wenn das Unternehmen in der Rechtsform oder im Umfang wesentliche Änderungen erfahren hat, so sind die Angaben und Abschlüsse entsprechend anzupassen („Als-ob"-Berichterstattung).

Bei der Zulassung zum amtlichen Handel kann zwischen der Einheits- bzw. variablen Notierung gewählt werden. Bei der Einheitsnotierung wird von dem amtlichen Kursmakler börsentäglich ein einziger Kurs ermittelt, der sich nach dem Meistausführungssystem ergibt. Bei der variablen Notierung besteht die Möglichkeit, während der Börsenzeit ständig Abschlüsse zu unterschiedlichen Kursen zu tätigen, wobei die Anzahl der dabei gehandelten Aktien abhängig vom Börsenplatz und dem Preis der einzelnen Aktie eine gewisse Stückzahl oder ein Vielfaches davon betragen muß. Aus diesem Grund werden insbesondere große Aktiengesellschaften die variable Notierung wählen, um insbesondere institutionellen Anlegern den Erwerb bzw. Verkauf dieser Aktien zu erleichtern. Bei geringeren Handelsvolumen führt die Einheitsnotierung zu einem gerechteren Ausgleich zwischen den Interessen von Verkäufer und Käufer, weil Zufälligkeiten im Kursausschlag leichter vermieden werden.

Für Emittenten im amtlichen Handel besteht die Pflicht, neben den Jahresabschlüssen Zwischenberichte zu veröffentlichen, deren Umfang jedoch geringer als der von Jahresabschlüssen ist. Der Zwischenbericht muß alle Tatsachen enthalten, die den Börsenkurs beeinflussen können. Aus ihm muß erkennbar sein, wie sich die Geschäftstätigkeit des Unternehmens in den ersten sechs Monaten des Geschäftsjahres entwickelt hat. Er muß Angaben über die erzielten Ergebnisse in der Berichtszeit sowie entsprechende Erläuterungen hierzu enthalten.

b) Geregelter Markt

Der geregelte Markt wurde zum 1.5.1987 geschaffen, um für kleinere und mittlere Unternehmen ein Börsensegment zu bieten, das mit erleichterten Zulassungsvoraussetzungen ausgestattet ist. Ebenso sind geringere Publizitätserfordernisse mit dem geregelten Markt verbunden. Die Anforderungen an den zur Zulassung notwendigen Unternehmensbericht sind geringer als für den Börsenzulassungsprospekt im amtlichen Handel. Obwohl die gesetzlich erforderliche Pflicht zur Zwischenberichterstattung entfällt, ist es dennoch aus Gründen des Unternehmensstandings üblich, solche Berichte zu veröffentlichen. Der geregelte Markt wird auch in vielen Fällen als Sprungbrett zum amtlichen Handel angesehen. Zur Einführung in den geregelten Markt ist ein Plazierungsvolumen vom Mindestnominalbetrag DM 500 000 erforderlich.

c) Freiverkehr

Der Freiverkehr fordert von den Unternehmen die geringsten Zulassungsvoraussetzungen. Dieses Marktsegment unterliegt keiner börsengesetzlichen Regelung und die dabei ermittelten Kurse werden nur in einem Beiblatt zum amtlichen Kursblatt mitgeteilt. Die Zulassung wird mit Hilfe eines Unternehmens-Exposés beantragt, das wiederum von seinem Informationsgehalt gegenüber dem Unternehmensbericht ein geringes Gewicht besitzt. Seit der Einführung des geregelten Marktes hat der Freiverkehr als Einstiegsmarktsegment erheblich an Wert verloren und ist jetzt von seiner Bedeutung, insbesondere für inländische Erstemittenten, vernachlässigbar.

d) *Neuer Markt*

Der Neue Markt ist ein Börsensegment, das neben dem Amtlichen Handel steht, eine Fortführung einer Zulassung im geregelten Markt ist deshalb nicht möglich. Die Zulassungs- und insbesondere die Informationsvorschriften gehen z. T. über die Erfordernisse des Amtlichen Handels hinaus, z. B. ist die Akzeptanz des Übernahmekodex obligatorisch, sind Quartalsberichte i. d. R. in deutscher und englischer Sprache und mindestens eine Analystenkonferenz pro Jahr erforderlich und werden Jahresabschlüsse nach IAS (International Accounting Standards) oder US-GAAP (in den USA geltende General Accounting and Auditing Principles) erfordert oder zumindest Überleitungsrechnungen verlangt. Die Zulassung wird vom Unternehmen und einem Finanzdienstleistungsinstitut mit einem Emissionsprospekt bzw. Unternehmensbericht beantragt.

e) *Nasdaq und Easdaq*

Für die Nasdaq (National Association of Securities Dealers Automated Quotation), die EDV-gestützte Freiverkehrsbörse und die Easdaq, die europäische, mit der Nasdaq zusammenarbeitende EDV-gestützte Börse gelten z. T. ähnliche, aber vielfach noch strengere Voraussetzungen. Durch die Einführung und den Erfolg des Neuen Marktes hat das Interesse deutscher Börsenneulinge an diesen Börsen etwas nachgelassen.

Übersicht:

Marktsegment Kriterium	Amtlicher Handel	Geregelter Markt	Freiverkehr	Neuer Markt[1]
Rechtsgrundlagen	Börsengesetz, Börsenzulassungsverordnung, Börsenordnung	Börsengesetz, Börsenordnung	HGB, BGB, § 78 BörsG, Richtlinien der Effektenhändlervereinigung	Börsengesetz, Börsenordnung, Verkaufsprospektgesetz, Regelwerk, Neuer Markt, Zulassungsbedingungen
Zulassung durch	Zulassungsstelle	Zulassungsausschuß	Redaktionsausschuß	Zulassungsausschuß
Kursfestsetzung	Kursmakler	Freimakler	Freimakler	Kursmakler
Zulassungsvoraussetzungen				
Antragsteller	Emittent und Bank	Emittent und Bank oder anderes geeignetes Institut	Bank	Emittent und Bank oder anderes geeignetes Institut
Antragsunterlagen	Börseneinführungsprospekt	Unternehmensbericht	Unternehmens-Exposé	Emissionsprospekt bzw. Unternehmensbericht, deutsch und englisch (evtl. nur englisch)
Emissionsvolumen	Voraussichtlicher Kurswert v. mind. 2,5 Mio. DM	Mindestnennbetrag von 0,5 Mio. DM		Voraussichtlicher Kurswert von mind. 10 Mio. DM
Zulassungsvolumen	Pflicht zur Zulassung aller Aktien			Mind. 100 000 Aktien
Streuung	Mind. 25 % der zugelassenen Aktien			Mind. 15 % des Grundkapitals (Ausnahme), aber i. d. R. mind. 25 %
Unternehmensalter	Mind. 3 Jahre	Mind. 3 Jahre (üblicherweise)		1 Jahr, besser 3 Jahre, Ausnahmen möglich

1 Vgl. hierzu Baums, ZIP 1997, 1942, 1945 und DAI, Der Gang an die Börse.

XII. Die Festlegung des Emissionspreises

927 Die Emissionspreisfindung stellt den schwierigsten Teil bei der Durchführung des Börsengangs dar. Hier stellt sich das Problem, u. a. mit Hilfe von Methoden der Unternehmensbewertung, aber auch mit Methoden der Finanzanalyse und Fingerspitzengefühl, einen Emissionskurs zu bestimmen, der den unterschiedlichen Interessenlagen gerecht werden soll.

Das Ziel der Emittenten liegt in der Fixierung eines möglichst hohen Emissionspreises, der im Rahmen der Kapitalerhöhung der Gesellschaft bzw. bei einer Umplazierung den bisherigen Gesellschaftern zufließt.

Die konsortialführenden Banken sind daran interessiert, daß die von ihnen angebotenen Aktien von den Anlegern vollständig gezeichnet werden und plädieren dementsprechend für einen eher niedrigeren Emissionspreis, um das damit verbundene Plazierungsrisiko gering zu halten. Weiterhin wird das Emissionsstanding einer Bank wesentlich auch durch die Kursentwicklung der Neuemission bestimmt, so daß eine positive Kursentwicklung nach der Börseneinführung einen hohen Anreiz für potentielle Anleger auch späterer Emissionen anderer Gesellschaften bietet.

Die dritte Interessengruppe stellen die Anleger dar, bei denen ein tendenziell niedriger Emissionspreis die Wahrscheinlichkeit erhöht, in der Zukunft Kursgewinne erzielen zu können.

Aber auch für das Unternehmen selbst ist es für spätere Kapitalmarkttransaktionen positiv, wenn die Emission nicht nur gut plaziert werden konnte, sondern auch die Kursentwicklung nach der Emission für die Zeichner Gewinne ermöglicht. Diese Aussicht kostet allerdings bei der Erstemission erst einmal Geld, möglicherweise mehr als sie in der nahen Zukunft bringen kann. Doch liegt es auch im wohlverstandenen Eigeninteresse des Unternehmens, seine solide Kursentwicklung zu erreichen, denn ein seit der Emission dauerhafter Kursverfall stellt auch für die Reputation eines Unternehmens ein ernsthaftes Problem dar.

928 Der Vorgang der Findung und Festlegung des Emissionskurses spielt sich zum einen in dem dargestellten Konflikt der Interessen dar, zum anderen ist er auch nicht auf die Anwendung von Ergebnissen der Vergangenheit und Prognosewerten für die Zukunft auf Formeln und Tabellen beschränkt, sondern ist das Resultat von Verhandlungen unter Berücksichtigung solcher Werte und unter Einbeziehung einer Reihe von anderen Faktoren.

Die wesentlichsten Komponenten sind dabei

- das DVFA/SG-Ergebnis in der Vergangenheit und Prognose
- die Höhe des Grundkapitals
- das sich daraus ergebende Ergebnis pro Aktie
- das anzuwendende Kurs-Gewinn-Verhältnis (KGV)

- eine Reihe von rechtsform- und einzelfallabhängigen Ab- oder Zuschlägen, soweit sie sich noch nicht in der Wahl des KGV niedergeschlagen haben
- der sog. Emissionsabschlag
- und „last not least" die Marktsituation, sowohl allgemein, als auch in der Branche des Unternehmens, als auch im betreffenden Börsensegment.

Die Emissionspreisfindung erfolgt primär unter ertragswertorientierten Gesichtspunkten, da der Kurs einer Aktie hauptsächlich bestimmt wird aus den zukünftig zu erwartenden Erträgen und Dividenden und cashflow. Ein Problem bei der Kursfindung stellt sich dabei in der Prognose der zukünftigen Erträge. Die Vergangenheitswerte stellen dabei nur die Ausgangsbasis für die Plausibilität der zukünftig zu erzielenden Erträge dar. Einen direkten emissionskursbildenden Einfluß besitzen sie nur insofern, als sie im Gegensatz zu den Prognosen bereits erzielt und damit überprüfbar sind.

Bei der Ermittlung der in der Vergangenheit erzielten Ergebnisse und auch als Darstellungsgröße für die Prognosewerte hat sich in der Praxis das DVFA/SG-Ergebnis als Grundlage durchgesetzt (DVFA-Deutsche Gesellschaft für Finanzanalyse und Anlageberatung; SG – Schmalenbach-Gesellschaft – Deutsche Gesellschaft für Betriebswirtschaft). Dieses DVFA/SG-Ergebnis ist ein um außerordentliche, ungewöhnliche sowie dispositionsbedingte Aufwendungen und Erträge bereinigtes Nettoergebnis. Ziel dieses Ermittlungsschemas ist, einen Vergleich zu anderen börsennotierten Gesellschaften herzustellen, um z. B. einen adäquaten Emissionspreis zu finden. Das DVFA/SG-Ergebnis wird nur zum Zwecke der Aktienanalyse ermittelt und ist nicht identisch mit dem Ergebnis nach aktien- oder steuerrechtlichen Gewinnbegriffen, das aktienrechtliche Ergebnis stellt allerdings den Ausgangspunkt dar. Während die Ermittlung des DVFA/SG-Ergebnisses für die Vergangenheit aufgrund des vorliegenden Zahlenmaterials im Regelfall geringe Probleme bereitet, muß es für die Zukunft geschätzt werden. Dabei darf jedoch nicht übersehen werden, daß das DVFA/SG-Ergebnis als Vergleichsinstrument seine Grenzen findet, wenn z. B. die Gesellschaften unterschiedliche Abschreibungsmethoden nutzen oder andere Bewertungsverfahren anwenden, die sich gewinnerhöhend auswirken, sich aber innerhalb der Bandbreite des DVFA/SG-Schemas bewegen. Aus dem DVFA/SG-Ergebnis und dem Grundkapital und der Aktienstückelung des Unternehmens wird der Gewinn je Aktie gem. DVFA/SG ermittelt. Je geringer dabei das Grundkapital und damit die Anzahl der Aktien im Verhältnis zum Ergebnis ausfällt, desto höher stellt sich der Gewinn je Aktie. Daneben muß im Rahmen der Emissionspreisfindung zu den ermittelten Vergangenheits- und prognostizierten Ergebnissen bei einer geplanten Kapitalerhöhung anhand des voraussichtlichen Mittelzuflusses im Unternehmen die Ergebnisverbesserung aus der Kapitalerhöhung mitberücksichtigt werden, um zu einem adäquaten Emissionskurs zu gelangen, so daß sich eine Kapitalerhöhung im Rahmen der

Erstemission aufgrund des verbesserten Finanzergebnisses im Gegensatz zu einer reinen Umplazierung ceteris paribus kurserhöhend auswirkt.

929 Neben dem erwarteten Gewinn je Aktie stellt das Kurs-Gewinn-Verhältnis (KGV) die zweite entscheidende Variable bei der Emissionspreisfindung dar. Dieses KGV drückt aus, mit welchem Gewinnmultiplikator das Unternehmen an der Börse bewertet wird. Sind bereits neben dem Neuemittenten Unternehmen mit gleicher Branchenzugehörigkeit börsennotiert, bietet sich die Heranziehung eines Branchen-KGV's als Vergleichsmaßstab an. Dabei muß jedoch immer wieder die unternehmensspezifische Situation berücksichtigt werden, da die pauschale Anwendung eines Branchen-KGV's zum Zwecke der Emissionspreisermittlung nicht ausreichend erscheint. Die relative Position des Emittenten im Vergleich zu seinen Konkurrenten (große Produktabhängigkeit, Gewinnqualität, Gewinnstabilität) muß bei der Anwendung eines Branchen-KGV ebenso berücksichtigt werden, wie der Entwicklungsgrad und insbesondere das Wachstum des Unternehmens. Neben quantifizierbaren Größen wie dem Ergebnis je Aktie fließen im Rahmen der Emissionspreisermittlung weiterhin zum Teil nur schwer quantifizierbare Faktoren wie z. B. Bekanntheitsgrad der Marken und Produkte oder die Darstellbarkeit der Qualität des Managements ein. Die Entwicklung der Emissionskurse seit 1977 macht deutlich, daß sich die Börseneinführungskurse entsprechend dem allgemeinen Marktniveau deutlich nach oben bewegt haben.

930 Ein weiterer Faktor, der den Emissionspreis beeinflußt, liegt in der Wahl der Aktiengattung. Bei Vorzugsaktien muß im Rahmen der Neuemission aufgrund des fehlenden Stimmrechts ein Abschlag gegenüber Stammaktien in Kauf genommen werden. Aus der bisherigen Erfahrung bewegt sich dieser Emissionspreisabschlag zwischen 10 und 20 % im Vergleich zum Wert der Stammaktie. Die Entscheidung für eine einzige Aktiengattung im Rahmen der Erstemission ist nicht zwingend, da Beispiele in der jüngsten Vergangenheit gezeigt haben, daß bei einem ausreichenden Emissionsvolumen auch eine gleichzeitige Plazierung von Stamm- und Vorzugsaktien möglich ist (z. B. GEA AG, Berzelius Umwelt-Service AG, Sartorius AG). Zusätzlich zu den bereits vorgebrachten Gesichtspunkten ist zu beachten, daß im Rahmen der Emissionskursfestsetzung durch einen einzelfallabhängigen Abschlag oder auch Aufschlag, je nach Ausgangsbasis, ein Kaufpreis für potentielle Anlegerschichten geschätzt werden muß. Damit muß im Rahmen der Emissionspreisfixierung zwischen den beteiligten Parteien ein fairer Kompromiß geschaffen werden, der allen Interessenlagen ausreichend Rechnung trägt und vor allem im Markt standhält.

Nachdem zwischen dem Unternehmen und der konsortialführenden Bank zuerst Bewertungsgrundsätze und später eine vorläufige Bewertung besprochen werden, kommt es zeitlich unmittelbar vor dem Börsengang dann zur endgültigen Kursfeststellung, in die primär die vorläufige Kursfeststellung einfließt, bei der aber auch kurzfristige Komponenten, wie die augenblickliche Börsenlage und ggf. Kurse und Zeichnungserfahrungen der Emissionen der jüngsten Vergangenheit, berücksichtigt werden.

Da sich sowohl die Finanz- als auch die anderen Daten des Unternehmen als auch das Plazierungsumfeld über die Zeit verändern, liegt ein wesentlicher den Emissionskurs beeinflussender Faktor in der Wahl des geeigneten Zeitpunkts.

Die Kosten der Emission sind abhängig von der Ausgangslage der Ge- 931
sellschaft und können im Einzelfall stark voneinander abweichen. Während die Börsenzulassungsgebühren fast vernachlässigbar sind, stellen Konsortialprovisionen, Beratungskosten sowie die Aufwendungen für Finanzkommunikation die Hauptbestandteile der Emissionskosten dar. Erfahrungsgemäß haben sich in der Vergangenheit Werte von 6–8 % des Emissionsvolumens ergeben, wobei besonders bei kleineren Emissionen diese Werte auch deutlich überschritten werden können, besonders große oder aus anderen Gründen interessante Unternehmen aber auch z.T. deutliche Abschläge verhandeln konnten. Durch die Streichung des § 9 Nr. 1 KStG (Steuerentlastungsgesetz 1984 vom 22.12.1983) wurde erreicht, daß Emissionskosten in allen Fällen der Ausgabe von Gesellschaftsanteilen bei der Emissionsermittlung der Kapitalgesellschaften als Betriebsausgaben abgezogen werden können.

Aber auch nach der Börseneinführung müssen die Belastungen für Gesellschaft und Gesellschafter berücksichtigt werden. Die laufenden Kosten der Publizität und der Hauptversammlung dürften neben den Kosten der gesetzlich auferlegten Prüfungspflichten, sofern diese nicht ohnehin anfallen, die Hauptbestandteile auf Gesellschaftsebene darstellen. Dazu kommen i. d. R. steuerliche Kosten und die für das Unternehmen wie Kosten wirkende Notwendigkeit, eine – angemessene – Dividende als Eigenkapitalrendite an die Aktionäre auszuschütten.

XIII. Arbeitshilfen

1. Checkliste Going Public

Die nachfolgende Checkliste soll Anhaltspunkte geben für die Reihen- 932
folge der einzelnen Schritte und soll eine eigene Planung erleichtern. Sie kann aber keine in allen Fällen gültige Reihenfolge vorgeben, da sich einzelne Bereiche stark überlappen und die Probleme und Aufgaben in den einzelnen Unternehmen Änderungen erfordern. Sie kann auch keine Vollständigkeit für sich in Anspruch nehmen, auch deswegen nicht, weil viele hier nicht aufgeführte Einzelaufgaben Teile von Aufgabenfeldern sind oder sich noch zusätzliche Probleme oder aus einer gewählten Alternative zusätzliche Schritte ergeben können. Die Checkliste soll deshalb nur ein Anhaltspunkt für die Erstellung einer eigenen Liste sein.

- Auswahl der Berater und
- jeweils mit oder ohne Mitwirkung von Beratern!

- Überlegungen über den Stand und die Entwicklung des Unternehmens,
- Überlegungen über Ziele und Zeitvorstellungen,
- Klärung der Absichten im Familien- bzw. Gesellschafterkreis,
- Erwägung von Alternativen zur Börseneinführung,
- Zusammenstellen der Unternehmensdaten und -unterlagen, Verträge (Gesellschaftsverträge, Leistungsverträge mit Gesellschaftern, Betriebsprüfungsbericht, etc.), Bilanzen,
- steuerliche Planung der Börseneinführung, der dafür notwendigen Umwandlungen und Umstrukturierungen, sowie insbesondere der ihnen zeitlich vorzulagernden Schritte (Schenkungen, Übertragungen, Beteiligungen von Angehörigen),
- Planung der rechtlichen Struktur in Abstimmung mit der steuerlichen Planung,
- Bilanzpolitik, auch Entnahmen, Einlagen, Käufe, Verkäufe von z. B. Grundstücken und Unternehmensteilen,
- vorbereitende PR-Arbeit, die aber zu Anfang mehr produkt- und unternehmensbezogen ist und erst später auf die Emission von Aktien hinzielt,
- Planung der finanziellen Lage für das Unternehmen unter verschiedenen Alternativen (optimistischer, pessimistischer, wahrscheinlichster Fall) auf fünf Jahre, die Planung für drei Jahre wird dann für die Gespräche mit den Konsortialbanken und ggf. den Börsenprospekt gebraucht, die Planung sollte Jahresabschlüsse und cash-flow-Rechnungen umfassen und nicht nur eine prozentuale Hochrechnung des Ist- oder gar des Wunschzustandes sein,
- soweit erforderlich: Anfragen bei der Finanzverwaltung,
- Auswahl der konsortialführenden Bank,
- Klärung der Firma der Aktiengesellschaft (kann abweichen von dem bisherigen Firmennamen, muß in einigen Fällen abweichen),
- Prüfung der letzten Bilanzen soweit noch nicht geschehen, bei wesentlichen Umstrukturierungen oder bei Umwandlung Erstellung der Bilanzen auf der sogenannten ‚als-ob'-Basis,
- interne Prüfung durch den Konsortialführer und die von ihm beauftragten Wirtschaftsprüfer,
- Auswahl Aufsichtsrat, Vorstand,
- Wahl des Marktsegments, Auswahl des Börsenplatzes, der Börsenplätze, Bestimmung des Grundkapitals und des Emissionsvolumens,
- Verhandlungen über Emissionskurs,
- Entwürfe für Börsenprospekt,
- ggf. Gründungs-, Umwandlungsprüfung,
- Druck der Aktienstücke,
- Vertragsentwürfe; bei Konsortialbanken Vorbereitung Übernahmevertrag, Konsortialvertrag, unmittelbar vor dem Emissionsvorgang Festlegung der endgültigen Emissionskonditionen, insbesondere des Angebotskurses,

- Beurkundung der einzelnen Verträge,
- letzte Verhandlungen über den Emissionskurs und den Zeitpunkt der Emission (Feinanpassung),
- Emissionsvorgang (Prospekt, Zulassungsantrag, Zeichnungsfrist).

2. Ablauf eines Going Public-Projektes

Die im Rahmen einer Going Public-Beratung zu beachtenden Schritte lassen sich auch anhand des nachfolgenden Ablaufschemas darstellen: 933

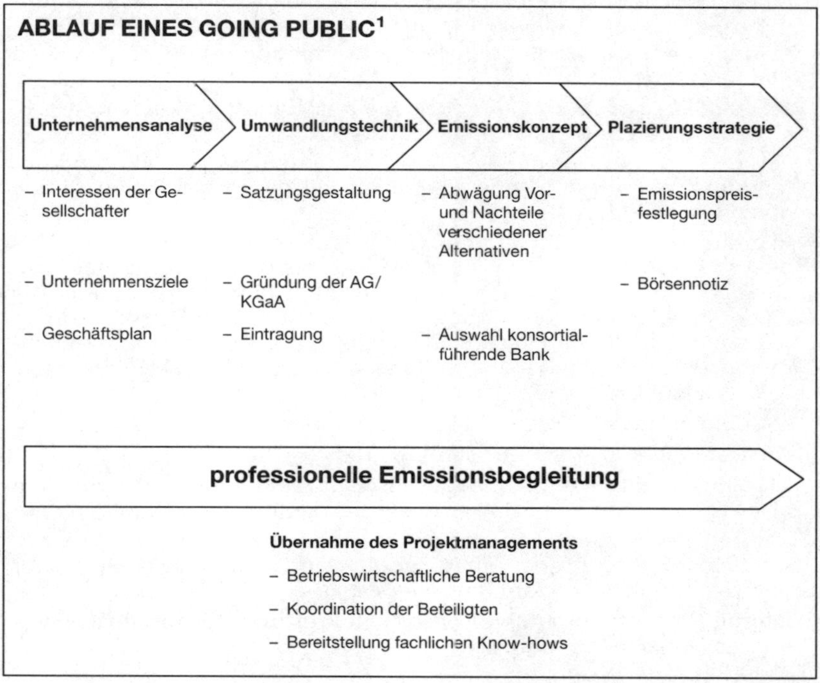

1 Darstellung entnommen von Blättchen, DStR 1997, 1547, 1551.

F. Steuerliche Besonderheiten in den neuen Bundesländern

SCHRIFTTUM

Kruhl, „Gesetz zur Fortsetzung der wirtschaftlichen Förderung in den neuen Ländern" verabschiedet, BB 1997, 1618; *Rosarius,* Die neue Investitionsförderung, alle Investitionszulagen für die Neuen Bundesländer und Berlin ab 1999, 1998; *Rosarius,* Fehlervermeidung beim Antrag auf Investitionszulage, INF 1998, 459; *Rosarius,* Änderungen des Investitionszulagengesetzes 1996 und des Fördergebietsgesetzes für Berlin (West), FR 1997, 635; *Seifert,* Änderungen bei der steuerlichen Förderung der neuen Bundesländer, INF 1997, 545; *Spanke.* Die geplante Verlängerung der steuerlichen Förderung der neuen Länder, DB 1997, 1246; *Spanke,* Die steuerliche Förderung der neuen Länder ab 1999, DB 1997, 1734; *Stein,* Sonderabschreibungen nach dem Fördergebietsgesetz bei Erwerb von Altbauten im Privatvermögen, FR 1997, 672; *Strahl,* Änderungen des Investitionszulagenrechts und des Fördergebietsgesetzes, KÖSDI 1997, 11331; *Strahl,* Änderungen der Investitionsförderung in den neuen Ländern und Berlin (West), BB 1998, 293.

I. Bilanz- und ertragsteuerliche Besonderheiten

Seit dem 1.1.1991 findet das bundesdeutsche Unternehmenssteuerrecht **934** (Ertrag-, Besitz- und Verkehrsteuern) prinzipiell in vollem Umfang auch auf die in dem Gebiet der fünf neuen Bundesländer („Beitrittsgebiet") ansässigen Unternehmen Anwendung. Wegen der vor dem Beitritt vorhandenen grundlegend unterschiedlichen Wirtschaftssysteme war es dabei notwendig geworden, besondere Regelungen im Bereich des Bilanz-, Bilanzsteuer- und Ertragsteuerrechtes zu schaffen, um einen möglichst reibungslosen, gleitenden Übergang der Wirtschaftsorganisationen der ehemaligen DDR in das Wirtschaftssystem der Bundesrepublik Deutschland zu ermöglichen.

Die Kernpunkte dieser Übergangsregelungen waren dabei in dem **935** DMBilG sowie dem Steueränderungsgesetz 1991 enthalten und betrafen insbesondere die folgenden Aspekte:

- handels- und steuerbilanzielle Behandlung der Sonderbilanzkonten;
- Wertansätze in den DM-Eröffnungsbilanzen;
- Verlängerungsmöglichkeit für das erste Wirtschaftsjahr;
- erstmalige Gliederung des verwendbaren Eigenkapitals;
- Behandlung von Altverlusten und -gewinnen;
- Beginn von steuerlichen Organschaften.

Nach nunmehr acht Jahren seit der Umstellung der Wirtschaftsorganisationen haben diese Übergangsregelungen in der handels- und steuerrechtlichen Praxis der Unternehmen ihre Bedeutung weitgehend verloren. Auf eine detaillierte Beschreibung der damit verbundenen Besonderheiten wird daher verzichtet.[1]

1 Einzelheiten zu den in der Praxis wichtigsten Regelungen s. Voraufl. Rz. 674 ff.

II. Förderung von Investitionen in den fünf neuen Bundesländern und West-Berlin

1. Vorbemerkungen

936 Betriebliche Investitionen in den neuen Bundesländern wurden seit 1991 insbesondere durch Gewährung von Investitionszulagen gefördert. Aufgrund der DDR-Investitionszulagenverordnung vom 4.7.1990 – geändert durch die zweite Investitionszulagenverordnung vom 13.9.1990 – konnte jeder Steuerpflichtige für Investitionen in den fünf neuen Bundesländern (einschließlich Gesamt-Berlin) für die Anschaffung/Herstellung von neuen abnutzbaren, beweglichen Wirtschaftsgütern des Anlagevermögens unter bestimmten Voraussetzungen eine Investitionszulage erhalten. Diese Regelung wurde im Rahmen des Steueränderungsgesetzes 1991 in ein Investitionszulagengesetz (InvZulG) überführt. Der Zulagensatz betrug für Investitionen, die nach dem 30.6.1990 und vor dem 1.7.1992 abgeschlossen wurden, 12 % und für Investitionen, die nach dem 30.6.1992 und vor dem 1.1.1995 abgeschlossen wurden, 8 %.

937 Als flankierende Maßnahmen sah das Steueränderungsgesetz 1991 in dem neugeschaffenen Fördergebietsgesetz (FördG) zur Schaffung neuer und Modernisierung bestehender Unternehmen eine zusätzliche Investitionsförderung durch Sonderabschreibungen in Höhe von bis zu 50 % der Anschaffungs- oder Herstellungskosten von abnutzbaren beweglichen und unbeweglichen Wirtschaftsgütern des Anlagevermögens, die mindestens drei Jahre in der Betriebstätte des Antragstellers im Fördergebiet verbleiben, vor. Darüber hinaus existierten eine Vielzahl von Kredit- und Bürgschaftsprogrammen, die Finanzierungshilfen bei Investitionen in den neuen Bundesländern gewährten, wie z. B. Existenzgründungsprogramme, Finanzierungshilfen für kleine und mittlere Unternehmen, Finanzierungshilfen für Umweltschutz und Energieeinsparung, Förderung von Auftragsforschung und -entwicklung für Unternehmen in den neuen Ländern, spezielle Förderprogramme der einzelnen neuen Bundesländer. Schließlich schrieb das Steueränderungsgesetz 1991 einen stufenweisen Abbau der bisherigen Vergünstigungen nach dem Berlin-Förderungsgesetz bis Ende 1994 bei gleichzeitiger Einbeziehung des Gebietes von West-Berlin in die Fördermaßnahmen betrieblicher Investitionen im Beitrittsgebiet ab 1.7.1991 fest.

938 Förderungsdauer und -höhe wurden in der Folgezeit mehrfach verändert und den jeweiligen wirtschaftlichen Entwicklungen in den neuen Bundesländern sowie dem finanzpolitischen Spielraum angepaßt. Die derzeit gültigen Förderungen, insbesondere die Sonderabschreibungen nach dem FördG sowie die Investitionszulagen nach dem InvZulG 1996,[1] gelten nunmehr nur noch für Investitionen, die bis zum 31.12.1998 getätigt werden. Für die Zeit danach hat das InvZulG 1999[2] die bisher geltenden verstreuten und unübersichtlichen Fördermaßnahmen zusammengefaßt, geordnet und insgesamt neu geregelt.

1 Zuletzt geändert durch das Dritte Finanzmarktförderungsgesetz vom 24.3.1998, BGBl. I, 1998, 529.
2 Gesetz v. 18.8.1997, BStBl I 1997, 2070; vgl. Spanke, DB 1997, 1734.

2. InvZulG 1996

Nach einem Beschluß der Kommission der EU vom 1.10.1997 ist die Verlängerung der in § 3 Satz 1 Nr. 3 InvZulG 1996 geregelten 8 %igen Investitionszulage bis 1998 durch das Jahressteuergesetz 1996 eine gemäß Art. 93 Abs. 3 des EG-Vertrages rechtswidrige Beihilfe. **939**

Nach dem hierauf ergangenen BMF-Schreiben vom 12.12.1997[1] sollen die entsprechenden Zulagen zurückgefordert werden, eine entsprechende Gesetzesänderung steht noch aus. Die ggf. zu erlassenden Verwaltungsakte sollen unmittelbar unter Hinweis auf die Entscheidung der EU-Kommission und die zu erwartende Gesetzesänderung begründet werden.

Dies bedeutet, daß die Unternehmen, die auf der Grundlage des InvZulG 1996 Förderungsmittel erhielten, die gewährte Investitionszulage zuzüglich Zinsen ab dem Tag der Gewährung zurückzahlen müssen. Das angekündigte Vorgehen des BMF entspricht dabei der geltenden EU-Rechtslage, ohne daß sie für Handlungsalternativen einen Entscheidungsspielraum hätte.

Die EU-Kommission hat gemäß Art. 155 des EG-Vertrages das Funktionieren des Gemeinsamen Marktes zu gewährleisten. Sie hat die Aufgabe für die Anwendung des EG-Vertrages zu sorgen. In Art. 92 Abs. 2 und 3 des EG-Vertrages sind Beihilfen genannt, die mit dem gemeinsamen Markt vereinbar sind. In Art. 92 Abs. 2 lit c) des EG-Vertrages werden zwar ausdrücklich Beihilfen für die Wirtschaft bestimmter durch die Teilung Deutschlands betroffener Gebiete der Bundesrepublik Deutschland, soweit sie zum Ausgleich der durch die Teilung verursachten wirtschaftlichen Nachteile erforderlich sind als mit dem Gemeinsamen Markt vereinbar angesehen. Dennoch sieht die EU-Kommission die Investitionszulage nach § 3 Satz 1 Nr. 3 InvZulG 1996 nicht als eine derartige, mit dem Gemeinsamen Markt vereinbare Beihilfe an. **940**

Somit handelt es sich bei der Investitionszulage um eine rechtswidrige Beihilfe im Sinne des Art. 93 Abs. 3 des EG-Vertrages. Die EU-Kommission kann die Rückforderung anordnen oder gegen die weitere Vergabe eine einstweilige Verfügung erlassen.[2] Falls, wie im vorliegenden Fall geschehen, ein Mitgliedsstaat eine Beihilfe schon ausgezahlt hat, welche die Kommission für unvereinbar mit dem Gemeinsamen Markt hält, so gibt die Kommission dem Mitgliedsstaat auf, die Beihilfe zurückzufordern. Dies entspricht der ständigen, vom EuGH bestätigten Praxis.

Die Rückforderung der Beihilfen findet grundsätzlich nach den Bestimmungen des betroffenen nationalen Rechts statt. Nach deutschem Recht wäre daher an sich § 130 AO (Rücknahme von begünstigenden Verwaltungsakten) für die Rückforderung einschlägig. Allerdings ist im vorliegendem Fall keiner der Rücknahmetatbestände des § 130 Abs. 2 Nrn. 1–4 AO gegeben, so daß nach nationalem Recht die Rückforderung nicht möglich wäre. **941**

1 BStBl I 1997, 1028.
2 Rawlinson in Lenz, Art. 93 Rz. 19.

Jedoch darf die Anwendung nationaler Rechtsvorschriften nicht dazu führen, daß die Rückforderung unmöglich gemacht wird. Die Finanzverwaltung ist vielmehr gemeinschaftsrechtlich verpflichtet, die Bewilligungsbescheide für rechtswidrig gewährte Beihilfen zurückzunehmen, wenn gemäß einer bestandskräftigen Entscheidung der Kommission die Beihilfen für mit dem Gemeinsamen Markt unvereinbar erklärt und deren Rückforderung verlangt werden.[1]

Nach der Rechtsprechung des EuGH gibt es keine Möglichkeit, die Rückforderung zu vermeiden. Ein beihilfebegünstigtes Unternehmen darf danach nur auf die Ordnungsmäßigkeit der Beihilfe vertrauen, wenn diese unter Einhaltung des darin vorgesehenen Verfahrens gewährt wurde. Einem sorgfältigen Gewerbetreibenden sei es danach möglich und zumutbar, sich zu vergewissern, daß dieses Verfahren eingehalten wurde.[2]

942 Unrechtmäßig ausgezahlte Beihilfen sind bei der Rückzahlung vom Datum der Gewährung ab zu verzinsen.[3] Unklar ist dabei indes, welcher Zinssatz zugrunde zu legen ist, da weder der EG-Vertrag noch das InvZulG 1996 Regelungen für den vorliegenden Fall enthalten. Da nach dem Gesagten die Rückforderung insgesamt nach den Vorschriften des nationalen Rechts anzuwenden sind, ist davon auszugehen, daß die Regelung des § 238 AO auch hier gilt. Der Rückzahlungsbetrag wäre danach mit 0,5 % pro Monat, beginnend mit der Auszahlung der Investitionszulage, zu verzinsen.

Zuständig für die Durchführung der Rückforderung ist gemäß § 7 Abs. 1, Satz 3 InvZulG 1996 die zuständige Finanzbehörde, d. h. das Betriebsstättenfinanzamt. Die Finanzverwaltung verfügt bei dem Erlaß des Rücknahmebescheides über keinerlei Ermessen. Ordnet die EU-Kommission die Rückforderung zu Unrecht gezahlter Beträge an, so ist die nationale Behörde nicht berechtigt, irgendeine andere Feststellung zu treffen.[4]

943 Für die betroffenen Unternehmen ergeben sich hinsichtlich der bilanziellen Behandlung folgende Auswirkungen:

In der Handelsbilanz ist eine Rückstellung für ungewisse Verbindlichkeiten vorzunehmen. Zwar steht mit dem Beschluß der EU-Kommission bereits fest, daß die gewährten Beihilfen zuzüglich Zinsen zurückzuzahlen sind, so daß an sich die Voraussetzungen für eine Passivierung als Verbindlichkeit gegeben wären. Jedoch liegt noch kein konkreter Rückforderungsbescheid der Finanzverwaltung vor, mit dessen Erlaß erst ein Anspruch des Fiskus gegen den Beihilfeempfänger entsteht. Damit ist der Fall m. E. mit dem sonstiger Steuerschulden vergleichbar, bei denen vor Erlaß des Bescheides nur eine Rückstellung wegen ungewisser Verbindlichkeiten zu bilden ist.

1 EuGH v. 20.3.1997, EWS 1997, 240.
2 St.Rspr. des EuGH, zuletzt EuGH v. 20.3.1997, EWS 1997, 240.
3 Rawlinson in Lenz, Art. 93, Rz. 10.
4 EuGH v. 20.3.1997, EWS 1997, 240.

In der Steuerbilanz ist über den Rückzahlungsbetrag m. E. ein Ausgleichsposten außerhalb der Bilanz zu bilden. Gewährte Investitionszulagen sind echte Subventionen, die nicht zu den steuerpflichtigen Einkünften i. S. d. EStG gehören und gem. § 10 InvZulG 1996 auch nicht die Anschaffungskosten für damit beschaffte Wirtschaftsgüter mindern. Die handelsrechtliche Erfassung der Zulage als Ertrag wird daher für Ertragsteuerzwecke dadurch neutralisiert, daß der Gewinn laut Bilanz und Gewinn- und Verlustrechnung außerhalb der Bilanz um die steuerfreien Zulagen gemindert wird. Richtigerweise muß dann bei der Rückforderung von Zulagen im umgekehrten Sinne verfahren werden. Der handelsrechtliche Aufwand wird dadurch neutralisiert, daß der Gewinn laut Bilanz und Gewinn- und Verlustrechnung um den Betrag der Rückzahlung der steuerfreien Zulage erhöht wird.

Das InvZulG 1996 ist aufgrund des Gesetzes zur Fortsetzung der wirtschaftlichen Förderung in den neuen Ländern geändert worden. Die Änderungen erlangen grds. rückwirkend ab dem 1.1.1996 Gesetzeskraft (vgl. Art. 5 Abs. 2 Satz 2).[1]

3. InvZulG 1999

Kern der Neuregelungen des InvZulG 1999[2] ist, daß die steuerlichen För- 944
derungen ab 1.1.1999 insgesamt auf die Gewährung von Investitionszulagen beschränkt, der Kreis der förderungsberechtigten Maßnahmen aber zugleich erweitert wird. Dieses steht gemäß Art. 5 Abs. 2 des Gesetzes zur Fortsetzung der wirtschaftlichen Förderung in den neuen Ländern hinsichtlich der betrieblichen Investitionen (§ 2 InvZulG 1999) noch unter dem Vorbehalt der bisher noch ausstehenden Genehmigung der Europäischen Kommission. Daher besteht die Gefahr, daß dieses Gesetz vor seiner erstmaligen Anwendung nochmals geändert oder angepaßt wird.[3] Die in der Praxis wichtigen Sonderabschreibungen nach dem FördG, Investitionszuschüsse sowie die Sondermaßnahmen nach dem BerlinFG laufen planmäßig aus bzw. sind schon entfallen oder ausgelaufen. Danach bestehen im Grundsatz nur mehr drei verschiedene Arten der Investitionsförderung in Form von Investitionszulagen, kategorisiert nach dem Gegenstand der Investition:

- Zulagen für betriebliche Investitionen,
- Zulagen für Mietwohnungsbau,
- Zulagen für selbstgenutzten Wohnraum.

a) Betriebliche Investitionen (§ 2 InvZulG 1999)

Die beweglichen Wirtschaftsgüter müssen mindestens drei Jahre lang zu 945
dem Betriebsvermögen eines Unternehmens aus dem verarbeitenden Gewerbe oder dem sog. „produktionsnahen Gewerbe" gehören, wobei

1 Zu den Neuregelungen vgl. Strahl, KÖSDI 1997, 11331; Strahl, BB 1998, 293, 295.

2 Zusammenfassende Darstellungen der gesetzlichen Neuregelungen finden sich bei Seifert, INF 1997, 545; Kruhl, BB 1997, 1618; Strahl, BB 1998, 293; Rosarius, FR 1997, 635; Rosarius, 9 ff.

3 Vgl. hierzu Rosarius, 9.

die Eingruppierung der Klassifizierung folgt, nach der das Statistische Bundesamt seine Daten über die einzelnen Wirtschaftszweige zuordnet. Demnach zählen zu dem „produktionsnahen Gewerbe“ und damit zu dem Kreis der begünstigten Wirtschaftszweige die Bereiche Datenverarbeitung und Datenbanken, Forschung und Entwicklung, Markt- und Meinungsforschung, Ingenieurbüros für bautechnische Gesamtplanung und für technische Fachplanung, Büros für Industrie-Design, technische, physikalische und chemische Untersuchung, Werbung sowie fotographisches Gewerbe. Nach welchen Kriterien diese Einbeziehung einzelner Berufsgruppen in das „produktionsnahe Gewerbe“ erfolgt ist, läßt sich aus den einschlägigen Gesetzesmaterialien, in denen lediglich das „Förderziel überregional absatzfähiger Wirtschaftsstrukturen“ genannt ist,[1] nicht ersehen. Sie ist daher in politischen wie fachspezifischen Äußerungen auf Kritik gestoßen.[2]

946 Die Investitionszulage beträgt 10 % der Anschaffungs- oder Herstellungskosten der begünstigten Wirtschaftsgüter, sofern diese zwischen 1999 und 2004 abgeschlossen werden. Für Investitionen von kleineren und mittleren Unternehmen mit nicht mehr als 250 Arbeitnehmern erhöht sich der Zulagensatz auf 20 %.[3]

947 Die bisherige Laufzeit der Investitionszulage von 10 % für neue Wirtschaftsgüter kleiner und mittlerer Betriebe des Handwerks sowie des innerstädtischen Groß- und Einzelhandels wird bis Ende 2001 verlängert Der Meinungsstreit, ob der betreffende Handwerksbetrieb zum Zeitpunkt der Investition bereits in der Handwerksrolle eingetragen sein muß[4] oder ob die diesbezügliche Antragstellung ausreicht,[5] wurde nun ausdrücklich im erstgenannten Sinne gesetzlich geregelt.

b) Mietwohnungsbau (§ 3 InvZulG 1999)

948 Neu im System steuerlicher Fördermaßnahmen für die neuen Bundesländer ist die nunmehr in § 3 InvZulG 1999 geregelte Investitionszulage für Investitionen im Mietwohnungsbau im innerörtlichen Bereich (Sanierungsgebiete).[6] Zweck dieser Maßnahmen ist es, die Modernisierung und Sanierung des Altbaubestandes sowie die Erweiterung des Neubaubestandes gezielt zu unterstützen. Zulagefähig sind daher sowohl Neubauten als auch nachträgliche Herstellungskosten und Erhaltungsarbeiten an bestehenden Gebäuden, die vor dem 1.1.1991 fertiggestellt wurden, sofern die Herstellungs- oder Erhaltungsarbeiten zwischen 1999 und 2004 durchgeführt werden.

1 Gesetzesbegründung in BT-Drucks. 13/7792.
2 Vgl. Spanke, DB 1997, 1734; Spanke, DB 1997, 1246; Strahl, KÖSDI 1997, 11331, 11337.
3 Zur Frage, ob bei Anzahlungen auf Anschaffungskosten und Teilherstellungskosten vor dem 1.1.1999 eine Förderlücke besteht, vgl. OFD Chemnitz, Vfg. v. 13.5.1998, DStR 1998, 1092 unter Hinweis auf abgedrucktes BMF-Schreiben v. 24.3.1998; a. A. Rosarius, 100.
4 So das BMF-Schreiben v. 28.10.1993, BStBl I 1998, 904.
5 So BFH, Urt. v. 12.11.1996, DB 1997, 1014.
6 Vgl. hierzu auch BMF-Schreiben v. 17.–19.6.1998, BStBl I 1998, 1114; zu den Einzelheiten s. Rosarius, 87 ff.

Der Zulagensatz beträgt bei Neubauten 10 % der Anschaffungs- oder Herstellungskosten, soweit diese einen Betrag von DM 4 000 pro Quadratmeter nicht übersteigen. Für Sanierungsaufwendung beläuft sich der Fördersatz auf 15 % der Herstellungs- oder Erhaltungsaufwendung bis zu einem Höchstbetrag von DM 1 200 pro Quadratmeter. Von der Bemessungsgrundlage für die Investitionszulage ist ein sog. Bagatellbetrag von DM 5 000 in Abzug zu bringen. 949

c) Selbstgenutzter Wohnraum (§ 4 InvZulG 1999)

Die Investitionszulage für selbstgenutzten Wohnraum ersetzt den bisher in § 7 FördG vorgesehenen Sonderausgabenabzug und beläuft sich auf 15 % der Bemessungsgrundlage. Förderungsfähig sind wie bei Mietwohnraum Herstellungs- und Erhaltungsaufwendungen der Jahre 1999–2004 an Gebäuden, die vor dem 1.1.1991 errichtet wurden, wobei die Bemessungsgrundlage auf max. DM 40 000 begrenzt ist. Von diesem Höchstbetrag ist wiederum der Bagatellbetrag von DM 5 000 abzuziehen, und darüber hinaus werden Aufwendungen aus Vorjahren, die gem. § 7 FördG begünstigt waren, auf die Höchstbemessungsgrundlage angerechnet. 950

d) Formales

Der Antrag auf Gewährung der Investitionszulage muß 951

- bei dem zuständigen Finanzamt,
- auf amtlich vorgeschriebenem Vordruck,
- bis zum 30.9. des Kalenderjahres, das auf das Wirtschaftsjahr folgt, in dem die Anschaffung oder die Herstellung der begünstigten Wirtschaftsgüter abgeschlossen, die begünstigten Anzahlungen geleistet oder Teilherstellungskosten entstanden sind,

gestellt werden. Auf die Gewährung von Investitionszulage besteht ein Rechtsanspruch.[1]

Für jede der drei Fördermaßnahmen besteht ein eigenes Antragsverfahren. Jede Maßnahme wird gesondert festgesetzt.

4. Sonstige Fördermaßnahmen

a) Beseitigung bisheriger steuerlicher Besonderheiten

Die seit 1991 durchgeführten steuerlichen Reformbestrebungen haben eine Reihe steuerlicher Besonderheiten in den neuen Bundesländern beseitigt. So wurde mit Wirkung ab 1.1.1992 die Gesellschaftsteuer insgesamt abgeschafft, die im Beitrittsgebiet von Beginn an nicht mehr erhoben wurde. Durch den Beschluß des BVerfG[2] wurde die gleichfalls seit 1.1.1991 in den neuen Bundesländern nicht eingeführte Vermögensteuer für verfassungswidrig erklärt und wird seit 1.1.1997 auch in den alten 952

1 Zur Vermeidung von Fehlern bei der Antragstellung auf Investitionszulage vgl. Rosarius, INF 1998, 459.
2 BVerfG, Beschl. v. 22.6.1995, BVerfGE 93, 165.

Bundesländern nicht mehr erhoben. Mit Wirkung ab 1.1.1998 schließlich wurde die Gewerbekapitalsteuer ebenfalls insgesamt abgeschafft, so daß sich die Besonderheiten bei der Feststellung der Einheitswerte bei Grundvermögen zwischen alten und neuen Ländern steuerlich nicht mehr auswirken.

953 Die Möglichkeiten, steuerliche Sonderabschreibungen nach dem FördG in Anspruch zu nehmen, laufen Ende 1998 aus. Investitionszuschüsse werden nicht mehr gewährt. Lediglich die Sonderregelung, daß Unternehmen im Beitrittsgebiet die Umsatzsteuer bis zu einer Umsatzgrenze von DM 1 Mio. p. a. nach vereinnahmten Entgelten entrichten können, ist über ihre ursprüngliche Geltungsdauer hinaus bis Ende 2004 verlängert worden.

b) Besonderheiten in West-Berlin

954 Durch die gesetzgeberischen Maßnahmen der letzten Jahre wurde der vor dem Beitritt bestehende Sonderstatus des Landes Berlin sukzessive abgebaut und das Gebiet des ehemaligen West-Berlin auch steuerlich in sein Umland integriert. Die steuerlichen Begünstigungen insbesondere des BerlinFG (Herstellerpräferenz, ermäßigter Einkommen- und Körperschaftsteuersatz, Berlin-Darlehen etc.) sind zwischenzeitlich weitgehend ausgelaufen. Die Möglichkeiten der Sonderabschreibung nach dem FördG enden planmäßig 1998, die Investitionszulagenbestimmungen des InvZulG 1996, die ab 1997 weiter eingeschränkt wurden, sowie die Regelungen nach § 7a FördG betreffend steuerbegünstigte Darlehen laufen zu demselben Zeitpunkt aus.

955 Seit 1.1.1997 gilt das Gebiet des ehemaligen West-Berlin insgesamt als Fördergebiet und hat somit denselben Status wie die fünf neuen Bundesländer. Dementsprechend finden die Regelungen des InvZulG 1999 nunmehr auch in West-Berlin Anwendung und lösen die Sondervorschriften des InvZulG 1996 ab. Eine Ausnahme gilt lediglich für die Förderung von Mietwohnungsbau gem. § 3 InvZulG 1999 und von selbstgenutzten Wohnungseigentum gem. § 4 InvZulG 1999, die für Mietwohnungen in diesem Gebiet keine Anwendung findet.[1]

c) Finanzierungshilfen, Kredit- und Bürgschaftsprogramme

956 Schließlich existieren eine Vielzahl von Finanzierungshilfen, die auf Förderprogrammen der verschiedensten Maßnahmenträger beruhen. Hierzu zählen insbesondere

- Kredite aus dem ERP-Sondervermögen,
- Mittel aus KfW-Programmen (Investitionskreditprogramm, Anschubprogramm, Wohnraummodernisierungsprogramm etc.),
- Kredite der Deutschen Ausgleichsbank, der Europäischen Investitionsbank und der Europäischen Gemeinschaft für Kohle und Stahl, der Berliner Industriebank etc.,

1 Rosarius, 22.

- Bürgschaften des Bundes, der Bürgschaftsbanken in den fünf neuen Ländern, der Berliner Industriebank etc.

Schwerpunkte der Förderprogramme bilden die Unterstützung von Maßnahmen 957

- im Rahmen der Existenzgründungen,
- der Finanzierung für kleine und mittlere Unternehmen,
- der Finanzierung im Bereich Umweltschutz und Energieeinsparung,
- im Bereich Auftragsforschung und -entwicklung für Unternehmen im Beitrittsgebiet,
- der Arbeitsbeschaffung (ABM).

Voraussetzungen, Umfang und Inhalt der Fördermaßnahmen sind je nach Zweck der Maßnahme, Zielgruppe der Begünstigten und Trägerschaft der Fördermaßnahmen im einzelnen unterschiedlich ausgestaltet.

Stichwortverzeichnis

Die angegebenen Zahlen bezeichnen die Randziffern

B

D

E

F

H

I

K

L

M

N

T

U

Z